入选国家第一批可移动文物

徐建青　董志凯　赵学军 / 主编

薛暮桥笔记选编

（1945~1983）

（第二册）

社会科学文献出版社
SOCIAL SCIENCES ACADEMIC PRESS (CHINA)

目　　录

第一册

第二册

第三册

第四册

1954 年

第一季度工作计划*

高〔岗〕主席

1954年计划要在三月中央全会正式通过，现在主要问题，要组织起来解决问题，正式定案。各部各地计划要很快送来。各中央局已认真讨论，可能比去年做得好一点。

统计工作任务很重，应把头发抓紧，及时完成任务。

公私合营企业

列宁说：国家政权直接控制资本主义企业，使它服从自己，这就是国家资本主义。

苏联已经没收资本主义，国家把工厂、矿山出租，这与我们不同。我们的国家资本主义生产关系应该有所改变。

资产阶级是我们的敌对阶级，但中国的资产阶级是在一定的时期内，一定的程度上可能与我们合作，而我们亦需要与他们合作的敌对阶级。

在革命的第一阶段，资〔产〕阶〔级〕与我们的矛盾是次要的矛盾，资〔产〕阶〔级〕参加革命或中立。在革命的第二阶段，资〔产〕阶〔级〕与我们的矛盾是主要矛盾，我们要从合作中改造他们，最后消灭资〔产〕阶〔级〕。

为什么不没收：历史原因，资〔产〕阶〔级〕参加革命，参加人民民主政权，表示拥护。资〔产〕阶〔级〕的两重性仍然存在，由于我们正确领导，积极性在增加，消极性在减少（一定条件）。无〔产〕阶〔级〕领导一天天巩固，不怕资〔产〕阶〔级〕造反，资〔产〕阶〔级〕日益孤立，经济地位日益削弱。私营工业日益依靠国家，工业与商业〔的联系〕逐渐割断，与农村〔的联系〕逐渐割断，与帝国主义〔的联系〕亦割断。

资〔产〕阶〔级〕拥护我们，一方面因大势所趋，非走此路不可，另一方面因我们网开一面，顺〔应〕我们做今天有利可得，将来亦有前途。今天要求资〔产〕阶〔级〕站在无〔产〕阶〔级〕立场来看问题是非马克

---

* 1954年初，国家计委讨论1954年第一季度的工作计划。

思主义的，只能要求他做一个接受领导的资〔产〕阶〔级〕。到将来所有制度改变，他们变为国营工厂的职员，成分是工人，思想还可能是资〔产〕阶〔级〕思想，需要逐渐改造。因此必须适当照顾资〔产〕阶〔级〕利益，才能使他“自愿”接受改造。

一面要消灭资产阶级，一面要教育改造资〔产〕阶〔级〕分子，改造愈多愈好。准备会有一小部分坚决反抗，用另一方法来改造。要消灭一个阶级，必然会有激烈的、尖锐的斗争。但我们逐渐消灭，可以采取改造方式，取得大多数资本家的“自愿”。我们必须学会这个斗争。

今年公私合营要做三件工作，一为整理过去已合营的企业；二为今年进行合营的企业；三为准备明年更多合营。今年原则要稳，宁可少些，但要好些，积累经验，造成榜样，必须掌握重点，全国重点是在上海。希望上海带头，做出一些榜样，创造一些经验。

公私合营采取驴打滚，翻几番的办法，投入少量的资金和干部，充分利用资〔产〕阶〔级〕已有的资金和干部来经营，并改造他们为我所用。

1954 年工业速度

根据各部计划综合，1954 年工业发展速度上存在很多问题，虽比控制数字稍高（16.4%～17.8%）。中央各工业部有三个部降低了，必须把速度提上来。一机要到 30%，重工要到 16%，燃料要到 18.4%，要用很大努力，至少超过控制数字。

中央非工业部所属工业只上升 2.6%，应该提高。公私合营也可提高（今年准备合营的尚未计算进去）。私〔营〕工〔业〕中提〔出〕15 万亿转为合营。从私营提出列入公私合营，以增合营，减私营。

统计工作会议*

一　会议所要解决问题

①检讨过去一年工作，总结经验，交流经验。

---

* 1954 年 2 月 16 日，国家统计局召开第三次全国统计工作会议，薛暮桥主持会议。

②确定今年的工作计划，解决若干重大的具体问题。

大家对工作纲要的意见：希望对今年的任务和今后的任务摸一摸底。

今年多大任务，今后增长速度？

计划多了很难完成任务，计划少了，临时追加任务，困难更多。

使党政领导机关了解统计工作任务，适当配备力量，并为今后准备。

二　我们的准备

工作纲要，希望能够适当满足计划工作需要。

去年全国统计会议，工作纲要要求高了一点，急了一点，没有全部完成。

五月会议照顾到主观力量，提出“减少数量，提高质量”方针，掌握重点，缩小范围。这个方针得到计划支持。

实行结果仍有困难，因为计划要求全面资料，要国营也要私营，要大型也要小型（主要产品产量），满足不了需要，临时追加任务，大家有些意见。

今年倾向多搞一点（逐步前进），但估计主观力量又会发生问题，如果将来追加新的任务，大家又会叫唤。

三　希望明确解决几个问题

（1）努力满足需要，还是量力而行。

如果中央给我们一定的支持，满足需要是可能的，能够逐步满足需要。

（2）关于编制机构问题，计委（各级）成立以后任务将更繁重，或者满足计委需要，或者让计委自己去收集和整理统计资料。这个问题究〔竟〕应如何解决？

省市以上机构要求充实领导骨干，专县普遍建立起来，区搞不搞让各地自己决定，两个方案（设立区〔统计机构〕，〔或〕加强县〔统计机构〕）。

今年重点是加强业务统计机构，特别是要加强基层企业的统计工作。基层厂矿的〔□□〕现象是相当严重的。

（3）建立统计制度问题。统计机关要在党政和计委领导下，组织本地区和本部门的统计工作。审批报表问题已经解决。统一掌握统计资料尚无明确规定。因此各地区各部门对报送统计资料不重视（计划数字要经讨论），报来以后随便修改，不通过统计部门，这样统计部门对于统计数字无法掌握。对这问题希望有明白的表示。

(4) 计划与统计的配合问题，统计应该跟着计划走，没有问题。但有时候跟不上，计划要全面，统计不能全面。

计划单位要确定，领导关系变更要同时修改计划，否则不好对比。

赴苏联访问*

中苏〔科技合作〕委员会苏方七名委员名单

苏方委员会主席

西鲁雅诺夫·恩·木——地质和矿藏保护部第一副部长

苏方委员会委员

欧夫先金·夫·义——建筑部部务会议委员

亚利山大洛夫·恩·波——国家计委机械处副处长

马尔钦科·阿·勒——食品工业部技术委员会主席

特列奇雅阔夫·波·格——工业消费品制造部技术局长

阿斯科钦司基·阿·恩——农业部部务会议委员

米古诺夫·夫·波——苏联驻中华人民共和国商务代表

拉弗利希夫　技术合作司长

扎衣果夫　技术合作副司长

加鲁巴可夫　苏联组秘书

---

* 1954 年 10 月 11 日，中苏两国政府签订为期五年的《中苏科学技术协定》，为工作方便，《协定》规定，设立“中苏科学技术合作委员会”，下设中国组和苏联组，专门负责管理和协调中苏科技合作事宜。1954 年 12 月，中苏科学技术合作委员会在莫斯科举行首次科学技术合作会议。会议决定：苏联将建设冶金厂、机床厂、发电站的设计技术资料，生产机器和设备的工作图纸和工艺资料以及科技文献无偿交给中国。从 1955 年开始，中苏科技合作委员会大致每年在北京和莫斯科各举行一次会议，一直工作到 1966 年，共开了 15 次会议（张柏春等：《中苏科学技术合作中的技术转移》，《当代中国史研究》2005 年第 2 期）。根据薛暮桥笔记，薛暮桥为中苏科学技术合作委员会的中方委员主席。又据《薛暮桥回忆录》，“1954 年冬，率团到苏联访问，学习苏联的统计经验”（《薛暮桥文集》第二十卷，第 359 页）。以下应为薛暮桥率团赴莫斯科参加中苏科技合作委员会首次科学技术合作会议的记录。大标题为编者所加。

鲁沙诺夫　商务代表处
查衣彩夫　技术出口处
雪尔巴库夫

苏联中央统计局首长

局　长　斯达洛夫斯基同志
副局长　叶饶夫
　　　　马那赫夫
　　　　波德亚奇赫
　　　　沙札诺夫
　　　　维诺格拉多夫

曾在我国工作的苏联统计专家

专家组长　沙拉保夫　现在俄罗斯共和国统计局
基建专家　巴拉巴绍夫　现在中央统计局基本建设处
工业专家　列瓦绍夫　在中央统计局
贸易专家　谢尔巴克夫　在中央统计局
农业专家　奥沙地克　现在莫斯科经济统计学院

苏联国家计划委员会首长

主　席　隆布罗夫
副主席　克夏连可
　　　　尼基金

苏联经济学家及统计学家

科学院院士　奥斯特洛维疆诺夫
经济研究所　巴勒得列夫
经济研究所　皮撒列夫

莫斯科经济统计学院

教授　亚斯特列姆斯基
教授　巴亚尔斯基

我国国家计委、国家统计局〔苏联〕专家

1. 统计专家
克拉载维奇
谢米杰夫金
拉格乔夫
2. 计划专家
卡尔波夫（组长）
班可夫
克利布索夫
金尼先珂
克夫萧夫
马格洛阔夫（原组长，已回国）

中苏科学技术合作联合委员会我方委员名单

主席　国家计划委员会副主任兼国家统计局局长　薛暮桥

委员　对外贸易部副部长兼驻苏商务参赞　李强
委员　国家计划委员会技术合作局副局长　管寒涛
委员　第一机械工业部技术司司长　张方
委员　重工业部设计司副司长　唐楠屏
委员　铁道部国际联运局局长　糜镛
委员　农业部农政总局局长　万众一

全国设有统计系和统计专业的高等学校名称

一　设有统计系

中国人民大学
东北财经学院
上海财经学院
中南财经学院
四川财经学院
北京铁道学院（铁道统计专业）
二　在经济系设有统计专业的综合大学
南开大学
厦门大学
西北大学

翻译的主要统计书籍

1. 隆文斯基著《工业统计学教程》
2. 廖佐夫，齐提利包木合著《高等统计学教程》
3. 彼得洛夫著《经济统计学教程》
4. 沃斯特利可娃著《统计理论教程》
5. 哥祖洛夫著《经济统计学》
6. 巴克朗诺夫著《工业统计学》

〔十二月〕八日十一点钟谈话

1. 是否另订文化协定，请张大使考虑。
2. 向苏方主席在会外组织专家小组，研究第二批项目。
3. 专家问题是否讨论，问一问。
4. 明天拜访、研究：①技术合作范围；②组织专家研究第二批项目；③名单；④延期原因。
5. 谈话内容：①名单；②承担项目；③要求项目；④会外交换意见。

~ ~ ~ ~ ~ ~ ~ ~

①一机、二机、燃料〔部〕所需要的设计院的资料。
②合作产品所需要的技术资料（如汽车厂）。
附属企业所需资料。

③设计检定可以包括，代替设计另谈。

④化验、检验。

⑤机关内部资料。

~ ~ ~ ~ ~ ~ ~ ~

〔×××〕①

苏联1930年双重领导。计委领导，不到一年。

中央归计委领导18年，地方归计委领导不到一年，地方无权布置中央企业。

〔如〕不是统一领导，则：中央要求可能反映不够正确，可能隐瞒产量。

苏联长期经验证明集中领导的优越性，反之缺点很多。优点：①迅速、及时得到统计资料，地方统计把中央任务作为主要任务。②统计资料正确全面，不受地方影响。如粮食产量降低，价格提高，有时计划没有完成就说完成。有许多财富会被隐瞒不能利用，留作后备力量。如战时煤炭、金属不足，普查常有隐瞒。③统计方法制度会不统一，为着争取表扬，也会假报。

业务部门隐瞒现象亦有，但比地方少一点。它从全国出发，不从地方出发。对于各部统计实行双轨制。如煤剩余量有的每月上报一次，中央统计局于十月一日、一月一日两次调查，其数量往往超过各部报告数字。制定计划时以中央统计局资料为根据，不以部的资料为根据。

各部产量亦有出入，中央根据两种资料进行校对。各部统计优点：①了解厂矿情况；②加强企业领导。

苏联正在讨论是否由中央统计局统一进行，把副本抄给各部，但在速度上恐有问题。在将来可能实行。

~ ~ ~ ~ ~ ~ ~ ~

苏联过去经验，先从农业谈起。当时小农存在，全面与正确〔之间〕矛盾解决办法就是典型调查。耕种面积每年春季典型调查10%，小村挑选10%，农庄、大村10%农户，用机械抽样办法，但不完全正确。〔用〕农业测量工具进行测绘，据以修正过去调查。如百万农户查十万，共约50万公

① 这应是苏联统计部门人员介绍苏联经验的记录。

顷，再查这 50 万公顷，测量结果为 60 万公顷，则可推算全部面积。为要正确，首先耕地正确，首先选样正确，其次测绘正确。

什么是严格的机械抽样，工具测量又占抽样的 10%，即全部耕地的 10%。1931 年写数学统计理论，中有一章抽样调查。

秋收调查三个来源：①志愿通讯员，反映本庄或邻庄收获量，大农庄有二至五个通讯员，优点材料比较普遍。每个农庄都有。后来逐渐减少，原因反映往往偏低。上报资料应当审查，他们进行大量实产量的调查。②农民访问，访问 2% ~3% 农户，访问结果往往比通讯员更低。③农户家计调查。全苏约选一万户，预算是全年的，耕地面积、粮食、果蔬、肉类、毛类、乳类、农民自用、出售……用这些办法可以避免隐瞒。

过去一年检查一次，工作人员亲自下乡，住二至三天，谈全年情况。现在集体农庄每两周访问一次。在他调查时候，女主人往往尽量说少，看她们每天要吃多少，推算全年，发现所报产量不实。当时许多统计主要依靠这些资料，偏僻地区则仍依靠前面办法进行校正。如访问资料 10 担，家计调查为 14 担，按此比例校正。这是建立集体农庄以前所用办法。农民分化作用亦曾进行调查，每年进行，以区为范围，进行重点调查，逐户研究。

秋收以前估计，由通讯员来做，用 5 分来表示收成好坏。采用平均数。用数学办法计算收获量的大小，现在则用普特计算。

工业方面，当时工业大部分受最高苏维埃领导，一部分属交通部门，一部分属合作社。国民经济最高委员会综合领导重要工业，后来划分各工业部。当时大型工业（“一五”计划）只调查大型，比较详细的是最高经济委员会所属工业，交通部门修理厂较简单。定期报表仅限于高经委领导工业。小型每年至多一次普查（1920 年），并非年年调查。1920 年调查工厂名称、职工人数、机器、产品、种类（不问产量）。1923 年一月进行小型、中型普查，只查 12 月份，要了解一个月的产量。1925 年检查 3% ~5% 的企业的产品产量。1929 年调查 25% ~50% 〔企业〕。1937 年开始每年检查，当时小型是指制砖厂、修理厂等。当时合作社工厂亦调查，现在合作社由委员会统一领导，每月都有报表。

小型附属企业每五年作两次调查，现在变成大型，每月调查。

例如有 10 万〔户〕缝纫厂 100 万工人工作，可只调查 1000 户，再乘

100，即得总数。厂名、工人数要普遍调查，产量可以抽样调查。

大型企业要求很多，很多企业报不上来，应该问题简单，都能上报，成本等可另外发表。工人、产量，各企业均可报，成本要经很长时间才能解决。开始报表太复杂，报不上，后来逐渐简化。

农业方面，牲口由中央统计局调查，耕地农业部作五日报，最后数字由中央〔统计〕。

商业，国营由商业部，市场情况由统计局调查。煤炭、金属每年检查两次。

苏联政府决议简化各种报表。报表有全国性的和各业务部门的，简化比原来少3%多一点，过去月报变季报，多余报表部分取消。如学校、医院每月一报，现在改为季报，工业过去月报职工人数、各种工种工资情况，现在每月只报人数，不报工种，后者一年两次，七月及年底。除本身简化外，业务部门报表亦简化。如日报改为五日报、十日报。过去有理发馆消耗统计，可笑。

多余采访惊动住户，有科学机构去访问不工作的女主人，问其原因及生活情况，均系多余。

过去业务处、科有80个，现有25个处，没有科，679人。计算工厂不包括。

1921年建立统计学院，还有许多统计系，有研究生，局长、副局长，均系统大（院）毕业。

〔访苏〕总结会议

管〔寒涛〕　会议主要问题要各纸〔本〕资料，过去部的了解与苏联情况有距离，部希望提出以后一二月内即能取得资料，苏方须于收到申请后三月方能答复，提供资料至少半年。我们希望零碎提出，苏联希望整批提出。我们希望多要一点，苏联希望少提一点，只提重要项目。

取得资料两条途径，此次已弄清楚，今后可以少走弯路。委员会的任务也已比较明确。

代表团对苏联做法与其他国家做法不同未了解，苏联把委员会作为一个机构，内分两组。

国内准备工作仓促，研究不透。但因知识不够，事实上有困难。参加专家少了一点。

〔徐〕达深［琛］[①]　对代表团帮助不够，今后工作感想：①对科学技术合作认识不明确，这是各国合作之一重要部分，对我科技提高有很大帮助。苏联提过五六次，我们答复很晚。他们要求很快开会，我们拖迟。有此会议可使合作更有计划，更有效能，不是想到一个，要求一个。建议对科学技术合作的意义、范围、方法问题起草一个文件，发给各部参考。

抓住科技关键性的问题，不要解决零碎问题，反使主要问题不能完满解决。

现在只注意向人家要，不注意对人家给，今后应当主动介绍一些有用经验。

对资料使用情况要作报告，这一点应引起各部注意。不做这一工作，要求供给就有困难。苏联对我资料使用情况公开表示怀疑，反复提请我们注意，必须很好注意这个问题。

②今后如何做法？A. 计委根据建设需要更严格地控制我们所提要求。有些要求可有可无，范围太广，重点不明，看不出我们根据什么原则进行审查。应该有计划、有重点地主动提出一些问题，而不是机械审查。

B. 苏联尽量满足我们要求，但在时间上有困难。国内对于图纸资料要求很急，但数量很大，苏联工作上有困难，不能随要随给，只能整批解决问题。要求快，就只能集中解决一些最重要、最紧急的问题。有些问题可派专家考察，不是资料所能解决。

C. 今后科技合作工作将更发展，必须加强这方面的工作力量，对这方面应有足够的估计。技术合作局及商参处均需增加干部，希望计委能够解决。各国秘书必须专职干部。(苏方中国秘书是商务副代表。)

万〔众一〕　我们对工作性质及任务的重要性应有明确认识，所要资料关系国家建设，必须时刻听取各部意见。中心问题是重工、机械、燃料。特殊问题，应当提前处理，提前解决。答复问题应先商量。专家不能少带，书籍不能少带。专业考察非常重要，可以提高科技。

---

① 徐达琛，时任驻苏使馆商务参赞。

唐〔楠屏〕 重工业部对科技合作没有固定干部，平常没有接触，临时参加。部里审查是负责的，问题在计划常变，技合工作没有专人负责。

出国前对项目审查分别轻重不够，未能吸收大家意见。

代表团的组织根据其他国家经验，苏联任务特别繁重，成员组成有不够的，有多余的。

参观走马看花，不能谈问题，收获不大。

张〔方〕 国内准备对于项目研究不细，人员临时组成，不作长期打算。开会客气一点，过于慎重，如对参观可以多提一点要求。商参处帮助很大，解决很多问题。技合方法按苏联理想不大可能，我们计划性还不够。计委应抓主要问题，明确目的。

吴 矛盾：国家关键与各部需要，处理办法责成各部负责（复线的勘察与设计），各部均须加强科技合作机构。互通情报可否责成各部研究机关负责，有计划地收集各部科技成就。

代表团不能是乌合之众，应把成员相当固定下来。参观有好处，今后应加改善（隧道标准设计）。

徐〔达琛〕 技合局要有固定班子，同时强调各部负责。技术性考虑多，思想性考虑少。

参观不能像专家考察，也不能走马看花，要能解决一些问题。

陈 两次项目中心问题仍不明确。

计划工作[①]

Ⅰ.苏联“一五”情况，新经〔济政策〕以前不谈。新经〔济政策〕时期编制远景计划，即电气化计划，主要指出如何恢复国民经济，因它在战争中受破坏，需要恢复。除恢复旧的外，首先发展重工业、电气化。利用电气化计划发展农业、工业，特别是重工业。原估计十年至十五年，建立一系列新的企业，包括发电站、冶金、采煤……等各种企业。计划工作特点是从制〔定〕长期计划转向正规的计划工作。在批准电〔气〕化计划时成立国家计委，主要任务实现电气化计划。

---

① 这应是访苏后对苏联计划工作情况了解的汇报。

在实际上，以电〔气〕化计划为基础，①恢复农业经济，实行一些措施。当时农业是个体的，国营及集体所占成分很小，对个体农民不能作计划，如生产多少，出卖多少粮食。后几年主要方法〔是〕在经济上进行启发，所谓间接计划。问题在于当时恢复粮食作物，后来才轮到技术作物，如亚麻、棉花等。主要方法掌握物价，包括农产品及工业品（农民所需要的)。国家通过价格奖励技术作物生产。②贷款亦起重大作用。国家贷款使农民购买工具、肥料、种子。贷款首先给技术作物，对耕种数量进行合同制度，这对计划发展有很大作用。好处使农民深信产品国家能够收购，且能得到一部分贷款。供给工具……等首先给予愿把产品卖给国家的农户。如中亚细亚产棉区从国家得到廉价粮食，故能安心种棉。③国家税收政策亦有很大意义，在阶级意义上亦有意义，当时贫农免税，中农交一点，富农交得很多。

上述政策在整个新经济政策时代〔执行〕，几乎到“一五”全部时期。

工业：国营工业执行国〔民〕经〔济〕最高会议的指令，实际上就是工业部。当时标准工业要作计划，小型及私营（私营所占比重不大，主要是轻工业和食品工业)，还有一些个体手工业。当时国〔营〕工〔业〕由国〔民经济最〕高〔会议〕作计划，把计划发给企业，国〔民经济最〕高〔会议〕通过许多总管理局领导国营工业。总管理局下面还有托拉斯，然后各个企业，一共四级。当时国〔民经济最〕高〔会议〕编工业发展计划，逐年规定，并按不同部门编计划，如煤、电、钢铁等。综合计划中有总的指标，再有分业指标。国〔民经济最〕高〔会议〕计划发到托拉斯，由托拉斯发到企业。当时主要基础是经济核算问题。当时每一企业都有独立资金，并有一定流通资金，必须保证能有一定利润，所以主要指标是产品成本和产品价格。

关于产品成本问题，从新经济政策开始就已注意。由于国家资金不多，发展工业要有资金，故给企业一定利润任务，如果亏本国家不管，故各企业必须研究市场需要，根据市场需要进行生产。在“一五”以前及“一五”初期各企业都按国家计划进行生产，国家计划发到各个企业。国〔营〕工〔业〕在计划产品类别上有很大的独立性，必须保证能够出售，还有利润。国〔民经济最〕高〔会议〕领导下的局处主要管理小工业和手工业的计划。

当时国〔民经济最〕高〔会议〕对小工业、手工业不能作计划，只能采取帮助方法，如供给原料、贷款，告诉它们市场需要什么，不要什么。当时小工业的基础与农业大致相仿，国家所用方法与农业亦相仿，如贷款，供给原料设备等，税收亦起一定作用。当时手工业中合作政策亦有重大意义。当时对私人资本主要实行税收政策，其本质在于使私人资本不能向某些地方（如煤、石油）发展。

从农业合作化后，国家能对农业提出要求和计划。1931 年所编计划，对农业发展（在集体农庄中）有统一规划，如种植面积、产量、收购数额等，对间接方法仍未失去效用。在合作化后出现新的经济，但对价格、贷款等仍须很大注意。"一五"对手工业、地方工业采取合作化政策，"一五"完成已变合作经济，故亦可给一定任务，如产量等。合作化工业及小型国营工业均用地方资源发展，就地取材，就地推销，故须研究当地市场需要。

Ⅱ. 地方计划。苏联计委负责编制统一〔的〕国民经济发展计划、各个部门计划，提请政府批准。计委以外还有地方计委，受地方苏维埃领导（加盟共和国、州、区均有计委）。

对各部门如何领导，首先工业划分。有些受苏〔联〕部领导，如大型机械制造，均属苏联部领导。有些工业受加〔盟〕共〔和国〕领导。此外还有全受加〔盟〕共〔和国〕领导。在编工业发展计划时，〔苏〕联工〔业〕列入国家总的计划，包括产量、劳工等各种指标。

加〔盟〕共〔和国〕工业、地〔方〕工〔业〕、合〔作〕工〔业〕在总计划中只有主要指标，具体指标不包括。如总计划只提产值和特别重要产品产量，其他均列〔入〕地方计划，如价格、成本、劳动等。例如纺织在全苏计划中只提主要指标。

简单，苏计委只做全苏重大问题的计划，地方做其负责管理〔的〕工业及地方工业的计划。农业方面计委及地方计委均作计划。文教卫生等计委亦只作主要指标，详细计划列入地方计划。地方道路等由地方计划。由此可见计委与地方计委联系密切。〔加盟〕共和国计委编制计划草案，经全苏计委审核，如有意见予以指示。

国家计划与地方计划不可能有矛盾，个别情况亦有。〔加盟〕共和国希望中央供给原料、设备，但国家希望〔其〕利用地方资料，满足本地要求。

因此国家对地方计委应予指导。

为使地方工业很好发展，地方计委有一定权力，可以决定很多产品的价格问题。计委应帮助地方企业得到原料，国营可把一部分的设备交给地方企业，俾能很好配合。

文化建设主要由地方负责，文化福利计划亦由地方负责编制，资金亦由地方拨付。人民在文化福利需要〔方面〕毫无止境，愈多愈好。地方希望多办学校、医院，多给资金，但国家资金有限，不能满足。计委充分研究、解释，矛盾是可以避免的。计委不但应当知道全苏全面情况，且须知道各地区的地方〔情况〕及地方工业〔情况〕，俾能确定发展比例，满足各地区的要求。

Ⅲ. 计委本身是国家机关，对国民经济计划编制负主要责任，并负责检查各部门完成计划情况。编制各部门的计划，现实的，切实可行的，要考虑原材料的供应、产品销售、劳动力的供应、现有潜力等。计划应是紧张的，但可以完成的。各部计划经政府批准以后，应负责完成计划（各部）。计划应下达到各企业，计委负责检查计划下达情况，对各部经常监督检查计划完成情况。计委应帮助各部：①检查计划执行中的缺点；②考虑原料分配予以必要调整。某些特点：一切工业产品，分为两类，一类由物资分配局统一分配，产量由计委统一计划，计委负有很大责任。二类是计划产品，主要只提产值及主要产品产量，详细内容产品数量由主管部来规定，因此是否完成计划应由各部负责检查。计委仍亦不能不管，原因计划虽由各部确定，但与其他部门有关，必须由计委来统一调剂。

基本建设亦分两类：每部均有限额，政府有统一规定，限额以上工程应由政府批准，限额以下工程各部可以批准。限额以上计划不仅作总的投资计划，且有工程项目，逐项规定。限额以下只规定总的投资数额。计委任务〔是〕确定限额以上工程，并监督其进行。但并不是说对限额以下完全不管，只是把其决定权力交给各部，各部可以调动资金分配。

成本问题，计委对各工业部门作统一计划，各部需要对各企业作成本分析，计算具体内容。

计委内部，分为两类：按各部门专业及综合性质。各国民经济主要部门均有专业处，如冶金、机械、运输、农业、商业、文教等。综合方面，劳动、基建、价格、成本、财务，国民经济计划综合处。专业处负责各部总的情况，如机械处，机械生产计划、产值、产量、基建、新技术问题、企业布置、劳动、成本。各部工作好坏影响全面。如基建不能只看一个部门需要，而要考虑全面需要，要由其他部门供给材料，因此牵涉全面。总的研究由综合处及基建处负责。劳动问题、工资问题亦应全面考虑，不是一部所能解决。

各综合处的工作不谈。

计划必须保证各部门的比例关系。如矿石影响到铁和钢的产量，煤和钢铁也有密切关系，各种机器产量也有一定比例。生产与基建中的比例，生产与劳动关系的比例，各部门间的比例，如钢与机器。各部门的产品等比例是各专业处的任务。

还有一些重要比例问题，如劳动率与工资上升的比例，劳动资源分配问题。基建主要依靠资金积累，应当确定积累与工农消费的比例，国民收入与商业间的比例，财务平衡问题。这些工作是各综合处的任务。

各处工作程序，各专业处提出本处计划草案，一般由各处按主席指示编出。各处所提计划草案交综合处。各综合处自己亦主动研究，平行进行工作。综合处审查计划草案，〔以〕发现不相适应的问题。一般来讲专业处要求更多基建资金，这亦不算错误。劳动、成本方面亦有不适应的地方，劳动率要求低一点，成本要求高一点，审查中可发现基本资金要求太多，反之劳动率应提高一点。综合处确定基建总的数量，确定劳动、成本等问题。

计划工作第二步：各专业处根据综合处的建议提出新的方案，编制切实的方案，可能做一次，亦可能做几次，要到切实为止。斯大林说国〔民〕经〔济〕计划是国〔民〕经〔济〕规律性的切实反映。国〔民〕经〔济〕各部门如果配合得好，便可提请政府批准。列宁在新经〔济政策〕初期在统一经济计划中说〔这〕是国民经济各部门的最严格的配合。比例性逐年改进，斯大林说比例性应根据各时期要求不同来决定。

Ⅳ. 要正确计划，就要周密研究，不好〔好〕研究不能正确编制计划。计委没有研究机构，对国民经济研究主要依靠中央统计局及各部，科学院及科学研究院，各部的科学研究所。

中央统计局向计委供给大量统计资料，报告性的，总结性的资料，包括生产能力、产品、劳动力、工资等方面的问题。还有家庭预算（家计调查）方面的资料，国民收入及支出方面的资料。

科学院所提出有关新技术方面的资料。

〔对〕资本〔主义〕国家研究主要由科学院经济研究所负责，外贸部亦研究。个别工业部门研究有专业的研究院。

在职干部业务学习，计委工作人员都工作，都学习。学习形式不同。今年学政治经济学，有些在马列大学学习，各处研究各经济部门问题，常请各科学院来做报告。亦请先进工人、生产革新者来谈话。

还有经济训练班，时间四〔个〕月，脱离生产，学哲学、政治经济学、统计学、计划问题，这些都是干部学习的主要形式。计委干部均受过高等教育，大部〔分〕干部是大厂总工程师、厂长等。

很多干部有五年、十年至二十年在计委工作经验。

苏联在革命前即有统计工作，革命初期亦很重视。革命前即有家庭预算资料，革命后列宁、斯大林很注意建立统计工作。当时不仅统计工农业生产，而且统计居民的收入和开支。在这方面中苏虽有不同，沙皇严格中央领导制，在集中统一上与中国不同。中国比较分散，困难较多。建立工业〔统计〕比农业容易得多，比收支统计〔容易〕更多。1953 年资金周转计划超过很多，说明国民收入研究不好。苏联非常注意这方面的统计数字，对财政收支影响很大。

1955 年

第二次全国省（市）计划会议*

计划会议李〔富春〕主任报告

一，社会主义是有计划按比例发展，我们比较注意国营直接计划，未注意私营间接计划，在国营中对地方工业亦注意不够，对私营的加工订货亦注意不够。如何加强计划性，克服资本主义的盲目性，这是我们此次会议总的要求。

①要进一步摸清情况，中央与地方各个方面，互相交换情况。中国经济发展不平衡，情况复杂，我们平均主义处理问题，不了解各地特殊情况，是基本原因。在工业建设中如何利用现有工业，没有贯彻。

②通过此次会议把各省市的五年计划定稿，作为全〔国〕五〔年计划〕组成部分。

③在讨论地方五年计划中，把全国主要指标重新审查。

④各省市计划应尽可能把国营经济各个方面，各种经济成分，尽可能全面安排，尽可能做到按比例发展。

⑤计划指标定了，研究完成计划的具体政策和重大措施，保障五年计划的完成。

⑥尽可能解决各地有关计划制定和执行的一些问题，使五年计划建立在先进和可靠的基础上。

二，五年计划的基本任务和基本方针。

五年计划根据过渡时期总任务制定，即要向社会主义前进，建设一个完全的社会主义社会，即要完成社会主义工业化和社会主义改造，准备三个五年计划完成。

①第一〔个〕五年基本任务是，建立我国社会主义工业化的初步基础……农业、手工业、资本主义工商业初步基础。总之第一〔个〕五年要

---

* 1955 年 1 月 6 日至 2 月 8 日，召开第二次全国省（市）计划会议。这次会议确定的 1955 年计划方针是：全国平衡、统筹安排、增产节约、重点建设。2 月 8 日李富春作总结报告（《中华人民共和国国民经济和社会发展计划大事辑要 1949—1985》，第 67 页）。大标题为编者所加。

打初步基础。现在干部有重工轻农思想，工业只注意国营，不注意私营的改造和安排。对国营工业只注意中央国营，对地方工业注意不够。对商业也不注意私商改造。这样认识便不全面，对总路线认识是不全面的。

②根据上述任务，第一是以社会主义工业化为主体，为中心。工业化首先要发展重工业，以重工业为中心。现在轻工业的潜力尚未充分发挥，最需要的是冶金、动力、机械等项工业。要能自己独立制造各种机器设备。要在十五年左右，使现代工业在工农业总产值中至少占60%左右，基本上消灭资本主义工业。现在建设重工业，在资源、技术、投资等方面都很紧张，必须充分利用现有工业，包括私营工业，以节省国家投资。五年计划草案对原有工业利用不够。

③对于非社会主义经济的改造，农业合作社五年可到250万个，私〔营〕工〔业〕1952年占41%，私商占68%。要改造它们，同时安排它们，这就有许多具体政策问题，既要前进，又要稳当，稳步前进。

④国民经济各方面要按计划按比例发展，各经济部门，各经济成分，均要有适当的安排。农业不能过分落后，要适应工业化的需要。

三，各省市五年计划主要任务。

从统筹兼顾、全面安排出发，消除中央与地区的矛盾，地区与地区的矛盾，各经济成分间的矛盾，工业与农业间的矛盾，保证五年建设不发生大问题，胜利完成五年计划。

各省市汇总结果，粮食比草案多了三十五亿斤，棉花少了一百万担。

工业上〔增?〕长速度按产销平衡出发，不一定维持15.5%。基本建设从全面照顾出发，削减重复部分，凡有［是?］现有工业可以利用的暂不新建，避免中央与地方、国营与私营矛盾。私营工商业要全面改造，全面安排，改造一行，安排一行。

地方财政制度如何安排？文教卫生等计划如何规定？

〔×××〕

Ⅰ.①贯彻重点建设〔方针〕。

②照顾国防〔建设〕。

③统筹兼顾，全面安排。

④集中使用资金。

Ⅱ. 从实际出发，量力而行，稳步前进。

①照顾过渡时期经济具体情况。

②照顾六亿人民实际生活水平。

Ⅲ. 地方建设主要是为农村服务，只有个别新的工业基地要配合工业建设。为农村服务就是要为农业生产服务。建设方针以至生活方式不能脱离农民，建立在本省市财政可能的基础上。省市计划要经中央批准。

Ⅳ. 对地方建设的初步意见。地方建设应在全国平衡、统筹兼顾、全面安排的原则下逐项审查，各种经济力量都要利用。

地方工业不能盲目发展，纺织在沿海城市不再发展，橡胶、造纸、食品工业不再发展。

农田水利原则上可以搞，规模大的由水利部搞，地方只搞小的。

交通运输，公路、邮〔政、电〕话不要盲目发展，公路只修干线，电话通到县，不能要求过急。

李〔富春〕主任结论

上下左右交流情况。

搞通思想，全国全面〔安排〕，各种经济统筹兼顾。

①工业，地〔方〕工〔业〕要全面安排，利用游资，削减国家投资。

②农业产量安排妥当，研究具体的政策和措施。

③商业安排确当。

④财政全面安排，地方财政制度。

领导责任不要抹煞矛盾，互相交叉，打通思想，解决问题。

不妨碍全国平衡条件下，照顾地方特点。

计划会议总结

一　会议主要问题和方针

计划工作全国性的、多方面的接触，这还是第一次，问题多、要求多、矛盾多（中央与地方，地方与地方，国营与私营）。着重讨论三个问题：

1. 总的来讲，生产赶不上需要，特别是农业赶不上工业化的需要，此次会议对农业讨论较多。人口每年增900〔万〕～1200万，城市人口五年将增1200万，粮食特别是商品粮的需要增长。如果维持1953年的标准，1958年要3800亿斤，稍稍增加就要达到4000亿斤。工业发展要求增长经济作物，1953年工业总产值367万亿，纺织（99万亿）、食品（81万亿）两项180万亿，均靠农产原料。地方工业221万亿，其中纺织、食品占54.2%。上海工业产值86万亿（包括中央国营），纺织、食品占54.7%。如果农产完不成计划，则许多工业都要减产。去年棉花减产，今年棉纱产量要减48万件，减布1180万匹，产值要减10万亿，在工业总产值中占2.4%。去年烤烟减产，纸烟今年计划360万箱，设备只用了28%（三班）至40%（二班），市场可销400万箱，减产40万箱，共1.2万亿。

从棉花到棉布（393斤棉花织40匹布），工商利润380万，税收240万（一件纱），合共625万元，少了48万件，〔则〕国家少收2.6万亿元。纸烟每箱利润税217万元，减产40万箱少收8600亿元。两者合计少收3.2万亿。

农业品占出口的67%，其中粮食占30%，食品占12%。1万吨大豆可换汽油1.8万吨，1万吨猪肉可换汽油9万余吨，发电设备9万余千瓦。

2. 国家财政满足不了建设要求。中央各种建设较原来预算增加50万亿，收入只增19万亿。地方收入增减相抵少4万亿，支出增减相抵增2.4万亿。解决矛盾办法，只有增产节约，保障重点建设。

3. 社会主义改造与各经济类型统筹安排。现在建设与改造同时进行。私营工业1953年23万户，275万人，产值138万亿。手工业约1000万人。私商约900万人。如何安排，必须掌握稳步前进方针。私营工业五年合营60万亿，手工业合作化300万人，农业合作社到60万个时停一停，看一看，小商小贩改造正在讨论。对私营工商业改造要统筹兼顾，全面安排，引导大家向社会主义前进，过去只管公，不管私，注意改造，忘了安排，应该迅速纠正。

根据以上情况，必须：全国平衡，统筹安排，增产节约，重点建设。各种计划要建筑在全国平衡上，对各种经济、各个地区都要统筹兼顾。今后三年各种经济均应有所发展，各个地区均应有所发展。增产地方首先要增农业生产，其次根据供产销平衡工业增产。节约特别强调把艰苦奋斗传统贯彻到建设中去。近年在朴素、节约方面做得很差，财务成本管理不好，生产、基建浪费严重。房屋建筑标准过高，必须节约。基建投资至少要减10%，经营管理改善目的是为不断增产节约，提高劳动生产率，提高产量、质量，降低成本。过去忽视财务成本管理，要做劳动调配计划，增减数额，报告中央，统一调配。互相调配不够，才能向外招收新工人。

地方工业、公私合营、劳改企业挖掘资金潜在力量，精打细算，利用各项资金，吸收社会游资。贯彻重点建设，首先是重工业和国防。

二 各项问题

1. 农业根据各省特点，提出指标，1957 年粮食 4073 亿斤（原 4067 亿斤），地方可定 4110 亿斤；棉花 9836 万亩，3710 万担（〔地方可定〕3739 万担）。这些指标是积极的，任务是艰巨的，依靠各地共同努力，采取各种有效措施，使这指标能够实现。

农林水投资增加三万余亿，必须节约使用，不能再增。县要设农林科，县主要搞农业，人员由县调整，不能再增。贯彻统筹兼顾，全面安排方针。

2. 地方工业生产、基建〔指标〕都是积极的，工业品供不应求，尚差 20〔万亿〕~40 万亿。积极性表现在计划性方面，必须反对盲目性。计划中能增的都尽量增了，纱布、烟、油受农业约束，增产受些限制，逐年逐步增产。压缩的是机电、化工、医药等，过去盲目发展，现在不能不加压缩，改行技术改造。(1953 年上海、天津工业盲目发展，1954 年发生困难。)

地方工业发展必须面向农业，结合农民需要。必须统筹兼顾，全面安排。中央与地方、地方与地方、国营与私营，已经尽量照顾，再有不足，在年度计划中去调整。1955 年限度［额?］以下投资削得多些，防止 1955 年成一高峰。地方限额要降低，重工业 50 亿，轻工业 30 亿。

3. 加工订货计划，这个问题没有解决，今年必须解决。商业部定计划，地工部统筹安排。先做第一季的计划。生产必须价廉物美，适合需要，商业部不能长期照顾落后。

4. 文教卫生没有包括私营，今年要做详细调查，明年要求全面。凡地方性的文教事业，首先地方来管，减轻中央文教部门日常事务。地方文教事业依靠群众力量进行。如民办小学、区医疗站逐步自给。

5. 地方财政，1954 年结余 15 万亿，解决 4 种费用外尚多 5 万亿，全归地方，要在今后三年分期使用，节余多的省份（川苏鲁粤）拿出一二千亿调剂困难地区。1955 年地方财政必须严格控制，不要成为五年计划中的高峰，要精打细算，反对宽打窄用思想。

三　如何提高计划工作水平

计划工作缺点，不确、不全、不透。不确，首先是统计数字不确实，口径多，数字多，账目对不清楚。不全，对各种经济缺乏统筹兼顾，全面安排，偏重中央，不重地方，偏重公，不重私，偏重新建，不重利用已有。不透，有些建设项目没有研究，已经批准，打五分的是少数。（区估计估计，县统计统计，县委同意同意。）

这种现象，有历史根源，缺乏统计资料，间接计划比重很大，缺乏计划工作经验。

对统计工作注意不够，既然口径不一致就应该想法一致。调查研究不够，定额研究不够。今后应当逐步做到准确、全面、透澈［彻］。

今后计划工作基本建设：①统一计划、统计口径，一切统计资料通过统计机关；②审订、制订计划定额；③按行按业调查研究；④学会掌握平衡方法，全国全面平衡；⑤提高理论学习，学经济学。

加强计划工作机构，不是增加机构。县计划统计科必须建立，加强干部质量，努力学习，不要轻易调动。加强上下联系，每年各省市自开一次计划会议，中央召开一次计划会议。

一九五五年〔统计〕工作*

贾云〔启允〕①　中心任务，提高统计资料质量，另一意见，提高工作水平。

关键：①基层；②报表；③汇总（分析研究）。

王东〔年〕　明确提出提高统计资料质量，关键主要在加强基层单位的统计工作。

整理历史资料还要多费一点功夫，从下到上彻底整理。

李　提高工作水平太抽象，二年来机构铺开，各业统计、基层统计已有

* 1955年1月至2月，第二次全国省（市）计划会议期间，国家统计局工作会议记录。

① 贾启允，时任国家统计局副局长。

加强。1955年的要求：①加强组织领导，密切上下联系；②克服干部的流动性（河南44%）；③基本数字尚未完全统一。

提法：加强业务管理，进一步提高统计资料质量。

卢 提高数字质量，作为中心工作。中心关键尚未考虑。

1954年工作估计要从全国情况出发，检查对全国工作领导。研究经济情况应再强调。

杨波 提法，提高统计工作质量。问题：①数字不准确；②缺乏分析研究。单提统计资料质量，只能包括准确，不能包括分析研究。许多数字，下面是估的，粮食差了三十亿斤。

杨〔坚白〕 措字不同，内容接近，总的来讲提高质量。提高统计工作质量范围太宽，一年是有困难。统计资料可以包括准确性和分析研究，即杨波所说统计工作。

检讨对全国统计工作领导薄弱，缺乏具体领导。

统一数字问题，过去资料推翻，我们应负什么责任，原因没有规定统一方案，简单易行。

陶 应该全面提高统计工作，统计资料仅是其中一部分。总的是要提高统计工作水平，特别是要提高统计资料质量。

去年成绩估计过高，优缺点排列有些机械。要把统计工作发展过程讲一讲，过去是打基础，铺平道路，今后要整顿、巩固、提高，进行内部建设，提高工作质量。

常 资料包括数字和文字说〔明〕，〔是〕提高质量的关键，〔如〕不能说明问题，〔就〕不能满足需要。基层工作固〔然〕要加强，问题更大的是综合部门。必须加强复核，提倡研究空气。

黄〔剑拓〕 统计工作结果（产品）就是统计资料，过去在收集资料方面做了很多工作，一般汇总整理也已做了，比较差的是分析研究。

农业方面提高质量首先是机构问题。河北区统计员反对委区滥发报表，受到停职反省处分。

王思〔华〕 原写统计资料质量，后为全面，改为工作水平。数字只包括准确，资料应包括数字及文字说明。

贾〔启允〕 加强组织领导。

公私合营会议总结*

今年如何打，第一〔个〕五年计划如何打，今天来做总结。

一，中央指示。

私营工商业经过国家资本主义进行社会主义改造，这个问题比较简单，中央开了很多会议，并与资方代表人物进行座谈。

政协开会以前，毛主席强调政协作用，统一战线的重要性，他说各党派、民主团体协商国家大事，我们所做大体上是对的，但办法很不完全，协商非常重要。对政协章程大家意见很多，加以修改，就更完善。

毛主席的协商精神，要与党外协商，因此公私合营也要协商。

人代大会代表各方面，只是主要方面，并非所有方面，加上政协并非多余。

政协不是国家机关，只有人代大会、常委才是国家权力机关。权力机关只能有一，不能有二。政协是党派联合，这并不降低其重要性，共产党也不是国家机关。

政协可对人代大会协商名单联合提名，且可提出建议。

新中国是团结的，但不能说没有矛盾，需要调整，批评及自我批评。矛盾在万年以后还有，阶级矛盾则百年内可消灭，资〔产〕阶〔级〕是最后一个剥削阶级。阶级消灭后矛盾还是存在，还有新旧矛盾，唯心（代表旧的）与唯物（代表新的）间有斗争，社会继续进步（新的克服旧的）。

什么是唯心论，只要拒绝新事物，就能堕入唯心论。把现存事物固定化，拒绝继续革新，就是唯心论。对过去的经验留恋，拒绝吸收新的经验，就会堕入唯心论。

公私合营是要解决公私矛盾，把私的利益逐步纳入公的利益，解决公私矛盾，要利用私营的积极性，防止其破坏性，逐步把它消灭。

广州休养回来，找四省书记谈话，知道广大农民拥护统购统销，缺粮户

* 根据笔记的内容和前后时间，这次公私合营会议的时间约在1955年1月至2月间。这是会议总结的记录，报告人不详。

是赞成的，反对的只有少数富农，其中也有共产党、县长，他们大叫农民贫困，只有四两米。江淮河汉水灾救济搞得很好，党政干部率领灾民转移，水退后领着回来抢种。农民说百年未有大水灾，千年未有好政府。农村问题是对私商挤得太快。

对工业是原料、市场统筹兼顾，这个问题需要解决。除去私商剥削对人民有利，但进得太猛，要逐步改造，逐步吸收。

调整工商业，调整公私关系，政协大有可为。政协不是讲闲谈的机关，像茶坊酒肆一样。闲话也可以讲，只要没有恶意。

政协不是按级服从。

总之共产党实行总路线，要有主张，有办法，同时又要与其他民主党派协商，除工农联盟外，还要与资〔产〕阶〔级〕联盟。瑞金时代清一色，表面看来事情好办，实际最不好办，迫得万里长征，必须善于运用统一战线这个武器。

周总理说：国营、私营要统一领导，归口安排，按行（业进行）改造，全面计划。即要统筹兼顾，反对片面性。过去主要毛病是不研究情况，不与人家协商，片面处理人家问题，不计后果，整乱了又不得不向人家讲好话。资〔产〕阶〔级〕消灭已经不成问题，问题是在如何减少其破坏性。现在没有任何力量能够阻碍我们没收资产阶级，问题是这样破坏很大，损失很大，最后我们自己也要吃亏。把资〔产〕阶〔级〕骂走了，没有好处，把他拉过来，最后变为我的，这样更好。

陈云同志亲自召集各部会议，研究资〔产〕阶〔级〕意见，对工商界作报告。工商困难〔的〕八个行业，主要是机器和电气，地区是上海和天津。还有服务业很困难，农村私商没有安排。困难虽有，范围不大，容易调整。成立第三工业部管私营机电工业，各工业部产品归口，统一安排。

商业阵地不能让，但步骤要慢一点，不搞公私合营，主要是包下来，把私营从业人员变为国营从业人员。只顾国营不顾私营是不对的，但一切依靠国家，自己不想办法，或一切依靠中央，地方不想办法也是不对的。

各级党委要重视劳动人民与非劳动人民的统一战线工作，国营要管私营，否则社会主义就搞不好。

资〔产〕阶〔级〕座谈会认为政府空前重视，照顾出于意料，鼓励大家发言，有的讲了后悔，我们表示欢迎批评，不需要颂扬。他们表示希望中央作风，地方能够照办。免得地方问题统统弄到中央来解决。

进步分子表示政府照顾无微不至，现在要看我们（资产阶级）自己如何克服自己内部的破坏、消极情绪，不要样样依靠政府，自己也要负责。

二，1954 年扩大公私合营成绩。

去年全国范围有计划地进行公私合营，这年有重大成就。超额完成了合营计划（原计划 17 万亿，完成了 23 万亿），抓住重要部分合营，加以整顿，营业蒸蒸日上。私〔营〕工〔业〕变为合营，社会主义插上一腿，处于领导地位，成为半社会主义。合营比重将由 6% 变为 11.8%，国合工业将由 62% 升至 70%。资〔本主义〕工〔业〕由 38% 降至 30% 上下，绝对数也减少 13.4%。

这年合营都是比较大的重要行业，在国计民生中占重要地位。工会组织较好，资方多为代表人物，为今后合营树立榜样，开阔前进道路。

依靠职工，贯彻预定方针，提高职工社会主义觉悟，生产关系开始改变，劳动生产率迅速提高，充分证明了社会主义的优越性。

贯彻了党的统一战线政策，在清产定股、人事安排上表现主人翁的态度，为今后改造打下基础。

对原有公私合营企业进行整顿，巩固已得阵地。

一年来的具体事实证明了总路线的正确性，特别是通过公私合营来逐步改造资本主义政策的正确性。

三，缺点。

中央有关部门对合营企业的企业改造比较重视，对人的改造不大注意。对私营企业不大照顾。对合营企业人事安排注意不够，必须统筹兼顾。任何新事物都是从旧事物产生的，必须充分利用旧有材料。

八办对于问题反映得慢，没有气力，不如地方党委敏感。情况了解不够，不具体。

对合营后的工作注意不够，注意新合营，不注意旧合营，在加工订货方面毛病最大。

地方有关部门对公私合营不够重视，缺乏专管机关和干部，政策交代不明确，任务布置不具体。

①不重视合营企业干部配备，把无法安排的干部派给合营企业。②重视国营，不重视合营，只重视大厂，不重视小厂。③不顾实际，要求过高，只管生产，不顾人的改造。如何把合营变为国营，可以想，不要做，目前时机尚未成熟。把国营企业一套搬到合营，在战略上是错误的，成事不足，败事有余。

合营干部大多缺乏企业经营及与资产阶级统战经验。干部缺乏是一矛盾，应当适当解决。

干部怕到合营企业工作，怕犯错误，怕立场不稳，不敢与资方接触。办事宁左勿右，包办一切，不与资方商量。另一方面，与资方一团和气，不敢批评，也是有的，同样应当警惕。

①清产核资；②人事安排；③分红；④协商。这些问题都应很好处理。

公私合营以后整顿改造，不要盲目发展生产，增加投资。

加工订货不能改变所有制，不能完成社会主义改造。

四，1955 年产值 17 万亿，计划投资 5900 亿（就地取材，白手起家）。〔19〕56 年 18 万亿，〔19〕57 年 19 万亿，三年合计 54 万亿，加〔19〕54 年 77 万亿。

五，成立第三机械工业部，专管私营机电工业，其余归地方工业部管。产品归口，还要积累经验，作为一个方向。八办综合情况，研究政策，检查督促，联系各方。

李〔富春〕主任〔谈〕（工作制度）*

计委是国务院下职能机关，主管国民经济计划，凡原计划编制修改，均归计委负责。要帮助国务院研究国民经济重大问题，检查计划执行情况。委员会应民主集中制，分工负责，集体领导。

计委与各办各部关系，日常工作应由各部去办，要搞章程条例。

三月份集中力量搞五年、五五年计划，四月可以下去，七月回来应付人代大会。在既定方针政策下的日常问题，副主任负责解决，事务性的可由办

---

* 1955 年初李富春谈计委工作制度的笔记。

公厅发。各局不向外行文。

会议制度，党组会议半月一次，讨论计划、政策。办公会议半月一次，讨论日常工作。党组会议可以适当扩大。各口会议不必固定。副主任随便找有关局谈。委员会每月一次，把党组会议讨论问题再讨论一次。局长联席会议不定期，有事就开，日常联系由副主任办。大会只能〔是〕传达性质，很难详细讨论。

几个条例应在三月份搞出来，由〔王〕光伟负责。

对外，上下左右关系，交换文件情况，收集刊物资料，互通情报。我们也要供给材料。秘书处摘录好的资料，送国务院及中央。向中央报告一为计划执行报告，统计、计划都做。综合局做三月一次，三月一次计委本身工作综合报告。向国务院作两周报告，亦可报中央。

对苏联，关于计划变更，设计任务书，批准均归计委，其他如设备分交等均不管。技术资料、技术合作亦不管。厂址选择归计委，只规定在哪一城市，具体地点归建委。

对外谈话计委不应管，用计委名义向总理写一报告。

刊物，计划与检查必须恢复，宁可少出其他刊物。研究室选各地各部资料。《计划经济》必须办好，由薛〔暮桥〕负责，大家写文章。

经济合作*

苏联〔对〕外贸易部设对人民民主国家经济关系总局，在各兄弟国家设代表机关，统一管理顾问、专家、设计、资料等。原归阿尔希布夫及米古诺夫所管专家均归管理，受外贸部及大使馆双重领导（政法、文教、卫生专家仍归大使馆管）。对苏经济合作，连156项在内，均归技术合作委员会办理。

计委成立专家实习生计划处，〔负责〕派出及接受实习生计划，聘请及派出专家计划，经国务院批准后交外贸部办，日常归外贸部。

申请图纸资料及提供图纸资料均归建委审查。设计资料（156项）归建委，非156项归外贸部。产品设计归一机〔部〕（有关机械部分），非机械

* 1955年关于与苏联经济合作的笔记。

归各部。军工资料归二机〔部〕，零星资料归各委员会。

技术合作项目可以最后由薄〔一波〕帮助富春同志拍板。

①外贸部增设技术合作局，并考虑增设军事订货组，建成套设备局，合管经济合作事项。各部对156项及其他技术合作事项仍由两部门管理。

②计委设专家实习生计划处，定计划经国务院批准后交外贸部办理。

其他兄弟国家不经计委，由技合局提〔交〕国务院。

③建设项目确定，成套设备交付，由计委提出报国务院批准后交外贸部办。

④建委设国外设计图纸资料处，检查收到、保管、使用等。出口资料均经建委审查。其他图纸资料审批，一般工业产品资料归各部（主管部）分工负责，提出意见，到外贸部汇总解决，向商参处提出。如有较大争执，由计委、建委、外贸部会商解决。富春同志拍板，各组主席也要负责审查。有争论才报计委、建委。

统计局党组向中央写一报告，说明数字变更原因。

计委讨论五年计划*

二机〔部〕

我国工业水平较苏联过渡时期低，但有有利因素：①国际环境不同，有苏联对我们的援助；②新技术的采用可以大大提高生产能力，缩短建设时间；③“二五”“三五”期间各方面的工作都会比“一五”大大改进，收入会增加，开支会节省。

研究资金使用比例，用在工业生产方面的，用在流通方面的（包括投资、流动资金、银行信贷）。

〔第〕三个五年一切要能自己生产，特大、特小、特厚、特薄、特殊合金，不搞不够积极。各工业部不管二机需要，是没有国防观点、战争观点。二机不好好利用自己的生产力，是没有经济观点、群众观点。

* 以下几段系根据几则笔记整合，应为计委会议记录，时间均为1955年。大标题为编者所加。

重工〔部〕

十五年计划着重解决什么问题。

钢铁：①水平应该达到英德水平；②建立几个新的钢铁工业基地；③在技术水平上赶上资本主义国家，品种满足需要。

有色〔金属〕：①基本上解决国防及其他工业需要；②扩大有色金属领域，工业用的54种，我们能生产的14种（矿石有26种），没有各种有色金属，就不能有高级合金钢；③基本上解决有色金属综合利用，减少浪费。

化学：①解决国防需要，扩大品种；②满足农业肥料需要，杀虫药品，颜料；③改变化工地区分布。

主要经济技术政策

经济技术政策随时变化，跟着科学技术发展而有变化。

钢铁：①从经济技术看，大厂优于小厂，但从政治考虑需要建立比较多的基地，修建中小型厂，中型厂亦可采用最新技术；②逐渐专业化（轧钢厂）；③扩大优质钢及高合金钢比例，电炉要多一点（占6.7%）；④增加资源后备力量，利用低品位矿石；⑤注意锰矿的经济利用；⑥新技术的方向，增加氧气炼钢，转炉炼钢。

私营钢铁厂有些可以合并，有些小厂可以淘汰。

我国炼铁焦炭灰分13%～14%，苏联在10%以下，如能达到苏联标准，1957年能多产生铁40万吨。

稀有金属28种，用于工业的有26种，我们绝大部分不能生产，这代表着科学技术的水平。

化工产品世界上有几千种，我们很少。要发展人造橡胶、塑料、人造纤维，私营化工技术力量相当强，花色多，可以利用。

发展速度和水平

第三〔个〕五年不应当与苏联1940年比，要十五年比十五年，这样我们水平还是很低。钢2000万吨可能低了，不能再减。

“二五”重工部收入172亿，投资131亿，收入多于投资。

钢铁工业发展方向，发展旧基地和大厂省钱，但从政治考虑应建新基地和中型厂，并为第四〔个〕五年打算。

新方案

如按计委投资数字，要取消广西、河南、华北三个钢铁基地，有色推迟进度，稀有金属项目取消。

另一方案，从原来的 165 亿减为 152 亿，压低化工定额，推迟铅锌建设。

1956 年

国务会议〔讨论年度计划〕*

今年计划最紧张的是钢材，缺的时候大家多要，结果可能出现积压。各部必须严格审核，暂不考虑削减计划。

今年计划：①先讨论生产，然后考虑财政，这是好的经验；②今年交锋的不仅有财政，而且有材料，工作进了一步；③今年年度计划与远景计划结合考虑，两者不易兼顾，要分两个委员会分管长期和年度；④不但财力、物力紧张，人力也会紧张，都要交锋，才能适当解决。

钢材数量尚未全部满足，而且还有品种问题，季节问题，必须精打细算。首先依靠各部自己细摸，然后各部平衡。铁道换轨能否推迟，省出一些钢材。

工业总产值仍定535亿，多留一点超产，让工人得些利益。

工资制度**

产业顺序：①技术水平；②工作条件；③产业的重要性。

1954、〔19〕55两年工资工作做得不好，劳动生产率提高了，工资没有相应增加。控制太严不仅〔是〕计委，而且层层控制，以致执行结果常常低于计划。其次，计划缺乏经常检查，劳动超过计划，工资低于计划。第三，必须相互结合，各方面的变化都会影响工人生活，我们缺乏研究。

产业次序问题：产业要分次序，各产业的同样工种应当标准相同。历史条件应当照顾，但新增工人必须合理标准，可以新老两种工资标准。奖励制度应该建立起来。各种津贴制度统一研究，能统一的适当统一。国家机关工资也按同一方针改变，不要保持两种方针。

---

* 根据笔记的前后内容及时间，此则应为1956年上半年国务会议讨论年度计划的笔记。

** 1956年5月下旬至6月中旬，国务院在北京召开全国工资改革方案平衡会议。此前，劳动部于3、4月间召开了全国工资会议，初步拟定工资改革方案（《中华人民共和国经济大事记1949—1980年》，第173页）。此件为国务院会议的记录。

工资标准提高、计件工资、奖励、升级四者都会影响工资总额，不要限定框子，有多少算多少。今年放手一下，出了毛病再控制。明年再考虑新的办法。

陈云同志

财经部门把工资看得不如投资重要，这是思想错误，工资应该放到一定地位。过去害怕购买力大了物资供应困难，实际情况不如想的严重。今年加得猛一点，把物价津贴放在工资中去。要在部门内平衡，并在地区平衡，加的时候必须好好研究。

总理指示

过去两年忽视工资问题，（把工资与劳动生产率对比，计划与实际对比）。今天通过新的方案，把物价津贴并入工资。实行这个方针牵涉到一系列的问题，还要研究。

问题：①从沿海向内地迁移，能迁的迁，不能迁的不要强迁，免受损失。沿海还可增产，特别是轻工业。②工人调动补贴必须采取措施，一部提出方案。③产业顺序：技术，重要性，劳动条件三条为主。照顾历史和地区。

生活费指数计算委员会，〔孙〕冶方参加，刘子久同志负责。

历年平均工资计算。

生活费指数分多少地区，包括多少内容。地区差别。

国家机关人员工资制度也要改变，按同一原则一同解决。

乡干部71万人，不在计划统计的范围内，都是补贴制。

初中学生需要问题

二机〔部〕　60000人还不是最高要求，不可能再减少。许多工厂无人不能开工。

一机〔部〕　需要10万人，第一季7万，第二季1万，第三季2万，先要7万。

石油〔部〕　干部平衡差2万余人，重点解决至少要4000人作地质勘察。要求招一些高等学校考不取的，年龄太大学校不要的高中生 500 人。

测绘局　高中〔生〕100 人，初中〔生〕350 人。

重工业部[①]　要 25000 人，尚未提出。

煤炭部　还是老数字，现在需要更大。主要〔是〕地质测量，绘图等。

地质〔部〕　要求数字希望不变。

交通部　希望允许招高小生，数字不减。

建筑部　需要 17500 人，可以在暑期招收。希望从转业军人〔中〕解决 1 万，从初中生〔中〕解决 7500，招生后招〔工〕。

水利部　可以适当减少，已批 1500 人不要取消。

林业部　各省要的，各省自己解决。

劳动部　第一季已批准 28 万余人，允许招初中生 7 万余人，后来一机、二机、电力徒工也招初中生，又 7 万余，共招初中生批准 14 万余人。地方招收地方自己批，人数多少不知道。希望国务院通知各省，一律停招。国防部招了 5 万人。各部已招的一定不要用作徒工。

纺织〔部〕　培养人造纤维人员要高中毕业生。

城建局　劳动部已批准 980 人，在天津招了 200 多人。共要 1714 人。

广播〔局〕　要招技术干部 400 人，广播员 70～80 人（北京人）。

电力〔部〕　劳动部已批准 17000〔人〕，其中高中〔生〕3000 余人，未招到，初中〔生〕也只〔招到〕四分之一，已招到的 3000 余人。

组织部　批准〔招〕初中生 2000 人，高中生 500 人。

银行　编余 8000～9000 人，已抽一批去公私合营〔银行〕。

习〔仲勋〕[②] 秘书长：首先保证大学、高中、中技招生，〔各部需要的〕高中学生一人没有，打断念头。高中招生必须保证，中技也要保证。

各部需要初中生，只能：①从考余后的数字解决。②其次内招，中技内招 20%。③再次社会上还有一些初中生。④最后已参加合作社的能否留一

① 根据 1956 年 5 月 12 日《全国人大常委会关于调整国务院所属组织机构的决议》，决定撤销中华人民共和国重工业部等 3 个工业部，撤销城建总局，设立国家经济委员会、国家技术委员会，设立冶金部、化工部、城建部等 10 个部（《1953－1957 中华人民共和国经济档案资料选编·综合卷》，第 133 页）。这次会议的时间应属于过渡期，重工业部、城建局等机构还在继续工作。

② 习仲勋，时任国务院秘书长。

些，抽一些，要与各地商量。⑤此外再招一些高小生。

求平衡方法，压低数量，压低质量（招高小生）。

还要问问各地需要情况。由劳动部负责打电话问各省市。

招来的如何合理使用，一部分送中技。一部分解决计划外需要。

以后均归劳动部管，不要计委批，一个头子负责，不要大家都管。

军委要5万，问一下。

以后无国务院命令，各地一律不动员招收。一定数字以上，劳动部亦不算，要国务院的命令才行。不要冻结，快查清楚。

中共八届二中全会讨论1957年度国民经济计划*

明年年度计划和财政预算①

第一，建设方针：社会主义国家对外对内已经产生了大国沙文主义，对外大国主义，对内专制主义，可能形式〔成?〕贵族工人阶层，必须注意防范。其次，在优先发展重工业中忽视了轻工业和农业的发展及人民生活的改善。我们必须避免这种错误。

在中国，过去封建传统容易助长沙文主义，易使领导脱离群众。过去首长作风，造成特殊，易使群众不满。中国人多势众，但亦造成一定的困难。必须具体解决十大关系。

建设目的是建立基本上完整的工业体系，需要三个五年或者更多一点时间。过去所订远景计划可以放慢一点，如钢1967年只能达到2000〔万吨〕～2500万吨，不可能达到3000万吨。粮食只能达到7000亿斤，不可能到1万亿斤。

---

* 1956年11月10日至15日，召开中共八届二中全会。11月10日，周恩来在会上作《关于一九五七年度国民经济发展计划和财政预算控制数字的报告》，联系苏联、东欧国家经济建设中的问题，提出我国在“一五”计划完成后应做全面总结，该报告提出了1957年国民经济计划的方针。11月11日，陈云作了关于粮食和主要副食品（猪肉和食油）问题的发言。毛泽东在会议的最后一天讲了话（《周恩来年谱1949－1976》上卷，第636－637页；《陈云年谱》中卷，第344－345页）。这是会议记录摘要。大标题为编者所加。

① 这是周恩来在中共八届二中全会上报告的记录。

八大建议数字也可考虑修改，农业发展纲要也可以考虑修改。只要是不切实际的，就要修改，以免束缚自己。

第一五年计划执行情况成绩很大，问题不少。生产、基建、财政等计划大体上都超额完成，成绩很大，但错误也不少。一部分是由于形势变化，军工生产可以放慢一点。一部分是由于缺乏经验，如汽车、拖拉机搞快搞多，去年新提55项显然多了，大部可以推迟。

1956年计划执行情况，生产增长很快，原因〔是〕群众社会主义高潮，基建计划冒了。今年财政赤字约有12亿〔元〕，农贷发了30亿〔元〕，财政信贷赤字约有20〔亿〕~30亿元，发行增加了10〔亿〕~15亿〔元〕，物资库存减少了约20亿〔元〕。布的库存从55万匹减至32万匹。赤字来源主要是基建投资过大，大约多投了20亿元。

1957年的计划，今年冒了，明年安排就很困难，方针〔是〕保证重点，适当收缩。

收入方面，旧价317亿〔元〕，新价306亿〔元〕，比1956年增7%。支出方面，基建投资旧价133亿〔元〕，新价124亿〔元〕，比1956年减8亿〔元〕。

（1）冻结编制，精简机构。

（2）控制预算。

（3）冻结财政结余，明年一年不用。

（4）体制改编[①]今年准备，明年试办。

（5）明年进行增产节约运动。

原因[②]

（1）依靠苏联解放，又未很好掌握群众路线，对工农未进行阶级教育，对知识分子未进行思想改造，对资本主义有留恋，对帝国主义有幻想，思想上敌我不分。

---

① 1956年5月，国务院召开全国体制会议，会议检查了中央集权过多的现象，提出了关于改进国家行政体制的草案（《中华人民共和国国民经济和社会发展计划大事辑要1949-1985》，第85页）。

② 这段话可能是薛暮桥同志自拟的思考提纲。

（2）机械执行优先发展重工业的方针，忽视轻工业和农业，忽视群众生活的改善。

（3）机械搬运苏联办法，加上苏联有些同志大国主义思想，引起群众反苏情绪。

陈云同志报告①

（1）粮食收入比去年有所增加，大约可达3740〔亿斤〕（计划3789〔亿斤〕），比去年的3496〔亿斤〕约增250亿斤。受灾省有河北、湖南、苏北、吉林等省。

7～10月比去年同期多销64亿斤，各省要求增加销售指标。征购指标801亿斤，比去年又降低。主要趋向多留少购。如果多销少购不能纠正，到明年6月可能赤字50亿斤（今年库存430亿斤，其中大部为周转粮）。

要求这一粮食年度达到收支平衡，不致发生50亿的赤字。要求收820亿斤，销750亿斤，余为出口粮。粮食安排，首先保证公粮征粮，其次种子、口粮、饲料，第三才是副业。今年增产区要多购一点，弥补灾区少购数字。以后丰收地区应当多购一点，不超过增收数的40%。

作业可开粉坊、豆腐坊，不应开饭店，缺粮户应先吃自己的，后吃公家的。灾区口粮应比一般地区低一点。冬季除灾区及不产粮地区外，一般应当停销粮食。对缺粮户的定销数额必须切实可靠，按户发购粮证，开会通过。

压缩城市中不应有的销粮，每人每月收缩照顾粮1斤左右。全国民工平均200万人，供饭要带粮票。对熟食业的供应应该适当控制，现已达到70亿斤。

（2）猪肉供应紧张，生猪减产。从1954年6月起生猪下降，迄未停止。1950年6000万〔头〕，〔19〕51年7000万〔头〕，〔19〕52年8000万〔头〕，〔19〕53年9000万〔头〕，〔19〕54年10000万〔头〕，〔19〕55年9000万〔头〕，〔19〕56年8000万头。平均重量从157斤降至141斤。

供应量大大不够，已经引起人民普遍不满，从城市到乡村，都是如此。

---

① 这是陈云在中共八届二中全会上报告的记录。其中部分内容被收入《陈云文选》，题为《解决猪肉和其他副食品供应紧张的办法》（《陈云文选（1956－1985年）》第16～27页）。

个别地区发了肉票。出口，今年猪肉16万吨，生猪60〔万〕~70万头（25头1吨），合共18万余吨。明年要减少10万吨，即250万头。如果养猪工作做好，可望增产并缓和供应情况。

减产原因：①粮食统购，饲料不足。〔19〕54年灾荒，〔19〕55年合作化，农民观望。农民排队：一人吃，〔二〕牛吃，〔三〕猪吃。②收购价低，麸糠涨价，猪价未涨，甚至降低。人员多，开支大，税收高（13%，解放前5〔%〕~8%），利润大。③以前养猪为肥田，合作化后出卖肥料，计算利润，必须有利可图才肯养猪。

增产办法：①农业社应安排养猪饲料，如果专用糠麸喂猪，6亿人口只能养猪10000万头。全国有糠150〔亿〕~180亿斤，能喂猪3000〔万〕~4000万头，粉渣、豆饼可喂3000万头，其他3000万头。青饲料的困难更大。一头猪吃料200斤粮食，粪肥可增产100斤粮食。青饲料南方易长，东北地广人稀草多，此外〔的〕地区青饲料均很少。一头猪要青饲料二千斤，全国青饲料只能养猪1.1〔亿〕~1.2亿头，更多就要种植青饲料，这就要由合作社来安排，留地给农民自己解决。

②恢复农村中的油坊、粉坊、豆腐店，留出粉渣、豆渣和多留一点糠麸养猪，人、猪各得其所。大城市碾米、榨油专供出口，保证规格，其他由小城市及农村加工。

③提高收猪价格，使养猪一头能得约原粮200斤的利益。一头猪的成本：精饲料15元，青饲料（2000斤）15元，小猪价与猪粪价相抵（9元），其他6元，共36元，加利益15元，应得51元，现为43元，应当每头平均提价8元。全国要贴3.8亿元。其中减税2.8亿元（从13%降至5%），小城市集镇提价每斤猪肉5分，收回1亿元。农民卖一头猪，应给10~15斤肉票，全年可用。小猪卖买办法，先由一个省试行自由市场，二〔个〕省办交易所。

养猪可由合作社公养，或社员私养，要使社员有养猪的时间。

（3）油的情况，去年10月至今年9月产油213万吨，战前最高222万吨。农业社留得多，交油慢，出油率低，计划有完不成的危险。

办法：各省收购任务必须完成，完成前不开放自由市场。油料价格研究调整。税收12.5%，购销差价还大，要规定油料与粮食的比价，解决与农民的关系问题。(国家收购粮食50亿〔元〕，经济作物44亿〔元〕，大土产40亿〔元〕，小土产40亿〔元〕，其他……共合180—200亿〔元〕。) 凡价低要破坏生产的要提价，但不能普遍提价，以此增加农民收入。

农村开放自由市场，好处：①过去不生产少生产的恢复了。②城乡交流活跃，城市供应增多。③国〔营〕合〔作社〕商业被迫改善经营方法。经营环节减少，国合商业营业〔业务〕减少，无事可做。

缺点：①没有分清界限，不应开放的开放了，收购任务不易完成。②有些产品涨价过多。③农民贸易不适当地发展。

办法：①〔将〕统一收购物资部分变为统购（扩大统购范围），部分流入自由市场。②小土产自由销售，价格过高时可议价。③农民自产自销不予限制，可以允许远销，但不准贩卖别人的产品。农业合作社亦如此。④手工业生产兼业不应挤了专业。⑤组织市场管理委员会。

柯庆施[①]同志

今年生产建设是有成绩的，去年以来中央各种措施大大地提高了群众的积极性。这种积极性带来了一些副作用，但应肯定积极方面作用较大。

产生盲目性原因，一为缺乏经验，二为工作中的缺点，主观主义。应该把群众的积极性引导到正确的道路上。必须保护群众的积极性，这是很宝贵的东西，表示群众对前途有信心，有了积极性才有创造性，决不要损害它。

必须不断加强思想教育工作，今年工人、学生不断发生问题，部分由于工作中的缺点，部分由于群众过高要求。解决办法，除改正工作中的缺点外，要对群众进行思想教育，提高觉悟水平。

增产节约大有文章可做，必须提倡勤俭建国，反对铺张浪费。降低高级干部待遇，虽然省钱不多，但可改变作风。

张德生[②]同志

主席指示肯定成绩，批评缺点，使大家思想明确，克服混乱思想。现在

① 柯庆施，时任中共上海市委第一书记，中共第八届中央委员会委员。

② 张德生，时任中共陕西省委第一书记，中共第八届中央委员会候补委员。

我谈骨头与肉的问题。

西北建设在穷乡僻壤进行，如柴达木、克拉玛依，是在没有人烟地区进行建设。各地对西北的支援很大。现在架子搭起来了，城市人口增加了一两倍，西安从68万人增至120余万人，兰州从18万人增至60余万人，城市建设跟不上去，最紧张的是供水排水问题，建筑材料供应，交通运输。（克拉玛依花2600万〔元〕运炭，但不肯花500万~600万元建炭窑。）职工生活供应，煤炭不够。西北基建投资要把80%以上为大工业服务，为当地人民服务就无钱办了。西北三怕，一怕影响大工业建设，二怕工人上马路，三怕市场不稳。少数民族地区市场供应，一为物资问题，二为运输问题。“相应”问题说来容易，办起来就困难。

彭德怀同志

收购环节过多，费用过大，对生产消费均无好处。产销差价过大，农民自然不满。波匈事件是血的教训，中国现在不存在这危险，他们所犯错误我们大体未犯，但亦应当引以为戒。官僚主义相当严重，大国主义，特别是大汉族主义是存在的，骄傲情绪也存在的，应该引起注意。

党政军都应该是劳动人民，但事实上都有一些特殊，容易脱离群众。军官平均月薪86元，显然高于地方，军官上下级差别很大。（苏联重奖重罚办法不应当学，薪资差别过大不应当学。）少尉排长66元，元帅450元，加上军龄津贴为580元，等于50个农民的收入，差别要有一点，不能过大。军队与地方的差别，也要缩小，最后应当平等待遇（和平时期）。现在军队干部比地方干部资格老，不好办。建议高级军官减薪10%，元帅减20%.

兵役局应受县委统一领导，是地方政府之一组成部分，以改善军兵关系。

复员军人560万人，干部60万人，地方安置一般是好的，但也有不好的，自杀已达3600余人，原因很多，双方都要负责。

〔朱德〕总司令

东欧兄弟国家发生问题原因之一，计划不准确，几百万人要搞这样多重工业，粮食原料要靠外国供给，重工业品要找市场。又建了斯大林铜像，斯大林街，斯大林城，花了钱引起人民恶感。军事工业发展过多，超过需要。我们情况不同，第一〔个〕五年计划基本是正确的，第二〔个〕五年应当稳步前进。

红星集体农庄*

1953年63户1600亩，生产棉每亩163斤，社员收入均有增加，每〔个〕劳动力475元，每户658元，每〔个〕劳动日1.59元。老婆看小孩也得二百余元。

1954年发展到600余户，吸收〔了〕几个（39户）地主富农讲鬼话，削弱劳动积极性，开除后剩589户。遇灾欠［歉］收，小麦还好，夏季水灾，1.2万余亩只收了三千亩，每〔个〕劳动力只分到0.37元。出外做工、打草，又抢种了6000余亩小麦。

1955年850户，现在840户，干部不愿发展，原因怕灾荒，怕困难。单干农民要求参加，不肯吸收。检查了〔19〕54年缺点，制订〔19〕55年计划，编成10个生产大队，43个小队，管委会17人。每大队均有一〔个〕统计员。耕地17321亩，平均每户约20亩。作物主要〔是〕棉花、麦子。小米、玉米、棉花包工包产，规定劳动定额，三等九级计算工分。包产超额奖励50%，减产惩罚20%～30%。计划每劳动力2.17元，棉花每亩160斤，小米330斤，玉米225斤，小麦190斤，实收小麦152斤。一般没有完成计划，原因夏季大雨，有些灾情，棉花150余斤。小米遇到虫，因而减产较大，只收170余斤。

今年粮食产粮只能自给自足，已卖小麦29万斤，交公粮20万斤（共收92万斤）。两年水灾房子倒塌不少。劳动定额规定太死，气候变化〔了〕没有及时变更〔定额〕，影响劳动情绪。场上干活还无定额。饲养管理有些改进，专设畜牧主任，牲口编号，伤了负责医治，死了要赔。牲口有账，每月检查评膘。积肥也有定额，工作好的受奖，差的受罚。牛169〔头〕，〔还有〕马、驴等，有二种牛。

---

* 红星集体农庄诞生于20世纪50年代，毛泽东、朱德等曾先后到“红星”参观、视察、指导工作。1955年毛泽东为《红星集体农庄的远景规划》题写按语。此文为调查笔记，时间约在1956年底。

出勤多的奖励，月出30日者奖1日，不及27日者扣1日（男），妇女满27日奖1日，不及22日扣1日。自留蔬菜地的干活较少。每户菜地至多一亩，至少二分。蔬菜地投资很大，多为富裕中农经营，归公还有困难，一亩地抵旱地十亩。这是一个尚待解决问题，有些团员因种蔬菜不能〔参加〕集体劳动，丢了团籍。今年农庄栽了527亩，明年发展到1000余亩，再过几年可把个人种的蔬菜收拾完毕。

今年大车46辆，胶轮车20辆，汽车四辆，冬耕地机耕2万余亩。现在1270户，耕地25000亩。机耕一亩1.2元、耙0.24元、割小麦1元。有双铧犁12台，马拉收割机1台。

地富劳动好的有庄员资格，不好的准许参加，没有庄员资格（无选举权），结果大多数无资格，每年吸收几户。无选民证的均无庄员资格。土地全不分红。今年每劳动日约可得1.4元。银行贷款13万元，还了3万元，欠拖拉机站6万余元。种子、肥料等投资8万余元。今年挖了三个渠，涝灾可以解决。多是碱地，怕涝不怕旱。经过机耕，施肥，土质逐渐改善。明年准备开2000亩水田。牲口、大农具均已作价归公。

850户中，老中农〔中的〕上〔中农〕54户，下〔中农〕235户，共289户；新中农〔中的〕上〔中农〕14户，下〔中农〕38户，共52户；贫农484户；地主22户；富农8户。

瑞河合作社*

全乡460户，1949人，土地9653亩，〔19〕54年有三个合作社。三社52户，4个党员，4个团员。当地封建势力较大，地富在140余户中占30余户，挑拨社员关系。因党团力量薄弱，从旁乡派去社主任，地富乘机挑拨。在大会中把坏分子斗了一下，情况好了一点。今年收获不低于一般单干农户。二社比三社好，一社比二社更好。

现在社员370户，土地分红，地四劳六，农业税归社员负担。

---

* 1956年底的调查笔记。

1957 年

会计与统计*

会计是统计的一个重要基础。

会计是比较原始的，它只能说明小量的、比较简单的现象。

统计则不但能够说明小量的比较简单的现象，而且能够说明大量的、比较复杂的现象。解决后者，会计所不能解决的问题，是统计工作者的重要任务。

会计只能说明局部的、表面的现象，统计则要更进一步，说明全面的、本质的现象（例如国民收入、价值）。

凡是会计能够解决的问题，应该让会计部门去解决。我们利用会计所得到的成果来进行统计，避免重复劳动。国营企业的经济核算，基本上是属于会计范围内的事情。我们要求会计核算方法尽可能统一（会计部门要有这个要求），并尽可能便于统计（即有高度的科学性）。但不一致的地方仍然是难免的，明确了不一致的地方，就可以进行换算。

统计部门要用大力来解决会计部门不能解决的问题，即（1）研究大量的、复杂的现象，这就需要布置抽样调查、典型调查，和其他调查方法，取得必要资料；（2）研究本质，在经济统计方面特别要排除物价对我们的影响，排除其他非本质的复杂因素；（3）研究国民经济整体的运动规律，包括生产（扩大再生产）、分配、交换、消费各种活动，及其相互关系。

当然，统计部门也不应当忽视国民经济各部门的主要活动的具体研究，就整个国家来讲，这样的研究是会计部门所不能完全解决的。

在日常统计工作中，部门统计占着最重要的地位。原因：（1）国民经济的计划管理要求我们供给部门统计资料，这种资料是会计部门所不能供给的；（2）没有部门的统计资料，也就不可能有全面的统计和研究，而收集部门统计资料的工作量是最庞大的。

部门统计是业务部门和国家统计部门共同负责，业务部门能做的，应该尽可能让业务部门去做，不能做的，应由国家统计部门来做。

---

* 这是薛暮桥自拟的关于统计工作的笔记，时间约在 1957 年初。

国家统计部门除进行部门统计外，还应当在此基础上进行全面统计。为此必须：(1) 布置抽样调查等来收集部门统计所不能提供的统计资料；(2) 对各种资料进行综合研究，说明国民经济发展的全面过程；(3) 进行各种综合性的专门问题的研究。

五年计划报告*

中国经济特点：

(1) 社会主义改造基本完成，生产力得到解放，可以大大发展生产。

(2) 工业化打下初步基础，有了基本工业，1907～1949〔年〕共产钢700万吨，1957年可产500万吨。但还是落后的农业国（农占三分之二）。

(3) 农业人多地少，一人三亩地，尚难避免灾害袭击。〔19〕54、〔19〕56〔年受〕灾面均占10%左右（1.6亿〔亩〕，1.7亿亩），这种情况，需要工业化来解决，同时使工业化造成一些困难。

工业化的道路

要工业化不成问题，问题在如何工业化，这就需要结合我国具体情况。毛主席提到中国工业化的道路，苏联有苏联的经验，那时国际、国内形势不同，我国有我国具体的情况。要把人民长远利益与当前利益结合起来，工业化与人民生活结合起来。

从长远来看，通过农业、轻工业的发展，来发展重工业，可能更快。另一方法是只注意重工业，不注意、少注意农业和轻工业。把一定的资金投到能够迅速发挥投资效果的中小企业，或把绝大部分投资投入大的工程，要十年或十年以上才能发挥效率，这又是两种方法。技术政策根据中国现有水平

* 1957年4月14日，中共中央批转国家计委党组《关于初步总结“一五”计划和研究“二五”计划的重大问题的报告》。《报告》提出，在初步总结第一个五年计划的基础上，要着重研究第二个五年计划有关重大问题和比例关系，主要有国民收入的分配，即国力和建设的关系、积累和消费的关系、分配制度、国民经济各部门之间的比例关系、人民购买力，等等。《报告》强调，总结和研究以上问题必须从中国实际出发（《陈云年谱》中卷，第377页）。此记录就是关于国家计委这个报告的讨论笔记，《报告》形成时间约在1957年3月。

逐步提高，只有少数特别重要企业采用先进技术，投资少，就业多；另一方法是不管国内生产水平，每一工程、每一企业都要先进技术，机械化、自动化。充分利用现有企业、设备，利用旧的工业基地，逐步建立新企业、新基地；或者不利用现有的，全力建新企业、新基地，这又是两条不同道路。

一　国力与建设问题

要研究国民收入的消费与积累。第一〔个〕五年（〔19〕57 年估计）国民收入增长 50% 左右，〔19〕52 年 618 亿，1957 年 920 亿，增 302 亿，每年平均增长 8.5%，比苏联慢一点，他们在 10% 左右。美国〔19〕29 ~〔19〕54 年平均增 3%。速度比较快，但水平比较低。工农比重〔19〕52 年工占 18.57% ~26%，农从［占］59% ~50%。国民收入中积累与消费，积累约占 22% 左右，消费占 78%。苏联积累约占 25% 左右。第一〔个〕五年比例没有发生大的问题，证明计划基本是适当的。第二〔个〕五年国民收入发展速度如何，积累消费比例如何？生活改进速度能否达到建议数字，尚在作进一步的研究。

积累内部也有比例关系。国家积累与合作社积累，固定资产的增长与流动资产的增长，两者都不可少，如何才算合理。没有物资贮备，工业生产波动，市场不易稳定。固定资产中生产性的占 70%，消费性的 30%。

消费中集体消费与个人消费比例。社会集团消费（国防占 23.5%，行政 8.5%，合计占 32%，“二五”要减到 20% 左右），个人消费中工人、农民、知识分子的比例。

还可找出制约办法：（1）把财政收支和现金收支保持平衡，而且略有结余；（2）生产和基建原材料分派［配?］，在紧张时首先保障与民生有关的生产，然后保障基建；（3）人民生活改善决定于消费品的生产，不能超过生产增长速度；（4）财政、物资平衡不能只看一年，要看两年三年。（〔19〕56 年有此经验，生产资料与消费品均紧张。）

二　重工、轻工与农业关系

重工业是扩大再生产和技术改造的基础，重工建设又依靠轻工与农业的发展。我国农业有特别重要意义：①五亿农民依靠农业。②轻工业生产依靠农业，农业丰欠［歉］影响工业发展速度。〔19〕52、〔19〕55〔年〕丰收，〔19〕53、〔19〕56 年工业发展 32%、27%。〔19〕54、〔19〕56 年欠

［歉］收，〔19〕55、〔19〕57 年工业生产增长最慢，只有 5.3%、5.7(?)%。③农村又是轻工业和部分重工业的广大市场。④农业是国家积累的主要来源，直接、间接达到 50%以上。〔19〕53、〔19〕56 年收入增 20%、12.5%，〔19〕54 年 1.3%。

农业投资占 8%，“二五”建议 10%左右，可以考虑在 10%以上。轻工业 7∶1，“二五”可以 6∶1，决定于农业能够供给多少原料。重工业优先发展并不放弃，要靠重工业来发展和改革农业、轻工业。部分重工产品直接影响农业和人民生活，如化肥和煤炭等。问题是如何根据国民经济的发展来安排重工业的发展。

三　各国民经济部门内部的比例关系

如重工业内部机械、冶金、煤、电、化工等比例，农业中粮食与各种经济作物的比例。(人造纤维代替棉花。)

四　大中小企业结合问题

中小企业能更快发挥投资作用，大的企业作为骨干。淮河根治还要十年二十年，黄河根治要二十年到三十年。淮河投资 50〔亿〕～60 亿，黄河三门峡全部工程也要 50〔亿〕～60 亿。长江第二〔个〕五年〔计划〕不能上马，〔因为〕要花 200〔亿〕～300 亿。大的骨干不能不要，不可多要。

五　应采取的技术政策

从我国现有生产水平〔低〕，及劳动力多这个〔条件〕出发，有无第一，先进落后第二，不要样样最新。先进投资大，外汇多，容纳劳动力少。发电机都要 5 万 10 万的，不用国产 1.2 万、1.5 万的，煤都要立井，不要斜井，要机械化，建筑也要求机械化，这都是不适当的。科学研究必须迎头赶上，经济建设应从现有基础出发。

统筹兼顾，适当安排

社会主义改造完成以后，要使 6 亿人民各得其所。

一，建设事业的统筹安排，包括经济、文化、国防、行政等，首先应以发展生产为主，要使经济基础不断扩大，上层才能相应扩大。国防行政费用能否削减，文化跟着经济而勿要求超过经济。

二，劳动力的安排，逐步解决劳动就业。单靠工业和城市的发展，每年只能150万人，“二五”最后增至200万人。要在农业中多安排，包括精耕细作和开荒。城市9000万人，年增180〔万〕~200万人，还有一些农村人口进城。为着更好安排劳动力，可以考虑：①休假制度改为回家探亲制度；②年老退休，给以一定的养老金。增加一个就业，铁路2万元，重工6千至2万，轻工3千至8千，农业开荒1千至2千。

工资政策应与劳动力安排相适应，要照顾到农业发展的速度，消费品增长的速度，工农联盟的巩固。工农生活应有差别，但也不能相差太大。农民与粗工比，与勤杂比，与学徒比，与乡干部比，这些人的工资值得研究。

教育部门，不能小学毕业都进中学，中学毕业都进大学，只能宝塔式的。因此小学、中学也需要有生产知识，进行劳动教育，不要轻视劳动，读了书就不肯劳动。

节制生育，二十年后控制不超过8亿是可能的，不超过6亿有困难，现在已经超过6亿。

增产节约，勤俭建国

如何充分利用现有一切设备、设施发挥潜力。手工业不要忙于机械化。公私合营不要忙于合并。利用国产，减少进口。设计思想不要求大、求新，因陋就简。

省市计划工作座谈*

湖北 体制问题不解决，地方的积极性高不起来。

情况变化早些告诉我们，以便预先计划安排。

内蒙 地方计委主要搞年度计划，搞长期计划确有困难。

编长期计划要搞经济区划，究竟定了没有。

青海 铁路什么时候通，按［安?］几个工厂，这些定不下来，无法编长期计划。

单有数字不行，要把政策方针、思想解释清楚。

* 根据笔记内容及前后时间，这个座谈会的时间约在1957年3月。

山东 编制“一五”有些什么主要经验，可作编制“二五”参考。

利用现有设备必须有一定数量的投资。

中央与地方投资比例（地）20%：（中）80%，是否合理。

中央与地方分工问题要迅速解决，中央对地方不要控制过死，变化过多。

辽宁 “一五”计划限额以上单位原定18个，实际32个，增了14个，很不正确。

贵州 投资最好分给［成?］块块，由地方自己安排，不要条条分配，地方无权机动。

上海 投资中央各部先分，余下的地方分，互相挤，许多问题无法解决，开会没有用处。

投资全部用于新建，旧厂可以扩建，无钱投资，想利用也无法利用。

上海产品供应全国，各地轻工业发展上海就要收缩。希望中央全面安排，以免盲目波动。

黑龙江 国营农场赔钱，机械化没有优越性。原因：耕作单一（限于机械性能），不能中耕（要派附近农民），成本高，效能低（康拜因每年工作半个月）。

开荒（一亿亩）一公顷45元。但要排水，治松花江。

新疆 地多，缺乏劳动力。种棉产量高，但粮草供应有困难。要解决水利和移民问题。

铁路希望早通，否则石油、开荒均有困难。

广州 去年编了七年计划，工人要从8万人增至18万人，以便安排失业。现在看来计划又要落空，连已就业的也大量（2.5万）停工，失业有几（5）万人，许多失业工人跑到港澳去。

计划管理制度*

计划管理方法是可以变化的。资本主义企业是有计划性，也有积极性，

* 1957年6月3日，薛暮桥提出《对现行计划管理制度的意见》的报告（《中华人民共和国国民经济和社会发展计划大事辑要1949—1985》，第103页）。这个记录是该报告的提纲，以及报告形成过程中计委内部的讨论情况，时间约在1957年3月至4月。

全国没有计划。苏联把资本主义企业管理方法扩大到全部国营企业，把各种指标从上到下统统确定下来。好处是有计划性，缺点是无积极性。

经济情况经常变化，计划与实际往往脱节，管死了就脱离实际。有些计划指标逐渐成为形式，只有消极作用而无积极作用。

计划管经济活动，而不是仅仅管经济效果。管人力、物力、财力平衡，财力有财政部，物力有物资局，人力有劳动局，计委实际管的主要只是投资分配。

矛盾：国家希望多生产，多利润，企业希望多给钱、物、人。企业不考虑省钱、省物、省人，不考虑增加品种花色，因为完成计划关键不在这里。

控制经济活动就要很多表格、指标（如电话次数，信件包裹件数，电影人次，农民贸易）。层层综合，不准多，不准少，只能造假。横列也不能调整（公、私、合），分季不能多少〔?〕，不能改变（各种产品都分），部门也不准变。任何一企业、一家庭总有变化，全国〔指标〕不能变化，要变就要中央批准。如变一个指标，全部表格要变。不是主观服从客观，而是客观服从主观（主观主义）。

抓死了的结果：①按制度执行，寸步难行，不合理就让它不合理，最后采取照计划办事，不负责任的态度；②把计划当空文，不管计划，该怎么办就怎么办。

国家向企业、地方只提要求，至于经济活动，让企业、地方去自己安排。牵牛鼻子，不抬牛腿。

基本问题：全体利益与局部利益，个人利益与集体利益的结合。

企业要有机动权，只要求主要产品、利润，不要求劳动生产率、成本指标。超额部分应当提成。

分级管理，层层负责，分别对待。

①工业：主要产品产量，利润。

②基建投资分三类：A. 最大的国家投资；B. 较小的地方、部门利用自己资金投资；C. 中等的国家贷款，部门、地方自己建设。

③农业控制收购指标。

国家集中力量考虑财力、物力、人力的平衡，掌握主要部分。地方内部平衡地方自己负责。改变办法，逐步过渡。

陈先[①]

两种不同看法，集中多，还是集中少。研究结果〔是〕多了。①经济体制集中过多，计划必须适应；②计划管理太死，层层不得增减，这是形式主义，做了许多无意义的计算工作。所有问题集中上来，事实上又解决不了。管理的面过宽，没有分级管理，直管到底。没有分别对待，计算指标也要强制完成。(现代工业、甲乙〔部类〕、大小。)

计划制度、方法，要看什么指标最有用处。农业指标要同合作社发生关系，下达生产指标不行，只能采购指标，国家对农民的要求。

计划表格中有许多计算指标，地方是估起来的，我们也可以估，而且比他们细。我们不自己估算，而要地方报了加法。五年计划建议用处如何，影响如何？

综合平衡没有抓紧，一个一个问题解决，没有全面平衡。

洪亮

基本问题在条条块块矛盾，几年没有解决。年年要求简化，简不下去，应从根本解决。

基本建设

有三个大问题：

(1) 比例关系问题，就是工业化的道路，就当时看是恰当的，就现在的形势和认识看，有不恰当的地方。

优先发展重工业同积极发展农业和轻工业，充分利用现有企业和基地，大中小结合。从三个五〔年计划〕来安排（瞻前顾后），比例关系是否正确。

机械工业是否多了一点？农业是否少了一点？骨和肉是否确当？重工内部是否恰当？

(2) 长期计划应建立在充分可靠的基础上，以免过大的波动。不仅要

① 陈先，时为国家计委干部。

作年度平衡，至少要算五年，考虑到有利和不利的因素，以免冒进和保守。

(3) 勤俭建国，设计思想，技术政策，都应好好检讨。第二〔个〕五年 100 亿投资，可抵第一〔个〕五年 150 亿，至少 125 亿。多花了钱必须买到一点经验。

四年住宅建筑 6000 万平方米，居住面积 3400 万平方米，每人平均 10.8 平方米，可住 320 万人。4 年新增职工 580 万人，其中有些在乡村，有些临时工（70 万人），基本上可解决。

服务面积（公共建筑），平均每人 1.8 平方米，增加人口有 1.36 平方米即够。四年新建 2170 万平方米。

基本人口约为 40%，服务人口 10%，抚养人口约为 50%。每增一户投资 1800～2500 元，每增一人投资 400～560 元。（平房—楼房）机关标准比这还高得多。

骨肉关系，大体上骨 80%，肉 20%。大骨自己连肉，肉就可以少一点。

城市建筑住宅占 60%，公用事业 20%，公共建筑 20%。

计划体制

计划工作成就：

①把各种经济成分逐步纳入计划。

②建立机构，制定表格方法。

③制定第一〔个〕五年计划，编制“二五”计划。

缺点：

①不能体现统筹兼顾精神。

②不确实。

③不灵活。

④缺乏远见。

对计划的效果的估计：

①五年计划超额完成。

②计划表格指标，大体上符合于社会主义经济及中国具体情况。

指标体系应该是完整的，但不应当繁琐。

③计划下达过迟，减弱指导作用。

修改过多，变成执行结果。

④计划体制反映事业、财政体制。

条条块块问题没有解决。

初步意见

分国家计划、部门计划、地方计划（都是国家计划），列入国家计划的归中央统筹安排。

工业产品计划和商品计划应该适当增加（工业160种）。

部和省市应当掌握更多产品和商品，县和企业更多。

商业、粮食等部门的工厂二千余个，绝大部分应当交给地方。

农业除少数机耕农场外都交给地方。

文教卫生除大学外交给地方。

统计与计划

计划、统计口径要一致。长期计划指标少一点，年度计划指标稍多一点，统计指标更多一点。

廖季立发言

过去计划指标过多，范围过广，把一切活动都包括在计划范围以内，结果不正确、不灵活。

产品种类过多，基建要列购置物品，邮电分得很细，还要分季，汽车、轮渡、电影等要人次，煤气、自来水要使用人数等，航空要专业飞行小时。

控制邮电次件目的是为财政收入，控制小学生等是为财政开支。计划要控制企业的一切经济活动，因此指标多了，还是不够。如果不控制一切活动，而只提出要求，就不需要那样多的指标。

社会主义经济是计划经济，这是不能变的，但计划管理的方法，那是可以变的，苏联也在变。

对企业活动怎样控制，用总产值指标不行，纯产值也有困难，是否可以用利润指标。

大计划，小自由。国家控制重大活动，次要的分级管理。

具体指标：

工业：主要产品产量、利润、新种类产品（工资基金）。利润规定提成比例。利润提成用于：基建、技术措施、福利、奖金等。主要产品产量限于与国计民生有重大关系的。主要产品中的规格和次要产品列入部和省市计划。更次要的产品由企业按市场需要自己规定。

基本建设：与国民经济有重大关系的列入国家计划，次要的由部及省市自己解决，如果力不胜任，可经国家批准后向建设银行贷款。建设项目及生产能力应给上级批准。折旧费交建设银行支配。

农业：生产计划由省上报，采购计划由中央下达到省。采购是控制指标，生产是参考指标。

运输邮电：控制利润指标，不控制运量指标（由部自己计划）。

商业：主要商品调出调入由中央控制（粮、肉、油等），零售计划由地方自己安排。外贸的外汇及进出口平衡由中央掌握，超额出口提成机动使用。

劳动：中央规定工资标准、工资基金总额、劳动人数。

教育：大学由中央规定，中专由部及省市规定，高中省市规定中央调剂，初中小学地方负责。

劳动生产率、成本指标可作参考指标，不需要下达。

陈先同志

一，计划经济不应该怀疑，方法上有许多问题值得考虑。

集中有多、有少，总的说集中过多，经济管理体制集中过多，计划不是例外。具体表现为：

（1）企业眼向上，供产销都由上级规定，规定又不完全切合实际。计划下达迟，上半年许多技术措施不能进行，下达后又怕年终一刀砍，必须赶工。

（2）矛盾很多，不可能完全集中到中央来解决。计划会议只能解决几个主要问题，不可能把一切矛盾统统解决。解决办法只有层层解决矛盾。

二，计划制度本身，层层不得增减，实际很难执行。个别指标可以硬性规定，一般指标可以机动处理。计划不能完全切合实际，执行中间情况总有变动，不能硬性不变。

三，计划管的［得］太多，如播种面积管了99%，有些综合性指标管得太多（如产值各种分组）。以致控制有方，执行无术。要管就管到底，管了生产而不管原料供应、产品销路，就不如不管。

计划应当限于经过反复平衡，确有执行条件的。

关于基层计划

通过哪些指标来推动经济活动。对合作社计划管得过多过死，一定发生问题。对合作社主要是征购指标。

国营企业用不用利润指标？利润指标早已存在，过去在工厂没有问题，在商业中有问题。在工厂中抓利润比抓成本容易。

计划要正确和及时，这两者是矛盾的。在农业收成未确定前，无法确定下年度的工业计划和财政计划，勉强规定正确性就很差。

宋平同志①

计划工作首先接受苏联经验，慢慢结合中国实际，好处很快建立起来，这条路是对的。缺点，不是由小到大，由粗到细，而是一开始就要求过高，实际上有困难。

不全不透与过多过死是矛盾的，但确实存在。考虑问题要全面，从六亿人口出发。

管得过死，过松，两者都有，按规定办事就很死，于是根本不管规定办法，弄得很乱。

指标分指令性的、参考性的，参考性的不一定要下达。参考性的指标可以机动，不必修改。

计划、统计方法表格必须统一，应该有统一的核算制度。

贺文涛②同志

总产值指标分得太细，计算量很大，分类型、分季度没有必要。农业中播种面积、单位产量、产量三个同时管就太细了。

---

① 宋平，时任国家计划委员会委员、国家计划委员会劳动工资计划局局长兼劳动部副部长。

② 贺文涛，时任国家计划委员会副局长。

第二〔个〕五年表格：审查“一五”表格，进行适当简化、修改。总产值不作为主要指标（评判标准）。列入计划指标多少，根据需要和可能的原则来决定。中央少一点，地方多一点。

1957年价格比1952年，工业产值减7%～8%，重工业减13%，轻工减3%～4%。

杨英杰同志

计划理论，反映基本规律，有计划规律，也包括价值规律。

计划成绩估计：成绩大，缺点小，成绩是主要的方面。

孙冶方①同志

计划的过多过死与不全不透并存，过多过细过死是主要的。

听各方面的意见，不要先戴南斯拉夫不要计划的大帽子。

社会主义还有使用价值与价值的矛盾。满足需要就要使用价值，要使用价值就要劳动，计算价值。

对计划体制的意见

计划工作成绩很大，问题很多。社会主义计划经济制度不容怀疑，但计划管理方法可以多种多样，可以修改变化。制度的正确不能保证方法的正确，不能保证执行的正确。

计划工作首先接受苏联经验，慢慢结合中国实际，好处〔是〕很快建立起来，缺点，不是由简到繁，由粗到细，一开始就要求过高，实际上有困难。对社会主义改造缺乏经验。

两种不同的看法：

（1）方法基本适合我国情况，只要做些小的修改。

（2）方法是否适合我国情况还有问题，要作相当大的修改。

不全不透同过多过死的争论。

不从形式上，而从实质上去考虑问题。

① 孙冶方，时任国家统计局副局长。

全是全面考虑，全面安排，不是指标全，指标多。如对私营工商业，纳入计划表格，而未真正安排。六亿人民安排不是要把他们列入表格，而是劳动就业要作全面安排。

计划要全面安排，重点控制，大计划小自由并不妨碍全面安排，全面安排并不反对重点控制。过多过死的缺点，是指计划表格、指标过多过死，我认为这样的批评是适当的。

问题：（1）把全国的矛盾都集中到中央来解决是否适当？能否分层解决，中央、地方、企业。

（2）不分主要次要，全部列入计划，详细分组，层层不得增减，结果〔是〕形式主义，脱离实际。

对全国主要掌握：基本建设重大项目，主要产品产量，财政收支（利润），价格政策，劳动政策（就业安排）。

提出几点具体意见

（1）把计划指标（指令性）同计算指标（参考性）区别开来。计划只列指令性的指标，而把参考性的指标作为附表。

指令性的指标必须完成，参考性的指标可按情况自己调整。

参考性［指令性?］指标：工业中的产值（甲〔类〕乙〔类〕，现〔代工业〕手〔工业〕，类型，大小）、劳动生产率、成本等，农业中的播种面积、单位面积产量，商业中的零售总额，文教中的中学（初中）、小学，（以上指标可以考虑）。邮电业务、客运人次、电影人次等可不列（或作参考指标）。

（2）计划掌握重点，而不要求全面（大计划，小自由）。如工业产值可以掌握工业部门产值，商业可以掌握商业部门零售。

采取分别对待方针，工业部与非工业部，基本工业与附属工业，大型与小型，零售中的农民自销。

长期计划掌握重点，掌握关键（掌握生产能力就可不掌握产品品种）。年度计划较全面，统计更全面，分组更细。计算指标可按统计推算。

（3）分级管理，因地制宜。必须解决条条块块问题，不应当把矛盾集中起来，而要层层解决。中央集中力量解决主要问题（中财委的办法），次要问题让地方和各部自己解决。

解决事业体制、财政体制，计划方面：少列控制指标，多列参考指标（文教为例：控制经费）。

对地方的指标：指令性的指标，可以调整的指标，参考性的指标。取消不得层层增减的形式主义办法。

（4）给企业以一定程度的自治权利。现在办法保证了计划性，伤害了积极性（有时候连计划性也不能保证）。企业看到许多不合理的情况，自己无权解决，只能采取不负责任，机械执行计划和制度的办法，造成许多损失（以总产值为例）。企业眼睛向上，一切为着完成国家计划，如何适合市场需要无人操心。

对企业要抓什么指标？主要产品产量要抓，但这不是全面指标。产值是全面指标，但只管数量，不管质量（劳动生产率、成本）。利润是综合性的指标，更加全面。此外还要一些补充指标。

建议大家写文章，在内部展开讨论。三种或两种指标问题，建议综合局提出具体办法，从速解决（直接、间接计划）。

计委党组

计划体制，主要是内部意见不一致，各地方、各部门有意见，我们没有分析研究，哪些应当改变，哪些应当解释，我们做得不够。如指标分类问题，范围大小问题，表格多少问题……着重研究过多过死还是过少过活的问题，集中与灵活的问题，尽可能少发生毛病，但不可能一次改革就没有问题，再花力量好好研究。收集、分析、综合，搞出一点材料，再提党组讨论。把大家对于计划体制意见列表。

要做第一〔个〕五年计划工作总结，及计划执行情况总结，提交省市计划会议讨论。计划体制问题要与经委共同讨论。

计划体制问题

纳入计划是否都要纳入国家计划，部门、企业自己都有计划，但可自己调整，可要他们上报。

计划指标分两类，一类由国务院控制，二类主要由各部各省管，国务院来调整（参考性的）。

杨——计划的主要缺点是不全，如管国营不管私营，未作六亿人民安排等。其次是管得过死。下面计划过多，我们没有检查纠正。

计划的分级管理没有具体规定，中央今后多管一点，还是少管一点？我的意见，过去管得太少，今后要进一步，即再多管一点。（产品、商品种类等。）

计划统计方法

计划统计方法如何结合中国实际，创造性地运用各国经验。创造性是进一步与实际结合，不是墨守成规，也不是脱离实际。要找几个部，几个重大厂矿进行研究。

方法改变要采取过渡办法，新旧并存，总产值与纯产值两个指标并存。报告：（1）总产值与纯产值的区别；（2）总产值与纯产值的作用；（3）如何运用总产值与纯产值；（4）改进计算方法的意见。（同时并存）总产值有虚假现象，对比工农业是不合理的，纯产值并不完全合理（价格问题），纯产值比总产值近似实际。增长速度两个都算。

企业管理如何办法，还要专门研究，几大指标是否有机结合。

不变价格改用 1957 年价格，目前两个都要，以便到第二〔个〕五年逐步过渡。好处：情况变化，接近实际，差额减少。厂矿是否只用现价，到上面来折算，如果可以，改变了有好处，容易看到实际情况，又可历年比较。

体制问题

工业管理办法机械抄袭苏联，各部管得太死，如几千人到北京定货。工农商文条条管理，中央要结合，省市也要结合。有些企业事业应该交地方办。

计划体制*

贺 苏联集中最高时，联盟管的工业产值占 90%，目前占 50%，地方

* 1957 年 9 月 20 日至 10 月 9 日，中共召开扩大的八届三中全会，会议基本上通过了《关于改进工业管理体制的规定（草案）》《关于改进商业管理体制的规定（草案）》和《关于改进财政体制和划分中央和地方财政管理权限的规定（草案）》。以下应是国家计委、国家经委及相关部门讨论这几个规定的记录。

亦占 50%。今后全部下放，好处层次减少，协作方便。但一个经委如何管理各种企业，还不明白。

盈利指标列入计划，作为企业主要指标之一，可以研究。

廖　苏联变化中国很难实行，分散管理以后，计划、统计更应集中。计委是扩大了，各司成为小部。

杨主任　〔苏联〕主要是解决工业和建设的领导关系，现有制度不适于生产力的发展。各地的经委会代替中央各部来管理企业，从条条管理变为块块管理。经委会只管主要工业（原来联盟管或联盟与地方共管中重要的工业），地方工业仍归地方管理。经委会受联盟和共和国双重领导。计划指标中增加盈利和生产基本利用情况的指标，这些可能仍由财政部管。

中国情况与苏联不同，不能设想可以取消中央各部。我国重大工业很少，管理经验尚不成熟。

统计方面，应把乡的统计建立起来，年报指标应当完全，加强统计资料的分析研究工作。公报争取提早发表。

宋主任　计划、财政、统计、技术更集中了，不能分散，工资、价格等也应当统一。

不同之点，我们尚在建设初期，工业基础还小，重点建设不多，需要全国支援，地方管不起来。

工业指标：产品产量、利润（财政部安排）。产品包括：统一分配，统购统销，需要统一分配，新种类产品。

基本建设：国家拨款，自筹资金，国家贷款。五年计划规定项目和未完工程可以不等年度计划提前进行。

计划体制

计划工作成绩很大，问题很多。

主要问题：

（1）计划指标几乎管到全部经济活动，一方面管理越细，问题越多，一切矛盾都集中到计划机关来解决，已经感到穷于应付。另一方面，部门、地方、企业感到没有机动权，看到许多不合理的情况，自己无法解决。是否可以只管几个重要指标，其他部分让部门、地方、企业机动处理。

（2）计划要从全面出发考虑问题，不仅要考虑大型工业，还要考虑小型工业，不仅要考虑限额以上，还要考虑限额以下，这样全面控制，层层控制，不但计算量很大，而且正确性不高，事实上是无法控制，变成形式主义，增加工作中的困难。

解决办法：

（1）把指标明确分为指令性的指标，参考性的指标（还有内部计算性的指标），前者修改要经上级批准，后者可以自己调整。采取层层负责原则，计委只控制少数指标（长期计划可比年度计划更少一点），部和地方可以酌量增加。以工业为例，计委控制主要产品产量、利润、职工人数或工资总额几个指标，总产值可以作为参考性的指标（或者各工业部作为指令性的指标）。基本建设控制投资分配、限额以上工程项目、新增生产能力三个指标。过去几大指标可以作为参考性的指标，各部可以增加指令性的指标。

（2）掌握重点，分别对待。计划要全面安排，重点控制。以工业为例，要计算全部产值，包括小型企业和手工业在内，但这是参考性，或者计算性的指标。应该控制而且能够控制的，是各工业部基本企业，非工业部特别大的企业；地方计委控制地方工业厂局基本企业和非工业厂局特别大的企业。控制的要按月或按季检查，不控制的就让主管部门自己负责检查。

主要产品也应当分级管理，计委管少一点，粗一点，部和地方多一点，细一点。长期计划可比年度计划更少，更粗，有些可在年度计划中去安排，或者让各部门各地方自己安排。

财务体制

①情况发展，制度基本未变；②矛盾集中，每一变化都反映到财政上来；③事业分级，财政也要分级。

五放三紧，从三方面说。

生产财务方面：①企业积累（利润提成）办法，一为改革税制，企业盈利大部变税，小部变利（现在税40%，利60%，将来税70%，利30%）。多种税改为单一税，简化手续。二为利润提成，抵拨部分费用。

②国家规定成本计算制度，哪些可以计入成本，哪些不能。

③流动资金按产值增加比例由银行贷款。所有流动资金（包括国家拨

款）有偿使用。

④奖金不按工资基金，而按计划利润提取，分部对待。利润超额提成还是金额提成？可以考虑。

企业划归地方时，提成亦归地方，托管的平分。

基建财务：①凡是增加固定资产的均为基建投资，三项费用应作基建投资；②为基建完成工作量的拨款，如备料可否作为乙方流动资金。设备拨款应有定额。

事业费：统一定额，确定经费，机动调剂。

五放：①企业奖金核定；②超利提成；③流动资金；④四项费用；⑤大修基金（放中有紧）。

三紧：①企业盈利大部成税，②不许乱列成本，③流动资金有偿使用。

〔杨〕英杰　主要产品，五年计划应控制 160 种，年度计划应控制 500 ~ 600 种。成本、劳动生产率等。

总产值还应作为指令性指标，商品产值作为参考性指标，新产品试制，技术经济指标。

基本建设应有动用生产能力、生产性、流通性、消费性指标。

〔贾〕拓夫　不全不透是讲范围，过多过死是讲几大指标没有分级管理，控制过死，没有机动余地。

物资分配条条管理和块块平衡如何结合。

〔李〕更新　物资分配问题很多，统一分配是必要的，否则生产和建设就不衔接，分配就不公平，不能分别轻重缓急。但分配物资不宜过多，有些物资可由市场供应。由谁分配也有不同意见，由经委分，还是由主管部分，还有争论（部有局部性，经委有空洞性）。（1）如果企业条条管理，地方块块平衡就有困难；（2）计划指标如果没有规格，就不能按规格分配，否则物资部门要作规格计划；（3）条条在各地有供应机构，块块向条条申请，或者供应机构亦按块块划分。

矛盾是原来存在的，问题是集中解决，还是分散解决。可以分散的不要集中，不能分散解决的只能集中解决。

〔廖〕季立　现在矛盾多，如果集中起来解决，还要增加计划指标。如果层层负责，国家管主要，地方管次要，则既可掌握重点，又可安排全面，否则永远不全。

计划指标分级管理：工业方面：主要产品产量、新产品、工资总额、职工人数、利润五个指标。

部扩大产品，重要技术经济定额和质量指标。局再加劳动生产率、成本、资金周转率。

地方计委管理指标与国家计委及部同，厂局适当增加。

计划数字层层包干，可以内部调剂（工人管增不管减）。

基本建设：计经委管投资分配、限额以上项目、新增生产能力。只管年度，部局掌握季度。在保证新增生产能力条件下，可作内部调整。

国家管年度计划，部管年度，局管季度，企业管月（有些部局连季度也归企业管）。

计划二下一上，下控制数字、计划，上计划草案。省市计划条条平衡，计委经委综合。

地方生产的统配物资，超额生产可以提成，中央国营不提成。

倪伟[①] 计划指标必须成为体系，总产值指标有毛病，但还是要，不要总产值就不能计算速度。成本指标还要控制。

基本建设控制太少，还要增加一些指标，如限额以下项目、生产性、消费性等，必须控制。大修理应控制，以免浪费。

〔范〕若一 成本是抽象计算，同具体距离很远。上面样样抓紧，下面反而不去精打细算。

贾〔拓夫副〕主任 工业分国营、合营、合作社，针对三种情况定计划体制。计划有中央控制的，部及地方控制的，应有分工。产品中央管多少，部、地方管多少？指标哪些中央控制，哪些部、地方控制？下面反映主要是管死，其次是管多。计经委控制年度，部局季，企业月。

（计划体制决定于管理体制，管得多，管得死，计划也是如此。）

财政体制

1956 年工业销售收入 150 亿，成本 100 亿，（不包括商业税利），销售

① 倪伟，时任国家计划委员会财金局局长。

利润 43 亿。纯收入中税占 20%，利占 80%。归国家 98.4%，归企业 1.6%。

煤炭工业部

有了职工人数和工资总额，就不需要平均工资。控制利润不如控制成本。(控制成本必须同时控制产值。)

冶金工业部

计划分级管理，经委、部、局许多工作是重复的。经委应管全部，不需要管局和企业，现在经委不信部，部不信局，直接扣到企业。应管的没有管，不必管的管得太多，弄得企业无法负责。

现在部局均只管年度计划，企业管季度计划。但因分配关系，实际上管了，而且管得很细。

计划程序只要一上一下，可以不要下达两次。企业上报建议，国家下达计划，企业上报计划。

考核指标应当分级管理，上少下多，计划指标（参考指标）应当详细。

计划指标：企业包括七大指标……部：总产值、主要产品产量、商品产量、工资、职工、生产率、成本、利润，主要物资申请，简单经济指标。

考核：主要产品产量、利润、工资总额，部加成本、总产值、劳动生产率、新产品试制、销售、职工总数。企业要求去掉总产值、劳动生产率、成本降低率。

部不管季度计划，只管季度平衡，每季分配一次定货，实际上等于详定季度计划。能否半年分配一次。逐渐过渡到一年一次。不断进行调整。

基建计划程序颠倒，可否外国项目上年春就定案，到第四季下达一个比较小的计划，过年有力量再追加？现在先定大计划，再削减，十分被动。

国家控制投资总额、限额以上项目、新增生产能力，已经很细，但上达指标可以多一点，不控制的指标下面有权调整。

财务方面，给企业的财权要大一点，〔19〕56 年国家拿 96.7%，部局拿 3.3%，分给企业 2.9%，自留 0.3%。

赞成利润提成，不赞成几项抵拨，不要提得少，抵得多，厂长与职工发生矛盾。

电力部

电厂自己没有月度计划，天天服从调配。只能根据调配量进行考核，不能根据生产计划。

过去计经委控制16个指标，今后五个指标，其中新产品我们没有，生产按售电量计划。成本由部自己管理，经委减少考核指标，统计指标可以多一点。

部只管东北、京津塘、上海三个电力网，此外交给省管。

化工部

国家控制指标要完整，但可分为控制性的、调整性的。（要完全、要有区别。）

部掌握指标：产值、产量、工资基金、成本、利润。

基建掌握：投资、项目、竣工时间，局加新增生产能力。

产品部现管16种，减为13种，局可适当增加。

程序：同意两下一上，改为一上一下还有困难。

修改计划可否规定一个幅度（2%），不超过自己调整。

超计划产量提成归企业自己处理，满足所在地需要。

白扬 基建计划分配下达，先小后大方法很好，可以解决很多问题。长期计划要有年度安排（基建）。

关于价值规律的讨论*

价值规律（姚〔依林〕）

社会主义经济两种矛盾以外再加一种矛盾，全民所有制内部矛盾。

---

* 1957年10月，薛暮桥与于光远、孙冶方共同组织了经济学界的系列学术研讨会，在会上讨论了商品生产、价值规律、价格形成、货币流通、经济核算、经济效果、高速度和按比例等问题（《薛暮桥文集》第二十卷，第361页）。以下为这些讨论的笔记。大标题为编者所加。

矛盾的性质，三种都是非对抗性，表现为基本利益一致，若干局部利益不一致，可以通过政策、计划，统筹安排加以解决。

从矛盾出发，存在三种商品关系。与资本主义共同点，是价值与使用价值的统一，不同点，对抗性与非对抗性。

国家的消费品卖给职工，是按价值出卖，属于积累与消费的分配，不是阶级分配。

国家分配物资，还具有两重性，就生产与使用部门来看所有权转移了。国家调拨是有计划的交换。生产单位与使用单位、工业与商业间有矛盾，因此价格亦有争论，规格、质量也有争论，是在全民所有制内部进行交换，基本一致，局部不一致，可以在服从整体利益和适当照顾局部利益条件下解决。因此在国家统一性下，企业应当有相对的独立性，两者结合进行生产。

三种矛盾中第一种是主要的，因为大量存在，矛盾程度最大。

价值规律作用问题

价值规律不论在社会〔主义〕，在资本〔主义〕，本质相当，都要按照必要劳动量进行交换。

作用的形式和程度不同，不但资〔本主义〕、社〔会主义〕间，而且社会三类矛盾间有不同。资本〔主义〕是通过生产价格起作用，社会〔主义〕通过计划价格起作用（自由市场不同）。

三类：第一类对农产品，需要通过价值规律来调节生产，合作化后也是这样。强迫命令会招致生产破坏。小土产的自由市场由价值规律自发调节，价格管理只能一时发生作用。

第二类：消费品分两类：（1）产量完全由国家计划控制的；（2）工业品自由市场上的商品，以及控制商品中的品种花色。后者（2）都要靠价值规律来调节，国家可以利用价值规律来调节。

第三类：生产资料，国家确定生产计划，价值规律不起调节作用。在规定计划价格时仍必须根据价值规律，价格要能偿付必要劳动，收回成本且有一定利润。否则国家就要贴补，贴补也是补偿低于价值部分，因此价值规律仍然存在。是否必须完全按价值出卖，不一定，利润部分可以多给或少给，反正最后都给国家。

工商关系，工业关心的是收回成本，得到一些利润，商业也是这样，多余利润通过工业或商业给国家都可以，但不能侵犯成本及小额利润。

计划规律的日用工业品与生产资料相同点在生产服从国家计划，不同点在制定计划时候必须考虑价值规律，不但考虑人民需要，而且考虑积累多少。

在流通领域内，价值规律起调节作用，但对计划供应商品不能调节。这时价值规律作用转移到别的商品。国家对粮食的贴补，也是价值规律作用表现。

在生产领域内价值规律对个别产品发生作用，在流通领域内对整个市场发生作用。

价值规律发生后果

资本〔主义〕社会能起破坏作用，社会〔主义〕可以利用进行建设，利用不好也会产生破坏作用。

范若一同志

认识过程：第一阶段认为价值规律作用越缩小越好，计划作用越扩大越好，自由市场越小越好。

第二种意见认为价值规律有永恒性，自己有一时期也很赞成。认为反对计划工作中的主观主义和教条主义发生作用。

第一种想法过多强调主观能动性，第二〔种〕过多强调客观必然性。

第三种意见对价值规律又利用，又限制。摸清楚的大的部分可以纳入计划，摸不清楚的小的就利用一点价值规律。计划是认识了的客观规律性，因此计划总是有限度的。

如果计划根据价值规律，则仍然是价值规律起作用。如果两个都起作用，关系如何。

三种矛盾归根到底是生产同消费的矛盾。生产越发展，需要积累越多，因此先进与落后，大与小必须并存，互相补充。

杨英杰同志

计划规律正在全社会起调节作用。工农业产品主要部分都要纳入国家计划，不纳入的要在供销关系上加以调节。自由市场搞了一个时期，搞得很乱，各地都已加以管理。自由市场价格也不能受价值规律盲目调节。

价值规律只能存在于商品生产和商品交换社会，资本主义商品生产占统治地位，价值规律就起调节作用。垄断资本时代价值规律已经改变，不起多大作用。

社会主义社会价值规律只起从属作用，不能起全社会生产调节者的作用（即决定生产的作用），但对生产还有影响。要求减省活劳动，死劳动，增加品种花色。除此以外，消费品数量必须与购买力相适应。这是价值规律作用。

国家调拨物资不是商品，它的价格低于价值，消费品价格高于价值，可见价值规律不起多大作用。生产资料不受价值规律影响。价值规律仅在经济核算中起作用。

（1）社会主义社会的根本矛盾是生产力发展不够，落后于人民需要。解决办法是社会主义基本经济规律，从发展生产来保证需要。

（2）计划不能建立在价值规律的基础上，计划是自觉利用经济规律。

（3）共产主义社会价值规律不可能起作用。

杨培新[①]同志

马克思分析资本主义，从分析生产力与生产关系矛盾开始。〔苏联〕社会主义经济学没有承认矛盾，因此生产关系就不需改变，经济学的研究也停止了。加以个人崇拜，不敢大胆提出问题。毛主席解除了我们思想上的束缚。

经济学研究过去着重所有制，没有着重研究生产和分配关系的变化。如工业解决了国有化以后，还要解决国家与企业间的矛盾，因而需要解决经济体制问题。社会主义经济学因此需要不断发展。

人民内部矛盾在政治上是上层〔建筑〕与〔经济〕基础的矛盾，在经济上是生产力与生产关系的矛盾。必须打破教条主义束缚，大胆怀疑。

价值规律在中国确实存在，研究它有实际意义。马恩列斯对此意见不完全相同。《哥达纲领批判》说没有商品，按劳计酬就需要等价交换。列宁经济核算把个人利益和社会利益结合起来。斯大林说〔存在〕两种所有制所以存在商品交换。

① 杨培新，时于国家计委任职。

矛盾是经济规律基础，三个矛盾中应把第二个放在第一位。个人与集体矛盾是基本的，其他两个矛盾是派生的。基本原因，是生产力低的缘故。

黑龙江调查指出合作化后，农民同国家的矛盾集中起来，成为合作社同个人的矛盾。

矛盾的统一形式经济规律，斯大林提的几个规律还有不完全的地方，基本经济规律看不出社会主义经济不同于共产主义〔的〕地方，应该是“按劳取酬”。

计划规律同价值规律似乎分疆而治，实际没有矛盾。计划规律是自觉利用价值规律的结果。如计划供应既反映计划规律，也反映价值规律。国家计划违反价值规律就不能达到目的。

价值规律就是等价交换，不是经济核算。资本主义中是盲目的，社会主义可以自觉利用。

社会主义三种交换都是商品，仅仅程度不同。

利用价值规律要有巩固的、稳定的货币制度，苏联货币有几种价值，引起混乱现象。生产资料价格低是消费品价格涨的结果。

其次要有正确的价格政策，基本上与价值一致。农产品价格不合理就不能发展农业生产。苏联农产品有几种价格，使农民重个人副业，轻合作社生产。集体农庄市场不加管理，有右的倾向。

没有正确的价格政策，就没有正确的经济核算。现在轻工业的利润是虚盈，原因是原料和机器价低，这样没有好处。

更次，要正确运用按劳取酬规律，才能正确利用价值规律。

于光远①同志

客观规律总是自发的，自觉的就不是客观规律，没有自觉的价值规律。国家认识了价值规律，利用价值规律，价值规律并不因此丧失自发作用。

社会主义经济学

（1）以生产资料公有制为基础，既不同于资本主义的生产资料与劳动

① 于光远，时在中共中央宣传部工作。

者的分离，又不同于个体经济的个人结合。

（2）不是“各取所需”，而是“按劳取酬”，为自己劳动和为社会劳动的矛盾（从抽象劳动来看，从具体劳动来看），等价交换。

（3）简单再生产和扩大再生产，第一部类和第二部类，积累与消费的比例，国民经济的有计划按比例发展。

我国建设远景*

苏联提出要在十年到十五年内生产水平赶上和超过美国，我国人多，资源丰富，要在十五年内赶上或超过英国。英是老牌帝国，但地小人少，资源大多取材国外，炼铁资源逐渐枯竭，原料不足，市场有限。美国、西德、日本都与英国竞争，先天不足，后天亏损。今后十五年能不能按过去比例增长已成问题。即使仍然增长，十五年后也只能达 4000 万吨，而且资源不够，市场有限。我国说了赶上英国，英国并不生气，而说中国即便生产 4000 万吨钢，仍然不够，还要购买英国东西。我国地下资源尚未大量利用，人力丰富，市场广大，当然也有困难。如地面东西不够，如农业、林业还不够，人多耕地少，五至六人一公顷。提高产量要作很大努力。粮食达到〔亩产〕400、500、800 斤是可以实现的，日本每公顷产量达 4.8 吨，一说达到 6 吨，即每亩 800 斤。日本长处：（1）水田多。（2）化肥多，600 万公顷地有化肥 700 余万吨，除出口外，每公顷施肥 1 吨。我国 100 公顷 1.5 吨。（3）初步机械化。（4）改良品种增产显著。（5）除病虫害。（6）水土保持，树林覆盖占 60%。我不到 10%。经过三个五年计划，我国粮食产量要争取达到 8000 亿斤，这是可能达到的。

---

* 1957 年 11 月 2 日至 21 日，毛泽东访问莫斯科。11 月 18 日，受苏联提出的 15 年超过美国口号的影响，毛泽东在莫斯科召开的各国共产党和工人党代表会议上提出了 15 年后中国的钢铁产量方面可能赶上或者超过英国。毛泽东还从莫斯科给国内打电话，批评 1956 年的“反冒进”是不对的，说搞社会主义就要冒一点。毛泽东从苏联回国后，连续召开会议讨论他正在思考的如何取得更高发展速度问题。1957 年 12 月 2 日，刘少奇代表中共中央向中国工会第八次代表大会的致词中，正式宣布了毛泽东在莫斯科提出的赶超英国的口号。此笔记时间约为 1957 年 12 月。

青岛市汇报*

合作社121个，均系高级社，去年上半年只占10%几，下半年大发展。最大的一千余户，有三个。大部分社增产（80%），小部〔分社〕减产，原因风灾、涝灾，管理不好（大社），出勤率低。山区都增产了。今年多种地瓜，明年吃粮没有问题（今春缺粮）。菜园春天不好，盲目扩大，卖不出去，下半年长得不好，卖价很好，每斤可三分。果园长得很好，多年不结果的结果了。后被风刮了不少。

副业生产今年纠正错误，有了发展，如粉坊、运输、砖瓦石，全年能收入230余万，比粮食还多。渔业有3000余人，一般完成计划，市区较差，原料、劳动就业多了，渔民减少。渔业社有13个，每社几百户。

合作社管理缺乏民主，社员大会或代表会开得很少，开支社长、社委会决定，引起群众不满。财务管理混乱，不能向社员公布账目。不能及时分配，群众缺钱。秋后较好，春节前还可以分一二次。

最近组织六十余人整社，海军亦派人帮助，基本上能巩固下来。有几个社很多人要求退社，有打社干部的，出勤率降到10%～20%。主要原因：减产（干部不负责任，两个村不团结），解决办法，两村分社，充实领导，抓紧副业生产。

要求退社的中农占2/3，原因收入减少，土地多，劳力少，有果树。工人家属无劳动力，分不到钱。渔民下海后挣不到工分。五保户占3%。减少收入最大的是果园，有一农民去年得1千余元，今年只得1百余元。办法，果园折价，分年归还（比原来收入仍少一点）。

工人家属分了口粮，不肯还钱。正向工人进行教育，工人认为地给合作社，吃粮不应要钱。

渔业社与农业社分开较好，渔民工分多，不愿合，土地入农业社，分到口粮不够，有意见。农民见渔民收入多，也有意见，愿把土地退还渔民。

农业与副业矛盾。农民大家愿搞副业，入社搞副业一样分工分就吃亏，

---

* 1957年的一次调查。

应给一定补贴（每天 5 角、3 角）。农业也要按月开支（分红），便有钱花。

管理不好，偷窃浪费严重，引起群众不满。干部护本村，群众互相攻击，要求彻查。必须建立规约。

退社农民要求拉回牲口，因牲口比折价时涨得很多，拉回出卖有利，如允拉回大家想拉。

富农要求退社，拉回牲口，有些嚣张。

山林入社，折价不妥，管理不善，破坏严重。要解决折价问题，公布护林办法。

收苞米，刨地瓜，漏得很多，苞米每亩漏十几斤，地瓜漏二三十斤，教育管理不好。

干部不愿干，大小队长忙了一年，挨骂挨打。上级还要批评，回家夫妻吵架。

今年第一年办，没有底子，花钱较多，明年有了底子，情况〔会〕较好。同时没有经验，浪费相当严重。

自由市场

现只开放蔬菜市场，今春计划过大，生产过多，价格管理太死，好坏菜的差价太小，细菜少产，粗菜多产。蔬菜公司烂了很多，亏本 8 万元（蔬菜公司统一价格，卖不了也不能减价，时间推迟一天，今天进，明天卖）。

自由市场管理办法，“场内成交，凭证入场”，自由议价，自由成交。大伙食堂与合作社直接订立合同。

开放后蔬菜品种增加，质量提高，优质优价，双方都觉满意。公司经营也有改善。

问题：有些品种供不应售，有些品种价格稍涨。公司把准备调出的菜投入市场，价格平下来了。

蔬菜有季节的差价，这是合理的。但一般干部不了解，认为自由市场结果，实际与去年同期相等。

农民入城零售，影响小商小贩。直接贩运的小商贩利润增加了。肥瘠不均，安排困难。合作商店纳所得税，各负盈亏不纳，税收照顾落后。

1958 年

工业生产座谈*

〔钢铁生产情况〕

全国48〔座〕平炉，2250平方公尺，可产594万吨钢。系数8.6吨，上半年7.7吨。今后要达10.8吨，现在已有20座接近达到或超过，上海已达14.4吨。

51座电炉，115000千伏安。生产任务90万吨，系数（1000千伏安）24吨。1～8月生产44万吨，9～12月要〔生产〕46万吨，系数要达28吨。

21座转炉，今年新增201座（18个厂），共〔有生产〕能力735〔万〕吨，今年能生产的只有265万吨，系数42吨。1～8月已达48吨，新增的可能下降，故按42吨计算。

以上合计可达950万吨，至少可达910多万吨。

省市建成转炉1085座，今年任务〔为〕246万吨。

全国铸钢、锻钢〔计划〕约60万吨，因缺铁，可能只有40多万吨。

以上合计，〔生产〕1150万吨〔钢〕是可能达到的，问题在〔于〕铁能否充分供应。此外，还缺锰铁、矽铁，耐火砖，对炼钢也有影响。

运输情况

济南、郑州、上海三局卸车情况很坏，主要因装卸能力不足，〔应〕推广常州经验。

机车、车辆〔的〕制造因缺原材料，可能完不成计划，分配的钢铁设备任务也过大。

运输缺机煤，要追加130万吨，要求抓紧供应机煤。

铺轨还缺钢轨3000～4000公里。

电力

华东缺电5万千瓦，华北约缺10万千瓦以上。东北缺得更多，达需要

* 时间约在1958年9月上旬，这是会议记录的摘编。大标题为编者所加。

量20%，原因〔是〕小丰满〔水电站〕缺水，今年缺8〔亿〕～9亿度。

〔电力生产〕缺煤110万吨，主要是华东，原因〔是要〕增产电力。

机械生产

冶金设备，〔有〕高炉8376台，〔其中〕3立方米以下的3000台。1～8月高炉884台，电炉119台，平炉3台，〔生产〕能力合〔计〕共1800万吨。大型机床146〔台〕，1～8月170台。

问题：协作件、大的铸件、锻件〔生产〕有困难，缺矽钢片、薄钢板、铜、铝等。今年的投料和明年的投料都要考虑。

煤炭

日产量已〔达〕到64万吨（八月下旬），九月可达65万～70万吨。小铁炉必须与小煤窑相结合。煤的质量下降，灰分增加，影响炼钢、炼铁。

化工

酸、碱都很紧张，生产情况不好，要各部自己生产。土法生产已成功，资料、技术可供应。请各省抓酸、碱生产。

薄〔一波〕结语

八月份生产情况是很好的。钢铁生产不大好，但增长还是快的，完成1150万吨任务是有保证的。再不好，1070〔万吨〕[①] 总是可以完成的。目前问题不少，还不容乐观，9月1～6日〔生产〕情况不好。其他各部布署很好，协作中有不少问题要解决。

（1）钢和铁要抓一下，利用系数高的厂要插红旗，差的也要宣布。

（2）铁〔产量〕上不来是关键。大厂还好，问题是地方的900万吨〔生产任务〕。要解决挖（矿石）、运、技术三个问题。

（3）铁道运输紧张，装卸速度要〔尽〕快解决。

---

① 1958年8月17日至30日，中共中央政治局在北戴河举行扩大会议。会议发表公报，号召全党全民为生产1070万吨钢而奋斗（《中华人民共和国国民经济和社会发展计划大事辑要1949—1985》，第122页）。

(4) 焦炭灰分高，要检查。

(5) 硫酸要介绍土法生产技术，开现场会议。

(6) 机械工业解决材料问题，库存铜拨出一万吨。

(7) 下去的负责同志除解决自己问题外，还要解决共同的问题。工、青、妇〔部门〕愿意同去的可以参加，先观察再想如何协助。

钢铁问题*

河南 15 日放卫星，日产一万五千吨。湖南 20 日放卫星，日产一万吨。

9 月份 200 万吨铁〔的产量〕不能完成。钢〔产量〕有可能达到 110 万吨，其中 78 个厂达到 91 万吨。第一旬日产 2.4 万〔吨〕，第二旬要〔日产〕三万吨以上，第三旬要〔日产〕五万吨。

好的方面，鞍钢等大厂〔产量〕日有增加，鞍钢本月完成四十一二万吨有把握。下半月重点企业有 68 个转炉投入生产，每个〔日产〕三十几吨到七十几吨，68 个〔转炉〕日产 3000 多吨。各地也在大建〔转炉〕。

铁〔生产情况〕正好转，湖南、贵州等省上得比较快。估计本月 200 万吨铁〔产量〕不能完成。

湖南〔有〕3 万干部，200 万群众开赴钢铁战线。湖南建 3 万多〔个高炉〕，投入生产的 9400 座，正常生产的 5500 座。

鼓风机很重要，否则到冬天空气太冷，有可能减产或停产。遍地开花，还要马达。没有电的地方用锅驼机。

铁产量上去后，焦炭和矿石的供应将更紧张，需要早作准备。一吨铁要二三吨矿石，二三吨焦炭（土炉）。

矽铁[①]、锰铁可以逐渐解决，不致妨碍钢的生产。

钢的规格要求太高，事实上是浪费，不需要这样高。

钢的问题今年可以解决，铁和轧钢问题要到明年解决。

---

* 1958 年 9 月 25 日，中共中央书记处召开电话会议，布置钢铁生产任务。这次电话会议后，全民大办钢铁的群众运动迅猛地开展起来（《中华人民共和国国民经济和社会发展计划大事辑要 1949—1985》，第 125 页）。此则笔记应是此前国家计委的会议记录。

① 即硅铁。

广东、广西、湖北、安徽、福建几省感到没有把握〔完成任务〕，其他各省都说能完成。

过去对铁的问题估计不足，如矿石含量、鼓风、耐火土、焦炭、技术，有些问题自己不能解决。首先确定矿点，把炉子集中到炉点去，无矿地区决心搬家。

今年建小高炉一万个，五万立〔方〕米，需要动力25〔万〕～30万马力。集中点建小发电站。

明年产铁搞大高炉，只有1000万吨，还有3000万吨要靠小高炉〔生产〕，2〔万〕～3万个，10〔万〕～15万立〔方〕米，70万马力动力。

焦炭供应也要遍地开花，在炼铁区附近建小煤窑，还要解决运输问题。

铜、铝〔生产〕问题危险性比钢铁更大，要快把任务布置下去。多布置15万吨铝作后备力量。

本月25日前把明年任务布置下去。

新立村人民公社情况*

〔新立村人民公社〕今年8月23日成立，〔有〕土地12万多亩，1.2万户，6万多人，3万多劳动力。〔其中〕水田占7万亩，〔还有〕园田、畜牧、水产等。试验［田］52亩，实用30多亩，后备20多亩，〔试验〕内容〔是〕提高土地利用率和单位面积产量。〔水田〕2万亩〔亩产〕2千斤，5万亩〔亩产〕1.5〔千〕斤以上。去年〔平均〕亩产877斤。解放前〔亩产〕300多斤，解放后逐年增加，但均〔是〕一年一季。男女劳动力挣工分，发生矛盾，忙闲不均，收入增加很少。资金周转困难。从生产下手，解决各种矛盾。方法是〔提高〕复种和单产。今年麦子每亩收1000斤，因放水，粒不饱满，否则能达2500斤。种蔬菜〔有〕亩产100多元〔的〕纯收入。土豆〔亩产〕1500多斤。〔水稻〕提高单产，栽培方面，有亩产10万斤的、1万斤的。一亩〔地〕60万平方寸，可植60万把。每把20穗，

* 这是薛暮桥1958年9月听取新立村人民公社汇报时的记录，标题为编者所加。新立村人民公社位于天津市东郊。

〔每〕穗160粒，一斤1.6万粒，一亩可产12万斤，计划〔生产〕10万斤。〔生产中的〕问题：通风、透光。用井水、河水调节温度。亩产1万斤的栽7.5万把，施肥也较多，其他同普通地（2万把）一样。总之〔采取的〕是以密植为中心的综合措施。

10万斤的〔每〕亩下80斤硫胺、100斤过磷酸钙、20斤氯化钾、5万斤土肥。

稻子试验田〔搞〕杂交。（1）苇、稻杂交。（2）高粱、玉米、稗子与稻杂交。苇子能长2千~3千粒，如果变成稻粒，就可大增产，且可不用人工耘植。

人民公社规划，今年亩产1千~2千斤，明年5千斤，后年1万斤。人民生活水平，现在一个劳动力年收〔入〕800元，最高〔达〕1400元。〔计划〕三年内达到〔人均〕600斤粮，每天4两肉，2个鸡蛋，4两牛乳，蔬菜一斤，水果一斤。〔每人〕一年5~10只鸡，5~10斤酒，一年2套制服，2套工作服，2套内衣，6双鞋（1双皮鞋、1双胶鞋、4双布鞋），三年1条棉被，四年1件雨衣，每户三间别墅式房子。

〔全国〕工业会议总结*

开会十天，在中央直接指导下开，解决了思想问题，〔以及〕对今冬明春工作的布置。〔李〕雪峰同志在会上讲了话。缺点是郑州会议①的精神来不及进行讨论。

两月来工作的成就和缺点。成绩很大，收获很多，缺点不少，也有错误。

《四十条》② 说，在社会主义建设过程中，必须继续加强党的领导，实行政治挂帅，任何工作人员都必须把自己当作普通劳动者，任何工作都要走群众路线。……对群众采取说服态度，一切工作必须切合实际，把革命热情

* 1958年10月4日至11月4日，在北京召开全国工业书记会议，会议对1958年冬和1959年春的工业生产和交通运输作出部署（《周恩来年谱1949—1976》中卷，中央文献出版社，1997，第189页）。

① 指1958年11月2日至10日，第一次郑州会议。

② 指第一次郑州会议起草的《十年社会主义建设纲要四十条》。

同实事求是结合起来。浮而不实，爱好排场，谎报成绩，表里不一，这一切都是要不得的。

工作方法：对于工作中的成绩和缺点，一定要采取老实态度，反对谎报成绩，隐瞒缺点。无论工业、农业、文〔教〕、卫〔生〕等哪一方面的数字，也无论对内对外，对上对下，都应当是多少，就说多少。是好就说好，是坏就说坏。现在有一种在成绩方面以少报多、怕说缺点的倾向，这是十分有害的。必须在全体干部中进行教育，彻底克服这种不良风气。此次会议在这方面说得比较少，应当补充。

1070 万吨钢，开始大家担心不能完成。现在看来，从数量上看肯定能够完成，并能超过。以钢为纲，已经带动煤炭、电力……其他工业和交通运输的跃进。

主席说建议念两本书：《〔苏联〕社会主义经济问题》，《马恩列斯论共产主义〔社会〕》。以钢为纲，带动一切，八九年来找到这一条道路。苏联只提优先发展重工业，没有找到在重工业中先搞什么。他们说钢铁是基础、机械是心脏、煤炭是粮食、石油是血液、电力运输是先行，样样都重要。

社会主义建设必须以钢为纲，以钢铁工业的发展带动机械工业、粮食、运输、建筑等。

工业战线上的大规模的群众运动，必须充分估计。现在还有少数人认为〔这是〕农村作风，游击习气。以钢为纲，大搞群众运动，这是工业建设的正确道路。

肯定成绩后正视已经发生的缺点和错误。

(1) 钢铁从数量讲可以超额完成，从质量讲完成〔的〕不好。1700 多〔万〕吨生铁中，土铁占 1000 万吨以上。土钢 120 万吨以上。烧结铁占的数字不少，在 1 千万吨土铁中有不能炼钢的二类铁约占三分之一。18 个重点企业计划完成不好，重点企业计划 950 万吨，现〔在〕只完成 621.5 万吨。严重任务〔的问题?〕是质量不好，调运不出，花了很大力量解决不了问题。土钢也是质量不好，不能轧钢。重点企业连 900 万吨也完成不了，不像样子，应该批评。小土群成绩极其伟大，但有质量问题。对十八个重点企业要求至少完成 900 万吨，否则对今后建设影响很大。要狠狠抓十八个重点企业，抓各省调运生铁，切实完成任务。宁可不炒土钢，也要完成洋钢。

排队是必要的，不能说没有问题。冶炼设备配不成套，不能说不是问题。早就讲要配套，现在还未配套。有些排队排得好，有些排得不适当。原则〔是〕保证重点，保证〔?〕一般。

劳动力的安排，6000 万人搞钢铁，要调整。发生工农业之间的矛盾，现在棉花还只收了 70%，还有 30% 要受损失，许多红薯没有收回来。收购任务也未完成，市场供应紧张。苦战过分疲劳，要保证八小时睡觉。

站在运动之外指手划［画］脚是不对的，不正视运动中的问题也是不对的，领导上要头脑清醒。生铁质量是不好，调运不出，直接影响十八〔个重点〕企业计划〔的〕完成，应当重视。

现在有以少报多、怕说缺点的偏向，钢铁数字不实在，必须加以克服。

今后报道不报卫星，要报质量，要报大面积、长时间丰产。放卫星过去起了作用，但有缺点。

（2）大中小并举，土洋结合问题。

大中小并举，土洋结合，这是工业建设的一个方针。中央地方并举，中央为纲。大中小并举，大的为纲。大规模群众运动一方面表现在大企业的大洋群，另一方面是小土群的群众运动，两条战线，汇合成大规模的群众运动。第一〔个〕五年建设的近代化大企业，是我们工业的骨干，起重大作用。今后仍应继续开展群众运动，不断提高技术水平。今后仍然是大中小并举，仍要建设必要数量的大中企业，比“一五”还多几倍。小土群也要逐步提高。中国这样大国，必须动员六亿人民大家来搞工业，发动农民办工业，公社办工业。小土群最容易搞群众运动，这是方针问题，〔是〕长期的。发展结果，会从低级到高级，土中出洋，从手工劳动到机械化。这是普及与提高的问题。

（3）新阶段的主要内容。

是编整、巩固、提高，是搞“五定”，要基地化、工厂化，这是全民大办工业、遍地开花提出来的新问题。普及告一段落，应当推向新阶段。现在全国各地发现新的煤铁矿产资源，几千万人大办钢铁，铺了上万点子，现在要按资源、运输、劳动力等条件，建立基地。因地制宜、多种多样，有的〔建设〕煤钢联合基地，有的〔建设〕铜铝〔基地〕等。建设基地要有大体上的规划，从小到大，逐步提高。基地也有大中小之分，不要强求一律。要看具体条件，有些地方只定点，不建基地。各省报了 1264 个点，“五定”首先定点，不够条件的要括〔?〕了一点，或者分期分批建设。大体上建一千个点，在点中选二百个（五分之一）逐步形成基地。点归人民公社，基地大体上要地方国营（县、专、省）。点归县委领导，公社办理。不抓五定，五千万人可能散伙。

（4）保证完成今年跃进计划。

如果今年计划完不成，就会影响明年计划的完成。首先抓十八个重点钢铁工厂。冶金部每天报告生产和生铁调运情况（河南调生铁 12 万吨给武汉，湖北调 5 万吨给辽宁，相向运输）。每天生产、调运情况不登报，登《经济消息》[①]。对机械工厂拨的铸造生铁，同等重视，也要逐日报告。要按质、按量、按期完成。各地收的废钢供给重点企业，停止土炉炒钢。第四季度钢材生产，要力争完成。产钢〔的〕目的是要钢材。

铜铝〔生产〕任务很重，要总结经验，明年展开铜铝群众运动。

机械工业突击〔生产〕轧钢机，要抓设备配套工作。钢铁冶炼保证北戴河会议指标外，停止投料。

（5）明年第一季度任务。

明年是工业战线上决定性的一年，要使原材料的生产基本上过关，以钢为纲，带动其他。明年是最紧张的一年，要 3000 万吨钢、4500 万吨铁，2100 万吨钢材、铜 35〔万〕～40 万吨、铝 40〔万〕～45 万吨。要钢是好钢，铁是好铁（符合标准）。铁要能炼成好钢，钢要能轧各种钢材。各地可以搞些土铁土钢，自产自用，报计委纳入计划。

第一季〔度〕分配：产生铁 900 万吨，钢 600 万吨，钢材 400 万吨。轧钢机（今年 372 台，只完成 75 台，有电机的只 15 台），争取完成今年计划，明年一季〔度〕产 105 台，争取 136 台。

电站第一季〔度〕180 万千瓦。机床 7.5 万台，其中大型 3400 台。矿山设备 14.5 万吨，机车 300 台，货车 1.2 万辆，汽车 1.77 万辆（五大件）。

减低钢材消耗定额，实行节约，根据轻重缓急排队，进行合理安排。

---

① 《经济消息》是中央财经小组办的内部刊物。1958 年 5 月，薛暮桥任中央财经小组专职秘书，主管《经济消息》（《薛暮桥文集》第二十卷，第 361 页）。

机械工业生产能力不够，材料不够，矛盾很大。要合理安排，并须注意配套。首先保证轧钢机及早投入生产。其他四大件也是机械生产的重点，但轧钢第一。五大件是死的，其他产品是活的。

交通运输，提高装卸效率，缩短车船周转时间。运输物资也要排队。

运输也要搞小土群，搞二万公里小铁路。

电除完成设备制造外，还要小土群办电，搞 200 万～300 万千瓦。

煤炭，明年还要跃进，还要提高焦煤质量。

重要化工产品，三酸两碱和炸药，都要抓一下。

水泥、木材、石油、地质、纺织、造纸等，都要统筹安排。

所有工业交通部门必须发动群众大搞技术革命，这是一个经常的运动。

大运动中可以套小运动，但也〔要〕地方党委统一安排。

配套公司双重领导，地方为主，一机部为辅。

物资分配地方统一安排，中央部要协助。

协作关系改以地区为主进行安排，逐渐过渡。

明年一季度计划*

生产方面减了一点，基建方面增加了一点，材料更加紧张。

钢材年末库存 144 万吨，比上年减 70 多万吨。〔明年〕一季度分配 232 万吨，其中生产用 149 万吨（15 类主要产品用 64 万吨）。

调整后一季度还很紧张，较大问题〔有〕：（1）〔明年〕一季度比〔今年〕四季度还紧张。（2）运输从 1. 19 亿吨公里增至 1. 26 亿吨公里，也很紧。（3）钢材（今年好钢原估计 850〔万〕～900〔万吨〕，可能只有 800 万吨），还差 15 万吨。好铁关键在洗煤。（4）机械生产任务大，布置晚，材料不够。（5）化工满足不了需要，硫酸只〔达需要的〕70%，硝酸 30%，烧碱 35%，纯碱 40%。因受碱等影响，纸只能解决 40%，搪瓷、肥皂等〔只能解决〕36%，染料、医品等均供不应求。主要原因是东北缺电，化工基地主要在东北。（6）职工生活〔问题〕，劳动紧张，生活〔物资〕供应不

* 1958 年 12 月中旬，国家计委向周恩来总理汇报 1959 年第一季度计划的记录。

足，疾病增加。

基建：〔明年〕一季〔度〕投资从42.48〔亿〕增至44.96〔亿〕，占全年12.5%。项目增至721个。〔今年〕第四季度施工1639项，第一季度还要施工，现在只安排了721项，要下马918项。

生产指标：总的比〔今年〕四季度高，钢、铁、煤低于四季〔度〕，按好钢、好铁比还是提高，煤四季〔度〕1.2亿〔吨〕也不是正确的。机床〔产量〕从4.8万〔台〕降至3万〔台〕，影响不大。总的来讲一季〔度〕还是相当紧的，运输也更紧张。

〔今年〕四季〔度〕劲大，现在开始泄气。煤矿出勤率降至80%以下，许多合同工回去了（劳动要安排得更合理）。

机械生产中过去对配套估计不足，究竟比例关系如何？过去材料是主件3，配件加市场需要7（一般机械及市场维修所用钢材）。现在大体上是四十几与五十几之比（43∶57）。这样的比例能否配套，会不会影响地方及市场安排？估计缺24万吨（一般机件11〔万吨〕，市场维修13〔万吨〕）。究竟如何尚未摸清。如果改为4∶6，则约缺15〔万〕～20万吨。

重型设备〔明年〕全年155万吨，一季〔度〕占18%，约28.5万吨（钢材一季〔度〕只占15.5%）。比武昌〔会议〕定的31万吨减2.5万吨。二机〔部〕追加1.5万吨，电站漏列0.5万吨，共2万吨。

纺织从100万〔锭〕减至75万锭。原因〔是〕除钢材（5千吨）、铸铁（1万多吨）不足外，地方生产也有困难。

化工〔生产〕紧张，除东北电的供应外，还有运输问题，宁〔南京〕永利硫铁、煤，天津永利石灰石、煤均不足。

基建项目不能上马情况：钢铁〔项目〕施工87〔个〕，安排48〔个〕，下39个；机械〔项目〕施工211〔个〕，安排78〔个〕，下133个；化工〔项目施工〕79个，安排31个，下48个；水库水电〔项目施工〕58个，安排36个，下22个。现在安排721个需钢材75万吨，还缺5万吨，原来定额差一点，比武昌〔会议〕新增一些项目。问题：重点〔投资〕多，地方少。分给地方28.9亿，已安排25.2亿，只有3.7亿由地方自己安排，地方困难很多。重点投资所占比例过大，达到87%的投资。

材料情况：钢材库存单薄，品种不齐，增加紧张程度，材料调度捉襟见肘。贮藏钢材最多〔时〕70 万吨，现在不到 1 万吨。

一季度生铁紧张情况不亚于钢材。四季〔度〕生产好铁约 400〔万〕～420 万吨，〔明年〕一季度要生产 538〔万〕～560 万吨，至少在一月份还没有把握。要首先保证炼钢和机械需要。

钢材生产方面约缺 20〔万〕～30 万吨，基建约缺 5 万吨。更大的问题是时间与品种的矛盾，缺的主要是几种大型钢材。一季度要 12 万吨，生产只有 6 万吨。影响重型机械、车辆、钢轨、桥梁、电站、重要厂房等生产和建设。从时间上看，不仅 12 月份不能预投一部〔分〕材料，一月份也不能多给。一月至多只有 70 万吨。分配：生产占 64%，基建占 33%，看来基建比例小了一点，下马的项目也太多。

电力部——投资不够，按 800〔万〕～900 万千瓦要投资 77 亿，只列 57 亿。

纺织设备能力，21 班年产 900 万件。一季度不生产 100 万锭子，很难完成明年 1100〔万〕锭的任务。

目前运输至多只满足了 70% 的要求，明年第一季增加不了多少。

明年第一季〔度〕机械生产计划完不成，今年已亏材料 50 万吨以上，一季〔度〕分配数差 20〔万〕～30 万吨，而且品种不全。供货合同只能订 50%（要求 80%）。

今年欠的账怎么办？明年还不还？要还没有材料。计划内的合同必须审查处理，计划外的管不管？经委提出处理原则。

总理：计划不作大变动，整理后提交中央，后天下午完成，26 日中央开会讨论①。

明年计划 *

钢、铁、〔钢〕材、铜、铝基本不动。铁〔生产〕加了一点（华东加

---

* 这应是 1958 年 12 月 26 日中央政治局开会讨论 1959 年第一季度计划的记录，或是传达记录。

① 1958 年 12 月 26 日，刘少奇主持中共中央政治局会议，会议批准国家计委、经委、建委党组《关于一九五九年第一季度生产和基本建设安排的报告》（《周恩来年谱 1949—1976》中卷，第 198 页）。

20万吨，西南加3万吨，西北减1万吨，东北要求减18万吨未同意）。

重型机械，（钢材占全年15.5%，重机占18%。）钢材库存减少70万吨，其中一机就减50万吨。一季度的重机〔生产计划〕估计不能完成。订货只订70%，可能只完成60%.

基建项目：武汉会议①〔定〕512项，加64项，又加铁道、军工等，成728项。投资加了2.6亿，共45亿元。

地方项目418个，中央310个。现在施工项目1639个，一季度还要施工，只安排了728个。地方投资占13.7亿，还有3.7亿没有安排项目，让地方自己安排。有8个省市毫无机动投资。

钢材：生产差20万吨，基建差5万吨，共25万吨。

钢材年初库存230万吨，年底140万吨，减少了90万吨。

机车一季〔度〕能否完成180台？拟减为150台，也不算少。

主机和一般机器的比例是否适当？现在是43∶57。一季〔度〕可能主机突出一点，配不成套，到二季〔度〕进行平衡。

一季〔度〕生产缺20万吨钢材。基建约缺5万吨。

职工增加1260万人，取消计件工资，老工人受影响，出勤率降低。（工人逃跑原因）

基建项目从1639〔个〕减至728个，约减了900个左右。一季〔度〕45亿投资中中央占57%，地方〔占〕43%。地方投资中也大部是确保项目，约占地方投资78%。

年度计划一月十五日向中央报告。

关于728项基本建设项目等问题*

中央批评基建搞728项，〔说〕有什么根据，什么理由，没有把相互联

---

* 薛暮桥笔记原稿中的小标题为“经济情况”，这应是国家计委会议讨论记录，时间为1958年年底。标题为编者所加。

① 1958年11月21日至27日，在武昌召开了中央政治局扩大会议（即武昌会议）。参加会议的有部分中央领导同志和各省、市、自治区党委第一书记。武昌会议着重讨论了高指标、浮夸风的问题和1959年国民经济计划的有关问题。

系讲清楚。订货会议搞得晚了，耽误工作。现在地方无条件听中央，关系搞得紧张。搞了这样大的指标，第一季度情况究竟如何？机械工厂陆续停工、半停工，煤矿有八个停工（峰峰、平顶山、井陉，等等），原因是无坑木。高炉也有停工的（〔如〕马鞍山），原因〔是〕没有洗煤。兰州石油〔企业〕把井口关起来了，原因是运不出来。这些问题值得重视。〔今年〕第四季〔度〕生产的主机，普遍不能成套。明年一月是搞不好了，应该迅速补救。

武汉会议看到〔搞〕3000 万吨〔钢〕不行，我们坚持 2200 万吨〔钢〕。地方同志比我们敏感，中央各部思想上落后一步。对体制有意见，不敢直说，风格不够。

〔钢产量〕现在虚名很大，实际〔上〕好钢只有 850 万吨，明年增至 1800 万吨[①]，不简单。如果明年搞不好，问题很大。书记处要我们一月十五日起汇报七天，一月底召开书记会议定案，二月初开中央全会。

明年 728 项多不了多少，可能连 728〔项〕都保不住。第一〔个〕五年〔计划〕所有重要设备大多是从外国来的，我们是做配件。现在开始自己来搞，规模这样大，又没有贮备，发生一个问题就没办法。人民公社好处很大，但对工业压力很大。现在对市场供应不满的呼声愈来愈多。跃进四个月中不是没有意见，〔而是〕硬着头皮干，现〔在〕开始讲话了。这些问题提得晚了一点。今天要解决几个问题。

1959 年的计划〔尽〕快定下来。根据热冷结合、愈做愈细的精神，强调有科学根据。把材料主要用在生产方面，基建 728 项可以考虑再削一下，以少建、快成为有利。

有计划、按比例客观法则要研究，此次计划必须保持比例关系。采煤要问有无坑木，机器制造要问有无钢材，一定要有确实保证，不做无保证的计划。

全国一盘棋，定下来，不准自己加码。哪些企业中央直管，通知各地立即收回。中央建设项目，投资材料均由中央直接掌握，不再交给地方统一安排。

① 1959 年 2 月 12 日，《人民日报》发表社论《为 1800 万吨钢而奋斗》。

要暴露矛盾，提出问题。

速度必须建立在客观可能性的基础上。

为了实现一定的经济发展指标，不仅需要充分的革命干劲，而且需要一定的物质技术条件。

忽视人的主观能动性，把物质条件绝对化，就会犯保守主义的错误，但是我们决不应当因此而忽视物质技术条件的重要意义。

只有注意到国民经济各部门的按比例的发展，才能最充分地、最合理地和最有效地利用人力、物力和财力。

1959 年

农业生产情况*

去年11月至〔今年〕1月雨量，东北大部地区和长江以南普遍比过去少，特别是吉林和广东。华北、西北雨量接近过去〔年份〕。〔除〕1月份黄河以南地区下一点雪外，其他〔地方〕都未下。北方主要产麦省土壤含水量〔为〕16%～22%，南方〔为〕21%～25%（正常情况要在20%以上）。

长江以南除广东及福建沿海地区外，已无旱象。

麦田情况：夏收作物播种面积，冬小麦3.49亿亩，减700万亩，春小麦减500万亩，油菜增1000多万亩。小麦有60%〔的地〕深耕一尺左右，〔播〕种子30斤左右。底肥亦较多。密植〔情况〕：湖北〔每亩〕50万苗以上〔为〕53%，40万苗〔为〕40%（20斤种）；江苏60〔万〕～80万苗〔为〕50%（30～40斤种）；河北50〔万〕～60〔万〕苗〔为〕47%；山东60〔万〕～80〔万〕苗〔为〕50%以上。大概40〔万〕～60万苗是正常的，60万苗以上紧一点。

三类苗约在15%左右，扎根不好，分蘖少、苗黄。冬灌麦田有三分之一长得很好。能灌溉的麦田约2亿亩。今年可再增灌溉面积2亿亩。追肥方面，河南〔完成〕90%以上，山东〔完成〕70%，部分地〔方发生〕锈病。

晋冀鲁豫2亿亩中有5000亩丰产田，问题〔是〕有些过密，已在间苗。投入麦田管理的有2000多万人。争取4亿亩（加春小麦）〔生产〕2400亿斤，平均亩产600斤。为了防除锈病，〔需〕要6万吨硫磺。

油菜4500多万亩，比去年扩大了1000多万亩。江苏、福建等地减少。

要求：（1）化肥除国内增产外，能否增加一点进口数量。〔进口年产〕2000吨氮肥厂14套，400吨的40套，第一季可交货，第二季可建成。

农业劳动力用于粮食〔生产的〕约8000万人，其他3000万人，共11000万人，其中约有半数用于〔解决〕肥料。解决化肥问题后，可节省4000万劳动力。

（2）〔生产〕排灌机械300万马力，4月底以前交200万马力。要抓分

---

* 这是1959年2月的一则笔记。

月、分旬〔生产〕数字，按期检查，第一批〔产品〕供河北。

〔生产〕收割机 2000 台，四五月交货。拖拉机 7000 台。主要给东北。

〔生产〕电犁 500 台，已有材料。机引农具 6 万台，胶轮车 1500 万辆。

柴树藩关于设备成套问题的发言*

一　设备成套的基本情况

1958 年设备成套取得巨大成绩。(1) 700 个企业建成，投入或部分投入生产；(2) 新增生产能力超过或接近第一个五年；(3) 自己生产了大型成套设备，大高炉、大平炉、大机组；(4) 从依靠进口为主，转到自己制造为主；(5) 取得组织成套的经验。

从 1958 年部分机器不成套的情况来讲，很严重：(1) 炼铁、炼钢、电站〔方面〕，已成套的高炉〔为〕45%，转炉〔为〕57%，轧钢〔为〕12%，电站〔为〕70%。其他行业的配套情况更坏。缺一点东西〔就〕不能投入生产。(2) 四季度〔以〕来单机也不成套，不成套的水泵〔为〕35%，氧〔气〕机〔为〕40%。(3) 工厂不成套更复杂，主配之间，机电之间，基辅之间都是前多后少。特别是起重、运输、动力、控制、仪表最缺。(4) 地区之间，大小之间也不平衡，基础差的地方较差。大型设备较差。(5) 原材料紧张，协作关系中断，市场采购困难最大。(6) 厂外协作的设备困难更多，不能迅速发挥效果。

原因：(1) 机械工业发展从配件到主机，到主机和配套，是一个发展过程。主机是更重要的，集中力量搞主机是必要的，但不能有主无配。配件的总量较主机更大，协作需要很复杂的组织工作，有些配件也不容易制造。(2) 在生产的安排上，对辅机配件注意不够，工厂材料缺乏安排，市场供应也未安排。有些工厂不适当的升级、合并，原材料供应不够。(3) 1958 年计划几次变动，追加设备（层层加码）地方超过国家〔计划〕一倍（高炉），二倍（转炉），超过材料供应可能，接了新的，丢了旧的，新旧都不

* 这是李富春在国家计委传达 1959 年初中央会议内容里第一机械工业部部长柴树藩的发言，编者从薛暮桥笔记中摘录了主要内容。标题为编者所加。

配套。多而不成套，不如少而成套用处大。（4）物资分配办法和组织管理制度没有跟上去。下放是对的，下放后如何协作未安排好。配套公司是否可以早一点提出来？可以的。

二 解决成套问题的根本办法

（1）单机成套、成套设备的成套、工厂的成套、生产准备工作四者都要做好。都是配套问题。

（2）生产、基建、材料都要大体适应，如不适应，只能排队。排队有作用，但有一定限度。材料 35〔万〕千瓦，生产 50 万千瓦，无论如何不行，搞不好连 35 万千瓦也没有，大家都不成套。只能完成一批，再搞一批。

（3）生产、基建要按成套的要求来安排，保主要削次要，不能保主机，削配件，要保就主配都保，不保就主配都削。

（4）全国一盘棋，第二本账应经国家批准。不能层层加码。

（5）分配制度：按项目分，不按地区分。按成套分，适当扩大部管统配物资范围。注意市场物资的供应，保证自制物资和市场物资的用料。核实用料定额，注意薄弱部门的特殊材料。

三 几个具体问题

成套公司，供应分四类：生产线以内，生产线以外，自己制造，市场采购。对生产落后地区一定要有所照顾。成套公司下要设专业公司或专业组。今年二月份把机构建立起来。

各级成套公司都以主机为中心，组织成套生产，供应全国需要。

现厂制作是在本厂制造的笨重的非标准设备。

市场供应的东西，经过商业环节供应，这也是不可缺少的。还有一机部的销售局。商〔业部门〕供小的、通用的、民用的产品，机［械部］供大的、专用的、生产基建用的产品（商〔业〕有 35000 种产品）。

工厂辅助设备，如变电站、煤气发生站、水泵站、空气压缩站、氧气站等，要由专门的机构或工厂来供应。

各部要编配套的目录，交给配套公司和有关部门。

要标准化，规定产品标准，非标准设备要逐步标准化。

配套工作的主管，由建委、一机部和各主管部门分工负责。

陈〔云〕：第二〔个〕五年基本特点是自己干，必须把这个担子挑起来，责任最重的是一机部。工作要比过去更加细致，各部都要管起来。地方工厂配不成套，中央主管部门必须负责。现在不把担子挑起来，将来就要检讨。

配套包括几个部的协作，有协作，就必须有总管。只要把责任担负起来，问题是可以顺利解决的。

北京、天津人民公社情况*

公社（北京）

①公社管〔所〕直属〔的〕大的企业，公积金。

②生产区管产品〔生产〕，〔为〕基本核算单位。

③生产队〔实行〕三保［包?］一奖（超产奖励）。

④个人〔搞〕副业经营。

干部要一点权，群众要一点钱。权力下放以后，积极性就高了。

供给部分，伙食每月四元左右。工资好的社〔为〕6～15 元，差的社发不出工资，或者一天一角钱，几分钱。供给与工资约为二比一。

〔确定〕工资〔的〕办法，还是评工记分。（鸡下个蛋值八分钱，人不如鸡。）大家都不欢迎死工资。评工记分算不算工资制，还是计件工资的一种形式。还有一部分是死级活评。少数保留固定工资，超额给奖。

分配：郊区〔人民公社〕积累只占 10%，社员分 50%，生产开支 40%（包括税收 4%～5%）。后者需要压缩。

郊区转全民〔所有制〕，准备在收入接近国营农场时候再转。

天津公社问题

所有制的发展过程，是不是客观规律？现在的公社所有制与过去高级社所有制有何区别？

分配：河北规定，1958 年工资部分不得少于 50%，1959 年不得少于 60%。〔生产〕队保［包?］工资总额，社员评工记分，或者工资加奖励。

---

* 这两则关于北京、天津人民公社情况的笔记，时间约在 1959 年初。大标题为编者所加。

基建事故发生的原因*

〔基本建设项目〕发生严重的质量事故，原因〔为〕：

（1）追求数量，不顾质量。

（2）片面强调节约，不适当的采用代用材料。

（3）打破规章制度，把检验也取消了，材料不合规格。

（4）群众运动缺乏科学管理。

（5）建设任务与队伍不相适应。

总的来讲，注意数量，忽视质量。注意多、快、节，不注意好。房屋倒塌事故相当严重。

农副产品收购与市场销售问题**

收购·市场

粮食收购〔至〕12 月 25〔日〕，入库 893 亿〔斤〕，比去年增 162 亿〔斤〕。销〔售〕416 亿斤，比去年增 84 亿斤。出口 46 亿斤，军用 8 亿斤。库存 761 亿〔斤〕，比去年增 22 亿斤。估计还能收 152 亿斤，销 430 亿斤，出口 41 亿斤，军用 7 亿斤。〔至〕五月底库存〔估计〕436 亿斤，增 29 亿斤（粮食部〔数据〕）。

〔各〕省市估计收购 153〔亿〕～173 亿斤，销 470〔亿〕～480 亿斤，库〔存〕396 亿斤，减少约 10 亿斤。

情况：去年产量大家不摸底。①秋收以后放开肚子吃饭，冲破定量；②收割中的浪费很大，〔各〕省市估〔计〕有 10%，即 750 亿斤（可能偏大）。红薯丢了 30%，粮食部估计损失 5%，即 375 亿斤；③留种太多，稻

* 这可能是薛暮桥自拟的对于基建事故成因的分析，时间约为 1959 年初。标题为编者所加。

** 1959 年 1 月，由于市场紧张，中央连续召开会议，讨论农副产品收购和市场供应问题（《李先念年谱》第三卷，中央文献出版社，2011，第 109～117 页）。这应是其中一次会议的记录。大标题为编者所加。

种留到〔每亩〕100斤以上。

瞒产现象亦很严重，虚夸是主要的，但在分配时有瞒产。八算八不算，入库未过秤，只算人吃，不算猪吃，不算三定以外土地，不算自留地，未打场的不算，次粮不算，杂粮不算。

瞒产原因，怕春天粮食紧张，想吃多一点，好一点。〔解决〕办法还要计划供应。估计春天可以够吃，问题是歉收地区如何调剂。

油料收购10亿斤，〔上〕报15亿斤，实际差5亿斤，任务〔为〕34亿斤。往年年前收70%，今年只〔有〕30%。比去年少收5亿斤，销〔量〕与去年同，库存减4亿斤。原因主要是农村多留，其次是丢失很多（花生、油茶等）。

棉花收购4300万担，有些虚假（约300〔万〕～400万担），估计可以达到5000万担，这样还能保持1100万件〔纱〕（不贮备，570万担）。收摘中的损失约有5%～10%。

麻突出〔的〕紧张，收购388万担，比去年少84万担。今年产量减少，没有劳动力剥麻，影响很大。麻袋要3亿多条，只能生产7000万条（去年8000多万条）。

糖料不摸底，去年预计产糖130万吨，实产100万吨。设备也跟不上。

猪的收购头数，去年〔为〕3700万头，每头下降30斤，肥猪比例原在15%左右，现在只〔有〕5%～10%。集体饲养后管理不好，饲料不足。

鸡鸭〔收购〕估计一年内不会好转。炼钢时要鸡毛，公社化搞集体〔经营〕，有些地区减少50%～70%。严重的是没有公鸡，鸡蛋孵不出小鸡。稻子密植后不能养鸭。

鱼生产800万担靠不住，只收购了100多万担。河塘养〔的〕鱼农村自己吃了，湖鱼、海鱼无人去捕。渔船都搞运输，公社无人捕鱼。

水果采摘粗糙，无法包装，运输困难，腐烂很多。

蔬菜上半年南紧北松，十月以后南松北紧，紧的原因都是没有劳动力种蔬菜。以粮为纲把蔬菜挤掉了，自留地取消也增加了蔬菜的紧张程度。山东白菜安排外调十余亿斤，实调一千七百万斤，原因〔是〕缺乏田间管理，生了虫子。北京计划外调1.8亿斤（计划产量18亿斤，实产3亿斤），结果还要内调1亿斤。食堂吃菜多了，过去好的出卖，现在好的自吃。现在布置北调 3 亿斤，没有包装工具。短途运输也赶不上。缺菜种 300 余万斤（没有顾上留种），估计上半年不可能缓和下来。沈阳每人 3 两，抚顺、鞍山一两。

市场情况：农村没有现钱，大城市缺原料。41 种主要商品销售增 46 亿，生产资料〔销售〕增 36 亿，合计 80 多亿。销售额远超过购买力。原因，商业部有 50 亿～60 亿资金〔去向〕没有着落，轻工业超额增产，商品库存〔反而〕减少，情况斗不拢来。赊销 10 亿，预购 6 亿，预付 7 亿，共 20 多亿，还有 30 多亿查不出来。

糖计划产 130 万吨，实产 100 万吨。胶鞋少产一千多万双，自行车差 25 万辆，缝纫机〔差〕30 万台，纸差 6 万吨。油计划 20 亿斤，实际 10 亿斤。

薛英：消费品构成变化，吃占 55.2%～50.6%（〔19〕57～〔19〕58〔年〕），特别是副食品减少最多（6 亿）。穿〔占〕20%～22%，增的是针织品。文教用品亦增。小商品则减少。增加最多的是第四季度。

省、市、自治区党委第一书记会议*

1959 年年度计划调整问题①

钢 2000〔万吨〕，钢材 1400〔万吨〕，维持。铁减为 2700 万吨，其中重点〔企业减为〕1600〔万吨〕，小厂〔减为〕1100 万吨。炼钢需要生铁 2100 万吨，铸造〔需要〕600 万吨。

钢，平炉、电炉〔生产〕1000 万〔吨〕，转炉 1000 万吨。平炉现有〔生产〕能力 740 万吨。轨钢数量没有问题，现有〔生产〕能力 900 万吨，（调整马达）可提到 1000 万吨，比较困难的是品种。

矿石需要 9000 万吨，现有〔生产〕能力 5000 万吨，加新建出 6800 万吨，各省出 1000 万吨，群众（土〔法〕）1200 万吨。

焦炭，煤炭“小土群”〔产〕7000 万〔吨〕，已有矿井 3.3 亿〔吨〕，

---

* 1959 年 1 月 26 日至 2 月 2 日，中共中央召开各省、市、自治区党委第一书记会议。以下为这次会议记录的摘要。大标题为编者所加。

① 李富春在全国省、市、自治区党委第一书记会议上谈 1959 年国民经济计划调整（《中华人民共和国国民经济和社会发展计划大事辑要 1949—1985》，第 130 页）。标题为编者所加。

新建8000万吨，产2000万吨，合共4200万吨〔?〕。炼焦煤1.2亿吨。（铁中含硫80%来自煤），洗煤能力5700万吨，简易洗煤7000万吨。（一吨铁需洋焦0.8吨，或土焦2吨。）

运输问题，〔生产〕2000万吨钢共需铁路运量3.6亿吨（包括煤和矿石）。明年运量6.3亿〔吨〕，用于钢铁方面只2.2亿〔吨〕。

钢材四〔个〕季〔度〕生产〔为〕二三四五，即〔分别为〕二百万〔吨〕、三百万〔吨〕、四百万〔吨〕、五百万吨。

机械〔生产〕能力，重型设备可以提到100万吨，发电设备400万千瓦，机床10万台，货车不超过4万辆（不扩建只有2万辆，加新建扩建为4万辆），大的机修厂也可以搞一点。

钢材需要，去年贮存减80万吨，配套差30万吨，1959年计算约缺120〔万〕～150万吨。意见〔是〕把机械生产指标减一点。

石油，生产420万吨没有问题，但运不出来。西北资源很有希望，需要解决运输问题。要建油管400公里，造油槽车5000辆。

化工满足不了需要，只能满足50%～70%，而且原订任务完不成。

基本建设，钢材可能缺40万吨。机器设备产值200亿元，基建投资用于购置机器设备只有160亿元（占投资总额40%）。

农村劳动力需要1339亿日，现有700多亿〔日〕，还缺600多亿〔日〕。

第一方案：2000万吨钢，1400万吨钢材；第二方案：1800万吨钢，1260万吨钢材。第一方案基本维持武昌会议投资方案（360亿，加地方自筹400亿），第二方案投资360亿（包括地方自筹）。问题是1400万吨钢材有无保证。第一方案可以争取1960年达到3000万吨钢，第二方案则不到3000万吨。

第一方案材料设备没有保证，投资与设备也不平衡（160:200），运输产值增65%，运量增75%（1958年70%:41%，第一〔个〕五年〔计划〕67%:107%）。运力还缺1亿吨，运力只能保证1810万吨钢。

1959年农业增54〔%〕，工业增56%，合计增55%。农民有200多亿购买力不能实现。

劳动日缺600多亿，〔解决〕办法：①工具改革，要提高劳动生产率

40%～50%；②改进劳动组织。

1957年，固〔定资产〕70%，流〔动资金〕30%，1958年固〔定资产〕55%，流〔动资金〕45%。

工业水平：2000万吨钢是否降低？（1）维持2000万吨，达不到再调整；准备一个第二方案。（2）2000万吨〔产量〕根据不够，确保1800万吨，争取2000万吨。（3）1958年跃进后，需要一个调整时期，上半年慢一点，下半年再跃进。

关于计件工资：不根本否定，不积极提倡，实事求是，应计件的计件。大跃进中取消部分计件工资是需要的，否则计时、计件工人发生矛盾。

钢材问题：武昌会议指标，钢材约缺100万吨或多一点，也没有足够考虑增加贮备。（只考虑增80万吨。）第一方案压缩机械生产，可以节省40万吨。问题没有确实解决。

钢铁项目：大型（100万吨以上）占70%多一点，中型（30〔万吨〕以上）20%，小型不到10%。

木材保证66%，水泥73%，汽油61%，柴油38%，硫酸67%（年末〔生产〕能力对需要〔比例〕）。

硫酸原指标220〔万吨〕，只能〔生产〕175万吨。纯碱原〔指标〕140〔万吨〕，只能〔生产〕110万吨。烧碱只能〔生产〕50万吨，原〔指标为〕60万吨。

（1）国民经济重要问题，1959年要苦战加调整。

（2）如何贯彻五个并举、三个结合方针。

（3）根据形势、方针来决定方案，调整缺口。

（4）重要东西都要纳入计划，规定任务必须完成。

（5）支援农业与市场供应，生产同消费的平衡。

7614亿斤（粮食），〔其中〕稻3066〔亿斤〕，小麦79亿斤。

棉6913万担，亩产85斤。

耕地面积1958年减3000万亩，1959年减1.7亿亩，合共〔减〕2亿亩。

播种面积1958年23亿多亩，1959年20.4亿亩，减2.8亿亩。

粮食播种面积1958年18亿亩，1959年14亿亩。

粮食产量保证10500亿斤，争取13000亿斤，棉花11000万担。

农业多搞多种经营，少搞粮食、水产，工业多搞加工工业，少搞钢铁，削重补轻。

注意春荒，粮食是否够吃。

注意市场经营。

机械工业，去年开始制造大的设备，采取各种措施克服困难，今年需要量更大，困难仍然很多。

浙江通用机器厂供应全国制氧设备，去年改造五套小高炉，使制氧设备的生产被挤掉了。现在各地各搞各的，很乱。

一个工厂建成，到大量生产，至少需要半年时间。依靠今年新建工厂来完成今年任务有困难。新增能力只保证了主机，未安排配套。如发电设备只有三大件，造船缺主机和仪表。

增加新部门，如大型、精密、尖端的制造。①依靠原有企业，②注意配套，③注意缺门。

今年机械生产决定于：①材料供应；②新建能力能否及时完成。

钢材方面：第一方案835万吨钢材，主机大体可以保证，一般机械可能太少（1957年大体是一比一，今年估计要60∶40，分配结果是二比一）。

①钢铁与其他重工矛盾。②重工业与轻工业、农业矛盾。③机械中主机与一般、配套的矛盾。④生产、基建与材料供应的矛盾。

电机生产：一季〔度〕100万千瓦，二季〔度〕150万千瓦，三季〔度〕200万千瓦，四季〔度〕250万千瓦，合〔计〕共700万千瓦。

铜铝生产：水银整流器只能供应三分之一。改用直流发电机也有困难。

机械生产能力：①老企业扩建，当年能达生产能力50%；②新建企业当年只能达到10%。

发电去年88万〔千瓦〕，今年〔计划〕700万〔千瓦〕。重型〔机械〕50〔万〕～140万吨，机床6〔万〕～12万台。

现有能力：发电400万千瓦，重型〔机械〕88万吨，机床8.4万台。货车2万辆，今年计划55000〔辆〕。机车500辆，今年计划1500辆。纺锭200万个，今年计划500万个。从基建方面看，比较困难的是发电、机车车辆、纺锭。

需要情况：机械产值比基建需要多 33.8 亿，18 亿，15.6 亿。

发电机拥有量 650 万千瓦，今年新装 650 万千瓦。机床拥有 32 万台，今年新增 12 万台。纺锭拥有 810 万锭，今年新增 400～500 万锭。

基建：①重点项目分批上马；②少上主机，多上成套；③克服薄弱环节，如铸锻车间；④全国一盘棋，地方只照顾通用厂，不照顾专业厂（发电、机床）。

今年设备增加：钢 1000 万吨，煤 1 亿吨，石油 300 万吨，化肥 200 万吨。发电明年 1200 万〔千瓦〕，后年 1500 万千瓦。

民用项目 240 个，可以削减 60 个，军用项目也要削减，大厂还要削减规模。

鞍钢取消计件工资，把规章制度当群众面烧掉了。大连反一长制会议，许多小厂贴大字报翻三番、五番。鞍〔钢〕提出增 70%，大家说是白旗。

增加 1000 万吨钢的设备，钢铁本身要钢材 136 万吨，煤本身 18 万吨，电力 23 万吨，铁路 87 万吨，以上合计 263 万吨，其他 80 万吨，估计共需 350 万吨。

1000 万吨钢，需要机床 20 万台，发电设备 800 万千伏，水电 900 万千伏，原油 900 万吨。

钢铁、煤石占铁路运量的 45%（1957 年）至 50%（1958 年）。

京汉线只能通过 22 对，硬要〔过〕48 对，结果还是 22 对上下。50 吨车载 75 吨，结果压坏很多车子。去年积压 4000 万吨物资，今年非补运这些物资不可。

市场问题①

当前情况：1958 年购买力增 74 亿，预付、赊销有 20 多亿。〔其中〕预购未收回 3 亿，预付约 7 亿，赊销约 12 亿。收买废品约 16 亿。大多挤在第四季。

轻工业生产上半年比较正常，三四季度挤了一点。糖预计〔生产〕130

① 李先念在省、市、自治区党委第一书记会议上谈市场问题（《李先念年谱》第三卷，第 116～117 页）。

万吨，实际〔生产〕90 万吨，副食品有的减产。

主要商品库存：纸〔从〕18 万吨〔减至〕8 万吨，糖〔从〕27.6〔万吨减至〕22.6 万吨，胶鞋〔从〕7808〔万双减至〕7000 万双，肥皂〔从〕561〔万箱减至〕350 万箱，纸〔从〕19.9〔万吨减至〕12.1 万吨，棉布〔从〕23.5 亿〔公尺减至〕19.6 亿公尺，油〔从〕15〔亿斤减至〕10.4 亿斤，火柴〔从〕385〔万件减至〕152 万件，钟〔从〕123〔万个减至〕63 万个，面盆〔从〕1800〔万件减至〕1100 万个，口杯〔从〕2400〔万个减至〕1400 万个，手表〔从〕46〔万个减至〕7.5 万个。

一季度发跃进奖 6.5 亿〔元〕，钢铁贴补 15 亿〔元〕，公社贮蓄 20 亿〔元中〕要提一部分发工资（每人发 10 元，就是 20 多亿）。

一季度轻工业产值约等于〔上年〕四季度的 80%，原因〔是〕：①化工品差三分之一。上海 85 种化工产品减产的〔有〕80 种。②农产〔品〕原料不足，如竹木、麻，肥皂缺油、碱、松香，制成后无木箱，有了木箱无洋钉。③缺包装器材（竹筐、木箱、麻袋、草包）。

生产资料问题：特别严重的是修配，拖拉机有三分之二要修理（15000 台），排灌机有 40% 要修理，汽车有 20% 要修理。

收购：粮食库存只增 13 亿斤，到今年五月底库存不减已不容易。棉收 4000 万担。油料收购减少二三亿斤，多销 1 亿多斤。麻收购减 18 万担。猪收购 4550 万头（去年 3724 万头），体重减 30%～40%，吃肉还减 20%（〔从〕130 斤减至 92 斤）。

轻工业生产情况：

造纸因缺木材，许多纸厂半停工。

糖厂甘蔗不够开工 120 天，甜菜也供应不足。

1958 年轻工业增 40%，1959 年增长速度可能略低于 40%。棉纱产 1000 万件，〔人均〕24 尺布还可维持。

〔1959 年〕年度计划〔的调整〕

情况：1958 年生产力大发展，生产关系大变化。劳动力鼓足干劲，有过〔之而〕无不及。物资库存挖得差不多了。钢铁产量大增，质量不够好，好钢只增 50%。（河北炼钢铁花了五亿。）配套和协作关系打乱，市场紧张。

调整原因：钢材供应不足，钢铁两头有问题，先行跟不上，化工、轻工脱节。

调整办法：①力保四个已发表的指标；②以钢为纲；③压缩空气；④留有余地；⑤全国一盘棋；⑥缓和市场紧张情况；⑦项目、材料、投资要结合（项目大于投资，投资大于材料）；⑧多快还要好省；⑨生产、基建矛盾时保证生产；⑩今年明年（重点过重，不利调整）矛盾，先顾今年，千方百计。

调整后比〔较〕有根据，市场可以比较缓和。还有缺口。

问题：①电力不足；②洗煤不够（生产 5200〔万吨〕，需要 6400 万吨）；③化工产品不够；④木材、水泥不够（〔缺〕500〔万〕~200〔万吨〕）；⑤运输力量不够；⑥石油、橡胶等差额很大。

依靠当年设备：钢材 35.7%，洗煤 65.5%，电 19.2%，发电机 18%，货车 30%。

基建投资减了，项目还要减少。已上马的项目要下马，问题很大。

钢铁工业

第一季度情况：钢应〔日产〕5.5 万吨，〔钢〕材应〔日产〕3.8 万吨。一季〔度〕计划 360 万〔吨〕钢，216 万〔吨钢〕材。〔去年〕十二月达到钢日产 3.8 万〔吨〕（洋钢），铁〔日产〕4.7 万〔吨〕（好铁），〔钢〕材〔日产〕2.1 万〔吨〕。一季〔度〕应到钢〔日产〕4 万〔吨〕，〔钢〕材〔日产〕2.4 万〔吨〕。一月上半月钢〔日产〕2.42 万〔吨〕，铁〔日产〕4.5 万〔吨〕，〔钢〕材〔日产〕1.64 万吨。

去年综合能力，钢不到〔日产〕4 万吨。现在达不到〔的〕原因：①去年紧张，年初放假。②原料不足。洗煤、焦炭供应困难。生铁供应不足。③运输问题很大。军委支援汽车撤回，各省交通厅局支援的汽车去运副食品。

全国一盘棋如何执行？开滦煤应供鞍钢，但河北用去供小高炉，结果鞍钢缺煤。小高炉用煤多（五吨），影响大高炉的焦炭供应，但又要靠小高炉。

洗煤、炼焦需要三千多吨钢材，希望立即解决。此外铁路等要一万多吨，其它设备一万多吨，还要机车六辆。车辆等要解决。

一季度生产8000万吨煤，只能运5000多万吨，坑木要170万〔立方米〕，只能供应120万立方米。

（薄〔一波〕：第一季度生产下降一点不可避免，应当利用时机进行调整，如果不让下降，结果还是下降，而且把调整耽误了，损失更大。）

第一季〔度〕基建首先保证今年的二千万吨钢，要搞小洋群。轧钢要搞一点中型大型，才能解决品种，这又要保证大厂。

主机由部分配，配套地方供给，这个办法不行。许多厂子有了主机，地方不给配套，无法投入生产。

轧钢现有能力900万吨，但还缺马达5万千瓦。品种变化多了，就只能轧600万～700万吨。去年的261套要第一季度交完。今年生产不了300万吨，第二季〔度〕交98套，设计能力700万〔吨〕，今年生产200万〔吨〕也难保证。

〔计划〕1962年产钢5000万吨，基建项目原来4000万吨，现已减至3800万吨。为着保证1962年5000万吨，这样的规模是需要的（地方80个〔项目〕主要是铁）。

26〔个〕省都有一个钢铁厂，从经济上看有些是站不住的。西宁、宁夏可以不搞，安徽已有马鞍山（合肥可不搞），浙江、福建没有煤，华东煤到1962年还不能自给，发展钢铁是否合适？

还有80个地方项目，已建成多少就算多少，不能再扩大。过一个时期，再考虑扩大。

〔中央〕财经小组*

第二季度钢材只有205万吨（去掉重复部分），按照钢材办事。

生产必须保，削基建。基建中削钢铁，保煤炭。钢铁充分利用已有能力，新建尽量压缩。

---

* 1959年5月3日到9日，中央财经小组根据中央书记处的指示，连续7天在国家计委召开会议，研究1959年钢铁生产落实问题。会议由陈云主持。5月11日和15日，陈云先后向中央政治局和毛泽东报告了财经小组关于落实钢铁指标的意见（《中华人民共和国国民经济和社会发展计划大事辑要1949—1985》，第134～135页）。这是中央财经小组的讨论记录摘要。

今年产钢估计约为 1400 万吨，钢材 860〔万〕~900 万吨。现在情况是铁不成钢，钢不成材。质量差，消耗大。现在人心不安，计划不落实。人心思定，不争多，要求实。长江后浪推前浪，做做停停，做做停停，一季一个重点，不好安排。

现在办法，退够，巩固阵地，继续前进。以退为进，就不是机会主义。不谈计划，就〔被〕迫得天天谈计划，先脚踏实地（可靠），再继续前进（积极）。这是中心思想。

谭〔震林〕：农业中花劳动最多的是肥料，特别是肥料的运输。其次是夏收夏种，秋收秋种。再次是排灌。明年制排灌机械 600 万马力。去年原有 180 万〔马力〕，支援工业 120 万〔马力〕，归队后还有 100 万〔马力〕。今年计划 250 万〔马力〕。每马力灌 45 亩地，明年能到 1000 万马力，就基本上满足需要。运输机械，先搞胶轮车，今年生产 1500 万辆，明年要求达到 3000 万〔辆〕（可节省 6000 万人），逐渐达到 6000 万辆。联合收割机需要 15 万部，分三年走，明年制 5 万部，或搞些马拉收割机。

廖〔鲁言〕：肥料用工 40%，耕种用工 25%~30%，此外为收割、灌溉等。现在所谓有机肥料，大部分是泥土。需要增加化肥和真正的有机肥料。有了农具，年年要修补配，必须供给材料及修配力量。

灌溉面积中，5 亿亩是真正可靠的，3 亿亩可以利用，不能保证，2 亿亩不能灌溉（未修好渠道）。

〔李〕富春：钢材要包括修理，农业机械不仅要钢材，而且要考虑石油、橡胶等。也不能设想明年机械制造能够增加几倍，要排队分几年解决，才能落实。

〔赵〕尔陆：后浪压前浪，第一浪是化肥，第二浪排灌，第三浪小高炉，第四浪小转炉，第五浪轧钢机，第六浪是什么还不知道。再不能这样做了。

陈〔云〕：组织小组研究这个问题，〔廖〕鲁言〔为〕组长，〔朱〕理治〔为〕副组长，〔王〕光伟、〔张〕有萱、〔吴〕俊扬，一机〔部〕、化工〔部〕、冶金〔部〕参加。

市场

第一季度零售额 150 亿，比去年增 36 亿，〔增〕31.8%。一季度工资就比去年增23亿。商业部收购增63亿，销售增83%。猪收购下降27.6%，蛋〔收购〕降45%。库存减20亿。

去年购买力估计570亿，生产指标只能供应550亿。第二季〔度〕购买力估计160亿，比去年增37亿，〔增〕30.2%。

收购情况：棉花3895万担，已收3446万担，调拨计划3625万担。烤烟不到700万担。麻666万担。猪现有数约1亿头，鸡现有5亿只。

〔李〕先念 过去对情况的严重性估计不够，过去以为一季比一季好，现在看来，一季比一季严重，吃穿用样样紧，城乡都紧。粮食到六月底估计要从去年的380亿斤，减至270〔亿〕、300〔亿〕或320亿斤（〔19〕57年是360亿斤）。油收购18亿斤，库存比去年减2.5亿斤。

谭〔震林〕 必须承认市场〔问题〕是严重的，原因：①重点过分突出；②全民办工业缺乏具体部署，发展太快。农业方面：①公社化，变化大，影响超过高级化；②食堂化，破坏按劳分配的基本原则（供给不能超过30%，工资不能少于70%）。

陈〔云〕 一切问题，首先是计划是否落实。计划不落实，迫得你天天讨论计划。过去不督战超额完成计划，现在督战还完不成计划，原因何在？必须从现有生产能力出发，站稳脚跟，再努力前进。这才是既积极，又可靠。

就市场问题来讲，首先是如何减少一些购买力。①减少一些职工；②农村算账不能都付现钱（总数约100亿，付1/3就不得了）；③地方基建投资必须限制（地方完成120%，省完成70%～80%，中央完成20%～30%）；④地方号召节约、贮蓄；⑤号召增产，要有具体安排。

钢铁生产

现有能力：钢1300万吨，其中重点企业1136万〔吨〕，中央企业95万〔吨〕，各省90万吨。新增能力至少100万〔吨〕，争取200万〔吨〕。因此，全年可能生产1400万吨，可以争取1500万吨。

铁现有能力1900〔万〕～2000万吨。（如果钢1500〔万吨〕，铁要2200〔万吨〕。）

钢材现有能力900万〔吨〕，争取950万吨。（如果钢1500〔万吨〕，可产材 1000〔万〕~1050 万吨。)

保证 1300〔万吨钢〕的条件：(1) 生产的原材料要保证，维修材料也要保证；(2) 生铁供应要保证；(3) 运输要保证，厂内专用线及机车车辆。

矿石情况，现有 7000 万吨，其中洋 5100〔万吨〕，半土半洋 900 万〔吨〕，土 1000 万〔吨〕。

三个钢铁战役，各省都很重视，考验现在究〔竟〕有多大生产能力。

钢铁生产

陈云 要使大家畅所欲言，各人看法可能不同，并不牵涉人与人的问题。

薛葆鼎 基本形势估计：各月都是上旬下降，中旬回升，下旬再升，总的是曲线上升，四月比一月上升 20%。

生铁升到日产量五万五千〔吨〕时，各方面的矛盾显得十分紧张。生铁与钢的比例，扩到 1∶1.8 甚至 1∶1.85。原因是分散炼铁，集中炼钢，生铁质量不好。大高炉 2 万立方米，小高炉大约 6 万立方米，270 个小高炉基地，只占容积的 45%，其中还有 30% 远离运输线。此外 55% 分散在农村和小城市，调运更困难。炼一吨铁的运输量要 10 吨。造成短途运输十分紧张。按照调拨计划，有 30% 调不到手。第一季〔度〕调拨生铁，只占小高炉产量的 40%。

地方生铁能用的约占 66%，合格的更少，河南只达 30% 上下，安徽到 60%~70%。总的来讲技术尚未过关。上钢六厂每吨钢脱硫用 30 吨纯碱。现在小高炉开工率只达 50% 左右。

煤炭等供应情况，都要求生铁产量稳定下来，最好后退一步，缓和紧张局面。同时希望钢和钢材上去。原料如洗煤、矿石、耐火材料要跟上去，使双方适应。

根据形势研究，计划要落实，钢要到 1250〔万〕~1300 万吨，争取 1400 万吨。铁 1800〔万〕~1850 万吨，争取 1900 万吨。钢材 850〔万〕~900 万吨，争取 950 万吨。焦炭 3050〔万〕~3150 万吨，争取 3200 万吨。

生铁 1~4 月实产 600 万吨，四月份日产量 55000 吨。停留在现在水平，全年可产 1900 万吨。

有些小高炉考虑淘汰：①矿石品位太低；②耗焦太多；③生铁质量不

高；④运输困难。目前没有建设条件的也不要硬搞。根据上述要求，重新认真定点。抓紧质量，宁可减些产量，创造将来正常发展的条件。

钢的原有设备能产 1250 万吨，其中重点企业 1100 万吨，地方 150 万吨。新增设备可增 30 万吨，加上措施可再增加几十万吨。

钢材现有生产能力约 800 万吨多一点，加上措施可以增至 850 万吨。新增设备可产 60〔万〕～70 万吨。总计可达 900〔万〕～950 万吨。要提高质量，增加品种，保证 900 万吨（八大品种：重轨、大型、厚版、薄版、矽钢片、无缝〔钢管〕、有缝钢管、优质钢）。

吴力永　以钢为纲的比例关系，一吨钢要煤 25～30 吨，电 3500～4000 度，运输量 40 吨。方针：（1）保大洋，缩小土；（2）停止专案，经常生产，缩短战线，保证配套（半成品压了许多材料）。

薄〔一波〕　同意 1300 万吨，守这阵地比较稳妥，但仍要给以必要的条件。

做法：既要落实，又要鼓足干劲。同省委第一书记讲明白，暂时不分指标，从下面提指标，能搞多少就搞多少，不要勉强。

注意有计划按比例发展。去年造成比例失调，今年四个月失调没有减轻，工农业的关系仍然紧张（争劳动力，争运输工具，争煤炭）。工业内部关系紧张（争化工材料、石油、水泥、木材、小五金）。

行有余力争取什么？一种想法是争取 1400〔万吨〕、1500 万吨，一种想法是把石油、化工、建材、轻工等搞上去。钢铁本身首先调整内部比例，然后争取 1400 万吨。

钢要好钢，铁要好铁，钢要成材，材要多种。提高质量方法（生铁〔含碳量〕0.2 以上的占三分之一，在地方产铁中占一半以上），一种是逐步提高，〔含碳量〕0.5 以上的坚决淘汰，0.2～0.5 的分期改造。另一办法，0.2 以上的如果坚决淘汰，1900 万吨就无法保证。

机械工业的半成品如何办？今年不需要、投料七八十的，把主机搞起来，贮备明年用；投料不多的，坚决停下来，该回炉的回炉。

基本建设停下来的改作别用，或者派人看管。

李富春　三个关系：①钢铁内部；②钢铁外部；③国民经济各部门。从钢铁内部来看，1300 万吨是可以的，争取 1400 万吨，但从国民经济来看，仍很紧张。要缓和局势，钢铁不能多搞。考虑雨季、煤供应，即使把钢搞上去了，钢材也搞不上，而且过多小型。争取 1000 万吨钢材，也不容易，而且多是小型，不能制造大型设备。行有余力，余力不大。生铁要准备 1900〔万〕～2000〔万吨〕，原因〔是〕不可能都是好铁。目前第一要求质量，否则 1300〔万〕吨钢要搞不成 900 万吨钢材。今后要开始抓质量，方法：一是量中求质，另一种是缩短战线，提高质量。小高炉 6 万立方米，集中装备 3.5〔万〕～4 万〔立方〕米。集中力量打质量仗，过了技术关，产量也会提高。第二季度产量稳在现在水平，全力提高质量，积蓄矿石、煤焦，应付雨季到来。

基本建设削小，保大，补缺，钢铁厂要缩短战线。小轧钢机配多少，算多少，集中力量完成几十套中轧钢机，明年才有办法。

对下面讲：(1) 能搞多少就搞多少，不强求；(2) 个别省份提出要求，讲清道理，该下来的下来。

1300 万吨还要解决两个问题：即运输问题，矿石、焦炭等材料保证(〔日产〕55000〔吨〕生铁中有 6000 吨土铁，〔小高炉〕6 万立方米中 50 立方米以上的只有 1 万多立方米)。

陈〔云〕　稳在哪个数字上？计委提 1250〔万〕～1300〔万吨〕，冶金部提 1300〔万吨〕、1400〔万吨〕、1500〔万吨〕，经委提 1300〔万吨〕。精神〔是〕稳住阵地，继续前进。先把 1300 万吨向政治局汇报，其他问题定了再议，目前勿向下讲。我的看法，根据矿山、洗煤、炼焦、耐火材料等估算，最多只能炼 2000 万吨铁，而且有 19 个点半机械化。炼 1300〔万〕吨钢要 1300〔万〕吨铁，铸铁等要 550 万吨，合共 1850 万吨好铁。在 2000 万吨生铁中，要保证 1850 万吨好铁已不容易。

为着准备明年，要力保大高炉和大轧钢机。

问题：(1) 要抓质量，其他部门也是如此，首先抓质量；(2) 照顾几个平衡，钢铁内部，重工业内部，各部门；(3) 照顾今年和明年，留一点力量，来为明年作准备。

步骤很要小心，以退为进是工作方法，即使 1300 万吨，跃进幅度也很大。稳住 1300〔万吨〕，争取 1400 万吨。

机械生产

概况：〔19〕58年有14000〔个〕工厂，470万个职工，其中固定职工360万人。机床26万台。直属工厂119个，78万人，〔机床〕7万台（其中军工4.4万台）。生产总值210亿。完成重型50万吨，成套电站80万千瓦，电动机594万千瓦，动力机械200万马力。

东北电已够用（黑、吉全够，辽宁轻工业还差一点）。

援外设备，有热、有冷、有泾〔?〕、有干，很不简单。

〔□〕**景林**　机械工业中材料是主要问题，地方厂要完成任务困难更大。各部〔如〕完成了生产任务就〔会〕影响维修。今年安排100万吨重型设备不能完成。

发电机缺主辐、护环，只能供100万千瓦，还可进口一点。

钢材需要278万吨（包括军工30万吨），只能〔给〕供应220万吨，差58万吨。今年钢材分配912万吨（去年814万吨，只增12%），任务比去年增60%。从品种看，问题更严重，如大型钢材要11.9万〔吨〕，只分配9.4万吨，其他主要材料也只满足60%～70%。

好生铁比钢材更缺，因铁不好，废品很多。各种炉料也比钢材更缺，有色〔金属〕比黑色〔金属〕缺，非金属材料比金属〔材料〕缺。铜铝资源比去年更少。铜去年16.3〔万〕吨，今年〔国内〕生产〔的〕9万吨，进口7万吨，还要补贮备。铝去年8.6万〔吨〕，今年〔国内〕生产〔的〕7万〔吨〕，进口6千吨。需要〔量〕铜18.2万吨，铝12.6万吨（单单一机〔部〕）。要保证200万千瓦电站还有困难。

橡胶更加严重，去年11.2万吨，今年7.5万吨。

看来指标还要压低，上海会议加一倍，人大指标增60%。

分配原则：先生产，后基建；先维修，后新造；先配套，后主机。今年能分〔配〕生产290万吨，要比上海〔会议〕指标降40%，比人大〔指标〕降25%，比去年增20%。

电站今年可装250万千瓦，生产150〔万〕～200万〔千瓦〕，进口150万千瓦。重型〔机械生产〕75万吨。

钢材生产1～4月228〔万吨〕，5月64万吨，6～12月503万吨，除

〔去〕重复〔为〕808〔?〕万吨。新增进口设备 19 万吨，自制设备 36 万吨，10 万吨，38 万吨，总起〔来〕生产 900 万吨是可以的。除去重复为 860 万吨。

1958、1959 年的财政和经济情况[*]

1958 年财政状况

1958 年有没有结余？三种意见：(1) 有结余（财〔政〕局）；(2) 有赤字（五办）；(3) 无结余，不一定有赤字（财〔政〕部）。

1958 年财政收入 460 亿，比上年增 150 亿，内部账 445 亿（扣土铁亏损 15 亿）。增加的 150 亿中，由经济增长 103 亿，由成本降低增长 35 亿，此外农业税多 3 亿，公债多 1 亿，体制改变多 8 亿。

支出：经〔济〕建〔设〕276 亿，文教 43.5 亿，国防 50 亿，行政 22.7 亿，外债 9 亿。其中基本建设 225 亿。

结余 36 亿。

去年秋征公粮变款 20 亿，不在 460 亿内，亦未列入今年计划（其中 6 亿拨给地方）。

银行存款去年增加 190.6 亿，其中企业 34.5 亿，金库 34 亿，机关团体 38 亿，部队 11.8 亿，基建银行 5 亿，城市贮［储?］蓄 13 亿，农村 13.8 亿，汇款占用 11.5 亿，发行 15 亿，增拨资金 16 亿，利息收入 8 亿。

企业存款中基建结余 10 亿，利润分成 5 亿，金库 34 亿，机〔关〕团〔体〕6 亿，15 亿，1 亿（共 22 亿），部队 8 亿，基〔建〕银〔行〕5 亿，增拨 16 亿。合共 100 亿应归财政。

贷款 190.6 亿，〔其中〕工业 50.4 亿，商业 133.4 亿，农贷 5.8 亿。工业中土铁亏 15 亿（合共 30 亿），基建 10 亿，商业中资金增加 124 亿（商品 58 亿，四项资金 3 亿，共 61 亿，另 74.4 亿无着落，其中预付 11.4〔亿〕，

---

* 1959 年 6 月，薛暮桥受薄一波委托，撰写《一年来大跃进的经验教训》的材料，廖季立、季崇威帮助薛暮桥搜集资料（《薛暮桥文集》第二十卷，第 200、362 页）。以下应为这些资料的记录稿。大标题为编者所加。

预购5.4〔亿〕，赊销8.5亿，〔商〕办工业15.6亿，其他18亿说不出）（银行说有64亿无着落，我们算有74亿无着落）。74亿中办工业和烂账26.8亿应报销。

从信贷看：财政结余21.8亿元。从物资看32亿。

物资账：商业库存58亿，工业库存34亿，合共92亿。从财政角度看实增32亿（扣发行，增拨资金，增加贮蓄等）。

统计数字：商业37亿，工业10亿，合计47亿。扣发行15亿亦〔是〕32亿。

土铁账：预算出15亿，工业信贷收不回15亿，价差（企业出）6亿，地方预算2亿，合共38亿。

1959年财政情况

上半年收入247.4亿，支出210亿，结余37.4亿。收入完成45.7%，全年预计完成530亿元（人代〔会指标〕520〔亿元〕）。

247.4亿元比去年同期增50%左右。不可靠因素：土铁贴补5亿未出，涨价算不清，粮〔食〕、商〔业〕两部多销29亿。主要还是生产增长，不可靠约10亿。

支出209亿，其中基建126.4亿，完成年计划的一半。

银行1～5月财政存款增47亿，收回商〔业部〕、粮〔食部〕贷款23亿，合共70亿，但货币投放增4.4亿（六月底7亿）。钱到哪里去了？工业贷款33亿，企业提存19亿，农村投放33亿（减少存款18亿，农贷12.6亿，投资10亿，预购，土铁贴补等）。工业流动资金积压多，炼铁亏损，向基建投资。提款19亿主要用于投资。

紧张原因：（1）库存增加赶不上销售增加；（2）库存构成中原材料比重增加；（3）库存（运不出）地区不合理；（4）基建规模过大，抢购严重；（5）职工增加，城市人口增加；（6）不配套，半成品积压；（7）农村投放增加；（8）企业惜售，要钢材换；（9）企业自己武装自己（计划外的生产和建设）；（10）计划削减，很多物资用不上，还照原计划要；（11）贮备国庆供应；（12）思想问题，人为紧张。

今后措施：（1）加强流动资金和信贷资金管理；（2）监督工资基金；（3）加强预算外资金管理（实际上恢复年底一刀砍）。

1958年的经济情况①

一 经济核算

资金:〔19〕58年跃进后,资金占用情况大变,生产第一季比〔上年〕第四季减16.7%,流动资金增27亿。第二季产值继续下降,资金继续上升,到5月底已增40亿以上。原因:

(1) 固定〔资金〕、流动〔资金〕的界线冲破了。用流动资金搞基本建设。〔19〕58年商业资金搞基本建设的在20亿以上,工业10亿以上。

(2) 流动资金都归银行,放松定额,单单有偿占用无法限制〔使用〕。

(3) 基建投资包干,节余资金用途也要纳入计划。

(4) 商业资金的赊销、预购。去年收购3500万担棉花,花的钱在4000万担以上。

成本:(1) 土法炼铁亏损,〔19〕58年估计在40〔亿〕~50亿。今年成本限制在200元〔每吨?〕以内,限制不了。

(2) 企业经济核算,废〔除〕账簿,废〔除〕会计,无人管理。

(3) 定额管理,似有似无。

利润:留成问题,去年留了29亿多。这一条站住了。

二 工业生产(1958年)

钢:合格钢740万吨,增38%。铁860万吨,增45%。钢材570万吨,〔增〕31%。机床8万台。煤24500万吨,增88%。棉纱694万件(公报610万件,年报697万件)。

产值:年报1350,公报1170,实际1070,增长52%。生产资料〔增长〕84%,消费品〔增长〕20%。

地方钢铁生产:铁合格率〔19〕58年25%,〔19〕59年36%。焦炭3吨(大0.7~0.8),〔19〕59年2吨(大0.74)。高炉利用系数0.2~0.3吨(大1.45吨),〔19〕59年0.7吨(〔大〕1.5〔吨〕)。劳动生产率(人/月)69公斤钢,大高25倍,铁159公斤,大高9倍。〔19〕59年大830〔?〕

① 标题为编者所加。

铁，大高3倍。成本小520元，大100元（铁）。钢小600元，大120元。〔19〕59年〔小〕345元，大108元。

水泥：质量300号以上，小〔水泥〕占7.7%，大〔水泥〕占98%，生产率（人/月）0.5吨，大20吨，16吨。成本土〔水泥〕70～100元，洋〔水泥〕30元。煤耗土〔水泥〕1吨，洋〔水泥〕300公斤。

电：（辽宁）1000千瓦，人员小比大多10～20倍，煤耗高20倍。

煤：小（人/日）0.3吨，大1.2吨，成本小3～5元（运费在外）。

小炼油厂大都亏本。

纺纱：（木锭）1000锭，电动〔用〕25人，脚踏〔用〕48人，洋〔纺纱〕8人。小时产量，电〔动纺纱〕7公斤，脚〔踏纺纱〕4公斤，洋〔纺纱〕30公斤。成本，电〔动纺纱〕490元，脚〔踏纺纱〕580元，洋〔纺纱〕260元。

糖：（小厂3700个），出糖率比洋〔机械〕低一半，耗煤高一倍，成本高60%。大部分厂赔钱。

土法炼铁，烧结及不合格铁亏38亿，合格亏10亿，土钢〔亏〕8亿，共56亿。建炉费用尚不在内。可以建2.5个包头钢铁厂。（财政拿出23亿，银行收不回的15亿。）（烧结铁、无用铁740万吨。）

三　农业生产（1958年）

粮食，省报5800亿斤，农林局、粮食部〔报〕4500亿斤到4600亿斤（包括损失），增22%。估算根据：

①收购量占产量28.6%〔1953年〕，30.5%〔1954年〕，27%〔1955年〕，25%〔1956年〕，27.3%〔1957年〕。收购量去年1107亿斤，折原粮1200亿斤，反算（25%）4800〔亿斤〕，（27%）4440亿斤，（26%）4600〔亿斤〕。农村销粮以往400多亿，今年500多亿。

②粮食消费〔19〕54～〔19〕55〔年度〕，留粮2230〔亿〕斤，供应464亿斤；〔19〕55～〔19〕56〔年度〕，〔消费〕2930亿斤（〔留粮〕2550〔亿斤〕，〔供应〕380〔亿斤〕）；〔19〕56～〔19〕57〔年度〕，〔消费〕3208〔亿斤〕（〔留粮〕2740〔亿斤〕，〔供应〕468〔亿斤〕）；〔19〕57～〔19〕58〔年度〕，〔消费〕3157〔亿斤〕（〔留粮〕2688〔亿斤〕，〔供应〕469〔亿斤〕）。

③多吃粮食（每人 70 斤），350 亿斤。多留种籽 200 亿斤（比往年 200 亿斤加一倍）。损失（薯 20%，160 亿斤；晚稻 10%，100 亿斤；杂粮 5%，50 亿斤，合共 310 亿斤）300 亿斤。三项合计 850 亿斤。城市供应（多 100 亿斤）600 亿斤。饲料 500 亿斤。4500 亿斤减上面五笔账，还有 2340 亿斤。农村人口 5.3 亿，每人 450 斤（〔19〕57 年 458 斤），其中红薯 130 斤。今春缺粮地区主要是产红薯区，挖潜力区。

棉花 4300 万担，收购 3570 万担（入库 3460 万担）。收购率：78.3%、81%、74.6%、82.2%、82%、82.7%、80%。损失约 200 万担，加上损失约〔为〕4500 万担。

猪：13000 万头（〔19〕57 年 14500 万头），去年 6 月到过 18000 万头。比〔19〕57 年少 1500 万头，比〔19〕58 年 6 月少 5000 万头。

四　国民收入

过去计算〔19〕58 年增 60%，现在算增 32%。积累率过去〔算为〕50%，现在〔算为〕35.8%，比上年增 90%，〔其中〕消费增 10%，工业增 62%，农业增 20%。

五　〔19〕58 年工业生产问题

薛〔葆鼎〕：质量问题：从小土群开始，逐渐波及大洋群。锦西化工厂避免厂内矛盾，造成厂外矛盾。北满钢厂 400 根炮钢全部报废。鞍钢取消技术监督处，质量显著下降。大石桥镁砖厂把技术规程都烧掉了。

煤炭灰分最高的达到 40%、50%、60%，最高 65%。平均 23%（大企业）。

设备维修。

安全生产：化铁炉爆炸，转炉爆炸，钢水包跌落，煤矿钢丝绳断了。一般小洋设计，不考虑安全问题。

季崇威同志：对〔19〕58 年看法：成绩方面，缺点方面。成绩除产量外，还有：①产量落实后还是大跃进，有些设备的利用系数显著提高，赶上甚至超过苏联。②新产品增加很多，如 2000 吨水压机，1 万吨轮船，发电机、轧钢机等。群众性的技术改革。③群众办工业，有盲目性，但积极性也很大。④培养了大量的技术工人，干部的工业知识也大大提高了。⑤企业中发展群众运动，工人的觉悟有了提高。

缺点和错误：计划的指导思想强调高速度，忽略按比例；过分强调重点，忽略综合平衡；强〔调〕需要，忽〔视〕可能；重主观能动性，轻客观规律。

～　～　～　～　～　～　～　～

生产资料供应紧张：(1) 建设规模过大；(2) 原材料消耗增加；(3) 基建、生产中半成品积压。

全国工业生产会议*

工业会议薄〔一波〕副总理报告

这次开会讨论的问题主要是：(1) 如何超额完成今年的计划？中央要求提前10天至15天完成第二本账，即1300万吨钢（希望超过40〔万〕～50万吨），34000万吨煤。(2) 作好明年生产准备工作，中央要求〔明年〕第一季不低于今年第四季。这里想谈三个问题。

(1) 当前工业生产的形势和任务。

今后讲工业生产，就包括交通运输和邮电。庐山会议后广大职工劳动热情高涨，反右倾，鼓干劲，是一场保卫总路线的斗争，是两条道路斗争的继续，同1957年反右斗争性质一致，或更深刻一点。这次群众生产高潮有以下特点：

①工、农、商、交同时跃进，互相支援。工业内部协作也有改进，主动相互支援，风格与过去不同。

②工业生产逐旬上涨，打破过去月初下降的“常规”。钢日产量九月上旬比八月下旬增7.3%，十月上旬也高于九月下旬。其他也是如此。

③过去数量上升，质量就要下降，这次相反，质量同时上升。质量提高了，数量也就上升得快，成本也有降低，多快好省全面发展。

④去年发展的小土群今年发展成小洋群，这次发挥了极大的威力，充分

* 1959年10月16日至28日，在北京召开全国工业生产会议。会议主要讨论和安排工业、交通1959年第4季度的生产和1960年第一季度的生产准备工作（《中华人民共和国国民经济和社会发展计划大事辑要1949—1985》，第141页）。这是会议记录摘要。大标题为编者所加。

证明了两条腿走路的方针的正确性。

⑤增产节约的群众运动与改进经营管理和技术革新密切联系。农业要进行技术改造，机械化、电气化、化学化、水利化。农业更大的增产，非靠技术改造不可，技术改进后生产力的发展是无穷无尽的。工业生产现在紧而不乱，措施比较具体，通过竞赛大搞技术革命。

⑥把今年的大跃进同明年的大跃进结合起来安排。在这点上工业应向农业学习。

总〔结〕起来，反映增产节约群众运动，比过去更大、更好、更全面、更健全。

目前我们的任务要把右倾反透，干劲鼓足，把党的总路线贯彻到一切工作中去，使这高潮巩固起来，持续地发展下去，争取提前 10 天到 15 天全面完成今年计划，并为明年作好准备。争取明年第一季度日产量不低于、更高于今年第四季度，并保证农业生产大跃进的需要。能不能做到这些，答复是肯定的。除上述新的生产高潮外，还有如下条件。

①去年高潮是从 9 月份起搞起来的，今年也有一个小马鞍形，明年可能全年高潮。去年第四季要完成全年钢产量的 50%，铁产量的 55%，煤产量的 45%，因而难免要请其他部门让些路。今年前三季已完成全年任务的 70% 左右，除短途运输外不需要新增劳动力。短途运输对增加农民收入（10 亿元）也有好处。（要求农业增产 30 亿元。）

②去年初次大搞群众运动，领导没有经验，难免不发生一些小缺点。今年情况很大不同。群众运动是革命，要闹一些“乱子”。今年小土群变为小洋群，这是好东西。没有它不能有今年的大跃进。今年各级领导年初就抓生产，工人生手已成熟手。

③去年对大跃进中比例关系很难摸透，摸准，武昌会议以来逐行逐业调整，集中领导，统筹规划，发扬共产主义协作精神，社会主义建设从理论到实践大大推进了一步。

④领导方法也有很多改进，抓得较具体，较经常，组织物资调剂，“两参一改三结合”搞得更好，成为制度。

⑤庐山会议为工业战线带来巨大力量，总路线更加深入人心。

⑥我们广大干部已经取得经验。

去年大搞群众运动有极大的收获，不如此不能改变冷冷清清办工业的局面，不能打开大跃进的局面。有了以上这些有利条件，相信群众运动新高潮能持续发展下去，提前完成计划，为明年生产作好准备。要大力改善交通运输，节约用电，增加各种钢材，迅速生产农械、化肥，全力支援今冬明春的大跃进。

当前几项主要工作：

一方面要提前完成今年计划，另一方面要为明年生产建设作好准备。工业 1600 亿元，增 37%。钢 1350 万吨甚至更多一点，铁超产 150 万吨，煤超产 1000 万吨，木材超产 300〔万〕～400 万立〔方〕米。

明年任务，在明年计划没有下达以前，暂按商定数字 70%～80% 安排生产和建设。明年一季度主要产品不低于，而且略高于今年第四季度。大力增产原材料，支援农业，安排市场需要。注意中小企业生产。

在工业支援农业方面，过去缺乏足够认识，常常临时突击，既不利于工业，也不能满足农业需要。应从现在起就安排明年农业需要产品的生产。如拖拉农具、排灌机械、化肥、农药等。

（2）今年夏季小马鞍形的教训。

今年 1～5 月生产情况是良好的，逐月上升，是继续大跃进的局面。党中央及时调整指标，以便站稳阵地，继续前进。当时生产下降一些是可能的，但下降多了，原因是吹来冷风。当时中央就看出苗头，指示鼓足干劲，超额完成调整后的指标。八中全会反右倾，鼓干劲，形势就大变。可以看出，今年小马鞍形的出现，主要是由于右倾机会主义分子的作祟。他们认为大跃进造成比例失调，以钢为纲挤了一切，反对小土群，以为得不偿失，反对两条腿走路的方针。小土群，特别是小洋群在社会主义建设中已越来越大地发挥作用，小高炉已建成 59000 立方米，解放前只建成 10000 立方米。转炉占钢产量四分之一，小矿山产量占一半（2000 万吨）。

工业书记会议〔讨论〕

湖南 今年计划可以提前一月完成，煤只能提前二十天，原因受运输限制。

辽宁 今年生产可以提前 15 天到 20 天完成年度计划。明年一季度可以高于或保持今年四季度的水平。现在工业内部比例关系大有改进，有利于今后工业生产的继续跃进。

去年“抗旱”挖出废钢铁99万吨，全民办电最高发电日产量达19万千瓦，全民办运输装车量从5万多辆提高到7万多辆，突击煤炭基本解决困难。生产协作，调剂有无，也起了很大的作用。

五六月间调整机构，规章制度，研究技术人员思想情况，加强职能机构，肯定“两参一改三结合”的经验。高炉系数1.365～1.538（1957～1958年），现在达到1.8。抓生产和抓生产准备工作同时并举，就可以避免月初下降情况。

公社办的工业算工业，生产队以下办的都算副业。运输收入也算副业。

黑龙江 今年工业总产值预计比去年增30%，计划可以超额完成。交通运输的发展跟不上生产的发展。用高站台方法提高〔了〕装卸效率2倍多。

薄〔一波〕 要提前完成今年任务，又要对明年生产进行准备，报上〔对〕后者不要过多宣传。但准备工作必须切实安排，不能放松。

干劲看来已经鼓起来了，开始露头〔的〕问题〔是〕，个别地方质量开始下降，应早注意，设备维修也要注意，接受过去经验。干劲未鼓起的要鼓干劲，鼓起以后领导头脑就应冷静一点。钢产量已经稳定在〔日产〕五万吨以上，已经达到要求，要巩固下来，逐步上升，保证并继续提高质量。注意设备维修，有劳有逸，减少事故。总之要两条腿走路。

运输紧张应提到重要地位。运输部门是努力的，设备能力不够。考虑搞一万公里轻便路，再搞些简易铁路。

农业机械要110万吨钢材，40万吨铸造生铁。农业在经济建设中的地位，农业是国民经济的基础。一个农业人口养活多少人？这是关键问题。我国5.5亿农业人口，养活城市人口不到一亿人。美国一人养活八人。

广西省 可以提前一个月完成生产任务。存在问题：（1）运输工具，包括汽车、船舶、铁路等；（2）钢铁和有色金属工业要有一些机械。

新疆工业增〔产?〕值超过计划20%。

每省编一个物产志，一年为期，如工业资源，农业资源，水力资源等。

把本省的重要工业编一历史。

〔李〕富春同志谈明年计划

（1）农、轻、重的安排，国民经济以农业为基础，工业以钢为纲，农业以粮为纲，决定以110万吨钢材给农业，把农业搞起来，以促进轻工业和重工业的发展。只要农业发展了，轻工业也发展，人民生活有保证，就可以放手发展重工业。要在十年内基本解决农业的机械化、电气化、水利化、化肥化。

（2）把三个东西搞起，即运输、动力（包括电）、采掘适当多搞一点，其他方面挖掘潜力。今年第四季度形势最好，但正因大跃进，某些方面紧张，如劳动力、运输等。运输方面一为铁路，要大中小结合，土洋结合，铁轨、木轨、汽车头都要利用。明年干线、支线、专用线都要修。兰新、内昆、湘黔线明年非搞不可。支线只有1500公里，专用线只有500公里，保险不够。要搞各种不同的轻轨铁路。

（3）计划如何安排？生产指标如何定？究竟先打高些好呢，还是先打低些，力争超过好呢？前者钢2000万吨，粮7500亿斤。主席说分两步走，钢先按1800万吨安排，粮按6500亿斤安排，由生产队去超过，先低后高，心情舒畅。采取看涨办法，分两步走的方法，今年是看落的方法。基本建设也要分两步走，看涨，定一些预备项目。明年必须中小为主，简易为主，有些项目要化大为中，化中为小。

中央和地方如何安排？地方项目要归口，冶金项目归冶金部……。中小项目归地方安排。中央各部要多为地方留中小项目。地方自搞要自筹资金，提成材料，有设备制造能力。钢、铁、钢材、水泥、木材，全额分成，各地各种产品不同。机械产品超额提成。分成方法好不好，请大家研究。

（4）外贸问题。在没有工业化前，自力更生为主，外援为辅，还要采取两条腿走路的方针。要内外结合，内销外销兼顾，挤一些东西出口。今年进口75亿，明年至少82亿。出口矿产品要多生产一点，明年第一季必须高于今年第四季。

（5）今年第四季和明年〔第〕一季的安排。第四季超额完成今年计划，又要为明年做好准备工作。领导机关应即考虑，目前不要传达到厂矿去。不要压第四季去保明年第一季。为保明年第一季，今年第四季的安排应更全面，更有计划。明年基本建设哪些在第一季上马，哪些第一季不上马，应即研究。

工业运输会议总结报告

（1）关于当前工业运输的形势估计。目前形势很好，蒸蒸日上，高涨的群众运动继续开展，这是主流。反右倾以后产生群众运动高潮，现在还有少数企业反右〔倾〕还未反透，干劲尚未鼓足，处于落后状态。目前有些露头现象，如对质量有些忽视，加班加点加人过多一点，安全生产有些忽视，设备维修注意不够。这都不是普遍的、严重的现象，但如果现在不开始注意，就可能继续向前发展。到问题成堆时再解决，就比较困难。

今年生产计划提前和超额完成已不成问题，但路、电、煤还有不完全保险的地方。煤炭运输计划没有全部完成。现在各种待运物资很多，要用45%的车辆运煤有困难，此外还可能有一些不可避免的因素，要在工作中注意安排。

全党动员，要把高潮的群众运动巩固下来，超额完成今年任务，做好明年第一季〔度〕的准备。

（2）今年第四季度生产运输任务。钢1360万吨以上，煤35500万吨。如果路、电、煤解决得不那么完善，有可能略少一点，还是超额完成计划，还是大跃进。如果少了十万吨钢，能把其他薄弱环节搞上去，那也很好。现在按此定下来，将来稍有变动是可能的。

我们要求提前10天到20天完成计划，有些地区要求20天到30天，这些都不登报。完成今年计划以后，要多做些明年生产的整备工作。马鞍形要避免，波浪式总是有的。今年第四季度是否还有一点突击性？原因是六七月有小马鞍形，欠了一些账，积了一些东西，因此第四季就必须而且可能突击。

1958年大跃进，1959年现在说继续跃进，到过年后说继续大跃进，内部还是说大跃进。工业20%是跃进，25%〔是〕大跃进，30%是特大跃进。明年第一季〔度〕不低于今年第四季〔度〕，现在起暂时不讲，只讲继续跃进。事实上个别产品略低是可能的。

（3）明年第一季度，要避免前松后紧、骤高骤低现象，总的来说日产量不低于第四季〔度〕。上海四季度钢产量可达71万吨，一季度安排55万吨，安徽的铁也是如此，这是必要的。口号是不低于或略高于，实际上可能是不低于或略低于。现在想不低于，是可能的，提这口号可使我们注意第一季〔度〕的准备工作。如果做到不低于或略低于，即使不算明年新增生产能力，明年工业就增27%～30%（计委算32%）。加上新增生产能力，技术革新，就肯定在30%以上，仍然是特大跃进。口号还是不低于，略高于，实际安排是不低于，略低于。在这方面要作一系列的准备工作和技术措施。

保证一季〔度〕不低于四季〔度〕，还须同时保证二季〔度〕不低于一季〔度〕，一年四季〔度〕步步上升，不要骤升骤降。改变“月月订计划，生产无计划”的情况，便于保证产品质量，保证设备维修等，使群众运动持久发展，使领导人员有时间总结经验，改进工作。

在工业交通战线上，我们还有很多工作没有做，如工厂管理还没有把经验加以总结。因此要把工作安排好了，抽些时间进行研究。钢日产量现在已达到53000吨，明年一季〔度〕定50300吨是可以的，不要低于5万吨。50300全年就是1850万吨，53000就超过1900万吨。明年第一季〔度〕还有一点缺口，即使日产五万吨钢也是好的。今年收购棉花计划4200万担，争取4400万担，这样一季〔度〕只能用棉900〔万〕～950万担，产纱222万件，多产一点细纱，最好产42支以上合股纱。上海四季度上去了，一季度要下一点。明年扩建150万锭，要多发展棉花产地。原来棉花上调任务不能减少，增产主要就地增产棉纱，少数外调。重工业区要建设一点轻工业。

注意明年生产准备工作的宣传，要逐步增多，目前报上不要宣传太多。到十二月半以后或十号以后就要大宣传明年准备工作。

（4）工业支援农业问题，农业是基础定下来，如何认识这句话？在安排工业时候必须特别注意农业，这是重要市场。凡是直接为农业服务的重工业必须积极安排。但也要有控制，否则又要挤其他部门。分开来看每一项都很重要，合起来就难于保证。要组织一个委员会来全面安排，有关部门都参加，每月至少开会一次。

（5）中央和地方的关系，也是大中小问题。（说工业就包括运输，说交通就包括邮电。）中央地方、大中小、土洋并举，是总路线的不可分割部分。这是高速度发展的秘诀，不并举就不能高速度。安排上的中心问题是中央各部在安排生产和建设时，都要包括地方中小企业，投资、材料等必须都有着落。地方安排时，也要照顾到中央的大企业，自己安排的中小企业要向中央各部交底，不能稍有含糊。中央计划不安排地方中小，地方就要在计划外安排，结果冲击计划。必须是中央地方一本账。

（6）薄弱环节是什么？以钢为纲，全面跃进是完全正确的。但是有些薄弱环节，“路、电、煤、化、油、有〔色〕”，这又集中表现在机械制造和原材料供应方面。特别薄弱的是“路、电、煤”。铁路多用轻轨，化肥迫不及待，不能依靠大化肥厂，只能大搞 800 吨的小化肥厂。其他如有色等也要如此。

（7）钢与铁的比例，铁不能少，能上去就上去。今年这方面的矛盾很大，各省都想留点生铁，冶金部与机械部也发生矛盾。地方用铁，主要用在农业方面，是农业与工业的矛盾。钢与铁比例不能缩小，钢与钢材的比例要缩小，除铸钢外要达到 75% ~80%，这是奋斗目标。

（8）技术革新和大搞群众运动必须同时并进，大搞群众运动要搞技术革新，鼓足干劲，凭体力总有一定限度，技术革新、技术革命是无穷无尽的。明年二三月间开个技术革新会议。

（9）要把力量转过来总结工厂管理的经验，如“两参一改三结合”，党委领导下的厂长负责制，大搞群众运动等，搞出一套自己的经验。

上海调查情况*

马桥公社①

10655 户，原 33 个高级社，4.8 万人，7.2 万亩，7 个大队，34 个生产队。〔19〕59 年 1778 万元（工农业总产值），增 95%。亩产 1095 斤，晚稻〔亩产〕800 多斤，油菜亩产 251 斤（〔19〕58 年 118 斤）。猪〔19〕59 年 42600 头，年底〔存栏〕2 万多头。奶牛 182 头。工业 24 个工厂，1200 多职工，产值 466 万元。21 台拖拉机（44 标准台），柴油机 15 台，150 马力，船 581〔只〕，手推车 1400〔辆〕。小学 10 所，中学 3 所（1 千多人），学龄

* 1959 年底到 1960 年初，薛暮桥到上海传达海南岛读书会的情况（《薛暮桥文集》第二十卷，第 362 页），这次上海调查应是在此期间的事。大标题为编者所加。

① 马桥公社隶属于上海市上海县，建立于 1959 年 8 月。

儿童基本上都入学。小喇叭2400多个，大喇叭236个，6个广播机。有业余文工团，电影队1个，326〔个〕食堂，〔社员〕全部参加〔食堂〕。原有〔染〕血吸虫病3000余人，现已消灭〔 血吸虫病〕。

粮食半供给制，看病免费，药收费。自留地每户2～3分。建筑房屋33000平方公尺。收入每人平均约100元（分给社员的）。交国家税90万，积累108万（12%），分配450万，公益〔金〕2%。生产费〔占〕30%多一点。分配〔占〕46%（公社职工2千多人不在内）。公社积累80万元，上交公积金60万元（公益〔积?〕金上交50%，公益金上交30%），主要用于基本建设。大机器都归社有。社工人平均工资30元，社员每劳动力（250～300日）约24～25〔元〕（包括供给），加个人收入约27～28元。福利比社工人稍差一点。妇女平均200工，每月收入约20元，但副业收入比较多（花边、针织等）。伙食每月约6元至7元。

今年粮〔食〕亩产1000斤，年产1300斤，每户产值4000元（去年1800元）。三年内〔要〕达到1万元，粮〔食〕亩产1500斤，年产2000斤。猪今年10万头。今年工业产值与农业相等，〔三年内〕要翻一番（去年占四分之一）。社一级〔工业〕去年占40%，今年占50%，每人150元。

去年每人粮食平均800斤，今年超过1000斤。〔19〕62年〔要〕达到1500斤，每人口粮530斤，出米380斤。

上海技术革新

普陀区 群众都要大跃进，要大跃进就不能老靠加班加点，必须技术革命。相信可以技术革命。问题：任务和原材料与技术革命矛盾，高精与一般任务矛盾。化学部门大搞综合利用。

技术革命中的问题：（1）技术革命首先要抓思想革命，反右倾愈透，干劲就越大；（2）总结群众路线，通过技术革命来克服加班加点现象；（3）今年开门红有充分思想准备。〔19〕60年继续大跃进，要增产不增人，而且减人。今年计划比较稳当，发动群众讨论计划，提出第二本账，力争完成，这样就必须大闹技术革命。

两条腿走路大搞群众运动。技术革命可大搞，可小搞，大搞就是发动群众来搞，大中小结合，土洋结合。原来认为技术革命就要机械化，对实际工作有革新都是技术革命。开始是一点小改革，逐步提高，积少成多。往往改革很小，花钱很少，节约劳动很多。群众自己动手，领导大力支持。自提、自试、自改、自用、自推。同时领导给以大力支持。

穷办法闹革命，要有改变面貌的雄心壮志，打破唯条件论。

以技术革命为主要内容发动劳动竞赛，组织协作，推广先进经验。

根据生产特点，采用多种多样形式开展技术革命，如开展览会，开现场会议，组织协作（互相帮助）会诊。

杨浦区 在批判右倾保守分子中，工人大闹技术革命，摆事实来驳倒右倾分子。

形成广泛群众运动，人人闹革命，做什么革什么，如搬运工人闹搬运的机械，自动化。领导抓重点，群众齐动手。

展览会贴大字报，提出关键问题，读者帮助解决。

1960 年

今后工作安排*

1960年计划的第二本账，原来的指标1840万吨钢等作为向人大提出的第一本账，要再安排第二本账，钢2000万吨，煤等与此适应。以钢为纲安排其他方面。棉花现在实收3500多万担，棉布第二本账不能增加。增加生产不能靠增加投资来解决，不能增加基建项目，增产钢材主要去补薄弱环节。严格控制基建项目，职工人数，才不至于重复去年下马〔的情况〕。增产主要靠提高利用系数和劳动生产率，贯彻多快好省。现有基本建设要算细账，不能简单把各部要求相加了事。一切计划都要通过计委，原材料通过经委，建设项目通过经委。

增产的钢材和原材料的支配，超产部分上半年按第一本账分成，下半年按第二本账分成。中央分的首先解决必要的交通运输问题，必须是必要的，不搞今年过不了关的。其次解决必要的发电设备，也只能是必要的地区。更次是合成橡胶，主要靠天然气、煤气，不能靠酒精。再次是有色金属，要有资源，有电力，没有电力还是不行（铝）。调整今年基建不足。

地方分成的钢材要指定投资方向，如搞运输、吊车等，也可以把一些小项目交给地方负担，如合成橡胶。也可以从“富裕中农”身上打些主意，如辽宁、上海等。

东北的石油，综合利用也要考虑增加一点投资。二月十五日前提出第二本账的初步方案。

~ ~ ~ ~ ~ ~ ~ ~

生产建设经验①

1. 明年建设方针，继续搭架子，还是用主要力量来喂肥克朗猪②？
2. 填平补齐的重点，首先是交通运输，其次是原料的原料。
3. 生产和分配都要留有余地，分配更要留有余地。

---

* 这应为国家计委的会议记录，时间大约在1960年2月上旬。

① 这应是薛暮桥自拟的几条感想。

② 比喻，指现有工程。

〔国家经委〕党组会议*

煤〔的生产〕抓22个重点矿，把每矿生产和建设的任务、运输计划〔作出〕具体规定。经常检查，派工作组或检查员坐镇。钢铁抓6个点：鞍〔钢〕、重〔钢〕、上〔钢〕……〔要〕抓产量，抓品种，抓矿山，抓运输。

出去〔工作组〕：（1）东北；（2）华北；（3）华东；（4）华中；（5）西南。五组。

中心任务：把五六两月生产促进上去。总的形势很好，四月份有下降趋势，这个月怕转不过来，要在五月扭转。庐山会议以来，大家赶任务，发展到现在，许多问题开始露头。技术革新碰到吃不饱的问题，攻坚问题不像前一阶段那样顺利。

中心：增产煤铁、加快运输，带动其他，照顾商业和农业。既抓住中心，又照顾全面。

技术革新是抓〔工作〕的环节，怎样使运动继续高涨，采取前一时期办法已经不够。第一要抓推广，巩固一批，推广一批（〔如〕：管道反映，超声波，煤气化）。第二继续攻坚。第三抓住“四化”口号。革新和革命并提，革新是量变。日新是量变，月异是部分质变。革命是质变，非一朝一夕所能完成。第四注意原材料和运输。

同各部分头活动，但〔要〕有联系。〔毛〕主席提出多种经营，综合利用。过去专业化的方针是形而上学。各行各业互相联系，互相依存。帮助别人，实际上是帮助自己，提倡共产主义协作精神。

工作方法：开始〔首先〕了解实际情况，实际问题，然后提出具体方案。与人商量，而不是作结论。根据计划进行督促检查，不是指挥，指挥是部的任务，经委是督促检查，帮助解决一些问题。不要反宾为主。

继续鼓干劲，对消极情绪要批判，讲清道理，2100万吨〔钢〕是可以

---

* 薛暮桥于1958年9月至1960年12月兼任国家经委副主任，根据笔记内容，这应是国家经委党组会议，时间大约在1960年4月。

完成的。下去要到厂，同厂〔里同志〕见面，协同地方机构共同研究，结果向省委汇报。家里要互通情况，精神是促进生产。

对四川省经济情况的考察*

重庆钢铁公司

〔重钢〕管〔理〕原101厂〔一厂〕、103厂〔三厂〕（102厂〔二厂〕为特殊钢厂），綦江铁矿。直接管的只是101厂，此外103厂实际上是市委管的，铁矿也是，行政上归公司领导。101厂有6万多人，加上103厂和铁〔矿〕为8万多人。一厂（大渡口）有两个75吨的大平炉正在检修，两个25吨的小平炉。一厂共两个平炉厂。三厂一个平炉车间。转炉〔有〕四〔个〕厂（一厂）。二个〔转炉〕车间（三厂）。今年钢的任务是90〔万〕~100万吨，1~4月已完成23万吨。时间过了1/3，任务完成1/4。欠账主要欠在转炉上，转炉共110吨，技术上一直没有过关。平炉钢正常日产量可达1400~1500吨（两〔个〕大〔炉〕800吨），生产比较正常，能够完成计划。转炉很不稳定。去年春采取碱性热风办法，含硫下降，但技术尚未掌握好，炉龄降低。5、6、7月刮冷风，又退回酸性冷风，以致合格率又降低。庐山会议反右倾后，四季度钢产量增至1400~1500吨，但转炉钢合格率低，技术上仍未过关（合格率只有30%~40%）。今年二月开始又搞碱性热风化铁，合格率增至50%~60%。同时生铁的合格率也提高（现在也只50%~60%）。化铁搞好了，转炉冶炼时间缩短，不但质量好，而且数量多。

四月份转炉革新：（1）多层风段化铁，提高熔化效率；（2）水冷封口，不易烧坏；（3）无炉衬化铁。因技术掌握不好，发生一些事故。现在采用永川经验，用小高炉式化铁。好处是寿命长，化铁速度提高一倍，温度从1200度提高到1380~1400度，脱硫可达80%。四月已改四个，每厂改了一个。开始效率很好，但未掌握新的操作技术，又出事故，有两个炉冻结了。在革新过程中产量下降，基本原因是领导思想对新技术支持不力，在重大

* 这是薛暮桥在四川、云南调查的记录，时间约在1960年5月上中旬。大标题为编者所加。

〔和〕关键〔事件中〕往往动摇退却，今春又刮右倾冷风，提倡巧干把苦干反掉了。对每一种新技术都未彻底解决就丢掉了。工人说是猴子搬苞谷。不是对党认真负责，而是跟着叫，讲形式，不求实效。

（1）对过技术关的信心〔问题〕。

（2）对新技术的几种态度（①怀疑；②无信心地试验，一遇困难就退却；③表面积极，不解决问题，不总结经验，抓一个丢一个）。

（3）组织领导，依靠群众问题，依靠群众，层层负责（群众讨论，专人负责）。

问题解决以后，转炉日产量可达2100～2200〔吨〕，平炉可达1500～1600吨，两者合计可达3500～4000吨。

上钢〔经验〕：（1）彻底群众路线，人人负责，群众讨论，监督；（2）组织管理，专人负责。

四个高炉：620、135、67、17立方米。其中135立方米炉用于脱硫。

平炉装超声波，可以缩短冶炼时间40分钟（强化燃烧，强化冶炼）。转炉〔可〕缩短冶炼时间30%～40%。化铁炉、高炉、锅炉、烘炉、煤气炉、焦炉、电炉都可以用超声波。汽车装超声波可节省汽油40%。

两台轧机，一〔台〕轧重轨、大型钢材，一〔台〕轧中厚板。另一轧钢厂有四台小轧机。三钢〔厂〕有一轧钢车间。重轨的钢坯都靠外地供应，最近情况还好。轧钢问题不大，主要是钢坯供应。（过去靠鞍钢，现靠武钢。）

二厂（特殊钢）情况

解放前最高年产量3千吨，〔19〕57年产6.4万吨，〔19〕58年14万多〔吨〕，〔19〕59年26万吨。今年任务30万〔吨〕，安排40万吨。三个炼钢车间，第一〔车间〕有五个电炉，每个8吨（可装14～15吨），每〔日〕产380吨，争取400吨。第二车间有四个6吨转炉，二个3吨电炉，日产280吨，争取300吨。第三〔车间〕有三个15吨电炉（可装45吨），五个3.5吨小转炉，尚未建毕，日产200吨，技术上还没有掌握好，常出故障，现搞水冷炉壳，延长寿命。正常生产可达300～400吨。现用小转炉钢水供电炉，要7～8炉供一炉，装料时间达2～3小时。另外还有一个3吨小电炉在铸造车间。

一季度（1～4 月）日产量 800 吨上下，共产 8 万多吨。年产 40 万吨是可能的。现在争取日产 1000 吨。逐渐提高到 1200 吨，三季度争取 1500 吨。

钢的质量合格率，电炉钢 80% 以上，一般还好，转炉钢不好。转炉改碱性晚了一些，几乎没有合格的，勉强可以轧材。现正改建高炉式化铁炉，碱性搞上去了，掌握不好，温度太低。

薄弱环节是运输问题，特别是装卸，常常停风待料。嘉陵江来料卸〔载〕起运困难。现修专用线，尚差七公里。码头改造仍要进行。

轧材问题，轧机较多，品种较全。矽钢片设计能力可达 3 万吨，今年可轧 1 万吨（两组有一组投入生产）。钢带可轧至 0.3〔毫米〕，钢丝可达 8 丝。共产钢材 350 种。尖端有十几种。

钢材任务 18.2 万吨，轧钢机够，缺开坯机。轧机常出事故，修理时间要占一半，原因缺乏配件，管理不好。1～4 月日产水平 300 吨，这几天只 200 多吨，以后要日产 600 吨，才能完成任务。去年欠货 6.8 万吨，上半年订货 6.1 万吨，共 12.9 万吨，还要欠 6 万多吨。1～4 月产 3.6 万吨，今年完成 18.2 万吨有困难。原来安排 20 万吨，现还没有心死。

包钢、武钢、石钢供铁只完成 61%，主要是包、武。现在积压钢锭 16 万吨。此外还有锅巴钢 10 多万吨。

七星岗人民公社①

1958 年 9 月成立，76000 人，19800 户，其中街道居民 57000 人，孩子占 37000 人，成年人 2 万人中绝大多数是妇女（80% 以上）。公社办的工厂有 53 个，今年又新增 185 个小厂，食堂 70 多个，托儿所 60 多个。

工厂有修配、金属加工、日用化工、针织、耐火器材、家具〔厂〕，一部分同国营工厂挂钩，一部分同国营商业挂钩，也有为农业公社生产的。工人很多到大厂学习技术。产值 1288 万（〔19〕59 年），今年一季度 860 万，4 月份 420 万（〔19〕58 年 110 万），争取 6 月达 1000 万。

技术靠大厂支援，原材料主要利用废旧物品（占 60% 左右），如油纱提

① 七星岗人民公社是重庆市最早成立的城市人民公社。

再生油，纱仍可用，日光灯整流器大多用大厂废料（除漆包线外），此外靠订货单位供应。运输队970多人，建筑队244人（房屋修缮、小型建筑），少数老弱和多子女妇女参加生产小组。经常生产和家庭生产占劳动人口97%。

以前每月支救济金七千余元，临时开支尚不在内，现在不要救济。一般家庭收入增长50%～60%到一倍多。华义村53户有49户〔原来〕要救济，现在没有一户要救济。原每户平均收入5元，现在11元。

企业工资〔19〕58年18〔万〕，〔19〕59年138万，〔今年〕一季〔度〕47万。积累〔19〕58年7万，〔19〕59年82万，今年一季〔度〕35万。去年每人平〔均〕收入114元（大小都在内）。平均工资去年22元，今年一季〔度〕26元。

生活方面，家务劳动社会化，生活集体化（二化）。有食堂153个，其中公社办的41个（机关团体〔办的〕112〔个〕）。依靠国营饮食业帮助技术培养，大集体小自由，菜可选择，以食堂为中心设服务，便利群众。25个托儿所，2500个孩子（全托），此外有60多个托儿站等（日托）。儿童之家30多个，儿童乐园（原来的菜市场）。生活服务网，6个服务站，63个服务组，服务项目300多项，有求必应，包括洗衣、缝补等。商店网中心商店〔为〕国营，下面由公社管，为中心商店代销，特别是计划供应商品，都分段分点供应。〔19〕58年供应年货，用五千六百余人分了一个星期，〔19〕59年未雇一人，只分了一两天，而且照顾各户需要，分得公平合理。医疗保健网，以公立医院为中心，每个分社一个卫生所，下设卫生保健站146个，简易产院3个。卫生制度设卫生卡片，疫情报告，今年很少传染病，很大原因是卫生保健网的建立，发病率降低73%。储蓄网，银行分理处，每个食堂、服务组都代办储蓄，计划开支，安排生活。集体生活要抓这六网，小事不出组，大事不出段。

教育，毛著学习小组，参加学习6700多人。文盲扫完，普及高小，开办初高中业余教育。学龄儿童均已入学，学校十三所，其中社办二所（一中一小），余为代管。业余文工团。

城市公社比农村复杂，困难多，阶级斗争复杂，反革命破坏，整了反革命后又有资产阶级。从去年3月到6月整社，撤换了党委书记。反革命破坏，资〔本〕家造谣，干部没有信心。依靠国家力量〔来加〕强，国营工厂、商店、医院、学校支持公社。以全民为中心，全民带动集体，集体依靠群众。以生产为中心，勤俭办社，生产带动生活、教育。有了生产才能团结群众，改造群众。反革命破坏都依靠群众破案，不出三天。城市游民不依靠生产，管不住他们。坏分子、资本家开始抓财权，一下把钱花了，要勤俭办社，掌握财权。小业主有点技术、生产资料，要走资本〔主义〕道路，与我们斗争很凶，现在我们自己有了力量，情况稍好。

分级核算，公社统负盈亏，积累统一调配，用于扩大生产，贴补生活服务。老人、孤儿公社出钱，孤儿交干部抚养。（老人、孤儿各几十人。）

小商贩有小集团，成分复杂，有流氓、伪军政人员等，比小业主更难对付。

物资分配

〔物资机构〕主要〔是〕分配物资，实际上是又一个商业部，也要购销调存。后来商业部为生产服务，〔为〕生活服务，政治挂帅，大家高兴。应当同大家合作。商业部自己还开工厂，加工。物资供应部业务如何做，应采取积极态度，特别是组织生产，发现增产的可能，起组织生产的作用。扩大物资的来源，帮助人们，促进生产，不断扩大物资来源。物资部自己能否开些工厂？商业可搞，物资部也可以搞。主要搞生产资料，帮助人家生产，用加工订货办法组织生产。自己有了东西，可以更好〔地〕分配。自己要能装配、使用，有些工程技术人员和技术工人，能装配修理。对大工厂无此问题，对小工厂非帮助不可。可否退货？不能用的要负责修好。此外还有运输装卸问题，运输中有损耗。过去发货地过秤，用户不称，经物资部就不行。这些问题都应该管，因此要有独立财务。创造中间价值。调拨价格要加运费，物资部要有费用，也创造一部分价值。

物资机构要促进生产，促进建设，做事的人才高兴。各供应站有竞赛，有考核，有先进经验，这样工作才有味道，大家安心工作。如果有多少分多少，不想办法，工作就无热情。各厂能自己生产的尽可能帮助它自己生产。要起中间环节的作用。物资分配搞得好促进生产力发展，搞不好就起阻碍作用。应当参考商业部的经验。

生产环节有三个：（1）原材料供应；（2）生产；（3）销售。前后两个环节都靠物资部门。物资部不管大搞小搞，首先抓组织生产，组织采集矿石，组织生产，凡是缺货的都组织生产，先做一件事，见效后再逐渐发展。

物资供应工作

（1）体制问题：改变过去的条条为主，条块结合，分散管理的办法，代之以块块为主，条块结合，统一管理的办法。不是由生产单位和需要单位直接联系，而是通过中央和地区的各级物资供应部门统一组织供销。

（2）工作方针：物资供应工作必须从生产出发，为生产和建设服务。必须按照各生产建设单位的需要，组织有关厂矿积极增产，千方百计挖掘潜力，保证按品种、按规格、按量、按时满足需要。

物资供应部门应当向各工厂加工订货，自己掌握一些原料、材料，掌握一些通用设备进行配套，并应当自设工厂，进行材料加工（改变品种规格）、设备修配各项工作。

（3）将来布局，帮助各地区建立比较完整的工业体系，自己需要的物资尽可能自己生产，帮助各厂矿发展多种经营、综合利用，逐步改变目前采购人员满天飞的局面，尽可能做到大部分生产资料就地供应，进行必要的差额调拨和品种调剂，进一步发挥块块的作用。

城市人民公社

重庆今年三月以前只有一个七星岗〔公社〕，三月二十日以后又新建 36 个，均以街道为主。包括市区〔有〕六个区，人口 179 万，除职工 63 万外，街道居民 92 万余人。入社人口占 97%，每社人口 5 万人至 1 万人。一级管理 8 个，二级 13 个，三级 16 个（七星岗一级管理）。入社劳动力 24 万人，公社劳动者 16 万多人。未组织的劳动力尚有 4.4 万人，主要是保姆等。从〔19〕58 年以来吸收的劳动力 33 万余人。

街道工业三月二十日前 579 个，以后新增 1564 个，共 2143 个，小的只有几个人。工人 4600 多人，产值 4 月份 2700 余万元。〔19〕59 年全年 8000 多万元，〔19〕60 年 1～3 月 4600 万元。国营工厂产值（四月份）4.2 亿元

（公社占全民 6%）。社办工业中钢铁 10 个，机械 4 个，金属加工 79 个，缝纫 172〔个〕，制鞋 62〔个〕，〔此外还有〕化学、纺织、造纸、食品等。①为国营工厂服务 1500 万元（四月份），供应国营工厂所需各种原料（石粉原〔来〕从云南供应），还有利用工厂废旧物资，为农业服务，修补；②为人民生活服务 900 多万〔元〕；③为城市建设服务正在发展中。

全民所有制〔工厂〕4 个，系国营下放，卫星厂都未计算为公社工业。公社投资〔的〕423 个，民办工业或合作社发展的、群众集资的各 700 多个。私人所有制应如何处理。

工资最高的是运输，平均月 59 元，建筑 43 元，最低 14 元。社办工业平均 33 元，国营工业 43 元。纯收入中工资占 70.1%，公益 0.7%，税 7%，积累 22.1%。将来生产发展，工资所占比重可能下降，积累可能上升。

问题：①工厂多，产值低，许多工厂生产尚不稳定，尚待合并调整；②私人所有制的尾巴，七星岗〔公社〕有私〔人〕资〔本〕5 万余元尚未解决。

食堂 3902 个，入伙人数占 84%，一般 500～700 人，小的 200～300 人，办得比较好的 480 个，中等 600 个，条件较差的几十个。托儿所、幼儿园、婴儿室 1694 个，儿童 92000 多人，占 43%。此外还有临时性托儿站、服务站 4000 多个，服务人员 16000 多人。要建立财务管理制度，统一收费标准。人员成分复杂，思想作风不纯。职工业务教育。

两条道路斗争，劳动人民一般积极拥护，少数人有顾虑。资〔产〕阶〔级〕分子震动较大，感到来得突然，顾虑很多，怕劳动，怕吃食堂，怕生活不自由等。我们一般暂不吸收，劝他们等一等。五类分子有 2% 进行破坏活动，贪污盗窃，资本家、小业主、小商贩贪污的也不少。不能让他们掌握工厂等领导权，管财务。七星岗〔公社〕各工厂原有三分之一工厂被他们掌握，现已调整。他们营私舞弊，打击劳动妇女，常把事情搞坏。社干部开始时阶级路线不明确，认为他们有文化，懂技术，会计算，会经营，结果往往上当。

工业支援农业

市委有工业支援农业委员会和办公室，大厂也有办公室，或设专人负责。重庆负责支援40个县，规定支援项目、进度。县的要求多，工厂供应不了，请县委书记自己来看，就自动减少了。

重庆市郊区三县50个公社，几个工厂一个商店组织协作委员会，与公社订立合同，负责装备排灌、运输、耕作机械（一台插秧机顶三个劳动力），现正赶制一万台插秧机。国家不另拨料，挖掘潜力完成任务，实际上也解决了。

帮助县建立52个小高炉，小煤窑24个，共56个小洋群工厂，为市郊建立50个修理厂等。组织一千技术工人下乡帮助修理农具，安装机器。

问题：工厂右倾思想，抱怨任务多，任务急，要〔求〕拨多少材料。

省里安排

省委作了部署，工业干部思想，认为今年抓农业，不抓工业了。省委进行总路线教育，明确为什么要以农业为基础，解决工业支援农业的思想问题。

安排工业生产以工业支援农业为方针，如第一季〔度〕安排钢32万吨，铁65万吨，比四季度稍低，原因是去年大批劳动力上山，今年撤回农业三十多万人。同时利用机会提高钢铁质量。计划多生产3万吨钢材、铁25〔万〕～30万吨支援农业。

省委指出农业要搞半机械化，逐步向机械化过渡。农业工具改革搞得较好的有南充专区，大大地节约了劳动力，也推动了农村机械工业的建立。

今年机械工业完成任务较好，如排灌机一季度完成6.2万匹马力（计划15万），提水工具7.2万部，运输工具20万部。都比去年大大增加。

省委考虑三年小解决，六年中解决，九年大解决。化工抓用天然气制人造橡胶，煤炼焦油，农药和化肥，大厂包大县，中厂包中县，小厂包小县。安排了106个企业和学校包89个大中县。六级干部会议具体签订合同，内容：①帮助建厂（设计、设备、安装、培训），设备主要用技术革命中闲置起来的机床；②培训技工；③供给废料、废品；④修理农具。全省设支援农业办公室、委员会。厂长与公社书记互相挂钩。现正考虑有高炉的县建一小转炉，小轧钢机，自己解决所需钢材。

钢铁生产情况

四川钢铁生产发展很快，〔19〕57年35万吨，去年75万吨，今年计划135万吨钢，250万吨铁，98万吨〔钢〕材。1～4月，〔生产〕39万（41万折合量）吨钢，25.6〔万?〕吨〔钢〕材，98万吨铁，看来今年完成钢材计划比较吃力，上升幅度较大，增加的新轧机不多。上半年要求钢达60万吨左右，材达40万吨，铁150万吨，希望较大。全年钢可超额，材要大力完成计划，铁可大大超过。五月份想把钢铁生产突上去。

当前根本性问题，贯彻六级会议精神，组织高产战役，10～12日日产量都增加1000多吨，要求钢稳定在4000吨左右，六月达4500吨左右。材现在〔日产〕2800〔吨〕左右，下月3000〔吨〕左右。铁现在〔日产〕8000〔吨〕左右，下月要求10000〔吨〕左右。

其次大搞〔技术〕革新、革命，抓高炉式化铁炉，提高转炉钢的质量，产量可以提高三分之一，合格率提高50%（平均80%），炉龄长（过去二三天，现在至少一月）。全省85个化铁炉，已改22个，准备本月都改完。其次搞转炉热风吹炼，过去搞过，现在停了。搞土热风炉，解决热风吹炼问题，可以提高产量20%～30%，质量也可提高。第三改进转炉的炉衬，现在平均十几炉，要求达到70～80炉。这样产量至少可以提高1/3。

平炉解决热装问题，煤气化问题。电炉解决炉衬问题，加水冷壁，炉龄可达80炉。多装快炼已经解决，效果很好。

轧钢，狠抓650的轧机，小轧机加正反围盘，可提高产量20%～30%，大轧机搞双锭轧制，也可提高产量20%～30%。减少道次也可增产。

十大炉大搞超声波，“五一”前后开始，试验效果很大，可以提高温度，缩短冶炼时间，节约煤炭。十大炉：化铁、锅炉、焦炉、转、平、电、高、热风、加热、煤气，六机：发电机、电动机……。看来凡有动力地方都可采用（频率、风力、安装位置均须研究）。

矿山搞手搬钻、万斤炮、轨道化、索道化等。矿山破碎跟不上，要搞一些土设备解决破碎问题。

炼钢、轧钢双丰收，学蔚县（不但利用系数高，而且质量高，成本低）。转炉炼钢学永川（高炉式化铁，热风吹炼都从这里开始）。矿山学李家山（苦干、自力更生）。炼铁学洛山（平均利用系数2.6）。炼焦化工学后壩（回收产品21种）。小轧机围盘化学三钢（重庆）。炼铜学雷家湾（日产600吨，区位95%，成本3690元）。多种经营综合利用学江油钢厂。支援农业学安装公司，三结合。

问题：各地炼铁调给重钢，妨碍积极性，而且运输困难，拟在桃花建立100万吨的炼铁基地，供应重钢需要，只要建百余公里铁路即可。（在巫山，靠近三峡，附近也有煤矿。）问题比较大，但不走这条道路不行，现在各地自建小钢厂，重钢与各地的矛盾愈来愈大，对支援农业也很不利。需要中央批准修铁路、建港、建煤矿。

六群成套成网问题，现有9800立方米高炉（33立方米以上占50%，15～33〔立方米〕占16%，8～14〔立方米〕占28%，8〔立方米〕以下占6%）。冶炼能力没有问题，困难是：（1）矿山所用劳动力太多，要加一些设备，要选矿。（每吨铁的成本平均188元。）（2）小煤窑的改造；（3）交通运输的改进。

煤炭情况

生产400万吨煤的任务可以完成，问题是在交通沿线。日产水平尚未达到要求。保钢日产4000～5000吨，需要煤炭9000～1万吨，再加三大城市2万吨，共3万余吨。争取15日后达到〔日产〕3.5〔万〕～3.6万吨。

采煤方法落后，主要靠放炮，技革中有钢丝绳锯煤、刨煤，技术尚未完全过关。刨煤机适合于薄煤层，很需要。风动工具加超声波很有效，提高进尺30%～50%。洗煤、焦炼大搞超声波，洗煤加超声波很有效，炼焦加超声波也可提高焦炭质量，多出焦油（碎煤、碎矿、水力采煤均可用超声波，打钻用超声波一小时钻二公尺）。试验白煤炼焦（加煤焦油或沥青）。需要搞一点简易洗煤机。

交通运输

全省货运汽车4000辆，大部由各专区分别掌握，由运输指挥部统一调度。薄弱环节是装卸，停车时间太多，要搞半机械化、机械化。其次是港口设备（装卸、货仓等）薄弱。第三是抓木船，装一点机帆船，要柴油机。

汽油喷水加超声波可以节约 30%（汽油少发 20%）。轮船用超声波降热，避免膨胀爆炸。木船两旁装毛竹三根，增加浮力，装载从 20 吨增至 30 吨，且较稳定（或加浮筒）。

天然气用管道反应制人造胶，后一段已成功。锅炉用超声波省煤 25%，减轻抓煤强度。

技术革命汇报

按人计算，原来机〔械〕化程度 32%，去年也曾作了一些改进，没有形成一个运动。特点是要多要快，为着高速度。去年十一月起又抓机械化，出现自动生产线（做齿轮）。哈尔滨推动我们，二月底出现全民性的革新运动，四化外加一个联动化共五化。到五月十日工业系统机械化程度达 73%。革新项目投入生产的达 82%（实际上不到此数），能正常运转的约 70%。自动线二千条，1800 台机床中自动、半自动的 900 多台，占一半以上。运输方面主要抓装卸的机械化。改造八个码头，装卸机械化统计已达 80% 以上。总的来看，革新对促进生产起了巨大作用。已调出劳动力 5 万余人，占职工总数的 10% 以上。

八个重点，十项要求

（1）四化，机械化要求今年达 95%，自动化机床 80%。

（2）试制新产品一千多种，有双内冷，燃气轮机，各种水冷机，橡胶等。

（3）节约原材料和综合利用。要求节约钢材三万吨，汽柴油 12 万吨。天然气、煤炭、木材综合利用。

（4）提高设备利用率，主要是冶炼设备，其次是锻铸等方面。

（5）推广重大先进经验 121 项，新技术 101 项，如超声波、天然气、炼钢、煤矿无人工作面，无切削加工，提炼锗。

（6）提高 628 种产品质量，达到全国先进水平。

（7）改进产品设计，边试制，边设计，边修改。

（8）减少事故。

（9）节约劳动力 15 万人。

（10）加强文化技术教育。

抓的重点：①装卸机械化、自动化；②煤气化；③节电办电；④资源综合利用。煤气化不够理想，煤气炉大部分不能正常生产，总起［体］来看，小的比大的好办。搞成功的可以节约煤炭25%。

综合利用好的有：矿渣水泥（要求每吨铁一吨水泥），煤渣烧砖，天然气能用的七口井，最大的每天100万立方米（每〔立方〕米代〔替〕煤1.7公斤）。

①超声波推广容易，听起吓人，做起来容易，用起来方便，全市已做70多万个，投入生产的18万个。问题是定型提高，研究工作跟不上去，缺乏频率测定仪表。

②喷水节油普遍推广，汽车达60%，船舶40%，准备继续推广。

节约方面，用煤气化节约煤炭，可能节约25%。运输抓装卸机械化（汽车45%时间用于装卸）。

①中心是普遍推广，但要与巩固和提高相结合，巩固、推广、提高不应分段进行，而是同时进行。

②普遍推广的项目，要不花材料，少花材料，特别注意节约材料燃料，能节约的迅速推广。

③革新要产生经济效果，定出指标，提高“平均”利用系数。节约要扣定额，增产要加任务。

省里布置

大抓四化三新，抓工业20天，六月份抓农业革新。四化抓十大工种：①采掘；②运输；③破碎；④采伐；⑤建筑；⑥铸锻焊；⑦轻工包装；⑧装卸……

三新：新技术，新产品，新工艺。

化工五大产品：①用天然气搞合成橡胶，计划建成四个年产1000吨的橡胶厂；②用天然气制合成铵；③硫酸；④烧碱；⑤纯碱。

轻工，主要〔搞〕矿渣造纸。矿渣制成矿棉，可以绝缘，不烧。

小洋群规划

设想除20个重点，50个基地外，尽可能做到有条件的专区建立钢铁联合企业，有条件的县建立煤铁基地。一部分小洋群升级，大洋群要自建炼铁基地。升级多少，新建多少。

秋季再来一次大办小洋群，主要搞钢铁，资源情况适宜于多办小洋群。〔19〕58 年搞小土群，去年改造成小洋群，原来为保重点钢厂，今后要转向支援农业。现在调铁已有困难，办法一个是再发展一批小洋群，一个是建立桃花炼铁基地。

现在 78 个县有小洋群（〔共〕140 几个县），两三年内做到每县都有（少数民族区、自治州不在内）。此外还有 14 县有小土群，拟改造为小洋群，这样就有 92 县。帮助有条件的公社搞小洋群或小土群。现在农业主要用铁，将来要用一点钢。正建 21 个小钢厂，已投入生产的有 9 个，续建中的 12 个。三个市有 5 个小钢厂（现在小钢厂都纳入国家分配计划，很被动）。实际上地方不但用了小钢厂的产品，而且用了大钢厂的许多钢材。小钢厂让地方自用，才能保证大钢厂国家分配。〔小钢厂〕分三类：1000 ~ 5000〔吨〕、1 万吨、3 万吨，有此基础，可再逐步发展。

（1）9800〔立方〕米高炉中 6000〔立方〕米进行改革，提高产量（33〔立方〕米以上），主要用于保大厂，下放 2000 ~ 3000〔立方〕米给地方。

（2）新建 2000〔立方〕米小高炉，争取 3000〔立方〕米，一半搞中型基地，保新建大厂。一半给各县，补上空白。无矿的县给“飞地”。三个自治州以州为单位搞一批小洋群。

（3）帮助有条件的重点人民公社搞一点小洋群、小土群，自产自用（50 ~ 100 套小洋高炉）。

（4）专区 16 个小钢厂加一点设备，每厂明年产 2〔万〕 ~ 3 万吨，后年达到 5 万吨左右，有些厂要轧轻轨、钢丝绳、工槽钢。将来省给建设任务，钢材自己解决。

（5）新建一批小钢厂，计划 10 个到 20 个，规模 5000 吨左右，重点县办。今年建 10 个，明年再建 10 个。

（6）帮助公社办一些小洋群，数目未定，下面积极性很高。

各部办的尚不在内，〔如〕加上比冶金部的规划还多。

增加新厂，原则上不增劳动力，靠老厂革新抽人解决。

为着建设西昌钢铁基地，先建小洋群，以小养大，可以减少建厂困难。

～ ～ ～ ～ ～ ～ ～ ～

全国2000个县有1000个有条件办小钢铁厂，其中有400个现在就有条件发展成小洋群。商业部门为着供应市场小五金需要，需要有一批小洋群来供给小五金制品。农业部主要要生铁，现在小农具都用铁制，麻城有个小洋群，别的县都眼红。这个五年〔计划〕把1000个县建起来。

部办钢铁要纳入地方计划，产品留20%给地方，不能完全自用。

内江专区

八县一市，650万人，种甘蔗、棉花，有七个蔗糖厂，一个淀粉厂。产糖能力七万〔吨〕（五月），实产五万多吨，葡萄〔酒?〕厂日产8～10吨。

铁的资源尚未弄清，日产700～800吨，不够供应。铁产量曾达200〔万?〕吨，现产150～160〔万?〕吨，其中威钢110～120〔万?〕吨。有小铁路200多公里（钢铁用），索道，绞车（下用索道，上用绞车，平用轨道）。矿层薄，区位低，需用人工太多，挖了一平方（1.7吨）只有百多斤铁。

高炉已有108立方米，在建两个55立方米的高炉，日产钢〔分别为〕110～120吨、钢70～80吨。小转炉炉龄达100炉。1.5吨转炉2个。250轧机一台，日产30多吨。自己开坯自己轧，如有开坯机可轧70～80吨。

矿石品位只20%～30%，要五吨矿炼一吨铁。每吨铁成本180元。工资每月只18元，机械化程度越高，成本越高。

新井300〔个〕大气压，放掉70个，利用5个多一点，每天跑掉约120万立方米，气的热量80卡，每立方等于1.7公斤煤，共放了2000吨一天。

威远铁厂

铁成本167元，钢318元，焦炭每吨要60元（包括运费10元）。每吨钢耗铁1.3吨，每吨铁耗焦0.9吨到1吨，耗矿石3.5吨（品位30%左右）。含硫量只0.05以下，可以炼优质钢。

6个1.5吨转炉，炉龄平均50多炉，4月高时达67炉，最高110炉。每炉20分钟，经常开两个转炉（一个吹，一个检修，一个备用，三个一套）。

250轧机一套，年产一万吨。生产正常，今年已产4462吨。又建一套

250 的，尚未投入生产。钢已产 9857 吨，可产 24000 吨。铁已产 16110 吨，安排 27 万吨。

自贡天然气

〔自公元〕280 年开始，已有 1680 年历史，在西晋太康年间〔开发〕。先开黄卤，1200 公尺下有黑卤（1820 年〔发现〕)。1902 年发现盐岩，即盐矿。现在盐岩占 52%，黑卤占 27%，此外为黄卤。黑卤含的元素很多，已发现 16～17 种。活卤井 160 眼。火井 107 口，最新办法，用天然气导下卤井，利用气力把卤喷出。160〔眼〕卤井中有 40 眼“水火”井，有卤有气，自已喷出，故称“自流井”。盐有瓦斯煎盐，煤炭煎盐，去年产盐 55 万吨，用瓦斯煎的约占 30%，今年计划 80 万吨。

化工，卤水提盐后，再提化工产品，解放前只提四种，〔19〕58 年产 51 种，去年产 70 种，包括几种稀有金属锶、锂、钡、铷等。这是卤水综合利用。

天然气综合利用，制炭黑，试提乙炔，制橡胶，二氯甲脘，今年建厂。制橡胶厂项目已定，尚未动工。将来再搞聚氯乙烯等。锂贮量 160 万吨，每立方含 6 公斤。铷有 1000 多公斤。卤水总贮量 33 亿立方米。钡 20 吨。产值中稀有金属占 70% 左右，盐占 30%。

〔旦巴、旦水〕全部利用每天合 8000 吨煤，全市需要 4000 吨。5.48 大气压，156 吨煤，一联用煤 5～6 吨煤，合 50～60 吨（100～120 担）。800 立方米一吨盐，或煤 1～1.2 吨。每立方米三分钱，与煤价约略相等。

管道，五十华里范围，共有管道 20 多万公尺，管道用南竹制，外包竹篦或麻和油灰，后者可承压力 10 公斤以上，埋在地下可供 20～30 年。

化工厂

综合利用盐的资源，卤水中提盐以后，剩下旦巴、旦水，提各种产品，有许多稀有元素，碳酸、锶、锂、氯化、铷、铯等。1958 年开始提炼。〔19〕59 年制成金属钙、钠、锂，尚在试验的有金属铷。研究院刚设计好，铷 300 公斤，铯 50 公斤。要投资 250 万元。要直流发电机组 12 台，因为各种金属所需电压不同。全世界铷产量只有 50 公斤。元素硼我们年产 5 吨，美国〔19〕58年产1万吨。锂我设计年产20吨。

75万吨盐产12万吨旦巴、旦水，投资一个月可收回。现在没有解决的是两台500×12的水银镇流器。

成都钢铁厂

1958年8月1日修建，有33立方米高炉4个，6吨转炉6个，3吨转炉8个。高炉渣做水泥，转炉渣做磷肥。去年钢产2万多吨，今年计划10万吨，钢材5万吨。焦炉一个红旗二号，一号，三号。高炉系数平均1.3，一号炉曾达到4以上，现在为2左右（因为炉口烧坏）。炉龄只一个多月。轧钢机400一个，250两个，年能力8万吨。第一季〔度〕只生产〔钢材〕3000多吨，钢6000吨，铁1.3万吨。已改高炉式化铁炉一个，开始生产，炉顶烧穿，接着炉底结渣，用的铁平均含硫0.8%～1%，自己生产的铁是合格的，大多调出作铸铁。钢的质量不好，合格率10%，第一季〔度〕30%多（那时所用铁好），最近都不合格。高炉利用化工厂的硫渣，含铁量达40%以上。问题是厂内运输，钢渣把厂房堵塞了。

化工厂

焙烧炉，旋风式炉子烧硫铁矿，出硫酸后剩下渣子含铁60%以上，流质，结成大块。效率比沸腾炉高8倍。旋风式烧燃液体出渣。

量具刃具厂情况

〔19〕56年开始修建，〔19〕58年投入生产，共1年10月。哈〔尔滨〕厂投资4900万元，成〔都〕厂只花2900万元，设备90%自己制造，规模扩大一点。投产后6个月已达到设计能力。干部从哈厂成套配备，工人经过哈厂培训。〔19〕58年任务1000万元，完成6000万元。〔19〕59年完成1亿。〔19〕60年任务8500万元，安排1.5〔亿〕至2亿元，8500〔万元〕可半年完成。材料供应不足，去年拿到5000万元的材料，自己拼凑完成1亿。全年材料上半年就用完，下半年的材料只供给几百吨，很困难。

由于材料困难，不得不搞多种经营。建立特殊钢厂，先建电炉、转炉，设备均系自己制造。工人多系17、18岁青年。后来搞了250的轧机，自制电极，自建 15 米^{3}高炉，用矿渣制水泥。高炉利用系数达到 4，炼焦。这样凑成一套钢铁联合企业。开始对这方针有争论，现在效果越来越显著了。

自己搞了基建工程队，可以加速建设进程。搞好收尾工程（大厂子都需要如此）。

由于磨床多，办了一个砂轮厂。原料用破砂轮，又制砂纸、砂布，现在可制 70 多种砂轮。要什么〔规格〕就做什么规格。工人均系家属，只有一个管砂轮的技术员。现在砂轮自给已达 50%。

小化工厂，热处理淬火需要一些化工材料，买不到，供应科就自己生产，先产土硝，现在可制七八种产品，仅 14 人。

砖厂，用湘潭的无窑烧砖化〔?〕。钢铁厂用高炉渣设水泥厂。

公社办工业，全民、集体很难区分，男是全民，女是集体，很难划分，食堂、托儿所都是如此。不分厂里厂外，工资少一点，福利少一点，利润归区。

木材加工厂，并制刨花板。

金属结构厂，为基建队加工。

业余加工小组，工人利用业余时间，切下废料自办生产小组。主要产品没有材料，就搞副业产品，产值有的大于主业。

小组三种形式，除①车间工人自己办外；②有组织家属办，把简单工序交给家属小组去干。搬进厂内来干管理比较方便；③支援农业任务分到车间，与社挂钩（厂对县，车间对社，小组对生产队），帮助解决“五具”。因此有生产公社用工具（车床、刨床、钻床）的生产小组。现在这种小组卫星厂有 150 多个。

砂轮厂归工具科领导，化工厂归供应科领导，砖、木、水泥归基建队领导。小组独立性相当大，自己核算，自己解决材料，自己安排任务。

〔19〕58、〔19〕59 年上交利润 6000 万元，建厂投 2900 万元，已可建设两厂。由于利用废料和自制材料，1000 元产值中成本只有 200 多元。否则单单材料就要 400 元，今年至少可以上交利润 7000〔万〕~8000 万元。

帮助地方设计了十八九个厂，为兰州设计了量具刃具厂。最近又为辽宁设计同样厂。本厂并无设计机构，分〔别〕由各部分设计。这样可以都采用新工艺，广东广西湖〔?〕的量刃厂也由本厂帮助。轴承从设计到生产只要了三十八天时间，现已成为重点工厂。

本厂原设计3000万元产值，现在已达15000〔万元〕，一厂变五厂（多种经营未包括，只算量具刃具）。口号月产2500〔万元〕，这样全年就到3亿元。

支援农业，包简阳、灌县两县，并包郊区青龙公社（当地）。单厂对县还不行，还要层层对口，车间包公社，小组包生产队。公社搞三五件主要机床，生产队五大件，公社机修厂。有煤搞煤，有铁搞铁，机械、化肥、农药（三厂），一站（电站），四化（车子化、饲养械半化〔?〕……）。

权力下放，责任心更强，不敢乱花钱，反而不要沙发、地毯了。支援农业700万元。过去200元以上就要部批。

体制下放〔后〕积极性更大，过去有事就去找部，厂长排队接见。现在生产还是为全国服务，计划通过省下达。销售〔由〕部管，材料由部供应，不足自己解决。管理归地方，工作抓得更紧，坚决完成中央任务没有问题。总的来讲是适应的。有些具体问题如何搞得更好：①分级分权问题，条条还要抓紧一点，可以再多给一点任务（设计），多开些会，现在太客气了；②供给材料手续太多，经过厅局层层周转，废时太多，可以部直接拨，向省通知。我们所需材料省里无力调剂，特别是国外进口物资。一机〔部〕二局应当管。应当两种管理方法，有中央直管，有地方统管。国外订货要部直接管；③多种经营后要与各部挂钩，大家都照顾一下。（铁路局“一家办”“一条腿”“一长制”，三一主义。）中央、地方都要管，中央管材料供应、技术交流，地方挖掘潜力多安排些任务，检查，评比，督促。

成都市工业

过去几乎没有工业，1949年工业产值只2900万，〔19〕57年31000〔万〕，〔19〕58年66000〔万〕元，〔19〕59年14亿元。〔19〕57年甲〔类〕3乙〔类〕7。〔19〕58年开始建立钢铁工业，制造各种机器。职工18.9万人，基建工人尚不在内。

革新今年开始大搞，〔19〕57年增9万人，〔19〕59年减2万人，今年4月底止又减3.2万人。产值要翻一番，只能依靠革新。去年底手工操作占73%，所以搞半机械化、机械化，土洋结合。到4月底止，机械化、半机械化占66%以上，单算工业已达70%以上。自制土洋结合设备1.2万多台。三月开始搞自动化，四月下旬开始推广新工艺，如超声波、煤气化等。导电切削，无光电焊，超声波方面，试用T形，一头升温十几度，一头降温十几度。

全市八月份可完成产值年计划，量刃厂六月份完成年计划。劳动生产率提高93%（1~4月），比去年9~12月提高14%。

生产上最大问题是缺煤，去年日进煤3600吨，今年下降为3060吨，其中电厂即用1000多吨。革新中大搞煤气化，已建600多〔个〕煤气炉，可节约煤炭500多吨。此外原材料综合利用，大办卫星工厂。根本原因是新建的煤炭基地建设没有完成，挖出的煤又运不下来。所以工业的关键是煤炭，煤炭的关键是运输问题。

木材综合利用，利用率已达94%。供应仍很紧张。水泥厂把高炉渣全部利用，还吃不饱。各厂自办水泥厂，自到山上伐木。

工厂管理实行统一领导下的分级分权管理制，解决工人当家问题，车间、小组自己管理，不涉及全厂性的技术、人事、财务等问题。

技革要做巩固工作。一种是新工具不坚固，过几天就坏了，又要手工操作了，需要改进设备。一种是未作检定，效果不明，时而有效，时而无效，要三结合作检定工作（超声波洗衣，时间长了油垢又回到衣服上去，更难洗）。一种是未解决有关系的问题，不能产生经济效果。

城市人口110万，人民公社15个，3个以工厂为中心，4个以机关学校为中心，8个以街道为中心。每社五六万人到七八万人。公社工业大部〔分〕是为大厂加工服务，工人51000多人，最大的厂（木工厂）400多人（〔19〕56年开办时只三人）。第一季〔度〕产值2500万，4月份亦2500万，5月份翻一番。

社办工业实际上与全民区别不大，就是工资低一点，福利少一点，积累有的全交公社，有的全部自留（分散生产小组），有的分成。老厂平均工资26元，新厂10多元。税率30%（所得税）。总收入中30%〔为〕税收，26%〔为〕工资（平均21元），此外为积累，厂留10%，其余交公社或分社，分社4%上交公社。公社收入10%交区。公社、分社收入70%扩大生产，30%集体生活福利，地段收入（生产小组）自己管理。

工资：固定工资占40%几，计件工资原来很多，40%多，需要逐渐改。

（一个老婆月得 70～80 元。）还有采取分红办法（洗衣、缝补等）。个体按收入提 10%，90% 自己得。食堂、托儿所分搭伙费和保育费，这些办法都不好，将改固定工资或补助费。（工业工资 12、15、18 元。）炊事 13、16、19〔元〕，托儿所 14、17、20〔元〕。福利待遇原来没有，生育送礼品，今后要给一点。（搭伙费、保育费半价。）半费医疗，因公负伤全包。

四川工业情况汇报

56000 多〔个〕厂矿，其中县以上 18000 多个，余为公社办工业和手工业。县以上职工 245 万人。〔19〕59 年〔产值〕53 亿元。冶金 179 个县有 115 个县有铁矿资源，有 80 个县有小洋群。有高炉 1 万立方米，小钢厂 22 个，已生产的 15 个。还有 10 个县有小土群。

煤有 163 个县有资源，县以上煤矿 498 个，公社办的约 44 个。140 个县产煤，铁煤分布均广。

机械 392 个厂，农械 216 个，机床 19000 多台。电 45 万千瓦，其中水电 14 万〔千瓦〕。轻工 1.3 万个厂，化工 1700 多〔个〕厂。生产情况 1～4 月比去年同期约增 75% 以上。钢计划 135〔万吨〕，可能完成 150 万吨，争取 160 万吨。钢材计划 98.2 万〔吨〕，争取完成 100 万吨。铁计划 245〔万吨〕，争取 300〔万〕～330 万吨。煤计划 4330 万吨，可能完成 4500 万吨（不包括公社的 500 万吨）。

生产中的几个问题。

思想状态，四月份右倾思想有些露头，去年批判不彻底（重钢），有些论点（劳逸结合，需要一个季度休整，量质不能并举，对转炉钢铁缺乏信心）又开始露头。六级干部会议特别批判大洋企业中的右倾思想，如重钢、德阳重机厂等。①一条腿走路，不搞多种经营，当伸手派；②一家办，不与地方协作，如铁路局。〔19〕58 年办的钢铁厂一风吹了；③大企业有一长制的残余，不搞群众运动。大企业少数领导干部不尊重地方领导，地方全力保证重钢，重钢认为地方不懂。依靠少数技术专家，规章制度。（重钢化铁炉加热风带，工人不知道，高炉式化铁炉也是如此，不同群众商量。两参也没有真正执行，领导干部很忙，职工积极性未发动起来，有力无处使。）

六级〔干部〕会议表扬一批，批评一批，树立对立面。从对比中说明了一些方向性的问题。又搞了几天经验交流，政治与技术结合。结合整风研究企业管理体制（六月初研究刃具厂），小洋群试行党委领导下的管理委员会制（三三制，党委1/3，行政1/3，工人1/3）。

技术正向普及、提高发展，从大城市推向小城市，从主要行业（钢铁、小洋群）推向其他行业。大城市要提高，攻尖端，真正发挥经济效果。关于增产和节约原材料的技革，需要特别抓紧。五月抓工业技革，六七月抓农业的机械化、半机械化。

支援农业：发明新式煤气机，重量大大减轻，马力增大，不用曲轴，准备推广。农村需要大量运输工具。工人下乡劳动要带一些新式农具，传授技术。今后物资支援需要作价，不能长期赠送。

多种经营，只要抓得紧，就上得快。如德阳重机厂，过去缺煤，与地方合作采煤，现已自给有余（今年自己产煤37万吨）。钢材需要3万吨，可以自给1万吨。水泥自产3〔万〕~5万吨。只要方向对头，就能解决问题。今年可以产钢14万吨，材8万吨，铁25万吨（全省），水泥60万吨，木材40〔万〕~50万立方米，煤200万吨。

天然气14个气田，主要在川南、川东，贮量290亿立方米。石油局探出276口井。用天然气冲力发电，气仍可以利用。上海想来投资利用天然气制炭黑、人造丝、人造毛。制橡胶设备很多，要试验采取管道反应和超声波。天然气造汽油质量好，可用于飞机。

建江化工厂年产1000吨，玻璃车间，原设计投资422万元，采用新工艺只要25万元，钢材设计165吨，现只要半吨，厂房3500〔个〕，现要50个，工人原要250人，现要20人。

云南省经济情况的考察*

云南省工业生产

1~4月比去年同期显著增长，但比去年四季〔度〕和今年一月下降。

---

* 继四川考察之后，赴云南进行考察，时间约为1960年5月20日前后。大标题为编者所加。

钢产量二月起逐步下降，铁维持一月水平。钢材略有增长，煤焦也是下降。特别是重点厂像昆钢。为什么下降，说不清楚。5月20日止铜只完成1634吨，不到十分之一。要求上半年钢完成10万吨（40%），〔钢〕材5.6万吨（40%），铁可达到一半，铜只能完成14%，煤可完成55%。钢铁生产原料供应不足，矿石满足不了高炉需要，铁满足不了炼钢需要，而且质量不好，合格率只达70%。过去质量最好的转炉车间，最近降到几乎全不合格。吃的不是土铁。最近才改碱性炉。

煤炭情况，没有矿井建设，越挖越少，越难，问题比钢铁更严重，运输问题也严重。矿煤毫无贮存，昆明因缺煤常有二三十个工厂停工。靠近贵州有个煤矿，只有60公里，运不过来。其中十几公里用汽车运输，40多公里经铁路（旧路窄轨），煤是褐煤，热量只〔有〕1800～2000卡，比普通煤差一半到2/3（普通煤4000到五六千〔卡〕）。高炉利用率数原来很高，现在逐步下降，原因矿石、焦炭供应不上，低风低温，事故增多。煤矿〔发生〕三次人身事故，炼冶设备事故。发电厂常出事故，常常停电，影响其他工厂。每次号召高产，必出事故，估计系政治原因，查反革命分子。由于发展很快，职工不纯，有的伪警当了标兵，五类分子当了支部书记。

措施：（1）现在开始组织钢铁有色高产战役，要求日产700吨铁，500吨钢材，组织煤、矿、运相配合，同时抓一抓质量。再建一批小高炉、小转炉。（2）搞节约运动，煤炭条件原来很好，过去没有觉得困难，因此不讲节约。过去一吨焦化二三吨铁，现在二三十吨，煤气化加超声波达一百多吨。一面焦炭不足一天需要，一面工厂和周围工人家属烧饭都用焦炭。（3）多种金属回收，现刚开始，大有文章可做。废物综合利用。（4）组织工作团改造落后企业，几个大企业几乎都是落后企业。如昆钢、昆电、铁路局，几个大煤矿都是如此。省委组织了大小几十个工作团，到厂矿帮助落后企业，先从政治方面着手，解决领导问题，看来这个办法有效。

铜的生产情况

几个大的基地基建生产都未完成计划。几项建设均未按期投产。投产后又经常发生事故，不能正常生产，供电、采矿都跟不上。新建大电炉一是缺电，要停一大批工厂来保这个电炉。二是运输，一天要300吨铜矿，其他材料150吨，从东川、易门、个旧等运来，要二三百辆汽车来运，现在无法供应，不敢开炉。

技术革命

好的是机械、化工等，差的是钢铁、煤矿等。机械、化工也只搞了加工方面，装卸、搬运仍是体力劳动。因此：①主攻方向是笨重体力劳动；②原材料供不上，产品产值不能增加，故要着重原材料、燃料、电力的节约（技术革新千千万，生产效果不见面）。

苏联、波兰等〔19〕59年的新汽车中有化油器内雾化器，就是我们的超声波，我们打开来安超声波，看到已经装上，构造差不多，制造更精巧。渗水加超声波可节省油30%，再加废气回收可省50%。苏联汽车缺渗水和废气回收（伏尔加、波兰“华沙”有雾化器）。化铁炉加超声波可以无焦（低焦）化铁。超声波、煤气炉百花齐放，有的效果好，有的差，需要经过试验研究，迅速定型，特别是煤气炉。

铜的情况

今年任务16600吨，去年完成4800吨，〔今年〕加了两番。主要是东川、易门、云南冶炼厂，占12200吨。地方小土小洋占3000吨，杂铜1400吨。今年任务80%靠新建项目。现只完成1634吨，主要原因基建任务没有完成。安排上半年电铜4000吨，其中二季度2500吨，四月五月都只能达400吨。原料完成情况更差，特别是东川。新建矿山原计划一月投产，到三四月试车，因缺电不能正常生产，时产时停。究竟建设和生产中有无问题，因停电尚未曝［暴］露出来（东川——因民、落雪二矿，易门——三家厂三处已建成）。采矿用大爆破解决了，但运输堵塞，运不出来。炼铜厂，一号电炉建成，前后左右尚未完成，现在即将投产（供水、排水、厂内运输，月底可以完成）。二号电炉比一号又大一倍（用电三万千瓦），一炉出铜40吨，尚未订货。由于上半年未完成任务，下半年的任务更大，需要提前建设二号电炉和其他矿山。

电炉吃精矿（15%），出饼铜（40%～50%），再进转炉出粗铜（90%），再进反射炉出精铜（98%），再电解出电解铜（99.9%）。一号电炉用电 16500 千瓦，加其他约 2 万〔千瓦〕，二号电炉用电 30000 千瓦，加其他约 5 万〔千瓦〕。东川要电 15000〔千瓦〕，易门也要 15000 千瓦。

运输问题，一号电炉每天进精矿 300 吨，加煤等为 450 吨，要 250 辆汽车，二号电炉又大一倍，原计划铁路六月通车，尚无钢轨（重庆），可能推到年底。

选铜中化学药品供应不上。

小洋群任务 3200 吨，只投产 280 吨设备。生产又不正常，缺电，柴油发电机常常停电。不可能 24 小时发电，柴油供应不足，没有机修设备。还有运输问题，没有汽车，精矿运不出来。

东川、易门建小鼓风炉，就地炼饼铜，生产情况不好，缺电、缺焦。回收率低，损失 20%（可以改进）。只能作为临时补救办法。

一号电炉年产量 16500 吨，〔矿、煤〕运入量每天〔需〕400 吨，现在只能运入 5～10 吨。需电 1.8 万千瓦，昆明现有设备 8.4 万千瓦，只能发电 4.8 万千瓦。13 公里铁路原计划 24 公斤〔钢轨〕的，重庆厂只有 38 公斤〔钢轨〕的，按重量不到 10 公里，年内不能解决。

昆明冶炼厂

今年可产电铜 3000 吨，精铜 5000 吨，共 8000 吨，关键在饼铜供应（各专县炼的）。铝计划 3 万吨。产值今年一厂变八厂，主要依靠有色金属，铜铝占 30%，稀有〔金属〕占 30%，化学试剂占 20%，合金型材〔占〕20%。计划产值八千万〔元〕，上月已经完成。

原有 6000 吨电铜能力，〔19〕58 年改为电铝，后新建 3000 吨设备，是临时性的。今年争取 4500 吨，〔因〕为云南冶炼厂上不去，仍靠此厂电铜。现在计算可能完成 8000 吨，过去几〔个〕月饼铜供应不足，思茅专区 1500 头牛运了一个星期只运了七吨。上半年可完成 2000 吨铜，15000 吨铝。下半年如饼铜有保证，可月产铜 1000 吨。去年第四季〔度〕月产铝达 4000 吨，全〔□?〕一万吨，今年如原料有保证，生产 4 万吨没有问题。去年产 4800 吨铜，2.8 万吨铝，主要产铜铝，稀有〔金属〕很少。

大洋群已建规模 11700 吨，正在建设 14600 吨，小洋群 1380 吨。

小洋群共 19 个点，建设规模共 3200 吨，只建成了 80 吨。

铜矿贮量 A + B + $C_1$300 万吨。$C_2$700 万吨。实际情况远不止此。只要勘探就能发现铜矿。

没有钢铁，建设十分困难。要建铜矿、铜厂，没有钢材不行。还要机械工业，制造配套设备。

云南铜厂建设，比钢厂复杂得多，困难不亚于武钢、包钢，所得到的支援，比武、包少得多。云南本身力量无法解决。

云南钢铁生产情况

云南钢25万吨中，昆钢占19万吨。昆钢三月投产一个255立方米高炉（原有71〔立方米〕一个，210〔立方米〕一个），两个10吨的转炉（原有4个1.5吨，2个4吨，2个6吨），生产反而下降。原因是大的生产不正常，原有小的因抽掉力量也不正常。小洋群计划只6万吨，比去年实产量还少，估计可完成10万吨。

昆钢一月1.24〔万吨〕，二月1.19〔万吨〕，三月1.18〔万吨〕，一季〔度〕（〔平均〕1.2〔万吨〕），四月1.02〔万吨〕，五月0.74万吨。铁一季〔度〕2万吨，四月1.57〔万吨〕，五月1.51万吨。原因：对生产乐观，对困难估计不足。矿石品位高，质量好（硫低），转炉改为酸性，钢的合格率逐月下降。现已改了两个，10日再改两个，20日再改两个。改碱性后生产是否正常，还不知道。产量是合格的，钢的总产量并未大减，合格钢减少了。10吨转炉两个，每月仅产钢1000吨，利用系数约1.5。焦炭供应从一月的2万吨，增加到五月的2.9万吨。焦比一月0.775，四月1.2，五月1.08。矿石供应一月4.8万〔吨〕，四月6.3万〔吨〕，五月4.8万吨。

钢材：轧钢机两个250，一个450，已经停了一年。正在安装的一个400，一个650，能轧24公斤钢轨，可能轧到32公斤。现在积压4万吨钢材，650轧机投产后可解决。

二厂500开坯，300轧机，已能生产18公斤轻轨。（高炉上装氧气超声波，一下可以提高100多度，炉子不正常时急救很有效。）该厂正在试验小高炉，铁水直接注入小转炉，小转炉钢水直接浇成钢坯（加些压力）。

铜的问题

东川，采、运都有问题，①球磨1/3，易门大爆破，缺矿车，运不出，球磨1/2；②云冶缺风机，〔□?〕可以达8000吨；③吃富矿，用土法炼粗铜；④水套炉用精矿炼冰铜；⑤基建队伍搞小土群。

小洋群只七个点，现在能生产的只有二个点，原因机器坏、缺柴油等，都停产。

复选药剂也很缺乏。

1960年上半年经济情况*

轻工业情况

轻工业品70%～80%以农产品为原料，由于一部分农产品减产，影响轻工业生产。25种产品，5种可完成或超额完成，20种完成不了，共减产20亿元左右。其中纺织品比去年减16%，糖、油等也减。以工业品为原料的自行车、缝纫机等增23%。

棉纱从去年844万件减为680万件，棉布从75亿尺减为60亿尺。针织品〔从〕158〔万件纱减为〕135万件纱。糖〔从〕110〔万吨减为〕70（计划170）万吨。油150〔万吨，仍为〕150万吨。盐〔从〕1100〔万吨增至〕1400万吨。卷烟470万箱。纸270万吨。

质量——纸，黑粗厚湿，好纸比〔19〕57年增加不多。

纺织：纱计划900万件（4000万担棉花），现棉花实收3070万担，1～8月产纱437万件，九月估计可产23万件（八月30万件），共460万件。明年计划收购3000万担，供纺织用2700万担，可纺700万件纱。今年第四季〔度〕产220万件，全年680万件。毛织品、丝织品有些增加，麻袋减少（1000〔万〕～800万条）。

问题：（1）首先是受原材料限制，明年计划纱700万件，布58亿尺。办法提高纱支（从23支提到25支）。多用野杂纤维（今年2亿尺，明年3亿尺）。工业用布多用其他纤维，增产化学纤维（明年16000吨，今年11000吨）。

---

* 由几则笔记整理而成，应为国家经委的会议记录，时间约在1960年9月。大标题为编者所加。

市场供应情况，工业用布和出口增长较快，民用布相应减少。〔出口19〕50 年 16. 3 亿（64%），〔19〕52 年 27. 3 亿（71%），〔19〕57 年 38. 0 亿（75%），〔19〕59 年 54. 7 亿（73%），〔19〕60 年 41. 0 亿（66. 4%）。〔19〕52 年工业用纱 2. 4%，〔19〕60 年 9. 6%。工业用布〔19〕52 年 6. 6%，〔19〕60 年 17. 4%。〔棉布〕每人平均〔19〕52 年 18. 9 尺，〔19〕57 年 19. 9 尺，〔19〕59 年 24. 1 尺，〔19〕60 年 20. 6 尺（扣针织品），明年 17. 5〔尺〕（扣〔针织品〕）。

市场情况

贮蓄，七月 54. 3 亿，去年同期 38. 7 亿元。八月 53. 2 亿，去年同期 40 亿元。

零售物价指数，七月 102. 7（〔与〕上年 12 月比），100. 9（〔与〕上年同期〔比〕）。八月 101. 5（〔与上年〕12 月〔比〕），100. 5（〔与〕上年〔同期比〕）。

总的情况良好，购销均增，库存增加，物价稳定，贮蓄增加，货币流通略增，基本正常。

购进，总的增加，工业品增多，农产品减少，主要产品下降，一般产品增加。（60 种）大商品去年占 60% 以上，今年占 60% 以下，原来 3∶7，现在接近 4∶6。库存大小商品去年 4∶6，今年 3∶7。

生产资料主要（19 种）比去年增 50% 多，次要增 80%。

今年零售额计划 725 亿元，现在估计经过压缩购买力的各种措施，还要达到 750 亿元。

财政金融情况

财政收入计划 782 亿，1 ~ 8 月收 450 亿，估计可能完成 755 亿（公布 701 亿）。完不成原因：①生产指标下降。轻工产品（棉织、烟、丝、糖等）减 14 亿多，重工产品减 3 亿多，合共 17. 8 亿元。②钢铁铜铝补助去年 21. 45 亿（〔19〕58 年 40 亿），今年预计 18 亿 5 千万，1 ~ 8 月已用 16. 8 亿元，全年可能达 26 亿元。③成本降低计划〔为〕8%，预计 7%，影响收入 5 亿。④物价等原因 1. 8 亿。以上合共 32 亿。有利因素多收 5 亿。相抵后少收27亿。比1959年仍增177亿，即30.6%，仍然不小。

财政部认为750〔亿元〕是乐观的估计，可靠的是730亿元。

财政支出计划782亿，其中预备费53亿元。1～8月完成437亿元，收支相抵结余12.23亿元。基建拨款248.8亿元，全年计划382亿（公布352亿），压缩37亿元。基建投资210亿元，预算内的170亿元。相差70余亿元。

问题：（1）中央结余39.2亿，地方赤字27亿元（动用上年结余17.6亿元，向中央借9.4亿元）。赤字原因基建投资安排过大。（2）钢铁铜铝补助，实际一大部分用于投资，实际成本并未降低。（3）技革问题，计划、资金、物资均未安排。这项费用大部打入成本，挤生产、基建所用物资。估计每省平均5000万元，全国约15亿元，已向银行借5.6亿元。技革之花集中在机械工业，有钱、有物资、有机器。

1～8月企业存款增13亿，财政增3.8亿。工业放款增82亿元，商业增30亿，粮食减45亿元。发行增9.1亿（84.2〔亿〕），财政拨36亿。大公家的钱转到小公家，实际没有用掉。机械部门增加流动资金34亿元，主要因产品不配套。

商业库存增65亿元（1～8月），增20%。贷款增82亿元。主要商品库存减19亿，其他增80亿元。在途商品增加，非商品占用增加（赊销、预付等）。问题：①库存不实；②在途商品已经损坏；③赊销收不回。

货币流通，〔19〕53～〔19〕58年上半年均回笼，〔19〕59年放5.7亿，〔19〕60年放7亿。（〔19〕57年回〔笼〕10.9亿，〔19〕58年回〔笼〕6.9亿，〔19〕56年1.8亿，〔19〕55年最多14亿。）

为什么钱多？货币流动代表物资流动，应当平衡。但财政收入不等于物资收支。①财政有结余，为什么还要增发货币？原因是（信贷收支扩大，需要流动资金增加），财政收入构成甲类增加多，乙类增加少，乙类增加小于消费基金增加；②为什么钱多了？原因计划与实际有距离，购买力超过计划，乙类生产完不成计划。计划层层加码，计划外的投资冲击计划（全部投资估计达500亿，比计划大118亿元）。所需材料依靠超产解决，但生产计划（第二本账）不能完成，因此差额更大。

基建投资计划外的，地方结余38亿，超计划收入分成10亿，预算外资金 50 亿，其他 20 多亿，合计约 500 亿元。国家计划 382 亿，压缩 37 亿元，地方压的结果比国家原计划还大得多。

工业生产形势

目前工业生产还不能说显著好转，只能说初步好转。1900 万吨钢必须超过一点，否则不好交待。十月份必须作出成绩来，不能指望十二月翘尾巴。十月份日产量要求 6.2 万〔吨〕，十一月 6.8 万〔吨〕，十二月 7.2 万吨。要天天抓，天天算。除产量外还要抓质量和品种。1927 万吨再一个省一个省核实一下。

不能不照顾农业，保粮保钢（保粮放在前面）。一方面要防止右倾，一方面要解决实际问题。去年庐山会议后一下上去了，今年北戴河会议后慢吞吞的，怎不叫人着急。

明年第一季〔度〕产量宁可少一点，要保质量和品种。必须提高生铁质量，保证调给重点。粮、钢矛盾时，只能钢铁让路。

1961 年

浙江农村经济调查*

调查提纲

第一阶段研究的中心问题是："六十条"① 的贯彻执行情况和群众对"六十条"的意见。特别是怎样解决两个平均主义问题。此外研究一个本地区的特殊问题，就是产粮区同棉麻区的问题，这里有一个粮食政策问题，这个问题可能也有普遍意义。

（1）分队问题，分队目的，一是克服队与队之间的平均主义，二是便于经营管理。着重研究要求分的大队，未分前和分开后的分配情况对比。

如何克服小队之间的平均主义，包产包工包成本调整后是否能够保持适当的差别?

群众对分队问题的意见。

（2）征购和包产，历年粮食产量和征购数字，完成征购后的口粮、饲料、种子，今年完成包产后有多少口粮，超额完成后的情况。把产粮区的口粮同棉麻区对比。

包产落实情况，超产的可能性，超产部分的分配。研究怎样从三包落实来体现小队的所有制?

从价格关系来研究粮食同棉麻的收益，这是粮食政策中的第二个问题。第一个问题是征粮（农业税）购粮和留粮的比例。

（3）评工记分，目的是克服人与人之间的平均主义。研究高级社时期怎样实行按劳计酬的原则，公社化后产生平均主义的原因和情况。研究几个

---

* 据《薛暮桥回忆录》，1961 年 3 月，到浙江省萧山县蹲点调查（《薛暮桥文集》第二十卷，第 204、363 页）。这是此次调查的记录。根据记录的内容，调查的确切时间应在 3 月底至 5 月中旬。大标题为编者所加。关于这次萧山调查，可参阅《薛暮桥回忆录》（《薛暮桥文集》第二十卷，第 204 页）。

① 1961 年 3 月 15 日至 22 日，中共中央在广州召开工作会议，讨论和制订了《农村人民公社工作条例（草案）》（简称"农业六十条"）。经过选点试行与征求意见后，又作了修改。6 月 15 日，中共中央将修正后的草案发给全国农村讨论和试行（《中华人民共和国国民经济和社会发展计划大事辑要 1949—1985》，第 167 ~ 168 页）。

“分出户” 和 “分入户” 的典型。

评工记分的方法，如死级活评，分段记分等。还要研究同工同酬问题。

几年来的工分和分值比较。提高分值的办法。

（4）供给制。研究供给制同按劳计酬的关系，最近两三年供给制的实行情况，三七开可以供给几个月，群众对三七开的意见。

如果实行包五保户，帮助困难户，供给部分占的比例如何？

大队分配和小队分配的不同情况。

（5）留粮和口粮问题。群众不但要求多产多得，多劳多得，而且要求多产多吃，多劳多吃。

包产超产部分如何分配，提高口粮多少？

基本口粮和按劳分配的口粮。

产粮区和棉麻区口粮标准的比较。

（6）集体收入与自留地家庭副业收入。研究大集体和小自由的关系，小自由补充大集体，小自由与大集体的矛盾。

〔座谈：〕

（1）关于分队问题的座谈会；

（2）三包问题以汤家桥为研究对象；

（3）评工记分要访问群众意见；

（4）供给制分阶层座谈。

包产三种标准：

（1）按过去几年平均产量；

（2）按土地质量好坏；

（3）十个指头一样长。

会计人员座谈会

来水珍（公社财务辅导员）　人与人的平均主义主要在评工记分和供给制问题。过去实行三七开，〔一九〕五八年实行粮食供给制，收入低的队超支户很多，原因是另六个月也不交伙食费，〔年底〕决分时扣。有了钱不用在吃饭上面，有啥买啥。群众认为要克服平均主义，最好包五保户，帮助困难户，或者老幼部分供给，其余按劳分配。

社员要求粮食分配到户，自己加工，糠麸自己拿来养猪养鸡。原粮加工，100 斤可得 78 斤，但因炊事员吃多了，干部、幼儿园吃多了，发给农民 72 斤（定量），农民从食堂吃饭，实际只吃到 68 斤。

王幼甫（山河四队）　〔19〕58 年供给 51%，工资 49%，超支户达到 80%。(原因〔是〕积累很多。) 后来供给、工资各 50%，积累减少，超支户 50% 左右。〔19〕59 年实行三七开，供给五个月，〔19〕60 年供给六个月。〔19〕58 年上半年按劳供给，下半年改半供给制，决算时一个劳动力只分到 14 元，群众积极性下降。群众说供给制是“剥削”，照顾五保户，困难户是应当的。去年 11 月后因缺饲料，全大队的公鸡全杀光，只养少数母鸡。今年比去年底减少 70% ~80%，现在买不到小鸡。群众意见〔是〕糠麸 30% 给牧场，70% 给群众。去年 10 月有 170 几头猪，现在只有 20 几头。去年牧场有 56 头母猪，现在只有 7 头母猪，1 头公猪。大部分是春节杀掉的。除自己吃以外，在自由市场出卖，每斤 2. 6 ~3. 2 元，所以 20 ~30 斤的小猪都杀掉了。

汤家桥牧场去年养猪 270 多只，现在只剩 28 只。前几天生了一窝小猪。牧场的猪不敢杀，大部分（90% 以上）是饿死病死的。

来吾霖（江三大队，棉花区）　〔19〕58 年实行 6 个月供给制，花了五万多元，强劳动力都减少收入，群众不愿农业生产，〔愿〕搞家庭副业。后来对强劳动力减收部分补贴一半，又说不合理，收回了，群众情绪更低。〔19〕59 年 38% 供给，供给了六个月。向群众宣传教育，七八月宣传全供给。去年做营养钵突击一个月，今年〔贯彻了“六十条”〕只做了十三四天，出勤人数比去年还少一点，质量也好。去年收入增加，供给 30%，十个半月。今年讨论困难户实行部分供给制。去年出工用喇叭筒叫，今年排队出工。去年一个强劳动力，实行供给制要少得 60 元（工资少 90 元，供给得 30 元）。每户平均收入 537 元，每人 109 元。因为收入多，见东西就买。(饭馆里 80% 是农民，10% 是工人，10% 是干〔部〕军〔属〕，过去一个竹篮卖三角，吃一碗面，现在竹篮卖二元，面一元五角，还多五角。) 因为收入多，群众对 30% 供给制没有多少意见。实行供给制，学生从二百多人增加到近四百人，约增一半。现在回来了十几个超龄儿童。如果按劳分配，还有一批学生会回来。

评工计分，高级社时按件计酬，好处多劳多得。供给制后对工分不大重视，大家不争，有的不评工了，按等按日计工。男工女工同工不同酬，拔草男工 8 分，女工 6 分，实际女工比男工快〔得〕多。男工最高 10 级，女工最高 7 级。今年基本口粮 47.6 万斤，奖励奖〔粮?〕28.4 万斤（80% 按工分，20% 按肥料）。每人平均基本粮 430 斤（产粮区 400 斤左右），每月 34 斤，一个强劳动力可以多得 20 斤（另一意见：70% 按工分，10% 补助确实不够吃的户）。现在抢做按件计酬的工，不愿按日计酬的工。一个 21 岁的女工一天做营养钵 2 万多个，得十四分到十八分，多得口粮可以多吃一顿饭。

汤仁根（汤家桥队）　高级社时评工记分，公社化以后“直一直”，不评分了。工分愈来愈多，分值愈来愈少。现在多数队评工记分，有几个队还是按“日头”记工。好的队按段计工，按人评分，田头清。

〔19〕58 年公社化到〔19〕59 年 3 月，都是按级按日计分，全公社统一，男的最高 10 分，女的最高 6 分。结果夜工多，进度慢，大家磨洋工。男工工资最高每月 5.6 元，群众不愿搞农业。〔19〕59 年 3 月后恢复评工计分。但实行供给制后分值减少，同时宣传共产主义风格，因此评工时群众都不计较，只是重工轻工有了分别。到夏季双抢时日夜劳动，没有时间评工计分，水稻地区特别严重，连“直一直”也不直了。抢完后估一估做工日数，按级计分。〔19〕60 年有四个队搞基本工分加奖励，汤家桥坚持最长，到 9 月为止。这时计算工作钟点，迟到早回扣分，但未按件计工。9 月以后又是按级记日头，有的连级也不分。

平均主义恶果：①降低工效，能多做的不肯多做；②技术工人不愿做技术工（耕、罱、插），劳动质量降低，河泥罱得很少，学技术也不学了。来阿康单干时是生产能手，〔19〕59 年做技术员，培育秧苗不如别人，因怕多花力气。

按件计酬比较合理，但易争吵，评工记分时“武松打虎”（去年和和气气）。各块土地条件不同，花力多少不同，很难完全公平。“小段包工，定额到坵，按人评分，田头清”的经验比较好。要有定额小组，不同工种规定不同定额，还有验收小组，检查工作质量。现在有些工种已经有定额，有些工种没有（如菜地浇水），不能计件。

孔菊初（山河一队）　〔19〕60 年有一个小队按件计酬包工分不超

出，其他小队按日头，包工分超出 40% 多。现在计算包工多少分，有多少劳动力，除去休养，每个折实劳动力每天要完成 12 分，很紧。如果利用等外劳动，可以完成。如十二岁的小孩，过去不让割草，怕他得了工分。有一个妇女原评每日 7 分，按件计酬每天可得 14 分，工效提高一倍。

长三队去年做营养钵三十二天，还开夜工。今年按件计酬，只做了六天半（劳动力比去年稍多），最快的队只做 5 天。实行部分粮食（10%）按劳奖后积极性更高，一个月的工分，14 天做完了，向小队长讨工分做。工效提到这样高，连群众自己都不信。小队长布置任务时，原来怕不能按时完成，结果提前完成了。

分队问题

赵又法（文三大队） 文三同祥大〔王〕原来是一个大队，是水稻区，四月初分队。原来 320 户，1380 人，1243 亩。分开后，文三 164 户，6 个小队，694 人，645 亩。祥大王 156 户，687 人，5 个小队，598 亩。高级社时有两个大社和一个小社，〔19〕56 年并成一个社。并的时候就不同意并，乡里要并。不同意原因〔是〕生产好坏不同，祥大〔王〕水稻产量大，副业未集体；文三副业已集体，副业收入多。祥大王茶山已集体，文三还未集体起来。

每户平均收入，祥大王 295 元，文三 295 元，小社 195 元。家庭副业祥〔大王〕3188 元，联〔?〕2887 元。

分队原因，干部表面团结，内部有意见。财务主任（祥〔大王〕）批钞票互相怀疑。所以两方面的收入都分别计算，各有一个畜牧场。实际上以片为核算单位，所以现在分起来很容易。〔19〕59 年稻产量祥〔大王〕高，口粮平分，祥〔大王〕有意见。〔19〕60 年文三高，文三又有意见（祥〔大王〕执行制度严，生产损失较多，因此产量不如文三）。各小队产量不同，〔19〕59 年平均吃，〔19〕60 年分〔产量〕高低吃。反瞒产时，反了文三一个小队，祥〔大王〕的未反出来，文三有意见。采茶叶，搞水利，都要双方同样出工，干部指挥很困难。两个幼儿园合并后，粮食、柴草都分开〔由两个队〕拨给，实际上是两个。开会讨论时在一起，行动时分开两片，互相竞赛。

〔19〕59 年祥〔大王〕无倒挂户，文三倒挂户多，原因预支太宽，祥大王有意见。困难户也是文三多一点，公益金 70% 给文三。按包产计算都有超产，文三超产粮吃过头，多吃了二万多斤，吃了祥大王的。〔19〕60 年祥

大王产量低，吃九折，八几折，吃不到文三的粮食。〔19〕60 年草包都交公社，算不清账，两片互相怀疑。

分队原因，群众对平均主义意见很少，主要是因互相怀疑，谁的干部帮谁，一个村很团结，两个村不团结。文三多姓赵，祥大王都姓来。群众讲话都讲伢、唔那（我们、你们）。

小队之间本来也有意见。〔19〕60 年包产到队，多产多吃，大家都很满意。包产分四级，834 斤，826 斤，814 斤，802 斤。分级标准：土质好坏，戽水积肥便利。这些条件差别不大。

长河一队，402 户，2100 多人，水稻 1800 亩，沙地 470 亩，分五片，16 个小队，每队 20～31 户，平均 25 户。高级社（〔19〕58 年）时两个社，〔19〕56 年由五个小社合并成两个高级社。一个产稻区，一个半产稻半棉麻。合并后沙地片同水稻区互有意见，年年包产时吵得很凶。群众讨论勿好，只能队委会来决定。

现在初步意见，沙地一个队，水稻区一个队，基本上是过去的两个队。分开后包工包产好处理，群众意见可以少一点。稻区说我们种的稻给棉麻区吃，种棉麻的说我们收的钞票给水稻区用。沙地有两个自然村，水稻区有三个自然村。

现在有几种意见：（1）不分；（2）分两社，沙地一个，水稻区一个；（3）按自然村分五个队。沙地区两个队时每个工分（〔19〕56 年）一角六分二，一角八分二，合成一个高级社后降为（〔19〕58 年）一角一分（加上一个水稻区），并成生产大队后又降为（〔19〕59 年）七分，去年（〔19〕60 年）只有三分九（供给不在内）。过去整劳动力每年多的约 3400 分，现在每年多的 6000 分。分值低的原因：①劳动时间长，工效低（常做日夜工）；②瞎指挥，劳动多，收入少；③“大炮分”，一天评十几分。

长一队去年倒挂户占 98%，但大队并不亏，原因账目弄不清，公共积累大，究竟收入多少不知道，工分是毛估的。公社化三年年年没有清账，现在还没有解决。给公社的公积金未交，还补助它四千多元（电费）。

和平大队，因生产好坏不同分队。

文三大队，因干部不团结分队。

山河四队，两个原因都有。

汤家桥包产，早稻 527 斤（同去年），晚稻 460 斤（去年 440 斤）。公社化前三等六级，现在一等一级，一样包产。

要完成包产，要有吊头肥（化肥），要扣了 6% 的烟田（去年 10%，原说扣，后来不扣）。

推广改良农具：去年推广插秧机 48 部，每部 90 多元，花了 4500 多元，结果不省劳动力，插得不好，减产，今年放着都不愿用。

去年买了三部电动脱粒机，每部 1700 元，共 5100 元，结果不能用，今年退回去。有一小队因等脱粒机（装了十几天），烂掉了 3000 斤稻谷，以致完不成包产任务。

政府给公社三十五部电犁，还了十七部，还剩十八部，现在正在用的三部。每天只能耕三四亩，抵一条牛，还要四个人搬机器。

汤家大队 315 户，其中五保户 4 户，长期困难户 12 户，合占 5%。

去年收入 23 万元，除农业税和成本 9 万元，余 14 万元，粮食供给 4 万元，公积 1 万，手工业工资 2.5 万元，工分分配 6.5 万元。

干部座谈会

汤先荣（汤家桥大队支书）　〔19〕56、〔19〕57 年按劳取酬，那时做活要排队，争着干，劳动力有多余。那时五保户照顾。〔19〕58 年上半年按劳取酬，公社成立时（10 月 1 日）社员情绪也很高。〔19〕59 年平整土地，工分越评越多，分值越来越少，社员干劲低落。〔19〕58 年不到 80 万分，〔19〕59 年 126 万分，〔19〕60 年 182 万分。分值每〔工〕分〔19〕58 年 6 分〔钱〕，〔19〕59 年 4.1 分〔钱〕，〔19〕60 年 3.9 分〔钱〕。〔19〕58 年包半年粮食。〔19〕59 年包粮食 9 个月，买 3 个月。〔19〕60 年包粮食 11 个月，买 1 个月粮食。供给占的比例，〔19〕59 年 35%，〔19〕60 年 30%。社队财务工分多，原因有农具厂、畜牧场、卫生院、幼儿园、托儿所、理发室、小学教员等，连社干部共 60 多人。单位多，管不牢，偷懒，社员有意见。其次是供给制，分值小。生产队长、小队长都要参加劳动，但附属单位多了。

韩全奎（江三大队支书）　江三大队（沙地〔区〕）〔一九〕五六、〔一九〕五七年按底分做工，做满底分就让别人做，原因人多活少。〔19〕57 年每工分一角八分；〔19〕58年除6个月供给外每工分一角二分；〔19〕59年供给35%，每工分一角（0.99毛）；〔19〕60年一角（1.1毛），供给30%。财务工分58年占7%，〔19〕59年〔占〕9%，〔19〕60年〔占〕14%。

〔19〕58年交棉花不算账，不评级。全公社平均分配，沙地区有意见。〔19〕57年每人可得二百多元，〔19〕58年除供给外只得60多元。上级规定90%户收入不能少于上年，有些〔19〕57年多做，〔19〕58年少做的户给予补贴，社员意见很多。〔19〕59年粮食供给，劳动力多的社员有意见。〔19〕59年造洋房，花钱多，社员也有意见。〔19〕60年群众情绪较好，原因供给从35%减为30%，社员分得较多，因此社员满意（五保户8户，困难户14户。男每年工作280～290天，每天〔工分〕9分；女240～250天，每天〔工分〕7分）。积累（〔19〕59年）原定12%，决算改为12.2%，30%供给粮食11个月。〔19〕60年积累又降为8%。〔19〕59年10分劳动力每年做2200分，〔19〕60年做2700分，所以分值增加不多，实际收入增加很多。〔19〕59年分〔配〕15.5万元，〔19〕60年分17.1万元，外加部分柴草。年终决算〔19〕59年分3.7万元，〔19〕60年分9.9万元。因此社员积极性大大提高。现在沙地做工又要排队了。口粮定量每人430斤，可以达到440斤以上。

劳动力增加，学生100多人（原有400多人），国家劳动力68人，劳动力已有多余，要排队。现在早晨五点钟就下地，怕抢不到活。

按劳计酬，群众对30%供给大多没有意见，少数主张照顾困难户。

陈士林（山一大队支书）　（水稻区），赞成三七开的70%，赞成照顾五保户、困难户的占30%。（赞成40%，中间30%，不赞成30%。）照顾办法对调动积极性有利。

〔19〕58年以后劳动积极性的确不高。〔19〕58年供〔给〕半年，〔19〕59年半年，〔19〕60年只5个月。供给少的原因是收入比汤桥少。过去工分不值钱，大家要钱不要工分，现在工分值钱，采茶叶不要钱要工分。过去强弱劳动一样记分，现在要求按件计酬。过去你等我，我等你，谁也不肯早做活，现在抢先做活，不肯等了。过去拣轻工做，现在抢重工做（〔工〕分多）。

包产问题

〔19〕58、〔19〕59年包产〔指标〕都要修改，反正要改，所以包高一

点。今年包产 875 斤，包干 833 斤。去年 868 斤（未扣烟田）。早稻包 495 斤，晚稻 460 斤。去年早稻收 505 斤，晚稻收 447 斤。三定时定了 839 斤，现在土地减少，亩数还是照旧。去年留 7 万斤饲料，人吃了一半，今年只留了 2 万斤。

〔19〕57 年地分三等六级，〔19〕58 年后并成大块，分等级是“条件论”，所以不分级了。

（江山大队）〔19〕58 年棉花包产 320 斤，实际 224 斤。〔19〕59 年包产 370 斤，实收 270 斤。〔19〕60 年包 380 斤，实收 308 斤。〔19〕61 年第一次包 320 斤，〔第〕二次 315 斤，〔第〕三次土地分级（三等七级），根据三年常产，包产 292 斤 4 两。学习“六十条”后，要实事求是，有产可超，包得更加细致，包产最高 320 斤，最少 272 斤，平均还是 292.4 斤。过去包产队与队干部争，社员不知道，现在社员讨论。除包产不同外，成本不同，工分不同，都按实际情况（地段远近）分别规定，都要争论，从去年十一月起争到〔今年〕四月二十二日才定案。一次包定，全年不变。前后包了六次，讨论无数次，社员代表开了七次〔会〕。

黄麻〔19〕58 年包产 657 斤，实产 540 斤；〔19〕59 年包产 671 斤，实收 495 斤；〔19〕60 年包产 684 斤，实收 680 斤。（群众说要想超产，头颈伸得竹竿长。）〔19〕61 年按三年常产（624 斤）包产 626.4 斤。

（汤家桥）几个小队土地差不多，评起来吵吵闹闹，评不好，所以一样包产。春天的包产，没有一年完成。收割后按实收量平均数修改包产量。（包产时问群众，群众说，说包产高，就是“思想不通”，说刚刚好“要吃苦头”。）超过的得超产奖。（超产部分 15% 给大队，35% 给小队，50% 给社员。）完不成包产任务的赔 40%。（政策规定奖 6 赔 4。）小队的 35% 是〔用〕作出远工的社员等的补贴。社员要求全奖全赔，但这样队与队之间的矛盾很大。

工业情况

长河农业机械厂，175 人，金工车间 8 台车床，1 台镗床，2 台刨床，1 台钻床，1 台冲床……共 17 台机。

闻一农具修配厂，145 人，5 台机床。

红炉，长河 10 只，闻一 13 只，全公社有 26 只。

农具站两个，西兴两只红炉，45 人。

浦一，41 人，一只红炉。

有四吨小钢轨，是协作来的，不能用。

机车现都空着，缺生铁、焦炭，有了也只能为工业服务，不能为农业服务。机器不能做，就〔是〕修理也不行，小农具用不着，偶然做些零件。

红炉车间忙不过来，再三四月可能满足需要，问题是质量不好，规格太少。过去农具上打印子，现在不打，以后还要打印，以便检查。

全社锻工 100 人，木工 107 人，竹工 102 人。

机械厂车床不需要这样多，〔应该〕有二三十人做农机修理工作，有几个好的锻工、木工。

红炉分散管理好，便利群众。白铁、自行车修理另立单位。单位小，领导可以参加生产，一面生产，一面安排。可以同群众直接见面，适合群众要求。①容易管理；②便利群众，适合需要。

农械厂去年以来月月亏本，原因：①脱产人员多，费用增加（以前没有脱产人员）；②原料不够，采购人员很多，仍然解决不了；③机床折旧，车间庞大，机器增多，折旧；④人多活少；⑤燃料质量差，消耗大，过去一斤铁一斤煤，现在两三斤；⑥成本高了，农具售价未变（铁器同〔19〕57 年）。农业机械厂每月亏一千余元。农具站不亏本。

过去制农具亏本，做家具赚钱贴补。今年多做农具，分配给市场的材料也做农具，因此亏本。

化肥厂也亏本。原因用氨水做氯化氨，还不如直接用氨水肥效高。现在氨水买不到，完全停工。制成氯化氨成本贵，质量差，好处是可以久藏。做农药六六粉，缺乏本〔?〕。

食品厂、纺织厂、电木厂赚钱，〔补〕贴以上两厂。电木厂都是为工业加工。纺织厂赚钱最多。

全公社需要农具 32 万件，已制成 26 万件，还缺 6 万件。再过 4 月可以解决，每月能制 14〔万〕～15 万件。所需钢材由农机厅供给，可以满足。木材不够，用市场木材贴补。煤炭不够。钢材规格太大，要小圆钢。木器缺得不多，竹器很缺。毛竹供应不够，供应计划完不成。

抽水机、打稻机够了。电动机大的够了，小的（打稻机用）不够。

过去还制造一些小农具，去年 1 月至 7 月技术革新，停止制造小农具。

八月以后开始做一点，今年才大制小农具。去年贪大贪洋，吃了亏。今年制造小农具数量之多，“从古以来没有”。去年农民不买小农具（怕集中），连过去的库存也卖不出。“十二条”[①] 后积极性提高，对小农具的需要大大增加。

群众手工业制草包，每个用草三斤多，可卖六七角钱。水稻区手工业收入很大，汤家桥大队全部收入 23 万元中，手工业占 12 万元。购买稻草每斤六七分钱，同稻谷价差不多。柴草每斤 6.5 分。

农业生产

水稻单产〔19〕49 年 275 斤，〔19〕53 年 458 斤，〔19〕55 年（初级社）523 斤，〔19〕57 年（高级社）580 斤，〔19〕58 年 705 斤，〔19〕59 年 711 斤，〔19〕60 年 853 斤。

增产原因：(1) 双季稻扩大，〔19〕54 年以前无双季稻，〔19〕54 年试种，〔19〕56 年到 5 千多亩，〔19〕58 年 8 千多亩，〔19〕60 年 2.35 万亩。〔1960 年〕多了一些，劳动力和季节安排有矛盾。〔19〕61 年准备 2.1 万亩。

(2) 水利建设，土地平整，渠道灌溉，机电灌溉。80% 以上面积机灌。像〔19〕54 年那样的大水灾，现在还抵不住。

(3) 改良品种，〔19〕55 年后开始，推广良种，并掌握了耕作技术。共推广了八种良种。早稻、晚稻也有几种良种。棉花改岱字棉。1957 年前还种部分本〔地〕棉，1958 年全种洋棉。

(4) 肥料，根据品种特性施肥，少量多次施肥。春花田打足底肥。国家供应化肥，〔19〕52 年 1 万 1〔千〕斤，〔19〕58 年 5 万 3 千多斤。〔19〕60 年 1 万担〔?〕(包括棉麻地区)。每亩施土杂肥 200 多担。去年报的肥料有虚假，今年实际施肥数不会比去年少。(今年春花多，绿肥减少，猪肥也减少了。) 今年施肥以河泥、青草为主。绿肥比去年减少 12%。猪从去年春

---

① 1960 年 11 月 3 日，中共中央发出《关于农村人民公社当前政策问题的紧急指示信》，作出以解决两个“平均主义”（队与队之间的平均主义、社员与社员之间的平均主义）为主要内容的十二条重要政策规定，简称“十二条”。同年 12 月 24 日，中共中央在北京召开工作会议，在“十二条”紧急指示的基础上，又确定了农村工作的若干具体政策（《中华人民共和国国民经济和社会发展计划大事辑要 1949—1985》，第 158、161 页）。

的 9000 多头减为 5000 多头。

（5）适时播种，合理密植。今年一般是 5×3 和 5×4，群众愿意接受。（搞过 2×2 试验田，失败）。

（6）防止虫害，油虫、红蜘蛛，过去群众不愿用 666、DDT，〔19〕58 年秋才大量采用，现在群众欢迎。国家农药供应不足，自己搞土农药（石灰硫磺合剂），杀红蜘蛛有效。

棉花产量：〔19〕57 年 196 斤，〔19〕58 年 262 斤，〔19〕59 年 288 斤，〔19〕60 年 300 斤（籽棉）。

黄麻：〔19〕57 年 513 斤，〔19〕58 年 554 斤，〔19〕59 年 566 斤，〔19〕60 年 698 斤。都是年年增加。麻增产的关键是防病虫害和合理密植。

棉花用营养钵育苗，铃壳薄，开花齐，质量好，产量高。（制钵时间，去年 15 天，今年 6 天。）

猪减少原因：（1）对私养公养处理不当，〔19〕58 年把私养猪调进牧场，群众过年吃不到猪肉；（2）私养猪的饲料靠自留地，自留地取消后，糠又首先供给公养；（3）上调任务不落实，群众怕都被国家收购，吃不到肉；（4）社员不准养母猪，小猪又未充分供给。

去冬杀猪原因：①缺乏饲料；②取消批准制度，公私猪都争着杀。现在规定，养两只小猪上调一只，供给饲料柴草，算工分。特别是分了自留地，群众可以养猪。养小猪的增加了。

〔19〕58 年底 7806 只，公 835 只，私 6971 只

〔19〕59 年底 9920 只，公 3801 只，私 6119 只

〔19〕60 年底 11737 只，公 9029 只，私 2708 只

〔19〕61 年 3 月 5390 只，公 4383 只，私 1087 只

历年春节期间要减少一点，去年同时期 7260 只，今年比去年还少。今年一月份开始减少，最快是在春节以前。原因：去年大办畜牧时集中过多，到去年“十二条”下达后，贯彻私养为主，把公养猪分给小队和社员，社员没有饲料准备，纷纷杀掉。王家片五个小队 58 只猪分给小队，两天杀了 54 只。因为小队没有饲料。分给社员也是杀掉。江三六小队分给社员 24 只猪，春节前杀了 20 只。发给 200 斤柴草，20 斤饲料，被社员自己吃用了。江三二小队七只母猪无饲料，吃棉铃壳，死了六只，剩下一只杀了。母猪去

年下半年有 3000 多〔只〕，现在只有 1537 只。现在小猪很缺，留下一胎的小猪也订掉了。

鸡比猪减得更多，自由市场开放后，把公鸡都卖掉了。现在鸡蛋都孵不出小鸡。一只小鸡一元六角。

领导生产上的问题

学习“十二条”“六十条”后，群众有许多批评。说过去领导生产是压任务，扣时间。为着完成任务，不顾质量，影响产量。在季节问题上，春播越早越好，二月底就下谷种，播一批，烂一批（烂掉 2 万多斤）。小队干部很为难，不听指挥要受批评，听了〔指挥〕生产受损失，群众要骂。越“先进”（听话）越吃亏。密植规格，不从实际出发，不同群众商量，浪费种子还减产，特别是试验田。山河一队是卫星农场，麦播〔每亩种子〕40、50、60 斤，怕倒伏，打竹椿用绳拦，产量还不如一般田。

“十二条”下来后，长二队长说“五风不要，还要三风”，有抵触情绪。有的干部过去不接受指挥受批评，现在又因接受指挥受群众批评，有情绪。

三包问题：过去群众不管三包，包高也好，包低也好，反正收割后要调整（以实产作包产），他们关心的是工分。“十二条”下来后宣布一次包定，包法：（1）根据过去“三包”时定额；（2）根据过去三年平均产量；（3）根据去年产量略低一点；（4）根据土质分级包产。汤家桥大队不按等级包产，原因干部自满，靠副业收入，收益大。群众对不分级有意见。

黄麻与棉花收入相差不大，但麻收得早，还可以种一季萝卜，所以群众愿多种麻，少种棉。麻面积与去年同，棉花减 2000 亩，烟叶增 900 亩，此外多种一些蔬菜。

种烟问题，去年提倡收秋烟，结果秋烟没有收到，少种一季晚稻，群众意见很大。过去群众种（晒）土烟，现在要种烤烟，用煤烤，成本大，收入少。没有土烟，纸烟供应不够，也有意见。

去年规定：超产粮 15% 归大队，35% 归小队，50% 分给社员。（今年也是如此。）去年大队小队得的部分支援灾区，超产自留部分完全分给社员，减产队贴〔补〕的 50% 靠大队积蓄解决。

今年比例不变，分给社员部分，80% 按工分分配，20% 按土肥分配。

养蚕以前蚕种 12 张，去年发了 24 张，结果倒掉一半，比 12 张还少。

杭州十条

对农村工作中若干关键问题：

（1）食堂问题，作为制度根本不要规定，粮食发到户，群众不满意的食堂很快要解散，愿意办的帮他办好。

（2）供给制问题，×××愈少愈好，少到没有更好。五保户、困难户要照顾。

（3）山林分级管理问题，在“六十条”中没有规定，究〔竟〕由哪一级管要研究。

（4）给农民留一定数量的柴山作为自留山。

（5）三包一奖问题。

（6）耕牛和大农具归大队所有好，还是归生产队所有好。

（7）一二类社队全面整风和坚决退赔问题。

（8）恢复手工业问题。

（9）恢复供销社问题。

（10）粮食问题。

嘉兴产得多，购得多，还有什么积极性？

这些问题进行重点调查，花十天到十五天时间，省委第一书记下农村，向群众寻求真理，以便五月会议①比较彻底完成任务。

手工业问题

临浦镇有7200多人，交通方便，解放前米行、木材行、运输行多，服务性行业也发达。工业很少，只有一个锅子厂。1957年有14个手工业合作社，社员657人。现在有13个公社工厂，3个手工业合作工厂，合计688人。此外还有4个地方国营工厂（农具、锅子、粮加工、酿酒），4个街办工厂，产品400多种。

手工业与农民关系密切，有一个26户生产队，去〔年〕今年普遍买的

① 五月会议，指1961年5月下旬至6月中旬在北京召开的中共中央工作会议。会议对经过试行的农业六十条进行了修改（《中华人民共和国国民经济和社会发展计划大事辑要1949—1985》，第171页）。

农具有 22 种，其中手工业生产的 19 种，如铁耙、锄头等。工业生产的三种，打稻机、喷雾器、喷粉器。生活需要的 37 种，手工业占 35 种（竹器、铁器、木器），工业品〔2 种〕（热水瓶、套鞋）。

几年来手工业产品产量增加，但品种减少，增加的产品有些是群众不需要的，如插秧机等，但农民常用〔的〕农具大大减少，原有 516 种，现在只生产 21 种。农民说你们办农具厂，说是支援农业，实际是"帮倒忙"。不但品种减少，而且质量下降。铁器刀口狭，不匀，未打透。木器料湿，易裂缝，料薄，不牢固。竹器竹青、竹黄混用。今年比去年稍好，比 1957 年差得多。农具不因地制宜适合农民需要，都是闭门造车，规格统一，不同消费者见面。因此供销部农具积压，农民仍买不到需要的农具。产品成本增加，工厂亏本（农具厂）。

原因：（1）所有制形式变得太多，不尊重集体所有制，群众说"三年六变"。"三次搬家等于一次火烧"。群众要求至少三年不变。每变一次，生产受到一次损失，群众情绪波动。园木合作社三年变了五次，合作社、合作工厂并入地方国营工厂，〔19〕59 年划出成立合作社，〔19〕60 年又变为公社工厂。本来还要变地方国营，未变成。并进去，全部归公，分出来，白手起家。地方国营工厂、公社都可以把合作社的劳动力（老师傅）、生产工具随便调走，职工说："现在三权全无，有心无劲。"

（2）在并拆过程中行业集中过多，规模过大。把许多互不相关的行业集在一起，撤销了许多门市部和修理店。有个五金厂由 15 个行业合成，群众很不方便。农具厂把全镇的铁木作都并掉了。县调公社的农具厂，公社调生产队的铁木作，又成立一农具厂，所以农民说"帮倒忙"。办了农具厂农民反而买不到农具了。工厂把老工匠关在车间不让群众见面，农民要去找原来的工匠，要经七八次手续。

（3）分配问题。企业利润上交多，留成太少。工资制度平均主义，许多老工匠收入减少。利润分配在合作社时，60% 合作社留作扩大再生产，20% 福利，20% 上交。现在上交 80% 给公社，企业自留 20%。过去年终分红，还有月奖季奖，现在一毛不拔。工人情绪低落。过去工人关心企业，现在漠不关心。工资等级平均主义，过去有计件工资，分成工资，现在都改计时工资，大家出工不出力。工资级差太小，每差一级只差一角。有的老师傅还不如学徒。六七十岁的老工人每月拿二十几元工资，不如他们教的学徒。工资制度混乱。

（4）企业管理问题。①生产管理上乱指挥，是普遍现象，去年最严重。农具厂一天只能制 20 台插秧机，县给任务每天 100 台，材料“自力更生”，一天五次电话。厂里只能累进计算（加前几天的产量加起来作为本日产量），否则戴白帽子。工人对此意见最多。②不计成本，不讲经济核算，群众说：“吃官饭，打官话，官鼓破了官家补。”农具厂木材不够，厂里用大木材烧饭烤火，去年至少烧了五十万斤。竹殼厂停工待料，但用毛竹烧饭，大约烧了 20%。③削弱民主管理制度，合作社时民主管理〔有〕一套制度，改为公社工厂后都丢掉了，工厂的一套制度又未建立起来。

（5）历史上的供销关系割断了。个体户时可以自产自销，合作社时有供销社、上级联社、农民订购、来料加工四方面供应材料，现在互相封锁，“外水勿进，里水勿出”，变成一池死水。产品销售也是如此，过去有自产自销、加工订货、国家调拨、各地互相供应，现在互相封锁，不准出县，甚至不出公社。管理体制，考虑建立上下系统，避免公社管的局限性，但离开公社，困难很多，不好解决。

～　～　～　～　～　～　～　～

白纸每吨 960 元，黑纸 1360 元

粗碗 5～7 分一个，细碗 2.56 元

～　～　～　～　～　～　～　～

萧山县耿书记汇报

4 月 10 日各公社书记集中训练，接着向群众宣传“六十条”，总结“十二条”贯彻情况。现在看来有以下问题：

（1）大队小队规模问题。原有 451 个大队，现在调整为 635 个，还可能有变化。1451〔个〕小队，改为生产队，小队五千多个，每个 20 多户。划小以后有些落后队改变面貌。现在棉麻区动手晚了一点，水稻区较早。

（2）三包落实，调整包产，先把春花落实。已有 400 多个大队落实了，还有 100 多个未完全落实。包产粮食 2.8 亿斤，大体上相当于三年平均产量。早稻面积建议 21 万亩，包产 23 万亩，超过 2 万亩。棉花、麻因奖励粮

食，群众乐意，也可以达到计划面积。棉麻区国家供应粮食原来够吃，但因“先吃自己，后吃国家”，实际上他们种春花不种水稻，秋收时是缺粮时期，很困难。奖励粮食可吃一个月，这样就可渡过困难。今年春花好，包产落实，粮食供应 430 斤可以较好〔落实〕。

（3）劳动计酬问题。这是群众迫切要求的问题。过去工分不值钱，瞎指挥时定额管理无法执行，不停止瞎指挥无法评工计分。现在实行小段计划，定额管理，评工记分，责任制。

（4）树立正指挥，克服瞎指挥。现在大家正在讨论食堂问题，供给、工资比例问题。落后队从检查生产做起，重点是检查“十二条”〔贯彻情况〕，在这基础上来宣传“六十条”。如退赔问题，自留地问题，干部贪污和违法乱纪问题。落后队现有三种情况，一种是基本上改变了，一种是部分改变，一种是基本上未改变，后者牵涉到夺取领导权的问题。只要抓到主要毛病，改造并不困难。要揭开盖子，动员群众检举干部的违法乱纪行为，诉苦，这样才能解决问题。必须领导干部亲自调查，摸清情况。群众说我们只有劳动义务，没有权利，连吃饭权也没有，干部扣饭篮，不给饭吃，群众最害怕。现在群众说，好起来了，不打骂了，不扣饭篮了。由于干部扣饭篮，群众对食堂有反感，说没有食堂不会吃这苦头（凡是落后队都有干部违法乱纪问题）。

化肥比〔19〕59 年减一半多，麻每亩〔化肥〕从 40 斤减为 20 斤，棉从 25 斤减为 10 斤。去年计划与〔19〕59 年同，实际没有拿够。

孟书记：贯彻“六十条”20 多天，对群众生产有很大的推动，群众精神面貌〔有〕很大改变。先训练干部，向群众普遍宣传。书记分片下去试点，点面结合。普遍宣传，安定人心，推动生产。点根据群众要求，一个个解决问题。现在点都解决了一些群众迫切要求的问题。调查研究开始注意，还未成“风”。现在是大好形势，春耕生产做得比较踏实，群众对“六十条”未提出任何反对意见，原因〔是〕群众只讨论自己关心的几条，其他条文不管。今年估计粮食生产可以希望大丰收，超过任何一年。过去瞎指挥造成劳动浪费，今年〔有〕很大解决。自留地生产比任何一年好是肯定了，〔自留地〕分得较早，见缝插针〔做得〕也好，估计每户可得 100 ~ 150 斤粮食，起码一个月的口粮。今年口粮稍低，有杂粮、瓜菜补充可以比去年好。春花增产已有把握，可比去年增一成。（占全年的 25% ~ 30%。）水稻面积扩大，复种提高。棉麻面积比去年减少，可能比去年稍减。

今年有一批生产队劳动体力下降，肥料比去年少，生产队变动，不会正指挥，这是今年的不利条件。少数落后队困难更多，无粮食，无资金，无肥料，县里正给以帮助。

①评工记分；②三包一奖；③供给制；④社队规模；⑤食堂；⑥落后队处理干部；⑦分级分权（七权），反对瞎指挥；⑧家庭副业。这是群众最关心的八个问题。其中④⑥是部分队的要求。难解决的是食堂、供给制、干部问题，原因在干部思想。实际〔上〕解决这些问题比评工计分、三包一奖还容易。困难在干部思想不通，怕整风，和干部本身有问题，有贪污或沾小便宜现象〔有关〕。干部有错误或严重个人主义的约占13%。30%几怕方向不对，怕不好领导。50%以上干部能贯彻“六十条”。没有发动群众，没有受到群众教育，也是思想不通原因。解决思想问题办法：（1）认真学习，同群众一起讨论；（2）总结经验，用事实教育他们；（3）坚决贯彻群众路线，接受群众意见。

养猪问题：①自留地；②粮食到户；③水面处理。群众对食堂管粮食不放心，要求粮食到户。春耕期间解决政策问题，夏收以后建立组织，冬季讨论“四十条”①，如何保证农业持续跃进。

水稻地区意见：（1）粮价太低，每工分〔值〕三分二；（2）待遇不公，麻棉区给洋化肥，水稻区给了很少一点土化肥，花了钱无肥效。

嘉兴县情况

全县12万户，农户9万余户，人口49.6万多人，农业人口34.7万人，劳动力16万人（不折）。生产大队299个，10个公社，准备划为29个〔公社〕。每大队平均1100多人，2990个生产队，每人土地2.9亩，每劳动力6.3亩。农业劳动力8.14亩。农业每人生产粮食1138斤（〔19〕60年）、1482斤（〔19〕59年），每农业劳动力〔生产〕2480斤（〔19〕60年）、

① 1956年1月23日，中共中央政治局提出《一九五六年到一九六七年全国农业发展纲要》（草案）（简称“农业四十条”）。1960年4月10日，第二届全国人大二次会议通过并正式公布了这个《纲要》（《中华人民共和国国民经济和社会发展计划大事辑要1949—1985》，第81、149页）。

3559斤（〔19〕59年）。耕地面积（粮食）100万亩，其中水田81万亩，旱地19万亩。桑地5.2万亩。水面大约30万亩。负担国家任务2亿8571万斤。粮食的总产量，〔19〕60年85万亩，单产453斤，〔产量〕3亿8645万斤。〔19〕59年82万亩，单产601斤，〔产量〕4亿9494万斤。〔19〕58年90万亩，单产542斤，产量4亿9070万斤。

养蚕，〔19〕60年发蚕种11.2万〔张〕，单产21.6斤，总产24400担。〔19〕59年〔蚕〕种11.3万〔张〕，单产19.4斤，总产22145担。〔19〕58年〔蚕〕种10万张，总产21880担。以上都是国家收购额。

养鱼，（上市量）〔19〕60年66000多担，〔19〕59年65000多担，〔19〕58年65000多担。农民自己吃的不在内。

猪，〔19〕61年2月60150头，〔19〕60年底92840头。羊〔19〕60年底65000头，〔1961年〕春节后50000多头。〔19〕59年猪194000多头（二个县）。最多时22万头。过去嘉兴不养猪，〔19〕55年才开始。

抽水机8000多马力，大多是老的，能用的不到80%，耗油大，效率低。插秧机去年推广了一万三千台，不能用，现已收回。有70%土地确保灌溉。

分配情况：成本占34.65%，税收19.29%，管理费1.6%。成本大的原因，浪费种子，买土化肥，买改良农具。农业税多〔是〕因土地多，累进征收。种子〔每亩〕早稻49.5斤，晚稻25斤。去年插秧机1.3万台，〔每台〕54元，拔秧机2.5万〔台〕，〔每台〕3.5元，耘田器、简单蚕匾2万多元，都是无效开支。大镰刀10万把。今年退回农具260万元。土化肥和农药补贴（20%～30%）就24万元，效果不大，还不包括公社生产的，不少于国家供应数。

〔19〕60年分配给社员的〔占〕43.99%，〔其中〕按劳分配72.5%，供给27.5%，每人收入54.2元。公积〔金占〕2.81%。贯彻“十二条”“六十条”后，群众揭发了瞎指挥等问题。解决问题：

（1）规模问题，过去一个社9570户，原有18个乡并成10个公社，最大的15000多户，5万多人，17万多亩。负担5000万斤任务（原6200万〔斤〕），每人1000斤（全县平均800多斤），口粮480斤（今年420斤），大体上2/3给国家，1/3自己吃。〔19〕61年包产5亿斤，每人平均1439斤，任务2.8亿斤，占59.7%，每人平均814斤。种子2500万斤，口粮1.7

亿斤，约占30%，每人平均420斤。〔19〕60年实际口粮370斤（不包括自留地），占32.9%。准备划为29个公社，296个生产大队，每队平均324户，最大746户。过去把好中差并在一起，叫“三位一体，抽肥补瘦”。现有100个大队要划为237队，总数4330个。74个队是两个以上高级社并成。调整后每社3400多户，大队221户，每个小队平均约30户（原43户）。社员要求分队迫切，有一小队三天不出工，划队后穷富队都积极生产。有一小队支书光讨论，不解决，有一天不去，群众自己划好了。

（2）三包落实问题，过去三包偏高，三包三包，一年三（次）包，年年不保，“春天三包，秋季实报实销”。三包看得到，吃不到，像水老鸟捉鱼一样。现在2/3落实了，1/3没有落实。包产比〔19〕60年实产高，比〔19〕58、〔19〕59年实产低，春花比〔19〕60年低。群众要求政策定了不变，包产包定。

（3）一平二调赔退，退还自留地，赔退单〔是〕县就279万多元，已退239万多元，还有一部分赔退农具未发完。公社〔赔退〕157万，已退141万元，未退部分尚未查清。县赔退主要是推销农具，劳力协作。大队、小队、社员之间的赔退尚不彻底。

自留地过去三收三放，“三气周瑜”，已划给4.7万多亩（按5%应划5万亩），平均每户半亩至一亩。群众谈“十二条定了心，六十条扎了根”，“十二条很好，六十条更好”。对自留地供应杂粮种子每户大约三斤，今年每户可收粮食200斤以上。

下放劳动力第一批3.5万人，第二批9000多人。第二批来源是省属企业4900多人，专〔区〕企〔业〕750人，县〔企〕1400人，公社1900人。已经参加农业生产的约四万人。原来农民要向城里跑，现在人心安定，要求调回外出〔的〕劳动力。

（4）纠正瞎指挥，去年减产主要原因是瞎指挥。主要有：①改制太多，多种不能多收，计划种早稻80多万亩，每人连种加收8亩多，有5.4万亩早稻季节拖迟，不能种晚稻，结果减产。要求各公社都种双季早稻75%，有些公社地多人少，做不到。②违反农业生长规律，早稻早种，天冷，烂了三批。后来蒸气（加温）育秧，温度30°，烧五天，拿出温室就死了。有个小队每亩早稻成本80元。把柏树都砍光了，还有烧水车的。早稻插到六月初，七月初就收割，晚插的误了晚稻。③推广新式农具，如插秧机等，无效成本。群众不同意瞎指挥，就“两条道路斗争”。群众说瞎指挥还不如瞎子，瞎子还知道问路，你们自己不懂又不问人家。“七十二变，像孙悟空”。有一天开了三次电话会议，队长把小队长每天晚饭后集合开电话会议。大队长在电话室睡觉，等电话会议后布置工作，不开自己布置就晚了。

今年春花面积比去年扩大12万亩，实际数还不止此数（去年37万亩）。去年育秧前后45天，今年只育七天，基本没有烂秧。春花可比去年增产21%，干部作风有很大转变，大队干部70%～80%参加劳动。过去“戴了石臼唱戏，吃力不讨好”。现在好了。“千斤担，大家挑”，干部有职有权，群众当家作主，生产笃定笃定。

去年1～4月死亡4500人，其中非正常1600人。群众逃荒，生产力破坏很大。今年粮食低标准，体力下降，浮肿病累计达4万人，现剩一千多人。三月份发“大头疯”，因多吃了紫云英。每人原粮12两[①]，四月份增至14两，五月份只有13两。三月份有劳动补贴粮，四月份没有了。比上年好的是没有断粮。群众要求一斤原粮。有些队只11～12两，原因留种不足，把一部分口粮作种子。其次是超吃，偷窃，入仓量账目不清。缺柴草，食堂半数以上停伙。群众把水车、蚕匾当柴烧，现在无法解决。

食堂要不要办？大多主张办农忙食堂，或办一餐中饭，有辅助劳动力的自己烧。我们愿参加就参加，不愿就退出。停伙食堂约占三分之二，主要因缺柴草。只要有柴草，多数食堂还可恢复。

群众对“六十条”能否兑现还半信半疑，看五月插早稻是否瞎指挥，看六月春花能否按包产分配。干部觉得差不多了，有麻痹思想，或对生产跃进缺乏信心。

东栅公社雀幕桥大队

原来三个高级社合成，现已分成两个。新雀幕桥大队494户，整、半劳动力773人，占44%。因血吸虫、血丝虫病，六十〔岁〕以上的人很少。五十〔岁〕以上的劳动者也不多。双季稻插秧时水温高达40°。现在大肚

① 旧制，16两为一斤。

〔病〕不能劳动的还有2万人。

自留地过去有，群众怕顶口粮，不愿种。现在种自留地热情高，见缝插针。〔19〕58年起电力灌溉，每亩比牛灌节约6个劳动力，比人灌节约10个劳动〔力〕。原有拖拉机耕地，贯彻“六十条”后，群众不要拖拉机，说成本高。打稻机受群众欢迎，插秧机不能用，木料泡水后在变样。一个人可插七八分，用插秧机只插三四分。耕两遍，拖拉机要一元八九毛，国家还赔钱，不如牛耕。因有机灌，自然灾害不大。去年也没有什么自然灾害，减产是因瞎指挥。

在讨论“六十条”中，大家对包产很有兴趣，说真叫群众当家作主。开始大队提出每亩800斤，小队说不切合实际，第二次提出565斤，交群众讨论，群众说还不行。又用前三年平均产量作参考。三年中〔19〕59年很好，其次是〔19〕58年，〔19〕60年最差。最后全大队平均543斤，高于〔19〕60年，低于〔19〕58、〔19〕59年。先由各小队提出，再由大队平衡调整，有几队略增，有几队略减。最高最低相差105斤。群众认为今年可以超产，平均每人约可超产100斤，每亩超产30多斤。

群众说过去晚上打夜工，白天磨洋工，实际夜工做不了多少活。（今年春花不大好，小麦估产100～120斤，蚕豆约100斤，但仍略高于包产额。）现在大家热情很高，出工齐，大家抢重活做。

超产如何分配？群众担心多产多购，希望口粮达到480斤后多购。基本口粮370斤，公社宣布超产部分归自己，超过480斤后国家购40%～50%。因为全国未定，省通知县以后不要再讲，亦不否定。如按这个决定，则加上超产部分只能达到480斤上下，国家不能多购。过去每人每年担负900斤，最多的1320斤，劳动强度很高，不让吃到480斤，不大合理。但加上自留地，及其他产品（鸡蛋等）奖励量，实际超过480斤很多。

评工记分，高级社时比较健全，各种活都有劳动定额，每个人有劳动手册，分值也比较高，每劳动日1.20～1.30元。〔19〕58年公社化吃饭不要钱，劳动定额取消，劳动评级，按级记算，多干少干一样。现在又搞劳动定额，恢复过去制度。这对提高积极性有很大作用。有的小队不讨论评工记分，关心的是家庭副业，原因〔是〕过去工分不值钱。现规定超产量按工分分配，超过基本工分部分还多奖粮食，很起作用。干重活有补助粮3～5

两。去年每劳动日连供给〔为〕四毛二，去〔掉〕供给不到三毛，原因〔是〕成本开支太高。男女同样劳动，男八分，女六分。

供给制，干部和社员讨论大多主张取消供给制（去年供给部分不到 30%（29%）），计算几户，相差不大。原因是实行供给制，有些人不积极参加集体劳动。所以最好还是包五保户，补助困难户。按〔19〕61 年收入，半供给只占 18%，包五保户、补助困难户要 7%，93% 可按劳分配。

收入情况：〔19〕58 年 43 万元，〔19〕59 年 44.8 万元，〔19〕60 年 37.6 万元。减产原因：主要是多种了双季稻，〔上级〕要求 75%，实际是 68%。（有 1〔个〕小队 50% 左右，产量就高。）生产费用〔19〕59 年 28%，〔19〕60 年 40% 还多一点。〔19〕59 年扣留 59.4%，分配 40.6%。〔19〕60 年扣留 57.67%，分配 42.33%。公积、公益金是减少的。〔19〕60 年种子多花了〔钱〕，养蚕用青霉素 390 多瓶，配尼西林 80 多瓶，补脑汁、葡萄糖、糯米粉、豆腐浆，原因是多发了蚕种，桑叶不够。这些东西都是省里发下来的。去年发〔蚕〕种 43 张，倒了 15 张。

（全县 6.5 万张蚕种，倒了 1.5 万张。〔19〕58 年 5.4 万张。）

每人平均收入〔19〕58 年 65.48 元，〔19〕59 年 67.26 元，〔19〕60 年 58.97 元。每劳动力〔19〕58 年 157.6 元，〔19〕59 年 157.55 元，〔19〕60 年 150.6 元。家庭副业还有一些收入。

民丰〔队〕收购稻草，每担 1.8 元，派购。自由市场每担 3 元，群众很有意见。

食堂大部分解散了，原因〔是〕没有柴草。

九曲大队

比雀幕桥大队差一点。粮食占总收入 8%，粮食中水稻占 90%，其他收入主要是蚕茧。

征购包产问题，今年包产水稻平均 510 斤，也经三次修订。比三年平均产量 515 斤低 5 斤，比〔19〕60 年多 12.4%。包产比较落实，可以有产可超。〔19〕56 ~〔19〕60 年两丰、两歉、一平。〔19〕56 年 563〔斤〕，〔19〕57 年 435〔斤〕，〔19〕58 年 530〔斤〕，〔19〕59 年 604〔斤〕，〔19〕60 年 459〔斤〕，五年平均 518〔斤〕。今年指标略低于五年平均。〔19〕57

年歉〔收〕主要〔是〕自然灾害，〔19〕60年主要〔是〕人为因素（已有电灌）。“十二条”“六十条”贯彻后已经改变。

今年肥料不如〔19〕58年，猪减少，绿肥亦减。一头猪每年积肥60～70担，可供五亩地用。河泥水草比往年多好几倍。水利条件旱涝双保险。

瞎指挥浪费工占总用工量的35%（全县差不多）。今年粮食任务〔占总产量〕70.2%，口粮平均每人363斤，占〔占总产量〕21.6%，只占基本口粮480斤的75%。

	征购(任务)	占总产量	种子	口粮	每人平均
〔19〕58年	107.8万斤	64.3%	9.1%	26.6%	
〔19〕59年	120.0万斤	65.3%	9.6%(?)	24.5%	
〔19〕60年	97.7万斤	70.3%	8.3%	21.4%	
〔19〕61年	109.5万斤	70.2%	8.2%	21.6%	

大队估计，今年加超产奖还可到400斤，这样只能两天吃一顿干饭。〔19〕58年规定征购94万斤，五年不变，结果第一年就变了。

评工记分，高级社时比较好，有劳动定额和劳动手册，实行小段包工，按件计酬，男女基本相同。有些活死分活评，女比男约低二分。还有长年包干（如炊事员、保育员等）。〔19〕58年10月起废止，〔19〕59年5月恢复了。现在问题是制度不能坚持，去年上半年还好，下半年几天记一次〔工〕，记工员贪污工票，徇私舞弊，不公布工分账。工分年年涨，分值年年降。

〔19〕56年	81.5万工分		分值1.05元	
〔19〕57年	62.4万工分	0.80元		
〔19〕58年	包80.4万工分	(实做)95万	0.39元	0.77(加供给)
〔19〕59年	包105.0万工分	(实做)120万	0.38元	0.595(加供给)
〔19〕60年	包110.8万工分	(实做)122万	0.37元	0.52(加供给)
〔19〕61年	78.7万工分	0.80元	1.07(加供给)	

工分多的原因与雀幕桥大体相同外，还有奖励工分，群众不愿干就提高工分，一天14分至18分，此外还有食堂、托儿所等工分。今年包工打得比

较紧，成本按 20% 计算，可能超过，所以分值 0.80 元不一定保得住。生产开支几年来都在 35% 以上。估计分值每劳动日可以达到六角多，连供给〔为〕8 角多。

供给制问题，〔19〕58 年 10 月 8 日，伙食全供给。〔19〕59 年 3 月 21 日改粮食全供给，7 月实行粮食部分供给制。供给〔19〕58 年 50%，〔19〕59 年 35.5%，〔19〕60 年 27.7%。口粮〔19〕58 年 44.4 万斤，〔19〕59 年同，〔19〕60 年 29.4 万斤，少 15 万斤。供给粮食〔19〕59 年 58%，〔19〕60 年 50%。大队 6 个小队中两个队分出（2.25%，1.4%），4 个队分入（4.7% ~2.4%）。干部群众讨论，大家不要供给制，五保户要包，困难户要照顾，都说高级社时候好。〔公社化〕管了饭，有些人集体劳动不积极，副业收入多，大家很有意见。少数人生活有困难，希望半供给。五保户全供给，困难户半供给，占分配额的 3%，加上临时困难户，约〔占分配额〕5% 以内。

自留地每人 1.84 分，占耕地面积 4.5%。此外还有零星荒地。牛吃草成问题。自留地未集中，但不让种，种自留地就是“发展资本主义”，所以都荒了。

雀幕桥大队

蚕桑：一亩桑产叶 700 ~ 800 斤，每 14 斤结一斤茧，可结 60 斤茧，每担茧 115 元，共近 70 元，加上夏秋蚕〔共〕约 90 多元。种粮食亩产 500 斤计，共 40 元。桑田中还可套种冬菜或蚕豆。蚕茧因桑田在抗战中受破坏，现在尚未达到过去最高水平。解放后〔19〕52 ~〔19〕53 年最高，〔19〕54 ~〔19〕58 年下降，这两年稍有回升。去年因多发蚕种，虽然桑叶很好，茧产量增加不多，收入不够成本（今年 310 张种，每张〔产茧〕40 斤。去年 450 张，每张〔产茧〕二十几斤）。

过去每天一定要工作十二小时，工效低，完成不了定额。今年自己安排，结果到下午四五时就完成了。去年每劳动日只分 2 角 7 分，大家对工分不重视，只记日，不评分，甚至记日也不计，按人头劳动力强弱算工分。今年按定额，评工记分，做多少活算多少分。插秧每天插八分田，耕田头遍三亩，二遍四亩（一张种 140 工分，补一斤 14 两大米，插一亩秧〔记〕12 分）。

社员学习“六十条”，①相信自己能够作为；②三包比较硬气，多产可以多吃。说今年“像吃饭的样子”，种田人哪个不想多产？今年劳逸结合好，晚九时可睡，去年总要到十一二点钟，干部去年天天晚上开会，一天统计两次，今年开会少，每五天统计报一次。有些社员对三包能否兑现尚有怀疑，看春花分配能否得超产奖。

今年种双季稻40%（全县35%），劳动力还够用。

对食堂，群众要求自己烧，主要因为账目不清楚，16个食堂有15个有贪污偷窃粮食情况。其次是缺柴草，办不下去。社员说你把前账弄清（每个食堂亏粮食200～300斤），我们就参加，弄不清就不参加。食堂大部分在三月底停伙。支部讨论，到春花收了，有了柴草再办。个别单身汉粮食吃过头。今年收工早，农民有时间自己烧饭。

供给制，去年吃饭半供给，学习“六十条”后，大家意见照顾困难户，五保户全保，此外不供给。困难户如长期生病不能劳动，劳动少吃口多的户，由社员评定。如果全部半供给，有些人少搞副业，多参加集体劳动，有些人少劳动，多搞副业，“靠毛主席吃饭”，大家有意见。

东栅公社

1958年由11个高级社并成8个大队，户3336，包括市镇，14589人，其中居民2235人。劳动力4057人，其中整〔劳力〕3057人，半〔劳力〕1007人[①]。土地38642亩，水田28316亩，旱〔地〕10326亩。耕牛480头（水〔牛〕456〔头〕）。抽水机30台，339马力，船287〔只〕。每人平均土地3.11亩，每劳动力〔平均〕9.5亩，每〔头〕牛85.5亩。机灌面积占23%。

现在11个大队，两个大队分为4个，又新加入一个大队。3293户，不包括市镇，劳动力4530人，在外的249人，土地38115亩，水田27715亩，〔旱〕地4592亩，桑5808亩，包括自留地1940亩，基建占用2410亩。牛398头，船586只。灌溉实现电力化，只有1700亩灌不到，可灌26015亩。食堂125个，全吃食堂饭，春节后停99个，现剩26个。主要原因缺柴草。公社化〔以〕来草屋未修，去年修理。双抢时浪费稻草，〔来〕支援的人与

① 数字为笔记原文如此。

原有人口差不多，烧饭烧水用很多草。

生产发展情况：

		〔19〕56 年	〔19〕57 年	〔19〕58 年	〔19〕59 年	〔19〕60 年
粮食	单〔产〕	482 斤	411 斤	557 斤	570 斤	519 斤
	总〔产〕	1692 万	1545 万	1959 万	1994 万	1605 万
	任务	970 万	988 万	1100 万	1250 万	1225 万
	完成	982 万	980 万	1116 万	1245 万	1022 万
	亩〔产〕	280 斤	260 斤	317 斤	356 斤	330 斤
	人〔均产〕	850 斤	862 斤	914 斤	1015 斤	835 斤
	口粮	—	400 斤	406 斤	450 斤	381 斤

〔19〕55 年三定任务 970 万斤（〔19〕56 年），最高 1959 年，其次 1960 年。〔19〕60 年减产原因，双季稻〔19〕59 年占 46%，〔19〕60 年占 65%，不准种间作稻，劳动力不够，大批草荒。早稻过了季节，晚稻不好。每亩种子 50 斤，最高 96 斤（今年 25 斤）。穷富队间实行平调，富队拖住了，穷队亦未搞好。猪羊下降很快。现有猪羊 3957 头，〔其中〕猪 1729 头。

蚕桑		〔每张产茧〕	收购茧
〔19〕57 年	1279 张	52 斤	66662 斤
〔19〕58 年	1157 张	38.89 斤	44915 斤
〔19〕59 年	1300 张	39.83 斤	51784 斤
〔19〕60 年	2100 张	28.3 斤	60163 斤

桑田开渠道开了一些，合作化归集体后管理不好。去年做了 400 万只蚕匾，不能用。盖了很多蚕室（毛竹柱、泥墙），多倒塌了。前几年种了几万株桑苗，没有浇水干死，去年未种。〔19〕52、〔19〕53 年每张平均产 55 斤，这几年越“重视”，越减产。到了大眠开叶时，晚上电话会议动员把蚕倒了，把桑叶当夜支援海宁，群众不肯，撤了好几个书记和队长。原因：①去年发种发多了；②集中大队公育；③基本建设（发了三十万株毛竹）；④桑粮矛盾（桑田少施肥，套种粮食），给的化肥用在稻田，虫多。过去有蚕叶指导所和蚕叶指导员，蚕桑学校，现在保留的很少了。蚕室加热木炭供应不上。劳动力不够，一人养 10 张种。去年蚕种多发了 50%，每张蚕种又多收蚁 50%。

（去年连大桥 3000 多张，倒了 900 多张，即 30%。）

蚕桑减产原因：（1）过去河泥壅桑田，现在不给桑田，把给桑田的肥田粉给稻田。（2）去年多发了蚕种 900 多张，调走桑叶 580 担，多倒了约 100 多张种（原倒 300 多张就行）。（3）蚕室共育所大集中，50% 的劳动力送桑叶，远的八里路。雀〔幕桥〕大队一个共育所，三百多人出去买桑叶，买不到，还调出 580 担。（4）原有蚕桑指导员八人只剩二人，其余调〔去〕食堂，拔白旗。公社管蚕桑的干部也撤职了。养蚕时抓得太紧，平时没有人管。自留地上的桑树去年归公，公桑田多种毛豆。去年养蚕时一夜三个电话会议，收茧后"反瞒产"，撤职很多干部。把多少年前的土丝也挖出了。

现在口粮不够，每人平均 14 两〔旧制〕原粮，每天只能劳动 6～7 小时，比较好的地方 7.5 小时，主要劳动力吃一斤大米。缺少柴草，食堂停伙。今年开荒很多，没有地方放牛。社员对兑现还有顾虑。今年包产比三年平均产量略低，一般低八九斤至十几斤。超产国家购 40%～50%，大家不肯多包产，现宣布口粮在 480 斤以内不增购，以消除顾虑。社员看春花分配是否兑现。

少数人乘机造谣，一资本家说上八府都单干了，这里也快了。另一人说大队划小队，小队快要变单干，包产到户，我包亩产 600 斤。有两个队把西瓜包到户去，已纠正。

春花包小麦〔每亩〕810 斤，蚕豆 76 斤，小麦还略高，蚕豆可超过。队与队间不平衡，〔蚕豆〕好的可达 100 多斤。九曲〔大队〕包 70 斤，怕完不成。

对三七开〔的看法〕，〔19〕58 年吃饭不要钱，供给占 50% 以上；〔19〕59 年粮食半供给制，四六开；〔19〕60 年下半年三七开。社员说三七开，一个劳动日抵不上一个鸡蛋，主张取消的约占 50%，主张维持的约占 40%，其余 10% 都可以。公社意见，三七开比较合理，否则对困难户还要照顾。只要搞好生产，降低成本，分值可以提高。有两个大队粮食全供给，还供菜。种菜，每亩包产 400 多元，所以工资很高。

东栅公社农民座谈

倜 解放后去年最好，伙食供给（每月五元），月工资约 8 元，下半年加倍，决算又加倍，去年得工资 300 多元，年终决算又得 300 多元。饭钱约 300 元。大家讨论供给制好。从前开夜工，现在勿开，一天限定几个钟头，大家积极性高。每天吃一斤半米，定量 660 斤。一家四口，每天 6 斤米，一干两稀，还可磨粉。吃饭不要钱，月月拿工资，决算超产奖。

董 基本工资加奖励，不如按劳取酬合理一点。在公社农场工作，过去全粮食供给，固定工资，不如评工记分合理。改为两个小队，要求按自然村改为三个小队。过去无自留地，现在改小队有自留地，固定工资改评工记分。食堂太大，分成几个。大多主张早晚自己烧，中饭食堂吃。农忙时多数要求食堂吃，下雨回家吃。多数要求半供给，原来全供给工资太少。今年包产有产可超。化学厂〔的〕烟把作物熏坏。现已改半供给。今年未发工资，小队副业分了三四十元。口粮五个人，三斤六两米，不大够，吃三顿稀饭。对包产满意，今年改制适当，去年百分之七八十不行，今年百分之三四十适当。

丁 董的队成本大，产量高，丁的队成本低，去年有超产。住〔?〕集中，不要求分。自留地一个人的 6 厘，人多的每人四厘。全家 12 个人，6 个劳动力。食堂现无柴草，停伙，有了柴草还要办。“六十条”后想吃超产粮，做工很自觉。现在小队缺一只牛，要用人耙。过去〔有时劳动〕十几天不记分，糊涂账，少做反而多记分，多做反而少记分。现在按钟点记分，一点钟 1.5 分。有些活（拔秧）按件记分，更合理。（独身汉最好不供给，孩子多的不供给有困难，还是半供给好。）

养猪〔19〕59 年下半年起减少，原因〔是〕大办畜牧场，养不好。〔19〕60 年减少更多。大队养猪多，母猪多，小猪少，饲料大队留了，社员养猪没有饲料。“六十条”下来后大家想买小猪，不易买到，每斤小猪 1.5 元，甚至 2 元。

嘉兴蚕桑情况

抗战前年产 10 万担，〔19〕49 年 2.2 万担，〔19〕50 年 2.4 万担，〔19〕53 年最高 4 万担，收购 3.4 万担。54 年开始下降，原因：①大水灾，桑树损失；②开塘田开了三万四千多亩桑田（解放时有桑田 20 万亩，现在有 15 万亩，专用 5 万亩）。〔19〕58 年〔产〕2.2 万担，（〔19〕54 年收 3.4

万〔担〕，〔19〕55年3.0万担，〔19〕56年2.9万担，〔19〕57年2.7万担），〔19〕59年〔产〕2.3万担，〔19〕60年〔产〕2.5万担。

发〔蚕〕种，〔19〕58年11万张，单产20斤。〔19〕59年15.6万张，单产14.7斤。〔19〕60年17.1万张，单14.7斤。（〔19〕53年单产39斤，〔19〕55年40斤）。单产降低原因〔是〕发种过多。每张种只有桑叶480斤，需要700～800斤。食桑量越高，单产也越高，最多吃1000斤，单产50多斤茧子。一般定额一斤茧子14斤桑叶，〔19〕60年480斤桑叶，单产23斤，只要320斤桑叶，有160斤浪费了。茧子好的250个茧子一斤（最好的190个），去年500～600个一斤（普通280～300个），差一倍多（最差的1000个）。

桑叶产量：〔19〕50年39万担，〔19〕51年43万担，〔19〕52年47万担，〔19〕53年48万担，〔19〕54年45万担，〔19〕55年37万担，〔19〕56年34万担，〔19〕57年31.4万担（桑叶不够，自己倒掉，还向别处买），〔19〕58年35万担，〔19〕59年38万担，〔19〕60年40.5万担。〔19〕57年栽小桑1000多万株，施肥不足，当年采叶（应当第三年采），发育不良，变为小老头。成活率不高，原因种下去后不浇水，不除草。桑田由小队培育，桑叶归大队利用，因此桑田间作很普通，小麦、油菜影响最大，种豆还好一点。有些地区还有种高粱的。〔19〕59年前养蚕归小队，去年归大队养，桑田小队培育，桑叶无代价给大队，问题更大。各小队桑田多少不同，矛盾很大。今年都归小队养，要搞好三包。平调：（1）桑田在各小队间时常划出划进，不固定，所有权归大队，管理归小队。（2）桑多〔的〕小队调给桑少〔的〕小队，无代价。甚至下令把蚕都倒掉，把桑叶给其他小队。去年把嘉兴桑叶调到海宁县。嘉兴蚕倒掉很多，群众意见最大。（3）（大队小队间的平调）因此群众把配给桑田的化肥用在稻田。今年把桑树砍了当柴烧。

养蚕干部去年受批评的多（十年功劳，一年取消），反瞒产许多干部受冤枉处分。饲养员工分低，无超产奖，不愿意。今年归小队后，劳动力配备比较好（一人8～10张，去年十几张，多到二三十张），工分调整，有粮食补贴（一张种〔补贴粮食〕14两）。

近年来因单产低，成本大，许多社队养蚕赔本，不愿养蚕，愿卖桑叶

（每张成本 20～30 元，因大队养蚕，建蚕室，添蚕匾）。制种场也是亏本的，〔19〕57 年以前有盈余，〔19〕58 年以后亏本。小队养蚕不基建，成本低，每张种包 5 元。（桑田占 6%，养蚕收入也占 6%。）

〔19〕58 年以来蚕种要求大增，制种场完不成任务，结果蚕种质量下降，群众要求用江苏种，不欢迎浙江种。江苏原来制种量大，可以供应外省。浙江原来无基础，发展快，因此质量下降。

收购问题：〔19〕58 年从 83 元提到 100 元（〔19〕53 年提高到 94 元，〔19〕54 年下降到 83 元）。实际价在 100 元以上，去年平均价 126 元。对价格的反映，养蚕亏本是因成本高了（过去蚕匾几角钱，现在几块钱），蚕种不好，群众要求提价，传说提价 20%。贯彻粮食奖（每担 20 斤大米），肥料奖（每担 100 斤化肥），群众情绪较好。超产部分卖 30%，自留 70%。群众目的：一为粮食，二为化肥，三为自留，不是为着养蚕有利。木炭涨价，纸涨价，简易蚕匾（1.2 元）质量低，用不到一年就坏了，群众说是“杀头蚕匾”。

制种场的桑田亩产 1800 斤，农民专用桑田 500～600 斤，普通桑田（间种）200～300 斤。

嘉兴专区①蚕桑情况

（过去养蚕用一年，种田吃一年。上半年靠蚕，下半年靠田。）

本专区产茧占全省 80%，占全国 25%，其中湖［吴?］兴最多，去年产茧 9 万担（全专区 31 万担），德清蚕较好。〔19〕50～〔19〕56 年逐年上升。这几年略有下降。

<table>
<tr><th></th><th>发种</th><th>茧产量</th><th>单产</th><th>〔其中〕春蚕〔发种〕</th><th>茧产量</th><th>单产</th></tr>
<tr><td>〔19〕49 年</td><td>55 万张</td><td>15 万担</td><td></td><td colspan="3" rowspan="4">1936 年产茧 89 万担，桑 219 万亩（现在 110 万亩，专用 80 万亩）</td></tr>
<tr><td>〔19〕50 年</td><td>62 万张</td><td>17 万担</td><td>27.1 斤</td></tr>
<tr><td>〔19〕51 年</td><td>80 万张</td><td>20 万担</td><td>25.6 斤</td></tr>
<tr><td>〔19〕52 年</td><td>94 万张</td><td>24 万担</td><td>25.8 斤</td></tr>
</table>

① 薛暮桥笔记原注：嘉兴专区包括湖［吴?］兴、桐乡、海宁、德清、嘉兴、长兴、平湖、安吉、嘉善 9 个县。

续表

	发种	茧产量	单产	〔其中〕春蚕〔发种〕	茧产量	单产
〔19〕53 年	86 万张	24 万担	28.1 斤	71.0 万〔张〕	23.0〔万担〕	32.1〔斤〕
〔19〕54 年	99 万张	28 万担	30.1 斤	73.0 万〔张〕	25.8〔万担〕	35.5〔斤〕
〔19〕55 年	94 万张	30 万担	31.9 斤	64.9 万〔张〕	26.5〔万担〕	40.8〔斤〕
〔19〕56 年	102 万张	34.7 万担	34.0 斤	68.2 万〔张〕	28.1〔万担〕	41.1〔斤〕
〔19〕57 年	99 万张	29 万担	29.1 斤	63.6 万〔张〕	22.3〔万担〕	36.7〔斤〕
〔19〕58 年	140 万张	31 万担	21.9 斤	61.9 万〔张〕	24.2〔万担〕	39.1〔斤〕
〔19〕59 年	218 万张	29 万担	13.5 斤	75.5 万〔张〕	23.3〔万担〕	30.8〔斤〕
〔19〕60 年	208 万张	31 万担	15.0 斤	104.0 万〔张〕	23.6〔万担〕	22.7〔斤〕

〔19〕58 年秋蚕多养，〔19〕60 年多秋春蚕。〔19〕57 年前蚕种大部分靠江苏供应，〔19〕58 年江苏未完成合同，开始自己制种（公社制种），一下建了三百多个单位，设备差，管理差，蚕种质量下降。现在有 29 个，其中国营 19 个，公社 10 个，开始改善。

今年发春蚕种 55 万张，计划发 75 万张，又改 70 万张，结果群众不接受，只发了 55 万张。过去按蚕种张数包产，多接受蚕种，就不能超产。现在仍有包单产的，省委规定包总产，不包单产。

抗战前桑田亩产 2000 斤的很多，农民也认为达到 2000 斤是可能的，问题是桑树种得好，多施肥，不间种。解放后桑田面积减少，亩产量下降。最近粮食紧张，间种粮食不可避免。桑田有粮食任务（四亩折一亩），无桑叶产量任务，所以都种粮食。如种蔬菜关系不大，蚕豆也还可以。现在又种南瓜、江豆，影响更大。种桑〔19〕55～〔19〕57 年种得很多，〔19〕58 年后未种或种得很少。

嘉兴去年用青霉素 41500 瓶（50～100 单位），每张种（农卫）规定 5 瓶，红糖 2 万斤（其他地方用葡萄糖），艾罗补脑汁 3000 瓶。农业厅编的小册子（防止蚕病药方）吸收各地创造，各地纷纷采用。蚕丹粉（德清化工厂出产，内容主要是仁丹，科研室证明有效）302 斤（每斤 5 元），烧酒 2 万斤（有用）治白僵病，糯米粉二万斤（实际上人吃了），黄豆 2 万斤（做豆浆）。豆浆、红糖洒在桑叶上，延长生命时间。简易蚕匾 21.9 万只（专区 400 万只），现在已坏了一半多。

调查（嘉兴）几个产量高的生产队，成本占 20% 以上。〔19〕57 年 19%，〔19〕58 年 60.4%（秋蚕未养好），〔19〕59 年 42.1%，〔19〕60 年占 27.5%。〔□□?〕〔19〕56 年 41.1%，〔19〕57 年 48.9%，〔19〕58 年 29%，〔19〕59 年 21.1%，〔19〕60 年 14%。生产差的生产队收入与开支差不多，人工白做。专区〔19〕60 年春蚕成本占 50% ~58%，过去〔是〕20% ~25%。秋蚕亏本的多。新建公育室 4 万多间（每间 20 元），加 400 万只蚕匾，每张蚕种〔成本〕平均 17 元，收入 24 元，占 65%。

去年专业桑田每亩平均收入 40 元，不如其他作物，不如间作品的收入。特别是秋蚕成本大，收入少，一张蚕种成本 7 ~8 元，收入好的时候约 20 元至 24 元（这几年收 7 ~8 元），成本未算桑叶、人工。养秋蚕不如用桑叶养羊。桑叶是湖羊过冬的精饲料。所以农民不愿养秋蚕。

去年德清发种特别多，缺叶特别早，产量下降八万担，反瞒产也特别紧，把群众的丝棉衣被也拿出来了（还了）。今年规定超过任务部分 70% 自留，实际不一定要如此，把双宫薄皮（约占 15%）留给群众就行。

春蚕秋蚕合理比例：发种春三分之二，秋三分之一。产茧春 70%，秋 30%。〔19〕58、〔19〕59 年秋种多于春种，产量春占 80%，秋占 20%。〔19〕58 ~〔19〕60 年秋蚕种发得多，因为发一批死一批，再发再养，所以发种多，收茧少。计划指标高，压任务春蚕完不成，想多养秋蚕来补足。去年秋茧省压任务，地委、县委顶，农业厅特产局还是压任务。去年夏蚕 26 万张，早秋 1 万〔张〕（原任务 8 万），中秋 62 万张，晚秋 15 万张。〔19〕59 年夏 29 万张，早秋 4.3 万〔张〕，中秋 64.4 万〔张〕，晚秋 46 万张，晚〔秋〕大部未收到茧子。〔19〕57 年发 27 万张夏秋种，收茧与〔19〕59 年相同。

地委书记会议[①]

五月八日

讨论问题：（1）承认三种所有制（全民、集体、个体）的客观存在；（2）调查研究，从实际出发，研究典型材料，加以概括。

---

① 1961 年 5 月 8 日召开。

嘉兴专区 群众的生产积极性调动起来了，表现为：①大办粮食；②要求发展畜牧业；③购买农具。政治的积极性表现为：①自己当家作主的要求；②关心政策，要求政策兑现。这是农村大好形势。

贫农认为生活最好的是1956年，这几年五风不好，但社会主义还是好的，“十二条”“六十条”把五风纠正了，今后既要办好集体，也要种好自留地。上中农认为这条大船将沉，想走不能走，只能死在一起。“六十条”后他们关心的是发展自留地的生产。

群众要求：最初是所有制、自留地；其次要求分队，反对队与队之间的平均主义。此后绝大部分要求解决社员与社员之间的平均主义，要求定一套制度，稳定下来，个别干部不好的队要求解决干部问题。

金华专区 劳动工分1956年最多，那时每日一元多，现在四角多，所以有一个大队（原高级社）要求分为四个队（原有六个初级社）。经过讨论，没有分，从三包来解决小队间的矛盾。

口粮集中保管缺乏条件，保管计算困难，不如分给社员自己保管。这个队过去几年口粮均达400～500斤，去年降到360斤。今年口粮标准定到多少，基本口粮，工分分配口粮，超产奖励等如何划分，还没有定下来。国家任务包到大队还是小队还有争论，超产部分国家收购多少，群众说只能购10%～20%，或配给一些工业品。包任务只能包到大队，否则超产粮均归小队，大队不能调剂。

〔19〕61年试算，三七开每个劳动日可分九角四分，95%按劳动分每日1.27元，其余5%包五保户和补助困难户。过去拉平办法，不完全有利于贫农。按劳分配中农有增有减，大体相等；贫农减收的60%，增收的40%。少子女户对多子女户意见多，说替人家养孩子。社会保险不一定要采取供给制办法，包五保户、补助困难户一样可以解决。

五月十日

（1）划清社会主义与共产主义的界线，社会主义还没有搞好，不要急于搞共产主义。

（2）划清全民所有制和集体所有制的界线，不能吞并集体所有制，也不能急于消灭个体所有制。手工业，省设手工业管理局，县设联社。农民所需生活资料的85%，生产资料的65%原来靠手工业，现都压在国营工业身上，挑不起来。商业也是一样，取消了供销社，国营商业用行政办法来办商业，又像商店又像衙门。结果把物资流通的许多渠道堵死了。

手工业要恢复手工业合作社，社员家庭副业，商业上要恢复供销合作社、合作商店、合作小组。要恢复 1957 年的情况。要缩小二类物资名单，调整二类物资价格，不能调整价格的可采取产品交换办法。手工业采取加工订货和自产自销办法。

（3）自留地、食堂、供给制，自留地非留不可，食堂、供给制按群众意见办事，总要有利生产、生活，得到社员同意，这是三年来经过几次反复证明了的客观实际。养猪公私并举，要以私养为主。历史发展总是波浪式的，大跃进也必然是波浪式地跃进，前进中左一点，右一点，走些曲折道路，是不可避免的。

（有一个新疆回浙江来的人，到北京去告状，海淀分局把他当反革命押解回来，县里把他折磨死了。县长道歉，支书撤职查办。）

什么应当坚持，什么不应当坚持。

有些同志还有一个框子，一个面子，讲错了话不肯认错，不肯改口。必须把盖子揭开，让群众批评，否则群众的情绪转不过来。现在还有几个县的盖子没有揭开，公社未揭盖子的更多。有账要还，有错要改，越拖下去包袱越重。

有些退赔牵涉到干部的既得利益，如为着自己方便要保持食堂，继续特殊化。过去处分错的干部，要恢复名誉。

春花分配要保证兑现，建区分社分队要赶快定下来。现在集中力量解决农村问题，工厂整风先试点，暂不全面铺开。学校问题先作调查研究，一个个地解决问题，不要动员教师放鸣，开辟无准备的战场。不要四面出击，弄得无法控制。

江华同志："六十条"是解决农村问题，但这些问题不仅发生在农村中，在手工业、商业中也是一样发生，归根到底，一个是对所有制的认识问题。三种所有制（全民、集体、个体）是客观存在的，我们否认了个体所有制，一定程度上侵犯了集体所有制，刮共产风，不尊重三种所有制的客观存在。每种所有制有各自的分配、交换方式，养猪人没有权吃猪肉，买卖不公平，不等价交换，只讲需要，不讲可能。生活要集体化，要有物质条件。不承认三种所有制，就发生分配、交换中的一系列的问题。自留地三放三收，把农民的家底子弄空了。

在思想方面是不承认三个所有制，在方法方面是不调查研究，不同群众商量。不承认三个所有制，对集体和个体的产品采取内部调拨的方法，这样下去会把集体、个体生产搞垮。

“六十条”，第一是从实际出发，可以这样办，也可以那样办；第二走群众路线，同群众商量；第三调查研究。要向群众求真理，同群众想办法。

食堂问题

（1）对不会计划用粮的社员，不宜采取几天一发口粮的办法，而应进行教育。

（2）要粮食、柴、菜、油盐四到户。

供给制问题

（1）主要采取包五保户，补助困难户，其余按劳分配的办法。收入水平较高的生产大队是否可以保存“三七开”或“二八开”“一九开”供给制，有不同意见。一种是保留供给制没有好处，不如花一点钱多搞一点社会福利；一种意见社员愿保留的保留。

（2）对五保户、困难户首先安排生产，然后规定应当补助〔的〕数量。

粮食三包问题

（1）规定基本口粮最低每天一斤原粮行不通，有些地区达不到。一年300斤原粮也可以，加上超产粮、自留地等，已经比现在好。要因地制宜。

（2）超产部分国家征购40%，农民会瞒产，不如多征若干斤，不要什么百分比。

（3）口粮要低标准，有差别，要多产多吃，多劳多吃。不要种粮的吃不饱饭，养猪的吃不到肉，种棉的穿不上衣。

（4）粮食分配中有三个关系，一是国家与农民的关系，表现在征购任务上；二是队与队的关系，表现在包产差别上；三是人与人的关系，表现在按人定粮和多劳多吃上。干部只关心第一个关系，群众同时关心第二第三个关系。要求承认吃粮的差别。多产、多劳、多吃。

食堂、供给制，争论很大。但国家一不收税，二不上交利润，三不征购粮食，只要干部打破框框，一句话就解决。剩下来的最难解决的问题，是包产、征购任务和口粮的三者关系问题。征购任务包括三个问题：①任务高低；②超产增购；③几年不变。

国家收购经济作物奖励粮食，征购超产粮食也应当奖励一定数量的工业品。

不要怕农民富，两只猪有一只是资本主义，超过十只鸡是资本主义，这种思想应当打破。

调整任务，超产部分不采取增购办法，采取奖励办法，多卖部分奖给实物。征购任务定到大队，小队是包产问题，这样大队可以调剂。

生产队内部问题，非农业人口归粮管所供应，口粮标准大体上稍低于小市镇居民。高了农民有意见，低了会向城市跑。土地多的地方也给一点自留地。农业人口的口粮，包产部分80%或70%按人头分（基本口粮），20%或30%按工分分；超产部分按劳分配。前者由大队分配，后者由小队分配。积肥也算工分。原则是完成国家任务，留足种子、饲料，余下来的部分多产多吃、多劳多吃，办法自己规定。

耕畜、农具问题

耕畜、农具折价归生产队所有，大队负责调剂。生产队指定专人饲养、保管，固定专人使用。

队与队间借用耕牛要付代价，等价交换。

去年推销的插秧机，每个70元，退还工厂，退款1半（35元），农民愿意，说“看着生气”。全省单这一项要赔退7000万元。

整风补课问题

水利出工要不要赔工资？要退赔，全省要4〔亿〕~5亿。过去讲过义务劳动，现在都要工资，也不合理。有些公社自己的钱不拿出来退赔，却伸手向国家要钱，对这样的公社一钱不给。

钢铁补贴只贴到县，公社得的很少，群众分文未得。许多公社花钱不少，一吨铁也未出，得不到补贴。

国家赔退价有的公社不发还社员，自己留下来买抽水机等（嘉兴专区），有的发给社员，要社员作为对公社的投资（温州专区）。如果都要国家赔退，全省要赔四亿元（湖南十二亿元）。

农村整风要让干部大鸣大放，检举干部违法乱纪行为，多占、多吃、多用等占小便宜行为。有些县对贪污和违法乱纪的干部不处分，调换一个工作完事。对过去不适当处分，撤换的干部，也应审查处理。

整风要抓突出问题：（1）赔退、退赃；（2）解决干部群众关系，批评干部恶劣作风。不解决这两点，群众发动不起来。

工作组只能点火，发现问题，研究问题，至于解决问题，还靠县委，工作组解决不了。

计划工作

农业全省情况，早稻1300万亩，今年进度比去年慢，到立夏还只完成一半。棉花125万亩，只完成85万亩，看来只能100万亩稍多一点。络麻50万亩，已完成20万亩，比去年同时少一半，现在看来至多45万亩。蚕茧发了73万张（应当发100万张）。茶叶计划60万〔担〕，现在7.4万〔担〕，去年15万担，少了一半。

春花面积1100万亩，约增100万亩，大体上维持去年水平。油菜估产72万担，去年150万担，油的定量还要压。

农副产品采购，1～4月6000万元，占去年同期40%。主要是几种大产品，生猪相当去年27%，毛竹计划2500［250?］〔万支〕，1～4月只收5.5万支，不及去年一半。劈柴470〔万〕担，比去年一半多一点。木炭35万担，去年100万担。土纸只及去年4%。

市场供应，食盐脱销，把化工厂的盐调出来了。到山东、淮北去买盐，去人运输，自带干粮。出口物资很难超过三亿。其中猪、禽、蛋、丝绸、茶叶等均减少。粮食库存去年26亿斤，今年14亿斤，到小麦登场只剩6〔亿〕～7亿斤，到早稻下来时快完了。

财政1～4月收3.4亿，完成全年21%，相当去年57%。

铁产量计划20万吨，华东要求增加五万吨，只能完成18万吨，问题是煤炭供应不上。山东供煤月月完不成任务，华东决定山东多调20万吨，没有把握。

木材冬季采伐计划20万〔立方米〕，完成14.5万立方米，现在主要是运不出来。240辆车子，拨到180辆，能用的60辆。全年争取70万〔立方米〕还有困难，计划是75万立方米。

基建完成8500万元（1～4月）。〔19〕60年底994个〔项目〕，一月底383个，二月底305〔个〕，三月300〔个〕，四月260个。现在战线缩短，力量还未集中起来。还有五个项目未缩。（1）半山厂630轧机，轧机已有，只差4个吊机，自己制造，要180〔万〕元投资。（2）横山钢铁厂，生产铁合金，已有4个电炉，厂房大部建成，投资324万元，最少200万元。（3）温州化工厂（钾肥3000吨）已经搞了几年，明矾生产缺乏煤2.5万吨，已解决了。3000吨钾肥，同时生产5000吨铝氧。设备已有90%，原计划规模10万吨，现在缩到3000吨。设备缺的部分上海可以供应，投资340万元。（4）嘉兴化肥厂，2000吨合成氨。上海给设备，已经80%多，缺的上海也已答应给，但项目中减掉了。有投资今年可以建成。（5）衢县航道工程，不疏浚煤炭运不出来（每天300～400吨）。投资几十万元。

工业生产的关键问题是煤。去年计划分〔配〕450万吨，实到400万吨，今年计划只分325万吨，实到数还要打个七折八扣。拨煤每月砍尾巴，月底完不成下月不补。

统计工作

今年一、二月上报不大好，三、四月有改进。数字质量很差，统计人员心中无数。油厂制脂肪酸卖给肥皂厂，肥皂厂再还原成脂肪才能做肥皂，大家都增加产值。运量虚假很大，虚报运量，因此用户只得到七八成，不认账就不运。外来煤炭几次装卸，一般要亏吨20%～30%。铁路检查〔指标〕多少车，因此愿运短途，不运长途。汽车检查〔指标〕吨公里，因此愿〔运〕长途不〔愿〕运短途。指标关系很大。

手工业问题

合作化时期限制手工业，公社化后禁止手工业。手工业者出去做工，赚钱比农民多，农民说是搞“资本主义”，把老婆孩子留在家里吃供给。

公社的农具工厂值得研究。金工车间有几台机床，过去是为工厂加工，现在没有任务。修理农业机器吧，机器太少，小修拖拉机站自己能修，大修公社工业也不能修。供给农机所用零件，大零件公社工厂不能做，小零件不如到县机械厂购配方便，因为它们成批生产。红炉车间制造小农具，有用处，但红炉和工人是从大队小队集中来的，集中后国家布置任务，同农民不见面，品种规格不合农民需要，而且质量低，成本高。

手工业合作社要采取多种多样方式，有生产合作社、供销合作社、合作小组等。所谓家庭副业（如花边等）很多能组织到供销合作社中。

问题：（1）所有制，不尊重集体所有制，过早地把集体所有制过渡〔到〕全民所有制，或者用全民所有制的办法来办集体所有制（合作工厂、公社工厂实行固定工资制，而不自负盈亏责任），不承认个体所有制（把经营个体手工业当作“发展资本主义”）。

（2）经营方式过分集中，把分散的手工业合作社和个体手工业者集中起来办大工厂，割断了手工业者同农民的直接联系，品种规格简单化，不适合农民的需要。

（3）在分配制度上平均主义，取消了过去多产多得、多劳多得的制度。

江华同志　（1）手工业问题首先是一个所有制问题，手工业的所有制应当两头小，中间大，全民所有制和个体所有制占少数，大量的、主要的是集体所有制，同时还要承认小量的、集体所有制领导下的个体所有制。

（2）从上到下恢复手工业的管理机构。手工业合作社是群众性的经济组织，手工业联社既是国家领导手工业的组织，又是群众经济组织的联合组织（也可以挂两块招牌）。公社的手工业联社双重领导，下面再成立手工业合作社，独立经营，自负盈亏。合作社要有理、监事会，恢复民主管理制度。

（3）供产销关系要多种多样，不能只许走一条路，而要按生产性质，走许多条不同的路。

（4）工资制度不能平均主义，要承认手工业与农业的差别，手工业内部的差别，采取计时、计件、分红等各种制度。实行工资制的要年终分红，季节奖励。一般来讲，手工业工作工资要略高于农民，略低于国营工厂同等工种的工人，但不能绝对化，有些特艺工资可以高于国营工厂工人。合作社采取分红制，自负盈亏，多赚多得，少赚少得。

（5）原材料供应：国家计划供应，自由采购，供销社供应，加工订货，自己生产或利用废料（全国一盘棋没有安排手工业。长河公社化肥厂原来利用南京永利厂下脚水，化工部来开个现场会议，下脚水不来了）。

县手工业联社立即恢复，公社工业体制的改变要先试点（每县一个），取得经验后再推广。

（黄岩〔县〕路桥〔的〕两个大队过去副业收入占 50%～60%，因为手工业搞掉了，多了二千多个劳动日无法安排，只要男的就够，女的不必参加农业劳动。安排了手工业后，反而缺少五百多个劳动日，妇女都有活干了。）

李书记：（1）必须承认家庭手工业，这点要打通县、社、队和工厂干部思想，不要把经营家庭手工业当作发展资本主义，他们思想不通搞不起来。

（2）大市镇要独立设置镇人委和人民公社，同农村人民公社分开。一个市镇联系附近大片地区，由一个农村公社管就管死了，不再成为经济中心了。

江〔华〕　手工业归队的时候，过去集中起来的东西要不要退回，国家或公社投资添置的东西如何处理？在分家时要研究财产处理问题。

供销社问题

过去供销社受群众监督，服务不好群众要提意见，现在商店人员怕改为供销社。

现在商业：死（统管封）、乱、官、紧。

商业问题：关键在所有制。一是取消了供销社，不承认商业中的集体所有制。二是小商贩一步登天，包下来。供销社虽然 90% 以上的资金是国家的，但下面有理、监事会，受群众监督，与国营商店不同。国营商店现在弄得又像商店，又像衙门。一不愁无货源，二不愁无销路，三不愁霉烂损失。

供销社从人民公社分出来，把公社的供销部改为供销社，受公社和上级供销社双重领导，业务受县供销社领导，政治受人民公社领导。经营：①收购农产品；②供应农业生产资料；③供应农民的日用工业品。财务管理要归县联社管，不能交给公社管理。

小商贩放在国营商店，营私舞弊，不负责任，不如让他们出去办合作商店、合作小组，和桥[①]一宣布让他们自己搞，第二天早晨就把招牌挂出来了。

江〔华〕 农业、手工业、商业基本上都是所有制问题，但手工业与农业不同，商业与手工业不同，处理方法也应有所不同，大同小异。

手工业和农村商业都要两条腿走路，要有几条渠道。两条渠道有联系，有分工。

市场管理委员会权力太大，可以随意宣布什么买卖“违法”，并没收所谓“违法”物资。应当规定几条，不准胡作非为。

过去计委不管手工业，今后要管。管要把它管活，不要把它管死。

食盐生产问题

全省盐田 16.6 万亩，盐民 3.9 万劳动力，其中公社经营的 13.7〔万〕亩，占 82%，国营 2.8 万〔亩〕，占 17%。亦农亦盐的占 23%。去年〔生产〕27.8 万吨，〔19〕59 年 32 万吨。去年库存盐 7.4 万〔吨〕，三月底〔库存〕1.5 万吨（〔19〕59 年底 23.4 万吨）。1～4 月外省调进 1.4 万吨。三月底已有二十几个县脱销，工业用盐、渔业用盐无法安排。

盐产量减少，原因是盐民口粮问题没有解决好。盐民劳动强度高，口粮必须提高。其次为劳动报酬低。浙江海水食盐量低，日照较少，成本比河北、山东等省稍高。国营盐场不用板晒而用滩晒，不适合当地特点，因此产量低，大部分盐场赔钱。

全省全年用盐至少 40 万吨，最好 45 万吨。今年只能供应 35 万吨。要争取自产 40 万吨，必须建立专业的盐业社、盐业队（以晒盐为主，亦农亦盐）。国营盐场把土办法丢了，洋办法又没有搞起来。公社晒盐收入要以 70%～80% 作为劳动报酬。①每担盐价从 1.5 元提到 2 元，盐税 7.3 元〔?〕，可以考虑再减 3 毛，把盐价提到 2.3 元。②盐工口粮要由国家供应，采取定销办法，每人每月要吃 45～50 斤，至少供应 45 斤。③农民自产自吃

① 和桥位于太湖之滨，宜兴市四大镇之一。

的盐免税。

突出的问题是所有制，奖励公社和农民晒盐。要两条腿走路，国营与社队营，专业晒盐与亦农亦盐（天晴晒盐，天雨种田）。前两年把公社盐场改为国社合营，国家既不投资，也不发工资，只想利润分成。但因晒盐亏本，实际也未分到。

江〔华〕：浙江省这样长的海岸线，要靠别省供应食盐，是个“懒汉”。黄花鱼、带鱼因无盐运不出去。解决办法，只有开放盐禁，让农民自晒自吃，盐民愿意晒盐。

集体所有制盐场规模过大，安东一个盐区一个核算单位，影响积极性。

浙江盐要自力求生，争取基本上自给自足（靠山没柴烧，靠海没盐吃）。坚决执行两条腿走路的方针，专业晒盐和亦农亦盐。自产自吃不收税，多余的卖给国家。军队自产自吃也不收税。即使盐税少收一点也可以，只要增产，盐税自然不会减少（准备把到山东、福建去买盐花的钱给盐民就很够了）。

山林问题

山林过去所有权不确定，大家可以采伐，有些地区大家争先采伐，破坏严重。“十二条”下来后，已归大队所有，包给生产队经营。经济林可采取三包四包办法，用材林固定给生产队经营，在抚育期间没有收入，这个问题如何解决。

林业部的国营采伐队乱砍山上林木，有的不给代价，有的给以很少代价，砍后不迹地更新，起破坏作用。林业厅说木材没有是因劳动力不够，实际上山区农民冬季有采伐木材的习惯，原因是木材价格不如劈柴，农民愿把有用木材当劈柴卖。采伐队砍了老百姓的山林，迹地更新后不交还老百姓，变为国有林。老百姓把它烧掉，烧坏的树当劈柴，烧山后可种杂粮。

江〔华〕 （1）薪炭的自留山要不要，有条件地区可以留，解决烧柴问题。要培育薪炭林和解决人民所用木材（女儿出嫁五棵树，老人棺木三棵树），其次是国家用材林和经济林。每人每年需要柴草 800～1200 斤，薪炭山可以分到户，也可以分到村或作业小组，由群众讨论。

小山区要分薪炭山，大山区柴草不成问题，分些地种经济树木。近山的平原区过去可以到山里采茅柴，现在可订合同。过去山区、平原间有插花地，对双方有好处，现在调整掉了，有些需要恢复。

同国家关系：①粮食留量问题；②价格问题；③国家任务要以产定销，不能多伐。

经济林除零星的外，成片的不宜分，归大队所有。分山是分荒山，不是分已长〔成〕林木的山。成片的林木不能分配到户，只能归队。

（2）用材林、经济林等归大队所有，还〔是〕归小队所有。归大队所有，生产队管理，收益如何分配？经济林原归高级社所有的，仍归生产大队所有，不要变。要把所有权划清，集体所有是大量的，既是集体所有，国家就不得任意采伐。

防风林、水源林等国家要管，风景林可以分配给公社管，要负责保护，不准砍伐。

山林包产时间要长，油茶包十年，桐子包五年，分作物长年包产。所有制和分成应当偏重于生产队，注意调动生产队的积极性。既然要归生产队管理，就要给它一定的利益。

要订山林公约，违犯的要处罚，报告的要奖励。吸收过去群众护林的经验。要留养牛羊的牧场，归生产队管理。

山区要建群众性的护林小组，工作好的给以奖励。

林业厅管造林，另设森工局管采伐收购，不要合在一起。

春季预分问题

夏收早稻还有两个月时间，春花分配同时要安排这两个月的口粮。

安排口粮时候首先要保证产粮农民的需要，不能平均主义。

现在各行各业的口粮都有保证，就是生产粮食农民的口粮没有保证，产粮区农民的口粮还低于经济作物区。

江〔华〕　任何工作都要调查研究，学习毛主席的方法，调查研究不但要问各级干部，更重要的要同群众商量。

省委的决定应当原则性的，具体办法同群众商量。省委决定越具体，越不适合具体情况，越易产生主观主义。

调查研究工作总结[①]

一 此次调查研究的收获

（1）用深入实际、深入群众的方法来学习“十二条”“六十条”，比在家里学习更深刻。“六十条”是调查研究后制定的，所以比“十二条”更好，经过再一次的调查研究，可能又有新的补充。不自己做调查研究，就对党的这些政策体会不深。

（2）使我们深刻地体会到调查研究的重要性，关在房子里订计划、定政策的危险性，并初步地学到了一些做调查研究工作的经验。

（3）我们所收集的材料，对没有参加调查研究的同志会有一些参考价值。

二 调查中的重要体会

（1）过去我们对生产关系，特别是所有制的认识是模糊的。虽然主席几次提出所有制问题，但全党同志并没有充分认识这个问题的重要性。在许多方面不尊重集体所有制，不承认一定数量的个体所有制。（农业、手工业两头小、中间大。）具体表现到分配关系方面，就是一平二调，否认差别，队与队之间的平均主义，人与人之间的平均主义。表现在人与人的关系方面，就是干部“瞎指挥”，群众不能当家作主，因而积极性不高。

在正确解决了国家与集体、大集体与小集体、集体与个人之间的关系的地方，群众对人民公社和集体所有制是拥护的。人民公社既是基层政权，又是群众性的经济组织，它能更有效地组织群众生产。不能只看到“瞎指挥”，而看不到“正指挥”还是主要的，纠正瞎指挥后还会更好发挥作用。在上述关系处理不好的地方，也有少数群众怀疑人民公社，怀疑集体所有制经济的优越性。应当分清界线。

承认集体所有制，就要承认等价交换和按劳分配的原则，多产多得，多劳多得，就要让群众当家作主，承认他们对自己产品的所有权。

（2）正确的领导方法应当是从群众中来，到群众中去。推行任何一种办法，都必须经过调查研究，都必须同群众商量，反对强迫命令。许多事情我们的主观愿望是好的，要使群众增产，但主观推行，结果往往适得其反

① 这是薛暮桥自拟的萧山县调查研究工作的总结。

（例如双季稻、多发蚕种）。

调查研究不要自己先有一个框框（食堂、供给制）。究竟群众利益重要，还是自己的框子、面子重要。“共产主义萌芽”是否还要保护，食堂并不完全取消，供给制还有一点（对五保户和困难户的供给）。问题是从实际出发，在今天的生产水平上，这个萌芽能够长到多大？不要“蒸汽育秧”。

今后怎样做计划？应当好好考虑一下（以工业支援农业为例）。

三　调查研究的方法

（1）要一竿子到底，不能满足于听干部的意见，更重要的是听群众的意见，把各级干部和群众的意见进行比较研究，才能弄清真实情况。

（2）要先政治，后经济，不要没有弄清问题就找材料算账。政治是经济的集中表现，是解决经济问题的关键。先把关键找到了，再收集材料进行具体计算。

（3）以点为主，点面结合；先搞深、搞透，再了解全面情况，进行比较研究。

中央工作会议讨论经济调整问题*

人口下乡问题（陈云）①

这个年度农民里的情况，比上个年度好一点。估计下一年度可以比今年更好一点。农业无论如何能够增产。但〔从〕粮食供应来讲，下一年度更加紧张，原因是库存减少。上年上调116亿斤，下年只有80亿斤，去年上调数中一部分是库存。解决办法：

（1）政治，“十二条”加“六十条”，这是根本问题，没有这农民就没

---

* 1961年5月21日到6月12日，中共中央在北京召开工作会议。会议制定了《农村人民公社工作条例（修正草案）》《关于改进商业工作的若干规定（试行草案）》《关于城乡手工业若干政策问题的规定（试行草案）》《关于减少城镇人口和压缩城镇粮食销量的九条办法》等文件（《陈云年谱》下卷，第78～79页）。以下为会议记录摘要。大标题为编者所加。

① 1961年5月31日，陈云在中央工作会议上就精减职工和城市人口下乡问题讲话（《陈云年谱》下卷，第81页）。

有积极性。

（2）工业支援农业，不是短时期内所能收效。

（3）进口粮食，外汇、货源都有问题。

（4）城市人口下乡。

（1）是主要的，（4）是必不可少的。如果不下乡，要挖农民的口粮，等于72条白讨论。还是继续挖农民的口粮，还是城市人口下乡，二者必取其一。

开国以来粮食四次紧张，其中三次由于城市人口增加。第一次是1953年，以前主要靠300多亿斤公粮，购一点农民的余粮，共500亿斤。1953年城市人口从6500万增至7500万人，这个办法不能维持，所以搞统购统销。第二次是1954年灾荒，多征了70亿斤粮食，共902亿斤，以致家家谈粮食，户户谈统购。第三次1957年粮食库存降低，从430亿斤减了63亿斤。这就是征购数量不能适应城市人口需要。第四次从1959到1961年，征购更多，销售更多，库存连续下降。1955年9100万人，1957年9900万人，到1960年增至13000万人。

城市人口增长，要受粮食限制。

两种困难的比较：动员城市人口下乡是困难的，另一方面，如不下乡，经济上的困难更大：①要把高产地区的积极性打下去。这是很大的平均主义。搞一年还可讲，长期下去不行。这是农业上的很大损失。②牲口继续大量死亡，这对农业损失太大。③经济作物继续下降，市场不好维持。④一年进口100亿斤粮食，挤了其他进口物资。两种困难比较，还是选择下乡。

影响决心的有哪几方面：（1）对今后农业增产估计，如果很快，就不必多此一举。估计不能很快。如果农业仅及1957年的水平，就不能维持现有城市人口。要达到1958年的水平，要有三四年。不能等待农业，否则农业上不去。（2）工业将产生什么局面？可能是工业农业各得其所。今年煤炭、钢铁上不去，离计划相当远，许多轻工业无原料停工，钢铁工业无煤炭，机械工业无钢铁。这种停工待料现象是否只今年一年，看起来不能希望明年很快好转。明年轻工业是上不去的，煤炭也没有上去。煤炭〔上不去的〕原因有后备力量问题（前后、左右、上下，前后一二个月，左右四五个月，上下要一二年能解决）。矿山问题，很大落后于煤矿。（机械化30%。）

过去挖露头，现在要挖地下，因此手工要变机械。贫矿变富矿，即经磨碎烧结。这没有三年不行。矿山要靠铁道运输。（龙烟铁矿有30万公尺铁路。）洗煤炼焦也要设备。如果煤铁不多，基本建设就不大。钢铁增了400万人，机械增了350万人。调整工业，决不是一年能够完成。工业已经出现有人无事做的现象。动员下乡是各得其所，不会妨碍工业发展。并不妨碍工业的改造。

三年来增加2500万职工，与工业发展水平并不适应。当时认为粮食够了，可以多搞些人来发展工业。现在情况不是如此，工业发展不如预期那样快，人浮于事。

下乡也要吃饭？第一年城市〔下乡人口〕比乡村〔人口〕多吃100～150斤，到第二年可以自己供给自己，每人差400斤。农村很大，有人总有事做，总能增产一点东西。

谁去？主要是近三年从农村来的，谁来谁去，哪里来哪里去。（来五回三，或来三回二。）

〔邓〕小平同志

总理从粮食引申到两三年内国家必须解决的问题。用打补钉〔丁?〕的办法解决不了。如煤炭上不去，单加人仍上不去。有前后、上下、左右问题，有生产关系问题，工人的积极性问题，包括人太多了。工业同农业不同，问题的性质一样。

三年来农业方面搞了许多水利，但把所有制、生产关系搞坏了。水利还是起作用的，会起深远影响。一下不能见效，将来总要生效的。工业方面，搞了1800〔万〕吨钢的设备。只要填平补齐，还可超过此数。如果我们有经验，有些损失是可以避免的，可以早一点调整。去年搞1840万吨钢，大家是欢喜的。但如果去年搞1700万吨，今年的情况会好得多。今年大家还是努力，结果只能搞1400万吨左右。

为着保钢，挤民用煤。现在农民要煤，轻工业要煤。木材也是如此。能否再用以前办法来保钢铁，不能如此，其后果将越来越严重。因此粮食问题，实际上是农轻重问题，是把保重工业的物资用到农业和轻工业方面来。

1957年产粮食3700亿斤，征购900亿斤，供养城市人口一亿，这是比较正常的情况。现在征购只有 800 多亿斤，城市人口反大大增加。要恢复到 1957 年情况，要多征 100 亿斤，减少城市人口 3000 万人。即使如此，还差库存 200 亿斤，这要几年〔才〕能补起来。如果不采取根本步骤，粮食问题不能解决。

压缩城市人口，不但解决粮食问题，而且可以整顿企业和事业单位。现在人员多、乱，机器损坏，秩序混乱。压人以后，可以搞得好一点。各业务部门都要规划减多少人。学校办得太多，质量必然下降。要保质量，就要下决心减人。人海战术不能把科学技术水平提高。要这样想问题，才能下决心减人。真正技术人员、老工人保留下来，哪里来哪里去就不会涉及这些人。

〔刘〕少奇同志

现在工农矛盾以及其他矛盾，集中表现在粮食上面。人人都要吃饭，还要吃副食品。城市里这几年主要是副食品少了，粮食还不算少。马克思说农民能够剩下多少粮食、副食品等，决定这个社会能用多少人去搞工业和其他事业，包括文教事业。没有剩余粮食，各种事业办不起来。过去地主挤农民的口粮，现在地主打倒了，工人挤农民的口粮，工农争饭吃，这是工农间的尖锐矛盾。这个问题不解决，就很危险。现在工业多了，文教多了，农民养不起。非下决心缩短工业战线，加长农业战线不可。重工业要后退一步，轻工业也要后退，没有选择余地。文教战线也要缩短。

农业、工业方面都有缺点错误，都是高指标、高任务，特别是重工业，挤了农业和轻工业。这两年有天灾，有工作上的缺点（湖南农民说三分天灾，七分工作缺点）。有些地方天灾是主要原因，多数地方工作缺点是主要原因。不能说缺点还是一个指头。成绩有几分就说几分，不要多说。缺点也有多少说多少。有很多缺点错误，否则农业为什么减产？现在总结经验教训，改过来，还不是路线错误。再不改，就要犯路线错误。我们土改没有减产，合作化没有减产，现在减产一次，这是没有经验。工农业比例失调，兄弟国家都有，我们也没有避免。缺点是不可避免的，问题是要早一点转弯，能早转一点更好。已经饿了两年饭，全国人民都有切身经验，再不能这样继续下去了，非下决心改变不可。城市人口必须压缩，现在小城市人民要求下乡，让他们下去。农村情况越好，动员城市人民下去越容易。各级党委要亲自抓这个问题，不要推给劳动局去办。

乡村中有半农半工的，有季节开工的工厂，农闲搞工业，农忙搞农业，还可以搞。搞农民生产上、生活上需要的东西，如小农具、锅子、木桶等。现在火柴、纸烟都满足不了农民需要。重工业战线要缩短，文教战线也要缩短。

城市人口缩减，有些工厂要停，特别是小土群、小洋群。要进行技术改造，将来再搞时要提高劳动生产率，提高技术水平。美国300万人搞农业，300万人搞畜牧业，养活18000万人，美国强大的基础就在这里。我国达到美国比例，就比美国更强大了。农业的技术改造，美国机械化，化学肥料，耕地面积又大，所以如此。我国十年八年内不能解决农业技术改造问题，不可能不让大部分人去搞农业。工业下去，有面子问题，要保面子也保不住。过去有些心急，鼓足干劲，力争上游，也不能搞这样多。有些厂要停，要并，要下相当大的决心。

会不会下乡太多了，不会太多，太多了再招也容易。现在问题是决心不够。成绩很大，问题不少，前途光明，搞好了前途还是很光明的。现在中心是问题很多，必须迅速解决。

农业“十二条”、“六十条”，开始转变。工业不转变，大家的心情不会舒畅。

〔李〕富春同志

农业总产值1960年为486亿元，大体上相当于1955年的水平。三年内重工业增长2.6倍，轻工业增长63%，农业反而下降10%。比例关系发生显著的变化。轻工业设备利用率低，原材料供应不足。棉纱380万件，按细纱算只要〔□□〕万锭〔的〕38%。植物油〔生产设备〕利用率32%，机制糖〔设备〕利用率26%，卷烟38%，酒精40%，纸57%。1957年轻工业设备能力也没有充分发挥，利用率也并不高。一方面生产能力没有充分发挥，另一面轻工业、手工业产品市场供应不足。依靠农产品作原料的轻工业，三年内不可能完全恢复。油厂、糖厂要在产地生产，所以发展轻工业，不是增加设备，而是多搞原料。钢铁、化工产品要多分给轻工业，化学工业要多为轻工业服务。

重工业三年内不能有大发展，钢铁不能建筑在小土群、小洋群基础上。

转炉钢〔占〕48%，生铁小洋群占48%，炼焦土焦占54%（今年第一季占48.5%）。铁矿石，大型占51.2%，中小矿山占48.8%。这些小土群、小洋群占用农民的劳动力，归还农业以后就很难维持。

机械工业能力长的太长，短的还短。停工待料的情况仅次于轻工业。主机与配套不平衡，制造发电机能配套的只有三分之一。制造化肥设备主机10套，配套6~8套，另外通用设备不足。生产有多，维修不够。要在内部进行调整。

城市人口1957年9949万人，1960年12950万人，增加了2950万人。（增加3000万人中，生长的1500万人，进城的1500万人。）职工人数三年增加2572万人，从2450万人增至5028万人。其中城市由1332万增至2573万人，增1271万人；县城从680万人增至1437万，增837万人；乡村由510万，增至1029万人，〔县、乡〕共增1355万人。[①]

增加职工中来自农村的1931万人。其中从社会招收1412万人，统一分配学生81.2万人，复员军人101.4万人（家在农村留在城市），集体〔所有制〕转化336.5万人。

工业职工，1957年747万人，1960年2140万人，增1393万。〔其中〕电力12.5万，原料（煤、油）203.9万人，黑色金属312万人（〔其中〕冶炼241万人），有色〔金属〕38万人，金〔属〕加工354万人，化工82万人，橡胶5万人，建筑材料89万人，玻璃10万人，陶瓷18万人，木材80万人，造纸16万〔人〕，纺织64万人，食品41万人。

电、金属、机械工业1820万人，其中小土群占318万人，小洋群686万人，合占1040万人。电力〔小〕土〔群〕1000〔万〕人，〔小〕洋〔群〕79.8〔万人〕。有色金属小土〔群〕6.1万〔人〕，小洋〔群〕5.1万人。金属加工小土〔群〕26.7〔万人〕，小洋〔群〕180万人。

基本建设1960年694万人，其中建筑562万〔人〕，地质50万〔人〕，设计17万〔人〕，准备人员63万人。

运输邮电331.7万人，铁路97.7万〔人〕，交通194.5万人，邮电36.5万人。

---

① 这些都是笔记中记载的数字，有的加减后对不上，但原文如此，故照原样保留。全书同。

工业农业关系，工业影响农业。大办钢铁，大办运输，全民办××，都挤了农业。大办水利挤了农业生产。去年大办小铁路，大办养猪。1958年到〔19〕59年上半年对粮食生产估计过高，〔19〕59年下半年到〔19〕60年对减产估计不足。〔19〕58、〔19〕59年第四季还可以调农业力量来突击，〔19〕60年就不行了。

农民需要什么？要小农具、家具，要安家乐业，不是农业机械。我们对农业的支援没有打中要害，不合当前需要。赔退可能150〔亿〕～200亿，给什么？给小农具、家具，要挤原料给农民。支援农业生产第一，满足市场需要第一，重工业要退够，退到能够满足农村和市场需要。七月会议①要讨论工业，如何安排，要讨论出一个名堂来。是否搞个三年计划，原则：①农轻重；②八字方针；③重工业退够；④压缩城市人口。要求到〔19〕64年〔完成〕农轻重关系调整，重工业内部调整，1800万吨〔钢〕建筑在技术改造的基础上。

今年基建完成100亿就很好，明年50亿，两年150亿。现在很多企业亏本，没有钱。任务不足的工厂，要下决心关厂停工。不能面多加水，水多加面，要划一个杠杠，1964年1800万吨钢，建筑在有机械设备的采矿、选炼、运输上。

任务：①三年调整；②减人；③工业“十二条”。大家通力合作来搞这三件事。

〔薄〕一波同志

调整：延长农业、轻工业战线，缩短重工业战线。要调整到一个适合的比例，要花三年时间。农业三年是恢复，恢复到1957年的水平。重工业还是1960年的水平，是否就合适了。要准备三年到五年。

煤炭今年建筑在〔日产〕53万吨的基础上，不要希望更多，在战术上可以多一点，在战略上不一定有利。钢铁不再追求数量，把力量用在矿山、质量、品种上，延长两月〔年?〕不够，怕要四月〔年?〕。小土群、小洋群不下一批不行，要回去的让他们回去。

① 指1961年7月17日至8月12日，国家计委在北戴河召开的全国计划会议。

	设备能力	生产	利用率
棉纱	800万件	360〔万〕~380万件	45%~47.5%
植物油	234万吨	75万吨	32%
卷烟	780万箱	300万箱	38.5%
机制糖	173万吨	45万吨	26%
纸	294万吨	170万吨	57%

手工业生产（陈云）

传统基地，传统产品，传统生产方法，销售方法，围绕这个进行建设。非传统的不要。有多少能力，就生产多少，要多少材料，就给多少。可以一直拨给产地，因为传统基地数目不多。

新的基地要经过批准，经过试产试销，不能乱来，否则要犯错误。

开几个专业会议：①铁器；②陶器；③木器；④竹器；⑤玻璃。煤要切实可靠（9700万吨），向中央报告。

传达（〔程〕子华）[①]

粮食问题，九条办法。

“六十条”修改大家意见不多。主席提出主要讨论四个问题：①调查研究；②群众路线；③退赔；④平反。

主席批的几封信，长辛店调查成灾，退赔很不彻底，准备退赔几年，用来教育干部，调动群众的积极性（取信于农民）。这几年有些干部处理错了，需要平反。

商业问题（〔刘〕少奇同志）

（1）反对派购派销。工农联盟政治是重要的，主要靠经济联盟。经济联盟通过商业来实现，因为这是农民唯一能接受的。派购派销在农民看来是苛捐杂税，是税务工作。

① 这应是程子华在中央工作会议上传达毛泽东的讲话。

（2）二类物资搞订购合同（按国家价格），三类物资搞议购合同（议价）。通过合同把国家计划同农民结合起来。多产多购是平均主义。

（3）订合同有没有东西给农民？我们有东西，如钢铁、煤、木，下决心多调工业品给农村。农民出卖的东西可多可少，看你有没有东西同他们换。

（4）供销合作社的作用，不仅仅是助手，在农村中是主要力量。要民主管理，群众路线。依靠群众来揭发商业部门的开后门、贪污浪费。

各地方讨论发言[①]

杭州城市工作

老工人反映，吃饭过去每月11～12元，现在17～18元至20元左右。过去吃饭占三分之一，现在占百分之五六十。有三分之一工人八年没有调整工资，技术革新伤害了一些老工人，技术人员也被当作保守派。

城镇公社化后对独立劳动者的关系没有处理好。小商贩也安排得不好，乱戴帽子。许多干部被小商贩腐蚀了，贪污浪费，吃吃喝喝，没有人管。

调棉花（原20万担，加20万担）、茧子，争论很多，产地不愿外调。要很好研究。稻草、芦苇究竟用来干什么，值得考虑。

上海1956年有24000多个饮食店，1960年只剩3000多个。现在街道办的食堂，有60%是小商店和附近职工参加，40%是街道居民。街道工厂有80%为大工厂加工，4%自产自销。15%来料加工。职工20万人，产值1.8亿元。

〔王〕鹤寿同志

重工业在劳动力方面、物资方面挤了农业，工业搞得多了。过去以钢为纲，要从钢铁方面开始检讨。重工业内部也没有考虑相互关系，如钢铁与煤炭的关系。基本建设搞大了，没有考虑其他方面是否可能。大跃进方针是正确的，问题是我们执行有偏差。炼钢能力2200万吨，炼铁能力3000万吨，矿石7200万吨。

矿山改造要两三年时间，钢材品种调整也要两三年时间，使钢铁冶炼能

① 以下为中央工作会议上各地方讨论的发言记录。标题为编者所加。

力充分发挥。三年大跃进不但农轻重要调整，重工业内部，冶金工业内部也需要调整，用两三年时间来调整是完全必要的。土焦要逐渐改成洋焦，小洋群的焦比要逐步降低，劳动力要大大节约，亏损要逐渐降低。

山东、安徽炼铁亏本很多，完全给上海，自己毫无所得，建议把钢材的20%分给他们。

企业内部的技术政策、经济核算也有问题，鼓干劲时不讲条件，批评〔时〕条件论，批评技术人员保守，技工技〔术〕员多年不升级。领导人员分片包干，缺乏全面安排。

钢铁，有色〔金属〕工业 538 万人，第一步减 150 万人，主要减小洋群，无外调任务的多减一点。

江西

城市人口准备下放乡村 30 万人。社队占用劳动力现占 6.9%，压到 5%，可减 11 万人。农村全日制中学均改农业中学（13.9 万人），共约 55 万人。

钢铁厂保留四个，进行技术改造，其余小洋群基本上不给任务，自产自用，农闲烧，农忙停。小煤窑运不出的停一部分，改造靠近铁路线的。铁原计划 31 万吨（包括新喻为 57 万吨），准备产 20 ~ 25 万吨。钢计划 8 万吨，准备〔产〕4〔万〕~4.5 万吨。煤计划 1100 万吨（包括小窑），准备不包括小窑采 660 万吨（小窑 200 万吨）。木材最多〔产〕100 万立方米。

安徽

三年来生产发展很快，钢铁增长一百几十倍，战线拉得太长，错了就改，不灰心，不埋怨。

货币流通增加，收购、供应减少。群众意见很多。粮食每人 27.5 斤。比江苏低一点。

减人，好多地方人多了。淮南煤炭 6000 ~ 7000 人，其中在册工人只有 2000 多人，杂工 4000 ~ 5000 人。

钢计划 60 万吨，调整为 35 万吨，其中马鞍山 40 万吨，只能搞 32 万吨，其他 3 万吨。铁计划 230 万吨，只能搞 180〔万〕~200 万吨，其中马鞍山 150 万吨，调整为 110〔万〕~130 万吨。钢材（马〔鞍山〕）计划 10 万吨，调整〔为〕8 万吨。按照调整任务，可以减 47 万人，已减 19 万人，还要减28万人。按五人减三人，要减51万人。蚌钢8000多人，按现在生产情况，只要3200人就够了。

城市人民公社，食堂还是不要好，20%几参加也有问题。工厂、学校、机关参加公社有名无实。家庭副业改为社办工业，不合算，群众并不满意。街道居民原来也有组织，把缝纫机集中使用有问题。

上海

农村问题，对粮食过关估计错误，研究过渡急了一点。上海工业特点，计划安排的50%～55%，各地要求协作45%～50%，后者不易控制。上海初解放时市区人口400多万，现在600多万，增加了200万人，还送出了100多万人，最近三年也送出了40多万人。现在还有100万人住草棚，几十万人住阁楼，能够压缩到350万人，就好安排。〔19〕57～〔19〕60年重工业从36%提高到60%，以农业为原料的轻工业压缩，并了一些，迁出一些。

问题：（1）工业发展还是太快，粮食供应困难；（2）原材料工业发展虽然快于加工工业，但原材料供应仍然困难，综合利用还搞得不够（煤炭）；（3）工业同手工业的关系，手工业没有完全垮，但垮了不少（升级）；（4）大中小问题，合并过多；（5）前后左右问题，如生产与运输；（6）企业管理中的问题，见事迟，动手慢。事情总有两面，胜利时要想想有无困难，发挥主观能动作用要承认客观法则，〔要〕研究有无条件。

华东铁计划600万吨，各省调整为420万吨。煤炭去年6000万吨，今年5400万吨，调进煤计划1500万吨，恐怕不到800万吨（1～5月只300万吨）。上海钢可保证200万吨，〔华东〕各省80万吨。

计委党组〔计划安排〕*

三件大事：（1）工业“十二条”；（2）三年计划；（3）压缩职工和城市人口。

三年计划首先是今年安排，缩短战线后有些大企业会受影响，不仅〔是〕

* 会议时间大约为1961年6月中旬。

东北钢铁。能否把华北、山东、安徽小洋群炼铁用的煤，抽一部分给鞍钢。

算清楚煤炭账，根据煤炭来安排钢铁，根据钢铁来安排机器工业和其他建设，要首先安排农业、手工业、市场的需要。

明年先安排生产，有多少材料再来安排基本建设，安排时要照顾生产中的薄弱环节。要研究下马项目怎样处理。

调查研究目的：工业交通整个情况，企业管理情况，怎样贯彻八字方针，怎样精简人员，今后三年安排。方法从下到上，逐步了解情况。点面结合，只等［摸?］一个点对改进业务有帮助，但对搞工业六十条，解决全面问题不够。既要摸一个点，又要摸一个城市，了解城市整个情况，包括工业、商业甚至文教等各方面。重点是工业，但要了解全面情况。商业问题复杂，大家都没有摸，它是城乡、工农关系桥梁。如何纯洁商业队伍，要研究小商贩、小业主的安排。

了解情况，摸要摸得细一点，写的材料必须是概括的，有政策头脑，能发现问题，解决问题。典型材料也要，作为计委材料积累，供自己研究参考。把调查研究搞得好不好，作为思想作风有无改变的考验。不要一般化，缺乏分析，〔只〕有数字，不能说明问题。

过去计划方法是按定额推算，规定投资总额，大家来分，而不是从具体情况出发，从实际出发。机械生产要算配套，算维修，不能单算主机。

统计资料不成权威，缺乏分析，要有上下体系，各级党委领导。统计报告太长，做长文章容易，做短文章困难，要概括，要加工。

基本建设要一个个项目摸，规定任务、进度，按此计算所需投资、材料。生产指标也要计算，经济核算就是计算，按经济道理进行计算。计委必须计算，算了物的因素再算人的因素。现在人的因素有消极一面，不能发挥力量。因此计划指标必须留有余地，消极因素变为积极因素就能超额完成。

对困难的两种态度，一种是在困难前面泄气，束手无策，另一种是千方百计克服困难。现在国民经济的基础是粮食，其次是煤炭，煤炭退下来，不但钢铁难保，农业、手工业、轻工业、市场供应也难保，各部门都发生困难。煤炭战线必须稳住，再退会使整个经济发生混乱现象。

提高工作水平，要有全局观点，从相互联系中来考虑问题，避免片面性，从局部出发考虑问题。

统计工作要根据统计数字，找出国民经济内在联系，加以分析。各方面都有统计，要综合研究，找出内在联系。计委开会要找统计局、研究所参加。

七月十六日开计划会议。

农业生产情况

粮食播种 17.2 亿亩，比去年只多 300 万亩。耕地 16.1 亿亩，比去年 15.9〔亿亩〕增加 1400 万亩。小麦 3.95 亿亩，比去年 4.13〔亿亩〕减 1776 万亩。稻谷 4.357 亿亩，减 760 万亩。其中早稻 1 亿亩，比去年减 3000 多万亩。杂粮 6.89 亿亩，比去年增 4000 多万亩。薯类 1.98 亿亩，比去年减 1800 万亩。一季稻中稻比去年增加，谷子、高粱增加（谷子 1 亿亩，高粱 8700 万亩），玉米减少。

今年特点：（1）比较适时；（2）因地种植；（3）合理密植。主观主义、强迫命令较少。

问题：（1）肥料少；（2）部分地区因旱及人畜力不足，有些地种不上；（3）部分地区因旱出苗不齐。

棉花 6185 万亩，比去年 7965 万亩减 1779 万亩。比计划 8200 万亩减得更多，是 1952 年以来最少的一年。减最多的是河南（－545〔万亩〕）、山东（－288〔万亩〕）、河北（－124〔万亩〕）、安徽（－129〔万亩〕）。棉田施肥少，不用水浇地，好地种棉花，棉田间种粮食。

黄麻 163 万亩，比去年减 11 万亩。烤烟 348 万亩，减 117 万亩。甘蔗 376 万亩，减 89 万亩。花生 2069 万亩，芝麻 1360 万亩。油菜 1840〔万〕～2038 万亩。总的来讲经济作物都是减少。

夏收预计：484 亿斤（冬春小麦、夏杂粮 149 亿斤），比去年减 146 亿斤（1957 年 633 亿斤）。原因华北干旱，肥料不足。早稻 1 亿亩，估计亩产 280 斤，计 280 亿斤。合计 764 亿斤。秋收作物 10.46 亿亩，估计亩产 226 斤，计 2363 亿斤。（〔19〕57 年〔亩产〕239 斤。）合计 3127 亿斤。（一季稻〔亩产〕400 斤，双季晚稻 300 斤，冬小麦 81 斤，早稻 280 斤，北方稻

250斤。）包产指标3100〔亿〕～3120亿斤，包括大豆。按超产10%计为3400亿斤，减大豆150亿斤，为3250亿斤。超5%为3100亿斤，加自留地100亿斤，为3200亿斤。

旱涝灾害，冀、鲁、豫、晋、内蒙、北京2～5月降雨50～75毫米，湖北、苏皖约100毫米，比常年少20%以上。受旱面积2.94亿亩（去年5.8亿亩）。六月十日还有1.6〔亿〕～1.7亿亩，山东6000万亩，河北3000万亩，河南3800万亩。灾情重的是山东，6000万亩小麦中有1000多万亩不收或收得很少。河南6000万亩中也有1000万亩不收，另2000多万亩严重减产。台风较早，东南地区降暴雨，受涝面积1200万亩，广东590万亩，浙江230万亩，福建110万亩。

春灌5月底完成6248万亩，为去年18000〔万〕亩的三分之一多一点。河北去年4400〔万亩〕，今年1600〔万亩〕，河南去年5000〔万亩〕，今年1500〔万亩〕，山东去年4100〔万亩〕，今年1500〔万亩〕。主要原因渠道岁修清淤劳动力少，缺乏燃料，人畜力水车减少。

虫灾较早，将近2000万亩发生蝗虫，已防止800万亩，52架飞机协助灭蝗。蚜虫主要害棉花，如河南新乡等地。蝼蛄等。

水利投资8亿，已完成（5月底）3.4亿，一般完成30%～40%。去年土方18亿，今年0.5〔亿〕～0.6亿，主要缺乏劳动力，体力弱。

灌溉配套，大水库217项，灌〔溉〕面〔积〕3.5亿〔亩〕，已配套的不多，收效的0.8亿亩。一年解决不了，要三年至五年才能配套。

排灌机械260万马力，60%要下半年交货，已交〔货〕部分也大部分不配套。

去年底排灌机械500万马力，能用的40%～50%，坏了的比新添的还多。

已拦洪水库，大型262座，中型1754座，今年汛期有问题的大〔型〕39〔座〕，中〔型〕152座。大型南〔方〕24座采取措施可无问题，北方15座比较严重。

水利新问题，黄河下流河道淤积，花园口到藁城河高〔出地面〕0.3～0.7公尺，最高处超过1公尺。大大降低河道泄洪能力。黄河灌渠渠道淤塞严重，水位上升，盐碱化。

农村经济调查*

青浦县委

青浦耕地63万亩，高田28万亩，低田30万，荡田4.2万亩，平均每人2.4亩。农业人口25万，全县人口32万人，渔民1772户。每劳动〔力〕4.95亩，农业战线劳动力10.5万人。过去22个大乡，共16个公社，其中15个以农业为主，一个以渔业为主。粮食〔产量〕1960年3.25亿斤，另外还有300万斤饲料。统购19584万斤。口粮447.6斤，共1.16亿斤。纯调出1.56亿斤。亩产569斤水稻。

今年三麦亩产166斤，13.3万亩，连蚕豆2600万斤，比去年增加600万斤。双季早稻比去年少一点，去年约占10%，今年5%。油菜3万亩，蚕豆9万亩，绿肥22万亩。十边地归小队种，按劳分配，平均每人约半分。自留地每人7.8厘，占3.1%。一百斤谷子，加工得三斤青糠，一家可得50多斤〔青糠〕。卖一头猪给饲料80斤。养猪〔19〕52年88500〔头〕，〔19〕57年14万〔头〕，〔19〕58年12万〔头〕，〔19〕59年17万〔头〕。〔19〕60年16万〔头〕，年底存〔栏〕8万头，都是公养，私养200多头。现在私养11000头，占16%。小蒸〔公社〕私养占30%。公养5万多头。〔其中〕大队3万头，小队2万头不到一点，公社更少。

养鱼4万亩，公社〔占〕81%，大队〔占〕11%，小队食堂〔占〕7.5%。放鱼种1100万尾。计划上市13万担，上半年可完成48%。

社办工厂8千多人，县办工业3千多人。

食堂1953个，已处理1537个。

---

* 1961年6月中旬，陈云在上海召集薛暮桥、顾复生等开会，布置他们先去青浦县小蒸公社调查摸底，为他随后去调查研究作准备。6月27日至7月11日，陈云在青浦县作调查研究。随后7月12日至18日，先在杭州与浙江省委负责人交流情况，并召集嘉兴专区和嘉兴、嘉善、桐乡三县负责人和一些生产队队长座谈，到萧山县调查，然后到江苏无锡、苏州调查，同苏州专区和吴县、吴江、常熟、昆山四县负责人和一些大队党支部书记座谈。7月19日至25日，在上海休养期间，到上海郊区调查，并同上海市委负责人谈调查情况（《陈云年谱》下卷，第84～89页）。薛暮桥陪同参加了这些调查，以下为调查情况的记录。大标题为编者所加。

挺秀大队

100 户，800 亩水稻，356 人。折实劳动 108 人，高田〔占〕三分之二(536〔亩〕)，塘田〔占〕三分之一（264〔亩〕)。原三星大队分为三个大队。过去浪费很大，分队后较好。高级社时〔为〕一〔个〕高级社（三星社)。挺秀大队有四个生产队。过去愈大愈好，原拟把现在三个大队并〔?〕成三个小队，社员不同意。现〔将?〕挺秀分为二个小队，现又分为四个〔小队〕。

〔19〕58 年 10 月 10 日起到〔19〕59 年 3 月吃大锅饭，吃饭不要钱，外来人也可以吃，尽吃饱，一天四餐，一稀三干，壮劳动力一天吃三斤米。深耕一尺五寸，把下面的硬土翻上来了，到现在牛还不好耕。深耕时打稻晚了半个月，损失很大，群众说“着草鞋的不作主，着皮鞋的来作主”。公社试验田〔每亩〕下小麦〔种子〕60 斤，收了 40 多斤。耘田每人 1.5 亩，决定每人五亩，结果虚报完成，实际四边耘了，中间未耘。农具浪费严重。公社命令全力深翻，把全部劳动力集中翻地，群众偷偷割稻，否则损失更大。

〔19〕59 年 4 月起定量吃饭，每人一斤多一点，社员有意见（30 斤多一点，现在 27 斤 2 两)，说宁可〔粮食〕丢在田里，不给社员吃饱。应当耘稻时不让耘稻，叫把路边河边草铲下作绿肥下田，结果草更多了。(草应用来填圈，不能直接肥田。）高级社时一〔个〕劳动日分 1.3 元，还分稻草，共 1.5 元以上。〔19〕58 年一日分 3.1 ~ 3.3 角。

〔19〕58 年冬深翻土，密植，〔19〕59 年大搞密植，开始双季稻，〔19〕60 年大搞双季稻（20% 上下)。

农具丢失，现在还未完全解决。现在最难的是没有笆斗、栈条、铁耙柄、扁担。

小麦去年种 221 亩，有 50 ~ 60 亩翻了未收，原因没有肥料，社员意见最多种 100 亩，多种蚕豆。(去年种〔小麦〕63 亩，青〔蚕豆〕45〔亩〕。）今年准备种红花草 120 亩，青蚕豆 180 亩（吃青当肥料)，50 亩小麦，油菜 120 亩（去年同)。另外划 50 亩给社员种，每户半亩，社员吃青豆，杆子翻了当肥料。小麦、油菜、老蚕豆种〔在〕高田，青蚕豆种〔在〕荡田。五保户两户，地主三户，富农三户。几次整风都不彻底，一户地主三户富农未划，其中一户富农〔19〕58年批准了，一直没有宣布，现在材料找不到了，社员贴了许多大字报（媳妇〔是〕大队总会计）。8户中农，86户贫雇农。（〔19〕56年秋收时初级社，〔19〕57年春高级社，〔19〕58年8月公社。）

干部整风，一队瞒报私分，整风组到社员中去了解，未向大队了解，干部都有顾虑，不愿意当干部。现在好了。过去大队当家，小队不负责，现在小队当家，工作主动，大队检查督促。

一队瞒产私分，1960年1600斤，社员每户分五斤，食堂吃了一点，大部〔分〕干部私分〔了〕。〔19〕58年私分4000多斤，大部分分给社员。

亩产：解放前最高600斤（高田），400斤（荡田），普遍500～300斤。〔19〕60年555斤，最高605斤（一队），最低512斤（十队）。〔19〕57年480斤，〔19〕58年512斤，〔19〕59年550斤。征购〔19〕58年84万斤，〔19〕60年102万斤。口粮，〔19〕59年500斤，〔19〕60年470斤。现在最低〔每月〕26斤米，最高27.8斤。〔19〕61年任务96.6〔万〕斤，〔亩产〕高田每亩约600斤，荡田每亩约450斤（过去500～300斤）。水利比以前好。养猪比解放前多，比〔19〕55～〔19〕57年少。每亩要猪肥15担或大粪10担，化肥20斤。红花草田不要基肥，红花草25～30担。

去年三星大队养猪鸡鸭亏本4000元（每户十三四元）。5000只鸭子只剩200几十只。母猪吃不饱奶少，小猪断奶后不吃精饲料就饿死。100斤稻有5斤糠，四口之家1600斤稻，得80斤糠。

农民要求包产量，不规定播种面积，可以集中肥料小面积丰产。种麦（荡田）只收40斤，去种〔得〕25斤，休耕灌水省一次底肥，水稻多收50斤。种青豆还可多得300～400斤青豆。要下一次猪肥（5担至6担）。

社员要求超产不增购。今年包产550斤（去年548斤）。三留后口粮不到470斤。社员希望再多吃一点。多给猪饲料。

包产按去年产量包（大队平均产量），包工以产定工，不按田亩包工。

小蒸公社情况

十四个大队一个直属队，76个小队，2300多户，10100多人，农业人口9800多人。4200多个劳动力。〔19〕59年把3000多亩荡田改种菱［茭?］白、菱、慈姑等，碰了钉子。现又改种水稻。

公社化后总的来说是发展的。〔19〕58年增产10%，从469斤增至505斤。〔19〕59年从505〔斤〕增至544〔斤〕，放弃部分荡田，总产略少，减4%。〔19〕60年554斤，总产1263万斤，增5.6%。

问题：（1）多种三麦，少种蚕豆、绿肥。〔19〕58年种1000多亩，〔19〕59年多种2800多亩，1000多亩不收。〔19〕60年种麦6000亩，农民很多意见，县里不听，最后定为5500亩。结果：①肥料不够（麦子20担，水稻20担）；②夏收夏种夹在一起，季节拖迟一星期；③小麦亩产157斤，112斤，100斤不到一点，影响水稻产量。绿肥从11000亩减至6000亩，长得不好（绿肥、青豆原占2/3（〔19〕57年）不〔需〕要肥料），〔青豆〕又吃了不少。河泥年年挖，肥效不高（潮水河无水草）。

（2）双季稻，〔19〕57年种了一点，〔19〕58、〔19〕59年也只100多亩，〔19〕60年县里分配4190多亩，减至3700多亩，下面抗拒不种，县说受了损失县来检讨。实种3570亩，每亩基肥30担，化肥40斤，收523斤。后季没有肥料，少数好的〔收〕600多斤，平均290多斤，差的60斤。多〔下〕出50斤种子（早稻50斤，晚稻25斤）。损失，影响寄秧田150斤，肥料25担100斤，少耘一次20斤，共320斤。要劳力有多，肥料有多，种双季稻才有好处。今年种双季稻1800多亩，主要为着解决口粮。如果多种绿肥、青豆，可以种3000亩双季稻。

（3）荡田种晚稻，晚稻产量高，但吃肥多，影响种蚕豆。中稻种洋籼，出米率低，出饭率高，顶饥。亩产只450斤，出米70%。

（4）水利建设，有11个电灌站，200多马力，几乎每个大队都能电灌。问题围子太大，排涝不易，要筑小隔子，一块块排水。

（5）密植规格，县里规定4×4、4×5，试验结果最好4×6、4×7。今年多数4×7。

养猪问题：公社化以来摇摆前进。高级社时都是私养，公社化后开始母猪公养（公有私养），后来（两三月后）办饲养场，群众卖肉猪，拿不到肉票，钞票也不及时付款，群众不愿养猪。〔19〕59年4月后布告允许私人养猪，50%优待肉，猪款兑现，私人养猪大发展。〔19〕59年11月提出公私并举，公养为主。12月公养猪大批死亡，私人不养小猪。〔1960年〕一二月份公猪死得更多，私人养猪大减。不供苗猪，不供饲料，私人无法养猪。

奖励肉不兑现，或用死猪肉抵。到〔19〕60 年三月底死剩 3650 头。四月份开始好转，但仍一条腿走路，九月又发展到 16000 多头。冬天又大量死亡，到今年三月底剩 2800 头。〔今年〕一月开始下放小队，死得更多。二月提出公私并举，三月开始私养，现公私共 3500 多头，其中私养 1100 头。三联大队把 73 头母猪交给私人代养，好处：①猪肥多，公养一年 120 担，私养 200 担，质量高 50%；②节约稻草，烧草；③节约 18 个劳动力；④节约成本，去年开支 1014 元，亏本 6800〔?〕元，今年上交苗猪可赚 1000 多元。

今年肥料不足，有三四千亩水稻没有底肥。红花草比上年少种了三千多亩，蚕豆也少。上年 9000 多亩，本年 6000 多亩，吃掉后不到 2000 亩顶用。(反对强迫命令有偏差，群众采红花草干部没收，工作组要他送回道歉。)

食堂 72 个，蔬菜地约 80 亩，饲养场饲料地 300 亩，养猪 3600 头。

养鱼大多亏本，不如捕天然鱼，自育鱼苗比买鱼苗饲养合算。电捕把小鱼都电死了，电捕后鱼要绝种。

鸡鸭三万只，公养 5800 只，主要是鸭，私养的主要是鸡，平均每户十多只。

公社欠银行 23.5 万元（无利〔息〕），另社办工业贷款 7.8 万元（有利〔息〕）。还有大队贷款，共 50 多万元。酒厂第一季亏本 1000 元。

食堂 72 个，自动停伙 29 个，安排停伙 12 个，其余大部分退出。食堂菜地未处理，工分大队支。

供给制：90 元以下取消，后改为 120 元以下。〔120 元〕以上三七开供给制。本公社全部在 120 元以下。工资可以从 6 毛增至 8.4 毛。

超产分配：国家 30%，大队 20%，小队 10%，社员 40%。（公社意见。）市〔里〕定 40%〔国家〕，10%（大队），50%（社员）。

评工计分：任务到组，工分到田，责任到人。锄草耘田包工到户。①任务明确，工作主动；②责任明确，便于检查；③〔可以〕利用辅助劳动。

三联大队汇报

大队 237 户，940 人，2637 亩。过去养猪 1300 头，全年 2300 头。谷家浜 44 户，养 48 头母猪。〔19〕58 年以后养猪归公，到现在只剩 300 多头。公养死猪多，去年一年亏本 7000 多元，〔19〕59 年亏 10000 多元。“六十条”下来后，经县委批准下放给社员养（公有私养）。〔19〕59 年饲养量 800 多头，年底存量 500 多头。〔19〕60 年饲养量 600 多头，年底圈存 364 头。今年二月只剩 200 多头。“十二条”下来后下放肉猪，社员无饲料，不愿接受，下放小队 180 多头剩下 50 多头。过去全县养猪小蒸〔公社〕最好，小蒸〔公社里〕三联〔大队〕最好，现在变成最差的一个队。冬天不填圈，猪靠猪，压死一批，饿死一批。现在是全县母猪下放的试点。公有私养方法，先将母猪估价交社员，养的小猪三成归队，七成归社员，国家供应饲料照常供应。母猪死了也是三七开，即赔三成。差的母猪二八分。（去年 10 月全公社死了一千多头猪。）社员愿意养，国家供应饲料不大够，加青饲料。

母猪归公前，干部到各户调查母猪，估价，不告诉社员，接着〔19〕58 年 11 月宣布一律照估价归公，社员不愿意也不听。估价大约比应得价低 30%，70% 的价亦未付现，到郑州会议后才还款。肉猪养大后卖给供销部，发肉票后未给肉，到今年给肉。猪价也不付现款，留给大队支配。猪肥原来每担 4 毛，这时也无代价归公。郑州会议后每担给价二毛，社员不同意，后给四毛。猪棚由大队拆去造饲养场（说是协商，不愿意也要愿意）。

郑州会议处理平调（还猪价、肥价）后，公私并举，社员可养肉猪，不准养母猪。（联合大队下放母猪后受批评。）社员养猪仍不积极，只养了三十多头。（全大队 500 多头。）〔19〕60 年上半年提倡集体养猪，苗猪不卖给社员。社员吃不到肉。“十二条”下来后，准许杀猪，社员不信，全公社只杀了 29 头。春节社员要吃肉，县规定每人二两，社员有意见，说政策仍不兑现（原说食堂猪自养自吃，但不准自己杀，食堂不杀也不卖，最近才动员分成出卖）。现在规定大队养猪一九分成（九成给国家），一成给五保户、产妇、饲养员吃，小队养猪二八分成，社员养猪三七分成。三联有 82 户养了 137 头肉猪，公有私养母猪 73 头。以后群众自己培养母猪，公有私养制将自然消灭。今后公私并举，将以私养为主。（传达“六十条”时，说上海市情况不同，单靠私养不能解决问题，应当公私并重。）几年来猪跟草走，有草时养猪增加，冬季无草猪就减少。六月开始把口粮的糠交回社员，养猪户每出卖一斤毛猪给一斤饲料（未卖前可预支）。每 100 斤粮食得三斤糠，二斤细〔饲料〕，每头肉猪每天至少吃精饲料半斤，母猪空胎时半斤，重胎、吃奶（三个月）时一斤。一年两胎共六个月。（重胎一〔个〕月，吃奶二〔个〕月。）小猪断奶后吃两月〔饲料〕出卖，每只每天半斤（小猪不能吃青饲料，肉猪每天吃青饲料三斤半，母猪吃青饲料五斤）。小猪16只吃480斤，连母猪全年270斤，共750斤精饲料。国家供应400斤，实际不能按数领到。一家贴350斤很困难，冬天很难保，只能少生一胎保母猪，否则连母猪也难保。

现在大队还养四头母猪，公有私养73头。现在每只母猪分一分饲料地，大约可收50斤到100斤（全社2300多农户，耕地23000多亩）。

计划全公社9812头（农业人口每人一头），圈存5500头（公养4000头）。现有母猪909头（公养842头），已配〔种〕800多头，可养5400头。现有肉猪1808头，苗猪918头，公猪42头，合计3677头。〔其中〕公社176头，大队1673头，小队686头，社员1101头，已出卖168头，自吃85头。

饲料：母猪（1）国家每只供应400斤，共40万斤；（2）社员口粮得糠14万斤；（3）300亩饲料地18万斤。三共72万斤。母猪需要75万斤，差三万斤靠酒厂解决，问题是国家的400斤能否全部拿到。肉猪靠以肉换料解决。粗饲料还缺得很多。公养猪冬季五个月，每头母猪900斤，肉猪675斤，苗猪150斤，共需干草17500万担。双抢后出动500人，一个半月可以完成。

国家收购粮食总共得糠23万斤糠，母猪供应40万斤，肉猪供应40万斤，共80万斤，相差很多。

社员养猪粗饲料自己可以解决。今年可以出售私养肥猪1500多头，公养出售600多头。

去年公养猪12个队只2个队不亏本，12个队约亏本6万元，平均每人亏6元。养不好原因：（1）饲料不够。（2）饲料搭配切碎不好。（3）猪舍潮湿。（4）管理不好，母猪压死小猪。（5）病猪不报，只报死猪。（6）母猪流产很多。八九月大抓配料，打催情针，小猪过早配种。（7）母猪全部留种，猪种退化。（母猪宜用本地纯种，与洋种杂交的做肉猪，不能做母猪。）

公养与私养：（1）私养养得好，公养一人管几十只，私养几人管一只；（2）饲料适合猪的要求；（3）积肥多，因为用青草填栏；（4）私养成本低，用垃圾填栏，节约稻草（一担稻草三头拔，食堂、饲养场、社员），利用剩余劳动力捉草；（5）私养长得快，流产少，死得少（私养一年两窝，公养大多一年一窝）。害怕：（1）社员投机私卖；（2）妨碍集体生产（全公社养猪用近三百人）。

三联产量，〔19〕56 年原〔为〕三个初级社，〔19〕56 年还有单干户未统计，206 户，815 人。水稻 2610 亩，单产 485.8 斤，总产 126.8 万斤。小麦 85 亩，单〔产〕124.7 斤，总产 1.06 万斤。蚕豆 315 亩，单产 153.3 斤，总〔产〕4.8 万斤。合计 132.7 万斤。〔19〕57 年并成一个高级社，224 户，无单干户，867 人。水稻 2857 亩，〔单产〕475.9 斤，总产 136 万斤。麦 169.7 亩，单产 70.8 斤，总产 1.2 万斤。蚕豆 284.7 亩，单产 89.8 斤，总产 2.55 万斤。合计 139.7 万斤。〔19〕58 年 226 户（分家），895 人。水稻 2841.7 亩，单产 510 斤，总产 145 万斤。麦 170 亩，单产 69.7 斤，总产 1.17 万斤。蚕豆 256 亩，单产 103.4 斤，总产 2.65 万斤。合计 149.0 万斤。〔19〕59 年 233 户，909 人。水稻 2506 亩（少种多收，公社放弃荡田 3000 多亩，三联划出），单产 538.5 斤，〔总产〕135.5 万斤。小麦 123 亩，单产 159.5 斤，总产 1.96 万斤。蚕豆 56.9 亩，单产 75 斤，总产 4267 斤。合计 137.8 万斤（小麦每亩下种 70 斤，蚕豆 50 ~ 60 斤）。〔19〕60 年 232 户，936 人。水稻 2583 亩，单产 557.3 斤，总产 144 万斤。三麦 381.5 亩，单产 105 斤，总产 4 万斤。蚕豆 123 亩，单产 49 斤，总产 6109 斤。合计 148.6 万斤。

每人平均，〔19〕56 年 1627 斤，〔19〕57 年 1612 斤，〔19〕58 年 1663 斤，〔19〕59 年 1517 斤，〔19〕60 年 1599 斤。

征购任务，入库数〔19〕57 年 90.5 万斤，〔19〕58 年 91 万斤，〔19〕59 年 92 万斤，〔19〕60 年分配 94.8 万斤，完成 96.8 万斤。〔19〕57 ~〔19〕60 年增产 9 万斤，多征 6 万斤。口粮〔19〕57 年 520 斤，〔19〕58 年 520 斤，〔19〕59 年 480 斤，〔19〕60 年 447 斤（一年粮分 13 月吃，多的一个月由国家收购）。前几年有统销，征购数中尚未扣除，〔19〕60 年无统销。

青〔浦〕东〔部〕地区麦产量高，豆产量低，习惯多种麦。此地麦产量低，豆产量高，习惯多种豆。麦拔肥很多，种麦地不如种白地（不施肥），因此农民愿种豆不愿种麦。县里要求平衡，计划多种小麦大麦。小麦每亩施肥15担，蚕豆施肥10担。吃青豆后可当绿肥做水稻底肥。

水稻增产原因，划到上海市后每亩化肥30斤（在江苏时每亩只3斤）。过去不捉野草，现在捉野草，可抵猪肥减少〔之〕数。〔19〕58年前田亩比较正确，公社化后调出调进，少报田亩，或基建占用田亩不扣除。化肥当年有效，如无有机肥料配合，土质变硬。如果猪肥不增加，长期靠化肥也不行。

养猪：社员意见，最好全部下放，公社和生产大队养良种公猪和纯种母猪。全社养600头母猪，由社员养。公养社养6对，大队养2～3对。每头母猪每年养苗成活12只，共7200只。每只母猪肥田10亩（全年），每只肥猪肥田2亩（半年）。

饲料：母猪、苗猪59.4万斤，社员口粮出糠14万斤，征购粮出糠24万斤，300亩饲料地（母猪每头三分，肉猪每头半分）得30万斤。

落实计划情况：（1）每户全年平均养猪两头，给一分饲料地，自己口粮糠60斤，饲料地100斤，每头可吃80斤；（2）全社2400户，全年养肥猪4800头，存栏数2400头；（3）全社养母猪400头，每头给饲料地二分，得200斤，公社给600斤，共800斤（母猪吃270～300斤，余供苗猪）；（4）征购粮得糠24万斤，全给母猪；（5）共需饲料地320亩，已有300〔亩〕，再加20亩；（6）年底存栏肥猪2400头，母猪400头，加苗猪、公猪约3000头多一点；（7）母猪肥田4000亩，肉猪9600亩，共13600亩，尚有1000亩靠绿肥。

张书记〔汇报〕

养猪问题：公社化后比高级社时期减少很多，〔19〕58年底6899头〔原文如此。以下合计实为6866头——编者注〕（圈存数），其中母猪1176头，公猪15头，苗猪3622头，肉猪2053头。饲养量15015头，出售6553头（包括苗猪），死亡1509头，占10%，占苗猪15%。〔19〕60年底圈存4020头，饲养量5722头，其中上市1504头（僵猪〔？〕400头），自吃168头，淘汰母猪30头（60～80斤奖励6元，80斤以上奖2元，现已变更（“六十条”以后））。9月份6千头，年底4千头，〔今年〕3月2.8千头。母猪与〔19〕58年差不多。现在奖励办法，一斤毛猪奖一斤饲料（肉100

斤，奖 70 斤饲料，100 斤以内每担 50 元，100～130 斤 52.5 元，130～150 斤 55 元，150 斤以上 57.5 元）。母猪流产约 500 胎，约 3000 只，小猪 30 斤就配种，最小的 18 斤，有的配好就死了（断奶就结婚）。县委为完成每亩一头猪计划，所以强迫交配。提倡 18 斤配种，产后立即配种（血胎配种），交配两次（重配），早产。（安徽开过现场会议，一头公猪，五头母猪，一年产 800 多头。人民日报报道年产百子。）

公养为主，大办养猪场，平调社员母猪，拆猪栏，收猪食草。养猪场基建投资全社约二万元，此外还亏本（上市 1500 头亏本 2.87 万元，平均每头 18 元）6～10 万元。两年来农业赚，副业赔，赔比赚多，公社负债〔欠银行〕54 万元。养猪亏本大部转入今年（提高圈存数折价），影响今年社员收入。国家向公社平调的钱，可能抵不上公社欠国家的钱。平调结果，羊毛出在羊身上。

赔钱：（1）养猪，公社养猪场赔一万元，三联赔七千元；（2）养鱼；（3）养鸡鸭（生产大队赔得多）；（4）工业投资大，赔多赚少。

方针：养猪公私并举，应以私养为主。再这样下去，影响农业很大，干部精力，多用劳力，积肥比私人少，费饲料，费柴草多。原来小蒸每人一头猪，加上苗猪每人一头半。现在社员养猪潜力很大，社员要求养猪，小队养比大队养更不好，不如私养。要下放，要快放，到九月农民就不愿要了（要先准备饲草）。下放办法：（1）公有私养，这是过渡办法；（2）折价归私，分期付款（怎样来，怎样去，反其道而行之）。私人养猪后要增加自留地，现在 3%（高级社时数目），建议增至 5%。高级社时 759 亩，每人 8.6 厘，现在 9309 人，726 亩，每人平均 7.8 厘，约占 3%，要再增 460 亩到 500 亩，可达 5%，每人一分二厘。食堂地还有近 200 亩，饲养场 300 亩，可以移用。自留地占大地只 120 亩，占 0.5%。（食堂田原有 670 亩，分了 120 亩作自留地，大田还多了 500 多亩。）

粮食多劳多吃，我们对基本口粮、工分口粮，兴趣很大。星联第二小队 15% 按工分分，对提高积极性作用很大（县里不同意试验），平均每日做 1.4 工，口粮差别不大，最多半月多得 3.8 斤，平均 1.5 斤，一月 3 斤。社员要求提到 30%。现在超产奖要到年底才得，社员兴趣较小。试验时老〔人〕小〔孩〕不动，只是能劳动的基本口粮减 15%，用作工分粮。没有工分粮，社员愿意捉黄鳝，孵小鸡，卖蘑菇，有工分粮后争着出勤。基本口粮重新调整，就可以全部实行。

退赔问题：表面看已大部处理，实际问题不少。（1）公社化以前互相支援，支援白鹤公社 30 人，15 头牛，死了二头；（2）公社化前调社员的东西；（3）公社化以后拆社员的房子折价低，占用房子租金低，拆猪棚折价低，猪食槽等；（4）高级社时拿群众的大扁、栈条、三笆、栲栳，没有账，不好算；（5）太浦河用工，物资（一万多元）；（6）供销部派销货全社十几万，已付款六万多元。

乐善大队

原一个高级社，现有 140 户，578 人，积极分子比较多，几个小队长原来不积极，现在好了。干部原来特殊化，吃小夜饭，现已改正。自留地过去一年二三变，种好了就收去，没有东西了又分给社员。这次分下时群众不信，或半信半疑，每户平均分九厘，实际超过一分，到一分一二厘。过去群众偷风甚盛，现已减少。

整风前原自留地均成白地，社员无菜吃，吃酱油汤。平调很大，食堂平调东西，饲养场平调东西很多，现在大部分都退了。社员母猪低价平调尚未算账，〔19〕59 年母猪给社员养二三月又收回没有算账。（〔19〕57 年有一小队 28 户养 140 几只猪。）去年要求一亩一头猪，供料很少，苗猪自己无法养，又不卖给社员，等着死。三星一年只上市三头猪，死了一百多头，亏本 4000 多元。乐善 1200 多亩地，去年最多养 170 头，现在已发展到 190 头，其中私养 50 头。〔19〕57 年三星草帘草包卖一二万元，去年饲养场、食堂多烧稻草，又烂了一点，稻草不够，到三四月就烧光了。现在烧麦柴，只能烧一个多月。食堂粮食普遍被偷，社员天天骂食堂。

“六十条”学习后群众对多劳多得比较扎根，四小队原来出勤很少，工作做不完，要别队支援，现在出勤多了，不要支援了。四旁十边地、青豆都按工分分，对刺激出工积极性效果很大。

工作组到时“十二条”已读了，〔干部〕检查有一半没有听到，又补讲一次，组织社员讨论。有些老农讲到自留地问题，养猪问题，瞎指挥（先种小麦，慢种蚕豆，密植，深翻地，干部特殊风吃小夜饭）。社员怕工作组走〔后〕，干部报复，〔19〕58 年整风贴了大字报，一个问题没有解决。经解释后贴了三百多张大字报，正面提意见很少，个别访问谈得比较深透（政府政策没有变，个别干部看见自留地种得好眼红，所以收了。—工作组解释）。大队干部向社员大会检讨，公社干部向大小队干部检讨。

瞎指挥：①深耕一尺半，一尺三还要返工；②绳索牵引，一天耕一二分，钞票花了不少；③收割机一天割三四分受表扬，人割一天割一亩多受批评；④种了海海会会〔？〕小麦，收最多的也只 70 斤，〔收〕少的不够麦种，或者全部翻了；⑤密植浪费种子（〔19〕58 年麦田 50 斤），“给社员吃〔认为〕肉麻，丢在田里不肉麻”。大字报写了很多，越写越多种〔瞎指挥〕，社员说“越放越多，不要放了”。

社员对三包一奖信心不高，原因基肥不足，化肥减少（去年 31 斤，今年 18 ~ 20 斤）。今年每亩稻种省了十斤（计划 25 斤，实用 15 斤），公社布置按工分分配，社员很高兴，出工增加一倍，工效提高三分之一，后来又不执行，抵了口粮。群众说骗我们多劳动，一百条也不行，“十二条”“六十条”都是假的。（节省稻种一万多斤，分三分之一，三千多斤，二百五十个劳动力，七千工，每工可分半斤。）超产小麦分给社员现在也不敢向社员讲（第三小队，超产小麦 300 斤，3000 工，每工只能分到半两）。

现在抓评工记分，群众思想扎根，记工员不愿干，因为评分困难，一个月只〔给〕补助二工，不如种自留地，〔记工是〕吃力不讨好。评工记分工效提高，晚稻插秧按时（夏至前）完成，未开夜工，未支援，质量好。

大队小队干部由社员无记名投票选举，条件〔是〕成分［份］好，历史清白，有生产经验，工作积极，有事和社员商量等。

有些社员要求包产到作业组，否则作业组只顾数量，不顾质量，三包后产量可以提高。

现在工效还不高，过去一天插秧一亩半，好的两亩，现在普遍只插一亩。原因一是还有吃大锅饭思想，二是口粮不够，重劳动比不劳动要多吃半斤粮食。

县委工作组报告

乐善大队基层干部思想情况：

（1）怕困难；（2）对当干部的光荣感认识不足；（3）怕夜头开会；（4）怕招怨家；（5）对政策还抱有怀疑、不信任的态度；（6）当干部想讨些小便宜；（7）只管生产不问政治。

“七风”横行，五风外加“偷风”“赌风”。

	1957 年	1958 年	1959 年	1960 年
小麦单产(斤)	82	75.5	157	132～96(大)
双季稻(斤)	741	1111	724	809
	451	506	544	553

	1956～〔19〕57 年	〔19〕57～〔19〕58 年	〔19〕58～〔19〕59 年	〔19〕59～〔19〕60 年	〔19〕60～〔19〕61 年
总产量	1285 万斤	1213 万斤	1255 万斤	1202 万斤	1273 万斤
征购	719 万斤	723 万斤	712 万斤	770 万斤	780 万斤
统销	10 万斤	10 万斤			
纯购	709 万斤	713 万斤			
留粮	576 万斤	508 万斤	543 万斤	547 万斤	526(492)万斤
留种	43 万斤	56 万斤	68 万斤	102 万斤	99 万斤
口粮	529 万斤	450 万斤	472 万斤	441 万斤	417(383)万斤
饲料	3 万斤	0.7 万斤	2.3 万斤	3 万斤	4.8 万斤
每人口粮	568.8 斤	474.7 斤	511.8 斤	482.2 斤	450.2(413)斤
三麦	1000 亩	2242 亩	2094 亩	1293 亩	3188 亩(小 1430,大 1758)
蚕豆	1750 亩	1943 亩	1974 亩	659 亩	1449 亩
水稻	26209 亩	26083 亩	24160 亩	21476 亩	22038 亩
双季〔稻〕	1567 亩	1050 亩	258 亩	102 亩	3472 亩

新联大队汇报

303 户，1304 人，2717 亩水稻，30 亩瓜田菜园，农业劳动力 558 人。〔19〕55 年每工分 1.36 元，〔19〕56 年 1.42 元（水稻丰收，副业收入占 20%），还分稻草。〔19〕57 年每工分 1.34〔元〕，稻草要算钱了。〔19〕58 年吃饭供给（占 60%），每工分只分到 0.42 元，群众积极性下降。〔19〕59 年供给稍减，每工5.6毛，〔19〕60年增至6.3毛（供给部分30%）。从“十二条”“六十条”后，生产面貌变化，工效提高。第二小队全劳动力按工分分15%的粮食，群众拥护。这一队原来劳动力少，生产落后，现在已经赶上来了。

〔19〕58年起不因地制宜，上面规定太死，深翻地一亩花25工，小麦不增产，种水稻不行了。牛耕地腿都拔不出来（原翻地只5～6寸）。新联原来种双季稻很好，产量高，去年种了527亩，前季542斤，后季300斤。〔19〕60年亩产平均606斤，比〔19〕59年增产。

征购〔19〕56年82万斤，〔19〕57年104万斤，〔19〕58年同〔19〕57年，〔19〕59年87万多〔斤〕，〔19〕60年98.6万斤。（〔19〕59年起田亩减少。）

〔19〕54～〔19〕56年三定，人心定，完成任务后有余粮。〔19〕57年减产，国家有灾，任务加重，余粮减少，口粮降低。〔19〕56年口粮600多斤，吃三四顿干饭。今年吃四顿稀饭。“六十条”执行得好，可以吃一顿干饭，但群众还不相信，担心政策变。去年本来增产，一年粮分13月吃，一个月支援了减产队。群众说共产党只管增产，不管浪费（种子），一个小队多种了15亩秧田（每亩200斤，共3000斤）。

今年包产615斤，比去年增9斤。猪肥、红花草比去年减少，捉野草比去年多两倍，上海来肥比去年增三分之一。今年双季稻比去年少，插秧季节提早了。化肥去年〔每亩〕30斤，今年15斤。今年能否增产，信心不大。只要有600斤，也可以三留后完成国家任务。完成615〔斤〕可以吃到超产粮。增产关键是多耘一次，捉野草积肥。

群众对党〔的〕政策还有怀疑，吃大锅饭的思想一时难以转变。学“十二条”一星期，开始有兴趣，后来不愿学了。学“六十条”约半个月，对多劳多得还不大相信。分青蚕豆、猪肥给钱后开始信了。

〔19〕56年养猪很好，养猪收入占总收入的19.6%。〔19〕58年公有私养，没有公养。〔19〕60年大办饲养场，大办食堂，共产风刮得比较大，拆了一些旧房子。

饲养场还有50头母猪，30头苗猪，11头肉猪，卖给小队和社员各70多头。年底圈存306头小猪，今年生了108头，死了一半多。现在私养肉猪72头。社员愿意养猪，但猪棚拆了，再建没有材料。私养肉猪还可以，私养母猪有顾虑，怕没有饲料。

耕地面积23500〔亩〕，种水稻23000〔亩〕。

公社化前划出两个村1400亩。

〔19〕60年口粮10个队480斤，两个队486斤。

按十三个月安排，十二个月〔是〕450斤。

公社党委汇报

“六十条”问题：读“六十条”几次，87%社员参加，群众最有兴趣的是多劳多得。现在要求吃超产粮，问题：①包产额；②征购数；③超产是否多购。（群众说：“生产时争取特大丰收，分配时又说特大灾荒”。）新“六十条”决定不购。

供给制，怕多劳不能多吃。

食堂问题，不要等待，灶头拆掉，房子分掉，这样群众才会放心。

赔退，要坚决赔，彻底赔，和尚的房子〔寺庙?〕七月份要解决。供销部派销的无用物品都要赔退，退还生产部和生产这些东西的工厂，让干部受到教育。高级社时期的农具（三笆克桅，夹扁栈条，犁耙等，过去规定大农具折价归公，中农具公用公修，小农具社员自用）要查明赔退。食堂三堂、两部、一条龙（食堂、课堂、会堂、小卖部、俱乐部）借了拆了一些房子，饲养场借了一些房子，拆了许多猪棚，都要赔退。太浦河出工和出东西，约29000元，已赔13000元，还要赔16000元。老母猪折价低。中农具估计八万多元。公社赔得差不多了（只有4000多元）。未赔退的是国家的（供销部、太浦河），大队小队的（中农具等），队的可以用公养猪、饲养场、食堂房屋用具等来抵偿。

新联群众座谈会

从前此地勿种三麦，此地种三麦不行，要因地制宜。要吃得饱，才能做得好。“小菜在你厨里，生活在我皮里”。荡田最好种赤稻，省肥料，一亩晚稻的肥可肥三亩赤稻，双季稻最花肥料，一亩〔双季稻〕花的肥料可以肥七八亩晚稻。明年最好不种双季稻。如果种百分之百的双季稻，连一顿粥都吃不成。种早稻后种胡萝卜。

宽垄种得多，不通风，产量反而低。〔19〕58 年“大兵团”时一亩地下五六十斤麦种，只收三四十斤。丢在田里的种，给了农民可以吃一顿干饭。土质好，肥料足，每亩十斤种就够了。普通田每亩十二斤差不多。

小麦不能多种，也不能不种，最好种 5% ~10%，也要移植。或者多种青蚕豆，到上海去换麦子，这样更好。种青蚕豆最好，豆箕作绿肥比红花草还好。荡田冬天放水，可省肥料，春天种早稻，收后种胡萝卜。荡田种红花草和蚕豆都不行，不如放水休耕。

包产 615 斤一定完不成，实事求是 550 斤，牌九顶格 600 斤。今年猪肥少，〔肥〕田粉少，不可能比去年增产。

第三生产队粮食吃亏 2000 多斤，复员军人要求算账，干部不肯算。政府是好的，下面小鬼不行。洋籼一斤米出饭二斤六两到〔二斤〕八两，食堂只出二斤二两。晚米出二斤四两，食堂只出二斤。结果每个食堂都要吃亏，社员说食堂是“蚀堂”。口粮最好到粮管所卖，现在放在食堂，还不牢靠。

退赔不到一半。母猪折价不到一半，猪肥不算。大队没钱退赔（夏收预支每劳动力只分了三元四元）。〔19〕56 年就把母猪折价归公。105 元的母猪，折价 40 元。猪肥 1 万斤，值 46 元，没有算钱。供销社的股金 30 元，没有还，信用社也 3 元（另外一角）。

自留地分得不合理，干部分得多，分好地，社员分得少，分坏地，现在每人分 6 ~7 厘，太少，希望分一分多一点。大队共分自留地 104 亩，其中大田只三四十亩，二十年不变好，还不肯造房子。〔?〕

“六十条”宣传讲得好，越听越要听，听几遍也愿意。不但可以养猪，而且可以养牛。去年讲集中，变成“绝种”，连牛都只剩三只。

六月三十日

包产勿牢靠，干部死要面子，国家任务要完成，肚子勿要完成。不种麦子，600 斤差勿多；种了麦子，至少差 100 斤。荡田〔亩产〕300 ~400 斤（平均 530 斤）。今年比去年：（1）红花草少，种小麦多；（2）猪肥少；（3）化肥少（去年 30 斤，今年 15 斤）。好的条件：（1）种秧比较好；（2）耘苗比较好。

〔19〕58 年吃大锅饭以来，做生活勿负责。“说是人人负责，实际是人人不负责”。说干部，干部也管不过来。要包产到户，或者包给三四家，

才能负责（三四户一个组）（现在包工到组，要求包产到组）。做生活懒洋洋，评工〔反而〕头等奖。评工〔由〕小队长〔评〕，社员勿参加。有时大家评分，评几天又不评了。要评工，起码评半夜天。“共产党政策好，十椿有十一椿办勿到”。产量年年高，肚皮吃不饱，毛病在估产高了。“干部要面子（吹牛皮），社员饿肚子（饿肚皮），干部出风头，社员吃苦头”。

成立合作社时，每亩地入八元股金，现在不知哪里去了。

“穷人翻身，外床翻里床，里床翻外床，睏勿着。”干部“男人像老爷，女人像太太，儿子像少爷，囡姑娘像小姐”。社员分三块钱，有了洋葱也没钱买。

粮食放在粮管所最好，拿多少米，带多少糠。放在食堂靠勿住。干部吃小夜饭，社员吃勿着。

三联出一工加一两，连塘做黄梅加十斤口粮，浙江省出一工加半斤口粮。七月份口粮比五六月少一点（不到一斤）。四旁十边地粮食没有分，放在食堂，没有了。

大队入仓十三万斤，损耗五千五百斤（4.3%），合理损耗规定千分之二。新联四旁十边〔地〕放在大田内，因此没有四旁十边〔地粮食〕可分。

高田过去地主富农亩产三石（600斤），一般二石半（500斤），最差的一石半（300斤）。塘田最好一石半（300斤），一般七八斗（120斤）。现在荡田种洋籼收300～400斤。

养猪问题，猪一只吃精饲料100斤，〔产〕40担肥，至少可以多收120斤。如果白田收400斤，加10担肥，可产五百斤。如果再加10担，就增不到100斤。上半年养猪100斤精饲料够了，下半年不够。因为上半年有红花草，平均有150斤就好了。养肉猪1分饲料地，养母猪3分到5分。

自留地3%太少，有5%就行，行地算不算？算行地最好7%。行地要种一点竹子。种好晚稻后分，可以调整，免得零零碎碎。

电动打谷机要大场地，运输费工，不如用小打稻机合算。（要有电线。）

现在饲养场15人，养猪55头（不算苗猪），平均每人3.66头。要二人养五头，可养得像私养一样好。肉猪一人养十头，可像私养一样好。这样，如果一人〔亩?〕一头猪，要〔用〕同种地一样多的劳动力养猪。

养猪座谈

现有15个饲养场，母猪909〔头〕，肉猪1908〔头〕，公猪34〔头〕，余为苗猪926头。过去苗猪要20几斤才捉出去，现在15斤上下就捉出去了。〔19〕58年11月开始母猪公养，〔□□□〕猪620头，到〔19〕59年3月死了一半。原因没有饲料，吃统糠（二八糠、三七糠）。

〔19〕59年6732〔头〕饲养量，圈存4752头。〔19〕60年5628〔头〕饲养量，圈存4020〔头〕。死亡3793〔头〕，占饲养量三分之二。

死得多的原因，母猪吃统糠、干草，没有奶，小猪饿死，养十天到二十天死的最多。母猪有奶，〔小猪〕一个多月〔以后〕开食〔饲料〕，没奶，半个月以后开食，要吃米糠、麸皮等精饲料。苗猪饿、冷，容易死，也有被母猪压死的，母猪饿了吃小猪。

好的母猪每年〔产〕两窠，现在一般一窠，饿瘦了不易发情，打催〔情〕针也没用。

过去饲料多，向浙江用苗猪换饲料，或者用鸡蛋〔向〕户［农?］户换。从前运上海大米，糠留下来，现在上交谷子。轧米糙，糠也少了。过去酒糟多（〔还有〕糖糟），还可买回豆饼、麸皮，现在买不到了。

公〔养〕猪缺点：(1) 死得多；(2) 肥料少（无人捉草，缺稻草灰），（稻草缺的原因：食堂、饲养场、社员三头拔，还有烂掉），质量差（填稻草不如填青草，稻草每担一元八角，变成猪肥只值四角）；(3) 长肉少（公养一年只长二三十斤，养到三四十斤就不肯长了，〔因为〕照顾不周到。私人养猪每天能长半斤）；(4) 浪费劳动力（饲养场近300人，其中饲养员不到100人，其余种饲〔料〕、耕地、捞草、运输、管理）。如果每亩一头猪，都公养，十头猪一个劳动力，就同农业劳动者一样多；(5) 费稻草（每头每天费二斤，连烧带填），（一亩田出稻草七担，荡田四五担）；(6) 成本大，都亏本。〔19〕60年基建三万元，养猪亏三万多，合起来亏六万多元。〔19〕59年亏1万5、6千，加基建〔共〕四万多〔元〕。

那时私人想养猪，一不供应饲料，二不供应苗猪（母猪集中了），要养也养不成。当时宣传公养猪每人每年可以吃肉50斤（结果去年吃了四两）。

〔19〕58年11月母猪集中公养，〔19〕59年11月宣传每亩一头猪，小

蒸〔公社〕规划养猪4.5万头，群众房子都给猪住，不耕田都去养猪也勿够。

私养肉猪每头出肥40～50担，公养15～20担，质量私比公好。一只母猪私养每年肥田10亩（200担），公养5亩（100担）。

每亩一猪饲养办不到。（1）劳动力办不到（24000头猪，〔需要〕2400〔个〕劳动力，现在共有4400〔个〕劳动力，只剩2000个）。要照顾得好，还要加一倍；（2）草不够，每〔头〕猪每天15斤水草（母〔猪〕、肉〔猪〕、苗〔猪〕平均），每年55担，2.4万头猪〔需要〕132万担，等于稻草10倍。吃野草每天10斤（没有水草好），要86.4万担，全部耕地都种红花草也不够（每亩36担）；（3）精饲料每头〔猪〕每年〔需要〕150斤，少算一点算100斤，2.4万头共240万斤，现在1200万斤〔粮食〕只出36万斤糠；（4）稻草不够，每猪每天二斤，每年720斤。一亩高田出700斤，荡田出450～500斤，平均每亩600斤。

大队饲养场已办不下去：（1）劳动力不够，要不超过2%，小队把饲养员调回搞农业，派工捞草、到上海运料不肯出〔工〕；（2）七月份起公家饲料减少三分之一；（3）没有人捉草，没有人运料；（4）烧的稻草没有，填的没有。小队养猪更不如大队，因为没有专人管理。76个小队以前每队都有饲养场，现在只有24个小队〔有饲养场〕。

社员不愿在饲养场工作，因为没草、没饲料，工作重，死猪多，受批评。

私人养一只肉猪成本，苗猪15元，饲料8元（8个月），捞草人工6元，共29元。收入100斤毛猪50元，猪肥24元（60担），共74元，获利45元，至少可以赚40元。

一只母猪每年〔产〕两窠，可赚200元。〔计算：〕16只小猪，每头15元（25斤），240元，〔猪〕肥80元，共320元。开支饲料1400斤，84元（母猪400斤，苗猪1000斤）。少做30工，30元，共114元。剩206元（精饲料每斤6分）。

现在时期私〔养〕猪死亡率0.8%，公〔养〕猪12.3%，到冬天公〔养〕猪死亡率将大大提高。去年12月生100只，死了750只，圈存减少650只。（年底圈存4000只。）

公养每人每天只能捉水草 100 斤，私人〔养〕捉 500～600 斤，质量还好，可以利用小孩放学后捉草，自己完工回来时也带一点草。青草晒干粉碎后，比统糠好得多。多吃统糠肠子塞住，因此死亡。

养猪办法：（1）填圈好；（2）冷热调节（保暖、防暑）；（3）喂得好；（4）母猪保胎；（5）产时照顾（接生）；（6）照顾苗猪（保苗）；（7）出肥时期。

私人养猪可以照顾人多劳力少的困难户，养一只母猪，困难可以解决。再养几只鸡就生活更好。首先满足困难户。

十五个饲养场只有四五个比较好。

母猪质量降低，过去要一百几十斤到二百斤，现在大多七八十斤甚至五六十斤。猪种退化，改进猪种要三四年。勉强可用的母猪不到一半，比较好的母猪不到 10%。

母猪淘汰一半，种比较好，一年两胎，可产十几只。如不淘汰，一年一胎，苗猪不能增加。把两〔头〕母猪的饲料给一〔头〕母猪吃，可以吃得好。

大队养公猪和良种母猪。不能近亲交配。

母猪作价：空胎同肉猪，有胎小母猪加 5 元，老母猪加 8 元，特别好、特别差的加减一点。（同〔□〕70～80 斤的作价 60 元，120～130 多斤的作价 90 元，高了一点。）

养猪农民座谈

过去养猪两只的多，一只不抢食，不易长，三只的也有，养两只的〔是〕多数（一窠），全年两窠四只。养一只、三只的〔是〕少数。过去养母猪户〔占〕30%，养肉猪户 40%，不养户 30%。小蒸是养母猪最多的地区，出卖苗猪。肉猪、母猪合计平均每户一头。母猪平均每年〔产〕两窠，每窠七八头到十几头。（平均每户一头半苗猪。）存栏数每户两头半，饲养数（肉猪、母猪）每户两头（肉猪一头半）。

每户种 1 分地竹园，长 150 根竹子，每年可砍 50 根。

养猪困难，缺木头、竹子搭猪棚，食槽容易解决。

饲料：肉猪每天至少半斤，一月 15 斤。最好〔的是〕青糠，其次皮酒糙（三斤顶一斤青糠），每天喂三次，早晚两次各喂饲料4两，中餐吃草。豆渣同青糠差不多，但水份〔分〕多，容易饿。麸皮比青糠还好，豆饼比麸皮更好。糖糟也是好饲料，现在没有了。菜子饼滑肠，不长肉。

小猪落棚后养五个月，25斤落棚，100斤出棚。每天吃精料半斤，共〔吃饲料〕75斤。这个数字偏低，吃100斤精料，出棚100斤（长肉75斤），比较可靠。

青饲料每天30斤，连填圈30斤共60斤。每户养猪两头，青饲料夏天可以解决，冬天不行。

一分地种洋山芋200斤，藤50斤，山芋200斤，藤100斤，共芋400斤，折200斤精饲料，藤150斤，搭吃青饲料，可以圈存一头（全年两头）。不吃青饲料，要三分地，圈存一头，合一分半。全国养1亿头猪，饲料地1500万亩（1%）。

养一头猪，全年积肥70～80担。每亩施肥20担，再加10斤肥田粉，收获有保证（600斤）。加20担肥，可增50～100斤。增产粮食作猪饲料差不多，白吃肉。每亩最多施肥40担，再多也不行了。

现在农民吃米每100斤谷只出2.5～3斤糠，到上海去的净白米出6斤糠，最好出5斤糠，米少一点，出饭不少，猪食可以增加。

吃肉：去年全年每人吃肉4两到半斤，今年每户如养一头肉猪，100斤肉自留30斤，每人五六斤。

母猪全年吃精饲料360斤（每天平均一斤），喂乳时吃二斤，140天140斤，共500斤。10只小猪要400斤。〔计算：〕小猪养五个月出棚，吃乳70天，50天后吃食。出棚时达25斤。一年两窠，20只小猪，〔母猪、小猪〕共〔吃精饲料〕1300斤。

下放规划：小猪不够供应，母猪可能多下一百多头。下放价，每担平均50元，母猪价格同，有胎的新母猪每月加5元，老母猪每月加8元。小猪每只3元，4～10斤每斤6～8角，〔10斤〕以上每斤8角。太坏的母猪空胎时淘汰。有400只母猪，也比现在产小猪多。

饲料：大队出外运料，卖给社员，以肥抵账。国家供应饲料，公私一样对待，自〔行〕向粮管所领。

肉猪养到100斤，赚钱30～40元。

母猪养出小猪后，每只小猪要奖精饲料 20 斤，母猪奖 80 斤。（练塘办法。）现在每月供给母猪 25 斤，小猪每只 10 斤（每月）。如果落一窠再奖 100 斤就行。

问题：（1）七月一日起饲料要减 30%，（2）县里发的饲料质量低，有一部分统糠。

~ ~ ~ ~ ~ ~ ~ ~

肉猪 100 斤，毛猪 70 斤，精饲料，每月预支 7 斤。

母猪每月 25 斤，苗猪每月 5 斤。

精饲料：青糠麸皮 20% ~30%，

杂饼 50%，混合精料。

浆水和酒糟不算精饼料。

最近要求自力更生。

每年可供应精饲料 50〔万〕~60 万斤，每〔月〕4〔万〕~5 万斤。

〔19〕60 年饲料供应 121 万斤：

青糠 4.3 万，糠饼 17 万斤，豆饼 15.7 万斤，

四六糠 12 万斤，统糠 25 万斤，

三麦 11.5 万斤，麸皮 4.3 万斤，

混合饲料 18 万斤。

一二三月死亡一半。肉猪赚 30 ~40 元。

~ ~ ~ ~ ~ ~ ~ ~

农作物种植安排

过去种稻每亩约 14400 穴，下种 8 ~10 斤。前两年 30000 ~40000 穴，下种 25 ~30 斤。今年比前两年少一半，每亩约 20000 穴，比过去还密一点，这样比较好。现在肥料减少，太稀不行了。土质好的，还可以再稀一点。有少数老农认为现在还是太密，可以照老办法种两亩试一试。今年每亩下种 15 斤，秧有多余，有 12 ~13 斤就够了。

过去 100 亩中种 60 ~70 亩红花草，20 亩豆，5 亩小麦，5 亩油菜。现在可以少种红花草，多种青豆，吃青作绿肥。长得兴的一亩可以肥田两亩。种豆费劳动力比红花多一点。一亩青豆约 500 斤，一亩枯豆约收 150 斤。蚕豆

一亩要五担猪肥，三担人粪。红花可以不施肥，小麦每亩15担猪肥，如果移植，可同蚕豆一样（费工较多）。（上海市规定：青豆6斤抵一斤统购任务。）种小麦不如种蚕豆，因为影响水稻产量。收青豆比收小麦时间早20天，劳动力容易安排，可以不误水稻。

水稻用红花草作基肥，10担猪肥，15斤肥田粉作追肥，可以收到550～600斤。后季稻施15担人粪，15斤〔肥〕田粉，可以收250～300斤。双季早稻：①红花草少收；②用肥多；③寄秧田损失200斤；④劳动力紧；⑤种子多用30斤；⑥稻草少（两季不抵一季）。

荡田中有一半已经淤高，可以种红花草及青蚕豆，另一半不能种，放水休耕，可以积肥。公社耕种高田70%，荡田30%，有85%可种麦、豆、红花。计划5%～10%种麦，25%～30%种豆，40%种红花。种麦豆田只能种洋籼，不能种晚稻。

少种小麦和双季早稻后，粮食要安排到九月底。要多留两个月口粮。上海市和苏州、嘉兴专区150万人，要1.5亿斤粮食。只要减征一年，以后就可周转。

计划种小麦5%，油菜10%（少种多收，今年亩产30～50斤，可以提高到80～100斤），蚕豆30%，红花40%，休耕15%。计小麦1200亩，蚕豆7200亩，油菜2400亩，红花9600～10000亩。豆种草种不够，一年转不过来。如果红花减少，可以少种荡田，放水休耕，也可增加肥料。冬天要耕一次。

积极性〔问题〕：（1）包产不落实；（2）评工记分不认真；（3）干部作风不好；（4）多劳不多吃。

自留地问题

高级社时期自留地分大田500亩左右，十边地180亩，只达3%。公社化以后收回，郑州会议后又分了367亩。大田春天分，到秋收时产谷折价归公，种小麦后又归公。十边种菜，陆续收归食堂。现在分大田120亩，竹园102亩，留〔加?〕十边地共726亩，同高级社时差不多，每人7.8厘，占总面积3%。大田比高级社时少得多。竹园抵自留地有问题，农民为吃菜把竹园砍了一点。为着发展养猪，现在自留地还不够，希望扩大到5%。高级社时让社员在田边种蚕豆，吃青豆后豆箕作绿肥归公。十边地大的归小队所有，小的作自留地。

初级社时自留地无标准，原来多的〔就〕多，原来少的〔就〕少，都是家前屋后和十边地。高级社时进行调整，多的拿出一点，少的补了一点，仍不完全平均。

现在大田120亩，十边504亩，竹园102亩。大田分给社员有顾虑，一怕统购任务不扣除，二怕社员种了粮食，分不清公私，顺手牵羊，偷集体的粮食。现在必须比高级社时期增加一些自留地，一是养猪饲料地要增加，过去可向外地购买饲料；二是过去可向市场买菜（外地运来），现在必须多种一些蔬菜；三是口粮不足，要种一些代食品。

（〔插话①：〕需要考虑的问题：(1) 社会主义还是资本主义？只要90%以上的耕地集体生产，总是社会主义；(2) 农民需要（上面三条）；(3) 征购任务，农民吃四餐粥，不能说征购的都是余粮。群众最关心的不是社会主义还是资本主义，而是吃饭还是吃粥。为什么产生这样情况？应该说，第一条是我们的政策有错。为什么出“十二条”“六十条”，就是过去有些政策错了，需要改正。如深耕，密植，双季稻，多种麦，大办养猪，大办饲养场，供给制等。我们心是好的，出了一些不好的主意，好人做了一些错事。我们做了许多好事，农民说了四条，一条是分了土地，没有人收租讨债了，二条是圩围搞好了，三是电气排灌，四是干部态度虽然有缺点，比国民党时期好得多了。不是坏人，是好人有些缺点。

农民吃不饱，这个问题不能太久，得罪了农民是站不久的。过去推翻王朝的都是农民，我们也靠农民打倒了蒋介石。我们移丰补欠只能是暂时的，长久如此会打击高产区农民的积极性。能否同农民商量，再忍耐三年到五年，恢复到〔19〕56年的情况。明年稍微好一点，后年再稍微好一点，不能一步登天，讲明白了，农民大多数是会同意的。

全国15亿亩集体所有，分1亿亩自留地，动摇不了社会主义。有了自留地，农民可以有菜吃，有一点代食品，可以养猪养鸡，手头灵活，不要天天向公社借钱了。养一只老母猪，养猪养鸡，吊黄鳝，赚几个零用钱，这不

① 以下括号里的几段可能是陈云的插话。

能算是资本主义。这对社会主义有好处，是社会主义经济的补充。这一点不要怕。

自留地的用处：（1）补充口粮，现在口粮这样低，给一些自留地是目前补充口粮的主要办法；（2）解决饲料问题，要使土质不下降且有改进，只有靠猪肥和绿肥，养猪不能靠买豆饼、麸皮、糖糟，靠青糠也不够，还要在自留地上种些杂粮。要多养猪，还要加饲料地；（3）种菜，自己吃；（4）赚一点零用钱。现在用几个钱都要向生产队借，比做养媳妇还困难。有了自留地就可以养鸡、养鸭；（5）恢复竹园，解放前八十几户中有三十几户有竹园，现在这里的竹园减少三分之一，质量降低，竹子的用途增加，要向外地买竹子有困难。应该扩大竹园，每家宅前或宅后都种一点竹子。

征购任务要服从于农民的需要，只有先把农民手头搞活，才能完成征购任务。现在要先顾农民，再顾工人，不能先顾工人，再顾农民。因此要压缩城市人口。自留地上种出来的东西，比生产队种出的只会增加，不会减少。增加自留地，农民口粮得到补充，征购任务可能不会减少。）

公社党委主张再分3%大田，共700亩。饲料地和食堂菜地共有374亩，可以利用，再分大田326亩。增加后自留地占大田3.5%，加上行地占6%，其中1%作竹园。

会不会把肥料都放在自留地？放不了，绝大部分还会卖给生产队。会不会妨碍集体生产？农民说现在做生活比个体时轻松得多，种自留地决不至于妨碍集体生产。

（1）会不会发展资本主义？（2）会不会减少产量，完不成征购任务？（3）会不会妨碍集体生产？（4）会不会把肥料都用在自留地上？

过去冬天种不完的地，让农民种（每户一二分）青蚕豆，农民吃青后用豆箕作绿肥。每户二分只480亩，种在7800亩红花草的周围。高级社时种得比这多得多。如果每户种半亩，也只占红花草地的15%。今年红花草种不够，不如让农民种些青豆，最好每户半亩。农民早已提出这项要求。这样做了，明年青豆会吃不完，可以留一部分供给上海。

干部标准：（1）敢于向群众承认错误，群众批评不生气，不报复；（2）不贪污，不徇私；（3）对群众态度好，不脱离群众；（4）办事认真，不说假话；（5）生活不腐化。

干部无缺点的有没有？大多数干部是有缺点的干部，还有很少数蜕化变质分子。解决干部作风问题，靠上级监督不行，最有效的办法是靠群众监督。上级指示如果与当地情况有矛盾，如果〔来〕不及请示，首先按照当地情况办事。当时可能会受到上级批评，最后事实会证明你是正确的。

退赔问题座谈

去年三月办养猪场，八月办大食堂，平调了许多东西，折价五万多元，其中郑州会议前未退赔的24000多元，会后又平调26000多元。〔其中〕房屋1792间2万元。〔内〕托儿〔所〕、食堂590间，仓库398间，饲养799间，小商店11间，工业副业51间，学校13间。已还508间，造还8间，折价赔偿316间，付租金960间。

表面看来，已经退赔得差不多了。实际尾巴还很大。房屋折价太低（三分之一到三分之二），租金太低（瓦房每间每月2~5毛，草房1~3毛）。遗漏很多。办食堂时社员交小锅，卖钱后买大锅。公社化前平调物资均未处理。市〔里〕应退赔的有太浦河工程。造学校欠一千多元。食堂、饲养场三化用了3160元。制造耘稻器（四个耥）、收割机、插秧机、拔秧机，供销部派销各种无用农肥农药四万多元。双铧犁39只3000多元。绳索牵引犁7000元。水生作物11114元（种2000多亩，减产稻谷60〔万〕~80万斤）。供销社股金6639元。公社化前公用公修的中农具（三笆克栲，大扁栈条）约92474元。大农具折价已经还清。初级社时按土地入股股金（每亩8元）。

初步考虑，公社化后还要退社员三万多，加上公社化前共十二万多元。县市要退1.5万元。供销部化肥4万多元，农药2万多元，共6.5万元。迫切要求退赔，房屋、猪棚、中农具，国家欠生产队的，社员提得比较少。

食堂和供给制是平均主义的主要表现。原因1958年以为粮食多得吃不完，所以吃饭不要钱，办大食堂。食堂已经散了，不敢拆灶分房子，怕又要办。

可以退赔东西：公养猪折价4~5万元，食堂房子、饲养场猪棚。用来退赔给社员还不够一点。现在还缺乏破产还债的决心。

①还不到30%；②合作社时期遗留问题未处理；③迫切需要解决房屋问题；④破产还债的决心；⑤还应研究的问题（股金）。

发动群众讨论退赔，（1）公社每村找二人讨论退赔，让他们批评，〔公社〕作检讨；（2）每村组织退赔小组，选公道人，查明检〔核?〕实，交群众讨论；（3）破产赔退；（4）实物赔退；（5）食堂拆灶，迅速解决房子问题；（6）供销社派销东西坚决退赔；（7）高级社时期的也要还。

彻底退赔目的：（1）在群众中恢复共产党的信仰；（2）教育干部认识不能剥夺农民。

粮食收购价八分六，销售价一角零一厘，去年上半年回销121万斤，农民损失一万八千多元。

商业工作

供销部营业额2700多元，流通资金46万元，赊销预付16万元，库存22万元。人员82人，其中营业员73人。〔商品〕吃的约占50%，穿的20%，用的30%。收购，〔19〕59年1828头猪（全年），〔19〕60年1185头，〔19〕61年上半年159头（1～5月），6月份99头。猪肉自留30%，鸡鸭三只以下交一只，四只以上交两只。蛋，母鸡两只交三斤，三只以上交五斤。上半年收蛋3600多斤，其中三分之二由生产大队交售，三分之一由社员交售。（全年任务蛋1.2万斤，猪1600头。）收购稻草，过去每年二万多担，这两年没有了。水产已收34000多斤。在上海附近捕鱼，不能直接卖给上海，要运回小蒸，卖给青浦，再运往上海，运到时已臭了。如果卖给上海，不算任务，不能分成（10%）（渔船出去一次半月回来，每月回来两次，不可能把鱼运回）。派购品超额完成任务时，超额部分每元可买纸烟二条，或半斤白糖，或五寸布（东方呢）。如果不要这些东西，也可以按零售价收购。猪收购3200元，鸡收购2000多元，蛋收购5600元。

问题：（1）缺乏竹材、桐油、烟酒（烟每月五包，酒一人四两，不吃的不供应），群众意见较多；（2）上级派销滞销品，不准退货，现已积压一万多元。

原有二十九家小商店，四十人。南货烟纸〔店〕八家，百货〔店〕一家，油酱〔店〕二家，肉庄二家，豆腐店二家，染坊一家，饭店二家，理发五人。各负盈亏时很积极，跨行业经营，想尽一切办法扩大营业，并入国营后积极性不高，不负责任。理发〔店〕固定工资后，四点多钟就不理发了。要恢复小商店。

下伸小商店好处：①便利群众（供销）；②稀有商品分配比较合理；③容易反映群众意见。坏处：①干部多买一点；②店员开后门；③管理不严，容易舞弊，克扣群众。（总的来说，是克扣群众，私开后门，先多给干部，后自己多得。）

定量供应和群众急需物资，要贴榜公布，群众讨论如何分配。依靠群众监督，才能堵塞后门。七月十五日实行。

业务复杂，工作繁重，上级批评多，群众意见多，吃力不讨好。小商贩感到行动不自由，怕改造（批评），要求出去自己开店。营业员说我们不“开后门”，怕干部来敲后门，工作难办。

（1）收购农副产品中，粮食约占60%，副食品约占40%，收购政策占第一位。（2）第二是公平分配，公开出榜。（4）第三小商贩安排。（4）供销路线问题。（捉鱼直接卖给上海。〔运回〕小蒸要经练塘、青浦再去上海。黄鳝去，冰棍来，都是如此。）（5）产妇供应要首先解决，其次才是下放干部的营养证（青浦商业局下放干部大多有营养证，买不到来骂山门）。

粮食问题：粮管所职工16人，分收购保管2人，大米饲料供应2人，每个生产大队有一个粮管员（4个派去的，其余大队自己配）。

口粮安排：7～9月第一次40斤，10～2月37斤，3～6月36斤。7月份起标准447.6斤。前三月按481斤吃，九月份起下降，三月份后又降一点。

公社机动粮将近10万斤，来源第十三个月，饲料地所种粮食，种子节省。种子余7万斤，饲养地余3万斤。

工业和手工业

原有195人，下放后尚有137人。农具厂56人，酒厂34人，缝纫厂5人，加工厂17人，邮电5人，广播2人，电影1人，运输大队17人。原有建筑大队40人，已全部下放。造船工人已经全部下放。农具厂有金工、木工、竹工、红炉、白铁等单位，综合利用厂（酒厂）有菌种培养等。运输队有3只木船，1只轮船。大队有木船190多只。〔19〕56年成立铁木竹工生产合作社，是练塘的分站，缝纫社也是练塘合作社的分站。〔19〕58年成立小蒸农具厂，从练塘分来三十几人。缝纫也成立服装加工厂。

做草包大约用120万斤稻草，约合稻草总产量的十分之二，一亩稻草做草包价值等于一亩稻谷。35人，产值2万多元。每斤稻草6.5分。农具厂、酒厂亏本，其他不赚不亏。农村工业宜于半工半农，全年生产不合算。

工业资金15万元，其中银行贷余约9万元，公社拨款6万元（也是银行贷款）。固定资产8万元，流动资金7万元。去年大办工业，县里分下产值指标100万元，所以非办不可。实际产值不到10万元，不到计划10%。如果完成计划，更不得了。去年社办工业共赚4800元，其中一半靠草包厂。

问题：（1）固定资产大，利息负担重，因此亏本；（2）原材料不够，生产不正常；（3）没有经济核算；（4）工资低，职工积极性不高。过去计件工资，效率高；改为计日工资后，工效降低，六月份起在计日基础上加奖励，工率提高，但计算复杂，工人要求恢复计件制（改为自负盈亏更好）。计时制慢（工效低），计件制差（质量差），如果独立生产，自负盈亏，产销直接见面，可以又快又好。

工厂制老师傅带学徒不积极，因为没有好处。独立生产时学徒为师傅劳动，所以愿带学徒。

社办工业（农具厂）是少（品种少），慢（工效率），差（质量差），费（成本高），不合于总路线的要求。

要求：（1）银行贷款改为无息；（2）国家供给原料；（3）实行按劳分配（计件制、拆账制）；（4）师父带徒弟要得报酬。

办了三种工业：（1）有些工业只能季节生产，不可能常年开工；（2）办工厂不如办手工合作社，或合作小组，独立生产，自负盈亏。现在办法形式上是前进，实质上是后退；（3）农民兼手工业者，农忙务农，农闲务工；（4）家庭手工业（〔做〕草包）。这个问题解决后，一切问题都迎刃而解了。粮食加工厂改为季节性的，家具厂散了改为生产合作社，酒厂恐怕要停办。粉碎机为社员加工饲料。

去年粮食钱已收了，后来12个月粮分13个月吃，少吃粮食要退钱。早稻出米率低，至多出70%（晚稻可出75%），社员要求也按75%分口粮。第十三个月的粮食国家购去了，现在只能还钱。

群众意见：（1）第十三个月粮食国家拿去了；（2）种子节省〔的〕粮食不给农民，公社留着作七月份口粮。

包产、征购

包产指标平均每亩 565 斤，面积 21796 亩（此外瓜果 326 亩，饲料地 292 亩，自留地 120 亩，食堂地 82 亩，果树苗圃 130 亩，鱼塘 215 亩，三包外 273 亩，挖废 509 亩（不包括））。用稻田养鱼不合算，不如种水稻。养鱼不如捕鱼。把河港堵断养鱼，养的〔是〕小鱼，外面的大鱼不能进来，下大雨不能泄水，荡田淹掉。鱼苗投资 4.8 万元去掉了。鱼把水草吃掉，不利于喂猪和积河泥。一亩水稻田每年产鱼不到 100 斤，种水稻可产 400 斤。现在不肯放弃，原因是怕养的鱼跑掉，投资不能捞回。今年国庆节预备把鱼捉掉，以后不养。

包产指标比去年实产（553 斤）多 12 斤。单季晚稻包 553.8 斤，中稻 458.3 斤，赤稻 458 斤。双季早〔稻〕（1782 亩）〔包〕537.8 斤，晚〔稻〕（1520 亩）〔包〕368 斤。包产指标高了一点。今年与去年比：①肥料少，绿肥去年 8500 亩，今年 2288 亩，化肥去年 30 斤，今年不到。猪肥少；②三麦增加，2000 多亩，不但用肥多，而且使土质变坏。今年不施基肥的白田 5325 亩；③双季后作稻种不上，秧不够，要少种 720 亩。群众说超产没有希望。

包产指标比较可靠是 545〔斤〕，比〔19〕59 年高一斤，比去年低八斤，比三年平均数高十斤。比现在的包产数低 20 斤。原包产 1231 万斤，降低后只有 1188 万斤，少 47.6 万斤。县的二月〔份〕指标 1374 万斤（包括小熟），其中水稻 1262 万斤，单产 592 斤。后来（4 月 17 日）减为单产 95%，总产 1358 万斤，征购减 30 万斤。

（1）包产要切实可靠，有产可靠；（2）超产奖要兑现（〔19〕58 年以来一直没有兑现）；（3）超产要多吃，多劳要多吃。（超产 40% 卖国家，10% 留大队，50% 分社员。）

（陈〔云〕：全国高产区 250 县，每县少收〔购〕2000 万斤，共少收 50 亿斤。每人口粮可以提高 80 斤。）

今年征购 740 万斤，口粮 426〔万斤〕（每人 457.6 斤），种子 65 万斤，饲料5万斤，共1236万斤，比1188万斤多48万斤（1188万斤不包括小熟，小熟36万斤，只差12万斤）。留点余地，少征购20万斤，平均每人20斤（还有黑地未算）。

青浦县1959年的征购数比58年减10%，〔19〕60年与〔19〕59年同。小蒸〔19〕59年增10%，〔19〕60年与〔19〕59年差不多（加10万斤，纯征购数增120万斤）。

在小蒸附［等?］四个公社试验少种小麦，多种蚕豆，不种双季稻，解决7～9月份的口粮。自留地占大地3.5%，总数〔占〕6%，每家种8分地竹子。

干部作风问题

（〔干部〕370人，党员222人。）

公社干部32人（党员22人），企业17人，大队143人，小队177人。能够自我批评，群众批评不生产〔气?〕，不占小便宜，不偏庇亲友的占50%左右，不腐化，不吃吃喝喝的占90%以上。

干部不相信群众，对群众态度很凶。认为对群众不凶不行，管不住。群众对干部有意见，不敢提。

干部明拿，社员暗偷，“干部强盗社员贼”。公社决定30斤以上肉猪不下放，×书记捉了64斤的叫大队长养，大队长就捉了62斤的自己养。上梁不正下梁歪。

主要教训：①过去只抓生产，不抓思想；②干部没有群众监督，平时错误无人揭发，发现错误后算总账。

过去〔搞〕运动是〔走〕形式，揭发问题没有处理，“运动来了像绵羊，运动过了像蜜娘”。社员对运动没有信心，不肯鸣放。支书大部〔分〕是党委委派的，少数是由党委提名后经支部表决的。对干部只要求他坚决执行上级指示，不要求他接受群众意见。一切都由书记决定，主任、队长不起作用，社员代表会更有名无实。密植、宽垄，都是上级规定很死，根本不让群众讨论。（群众讨论不同意，报告县委，县委批评“谁叫你给群众讨论?”）

（〔薛暮桥〕：这次感触很深，干部都是辛辛苦苦工作，但参差不齐。农村环境制度不严，思想容易发霉。解决办法只有依靠群众监督，党内监督和党外监督。农村干部权力很大，不但管生产，且管群众生活。粮票抓在干部手里，群众不敢批评干部。如何使群众敢批评干部，监督干部，应该很好研究。对干部要抓思想教育，要上级检查，但更重要是群众监督。要让群众批评我们，敢于批评我们的缺点。讲我们的缺点对我们有好处。但很多干部想不通，总怕群众批评，能接受群众批评的干部，估计占5%，可能是合于事实的。要欢迎群众批评，经常听反面意见。

农村干部几千万人（8000万），经常抓在群众头上，单靠教育不行，自觉和被迫要相辅而行。听群众的意见，主要听对我们的批评，不能要求群众作全面的检定。）

小偷小摸问题

公社化以来发现小偷小摸700人次（捉住的，不捉住的无法计算）。其中贫农504人，中农155〔人〕，富农26〔人〕，地反15〔人〕。送县法办的21起，其中贫〔农〕14〔人〕，中农4〔人〕，地富3人，判徒刑的3人。公社处理教育释放63次，赔偿93次。未破案的189次，其中偷米99次。偷食堂仓库粮食最严重。其次是到田里偷粮食，到菜地偷菜，偷猪偷鸡鸭。（浙江来四条船，偷去稻几十捆和一头大公猪。）

偷窃大量是贫苦〔农民〕，贫苦农民小偷小摸，原因是没有吃。过去小偷很少，去年下半年以来大增，那时吃粮紧，无菜，吃酱油汤。农民有三种，二流子不要面子，做惯偷，这是少数，不肯劳动，一靠供给二靠偷。群众痛恨，要求严格处理。我们处理宽了，群众有意见，说“共产党领导，不偷懊劳，偷了吃饭”。另一种是看人家偷就跟着偷，生活困难时偶尔偷一点。第三种是又想偷又要面子，看大家偷不处理也就去偷，实际上是集体私分（如分红花草）。后一种不能算是小偷。群众一面偷，一面不满意，希望公家出来制止。如果动员群众讨论，可以迅速制止。如偷青蚕豆时群众公议轮班看夜，偷一斤蚕豆罚两斤粮食。有些惯偷受拘禁，一天吃七两粮食，生活蛮好，放出来亦不觉得羞耻。一般农民被抓后就觉得无脸见人。

三道防线：（1）群众批评；（2）劳动教养；（3）捉捕法办。现在前两条没有，要〔么〕就是法办，要〔么〕就是教育释放。〔第〕十二次公安会议规定，农村小偷不允许罚款。群众规定处罚办法是违反规定的，说是

“违法乱纪”，这个规定值得研究。

意见：（1）首先靠教育群众，安排好群众生活；（2）动员群众讨论处理办法，群众主张罚款也可以作此规定，未经群众公议不能处罚（新联）。（实际上无人偷，也无人受罚）；（3）对惯偷要法办，或者劳动改造。几种情况，（1）顺手牵羊拿一点东西，不处罚；（2）存心偷窃要处罚或赔偿，（经公社批准，15元以下）；（3）大偷惯偷要法办，不够条件的交群众批评斗争。（有人偷了26只鸭子，每只卖了6元，群众要求按6元赔偿，公安局批评，说应按供销部收购价赔偿，我们不同意公安局的批评。）

小偷去年大增，原因：（1）口粮减少，蔬菜不能供应（去年八月收社员菜地，收了没有种好）；（2）处理太宽（偷红花草工作组不准处罚，又来动员群众讨论，新联讨论了未偷掉）。（对偷了一点自己吃的和大量偷了出卖的要不同对待。）反对强迫命令时，看到偷窃不敢处理。（有一个大队只有4个外来干部未偷红花草。）

（1）不够吃，偶尔拿一点吃吃的；（2）大家拿，跟去拿一点的；（3）不好好劳动，经常小偷小摸屡教不改的；（4）偷了比较多的东西（26只鸭子，几百斤粮食）出卖的，这是盗窃行为。

处理办法：有处罚过严的，如把（1）（2）种当（3）（4）种处理，公安会议是针对这种情况作出决定。老百姓是讲面子的，（1）（2）种情况发生要由领导者负责。对（1）一面教育，一面解决困难（如把偷的东西给他一点）。对（2）要开群众大会订公约。〔对〕（3）一半自己负责，一半我们负责，要教育给以适当的处分。〔对〕（4）自己负责，要退赃依法处理。

群众性的偷窃损失最大，群众是反对的，怕吃亏不得不跟着做，这是破坏生产的行为，必须迅速处理。办法是开群众大会，制订反对偷盗公约。问群众〔意见〕，发生（1）（2）种现象，应由干部负责，〔知道〕但不制止，使大家受损失。开会以前拿的东西一般不追究，开会以后再拿要处罚。只要订了公约，实际上就没有人偷，也用不到处罚了。

〔第〕十二次公安会议防止了一面，是必要的，但对另一面未注意，应当补充。

一是安排生活，二要承认自己有责任，三要发动群众讨论订公约，四对惯偷和大偷要处理、制裁，也要交群众讨论。只要经过群众讨论，报县处理，就不会违法乱纪。

要在党内向干部进行教育，（1）（2）种同（3）（4）种要区别对待，要政治解决，群众路线，不能单靠公安机关及处罚来解决。

浙江农业①

耕地面积 2900 万亩，山区 70%，平原 30%。耕地数不落实，上大下小，原因是基建（水利）占了很多土地，不能扣除，下面最多 2840 万亩。可垦地 300〔万〕~400 万亩，另外海滩 100 万亩。平均温度 16~19 度，降雨量 1000 公厘以上，无霜期 240~250 天。601 个公社，27400 生产大队(48 个县)。生产队 19.2 万个。每社平均 9400 多户，大队 200 多户，小队 30 户。人口 617 万户，其中农户 514 万户。2621 万人，其中城市人口 400 万人。(49 年只 247 万。)

〔19〕58 年土壤普查，2900 万亩中水田 2285 万亩。每人平均 1.13 亩，其中粮地 0.9 亩。复种指数〔19〕57 年 2.21，〔19〕58 年 2.286，〔19〕60 年□□□。农村劳动力〔19〕57 年 958 万，〔□□□〕抽出 175 万，最近回来的约 100 万人。农村劳力 1092 万人，农业占 849 万人，占 61%〔?〕(去年 10 月)。社办工业 3%，每劳动力负担 3 亩。100 万立方米以上的水库 182 处。动力 17 万马力，主要用于灌溉（14 万），易涝（500〔万亩〕）易旱地区还有 800 万亩，易涝区是杭嘉湖（吴江围田）和台风暴雨区。

机械化问题，插秧机未过关，用的劳动力不节省，拖拉机太大，对水田不适用，成本高。水利机灌也有成本问题。

蚕茧维持原状，桑叶不够。茶叶产量未减，质量下降。春茶减少，秋茶增加。麻面积减少，产量增加。

落后地区都是重点粮区，农民吃粮较少，收入较少（50~60 元）。原因，国家任务年年增加，群众留粮〔是〕虚数，比经济作物区（国家供应）吃粮还少。群众要求主要是留粮问题，“六十条”好，不解决留粮问题还不行，现在包产包不下去，先包定购，产销自己负责。公社安排基本口粮 400

① 1961 年 7 月 13 日，陈云在杭州，与浙江省委负责人交流调查情况。以下应为浙江省的汇报情况（《陈云年谱》下卷，第 87 页）。

斤。超产按劳分配。

重点粮区人瘦、牛瘦、地瘦，农具、农船减少，要二三年能恢复。今年生产可以比去年好，但赶不上〔19〕58、〔19〕59 年。

杭州市

群众认为“六十条”比“十二条”更好，具体、明朗。“十二条”下去后还有些怀疑，现在更放心了。

问题：分队问题，原〔大队?〕1964 个，“十二条”后到了 2060 多个，现在到了 2200 多个，2800 多个，恐怕会到 3000〔个〕左右。小〔?〕队原有 1.4 万个，现在有将近 4 万个。现在群众还要求分小，干部认为差不多了（平均约 150 户左右）。小队问题不大，一般 20 户左右，小的十几户，大的 30 多户。

食堂问题，供给制问题，以小队为单位，干部坚持办食堂，有些地区缺乏柴草。现在有 30% 回家吃饭。群众赞成部分人食堂和农忙食堂，原来办得好的自办常年食堂。冬天愿意回家吃饭。供给制问题，群众赞成〔供给〕五保户的多。收入高的供给制仍能保持三八开〔?〕。经济作物区问题不大，困难的是水稻区。

公社原有 61 个，现在分为 230 多个，每个 2000 多户。

三包问题：队划小后又要变动。主要作物已无问题，有问题的是养蚕等副业收入。原来包给小队，群众要求包给作业组。养鱼也要按不同情况处理。水果情况也较复杂。

萧山主要〔产〕水稻和棉麻，城南主要是水稻区，城北、〔城〕东、〔城〕西是棉麻地区。水稻区收入较低，平均每人 70 多元，棉麻地区 90 多元。（集体收入）。棉平均产量 90 多斤，麻 600 多斤，水稻平常到 800 斤，去年只有 600 多斤。棉去年 12 万亩，今年 10.5 万亩。水稻今年 21 万亩。棉麻地区口粮原来 450 斤，去年 400 斤，今年六月后 430 斤。每收〔购〕100 斤棉奖粮 35 斤，100 斤麻奖粮 5 斤。

今年生产安排同群众讨论，群众很满意，缺点是动手迟了几天，有些清明后才播种。

临安主要产水稻，有些蚕桑，此外是山岭。水稻亩产 500 多斤。水利搞了大型，小型少了。

羊、猪去年底60多万头，现在只有30多万头，减少一半。现在缺乏小猪。在30多万头猪中，机关部队的占三分之一。养鸡缺小鸡，养鱼缺鱼苗（原长江供应）。群众养猪私养的占50%多一点，此外大多是食堂养的。公社和生产队的猪赔退了。

城北公社主要产棉。爪沥、党山、义蓬公社主要产麻，部分产棉。这四个社水稻很少。坎山公社半水稻（40%）、半棉麻（60%）。长河公社棉麻粮都有，是高产区。城东公社是水稻区（三类社），城南〔公社〕也是水稻区（二类），临浦〔公社〕水稻〔区〕（三类），戴村〔公社〕水稻〔区〕（二类），进化〔公社〕水稻〔区〕（一类），有些桑茶，河上〔公社〕水稻为主（三类）。都已经过整风。

嘉兴情况

每年提供商品粮4〔亿〕~5亿〔斤〕。乾隆时“天下三州，苏〔州〕松〔江〕嘉〔兴〕”。那时亩产量就达到五六百斤，多的一千斤。本省来讲，土地多，人口少，平均每人二三亩。两年来工作被动，产量下降，原因五风盛行。落后地区占半数以上。

嘉善魏塘镇，产量〔19〕56年最高，〔19〕57年下降，〔19〕58年稍高，〔19〕59、〔19〕60年大降。群众怀念高级社时代。去年只〔亩产〕500斤左右。初级社升高级社时闹了一下，〔19〕58年较稳定，收成与〔19〕56年相仿，但群众收入大减。那时采取大兵团作战方式，生活军事化，生产力受严重破坏。〔19〕59年稍好，〔19〕60年又起瞎指挥风，要70%搞连作稻。结果亩产300斤上下，每季一百多斤。耕牛、农具破坏很多。过去农具损失三分之一，耕牛减五分之一。劳动力外调一些，病的很多。〔19〕59年春有十多天吃不上饭，〔19〕60年春更严重，缺粮一两个月。今年比去年稍好，病人还相当多。原因：①五风；②粮食政策有问题，指标高，估产高，征购高；③组织不纯。合作化时原来工作较好，〔19〕58、〔19〕59、〔19〕60年把好干部当白旗拔掉，坏分子乘机而起。

现在整社情况：搞“六十条”时就与群众酝酿，传达较早。首先是分队。初级社看得见，抓得住，心中有数。（二三十户。）南北产量相差160

斤。分一〔个〕大队为三〔个〕大队。现在大队一百几十户，小队二十几户。其次解决包产问题。强调从实际出发，比较落实。与包产同时解决征购和留粮问题。包产420斤，完成征购任务后可每人吃430斤。超产部分自留60%，多劳多得。此外确定增购标准，即达到每人460～480斤后可以增加征购任务。群众估计可以超产10%。附带解决“十二条”遗留的问题，如赔退，自留地，过去并未认真解决。使群众相信政策。

调整三包，解决贫富队问题，生产队保证完成任务，大队保证开支、工分。从包产包工照顾富队，贷款帮助穷队。

第二步搞多劳多得，确定基本劳动日，按可能和需要分给每个社员，超过基本劳动日的可得超产奖，达不到的不得奖。妇女劳动日不能同男子一样，每年不可能200天。每月休息六天还不过〔?〕（除青年妇女），男子四天差不多了。其次评工记分，不能跑马（多记工分），分段记分，社员每晚来记分，很认真。已出现争活干的现象。过去叫出工被骂，现在不叫出工被骂。围绕工分制改善经营管理，节约开支，提高分值。

供给制采取部分供给制，受供给者约占17%，标准口粮加30%，每人全年约40多元。有收入的再少供一些。所以供给部分只占5%，就可照顾17%人的困难。保证五保户，补助困难户。95%按劳分配。

组织上普遍改选，先由群众酝酿名单，非常认真。群众说能否吃到超产粮看当家人。

群众很积极，干部的管理经验跟不上，群众七嘴八舌，干部无法做结论。部分干部办事不公道，贪小利。记账员、食堂管理员受群众指责，不愿干。群众说政策好，办法好，没有好干部还不行。

食堂进退两难，粮食分到户，很多人吃过头。寅吃卯粮，越差越大。再办食堂，没有柴火。有三分之一人迫切要求办食堂。现在准备柴火办农忙食堂。托儿所现在也只能农忙办。

多种经营问题，原来副产品很多，现在都被粮食挤掉了。现在自留地种一点。

猪一下不易恢复。牛买了一点。小猪买不到。养羊兔鸭鹅增加（少吃粮食）。

总之，群众积极性调动起来了，但生产恢复要一两年时间。

其他地区，山岭政策问题很大，也是所有制问题，要分给生产队。蚕桑等也有问题，大集体不如小集体，包给小队养。手工业〔是〕交给生产队，还是同农业一样统一评工记分，还待研究。恢复供销社也正在研究。自由市场开放后，小商贩又活跃。

“六十条”问题解决了，干部脑子里的框框还没有完全打破。总觉得限制多了，怕多给群众，自留地不肯照给。分队说是方向问题，不愿分。

干部作风，瞎指挥还是有。如连作稻，生产大队还在那里瞎指挥，群众不同意。有的消极抵抗，不指挥。二类队多数干部几年未动，三类队则变动很多。“六十条”执行得好不好，决定于干部。

分队后克服了平均主义，对穷队如何照顾，贯彻多劳多得，如何照顾困难户。两面都要照顾，片面不行。

党的领导有了原则，如何执行还要创造经验。

粮食政策问题，问题多的是水稻区，单提价不行，还有征购任务。

萧山情况①

土地 69 万亩，其中沙地 40 万亩，是钱塘江改道淤积起来的。73 万多人。解放前水稻区生活高，现在反过来，沙地生活高。原因过去地主、商人霸占沙地，欺压外来农民。现在棉麻价格稳定，粮食供应有保证。麻亩产 600 斤，每斤 17 分。

公社书记学习完“六十条”，现在全面宣传，重点讨论。对规模问题，核算单位不宜过大。食堂过去大了一些，一部分人要求分小，一部分人主张办农忙食堂，要求回家吃饭的占少数。37 户中，20 户要求办农忙食堂，10 户要求常年〔办〕，7 户白吃。妇女意见，20 户〔要求〕常年〔办〕，10 户农忙〔办〕，与男人相反。沙地供应每人 430 斤原粮。由于去年 7 ~ 11 月多吃了，现在每人〔每天〕只有原粮 1 斤②。（过去定量 520 ~ 530 斤。）水稻地区 10 ~ 13 两，比不种粮的地区还低。（原来 480 ~ 500 斤。）去年秋吃一斤，现在压到 10 两，农民不易接受。

---

① 1961 年 7 月 14 日，陈云前往萧山县调查，同县负责人座谈（《陈云年谱》下卷，第 87 页）。

② 这里还是按照旧制，以 16 两为一斤。以下的几个农村调查中的一斤，也是按照旧制计算的。

三包问题，农民关心定购。包产指标高了，无产可超（315 斤），农民要求降至 190～200〔斤〕。（套种，两亩算一亩，套种棉麻。）无产可超就很难调动积极性。

盐民劳动强度高，口粮比农民稍高，仍不够吃。现在也是三包，要求增产一担奖粮二斤。盐价收购 1.5 元一担，零售 15 元，相差十倍。能多产盐国家收入很大。半年来浙江食盐脱销，向山东、福建买盐，运不回来。但盐民不愿晒盐，这个问题需要研究解决。

水稻，提出适时插秧，合理密植，争取丰收（6×4 或 5×5）（30000～32000 株）。克服瞎指挥，也不能不指挥。棉麻也要适时播种，棉花用营养钵（紫云英）。

粮食（稻）每斤 7 分，稻草每斤 5 分。制草包，食堂缺乏柴草。

总的来讲，经济作物区与稻产区差别太大。粮区收入少，口粮少，病人多。（吃粮 10 两不够。）自留地不取消，不会如此紧张，蔬菜供应也不会如此困难。

“十二条”贯彻后，农民还有怀疑，听了“六十条”后心里落实了。人与人的平均主义，主要在评工记分。两三年来不评工，不记分，记了分也拿不到几个钱，无积极性。

乡干部工资 25～26 元，不如棉麻区农民，生活有困难，建议每月劳动几天，记工分，怕农民不愿意。盐场〔干部〕与盐民同劳动，同分配，干群关系好，干部关心生产，积极性高。

农具问题

小农具过去归集体，三年未添置修理，现在非常紧张。原来〔的〕手工业组织〔被〕打乱了，一时不易恢复。手工业升级，成为公社工厂。手工生产效率低，工厂化后工效低，开支大。工资上平均主义。价格管的太多，不论质量好坏同一价格。过去计时工资，每天打六个铁耙。改为计件工资，增至二十四个。过去小农具也按队配给，要改〔为〕自由采购，自由议价。铁耙每把二元八角，只合七个鸡蛋。过去也是二元八角，〔合〕五十五个鸡蛋。手工业的组织和价格，影响小农具的数量和质量，也就是影响农业的生产力，影响工农关系。

长河公社

将同城北公社合为一区。县委有个工作组，在汤家桥生产队，水稻区，12 个小队，300 多户，靠近长河镇，是水稻区中比较好的，能吃到〔每天〕一斤粮食，一个劳动日 0.48 元。山河队〔是〕二类队，430 户，也是水稻区。

坎山公社，分〔成〕六个小公社。昭东小队未［刮?］到“风”，生产较好。民丰队（去〔调查〕的队）以棉为主，是棉麻区。

〔长河公社〕14500 多户，农业 12000 多户，粮棉麻为主，有些烟叶，其它也有一点。〔田地〕55200 多亩，〔其中〕水稻 28000 亩，棉麻 15000 亩。共有 32 个大队，以粮为主的 20 个队，棉麻为主的 12 个。现在划为 35 个。原来有 36 个高级社，社与队基本相等。

“六十条”贯彻情况：要分三段，春耕期间主要解决两个平均主义，结合解决食堂问题，克服瞎指挥作风。夏收期间解决组织建设，干部社员关系问题。早稻收割期间建立规章制度。这期训练干部，进行试点，普遍宣传，支书以上〔干部〕学习了四天。学文件，总结经验，大放大鸣。试点七个生产队。同时进行普遍宣传，宣读“六十条”文件。群众情绪很高，说条条合我心愿，越听越起劲，越听越开心。“六十条”真好，啥时能办到？当前问题：

①包产问题，基本上做到指标落实，留有余地。过去粮食包干，口粮高，种子多，饲料多，单产势必提高。包产必须与包干相适应。汤家桥去年收 97 万斤，今年包 104 万斤，每亩 930 斤（三留加征购 103 万斤）。今年只定征购任务，保证任务后三包（口粮、饲料、种子）落实，包产 860 多斤，这样有产可超。（大队只管包产，国家只管定购。）（余粮区定购，缺粮区定销。）

②社队规模问题。原来规模较大，生产增长差别不大的队问题不大，否则意见很多，特别是半粮食、半棉麻区。已分的三个，还有五六个在议论中，有的要分，有的不要分。生产队原有 440 个，现有 500 多个，每队二三十户。

③计酬问题。计酬好的有 138 个队，按日评分的有 266 队，还有只记账

不评分的，群众说“糊涂账”。目前〔这〕是社员最关心的问题，主要利用过去好的经验，目前尚无新的办法。

④食堂问题。现有食堂约200个，以自然村为单位的120多个，以小队为单位的72个。有的主张回家吃饭，说“蚊虫香，两头烧”。（打回的饭再煮一下。）现在有16个食堂停伙。（妇女不愿散伙，说，柴火困难，粮食不易掌握。）

⑤干部作风，群众批评瞎指挥，听了“六十条”后心情舒畅。今年春花生产较好，可以增产10%～15%。

过去供给制三七开，拿出30%来，平均供给，能供几个月就几个月（5个月至10个月）。按劳动强弱供给标准不同。群众意见还有一平二调，主张包五保户，照顾困难户。现在每天吃原粮一斤上下，或稍多一点（20两）。有些食堂吃三餐稀饭，余粮分回。有些食堂加工代蒸。

对〔第〕33条以生产队为单位计算三七开供给工资，群众主张以大队为单位，否则困难户多少不易调剂，且同〔第〕17条大队基本核算单位矛盾。大队的公益金无处用。小队财务管理也跟不上。

汤家桥生产队

共315户，农〔户〕286户，1285人，〔田〕1126亩。劳动力499个，折全劳力360个。“六十条”中群众最关心的四个问题：

（1）按劳取酬，多劳多得，不劳动者不得食，最受群众欢迎。过去：①三包很粗（三等六级，包工工分不同）；②评工计分不合理，不按定额评分。原因瞎指挥生产，无法计算定额，劳动力不固定，外调太多。批评斤斤计较〔的?〕。工分多，分值不高，无所谓；③工资供给问题，〔19〕60年三七开，〔19〕59年供给36%，〔19〕58年35%。群众主张对老幼病三种人供给，这样三种人问题解决彻底，供给部分不要30%，工分值可提高，对不劳动的有约束；④用粮水平，原来都是490斤，全按人口分配，不按劳动分配。

（2）分级分权，纠正瞎指挥，树立正指挥（〔第〕10条）。群众很乐意。说过去干部跑来跑去忙死，小队长抓头皮乱死，群众肚子里气死。“有了七个自主权，可以保证丰收”。

（3）食堂问题，汤家桥 8 个包产队办一个食堂，早晨两点多就排队，排队越排越早，钵头越烧越少，排队比双抢更紧张。群众喜欢〔代〕加工〔的〕食堂。干部有三怕，一怕方向对不对，二怕增加开支（食堂增加），三怕粮食吃过头。现在已分到生产队。

（4）社员家庭副业，今年自留地搞得好，问题是猪减少〔了〕，286 户只有 48 只猪，私养只有 3 只，鸡 252 只，羊 28 只。原因：①缺饲料，糠只供畜牧场；②缺小猪小鸡；③怕变。

当前抓计酬问题和食堂问题。〔19〕56、〔19〕57 年的好经验，劳动有定额，把劳动计酬作为小段计划主要内容（每段工作算几个工）。工分票和劳动手册制度。

①要统一思想，干部怕麻烦，怕吃亏；②要解决定额问题，干部定，群众议，实际试，分 6 级 95 个工种。主要〔是〕分级计分。

下一段研究：春花预分，（工资供给），家庭副业，勤俭办社。

体会：问题普遍存在，程度不同，问题复杂，有破有立，要细致工作。问题很〔多〕，要根据群众要求一个个解决。

山河一队情况

全种水稻，459 户，2013 人，土地 1589 亩，山地一千多亩。劳动力 818 人（折合）。党员 27 人。征粮 21 万斤，超额完成。8 个食堂。生产队 20 个。1196 亩连作稻，占 70%。早稻今天开始插秧。（4. 20 ~ 5. 20）草子、蚕豆（吃青）、大麦田可种早稻。

贯彻“六十条”情况：先帮小队长学好“六十条”，前三天全面宣传，读全文，重点解释。这几天边鸣放，边研究解决。群众对“十二条”怕变，特别是粮食〔政策〕变得多。超产有保证要吃超产粮，还要看一看。多增产，多征购，看春花分配变不变。

重点解决按劳计酬，定额管理。过去 18 个小队有 4 个按件计酬，多数按日分级计分（死分（级）死评），有两个队只记工，未评分。规定了超产粮后劳动大大增加。群众反映〔19〕56、〔19〕57 年计工合理，〔19〕60 年是“牛皮”工分。〔19〕57 年只做 68 万多个工分，〔19〕58 年上半年还正常，〔19〕60 年劳动力不增，记了 130 多万个工分。〔19〕57 年每〔工〕分

8.78 分〔钱〕，〔19〕60 年每〔工〕分只三四分钱。

大队包产 897 斤，根据有产可超原则，进行研究。三年实产 890 斤。（每亩 735 斤，保证基本口粮，以外按劳分配。）今年有产可超。

此外还有食堂问题，已经初步解决。还有家庭副业问题。

供给 30%，计 159 天，群众主张供给五保户、困难户。反对“吃公（官）饭、做私活”。

〔公社〕生产问题

今年计划已经落实。早稻计划 2 万亩，安排 2.1 万亩。晚稻计划 2.79 万〔亩〕，安排 2.8 万亩。棉花 1.2 万亩。麻 6000 亩。烟 2000 亩。种烟有些勉强。

生产活动，棉花营养钵已完成，每亩 8000 个。早稻已翻耕 4000 多亩，开始插秧。分三批插完。第一批草子地，第二批油菜、蚕豆（吃青）、大麦，第三批草子（养种）、小麦。

肥料：已搞 220 万担，平均每亩 47 担，比去年略少（60〔万〕～70 万担），再搞一个时期可与去年相等。

十边地种得比较多。生产上的主要问题有：

（1）三包落实，已落实的在 35〔个〕队中有 29〔个〕队，基本落实的有 2 个，还未落实的 4 个。82% 队已经订了超产计划。已订好“一年早知道”计划的队占 36%。搞试验田的大队干部 239 人，有早花、水稻、棉、麻，小队干部 600 多人。今年试验田只做，少宣传，通过它来推动其他地区。

（2）农具是今年突出的问题，应修农具 1 万余件，已修好 9 千多件，供应农具 3 万多件。前两年搞大型农具，群众意见很大，今年抓紧生产小农具，比前两年好得多。耕牛既少又老，但有 15 台拖拉机，19 部电犁，可以完成翻耕任务。

今年春花比去年好一点，差的是油菜，特别是棉麻地区，原因是秋冬旱和缺肥料。蚕豆比去年好，可以丰收。

劳动力因工效提高，现在不感紧张，不大欢迎下放劳动力。农民有抢活干的现象，原因是地少人多。（过去劳动力不足与工效低有关。）

猪在去年六七月搞到一万五千〔头〕，现在只有六千多头。去年集体养猪多，个人养猪减少，所以不巩固。饲料减少，母猪流产。鸡蛋因缺公鸡，三万个蛋出了二百只鸡。

电犁去年耕地二千多亩，费用二万多元，每亩十元多一点，主要是机具损耗，钢丝绳有时一天断十几次，每条绳四百多元。

全公社 14000 多户，农业户口 12000 多户，水稻 30000 亩，棉麻 25000 亩，原来 32 个大队，6 个纯棉麻，7 个以棉麻为主。

公社五个片原来是五个大乡，有 36 个高级社，多数大队是以高级社为基础。少数由两个大队合并而成。长河公社将同城北公社合并成区，五片成立五个公社。

浙江几县座谈

嘉兴地委，嘉兴、嘉善、桐乡、萧山县委。

嘉兴地委项书记　原来嘉兴地区种麦（豆）稻两熟，低田（湖州）不能种春花，只种一熟水稻（中稻）。春花主要种蚕豆，种小麦的是少数。蚕豆省肥料，省工，产量比小麦并不低，但种得早，季节较紧。

解放后在水利方面做得好，贷款也好。在作物安排上，〔19〕55 年以前改中稻为单季晚稻，种少数间作稻（间作稻解放前就有，很少）。当时改革步骤较稳。〔19〕55 年起多点试验连作稻，〔19〕56 年大面积推广，种 80 万亩，占 20%（470 万亩），还有间作 60 万亩，合计 140 万亩（30%）。这一年粮食是增产的，是解放后最高一年。〔19〕57 年连作稻与〔19〕56 年差不多，间作稻增至 80 万亩。〔19〕58 年又增至 220 万亩（连间合计，连多于间，连占 160 万亩）。〔19〕59 年合计 180 万亩，主要是连作，这一季粮食也是增产的，因此作出“抱西瓜要抓改制”的错误结论，群众说“心狠命穷”，要求种 300 多万亩，有些地方甚至提出“消灭单季稻”的口号。〔19〕55 年 28.5 亿斤，〔19〕56 年产量 30 亿斤，〔19〕57 年涝，27 亿斤，〔19〕58 年又到 30.6 亿斤，〔19〕59 年 31.5 亿，〔19〕60 年降至 24.9 亿斤。公社化前除〔19〕54、〔19〕57 年大涝外，是逐年增产的。合作化时很注意经营管理，技术指导也比较稳当。这时经济作物也有发展。（插秧 2.5 万穴，20 万株。）〔19〕58 年起改制急了，双季稻大增，〔19〕58、〔19〕59 年水稻还是增产，但经济作物减少了。〔19〕60 年连粮食也大减。这时主要靠妇女劳动，人心向城。农业方面大种早稻，大发蚕种，劳动力无法安排，互相妨碍。春季安排错了，一年被动。农业本身也要有比例关系，不能主观主义，脱离实际可能性。秋蚕多养，妨碍下年春茧，且对养湖羊不利。只讲主观能动性，不讲客观条件。

双季稻〔19〕56年是比较适当的，今年153万亩，其中有9万亩间作稻，仍占30%以上。嘉善占15%，嘉兴占29%。桐乡（43万亩，双〔季稻〕20万亩，三熟8万亩）45%。萧山（30万亩，22〔万亩〕双〔季稻〕）占70%。

春花和早稻自然灾害少，晚稻常受水旱虫灾。且因口粮关系，必须靠春花、早稻。在劳动、肥料、品种三条件下，可以种双季稻20%，种些间作稻可调剂劳力。

春粮250万亩，其中蚕豆110万亩，小麦110万亩，大麦20〔万〕～30万亩（大麦产量不如小麦），此外油菜100万亩（农民不愿意种）。红花草180万亩（这是〔19〕56年的标准）。小麦与大麦〔相比〕喜欢小麦，小麦与蚕豆〔相比〕喜欢蚕豆。低产区劳力紧，肥料少，更愿意种蚕豆（省肥料，省劳力）。蚕豆提倡阔垄，农民要种狭垄。小麦高田100～150斤，低田50～60斤，有的30～40斤。低田种小麦不合算。

嘉善县委 农民不愿意种小麦。解放前冬季种蚕豆和油菜，蚕豆能产肥料，小麦吃肥料。红花草占的比重达50%左右。蚕豆不能年年种，要一年红花草，一年种豆。种麦比种豆少收晚稻60斤，比红花少收100斤，算总账种麦不如种豆。种麦“明增暗减，得不偿失”。

种绿肥和连作稻，水稻568斤（两季），成本18元，产值64元。豆加单晚稻〔共〕630斤（稻500斤），成本8元，产值72元。麦〔加〕单晚〔稻〕613斤（麦143〔斤〕，稻470〔斤〕），产值70〔元〕，成本12元。油菜〔加〕单季稻，产值71元，成本12元。

嘉兴县委 过去种单季稻，年收450～460斤。〔19〕56年种连作〔稻〕18万亩，间作〔稻〕23万亩，占46%，这年大丰收。〔19〕58、〔19〕59年也是丰收。〔19〕58年连作〔稻〕30万亩，〔19〕59年减一点，〔19〕60年增加到46万亩。今年23.9万亩，占29%。两季产量不到700斤。（早〔稻〕400多斤，晚〔稻〕200多斤。）

双季稻最好种 20% ~25%，原因口粮接不上，完成国家任务好一点。连作每亩多花 16 工，挤了蚕桑和多种经营，单季稻也受影响。用种 25 斤，秧田 50 斤，要比单季高 75 斤才粮食增产，高 200 多斤才赚钱。双季 750 斤。

嘉兴 10 万户，猪不到 5 万头，母猪大部下放。

桐乡 〔19〕60 年 43 万亩，种了 33 万亩双季稻，结果不但未增产，而且减产。双季稻不能超过 40%，春花喜欢种蚕豆，不喜欢种小麦，产量都是 100 斤上下，但产麦费肥料，费人工，对下季水稻〔没〕有好处。

萧山县 65 万农业人口，耕地 68 万亩，水田 30 万亩。水稻区每人大约 1 亩。〔19〕58 年间连各 20 万亩，〔19〕60 年 25 万亩连作稻。〔19〕59 年种连作 22 万亩，亩产 800 多斤。今年双季 22 万亩，其中连作 18 万亩（60%）。改制可达 70% 左右，〔人均〕1.8 亩地方 50%（其中间作 10%，连作 40%），0.8 亩地区可以达到 75%。7 月 20 日前后就收割，立秋前后季〔稻〕插秧。早播种〔在〕清明前后。

春花习惯豆麦间作，水田 10 万亩红花，15 万亩春花，5 万亩蔬菜萝卜。

嘉善罗星公社 高田多，原来种麦少，种麦〔稻?〕多。〔19〕53 年前不种小麦，高级社时多起来，有江阴人的地区种麦子。〔19〕58 年起规定种麦，大多数队不肯接受，现在李家大队要种大小麦（支书队长江阴人），钱桥大队要种蚕豆。结果李家小麦（130）比钱桥（不到 60 斤）高 50%，钱桥的蚕豆（90 斤以上）比李家的（不到 60 斤）多，主要是有经验。总的来说，喜欢种豆，最好少种小麦。社员要求压缩小麦到 7%（去年 18%）。李家小麦高是集中肥料。第一按劳动力，第二肥料，第三水利。（1）小麦〔加〕单季稻收 400 斤已很多，蚕豆〔加〕单季稻可收 450 斤，至少差 50 ~80 斤；（2）肥料多，种小麦问题不大，肥料少就不行。收小麦后必须下猪肥 20 ~30 担，种蚕豆少一半，还转青快；（3）小麦后种水稻用工多。比蚕豆多 3 工（种水稻）到 5 工（插秧、耘田）；（4）种蚕豆无影响，种小麦坏田脚，种两年就拔坏了。大麦还好一点。小麦种一年要休息三年，不能连种。用种小麦 12 斤，蚕豆 25 斤。小麦种得不好无办法，耕了可惜，不耕欠收，蚕豆种得不好可以吃青、当绿肥。根据当前肥料情况看，还是种蚕豆好。劳动力也很紧张（每人 2.9 亩）。吃青豆 500 ~600 斤，一般好的留老豆，差的吃青豆（300斤）。红花草要种60%以上，今年每人种半亩大豆的青蚕豆，农民吃青，生产队得绿肥。今年草种不够，多种蚕豆吃青有利。青豆箕产量比红花草少一点，力量比红花草强而大。今年预备种小麦7%，蚕豆22%～23%，油菜社员希望少种，现在不到5%，只能吃油两个月。油菜最好少种高产。油菜主要靠人粪。社员要求定产量，不定面积，多种并不能多收。普通亩产50～60斤，种得好可收100～120斤，最高的180斤。

社员考虑全年总产量，上面要求春花打响第一炮，结果全年算反而少收。油菜每亩要〔肥料〕30担，猪肥25担，产量达到100斤左右，这还不是最高要求。现在只施一半。现在大家重视粮食，把油菜的肥料放在粮食上。100斤菜子〔籽〕奖15斤粮食，58斤饼，4.5斤油。（出油32～36斤。）社员的菜子〔籽〕100斤给30斤油，不给粮食。

五一大队（靠近青浦）过去不种小麦，〔19〕54年后规定种麦任务，社员意见很多。〔19〕59年种15%小麦，〔每亩〕收188斤，大麦163斤，豆只收60斤。〔19〕60年种30%小麦，亩产110斤，蚕豆15%，亩产90斤。讨论结果，种麦不如种豆。〔19〕59年小麦好因断粮〔?〕，小麦肥料施得多，所以产量特别高。去年种多了，肥料不够，产量就低了。社员要求以后只种15%（300亩），种麦与种豆比，水稻产量至少低60斤，全年算还是不利的。如果300〔?〕种草子，可以多收100～150斤。（一亩草种得好可作两亩底肥。）社员意见〔麦〕还要少种一点，如果口粮能解决，最好种5%。（麦根不易烂，插秧耘稻截脚和膝，很苦。）豆种20%～30%，油菜种15%，红花草种一半以上。种麦必须多施肥料，现在肥料不够，不如少种，多种红花草。

雀幕桥大队过去春花种60%～70%，大部种蚕豆，〔19〕56年种了1/3小麦，亩产150斤。（这里都是高田。）原因种得早，收中稻后种春花，豆斤〔子?〕亩产200斤。这年肥料也多，〔因为〕养猪羊多。（湖羊每户3只，多的十多只。）这几年春花产量逐年下降，原因种迟了。今年小麦亩产110斤，蚕豆90斤，割了双季稻后种春花。少种双季稻，可种春花40%，绿肥55%，秧田5%。春花最好种蚕豆。（〔19〕58年后湖羊减少，原因折价入社，没有时间捉草。）春花要施河泥，猪羊肥，这几年肥料少，种小麦肥料不够，种蚕豆还可以。种麦要移植，收稻时麦苗已经长大，季节早，但费工多，只能种 15% 。蚕豆种 20% ，油菜 5% ，（今年〔麦〕亩产 80 多斤，最高的 200 多斤，培育好就能多产。）红花草 3000 ~ 4000 斤，播种 6 斤，长得兴。

双季稻今年种 38% ，4 月 24 日起插秧。海门早〔稻〕7 月 15 日起收割，共 80 天，好的可收 500 斤，平均亩产 450 斤。莲〔练?〕塘早〔稻〕亩产 420 斤。8 月 5 日前晚稻插完，收插共 20 天，立冬〔晚稻〕收割（11 月初）完毕，亩产近 300 斤。单季晚稻收完后收双季晚稻。双季合计 700 ~ 750 斤。单季晚稻亩产约 500 斤。双季少收一熟春花。春耕双季早一个多月，正是最好积肥（河塘泥）时间，积肥少，用肥多。七月下半月捞水草积肥，双抢就不能多捞。社员意见少种双季稻，38% 还太多，种 30% 较好。〔19〕57 年完全由群众决定，种了 18% 。〔19〕59 ~〔19〕60 年产量下降，原因田脚差了。（一亩秧田可以插 6 亩。）种 30% 双季，每亩可以施肥 15 担（单季）。双季晚稻不施底肥，用青草 200 多斤作追肥。种双〔季〕早〔稻〕是红花草长的时候，吃了青豆再种双〔李〕早〔稻〕已迟了。这是最大的矛盾。用这肥料施单季稻，可多收 50 ~ 100 斤。

种中稻可以调剂劳动力，种宝塔稻（早中晚），中稻种得好也可以收 500 斤。劳力紧的队必须种中稻。九月底收割，种豆麦，再收晚稻，这样豆麦可以增产至少 30 斤。

双晚七月底种可多收 100 斤，如种 20% ，可以七月底种完。少种的 15% 双季稻改种中稻，蚕豆吃青后种中稻，中稻收后种小麦，可收 150 斤。豆、中、麦轮种最好。社员意见，不种双季也不行，种 20% 是可以的，这样双季产量可以提高一点。

萧山长河公社　人多地少，每人平均九分，621 农户，2921 人，2800 亩耕地，半棉麻半水稻，也有蚕桑和茶叶，土质沙性。10% 种蔬菜（征购 5000 担），早稻 700 亩，除 50 亩红花草（7% ）外都种春花。棉麻地也种春花。春花蚕豆、小麦、大麦、油菜，大麦 25% ，小麦 20% ，蚕豆 35% ，油菜 10% 。蚕豆平均产量 210 斤，小麦 190 斤，大麦 250 斤，油菜 144 斤（还卖 50 ~ 60 斤菜花菜）。总产量 48 万多斤，比去年增加 15 万斤。最好中间种麦，两边种豆，产量最高。（麦要氮肥，豆要磷钾肥。）〔19〕58 年后产量年年提高。

解放前一季春花，一季水稻（中稻较多）。〔19〕57年水稻亩产428斤，〔19〕59年最高。早稻从4月20日种到5月底。早稻700亩，晚稻850亩，150亩作秧田。去年春花平均220斤，早稻523斤，晚〔稻〕548斤。晚稻插秧要在7月底完成。早稻施100担河泥，猪肥10担。红花草地不要施肥（亩产2000~3000斤，是低田）。小麦冬肥10担人粪，春施10担猪肥。水稻亩施化肥3~4斤至10斤。晚稻施河泥100担或羊粪20担，或人粪、猪肥10担，没有就填青草。追肥10担人粪。

棉花与水稻轮作，晚稻七天除虫一次。都能电灌，主要灌络麻，麻产757.5斤（自留2~3斤不算），棉产448.7斤。（老壮秧一亩早稻下120斤，插6亩，晚稻100斤，也是6亩。）早稻秧龄30多天，插到收70天，少的60天。小麦20担肥，早晚〔稻〕各10担，全年40担。河泥麦、稻各100担，共200担。豆与麦也要轮作，棉麻与水稻也要轮作。去年每户平均收入590元。

基本口粮430斤，加奖励粮503斤，加超产粮可达700斤左右。现在吃三顿干饭。10户中有4户做酒。包产粮食按人头分，奖励（大队包产超过公社包产）粮食80%按工分分，20%按积肥分。自留地每人4.5厘，种菜，自己吃菜外还可以每户卖50~60元。（卖给杭州，价高。）

嘉兴地委丁主任 种双季稻问题，嘉善主张不种双季稻，五一大队每人2.2亩，农业人口2.5亩。电灌不正常，猪羊很少（13亩地一头猪羊），红花草吃掉，河泥积得很少。今年双季稻18%，第一季可收400斤，第二季250斤，秧田只能收200斤，单季晚稻可收460斤。春花每亩100斤。（麦2/3，豆1/3）（麦110斤，豆90斤）（1）不种双季稻，单季晚稻可收500斤，多收40斤（花草少收，少耘一次，双季是好田）。加上春花，可收209万斤（现收206〔万〕斤）；（2）多用种子每亩30~35斤，计1.2万斤；（3）早稻出米率70%，晚稻78%，每亩差32斤；（4）肥料双季多用（第一季与单季同，第二季10担猪肥或人粪），肥用在单季稻可多收30斤，积肥（多用10个工）四个工积15担，可多收50~60斤。合计可多收9.6万斤，每亩48斤。（全部2000亩，种双季稻18%，360亩。）

成本收入账，双季每亩14元，单季4元。价格单晚8.5元，双早7.5元，合共相差十几元。

估计群众愿意种 5% ~10% 〔双季稻〕，按 5% 计算，每人一分，40 斤。补救办法种一部分中稻，解决 20 斤。还缺一个多月口粮。（种一点早稻和中稻。）

嘉兴，双季稻产量较高，但要少种一点，雀幕桥 3600 亩，1615 人，每人 2.7 亩。今年双〔季稻〕38%（去年 66%），产量双季可收 800 斤（450 + 350 斤）。（去年改制太多，只收 600 多斤。）单晚可收 500 斤，双秧每亩 200 斤。春花豆麦各半（600 亩），油菜 10%，红花草 55%，豆麦各 16%。豆亩产 90 斤，麦 120 斤。总产量 230 万斤。如果不种双季……（季节可以安排，挤了积肥时间。）同嘉善比，电灌好，土质好，肥料比较多（猪羊多）。（嘉善电压不够，一天只能打水 6 小时。）不种双季，单晚增产 50 斤，共 550 斤。算总账，种一点双季可以多收 14 万斤，每人 80 斤（安排 400 斤，可到 480 斤）。种 30% 双季是可以的，叫群众讨论也不会低于 20%。（〔19〕57 年群众自己种 18%。）

南湖公社算账情况与东栅大体相同。今年双 40%，早 430 斤，晚 320 斤，合 750 斤。秧田 250 斤，单晚 480 斤，不种双季可以多收 40 斤，即 520 斤。不种双季少收 9.2 万斤。可以种 25%。

春花安排，小麦要少种一点，今年嘉善五一〔大队〕30%，明年 10% ~ 15%（解放前还要少）。南湖今年 23%，明年 15%。东栅也可种 15%。小麦比蚕豆多收 20 ~30 斤，蚕豆播种早，都种蚕豆不行，种完蚕豆再种小麦较好，霜降后种蚕豆减产。

油菜种〔子?〕南湖今年 18%，亩产 25 斤，今冬种 10%，包产 60 斤，还可以比今年增产。小麦油菜少种部分，多种蚕豆，红花草 50% 不能减少。

蚕豆种 25% ~30%。吃青自留地可解决，出卖不能抵粮食，所以不愿多吃青。一斤老蚕豆可换一斤白米。农民要求以豆换米。

嘉兴专区不种双季稻的约 20 万人。此外可种双季稻 20% 以上，接口粮没有问题。少种小麦不种双季稻的差三个月口粮，每人 120 斤。

桐乡（低田多）2068 人，2632 亩水田，2800〔亩〕旱地，双季去年种 78%，今年种 40%。（每人 2.7 亩，其中水稻 1.3 亩。）早稻不种一点不行。解放前低田冬季灌水，只种一季水稻，亩产量约 400 ~500 斤。现在种春花，豆多麦少，麦 20%，豆 60%，红花草 20%。种豆田脚好，种麦坏田脚。小麦亩产100～120斤，蚕豆约100斤。比嘉善好的：（1）田地各半，地种桑、烟等，用工差开；（2）猪羊较多。低田情况同嘉善、青浦荡田差不多。所以一半像萧山，一半像嘉善。完全按农民意见，要种双季30%。（嘉善要种10%，嘉兴20%，萧山60%～70%。）旱地种黄豆好。

嘉兴地区少种小麦、双季稻，多养猪羊，田脚要三年时间恢复到〔19〕57年的水平。

机关养一只猪的饲料，给农民可以养六只。粮食局、粮管所、供销部、公社都大办养猪场，征购粮的糠，连大队都分不到。

苏州专区汇报〔农〕作物安排

吴江县委（梁）　〔吴江〕是低地，靠近浙江，解放前25%种一熟早稻（100万亩，47万农业人口），麦子14%。〔19〕55年早稻减少，晚稻增加（15%，85%），麦子17.6%。〔19〕56年开始种双季稻13万亩，〔19〕57年11万亩，〔19〕58年12万亩，〔19〕59年15.4万亩，〔19〕60年15.4万亩，〔19〕61年15万亩。为着增产粮食，要求多种麦子或多种双季稻。利用过去种早稻经验，多种一季晚稻（水利电灌超过90%），在电灌后劳动力也有余。这一部分是低田，不种春花，冬季放水休闲。西南部地少劳动力多，每人0.9～1.5亩。东北部每人2.5～3.7亩。双季稻各地均有，西南部比较多。每劳动力负担3亩左右的种双季稻0.8～1亩。北部每劳力5～6亩，种双〔季稻〕5～6分。少的种双10%，多的种25%，全县15%。

双〔季稻〕增产粮食，全县（以1949为100）〔19〕58年5.6亿斤，〔19〕59年5.8亿斤，〔19〕60年5.26亿斤，基本上等于〔19〕56年。〔19〕56年双季亩产601斤，〔19〕57年448斤，〔19〕58年637斤，〔19〕59年707斤，〔19〕60年704斤。除去秧田2万亩（每亩25斤）的损失（前〔季〕15万亩，后〔季〕17万亩），前季多用40斤种子（前熟400斤，后熟300斤，单晚500～550斤）。除去上述因素，56年双比单晚增100斤（单晚459斤），〔19〕57年增1斤，〔19〕58年增81.8斤，〔19〕59年增44.1斤，〔19〕60年〔增〕96.3斤。

种一点双季稻和中稻，季节安排比较好。双晚在霜降前收，可种小麦。下一年就不能种双早，只能种中稻，红花草。接着再种双季早稻。

麦子亩产量，〔19〕55年82斤，〔19〕56年126斤，〔19〕57年71斤，〔19〕58年103斤，〔19〕59年155斤，〔19〕60年167斤，〔19〕61年137斤。

有四个公社，8.2万人，23万亩地，每人接近3亩，这里种双季稻比较紧张。

过去40%～50%的土地放水休闲，现在有许多改种红花草，种红〔花〕草增至三分之一。

昆山县委 昆北人少地多（每人四亩），劳动力紧张，昆南人多地少（1.5亩）。昆南说双季稻是双喜稻，昆北说是伤心稻，双脚跳。（90万亩，32万人。）昆南要求种双季稻4%～5%，最多的8%，超过10%就不行。昆南：①每劳动力种双〔季稻〕2～3分，劳动问题不大；②气温比较高；③种双〔季稻〕经验较多（亩产700斤左右）；④比种稻麦两熟好，产量高一点，可种红花草；⑤解决口粮问题。昆北农民不愿种双〔季稻〕。

〔19〕58年4699亩，〔19〕59年□□，〔19〕60年3万亩，〔19〕61年1.55万亩。（1）种双花工多，每亩多花14个工；（2）用肥料多，用在单季上可丰收；（3）季节性强，种迟了就减产；（4）成本大，产量不高，双季550斤，单晚400斤，麦子120斤，合520斤。种一点双季稻是为解决口粮。

过去种豆多，种麦少，现在麦多豆少，群众意见很多。〔19〕49～〔19〕54年平均种豆5万亩，现在只剩1.1万亩。种豆四大好处：（1）既是粮又是菜，“立夏吃不上蚕豆，死了没有人抱头”（每亩收豆150斤，与小麦相同）；（2）蚕豆茎可作肥料、饲料、燃料；（3）省工省肥（豆4工，麦8工），一亩小麦所用肥料可以种10亩蚕豆；（4）成熟早，地脚好，对下熟有利（比小麦早10天）。

（昆山每人产粮1350斤，口粮360斤，今年380斤。无锡330斤。江阴377斤。）

少种蚕豆原因：（1）怕群众吃青蚕豆，减少粮食产量。（每亩青豆600～700斤，每斤1.3毛。）（2）应当先种豆，后种麦，领导上先抓麦，后抓豆。（3）种子，原来大青豆产量高，好吃，现在搞掉了。

群众要求多种蚕豆，自己种怕人家偷（多种了就好了）。麦子现种35万亩，〔19〕49年20万亩。

吴县县委 〔19〕56年开始种双季稻，〔19〕59年后年年缩小。（70万人，106万亩。）〔19〕56年3.3%，〔19〕58年1.6%，〔19〕59年8%，〔19〕60年5.8%，〔19〕61年2.8%。群众不愿种双季稻，今年原计划种5%，实际只2.8%。双产量大，成本高，种子寄秧损失除去就所得不多。〔19〕56年双614斤，单503斤，双增109斤。〔19〕58年双651斤，单560斤。〔19〕59年双590斤，单560斤。〔19〕60年双610斤，单570斤。双每亩用种80斤，寄秧田损失100斤，除损失后比单季还少。

江阴县委 （101万亩，80万人，每人1.3亩。）靠长江是沙土，靠无锡是粘土，还有丘陵地区，地势比较高，怕旱不怕涝。过去稻麦两熟，沿江棉麦两熟。现在小麦约180～200斤，水稻500斤以上。〔水稻〕〔19〕49年300多斤，〔19〕52年400多斤，〔19〕55年545斤，〔19〕60年573斤。麦子〔19〕49年75斤，〔19〕52年116斤，〔19〕56年149斤，〔19〕58年189斤，〔19〕59年224斤，〔19〕60年197斤。〔19〕49年种麦62.5万亩，〔19〕60年63万亩。豆麦间作产量最高。

〔19〕56年到〔19〕60年试种少数（一万多亩）双季稻，今年一亩都没有种，因为群众反对。稻麦两熟可收800多斤，双季稻只能收700多斤。

无锡 去年双季稻（一万多亩）只收了304斤，原因后季多未种上，今年计划种10万亩，实际只种1266亩。

吴江种双季稻15万亩，吴县3万亩，太仓5000亩，昆山1.55万亩，吴江气候比较暖。

〔苏州专区〕自留地现有23万亩，内〔有〕大田6万亩，十边17万亩。另外食堂菜地11万亩（大田），加上去〔?〕大田17万亩。如自留地占6%，需要39〔万〕～40万亩，还要分大田6〔万〕～7万亩。

苏州专区上交任务，〔19〕55～〔19〕56〔年〕，〔产量〕35.9亿斤，上交7.22亿斤，口粮593〔斤〕。

吴江横泾公社，〔双季稻〕今年种10%，比较合理，社员没有意见。荡田（新围起来）种中稻，其余种晚稻，蚕豆田种迟了，没有收。过去种蚕豆30%～40%，收入很大，今年不收是因瞎指挥。社员要求少种油菜，多种蚕豆。油菜要求精肥，肥料不够，荒了很多。蚕豆要求种18%～20%，小麦50%，油菜5%，红花草20%。蚕豆省肥，豆田种水稻，长得兴旺。豆

	产量	任务	口粮
〔19〕56～〔19〕57〔年〕	36亿〔斤〕	9.33亿〔斤〕	553斤
〔19〕57～〔19〕58〔年〕	32亿〔斤〕	8.66亿〔斤〕	463.5斤
〔19〕58～〔19〕59〔年〕	38.5亿〔斤〕	10.33亿〔斤〕	506.5斤
〔19〕59～〔19〕60〔年〕	35.7亿〔斤〕	12.00亿〔斤〕	430.7斤
〔19〕60～〔19〕61〔年〕	32.8亿〔斤〕	11.00亿〔斤〕	367.5斤
今年计划	33.0亿〔斤〕	10.50亿〔斤〕	380.0斤

麦夹种，产量很高，蚕豆可收80～150斤。油菜种两亩缺肥，不如种一亩收得多。小麦收115斤。

双季稻可以种10%，再多不行。去年前季收420斤，后季收320斤，最多的两季各收500多斤。单季稻602斤。

原来养猪800多头，现在只养200多头。原因集中养猪，管理不善。现在37头母猪，公养13头，私养24头。公养不如私养，私养省饲料，出肥多，省劳力，死亡少。去年青糠都由公社扣留，现在口粮的糠发给社员。上交国家的青糠榨油（100斤榨6斤），把糠饼给养猪户（青糠榨油不合算，不如给猪吃多长肉和油）。肉猪每月供糠饼20斤，母猪每月40斤，小猪每只20斤。统糠大量供应。

吴县郭巷公社，每人1.24亩，自留地每人6.8厘。劳力多，土地少，种经济作物。〔19〕54年小麦亩产78斤，〔19〕56年86斤，〔19〕58年112斤，〔19〕59年217斤，〔19〕60年299斤，油菜125斤。〔19〕61年小麦294.5斤，油菜76.5斤。近苏州市，人粪多，可以多种油菜。现在统一分配，供应蔬菜，供本社减80%。同时小麦统购任务增加，只能压缩油菜。种油菜收入大，可以吃菜。只要供应大粪，社员愿意多种油菜。去冬种小麦44%，油菜25%，红花草31%。未种蚕豆（不准种）。今年还要减少油菜，种蚕豆。原来种植计划全由上面规定，不准讨论，今年由社员讨论。小麦因规定征购任务，不能少种。

水稻单产〔19〕54年564斤，〔19〕56年585斤，〔19〕57年605斤，〔19〕58年686斤，〔19〕59年712斤，〔19〕60年732.5斤。今年计划750斤，可以超过。双季〔稻〕，〔19〕56年802斤，〔19〕57年882斤，〔19〕58年886斤，〔19〕59年928斤，〔19〕60年919斤。今年种4.4%。早稻

540～550 斤。

过去富裕中农养猪，贫农以糠换肉，不养母猪。公社化后猪从 300 多头减少到今春的 86 头。现在 124 头，其中大队母猪 42 头，社员只养肉猪 25 只。社员没有养母猪习惯，所以愿养肉猪，不敢养母猪。（可与横泾合作。）

吴江湖滨公社，〔19〕61 年种双季稻 18%，中稻 282 亩，其余是晚稻。双季稻产量高，除去多用种子和秧田损失，还可以增产。劳多地少，可种一点双季稻，否则少种或不种。种中稻后种麦，可收 230 斤，晚稻后种麦只收 180 斤，差 50 斤。

小麦 26.6%，油菜 17%，蚕豆 6.2%，青豆绿肥 42.3%。今冬绿肥增至 45%，蚕豆 5%（绿肥中花草 40%，青蚕豆 5%），小麦 22%，油菜 18%。多种绿肥，对水稻产量有利。绿肥可多种些青蚕豆。

双季稻〔19〕56 年种得最多，后季只收 82 斤。〔19〕57 年减少，产量仍不高。〔19〕58 年 760 斤，〔19〕59 年 902 斤，60 年 784 斤，〔19〕61 年早稻可产 600 斤。早〔单?〕晚〔19〕56 年 471 斤，〔19〕57 年 503 斤，〔19〕58 年 556 斤，〔19〕59 年 585 斤，〔19〕60 年 575 斤。

养猪条件好，水草很多。私养猪可利用水草。现在母猪大部分已经下放。

吴江震泽公社，低洼地区，过去贫农不种夏熟，今年小麦 18%，油菜 14%，蚕豆 12%。小麦产量增加。〔19〕54 年前亩产 60～70 斤，〔19〕59 年 150 斤，〔19〕60 年 190 斤，〔19〕61 年 235 斤。小麦不能种得太多，最多种 20%。多种小麦对大熟不利，小麦吃肥，肥料不多不行。今年小麦大丰收，油菜大减产，原因口粮不足，重麦轻菜。油菜占 13% 不算大，只要口粮解决，油菜面积仍可维持。红花草、蚕豆要求多种一点，过去不种小麦，多种蚕豆。种蚕豆比种红花草还好。明年准备多种蚕豆，用小麦（超产 5 万多斤）到浙江去换豆种，绿肥种 30%。

水稻〔19〕59 年大丰收，亩产 637 斤。〔19〕60 年 502 斤，种双季稻 20%。今年种双 15%，前熟可以收 600 多斤，最高 730 斤。种 15% 双季稻，前季不妨碍养蚕，双抢不妨碍晚稻耘田。再多就要妨碍。今年产量可以超过〔19〕59 年。

养猪条件很好，河滨多，水草多得妨碍行船，问题是没有苗猪，到浙江去买。私养比公养好，去年大队养猪亏本二千多元。

把桑田分给社员当自留地，桑叶包产，社员种瓜、江豆等，对桑树损害很大。对市场供应和社员收入有好处，问题是不利蚕桑。

吴江同里公社，每人三亩地，种双季稻 10% 多一点。〔19〕60 年 10% 不到一点，前熟 485 斤，后熟 460 斤，合计 945〔斤〕。单晚 589 斤，平均 605 斤，〔19〕59 年 668 斤。麦 24%，亩产 200 多斤。双季早稻种在花草地，那时只有 2000 斤，种单季可收 4000 斤。蚕豆亩产 60 斤，青紫土〔?〕可产 100～200 斤。

解放前种麦少，豆菜多（吴县 30%～40% 小麦，30% 油菜，10% 蚕豆，20% 红花草，荡田不种小熟）。10% 红花草，20% 蚕豆，油菜 25%，小麦 20%，余为白板田。过去每亩施猪肥 10 担，豆饼 30～40 斤（富裕农户），河泥。晚稻亩产好的 500 多斤，一般 400 斤上下。施肥充足可收 600 斤。

籼稻改粳稻，有的田种籼稻比较适宜。不能都改掉。籼收 350～400 斤，八月底可以收。荡田要种籼稻，不适宜种晚稻。籼稻草给牛吃，收得早，不怕涝，不怕虫。荡田种晚稻也只收 400 斤左右，如果少施肥，产量更低。籼稻省肥。

（籼稻同双早收获期差 45 天。）

吴县荡田种双季稻有困难，一年四个黄霉（插秧），没有时间积肥。人少田多处种双季稻无好处。双季只产 581 斤，种子 50 多斤，秧田一亩插三亩到五亩。小队长把 60% 的心思放在双季稻上，否则不能增产。单季管理放松，影响产量。肥料集中用在双季稻。种双季稻面积不到 5%。双季收 700 斤，单季收 500 斤，看起来多收 200 斤，分摊到全部水稻上，每亩不到 10 斤，多耘一次就捞回来了。

双季稻种子多用 40～50 斤（前季），秧田损失 30～50 斤，出米率低 40 斤。双季收 784 斤，去损失为 668〔斤〕。单季 575〔斤〕加小熟 150 斤，〔共〕725 斤。还没有算人工账，肥料账。种晚稻，一亩红花草可肥三亩。双季除红花草外，要上 25 担粪，单季稻上红花草和 10 担粪就可以。双季稻一亩肥料抵单季稻二亩半。

种双季唯一理由是接口粮，20 万亩双季稻，共产 8000 万斤，种些籼稻和蚕豆，可以解决一半。苏州 10 万人口，嘉兴 25 万〔人〕，松江 40 万

〔人〕，共75万人，每人120斤，共8000万斤。

小麦、油菜不能扩大，扩大蚕豆可以，今年吃青蚕豆约60斤，解决大问题，抵粮食20斤，连口粮380斤，共400斤。

麦田种稻，比豆田种稻，每亩少收30~40斤，（江阴50斤。）豆田省肥，豆萁作肥。老豆每亩产120斤，小麦亩产180斤。

豆子出口价高，出〔口〕蚕豆，进〔口〕大麦，一吨可换两吨。

有的地区（横泾）专养母猪，有的地区专养肉猪（湖滨），必须恢复猪行，卖买小猪。

自留地要6%，其中4%大田，2%屋前屋后和十边地，竹园要恢复，桑田不能作自留地。

去年吃食堂，三个月吃90斤米，都说吃不饱。今年自己烧，三个月60斤米，吃得比去年好。〔去年〕早餐南瓜粥，中午南瓜饭，下午南瓜，晚上吃粥。现在每天一斤小麦，换0.7斤大米。农民愿吃大米。

城市能否恢复集市贸易，是否准许小贩贩卖蔬菜？应该准许。这是必要的社会分工，不可能完全自产自销。准许小贩对城市供应大有好处。

上海地区养猪情况

上海县养猪12.2万头，私养4.6万头，全县有近8万户，32万农业人口，平均每户养猪一头半。1957年是养猪的最高峰，从〔19〕49年的2.4万头增加到17万头，圈存12万头，私养5万头。公养的由高级社包给生产队饲养。养一头肉猪留稻麦50斤，〔养一头〕乳牛〔留稻麦〕100斤，每日供应饲料肉猪半斤，母猪一斤。那时糖糟很多，欢迎去运。

〔19〕58年饲养量20万头，其中私养约5万头，年底私养就只有1万头了（年底圈存16万头）。这时有2.3万亩饲料地，城市饲料供应自然很多。上市7万多头，平均120斤。这年公私养猪都赚钱，死亡数很少。〔19〕59年饲养25万头，上市11万头。上半年都在100斤以上，下半年就不行了。原因饲料开始紧张，糟渣少了（十个县分配），供应了500万斤大麦，渡过冬季。从〔19〕59年国庆节起，超过100斤的肉猪就不多了。〔19〕59年圈存14.3万头。下降主要原因是上市多，不得不宰70~80斤的肉猪。

〔19〕60年养猪干劲很大，但砍了饲料地，城市养猪，饲料不供应郊

区。国家每月供应 100 多万斤饲料，催肥猪和母猪每天还能吃一斤精饲料。七八月拿出 400 多万斤粮食作饲料（这时圈存量达 23 万头），青饲料这时也比较多。九月饲养量达到 30 万〔头〕，手里还有 900 万斤粮食，再增加 10 万头就可以达到每亩一头猪。不意来了三大挫折：①三十斤以上交配、催情，把许多母猪搞坏了。（原来要 70 斤以上才能交配。）②三集中，种猪、断奶猪、催肥猪分群饲养，原来归生产队包养，现在把三包一奖打乱了，以大队为单位直接核算，实际上从生产队养变为大队公养。③因为救灾把饲料砍掉了，10～12 月死了 8.5 万头。母猪大批流产还不算。年底圈存不到 15 万头。今年第一季〔度〕又死了 3 万头。圈存量继续减少。（〔19〕60 年上市 85000 头，主要是上半年，今年上半年只上市 2 万头。）

去年冬开始下放，农民不肯接受，原因没有种自留地，吃食堂。今年春放了一点，现在 70%～80% 的户有条件养猪，但缺乏饲料，原因糖糟酒糟没有了，出米率提高青糠减少。办法给一点饲料地，一头猪一分，二头以上每头加半分。（公养饲料地 4500 亩，要求养猪 10 万头，不可能。）私养猪要求达到 7 万头，全年饲养量 26 万头，上市 10 万头。按饲料计算，决不可能，为着肥料和上市，非达此数不可。按 4000 亩饲料地可以公养 5 万头、私养 8 万头计，只有 13 万头，完成计划一半。把三万亩绿肥改种大麦，可以多养 10 万头猪，用猪肥来代替绿肥。（大麦亩产 300 斤。）

全市 80 万农户，明年要求饲养 120 万头，再公养 120 万头，可以每人每月供应半斤猪肉。问题是公养 120 万头，靠：①4.2 万亩饲料地不能解决上市 100 万头（每头 100 斤计）；②上交粮 4 亿斤副产品返还（1600 万斤青糠不榨油）；③上交 50 万头猪，还饲料 5000 万斤；④糟浆继续供应。

柯〔庆施〕老谈话

农村中有三个问题：

（1）干部问题，生产要作计划，计划要保证粮食、食油、猪肉等的供应，不能不有一批干部来管这些事情，他们同农民的要求免不掉有矛盾。〔上海〕粮食产量 23.2 亿斤，统购 10.5 亿斤，其中供给市区的只有 4 亿斤。外地调进粮食没有保证，目前不抓一下早稻，市民就只能都吃面粉。要保证市场供应，就〔不〕可能完全按农民的要求来办，这是一个矛盾。为着保证计划的实现就配备了这样多的干部。干部从哪里来，从群众中提。群众变成干部以后，工作忙不过来，就强迫命令，还可能利用权力占一点小便宜。上海地区的农村干部（公社、县委）都是比较强的，还是不断发生问题。依靠群众监督很好，但群众能不能监督，一时还难希望过高。我们办法搞一套办事细则，党委不管日常工作，充分发挥党的作用。

（2）集体同个人的两个积极性问题，现在个体积极性很高，并不可怕，自留地只7%，上海郊区自由市场五个月交易额只五六百万，算不了什么。（国营贸易三十多亿。）问题是怎样提高集体的积极性，使农民对集体有兴趣，感到积极参加集体劳动有好处。农民对于集体经济不信任，就会要求单干。单干对农民没有好处。将来集体化程度如何提高，关键是把生产搞好。这在上海问题不大，在全国许多地区问题很大。两年来集体经济没有搞好，使农民对集体经济有反感，搞得不好会影响集体的巩固。国家搞水利工程，电灌，在农业中进行分工，使农民离开国家不能单干。

（3）三年来产量没有下降，单产略有提高，〔19〕57年总产量20.1亿斤，〔19〕60年23.2亿斤。猪的饲养量〔19〕57年130万头，〔19〕60年250万头，也是有增加的。自留地没有完全搞掉，现在准备留7%。养猪私养减少，80万户今年要求达到80万头，明年达到120万头，每户一头半（饲养量）。过去集体养猪没有搞好，原因：（1）发展过猛，没有经验；（2）没有准备好饲料；（3）没有一套制度。今年公养猪压缩一下。饲料地有两种办法：（1）留饲料地；（2）少种红花草，改种大麦（亩产300斤）作饲料，一亩大麦养两头猪，可作四亩地的肥料。

作物安排要因地制宜，小蒸不应当种双季稻，少种麦，多种豆。上海郊区大小麦高产，种麦有利。浦东习惯种早稻，种一点双季稻也没有问题。现在300万亩粮食地，要求亩产达到800斤，总产量24亿斤。

罗泾公社（宝山县）

人口17000多人，耕地32000亩，平均每人接近二亩。水稻14000～15000亩，棉花13200亩，蔬菜1000亩。小熟油〔菜〕10000亩，麦子12000亩，绿肥2500亩，蚕豆280亩。4467户，16个大队，劳动力7767

人，男 2734 人，女 5033 人。小熟主要麦和油菜（过去油菜不多，最近几年增加），大熟主要棉花和水稻，〔19〕55 年以前主要是种棉花（约占 80%）。双季早稻 500 亩，单季早稻 1500 亩（比双季稍迟）。过去种中稻多，亩产量仅 200 多斤。解放后改种晚稻。

早稻不习惯，但要种一点，割稻后作油菜、秧田。社员要求再少种一点。早稻亩产量 530 斤，晚稻 700 斤，双晚 327 斤。单晚〔19〕58 年 570 斤，〔19〕59 年 600 斤，〔19〕60 年 700 斤。今年包产 650 斤，比去年低一点，去年特别丰产。

（明星大队：单季晚稻亩产量〔19〕58 年 557 斤，〔19〕59 年 537 斤，〔19〕60 年 714 斤。今年包产 672 斤。）

三麦亩产量，〔19〕58 年 143 斤，〔19〕59 年 281 斤（少种多收），〔19〕60 年 259 斤，〔19〕61 年估产 230 斤（大多种大麦）。

棉花亩产量，〔19〕58 年 179 斤（籽〔棉〕），〔19〕59 年 235 斤，〔19〕60 年 218 斤。今年计划 240 斤（籽〔棉〕）。

油菜亩产量，〔19〕58 年 88 斤，〔19〕59 年 172 斤，〔19〕60 年 165 斤，今年 155 斤。

猪圈存 3976 头，已下放 1033 头。其中老母猪下放 31 头，新母〔猪〕93 头。母猪共 1300 头。肉猪下放 844 头，奶猪 31 头。

农民有养猪习惯，愿意养猪，大多养肉猪，富裕农民养母猪。现在要肉猪的多。此地没有饲料地。太仓浏河一头猪一分地，100 斤肉奖 50 斤精饲料，母猪一年 170 斤，小猪一斤猪一斤饲料，此地羡慕太仓。

公养要养一点，但要私养多一点，一般来讲私养比公养好。公养猪死亡多，私养猪管理好。公猪不下放，母猪下放一点。（上海开会说暂缓下放，目前尚未决定。）

在 3976 头猪中，已下放 1033 头，主要是本月中旬放的，下旬再放一点，可达 1500 头。六月前下放的只有 200 多头。八月份还要继续下放，等会议作了决定，再定母猪下放数额。

自留地 1300 亩，食堂田 262 亩，〔自留地〕占大地 910 亩；十边 390 亩；食堂〔占〕大田 250 亩。合计〔占〕大田 1160 亩。占 3.6%，连十边占 4% 以上。

口粮每人平均420斤。自留地种好了可多得30～50斤。

一般来说情绪是高的，超产的信心是有的。麦子（225斤）不能达到包产数额（252斤），水稻（包产650斤）可以希望略有超产。棉花产量就目前看同去年差不多，可以勉强达到包产指标（220斤）。

〔19〕58年总产737万斤，〔19〕59年773万斤，〔19〕60年1090万斤，平均每人产粮食640斤。

〔19〕60年水稻828万斤，豆3.5万斤，麦232万斤。

〔19〕58年，73.99元，〔19〕59年97元，〔19〕60年105.5元（每个分配人口平均收入）。

平均亩产量920斤。

明星大队

自留地：①〔对〕“六十条”以前垦的划入自留地，“六十条”以后垦的不划入有意见；②有的垦得多，有的垦得少有意见；③有的场地仍作场地，不能垦，有的不作场地，可垦，前者有意见；④新生小孩不增自留地，死的不减，有意见；⑤自留地好坏不同，坏的有意见。

〔小孩定量〕1岁3斤，2岁6斤，以上每一岁加二斤，已经三年不变，10岁的照8岁计算。

陈云同志〔讲话〕

农村住宅比过去挤，灶头多，原因是分家未造新屋。家具还算齐全，锅子未打破。群众意见最多的是口粮问题。其次是对干部有意见，说“干部吹牛皮，社员饿肚皮，干部出风头，社员吃苦头”。更次是对我们没有自我批评有意见。应当承认除灾荒外，还有工作缺点。中央也有缺点，我们不是坏人，是好人有些缺点。心是好的，想多收一点粮食，办法不对，不对就改，不犯一点错误不可能。能不能再等少则三年，多则五年，逐步改善。明年争取吃一顿干饭。农民也说不能一步登天。县委向农民说一说，我们工作中有缺点，农民心就服了。最后，个体积极性是高了，集体积极性还不高。

农民说解放后的好处：①好过年；②修了园〔垸?〕子，塘田淤高了；③电力排灌；④肥田粉增加；⑤干部态度比国民党时期好，进城不受气。

开了十次座谈会：

（1）养猪问题，公养猪圈里空隆空隆，肉猪大部已经下放，群众要求下放母猪。

①私养喂得好，有病的、刚生小猪的〔饲料〕要煮得烂一点。喂一点青草；②填圈好，填青草，垃圾，公养猪填稻草；③保胎，不能惊动，挂空昙；④接生；⑤保婴；最后一个太瘦，喂乳要好；⑥棚小冬季保暖。

①饲料省；②肥料多、好；③节省稻草；④人工省；⑤死亡少，成本低。

母猪下放后：①公猪公养；②大肉猪；③充肥猪；④一部分母猪。

上海分别不同地区：有些地区私养为主，有些地区公养为主，或公私并重。

上海过去养猪150万头，超过基数的，如农民还有力量养，仍可私养，如农民没有力量养，就公养。这样可以充分利用农民的剩余劳动力。不论公养还是私养，都要分一点饲料地。

到150万头后，再多养几十万头，还是不多养，养肥一点。（过去饲养量130万头，圈存90万头。）养猪数决定于饲料，多养了吃不满，不如少养吃饲〔料〕较为有利。

猪种要改良，不合格的母猪要淘汰。

要穷养猪，搭一部分青饲料，这就要靠农民。

〔过去〕上海每天上〔市〕牛4000~5000头，每人吃肉最多时27斤。全年宰杀180万头。现在每月每人二两。（上市率只有40%。）要满足上海需要，不能单靠上海本身。可以考虑恢复江北养猪基地，供给饲料，农民得猪肥，猪肉供上海及出口。

（2）作物安排问题，种不种，种多少双季稻，决定于每人有多少田地，气候寒暖。2.5亩以上不能种双季稻，种了得不偿失。

种麦子还是蚕豆，也要看条件。小蒸麦子收70~80斤，不如种蚕豆。蚕豆用肥少，还能增加肥料，比种麦子有利。（种蚕豆怕农民吃掉，收不起来，种了六百万吨，只收了三十万吨。）

（3）自留地，增加到7%的办法好。加自留地比加口粮好，比较合算。没有这一点经济上的小自由，没有零用钱，什么都靠生产队，不好办。自留地要解决：①补充口粮；②饲料；③蔬菜；④零用钱；⑤恢复竹园。没有一点经济上的小民主，农民就不敢向干部要民主。

（4）赔退一年赔不完，商业部门不准派销。

（5）定量供应东西出榜，让群众讨论如何分配。恢复小商小贩，花色品种可以多一点。划出来办合作商店、合作小组。

（6）工业，综合加工厂（酒厂）、农具厂、粮食加工厂。酒厂 18 个人，每月出酒 400 斤，非亏本不可。粮食加工只能季节开工。农具厂不如分散办，集中起来不行。

（7）包产指标，包产指标高 20 斤（565～545 斤），影响农民争取超产的积极性。

（8）干部作风，干部这样多，管不了。只有靠群众监督。一年一次让群众讲我们的缺点，群众讲不全面，坏分子会乘机煽动，不要怕，讲出来比不讲出来好办。关键是让群众批评我们工作中的缺点。

（9）小偷小摸问题，研究偷的是什么人？①肚子饿，想吃，拿一点；②群众性公开拿红花草。群众讨论决定处罚办法，结果没有受罚；③偷大批东西；④惯偷，自盗。

原因：口粮少，没菜吃，“十二条”下来后因防止滥处罚而不敢处理。不处理对生产不利，办法依靠群众。

总的来说，生产比较稳定，干部没有打人。如果不瞎指挥，有了电灌和化肥，情况可能更好。养猪、作物安排都是为着增加有机肥料，保证粮食增产。

柯〔庆施〕老讲话

上海过去吃肉靠外地，现在必须多靠自己。过去调进猪、油、酒，现在都要自己生产。原因各地自己不够，不能供应上海，农民的需要量也比过去提高了。现在供油老秤 6 两，还要减少 2 两，减了问题很大。

540 万亩，种棉花 180 万亩，现在为 120 万亩，菜籽 80 万亩，〔蔬〕菜 43 万亩，瓜 7 万亩。棉花亩产皮棉 70～80 斤，油菜籽〔亩产〕130～140 斤。粮食去年 23.2 亿斤。〔今年〕争取 24〔亿〕～25 亿斤，面积 300 万亩，上海、宝山平均亩产 900 斤，松江、青浦〔亩产〕800 斤（麦稻合计）。

猪想多养一点，解决吃肉及肥料问题。要改变局面，要有三年五年。集体养猪亏本原因：①发展太快，没有经验，没有准备；②原来作饲料的粮食改作口粮（还要自己酿酒），饲料供应不上。今年下放私养80万头，明年120万头。现在郊区90万头。今年饲养量已达160万头。

自留地准备增加到7%，436斤口粮不敢讲，再提高口粮不行，靠自留地。现在小孩定量太少，要解决。竹园只有嘉定保存，原因地主的竹园没有分。

今年希望养猪220万头，明年250〔万〕~260万头。（去年290万头，死亡率相当大。）将来增加到300万头。母猪保留25〔万〕~30万头。每头母猪一年生12个小猪，生300〔万〕~360万头。

搞养猪基地完全赞成，恐怕也要三年五年才能供应上海。

群众监督干部，群众批评干部是批评了的，问题是批评了没有用，贴了大字报没有结果。要有一种力量来支持群众。党管业务，就不可能管政治思想工作。党不管业务，可以站在第三者的地位来支持群众对干部的批评。

现在干部管生产是指手划脚，整天忙乱，没有一个制度。有了一套制度，干部可以少忙一点。

个体积极性高，原因集体没有搞好，许多东西靠集体不能解决。现在不怕农民的个体积极性，问题是如何巩固集体的积极性。现在农民对集体经济丧失信心。现在估产偏低，瞒产私分办法很多。（河北主张不要三包一奖，以生产队为核算单位。）要把集体利益同个人利益结合起来，才能提高集体的积极性。

作物安排要因地制宜，有些地区小麦高产，有些地区低产。双季稻原来只有金山种，过去有间作，没有连作。全国客观条件差别很大，不但生产不能一样，生产关系也不一定完全一样，如河北取消大队所有制。安徽农民要求包产到户，可以在小范围让他试一试。上海在保证粮食、棉花、油菜、蔬菜产量的条件下，可以因地制宜，什么办法都试验试验。

江苏省委

社办工业作用不大，把原来的手工业挤垮了。铁匠、竹匠、木匠等都没有了。

下放人口要带一年粮食，如带一个月粮食，吃完没有办法，又回来了。

去年问题，五风为主，灾荒次之，今年灾荒为主，五风后果次之。

塘湾公社（上海县）

棉粮夹种区，现在蔬菜扩大到6000多亩，人口有23500人，耕地35000亩，每人1.4亩。16个大队，148个小队。电灌600马力，水稻面积92%，此外用风力与人力。拖拉机4台，劳动力10800人，耕耘机3台。〔19〕57年只种粮食7000多亩，主要种棉花。现在早稻3500亩，其中一半种双季，一半作油菜、秧田。中稻去年种一点，扬花时遇台风，今年不种。单季晚稻16700亩。合计约2万亩。双季占3.5%。种棉花6700亩。瓜田600多亩，插种大豆，套种胡萝卜。西瓜〔每亩〕收2000多斤，胡萝卜收4000斤，前者200～300元（1.3毛〔一斤〕），后者100多元。瓜前种蚕豆，吃青豆约800斤，50元。麦子10000亩，主要种大麦。亩产大麦210斤（减产），小麦225斤。油菜11000多亩，亩产130斤。蚕豆1400亩，亩产190斤（吃青吃掉一些，否则可产300斤）。水稻亩产晚稻57年510斤，〔19〕58年525斤，〔19〕59年640斤，〔19〕60年622斤。今年包产631斤，早稻580斤。双季（〔19〕60年）早〔稻〕550斤，晚〔稻〕250斤，合计800斤。双晚秧田连本4亩〔?〕。绿肥种青蚕豆，不抵统购任务。吃青豆多的可以采15担，值60～70元。大麦压麦片烧饭，或吃麦细粥。

包产大麦260斤，小麦280斤，都未完成。早稻也完不成，要从晚稻捞回来。今年单晚种得到〔多?〕，超过计划面积部分可以抵补，所以问题不大。

养猪圈存8600头，其中私〔养〕占4200头，公〔养〕4400头。母猪1700头，其中私养216头。准备继续下放。能繁殖的900多头，此外是小母猪。去年饲养量17700头，供应市区肉猪4600头。死亡率49%。（不包括在饲养量中。）近郊区习惯于公养，此地习惯于私养。私养比公养好。现在苗猪满足不了社员需要，社员可养7000～8000头。总户数5710户，养猪户只有2700户，还可发展2000多户。

私养死亡少，长肉少〔多?〕，积肥多，质量好，成本低（吃鲜嫩的青草）。

自留地1027亩，每人4厘（不包括食堂菜地），占总面积的2.8%。（原高级社数字。）按7%计算，还要增加1700亩。对7%群众满意，队干部有抵触，认为 5% 比较适当。

口粮 442 斤。（13 个月 480 斤，第十三个月上交了。）小孩口粮一年未动（2 岁 7 斤，5 岁 10 斤，8 岁 15 斤，10 岁 19 斤）。

全国计划会议*

〔李〕富春同志（计划会议）

（一）农业恢复不仅在缺粮区困难，在余粮区也要三年时间。轻工业要服从农业，不可能穿衣都靠人造纤维。重工业这样大的克郎猪，要几年时间调整提高。要到 1965 年，农业恢复到解放后最高产量。随着农业的恢复，轻工业也恢复，日用品能满足市场需要。重工业填平补齐，1965 年达到钢产量 1800 万吨，在质量和品种上有提高，这是我们的奋斗目标。为此要克服消极畏难情绪，力争提前达到这个目标。到这时候，粮食、衣服、日用品的供应可以有所改善，重工业也有了一定的基础。1800 万吨钢不算少，如果真正有用，在质量上达到现代标准，就是很大的力量。不要互相埋怨，要团结一致，为提早达到这个目的而奋斗。

我们讲形势，讲困难，讲经验教训，是为寻找克服困难的办法。一方面要认清有利形势和光明前途，另一方面要认识这不是容易事情。

（二）经验教训，主要是工业建设过高过大，影响农业，农业又反过来影响工业。基建战线过长，把许多人力、物力、财力用于几年后才能发生效力、甚至不能发生效率的事业，大办钢铁，大办水利，用的人力、物力、财力，挤了农业和工业当年的再生产。结果积累过大，影响人民生活。搞生产、再生产，没有认识马克思所说既要包括生产消费，又要个人消费，即吃饭穿衣。这个简单道理我们认识不够。基建只是争投资，争生产资料，不考虑建成后要用多少劳动力，吃多少饭，穿多少衣。在目前农业生产条件下，工业的简单再生产都难保，不用说扩大再生产，所以不要再争投资多少，能

* 1961 年 7 月 17 日至 8 月 12 日，国家计委在北戴河召开全国计划会议。会议讨论了 1961 年计划执行情况和 1962 年计划控制数字（《中华人民共和国国民经济和社会发展计划大事辑要 1949—1985》，第 172 ~ 173 页）。以下是会议记录摘要。大标题为编者所加。

保证现有企业的再生产就很好。不能主观片面考虑问题。为什么去年达到1800万吨，四年后仍是1800万吨，而在质量方面提高，就是要同农业和轻工业适应，把人民生活安排好。要节省劳动力，不搞人海战术，〔要〕解决吃饭穿衣问题。过分加速扩大再生产，妨碍简单再生产，单纯追求数量，妨碍质量。有些新东西（如转炉）技术上没有完全过关，质量不高，有些原来质量高的，也因瞎指挥而质量降低。过高过大主要表现在扩大再生产方面。

对形势估计错误，〔19〕58～〔19〕59年上半年对农业产量估计过高，〔19〕59年下半年～〔19〕60年上半年对欠收估计不足，到秋收后才觉察。对工业片面观点，只看到数量的大跃进，没有看到在数量跃进中质量降低。因无经验，无知识，积极性变成了盲目性。如小高炉不靠近煤，不靠近铁矿石，而且建了这样多。大办水利不管水文资料，抓起就干。只看到成就很大，而未看到缺点和错误。对有计划、按比例规律认识不够，积极性不与有计划相结合，必然变成盲目性。

（三）计划不仅要反映党的方针，而且要反映党的政策，特别是改进生产关系、上层建筑，这样才不是干巴巴的数字。

①所有制必须划分清楚，不能混淆，全民、集体、个人不要混在一起。这几年不论工业、农业、商业方面，都由国家包起来，总想提早过渡，看不到社会主义与共产主义的区别，不认识现在还是初级阶段。农村中的一平二调，包死统死，都是由此而来。大办人民公社时，不分清全民和集体，把个体也包进来了。商业也包起来了，都变成国营商业，都是公家人，干不干四十元。一个大厂变成一个社会，理发、种菜都自己干。改进这个情况不是一年半载所能完成。

②等价交换包括两个问题，一是东北、华北搞煤炭、钢铁、木材、棉花，要全国一盘棋，解决他们的吃饭穿衣问题。只安排生产任务，而不安排个人消费是不行的。二是真正等价交换，物价必须稳定下来，对自由市场要加〔强〕管理，国营的产品不能自由提价。重工业的调拨价一般不动，有些机械产品要减价。

③工资政策，明年起要升级一批，不能长期冻结。

④技术政策，目的提高劳动生产率。

⑤管理制度，责任制和经济核算是主要内容。

⑥协作关系，社会主义经济没有协作就寸步难行，不能全不求人。互相封锁，就把经济搞死，违反全国一盘棋的精神。

⑦体制问题，中央局、计委要加强。

计委要有全局观点，站在矛盾之上，拉长农业战线，缩短工业战线。各地情况不同，各有重点。如辽宁不能不要重工业基地，华北不能不搞煤炭。各地农业也有不同重点，华北不能少种棉花，其他地区要给粮食，互相交换。

计划会议总结报告

〔李富春〕

先把书记处谈的经济情况的认识传达。提醒我们对目前经济情况要有进一步的了解，要思想认识一致，全国行动统一，才能把目前紧张局面转变过来，克服暂时的、严重的困难。对农业、工业、市场等情况要全面了解。今年粮食产量加上自留地〔的〕可能超过去年。全国要征购 780 亿〔斤〕，各省只报了 660 亿斤，进口粮食已经计算在内。现在〔各地〕要求少调出，多调入，这样城市无法维持。城市既要减人，又要保证需要。明年秋收前即使有 780 亿斤，还是很紧，要压缩城市人口，保证进口粮食，才能〔保证〕供应。农业恢复到解放后最高水平，有些地方〔需要〕三年，有些地方〔需要〕五年。人力明年有可能恢复，地力两三年恢复，畜力要七八年才能恢复。农具两年可以解决，生活用品也要三年。

国民经济第一件事是吃饭穿衣，不是搞多少投资。吃饭准备三五年解决，今年粮食〔产量〕2800 亿斤，以后每年〔增加〕200 亿斤，经过五年 3800 亿斤，还是 1957 年的水平。城市〔人口〕不可能减到〔19〕57 年，全国人口还会增加。要用 300 亿斤来补足增长人口的需要。吃饭解决了才能解决穿衣问题。增加 500 亿斤粮食，平均每人 70 斤。

穿衣，今年棉花产量只能 1500〔万〕~1600 万担，收购 1100〔万〕~1200 万担，纺纱 250〔万〕~280 万件，除工业用布、出口等外，每人平均三尺布。吃饭可以三年五年解决，穿衣要更长时间才能解决。现在大家没有把吃饭穿衣放在第一位，计划就编不好。

吃饭穿衣第一，两者比较，吃饭又是第一，粮食问题不解决，农民不愿意种棉花，穿的问题解决不了。

煤炭提的问题一个个解决了，产量还是下降，是生产力（设备）问题，生活供应问题，政治思想教育问题。三年来设备能力有所破坏，备品配件不够，质量又差。矿灯补一批，坏一批。从整个工业来说，三年大跃进工业生产力有大的发展，但由于工作做得不好生产力有所破坏。对基本建设注意太多，对当前生产注意不够，寅时吃了卯时粮。设备维修不够，每个行业都要检查。在这方面欠了债。行业与行业之间，行业内部，企业内部都不平衡，要计算综合的、可靠的生产能力，比突出部分差得很远。原材料工业与加工工业，生产与维修之间，都不相称。生产能力愈发展，愈要加强维修能力，连鞍钢的维修厂也改作生产厂了。每年汽车、拖拉机、排灌机械损坏很多，就因维修力量不够，备品配件不够。企业内部也是大不平衡。这是工业生产中的第一个问题，这个不平衡不能在一两年中调整完毕。

第二，企业管理紊乱，有些企业好些，很多企业不好。责任制没有了。经济核算没有了，或者很少了。不计质量，不计成本，带普遍性。只讲完成计划，不讲经济效果。党委领导下的厂长负责制没有实行好，书记个人包办。重大问题应经党委决定，交厂长去办，而不是由书记决定，书记自己去办。企业管理制度必须整顿。抓责任制、经济核算，调查赚钱企业有多少，亏本企业有多少。要在两年中，分批分期进行整顿。有些企业技术没有过关，原材料没有保证，浪费大，亏本多，就没有生存权利，只能淘汰。这件工作要费很大的力量。要在各行业之间进行调整。1800 万吨钢质量好，品种全，至少五年。不可能在一两年中调整好。工业三年大跃进，大好形势中，有三分大不好形势。如果没有大不好形势，为什么煤炭上不去，为什么停工减产，秩序混乱？

第三，市场、物价、货币、财政方面，票子发多了，商品供应少了，货币、物资差额达 50 亿元。物价部分上涨，工人生活实际下降。物价上涨各地不同，从 10% 到 40% ～50%。财政赤字，收入 350 亿（去年 635 亿），可能完不成。地方财政都有赤字。企业发不出工资。企业利润照交，实际没有赚钱，靠银行贷款。

明年吃的穿的商品供应不足，靠农产〔品为〕原料的产品不可能增加，要靠工业品原材料来增产日用品。市场物价需要稳，保证职工基本生活需要不涨价，能稳住60%左右，此外40%不容易稳，要靠自由市场。定量供应的商品不能涨价。对农村三类物资，要用工业品去换。根本办法，首先是发展农业生产，其次是发展轻工业和手工业生产。明年财政收入也不可能增加。

第四，工业方面贯彻八字方针，首先从工业来说，要抓煤炭、冶金、木材，以此为纲进行全面安排，以此来支援农业、市场，照顾国防需要。首先抓煤炭，其次抓冶金，主要是抓质量、品种，800万吨钢，真正有用，可以抵现在的1000万〔吨〕，1200万吨。有些小高炉要停下来。铜铝也要尽量保证，木材缺额太大，也需要保。其他工业按中线进行逐年填平补齐，着重抓支援农业、市场的东西。支援农业从小农具和生活用品搞起，农业机械首先维修，行有余力才生产，新制农业机械要集中使用，否则不能解决任何问题。先东北，次华北，再淮河以北。不集中使用，维修问题也不能解决。搞煤炭，就要搞左右邻舍，如设备维修制造，运输等。有了煤炭，再安排其他工业。各行各业都要自己提出调整方案，各省市也要提，然后交给计委进行综合平衡。安排时都要集中力量打歼灭战。据此方针，基本建设还要缩短，要照顾明年，该下马的忍痛下马。凡是明年不能续建的项目，赶快停下来。不要希望今年70亿能增加，明年40亿能增加。其余靠挖掘现有积压的材料和设备。不要再追求产量，追求项目，打仗要从前线退去来才能休整。八字方针去年北戴河会议就提出来了，为什么没有见诸具体行动，原因是对形势认识不够，还是追求指标。没有了解指标不退下来无法调整。今后一年半主要是调整，搞质量品种。第一要退够，第二要国民经济全面调整，第三要提高质量，增加品种。明年是休整，还不是充实。

第一，工业的调整。

第二，企业进行整顿，要降低生产指标，进行整顿，任务不足的更应集中力量整顿，不要追求指标。工业“六十条”就是要建立生产秩序。否则还是一年计划，计划一年。

第三，彻底清理仓库，清理资财，要摸底。任何仓库都要打开清理。商业库存290亿中，有100亿没有用，如没用的农业机械、土化肥，改制后还值50亿也好，不能再压下去，不能靠银行吃大锅饭。

第四，坚决的减少城市人口，凡是能回农村的回农村，人不够再向市委要。中小城市比大城市容易。要动员能回农村的〔回去〕，为着支援农业，不要增加城市失业人口。要有减的决心。两年内要动员 1000 万职工，加上家属 2000 万人，回到农村。决心要大，工作要细。不解决这个问题，无法调整工农矛盾。

第五，抓好秋收、秋种，上山收山货，野生淀粉、纤维、燃料。去年搞代食品效果不大，不如上山采野生植物。

第六，三五年内更加要集中统一。要调整，不能各自乱搞。体制问题要来个否定的否定，总结三年大跃进的经验。地方财政要集中到省，企业管理逐步向上收。

总的目的是在三面红旗照耀下，把工作做得更好，把总路线贯彻得更好。这次会议能否把认识统一，认识统一了计划就好定。这次只定控制数字，各地自己回去摸清情况，根据中央方针和控制数字提出计划，十月份再开会讨论。

请大家考虑：情况是否如此？是否采取这样的方针？首先是调整。如果 1967 年有 2000 万吨钢，质量好，品种全，和相应的其他东西，也是了不起。任何企业凡是质量下降的，限期恢复，技术没有过关的，集中力量先技术过关，不要大量生产。

农产品提价要慎重，退赔不能多赔现款，现款要分五年十年赔，发期票，农村放款和农业投资尽量减少，总之发票子要有实物保证，否则害了农民。

在会议讨论中，还有两个缺点：一是对情况的了解还不够全面，二是还或多或少地从局部出发讨论问题。此次会议提高了认识，明确了方针政策，提出了控制数字，基建迟退不如早退，明年退不如今年退。明年指标只作参考。总之要退够，退下来调整，再不要追求高指标。

〔陈云〕

这几天都是谈工业问题。但是要注意不要单看工业，而应当对农业、商业以至整个经济情况都看，才能了解形势的全貌，得出正确的结论，找出解决问题的办法。

看来，当前中心还是吃饭、穿衣问题。

（1）农业问题，“十二条”、“六十条”公布后，农民积极性调动起来了，但主要还是种自留地的积极性，而对集体生产的积极性还不高。我做了几处调查，发现农民对集体生产的兴趣还不大。中心问题在于包产指标是否偏高了。有个农民说，按这样包产指标，很少有超产可能，而年末不但拿不到超产奖励，甚至还要倒贴几斤粮食。不要小看这个问题，不能认为农民问题已经解决了。看来还要拟定几条简单办法来调动农民积极性。曾希圣同志曾说过，包产到户，分配归队。当时大家都反对，说是回到互助组时代了。他的意见是否有点道理值得考虑。六亿人民，五亿农民的积极性是个大问题，绝不能小看。穿衣问题更复杂，五年绝不可能解决。吃饭问题几年都解决不了，何况穿衣问题。就算二三年粮食恢复到 3800 亿斤，棉花也还一时上不去。为了吃饭，农民不愿种棉花、油料。无论如何都要想办法种点棉花。同时也要两条腿走路，不能只靠一个办法，还要靠化工搞点人造纤维之类。

（2）物价无论如何不能乱动。目前物价有不合理之处，将来总有一天要动。

发言要点讨论

总的印象是指标高了，要退够，这方面再突出一点，由于追求指标，无心管企业内部管理。

年初高指标，年中调整，年末让路。

先是设备生产能力估高了，其次是综合生产能力，煤炭挖潜力，竭泽而渔，没有设想生产的下一步，不计后果。一是本身的生产能力估高了，其次是没有考虑到各方面的配合。

不是没有伟大成绩，由于指标高，失去了平衡，把成绩部分也损害了。主要是第二阶段，盲目性最大。反右倾、鼓干劲，把头脑搞热了。先暴露在农村，再影响城市。第三阶段发现有盲目性，但一下子不可〔能〕提出调整方案。今春夺煤大战，还是不合实际情况。〔从〕盲目走向自觉要有一个过程。集中表现是计划指标和计划性。高速度必然要退回来，一退就一定要退到比原来可能达到的更低，原因是只顾扩大再生产，把生产设备搞坏了，建设也不能充分发挥作用。六万立方米小高炉，绝大部分要长期停下去。大部分小高炉不要再机械化。

总路线是整个建设时期的路线，包括公社化和大跃进。公社化是今后前进的基层形式，大跃进是说三大改造以后速度可以搞高一点。多快好省既讲数量，又讲质量，它的正确性要十年二十年来衡量，不能用一二年来衡量。实现总路线要有多少步骤、政策、工作，如改造总路线，建设总路线也应当如此看。主席常说工业发展可能高一点，低一点，问题是没有料到要后退。总路线要通过具体政策、具体工作才能逐步实现。

第一阶段从实践中认识高速度的可能性，是好现象。第二阶段头脑热了，埋伏了很大的危险。去年北戴河会议以后逐步认识盲目性。工业方面，提出了八字方针，但病还没有爆发出来，大家对情况还认识不清楚。1800 万吨钢破坏了国民经济的平衡，破坏了一部分生产能力。北戴河会议后认识要调整，但没有认识要退下来才能调整，总想在 1800 万吨的基础上来调整。

减人要列为方针。支援农业不仅是重工业，轻工业、手工业、劳动力也要支援农业。第三，调整从何着手，全面安排，综合平衡。除工业外，其他部门也要说一说。第四减人。第五企业调整。第六集中统一，过去一方面分散，另方面高度集中（让路）。应集中的必须集中，应归地方管的归地方管。必须保证的厂矿统一安排，其他部分让地方自己安排。统一领导，分级管理。地方要有机动余地。

粮食问题报告*

（1）灾情大于去年，形势好于去年，收成接近去年。全年估计 2900 亿斤（包括大豆）。征购 780 亿斤，商品率 32%。只能大定小活，既不失信于民，更要照顾大局。农村先于城市，要保大中城市，保工矿区。城市解散不行，维持不行，必须减人。农业恢复总要三五年。

（2）八项工作：〔粮食〕减少回销农村，征购任务不能减低，万一不够，只能压低农村口粮。卖粮 100 斤奖布 1 尺。超产部分全用商品换。明年进口 300〔万〕～400 万吨〔粮食〕。城市精简，省市决心大，各部决心不够。搞商品粮基地。

* 根据笔记前后内容和时间，这个报告的时间在 1961 年 8～9 月。

三结合：工业计划和粮食结合；工业农业结合；城乡结合，辽宁城市多了。

物价会议*

稳定物价的思想认识：①管工业的要求提工业品价；②管农业的要求农产品提价，工业品减价；③管财贸的希望物价稳定。

问题：①企业亏本如何解决；②如何促进生产的积极性。其中有厂长基金、职工福利，亏本不光彩。

（一）亏本原因：（1）原材料价格上涨。①农副产品收购价提高；②供应关系交付地点改变；③原材料质量降低；④协作价格提高；⑤层层加价；⑥亏吨；⑦代用原材料。（2）运输费用高，特别是短途运输；（3）生产下降，今年最突出，今年开工面约30%～50%；（4）原材料浪费，废品增加。（5）包装费乱要钱；（6）不注意经济核算，乱计成本。主观原因是主要的。

总的认识，感到涨价不是办法，必须顶住，经过讨论思想比较明确了。具体问题要区别对待，研究具体原因。一种意见，回到1957年的水平，事实上不易做到（中南区）。上海按质论价，提价不当的退回。辽宁六条办法：①原材料价格由国家提高的要提价（亏损的）；②代用品价高订临时价格，可以不用代用品时恢复原价；③新产品技术未过关用财政补贴，或者订临时价，限期改进；④鼓励代用品的可以提价；⑤经营管理不善不照顾；⑥开工不足由财政解决，不能涨价。

财政补贴如何解决：①中央统一调拨物资由中央贴，省市调拨的由省市贴；②部门内部以盈补亏；③工商利润合理分配。

（二）价格政策。

一种思想：调整以后整顿价格；一种思想：生产调整与价格调整同时进行。

怎样贯彻等价交换原则：①地区之间的等价交换；②国营企业之间的等价交换；③全行业普遍亏损是不是社会必要劳动量提高。

---

* 根据笔记前后内容和时间，此则记录约在1961年9月。

具体问题：①南方木材山价偏低；②协作价格和零配件价格（要管、要降）；③镍要提价；④天然气的价格；⑤小高炉实行定点定额补贴；⑥农业排灌用电（每度5分）；⑦中央统一价格（过去在省内可以自己定价）。是否像小高炉铁一样，定两个价；⑧煤炭要求提高灰分（20.9〔%〕～23.9〔%〕）；⑨纸要涨价50%。

两年补充计划汇报*

〔19〕61年预计：九月份煤炭日产量可以达到44.5万吨（地方〔企业〕23万吨），十月份可望达到45万吨。全年可能达到2.78亿吨。钢可达到870万吨到900万吨。钢材。电预计全年470亿度。完不成的有化肥、酸碱、水泥等。化肥减产主要因缺煤炭，供应计划没有完成。看来钢铁并未下去多少，其他方面保不上去。增产的煤应当多用在化工、轻工方面。轻工缺黑铁皮、煤电和酸碱等原料。

明年安排：煤炭可以安排2.5亿吨（原定2.47〔亿吨〕），首先保运输、发电、轻化工、农用，然后保重工、民用煤。钢安排750万吨无问题，800万吨还有一点困难。

两年合计钢产量可以安排1600万吨，生铁要满足各方面的需要，钢材主要生产稀缺品种，普通钢材可以清查今年库存调剂使用。维修材料要充分满足需要。钢材分配必须贯彻先维修后生产、先生产后基建的方针。

基建投资，今年计划71亿，拨款80亿，此外还有4〔亿〕～5亿计划外项目已用投资。未完工程年底不一刀砍，只能限于计划规定的续建项目。停建项目要砍投资，停止发货。

明年在原定37.5亿元外，再加4.8亿元，主要只能保生产和维修，保少数续建项目，不能安排新建，主要用于保当前生产。

* 1961年9月29日，国家计委将此前北戴河全国计划会议的安排情况向中央写了《关于第二个五年计划后两年补充计划（控制数字）的报告》。10月6日，中共中央批转了这个报告（《中华人民共和国国民经济和社会发展计划大事辑要1949—1985》，第173页）。这则笔记应是国家计委讨论该报告的记录。

调查研究座谈会准备会议*

〔李〕富春同志

陈云同志为主，计委、经委参加，研究几个问题。首先是煤炭，找几个矿摸一摸情况。第二是冶金，第三是机械，第四是化工，第五是三类物资，第六是中央与地方，第七是物资分配。找大家座谈，提出问题，研究解决方法。

陈云同志

想了解工业中的问题，三类物资问题，配件问题，像这一类的问题。这种会议与农村调查不同，一个农村可以看到全面问题，工业比较复杂，要有主管部，重点企业，有关部，综合机关，共同研究。

找哪些单位？找多了不好谈，找重点工业，主要为着了解厂内问题，主管部说明全面情况。不仅谈生产，还必须谈基建，这不是一个单位讲得清楚。人数以少为好，五六个企业，由各部选择。有关部哪些参加，临时商量，冶金、机械，关系多一点。

三类物资有哪些方面，搞出若干品种大致数字，以商业部为主，约有关各部研究。物资分配计划由计委决定，执行由经委物资总局，各部也要参加。

地方与中央有财政（包括银行）问题（财〔政部〕），企业管理体制问题（经〔委〕），计划问题（计〔委〕），商业也有体制问题。各部都准备一下。

煤炭、冶金、机械、化工，可以考虑请地方同志一二人参加。请各部开

---

* 1960年下半年到1961年上半年，工农业生产全面下降和市场供应紧张的趋势越来越明显，陈云决定对对国民经济有严重影响的钢铁、煤炭的生产情况进行调查。1961年10月起，陈云同煤炭部和冶金部的同志分别开了长达一个月的座谈会，薛暮桥参加了座谈（《薛暮桥文集》第二十卷，第207页）。以下的煤炭座谈会、钢铁座谈会，就是这次调查研究情况的记录。此则笔记是调查研究的准备会议的记录。大标题为编者所加。

名单。

会在什么地方开好？可以在北京，也可以在外面。可以组织座谈会，发表各方面的意见，不作决定，要决定由各部或中央来作。召集方式，各部为主，我们参加。先搞煤炭，十几个人。有左的，有右一点的，有技术人员。单位不要太多，一个单位可以来几个人。

煤炭十三日开始，在天津开，搞半个月。冶金大体上十一月开始。再下面是机械。

〔薄〕一波同志 完全赞成搞座谈会，可以抓一个企业，可以抓一个部，可以部和企业都抓，第三种办法可能收到较好的效果。在调查的过程中问题还会扩大，还可能发现新的问题。煤炭可能快一点。初步计划搞半年，半年时间不算多。已经搞了十二年，花半年总结经验，时间不算多。做一番调查研究，弄清情况，工作可能做得好一点。调查也要有方法，已有一点初步知识，只要方法对，可以学到一些东西。明年计划要订，调查会的结论不能作为明年计划的依据，只能调整明年计划。计划落实了，如果三类物资落空，整个计划的执行会有困难。在明年计划中三类物资如无一定保证，很担心。明年不能缺一样东西开一个会，都是专案会议，把精力都消耗光了。企业派许多人跑三类物资，也把精力消耗得很多。轻工业部说生产指标有了，条件没有，化工也是如此。明年一年都是调整，总要把生产调整好。调整一靠计划安排好，二靠调查研究，把情况摸清楚，三要边摸情况边调整，一个问题一个问题解决。

找厂矿企业主要谈企业内外关系问题。谈到长远问题，布局问题，要靠领导机关，这一问题更加重要。调整中基本建设不能多搞，但又不能不搞，这个矛盾要解决。

经委主管物资管理，三类物资由商业部管。

〔李〕富春同志 明年计划要十二月定，煤炭、冶金座谈可以完成。（冶金十一月上半月，有色黑色分开，十一月搞完。）人大以前搞这两项，人大以后搞机械，一月搞化工。将来可能还要加上石油、木材、水利等。讨论主要是这三年（〔19〕61～〔19〕63年）的问题如何解决。人要少，又要能代表各方面。

地方和中央问题由计委准备，物资管理由经委准备。

煤炭座谈会〔准备〕

〔**陈云**〕

每天开会半天，半天酝酿。范围，六个煤矿各一二人。生产中的问题，生活中的问题，掘进和延伸问题，地区布局问题（东北、兰州）（华东去年煤最高接近 2000 万吨，今年接近一千万吨，还不包括山东在内），企业管理问题。

讨论方法，可以先报告，有什么，说什么，也可以出题目来讨论。要把问题全讲出来。

从矿的角度来看有许多问题，从部的角度来看又有许多问题，从综合部门来看又有许多问题，从地方和有关部门来看又有不同的问题。看来布局是很大的问题，过去有一时期主要建设南方，后来变为南北并举，现在只能以东北、华北为主，这两地区影响全局。中央与地方关系问题是一个重要问题，主管部管不着，谁也难负责任。

第一阶段由各矿讲，每个矿半天，不出题目。接着部讲一讲，然后归纳出几个问题，按问题进行讨论。

〔煤炭〕调查研究座谈会*

〔**陈云**〕

煤炭问题，到了六个单位，根据典型情况，找出需要专门研究的问题，进行专题讨论。可以有共同意见，也可以没有共同意见，不做决定。需要作出决定时候，由煤炭部或其他有关部门去做。

讲话没有顾忌，应该左思右想，这样才能防止片面性。

可能有两类专题，一是厂矿企业内的专题，二是从全国角度来看的专题，同各部有关，同综合部门和地方有关。工业必须考虑企业内和企业外的

---

* 1961 年 10 月 14 日至 11 月 3 日，陈云在北京香山主持煤炭工作座谈会，中央和国务院有关部委负责人参加了会议。会议听取并讨论了煤炭部及六大矿务局（鸡西、阜新、开滦、阳泉、淄博、平顶山）的汇报（《陈云年谱》下卷，第 97 页）。

关系。农业调查一个农村，可以大致了解基本情况。工业必须既调查内部问题，也调查外部问题。两类专题都应调查研究。

调查方法，先报告，再专题研究，重点放在专题研究。报告是为收集专题。每天开会半天，还有半天酝酿，有些时间考虑，也有好处。各单位的报告最多半天。目的是为从六个煤矿找出有关全国的问题，不是为着解决各单位的具体问题。将来需要讨论的专题可能很多，许多问题可在专题讨论时再具体研究。将来发言的机会还是很多。时间分配尽可能报告少一点，议论多一点。

阳泉煤矿（阎武宏[①]）

生产情况，〔19〕58年后大幅度上升，去年十二月起大幅度下降，现在仅及〔19〕57年的80%~90%（煤量），产量还〔是〕比〔19〕57年高得多。去年十二月至今年八月逐步下降，九、十月稍有回升。常年自然减员约2%，逃跑约10%，今年三、四月最多，上半年12%。〔工人〕七、八月份每年下降，平常降8%，今年降10%。现在工效达到57年，日产可达16000吨（全员〔19〕57年1.4吨，现在1.1吨），现在仅产14500吨。工效下降原因，去年以为〔是〕生活问题，大抓生活，效果不大。今年抓形势教育，后来又抓维修，抓掘进开拓，调整采掘比例（7:3），从8:2改为6:4（不包括基建）。开拓煤量〔19〕57年2.8年，〔19〕58年3.5年，〔19〕59年3年，〔19〕60年2.3年，〔19〕61年2.9年，问题不大。（大巷开拓，最基本。）准备煤量〔19〕57年1.2年，〔19〕58年1.9年，〔19〕59年1年，〔19〕60年半年，今年0.9年。去年有些紧张，现已好转。〔获得煤量〕〔19〕57年9.8〔个〕月，〔19〕58年11〔个〕月，〔19〕59年9.5〔个〕月，〔19〕60年5〔个〕月，现在又恢复到9个月。从以上情况来看，问题不大，仅〔19〕60年一度有些紧张。全局10个矿，三量都足的二个，三量都差的三个。

有的说产量下降由于瞎指挥，如水力采煤等，但只试了一试，影响不

① 此处记为“阎武宏”，但后边记为“阎宏武”。因无法查证，故保留笔记原样。阎，时任阳泉矿务局党委书记。

大。去年早已纠正。

又有人说材料设备供应不足，又有人说政治思想工作薄弱，都有一定理由，但都不能说是决定性的原因。

维护检修人员减少，〔19〕57 年因事故损失产量 0.5%，今年上半年损失 6%。

管理制度废弛，自流一半，安全制度还保留。取消的是计划管理，采掘平衡等，质量、工效和成本核算等，行政管理混乱。技术革新不稳定。估计由于管理不善而减产约 5%。

坑木规格影响成本 10%，煤车轴承质量不好，数量增加。影响产量不大，技革也无多大影响。

工资平均主义。计件改计时，为不降低工资，每人加一角五分，工资差别大大缩小，影响劳动生产率约 5%。

如果管理工作做好，保持计件工资，可以少减 10%，只减 15%，不至于减 25%。

政治思想工作中最大的问题是群众不信我们，不敢说，不敢想，〔19〕58 年说什么信什么，现在不行了。

经过反复讨论，还找不到主要原因。后找老工人座谈，说生活不如以前好，不如农民好，不愿意搞煤矿，这是主要原因。半年工资，买了 14 斤玉米，200 斤糠。家住农村的生活更困难。个人生活比人家好，家庭生活不照顾不行。工人没有积极性，干什么也没有劲，工效比以前减低很多。工人说分配不公，特别是社会分配不公。大家不愿意搞煤矿，特别不愿意下矿井，都愿意回农村，可以证明。有内部分配问题，有社会分配问题，光多给钱不行，所以加了 4% 粮食奖励。现在思想已接近〔19〕58 年，体力还不行。用完 4% 的奖励量，每人每月可多得 14 斤，现在还只分了一半，平均每人 7 斤，少的 2 斤，最多的 30 斤。工人说人不用多，规定一吨煤多少粮，保证产量上升。有十斤八斤粮食拿回家里去，家庭的矛盾就解决了。

其他问题：（1）旧井的报废和新井的建设相衔接。今年报废一个，明年一个，但是没有新井，值得考虑。

（2）煤炭工人每年减员 10% 很难避免，现在还可以，以后就成问题。

（3）成本逐年上升，从盈余单位变为亏损单位，利润提成没有了。成本从8角长到1.2元，售价9角。成本高的原因：①坑木价提73%。（从85元到130元。）每吨成本加9.5角。②维护费每吨2角。③基建工程非做不行，没有投资，每吨8角。④〔19〕60年贷款多交利润，利息每吨摊2角（假退料，真借款）。⑤煤产量下降，每吨增3.18角。⑥管理上的浪费。（坑木从17立方增到22立方，每吨增5.85角。）（坑木不合格的约50%。）去年这许多，自己成本9.1元，售价12元一吨。

（4）超产部分企业自留一部分，同人家交换。小窑产煤可否自用。

（5）主要巷道每年换一次棚子，15〔?〕年花3300万元，一次投资只花510万元。

（全国如果增产2000万斤煤，奖粮2000万斤，数字很小，问题是80万井下工人平分，每人每年只有25斤，每月2斤，不解决问题。更大的靠减人不减粮。）

开滦煤矿（刘辉）[①]

唐山矿已有84年〔历史〕，最新的34年，贮〔储〕量5亿吨，可采数量3.5亿吨。新井贮〔储〕量10几亿吨。共五个矿，八对井。职工7.2万人，五个矿5.3万人，井下4.4万人。服务人员8000人，种菜3000人，基建8000人。〔19〕58年以后〔的〕新工人占一半。解放前〔的〕老工人〔占〕35%。每年自然减员1%，逃亡去年3%，今年1～8月5%，不稳定的10%以上。

设计能力980万吨，日产量36000吨，提升、运输、工作面都没有问题，通风稍弱。解放前年产450〔万〕～500万吨，〔19〕49年334万，〔19〕52年562万，〔19〕57年838万，〔19〕60年1715万吨。全效率〔19〕49年0.309〔吨〕，〔19〕52年0.529〔吨〕，〔19〕57年1.069吨，〔19〕58年1.567吨，〔19〕59年1.541吨，〔19〕60年1.492吨，今年1.127吨。

去年夏日产4.8万〔吨〕，11月4.9万〔吨〕，以后一直下降，目前3.4〔万〕～3.5万吨。下降原因有十一条：①指标过高；②生活问题；③材料设备；④企业管理（无人负责）；⑤政治思想工作（包括三风）（浮夸、命

① 刘辉，时任开滦煤矿党委书记。

令、瞎指挥)；⑥采煤方法；⑦采掘衔接；⑧劳动力不够；⑨外部影响（街道食堂，家属回乡)；⑩自然下降；⑪党委领导（包办)。究竟何者为主，没有决定。

生活问题，会议决定兑现就好，要求五定先定员，定员后减人不减粮。

设备短线，油脂、轴承、防爆设备、风钻等。矿灯时间短。

每吨煤售价 13.5 元，成本 12 元多一点，原来每吨赚四五元，现在只赚 1 元。

计划、定额应早确定，否则不好进行计划管理。(按 2.5 亿吨定下来。)

蕙〔?〕县有一个矿下马，有一千多工人无活，要调到开滦，（新井无劳动力。）粮食无法解决。(蕙〔?〕县、唐山均不肯管。)

设备材料外调五次：①〔19〕58 年大搞钢铁；②〔19〕59 年大搞水利；③〔19〕60 年保钢；④〔19〕60 年抗旱；⑤四合一供电，两钢两水一电。此外街道办工业也零碎抽调了一些。矿社挂钩挂了一点。

废品收购站是窝主，要取消。

平顶山煤矿（杨展)[①]

平顶山在许昌西 60 多公里，是一个新矿区，〔19〕55 年开始建设，〔19〕57 年 10 月投产。建成生产井 10 对，〔19〕57 年两对井，〔19〕58 年两对井，〔19〕59 年四对井，〔19〕60 年两对〔井〕。有一对淹掉了，有一对未通铁路停产。生产的 8 对〔井〕生产能力 546 万吨。从〔19〕53 年地质勘探起到日产万吨，需要八九年时间。

去年冬生产下降原因：（1）生产和建设问题，要集中力量搞生产井；(2）工人增加很快，队伍需要巩固，技术水平太低；(3）设备供应；(4）企业管理制度的建立。职工巩固还受生活供应影响。从人和物来看，人更重要。从人的因素来讲，物质保证比思想教育关系更大。当前巩固职工的决定性关键是生活供应问题，在生活有了基本保证时思想教育起决定性作用。(主要、次要要看具体条件。)

现在来看，从〔19〕59 年开始就应当集中力量搞生产井。现在上马井

① 杨展，时任平顶山矿务局局长。

共19对，总能力1118万吨，已投产10对，将投产1对，此外8对都下马了。

建井太密，开采年限太短，设计标准、移交标准太低。主要巷道没有完成，按设计产量计算开拓煤量还差一半，按计划产量已经够了。（开拓煤量按设计产量计算，还是按计划产量计算？）设备没有满足设计需要，以致各种生产能力很不平衡。井上井下运输能力2万多吨，提升能力3万吨，采掘能力只有1万多吨（1.2〔万〕～1.3万吨），通风能力1.5万吨。已有矿井加以充实，产量可以增加一倍以上（从1万到2万多吨）。（第一〔个〕五年设计标准〔每吨〕32元，〔19〕58年29元，下半年24～25元，后来压到18元，16元，14元。）（八大二次会议投资减一半、生产翻一番的说法现在看来是不切实际的。）现在定为每吨24元，是否适合？

生产和生活的投资，总投资2.7亿，其中矿井投资、洗煤等合占90.2%，住宅、文教卫生等占9.8%。后者比例太低，对巩固职工队伍不利（占14%～15%比较适当）。

建设方针：从生产井看，采、掘有矛盾；从建设来看，建设与生产有矛盾。建新矿多了，挤了开拓掘进。如果从〔19〕59年开始，把基建力量用于开拓掘进，今天效果就大不相同。井筒大，现有生产能力小，五矿折旧费每吨煤6元。

全国需要平顶山应尽快发展，从平顶山自己安排来看有发展和充实的矛盾，要有一个充实的时间。矿上到今年三四月经过整风，认识已经一致，但矿务局说我们不重视新建，部的指示也把新建和开拓掘进放在同等重要地位。现在部已同意矿区意见。

今后三年充实需要5000万元，今年1000万元，明年2000多万元，只能集中用在生产井的充实。能否今后三年集中力量用在生产井的充实，不摆新井建设。希望中央有一个几年的安排，几年完成1100万吨的建设，每年产量，每年投资，让我们来安排生产井的充实和新井的建设。工人生产技术的提高也有一个时间。估计每年移交一个百多万的矿井，到1967年完成建设是可能的。（从地质勘探到达到1000万吨生产水平，总要十五六年。）前后共14年。

职工队伍现在很混乱，生活供应和自由市场影响职工情绪，进行形势教育有效果。劳动纪律教育，道德品质教育（反对小偷小摸）也有一定效果。业务技术训练也很重要，因为新工人占比例太大（老工人占 6.6%，转业 11.5%，新工人占 82.4%）。影响工人积极性最大的是生活问题，生活水平大大下降，入不支出，今年逃跑 4800 人。其中大部分生活实在过不下去，其次是事故和干部作风，分配上的平均主义。（高级饭馆农民坐着吃，工人站着吃，干部看着吃。）生活下降最大的是老工人。取消计件工资，收入下降 30% ~40%，工人升干部收入降 40% 多。支出则比过去显著增加。

办法，调整工资，实行计件工资，实行奖励粮办法，煤水供应。需要请外部解决的，工人寄回工资买不到东西，如何解决不等价交换问题，可否准许工人用工资买工分（家在农村）。老工人不准接家属，要回去，要准许老工人接家属，宁可减几个新工人。

（〔插话:〕物资少的时候，管必死，放必乱，管而不死，放而不乱是不可能的。问题是权衡轻重，放而乱，生产可以发展，管而死，生产不能发展，因此开放自由市场可能利多害少。物资多了，国家手里有东西，可以做到不死不乱。现在不可能解决根本问题，只能打补丁。）

能否搞职工消费合作社，除国营商业分配，自己向农村采购。超产煤允许提成，换一点东西，要网开一面，不要管得太死。

供应体制有问题，指定自己到生产队去拉，运输困难（要送到矿）。交通运输工具缺得太多。城市建设投资没有安排，挤煤矿建设投资，今年矿里拿出三百多人去搞商业。（三个来说，一是国家给投资，二是地方收税，三是平调企业的东西，三者必居其一。）

（〔插话:〕增加一万吨产量，必须移交一万吨矿井。移交一万吨矿井，必须建设四万吨矿井。钢、煤比例一比二十。建设规模八千万吨，移交新井二千万吨，只能增加钢 100 万吨。）

煤价不提，成本合理超支能否给以补贴。否则影响核算。

运输亏吨，〔应〕规定装车时〔由〕铁路检查，亏吨不收，到达时亏吨由铁路负责。〔因〕车辆破的漏的很多。

采煤方法，有一时期认为为着工业化速度，浪费资源是可以的，这种说法应当是错误的。有一时期批评正规循环作业，这种批评也是错误的（省委曾经批评）。

工资政策，把计件工资当作修正主义，中南局定了“十二条”，承认计件工资，回去不敢传达。要把计件工资与修正主义划清界线。

对老工人的政策，伤害老工人相当严重。对老工人要有一些具体措施。

许昌地委

平顶山平地起家，现在矿工4万多人，市区12万人，加郊区菜农16万人（最多时22万人，精减4万人）。地委对平顶山的支援确〔实〕筋疲力尽。今年只收了红薯，征购中红薯占50%～60%。

解决家属问题，对巩固工人队伍是决定性的关键。工人家属多在农村，没有劳动力什么都分不到。同〔19〕57年比工资下降30%，生活费上升40%，工人都想回农村。说“六十条”向了农民，害了工人，共产党不要工人了。

许昌市老工人2400人，申请回家的有800人，占三分之一。有困难不〔能〕解决，〔所以〕各行其是：①工余时间割草、拉车；②搞投机买卖；③变卖东西；④自营修理行业；⑤休假打短工；⑥搞小秋收；⑦业余搞小手工业；⑧分得生活用品高价出售；⑨小偷小摸。

地委解决办法：①能否分一定自留地？不行，职员也要分；②作困难户救济，不行，农民说〔工人〕赚钱多；③矿上解决行不行？不行，地方矿有意见；④“六十条”补充规定，准许工人用工资买工分。职工家属在农村中约占5%，除灾区外，生产队能够接受，地委不敢自己规定。

淄博煤矿（崔北海）[①]

1897年德国人开采，一次大战日〔本〕人接收，薄煤层（0.5～1.8米，平均0.8米）。共有35对井，有设计能力（15〔万〕～30万吨）的22对。总设计能力537万吨。职工总数48000人。去年上半年日产24000吨，12月下降至16000吨，今年下降至1.3〔万〕～1.4万吨。九月1.3万吨。原因：

---

① 崔北海，时任淄博煤矿党委副书记。

（一）采掘失调，开拓煤量从 8.6 年降至 2.4 年，准备煤量 8〔个〕月，获得煤量 4〔个〕月。

（二）粮食定量和副食品供应下降。

日〔本〕人打井均打浅部，投资省，时间快，但开下山煤，费工多，运输困难，愈采愈不容易。比较厚的煤层吃掉了，比较薄的丢着，现〔在〕采薄煤，费力多。巷道失修，现在失修的十多万公尺。移交新井不合标准，没有完工就移交了。

工人队伍不稳定，职工四万人，带家属的占 10%，住城市的占 8%，这部分吃城市定量。其余 28% 住本市农村，住外县占 53%（大部在灾区）。四、五、六月旱灾，工人卖东西渡荒，八九月水灾，不易过冬。淄博地区收成还好，职工家属生活水平比农民低，做工不如务农。要求抽一部分时间回家种自留地。（可否规定一定时间放农忙假。）

解决办法：（1）家属有劳动力的要参加劳动；（2）家属口粮分配不低于农民；（3）粮菜柴同等分配；（4）生活特别困难的〔由〕公社照顾。这个办法不一定行得通，职工家属超过 30% 的无法解决。

惠民〔县〕灾区家属可能大量逃荒，拥到矿区，准备有计划地移民就食。

矿工粮食 30% 地瓜干，70% 粮食，这样也不大容易保证。

（三）成本超支，从赚钱变为亏本，原因产量减少，掘进增加，管理混乱。

淄博市（于福泉）

老工人绝大多数住本地农村，新工人绝大多数来自外地，现在是重灾区。目前中心问题是巩固工人队伍，主要是解决家属问题。本市农村靠公社帮助解决有困难，灾区家属问题更难解决。全市职工约 20 万人，其中冶金、煤炭 10 万人。

鸡西煤矿（王友三）①

地区辽阔，小井多，共 97 对井，按地区划为 47 个〔区〕，设计能力约

① 王友三，时任鸡西煤矿党委书记。

为900万吨。有三个矿〔产〕主焦煤，其他〔产〕配焦煤，都供给鞍钢。煤层平均1.3米，最多的有10层。职工6.3万人，其中原煤生产4万人。山东人最多，其次是河北人。〔19〕57年前一直亏损，〔19〕58年开始赚钱，今年可以不亏。去年7月起产量下降。原因压缩小土群（运不出来）。今年产量下降原因：掘进跟不上，现已改进。（三年欠了六万六千米，欠了四个月的掘进量。）三个煤量完全达到标准的只有4对井，开拓〔煤量〕达到的14个井。至少要到明年六月才能还清开拓掘进欠账。设备欠账，风钻每个口6个减至2个，也要到明年第二季〔度〕能补上。

（1）停小土群占21.4%；（2）循环次数减少占54%；（3）掌子面减少占9%；（4）每个循环进尺短占9.5%。主要是循环问题，原因人员流动性大。采掘工人1.8万人，跑了5500人，占27%。每班一般只能工作4小时，比过去少工作2～3小时。

工人不安定原因：（1）家庭不能团聚；（2）没有蔬菜吃；（3）不安全。工人来源多系盲流，有支书领着整批来的，现在大批回流（奖励工人自建住宅）。

劳动效率下降原因：（1）放松定额管理，辅助人员增加过多，工效降低；（2）分配上的平均主义（工人说“旱涝保收”）。名义上没有取消计件工资，实际上都完不成定额，用各种名义给补到基本工资。〔19〕58年来的都是四级工，未升级。

问题：（1）矿井接续问题，有13对井快要报废（61个煤矿每年报废〔生产〕能力500〔万〕～1000万吨），不建新井，产量将要下降。斜井巷道太长，再延伸提升困难，要改立井；（2）技术人员逐年减少（调出）。思想混乱，不安心工作。不敢不负责，又不敢大胆负责。“有功不奖，有过难逃”；（3）材料供应体制要求集中归部管理。润滑油供应必须解决，〔否则〕把机器都搞坏了。

阜新露天煤矿（许在廉）[①]

贮［储］量6.2亿吨。

---

① 此处记为“许在廉”，但后边记为“许在濂”。因无法查证，故保留笔记原样。许，时任阜新矿务局局长、党组书记。

概况：在辽宁西南部，宽3~5公里，深500多公尺。内在灰分10%~30%。海州矿灰分低，发热量高（7000多卡）。解放前最高产量465万吨，1957年756万吨，1960年设计能力1140万吨，产量1960万吨。矿井27对，其中立井2对，露天4个，斜井21对。洗煤厂4个。职工73400人。矿区特点，青壮年，一半以上〔工龄〕不到10年，露天、立井、斜井都有。煤层最厚44米，最薄0.7米。倾斜度3度到70度。机械化程度比较高。

三年大跃进情况，产量从760万吨增高到1960万吨，劳动效率提高，成本降低（工效1957年0.989，1958年1.518，1959年1.341），灰分提高。

存在问题：产量从去年7月起下降，上半年日产6.1万吨，八月5.3万吨，十二月3.64万吨，今年六月3.17万吨，八月2.18万吨，现在2.7万吨，不到去年上半年的一半。下降原因：（1）煤矿必须先掘进剥离，才能采煤，三年大跃进中采、掘不相适应，特别是采、剥不相适应。露天〔矿〕日产从3.9万吨下降至1.7万吨。现在露天无煤可采，工人干劲还是很足。露天采煤以〔19〕57年为100，〔19〕60年为303，剥离以〔19〕57年为100，〔19〕60年为132，两者相差很远。采剥比〔19〕57年1∶5.6，〔19〕58年1∶4.5，〔19〕59年1∶3.3，〔19〕60年1∶2.4，今年1∶5.8。三年欠了4200万立〔方〕米剥离量，一年可剥2000多万立〔方〕米，即欠了近两年。露天煤矿根本问题，是采剥方针，要以剥定采，不能以采定剥，要有充分贮备，不能看到有煤就突击增产。（2）露天机械失修，恢复困难。在机械管理上要求特别严格，〔19〕60年机械待修率达48.6%，现在41.4%。（〔19〕57年前不超过10%。）配件材料供应不足，配件制造协作关系中断。自己制造配件质量差，寿命短。检查〔原因〕是：拖（该修不修），挺（带病运转），代（代用），拆（拆东墙补西墙）。

矿井日产量从2.2万吨下降至1.1万吨，下降原因不能说是采掘失调。〔19〕59、〔19〕60两年掘进超过回采。原因：（1）违反技术政策，乱采乱掘。（吃肥丢瘦，前进采煤。）“三无采煤”法丢了96万吨煤，回采率只达50%~60%。自然发火丢失86.5万吨。以上各项丢了将近300万吨。因此三大煤量比〔19〕57年下降了30%以上。

（2）只生产，不维修。巷道失修，轨道失修，巷道中泥水横流，工人爬行。设备失修不算严重。主要是巷道不好。

工资政策上的平均主义，老工人收入减少，同其他地区一样。住房条件较好，工人有一半以上住矿，另一部分住在附近农村。矿工一年生子女一万二千人，可以靠工人子弟来不断补充。工人要求是吃得好一点，现在体力下降。体重平均减少五公斤以上。

总之，采剥失调和乱采煤是产量下降的主要原因，根本原因是高指标，同抚顺夺“煤都”。〔19〕59 年定了 5800 万吨的指标，实际完成 1800 万吨。〔19〕60 年超过抚顺（指标 2400 万〔吨〕，实产 1960 万〔吨〕）。

现有藏量只能再采 30 多年，要加强地质勘探工作。

产量计算，按装车数算。

优质优价，灰分低的要提价，灰分高的要压价。

吸收矿工子弟补充劳动力缺额。

大区设管理局，取消省管理局。

掘进率

单位：米/千吨

1953 年	34.67	1958 年	31.59
1954 年	39.65	1959 年	33.36
1955 年	34.98	1960 年	32.27
1956 年	33.23		
1957 年	31.25		

煤炭部汇报（张部长[①]）

大煤矿集中在华北、东北，大工业也集中在这些地区。华东有大煤田，但埋藏深，地质复杂（有流沙）。过去十二年主要靠老井的增长，新矿所起作用不大。华东用煤很多，主要靠华北、东北供应。山东出一千多万吨，安徽也一千多万吨。西北办了许多大工厂，没有煤矿，将来煤炭供应大成问题。外地给煤也运不进去。西南云贵边境有大煤田，要建铁路。四川有些工

① 张霖之，时任煤炭工业部部长、党组书记。

业，煤炭供应也很困难。四川〔19〕59 年曾达到 5500 万吨，其中正规井只 800 万吨。将来要靠云贵煤田。现在全国能调出大区的煤炭只有山西省。

煤炭占铁路运输量的 35% 左右，多的时候达到 40%，正太路煤运占 70% ~80%。从〔19〕59 年起为着减少北煤南运，把重点移向南方。南方吵投资不够，北方吵投资减，运出增。南方建矿投资大，收效慢（浙江长兴 2000 万吨埋藏量，开 18 对井，如果建成二三年就开完，有一矿井贮［储］量 4 万吨，设计能力 15 万吨）。〔19〕60 年看到不行，改为南北兼顾，现在看来，只能仍把重点放在华北。（华东、中南建设规模 1.26 亿吨。）南方出了漏子，只是漏子，北方出了漏子，要成乱子，影响全国大局。

过去大家争投资，现在煤多地方不愿多建，怕增职工，增粮食。现在东北日产量为 16.7 万吨，工业全部开工需要 26 万吨。东北煤的问题需要解决，但资源不行。东北很难自给，从开滦运煤供东北是合算的（回东北的空车很多）。东北煤矿也在黑龙江边境，运输困难，（又要运煤，又要运木。）所以目前建设重点，只能放在华北，但华北不愿多建煤矿，这是一个矛盾。现在华北（主要是山西）每年可以调出 13000 万吨，供东北、华东等地（上海一年也要 13000 万吨）。

〔19〕57 年设计能力 11200 万吨，产煤 9000 万吨，为能力的 81.8%。〔19〕58 年为 112.7%，〔19〕59 年为 129.6%，〔19〕60 年为 123.8%，〔19〕61 年预计为 90.6%。如果除去新井，〔19〕58 年为 124%，〔19〕59 年为 147%，60 年为 146%。其中露天〔矿〕超过更多。矿井〔19〕58 年 120.4%，〔19〕59 年 123%，〔19〕60 年 140%，露天〔19〕58 年 153%，〔19〕59 年 209%，〔19〕60 年 230%。

〔19〕58 ~〔19〕60 年三年移交新井 8000 万吨，产量 5600 万吨，相当〔于〕能力的 70%。设计为 300 天，实际生产 360 天，青壮年井超过设计能力 20% 是可能的。按此计算〔19〕59 年多出了 2000 万吨，〔19〕60 年多出 3000 万吨，造成了今年的困难。问题最大的是〔19〕60 年，靠乱采煤（技术革新）来完成产量，资源浪费很大。今年老井的生产占能力 104%，加新井为 98%。今后老井利用率高低，决定于延伸和采剥情况。老井每年报废约 200 万吨，加上自然减产为 400〔万〕~500 万吨。

远景规则：增加 1000 万吨煤，要移交 1000 万吨矿井，要移交 1000 万吨矿井，要4000万吨建设规模。过去三年少交了六千万吨矿井（八年生产增加了19600万吨，移交新井13000万吨）。三年移交新井8000万吨，产量增加15600万吨。（〔从〕9400〔万吨增加到〕24000〔万吨〕。）①

建设时期小井一年，中井两年，大井三年。移交1000万吨，建设规模大井要4000万吨，中井要3000万吨，小井要2000万吨。（加一年周转时期。）平均为一比三。（建设规模从18000万吨下降至8700万吨。）但现在建设重点在华北老区，只能多建大井（35%），这样移交矿井与建设规模的比例为一比四。井型大小、三个煤量、物价影响到每吨煤的投资。明年8700万吨，需要投资14亿元（按24元一吨计算），计委给的投资是10亿元。（计委〔按〕6600万吨。）设备煤炭部要8万吨，计委能给5万吨。

陈〔云〕　问题分细一点。大概有两方面，矿上提的和部提的。（1）三年来煤炭上升原因；（2）下降的原因；（3）现有生产能力；（4）正规循环作业有哪些条件；（5）设备修理哪些自己干，哪些靠外面；（6）安全问题；（7）规章制度（哪些必须恢复）；（8）群众运动的经验（如何与规章制度结合）；（9）党委领导下的厂长负责制；（10）计件工资，粮食奖励制度；（11）粮种问题；（12）蔬菜问题，一斤食油问题；（13）农村家属吃粮问题；（14）技术人员问题；（15）煤炭亏本问题；（16）井型大小和机械化程度问题（考虑自己制造能力）；（17）工业的现有水平和发展速度（张提出的问题）。

薄〔一波〕　（1）采取什么办法，多少时间还清欠账；（2）煤矿工人的流动性，有何办法克服流动性；（3）采煤方法（技术政策）的先进经验；（4）设计能力的合理利用，应当超过的，不应当超过的；（5）煤炭能否留成，准不准交换别的东西；（6）坑木问题，可否采用其他支柱；（7）生产能力的计算；（8）工厂办农场问题（副食品基地）；（9）管理体制问题（与地方一清二白）。

采剥比

1957年	7.52	1958年	4.94
1959年	3.41	1960年	2.56

① 原文如此——编者注

三年大跃进中煤炭产量上升的原因

（1）第一个五年旧矿井的改造基本完成，机械化程度达 85%，开拓煤量达到九年。

（2）材料的贮［储］备达到 8 万吨，比较齐全，充裕，协作关系比较稳定。

（3）生活比较好，工人情绪稳定。〔口号〕苦战三年改变落后面貌，振奋人心。

1958 年原计划直属矿 1.06 亿吨，很难安排，结果生产了 1.5 亿吨。

（4）体制一条鞭，责任分明。

（5）强调安全生产，工人下井前要经严格训练。遵守技术操作规程。

（6）开小窑起了一定作用。〔19〕58 年地方煤矿产量 1.2 亿吨，〔19〕60 年 1.6 亿吨。

（7）工程煤〔19〕58 年 362 万吨，〔19〕59 年 720 万吨，〔19〕60 年 748 万吨。小窑煤〔19〕58 年 439 万〔吨〕，〔19〕59 年 1692 万〔吨〕，〔19〕60 年 1600 万吨。还有边建设、边生产和简易投产。前者已计入工程煤。

开滦：（〔19〕57 ~〔19〕60 年）老井潜力 400 万［吨］，水力提升〔采煤〕258 万［吨］，小井 120 万吨。（上升原因。）

从精神面貌来说，首先是〔19〕57 年冬和〔19〕58 年春大办水利，其次是〔19〕58 年冬大办钢铁，对煤矿工人影响很大。工人不经训练，上去就干，猛打猛冲。

鸡西每年平均增 85%，其中老井增 34.5%，新井 18%，此外是小井增加的。老井挖潜力有一部分是吃老本。

研究室：〔19〕58 年 15165 万吨（产量），原有矿井产量 13886 万吨，新井 514 万吨，卫星井 439 万吨，工程煤 326 万吨，比〔19〕57 年增 5989 万吨。原有井占 82.6%，新井 8.6%，卫星井 6.2%，工程煤 2.6%。

〔19〕59 年产量 21143 万吨，原有井 16740 万吨，新井 2491 万，卫〔星〕井 1692 万，工程 720 万吨，比〔19〕57 年增 12467 万吨。原有井占 62.6%，新井 20%，卫〔星〕井 13%，工程煤 4.4%。

〔19〕60 年产量 24036 万吨，原井 16620〔万吨〕，新井 5069 万〔吨〕，

卫〔星〕井1599万吨，工程748万吨，比〔19〕57年增14860万吨。原井占51.7%，新井34.1%，卫〔星〕井10.3%，工程3.9%。

〔19〕60年比57年增15000万吨，其中老井占一半，新井、卫星井、工程煤占一半。〔19〕59年多挖2000万吨，〔19〕60年多挖3000万吨，是乱采所得到的。由于基建让生产，少投产6000万吨，否则生产也不致下降。

来源：（1）新井21%，卫星井9.8%，工程煤3.4，老井65%（〔19〕58～〔19〕60〕三年15000万吨中四个组成部分所占比例）；（2）基础好（前面几条）；（3）有物质基础的政治干劲，有效的技术革新；（4）乱采乱挖吃老本；（5）多挖5000万吨，少建6000万吨。

三年计划规定	12550万吨
实际开工	29662万吨
下马（今年）	11793万吨
投产	11852万吨
建设规模	
1957年7225万吨	1958年21804万吨
1959年24089万吨	1960年27011万吨
1961年18468万吨	计划　6675万吨
停建　11793万吨	
投产	
1957年952万吨	1958年2595万吨
1959年4956万吨	1960年4301万吨
比例	
1957年1∶7.8	1958年1∶8.4
1959年1∶4.86	1960年1∶6.3
1961年1∶9.2	

产量为什么下降

刘辉　（1）卫星井产量下降，露头煤采完了，对防水有不利影响；（2）水力采煤减少（深了耗电量太大）；（3）采区自然减少。（客观原因。）（〔日产量〕减3620吨。）

主观原因：过去指标过高，突击采煤，现在正常生产（加班加点，挤掉维修，吃厚煤层，乱采煤），日产量约减4000吨。

还账（高指标的后果），过去欠账不多，（设计能力32000吨，可以达到38000〔吨〕，现在36000〔吨〕，三个煤量年底可以达到要求）。生产能力因素：①矿井情况；②材料设备；③工人生活；④现有技术水平；⑤企业管理和政治思想教育。

月进尺〔19〕57年42米，〔19〕60年72米，现在49米（9月）、53米（8月）。目前情况53米是可能的。生活情况改善还可能高一点，否则53米也难保。计划压1万人，7.7万人的粮，6.6万人吃。生活水平恢复〔到〕〔19〕60年上半年，可达〔月进尺〕53米，恢复〔到19〕58年可达到60米（53米为50万吨水平，60米为60万吨水平）。从当前看，生活是第一位。改善生活供应，实行粮食奖励，产量大有希望。人增了，设备增了，进尺反而下降，可见不是设备问题。日产（〔19〕60年1～9月）〔从〕53725〔吨降到〕30885〔吨〕，降42%，

许在濂　露天〔矿〕下降47%，矿井降33%。小井〔从〕4104〔吨降到〕2037吨，降50%。露天下降主要原因采剥失调，机械失修，工人劳动条件比矿井好得多。矿井中老井降34%，新井上升。老井中5个〔井〕因衰老，15个还是壮年，也下降。工作面长度比去年增60米（3340～3400〔米〕），煤层厚度每平方米〔从〕2.92吨降至2.89吨。两者大体相抵（长增187吨，厚减174吨）。工作面进度〔19〕57年33.5米，〔19〕58年41.2米，〔19〕59年37.6米，〔19〕60年45米，〔19〕61年（1～9月）31.6米（接近全国水平），进度少，每天要少出4000吨煤。原因：①巷道失修，设备失修比较严重，比〔19〕57年差得很多。假使巷道好，可出13000吨（现在11000吨，〔19〕60年上半年22000吨）；②生活下降，工人体重平均降10公斤（5～15公斤）。新工人多，采掘60%是两年以内的新工人，技术水平低；③小土群快采完了，每天降2千吨。正常日产量可达。

阎宏武　〔1958～1960〕三年增产（比〔19〕57年）65.%，去年日产20000吨，现在14000吨，超过计划12%。看来第四季度可超计划13%～14%。下降原因是什么？说利用率太高应该下降是不正确的。一号井超产最多时不到30%，现在只〔可?〕达81%，另一井超产最多时达到100%，今年仍达120%。（能力30〔万〕～45万吨有问题。）

回采日产量〔19〕61年比60年降24%。工作面去年43个，今年47个，加了4个，总长度降6%，（缩短是正常的），工作面采煤量差不多。平均月进尺40米，今年33米。工人减12%，工效降低19.7%（〔从〕5.4〔吨降至〕4.3吨）。设备（溜子）稍有增多。掘进人数增9%，效力减21%。小绞车也略有增加。小矿车增加了，每车每天拉煤从3.5吨减至2.5吨。备品配件消耗增加了41%。坑木比去年增13.7%，千吨煤消耗从17.4〔米〕增至22.18米。总的说来材料设备是增加的，巷道失修有，比〔19〕57年差得不多，对正常生产还没有很大影响。客观条件不是主要原因，主要还是人的积极性。实行粮食奖励生产就稳定上升。第一个月工人还不信，月底分粮后就见效了。（个人超产个人有奖。）回采工人平均月得11斤，掘进〔工人〕6斤粮食，辅助工〔人〕2～3斤（采掘工人16000人，国家奖粮7万斤，自己扣粮（旷工）2万斤，共9万斤，得奖的人不超过60%，平均每人8～9斤）。

宋 〔由于〕客观原因从70万吨下降至50万吨，现有三量及设备保证50万吨是完全可能的，从50万降至44万吨，只能说是人的原因，队伍不巩固。

开拓煤量7.8亿吨，按50万吨计算4.3年。为着争取以后的逐步上升，还应继续加强掘进。但不能认为只能达到44万吨，假使其他条件解决，采掘双前进是可能的。

薄〔一波〕 从65万吨降至50万吨，主要是客观原因；从50万吨再降至44万吨，主要是人的原因，但还有客观因素存在。现在还有不正常的因素，在一定时期内要起作用。加上这部分因素，只能日产45万吨。此外是粮食原因。

陈〔云〕 总结经验，是为将来，没有事后诸葛亮（总结经验），不可能有事前诸葛亮。煤炭问题一直讲不清楚，把它讨论清楚很有必要。把原因一分为二是好办法，分两层来说明原因。

（1）上半截的原因；（2）现有能力；（3）下半截的原因；（4）开拓煤量多少比较适当。

明后两年各大区生产与需要，如何解决。

张〔霖之〕 分两截谈比较容易讲清楚。去年上升到70几万吨，有一部分是正常的，一部分是不正常的。〔19〕59年条件还比较好，完成任务。

〔19〕60年开门红，把八月空气提早到五月，现在看来提不得，半年任务完成一半也是不可能的。6月以后一直下降，9~10月反了一下，上到69万，立即更大下降。原因：（1）原来生产计划与基建计划是平衡的，基建完不成，缺了一条腿，必然要吃老本。〔19〕60年少投产2千万~3千万吨，靠新矿少产400万吨，要靠老矿来完成；（2）〔19〕60年材料设备供应跟不上，该修不修；(3)〔19〕60年起生活下降，找先进工人开座谈会，大家不谈生产，只谈生活。掘进回采效率和出勤率均下降。工人不能集中精力搞生产，整天忧虑家庭生活，生产一定搞不上去。竞赛要有一定的物质条件。

开拓煤量：〔19〕57年8.7亿〔吨〕，〔19〕58年10.8亿〔吨〕，〔19〕59年11.3亿〔吨〕，〔19〕60年10.8亿〔吨〕，〔19〕61年9月7.8亿〔吨〕。准备煤量从20.2亿〔吨〕下降到1.9亿吨。获得煤量从4900万〔吨〕上升至6300万〔吨〕。

材料设备，〔19〕57年充分满足需要，〔19〕58年还可以，〔19〕59年分配（36万吨）低于需要（53万吨），到货又低于分配；〔19〕60年不但数量满足不了，质量配套又大成问题（多种经营，卫星工厂，街道、公社大办工业，双革，都挤了一部分材料和设备）。〔1958~1960〕三年需要钢材150万吨，分配113.8〔万吨〕，到货95.7万吨。

技术革新原来22项都是很好的，1959年以前基本上保持正常状态。问题主要发生在〔19〕60年技术革命运动，把技术管理搞乱了，发展到乱采煤，巷道失修，机械设备损坏严重。

今年比去年少产6500万吨，其中矿井减4700万吨，占72%。①采煤工作面月进度（从47〔米降到〕35〔米〕。）下降12米（每米每天1万吨。），减3600万吨；②使用工作面总长度少5100米（〔从〕10.7〔万米〕〔减至〕10.2〔万米〕。），减728万吨；③掘进煤（进尺〔从〕665〔米减至〕550〔米〕。）影响产量312万吨。露天〔矿〕减936万吨，占14.3%。卫星井减550万吨，占8.4%。工程煤减330万吨，占5.1%。按比例降，降低最大的是露天〔矿〕。矿井减少主要是工作面月进尺，原因出勤率低，工效低。

〔19〕57年36.2〔米〕，〔19〕58年42.8〔米〕，〔19〕59年43.8〔米〕，〔19〕60年47.68〔米〕，〔19〕61年35米。工作面等于耕地面积，工作面月进度等于亩产量。

陈〔云〕 （1）生产、基建不平衡，矿井满足不了生产指标；（2）材料、设备不足；（3）生活供应；（4）管理（技革、巷道）。

第一个问题原因在哪里？（1）基建影响生产（少投产6000万吨），可生产哪么多，不能生产哪么多？（2）材料设备不可能供应那么多，煤炭还是比较好的。基建上不去，一个办法是吃老本，一个是减产量。

宋 〔产量〕下来根本原因，生产指标过高。〔如果〕产量调低了，三量就够了，材料设备也够了。"基建少投产6000万吨"，基建不是搞少了，而是搞多了，比生产更过头。三年基建规模过大（计划必须有斩钉截铁精神），三年投产11385万吨，已经多了，以致简易投产。两年下马1.6亿吨，部属〔企业〕8300万吨。

陈〔云〕 （1）生产指标过高；（2）基建规模过大；（3）由于过高过大，材料设备不足，机器设备带病运转；（4）生活下降；（5）管理（技术革新、巷道失修、规章制度）。

张〔霖之〕、宋 采上时掘也上，采下时掘也下，采挤掘是主要原因，不是唯一原因。回采任务过大会妨碍掘进，回采任务下降后，不注意掘进，掘进也会下降。因为不能按照生产基建指标供应材料设备，机器设备损坏严重，带病运转。

薄〔一波〕 高、大结果：①压任务，瞎指挥，机器设备损坏严重；②另一种可能，顶住不搞，不让生产力受到损害。（陈〔云〕）：业务部门要作两种估计，材料设备供应计划实现，努力完成计划；不能实现，有退一步的打算（能否顶住有不同意见）。

第一阶段下降，主要原因就是高指标。第二阶段下降，有生活问题，材料设备，管理等原因。材料设备带病运转，瞎指挥等，由此而来。

薄〔一波〕 高指标是主要原因，不是唯一原因，高指标带来采掘（采剥）失调，瞎指挥等，但工作不同，高指标的影响程度也不同。

陈〔云〕 计划高了，可以有两种结果，觉悟〔到问题〕有个过程，比较觉悟是在今年。当时很难有此预见。座谈会想摸一摸：①问题所在；②各业现有水平；③各业的关键性的措施。

岳 生产指标过高，基建规模过大，生产条件和物质条件不相适应。

张〔霖之〕 现有生产能力大体上是50万吨左右，生产能力同生产水平会有一个距离。

三层降到一层原因：主要是生活问题，还有高指标的残余（阜新）。

生活、遗漏（欠账）、材料、管理、思想工作。（宋：材料设备不比六月份差，坑木有下降，风钻、轻轨也影响掘进。）

（薄〔一波〕）　巷道设备失修的还账，今年一月开始，现在还没有还清，大体要明年年底才能还清（露天还要长一点），过去不正规的生产方法还要继续一个时期。现在主要问题是生活，还是过去欠账，还值得研究。（抚顺、阜新欠账为主。）

陈〔云〕　前账未清，为着维持生产需要，还要欠一点账（付利息）。

加强掘进影响产量 5%，维修巷道影响产量 4%，五层到三层占 12%，三层到一层占 9%，合共下降 31%。

原有矿井：生产能力 11200 万吨，〔19〕57 年 79%，〔19〕58 年 123%，〔19〕59 年 157%，〔19〕60 年 146%，〔19〕61 年 104%。日产量 34 万吨（110%）。生产能力按 110% 计算，实产比能力低 6%，还是比较紧张的。实产 100% 比较合适。

新井：〔19〕58 年井〔19〕61 年实产 75%，能力 90%。（能力低主要是三量不足。实产下降因采煤能力下降。）〔19〕59 年井，〔19〕61 年实产 59%（〔19〕60 年 67%），能力 70%。〔19〕60 年井，〔19〕61 年实产 34.6%（移交标准较低），能力 42%（简易投产，没有配套）。今年全年只能移交 700 万吨。

新老井合计日产量能力 49.4 万吨，为设计能力的 93%。加上卫星井、工程煤，日产能力约为 53 万吨。现产 44 万吨，相差 9 万吨。实产一般为能力的 90%，约 48 万吨，余为目前特殊原因。

设计能力与实际生产能力距离：①设计能力计算保守（300 天）；②新井不配套。

实际生产能力与产量距离：①三量不足；②月进尺少；③事故。

（二）[①] 煤矿综合生产能力，应当就是设计生产能力（提升、运输、通风、排水、采掘工作面，洗选能力……）新矿井第一年一般 15% ~20%，

① 前缺标号“（一）”，为笔记原缺。

第二年60%～70%，第三年90%以上。过去三年为着早出煤，变后退式为前进式，回采量反而年年减少，特别是简易投产，先天不足，后天失调，吃老本更多。达不到能力原因。①三量下降；②工作面进度慢（现在主要〔是〕进度问题，加快进度靠设备和劳动力、积极性）；增加一米进度，每月可多产一万吨煤；③采掘运输设备供应不足；④设备巷道严重失修。⑤管理混乱。在这五个方面来讲，②的影响最大，而进度慢的原因，是设备（风钻、电钻）和工人的积极性。

（三）还账：欠账什么时候还清，（1）露天矿，阜新四年还清（〔19〕61～〔19〕64年），抚顺要六年（〔19〕61～〔19〕66年），（在维持设计生产水平的条件下）。目前产量总的来说还超过设计生产能力；（2）矿井三个煤量（主要是开拓）达到设计（54万吨）要求要三年；（3）所缺重型设备补充也需要三年（每年七万至八万吨），包括老井开拓延伸，新井补套，不包括新建。（重型与非重型设备各半。）

陈〔云〕 要把重型设备、辅助设备、材料、三类物资统统列出来，都安排好，才能保证生产。

薄〔一波〕 现在三家争材料，计委、经委之间有缺口，如木材差200万立方米，铜铝缺3万吨，煤300万吨。经委与各部之间都有缺口。如果留下这个缺口，只有两个办法：一是继续吃老本，二是降低产量。

“良性循环”缺口越旋越大，“恶性循环”缺口越旋越小，总有一个底（达到平衡，没有缺口），这个底是客观存在着的，要找这个底。

陈〔云〕 三条：（1）要算账，有讨价还价，定额落实以后，还有缺额，就降下来；（2）根据算账结果订计划；（3）计划如有缺额，讲清楚〔是〕吃老本还是降指标。

（四）产量超过设计能力的合理界限，壮年矿井可达120%（天数加技术革新），露天可达130%。

李华林 吃老本表现在：（1）三个煤量；（2）设备、坑木。现在三量还在吃老本。

月进尺正常情况大概可以达到40公尺（最高到47公尺，现在35公尺）。

1957年安全系数过高，积极一点可以达到设计能力的100%（老井多），即比实产量多产 2000 万吨。

每年需要坑木 450 万立〔方〕米，每车 30 立〔方〕米，每天 400～500 车。现在每天只到 300 多车。要大小木材分开，保证坑木合规格，需要两年时间。解〔决〕木材根本办法，要靠南方各省造林。每年种 10 亿亩，每亩 300 株，此外要种竹园。目前东北、华北坑木要靠东北、内蒙。

煤炭生产中的几个问题（李华林）

机械设备生产分工，标准的、通用的、大量的设备由一机部负责，这一部分可以统一纳入国家计划。另一部分需要企业与企业（矿）直接见面，固定协作关系。再一部分由煤矿自己生产。统一列入计划部分，可以取消“来料加工”。企业与企业自己挂钩部分，需要材料算不清，只能继续来料加工，否则国家给机械部备用材料。

陈〔云〕 过去任务大，材料少，生产吃老本，基建不配套，再加层层加码，更不平衡。有多少钱，做多少事，保不住就不要硬保。现在根本问题，还是摊子大了，下不了马。螺旋形向下转，总有一个底，不会转到一吨煤一吨钢都没有。1952 年 135 万吨钢，也可以过日子。

保证安全，主要靠设备，如防爆、通风、除煤尘等，其次才是管理。这些设备绝大部分自己能够制造，问题是材料和制造能力（一个厂制防爆设备不够，还要加一个厂）。防爆设备必须下决心解决，自制不够就向外国买。

原煤到洗煤损失 15%～20%（1000 万吨），落地煤要积压一个时期（3000 万吨，包括地方），商品煤比原煤约少 4000 万吨，即少 15%左右。

明年 10 亿投资，用于新井建设约一半，用于已投产井的开拓延伸，按 25 元一吨计算，有五亿投资，可以投产 2000 万吨，但今年只投产 700 万吨，明年只投产 1300 万吨。生产一吨煤的开拓延伸 1.6～2 元。（第一〔个〕五年 1.6 元。）

基本建设问题

1952～1957 年投产矿井 4950 万吨。

每年报废煤矿约 200 多万吨，加上自然减产，约计 500 万吨。

〔19〕60年移交的新矿井不配套，〔19〕61年只能移交700万吨。〔19〕62年移交1300万吨，〔19〕63年移交1950万吨。建设规模〔19〕61年6060万〔吨〕，〔19〕62年6270万〔吨〕，〔19〕63年6690万吨。

大井3.5年，比第一〔个〕五年减少2个月，中井2.5年，减少6个月，小井1.5年，减少8个月。

煤井大小，首先决定于地质条件（贮［储］量），其次决定于国家的投资和技术力量，更次需煤缓急，最后为着生产安全，机械化程度高一点，提高工效，降低成本。

投产与增产的比例一比一，应把报废部分减去。

七年计划要求1967年产煤4亿吨，直属矿2.7亿吨，比〔19〕62年增1亿吨，每年应增2000万吨。钢要求每年增加250万吨。两者比例是否合适？

每1000吨产量，原设计400辆矿车，即每天周转2.5次。现改为330车，周转3次。这个定额偏低，加上待修数，仍按400辆设计比较妥当。

设计生产能力19200万吨，实际生产能力17600万吨（日产53万吨）。除去10%，实际产量日产48万吨，加上生活等因素，日产降至44万吨（月进尺从35米增至40米）。按矿井生产能力计算为日产50万吨，加上小窑和工程煤为53万吨，打九折为48万吨（实际能力主要按三量计算）。

按19200〔万吨〕为日产54万吨，加小工为57万吨，17600〔万吨〕为日产50万吨，加小工为53万吨。从53〔万吨〕下降到44〔万吨〕，都是设备不配套，巷道、设备失修，工人吃不饱等原因。第一层的底为53万吨，53〔万吨〕到44〔万吨〕为第二层。（多算了一个九折）17600〔万吨〕中已经打了保险系数。正常情况下的日产量应当达到53万吨。

第一个五年平均每年投产1000万吨，〔19〕58～〔19〕60年投产7800万吨，平均每年投产2600万吨，①前两年主要〔有〕外国设备；②本国设备不配套。除去这两点，每年投产2000万吨比较正常。今后两年由于还欠账，基建规模不能达到8000万吨，所以三四年内每年投产不能达到2000万吨。

投产：〔19〕62年1705万〔吨〕（华北330万，东北616万，华东408万，中南210万，西南51万，西北90万）。

〔19〕63年2371万〔吨〕(600，482，623，313，172，181)。
〔19〕64年2764万〔吨〕(685，406，673，355，363，282)。
〔19〕65年3043万〔吨〕(〔19〕63年以后数字不现实)。

东北现在日产16万吨，〔19〕63年可达20万吨，需要约24万吨。

工人生活问题

粮食问题（陈国栋）：①基本口粮180～240斤的办法各地尚在试点，没有推行；②职工家属不仅矿工有困难，其他工人也有困难；③按统销价购统销粮，（各地基本口粮占80%～70%，按工分分20%～30%。）粮区应由农村公社自己解决；④品种调剂现在青黄不接，转不动，过一时期可以解决。

生活供应（姚〔依林〕）：现有布匹是从出口扣下来的，所以都是花洋布和夏季用布，没有厚布。

煤炭开头，各业追随，林业已追上，地质、冶金也已提出要求。大家解决，就会一风吹。

把油、肉、鱼、蛋统一起来考虑。北京一斤油，二斤肉。内蒙三斤半肉，油少一点。山东可以提到一斤油。河北、吉林、黑龙江也可以。山西只能维持半斤油，辽宁也只能半斤。油不够用肉补（辽宁、山西一斤肉），肉不够用鱼补，鱼不够用蛋补。(半斤油抵一斤肉或一斤蛋，或1～2斤鱼。)

补助一两豆子没问题，有的地区豆子还没有收下来，迟发一两月，照补(十月份起)。范围是生产工人。

蔬菜问题，最困难的是辽宁。1949年平均每人2两菜，1957年4两，现在6两。蔬菜是增加的，问题是粮食和其他副食品减少。过去辽宁每人36斤豆子，大口小口每人每天一两。（现在矿工标准。）现在再扩大蔬菜基地有困难，要用一部分豆类、薯类来补充。要用400〔万〕～500万亩地种豆、薯，补充蔬菜，不计征购。要分几年解决这个问题。

生产基地，公社收回土地，要根据协商互利原则，分别情况适当处理，把蔬菜基地稳定下来。

蔬菜价格，两种补贴办法：①补贴到职工个人；②补贴菜价（恢复到开放自由市场前的水平），大家主张采取第二种办法。收购价不变，差额每年要补贴 6〔亿〕～8 亿元。

廖鲁言 农村口粮问题，统销队、自给队、余粮队要分别处理，基本口粮比三定低得多，不但职工家属，农村干部、小学教员等也有问题。河北省意见，实物也要按劳分配。农村干部、小学教员等有照顾标准，略高于基本口粮，自给队、余粮队可以实行。问题是缺粮队，要靠国家统销。（一个工给七角钱，4 斤粮，8 斤柴，10 斤胡萝卜，合 1.48 元——牌价。）用钱买工分，农民不干。只能两头解决，一头家属自己努力参加劳动，一头教育农民给以一定照顾。（与五保户、困难户同。）

陈〔云〕 家属有劳动力的，总要占一半，不好好劳动农民是不同情的。无劳动力的，照顾到一般照顾户的水平（用钱买）。缺粮队的照顾要靠国家统销。

是否可以准许少数家属确有困难、无法解决的工人，抽出半月一月时间来帮家属种自留地，你不准他回去，他还是要走。不如变不合法为合法，有计划地安排。

余粮队、自给队，可以按人多劳少困难户的标准给以照顾，价格按收购价（高于销售价）。缺粮区由国家调剂，主要靠地方，不能都靠中央。

减人不减粮和 4% 奖励粮二者只能择一，不能两者都要，地方接受不了。不如按西颐〔?〕规定，两者必居其一，由各矿务局自己决定。

山西开会后粮食减少了，减人不减粮取消了，4% 原按全体工人，现按生产工人，奖励粮要降低。（原要求中央拨给 5000 万斤粮食，补助煤矿工人，现在要不到。）

减人不减粮比 4% 还多一点，能够奖励企业减人，不会争论计划。

采掘工人工资计件比计时好，但要生产正常，生产不正常时有力无处使，只能计时。过去计件缺点：（1）原为分班计件，现改园班（三班）计件，综合计件。园班、小班，个人分级计算，单个人计件不行，单集体计件也不行。要大集体（园班计件），小集体（分班计算），个人（个人计奖），逐级计算，加上政治思想教育。

过去有些矿名为计件，实际平均主义，（拉到基本工资。）有些矿名为计时，但是定额明确，超额计奖，实际上是计件工资（京西）。

超产部分分成自留，交换其他物资，其他部门也提出要求怎么办？轻工业部门如果分成，问题更多。组织小组研究。

计划以内就地销售的煤炭，可以交换蔬菜等副食品。地销煤现归商业部门经营，要由商业部门组织交换，利用拉煤回车运菜。

农村自由市场上的工业品，80% 是城市居民买了东西去转卖，20% 是商业部门开后门和农民自己买了工业品出售。所以工业品在城市低价，在农村高价，很难防止城市居民倒卖。按低价实行产品交换可能较好，手工业者对农民只能高价对高价。国家配给的工业品，可以考虑对农民不配给，交换农产品。

现在根本问题是购买力与物资供应不平衡，到购买力下去，物资上来，达到平衡时候，可以对物价和工资进行全面调整，时间至少需要三年。现在农民手里开始有东西，不肯出卖，这比没有东西好一点。东西多了就要出卖。我们买到一元棉花，可以变为四元。再从外国进口一点原料，制造一批消费品，就可以把局面转变过来。

如何对付农民是一门学问，抓多了他就不干，放一放积极性上来了，但不给东西，〔就〕不合作。要农民富一点，但又不能太高，要使他们愿意把东西拿出来，要有一套办法。

1958 年以前，煤矿工人的流动性也比别的部门大一点，原因是工作条件差，不安全，易得职业病，所以只有破产农民才上煤矿，赚了些钱能过活就回家。最近一个时期流动数达到 10% 以上，原因是赚了钱寄回家买不到东西，不如回家种地。（井内潮湿，见不到阳光，尘灰多，脏，职业病有关节炎、矽肺等。）井下工作一般不能超过 40 岁，工作时间长，体力消耗大，年岁大了需要有工龄津贴。

（1）工作环境搞好一点，注意安全；（2）工资和物资供应比较好一点；（3）技术工人带家属，以矿为家。不带家属的工人休假探亲（每年半个月到一个月）；（4）提高机械化程度，减少职工人数。

老职工以矿为家，矿工子弟可以满足补充新职工的需要，一家两口参加煤矿，可以少建住宅。（如果不提高矿工生活待遇，矿工子弟就不愿意进煤矿。）

（1）安全、机械化、工作环境卫生；（2）物质鼓励；（3）家属团聚，技术工人以矿为家（50% ~60%），不带家属的休假探亲（每年半月到一月）；（4）鼓励矿工子弟参加煤矿，以矿为家。

技术人员问题：要有职有权，没有权力就难负责任。技术人员包括：①老知识分子；②大学毕业生；③技术工人提升。真正能够解决问题的还是老知识分子。大学毕业生经验不够，老工人不能全面规划。老知识分子历史有一些问题的，不能当“长”，都有“师”不如“长”之感，有了发明不能表扬，出了事故提心吊胆，因此不敢负责。

（1）家庭成分与个人出身要区别，主要看本人出身和本人的立场；（2）立了功的要受奖，报纸上可以表扬。不能有功都归工人，有过则归技术人员。

基本上是认识问题，目前老知识分子还是技术上的重要组成部分，非有他们不可。过去学工的都有一点事业精神，想“工业救国”，与“法政不同”，他们中很大一部分是可以改造的。办法：（1）技术人员要有职有权，建立技术责任制；（2）对技术人员的过去、现在、家庭、本人应当有确当的看法；（3）对他们要注意教育改造，逐步提高。（〔其中〕（2）要组织部做决定。）

～　～　～　～　～　～　～　～

管理问题，着重：（1）党委领导下的厂长负责制；（2）大搞群众运动的好处和缺点。

～　～　～　～　～　～　～　～

矿井达到设计标准（老井延深，新井补套），需要三年时间。

三年115%～120%，二年90%～100%，一年60%～80%（正常情况投产后产量），老井要到115%～120%。53万吨是三量不足、简易投产的水平，还账补套完成后要达到57万吨。现在17600万吨，已经包括不正常的因素。不正常情况包括三量不足和简易投产。还账分两部分，一部分还到53万吨，一部分是还到57万吨。还账有几笔：①简易投产新井的补套；②三量的补足（延深开拓）；③设备巷道的检修；④露天的剥离和设备检修。

19200〔万吨〕为设计生产能力，17600〔万吨〕为现有生产能力，按正常情况（18600〔万〕～19500〔万吨〕）应比17600〔万吨〕高，达到设计能力上下。如果把进度提高到40米，即为17600万吨（矿井日产50万吨，加小窑工程为53万吨）。

17600（53万吨）的来源，按现有工作面长度乘月进度40公尺，得到50万吨，加小窑工程为53万吨。正常情况应为18600〔万〕~19500万吨，这要还账补套才能做到。17600万吨（40米），则根据现有工作面长度，只要恢复工人干劲，补充材料设备就能做到。但不抓紧延深工作，继续欠账，则不但53万吨不保，连44万吨也难保。

按现有矿井，正常生产可达57万吨。按现有工作面长度，正常生产（40米）可达53万吨。三年还账还到57万吨。三年是根据工程进度算出来的，但现在坑木和风钻供应不上，完不成工程进度，继续在欠账。

现在人与物在交替着，从57〔万吨到〕53万吨，物是主要的。从53〔万吨到〕44万吨，人是主要的，也有物的因素。从人来讲，也有物质和思想两方面，目前来讲物质是主要的，物质影响思想。在物质供应适当解决的条件下，思想工作就成为主要的。

管理体制（王友三）

中央直属厂矿与地方党政关系，1957年以前原来是一清二白的，近三年弄乱了。要清算三年来的人欠、欠人，退还或转账。企业有多余材料设备，地方需要，应经双方同意，并报上级机关批准。地方不得向企业长期借人（雇了人去支援农业）。必须借人应按企业标准支付工资。不得向企业抽调干部。

杨展 直属煤矿归大区管比较好，不归省局。因为煤炭分配、坑木供应等均归大区管。省煤炭局专管地方煤矿，或者撤销。

业务工作由上级主管机关领导，地方不能改变煤炭部的规定，政治思想工作归地方领导。新矿要求地方支援的方面很多，对地方一毛不拔也行不通。因此要有一点机动，有一部分可以协商处理。

张〔霖之〕部长 直属企业实际上不是直属企业。双重领导上级为主，实际上是地方为主。要管计划、管人、管财（物），才有领导，否则无法领导。

企业的多头领导非解决不可。煤炭部的指示要通过省管理局下达，就下达不了，只能直接下达到矿务局。如果成立大区矿务局，要取消省矿务局，否则婆婆太多，不好办事。意见：三级领导：部、大区、矿务局。煤炭部负责计划平衡，中央局负责解决问题。煤炭部说话不算数。

陈〔云〕 根本问题是条条块块问题，现在还没有摸到一个解决办法。

赵汉（组织部） 根本问题是条条块块问题，主要是人权、财权、产品分配权。矛盾总是有的，抓得紧就解决得好一点。同意省局不管直属矿，中央局也不能管得太多，煤炭部不能只管平衡。

陈〔云〕 〔19〕57年以前一竿到底，那时是必要的，〔19〕57年起分成。（张〔霖之〕：现在不可能恢复到〔19〕57年，原因是给了钱买不到东西，不依靠地方不行。）那时上海市长不如百货公司经理，所以需要职权下放一点，决定企业分成，财政分成（地方）。〔19〕58年把企业大量下放，以前是〔讲〕地方积极性，此后就讲全国一盘棋。庐山会议决定要集中，原则定了，如何集中，集中到什么程度，具体问题还没有解决。从工业来讲，各部门互相联系，一个地方不能解决。没有物资的集中统一分配，就没有计划。另一方面，各行各业都条条决定，地方不能统一安排，也不行。应该给的权力要给，应该给的东西也要给，否则地方无法服务。中央打地方的主意，地方就只能打企业的主意。要河水不犯井水，大家不打主意。

党委领导下的厂长负责制（刘辉）

解放初期党委的任务是：恢复和建立组织，维持生产（找销路、发工资），主要矛盾是资方人员、留用人员。当时在生产上起主要作用的还是资方和留用人员。接管时候，管理制度还未根本改变，进行民主改革，生产改革（采煤方法的改革）。当时学习苏联方法，反对掠夺式的采煤是好的。开展增产节约群众运动以后，如何指挥生产，有点乱，党委、矿长、工会大家指挥。怎么办，学苏联。首先从计划管理开始，到技术管理、责任制、经济核算。

当时学得比较好的：（1）编制生产计划，定员定额，作业计划，作业规程，建立调度工作，建立原始记录；（2）技术管理，保证完成计划的技术措施，改善劳动条件，防止灾害（保安规程，解放前每年平均死125人，共死近五千人，1952年只死8人。平均每年十几个，去年又超过一百人）；（3）技术责任制（通风、机电、采掘等），科室责任制（管人、管钱、管物）；（4）经济核算，清产核资，管理流动资金（从180天下降到40～50

天，再少了也不好，周转不动），基建和生产划分，器材管理，成本管理，经济活动分析。

问题：（1）一长制：重大问题最后决定权归厂长（矿长）。缺乏集体领导，党委只起保证作用。不依靠组织，不依靠群众；（2）靠命令，靠规章制度办事，不依靠群众（推广中长路经验）。不是教育说服，而是罚款、处分；（3）单纯物质刺激；（4）计划见物不见人，不考虑人的作用，定计划讨价还价（三本账）；（5）技术管理，脱离实际，脱离群众；（6）经济核算毛病较小，厂长权力太小（200元）。

反对一长制，优点：确立党委领导，政治思想工作加强，群众运动〔有〕很大发展。当时前一时期好的东西还是保留的，有些方面有发展，如技术上三结合，经济核算中班组核算。缺点：（1）党委包办过多，样样书记挂帅，亲自动手，分兵把口，分片包干，责任制度削弱，党的组织生活削弱；（2）规章制度破得多，立得少，大多数既未破，也不执行；（3）强调政治挂帅，忽视物质鼓励，削弱了按劳分配制度；（4）强调说服教育，放松必要的纪律，不敢处分，更不敢开除；（5）强调算政治账，忽略算经济账，经济核算废弛；（6）不尊重科学，不尊重技术人员。

原因：（1）布置任务又多又急，十几个大搞，都要书记挂帅，亲自动手，主观认识上有误解；（2）反右倾面过大，没有明确界限，反对一长制残余不合当时实际情况（当时书记包办是主要的，厂长不敢负责，平调国家财产）。有很多是上级指示与地方党委意见不一致，也戴上“一长制”的帽子；（3）书记、矿长思想上有片面性，对党委领导下的厂长负责制认识有偏差，不尊重厂长和总工程师的职权；（4）在干部配备上，行政领导干部太弱，负不起责任。如果立即实行厂长负责制，工作会受损失；（5）重大问题党委讨论，什么是重大问题，如何集体领导，没有经验。

办法：（1）学习和讨论中央文件七十条①；（2）总结经验，提高干部；（3）适当调整干部（提高行政领导干部）；（4）改进党委领导方法和工作作风；（5）在纠正过程中要稳一点，特别是车间一级，要与调整干部同时进行。

① 1961年9月16日，中共中央将《国营工业企业工作条例（草案）》（简称《工业七十条》）发给各地区、各部门讨论，并选择若干企业试行（《中华人民共和国国民经济和社会发展计划大事辑要 1949～1985》，第174～175页）。

群众运动（阎武宏）

三四年时间内，比较大的群众运动，搞过24次，比较成功的有12次，很不好的有5次，有成绩有缺点的7次。〔19〕58年运动最多，有9次，〔19〕59年5次，〔19〕60年6次，〔19〕61年4次。

〔19〕58年成功4次，中间3次，不成功2次。〔19〕59年成功2次，不成功一次，中间2次。〔19〕60年上、中、下各占2次。〔19〕61年4次，现在看起来都是好的。

24次分为8类：技革占7次，生产管理5次，政治运动5次，高产、钢铁、基建、生活各一次，文教卫生2次[①]。

最成功的和最失败的典型，成功的运动吸收了成功和失败两方面的经验，所以成功（电溜子）。经过调查研究试验，三结合，没有压力，群众自动参加，调整配备人员，最后得出两把（移溜、放炮）九要诀（如何管理）。失败的运动（采煤方法，1960年4月）〔因为〕没有试验冒然推广，压力很大，严重强迫命令，不管赞成不赞成都得干（老工人和技术人员都是反对的），一个半月严重地打乱了生产秩序。

生产管理：成功的是今年劳动工资定额管理，摸索到一套较好的工资制度，经过调查研究，群众讨论，广泛总结过去经验，逐步试验，逐步推广，训练骨干，加强管理，以职能科为中心来进行。最不成功的是大破大立，成绩也有，缺点不少。没有认识必须有规章制度，必须遵守规章制度。

政治运动，两次反右（1957年冬）一次反反社会主义分子，斗争处分太多，弄得工人不敢说话。今年着重思想教育，效果很好。

结论：①企业可以而且必须搞群众运动；②群众运动是为加强企业管理，必须同职能机构结合起来，不要抛开职能机构一把抓；③必须调查研究，心中有数；④依靠群众，发扬民主，不能强迫命令。必须党委统一领导，大家一齐来搞；⑤由点到面，逐步推行。（有准备，有步骤。）

---

① 数字为原文如此。

经济核算（许在廉）

〔19〕57年前亏损，〔19〕58～〔19〕60年赢利，〔19〕61年又亏本。现在资金周转困难，无四项费用，要办的事不能办。亏的主要原因：（1）产量下降，固定费用增加（每吨煤中），在成本上升中占70%～80%；（2）调整采掘关系，维修，成本上升；（3）电力材料、坑木、三类物资涨价；（4）由于供应不足，带料加工，费用增加。（1）（2）两项是主要的。管理上有缺点，但比去年进步。

过去吃老本赚钱，今后不可能达到过去水平，但目前情况也是不正常的，可以逐步改变。

办法：（1）国家贴补；（2）调整煤价；（3）改进企业管理和经济核算。目前只能贴补。明年规定成本指标，完成计划指标的拨给四项费用。今后必须提高煤价（约20%）。经济核算方面，主要节省劳动力的浪费。产量比〔19〕58年低，职工比〔19〕58年多得多。（〔19〕58年5万多，现在7万多，最高时9万多，（寄存备用。）提高出勤率，工时利用率，机械化程度。

问题：（1）怎样奖励企业降低成本的积极性？成本固定下来，不要年年降低。为怕财政部降低成本，年底多花钱，把明年的开支列入今年成本。煤矿矿井愈挖愈深，巷道愈挖愈长，成本有上升的因素；（2）煤炭也要以质论价，灰分降1%，价格高2%。灰分多1%，价格降2%。等级煤要比原煤多得钱。

陈〔云〕 党委领导下的厂长负责制，重点是在加强行政干部和职能机构，另一方面〔要〕改善党委领导方法。

明后年生产估计（钟子云[①]）

今年预计27400万吨，明年全国25000万吨，直属〔矿〕17150万吨，下面反映高了。明年日产量要到48万吨，第一季〔度〕45万吨，第二季〔度〕47万吨，第三季〔度〕48万吨，第四季〔度〕51万吨。从一个矿

① 钟子云，时任煤炭工业部副部长。

来看，工人实际操作 350 天，轮流检修。从全国来看，是 358 天，七天全国休假。估计中央矿可能完不成计划，地方矿可能超过一点，但不能统一调拨（庐山会议决定 24700 万吨，中央〔矿〕17000 万吨，后来加 300 万吨，中央地方各 150 万吨，故为 17150 万吨）。地方产煤约 30% 调出，70% 自用。

今年可以投产 1100 万吨，其中 400 万吨缺采掘设备，完整的只 700 万吨。

东北煤炭日产 18 万吨，需要 24〔万〕～26 万吨，今后工业不再发展，力求煤炭自给。

华北资源最好，投资省、收效快，但现在调出 1300 万吨，负担很重，粮食等要外省支援。

华东、中南有资源，但多在长江以北（山东、皖北、河南），江南地区没有发展前途（江西、湖南有一点）。

西北缺煤、电、粮、人、水，现有重工业很难维持。每年需煤 2500 万吨，将来要靠宁夏供应。现在只有 1300 万吨。今后除镍外，不应当再建厂。

西南资源丰富，有发展前途，通铁路后可以大量开发（云贵边境），四川用煤要靠这里解决。

钢铁座谈会*

〔**陈云**〕

调查研究座谈会，不是业务会议，不作决定，可以左思右想，多方考虑。

先汇报情况，再讨论问题，抓住主要问题，丢了次要问题。基本上是综合问题。（1）现在的水平；（2）重要问题；（3）今后展望。每天谈半天。

---

* 1961 年 11 月 24 日到 12 月 17 日，陈云分 12 次主持冶金工业座谈会。参加座谈的有薄一波、袁宝华（时任国家经委副主任），及冶金部负责人王鹤寿、吕东、高扬文等（《陈云年谱》下卷，第 101 页）。

矿山问题（黑色）[①]

（一）矿山是薄弱环节，五个生产环节：矿山、炼焦耐火、炼铁、炼钢、轧钢，此外还有机修、运输也是薄弱环节。

调整后炼铁能力 2000 万吨，炼钢 1700 万吨，矿山机械半机械的只有 6000 万吨，只能炼铁 1500 万吨。辅助矿山有八种，机械、半机械的只有 1000 万吨，与铁矿石的比例应为一比二（锰、铬、砂、白云石、镁……），比铁矿石更加薄弱。过去主要靠手工开采，现在大多停产。去年有 920 个，现在只有 270 个（小矿山），中矿山去年 30 个，今年 17 个。去年产矿石 11300 万吨，中小〔矿山产〕5400 万吨，现在中小只剩 1000 多万吨。（4000 万吨大约要用 100 多万劳动力。）〔19〕57 年产矿石 3200 万吨。铁 1300 万吨（〔19〕58 年），2200 万吨（〔19〕59 年），2700 万吨（〔19〕60 年）。矿石比〔19〕57 年〔为〕3.26 吨，〔19〕58 年〔为〕5.4 吨，〔19〕59 年〔为〕4.4 吨，〔19〕60 年〔为〕4.1 吨。

每吨铁定额，4 吨铁矿石，2 吨辅助原料。〔19〕59 年采 5000 万吨铁矿石是协调的，〔19〕60 年采 5900 万吨就吃老本。3000 万吨钢要 3500 万吨铁，1.4 亿吨矿石，辅料 7000 万吨。采一吨，剥离 1.35 吨，采剥总量 5 亿吨。七年每年要增矿石 2000 万吨，还要报废 300〔万吨〕+150〔万吨〕= 450 万吨，合共 2450 万吨。采剥能力要增 5750 万吨。

2450 万吨采矿能力，规模与投产 3∶1，建设规模要 7350 万吨。（需要 2.1 亿吨（七年），现有 7000 万吨，还缺 1400 万吨，每年增 2000 万吨，加报废 2450 万吨。）（现有矿石 87% 要选，其中 82% 是贫矿。）

（二）地质资源。九种矿石除铬矿外，都有。但地区分布上有问题。铁矿贮量 148 亿吨。锰矿 2.2 亿吨（广西、广东、湖南），镁砂 7.2 亿（渤海湾周围，主要是东北）。铬在内外蒙边界，只有 160 万吨，每年需要 30〔万〕~40 万吨，最好的在西藏，还未勘探，新疆、青海也有。现在从越南进口。平炉富矿 1.4 亿吨，也不够用（平炉 20%，电炉 5%）。福建有希望，

---

① 按照安排，冶金工业座谈会分两个阶段召开，先开黑色冶金座谈会，然后再开有色金属座谈会。有色金属座谈会于 1962 年 2 月 17 日至 28 日召开，仍由陈云主持（《陈云年谱》下卷，第 101、109 页）。

现在靠海南岛等。

地区分布锰矿偏在华南，镁主要在辽宁，其次山东。现正建设的绝大部分都有足够资源，正在生产的除重钢外都有资源。

中等厂资源不足是长治、牡丹江、石咀山、江油、西宁等。大厂有困难的是重庆。镇江附近有铁矿可供上海使用。小洋群只有黑龙江、山西要从外省供矿石，此外可在省内调剂。

148亿吨〔铁矿〕资源中，贫矿占82%（45%以下），富矿中有5%要选矿（有稀有金属，有害杂质），因此87%要选矿。采运每吨投资15元，选烧每吨投资要20元，合共35元投资。（按矿石，烧结矿计算。）

（三）几年来铁矿增加很多，〔19〕52年10个，〔19〕57年15个，〔19〕60年976个，其中重点26个，中等30个，小洋群920个。（过去小矿没有统计。）今年重点停2个，中等停13个，小〔洋群〕停600多个（现剩274个），合共315个还在生产，其中全部建成的很少，大部分一面生产，一面建设。

机械化程度低。重点〔厂〕机械化半〔机械化〕68.2%，手工作业32.8%。中等各半。小的改造的只有几十个，机械化10%。同煤矿比，每采1万吨煤〔的〕装备35吨，矿山只有21.4吨（重点），中型10吨左右。

选烧能力，选能力3000万吨（采6000万吨），只能处理一半（去年只25.8%）。大量粉矿丢掉，增加煤炭消耗。辅料矿113个，其中重点50个（全国调拨）。今年1～4月〔生产〕还是高峰，5月份起逐步下降，现还没有停止〔下降〕，大部〔分〕矿石要加工（焙烧、洗选）。

（四）生产情况。今年大部〔分〕矿生产下降。大跃进三年从1900万〔吨〕增至11300万吨，辅料从775〔万吨〕增至5400万吨，采剥总量超过5亿吨。

重点铁矿从1600〔万吨〕增至5900万吨。生产效率每人采剥从1000吨增至1500吨。〔19〕58年采剥双跃〔进〕，欠账很少。〔19〕59年还了一点。〔19〕60年采剥失调，采上升，剥下降。〔19〕61年又开始调整。

〔19〕61年矿石产量大幅度下降，预计只达去年的47%（今年5300万吨），辅料50%。重点矿为去年〔的〕72%（采剥总量），其中剥90%。日产从30.5〔万吨〕落至18.6万吨。矿石从14万吨落至7万吨。（重点

〔矿〕能力 5000 万吨，现在只产一半。）〔19〕59 ~〔19〕60 年大小各半，现在日产 2 万多吨。

下降原因：（1）〔工人〕①中小〔企业〕下降因工人下山，矿山停产。工人约减 80%（从 130〔万〕到 30 万）。部分小轨拆了；②重点〔企业〕下降：人是主要的，粮食、副食品供应困难（粮减 4.3 斤，减 9.4%）。油减〔自〕5.23〔两〕降至 3 两。粮种（薯类）、鞋子、肥皂，菜价上涨 40%，过去吃饭 14 元，现在至少 18 元，多的二十几元；③取消计件，工资降 10% ~20%。〔工人〕大批逃亡，占 9%，加上减的共 20%，多是壮劳动（单身汉，家住农村的），生产前线的。出勤率降低（〔由〕90% 降至 80%）10%。大批工人种地，占用大量生产时间，不但出勤率低，工效也低（早晚种地）。体力减弱，发病率提高，干不了重活。宿舍不足，80% 不带家属，不能以矿为家。农民要回〔出〕租房。劳动生产率比去年降 40%，比第二季〔度〕降 20%。

（2）设备失修，32 万吨设备应有 60 万吨备件（明年要 8 万吨，包括还账）。〔19〕60 年供〔应〕50%，今年不到 50%。设备完好率 40%。2500 大汽车不到 30%（正常情况完好 70%，去年 35%，今年修了一点）。机修能力薄弱，备件应制 60% ~70%，现在只能制 25%，不能大修，只能拆 1 台补 1 台。

（3）基建跟不上生产。矿山投资占钢铁投资 25% ~30%，第一〔个〕五年 24%，〔19〕56、〔19〕57〔年〕为 29%。建一〔座〕15 辽高炉不到一年，要 400 万吨矿石，建设需要三年。矿山应当走在前面。〔19〕58 ~〔19〕60 年钢铁投资 116 亿，其中矿山只 14 亿，占 12%。今年明年矿山投资显著减少，落后状况很难迅速扭转。许多矿山停建或者放慢速度。

小矿对利用农民的劳动力有过高的估计。大中矿山投资削减，同时矿山建设慢，其他建设快，砍投资时矿山砍得较多。矿山慢的原因，矿山设备拿不到。矿山机械制造能力估计不够。

明年矿山投资 1.3 亿（计划 1.5 亿，地方 0.2 亿），钢铁〔投资〕2.45 亿，生产性消耗（6700 万吨，每吨 3 元），即保持原生产能力（抵报废，剥离）需要二亿。

保持简单再生产的基建，与扩大再生产的基建能不能分开，各占多少比例。

煤炭投资10亿，〔铁〕矿山1.3亿，太不相称。生产能力的接续，要两三年才发现，其后果不在明年，而且今后产量要掉下来。能否把3元加入成本。

（4）采剥失调（〔19〕60年合理比1∶1.33），重点矿采5076万吨矿石，应剥6700万吨，实剥4700万吨，欠了2000万吨。再加基建亏前两年亏的共约3000万吨，这使产量下降。亏得多的是大冶、本溪、马鞍山等。今年10月止已还600万吨。

投资、利润都有虚假，应当把保持简单再生产的投资计入成本，利润少一点，投资也少一点。每吨矿石成本加三元（现在五六元至十元），这样比外国（二三十元）还低得多。

（5）当然还有主观原因，以上都是客观的。

（五）当前急需解决的问题。

（1）提高现有矿山的生产能力，保持生产、建设的正常比例，今年投资需要4.5亿元。（〔19〕60年建设项目206个，今年八月减至68个，现又减至46个。）

（2）矿山工人生活问题，要求同煤矿一样待遇，只算〔黑色为〕25.5万人，加有色为64万人。解决生活问题，可以增产15%（现在降了25%）。

（3）设备、备品配件，机修车床，电铲、翻斗车等。备品配件八万吨。今年结转1.5万吨，还要6.5万吨。车床1400台。

（4）把矿山放在冶金工业的首位。调整矿山干部，建立制度。技术政策。矿石品位，高炉要求高一点，矿山有一定限度，否则吃富丢贫，打乱整个布局，选矿品位（67%）愈高愈好，但高了丢掉的多。矿山施工队伍要建立起来。

（六）矿山建设规划。

七年内把采选烧三方面摆平。选矿能力现有3000万吨，应有1.2亿吨（铁矿1.4亿吨），〔增〕加9000万吨。烧结现有能力1500万吨，要增至6100万吨，即增4600万吨。这样该选的都选了，对节省运量、煤炭等有很大好处。采一个山，堆一个山（贫矿），有了选矿可以利用贫矿，粉矿。

要把辅助原料矿山搞上去，抓一抓耐火材料。

（七）矿石质量问题。

我国资源丰富，但贫矿多，难选矿比重大（红矿、即赤矿铁，选矿技术尚未解决）。贫矿经过选烧比较合理。（〔19〕53 年〔矿石品位〕56%，〔19〕57 年 50.85%，60 年 50.15%。）日本入炉品位 58%，焦比不到 0.5 吨。矿品位提高 1%，焦比降 2% ~3%。小高炉焦比 1375 公斤，最大原因是矿山品位低。

烧结后入炉等于提高品位 10% 左右。50% 的焦比 690 公斤，加烧结用 200 公斤，共 890 公斤（还可利用粉焦）。

节省运量，大约节省一半，渣量 30%，3.8 吨；40%，2.7 吨；50%，1.7 吨。

投资，用 50% 烧结矿比 40% 省 5600 万元（100 万吨产量），比 30% 省 1.3 亿元。

成本，30%〔烧结矿〕每吨 300 ~350 元，40%〔每吨〕200 ~250 元，50%〔每吨〕100 元。

贫矿经过选烧，吃精料，这是一个方针。

（八）政策方针。

（1）大中小的方针，300 万吨大矿建三至四年，100 万吨中矿〔建〕二年半至三年，50 万吨小矿〔建〕一年半至二年。从速度看要建一些小矿，设备也比较容易制造，投资省 10% ~20%。大矿藏适宜于建大矿。大中小比例：大 9000 万吨，中小 5000 万吨。（现在 5000 万吨大，1000 万吨中小。）太分散了铁路、电线不易解决。（资源、设备、速度。）

选矿也要大中小结合，可以邻近几个矿合用一个。烧结厂应靠近高炉。

（2）有些矿要井下开采，〔以〕多开露天为好，原因生产条件好，运输方便，资源浪费少。不用坑木，采剥比不超过 1∶2 的，都可以露天开采。问题是设备大，难解决。

（3）机械化水平，现在机〔械化〕半〔机械化〕只 61% ~62%，今后需要提高机械化程度，重点〔矿〕〔提〕到 80%，中小〔矿提到〕60%。（七年）。以后逐步提高。现在占用劳动力最多的是运输装卸。

（4）建钢铁厂靠〔近〕铁还是靠〔近〕煤？从经济讲靠〔近〕铁矿较好。100 万吨铁用精料 220 万吨，辅料 100 万吨，洗煤 150 万吨。煤要用三四种，靠〔近〕一个〔煤〕矿不行。

（5）矿山的技术革命，现在还有好多问题没有解决。如大爆破，水力剥离（土层），坑木代用，难选矿石〔的〕矿石综合利用，选矿药剂。

钢铁冶炼

（一）现有生产能力。1960 年末，冶金部有 60 个平炉，3147 平方米炉底面积，利用系数 7 吨，合 800 万吨；中央各部 22 座，556 平方米，能力 50 万吨，合共 850 万吨。（〔19〕60 年生产 810 万吨。）电炉本部 168 个电炉，32.5 万千伏安，每千伏安 20 吨，〔计〕190 万吨；中央各部 436 个，52 万千伏，110 万吨。合共 300 万吨。（〔19〕60 年产 320 万吨，留有余地。）转炉本部 733 个，总容量 2299 吨，年产 820 万吨（能力）；各部 459 个，〔总容量〕744 吨，〔年产〕30 万吨。合共 850 万吨。（〔19〕60 年产 736 万吨。）平、电、转〔炉〕合计 2000 万吨。(60 年〔产〕1867 万吨。)

炼铁，重点〔企业〕146〔座〕高炉，容积 3 万立方米，扣除小高炉 3000 立方米，大中〔高炉〕27000 立方米，利用系数 1.3 吨，能力 1300 万吨。3000〔立方〕米小高炉〔能力〕50 万吨。中等厂 135〔座〕高炉，11300 立方米（〔利用系数〕大 1.3 吨，中 1 吨，小 0.8 吨），能力 300 万吨。各地小洋群 4200 多〔座〕高炉，5 万立方米，开炉率 55%，能力 750 万吨。大中小合计 2400 万吨。（〔19〕60 年产量 2700 万吨，其中重 1300 万吨，中 200 万吨，小 1200 万吨。）

轧钢，本部 473 座轧机，重 226〔套?〕，中 57〔套?〕，小 190 套，能力 1050〔万〕～1150 万吨。各部 116 座，能力 50 万吨。合计 1100〔万〕～1200 万吨。（〔19〕60 年产材 1175 万吨。）

资本主义国家轧机能力大，产量小。苏联利用率高一点，我国更高，高了品种规格就少，多了浪费投资。看来要解决品种问题，轧机应当富裕一点。

炼焦：机械化焦炉 64 个，2760 孔，能力 1700 万吨。简易焦炉 1800 座（红二 1380〔个〕，红三 420 个），能力 650 万吨（可达 1000 万吨）。〔19〕60 年产焦〔机械化焦炉〕1350〔万吨〕，〔简易焦炉〕1010 万吨，土焦 3000 万吨。除土焦炉外能力 2350 万吨。

矿石能力 1 亿吨，大 5000〔万吨〕，中 1000〔万吨〕，小 4000〔万吨〕。可以炼铁 2400〔万〕～2500 万吨。

〔19〕60 年日产水平，〔钢〕第一季〔度〕5 万吨，第二季〔度〕4.8

万吨，这时生产情况还是比较正常的。铁第一季〔度〕7.6万〔吨〕，第二季〔度〕7.4万吨，上半年7.5万吨。

今年1~10月，平、电炉能力保持，转炉垮了一部分，还剩1370〔万〕吨。垮了1600多万吨，能力从850〔万吨〕减至550万吨。总能力从2000万吨减至1700万吨。

炼铁，重点小炉不算，中厂小炉也不算，小洋群5万立方米，停了一半，现剩25000立方米，总能力从2400万〔吨〕减至2000万吨。

轧钢无大变化。炼焦，简易焦炉停产后遇雨就坏了，三号还可以修。只剩大的1700万吨能力。

铁矿能力6000万吨，可以炼铁1500万吨。

现在有多大的架？包括已建成、正修建、已拿到设备三类。前两类有钢能力2200万吨。

正建高炉9900立方米，另有设备3200立方米，共合13000立方米，轧机54台（大的），建成后形成综合生产能力钢2500万吨。正建的建成为能力2200万吨，已有设备装上，填平补齐为2500〔万吨〕（鞍钢500万吨，包钢150万，上海250万，马鞍山50万，武钢300万，津唐120万，太钢80万。中等厂300万吨）。

（二）钢铁工业发展速度。〔19〕69年〔达到〕3000万吨钢，从1957年算起，平均速度只有15.4%。如从1960年算起只有5.5%。第一〔个〕五年31.7%，平均80万吨，大跃进三年每年51.7%，450万吨。苏联1932年（590万吨），到1937年（1770万吨），每年［增］24.5%，1950（2700万吨）~1955年（4500万吨），每年〔增〕11%，〔19〕55~〔19〕60年，每年［增］7.6%。

美国1896（537万吨）~1899〔年〕，每年〔增〕19%；1900~1905〔年〕，每年〔增〕12.2%；1905~1912〔年〕（3000万吨），每年〔增〕7%。

德国1898（530万吨）~1906〔年〕，每年〔增〕8.5%，1913〔年〕（1760万〔吨〕），每年〔增〕9.3%；1934~1939年（2400万〔吨〕），每年〔增〕10.2%；1955~1960〔年〕，每年〔增〕7%。

苏联1932~1940年，每年〔增〕15.2%。

日本1924~1937年（110〔万〕~600万吨），每年〔增〕13.6%；

1950（500〔万吨〕）～1956年（1100〔万吨〕），〔年增〕14.9%；〔19〕56～〔19〕60年（2200〔万吨〕），〔年增〕19%。

〔我国〕从1957年（535万吨）到1969年（2500万吨），每年增长速度是13.7%。

影响速度的有：铁和钢的比例，铁和煤的比例。

（三）铁钢比例：炼一吨铁用四吨矿石，二吨辅料，二吨煤，共八吨。都从地里采掘出来。各国在钢1000万吨时，铁比钢多。2000万吨时，美国铁多于钢，其他国家钢多于铁。3000万吨时，美国钢铁相等。〔我国〕恢复〔时期〕三年1∶1.53，第一〔个〕五年1∶1.2，大跃进三年1∶1.4。要求1969年1∶1.17。每吨钢耗铁0.8吨，现在1∶1。铸造用铁第一〔个〕五年占29%，大跃进三年26%。1969年计划占30%。外国占比例：苏联16%，美国10%～11%。原因：①中国人口多（美国1910年占25%）；②废钢铁少。（美国每年回收废钢铁约7000万吨，英国1500〔万〕～1600万吨。）

平炉钢每吨用生铁和废铁1050公斤，转炉1100～1150公斤。

（四）铁煤比、钢煤比：降低煤的消耗。洗煤用途：75%～78%炼铁，3%～4%炼钢，10%～11%有色，铸造7%～10%。洗煤用于炼铁，〔第一个〕五年，铁1∶洗煤1.7，〔大跃进〕三年，1∶2.1，〔19〕60年1∶2.38，〔19〕61年1∶2.4（原因减产）。〔19〕69年计划1∶1.57。（5500万吨洗煤炼3500万吨铁。）60年用6370万吨洗煤炼了2700万吨铁。

怎样降低焦比：〔第一个〕五年0.846，〔大跃进〕三年1.088，重点企业0.786，地方1.37。〔19〕61年1.1（生产不正常）。〔19〕69年计划0.8，重点700〔公斤〕，地方960公斤。

办法：①精料；②洗煤质量好（焦炭灰分10%），现在灰分16%；③配煤适当；④大风高温。

炼钢和动力煤的比：加热炉、动力、运输、耐火材料。〔19〕57年，钢：炼钢消耗动力煤〔为〕1∶0.66，〔19〕58年1∶0.730，〔19〕59年1∶0.940，〔19〕60年1∶0.970，〔19〕61年1000公斤。〔19〕69年计划降至660公斤。苏联440公斤（〔19〕56年）。美国〔19〕60年210公斤（用电力网的电，煤气、蒸汽统一供应）。西德210公斤，英国300公斤。

一吨钢（包括炼钢在内）用煤（100吨原煤得洗煤55吨，损失15吨，回收 30 吨，现在按 70 吨计）。〔第一个〕五年 1∶3.2（原煤），〔大跃进〕三年 1∶4.6，〔19〕60 年 1∶5.3，〔19〕61 年 1∶5.4，〔19〕69 年计划 1∶3。3000 万吨钢用 9000 万吨（5500 万吨洗煤，1500 万吨损失，2000 万吨动力煤）。

（五）炼焦：配煤，目的：①提高焦炭质量；②扩大炼焦煤的使用范围；③多出煤气和副产品。不炼钢轧钢的炼铁厂可以不用主焦煤（煤气少）。也可以单用肥气煤炼焦。

我们学苏联办法，必须有主焦煤，大高炉主加肥 60% 以上，中高炉 50%，小 40%。（煤炭部主 21%，肥 28%），将来只能保持 50% 上下。

焦炉炉型，现有（1）65 孔；（2）42 孔；（3）25～30 孔；（4）简三；（5）简二。强度（1）320 公斤；（2）320〔公斤〕；（3）300～320〔公斤〕，简二、三 280 公斤。结焦率：（1）（2）（3）：70%～75%，（4）（5）：50%～60%。化学品回收，（1）（2）全部回收，（3）大部回收，（4）（5）只能回收一点煤焦油。煤气（1）（2）：45%～50% 外供，（3）25%～40%，（4）（5）没有。投资（1）40～45 元；（2）30 元；（3）25 元，简易 20 元（每吨）。每孔每年出焦 7000 吨。大型厂宜建 1～2 类，中小厂建 3 类，简易焦炉现有的维护使用，不再新建。

焦炉建在钢铁厂比较合适，①利用煤气轧钢；②不能用一种煤炼焦；③运力不节省；④破碎率大，粉焦、碎焦不能利用。

目前洋焦炉产量与土焦炉产量各半，洋焦炉愿为地方加工，很难协议。

回收副产品：硫胺 1%（入炉煤的比例），苯 1%，甲苯 0.13%。

现有炼焦能力 1700 万吨，〔19〕69 年要达到 3500 万吨，还差一半。

对配煤、大中小等，部内有不同意见，部内未作结论。

（六）小洋群：生产情况，〔19〕58 年铁 583 万吨（450 元），钢 28 万吨，〔钢〕材 14 万吨。〔19〕59 年铁 957〔万吨〕（350 元），钢 101〔万吨〕，材 76〔万吨〕。〔19〕60 年铁 1145〔万吨〕（330 元），钢 193〔万吨〕，材 125 万吨。铁占 42%，钢 10.2%。

基建，〔19〕58～〔19〕60 年投资 41.5 亿元，规模，铁一千多〔个〕点，联合企业 100 个，其中有 40 个是重点。高炉 5 万立方米，平炉 13 平方米，转炉 605 吨，简易焦炉 1300 个，现在维持生产的 285 个。

今后发展，质量：小洋群吃好原料，也能产好铁好钢。质量差的原因：原料差，设备不全（风量不够，温度不够）。成本：三年补贴59亿元，三年来上交积累67亿元（利润、折旧、税收），其中直接从钢铁厂拿走的27亿元。此外从煤电运上交40亿元。小高炉生铁成本330元，原材料145元（矿煤石），比大高炉多五六倍，运费69元，比大〔高炉〕多三倍，动力21元，工资23元，比大〔高炉〕多六七倍。机修16元，折旧13元，其他43元（亏吨30多元）。330元中外部不合理因素占80～90元。改用精料，设备齐全，改善管理，成本降到200元以下是完全可能的。55立〔方〕米以上的可以降到150元。

现有285个点希望保持下去，加以补充，不再扩建。250立米以上的可以扩建。小高炉报废后，重建50～100立〔方〕米的炉子。小的保存和改造（50～100〔立方米〕），发展大中，以中为主（250～500立〔方〕米）。地方有条件建些小高炉，不列入国家计划。

（1）不否认小洋群的历史贡献；（2）今后新建以大中为主；（3）小的保存改造（2.5万立〔方〕米，报废后改50～100〔立方米〕）。

（七）二十六个中等钢铁厂：十八个是〔19〕57年批准的，另八个是后来批准的。如邯郸、临汾、长治、牡丹江、南京、杭州、南昌、济南、青岛、安阳、昆明、贵阳、西安、西宁、兰州、乌鲁木齐等。〔19〕60年产铁197万吨，钢72万吨，材44万吨，已建成高炉124座，一万多立〔方〕米（200～250，23座，基本上是55立〔方〕米以上的）；转炉116座，384吨（6～10吨28个，3～5吨40座，3吨以下50座）。轧机55套（650，2套、无缝管机9套，500～300轧机□□）。焦炉10孔一个，15孔一个，17孔二个，简易的多。

〔生产〕能力：铁275万吨，钢190万吨，材100万吨，焦180吨。正建高炉21座（大2，中12，小7）4900立米，电炉7个，转炉6～12吨11个，轧机750开坯一套……合共20套，都是中大型的。焦炉15个机械化的。

已有设备尚未开工，高炉620立米一个，平炉一个，轧机七个，焦炉14个。

已有铁矿资源18亿吨，已有铁路专用线21厂，电力都有，煤有五个厂缺煤（广州、杭州、三明、柳州、鄂城）。职工43万人，精减18万人，现有24万人，已能满足需要。

继续建设规划：建成 50〔万〕~60 万吨钢铁的厂有三个（济南、安阳、昆明）。邯郸建成 100 万吨铁厂。30 万吨钢铁厂四个，南京、杭州、南昌、涟源。15〔万〕~20 万吨六个，通化、合肥、青岛、乌鲁木齐、西安、三明。10 万吨八个，临汾、长治、广州、柳州、鄂城、江油、贵阳、呼和浩特。还有几个条件不好，兰州、西宁、石咀山、牡丹江。这些中型厂有高炉、转炉、轧机，缺的是矿山、炼焦、运输、机修，外部条件是缺煤。

（八）钢铁厂的建设规模：根据：①资源和建厂条件；②国家要求品种；③已有基础；④经济合算。分三类：（1）普通钢厂，分三级，100 万吨及以上为大厂（1 公尺以上开坯机），30 万吨及以上为中厂（650 开坯机），不到 30 万吨为小厂（不放开坯机，500－300 轧机）。

（2）特殊钢厂，30 万吨及以上就算大的（750 开坯机，5 吨以上锻压机），10 万吨及以上为中厂，不到 10 万吨为小厂。

（3）专业制品厂。如成都无缝，湘潭钢丝绳。

七年计划考虑建设重点项目 50 个，其中普钢 37 个，特钢 9 个，专业 4 个。其中大型 9 个，鞍钢、武钢、包钢、酒泉、西昌、马鞍山、上海、石景山、本溪；中型重庆、天津、唐山、北京、龙烟、承德、新渝、南京、邯郸、济南、安阳、昆明、涟源、杭州。

特钢：大〔型〕六个，太原、北满、抚顺、大连、西南（重庆），此外还有一些中小的。

（九）平、电、转〔炉〕的比例：各国都有争论，各国不同，根据：①钢铁工业发展的历史不同，德法过去发展转炉，美英日先转后平；②动力、原料条件不同，含磷矿多就多转炉，水电多的多电炉；③对品种的要求。

〔19〕60 年情况：	苏：平 84.4%	电 8.9%	转 6.7%
	美：平 87%	电 8.4%	转 4.6%
	日：平 67.9%	电 20%	转 11.9%
	西德：平 47.1%	电 6.4%	转 44%
	法：平 29.8%	电 8.4%	转 61.3%
	英：平 84.6%	电 6.9%	转 8.1%
	比：平 8.5%	电 6.1%	转 85.4%
	卢森堡：—	电 2%	转 98%
	瑞典：平 34%	电 48.5%	转 13.7%

最近发展氧气顶吹转炉，效果与平炉同。

我国	〔19〕57 年	平 71.2%	电 13.8%	转 14.9%
	〔19〕60 年	平 43%	电 17.2%	转 39.5%
	〔19〕69 年	平 55%	电 15%	转 30%

这样安排，目的在解决质量、品种问题。转炉基本上不需新建，填平补齐。

平炉与转炉比较，平炉特点：①钢质量较好，比较稳定，含氮少；②品种较多；③每炉出钢量大，坯量也大；④原料消耗低（平 1050〔吨?〕，转 1150～1200〔吨?〕）；⑤适应不同的废钢铁，吃的量可大可小；⑥建设费用高 20%～30%，要求耐火材料不易解决。

转炉：①投资省（平 85～110 元，转炉 45～50 元）；②设备较小，容易制造；③品种范围较狭，适宜低碳钢；④不需要加燃料，不用富矿；⑤可吃高磷高硫生铁；⑥耐火材料较易解决。（适宜炼矽钢①、焊条钢、纯铁等。）

〔19〕69 年要求合金钢达到 8%，七年平炉要再建 3000 平方米（加一倍），电炉 30 万吨。

（十）技术革新：精料、大风、高温是成熟经验。过去风量 2～2.5〔个〕，我们用 3 个风。小洋群用 5～6 个风是合适的。高温从 840 度提高到 950 度，利用系数提高到 2.4。精料、大风、高温并用，利用系数达到 2 是完全可能的。

平炉多装快炼（高温长寿）也是成功经验，250 吨的炉子可装 300 吨，185 吨的可装 220 吨，500 吨的可装 600 吨，太多了也不行。大概大炉可加 20%，小炉可加 50%，电炉大的可加 50%，小的可加一倍。

转炉，热风，碱性，侧吹，化铁炉用热风，酸性，可以加石灰石脱硫，吃 0.5 的高炉铁炼成 0.04 的钢。转炉碱性侧吹（人家底吹），可以继续去硫，含氮量少。今后进一步发展是氧气顶吹。

电转炉混合炼钢，转炉炼钢，电炉炼合金，浇在一个钢水包。

此外还有三槽出钢。

职工，〔19〕60 年 360 万，现在 240 万，〔19〕69 年 370 万。

---

① 即硅钢。

工业书记会议*

讨论问题：（1）工业指示的执行情况；（2）工业战线的形势，进行检查总结。目前农村形势确实好转，城市似乎还抬不起头，但庐山会议后形势也有好转，煤日产量最近几天已到46万吨，钢产量今年可到900万吨。在提高质量、降低消耗方面也有进步。领导同志对工业作了一些调查研究，比较心中有数，企业管理方面也进行整风，加强设备维护检修，整顿规章制度，解决职工生活中的问题。压缩城市人口一千二百万人，其中职工九百万人，有很大成绩。基建战线和重工业生产战线有所缩短，轻工业、手工业有所增加。这些都是成绩。要在总结经验的基础上鼓足干劲。研究明年工业生产的安排。明年钢七百五十万吨，煤二亿五千万吨，木材二千四百五十万吨，指标不算高，努力争取超过。

任务：（1）改变农业被动局面，努力支援农业和轻工市场。在工业内部，克服采掘工业的薄弱环节。

明年的奋斗目标，有人提“以提高质量、增加品种、降低消耗为中心的增产节约运动”，有人提“以技术管理、计划管理为中心的增产节约运动”，要提出几条比较明确的奋斗目标。

（2）对“工业七十条”的讨论，总结第一〔个〕五年和三年大跃进的经验，确定适合于我国情况的企业管理制度。

（3）继续精减职工，明年再减七百〔万〕到八百万，最好结合五定来精减。五定按照设计生产能力，超过设计需要的人可精减。由于明年任务低，可能暂时减少的人，可否放假一年两年，或者组织种地。

围绕这三个问题进行讨论。如果七十条定不下来，至少搞个五定。能不能用不对口径的钢材（约100万吨），生产15〔亿〕~20亿元日用品回笼货币？要彻底清查仓库，挖掘物资潜力。木材生产要切实抓一下，坑木、枕木如何节约代用。

---

* 据记录的内容，会议时间应在1961年12月。

市场问题（姚〔依林〕）*

统购派购。统购粮棉油，派购要适当扩大，范围：维持城市人民生活和工业生产必不可少的东西，保证完成出口任务。统派〔购〕合计要恢复到1957年的情况，即占70%～80%。统购派购外还有议购。统购按国家价格，议购可以低价易货，亦可稍高价少易货。

农村自由市场还要维持，城市和近郊区不要，小城市和远郊区可以搞一点。南方城市可以搞一点水果和高档菜。派购货完成派购任务后可上市，猪肉在过年过节时可上市，有些产品收购旺季不上市，收购完可上市。

包干问题。包粮棉油，一种是包定了增产不增购，一种是增产增购40%。前者要包高一点，后者可包低一点。前者加一点机动数，粮食要按派购数增10%。

换购。大家赞成换购办法，按统一百分比综合换购。换货数约占收购数的60%。（六毛钱三张票。）特定商品高价。

小商贩。服务性行业大放，买卖商品行业小放，限于几种商品，饮食业不放。

城市分配。定额配售一致赞成，先搞5%～10%。试点时先按工资配售。地区之间按购买力分配，约等于购买力的70%，可以有5%上下调整，即65%～75%。不赞成开“小锅饭”（特殊照顾），要开，“谁出题目谁做文章”。

今年通过自由市场从城市转到农村的货币约35亿，拿到的东西约12亿。购买高价三类产品12亿。还有退赔20多亿，农民每人多得约12元。

问题：（1）整顿内部；（2）Nepman；（3）同农民全面换购；（4）农民多拿的票子怎样拿回来；（5）蔬菜供应；（6）工人生活。

（一）手工业资本家、小商贩，国家参加自由市场出售高价品。（1）我国与〔苏联〕新经济政策时期不同，那时苏联没有强大的商业机构，在取消余粮征收制后国家没有别的办法掌握大量的农产品；（2）统派购70%～

* 根据笔记的前后时间，姚依林讲话应在1961年底。

80%已有历史经验，不超过这个限度不会犯错误，问题是保持多少大的小自由；（3）要存在一部分自负盈亏的手工业合作小组、合作商店、合法的地下工厂，农民自由出卖部分产品，去掉这个东西是不好的；（4）〔自由市场〕现在要恢复到比 1956～〔19〕57 年小一点，原因是我们的商品比那时缺，自由市场扩大了会妨碍收购，有些东西不能交给他们去卖。如饮食业，过去很好，现在不行（少奇同志主张把工业品抓在手里，同农民全面换购，强调这一方面）。地下工厂没有原料办不起来。

（二）高价对高价问题。农民货币来源有三，一为农产派购，是低价；二为自由市场，是高价，三为寄回工资，也是低价。如果派购不是全面换货，难向农民解释。农民会要求派购提价。可以在工矿区附近〔搞〕几处试点，扩大高价品种，收回农民多得的货币。（农民手里钱多就不愿出卖多余产品。）

（三）蔬菜问题，蔬菜烂掉很多，应该承认，而且自己提〔出来问题〕，抓出原因和解决办法。

（四）城市人民生活，决定于粮油猪的增产，二三年内不可能解决。农民最困难的时期已经过去了，但还不能说很好。现在严重的是城市问题，能不能再坚持两三年？油、肉解决不了，搞一点大豆，每人一两大豆，有 20 克蛋白质，九两粮食 40 克蛋白质，半斤蔬菜只有 5 克。有每人每天一两黄豆，可以支持三年。大中城市（不包括郊区）每年八个月，北多南少，需要解决 4000 万人，10 亿斤大豆。怎样解决这 10 亿斤大豆问题？有 4000〔万〕～5000 万美金的外汇，可以少出〔口〕大豆。

收购	农产品	统购派购占　70%～80%
		自由出卖　20%～30%
		（通过货栈进城　10%）
	工业品	统购包销　90%
		手工业品自销　10%
销售	全国计划供应	70%
	省市供应（交流）	20%
	自由市场	10%
分配	城市	定量供应　60%～50%
		定额选购

续表

		高价供应
		自由选购
	农村	定量供应　40%～30%
		奖售　10%～20%
		自由选购

入选国家第一批可移动文物

徐建青　董志凯　赵学军 / 主编

薛暮桥笔记选编

（1945~1983）

（第三册）

社会科学文献出版社
SOCIAL SCIENCES ACADEMIC PRESS (CHINA)

目　录

第一册

第二册

第三册

第四册

1962 年

讨论扩大会议报告*

地质部　企业下放时收了1500多万元，至今没有上交给财政部。

交通部　已经点名的有大运河和民航大楼，未经批准就施工。铁路、轮船吃饭，国务院决定不收粮票，重庆规定要收粮票。

冶金部　目标，十年内全国建立一个比较完整的工业体系，而不是建立六个体系，集中统一应当先从这个思想开始。

一机部　分散主义表现在：①生产的设备不按计划分配，自己挪用；②利用地方积极性来进行计划外的建设，设备按投资分配；③技术革命、多种经营等给任务，不给投资设备。

化工部　几个大办造成分散主义。两个项目未批准就施工，购买计划外的设备一百几十万元。

石油部　反对分散主义的标准，看是否服从中央，地方违反中央决定，企业执行中央决定，不能算是分散主义。

建筑部　技术革新、多种经营是上面压任务，项目均未列入计划，投资材料设备均未分配，必然造成分散主义。听到要清仓，十月份调出几百万元设备，十二月份调出一千多万。用几万吨水泥换各种材料设备，企业搞“协作”的也不少。招待大楼的建设是不必要的，规模过大。

石油部　许多企业不知谁是上级，婆婆太多，都来指挥，无所适从。下级服从上级，究竟谁是上级？各部分散主义，请计委、经委协同检查。有些问题可能我们自己还不知道。

三机部　不但部对中央有分散主义，局、企业对部也有分散主义。出卖国家统一分配物资，汽车底盘分配244个，多余72台，调给经委8台坏的，好的自己分了。把多余的银粉2吨多卖给手工业局。把130辆汽车换东西，

---

* 1962年1月11日至2月7日，中共中央在北京召开有七千人参加的扩大的中央工作会议。会议主要是纠正“大跃进”以来工作中的错误，动员全党做好经济调整工作。会议贯彻发扬民主、开展批评和自我批评精神，总结1958年以来经济工作中的经验教训（《中国人民共和国国民经济和社会发展计划大事辑要1949—1985》，第179页）。这是扩大会议期间工业部门讨论的记录摘要。

向国家多要铜线600多吨，电动机等调不出来。部与部的关系只顾自己，不顾别人。

煤炭部 计划外自建三座楼，两座已停，一座还在施工。用一些国家分配的物资搞了机关生产。

轻工部 在大办公社工业时，要求一个公社办二百个30～100人的工厂，企业借此机会捞一把。

煤炭部 对直属煤矿煤炭部管不了，省煤管局也管不了，因为省工业书记、经委、计委都直接抓煤矿，所在市也在抓，多头领导，不好办。

二机部 分散主义表现：（1）地方主义；（2）局部观点，花了二千多万元搞了几百吨铀。

铁道部 去年扣了人家90多万吨煤，数目不大，搞乱了整个计划。今年不扣也过去了。搞技术革命、多种经营，搞了的物资比这更多，多种经营花了三千多万元，四化也占用了别人很多的东西，趁机会抓一把。

邮电部 积压的器材2.8亿元，有9000万元就够了，多压了两倍。有4000多项半拉工程。

手工业〔局〕 今年计划产值185亿元，中央安排的原料材料只能满足40%，此外要由商业部门供应，这样就可以把全部手工业产品完全交给国家。如果让手工业自己用产品去换原料，就会助长分散主义。手工业建设项目只有三分之一能够列入国家计划。

化工部 〔19〕58年来45亿投资，投产的只26亿，此外19亿半半拉拉，其中6.6亿已报废。设备损坏特别严重，两大碱厂不采取紧急措施，很有可能报废。设备更新问题必须解决。在大中小结合问题上，雄心很大，缺乏调查研究，如8000万吨化肥，技革简单化，推广了许多没有成熟的东西。

水电部 1亿〔立方米〕以上大型水库300多个，现在不但不起作用，而且还要防汛（许多水利工程变为水害工程）。水电站上马太多。江南电网水火调剂，因与地方意见不一致，每年浪费14万吨煤。部管工程的物资只能调进，不能调出，为支援抚顺煤矿，部的命令不行，四个〔副〕总理批了也不执行。

〔有色金属工业〕调查研究座谈会*

〔陈云〕

不是专业会，不作什么决定，可以左思右想。

先报告，再专题讨论，先部里讲，开完后再请厂矿同志参加，主要研究综合问题。

要了解水平、问题、展望，最好能有〔19〕49～〔19〕61 年的数字，每年增长数字。

每天开会半天。

现有生产能力〔冶金部汇报〕

<table>
<tr><th></th><th>采矿</th><th>选矿</th><th>冶炼</th><th>电解</th></tr>
<tr><td>14 种</td><td>25 万吨</td><td>39 万吨</td><td>36 万吨</td><td>47 万吨</td></tr>
<tr><td>铜</td><td>5 万吨</td><td>10 万吨</td><td>11.4 万吨</td><td>20 万吨</td></tr>
<tr><td>铝</td><td>8 万吨</td><td colspan="2">(8 万吨)</td><td>11.8 万吨</td></tr>
<tr><td>铅</td><td>3 万吨</td><td>6 万吨</td><td>10 万吨</td><td>10 万吨</td></tr>
<tr><td>锌</td><td>3 万吨</td><td>6 万吨</td><td></td><td>5 万吨</td></tr>
</table>

	1960 年	1961 年	1967 年	1972 年
铜	9.9 万吨	5.2 万吨	15 万吨	25 万吨
铝	12.1 万吨	6.5 万吨	25 万吨	50 万吨
14 种	47.2 万吨	24 万吨	80 万吨	150 万吨

讨论

有色金属工业发展，铜三年恢复时期很少，第一〔个〕五年平均每年 3500 吨，〔大跃进〕三年平均每年 11000 吨。

除铝适应〔年增〕200 万吨钢外，铜铅锌适应〔年增〕100 万吨钢。

---

* 1962 年 2 月 17 日至 28 日，陈云继续主持冶金工业座谈会，听取冶金部负责人关于有色金属工业问题的汇报（《陈云年谱》下卷，第 109 页）。这是记录摘要。

	〔第一个〕五年	〔“大跃进”〕三年
铝	9000〔吨〕	28400〔吨〕
铅	5000	11800
锌	5600	4340
铜	3500	11500

进口每年10〔万〕～15万吨，只能适应〔年增〕200〔万〕～300万吨钢的水平，超过此数要靠国内解决。

煤产量如每年增加2000万吨（1957年除民用煤外，钢煤比为1∶14.9），只能增钢140〔万〕～150万吨。〔19〕58～〔19〕60年平均〔年〕增2600万吨。大机器“一五”都是进口、配套。“二五”进口大机器，自己配套，配套不成，简易投产。今后速度可能不会比第〔个〕一五年高，因为没有外国援助。第一〔个〕五年〔煤〕每年平均增1200万吨。〔今后〕钢产量〔增产〕每年恐怕不能超过150万吨，否则与煤炭和有色不能平衡。

钢的水平，从历史（“一五”〔年增〕80万吨）和各方面的条件来看，每年不可能多于〔增〕150万吨。

比例不能等2800万吨或1800万吨〔才平衡〕，要争取800万吨，1200万吨，1500万吨的平衡，宁可少炼富〔?〕钢，力求比例协调（有色、品种。）

小土群了解是否全面。当时对土法炼铁炼钢的可能性缺乏正确了解。土铁：①质量（温度）；②耗煤；③用人。把一个地方的例子普遍推广。到〔19〕60年下半年才认识小洋群费煤太多，背不动，要下马。

第一〔个〕五年一吨有色只用脈矿（不包括沙矿）60多吨，现在按100吨计算，如果能够减到70～80吨，就能加快增产速度。办法是增加铝的比例，改进采矿和选矿方法。

机械工业调查研究座谈会*

矿山机械

矿山机械中，煤炭、冶金两部占60%，现在煤炭、黑色〔金属〕已排

* 1962年3月1日陈云主持机械工业调查研究座谈会（《陈云年谱》下卷，第113页）。大标题为编者所加。

上队，有色〔金属〕排上一半，其他很差。

每 100 万吨钢能力，国民经济综合计算，需要矿山机械 17 万吨。(不包括汽车，电气通用设备。)

建设 100 万吨采矿能力，需要 6200 吨矿山设备。

建设 100 万吨采煤能力，需要 4100 吨矿山设备。

(煤按地下 90%，露天 10% 计算，黑色〔金属〕按露天 80%，矿井 20%，有色〔金属〕露天 20%，矿井 80% 计算。)

有色建 100 万吨，需要 3500 吨矿山设备。

每 100 万吨钢，600 万吨矿石，需 37000 吨〔矿山设备〕。有色矿 600 万吨，〔需〕21000 吨〔矿山设备〕。煤 1000 万吨，〔需〕41000 吨〔矿山设备〕。合共 10 万吨，加其他 17 万吨。

设备更新每年大约 10% ~15%。

几个问题：（1）煤、铁、有色的需要摸得较多，其他部门没有定额，希望各部帮忙。

（2）基建投资 9.3 亿，没有算维持简单再生产的需要备品配件，时间上也赶不上。

（3）露天和井下的比例，露天不能再多，露天设备很难保证，井下还好一点。

（4）大中小比例，煤 4∶3∶3，钢铁有色如何定，大型少一点，中小型多一点。

（5）精料黑色 75%，有色 100%，洗煤（苏 50%，我 10%）15% ~20%。

（6）多种原素的回收，煤炭综合利用。

（7）备品配件的分工，煤自给 75%，最好 70% ~80%，由各部自己制造。

速度与平衡，先求平衡，不平衡就不能配套，不能前进。

在什么水平上平衡，力求在现有水平上平衡，不能到 1800 万吨才平衡。

中央财经小组研究经济调整*

〔李〕富春同志发言

1. 当前工作安排：（1）今年计划的调整；①支援农业，机械（配件）、化肥，中小农具铁制〔的〕今明年可达到1957年水平，竹木〔的〕还有问题（最缺的是桐油）。农村烧柴如何解决；②市场用品安排，原有9亿未落实，再加11亿，要进口一点原料。（尼隆400万美金，单体72万〔美金〕，500～600吨。）③根据第一季度情况调整工业指标（煤2.47亿，钢700万吨，木材差几十万立米）。④基建尽量缩小，计划外的还要控制（已报的有10亿）。

（2）精兵简政，已搞11个部，可减254万人，还有4个部，可以超过300万人。

（3）清仓核资，已开电话会议。

（4）商业财政银行，集中条例。春节前137〔亿元〕，要回笼到110〔亿元〕。

（5）组织城市工作检查组（监委、计委、经委），是否按计划、按制度办事，三月准备，四月下去。

（6）春耕、春荒情况检查。

2. 十年规划安排：同意分两个阶段，先搞调整恢复阶段，恢复农业，稳定市场，搞吃穿用，在这基础上恢复工业。计委要抓农业、市场（水利问题要重新考虑，有些工程把历史上原有的水利破坏）。制止通货膨胀。重工业要：①支援农业、市场；②保证简单再生产；③重工业本身的平衡，短线可能补多少，进口可能多少。国防争取常规武器配套。现在是尖端挤了常规。两个任务（吃穿用，四个现代化），先搞前一个（第三〔个〕五年恢复中有发展，第四〔个〕五年发展中也有恢复，如耕畜、树木，有些经济作物）。对外说调整，对内说恢复（调整的性质是恢复）。七月会议讨论形势、方针、办法，不提数字。

---

* 1962年3月7～8日，中共中央财经小组召开成立后的第一次会议，讨论经济调整。这是讨论记录摘要。大标题为编者所加。

3. 计委重点应面向六亿人民，过去只搞工业交通，〔要〕纠正过去的片面性，对农林、财贸的领导要加强。

4. 物资管理要更集中，管的产品更多。

5. 统计也要集中加强（保证调查统计便利，数字正确），业务上建立垂直领导，人员专业化，典型调查与全面统计结合。

6. 价格委员会要搞起来。

陈云同志

富春同志提出许多好的意见，许多方针性的问题请书记处决定，如：

（1）不搞十年规划，先搞五年，内容有恢复，有调整。可以推敲。七月份不提五年计划，先要看准农业，才能考虑工业速度。今年提出〔五年计划〕根据不足，议论形势、方针、措施。可以设想明年计划框框。

（2）今年计划有必要调整，要在实质上，先尽农业、市场、轻工。现在情况与过去不同，过去抓住投资、劳动就行，现在物资紧张，要有物资保证，能多给一点物资，制造中小农具，会有效果。搞每月一斤鱼、半斤肉（六千万人）行不行？能够如此，对干部多吃一点就没有意见。时间一年半到两年。这是国家大事，关系人民是否拥护我们。先把这些定下来，再搞工业。工业先搞维修配件，再搞基建。这样现在计划要伤筋动骨（木材、煤炭）。计划已经不大像样，再下一点只是量的问题（否则还会被迫退下来）。这是编年度计划的方针。

（3）什么时候综合平衡，按哪条线综合平衡，现在水平就要按比例，不能等到2500〔万〕~3000万吨。按哪条线，长线、中线、短线？按短线加可以动用的库存和切实可靠的进口，所谓积极平衡，建立在可以增产和进口。长线怎样办？生产东西有用的可以生产，用处不大就生产别的东西（无缝、薄板还是短线）。数量少一点，品种全一点，能够配套，否则多搞半成品，用不上。（一百亿投资一百二三十万吨钢材，设备五十万吨，加配套还要多一点，加在一起二百万吨钢材。）帝国主义在几百万吨钢时就搞成工业基础。生产指标只搞长期计划，有500万吨钢材就可以做大事，不要嫌小。求可靠，不怕低。超过了还是有用。也不是从多少钢出发，而是综合平衡。

（4）物资管理制度要集中，如何集中请老搞物资的同志来研究。部管物资也要减少，组织生产必须组织分配，生产资料是生产—分配—生产的循环过程，不像消费资料会消费掉。

（5）计委抓农业，这关系到国策和民生，什么时候可不进口粮食，用粮食保经济作物，吃肉。

先念同志到计委工作，过去中财委抓市场，计委抓工业、交通，干部大多熟悉工业，不熟悉市场。

（6）各部要鼓励两种意见都充分发表，没有反面意见要犯错误。

〔李〕先念同志

目前问题，粮食不好过（有1亿以上人口口粮未落实，其中一半〔人口口粮〕三四两至断粮，各省都有，只有新疆、西藏较好，严重的有十一个省区，主要〔是〕底子薄。新的问题是：①包产包死了，不能移丰补歉，除外调外，不能调动；②减人不能减粮；③军队不能调动，职工也不能调动。出现情况，断粮、外流、断烧，今年粮食问题比去年严重，会影响到今年的农业生产。对困难的认识还有不够的地方）。河南外流30万人。进口粮食今年只能400万吨，上半年争取300万吨。

化肥进口120万吨，还有50万吨订不订？（27元美金〔每吨〕），再要多订就涨价，要订，明年付款。

财政赤字越算越多，主要漏洞是流动资金，清理结果拿不回现金，至多拿一点物资（半成品）。财政结余不是现金，不能动用（凡购买力与物资有赤字时，财政必有赤字），物资与购买力，应当前者超过后者，否则不能选择。（春节以来副食品多回笼4亿，高级〔商品〕4亿，服务1亿，共多〔回笼〕9亿。）

谭震林同志

高级干部不把形势弄清，决心是下不下来的。农业口对困难的程度和克服困难的快慢，认识还不一致。

要在现在的基础上平衡，这一点很重要。不然，机器都“三三制”，危险性很大。要在现有基础上平衡，就只能是短线。短线最重要的还是有色金属，木材还可以想办法节约。

农业四个方面问题：（1）是所有制，现在基本解决了，〔黑〕龙江去年春还在反瞒产，四川猪还不肯下放；（2）生产资料，包括土地、耕畜、农具、肥料等（圈肥、杂肥约少了一半），拖拉机、化肥的分配应更集中一点；（3）农业技术措施，保持和推广优良品种，茬口问题等；（4）等价交换问题。

〔李〕先念补充　五办管吃管穿，对从六亿五千万人生活出发安排计划，体会得比较深，不解决这个问题，我们的江山不稳。农业究竟破坏到什么程度，还要好好摸一摸。

陈〔云〕　先把人民生活安排好了再安排建设，中国资本家的资金只有22亿元，我们一年搞100亿元建设，应该心满意足，不能说是规模小了。

〔李〕先念　既要快一点，又要稳一点。全民内部可以快一点，对集体要稳一点。

姚依林同志

（1）哪些商品的生产没有落实，看来问题还很多，单百货就有5.9亿元。

（2）集中统一从何着手，统一资金，划分专业公司，恢复几条渠道，恢复开国初期办法。

（3）高价问题，增加六种高价品，自行车、手表、茶叶比较容易，针织品比较困难（自由市场粮涨20倍，布涨8倍，肉涨7倍，蛋涨5~6倍）。不合农民需要。酒也不简单（农村酒每斤8元），城乡价摆不平。高级食品很复杂。

程子华同志

基建投资保留四分之一，中央各部减了七亿七，地方减了二亿五，加水利共12亿元。（煤炭建设规模6800万吨，设备四分之三用于生产，）拨款47.8亿元。不包括停建项目维护费（3亿）及设备积压（7亿）共10亿。此外还有大区机动3亿，基建窝工费2亿。

〔周恩来〕总理指示

财政小组讨论问题〔后〕还要书记处讨论。

一，财经形势的严重性是逐步认识的。

（1）农业开始好转，农村先于城市，但单看生产、生活，今年可能比去年更严重。认识上、政策上是与去年大不相同了。农村情况严重的不平衡，过去一平二调，造成很大损失，今年调不动，也有问题。也有好的地方。余缺不能调剂，多劳多吃也影响到工属、干属、军属等缺劳动力户。如果国家能调剂还好，现又无力调剂，严重的有5000万人。其次是经济作物，特别是棉花，很多在缺粮区，面广人多。第三是牲畜，希望不减少，略有回升，看来很危险。竹木农具、车船的恢复今年也做不到。农业放在第一位讲了几年，实际工作决心下得不够，对农业的困难认识不足，包括农业部的负责同志在内，只求外援，不解决内部问题（价格问题）。

（2）工业生产力的部分破坏，工业部门不喜欢听。有的生产力又不成龙配套，煤炭生产力至少破坏20%，其他部门也有，比重可能不同。部分和全部建成的有50%不配套。材料在搞设备，维修没有材料（如汽车、拖拉机等）。设备有积压，还在生产和进口设备，土建也积压。现在的做法还在扩大矛盾，扩大缺口，造成巨大浪费。

现有生产能力究竟要打多大折扣？劳动力也是如此，职工体力下降，这许多问题不解决，怎能说干部松劲？多减人还可稍稍改善生活，否则很难维持。这些问题应当好好想一想，切实想法解决。

（3）市场紧张，生活下降。农产品收购率比〔19〕57年高，收购数比〔19〕57年少。满足市场需要不是一二年能解决。今年能不能达到平衡，还不能保险，有可能还平衡不了。一切问题集中表现在市场上，人民也最关心市场，必须重视。

（4）财政上有赤字，信贷多发63亿，金银20亿，商业库存少了60亿，残次40亿，合起来有200〔亿〕～300亿。

（5）国家和人民的底子亏了，这同第一〔个〕五年不同，人民底子比开国初期也空，家少余粮，国少库存。

因此现在建设规模和生产部署不适应经济基础。因此今后要渡过一个非常时期，或称调整恢复时期。第三〔个〕五年切切实实搞调整恢复工作，力争财经好转。

二，国民经济要大幅调整。

（1）从工业转到农业、市场来布置计划。〔19〕60 年提出八字方针时认识还朦胧，与现在差得很远，把困难估计少了。农业调整〔的〕早一点，工业还想保持原来水平，伤了元气。〔19〕61 年下降是被迫的，步步后退。情况不明，心中无数。方针是农轻重，吃穿用，实际布置工作并非如此。要确实按方针来安排工作，必须有此自觉。

（2）解决最急需的问题，搞 100 条渔船，捉鱼比养猪容易，不要饲料。河南拆房砍树，怎能不给些煤，把桥都烧了。

（3）按短线安排，一切生产都要配套，不配套不生产，按短线能配套，按中线不能配套。

（4）从现在起就搞平衡。（积累 46% 要统计局研究）调整要几年，但方向要今年就转过来。方向要变得快，前进要慢一点，稳一点。

（5）按节约的原则安排生产，用在最有效的方面，强调经济效果。

（6）强调自力更生，不能靠外援。〔向〕社会主义国家进口一天紧一天，〔向〕资本主义国家进口不多，只能先进粮食，进不了铜铝钢材。

（7）国防工业要大幅度调整，经济在先，原材料在先，要循序而进。

（8）基建多搞没有用，没有材料设备。必须压投资四分之一。

方针决定后，执行靠各部自觉，单靠计委不行。

（1）估计形势；（2）照顾材料短线；（3）不能削次要保主要，有骨无肉，不能配套。

三，分两个阶段。

今年改变方向，明年指标同今年差不多，要有两个步骤。一是全国人民的事，要稳，副作用比较少。二是全民〔所有制〕内部的事，要有紧急措施。

搞几个紧急决定：①小队包死非改不可。地区之间要能调剂；②能不能用工业品再换一点粮食。由省自己调剂亦行（要用几倍东西去换）；③把交际处存货统统冻结起来，交给商业部门。

四，组织问题。

……

耕畜问题*

耕畜问题：（1）所有制。一半还未下放到生产队，要公私并举（牧区、山区），公养为主。

（2）调剂问题，山区供应平原，现在不准外流，山区不准卖，不准杀，不愿多养，买卖要搭一定数量粮食或其他物资。

（3）饲料饲草问题。要恢复牲畜的交易所，有领导地进行交换，否则可能产生副作用。

饲料东北骡马1500斤，现规定700斤，华北原700～800斤，现规定300斤，实际上吃不到。作物安排要照顾到饲草问题。

畜牧兽医站、配种站要恢复。

（1）政策问题。下放小队，奖励分成，公私并举（公养为主）。

（2）调剂问题。

（3）技术措施。畜牧兽医，配种，技术推广站。

拖拉机站要列项目（第一〔个〕五年），要办就办一套，否则不办。

（4）草料问题。人畜争粮，畜代人死。饲料不要加工利用，增加一点民用煤。

（5）拖拉机维修为主，制造为辅，要恢复拖拉机站。

调整1962年国民经济计划**

年度计划

现代化企业1957年2.2万多个，现在6.3多万个。这样的架子不可能

---

* 根据笔记的前后时间，此则笔记时间大约为1962年3月中旬。标题为编者所加。

** 据《薛暮桥回忆录》，第一次财经小组会议后不久，陈云就因病去杭州疗养，由周恩来总理直接领导中央财经小组的工作。1962年4月2日至4日，中央财经小组举行扩大会议，吸收有关各部委党组负责同志参加，听取并讨论国家计委《关于调整1962年国民经济计划的报告》，周恩来在会上讲话。会后，财经小组又继续讨论了两天。周恩来总理亲自领导中央财经小组起草了《关于讨论1962年调整计划的报告（草稿）》，由薛暮桥带往杭州向陈云汇报，经陈云同意后，于4月下旬报送中央（《薛暮桥文集》第二十卷，第211～212页；《陈云年谱》下卷，第117页）。以下为这期间相关讨论的记录摘要。大标题为编者所加。

维持简单再生产，必须坚决地拆架子。

今年看明年，现在安排，短线可能更短，如有色、木材今年靠挖库存，明年缺口更大，恐怕很难维持45亿投资。这样今年上的项目，明年又要停工。

〔报告〕从整个国家经济出发，谈谈农业、市场情况，粮食购销存，能够维持多少职工，购买力与市场平衡，明年能否保持今年消费水平，都应有所交待。

国防尖端加一个亿加不加，可再考虑。加上去了，钢铁、化工都侍候不了。国防只讲加工，没有估计原材料的可能。

矛盾首先是粮食和棉花，明年还要进口400万吨粮食，外汇逆差3亿多美元。

农轻重的情况，基本建设，产值和财政收入。先写总的轮廓，后写具体问题。

一季度的生产情况，是调整生产指标的根据，要简单讲几句。

采取关厂、并厂措施，减人还可以多减，十七个工业部减337万人。

基建架子大，生产维修也架子大，有些工厂决定裁并，就不需要维修。

动用商业库存25亿元要讲明白，这就不是当年平衡。

年度计划讨论

黑龙江三年内工业不能加人加供应。四川小土小洋全部下马。河南只保几个大厂，大部〔分〕工业下马。

〔程〕子华同志

钢600万吨，主要集中在中央直属企业，大部分中型钢铁厂要停工，否则不能少用煤、多品种、多回收。

〔刘〕明夫同志

生活恢复〔19〕57年的水平，至少要到〔19〕67年。与〔19〕52年比，由于涨价多卖钱一百几十亿元。粮、布、油等库存下降80多亿，货币60多亿。

〔李〕先念同志

1957年的农业水平，与同时的工业对比已经很紧，粮食挖了60亿斤〔库存〕。

银根抽紧以后，许多企业出售存货发工资，只能维持一两个月。

〔姚〕依林同志

今年市场物资生产解决了许多问题，但很难讲已完全落实，原因是要进口一点原料材料（1700万元，牵涉到10几亿元商品）。这一点没有把握，很可能落空。国内缺桐油1万吨，油脂几千吨，都是不好解决的问题。究竟向中央怎样说，恐怕只能说问题很大。

不能平衡也不敢说，有些因素难以预料，如抽银根，挤库存，可能有几个亿。上海已经有反映，天津慢一点，中小城市还未看出苗头。价格调整必须逐步跟上去，许多日用品亏本出售，势必涨价。

明年市场很难说比今年好，穿的情况肯定不如今年，减少的可能性大。去年收1200万担棉花，吃库存400万担，今年要收1600万担，纱布生产才能维持今年水平。

同意三个前途：①有计划地下马；②让企业自己倒闭；③倒得乱了又维持，不解决根本问题。

〔廖〕鲁言同志

调整以后支援农业部分增加了，但比例还同过去差不多，就是10%～12%之间。

农业支援工业的可能性，按2884亿〔斤〕计划数字计算，需要挤农民的口粮，种子、饲料不能少于500亿斤（各200几十亿斤），口粮按三定标准（417斤）2225亿斤，国家只能收购100〔亿〕～200亿斤。即使到3700亿斤，猪、牛、种子都要增加（600亿），人也要增加。如果维持三定标准，国家收购部分仍然不能供应城市人口需要。在粮食不能保证口粮时，经济作物的恢复是不会快的，奖这面，掉那面。从粮食讲，恢复〔19〕57年水平要三年到五年，包括经济作物和牲口则要五年。

每年建两套 2.5 万吨氮肥厂，增产硫氨 20 万吨，五年只有 100 万吨，增产 50〔万〕~60 万吨粮食。(进口材料要积压，1300 万美金。)

每人平均耕地年年减少，耕地等于煤炭的矿井，人口增，耕地减，不相适应。开国时每人三亩，现在已经不到二亩半。每年增一千万人，要增二千几百万亩耕地，这是不可能的。

机器维修网还没有建立起来，〔要〕在工厂调整中把这问题解决了。

农场〔19〕57 年一千多万亩，现在六千多万亩，投资中央、地方各二十亿。

石油要减少进口 60 万吨（已同意 40 万），否则国内将要停产。

煤矿 1~3 月自动离职约三万人，一半是井下工。要减的送不走，不能减的走了。为着完成生产任务，掘井月月完不成计划。

按现在基建投资，今后几年的产量只能 2.4〔亿〕~2.5 亿吨。计划外还有 1000 万吨矿井要维持，维持费 5000 万元（20 几处）。原来规模 1.8 亿，废掉的 1.1〔亿〕~1.2 亿吨，两年移交 1200 万吨，继续施工和维持的 3000〔万〕~4000 万吨。

300 个矿井（占 80%，1.4 亿吨）三量没有问题的 22%，中间 44%(两年到三年恢复)，差的 34%（五六年恢复）。

酸碱产品不但今年上不去，明年也上升有限。增产市场用品都要进口一些东西。

调整后干线运输少了一点，短途运输没有减少，依然紧张。汽车完好率提高到 60%，再要提高很困难，因为剩下来的都是破汽车了。解放初期汽车交通部门占 70%，其他占 30%，现在交通部门占 30%，其他部门占 70%。要 6000 吨桐油，50 万套轮胎，300 台机床。

人口增加，〔19〕61 年比 57 年增 3% 多一点，〔19〕61 年是减少的。东北城市人口占 40%，农村劳力还减少 23%。耕地全国减 7.4%，粮食减 22.3%，棉花减 53.9%。大牲畜减 21%，其中耕畜减 30%，猪减 48.9%，中小农具减 40%~50%，羊增 7000 多万头。

全国有 10% 地区保持〔19〕57 年水平，甚至有所增长。80% 地区三年到五年恢复，10% 地区五年以上（新乡、安阳、开封、商丘、沧州、聊城、德州、惠民)。卫河流域盐碱化，棉、油减 80%，粮食减 40%~50%，恢复先粮后棉，粮食先粗后细。

东北去年撩荒草荒地6000万亩，去年跑回山东几十万人，不解决城乡关系问题，农业无法恢复。黑龙江城市人口占43%，要保煤、木、油、机，减人减不下来。

恢复耕地办法：（1）水利用地恢复，基建占地还一部分（铁路）；（2）改造盐碱地、水利、引黄灌溉必须停止，冀鲁豫平原恢复井灌。南方增加一些排灌机，恢复水车。

几年来，牲口肥料减少一半，秸杆还田基本没有了。绿肥面积没有增加，河泥剩三分之一（没有船）。总起来讲，减少一半以上。

小农具，铁制的部分地区今年可以恢复，部分地区要明年。困难的是竹木农具，一年来没有好多恢复。最严重的是北船南车［北车南船?］，先维修，后制造。冀鲁豫要恢复水车（井灌），要涂锌薄板6000吨。

农业机械要解决所有制问题，现在管理十分混乱，损失不小。拖拉机站原则上归国家管理（东北要求不变，河北国营、公社营并举，山西等省主张国营）。

水电部，①许多工程愿意下马，无钱下马。总共要3000多万元，迟下更多花钱；②三门峡移民费3700万元由谁出；③机电排灌经费没有落实，设备制成以后可能无人出钱〔买〕，积压起来；④抚顺铝厂耗电少，吃不（上）饭（能力8万吨，全国计划6.5万吨），其他厂耗电多一两倍，应该停工。

文件分析农业全面，对农〔工?〕业没有分析，农业能够保证多少工业没有回答。

水利建设：引黄灌溉和引洮工程都是错误的。冀鲁豫盐碱地新碱1400万亩，老碱1400万亩。办法：停（停工），抓（开闸），挖（泄水河道），耕（耕过可防地下水上升）。

成功的：治理海河（泄洪），南方电灌。

破坏了华北水井、南方水车、塘堰、山区的冬水田，后两者比较容易恢复。

机械，2.4万个企业，还手工业1.1万个，去年底还剩1万个（机器制造4200个）。

拆架子、收摊子，抵抗主要来自地方，因为下马的都是地方工业，要总理召各省负责同志座谈一下。

对地方工业的调整要下功夫进一步考虑，有许多小工厂还在那里敲敲打打。这次调整有进步，还不能完全解决问题。要“革命阶段论”和“不断革命论”，现在先按这个方案调整，摸几个月再作进一步的调整。

三机部今年完成指标勉强可以，因为还有一部分库存的进口原料，明年就不行，国内自己生产还跟不上。

设备维修去年修了一点，还差得很远。今年零配件用完了，进度可能更慢。

一机部设备需要修理的约三分之一，今年还修不完，要选重点来修，先修最急需的设备，无生产任务的不修。

谷牧

这次计划比过去大有进步，支持这个方案。缺口还有一点，如煤还差200多万吨，可能还要多一点。如水电部说差200万吨，经委计算差100多万吨，铁道部减100万吨，也无把握。如果不够，还是非给不可。化工原材料缺口比原方案扩大了。如纯碱减少，不能没有缺口。在目前情况下不可能作出一个没有缺口的计划。几年造成的不平衡，不是一年能够解决。

意见：(1) 煤的分配上，地方工业增加70万吨不要加了。机动煤100万吨主要用于钢材改制等。

(2) 动用库存钢材100万吨，有可能靠不住。库存500万吨，主要由于品种规格不配套，缺的大家都缺。

最大问题是各行各业的裁并改组。现在减人中央、地方分别规划，这个办法不行，要中央和地方一起“整编”。(各副总理分赴各大区与地方一起调整，先把北京作典型。) (现在情况看，能不能维持简单再生产有问题，明年可能比今年下降，后年也有可能下降。)

煤产量逐月下降，一月45.8万吨，二月44.2万吨，三月份43.1万吨。下降的主要原因不是“三量”，也不是设备，而是工人生活。

木材一季度计划差十几万立米，主要是南方，现在南方四十二万劳动力(原有七十几万)仍留不住。(其中公社24万，希望留13万人，国家18万人，合共31万人。）

进口十套化肥设备材料，今年只能装两套，两三年用不上，拿出几套材料来支援其他方面，可以解决很多问题。

吕 同意这个计划，缺口比原计划还大。现在看来主要是吃饭问题。现在不上不下，坐吃山空。工业要下的快些下，好把农业搞上去。

农业（吕） ①苦乐不均；②比去年好一点；③猪养起来了；④大牲口损失不少。

基建减到2.8亿，材料还是不够，保不了2亿的工作量，但钱还是要花掉。迟一点，花钱花的更多。下马也得花钱。有困难，大家承担起来，不至于像〔19〕60年那样铁路瘫痪。

铁道系统减下来的人无处安插，去年减的人也走不了。

林业（罗） 劈柴赔钱，两三分钱一斤，能否提价？今年木材能否完成任务？关键一是东北的粮食供应要不要减？二是机械检修，一面修，一面坏，没有改进。

全国芦苇2000万亩，亩产900斤，2吨芦苇造一吨纸浆（木材要3.5吨）。最近几年开荒修水库，芦苇消灭很多。

香松生产越多越赔钱。

轻工（曹鲁） 还缺外汇500万左右，差得多的是三类物资，如香松等。同意计划安排。

精减，1900个厂，准备停1000个，保生产好的厂，减差的厂。在地区关系上有问题，出原料的地区不肯停，好厂没有原料。

盐主要是运输问题，过去主要靠农民短途运输（粮食问题）。现在要都靠国家运是不可能的。

轻工业有70%到80%靠农产原料（瓷器日本7万人，我国40几万人，产值日本比我们多，出口，日本8000万美金，我只600万美金）。

财政：收入比原方案少6亿（原306亿，现为300亿），基建拨款58亿元少不了。积压设备52亿，材料30亿，加欠款共90亿以上，明年积压将达95亿元。

发一紧急指示：（1）企业排队，下多少厂子。从财政角度来看，亏损还在发展，再不紧缩，第二季还要减。工业许多厂子不可终日，商业比工业更严重。企业无法守法，违法是普遍的，守法是个别的。①吃折旧费；②固定资产变价；③欠设备材料款；④吃甲方备料款；⑤吃生产流动资金（包建吃包钢）；⑥吃企业利润（亏本的吃赚钱的）；⑦吃自由流动资金。

排队分三类：①争取正常生产的企业；②缩小架子，保留部分生产的企业；③停办的企业。（欠外贸部 6 亿元。）这个问题，不是改善经营管理所能解决。

（2）价格要调整，划清“政策亏损”界线，粮食卖 90 亿，赔 30 亿是应当的，有些东西不应当赔钱。①平价商品缩小范围；②涨价商品，非必需品亏本的涨到不亏，或赚一点；③高价商品，要赚钱。烟酒糖要高价。

（3）现在城乡交流堵塞，要解决物资流转问题。国家供应农业机械，公社无钱买。清产核资中把一批积压物资如何转入市场，要有具体安排。

劳动：职工减五百二三十万，城市人口减七百二三十万人，只相当于上半年的计划数，下半年还要减职工四百万人，城市人口六百万人，否则完不成计划。

三个煤量从去年 9 月起已经稳定，基本上保持原来的水平（量），生活〔条件〕影响产量日产〔减少〕1.2〔万〕～1.5 万吨，即（46〔万〕～46.5〔万吨〕），看来年产 17000 万吨，日产 47 万吨是最高限度。

北〔方木〕材一季〔度〕计划 564〔万立方米〕，实际 550 万〔立方米〕，北方（黑龙江）可以超额一点（10 万立方米），南方完不成（闽、江西）。采伐（北方）超额完成计划，南方完成得不好，原因劳动力不足。东北、内蒙 1290〔万立方米〕，南方 770〔万立方米〕，西南 270 万立方米。①山上材比去年少，随集随运。②运材能力不够，北方汽车不够（主要是内蒙，大汽车）。黑〔龙江〕可超过，吉〔林〕可完成，内蒙估计完不成计划。总的来讲东北可以完成计划，南方可能完不成计划。

南方木材 70% 是收购，用工业品换购不兑现，不如劈柴，二季〔度〕740 万立方米恐怕完不成。三季〔度〕比二季〔度〕低，最后靠四季〔度〕。

明年可能保持今年的水平，略高一点，即 2450〔万〕～2500〔万〕立米。新区要轮伐不吃老本，老区边伐边还，再差的就砍光更新。

〔李〕先念同志（提纲）

计划要没有缺口不容易，积累下来的问题太多了，农业基础太差了。（“积重难返，任重道远”，过去计划方法不对头，一时转不过来，积存下来的问题也太多。）怎样瞻前顾后，与〔19〕63年的计划衔接。煤炭还有缺口，有色明年跟不上去，看来明年煤、木不能增产很多，工业水平还有可能下降。

明后年出口大约只有6.5亿美金，进口粮食恐怕无法摆脱，而且仍是进口重点。征购粮食比上年少100亿斤。（5月到2月，少征183亿斤，少销99亿斤，加上经济作物奖励14亿斤。）五亿农民每年〔每人〕多得20斤（40%～50%的农民得了），约30%保持去年水平，25%比去年更低。现在经济生活中突出的还是粮食问题。

农业上给了钢材，可能造出一批不得用的东西（重复过去挂犁的经验）。大中小农具都要注意。（小拖拉机中央只是一个设想，主管部门应当提出意见。钢翻一番就是一个例子。）粮食去年到今年680亿斤，下年最多增加80亿斤，是农民饭碗里拨出来的。经济作物增加不了好多。

不要再计算数字，要抓措施。

（1）财政银行堵口子，把问题曝露出来。企业吃自有资金，吃利润，不能持久。财政金融不能解决问题，但能曝露问题。

（2）光缩短基本〔建设〕战线不行，还要缩短生产战线，吃不饱的行业，保几个厂，关几个厂。有名有姓开几个厂，停几个厂。中央各部要断然处置，全行业统一安排。（要动大手术。）

（3）维修也要缩短战线，不能普修。开工的厂维修，不开工的不维修，把设备保护起来。重点维修方针还不明确。

煤电消耗这样大，洒［撒］胡椒面的办法不行。（楼馆堂所也要关一批。）

（4）减人比去年困难，这是事实，但武钢还有一万农民，大冶四千，减掉以后工人不够，别处调剂。现在的农业基础，养1亿城市人口还有困难。〔19〕57年1亿城市人口还挖了粮食库存。〔19〕61年赔本54亿元，拿来作精减费用也好。减人震动很大，要作充分思想准备，不缩短战线，减人减不下来。

（5）物价不可能摆得很好，要生产恢复了来一个大调整，产销平衡才能调整物价。①保持基本生活需要的物资要平价，但要缩小范围；②部分商品高价；③其他商品要不赔钱，因此工农产品剪刀差要扩大一点。（商业亏损 60% 由于价格亏损。）

（6）物资统一管理。

外汇研究几年平衡，不能只算今年。给外贸部一定数量以进养出的机动金额。年底机动外汇只有 2000 万，第一季要还一亿，差额达 8000 万元。

要向人民群众交待，不讲清楚不好办，要回笼货币，不提价撑不住。

〔程〕子华同志

上星期六已向各部谈了缩短生产战线，分配生产任务时不要平分，有些工厂不分配任务。轻纺一机已经提出方案。冶金部钢铁已提方案，有色准备停 16 个小厂，留 15 个。该停的就停下来，不要等待计划，全国纺锭保留 650 万个，停 138 个厂。

顾虑是停地方厂，地方是否同意。

〔周恩来〕总理发言

计划提纲比过去进了一步，做了很多复杂工作，提的数字现在大体只能如此，再算账也不一定正确，是无效劳动。

计划反映了一些目前困难情况，但不敢超过中央说的范围，中央说什么也说什么，不敢进一步提出问题和意见，积重难返，过去一向如此。计划要把困难说够，现还没有这个勇气。说了一点，不集中。财政也是如此，明知有赤字，文件不敢提。做八股文章，计划也是如此。中央号召说老实话，计委党组讨论要容许提出不同意见。先念六条同意。根据计委报告的缺点，讲讲情况、问题和办法。计委要有综合平衡观点，屁股坐在农业、市场，现在计委对此远不甚了了。

农业、市场情况十分严重。财政说有赤字，写出报告还是平衡，不能曝露问题。现在认识可能不够，不是超过，整个国民经济存在着严重的不平衡。

（1）粮食问题，恢复不能很快，少数地区三年，多数地区五年，有些地区更长。到3700亿斤才算恢复。今年3000亿斤，五年要增700亿斤。快了第一〔个〕五年，而条件不如第一〔个〕五年。

调整时期还是要挤农民的口粮来给职工，职工生活应当逐步有所改善。到3700亿斤时人口多了，种子饲料600亿斤，还要挤农民口粮，只能逐步有所改善。

粮食生产和分配产生严重的不平衡，原因：①层层包死；②只搞按劳分配，不搞基本口粮；③扩大自留地；④自由市场刺激；⑤票子流向农村多，〔农民〕不愿出售〔粮食〕；⑥包产到户（四川20%）；⑦有丰有灾。这种平衡是合法的〔?〕。全国农民吃粮半斤以下的有1.2亿人。四川缺粮6亿，中央给了2.8亿，河南已给6亿，要求再加2亿，黑龙江要求给6亿，想第三季给一点（第一〔个〕五年四川调出34亿斤，黑龙江27亿斤）。不能再来一下平均主义，要因势利导。

去年上半年59亿斤赤字，靠进口解决。今年上半年至少56亿斤（280万吨），第三季度日子也很难过，夏粮不能接上秋粮。三季度约缺粮24〔亿〕～30亿斤。

今年包产2884亿斤，还包不下去。征购去年到今年670多亿斤，今年到明年收770亿斤就很好。上调数四川4亿不能调，黑〔龙江〕12亿只能少调，最多上调80亿斤，开支180亿斤，又要进口500万吨。即使粮食够了，也要进些粮食作国家贮备。因此不但战役上，而且战略上也可以进口粮食。但是总要逐年减少，明年至少还要进400万吨。

个别省是发展，9个〔需〕接近三年〔才〕恢复，14个五年〔恢复〕，个别五年以上〔恢复〕。这还是说粮食，不是整个农业。

（2）外汇不能不大幅度调整。收入已到一定限度，出口（对资）今后五年约在6〔亿〕～7亿之间，（第一〔个〕五年接近5亿，第二〔个〕五年接近6亿。）侨汇从1.2亿减至8000万。外汇贮备用过头了。金银不可能再出口（白银只存7000万两，每年消费1400万两，生产200万两），第二〔个〕五年出口4亿美元。年末结存，第一〔个〕五年1亿美元以上，平均1.35亿，“二五”平均0.9亿多。现在进口不刹车，年终只有2000万美元，批准8.15亿元，已提货单6.98亿，签字的6亿。刹车刹在7亿上，以进养出。第三〔个〕五年只能在6亿元上下，明年要少于6亿元。援外外汇不能再搞，非贸易外汇要压缩。

办法：①增加一定数量出口；②改变进口商品比例；粮食 3 亿，工业 1 亿，互利 1 亿；③大力节约外汇。

上〔三?〕定口粮农村 420 斤原粮，城市 400 斤贸易粮，在未恢复到 3700 亿斤以前，要逐步有所改善，不能达到这个标准。国家要有几十亿斤粮食贮备。

进口今年 7 亿〔美元〕刹住，明年只有 6 亿，粮食还是 400 万吨，3 亿美元，占一半。

（3）农业生产下降，同目前工业水平不相适应。农业〔19〕62 年比〔19〕57 年下降 22%，只达到〔19〕51 ~〔19〕52 年的水平。各种主要产品产量只达到〔19〕50 ~〔19〕52 年的水平。工农比重不相称。农业从 60% 左右，下降到 32%。工业 880 亿比 57 年增 25%，调整要有一个时期，只能逐步接近平衡。

（4）在工业内部，重〔工业〕升轻〔工业〕降。生活供应发生困难。轻工比〔19〕57 年增 9%，比重从 52% 降至 47%。轻工的内部构成也发生很大的变化，吃穿部分更少。

（5）工业内部关系还不协调，如煤铁关系（1∶22 铁，1∶24 钢），今年（1∶28，1∶40）。煤增不少，仍不能满足需要。（一吨钢〔19〕57 年用 3.4 吨煤，〔19〕62 年 4.9 吨。焦比 0.768 吨，今年 0.91 吨。）钢与铜铝 100∶1.88。〔19〕62 年铜铝产 10 万吨，靠动用贮备和进口达到 22%〔?〕。不要今年上去，明年下来。（库存铜 3.9 万吨，铝 2.2 万吨。）先动用小金库，再动用大仓库（国家贮备）。钢与钢材〔19〕57 年 1∶0.77，〔19〕62 年 1∶0.65。煤的分配，冶金〔19〕57 年占 13%，今年占 9%。用电煤消耗增加，市场用煤比重下降，绝对数增加，农村用煤没有增加，到煤栈抢煤。人民生活用煤不足，其他工业用煤增加，〔19〕57 年占 20%，今年占 38%。不收摊子，解决不了煤的问题。以上说明工业内部不协调的还很多。

（6）基本建设五年投资效果很差，积累比例太大。煤“一五”投资 35 亿元，“二五”投资 94 亿元，“一五”建 9000 万吨，投产 3600 万吨，“二五”建 34460 万吨，停建 12000 多万吨，报废 800 万吨。续建 3500 万吨，保留 1000 万吨。五年移交 13000 万吨，其中中央 9200 万吨。

钢铁“一五”投资35亿，“二五”投资130亿，补贴124亿。（轻工业19亿投资，9亿有用，有原料的只有4亿。）现在要配套到1200万吨钢，还要很大的努力。如果集中力量搞包钢，年产350万吨。

固定资产“一五”投289亿，“二五”657亿，投入生产的只有280多亿，其中有一部分不能生产。

积累同消费关系，“一五”积累23%，“二五”前四年33%～41%。投资今年下降到〔19〕53～〔19〕54年的水平，扩大再生产的还小得多。（恢复再生产。）

基本建设的维护费占了很大的比重，这样投资就不能扩大再生产。

（7）国民经济增长与职工增长不相适应。工农业总产值增5%，职工增67%。工业产值增25%，职工增1倍多，劳动生产率必然下降。工业职工如从1600万减至1100万人，比〔19〕57年（747万）还增将近45%。工资〔19〕57年156亿，今年224亿，增43.6%，与生产增长不〔相〕称。劳动生产率7858元，今年5500元。城市人口不压到1.1亿人，生活供应无法改善。

（8）社会购买力同商品供应量有差额，采取许多措施，现在还不平衡。购买力比〔19〕57年增23%，与农轻不相适应。（第一季回笼10亿票子，挖了26亿库存。）（上海增5亿商品，要580万美金外汇。）

（9）运输问题，特别是短途运输。

（10）文教方面队伍大了，质量部分提高，大量下降，专业不对口径，毕业生不好分配。科技研究要集中，现在太分散了。

（11）财政信贷不平衡，企业亏损不断增加，去年亏损55亿。

问题：

（1）争取快，准备慢，争取好，准备差，要一下子都做得很好是不可能的。底子这样弱，动大手术，总还出现一些新的困难，目前还想不到的困难。

（2）要有大幅度的、有步骤的调整，基本建设计划可以先发下去。从大区9.5亿中抽出两亿元来另行安排。一次调整不好，如果发现情况不好，就要断然处置。河南纺织厂原有十几个，保留三个，只留上海调来的老工人。

①可不可能再从农村多挤口粮，不可能。②可不可以把现在情况顶住？很快过去的可以顶一顶，现在情况顶不住。有的人认为现在右了，等待反右。（河南干部三种情况：一种是等待反右，一种是受批评的不敢纠左，一种是动摇观望。）③能不能再多进口一些东西，不可能。能不能完全自力更生？还不可能。要独立自主至少十年。④能不能一次调整好？要逐步调整。⑤能否说已瞻前顾后？现在还没有做到。⑥在生产力问题上认识不够，生产力的破坏不仅是农业而且包括工业。⑦承认调整时期有五个有利条件，但困难还是严重，应当向干部和群众讲清楚，当然程度有所不同，才能把有利条件化为力量。

措施：

（1）精兵简政，要同拆架拆庙同时进行，厂长带着下去搞农垦（无乡可归的），拿亏损的钱来垦荒，能回农村的还是回农村。有些干部集训，学好以后下放。

（2）有效地支援农业，保证粮食基地的恢复。农具生产要因地制宜，不要盲目生产。要使粮食基地恢复得早一点。支援农业究竟以谁为主（分下去的材料究竟条条管，还是块块管）。把集中的烘炉散还去，才能真正支援农业。

（3）拆掉一些架子，该拆的拆，该缩的缩，条条提出方案，一省一省处理。现在工业布局是否比过去合理？这个问题还要研究。（上海是否要搞这样大的钢铁厂？内地办了许多小厂挤了大厂的原料。）排队要考虑布局问题，协作问题，要作具体研究。

维修本身也要排队，不能统统维修，准备停的工厂就不修了。要有后备力量。

（4）基本建设排队，现在计划不好再改，但各部自己要排队先后，循序前进，不要撒胡椒面。

（5）统一管理物资，要管到底，以北京和鞍钢试点，吵架免不了，硬着头皮让吵。

（6）稳定市场，弥补差额是艰巨工作，要经常摸，堵了老缺〔口〕又会出现新缺口，要动员节约。

①收购政策要有加工订货；②高级干部工资今年还要减，数目不大，政

治上有好处。

（7）控制投放，控制外汇，紧缩银根，有意识、有计划地缩，该紧的紧，不该紧的不紧。

（8）压缩文教事业，不要说没有油水。

（9）提倡艰苦朴素作风。看戏不准包场，都要个人出钱买票。

（10）计划〔要把〕屁股转过来，目前仅仅开始。主席又问真正按农轻重没有？

人大开完会同各省负责同志座谈一次，会后分头下去同各大区、省一起搞。中南局在汉口开会，动大手术，富春同志去参加。有许多工厂不要五定，只要一定（停）。

棉花播种面积不到6000万亩，化肥要重点使用，保丰产地，否则计划无法完成，要采取紧急措施。

〔财经〕小组讨论

〔刘〕秀峰同志 同意报告，希望商业问题也谈一谈。价格问题，价值法则如何利用。现在许多产品（水泥、玻璃、陶瓷）亏本，需要调整价格。经济作物价格偏低，农民不愿生产或卖给国家。建议提高物价，同时增加工资。

同意物资统一管理，建议取消块块平衡。现在已到时候。

〔王〕首道同志 物价已经稳不住，要按成本规定物价，短途运输因草料涨价，运价非涨不可。

〔钟〕子云 农村煤价太低，地方煤矿亏本，都要交给中央。

〔吕〕正操 新的情况，各企业退煤，退钢材，退设备，存煤增加，(现在互相欠款，都不支钱。办法：①先帮基建单位还钱，生产单位也活了；②各部互相转账抵偿。）拖欠运费。

山东、河南、河北农民每天乘火车换粮食的十几万人。加开几次临时客车，还是挤不过来。

〔陈〕正人 农业一类地区占25%，二类地区占50%，三类地区占25%。

〔李〕富春同志

主要问题是工农业的关系，实际上违反了有计划按比例的规律。

（1）农业供应城市的能力，进口粮食和进口工业物资的矛盾。

（2）工业内部不协调，工业企业与职工人数同生产任务不适应。

办法：缩短工业生产战线，裁并企业，精减职工，压缩城市人口。

（**刘**　先进企业应该生存、发展，落后企业应该淘汰，这是经济生活的客观规律，不能违反。）（一下把一千多万工人搞下来，慢慢处理，这个办法大家好好考虑一下，可能要闹点事。发 70% 的工资，可以不闹事，少闹事，企业可以一下子关下来进行整顿。）

采取停下来，减下来，逐步处理，负责到底的方针，决心要大，工作要细，步子要稳。

研究农业生产中的各个具体问题，成立小组一个个研究。

各大区各省市都建立财经小组，由主要领导同志挂帅。

〔李〕先念同志

谈谈粮食、外贸问题，外贸主要也是为着粮食。〔19〕61～〔19〕62 年征购 680 亿斤，支出 796 亿，赤字 116 亿，靠进口弥补。比上年度少向农民要 77 亿斤贸易粮（100 亿斤原粮），农民每人多得 20 斤。包括增产每人约 30 斤，但有四分之一还不如上年。与 1957 年比，每人少 140 斤粮食。1957 年每一农民 472 斤，现在 340 斤，还少了 132 斤。①挤了口粮、饲料外，②还挤了经济作物，比〔19〕57 年少 60% 左右。③还压了城市人口口粮，每人 381 斤，比上年减 22 斤，比〔19〕58～〔19〕59 年减 130 斤。④还进口了 116 亿斤粮食。

下一年度〔产量〕在 2850 亿斤基础上增至 3000 亿斤，农民占有粮食应当有所增加，不能征得很多。各省上报只能征购 700 亿斤，我们要求 730 亿斤，不能再少。开支 800 亿斤，还少 70 亿斤（城市从 470 亿斤减至 450 亿斤，农村销 295 亿斤，工业、军粮、出口 35 亿斤，损耗 20 亿斤）。上调粮食各省要求从 90 亿减至 60 亿，必须上调 80 亿斤，开支至少 160 亿斤，还差 80 亿斤。大胆设想：①销粮减 20 亿斤，主要减农村；②中央开支 150 亿斤，奖励粮地方负担；③收购粮食，提高换购比重。

第三季度粮食收（包括进口）支相抵还差 8 亿斤。

出口从78亿元减至42亿〔元〕，其中吃的从50亿减至16亿元。去年出〔口〕了穿的，保吃的。出口26亿尺布，每人可得4尺。对资延期付款1.6亿美元。

①进口刹车排队；②出口超额完成计划；③增加以进养出；④压缩地方机动外汇（2000万美金）。

问题：①进口400万吨粮食不能再多；②不得不挤工业物资进口，影响工业建设；③能否少进粮食，多进化肥；④能否多搞以进养出。

刘 ①困难到底多大，讲〔得〕不够还〔是〕讲〔得〕过头；②减人是否多了，如何处理，我们对困难的认识迟了一年，措施迟了一年，不能再拖下去，趋势发展下去，国民经济要崩溃。集体经济垮了20%以上，如何巩固集体经济，要采取措施把它稳住。分10%自留地，对稳住集体经济有利。

书记处（〔李〕富春） ①财经小组对困难的估计是否过头或者不够，可能还是不够，从有些地区的情况来看，比财经小组估计更严重；

②各地对中央各部决心不大有意见，要对中央各部施加压力。

题目：①城市人口减1300～2000万，分两年处理；②恢复粮棉基地的措施；③农村中的口粮分配，军〔属〕、工〔属〕、干属的照顾；④增加自留地（10%），重灾区借地给农民渡荒；⑤公社里减少吃商品粮的人口；⑥供销合作社参加自由市场，〔与〕城市消费社挂钩。

〔周恩来〕总理 〔19〕62～〔19〕63年度征购680亿斤达不到，去年全年到现在只收了614亿斤，夏收只答应58亿斤（去年78亿斤），生产力破坏的后果要几年〔恢复〕。

去年产粮包产2564亿斤，自留地256亿斤，合共2820亿斤，比2850亿还少30亿斤。

去年上〔调中央〕原定75亿斤，落到62亿斤，实到手的只有43.9亿斤。下一年度只有60亿斤，加进口共140亿斤，开支也是140亿斤。办法：换购各省自己料理，养猪给饲料地。压缩销量。

农业措施：重点恢复粮食高产区三百五十四个县，征购占一半。〔工业〕首先关厂，关厂才能减人。①社办工业一般砍掉，个别转合作社，其余归生产队、个体；②城市社办工业一般关掉或变手工业合作社、家庭手工业；③县办市区办工业，一般关厂，个别批准；④中央、省有企业排队，关的〔19〕58 年后〔的〕工人发 60% 工资，〔19〕58 年前〔的〕发 70%，等候处理，退休退职回乡，准备两年处理完毕，能早就早，逐步减少口粮到市民标准。

职工要求〔减〕超过一千万，减城市人口二千万人。

财经小组〔讨论〕

〔李〕富春同志　先大区开会，再综合平衡，全面安排。东北〔顾〕卓新、西南〔程〕子华、华北谷牧、西北柴〔树藩〕、华东李〔富春〕，〔李〕先念留在家里。计委王光伟为主，〔宋〕劭文、〔杨〕英杰、〔宋〕养初等，搞明年控制数字。明年重工业可能比今年低，支援也还相应的降低。明年是很紧张的情况。计委抓排队，经委抓生产调整，清仓核资。

〔李〕先念同志　减人是很紧张工作，市场物价下一步怎样做？明天讨论一下。供销合作社进城，价格低于自由市场，高于牌价，牵动 50 亿软货，140 亿小商品，最难办的是同农民的关系，归根到底是换购。粮食减产原因一是收购多了，一是没有工业品交换。要开一次外贸会议。姚依林、陈国栋组织班子下去研究市场物价问题。

谭震林同志　农业重点是粮棉高产区，冀鲁豫碱化区（既是重灾区，又是棉油集中区），种子恢复问题（陈去冀鲁豫，廖〔季立〕去黑龙江）。山岭问题，一是确定林权，一是减少木材生产指标。拖拉机今年集中给东北。

〔周恩来〕总理　先在中央作个动员，两李明天下午讲，15 级以上干部参加，要讲：

①前几年的后果影响深远，至少要影响到第三个五年。这个问题要说够，为什么还有这样多的困难。使各部各级干部有一致的认识。

②总结经验很重要，各部用半年时间来总结经验。大厂矿也要总结经验。

③关系失调，除农轻重外，还有中央和地方，要因地制宜，中央各部要责己严，责人宽。认识地方困难很多，要谅解他们。生产建设与文教、行

政、国防（上层〔建筑〕）〔的关系〕，希望军工部门考虑这个问题。

中央要留得力的人，各部要留得力的人来抓企业裁并中的具体工作。

中央各部原定精简计划迅速执行，不能停顿。抽一批地委、县委书记，下去100人。

今后工作很繁重，要紧张工作，拨了这样多钢铁，真正用在农业的有多少？农业投放（支援公社）花到哪里去了。

企业调整由计委来抓，明年控制数字搞一个低指标。

经委调整生产任务，清仓核资，掌握物资。

财委中心搞市场物价。大区解冻和设备费可以动用十四亿，农贷十五亿。

精简小组，计算补贴数额，要好好算账，行政机构已定数字督促实行。

中央工作会议讨论关于调整1962年计划的报告*

姚依林：市场物价问题

1. 讲些初步设想：

（1）目前市场情况：银行控制发行，财政紧缩，货币发行增长趋势开始停止，从125亿降至104.5亿元，达到去年五月份最低点。目前还是继续下降趋势。农村集市价格下落20%～30%。

（2）在这基础上继续增［实?］行各项措施，1962年做到当年平衡是可能的，也有可能略有回笼。即使做到这点，市场货币流通量仍大大超过需要(65亿)。按125亿计还多60亿，按115亿计还多50亿。这些票子80%在农村，20%在城市。

---

* 1962年5月7日至11日，在北京召开中央工作会议（通称“五月会议”），中心议题是讨论中央财经小组关于调整1962年计划的报告。会议由刘少奇主持，在京中央政治局常委、委员、中央书记处成员、各大区中央局、中央和国务院各部委负责同志参加会议。刘少奇、周恩来、邓小平都在会议最后一天讲了话。会后，经中央财经小组修改补充，将报告报送中央，经毛泽东批准，于1962年5月26日发到全国贯彻执行（《薛暮桥文集》第二十卷，第212页）。以下为讨论和发言记录摘要。大标题为编者所加。

（3）目前集市价仍大大高于牌价。国家收购农产品仍然有很大困难。

（4）投机倒把仍在发展，少数人积累资本达一万元以上。我们城乡交流阻塞，助长投机发展。（总是要交流，要供销社来组织。）高价商品出笼后，部分投机者受到打击。（可否设想，把投机商人搞的事情我们来搞。）

（5）城市一部分职工生活相当困难，农村 1/3 比去年好，1/2 差不多，1/4 比去年困难，特别是职工家属。

（6）很大部分工商企业亏本，这种情况不能长期支持。原因一为生产和管理不合理，一为原料涨价。

2. 对市场物价问题的设想：

估计 1963 年社会购买力会比今年减少，商品也比今年减少，粮食不会增加，纱布要减十亿元左右。（今年〔棉花〕收购 1200 万担，挖库存 400 万担，明年至多 1400 万担。）工业品因有色〔？〕减少，也要减少一点。其他有增有减。1963 年仍然有可能市场购供不平衡。要保证当年平衡，略有回笼，还要很大努力。

工业小商品生产和手工业生产还有发展潜力，主要是流通渠道和价格把它压死了，现在价格政策对小商品生产不利。①我们也有必要比较大幅度提高小商品价格，使它能够畅开出售。现在投机分子抢购，在农村高价出售。

②要积极发展供销合作社的供销业务（在完成集购任务下），沟通城乡贸易。

③除调整企业外，通过物价调整，扭转工商企业亏损。

④调整企业和物价中，城市职工生活会继续下降，特别是在调整初期，以后会有逐步改善，应当保证职工必不可少的需要，保证农村五保户勉强过得去。

3. 市场物价调整方案：第一类关系国计民生重大商品，城市有十三种，农村中除生产资料外有十四种（包括奖售物资）。这类商品约 200 亿元（总数 550 亿）。城市（包括非农业人口）销 120 亿，农村 80 亿。城市定量供应，农村主要换购，也可以高价出售一部分。

第二类商品目前数量少，比较重要，如猪肉、鸡蛋、水产品、肥皂、火柴、农村煤炭、呢绸、牙膏、搪瓷、铝制品等，总数约 100 亿，城乡各半。主张调整价格至有合理利润。城市主要定量供应，农村主要换购。调价幅度约20%，有〔盈〕利的可不调价。

第三类，多种多样小商品，可以大幅度调整价格，（有〔盈〕利的不调。）如陶瓷、小五金、小百货，可以较大幅度调整价格，总数140亿元，城市60亿，农村80亿。工业要有较大利润，便于大幅度增加生产。商业销价提到可以畅开供应，按照供求关系机动调整。调价后城市将减，乡村将增，产量也会有相当大的增长。

第四类，现有高价商品，有些地方多销，有些地方少销，如茶叶，西安多于上海，这是好的。准备增加几种，如定量外的砂糖（4元一斤），纸烟、针织品、成衣（4800万件）、皮毛。按平价算30亿，按高价算70亿，城市20亿，农村50亿。

用统购派购办法收购农产品150亿元，用工业品换购。都是低价。

对农产品中三类物资和派购外物资50亿元，由供销社议价收购，在城市出售。议价以集市价为基础减20%～30%。在城市出售，对城市也有利，比黑市及郊区集市价格便宜得多。主要是细菜、小水产、干鲜果、手工业品。（鸡蛋三角〔钱〕。）（这笔生意〔是〕让投机商人做，还是我们来做，应当我们做。）

4. 城市职工生活，第一类商品120亿，非商品开支20亿，共140亿保证稳定，占城市职工工资280亿的50%（职工204〔亿〕，集体58亿，军队18亿）。比过去规定60%退下来10%。每一家庭人口平均10.77元，按平均13元的低工资计占82%。

第二类提价幅度不大的50亿，非商品6亿要提一点价，共56亿，占20%。

第三类提价幅度较大的，包括高价品，供销社经营商品和提价较多的非商品（戏票），共84亿，占30%。

生活特别困难的职工要有一点补贴，不超过15亿元。国家赔钱部分大大减少。

5. 怎样收购农产品：农民商品购买力约260亿元。其中（1）向国家出售统购派购品150亿元；（2）通过议价出售三类、二类物资50〔亿〕元；（3）通过集市贸易出售15亿元；（4）其他收入45亿元（财务援助，劳务，寄款等）。

向农民出售商品260亿元，（1）大型农械、农药13亿元，这不能用来奖售；（2）用作奖售的商品（包括化肥）90亿元；（3）可以畅开出售的小商品107亿元；（4）高价商品50亿。90亿中定量供应的现在46亿（粮、布、煤、盐、棉、火柴），可以改为换购。

农民给我们的150亿元硬货，我们只有90亿元〔交换〕，〔其中〕还有一半是定量供应，这种情况，使农民不愿意把农产品卖给我们。改善办法，一是在农村收紧银紧［根?］，通过工业品价格调整，回笼一部分货币，使集市价下落，有利于采购。二是考虑减少或取消对农民的定量供应。减少办法，分成几等，对五保户和三属[①]（1000万人）保持定量，困难户（10000万人）给一半，其他不给。定量除粮食外只5亿~6亿元，加粮食约18亿元，硬货有72亿元。取消办法：对三属发补贴，可以考虑粮食是否开放自由市场，对粮食加大换购比例。

换购办法：可以在单项换购基础上，进行综合换购。如购粮食除给布等外再给购货券。如何防止干部多占，在农村尚未解决。单靠财贸部门不行（如果干部多占，农民就要单干）。

6. 实行步骤：①小商品提价可以立刻实行，可以促进生产；②供销社进城可以立刻实行，允许高进高出，打破地区封锁；③农产品奖售办法还要继续研究；（夏收后试点，秋收前定下来。）④高价品暂不降价，慢一点降。

（这是一个设想，请大家考虑。）

邓〔子恢〕老[②]：如何进一步巩固人民公社

现在问题不少，全国大约有20%单干，有些地方60%单干，甚至全部单干，情况仍相当严重。

（1）所有制问题，生产关系的主要关键，机关生产占地，征用土地，队与队间平调土地，林权未定。

（2）按劳分配，口粮很低地方不能按劳分配，这是没有办法，第二种

① 指军属、烈属、国家干部家属。

② 邓子恢参加了5月7日至11日的中央工作会议，在会上就当前农村人民公社若干政策问题作了发言（《邓子恢传》，人民出版社，2006，第566页）。

基本口粮加按劳分配，比第一种好一点。第三种完全按劳分配加照顾。第四种，无劳动力的〔给〕基本口粮，有劳动力的按劳分配，再加照顾（5%）。这种办法比较好，叫包两头。

(3) 干部特殊化，主要是大队干部。一个老头说：过去替地主种地，现在替干部种地。这个问题不解决，集体积极性调动不起来。限制干部补贴，取消大队企业，干部民主选举。健全民主制度。派工自报公议。粮食管理小组，换购商品管理小组，监察小组。

(4) 社员小自由，自留地四亩以上 5%，二亩以上 7%，二亩以下 10%。养猪饲料地，灾区借地渡荒，控制在 20% 以内。有草地方准许社员养牛。养猪私养为主。山区两三户的小村包产到户（农民说〔是〕社会主义单干）。

林枫同志——文教工作

教育会议，讨论调整精减。主要是大专，也包括中技。大专学校可能减到 400 所上下，比原来少一半多。(〔19〕60 年 1289 所，现在 845 所。）学生数 60 年 96 万人，现在 94 万人，准备减 12 万人。今年招生 12 万人，毕业 18 万人，〔学生〕总人数 80 万人上下。明年毕业 21 万，招生 12〔万〕～13 万，加自然流动，可能退到 70 万人。〔19〕64 年毕业 22 万，退到 60 万人上下。〔19〕65 年可能还要退一点，到 55 万人（毕业 18 万人）。设想第三五年退到 60 万人上下，第四〔个〕五年基本不变。

用精减的人力物力来加强保留的学校，提高师资，充实实验研究机构。用四五年时间解决教材问题。

彭真同志

精减工作，战略上要藐视困难，战术上要重视困难。许多事情原是对的，不经调查研究，不作具体安排，会犯错误。

党委要花很大时间抓精减，抓农业生产，要作具体安排。

粮棉价格问题，非解决不行，现在重复斯大林的错误，搞义务交售制。我们购粮是搞合理价格，与斯大林不同。粮棉涨价要慎重考虑，但可集中工业品与粮棉换购，对粮棉重点产区要特别支援。

〔周恩来〕**总理**

继扩大工作会议以后，财经小组作了一个经济情况和方针性的报告。

（一）形势任务：从全国来说最困难的情况基本过去了，但还有严重的困难。基本过去，从政治上说全国人民经过考验，加强团结。各项政策逐步完善，经验逐步丰富。从经济上说，农村情况大部地区开始回升，少数地区仍在降落。工业被迫后退的情况开始转变，逐渐掌握主动。后果还没有完全停止，但已有相当的预见性。

为什么说后果还在发展呢？因为有许多事情（失调）不是短时期内所能完全调整，灾荒的后果一时不易克服，调整中会出现新的困难。情况明〔了〕很不容易，总是逐步认识。前年把调整看得很容易，去年也还没有认识要这样长时间。现在看来，第三〔个〕五年就是调整阶段。有些行业（地区）可以短一些，有些行业（地区）还不够。不能说困难情况已经估计够了，少奇同志说多说一些困难没有坏处，怕说困难就没有决心进行调整。物价调整只是一个设想，在实际执行中还会出现许多新的问题。财经小组成立后用一个月的时间写出这个报告，许多情况可能还是估计不够，个别的也可能过头。事物认识要有一个过程。领导同志认识了还不够，还要向群众传达，化为群众力量。现在省的认识差不多了，县社和企业同我们的认识还距离很大。七千干部会初步通气，还没有完全通气。

决心大不大？去年基本建设下马，精减这样多的职工，决心不能说不大。今年看起来，还要下更大的决心。精减职工原定 500 万，现在要求超过 1000 万，城市人口要求压缩 2000 万人，比计划数又增大。要把中央的决心变为全党的决心，又要一个说服过程。这样大幅度的调整，在历史上是空前的。这是经济上的大改组。决心大，还必须办法多。议了一些办法，执行中依靠群众来想办法，比我们的办法更多。现在只能找出几条主要办法，开一个端。时机是成熟了，也紧迫了。

经济情况千头万绪，我们力争不出乱子，少出乱子。但出了乱子也不要害怕，要谨慎从事。解决问题的关键，是农轻重如何安排好，城乡关系如何安排好。农业各种条件有不同程度削弱，全面恢复时间可能超过五年。最明显的是东北，这种情况无法继续下去。其次是西北，第三是华北。这三北第一季的货币回笼很少。基本建设三年踏步，必然影响到第三〔个〕五年后三年工业生产的回升。

目前中心工作，精兵简政……四句话还是站得住的。今年粮食包产2885亿斤。今年夏收估计比去年还少一点，全年产量包括自留地，大约只能达到3000亿斤左右。棉花收购去年1200万担，今年只能增至1400万担。油比去年更少，城市供应很难保证。今后工作重点，一头是支援高产区，一头是救济重灾区。首先保证粮棉两项。粮食分配，在低产情况下，只能基本口粮为主，按劳分配为辅，但又不能动摇按劳分配原则。

工业必须有大幅度调整，才能求得平衡。按短线安排，不留缺口。当然也有一些东西要进口，数量不可能很多。按短线安排，才能不至于不配套。裁并企业形式上是消极的，实际上是保证正常生产所必须采取的办法。经过调整以后，情况可能显著好转。节省浪费，最后就能增加生产。

（二）几个问题：（1）粮食，产量估计3000亿斤左右，征购只能700亿斤。上调中央数，〔19〕61～〔19〕62年度44亿斤，下一年度确定60亿斤，各地还有难色。开支至少140亿斤，进口至少80亿斤。进口400万吨不可能再增加，唯一出路是压缩城市人口，压缩吃粮人数。

（2）外贸，1962年对资外汇收7.6亿美元，其中贸易外汇6.1亿，非贸易1.5亿元。支出9.96亿美元，差额2.3亿美元。其中贸易要控制在7亿以下。去年延期付款1.62亿美元。运费、非贸易外汇，除去1.9亿今年延期付款，还差4千万美元，只能用年终结余来弥补。今年年终结余不到一亿美元，很危险。明年外汇逆差计算有9000万美元。进口400万吨粮食、100万吨化肥还有困难。办法：①必须切实完成今年出口任务；②组织新的货源弥补差额；③今年进口控制在7亿以内；④大力控制非贸易外汇支出；⑤从苏新国家转一点对资〔本主义国家〕；⑥开外贸会议组织出口货源；⑦外办研究增加侨汇。征购是挤农民的口粮，出口是挤国内市场的需要。

（3）精简计划：职工减1000万以上，工业500万，基建230万人，交通40万人，农业50万人，商业80万人，文教60万人，机关94〔万〕～110万人。城市人口减2000万人。第一年大部完成，第二年扫尾。没有处理的给60%～70%的工资半年，55%～65%半年，先宣布一年。学生也要负责安置。

步骤：①工业先行，机关放慢一步，层层下放；②农村社办工业 47000 个企业，126 万人，20 亿元，一般不办了，同生产队分散生产，确有需要的转为手工业合作社。城市公社工业原则上也不办了，确实好的归市办，或转手工业合作社。城市手工业也要清理。有些变为家庭手工业。县办工业 320 万人，也是同省办工业抢原料，大部分停，小部分留，先停后留，留要批准。省属市〔工业〕486 万人，要排队，可停的停，可回农村的回农村。中央省市工业要排队，〔19〕58 年以后的职工也要精减。基本建设保主力军，取消杂牌军。

减下职工如何安置？〔19〕58 年后农村来的原则上都回去，〔19〕57 年前的能回农村的也回。下放到县农场，县农场能回农村的回去。下放到机关农场，逐步做到独立核算。最后才是组织新的农场。

工资：几种形式，停工关厂的是 60% ~70% 工资。回农村的，退休的按退休，退职的分三年补贴，〔19〕58 年后的一次补贴，口粮停工后要减一级，逐步减到居民标准。

机关勤杂工农村来的动员回农村，一部分干部层层下放，加强基层工作。

调整工作，企业调整、排队，各级计委、经委要抓这件工作。银根抽紧后要调节货币流通，物资管理作为试点发下去。中央批准财经小组报告，并有几个文件，传达到哪一级由中央规定。分五个大区派人下去搞排队。

〔邓〕小平同志

同意财经小组报告。已经决定的快办，争取主动，主要的是减人。目前中心工作是精减和农业生产，归根到底，翻身要靠农业。要把生产队搞好。

（1）甄别、平反问题影响到群众的积极性，全国有 1000 万人要处理。主要是干部，但要影响群众。山东损失比河南大，但恢复比河南快，原因之一〔是〕一揽子平反，比较主动，精神面貌好。农村采取一揽子解决办法，不要一个一个搞平反。这是调动积极性的重要工作。凡是基本上错了的，都不要留尾巴，要向群众承认错误。

（2）加强党的领导核心，特别是县以下，要加强。精减工作如果遇到障碍，主要是农村。现在分左右，主要看有没有决心，有没有信心？见事迟，又不当机立断，让它拖垮，这是真正的右。（这样拖下去要灭亡。）〔19〕57年以来县以下上调干部太多，加强办法一是在现有干部中选作风好的，一是把原调出的干部调回一部分，趁企业裁并，可以抽出一批干部加强农村公社。每县每公社要去两个三个。大队、生产队干部要实行选举制度，不能靠派人去。公社加几个新人，换换空气，造成新的气象。往往换个地方能够发现问题。

〔朱德〕总司令

农业是建立社会主义的基础的基础。这一次才真正转，决心下农村。农业要正业、副业两条腿走路，小队、家庭都搞生产。下放到农村要成家立业，才能生根。

〔刘〕少奇同志

60%～70%工资县以下工人没有。

同意总理、小平同志讲的话。财经小组报告是好的，如有修改意见，改上交尚昆同志，加批语后发到地委，县委第一书记到地委去看。

（1）调整后的计划指标有些还可能完不成，但这问题不大，问题不在那里，生产多少算多少。几年来调整计划总是调低。高指标已经搞了几年，好不好搞一年低指标，不再调低，在执行中超过。按短线平衡，留有余地。高指标直到〔19〕62年，尾巴尚未割掉，提下年计划时要注意割掉尾巴。

（2）国民经济总的说没有大好形势，是困难形势，要对干部讲清楚。我们不开口，人家不好讲。最困难时期是否已经过去了？有些地区没有过去，工业也未过去。有些地区已经好转，也有不少困难。最困难时期过去了这句话要有分析，否则不好解释为什么又关厂减人。政治形势是好的，团结的，但经济是基础，要提高警惕。

（3）对当前困难是否估计够了，可能估计够了，可能还有一些困难没有估计到，还会出现一些新的困难。把困难估计过分，危险性不大，估计不够有危险。几年来估计不够，不够的危险性大一点，使工作多受损失。要充分估计困难，准备迎接困难，克服困难。要充分估计困难，还是〔要〕干劲十足，挺起腰杆前进，而不是把困难估计过低，自己安慰自己。减少一千万人〔职工〕，二千万城市人口，以后每年还要减二三百〔万〕人。愿意回农村的，都让回农村。不够另找人来代替。决心要大，行动要快，但不能慌慌忙忙，一股风。减学生可能闹事，要保证大城市不闹大事，尽可能不出乱子，少出乱子，不出大乱子。但要作准备，出大乱子怎么办？准备戒严，维持秩序，向群众解释清楚，向他们道歉，同他们同甘苦，就不会闹事。学生容易闹事，但觉悟比较高，讲明白了他们肯跟我们干，只怕不讲道理。口头解释，不登报，领导者要作自我批评，向他们道歉。

（4）为着克服困难，所有部门都应当紧张工作，特别是工业部门，要比大跃进时期更紧张，决不能休息，随随便便，否则决不能克服困难。行动要迅速，要有指挥部，通消息，有问题立即处理。有个指挥机关，打个电话立即解决。今天要把调整工作做好，比大跃进更困难，要有更大的本事，是更大的英雄，不登报的英雄，党对干部的考验把这放在第一位。

调整工作要加强纪律性，不能在现在消极怠工。关厂不是消极的，只有如此才能停止经济情况继续恶化，便于今后继续前进，是当前情况下最积极的措施。不能有消极情绪。缩短工业战线是为加强农业战线，使农业快一些恢复和发展。

商业问题姚的讲话是想法，不是决定。消费合作社进城要立即办。姚历来是乐观的，不要过分乐观。（货币回笼，多的票子还在农民口袋中，国营企业资金不够，不能生产收购。）价格问题再讨论，生产的商品现在先由商业部门收购起来，价格不合将来算账，质量不好的不收购。

邓老讲的巩固农村集体经济，〔陈〕伯达提的养猪给饲料地，要再讨论。目前抓两个问题，抓城市精简和农业生产。要加强公社、大队、生产队的领导核心。派工作组下去要经过训练，不要把事情办坏了。省委分两个班子，一管工业调整，一管农业生产。

公社基本上不办工业，最近几年只能如此。省市委要总结十二年工作经验，中央各部门各团体也要总结，重要企业也要总结经验。引导干部好好想一想，好好学习。今年很忙，明年把这工作做好。要系统总结一下，当作学习，写出来。

法院独立审判，不要精简掉。

总之前途是光明的，天不会塌下来，不是漆黑一团，有些部分是黑的，不要害怕。战役上（第三〔个〕五年调整）战术上要重视困难，战略上要藐视困难。当前工作要我们重视困难，兢兢业业做好工作。已经下了决心，今年要当年平衡，已经开始见效。调整工作做得好，2000万人下乡，最困难的时期就过去了。

物价问题①

问题是怎样收购农民的东西，根本是农产品少了，工业品也少了，给农民的工业品又少于向农民要的农产品。收购的有效办法是换购。

供销合作社进城，与国营商业和消费合作社挂钩，收购三类物资50亿元中，大约20亿销在农村，30亿销在城市，其中20亿直接卖给居民，10亿作为工业原料，可能因此影响轻工业、手工业产品的成本。现在先试35种产品提价。

收购三类物资大概是可以成功的，问题是会不会影响一二类物资的收购。（综合换购还是单项换购。）（农村手工业者、小商贩有些发了财，可否高对高，或不供应粮食。）国家粮食除保城市人口和农村非农业人口外，其余部分可否换购经济作物。

银行资金抽紧，基本上是好的，把问题暴露出来了（要曝［暴］露财政赤字，工厂赔本，抓计划要抓财政和劳动工资）。一面沉住气，一面一个一个解决问题。（现在农贷结余70几亿，太大了。）（〔李〕先念同志）

姚依林同志

合作社进城的后果，城市农产品会出现两种价格，有些同志害怕这个东西，如果能够回笼货币，控制自由市场价格，就不可怕。（我们的政策要刺激生产。）合作社进城对生产是会起刺激作用的。（农村销糖销路较广，比高价糖好。）城市三类物资供应可以比原来好一点。主要危险还在影响主要农产品的收购。现在需要迫切注意这个问题。（小商品提价势在必行，城市

---

① 从后文看，这个发言应是李先念作的。

能配售的配售，不能配售的提一点价，农村可以提价。）35种提价商品主要销于农村，有原料可以增产。

高价商品第一批已展开，看一看，六月底再全面展开。四月份卖了四亿（一二三月每月3.3亿），五月份可更多一点。如果货币继续回笼，则普通针织品和成衣不售高价，用于换购。（棉花成品出口290万担，100万担军用，工业用200万担，民用1000万担，其中鞋子城市一个人三尺布，农村一尺布，絮棉100万担。100万担用于向农民换购，70万担用于小棉制品。）（明年要解决棉花问题，解决棉布和油。）

主要是150亿农产品的收购，主要办法是换购。商品从何而来，要靠减少定量供应，用换购代替定量供应。换购或者减少，或者取消加照顾。或者对生产队换购，生产队基本供应加按劳分配。要与各地商量。（要因地制宜，采取多种方式。）定量中最大的是粮食，占20亿元。从〔19〕53年来一直统购统销，现在面临着包不起的问题。如果粮食换购问题能解决，其他工业品均易解决。现在后备力量，还有30~40万件针织品，合100万担棉花，5亿元。糖到今年底约80万吨，16亿元。4800万件成衣，2~3亿元。没有算在当年平衡内。如果棉花收购不到1400万担，要动用一部分针织品来保持今年的供应水平。

对手工业者和小商贩是否供应？（供销社搞起来后，要取缔城市的小商小贩，不准投机倒把。对农村小商贩也可以从税收方面来控制。）国家供应原料的手工业品，要统购包销。给手工业的原料要经供销社，便于加工订货，不要通过手工业合作社。（税收大有可为，现在税收太少。开国初期用税收来控制，都变国营后不重要了，现在又成为限制资本主义发展的重要工具。）

彭〔真〕　（1）城市消费社、供销社非搞不可，搞了以后把小商小贩管起来，手工业社和手工业者也要管起来；（2）合作社以高对高以后，会不会影响一部分工业品的成本，会不会影响一二类农产品的收购。（一二类物资或者涨价，或者换购——低对低。）（一二类要〔么〕就是低对低，要〔么〕就是高对高。）（工业品集中用于粮食高产区和棉油产区，其他地区少一点。）（可以考虑提高农业税，购粮就换购。）现在事实上是义务交售制，这种办法搞下去，农民种粮食的积极性提不起来。

刘〔少奇〕 退到现在能不能站住？总要想一切办法稳下来。稳不住，粮棉也涨价，成为恶性通货膨胀。（我们希望只循环一次，不要轮番涨价。）

邓〔小平〕 公粮提到340亿斤，保证城市供应，实际收到300亿斤。（公粮包死，其余换购。）现在征、购没有区别，接近余粮征收或义务交售制。多种一点棉，既解决穿，又解决油和肥料。（棉花一部分收实物税，一部分换购。）征和购要分开。如果清出1000万吃商品粮人口，40亿斤〔粮食〕，问题就好解决。

彭〔真〕 中国粮食从来没有够吃，大家要吃饱不可能。（邓〔小平〕：征300亿斤，购420亿斤，挤1000万人的口粮搞棉花，还有棉油。）（农村非农业人口吃商品粮的1800万人。）

刘〔少奇〕 粮食要有一个办法：〔（1）〕公粮适当提高，经济作物都收实物，不征代金；（2）压缩吃商品粮的人口，粮食不要随便使用，低对低的供应，赚高价的不供应。省出粮食来换购。主要农产品现在只能低对低，站不住时候才高对高，现在尽可能站住。我们凭票凭证是很大的组织工作，可能站得住，这样党的信用基本上保持了。力争站住，也考虑站不住时怎么办？工业品换购粮食，有80%就很欢迎了，基本上是等价交换。茶叶收不到基本上是换购问题，高价也有一点影响。（茶区不售高价。）春寒也有影响。（收购完了再卖高价，简单加工部分产区不能高价。）换购物资要研究如何能到农民手中。有定量，但纳入换购，要扣购货券。

供销社进城，两种价格无问题，小商品涨价要研究。（高价商品卖不出可销农村。）

工厂生产的市场需要的商品，因资金周转不灵，商业部门不收购，要贷款。（一部分是物价原因，工商都不愿意赔钱。）

物价委员会*

〔李〕先念同志 物价情况相当乱，整理要有一个时间。物价的调整，

* 1962年5月，成立全国物价委员会，薛暮桥任全国物价委员会主任。5月23日，李先念主持物价委员会第一次会议，讨论物价工作问题（《李先念年谱》第三卷，第457页）。

要随着整个国民经济的调整来进行，在国民经济调整未完成前，物价问题不可能彻底解决。过去物价分割管理，五办管市场，收购价格，计委管调拨价格。各部和地方管理物价的权限也太大。现在必须强调集中统一。在国民经济调整同时，要逐步调整物价。物价政策：①要有利于生产，有利于经济的调整；②要能够促进经济核算；（肉烂在锅里，算政治账，算大账不算小账，大家姓“国”。）③要集中统一，要缩小部和地方管理物价的权力。财金、物价、劳动工资、物资分配的管理都要集中统一；④过渡时期的物价管理方法，制止物价的混乱现象。

物价委员会，直属国务院，一年开几次会。办公机构为计委物价局，物价局又是计委的，又是物价委员会的。物价委员会对财经小组负责。五办物价组并入物价局。主要靠各部、各地方，各部物价机构要搞起来。物价局搞综合平衡。

轻工业，全民的亏本，集体的赚钱，原因是前者价格管住了，后者无人管。

轻工部生产的生产资料调价问题也要解决。

轻工业产品的调价要解决，使它能活下去。

要规定物价管理制度（成都会议文件）。

国务院财贸各部党组负责人会议*

〔李先念:〕货币回笼情况

情况：（1）货币回笼到〔流通量〕100 亿以内（99.5 亿），可能有 2〔亿〕~3 亿元虚数，如工资未发出去。继续抓紧，有可能回笼到〔货币流通量〕90 亿。

（2）回笼快的原因，可能清产核资发生效果。今年精减职工已达 400 万人。回农村的 200 多万人，也对回笼有影响。

（3）抓货币比抓商品容易，财政、银行统一，力量很大，很猛。

* 1962 年 5 月 26 日，李先念主持国务院财贸各部党组负责人会议（《李先念年谱》第三卷，第 458 页）。大标题为编者所加。

（4）商业库存吐出了48亿元（四月止），有一部分废次货出售是应当的。

（5）货币回笼极不平衡，回笼多的是华东、中南各省，东北、西北、内蒙基本不动，原因是工资发得多，商品少，轻工业生产少。

总的来讲形势是好的。

〔传达〕政治局常委决定①

（1）全民所有制工业品统一分配，材料原料也统一分配。对手工业也采取加工订货办法，对自产自销部分如何处理。

（2）货币回笼多的地区控制销售额和投放，积蓄力量用于秋后收购农产品。回笼少的地区增拨商品，回笼货币。

（3）供销合作社要走一步看一步，先收购一二类物资。

～　～　～　～　～　～　～　～

〔讨论：〕

危险是：商业库存压〔减〕得过多，秋后收购农产品时手上没有东西。要经常注意。

供销社议价进城，会不会影响一二类物资的收购。这点也值得考虑。

商品分配要进一步统一，全国统一安排。产品多的地方要调到产品少、工资多的地方。

把有限的原材料统一分配，发挥最大作用。原材料和产品都要统一分配，这与地区间有矛盾，是一项艰苦的工作。

全民〔所有制〕工厂的产品统购包销，原则上不准自产自销，包括国营农场。

手工业采取加工订货办法，〔国家供应的〕原材料给供销社或商业部，自购原材料的可以自销，或国家补贴包销，供销社议价收购。

---

① 1962年3月12、13日，召开中共中央政治局常委扩大会议，讨论陈云2月26日在国务院各部委党组成员会议上所作的《关于目前财政经济情况和克服困难的若干办法的讲话》，以及李先念、李富春在这次会议上的讲话（《周恩来年谱1949～1976》中卷，第463页）。陈云在讲话中提出克服困难的六点办法，包括财力、物力的集中统一管理、减少城市人口、制止通货膨胀等问题。这个记录应是5月26日国务院财贸各部党组负责人会上传达这次政治局常委会议决定和讨论情况。

在回笼多的地区适当控制城乡销售额，积蓄力量用于秋后收购。东北、内蒙要多回笼货币，增调〔给〕东北商品 7 亿元。

东北的货币就地回笼，还是跑到关内来回笼，最好还是就地回笼。

供销合作社的进城，步子踩稳。不要因此冲动了一二类物资的收购。

最大的危险是协作关系搞不起来，原料和货源不能统一分配。

关于物资统一管理，要写一个指示。

商品分配计划重新研究（集中力量进行换购和解决地区平衡）。

吴雪之　（1）全民所有制产品由国家统购包销，没有问题。问题是中央各部之间的分工，需要研究解决。

（2）手工业社如何统购包销，面多大（大体上 80%），还没有具体化。原料供应与加工订货间的关系很复杂。要包就要准备赔，不赔就包不了。否则就让自销。

国营工商之间关系，不能采取加工订货办法，而应采取议价订货办法。

问题：（1）4000 万工人迫我们，5 亿农民迫我们，都向我们伸手要东西。先给谁，只能先顾农民，再顾工人，农民比工人强。

（2）在收购农产品中，要首先照顾 150 亿元的低对低，这个安排好了才能放手进行 50 亿元高对高（供销社）。

货币流通，原来城 6 乡 4，现在城 2 乡 8，这是一个严重问题。

1～4 月回笼 18 亿多（去年同期投出 14 亿多）。与去年同期比，财政信贷投放约少 14 亿，工资少 4.6 亿，集团购买力减 1.8 亿。商品销售增 15 亿（包括高价），服务税收多 8〔亿〕～9 亿，农产品采购多 4 亿，农村存款减 12.8 亿元。

〔王〕光伟　生产资料统一得比较好一点，消费资料必须统一。东北要减煤减木，华北（山西）要减煤，原因是发了工资无法回笼。调出调入物资要等价交换。统一要〔由〕中商部来统一，掌握产品要先掌握原材料，赞成原材料分配体制改变，支持农业〔村?〕市场的物资通过商业部和供销社〔分配〕。

计算：①各地区调出调入数额；②工资总额与商品供应量的比例。

银行：去年底发行量 125.3 亿，城市 27.7 亿，乡村 97.6 亿。今年 4 月底发行 106.6 亿，城市 23.9 亿，乡村 82.7 亿。

手工业：人数比〔19〕57年增，原材料比〔19〕57年减，也有减人的需要。〔19〕61年产值156亿元。今年计划185亿，占总产值20%。必须列入国家计划，大部分产品应由国家分配，否则对市场的冲击力相当大。

手工业原料来源：①国家统配；②地方收购；③各地协作；④大厂废料。国家统配原料数量不多，而且通过地方分配。国家统配产品的原料要条条管理，否则生产任务的完成不能保证。

（1）农产品统一收购70%～80%。

（2）国营工业〔产品〕全部统购包销。

（3）手工业〔产品〕统购包销80%。

（4）中央与地方掌握商品八二开、九一开。

国营商业统，供销社放，双管齐下，将来必须走此道路。问题是目前就双管齐下，还是先统后放。

物价问题

原则：（1）有利于生产；

（2）有利于收购农副产品；

（3）稳定人民生活；

（4）有利于财政收支平衡。

办法：（1）均按低价交换，封闭自由市场。

（2）高对高、低对低，两个市场，两种价格（事实上有两种货币）。这是一场复杂的斗争，斗争对象是小商小贩、农民、手工业者，国营企业中的投机分子。

（3）主动涨价，承认通货膨胀。

可以考虑工业品城乡两种价格，食盐换粮。

（1）首先是集中力量保证150亿农产品的收购，这是决定性的关键。

（2）在保证完成上述任务的条件下，尽可能照顾地区间的平衡（实质上是保重工业）。

（3）无论前者或是后者，都需要把商品集中统一管理起来。

统一管理手工业品，关键是解决亏损问题。办法：整顿、调价、商业补贴。先包下来，亏损商业补贴，然后逐渐调价。

〔李〕先念同志

政治局会议提出商品统一，过去谈统一都从分配出发，生产方面考虑不够。(分配不妥当可能影响生产。)

中心问题是如何把农产品拿起来，这一着棋走输了，日子就混不下去。这是目前最担心的事情。

恢复粮食高产区的最重要的措施，是不要收过头粮。确定下年度征购700亿斤。不但要把农产品拿起来，而且要拿得合理。

货币流通压到80〔亿〕~90亿元时候，要增加商业投放，利用机会收购商品。放商业不放工业，迫着大家吐出存货。

要完成上述计划，要搞几个统一，要集中兵力打农产品收购这一仗。国营工厂〔产品〕一律统购包销，次货交信托公司出售。对手工业合作社〔产品〕(80%)包下来，先贴后调。

对农民还要政治挂帅，光有政治不行，还要掌握物资，实行换购。抓工业品换粮食，抓粮食换经济作物。换购会不会影响人民币威信？可能有些影响，但根本问题在流通数量，票子多了威信就低，少了威信就高。

陈云同志意见

供销社能使城乡来往，打击投机，增加东西不一定多。

高价商品，说高价茶叶引起投机不对，供求不适应就会有投机。高价东西不要轻易降价，卖不出是好事，群众要积钱买高价品。〔对〕农村少销粮食可考虑，具体研究。

①粮食平衡；②购买力与商品平衡；③与农民平衡。用主要商品与农民主要商品交换办不到，过去也没有做到。

要抓一抓农业生产。

人口少好，生出来死不如不生。要宣传节育。否则靠死亡来平衡。

牲口作用不是人所能代替。

节育问题，卫生、青年、妇女、商业、轻工，开一次会，起草一个指示。提倡晚婚。商业部准备赔几千万元，把这工作做好。

〔李〕富春同志意见

压缩农村返销粮，主要压缩公社、大队、集镇企业事业单位。把它们的机动粮集中起来。（大队不应当有经济权。）

减少农村定量供应，否则没有东西同农民换购。现在对农民配售工业品不合理。

统购派购不能缩小，光靠换购不行。

自由市场，加供销社，加涨价，〔造成〕后果时候，值得考虑。国营〔商业〕领导供销社，供销社领导自由市场，不能〔是〕三个平行市场。

公社、大队企业砍掉，它们大都是南斯拉夫，国营也有一半南斯拉夫。公社、大队不能插手经济，不办企业。

有1800万人吃返销粮，此外还有500〔万〕～600万人吃自筹粮（大队一级）。公粮提高一点，手工业加工定货，〔手工业〕原材料〔交〕给商业部门〔掌握〕。

〔传达〕华东局会议情况

会议对财贸工作意见很尖锐：①粮区穷，没有钱；②经济作物价格低（茧、茶）；③高价品太高，高价茶叶是失败的。财贸部门只懂得回笼货币，没有生产观点。

市场是不是那么坏？商品是不是那么少？票子是不是那么多？农村投资应不应当砍？（产粮区穷，茧茶价低，应当考虑解决。）（河南小农具脱销（40万件），水车积压（10万台），原因个人有钱，生产队没有钱，产粮区要对生产队贷款。）（购买中型农具贷款不可能当年归还。）

要求活跃市场，一种主张省内活，一种主张全国活，开放市场，取消封锁。

提高工业品价格，一种是全面提价，一种是部分（三类）提价，恢复地区差价。（工业品在农村可以提一点价，现在没有差价。）

会议对两个问题很坚决：①减人；②支援外地，增产工业品（争取4.2亿元，落实3.6亿元），自留四，外调六。

〔姚〕依林同志看法

华东可以不卖高价茶叶，大部调出，地销的用购货券（中南、西南也可考虑）。

茶、茧收购有问题，茶叶生长好，采购少，要给一点补贴（浙江办法，公社茶厂下放给生产队，柴火可以自己解决，不必加价。烘茧费用由丝绸公司解决）。

针棉织品秋后发票，目前不拿出去。

开放供销社自营业务，划几条杠杠，分批分期开放，哪些省内放，哪些省外放。

手工业的加工定货，原材料交商业部掌握。

盐、木材、手推车、胶轮大车划归商业部管。西药不给卫生部（现在两家都管）。

市场供应问题

物资分配没有条条为主，块块为主，就是国家统一分配。

各地都说增产商品，实际上没有增产。现在的回笼，主要是靠涨价和减少库存来回笼的，所以是不巩固的。

收购粮食三个方案：每百元给购货券 20 元、40 元、60 元。

物价对集体经济的影响。

与其提高工资，大涨价，不如工资不动，物价小涨。

市场物价问题*

〔陈〕伯达 （1）完成征购任务以后，粮食可进自由市场（自由市场客观存在）。棉花也可以考虑采取同样办法。（2）把征购任务在今年的线上固定十年二十年，超额部分议价采购。（3）价格是在市场上经过千万次的反复决定的。保留自由市场，对我们研究价格政策很有好处。（刘：可以考

* 根据笔记的内容和前后时间，以及讲话内容，这次会议的确切时间应在 1962 年 6 月下旬。

虑采取三种办法：①征购；②统购；③全额换购。）（4）小商品有些可以提价，高价商品减低一点。

市场情况正在开始好转。好转因素是：①农业好转；②减人；③抽紧银根；④压缩集团购买力。

把供销合作社认真建立起来。自由市场供销社不占领，就被投机商占领。农村工业品由供销社来供应，换购部分低对低，其余高对高。

必须建立统一的国内市场，资本主义如此，社会主义也是如此，否则生产不能发展。（刘：现在分散主义主要表现在经济工作、政策、措施上。）

生产好的地区可以生产队为核算单位，差一点的包产到组，更差的包产到户，包产到户不等于单干，集体所有，分户耕种。

邓〔子恢〕老 粮食统购任务定死，五年十年不变。五年可以，十年较难。只有如此才能调动农民的积极性。（征300亿斤，换购300亿斤，议价收购100亿斤。）购猪任务也要定死，如十户一头，不要购五留五。粮棉油都要定死。

价格问题，只能实行第三种设想。（刘：通过物价消灭购买力与商品量差额，有利于制止通货膨胀，有利于财政收支平衡，涨价是为着制止通货膨胀。在三条政策<有利于生产，安定人民生活，消灭差额>外，第四要有利于收购农产品和手工业品，即全民与集体间的关系，价值法则在起决定作用；第五要有利于与投机商作斗争。）（收购农产品大部分单项换购，给小部分购货券供选购。）现在种粮食最吃亏，收购粮食应当提高换购比例。农村中除国家干部外取消定量供应。

关闭自由市场损失很大，一开放自由市场就什么都有，一关闭弄得什么都没有。关闭自由市场，农民骂得很凶。（刘：粮食自由市场是否开放，征购时是否也可开放，这时供销社停止出售工业品，只能粮食换购，国家还可以抛售粮食压价。）关闭自由市场是自杀政策。（刘：商业部门不会用经济手段，只会用行政手段，这是最笨的手段。）（耕畜开放自由市场，不定价格。）

安徽去年的确翻了身，当涂77%包产到户，大部分是成功的。〔其中〕30%几很好，20%几不好，40%几略有增产。社员生活普遍提高，征购任务超额完成，鸡鸭成群。这不是单干，是最好的田间管理责任制。现在别的地方是积极性高，抢工分，但责任性差。必须建立田间管理的责任制，超产奖励，不能单奖工分，要与产量结合起来。安徽省委说是方向性的错误，各地怕犯错误，纷纷改变，改的都减产。

〔李〕先念同志　市场物价问题准备再讨论几次，现在意见是不一致的。

粮食问题，调动农民的积极性有两条值得注意，一是生产关系，农民对集体的积极性不高，河南是三层楼，自留地最高，借地〔度荒〕次之，集体最低。安徽责任田制就比较好。（洛阳，包产到户，三年恢复，否则七八年没有把握。）二是征购政策。统购统销很危险，必须：①保证农民有必要的口粮、种子、饲料；②国家要有一定的粮食后备；③每年有些增产；④有工业品去交换。上年度销粮 940 亿斤，这〔年〕度销 780 亿斤，城乡销量减了 200 亿斤（城市〔从〕525〔亿斤减到〕470 亿斤，减 55〔亿斤〕；乡村〔从〕417〔亿斤减到〕270 亿斤，减 147〔亿斤〕）。本年度征购只能达到 660 亿斤（上年度 870 亿斤），进口 115 亿斤。粮食是稳住了，问题：①未能制止经济作物减产；②灾区死人没有完全制止；③粮食高产区恢复慢。

下一年度不能多征购，能否减到 600〔亿〕～620 亿斤（实收），任务 660〔亿〕～680 亿斤，进口 80 亿斤，共 680〔亿〕～700 亿斤。城销 420 亿斤（减 50 亿斤），乡销 220 亿斤（减 50 亿斤），军粮出口 30 亿，后备 20 亿斤，水分杂质 10 亿斤，共 700 亿斤。乡村吃粮人口 1800 万人。经济作物区销粮 50 亿斤，提到 120 亿斤（2000 万担棉花奖粮 80 亿斤。300 万担烟叶奖粮 6 亿斤，15 亿斤食油奖粮 22 亿斤（1.5 斤），麻茶茧糖奖粮 12 亿斤）。灾区缺粮区销 90 亿斤压至 40 亿斤，非农业人口（不包括渔牧民）由 57 亿斤压至 13 亿斤。渔牧盐民 17 亿不压。其他 20 亿斤（包括回乡人员口粮）。

农业税 300 亿斤，购 300 亿斤，此外全额换购。公粮可以五年不变，其他等价交换。

〔邓〕小平同志　讨论的问题都不定案，关键是粮食问题，粮价是物价的标兵。政策要有利于恢复农业生产，办法：①解决生产关系；②征购的数量和价格（量和价有关系）。生产关系多种多样，只要能够增产。安徽责任制度不能否定，大队小队集体生产搞得好的也不否定，增加自留地，借地〔度〕荒也可以考虑（搞几种形式可以互相比较）。有些地区要退一步才能前进，有些制度长远看也有利，有些只在目前有利也要准许。同时大减吃商品粮的人口，吃公粮、吃工分〔的〕都要大量减少。（这点可以作决定。）

现〔在〕不可能多向农民征购粮食，国家与个人的矛盾，归根到底是口粮问题。如果征购减到600〔亿〕~620亿斤，对农业恢复有利。

购粮300亿斤，一个办法价格不动，采取换购办法。一个是提价，提到3毛一斤就是90亿〔元〕，比现在多60亿〔元〕，这是不能设想的。（朱一提到1.5毛。）没有用处，不如采取换购办法。现在不要改变粮价，一变就连琐反应，根本问题是物资不足，所以只能采取第三方案，在这方案中采取一些比较好的措施，如换购的方式、比例、地区关系等。

谭〔震林〕 粮食自由市场肯定可行，不会有很大危险。安徽办法问题很多，有搞得好的，有搞得坏的。（责任到户（人）“60”条已有规定，可以把它具体化起来。）责任到户事实上是包产到户，河南也在搞这一套，但说责任到户，不说包产到户。

〔刘〕少奇同志 文件的三个方案，一二两个不能考虑，目前只能采取第三方案，就是低对低，高对高。第二方案到一定时候可以采取，要在物价相当稳定时候，经过一次变动使它长期稳定下来，目前一切措施是要制止通货膨胀，调整物价是为制止通货膨胀。物价与货币流通量总是适应的，现在国营商业价格加上自由市场价格，也与流通量相适应。第三方案有一部分低对低，有一部分高对高，要腾出一部分工业品在农村高价出售，这样也同流通量相适应。第三方案也有危险。自由市场三类物资多头收购，不如供销社一家收购，供销社进自由市场不是扰乱市场，而是使市场比较稳定。供销社高对高这样做是否会压低工农生活？不这样做买不到东西，或向投机商人买，工农生活更坏。自由市场必须参加进去，供销社任务很大，要加强，商业部也要加强。公社大队干部几百万人要大大缩减，商业部门要加强干部。（写一决定配备干部。）供销社要开代表会议。农村由供销社一个头去收购，收购农产品时中央委员下去帮助，每人搞一个省。对商业工作不能只批评不帮助。

公粮能否增加一点，收购减少一点，征300亿斤，购300亿斤，收购少了，就可以80%换购。粮产区农民没有钱，可以剩一点粮食让他们在自由市场出卖，这样就有钱了。征购时关闭自由市场不一定有利，还可以考虑。可以不准贩卖粮食，只准农民互相调剂。

供销社进城已经决定，多搞些点，现在试点太少。

不准机关团体企业自己做生意，自己搞协作，更不准监守自盗、抗拒检查。国务院出命令，党发指示，违反的要处分。恶劣的送法院。要加强经济纪律，反对分散主义，分散主义主要是在经济方面。

学习做生意，学习办工厂，还要向资本家学习，请他们提意见。

商业部的仓库要整理，弄乱了不好办，我们对这方面不太注意。会计师要提高地位，仓库也是技术人员，也要提高地位。

按工资发购货券办法是好的，不能发得太多，以5%到10%为好。茶叶等可用购货券，取消高价。

地方商业部门是否归中央领导？双重领导，业务以中央领导为主。全民所有制的产品归中央商业部支配。（吴雪之说最近有进步，还未完全解决。）仓库要像金库一样，入库后不准地方动用。要起草一个文件。

农业所有制〔问题〕已经提出来了，不要违避。能巩固集体的巩固，有的借地〔渡荒〕，有的包产到户，凡是行之有效的办法都不要轻易变动。主动向农民让一点步，写个文件，八月讨论。

粮食原则少购少销，少购对生产大有好处，少购就只能少销。粮食归中央管，回到统购统销时候。农村的粮食定量供应大部分要取消，改行换购办法。

除市场物价文件外，再起草三个文件：

（1）商业集中统一问题；（2）加强机构人员；（3）农业生产关系问题。搞一个公社大队人员编制。

秀才、党的领导干部要参与商业工作，以便加强领导。提到八月会议作一中心问题讨论。可以写一个市场物价问题的宣传提纲，宣传部写。

在市场物价问题会议上的汇报*

陈国栋同志（湖北）

（1）如果取消农村定额供应，共产党无立足之地。大家要求稳定，怕变。

---

* 根据笔记前一记录，“25日到27日三个整天，讨论市场物价问题，起草三个文件，①市场物价问题；②商业集中统一；③加强商业工作。25日〔由〕出去的人汇报”，参加人员有“王磊、潘复生、刘明夫、吴雪之、陈国栋、王念基、陈伯达、邓力群、叶季壮”。这个记录应是1962年6月25日到27日，讨论市场物价问题会议上的汇报和讨论情况。大标题为编者所加。

（2）棉农加40斤粮食（原来380斤），棉花可保。（40斤是贸易粮。）每担奖35斤粮食不取消，化肥给产粮区。

（3）对供销社高对高有顾虑，对三类物资不奖售有顾虑。说“三高（自由市场、高价商品、供销社高价）挤一低”。

（4）集体穷，个人富，少数人开当铺。

（5）灾区借地度荒看来是成功的，去年靠借地种番薯、胡萝卜吃饱了饭，得了钱。

（6）开放粮食自由市场，上下一致反对，事实上存在着自由市场（粮布油）。

（7）增加公粮一致反对。

（8）压缩农村非农业人口销量，要规定一套办法。如学生自带粮食，教员供饭。县区办养殖场要取消（吃公粮，开后门，卖产品要奖售，最不得人心）。缝纫厂、制鞋厂应回家庭生产。

（9）县社都知道武汉苦，怕到武汉开会，但都不肯支援武汉。省委种自留地，种了棉花准备换布，每人养一二十个鸡。

（10）公社、大队干部一大堆，压在农民头上，但都说不能减，说怕农产品采购完不成，商品分配复杂，大队管财务有经验。

王磊同志（掖县、黄县）

粮食产量比常年约减40%，比1956年约减50%。加上多种地瓜约减三分之一。比去年已经好得多，去年春天饿怕了。最大问题是缺肥料，对化肥分配大有意见。

各级干部说农业恢复三五七年，但问具体措施都说不出来。养猪要口粮在360斤以上才能发展，大牲口七八年很难恢复。

水利过去靠水井，什么时候要水都可以，现在辘轳丢了，水车六个人推，不如辘轳。水库把地盐碱化，根本不用了。

恢复保证：（1）口粮（1956年466斤，目前约300斤，至少要增至360～420斤才行）。花生（过去15万亩，现在10万亩，要恢复到15万亩）。地瓜要减（过去22万亩，现在44万亩）。

（2）化肥，征购〔粮〕已经减少很多，再减征购估计不可能，他们希望多给化肥。对奖售其他物资兴趣不大。

县委反对奖售，说不好分，奖励〔品〕干部多占，小队赞成奖售，说有东西就好分。

广东情况（潘复生）

省委要求少购 2 亿斤粮食，恢复土特产，这样至少可以多得一倍的外汇。现在好的地区粮食产量恢复了，但挤了土特产。

赞成开放粮食自由市场。(〔刘?〕主席：既然产品归他们所有，没有理由不准他们在完成交售任务以外自由出售。)

(李〔先念〕：陈国栋[①]少拿一点，让农民自己调剂，供销社插进自由市场，用工业品换粮食。)

粮食中央紧，省也紧，公社大队机动粮很多（上挤国家，下挤农民）。公社、大队一个庞大的官僚机构压在农民头上。

省委主张综合换购，下面试点问题很多。赞成换购，但反对取消定量供应。赞成供销社参加自由市场，但反对议价（高对高）。（不高对高，供销社的业务无法开展。）

划地为牢是普遍思想，“我的东西你拿走了，非给我东西不可”。大家要求取消封锁，但谁都不肯首先取消。下面不是没有东西，就是不肯拿出来。

从广东到河南，自由市场物价普遍下降。原因没有研究。（河南减了四十万工人，城市农村两面欢迎。）

广东早稻很好，干部说不大好。河南农民三想不到：①公粮这样轻；②麦子打得多；③征购任务完成得这样快。吃饭最困难的时期已经过去了（原因：自留地、借地、饲料地）。碱化地区麦子没有收，水库放水后地下水位降低，秋粮长得还好。群众对允许换粮食和借地很满意，少饿死很多人。干部作风改变还很困难。

农业生产成本提高，每亩水稻过去 14.9 元，现在 21.6 元，粮产区产品不准上自由市场，购买东西要上自由市场。

农船变成“登陆艇”“潜水艇”（上了岸和沉在水里），要修理，要桐油。

---

① 陈国栋，时为粮食部部长。

供销社在广东每县都有试点，有些县已经铺开，50%的基层社搞自营业务。在不许搞自营业务时，群众说是“看买卖”不是“做买卖”。后搞饮食业，生活资料自营业务，最后经营生产资料。过去赔钱，现在普遍赚钱。但以物易物，不通过人民币。

副食品来料加工，如豆子换油，豆腐、粮食换酒等，农民很欢迎。对生产队代购代销，农民也很欢迎。

在供销社参加自由市场后，供销社一般占营业额的70%上下，小商贩只占30%上下，供销社占领导地位不成问题。我们对自由市场转被动为主动。

问题：（1）计划内收购换购少（30%），计划外收购换购多（80%～100%），会不会影响下年度的计划收购？

（2）如何打破“划地为牢”？大家要求搞活，但自己不愿取消封锁。供销社干部向邻县采购，货被没收，人被拘禁甚至劳动改造。也有县与县、社与社互相抢购，哄抬物价的现象。办法：①开物资交流会，各大城市都开；②省组织采购小组专门采购最缺的物资（如竹、木、桐油）；③限制基层社采购员满天飞；④集市恢复牙行。（恢复庙会。）

（3）加强市场管理，货栈要统一归供销社经营，不能大家〔都〕搞货栈。

（4）各地都吵资金不足，但使用资金很不合理，买了东西不肯出售。不抽紧资金，不能制止囤积现象。

（5）商业基层干部大多数是小商小贩，有些基层社贪污腐化，实际上烂掉了。

感想：（1）自给经济，各为自己打算。地委县委权力太大。

（2）承认两个物价，现在很多同志不承认黑市，不承认高价，吃亏很大。有集体、个人经济，就必然有自由市场。自由市场不可怕，问题是斗争。

（3）粮食是物价的中心，群众都按粮价黑市价算账。同意开放粮食市场，不开放粮价更高。

姚依林同志

（一）农业生产。

农村中的问题：一个是粮食，一个是单干。农民意见，首先是口粮吃不饱，要求单干。去年产量是解放后最低一年（昆山从 487 斤降到 373 斤单产）（常熟从 484 斤降到 400 斤）。昆山口粮〔19〕56 年 569 斤，〔19〕61 年 368 斤，常熟〔19〕56 年 549 斤，〔19〕61 年 352 斤，此外自留地约 40 斤，合计在 400 斤上下。合作化前贫农口粮 450 斤，中农 550 斤。

去年吵食堂，供给制，今年吵口粮，吵单干。干部讲生产，要桐油、竹木，农民讲吃饭。劳动人多，抢工分，质量差，只抵过去一半。农村政治情况很不稳定，谣言很多，都是讲不够吃，不够穿。

群众（党员）意见：（1）搞快了，如果初级社稳定几年就好了；（2）现在搞法不行，要求恢复互助组，这样才能有积极性；（3）如果国家不准，〔就〕组织三五户的小生产队。阜宁群众说公社比不上高级社，高级社比不上初级社，初级社比不上互助组，要求分田到户，互相合作。干部对生产力的破坏做了调查，劳动力、土地恢复〔要〕4～5 年，肥料减一半多，耕牛减 65%。提不出恢复生产力的有效办法，说得出的是，①少征购一点；②给一点竹木、桐油、麻、化肥。

浙江湖州包产到户有七种形式：①单干；②四级核算，户为基础；③春花单干；④旱地单干；⑤公私合营，包产到户（每亩上交 200 斤）；⑥井田制，集〔体〕种公粮田，私〔人〕种口粮田；⑦扩大自留地（20%～30%）。以上七种占全县 25%，占南浔区 40%。干部〔态度〕，①同情；②为难；③强迫命令，同群众打架。干部议论，没有办法制止单干。

集体经济不巩固，来自生产力的大破坏，口粮紧张，从交换上解决不了这个问题。扩大自留地也不能解决农业恢复问题，集体生产自然巩固不了。究竟有无危险，干部认为：①车船牛不好办，也要分；②经济作物〔会〕进一步〔被〕破坏；③群众吃饱了才能征购。能够增产，但不能增购，可能还要少购。

对化肥不分配给产粮区普遍有意见，要求准许用粮食换化肥。实际上给农民的东西接近 100%，农民要的不是一般商品，而是粮、布，不好解决。

庞大的农村官僚机构，与生产力太不适应。大队干部半脱产，三千多人，实质上接近全脱产（每个大队平均五人），每人每月工资九元，粮食吃机动粮，每月 20～27 斤，另按工分分粮。大队企业生产〔被干部〕随便挪用。

公社自筹粮用途：①渔民〔口粮〕；②育种场（养猪、鸡、乳牛、种菜，全部供应公社需要）85 人，每人每月吃粮 35 斤大米；③老人补助粮；④知识分子补助粮；⑤大队干部奖励粮；⑥干部开会补助粮（每月二千斤）；⑦特殊用粮（开条子要粮食）；⑧机灌站工人补助粮；⑨运输工人补助粮；⑩防夜粮。一公社每月共支大米一万斤，折谷 12380 斤（每人每年负担 8 斤）。

大队机动粮：一季 2000 斤，一年 8000 斤。①企业人员补助粮（泥木匠）；②机船工人补助粮；③大队干部补助粮；④大队干部特殊用粮。贪污数不在内。

公社都要管供销社、粮站、银行，不归他们管就顶住。不把公社大队机构撤掉，按经济区划建社〔就〕行不通（华东局、江苏省委作了决定，都行不通）。

（二）市场问题。

银根抽紧后集市贸易〔交易〕下落，〔上市商品〕大体卖掉一半，剩回一半，与去春大不相同，有利于农产品的收购。

对农村基层社也要抽紧银根，打破惜售心理。（纯粮区生产队资金不够。）（70%～80%的钱在 20%～30%的人手里。）

生产队缺资金不能一般解决，缺资金的是纯产粮区（生产下降，副业减少，恢复家园），这与抽紧资金无关。

农村市场敞开供应的工业品逐渐增加，原因抽紧银根，手工业有恢复（江浙情况）。凭证凭券商品可以逐步减少。

县里同志普遍不赞成取消定量供应，收购计划超额完成，没有理由取消定量供应，政治上要被动。

（①供销社进城；②打掉基层官僚机构；③部分商品调整价格。）

农产品采购形势比去年好，对农民奖售办法不需要很大变动。①粮食换购与经济作物持平或略超过，要加布、化肥等；②发一点购货券（5%），城乡通用；③用化肥奖经济作物不如改用粮食，而用化肥奖水稻产区；④奖售物资要调整，中央定杠杠，地方机动；⑤综合换购行不通；⑥竹、木、盐、胶轮车等要交给商业部用于换购；⑦开放粮食自由市场可以行得通；⑧减少农产品的统购派购，扩大供销社自营业务，这对粮区很有利（统购派购减至 100 亿上下）；⑨工业品的价格慢慢提高，高价商品区别对待；

⑩酒换粮、布换棉要普遍搞。

上海通过“旧货行”形式，开辟了工业品的高价市场。用“旧货”的形式比用高价的形式好一点。

城市小商贩应合法化，恢复摊贩，准许贩运。同时恢复小手工业，可以安排部分失业〔人员〕。苏州市靠这方法安排一万几千人。生产力下降，生产关系只能被迫后退。

（三）集中统一问题。

（1）扩大会议以后有进步，比较容易商量。（上海支援东北 3.6 亿元商品。）距离还是很远。（上海超产部分中央 60%，地方 40%。）

（2）全党意识形态同开国初期大不相同，各地有一个小天地，有自己的打算，全局观点很不足。单从制度解决不了问题。

（3）划地为牢，层层封锁，是为保护自己的小天地，贮物待换，不要货币。要规定几项办法。如不准囤积居奇，不准以货易货、拒收人民币，不接受人民币是犯法行为。（所有全民所有制企业之间不准拒收人民币。）（东西少的地方反对封锁，东西多的地方主张以货易货。）

（4）商业工作要集中统一，又要分级管理。批发中央管，零售地方管。要有中央商品和地区商品，要有分成制度。棉花、烟叶分成是好的，煤炭、木材也要有分成制度，使他们能同其他地区交换。东北并不穷，是我们把他们整成“五保户”。（计划调拨大体都能完成。）现在中央调拨商品约占 70%。

（5）中央各部管的商业要集中，现在出售商品中商业部占三分之一，供销社占三分之一，其他各部也占三分之一。其他各部管的部分应当集中到商业部门。

（6）供销社开展自营业务，〔商品来源〕以生产队完成任务为标准，不能以县为标准。供销社准备拿出一部分自营物资来完成国家任务。国家用产品交换。（有些地区规定不准社队管商业，结果连自己的产品也不准出售。）供销社与生产队议购，事实上不通过自由市场。派购任务低一点，完成任务就容易一点。只要取消当地留量（特殊供应），国家不会少得。

（7）要允许地区之间合法的协作，杠杠是三类物资和计划外的物资。现在不是协作多了，而是少了。

（8）手工业品哪些卖给国家？国家供应原料〔的〕卖给国家，自购原料〔的〕自销。手工业局组织的原料也算国家原料。国家供应原料部分〔的产品〕也要有一部分准许自销，自供副料。自己组织原料部分，如果国家需要，也应卖给国家，但应承认合理成本加合理利润。手工业品价格应当管理，现在没有人管，或者不敢承认高进高出原则。少数不接受管理的，取消定量供应，他们到处有饭吃（如修船）。国家收购过多，可能影响产品质量。目前一般手工业品逐渐能够满足市场需要，再过一个时期可以敞开供应，自由流通，将来紧张的是主要商品。

（9）商业干部大大削弱了，干部不行不能领导商业，这是一个现实问题。

〔李〕先念同志

要考虑反对方面的意见。任何问题都有不同意见，这很好，便于更周到考虑问题，少犯错误。统一思想需要一个过程，把不同的意见摆一摆，假使自己的意见是对的，就需要提出理由说服别人。

供销社进城，我们内心上是赞成的，一个西瓜事件就把我们打回去了。原因是没有从思想上说服别人。

为什么认识不一致，原因是对客观情况有不同的估计。如对农业生产的估计，对财政赤字、购销差额的估计。其次是各人所处地位不同，看问题的出发点也不同。如商品多的地方反对平均主义，商品少的地区要求等价交换。我们要展开争论，答复几种不同的意见，弄出自己的主张。有些问题已经看准了，就要试点，如供销社。

问题：（1）农业生产关系要适合生产力，我们可以不议；（2）粮食问题，重要的是征购多少，其次是收购方法；（3）市场物价问题。要答复提价面有多大，占物价百分比，对职工生活影响多大，对职工如何办。（不能因此提高工资。）要不要剥夺农民。主要商品的供应起决定作用。

目前问题：①继续抽紧银根，有利生产还是不利（破坏）生产？（农业贷款：1. 见物贷款。2. 要适用，群众欢迎。3. 有一点长期贷款。）贷款工业紧一点，商业松一点；②供销社要多试点，要开代表会议；③要统一思想。

要把外贸考虑进去。

丁冬放同志

银根紧与支援农业问题。许多产粮区生产亏本，没有钱，给了钱无法还，这个问题如何解决？

支持农业物资货不对路，相当严重，应该研究解决。（发去重柴油用不上，要农民拿水桶、粪桶贮油。）

（聊城专区）四种主张：（1）要求民主管理，干部能管群众，群众也能管干部（初级社时代），现在不知队有多少粮食（两把锁，钥匙一个人拿着），谁偷谁多吃。群众偷场，干部偷仓；（2）生产队下设生产小组，包产到组，自由结合，组长自选；（3）包产到户，再搞互助组；（4）增加自留地，大体上够口粮。

机动粮上面不管，下面管不了。“鼓足干劲，吃菜没有劲；力争上游，吃菜没有头。电灯电话，拉犁拉耙。”

自由市场麦子每斤七毛，白馒头一元，地瓜干三毛五，鸡蛋一元四毛一斤。

一斤籽棉〔给〕一斤粮，肯种棉花，还可以多种一点棉花。

〔刘〕岱峰同志

提价的出发点：（1）建立农村高对高的阵地；（2）工商业不赔钱或少赔钱。

农村高对高的阵地要建立，自由市场要扩大。集市贸易一季40亿，城市去买的占40%，其中职工个人约占10亿，全年40亿。自由市场充分开放，物价下降，交易额增加不了多少。

向农村出售高价商品，抵不过农民向城市出售高价商品。供销社必须高价在农村出售工业品，才能避免货币流向农村。①高价商品必须维持全年30亿；②普遍恢复地区差价可得5~10亿；③供销社积极经营竹木、桐油、棕片等物资，高来高去，或以货易货；④积极开展地方手工业生产；⑤供销社出售生产资料，煤炭赔5亿（3.5~1.5），尽可能不赔，且有微利。②至⑤合计约50亿，连高价共80亿。工业品除定量供应和换购外还有多少可以高价出售？要计算一下，可能不多。所以在开展自由市场的同时，必须千方百计防止农村通货膨胀。

供销社要：①增加城乡商品供应，②有利于增加生产，③有利于稳定物价。组织农产原料进行加工，回销农村。

一般商品提价问题。许多工业品不亏本，〔是〕由于吃了低价粮，烧了低价煤。在这样的条件下，不应当再亏本。〔将商品〕分18类[①]、其他消费品、农业生产资料三种。其他消费品约250亿元，提价10%为25亿元。但品种很多，计算工作量很大。18类中一部分可提一点。（赔钱：粮食28亿，工业品6.4亿，副食品5.5亿。）18类（200亿元）退到12类，其余6类提6%，可得12亿。

姚〔依林〕 现在重要的是工业品提价，增加对农民的交换力量。城市提价，事实上是压低城市消费，把商品转向农村。工业品提价以不提工资为限度。第一步提小商品，好处〔是〕可以敞开供应，防止小商贩投机，有些东西还可以增产。

步骤：①先提生产中心地区（大的轻工业城市）的价格；②规定合理的地区差价，批零差价（规定几条杠杠）。

18类中纸张、火柴等要提价，食盐等可有地区差价，农村粮食进销同价。肉蛋可以提一点价。

现在货币回笼，小商品提价没有危险，自由市场不会涨价，且有可能跌价。对职工生活影响也不大。

农村供销社自营业务不要害怕，自营粮食在农村调剂，不依靠〔用〕来作粮食部库存。对供销社的资金仍要控制，防止囤积、惜售，要多进多出。自营业务也要规定几条杠子，不能赔钱。

提高一般商品价格〔的〕同时，适当降低一部分高价品的价格。高价饮食业价格应随集市价格转移，集市跌价也要降价。农村饮食业归供销社经营。

合作社进城后，城市工业品也会下乡，职工多买了农产品会少买工业品。

---

① 为了保障人民基本生活水平，中央要求稳定十八类基本生活必需品的价格。经征求各地意见，全国物价委员会于1963年2月25日下达十八类商品品种目录（见《1958～1965中华人民共和国经济档案资料选编·商业卷》，中国财政经济出版社，第824页）。

农业生产资料基本上保持目前的价格，供销社经营竹木等不要赚钱。

李〔先念〕：准备一场争论，如：①开放自由市场问题，放到什么程度；过去讲计划为主，自由为辅，还是站得住的。凡是存在两种三种所有制，就要存在自由市场，所有制决定交换制度；②工人够苦，不能提价。面面讨好做不到，只能降中求稳，不降就稳不住；③供销社准不准高对高，准不准进城？供销社不占领，小商贩去占领，不高对高就不可能同投机商斗争。

前途如何？要合而为一，但仍有自由市场，只起从属作用。时间多长，决定于农业生产的恢复。

价值规律既受约束，又起作用，如何解释这个问题。

叶老[①]：几年内不可能完全稳定市场物价，因此各种步骤要稳。抓住两条：①60% ~70% 价格不动；②防止通货膨胀。

目前中心问题还是粮食。

中央与地方关系，要求同存异，大同小异，大计划小自由。准备乱一点。可以单项换购，也可以综合换购。

①小商品提价究竟幅度如何？10 亿，25 亿，40 亿三个方案。

②供销社大办、中办、小办？大办全面展开，大放，中办普遍试点，有限度放，小办边试边放。从小起，争取中。

③换购要有个大杠子，如粮布等王牌要有统一的杠子，不能乱打出去。自由换购，比自由抬价搞得更乱。

今年提价 10 亿，加地区差价，可能多回笼 15 亿元。方针明确，步子要稳。

提价 15 亿，职工负担 6 亿元，农民负担 9 亿元，职工生活降低 3% 。

换购问题

目前换购办法的主要缺点，粮食购太多，奖太少，棉花形式〔上换购〕少，实际不少，计划外的部分换购太多。计划内不如计划外，粮食不如经济作物（棉花不愿多交售）。

---

① 指叶季壮，时任对外贸易部部长。

今年彻底的改变有困难，原因：（1）减少定量供应阻力很大，政治上有损失；（2）换购办法已经宣布，不好根本改变，恐怕只能修修补补。

用换购代替定量供应的设想，先在干部中间讨论，改变步骤要稳一点。

今年做到：（1）大力压缩吃商品粮的人口，在可能的情况下压缩定量供应。棉区不供布。

（2）集中一些工业品（化肥、棉布等），用于换购粮食，发5%～10%的工业品券，明年加5斤化肥。

（3）拿出一点粮食，在部分地区增加对棉花的换购（缺粮区），略高于产粮区，个别地区试点（粮换棉），算账。用化肥奖粮食，用粮食奖经济作物。（纯棉区）明年一斤棉2～4斤粮。

（4）对超计划部分的换购要定一个框框，不能比计划内超过太多。

（5）对明年的换购办法进行广泛讨论。

结果估计：一条是今年农业生产比较好，征购任务完成得相当顺利，明年可以不必大动干戈，继续采取进一步的改良办法。

一条是农业歉收，或者征购任务完不成，农民对现行征购办法抵抗很大，明年必须根本改变供应和换购办法。

两个办法：一个是多用政治办法（不改），一个是多用经济办法（大改）。现在要逐步地使交换合于经济原则（等价交换）。

粮食——①每百斤五斤化肥，一尺布；②超过〔……〕。

棉花——①保定量，保任务；②每百斤2～4斤〔?〕粮；③超过每斤二斤粮，二尺布。包对包变斤对斤。

换购（姚〔依林〕）

换购接近等价，农民就愿接受。如猪定量也好，比例也好，换购东西多就行得通。

现在主要农产品不是收购过少，不要减少农民的定量供应，否则政治上被动。粮食征购〔的问题〕首先是口粮低，其次才是不等价交换。

在不取消定量供应的原则下，适当修改换购比例，把粮食提高到与经济作物持平。东西从何而来，可以动用针织品、成衣。把粮食的奖售从目前的10%左右提高到25%左右。（1500斤粮，15尺布，一双胶鞋。）

外贸换购问题，原计划用棉 200 万担，结果用了 290 万担（进口少 40 万担，多用 50 万担）。〔外贸〕还了 200 万匹布，都是细纱布，不适销。

化肥不给产粮区，2 元一斤向经济作物区买，产粮区很有意见。外贸把化肥奖售丝草帽，地方很有意见。最好用粮食换东西，把化肥给产粮区，或者由省去调整。

〔李〕先念　农业增产：（1）所有制；（2）少征购；（3）收购方法（价格、换购）；（4）支援农业如何支援。

何畏　经过三年回笼可以基本平衡（商品总值可以平衡，主要商品不能平衡）。不赞成商品大幅度提价（10 亿，25 亿，40 亿三个方案），主张小提。

农民要求：（1）生产自由（单干）；（2）交换自由；（3）等价交换（与国家关系）。

陈云同志　（1）货币地区分布，城乡分布，乡村阶层分布；（2）有多少商品销到农村，是什么商品；（3）搞农业。

叶老　外贸换购有猪、禽、茶、茧、水果、水产品。奖售品主要是化肥、布、粮。奖售比例是高一点，但进出东西所值外汇相差几倍，从外贸角度来讲是有利的。

杨波　对商业工作有许多议论，供应不好一是物资不够，这是主要的；二是商业工作做得不好，还有可能改进。原因是管得过多，统得过死，硬要管，管不了。

现在这些东西能不能与农民等价交换？只要缩短战线，集中换购，基本上可做到等价交换。

（1）力量要集中（各部商业〔由商业部〕统一管）；（2）办法要统一，统一规定奖售标准；（3）缩小派购配售范围，在供销社领导下扩大自由市场；（4）有些东西不能换购，要通过人民币，高对高，一切都换购，等于排斥人民币；（5）切实改善商业的经营管理，〔目前〕环节多，费用大，损耗增加。恢复专业公司。

王磊　组织一个小组研究换购问题，（用豆制品供应市场，就可以不管蔬菜供应，大体上每人每天一两豆。）中等以下城市的蔬菜供应国家可以不管。

统一的关键是把中央各部统一起来，这比地方的统一更重要。

潘〔复生〕 农村所有制后退了几步，交换制度也必须跟着改变，不能统得太死。生产方面小自由这样大，交换方面小自由也必须大一点。高对高非搞不可，但地方还是讲不通，不搞对生产不利。如红薯苗问题几年不能解决（河南、河北）。

换购东西贴榜，让群众知道，防止干部多占。〔供销社〕基层社业务归上级社领导，不能归公社党委管，否则成为公社干部的供给部。

姚〔依林〕 国家与农民的不等价交换，根源是交换物资不平衡。改进方法可以比较接近等价，不能根本解决问题。不平衡是几年积累起来的，不是今年一年问题。今年平衡，略有回笼，没有还清过去旧欠。

全面平衡仍不能解决主要商品的不平衡。农民急需的是主要商品。

在今天生产力和生产关系条件下，国合不可能在农村保持80%的阵地。我们除减少统购派购外，主要考虑能否从蔬菜、猪禽蛋阵地上后退。这有可能引起城市市场副食品的全面涨价。（1）蔬菜在小城市可以放（现在只放群众，不放老爷）；（2）鸡蛋可以全国开放；（3）鲜鱼、家禽开放；（4）水果开放。

有些商品可在农村敞开供应，（1）食盐；（2）煤油。方针是逐步用敞开供应代替定量供应，而不是用换购来代替。

外汇收购划定地区，只在基地收购，其他地区由供销社议价收购，外贸部可向供销社收购（高价）。

〔李〕先念 现在市场物价政策对集体经济不利，这个问题如何解决？这是一个大政方针问题。首先有利于生产，有利于稳定人民生活。商品不足是基本的，但不能因此掩盖经营管理上的缺点。

换购办法，不取消定量，不排除农民不卖东西给我们的可能性。

供销社进城中央已有决定（北京不同意），先从几个城市搞起来。凡是欢迎的地方都去。河南是欢迎的，河北要取消50%〔统派购〕的规定，否则搞不开。

〔国合〕能否保持80%阵地？连供销社是可能的。可以计算一下。

粮食：少购少销，购大于销。少销哪一个？压缩公社大队两级吃粮人数，总共可压1000万人（农村），节省40亿斤粮食。缺粮户少销，共要少销50亿斤。下一年度收购600亿斤，主要减产粮区（粮产区每人多得40斤，经济作物区70斤，其它地区不变）。公粮提到300亿斤以上。

外贸：大商品（粮、布）要减少，小商品要增加。放开小商品收购。外贸搞收购基地，基地外不收购，基地内多奖一点。

集中统一问题

姚〔依林〕:（1）中央各部的商业统一到商业部和供销社，生产资料除分配到工厂和基建单位以外，都通过市场分配（五金、化工）。（同物资局意见不同。）（2）外贸〔商品〕搞重点生产基地。不能搞基地的〔通过〕商业部、供销社代收。不能出口的东西交商业部销售。换购标准可以不同，要有一个杠子。（3）中西药、水产、盐、手推车、胶轮大车、市场用竹木，划归商业部和供销社经营。（4）手工业原料通过商业部门分配。

中央与地方关系：（1）取消差额制度，恢复统一调拨。现在各地只销本地产品，这是保护落后的办法；（2）三类工业品恢复金［全?］额调拨，剩下的再搞物资交流；（3）粮布油肉等要恢复全国统一的城市配给标准，照顾产地，照顾特殊情况；（4）保留农产品的分成制度，建立工业品的分成制度（煤、木、皮毛），工业品不分成，东北没有东西去同别处“交流”；（5）中央规定开放自由市场的商品，各地不准互相封锁，不准拒绝用人民币购买。哪个地方票子多，商业部门注意统一调剂；（6）要规定计划外用酒换粮、用布换棉、用纸烟换烟叶的统一标准和地方分成制度；（7）专业公司继续实行统一领导、分级管理办法；（8）城市商业统一管理，区只管小商贩、修理服务业等，百货公司归市商业局管；（9）供销社按集镇建设，不受公社领导；（10）按照经济区划设置商业批发机构，不按行政区划。

工业与商业关系：（1）全民所有制工业产品都归商业部门统购包销，原料归国家供应，自购原材料〔的产品〕拨一部分商品〔与之〕交换，合理亏损由财政贴补。（2）手工业，①手工业产品包销为主，允许自销一部分；②包销部分主要是国家供应原料部分。自购原料部分以自销为主；③包销产品应留出适当比例，让换购国家不能供应的原料；④保证手工业有合理利润，商业也要有合理利润；⑤自销产品国家需要的也可收购一部分，手工业首先满足商业部门需要；⑥优质优价，分等论价；⑦手工业产品价格加强管理；⑧小农具等价格照顾产销双方；⑨工业产品全民〔所有制的〕由商业部储存，手工业〔的〕自己储存；⑩税收上自销、包销相同，包销不能增税。

思想教育问题：要打破地方所有制思想，统一规定供应标准，各地不准自己改变。现在置之不理现象相当普遍。

王磊 全国商业没有统一管理不行，必须统一。但商业部统不起来，要财办来统，或者成立贸易委员会。

〔吴〕雪之 （1）手工业原则上要多包一点，进行地区调剂；（2）五金交电分配与物资局有矛盾，要讨论解决。

〔陈〕国栋 （1）思想问题，集中统一思想没有贯彻下去，每县每社都是一个小天下；（2）组织，要有统一的指挥部，现在各部说话不灵；（3）要有统一的制度，不能各自为政；（4）要有纪律来保证制度的生效。

〔李〕先念 第一条要统一，坚持统一的原则。现状维持既然不行，就必须改革。不改，调整工作做〔不〕好，浪费一批财产，腐化一批人。要解决党内〔不〕敢于说话问题。人家不赞成统一，我们提了意见再说。

人家批评商业工作同人家商量不够，五金交电要同物资局商量，中央各部商品要统一管，手工业多统一点，分成不分成有不同意见，要商量。先把文件写出来，再由财经小组讨论，请总理参加。

商业问题

八月会议要提早开，农村问题要采取一些措施，还要讨论商业问题。考虑七月二十日开，主要解决这两个问题。计划可以到十月会议讨论。先提几个问题请省委调查研究。会期十天半月。要提一批问题。

商业问题提些什么？

〔李〕先念同志 物价高对高、低对低，自由市场，粮食多征少购，两个市场、价格，都对集体经济不利。低对低是统购派购物资，做不到等价交换，对集体不利。自由市场主要是个体的产品，开放自由市场好处很多。粮食自由市场山东关了，粮价提高。河南未关，征购任务完成快，粮价下降。（原因之一是征购减少，这个问题值得注意。）

公粮多征，也对集体经济不利。自留地留得愈多，集体负担愈重，也对集体不利。怎么把十六亿亩种好？是否自留地也征一点？安徽包产到户，粮食增产了，但牛累死很多，耕牛的所有制也要与包产到户相适应。（物价按供求法则来定，供不应求应当涨价，否则不能平衡。）今年财政实际上有结余（拨了几十亿信贷资金），一是紧缩财政开支，二是提高物价。

供销社开展自营业务是可以搞的，广东一半地区搞了，河南供销社经营粮食，高进高出，卖给灾区农民。

粮食少购少销，但要购大于销。少销出路，这两年压城市，今后不但压城市，而且要压农村。城市从 470 亿压到 420 亿。农村压一般缺粮户（压 50 亿斤），压吃商品粮人口。（李算 1800 万人，总理算 2500 万人，把大队吃机动粮的也算进去了。）家属 560 万人压 500 万，20 亿，230 万小学教员压 200 万，公社办工业 140 万人，压 100 万人。卫生邮电事业，公社干部也可以压（压 50 亿斤）。农村压的粮食拿一部分奖经济作物。粮食与经济作物有比例关系，要共同恢复。这个年度还不能完全实行，要有一年过渡。今年征购还要 650 亿斤，少了不行。

河南农村比较安定，原因：①夏收较好；②借地渡荒；③自由市场调剂粮食。

（棉花今年就要抓，今年能否拿 80 亿斤粮食奖经济作物区（去年是 57 亿斤），不恢复棉花不但没有衣穿，而且没有东西同农民交换。）

可否准许产粮区把余粮在自由市场出卖？这对产粮区大有好处。

商业统一问题，首先是统一中央各部，其次才是统一地方。

姚〔依林〕　商业工作对农民要退一点，包得太多，不利于生产，不利于集体。现在统购派购范围太广，主要物资靠强迫命令，次要物资换购，对集体不利。考虑三类物资通过自由市场调剂，国家不管。

维持现状肯定不利于生产，不利于集体，缩短战线肯定有利于生产，不一定有利于集体。（让集体剩一部分产品到自由市场出卖，用工业品换计划外〔农〕产品。）

粮食少购少销，开放自由市场，过去不许私商参加，全由供销社经营，现在恐有困难。统购派购限于粮棉油猪烟麻等，禽蛋不派购，议价收购。统购派购从 140 亿元缩到 90 亿元。好处：（1）收购换购力量集中；（2）放开部分活跃。这是很大的退却。

工业品要有相当数量涨价，包括一部分大商品（不高价出售就不能平衡），工业品涨价，农产品会落价。（工业品也要两个市场，两种价格。）

商业要更集中统一。五金交电两条渠道供应，一调拨，二商业（能够敞开供应部分）。外贸搞基地，各部商品统一管。中央与地方关系，地方所有制思想未打破，现在尚未做到集中统一。国家对农民要包干，对地方不能包干。

蔬菜问题，县以下、小城市都可以由自由市场供应。6000人以上大城市，（1）要有20亿斤豆制品作季节性调剂；（2）国营只经营大宗蔬菜；（3）鲜货靠小商贩供应。

划地为牢、互相封锁要规定几条杠子，如：（1）不准拒收人民币，只能全国平衡，不能每个地区都搞平衡；（2）分成办法，现在农轻有地方分成，重工无分成，要分都分，要不分都不分。

统一：（1）供销社不能归公社管，按集镇设置；（2）批发机构不按行政区划设置；（3）大城市商业由市统一管（城市区可否不管经济）。

粮食（换购）8%，油料9.5%，棉花17%~18%，山果28%，干果30%。

工业支援农业

〔李〕富春同志　〔19〕59年以前闷头发展重工业，对农业、市场注意不够。60年想到要支援农业，但重工业还是高指标。〔19〕61年起进行调整，做了一些支持农业、市场的工作，情况开始有所好转。今后如何以农业为中心，来安排我们的建设。（1）集中力量发展农业生产（包括恢复）；（2）调整和发展工业生产，支援农业，兼顾国防；（3）在经济逐步发展的基础上，来逐步解决城乡人民的吃穿用问题，调整物价。

城市生产和生活的调整*

二十五人委员会，可能起草一个文件。

* 1962年7月25日至8月24日，在中央工作会议期间，由周恩来主持，召集有25人参加的城市工作会议。这期间共召开17次会，并代中央起草了《关于当前城市工作若干问题的指示》稿。（《周恩来年谱 1949—1976》中卷，第493页）。这应是这次城市工作会议的记录。

精减压缩取得一定成绩，意识到会伤筋动骨，产生一些副作用，需要及时解决。

（1）节约粮食；（2）精减职工；（3）回笼货币；（4）紧缩开支；（5）减少亏损；（6）解决拖欠；（7）恢复生产；（8）减少积压；（9）增加商品库存；（10）改善职工生活。

（1）节约粮食，成绩很大，征购减 158 亿斤，销售 736 亿斤，减〔少〕208 亿斤（城市 50 多亿，农村 150 多亿）。进口 115 亿斤。库存增 17 亿斤（〔19〕60 ~〔19〕61 年度挖库存 125 亿斤）。

（2）精减，14 个月（去年 5 月起）共减吃商品粮人数（城 1300 万，乡 857 万）2100 多万人。城镇人口减少，去年 935 万，今年 784 万，共 1700 多万人。职工减少，去年 872 万人，今年 748 万人，共 1600 多万人。16 个部（工〔业〕、交〔通〕、基〔建〕）重要企业完成 80%，剩下的 20% 搞慢一点，细一点。商业、文教、行政还要继续精减。地县以下还要精减，大有可为（包括公社、大队）。

（3）回笼货币，来得很猛，成绩超过预计。现在部分地区货币仍多，部分地区已经差不多了。由于物价上涨，流转较慢，90 亿元与流通需要相比差不多了。

（4）紧缩开支有成绩，也有副作用。上半年收多于支 10 亿，现在已经紧得差不多了。

（5）去年亏损 105 亿元，〔今年〕上半年 45 亿元，下半年无论如何要减少。

（6）解决拖欠，已经提出解决办法。

（7）恢复生产，从大中城市开始。

（8）减少积压。

（9）增加商品库存，六月底比去年同期减 29 亿，减生产资料 30 亿，生活资料略有增加。

（10）改善职工生活，从大中城市入手，不能普遍改善。

有步骤地恢复正常生产，逐步地提高劳动生产率，认真地支援农业和市场，有效地改善职工生活。

天津市

生产预计41亿，比去年降16%（去年降48%）。前几月比较稳定，6月下半月开始下降，中央管的商品占80.5%。原因：退合同很多，机电、化工削弱任务。机械任务减20%，订货减31%。减人不是按生产需要减，减后工种不配套。正常生产企业174个，亏损企业去年88个（6273万元），〔今年〕上半年78个（1263万元）。有些小商品向来供应农村需要，现在停产了，生产小农具，不合农民需要。

计划减职工20万，城镇人口40万，现在看来，职工减18万比较稳当，城市人口只能减25万人。困难户（每人〔月入〕10元）去年7%，今年10%。18类商品配给额每〔人〕15元，主要部分14元。按每人〔月入〕12元计，困难户达25%。失业人口约10万人。不能开学的学生10万人。办法：（1）扩大补助面到每人12元（25%）；（2）困难户不收房租水电；（3）组织劳动服务队，担任临时工；（4）办训练班支援农村；（5）调整工资。增加补贴不能体现按劳分配原则，赚钱、亏本工厂同样待遇，不利于发挥积极性。

市场问题。今年有些变化，财政任务上半年4.4亿，全年估计9亿，计划10亿，比去年下降18%，每人货币流通量从16元减至13元多一点，三类物资供应比去年还差一点。小商品有增产，蔬菜供应较好，粮食保持去年水平，加了一点黄豆。减少的是食油，每月二两，食堂不好维持。特别困难的是布和肥皂，最好半年发两块。货币贬值约40%。凭票证供应商品每人平均12.5元。

供销社今年东西比较多，去年东西向外跑，今年向内跑，价格下降，蔬菜瓜果接近牌价。办法：（1）货栈，七月份开始活跃。上半年不大好；（2）摊贩市场，集中在十几个地区，搞得比较好；（3）供销社，工厂机关先搞消费社，将来转变为供销社。问题，收入低的职工有些意见，倒卖票证增加。高价商品销售下降（鸡蛋每个二角，影响高级糕点）。

北京汇报

工业产值上半年21.4亿，去年〔同期〕28亿多，减24%。生产资料降

36%，消费品减 7.6%，以工业品为原料的〔产品〕有增长。高价商品上半年〔销售〕22 亿。

（1）四项费用 840 万元，去年 4700 万元，许多问题解决不了。增加一些技术措施，可以增产许多社会急需的产品。新产品试制费也不够，共需一千多万元。

（2）工业亏损 1580 万元，去年同期 3000 万元，商业亏损 4000 万元，合共 5600 万元（上半年）。财政收入下降 27%。造成亏损原因：①生产任务不足；②经营不好；③原材料涨价，轻、手工业 135 种赔钱，〔因〕原材料涨价〔的〕88 种，占 65%。一种是国家配给的原材料涨价，一种是三类物资涨价。原材料涨价，出厂价不准涨，亏本不能解决。

（3）清产核资，清出 2.8 亿，收购 0.3 亿，还〔有〕2.5 亿没有收购。先付半价，企业保管，检验后再作价付款。

（4）商业进价高，销价是否提高，否则国家补贴。蔬菜基本上解决，今后要解决猪的问题。

（5）统一是需要的，但地方和企业也应当有一些机动，否则许多迫切需要解决的问题无法解决。

（6）精减：1957 年 356 万，〔19〕60 年 463 万，现在 427 万人。自然增长 45.6 万人。职工 1960 年 156 万人，现在 120 万人。国家机关 12.2 万（〔19〕57 年），11.8 万（〔19〕60 年），10.2 万人（现在）。常住人口中〔1960 年?〕职工占 27%，学生 30%，手工业 3%，居民 40%。现在职工 29%，手工业 4%，学生 36%，居民 30%。

精减已经告一段落，今后要做整顿工作，做好思想工作和生活安排。目前失业的有二万多人，大多是无业游民，如小偷、卖淫等。要投一点资到土地多的地方开荒。

（7）物价大约涨 30%，职工生活下降 50% 左右，工资也降了一点。生产正常的工厂好一点。困难户补助面按 10 元计为 10%，按 12 元计为 15%～20%。凭票凭证物品约 12.5～13 元。困难户多为老工人，孩子多。工人对高价商品不满意，要求穿最迫切。过去自行车 180 元，合 1800 斤粮食，现在 600 元，只合 600 斤粮食，农民认为便宜。

（8）学生能回农村的回农村，外地农村来的也动员回去。此外农场安排一点，低工资，服务业也安排一点。还有组织业余学校，人心比较安定。做好工作，可能不发生大问题。

上海汇报

（1）工业生产，上半年74.2亿，完成年计划53%，加7月止85亿，61%。轻工、手工〔业〕大部上升，机电大部下降。总的情况是好的。工作：①缩短战线（去年190亿，今年140亿，重〔工〕下降35.7%，轻〔工〕下降7.4%）。基建只有1.2亿元，工业不到1亿；②扩大日用工业品的生产（轻工去年占45%，今年占51.3%）。原材料生产也有增加；③怎样安排生产，过去分散分配任务，现在集中（纺织从45个厂集中到26个厂）在五好工厂；④关停并工厂去年151个，今年7月止246个，职工〔减少〕去年二万多，今年五万多。总的还好，个别的没有安排好，处理粗糙；⑤贯彻“工业七十条”，五定，清产核资，企业管理，责任制，计件工资试点，提高产品质量，劳动生产率。

问题：除稳定职工情绪外，在生产方面问题：①一部分计划安排不落实，机电产品计划一再调整，仍不落实，有计划，无合同，订了合同又退货，交了货收不回钱；②物资处理，清仓一万多个单位，验收八千多个，清出物资10.25亿，其中机电设备7.37亿，原材料2.88亿。两个六条[①]使企业注意经济核算，加强企业管理。去年13.9%，今年11.2%（占用资金占产值%）。现在需要处理库存物资，调剂流动资金；③在可能条件下增加生产任务，多给一些原料，如卷烟50年三万多人，今年三千多人，产量从100多万箱缩至10多万箱，牙膏、肥皂、火柴；④给一点外汇。

（2）精减，全市人口1057万（连郊区），市区636万。城镇人口701万人。市区〔19〕57年634万，几年来迁出116万，迁入55.8万，自然增长63.8万人。今年上半年压缩14万人（全年计划20万人），自然增长5.95万人，实际只减8万人。精减职工，〔19〕57年174万，〔19〕58、〔19〕59

① 指1962年3月10日《中共中央、国务院关于切实加强银行工作的集中统一，严格控制货币发行的决定》和1962年4月21日《中共中央、国务院关于严格控制财政管理的决定》（《中华人民共和国国民经济和社会发展计划大事辑要1949—1985》，第181～184页）。

年增 50 多万人，其中来自农村的只 1 万多人。〔19〕60 年来减 57〔万〕多人，今年计划减 20 万人，已完成 19.98 万人。

（3）财政市场，财政收入上半年 22 亿，为全年计划 50%。现金回笼 8200 万元。流通量 2.6 亿元，每人平均 21 元。

人欠〔我〕2.5 亿，除去中央企业为 1.1 亿元，比年初增 4600 万元，〔我〕欠人 4500 万元。财政、银行六条的成绩应当肯定，现在要适当放松一点。上半年亏损工业 3260 万元（去年 2.7 亿元，其中冶金占 2.5 亿元）。原因主要是生产任务不足，约占 80%，原料提价占 20%。商业亏损 2454 万元（不包括中央企业和粮食亏损）。原因农副产品进价高，销价低，占 85%。其次是票证限制，背利息，占 5%，经营管理占 10%。办法，主要加强经营管理，因价格而亏损的一部分提价，一部分财政补贴，不算落后企业。

商品零售额 14 亿元，比去年同期下降 5%。高价〔商品〕销售额 1.2 亿元，占 9%，比去年同期下降。购货券发 1.2 亿元，收回 7200 万元。办法是好的，面广了一点，有的要票多了一点。

商品 23.5 亿元，调出 18 亿元，完成年计划 54% 和 56%。调出比例去年 75%，今年 80%。库存甲〔类商品〕降 14%，乙〔类商品〕增 16%。

同工人阶级的关系比较紧张，一是减职工，二是减供应，三是学生不能升学。

口粮〔标准〕:〔19〕59 年 32 斤，〔19〕60 年 28 斤，〔19〕61 年 27.7 斤，〔19〕62 年 26.5 斤，每人减 5.5 斤（每月）。

职工生活，比〔19〕57 年下降 25%，入不敷出职工占 59%，每人每月增支 2.1 元。米每斤 1.3 ~1.5 角，面粉 1.7 ~2.1 角，因此多支 4 ~5 角。困难户占 15% ~20%。①贮蓄减少；②小额贷款上升；③变卖东西，寄售商店营业兴隆；④减油、肥皂〔定量〕；⑤学生升学问题，有七万人不能升学，拟回乡，办民校等。工青妇都要抓生活，安排工作。

华东，工业产值半年 155 亿，减 20%。精减职工 365 万，城镇人口减 426 万人。

问题：①精减职工的安置；②生活供应下降；③不能升学的学生。

沈阳汇报

（1）精减，去年减32万人，今年上半年减20万人，除自然增长外纯减39万人，还有280万人，接近〔19〕57年（276万人）。市内人口〔19〕60年273万人，现在242万人，与〔19〕57年相等。职工去年减18万人，今年减13万人，现在还有63万多人，比〔19〕57年还多3.8万人。已精减的职工，半数没有下乡。

（2）清仓核资，清出生产资料5亿，生活资料不多。全〔东北〕区清出生产资料42亿，生活资料2亿。

主要问题：（1）物资积压多，处理慢；（2）企业互相拖欠；（3）职工生活，有困难职工占60%，家庭〔人均〕收入在13元以下的占30%，10元以下占15%～20%。负债人数占35%。今年上半年同〔19〕57年比较，平价商品涨24%，其中吃的涨33%，加上质量下降，实涨50%。最低生活〔费〕：〔19〕57年11.71元，〔19〕60年14.43元，〔19〕61年16.82元。32%缺被，50%缺褥，普遍缺衬衣、裤。前两年拆旧翻新，以大改小，今年无旧可拆，无大可改。

财贸、市场：货币回笼9000多万元。财政收入上半年只完成36.6%，支出完成49.4%。市场供应情况有好转。

东北：根本问题是国民经济比重问题。城镇人口原有2500多万，现已减了300多万。小城镇增加不少。东北是个原材料的工业基地，量多而不值钱。突出的是穿的问题，天冷，多是野外作业（煤、木、油等）。不继续减人，无法维持。要把城市人口减至2000万人。（去年减城镇人口150多万人，今年减200万人，现在还有2200万人。）

工业亏损下降，商业亏损上升。去年全年工商业各亏3亿多，今年上半年工业亏一亿多，商业亏二亿多。盘点亏损30多亿。现在物资损失严重，车站附近堆满材料设备，没有方法保管，要狠抓一下。

市场用煤问题，临时工间［闲?］地，机关企业开荒问题。

武汉汇报

生产情况比去年好一点，煤电原材料供应有好转。副食品供应也比去年好些。纱厂主要靠自留棉（16 万担）。（七尺换一斤，还是五尺换一斤？五尺加一点其他东西。）

冷冻猪肉存了三千多万斤，运不出，每人每月发了四两，鸡蛋也多了，敞开供应还卖不完。发购货券后排队抢购大大减少，购货券只收回 45% 左右。六月份物价比去年 12 月上升 5.6%，比去年同期下降 3.6%。十八类商品基本稳定，十八类以外波动较大。基本问题还是商品供不应求。但有些能销售的东西没有收购。下半年供应问题可能很大，原因是农民进城买东西。

全市人口 246 万人（六月底），城区 217 万人。计划压缩 26 万多人，上半年已压 8.6 万人，进来 2 万人，自然增长 2.7 万人。去年到〔今年〕上半年减城市人口 20 万人。减人准备继续搞半年，一次完成任务，同时要进行安排。武钢上半年已完成全年任务四分之三，六个高炉上半年开两个，下半年只能开一个。锅炉厂的任务只及能力的 6%，因此月月发工资有困难。（全国职工 3200 万人，其中干部 1100 多万人，一干二工。）上半年减回街道 2.1 万人，下半年 3 万人，前两年 2 万人，共有 7 万人要失业。

粮食供应，〔19〕57 年每月 26 斤口粮，加其他 36 斤，现在口粮 24.3 斤，加其他 33 斤。问题是吃杂粮太多（大麦）。

积压产品，商业部门选购，不选购的允许自销。历史上留下来的积压产品降价出售，价格上有争议的先收购后议价。因原材料价格上涨而赔钱，决定谁赔（最好归商业赔）。次料次货不能降价。商业部门变质产品准许地方机动处理。手工业供产销恢复原有渠道。商业资金短缺。1960 年商业资金中呆滞资金占 40.8%。

工商关系：①有些计划产品商业部门不收购；②加工订货不如多用收购办法；③允许来料加工。问题要提高销价，影响商业部门收购，所以应当取得商业部门同意；④用部分产品换购原材料，经商业部门同意。加工出的产品仍归商业部门收购。允许用废料换原料。

协作：超产产品，计划以外产品，不收购产品，来料加工的产品，允许拿出一部分去搞协作，不允许不行，搞乱了也不行。

物资供应的问题是货不对路，调运工作要由商业部门解决。

物价：差价，一部分小商品因无地区差价，能下乡的不肯下乡。剪刀城乡差价只有7%〔?〕（批发0.97元，零售1元），小商贩运到农村出售，每把2元。要有适当差价，使基层商业不赔钱。有些商品批零差价也太少，零售商业赔钱。鲜活产品要有季节差价。

商业管理：改差额调拨为统一调拨，恢复原有商业渠道。

集市贸易：限定商品交易范围（蔬菜、野味、禽、蛋、水果、土产），只限于卖自己的产品和本市有证摊贩〔经营〕，自买自食，价格最多比牌价高50%，对菜贩审查登记发证，按规定价格出售，指定地点（菜市）。全市有菜市82个，市场管理委员会干部102人，开支可从市场收费解决。蔬菜上市量增加，价格平稳下落，比牌价平均高26%，多数高15%～20%，质量比国营好。鱼从2元降至6毛，鸡蛋从三四毛降至一毛。菜贩每月平均收入约三十元。这是有领导的自由市场。大米每斤六毛，小麦三四毛，豆二毛，粮票每斤三毛。油条一毛或五分。

要求：（1）房屋维修要解决，倒塌严重，主要缺木料；（2）修理服务业要给些材料；（3）增加公共汽车。

物价：上半年零售3.98亿元，比去年同期上升5.6%。吃占56%，穿占4.7%，烧占10.7%。凭票证供应比重上升。

零售物价指数上升，十八类〔商品〕基本稳定，十八类以外普遍上升。指数〔19〕61年137.5%，生活指数134.1%。居民因涨价每人多支出75.9%，〔支出〕牌价商品37元，高价16.8元，市价15.2元。今年上半年与去年同期比较又上升3.2%。副食品上升较多。十八类以外产品普遍上升，（与〔19〕57年比）工业品〔上升〕25%，副食品50%，饮食业40%，修理、陶瓷上升2倍上下。商业进销价倒挂，经营赔钱，全年要亏1500万元。

办法：基本不动，个别调整，必须调价的，逐步调整。工商业的价格要有赔有赚，不要都把赔钱放在基层商店。

〔王〕任重：减人、压销、紧缩通货，成绩很大，必须坚持下去。当然有困难，采取措施来解决。方针是完全正确的。工业生产抓得不够，可以搞得更好一点。商业不收购，质量有很大关系。集中统一下怎样搞分级管理，怎样搞得比较确当。工商赔钱，最好商业一个头赔。上下赔钱，最好上面赚［赔?］，不叫基层商店赔。调一点价，提高一点工资，使职工生活不下降，这样可以正常经营。价值规律在社会主义经济中起什么作用？要学会运用它，价格不能要高就高，要低就低。这是很大的问题。

广州汇报

第一季度生产比较正常，第二季度秩序有点混乱，生产下降，六月底又开始好转。群众经济生活比去年同期好。混乱原因：①对广大干部没有进行思想教育；②精简工作搞得粗糙；③反革命分子进行破坏活动。跑往香港的一万多人。

镇反运动中对群众进行教育，解决迫切需要解决的问题。

精减：城市人口〔19〕60年197万人，比〔19〕57年增30万人。〔19〕61年193.8万人，郊区100零几万人。职工〔19〕57年35万人，〔19〕60年65万人，三年增30万人。精减后六月止城市人口191万人。职工〔19〕61年减18.4万人，今年上半年5.2万人，去港、澳的去年二万多，今年又有一万人。目前失业的有五万人，失学青年七千人。（失业中有一部分家庭妇女。）

工业生产产值17.5亿（上半年），盈利比去年增加72%，亏损减少。问题：①原材料供应不足；②产品严重积压（1900多万）；③四项费用不够；④原材料分配要求条条分配，不要经省转发。

人民生活：市民口粮25斤（包括半斤饼干）。职工生活下降，工资降12.6%，物价上涨，物价指数〔升〕19.8%，生活指数〔升〕14.44%。一年每人多支44.69元。生活〔水平〕下降25.41%。要求：①每人每月半斤豆子；②增加渔轮；③十八类生活必需品不提价。

金明：群众生活能否有所改善，要看秋收情况。中南已减职工137万（半年），完成70%。压城〔市〕121万人，完成55%。职工下乡的75万人。压吃商品粮400万人。减人已安置好的70%～80%。城市失业安置，要在城市里解决，动员下乡有困难。办法，组织生产，小商贩要登记管理，办“劳动大学”（办农场）。

重庆市汇报

（1）压缩职工34万多人，下乡的25万多人。粮食少销1.3亿斤，少支工资1400万元。货币回笼，集市物价逐步下降。城市人民情绪比较稳定。压人：①不压老工人；②先减乡村来〔的〕工人，后压城市来〔的〕工人，后者要与街道联系，负责处理；③由职工民主讨论；④传达宣传要点，进行思想教育。

①压回街道的1.5万人，学生0.5万人，过去闲散人口3万人，共5万人；②工厂与工人有矛盾，工厂要多减家属，影响工人生活。全民退集体（服务、修理等业），亏本变赚钱。（已经退到〔19〕57年情况。）

（2）工业生产，上半年完成全年计划50%以上，但比去年下降14%，与〔19〕57年相等。亏本最多的是重钢，亏1700万元，全部亏损是4000万元。全年计划13万吨钢，上半年已完成10万吨。产品积压，原材料价格上涨，中转环节过多。为重钢协作的企业无活干。

（3）职工生活，街道工业有活就干，无活就散，不增加国家负担，可以把〔19〕57年前的经验和〔19〕58年以后的经验结合起来，这对困难户有一定的帮助。

中心问题：工厂要活（生产），工人要活（生活）。希望安排计划时候照顾特殊情况。

恢复城乡交流渠道。低对低，高对高，三类对三类。供销社经营。

西安市汇报

减人后劳动生产率显著提高。有些工厂仍然亏本，亏损额比去年增加。

精简职工，今年精简7.8万人，城市人口解放时不到40万人，〔19〕60年增到125万人。现在下降到□□万人。

市场问题：国营〔商店〕商品减少，自由市场商品增加。商品与购买力的差额缩小了，原因是挖了库存。现〔在〕根本问题是增加商品库存，控制自由市场。

自由市场开放有争论，反对的理由是影响物价、收购、社会秩序、弃农经商，赞成的理由是有利生产、生活、客观规律。批判限价办法，主张随行跟市，灵活吞吐。蔬菜上午价高，我低价出售，下午价低，我按价收购。破烂市不能取消，而应加以管理。二类产品完成计划以后上市难以区别。

提价问题

〔刘〕明夫 主张把十八类以内去掉。

〔□〕燕群 工业亏损面在逐渐缩小，全年可能 80〔亿〕~85 亿。自由市场三类物资也在降价，亏损面可能继续缩小。另一方面，职工生活显著下降，物价不宜再涨。布鞋有些规格亏本，有些规格赚钱，应当进行内部调整。明年购买力大体可以平衡。

供销社开展自营业务可以回笼货币，供销社进城不会增加职工负担，相反的会减轻职工负担。

提粮价、煤炭、差价三个压在一起，（棉区）影响如何，值得考虑。

姚〔依林〕 可以考虑编主要生活资料指数，按指数增加工资补贴。这样把职工保护起来。另一方面，农业生产资料不涨，把集体保护起来。对个体农民可以涨一点价。

邓洁 目前涨价面不要过宽，手工业也不宜过多涨价。在生产关系方面照料，比从价格照顾还好。现在商业部门包得太多，货不对路。供销社要进城，手工业要下乡。手工业合作社同基层商店要直接挂钩，鞋子应 40% 由收购站收购，50% 直接卖给基层商店，10% 自销（前门设店，后门设厂）。

姚〔依林〕 肉、鱼提高收购价格，国家多赔一点。国营农场的收购价也要提高。如果销售价提高，要按生活费指数调整工资。

发言要点①

对上半年工作的估计，成绩很大，缺点不少，成绩是主要的。检查财政工作，提出“当年平衡，略有回笼”方针和两个六条。五月工作会议缩短工业生产战线，裁并企业，继续精减职工，压缩城市人口。货币回笼 35 亿（比去年六月减少 14 亿），职工精减 864 万（7 月），成绩超过预料。进度快，就难免没有缺点。如工商企业、生产队，资金周转不灵，工人生活困难。要一面巩固成绩，一面纠正缺点。纠正缺点时候不

① 这可能是薛暮桥同志本人的发言提纲。

要把成绩也否定了。

市场物价情况，上半年也开始好转，表现为副食品供应、手工业生产、集市商品增加，物价下落，人民币的信用巩固起来，高价商品卖不出去。

但是，市场供应的困难还没有根本解决，也不能过分乐观。原因是我们掌握的物资还是很少（比去年同期减 10 亿元）。农民要等价交换，工人要改善生活，国家要“当年平衡，略有回笼”，企业要减少亏损，这几方面互相矛盾，都要照顾。

（1）从农民方面来讲，现在的交换方法不利于巩固集体经济，不利于粮棉等主要产品的生产。如何解决这个问题？①减少统购派购，能否保证工业生产和城市人民生活。议价收购要多发票子，仍要用工业品回笼。自留地产品不计征购；②提高一二类物资的换购比例，到 80%～100%。换购商品从哪里来？取消定量供应不行。减少城市供应有困难。把原来换购三类物资的工业品集中用于换购一二类物资，三类物资都要议价收购，多发票子，供销合作社不好办。两种不等价交换交替消长。

（2）从工人方面来讲，去年国家通过物价向工人抓了一把，自由市场又抓了一把。工人生活不能再低，必须有所改善。但物资从哪里来？（粮食、棉布、食油。）向农民多要不行，挤农村的供应给城市不行。多发票子不能提高实际生活水平。只能按照物资供应的可能，逐步改善。

（3）工商企业要求减少亏损。看来大部分要亏损下去，要求少亏一点。两种设想，一种是物价基本不动，工资也基本不动。一种是物价调整一点，工资也调整一点，后者稍稍多于前者。我倾向第二种设想。

改变市场情况（两种价格变为一种价格）的根本条件是农业生产的增长（3600 亿斤粮食，3000 万担棉花），商品供应量和库存增加（2500 万担棉花，回笼货币 100 亿元）。其次是还清过去几年没有实现的购买力，合理控制货币流通数量。（按现在国营商业价格，正常流通需要约为每人 12 元，全国 70〔亿〕～80 亿元。）在这基础之上做好市场物价的调整工作。

消费品提价方案有一初步意见。

农产品收购价格稳定在现在的基础上。

中央工作会议*

东北小组

薄一波同志 闹单干属于什么性质？对合作动摇现在是第三次，第一次是1953年搞互助组时期，要求四大自由。这是富农路线。1954～1955年大搞合作化，富裕中农哇哇叫，党内叫合作化搞快了，砍了二十万个合作社。批判后出现合作化的高潮。接着又有一次反冒进，到1957年解决了，恢复多快好省。1958年提出了总路线。1960年3月广州会议就有人提包产到户，去年有所发展。

把这四次情况加以分析，都是党外斗争在党内的反映，一次比一次激烈。每次批判以后，似乎都明白了。但一到气候土壤适宜，又会产生。今后在党遇到困难时候，肯定又会发生类似的问题。

闹单干的农民不是很多，但也不要把这个问题看得很简单，要在党内进行教育。

领导小组

政策要有利于生产，要检查政策执行情况。生产恢复究竟快慢？有人说要八年，估计〔19〕64年有些地方恢复得差不多了。东北（猪）明年可以恢复到〔19〕57年的水平（最高是〔19〕58、〔19〕59年）。积肥问题值得注意。

市场物价问题

东北情况：全年预计财政上有三亿赤字。集团购买力压缩2亿多，工资

* 为了给中共八届十中全会作文件准备，1962年7月25日至8月24日，中央政治局在北戴河召开中央工作会议。会议主要讨论了农业、财贸、城市等方面的问题。财贸方面，主要讨论了改进商业体制、市场和物价问题、粮食问题等文件。其中改进商业体制、市场和物价问题的文件在会前（7月19日）发至各中央局、各省市自治区党委、中央各部委、国务院各部委讨论征求意见（《中华人民共和国商业大事记1958—1978》，第321～322页）。会议由邓小平主持，毛泽东于1962年8月6日在大会发言。这里择要编选部分内容。大标题为编者所加。

上半年减少3亿。农业对重工业影响很大，没有一定的物质基础，重工业上不去，农业也要吃饱才能增产。

手工业有很大发展，三具（小农具、家具、炊具）和小五金敞开供应。

供销社正在开展自营业务，从典型材料来看，作用很大。支援生产，调剂余缺，打击投机倒把。

“高小冷”去年回笼货币10.5亿，每人平均15元，今年计划9.5亿元。服务行业也能回笼货币。

问题：（1）工业流动资金，有亏损、积压、互相拖欠等需要具体解决，商业盘亏报损、积压28亿，有用的库存只有10亿。

（2）购买力与商品差额原有14亿，供应小商品4亿，现在估计还差10亿。东北自己无法解决，要求中央帮助。

（3）职工生活很差，〔月均收入〕在13元以下的占20%（维持生活要有18元）。不吃高粱吃面粉，价高一倍。

（4）不准雇临时工，不准厂外加工，用技工去做简单劳动，城市失业无法利用。

对文件的意见，小商品上来了，主要商品上不来，问题仍难彻底解决。群众掌握了钱要买主要商品。解决办法：农业增产，经济作物增产。可以考虑经济作物区用定量供应作奖励。把奖励肥猪的粮食换棉花，再用布换肥猪。

东北搞个合成脂肪酸厂，石油中提石腊［蜡］，条件很好。

柞蚕要大力恢复，今年产14亿，最高产量曾达100亿，织布后每人可得24尺。

辽宁情况：“当年平衡、略有回笼”方针，在全国收效很大。在辽宁省，执行这个方针后，形势已有好转，农村比城市更好一点，城市也比去年好。今年蔬菜和“三具”基本上敞开供应。但是，本省能不能平衡，还有困难。票子做好工作，可以少发，财政上不能平衡，有2.3亿赤字。购买力今年比商品量大2.5亿，加上去年未实现的6亿，共有8.5亿不能平衡。

工业流动资金不能流动，原因：亏损没有报销5〔亿〕~6亿，产品积压4〔亿〕~5亿，拖欠几个亿。这些问题企业自己无法解决。商业15亿库存中，能周转的只有5亿。

文件中对农产品的收购政策要明确，棉花、烟叶等农产品收购去年已包了干，今年不要变。（棉花要购 16 万担，已包 14 万担。）

作为工业原料的农产品收购是否采取高对高的办法？采取换购办法。

一二类物资的换购能否固定下来。90% 统派购是不行的。最好是 60% 或稍多一点。不要变得太多。

有些农产品收购价格降得过猛。

黑龙江

农产品收购：（1）价格不宜过多变动；（2）缩小统购派购比例；（3）高价收购不如换购。规定主要农产品的购留比例。

换购奖售起了好作用。但定量供应不宜减少，能够敞开供应的小商品不要纳入换购。新办法未见效，旧办法勿丢掉。

供销社开展自营业务顾虑很多：（1）收购工业原料交给工厂作价问题；（2）怕自由市场跌价；（3）自营业务发展过大，怕影响计划收购。

等价交换、经济方法、价值法则，这些原则究竟如何实现？目前能做到什么程度？希望讲明白。

吉林

货币回笼一亿元，小商品生产增长，市场情况逐步好转。

“当年平衡、略有回笼”方针难于实现。财政收入完不成计划，支出超过，有四五千万元赤字。要求减少上缴任务。

价格问题，由于客观原因亏本，不准提价，以致工商都不积极，必须解决。

职工生活下降，影响劳动生产率。目前还在继续下降。原因：①物价上涨 35% ~40%；②就业面缩小；③家庭人口增加。

农产品收购不乐观。原因：①农村票子过多，每人平均约 30 元；②能够换购的商品太少；③收购价格有所降低。希望在现在的水平上稳定下来。

领导小组

过去一个是高征购，一个是吃商品粮的太多，省地县社吃商品粮的能减就减。地方少销一点，中央多调一点。

粮棉油是否上自由市场，供销社是否进城，各组要讨论一下。

五月会议困难可能讲得多了一点，也有好的一面，下了决心减人，两年工作一年可以完成（县以下还要减，县以下减得很慢）。因此少征158亿，少销208亿斤。回笼货币成绩很大。克服困难有信心，有干劲。

林业：（1）价格过低；（2）购留比例；（3）加工政策。

木材公司必须由林业部领导，否则破坏森林资源，问题很大。生产木材和经营木材必须统一起来。

（收购统一，市场供应也必须统一，只管收购统一，不管市场供应，不赞成。）（烧柴没有人管，必然破坏森林资源，劈柴供应也要纳入计划。收购归林业部，市场供应归商业部，不好办。）（市场供应的木材和劈柴由商业部供应，林业部按计划对商业部供应市场所需要的木材和劈柴。）

粮食是否开放自由市场？小范围地、有领导的开放，逐步扩大。东北情况，粮食少、货币多，危险性比南方各省大一点。全国是否必须一个办法，值得考虑。

供销社是否进城？凡是有自由市场的城市，都需要让供销社进城。

物价问题：具体措施没有贯彻发展生产，促进生产，发展流通。

全国可以“当年平衡，略有回笼”，东北地区还做不到，要加说明。

先写如何发展生产，其次写供销社和自由市场。体制问题可以不写。

盐和火柴的定量供应不能减少，应当敞开供应。

大力发展生产，巩固集体经济，稳定市场物价，安定人民生活。

有些价格上涨是人为的，如中间环节过多，层层加手续费，提高成本。

东北收购农产品，连定量供应在内，只能供应〔人均〕50元上下，除去定量供应，只有12～14元。等价交换无法实现。

物价政策四不利：①工人降低生活；②集体生产赔钱；③企业赔钱；④国家贴补。如何变成四有利？

缩小统购派购会扩大自由市场，这点值得顾虑。议价收购就多发货币，工业品换购又没有工业品，少收购又无法保证工业原料和出口物资。统派品种数量、换购办法，在现在基础上稍加改进。

市场物价问题

报告对生产观点不够，商业介于工业农业之间、生产消费之间，就市场论市场。如何为生产服务，巩固集体经济，以此为纲。等价交换问题，统购派购问题。这些批评对我们是鞭策。决定成立一个起草委员会，要一批评，二帮忙。

写一个商业工作的决议，修改商业工作四十条，修改市场物价报告。

集中统一不能放松，统购派购、自由市场要写活，让地区有机动。

林乎加同志（81 号简报）

市场物价中的主要矛盾已经揭发出来，无非生产下降，职工工资多，积累多，原因讲清楚了，问题是具体措施。工业的生产可以解决，农业没有解决问题，特别是产粮区。中小农具没有肯定〔给〕补贴。化肥分配应首先保证粮食生产。（茧、茶、猪补助化肥太多。）棉花奖化肥也多了一点。

产粮区生产队购买农具价格补贴，平价供应（要补贴 15 亿）。

重要产粮区国家投资贷款。首先保证粮棉油主要产地。要研究投资效果，不能按拖拉机来分配投资。南方水田区“有水一半收，无肥一半丢”。

换购不适合生产需要。不用货币作交换手段，而用实物作交换手段，不能解决适合生产需要问题。这是过渡办法。

对于计划经济和巩固集体经济不利，缩小统购派购会扩大自由市场，缩小计划经济。

奖励粮 5% 不取消。

要促进生产，就要有计划调整价格，从第三方案逐步做到第二方案。破坏生产无非是价格问题。提高价格就积极增产，也不需要换购。

涨价以后影响职工生活，相应地调整工资。

不用票证，而用价格政策指导消费。粮价低了，人民不节约粮食。

不运用价值法则，就要破坏生产。

包（多）、平（均）、统（一）、少、死。十八类有些可以不包，缩小包的范围。分配不能平均主义，照顾产区，照顾历史习惯。（对二两油意见很大。）

石英同志

文件对形势问题都提到了，具体措施，就事论事，只能如此。有些措施从更困难情况出发，现在可以不要采取，沿着这个路走，是可以解决问题的。

上海郊区巩固采取经济问题［措施?］：①购得多，留得少；②棉布、纸烟给得少了。按价值讲，上海做到等价交换，但主要生活资料少了，用小商品填补。

换购问题：①生产资料供应，1.5 亿；②定量供应，9 千万；③敞开供应，8 千万；④换购，7〔千万〕～8 千万。换购购东西并不比他处多。换购一靠政治，二靠经济，必须相辅而行。

缩小派购范围值得考虑。不派购，还是要换购。工业原料和出口物资必须换购，不能议价收购。

上海敞开供应城乡一致，购货券城乡通用。否则很难安排。

换购一部分单项奖售，一部分综合（发购货券）。城乡通用。

自由市场不宜于再扩大，粮棉油由供销社经营，不让商贩插手，不准长途运输，这样就行。小商贩没有一倍利润搞不了，管理紧一点就行。

划地为牢，工业品购货券与农产品换购成套。地区之间只承认货币，不能要求实物换购，不能同农民一样。现在外地来物资要东西交换，这是划地为牢。

现在形势变了，票子值钱了，农村许多东西卖出去有利，硬要换购，落后于形势。供销合作社必须用货币议购，而不能一定同物资换购。

批发按经济区，零售目前只能按行政区，因为定量供应。

缝纫机和闹钟要提一些价，现在敞开供应，几天就脱销，而且便宜了投机商人。变的幅度太大了。

缝纫机提价一倍（全年十几万台）。

十八类商品有些实际已经动了，粮食不吃大米吃面粉，每斤多三四分，人民又不愿意吃。

有些商品不赔也可以提（如缝衣针），上海提 115 种商品，共 6000 万元，每人平均 2.8 元。

纸烟是否普遍提一点价，还是两个价格。可再研究一下。

王火青同志

主要是东西少，工作困难。最困难的时期过去了，但城市困难还是严重。

物价政策，还是主要生活资料不动，少数调整。还需要拉住缰绳。要想办法多生产一些东西。票证勿再扩大，要逐渐缩小。火柴、食盐可以充分供应。

自由市场不能过份扩大。

王任重同志

东南局、省委讨论过几次，办法不多。自由市场在社会主义建设时期长期存在，但所占比重很小，应当占 15% 左右。作为国营商业的补充是需要的。有矛盾，但不能因此不要自由市场。有人说自由市场只有两年寿命，不同意这种看法。粮食在完成统购任务后可以上自由市场，供销社可经营粮食，但限于调剂有无，供应熟食业，国家不给收购任务。棉花不上自由市场，自留棉可以换布。

粮价购销倒挂是不合理的，应当拉平。可以考虑一面调整粮价，一面工资提高 20% 。农村粮食提价，棉花同时提价 10% 。提价提工资，看来势在必行，问题是在迟早，该下决心要下决心。

等价交换问题。对农民，①是征购多少，这个矛盾已稍缓和；②是等价交换。国家收购农产品 150 亿元，供应工业品 90 亿元，占 60% 。这是全国平均。主要粮产区的情况不是如此，换购加定量供应也不到 50% 。要尽可能多给一点东西，如棉布、化肥、竹木、桐油等。换购可发一点购货券，让农民自由选购。鸡蛋可以不派购了。

赵紫阳同志

两种价格逐渐接近的趋势，人民币值钱了，情况正在逐步好转，不必要作过大的变动。由于物价下降，投机商人把囤积的东西亏本出售。

同样不等价交换，粮产区吃亏较大。原因粮食奖售的东西少，统购的比例大。粮食要奖生产资料，首先是化肥。

缩小统购派购范围，不可能集中东西换购粮棉油。恰恰相反，不派购就要用更多的东西去换购。有些东西全国不派购，集中产区可以派购。

自由市场问题，统购派购完成任务后的剩余产品，应当准许进自由市场。一头死，一头活，农民愿意增产。自由市场只要供销社插进去，可以不乱。供销社在自由市场占领阵地，肯定可以战胜投机商贩。控制自由市场，一靠统购派购，二靠供销社，三靠行政管理。供销社占领阵地后，小商贩就要求安排，接受供销社的领导。

供销社经营方式：①议价收购；②换购；③来料加工；④代购代销。不论换购或议价收购，必须手中有工业品，不能单靠票子。

打破地区封锁，票证供应的打不破，敞开供应的和议价收购的可以打破。

把化肥从平均分配改为按征购数量奖售，这样可以保证重点产粮区的需要。也可以考虑今年奖售，明年兑现（或者明年奖售，预付化肥）。

物价问题

全面地、逐步地调整价格，以粮价为纲，逐步调整，争取二三年、四五年恢复正常的水平。

〔李〕先念同志

主席亲自抓商业，谈过几次话，要写一个决定，这是商业工作的一件大事。有了这样一个决定，可以使全党对商业工作的位置、作用有一致的认识，产生共同的语言，这对今后做好商业工作大有好处，对争取市场好转有重大意义。大家热烈拥护主席的指示。〔决定〕现在还没有搞完，还要共同努力，继续进行修改。

市场形势，随着整个国民经济形势的好转而好转。去年比前年好，今年比去年好，明年当然比今年更好。管财贸工作的同志对困难不会估计不足，有时估计过份。今年上半年形势好转之快，出于意料。如减人减了八百多万，货币回笼三四十亿，而且没有出很大的乱子，这是很不容易的事情。

统购派购不在名字，而在向农民要了多少。去年少购158亿斤粮食，这是一件大事，对提高农民积极性有重要意义。现在重要问题，看粮棉等农产品的收购情况。如果收购不好，回笼货币就意义不大。商业库存下降有两种情况，消除虚胖子是好的，主要商品库存不宜于再下降。

此次会议以后，全党抓生产，特别是抓农业，巩固集体经济，前途十分光明。当然，困难还有，是五风严重时期遗留下来的，前进中的困难。社会主义社会生产与消费也有矛盾，今年从购买力和商品量的总数来讲是平衡的，但主要商品不够。由于商品不足需要采取一些措施，这些措施都会有副作用。我们战略上要蔑视困难，战术上要重视困难。

社会主义时期总存在资〔产〕阶〔级〕与无〔产〕阶〔级〕的斗争。此次农业中刮单干风，就是阶级斗争。在商业中，要同投机倒把、贪污盗窃等进行斗争。要整顿商业队伍。

商业工作的决定第一稿已经发出来了，还是一个初稿，还要根据会议讨论意见进行修改。稿子中反映了当前的中心问题，应该说是个好稿子。首先强调“发展经济、保障供给”的总方针，重新提出这个方针有深远的意义。商业要促进工农业生产，促进商品交流，保证生产资料和生活资料的供应。过去虽然提过生产观点，不要因此认为我们的生产观点很强。

其次，巩固集体经济，发展农业生产，商业工作也应当通过购销活动来巩固集体经济。现在使我们不安的是，目前的收购政策，不利于集体经济，要想办法来逐步解决这个问题。

价格如何调整，大家承认现在价格不合理，需要逐步调整。有些不同的意见，可以走一步，看一看。在实践中会统一起来。

集中统一，分级管理，原则一致同意，如何具体作法？我们这里北京话多一点，地方同志地方话多一点。

准备加一章经营管理。

对第一稿有什么意见迅速提出，以便供修改时作参考。

十几年来，在主席和中央的领导下，财贸工作的方针是正确的，成绩是主要的，我们在执行中央的方针中，缺点和错误很多，但还是勤勤恳恳做了很多工作。人家对我们的批评是完全可以理解的，商业人员有些情绪也是可以理解的。经过讨论，取得一致意见，还是同心同德做好工作。

商业决定小组讨论

（1）城市应否开放自由市场未提，城市中的合作商店、合作小组、商贩也未提。

（2）统购、派购完成任务以后是否准许出售，要分开写。

（3）党委加强对物价工作的领导。

马明方同志

市场情况有所好转，还紧张，要搞得比较正常，要几年时间，比全国要后一点。原因重工业比重大，职工多，城市人口多，工资总额大，商品供应不足，货币流通量大。1962 年调出重工业产品 72 亿，农产品 8 千万，调入各种产品 11 亿，差额（出超）62 亿。

湖北省市场和物价问题*

武汉市物价情况

今年物资多了一点，货币有很大回笼，物价基本稳定，人心安定。农副产品购进增 17%。肉比去年增加，鱼蛋合计每人每月 1 斤，粮食 24.5 斤。半斤点心，半斤黄豆。

日用品品种少，质量差，供应不很紧张。过去从上海来，现在基本上自己供应。货币回笼 7000 多万〔元〕中，农村占 5000 多万元。

零售物价指数（八月）为〔19〕57 年的 137.5%，比〔19〕61 年上升 1.7%，第三季比第二季下降。油、鱼、肉上涨，粮价涨 0.9%（杂粮）。18 类以外商品比去年涨 25%，副食品涨 50%，饮食业涨 40%，水果涨一二倍，竹木器亦一二倍。今年继续上升，比较慢。

集贸价格大降，蔬菜〔降〕50%～70%，鱼肉蛋〔降〕40%～60%，

* 薛暮桥 1962 年 3 月任全国物价委员会主任。1962 年 12 月，召开全国物价委员会成立后的第一次全国物价会议，薛暮桥主持会议，并作关于市场物价的报告和总结报告（《薛暮桥文集》第二十卷，第 363～364 页），报告收入《薛暮桥文集》第六卷（第 40～52 页）。在此之前，薛暮桥曾赴湖北、湖南、广东调查了解市场和物价情况，召开了一系列座谈会，时间在 1962 年 10 月～11 月。这期间，于 11 月 5 日在湖南作《关于市场和物价问题的报告》（收入《薛暮桥文集》第六卷，第 28～39 页）。以下即为湖北省调查的记录。大标题为编者所加。

大米从 2 元降至 6 角，油从 12 元降至 3.4 元。

问题：（1）工商亏损，工业要求提价 50 几种，商业要求降价（出厂价）30 几种。农副产品购销价格倒挂的品种占 60% 以上，亏 2369 万元。工业品倒挂的品种占 18%。工业品允许赔钱的 48 种，共 1800 万元，实际比这大得多。手工业原有 1800 多品种，现在降至 1000 多个〔品种〕，原因主要是赔钱不愿生产。

（2）职工生活下降，工资降 8.7%（比〔19〕57 年），减人，工资总额从 4.6 亿降至 3.1 亿。生活指数上升 56.5%。这个矛盾如何解决。

两种价格存在，地方厂的成本高于中央厂，原因除技术落后外，地方原料多从地方供应，比中央供应价高很多。

工商矛盾原因，过去大购大销，现在讲价钱、讲质量，其次是过去生产的东西积压（一季度生产的东西还有积压），资金周转困难。再次是讲经济核算，大家不肯赔钱。

18 类物资〔价格〕比〔19〕57 年涨 6%，加质量为 9%。其他商品涨价很多。现在要少涨、慢涨，想不涨做不到。

市场情况好转以后，多数职工没有钱买，怨言很多。每人平均〔月收入〕12 元以下的占 30% 以上，连定量供应东西也买不起。

手工业产品降价约（审价前后）16% 以上，竹木、金属降 10% 以上，日用百货〔降〕6.8%。总的物价比〔19〕57 年涨 35%。涨价原因，主要是原料辅料涨价，占 70%，工资等占 30%。

纸厂赔钱，芦苇每吨 200 元。皮鞋赔钱，烤胶每吨 6000 元（比进口高两倍）。物价从上而下管，原料从下而上涨。根子是两种价格，根本办法是降低自由市场价格。

〔湖北省〕供销社（10.12 日）[①]

自营业务 8 月 12 日开始，当时粮食自发入市，熟食营业发展，价格低于高价糕点，所以市民容易接受。6 月初省委开放肉类、红薯、熟食、牲畜集市贸易。无证商贩增至 2 万多人，半数以上经营熟食。当时大米 1 元上

① 1962 年 10 月中旬。

下，面粉1元2角，蚕豆6角，油条2角。当时自营业务首先经营粮油等，打击投机活动。零售业务一部分经合作商店，一部分经自己的门市部。出售一部分工业品，设在货栈附近，价格约比自由市场低10%～20%（收购农产品亦低10%～15%），按收购金额供应。经营一部分饮食业，分三类，一为高价饭馆，要粮票，二为平价饭店，要粮票，三为不要粮票的食堂（217个），每两约高5分，此外还有私商搞的饮食摊。（孝感半斤米饭四角钱。）

夏粮已开放，秋粮（大米）未开放。自营业务面粉7角5分（牌价1角8分），大米7角（〔牌价〕1.8角），每天成交粮食3万斤，食油1万斤。

起了平抑市价作用，粮降40%，油降三分之一，熟食降一半，肉鱼禽蛋降30%～50%。活羊从2元一斤跌至4角。鸭去毛1元，与牌价相等。

两月粮食成交185万斤，食油50万斤。开始时，在集市贸易中只占40%左右，现在占80%左右。在成交量中，合作社收购量粮食占40%，食油占18%，此外为场内交易。

	粮食	食油
5～9月	660万斤	65万斤

（30，60，120，240，210〔万斤〕）

出售对象，熟食〔业〕70%，居民20%，外流10%。

行栈尽可能组织购销，自己少收购，上市不收落市收，高价不收低价收，否则就要亏本。

〔湖北〕省物价局（宋局长）

零售指数比〔19〕57年上升29.4%。牌价上升18%，高价〔上升〕2倍多，市价〔上升〕2倍多。今年是下降的趋势，第三季比去年下降2.75%。牌〔价〕升2.8%，高价降9.6%，市价降35.4%。城乡比较，城市涨得多一点，城〔市〕37.8%，农村27.5%。今年城市下降10.9%，农村上升4.6%。（牌价涨6.17%。）农村煤提价，地方产品提价。

农产品价格〔19〕61年比〔19〕57年升40.7%，一类31.88%，二类46.02%，三类57.61%（收购价）。物价局粮52.05%，副食品69%，土特产82.4%，中医〔药〕材117.5%，竹木29.8%，经济作物49.4%，畜产不变。今年基本未动，比去年稍低。121种中有几种降价过多。①这两年大涨大落（桑茧）；②质量差价过繁过简（蚕茧、木材过繁。药材过简，老少同价）；③全国平衡与地区特点如何兼顾；④地区间的矛盾，集中产区派购，分散产区议购，影响派购任务完成。议价高低不同，互相抬价；⑤议价收购多的地区，货币投放多，粮价高，湖北相反；⑥纸烟换烟叶，江西每担150条，河南100条；⑦天津纸厂收茅草，每担6元（原价6角）。

农业生产资料，大型价格未动，小农具涨价约一倍多一点。铁器涨50%左右，木器涨三倍左右，竹器两倍左右。手工业工资一般比〔19〕57年高一倍左右。经营浪费很大。经过整顿，可以降价20%～30%（竹木）或10%以上（铁）。

集市价格〔商品〕上市多，价格降。比牌价还高1.4倍，一类6.7倍，二类2.8倍，三类1.5倍。

农业生产资料（供销社），铁制〔涨〕79.7%，木制〔涨〕142.9%，竹制〔涨〕204.7%。平原比山区涨得多。今年稍有下降。有5%的品种平均提价20%左右，15%的品种降价30%左右。供销社库存小农具1100多万件，半数以上货不对路，质次价高。铁制农具基本可以满足需要，竹木农具还不够。竹木供应不足。

化肥进口赚钱，国产赔钱。农药购销价倒挂，经营赔钱。

供销社自营业务，（以去年12月为100）市价81.2%（三月），75.8%（六月），64.9%（八月）。肉类（八月）61%，手工业品68.4%，蔬菜63.4%，柴63.1%。涨得多的降得多，涨得少的降得少。粮食〔以〕七月〔为〕100，八月63.8%，九月60.1%。油八月82.2%，九月6.47%〔64.7?〕，肉豆蛋八月81.2%，九月69.6%。

议价原则：去年规定不得高于牌价一倍，多数东西收不到，今年许多地区规定低于市价10%～15%，有些不限制。用议价办法好，还是调牌价好，也有不同意见。粮食收购占上市量52.2%，〔占〕成交量62.2%，二类占上市量30.9〔%〕，成交〔量〕40.4%，三类占上市量3.8%，成交量7.9%。一类36.8%，二类30.5%，三类32.7%（上市量），成交量一类占44%，二类33%，三类23%。

自营价格，七月100，八月89.2%，九月87.4%。武汉自营价比市价低

14.5%（主要是粮食），高于牌价两倍多。（猪肉每斤2.5元，毛猪1.5元。）低于市价收购容易，低于市价出售困难，原因是当地收，当地卖，不是长途运销。

亏损问题：烧柴成本每担8元，销价3元，每担要亏5元。原因收价高，运价高，近山变远山。武汉市年亏三四百万元，全省五百万元，由供销社赔。

食盐、煤油亏本，主要运费上升，环节增多，迂回运输。全年约亏六百多万元。

桐油、蓖麻油亏本一百多万元（桐油要求从94元提到105元每担）。农药械亏150多万元。化肥尚不在内。中药材购销价倒挂，亏本一百多万元。以上合计约二千万元。

粮棉油价格：粮食收价为〔19〕50年〔的〕218.5%，为〔19〕57年〔的〕166.5%。稻谷〔为1950年的〕186.5%，〔为1957年的〕148.9%。油料220.6%，163.3%。棉花112.1%，100%。

粮价购销倒挂，销8.54〔元〕，购10.81元，倒挂2.27元。每年亏损1.2亿元（30亿斤，每斤4分）。农村亏2000多万元。

棉粮比价，〔19〕36年6.36斤，〔19〕57年8.65斤（大米），现在仍是8.65斤（销价）。〔19〕57年14斤，现9.56斤（稻谷收价）。

自由市场粮价〔比牌价〕高二倍至五倍，比初开放时降20%～40%。平原低，山区高，城市高。小麦低的3毛，高的5毛。

东杨岗

化肥6角，火柴（小）1.5角

黄糖3.4元，木柴5～6元

茅柴3元～2.5元，土布8角

稻谷3.6毛（大米5.5毛～6毛）

孝感专区

十县，北至河南，南接湖南。人口682万，农业人口526万人。耕地1027万亩，平年偏丰。产粮近30亿斤。

9月底止收购7亿多斤，收购任务除棉花外均可超额完成。商品供应比去年增加5%。铁器基本上满足需要，竹木器也比去年增加。

粮食从8月初到9月底上市810万斤，蔬菜上市量增20%，鱼禽蛋等增60%，小土产和手工业品增20%。物价从〔19〕58年后逐步上升，去年上半年上升最多，下半年起开始下降，今年夏收后大幅度下降。去年大米每斤2元，今年6角，小麦4角。去年市价比牌价高5~10倍，今年1~4倍，蔬菜接近牌价。猪肉每斤2~2.5元，麻油3元，都比去年下降一半。手工业品下降20%~30%。货币回笼960万元，流通量7400万元（年底9937万元），减2537万元。（〔19〕57年3000多万元。）每人约11元。地区差价缩小，投机商贩减少。城镇人口开支比去年减少20%~30%。吃的开始缓和，穿的更加紧张。主要矛盾从吃的转向穿的，紧张心理减少。

问题：（1）粮食开放后无证商贩增加，主要是熟食业，不比〔19〕57年多。

（2）粮食季节差价、地区差价很大，供销社插手后，可以调剂季节和地区余缺，进行城乡交流。目前库存粮食有400多万斤，油20多万斤。

物价情况：去年春白菜由二分涨到一角六，木柴从一元涨到十二元。投机商贩嚣张，称一元为一毛。今年困难户（职工）显著减少。去年小商贩称职工为一担萝卜的干部（萝卜每斤从四分涨到三角）。国家收购的农产品比〔19〕57年涨114%，比〔19〕59年涨68%。

今年烧柴从12元降至6元，手工业产品降一半左右，箩筐一担从28元降到15元（57年4~5元，7~8元）。粪桶〔从〕16元〔降到〕6元。鸡蛋〔从〕3毛〔降到〕1毛，猪肉〔从〕5元〔降到〕2.4元。

问题：（1）市价还相当高，特别是小农具，影响农业生产，农民不愿把农副产品卖给国家。

（2）比价，工业品销售升20.75%，农产品收购〔升〕42%，比价缩小15%。工业品中五金、化肥、农药、西药下降，手工业品增高最多。粮〔升〕48.1%，经济作物〔升〕52.7%。副食品〔升〕62.1%。棉花未增。种油自愿，种棉勉强。油增棉减。短途运费增加一倍上下。

奖售：粮食奖售太低。100斤烟叶30条纸烟，农民欢迎。超过任务的50条。但是不能兑现（中央规定晒烟〔奖〕30条〔纸烟〕，烤烟〔奖〕60条〔纸烟〕）。

〔孝感专区〕东杨岗

手工业归生产队管，〔手工业者〕吃粮归生产队，木匠上门劳动管饭，每天三元。自己劳动每天可得三四元，每月交生产队三四十元，买工分，按工分分粮分钱。铁匠个别的〔由国家〕供应〔粮食〕，一般亦归生产队，〔劳动〕每人每月可得一百几十元。

供销社全区职工 87 人，临时工 70 人，临时工自带粮食，工资月 30 元，补助 5～15 元。职工工资 30 几至 40 几元，与临时工差不多，〔由国家〕供应粮食。

油条〔店〕合营，现归生产队管。合营一个月赔钱，所以交给生产队了。

榨油（一斤芝麻换七两半油）、挂面也是生产队的，用买工分办法。轧花是生产队的。饭馆〔是〕生产队〔的〕，此外还有八家〔农户〕卖饭。

〔孝感专区〕涂巷区

全区 7 个公社，74〔个〕大队，696 个生产队。1.4 万户，55700 人。7 万亩，水田 4.6 万亩。产量〔今年〕计划 2600 万斤，实收 2450 万斤。去年〔收〕1800 多万斤。〔今年?〕征购入库 523 万斤。留种 250 万斤，饲料 60 万斤，口粮 1627 万斤，平均每人 300 斤差一点。

征购任务 605 万斤，调整为 464 万斤，已完成 464.15 万斤。已完成任务。包括换购 6 万斤，还有 5 万多斤尾巴。

烟叶集中产区，任务 43 万斤，已完成 34 万斤，可以完成任务。

棉花很少，任务 1 万斤，只完成 348 斤。

油任务 1.5 万斤，完成 2498 斤。估计有可能完成任务。棉花不可能。

生猪任务 1480 头，已完成 800 头。蛋已超额完成任务。

商业工作：供销社供应生产资料（1～3 季）14 万元，（二个月）生活资料 74 万元，收购 35 万元。合作货栈收粮 4.8 万斤，出售 3.2 万斤，库存 1.6 万斤。油 3400 斤，主要供饮食业。

问题：（1）弃农经商，东杨岗 87 户（街上 135 户）；（2）有银元黑市，市价 1 比 5；（3）商业人员质量低，不够用。未精简前 110 人，精简后雇临时工代替。

价格，肉〔19〕58 年 0.58 元，〔19〕61 年 6 元，现在 3.2 元。蛋〔〔19〕58 年〕2 分，〔〔19〕61 年〕3 角，〔现在〕1.5 角。鸡 0.58 元，4 元，3 元。小猪 0.4 元，4 元，2.2～2.4 元。木柴 1.1 元，8 元，4～5 元。烟叶 0.5～0.6 元，8 元，1.5 元。羊子不值钱，不愿养。

粮食任务内不奖励，任务外给工业品。任务内奖了不好分，干部私分。不如超额全奖。烟叶奖售东西超过叶价一倍多。最好供粮食、化肥，不奖或少奖纸烟。奖了纸烟都是高价出售。每担烟叶奖 70 条纸烟（不能兑现），还有 3 尺针织票，20 斤化肥。（黄陂无任务，收了烟叶去加工，制成纸烟又换叶）。〔牌价〕一斤烟叶 5 毛，三包纸烟 4.8 毛（每包 1.6 毛）。市价烟叶 1.5 元，纸烟 0.6 元，三包 1.8 元。

〔孝感专区〕城关市场

供销社除组织交易外，购存粮食 20 万斤，油 5 万斤。小麦 4.2～4.5 角，米 5～6 角，油 3 元。粮食每天可收 1〔万〕～2 万斤，油 8 千斤。猪肉 2.0～2.5 元，羊肉 1.5 元。县委准备购粮 200 万斤，供应春荒。供销社资金只能存 30 万斤。

红薯问题：今春种了 16 万亩红薯（每亩 1500 斤），农民要运武汉销售，我们怕外流，不让出，农民很有意见，怕霉烂，县里怕流出后粮食不够吃。

城关要求用工业品换购红薯，供应居民（一斤折六斤），省里还未答复，因为没有工业品。可以改变办法，供销社高价（六分）收购红薯，向粮店换粮食，粮店供应居民〔红薯〕。

应从全省考虑，粮价低处多收购，高处少收购或不收购，不宜处处收购，使粮价不能下降。现在各地都怕粮食外流，上市粮食全部收购下来，值得考虑。

云梦油每斤 2.4 元，孝感 3.2 元，云梦油向孝感流，专署要孝感不收购。云梦应当收购油来供应孝感。安乐〔陆?〕油 2～2.2 元，比云梦还便宜，大量流向孝感。

供销社相互之间不能互通有无，孝感不准到云梦去收油，省社又不能调剂（孝感社去云梦购油要价 3.2 元），只能高价收购。

鸡蛋〔每斤〕奖售四两糖，一匣火柴，农民很不方便，不如议价收购鸡蛋，把奖售物资按市价出售，供销社和农民都感方便。

古专员 棉花，①〔棉农〕口粮偏低；②收购价偏低；③化肥供应不及时。

集市：有些地区小商贩、手工业者吃生产队的粮食，有些地区吃国家商品粮，不可能吃高价粮食。原来经商的不能算是弃农经商。

孝感供销社资金都积压〔在〕粮食〔上〕（二三百万斤），要调剂〔给〕武汉思想不通，还有具体困难。

范专员 孝感提供农产品少，奖售物资也少，灾区要有照顾。

棉花要在收购后给化肥，明年扩大棉区面积没有化肥。（按合同供应。）

去年公粮也有奖售，今年没有奖售。

集市贸易问题很多，没有总结。没有解决的是各自为政。供应市场饮食业〔的〕粮食有60%可由自营业务供应，还能存些粮食调剂明年春荒。现在收购粮食可能拉住粮价，要统盘考虑。应当〔粮价〕低处多收，高处少收〔或〕不收。现在怕粮食外流，原因是对明年春荒有顾虑。一怕完不成国家任务（这已解决），二怕群众生活安排不好（这一条现在还摸不着底）。形式上不给武汉调粮，实质上在向武汉私流。需要进行有计划的调剂。

弃农经商问题比较复杂，贯彻十中全会指示后会好一些。城市疏散人口在集镇上占一部分，压缩粮食销量也使生产队经营商业。现要进行审查，登记发证。该搞商业的搞商业，该搞农业的搞农业。支部书记炸油条必然要放弃对农业的领导。

农业生产主要靠水利，电灌是巩固集体经济，巩固农业生产的有力办法。竹木蕴藏量有，问题是交通运输。

肉联〔厂〕：投资（基建）2000万元。

正常情况每月宰猪6000～7000头。

突击（三班）可到10000头。

〔19〕58年宰180万头（三季）。〔19〕59年宰90万头。〔19〕60年宰30万头。〔19〕61年宰15.8万头。今年可宰50万头。

〔武汉〕市商业局汇报

商业部门所经营的商品，本地产品所占比重上升，外地产品所占比重下降。但本地产品成本高、质量低，质量不完全适合市场需要。

十八类商品价格基本稳定，其他商品有升有降。提高 1697 种，平均提价 39%。降价 1277 种，平均降价 25%。提价 33 万元，降价 68 万元，相抵后少〔收〕35 万元（商品总额 2 亿多元），不包括高价商品。

批零差价缩小，零售商店亏本。有些工厂〔产品〕质量太差，成本太高，无法推销（如闹钟、自行车零件等）。原材料来源不同，价格悬殊。从各地购进商品有的价廉物美，有的质次价高。总的来说，价格相当混乱。

〔湖北〕省商业厅汇报

商业部门上半年盈利 1 亿，其中高价〔商品〕占 6 千多万元，平价〔商品〕3800 万，利润率 4.6%。〔19〕57 年〔利润率〕7.1%，〔19〕61 年 3.1%。今年 3800 万中有 2400 万为冷食和饮食，占 64%，去年占 49%。以后不行了。

亏损面占 22.2%，比去年小一点。

几年来轻工业有很大发展，当然比不上上海。如胶鞋、灯泡、塑料鞋底、拖鞋、缝纫机有很大改进。工业部门今年增产了许多工业品，对稳定市场是有贡献的。问题是：原材料供应困难，技术设备落后。

困难：（1）工业用布〔生产〕压缩四分之三，四五千工人将要失业；（2）针织品要全部停工。

工作问题：（1）对市场需要不摸底，一下子要得很多，一下子不要，工厂很头痛。（2）差额调拨制度打乱了原来的供销渠道，供销关系。（3）经营小商品积极性不高，原因〔是〕赔钱无人管，价格不准提。（价格如何管理。）各种不同花色要让批发店自己定价。（4）原料供应头头太多，有些无人负责，要求统一管理。

长沙市市价：

猪肉 3.6 元，食油 3.6 元，鸡蛋 0.23 元，红薯 0.12 元。

〔湖北〕省供销社

自营业务七月份开始，对领导集市贸易、占领阵地是有好处的。过去有交易所，作用不大，开展自营业务以后，通过行栈〔交易〕的占营业额的80%～90%。集市价格下降大约30%，投机商人有所减少。

问题：（1）为什么开展自营业务？目的性不明确，有单纯盈利观点，不从全局出发；（2）地区之间互相封锁；（3）自营业务有没有两面性？我们认为集市贸易有两面性，自营业务只有搞得好不好，不能说是两面性；（4）自营业务经营范围如何？应当同开放自由市场范围相适应，凡是开放的都应当经营。〔上市〕多收少不收，价低收〔价〕高不收。组织成交为主，自己吞吐为辅；（5）是否销售工业品，可以搞一点。

〔解决〕地区封锁三条办法：（1）强调计划性；（2）给一些工业品；（3）控制资金。还应增加一条，解决各地区价格、奖售、〔市场〕开关等矛盾。

（1）既要保证当地市场供应，又要服从全省全国统一调拨。

（2）对县对市都要互相照顾。

（3）资金分地方周转资金、省统一掌握资金，省的资金由省统一调拨，所收购物资也由省统一调拨。

供销社的收购任务要同自营业务分开，以免混水摸鱼。

现在自营业务自发性大，计划性小。省里还在试点阶段，县里已经遍地开花，〔我们〕指导思想落后于形势的发展。

省里钱已拨了，物资掌握不了，落个“人财两空”，受气不少（供销社三性——计划性、组织性、纪律性——不足，要求自由）。一家积极，两家（商、粮）怀疑，三家消极（县、镇、商贩），四不象（国营、老供销社、合作商店、私商）。有十几个省要求物资交流，供销社不敢答应，怕打乱国营商业计划。

供销社不能组织长途运输，主要是受组织编制限制。现在全省八万一千人（〔19〕57年九万五千人）还是摆布不开。

〔武汉〕市供销社

自营业务从八月开始，目前最大问题自己没有东西，既不能掌握本市的工业品，又不能吸收各县的农产品。最近各地封锁油，油价开始上涨。因为上市量少，落市价格不跌，进货销货同价，无法经营。货栈掌握货源，不能从本地进货，而要从外地进货。最近因油料收购任务完成不好，各地加紧管理，武汉无油上市，油价上涨（三元七角）。要不要、能不能维持武汉的油条价格？怎样维持。一个是由省社调些油给市社？省社自己没有东西。能不能由省社指定存油多的县社调出些油？县社要求物资交换。维持油条价格，先维持供销社自己经营的油条店。

有些地方猪肉、鸡蛋超额完成任务，供销社积压很多，又不准外调，影响资金周转。

现在货栈每天上市油千多斤，过去是万多斤，减少 90%。油价涨到三元七角。场外交易的油恐怕多于此数。

广东农民奖售的糖，运到湖北来销，每斤二元多，比高价糖（三元二角）低。

供销社能不能经营农民所得奖售物资？这有不同意见。根本问题是奖售办法。一个农妇卖鸡蛋得了 70 多斤糖，要求货栈收购，每斤三元，究竟收不收？

武汉市 250 万人口，供应饮食熟食业，按现在价格，全年需要 2500 万斤粮食，平均每人 10 斤（〔19〕57 年 40 斤），250 万斤油，平均每人 1 斤。

前一时期每天上市粮 3 万斤，不到需要量一半。〔上市〕油 1 万斤，可以满足需要。最近各地为着加紧完成收购任务，管得比较紧，上市量减少，完成任务后开放，上市量将增加。

新亚纸厂

国家供应原料 2300 吨，来料加工 4000 吨。纸交商业部门 800 吨，加工 1500 吨。过去原料由商业供应，成品亦交商业，去年下半年起因原料不足，接受加工，如水泥纸袋等，共有 56 户，包括县商业局、供销社、纸厂等。它们供给废纸，也组织〔供给〕一部分芦苇。来料加工出厂价高一点，如灰板纸调拨〔价〕734 元，加工〔价〕923 元。

芦苇每吨 150 元，来料 110 ~ 120 元，（每吨造纸 35 吨），还要外加 10 多元运费。〔19〕57 年平均 67 元，〔19〕61 年 116 元。稻草〔19〕57 年 44 元，〔19〕61 年 155 元，今年牌价 150 元。松香〔19〕57 年 503 元，〔19〕61 年〔上半年〕510 元，下半年 2100 元，今年上半年 1470 元。废纸〔19〕

57年202元，〔19〕61年281～394元，今年329元，牌〔价〕415元。牛皮纸〔19〕57年837元，今年1037元。加工收益31万元，自营亏19万元，盈余9万多元。（自营小赔，加工大赚，相抵后还有利润。）

省定原材料补差价，牛皮纸82.87元，现价1140元，成本1034元。灰板〔纸〕138元，861元，809〔元〕。办公纸15.68元，1515元，1473元。暂定价可以不亏本并稍有利润（9月10日开始）。但仍任务不足，实际还有困难。明年生产2500吨，需芦苇4000吨，省只能供给2500吨。

皮革联合厂

牛羊皮日产800张，年〔日?〕产皮鞋1300双，劳动力只等〔于〕设备〔能力〕56%。

成本，制革上升50%，制鞋上升40%。大体上与去年相等。上升原因，生皮占40%，工作费用6%，辅助材料10%（共上升56%）。

烤胶国产价高，比例增大（从3∶7变7∶3），涨价幅度较大，质量下降。烤胶占皮革成本的40%。

成本上升，销价大体未动，每双皮鞋亏本一元至二元。女鞋可以赚一点。25种产品赔的19种，赚的6种，相抵后亏十五万余元。武汉的成本，现在还比上海、天津、广州等低10%～20%上下。要求调整出厂价格，仍低于成本。

内销皮鞋亏本，外销赚钱，外销补内销，工业用品赚钱，又可抵补皮鞋。第一季内销多，亏本，二三季外销增加，可以不亏。皮革亏，皮鞋赚。亏本品种不生产，赚钱品种多生产。

南洋纸烟厂

外省烟叶愈来愈少，利用本地晒烟，只能生产三级纸烟。生产14个牌子，其中四个亏本，都是高级（甲乙级）烟。十个赚钱，利润率4%多一点。晒烟在本省系新产品，等级乱，水分多。

圆木生产

粪桶：〔19〕57年5.42元，现在7.51元，去年最高10.4元。杉木，

〔19〕57 年每立方米 70 元，现在 115 元。桐油，〔19〕57 年 0.56 元，现在 1.04 元。铁丝 0.66 元，现铁丝 0.74 元，铁皮 1.56 元。篦〔?〕9 分，16 分。工资 1.47 元，1.45 元。附加工资 0.7 角，1.1 角。利润〔19〕57 年 3 角，现在 3.4 角（〔利润率〕6%，5%）。税 2 角，3.8 角。

杉木〔19〕57 年前 30% 国家分配，70% 自购废料，每立米不到 60 元。现在买不到废料，所以进价提高。调拨价是〔19〕57 年 120 元，现在 140 元。

〔19〕57 年竹子多，现在竹不够，改用铁丝。

〔19〕57 年前店后厂，无出厂价与零售价，现在商业部门过几道手，（土产仓库、零售商店）要加一元。质量又没有保证（木未干就加圈），人代会批评两次。过去用户选购，次货不要，制次货的工人想法改进，现在好次货一起出厂，生产次货不负责任。

木材加工以后才卖给合作社，不但价格提高，而且规格太少，不合需要，浪费很大。木材由武汉物资局加工，为着综合利用。加工规格必须合于手工业要求。现在部分给圆木，部分给方木，尚未完全解决问题。

前店后厂的优越性如何保存，现在 75% 交商业部门，25% 自销，其中又有一部分交手工业门市部。中转一般要加 10%。

手工业品有些品种适宜自销（圆桶），有些适宜通过商业部门（鞋油），值得研究，〔现在〕适宜自销产品，也有一部分要通过商业部门分配。商业部门分配给零售商店，厂店直接交货，商业部门不应收手续费（现收 2%）。

剪刀（曹正兴〔牌〕，现改江汉〔牌〕），〔19〕57 年 5.28 角，〔19〕61 年 9 角，今年 8.83 角，上涨原因主要是机械和工资增加。铁和钢涨 15%，铁涨 8.56%，钢 6.44%。调拨价未变，主要是消耗增加。煤质量降低很多，消耗增加。现在由区分配，如果由市分配，可以解决。〔19〕57 年工资每〔?〕2.2 角，现在 2.66 角。平均工资〔19〕57 年 50 元，〔19〕58 年 60 元，现在 80 元（国营工厂 50 ~ 60 元）。附加工资过去 3%，现在 7.5%。

笆器，〔19〕57 年果篮竹子 1.37〔元〕，现在 3.35 元。工资〔19〕57 年 1.5 元，现在 1.25 元。费用〔〔19〕57 年〕0.38 元，〔现在〕0.27 元。〔19〕57 年出〔厂〕价 3.63 元，现在 5.46 元，去年 7.06 元。（零售一对 12 元。）主要是因原料涨价。一是因南竹不够，改用竹笆，价较高，南竹牌价未涨，但产地交货，增加运费，实际加了一倍。

南竹牌〔价〕未变，篙价（三类）提高，农民不卖南竹，劈成篙或竹片出卖。过去南竹周9寸，长24尺，现在周7寸，长18尺，过去老竹，现在嫩竹。过去每支1.2元，现在因加运费，平均2.3元。竹片每斤4～5角，〔折〕每支南竹12元。篙每盘（六支南竹）96元，每支16元。

木材也有这个问题，成材价高［低?］，锯成短材价格反而高。现在木材公司也不积极。

竹子，①所有制；②粮竹争地；③收购办法。能否规定派购任务，任务以外议价收购，使农民愿卖南竹，不劈竹片。

竹器价提高50%～100%，平均提80%左右。零售价更高一点，一般差10%左右。竹器自产自销部分较木器多。

商业部门，5个厂子生产6种剪子，商业赚钱4种，赔本2种。〔19〕57年生产90万把，供过于求，部分改制农具。工厂削价出售，没有利润。〔19〕57年〔出厂价〕每把0.54元，〔19〕58年0.56元，〔19〕59年0.595元，〔19〕60年初0.65元，10月0.6268元。销价0.65元。〔19〕61年10月0.903元（出厂价），零售1元。商业略有亏损。杭州同样剪批发价0.86元（武汉0.903元），温州0.54元，南京0.74元。武汉价已经偏高。

质次价高原因：工厂利润还有7%，实际11.3%。工赚商亏，应适当调整。原材料消耗大，管理松，偷盗严重。

上海蝶霜每瓶0.95元，汉口集市1.6元。本地产〔品〕质次量少，每瓶1.4元。

〔湖北省〕供销社主任座谈

沔阳 平原产粮区，过去十年九不收，现在十年十收。八月开展自营业务，经营货栈和食品加工。小麦全县0.35～0.38元，通海口0.22～0.24元。蚕豆0.30～0.35元，0.18～0.22元。大麦0.25～0.28〔元〕，0.16～0.20元。原因是通海口管理得好，四坊用粮由货栈在落市时代购，随价格高低进行吞吐，不准私商插手。别的地方四坊所用粮食由货栈供应，加手续费10几%，高于市价。（现在小麦全县0.4元，通海口0.35元。）限制粮食流向武汉，一天拣了十几万斤。湖南用南竹、杉木、桐油、棕片来换杂粮，主要是由供销社的货栈经营。问题：

（1）没有完成任务以前，群众自留地的产品，需要用钱，急于出卖，现在不能交易，实际上管不住。认为应当照顾，一条管任务，一条管投机倒把，不能绝对关闭。任务未完成，集体〔产品〕不开放，开放自留地〔产品〕。

（2）地区封锁没有解决，收了芝麻不准运出，运到武汉要换生产资料，否则不准出境。供销社不准出，农民私自出境。我们不搞，二道贩子就多。应该经过批准，准许运出。

（3）国营商业也去设立货栈，议价收购粮食等物资。八万五千斤吞吐粮中，国营占四万一千多斤，接近一半。国营也搞高进高出，同供销社抬价抢购。应该统一归供销社搞。（商业厅规定在县城可设货栈。）县商业局收粉条、莲子到广东去换胶鞋、糖精，未通过商业厅。

（4）牌价市价差距幅度，没有明确规定。（沔油 2.5～2.8 元。）不好掌握。

（5）人员编制不好解决。不开展工作不行，开展工作又没有人。小集镇的货栈人员不算编制，吃手续费，要吃商品粮。

宜邶〔?〕 粮棉土特产都有，也是较富地区。开展自营业务后价格回落，仔猪从 4.5 元降至 1.6 元，猪肉从 4.5 元降至 1.8 元，鸡蛋从 0.25 元降到 9 分一个，接近牌价。自营应以组织成交为主，吞吐为辅，促使物价下降。限制机关团体，不准插手，先供应居民和饮食业。自己吞吐目的是在调节物价。

自营业务伸到区为止，下面不搞。经营方式供销社自营；私商合作经营，供销社派人领导，盈利分成，共负盈亏；三是私商经营，自负盈亏。第二方式较好。

怎样打破地区封锁？①准许农民出境卖货；②行栈互相调剂；③开放市场。

恩施 山区，市价逐步下降，手工业品普遍下降，原因不是货栈，而是生产增长。主要采取换购办法，工业品是自己挤出来的。一尺灯芯绒换两斤桐油，一〔个〕月换了一千多斤。

二类物资未完成收购任务，货栈不插手，如苎麻、棕片、桐油等。估计可以完成任务的，对自留地的产品可以开放（集体、个人很难分别），暗放不如明放。

（一斤桐油，恩施用五寸灯芯绒换购。沔阳要桐油，恩施要三尺灯芯绒，答应二尺还不给。要求省社统一调剂。）

黄岗专区自由市场管得较紧，各种商品分口管理，如粮棉油归粮食部门，包括自营业务。暂时让它试一试。

湖南省市场物价情况*

〔**湖南省物价局?**〕

近几年物价上升，今年开始好转。货币〔流通量19〕57年9000万元，〔19〕61年底3.65亿元，市场上的东西很少。货币增加主要是退赔，〔19〕60年底只1.8亿元。轻工业、手工业很少，不生产市场需要的小商品。今年农业恢复，工业调整，货币回笼，最少时达到1.8亿元（八月底）。

今年牌价上升2%（三季度），主要生活资料〔价格〕基本上〔是〕稳定的。蔬菜〔价格〕下降，一部分日用工业品、小商品、小窑煤调高〔价格〕。

集市价格一季度（春节）未动，二季度大幅度下降，3月101%，6月74%，9月57%（〔以上年〕12月〔为〕100）。原因除货币外，二季度农村票子紧，生产队出售物资，地区流通开展，竹木农具在五月份集市价低于牌价。现在仍是下降趋势。九月底，粮油降63.3%，蔬菜肉鱼〔降〕40%～50%，竹木小农具降35%，烧柴降25%。木降少，竹降多。〔物价〕湖南仍高于其他地区，工资则低于其他地区。国营零售指数上升39%（比〔19〕57年）。广州上升4.4%，武汉17%，郑州23%。长沙蔬菜要从上海、汉口、郑州、广州等地供给（长沙物价三类，其他地区二类，武汉五类）。

---

* 1962年11月5日，薛暮桥在湖南作《关于市场和物价问题的报告》（《薛暮桥文集》第六卷，第28页），故湖南调查应在1962年11月初。

小商品（剪刀、锁等）价比上海高一倍，质量还差。外来商品收购货券，本地产品不收。今后湖南轻工、手工厂有被淘汰可能，现在已有许多产品质次价高的工厂停产。

湖南商业利润率在全国最高，去年11%多，今年还有10%多，广州是2%上下。轻工业、手工业一般也不赔钱，因此物价高了。

农产品收购价去年乱提，今年作了调整，98种产品价格比去年下降15.3%，比〔19〕57年仍上升42%。比价比去年合理了，但部分经济作物收价偏低，如棉花（14.7斤~9.7斤稻谷），烤烟（65元，低于〔19〕57年，但在全国仍是最高价）。

湖南种棉花亩产20~30斤，不如种苎麻，种亚麻亦不如种苎麻（亩产约120~130斤）。

桐油价偏低，应提到与茶油同价（桐油0.65元，茶油0.71元）。桐油、茶油种在山上，不与粮食争地，可以发展。

奖售，粮占18%，食油18%，棉22%，猪禽蛋18%（其中猪31%），畜产品50%，竹木9.3%，现在购猪靠生产队补贴工分或粮食，实际上是刮共产风。（购五留五这里行不通。）

松脂〔收购〕原价26元，今年降到18元，农民不愿出售，省委意见已同农民订了合同，今年收价不变（广东是主产区，收价18元）。

手工业品价格上涨幅度很大，比〔19〕57年涨1.39倍。其中农业生产资料上涨更多。棕制品1.65倍，竹1.15倍，木0.88倍，铁60%。上涨原因：①原材料涨价；②周转环节过多，层层收费。竹木牌价上涨30%，改到山区提货，加运费实际上涨一倍以上；③手工业工资提高，平均每月68元（常德专区），高的100~200元。铁匠平均102元。非生产人员过多。小煤窑每吨成本30多元，生产队办的只10多元。省里〔对小煤窑〕提价10元，实际上保护落后，而且卖不出去。有些必须减价。销售价分职工、非职工也行不通。

手工业局没有人管物价，省里所有物价规定无人执行，文件也不发下去，厂里根本不知道。手工业价格管一管，降价潜力很大。现在手工业浪费很大，纯利还在20%左右。有些手工业产品（竹器）集市价已低于出厂价。

明年出厂价格方针，凡是地方临时定价的产品应当降低临时定价，逐步接近中央定价。各工业部门要求临时定价不动，亏损产品还要提价。

毛猪二元二角，鲜鱼一元二角，稻谷三十五元，机米五十五元。

（长沙县砾口）

机米出售加15%差价，共六十三元三角，场外成交五十元。

〔湖南〕省供销社自营业务

去年十月成立，〔今年〕六月开始自营业务。县以上合作货栈75个，县以下900多个。饮食业354个。7月1日至10月20日收购（自营）总值3000多万元，其中农产品2500多万元，占集市成交额17%。购自生产队〔占〕51%，个人〔占〕49%。购进苎麻5000多担（180元一担），烤烟3484担（300多元〔一担〕），晒烟3000担（250元〔一担〕），茶叶1万担。粮5664担（不包括粮食部门议购数），有粮站处粮站收购，无粮站处供销社收购。销售2400万元，就地销售占61%，运销外地占39%。高进高出占75%，低对低〔占〕18%。来料加工〔占〕5%，代销〔占〕2%。

作用：①支持农业发展，支持集体经济。（议价优于牌价?）沟通城乡地区交流；（二类物资出省由省供销社经营，事实上未完全做到。）②巩固社会主义贸易在农村中的阵地，通过供销社的交易由7%，上升至17%；③在平抑物价方面起了一定的作用；④促进国家收购任务的完成（山区市价高，湖区市价低）。

问题：①有些社追求议购，不愿交售国家任务（50%～60%）；②到外县外省到处派采购员；③追求高价，不愿外调；④其他部门批评供销社高进高出是搞资本主义；⑤地区交流不够畅通；⑥高价收购，造成积压，省里正在研究如何推销积压产品。

今后原则：①坚持政策；②支持农业生产，巩固集体〔经济〕；③坚持统购派购；④稳定市场物价，打击投机；⑤集中统一，服从指挥。

纪律：①不能向未完成任务的生产队收购；②不准盲目追求利润；③不准到外地向农民收购；④不准抬价争购；⑤不准用国家奖售物资搞自营业务。

统一领导，分级管理：粮油当地市场供应由基层供销社负责，全县全省调剂由县省社负责。二类物资出省由省统一管理。议购物资可以规定上调任务，价格协商。

〔市价〕较年初下降 42.9%，较上季降 14.1%，较上月降 8%。（市价）较牌价高 1.24 倍。

〔收购〕一类占 14.8%，二类占 33.7%，三类占 51.5%。

长沙市供销社

今年 1～8 月农副产品收购较去年增加，猪增 4.3%，禽〔增〕45.8%，轻手工业〔增〕10.4%。自由市场上市品种增加，成交金额 1～9 月 1750 万元，比去年增 184%。蔬菜降价 51%，肉食〔降〕31%。管放界限还不明确，时紧时松，投机不少，无证经营约有七千多户。

有些基层社到外省经营长途贩运，在各地区之间进行投机买卖，如到广东贩运走私进口胡椒、糖精到长沙高价出售。

供销社经营什么？活动范围，应有具体规定，什么管，什么不管。

集市价等于去年 9 月〔的〕44.6%，今年 8 月的 92.4%。平价糕点、冷饮、饮食业降价，营业额有增加。蔬菜、禽蛋、干鲜果、鱼肉市价比一季下降，鱼肉禽仍比牌价约高三倍。

自营业务逐步发展，主要经营干鲜果和生猪。原来有些不定量按计划价格供应的商品（如干鲜果），现在事实上已都按自营价格供应了。

长沙县生产队的余粮都分给社员，生产队无东西议价出售，以致没有资金，向社员〔借〕高利贷。个人余粮不肯卖给国家，农村中用粮食代人民币进行交换。（收益分配中生产队得的是货币，社员得的是实物，干部也得好处，湖南产粮区大多如此。）

生猪派购问题，派购猪变成救济缺粮户的办法。一头派购猪生产队奖谷 200 斤，还有 300 个工分（可得 240 斤谷，合共 440 斤），还可以从国家大约得 100 斤奖励粮（斤猪斤谷）。结果交售的还是不到 100 斤的瘦猪。有条件养猪的反而不准养。有的生产队干脆送一头派购猪给 400 斤谷。（奖售一双胶鞋，5 尺布，3 斗煤油，斤猪斤谷，二斤粗糠，二斤饼。）

（谷 35 元，米 55 元）粮食价高〔是〕人为原因：（1）粮油交易所只准在交易所议价收购，不组织成交，当地供销只准向粮店买，不准向农民买。卖给供销社 15% 差价。买卖双方都对交易所有意见。现在交易所成交价 55

元，黑市50元，农民仍不愿上交易所。议价实际上是第二牌价，这样做的原因怕粮食外流。

（2）猪派购只派给困难户，一般农民没有交售任务。自营业务当地收购，当地供应，基层供销社90%是搞杀猪卖肉。供销社价高，农民都把猪卖给供销社，不愿自杀自卖。湖区收鱼每斤1.2元，也使长沙鱼价不能下降。（农民每人每年平均吃肉20多斤。藕市价15元一担，供销社收购17元，外贸收购27元。）

（3）蔬菜价高还赔本。小贩菜质量好，市民不愿买〔供销社的〕，放又不敢放，说是放弃社会主义阵地，国家赔200万元，市民还不满。工商局、供销社都主张放，市委不准放。

（4）手工业品价高，地方工业质次价高，要保护地方工业有困难。

〔湖南省〕粮食厅

粮食自营业务尚在试点（上〔了〕十个点），办法亦不一致。省考虑以县为单位完成任务后开放。完成任务的公社和生产队缺少资金时也可议购。已经开放（产销见面）的全省只有六七个点，长沙有两个（东山）。此外为议价（挂牌）收购，只购不销。十月十五日止已收粮六百多万斤（湘潭占五百万斤），油十四万多斤。集镇上管了，农村中事实在交流，估计已交流二三亿斤。

湖南粮价同湖北、广东、贵州等地持平，广西略低，江西很高（稻谷每担七八十元，湖南三四十元）。湖南向江西买小猪，五斤谷换一斤小猪。

收粮六百多万斤中，供销社只占七十多万斤，主要是粮食厅收购的。油十四万斤中供销社占四万三千斤。分工，有粮站处由粮食部门管，无粮店处由供销社管。各地情况也不一致。粮店理由保证收购任务，人民生活安排，供销社理由可以高进高出，经营品种多。

开放余缺调剂处粮价下降，只购不销、不产销见面处不降。原来政策产销见面，调剂余缺，实际执行只购不销。

归［桂?］阳议价只占29%，谷价从50〔元〕降至44元；安乡议价占94%，谷价从28元涨至30元；长沙议价48%，〔谷价〕从35元降至34元。

在会上讲了这个材料，批评只购不销思想。湖区谷价低时只有25元，指示下达后提到30元，有些地区仍只27～28元。有些地区因政府提价，农民看涨，不愿出卖。湘阴从27～28元提至34～35元，后又提到47～48元。有些地区怕外流，故意提高粮价。

座谈会中专区主张专区范围以内余缺调剂，县主张县范围内调剂，区主张就地调剂，反对外调，说外调就不积极收购。省要求在省范围内调剂。

各地粮价（谷子）低的30元，高的60元，一般40～50元，最高70元，最低25元。

粮食厅同供销社抬价抢购，同一地区，粮店28元，供销社30元。毗邻地区抬价抢购情况更多。

湖南财办

市场情况正在好转，最困难的是去年。今年票证还在增加，二季度起情况逐渐缓和，一季比一季好。

社会商品零售额比去年下降，其中高价增加。集团购买力压缩较多。农业生产资料供应减少（直接向生产者购买）。一至九月零售额15.9亿，去年同期16.9亿元。其中高价2.04〔亿〕元，去年1.34〔亿〕元。平价13.86〔亿〕，去年15.58〔亿〕元。农资去年2.1亿，今年1.8亿元（不包括手工业自销）。

集市贸易1～9月成交4.6亿元，去年同期3亿。一部分购买力转向集市，加上集市贸易，零售额是增加的。

国家商品收购〔是〕增加的，工〔农?〕副产品增加较多。1～9月农副采购4.65亿，去年同期3.43〔亿〕元。12种主要产品增加的有10种。减少的是棉、麻（十月棉花增多）。工业品收3.89亿元，去年4亿元。百货增加，棉布减少。

计划供应商品开始减少，有些商品可以敞开供应，小商品增加很多，可以敞开供应，但质次价高。

货币回笼，流通量减少。1～9月回笼1.52亿元。〔流通量〕从3.65亿降至2.12亿元。预计年底约为2.6〔亿〕～2.7亿元（人口3500万人）。货币〔流通量〕历年低于全国水平。〔19〕57年为9000万元。〔按〕目前物价和生产水平，正常流通量约为1.8〔亿〕～2亿元。商品流通量22亿元。

库存无货可控，9月底11.8亿，比去年同期增0.4亿，比年初略减。

集市贸易商品上市增加，供应群众生活起了补充作用。价格是下降的，但比较乱，工作跟不上。比牌价年初高2.28倍，现在高1.22倍。9月比年初降40%。

整个形势是在好转，商品仍然不足。吃的从自由市场得些补充，有所缓和，突出的是穿的问题，一下解决不了。

问题：（1）集市贸易解决问题不少，但仍是乱。秋收后集市贸易有所发展，所占比重增加，有些地区占到一半。品种超过容许范围，粮棉油都有上市，纸烟、肥皂、毛线、胶鞋等也不少。二道贩子增多，长途运销增多，无证摊贩增多，益阳市通宵营业。

（2）山区（林区）物价高，货币多，不能回笼（销售高价粮、高价工业品）。

统购派购4.2亿元。定量供应1.5亿元，换购0.9亿元，统销粮等0.6亿元，合共3亿。农村两种不等价〔交换〕如何解决。

奖售办法明年如何，要早决定。外贸换购〔奖售比例〕高，能否由省统一平衡，有些可以议购，把奖售物资高价供应。

城市自由市场开放后，国营饮食业〔食品〕卖不掉，手工业产品也被农村手工业品挤掉。有必要控制自由市场比例，比例如何规定。

〔湖南省〕物价情况

总指数（1～9月）比〔19〕57年增41.1%，比去年同期降2.8%。国营牌价比〔19〕57年增30.9%，比去年上升4.2%。主要是副食品，比〔19〕57年升45.9%，（蔬菜39.7%），日用小商品升51.9%，燃料33.2%。高价商品上升2.8倍，集市上升3倍（全省）。

长沙市（1～9月）比〔19〕57年上升50.25%，牌价升39.1%（副食品49.75%，其中蔬菜40.35%，肉类73.6%，水产64.5%，杂品61.38%）。高价商品上升2.13倍，市价〔上升〕3.7倍。

长沙市同外省比较，牌价（19类商品〔平均〕）12.48〔元〕（〔19〕57年），15.22〔元〕（〔19〕62年），北京14.3～14.6〔元〕，广州14.14～

14.58〔元〕，武汉 13.76～14.09〔元〕，郑州 13.9～14.76〔元〕，南宁 12.52～14.2 元。

市价（12 种，肉、鸡、蛋、鱼……），长沙比上海高 13.4%，比广州高 13.9%，〔比〕武汉〔高〕15.1%，〔比〕南昌〔高〕31.5%，〔比〕贵阳〔高〕28.2%，〔比〕桂林〔高〕20.8%，〔比〕柳州〔高〕24%。也主要是蔬菜〔价〕高了。

原因：（1）工业企业成本高，价格高（香皂上海 4.2 毛，长沙 8 毛）；（2）商业利润较高（12%～13%）；（3）市场管理没有跟上。自营业务促使粮价上涨，湘阴原 2.5～3 毛，收购 3～3.5 毛。生猪原 2.8 元，合作社收 3.2 元。

〔湖南省〕粮食厅座谈会

市场情况，秋收后生产队和农民纷纷要求出卖粮食，当时征购尚未完成，生活尚未安排，不敢开放粮油市场。部分生产队已完成任务，又迫切需要钱花，可以由粮食部门议价收购。先搞试点。

执行情况不一，湘潭比较普遍，有些地区试点，有些地区未搞。衡阳专区基本完成征购任务，但仍不敢开放，不敢议购，要等生活安排好后再放。全省只议购了 600 多万斤粮食，单湘潭地区就收了 500 万斤，其他地区很少。湘潭也只议价收购，没有真正开放。

实际上群众自己已经开放，从今春起农民自己调剂余缺，粮食流动很多。当时湖北、江西粮食流入湖南。当时农民用衣被换粮渡荒。现在主要流入城市，城镇熟食业大量增加。有些生产队（4%～5%）把口粮也卖掉了。（明年春荒拿出二亿斤粮食投入自由市场，多得的钱救济困难户，比统销好。）七个点上市粮食 49 万斤（半月到二十天），成交 53%，其中国家议购 31%，群众调剂 65%，兑换品种 3%。出售粮食的生产队占 39.4%，社员 55.4%，商贩 5%。卖粮后用途：购生产资料 45%，购猪 20.8%，其他……购粮者，缺粮农民 47%，集镇居民 13.9%，职工 2.27%，饮食业 15.1%，商贩 14.3%。（不包括国家议购部分。）岳阳有个副大队长购粮八千斤囤积，已经没收。也有坐庄收购，远途贩运的（调出的已予以处理）。

讨论结果，认为粮油市场非开放不可，不开放农民自己开放，与群众对立。（去年公社、大队自筹粮12亿斤。）开放有两面性，要管理。集市价以粮价为中心，粮价不稳影响整个市场价格。

经营方针：从“调剂余缺、平稳物价、支持生产”出发。批评只准自己收购的思想，只购不卖会促粮价上涨。目的不是国家多拿粮食，而是为着调剂余缺。（这个工作做好可以减少明春统销。）如何吞吐，学会做买卖（湘阴提高粮价到4.8毛，收购500万斤谷子），不应提价抢购。原则上市少时不收，必要时吐一点。上市多销不掉时收购。涨价时不收，下跌时可收。开市不收落市收。秋收后主要收，春荒时吐。

粮食产量（集体）180亿斤，征购44.5亿斤（原粮），口粮380斤。

过去强调行政管理，现在看到必须有经济措施，即调剂余缺。不是独家经营，而让产销见面，群众相互调剂。支持供销社熟食业。可否经营高价“周转粮”，高进高出（同价进出）。议价收购〔的〕粮食50%给供销社进行调剂（饮食业和换购生产资料），50%调剂当地市场。（杂木归供销社经营。）

过去统销，农民争多，真缺粮假缺粮很难区别。今春“借销”，春借秋还（还了30%～40%），比较好一点。明年考虑除重灾区外，高价销售，多得的钱对困难户贷款或救济。（重灾区、经济作物区统销粮仍平价。）

粮食厅经营自营业务，资金没有着落，粮食部不给资金，编制也有困难。

〔湖南省〕供销社座谈会

12个地区基层社，有山区、湖区、平原地区。总的看法，农村集市贸易比城市好，活中有乱，活是主要的，有些地区〔问题〕比较严重。（七多，两定，市场稳定、人心稳定。）

活的方面：（1）上市商品品种增加，八个点九月份上市人次有37.9万人，比去年同期增176%。商品340～350种，比去年同期增70%。总值119万元，比去年同期增85.5%，〔其中〕生产队占20.4%，个人56.8%，手工业企业7.6%，合作商店小组14.9%。成交103.9万元，比去年增89%，〔其中〕农民互调38.3%，国〔营〕供〔销社〕收购14.5%，合〔作〕商〔店小组〕8%，手工业企业3.8%，机关团体居民30.9%，其他4.5%。

（2）市价逐步回落，十二个点统计，九月比去年同期降 46%，比〔开放〕初期降 48.3%。猪肉〔价〕比去年同期降 42.7%，鸡〔降〕54%，蛋〔降〕51.5%，鱼〔降〕46.9%，菜〔降〕51.3%，仔猪〔降〕41.6%，烟叶〔降〕64.1%。

（3）物资交流比较活跃，建立了三十六个交易所，开展代购代销。土特产品扩大销路，特别是竹木棕农具，国家供应只占 30% 左右，群众调剂占 70% 左右。买卖双方均较欢迎。

乱的方面：（1）统派购物资流入市场，不准上市的上市了。如湖北来的皮棉，熟食摊贩很多，品种多，数量多。工业品也上市，如香烟等，布票(有一副县长偷几千尺布票出卖)。

（2）无证商贩增加，比去年同期增一倍，其中集镇居民占 1/3。被偷棉布 38 万多尺，有内偷，有外偷。

（3）合作商店、小组违法乱纪，有的合作社利用他们套购国家东西。(〔以〕工矿贸易商店名义套购并派汽车送去。)

（4）社会主义商业内部亦乱，进行投机倒把，同私商合作贩牛，杀猪卖肉（八元一斤）。用国家粮食养猪卖高价。

（5）机构不纯，工商联主任任市场管理委员会主任，委员会无专职干部。

供销社业务经营，粮食两家搞，粮站占三分之二，供销社占三分之一。有粮站处粮站管，无粮站处供销社管。有些只买不卖，互相封锁，抬高价格。有些单纯盈利观点，有利就干，投机贩运。

经济领导，搞主要品种，〔搞〕影响市场的东西，根据自己力量，稳步前进。不要挤农民〔的〕自己调剂，小本经营。价格低时收购，高时不收。

一二类物资〔由〕省统一调拨，三类物资由县自己经营。成批物资外调都要经省批准。零星私自贩运的也有，数量不多。

桔子市价与牌价相等，外贸派购奖售，派购 100 吨中合格的只有 40 吨至 50 吨，不合格的奖售化肥不能兑现。可以考虑停止派购，一律议价收购，出口由供销社保证，奖售物资由供销社支配，换购其他物资。

收购一头猪，斤猪斤粮，五尺布，三斤煤油，一双胶鞋。煤油奖得太多，农民用不了，无处贮存。胶鞋也不缺了。

广东物价情况*

〔广东省物价局?〕

生产资料，中小农具价格，〔19〕60 年以前比较正常，〔19〕60 年冬以后抓数量，质次价高。〔价格〕与〔19〕57 年比上升 50%～80%，铁〔制农具上升〕20%～30%，竹木〔制农具上升〕一倍左右。质量差得很多，数量也只满足需要 70% 左右。生产方面，手工业工资偏高，费用、利润偏大。

措施：①改进原材料供应办法，供应小农具的原料改归供销社分配（原归手工业局）。好处供销社了解市场需要，集中供应名牌产品。手工业局分散供应，维持落后工厂。加强原材料的管理，做到专材专用，按牌价供应。

②整顿出厂价格，利润 3%～5%，过高的降下来。工资、费用高的也要降下来。加工、购销两种办法都可以采用。

③整顿销售价格，对商品粮食基地（14 个县）一律恢复〔19〕57 年的价格，亏损由省财政补贴。对其他地区稍高于〔19〕57 年的价格，一般按稻谷折算大约提 23%。明年准备补贴 2700 万元。

④加强质量管理，供销社可以选购，不收的让手工业自销。原料也允许挑选，可以拒收不合用的原料。建立产品验收制度。

⑤加强价格管理，小农具一般就地生产供应，不宜都集中到省来管。原则上归县管，不宜于再下放。修理费用偏高的也要调整。现在一个工收费 5 元，最高的达 10 元，很不合理。

手工业者自己组织原料的允许议价自销，国家供应原材料的加工收购。

国家只包集体，不包个人，产品限于国家规定的二十四种，其他部分不包。包的部分平价供应，国家补贴。

本省生产的化肥、农药、磷肥、氮肥成本高，计划亏损，明年单过磷酸

---

* 根据以上湖北、湖南情况，广东调查应该是在 1962 年 11 月间。

钙就赔960万元。碳酸氢氨成本600多元，出厂价300多元，赔一半。氨水成本200元，略有利润。农药也亏本。

排灌电费，22个县市用水电，其他用火电，水电每度7分，火电每度7~15分。明年水电5分，火电7分至1毛。每亩用电20~25度。每亩约2元。柴油机排灌每亩4~6元。

机耕每亩每年（两次）4.4~5.5元，〔19〕58年下放后平均到8元左右。

工业产品成本：

中央定价产品174种，已执行中央定价的97种，其中有利润的33种，亏损的64种。另定临时价的77种。实际生产的约41种，其他停产。这41种比定价高8%~300%，〔高〕50%以上的24种。主要是冶金、燃料、化工，〔19〕58年以后新建的工厂，生产不正常，吃不饱。计划产量今年只占设备能力三分之一。

成本变化：今年上半年与去年同期比较，（30几种）成本降低8.15%，利润率从10.2%上升为13.8%，亏损面从37%缩至28%。佛山1~9月有300多种产品成本和价格下降。省有73种调价，有调高，有调低。

凸版纸省定价1500~1600元，中央规定1200元，不准另行定价，很难执行。

中央手工业局调拨钢材收费太高，手续费15%，现已降低。收2%就够了。

〔广东省〕供销合作社

一月份自营业务试点，三月普遍开展。粮、猪国营、供销社都经营，其他归供销社经营。供销社收购计划外产品，以议价收购为主，换购为辅（过去一类不议价，二类换购为主，部分议价，三类主要议价）。有赔有赚，总的要赚一点。供销社可以议价出售一部分工业品。议购原料可以向手工业加工，议价出售产品。

四种形式：①议价收购，又分合同收购和临时议价收购。议购价格，一种是只要低于集市价就可收购，一种是规定低10%~30%，一种是由县规定具体价格（行不通）。上市多〔的〕管〔得〕紧，〔上市〕少〔管得〕松；主要商品紧，次要松；收购季节紧，完成任务松。（三紧三松。）

②换购，单项和综合。有按牌价换购，有高价换购。自营业务单项换购不如综合换购，综合换购不如议购。

③来料加工，收加工费，或用成品换原料，如用豆换豆制品，烟叶换烟丝，粮换酒。

④代购代销，收手续费0.5%～5%。

计划外产品销售价按进价加费用、税收和合理利润，利润率最高不超过5%。有的达到10%或15%，远销更高。计划外供应化肥不宜高价，只能换购，否则农民借口要求提高粮食收购价。

两家收购往往发生抬价，邻区抬价抢购，这个问题尚待解决。办法：收购都要通过货栈，一头对外。上级收购必须通过基层社。换购标准力求一致，不能比计划内高得太多。

供销社计划收购和自营业务各占一半。1～9月自营采购2.2亿元，占总农副品采购69.6%。均按收价计算，实物量自营比计划少。

集市价格：〔19〕60年底至去年底稳中有升，1～4月普遍上升，5～7月大幅度下降，8～10月稳中有降。海南猪肉9.6〔元〕降到3.8元，生油8.6～5.6元。文昌鸡6～2.5元，大米1.5～0.6元。番禺18种产品一月100，三月110.8%，四月113.8%，五月比一月－8.17%，七月－35%，八月－41.1%，九月－41.23%。全省比去年底降30%几，比四月底降40%几。

问题：地区封锁没有完全打破，有些县规定供销社调出物资要经县委批准。林业局不准运出木器。生油湛江2.5～3元，广州6元。

粮食市场：谷70～80元，开放后50～60元，现在30～40元（番禺），阳江20多元。九月底止上市稻谷74万多担，成交64万多担，议价收购25万担，换购25万担。

桐油从外省调来，外省提价，经营亏本。需要提高销价。

〔以〕二月市价〔为〕100，八月降41%，肉蛋降40.8%，水产〔降〕44%，干鲜菜〔降〕19.36%，水果〔降〕26.8%，油〔降〕47%，土特产〔降〕58%，小农具〔降〕12.4%。（比去年八月还高一点。）

猪肉一般3～4元，牌价0.8元，鸡2元多，鸭2元。蔬菜收〔购〕价3.5元（担），售价每斤2～3分，赔钱300多万元，加上烂掉的〔赔钱〕近

1000 万元。

佛山专区曾提出粮食保护价，认为稻谷每斤低于四毛就破坏生产。

建议茧提价 50%，茶叶提价 30%，松脂提价 24%，黄麻提 20%。

商业厅提价搞自营业务，湛江专区规定生油每斤不准超过 2.5 元，商业厅 3 元收购。韶关有四个货栈抢购湖南来的桐油，造成价格混乱。商业厅高价收购奖售毛竹，〔供销社〕收购任务完不成，农民大斫竹林，破坏生产。省委决定除毛猪外均归供销社经营，商业厅不执行。商业厅设“贸易公司”，经营自营业务。

省委决定：①供销社收购物资可以自由调运，不准阻拦；②供销社资金统一管理。

广州市价：

猪肉 3.8～4.0 元（限价 4.5 元），

白菜 4 分，糠 1.8 毛，萝卜 5 分，红茹 1.8 毛，鸡蛋 3 毛，鱼 1.8 元，鸡每斤 3.5 元，

鸭每斤 1.8 元，牛肉 3.2 元，羊肉 2.2 元，菜花菜 1.2～1.5 元，

香蕉批发 32 元（担），白糖 2.6 元，洋桃批发 20 元，古巴糖 2.1 元。

广州市物价

物价指数：1～9 月比去年下降，9 月比去年同期降 0.3%，〔与去年同期比〕工业品指数 102.28%，农副产品 95.61%（主要是蔬菜）。以〔19〕57 年为 100，〔19〕60 年降 0.27%，〔19〕61 年升 4.61%。工业品变化不多，〔变化〕较多的是蔬菜。

集市价格这一时期下降。9 月比年初下降约 40%。市价比牌〔价〕高 1.57 倍。猪肉牌 1.08 元，市 4.25 元，牛肉〔牌〕0.91 元，〔市〕3.5 元。9 月份成交额 130 多万，最高 225 万（四月）。货栈成交 8 月份 1456 万（进），1527 万（销）。其中自营占 11%（进），15%（销）。集市交易占商品零售额中 7.1%（折成牌价）。（去年牌价商品占 82%，市价商品占 12%，高价商品占 2%。）

高价商品，按中央规定。一季营业 1687 万元，二季 1397 万，三季 799 万元。下降最多的是糖果、糕点、酒。高价利润，一季 873 万，二季 697 万

元，三季 173 万元。去年全年 3555 万元。（侨汇 100 元可买定量供应品 40 元，有一时期卖什么高价商品，就寄什么进来。）黑市上针织品、被单、手表等都低于我们的高价，许多是我们出口的。

职工收入每人 25.1 元以上的 30%，14.1～25 元 50%，14 元以下 20%，其中 12 元以下 11%。(9 类工资）平均工资 62 元。

问题：(1）原料价格不稳定，今年统一煤价，每吨 40 多元，商业亏损三千万元。竹木也要补贴。原材料价格稳定，企业易于计算成本。外省调来计划内的铜铝等〔价格〕高于调拨价格，影响企业成本。各地调来原材料费用不同，批发价平均计算，赚亏由供销部门调剂，这样对企业经济核算有好处。

(2）蔬菜生产不稳定，收购价〔19〕57 年 4.65 元（购），9.65 元（零）；〔19〕58 年 4.37 元，7.23 元；〔19〕59 年 4.41 元，7.16 元；〔19〕60 年 3.9 元，7.20 元；〔19〕61 年 6.22 元，9.04 元；〔19〕62 年 6.06 元，7.96 元（上半年）。这是粗细菜平均价。白菜（收〔购价〕）〔19〕57 年 4.45 元，〔19〕58 年 4.24 元，〔19〕59 年 3.86 元，〔19〕60 年 5.81 元，〔19〕61 年 5.28 元，〔19〕62 年 4.37 元。菜心〔19〕57 年 7.16 元，〔19〕59 年 5.93 元，〔19〕60 年 6.05 元，〔19〕61 年 9.38 元，〔19〕62 年 9.64 元。

亏损，〔19〕57 年 1.8 万元，〔19〕58 年 1.2 万元，〔19〕59 年 168 万元，〔19〕60 年 185 万元，〔19〕61 年 639 万元，〔19〕62 年（1～9）1040 万元。原因：(1）种植面积太大，供过于求。每天最高销量 160 万斤，目前上市 200 多万斤，最多 400 万斤，1～9 月损失 415 万元；(2）以粮换菜方法不完善，超额奖励没有限度，卖不掉也给奖。

菜农每劳动力每月收入，〔19〕57 年 24 元，〔19〕60 年 48 元，〔19〕61 年 60 元，〔19〕62 年上半年……。双岗（远郊）〔19〕57 年 9.75 元，〔19〕60 年 16.84 元，〔19〕61 年 24.78 元。

种一亩菜纯收益 122 元，种稻 6.8 元（成本中已包括工资）。蔬菜收价偏高，种菜利润偏大。(每劳动日按 1.8 元计算。)

(3）工业品出厂价，82 种中央定价产品，有 46 种执行中央定价，36 种未执行。执行中央定价亏损较大。46 种中有 14 个赚钱，36 种〔?〕亏本，全年亏 1000 万。未执行的 36 种中亏本的还有 15 种，亏 200 万元，此外 21

种如果执行中央定价，也要亏损。如全执行中央定价，要亏 1650 万元。

临时定价 36 种，高于中央定价 54%，整顿以后尚高 37%。属于原料〔的〕最好执行中央定价，取消地方临时定价。

牙膏老牌子不涨价，亏本，新牌子提价，赚钱，建议在不提高现有水平的条件下，调整价格，贯彻按质论价原则。

国营工厂计划外的产品（如肥皂）是否允许自己高价销售。

（4）集市贸易，供销社自营业务（广州市）。

现在大家都搞自营业务，二商局设 24 个行栈，一商局设一个工业品栈（高来高去）。供销社在市区和农村都设行栈。三季度供销社经营 1263 万元，其中对流占 44%，七月份一个月达到 1190 多万元，国营的下降。原国〔营〕73%，合〔作社〕27%；九月份合 41%，国 59%；十月合 56%，国 44%。

供销社用大米向东北换豆饼（1∶1.15），用化肥向天津换菜饼（1∶7）。用大米向农民换生油（1∶5～1∶7）。

（保护价格，湖南稻谷 3 角，广东毛鸭 1.4 元。）

上市东西多的时候，国、合提价抢购，少的时候，都不收购。双方价格不一致，小商贩钻我们的空子，低处买，高处卖。

三季度比重，牌价算国〔营〕、供〔销社〕82.8%，高价 4.1%，市价 13.1%。比去年三季〔度〕牌〔价〕降 2%，高价降 16%，市价增 42%。

今年蔬菜赔 1400 万元，明年计划赔 388 万元，可能超过。

鸭子成本每斤 2 元，收购 1.4 元，说养鸭农民要亏本，当时市价 9 毛，提到 1.4 元收购。

外贸部收购 100 斤芝麻，奖 50 斤食油，50 斤大米，50 斤化肥。

〔广东省〕商业亏损工作组

〔19〕62 年商业部系统亏损情况，平价利润全年 2 亿元，比去年增 19%，亏损单位占 20% 以上，亏损 9400 万元，比去年增 24%。相抵后纯利 10600 万元。

供销社政策〔性〕亏损 5500 万元。其中化肥 1100 万，小农具 2600 万元，供应原料 400 万元，18 类商品 1400 万元（煤、木柴等）。业务亏损 1630 万元（吞吐粮食）。

亏损原因：(1) 政策性亏损扩大，18 类商品亏损 7000 多万元，比去年增 2000 万元。小农具亏损 2600 万元，比去年增 2000 万元。（包括化肥 1100 多万元，其中过磷酸钾即亏 600 万元。）

(2) 历史遗留问题，如呆账损失等。

(3) 企业经营管理，费用提高，蔬菜烂菜和削价即达 835 万元。

(4) 商对工的补贴增加。

蔬菜亏损 1～3 季 1040 万元，全年预计 1400 万元，平均每人 7 元。原因：①生产安排过多；②价格过高；③经管管理。〔19〕58 年亏 1.2 万元，以后逐年增加。〔19〕60 年蔬菜紧张，国家大力抓蔬菜，〔19〕61 年把市场包下来。布置种菜 16 万亩，规定任务，超产奖励。结果追求产量，不管质量，生产超过市场需要。老菜多，嫩菜少。粗菜多，细菜少。平均每天上市 274 万斤，多余 80〔万〕～90 万斤。

收购价格提高很多，特别是萝卜、冬瓜等大体上与集市价格相等或更高一点。白菜成本 3.33 元，收价 4.37 元（每劳动日按 1.8 元计算）。萝卜〔成本〕4.34〔元〕，〔收价〕5.36 元。

明年办法：①种植面积减为 13 万亩，上市量 160〔万〕～180 万斤（亩产 4800 斤）；②改进以粮换菜办法，按质分等奖励。160〔万〕～180 万斤有奖，超过不奖；③继续包购包销，收购价格调为 5.80～6.20 元（今年 6.06 元）。问题，每天上市数量难于控制，收购价格仍然过高。种植面积仍然过多。

食品，今年 1～3 月计划内亏损 590 万元，其中猪禽亏 350 万元。猪肉每担亏 27.87 元，其中半数属于价格亏损，半数属于费用增多。

煤炭，广州市〔19〕62 年亏 892 万元，主要是价格亏损。从越南进口煤炭亏损 454 万元。经营亏损 60 万元。越南煤进销价格倒挂，进 30.18 元，销 28.5 元。

〔19〕63 年规划，要求今年第四季利润增 10.5%，亏损减 24%，〔19〕63 年利润 20%，亏损减 60%～70%。

〔广东省〕商业厅物价处

几年来销售价动的很少，农贸市场涨价。工业品也有两种价格，原因是供销社换购来的工业品，成本高，必须高价出售。

国营商业牌价变动少，亏损增多，商业全年亏损约有 1 亿元。属于 18 类〔的〕6500 万元，对工业的补贴 1580 万元，农业生产资料 1200 万元，其它 1600 多万元。今年 4300 个核算单位，目前还有 850 个要亏损。

（1）公社化后大部地区把城乡差价取消了，今年恢复了一部分，差价就低不就高。加以短途运输费用增加，现行差价偏低。为着合理经营，农村工业品批发价应提高 1%，零售价提 3%，副食品提 5%（盐、酱油等）。全省约 2000 万元，农村人口平均每人每年多花 6 毛到 7 毛钱。

（2）出厂价提得多，销售价提得少，商业利润减少，甚至价格倒挂。广州市比较突出，〔其他〕地方自己调整价格，〔价格倒挂〕不很突出。结果小商品品种减少，亏本的不经营（例如粉笔、算盘供应广州市，其他地区不管）。接到减少亏损指示后，更是如此。

〔广东省〕工业亏损工作组

地方企业工业盈利 23347 万元（其中省级 7600 多万元，广州市 11000 万元，各专区 4173 万元），交通运输 2774 万元，其他 2200 万元。合计 28312 万元。

工业亏损 519 户，8400 万元（其中省 3453 万元，广州市 3030 万元，各专区 1920 万元），交运 323 万元，其他 1426 万元。合计 10150 万元。

1963 年规划，工业盈利 28179 万元（省 8398 万元，市 13750 万元，专 5600 万元），〔交〕运 2978 万元，其他 2056 万元。合计 32784 万元。

〔19〕63 年工业亏损 3986 万元（其中省 1793 万元，市 1370 万元，专 823 万元），交运 20 万元，其他 286 万，合计 294 户，4292 万元。

亏损行业，①冶金；②燃料；③化工，都是全行业亏损。1962 年冶金亏 1822 万元，燃料 847 万元，化工 369 万元。

发电机，大连成本 142.17 元，出厂价 284 元（中央调拨价），广东江门厂成本 846 元，省定价 578 元，中央价 284 元。

曙光牌收音机成本 180 元，售价 120 元，质量差卖不掉，厂长要求改变牌子，产量从 5000 台提高到 10000 台。

广州化工厂用盐每担 96 元，上海 48 元，天津 25 元。原因不太清楚。

中南区物价工作

中南计委设物价局，商业局设物价处，计划综合局有一干部管调拨价格。

农产品收购价提高后，调拨价没有相应调整，希望迅速解决这个问题。

粮食征购中央计划152亿斤，各省安排148亿斤，差4亿斤。中南局要求：（1）完成上调任务；（2）安排好销粮；（3）不挖库存。准备换购几亿斤。

棉花收购中央计划320万担，保证290万担，争取300万担。河南计划75万担，保证55万担，争取60万担还有困难。

食油中央计划调出3100万斤，调入（广东）1000万斤。调出完成不了任务，调入就无保证。

陶〔铸〕：大米市价要保持3毛一斤，谷子2毛，不能再跌（只有个别地方跌到此数）。

〔广东省〕外贸亏损小组

广东外贸企业1～9月共亏损4.6亿元，盈利只有180万元，全年预计亏损6.4亿元。（全年营业额1.3亿美元。）食品一项1～9月总成本（收购加费用）2.4亿，亏损1.8亿元，亏损率75%。要8.8〔元〕人民币换一美金。家禽成本1800万，亏损1500万元，只有鱼有盈利。

亏损原因：（1）收购价提高；（2）费用增加（〔19〕57年10.59%，今年24.3%），商品损耗增加（〔1957年〕1.72%，〔今年〕4.81%）；（3）产品合格率降低；（4）〔销往〕国外价格跌落。原因质量差，到货不匀衡。

佛山专区物价

不等价交换特突出。上调大米等主要农产品，〔19〕57年1.00元，下拨主要工业品1.4元（包括侨汇等收入）。〔19〕61年上调1.00元，下拨0.47元，〔19〕62年〔下拨〕0.46元。农产品上调比〔19〕57年增39%，〔工业品〕下拨减57%。

〔19〕57年上调9339万元，下拨13456万元。

〔19〕58 年上调 11404 万元，下拨 12372 万元。

〔19〕59 年上调 11718 万元，下拨 9763 万元。

〔19〕60 年上调 11191 万元，下拨 8861 万元。

〔19〕61 年上调 12154 万元，下拨 5791 万元。

〔19〕62 年（计划）上调 12605 万元，下拨 5796 万元。

	〔19〕57 年	〔19〕61 年	〔19〕62 年(计划)
大米(出)	26448〔万斤〕	55811〔万斤〕	52300〔万斤〕
生猪(出)	34000〔头〕	64800〔头〕	130000〔头〕(包括供侨)
木材(进)	20 万立方米	2 万立方米	5 万立方米
化肥(进)	156 万担	116 万担	70 万担
桐油	18000 担	3100 担	900 担
毛竹	47 万条	15 万条	20 万条
食油	1148 万斤	54 万斤	
纸烟	1335 万条	332 万条	202 万条
价格			
稻谷	6.90 元	8.60 元	+24%
黄豆	17.80 元	17.80 元	—
花生	18.20 元	22.60 元	24%
黄麻	17.30 元	17.30 元	
柑橘(万斤)	111.62 元	130 元	12%
茧丝(担)	666.4 元	720 元	8%
生猪(担)	47.2 元	54.8 元	16%

中小农具价格〔以〕〔19〕57 年〔为〕100，〔19〕62 年 142%（国家供应）。农产品采购指数 127%。农具质量下降，一部分从自由市场购买，价格更高。

地区差价很大，外省物资差价常达一倍上下。主要由于地区封锁，供销社互相抬价。增加农民负担。

比价不合理，主要产品提价少，次要产品提价多。主要商品奖售少，次要奖售多。

农贸市价很不稳定。农产品收购时，工业品跟不上。猪肉已跌到2.2元，现又涨到3.8元。上半年回笼2600万元，下半年投放1900万元。农民存款二千几百万元，平均每人六元。货币流通总量2亿元，五百多万人口，每人三四十元。

去年一担番薯能换一个手表（100元）。（农民说去年是黄金时代。）

采购任务3.4亿元，比去年增38%。其中农产品1.26亿元，比去年增49%。

供销社计划外收购1～9月，6680万元。〔其中〕稻谷25.20万担，杂粮2.6万担，豆1.7万担，糖9万担，生猪1.7万头，三鸟[①]25万头，水果24万担，残牛1900头。

外地采购，耕牛近3000头，毛竹50多万条，竹篦96万筒，苎麻2400多担，桐油5900担，木材4.8万立方米。对农民有按牌价，有高价，对外省一般按牌价。几乎各省都有此地的换购员，远到黑龙江。

南海县

蚕茧产量下降。一亩稻收入93元，成本40元，花〔用〕工50工，每工〔得〕1.06元。塘鱼每工1.10元。一亩桑地〔收入〕114元，投资62元，花104工，每工只得5毛。〔19〕57年1担蚕换10担稻，现在只换8担。

佛山市

蔬菜去年亏本60多万元，今年上半年不亏，十月份亏本，收购价高于市场零售价。

顺德县

生产情况：土地70万亩，渔荡26万亩，甘蔗14万亩，蚕桑6万亩，水稻10几万亩。养猪10万头。作物，稻田增加一点，甘蔗减一点，桑地减6000～7000亩。

主要矛盾是经济作物与粮食，过去调入大米1.25亿斤，现在8000多万

① 三鸟，指鸡鸭鹅。

斤。其次是经济作物内部矛盾，主要是蚕桑，费工多，成本高，收入少。今年产蚕茧约 54000 担，保持去年水平。甘蔗比去年略减，约 35〔万〕~36 万吨（去年 39 万吨），原因受灾被淹。水稻全年亩产约 800 斤，比去年增产（〔去年〕不到 700 斤）。生猪比去年增 3 万头。（最多时 30 万头，已减三分之二。）

〔19〕57 年口粮每月大米 27.3 斤，现在 23 斤，加奖励粮约 25 斤。亩产茧平年 100 斤，值 68 元，成本占 50% ~55%。用工连缫茧 155 工，每个劳动日只得 3 角多钱。（原因只有头尾两次可养洋种白茧，中间几次因天热湿只能养土种黄茧，吃叶多，结茧少，价格低。）甘蔗按亩产 9000 斤计，（每担 1.3 元）收入 117 元，成本占 20%，用工 38 工，每个劳动日可得 2 元多。（稻谷每劳动日〔可得〕1.1 元，荡鱼 2 元多。）其他东西超产可以高价出售，蚕茧不能。每吨甘蔗奖糖 8 斤，超计划部分自己加工，每担可得 10 斤白糖，自由市场每斤 2 元。（每吨丝 1.2 万美金。）

每百斤茧〔规定〕奖化肥 200 斤，县自己调剂，给 100 斤化肥，100 斤大米。去年超产部分加价 40%，今年奖凉纱（香云纱）三尺，收价 30 多元，农民不愿意。

制蚕种赔钱 20 多万元。

过去 1.25 亿斤粮食调进稻谷，现在 8000 万斤都是大米。喂鱼缺乏饲料，养猪也缺〔饲料〕。

物价问题：（1）工农业产品比价，以〔19〕57 年为 100，蔗、粮、鱼、茧收购价为 117.2。民生日用品零售价 118.4，生产资料 114.5。

（2）四大作物收益：甘蔗〔19〕57 年每劳动日 2.18 元，鱼 1.55〔元〕，茧 1.13〔元〕，稻 1.10 元。〔19〕61 年蔗 2.38〔元〕，鱼 2.18 元，茧 0.73 元，稻 1.93 元。

（3）农贸市场〔价格〕1 ~4 月最高，5 月以后逐渐下降，略有起伏。六类 22 种商品（副食品）一季 100，二季降 17.8%，三季降 39.5%，十月降 50%。比去年同期降 51.6%。

十月上旬比一季肉类 -53.5%，三鸟 -49.7%，蛋 -45%，鱼 -47.5%，瓜菜 -30.2%，水果 -29.1%。

单位：元

	三月	十月		三月	十月
毛鸭	3.80	2.10	鸡蛋	0.38	0.22
子鸡	5.50	2.80	番薯	0.28	0.14
鹅	4.50	2.20	生油	9.00	5.00
猪肉	11.00	3.60	砂糖	2.00	1.60
大米	85	50	鱼	4.00	2.00
牛肉	3.50	2.80			

一季度〔市价〕比牌价高3.18倍，二季〔度〕高2.67倍，三季〔度〕高1.83倍。十月底高1.35倍。

供销社自营业务：

开始于7月份，基层社已配备起来，上市多为蔬菜、生猪、三鸟、糖等。鸡开始每斤3.5～3.6元，现在2.5～2.6元。生猪从3.2（元）下降到2.1元。塘鱼〔从〕1.2元〔下降到〕0.8至1.0元。稻〔从〕4.7元〔下降到〕3.1元（大米5元）。

前一时期着重收购，供应生产资料很少，现在开始注意。从阳江换回猪苗、黄豆等。外贸收购量大，要时抬价，不要时落价，对市场影响很大。

组织交流，用糖换木柴，二斤换一担（韶关附近山区），现在一斤可换一担（柴价从6.5元跌到3元）。都按牌价结账。（糖牌价0.52元，市价2.6元；木柴牌价1.9元，市价6.5～3元。）省内各县可以自己交流（粮食出专区要批准），出省要经省批准。同广州用一担糖换五担红枣。向湛江、汕头换油，四斤米换一斤油。交换比例大体上按市价，结算仍按牌价。三斤糖换一斤桐油（湖南、广西）或一斤苎麻。

购糖三种方式：（1）高价收购；（2）平价换购；（3）拿农民的糖代为换购其他物资。

养猪给饲料地，肥猪好地一分，母猪多一点，多养不多给。上交购六留四，一头以上不上交。（平均一户一头。）上交一头猪奖70斤稻谷，没有其他东西（原购六留四，现改购四留六）。

三元里生产队生产收支（广州）

单位：元

	1957 年	1961 年	1962(上半年)
每担蔬菜收入	5.49	9.22	7.34
每担蔬菜生产费用	1.30	1.09	1.02
每个劳动力分配额	353.8	910.3	472.2

广东物价指数（1961 年）

	以 1950 年为 100	以 1957 年为 100
农产品采购	165.00	130.90
工业品零售	109.21	111.59
农业生产资料		137.78,144.93(〔19〕62 年)

广东物价问题[①]

（1）农产品收购价

总的水平，以粮为纲，茧、茶、松脂、麻，农产品销售价。

（2）小农具价格

补贴金额，补贴范围标准。

排灌电费，机耕。

（3）重工业品调拨价

冶金、煤炭、化工，全行业亏损，冶 1800〔万元〕，燃〔料〕840〔万元〕。

亏损：工〔业〕1 亿，商业 1 亿，外贸 6.4 亿。

（4）消费品价格

蔬菜，煤球，涨价与补贴。

（5）农贸市场价格

各地差价很大，有计划地调剂。

〔广东〕省委魏书记、罗副省长谈话

工业品出口 8∶1〔8 元换 1 美金〕，农产品 3～4∶1〔3～4 元换 1 美金〕，

① 这一段可能为薛暮桥自拟的提纲。

蚕茧 1∶0.9（一元换九毛美金）。提价 50% 希望早作决定（蚕茧价格）。

恩平县城三个公社设三个基层供销社，已商量合而为一，效果很好。

希望扩大批零差价。

打破封锁：（1）组织供销社地区物资交流，情况通报，研究地区差价，组织调剂；（2）各县报告主要产品库存，研究调剂办法；（3）控制资金，防止积压；（4）省社拨 2000 万元集中使用，组织地区调剂，这部分资金所收物资服从省社调剂；（5）秋购后请粮食部门、供销社联合收购 5 亿斤粮食，准备季节调剂，由供销社经营；（6）开物资交流会和专业调剂会议（猪苗）；（7）研究降低运费的具体措施；（8）建立货栈系统，成为一条渠道，配备干部，建立机构。

单位：%

	农产品采购	工业品零售(1957 = 100)
湖北	140.7	113.2
湖南	146.9	120.9
广东	130.9	111.6

湖北省农产品收购（1957 = 100）

一类　132	二类　146	三类　158

平价商品价格（1957 = 100）

单位：%

广州	109	武汉	121	长沙	139
（加集市）	122		131		150
（副食品）	116		130		150

财办会议*

明年计划打得很紧，要控制：（1）财政；（2）物价；（3）劳动工资；（4）基建施工（没有设计不准施工）。明年抓资金使用的效果。

---

* 这是薛暮桥同志自拟的向财办会议汇报的三省调查汇报提纲。

湖北、湖南、广东三省市场物价调查汇报提纲*

(1) 市场物价情况。

三省农业生产情况都相当好，农村中和市场上的物资都相当多。

集市贸易普遍开放，粮油有放有不放，各地对集市贸易的管理有紧有松。

物价管理广东较紧，湖南较松，原来长沙物价最低，现在接近广州。

集市价格普遍下降，仍比牌价高 1 ~ 2 倍（粮油肉 3 ~ 4 倍），粮价三省大体相同（稻 3 ~ 4 角、麦 5 角），油北低南高，肉相仿。

湖南涨价多，职工生活困难，广东补贴多，财政负担很重。减少亏损要做许多具体工作，涨价和补贴都不是办法。

(2) 物价政策中的几个问题。

①农产品收购价格。

②工业品出厂价格。

③农业生产资料价格。

④消费品销售价格。

⑤集市贸易价格。

(3) 集市贸易和自营业务。

①集市贸易开放程度。

粮油是否开放。

工业品能否上市。

不是开不开，而是谁经营。

②部门和地区间的矛盾。

价格，奖售，开关。

统一领导，有计划地组织交流。

情况报道和业务指导。

---

* 1962 年 12 月 5 日，李先念出席全国财政厅局长和中央各部财务司局长座谈会，在讲话中提到 1963 年要把住 4 个关口（《李先念年谱》第三卷，第 530 页）。据此，此次财办会议应在 1963 年 12 月初。

③供销合作社的任务。

首先完成国家收购任务。

组织物资交流（农民、季节、地区）。

平抑集市价格。

（4）今后物价水平瞻望。

①农业生产恢复速度和时间。

②货币投放回笼情况（能否略有回笼）。

工资，农村投放，基建事业费。

③物价水平与恢复时间。

稳定在目前的水平上。

平价，计划价格，总指数。

财办汇报，〔李〕先念同志指示

开一次物价委员会，对物价会议按报告讲，讨论修改后向中央汇报。

明年预算积极有余，后备不足。基建分两步走。票子不能发得过猛。工作：①财政银行管紧，亏损用提价解决是自杀政策；②劳动工资扣紧，增加生产不能加人；③基本建设分两步走；④物价不能放松，既要有利生产，又要回笼货币。精神是要顶住，扣紧一点。

①不等价交换究竟如何解释？不能强调过分；②开展自营业务要按国家计划，不能乱搞；③不准合作社搞，实际是让私商搞；④商品分成和奖售，穷者愈穷，富者愈富。计划内穷，计划外富；⑤对于落后企业不能迁就过多，总要垮了一点，也不能垮得太多。

第一次全国物价会议*

华东区小组会

安徽　两种不等价交换中，主要是不利于农民的不等价交换。

---

* 1962年12月11日至1963年1月7日，全国物价委员会召开成立后的第一次全国物价会议（《中华人民共和国商业大事记1958—1978》，第355～356页）。大标题为编者所加。

市价与牌价不应是两头凑，主要是要市价去凑牌价，这里货币也起重要作用。

本地货与外地货不超过地区差价原则对，具体执行还有困难。

福建　1000 多万人口，货币〔流通量〕3.2 亿元，因此物价很高。平价商品〔价格〕增 50% 以上，按〔19〕57 年供应标准，每人生活费要 28 元。物价最高的是林区。

奖售标准没有根据。各部标准高低不一，很乱。奖售物资不准出卖行不通（桐子奖煤油）。

自营业务计划性不大，盲目性不小。

职工生活，前年有钱没有东西，去年没有钱还没有东西，今年有东西没有钱。(18 类已经动了 14 类) 估计明年职工生活只能争取不下降。

集市价格下降的趋势停止了，粮食、猪肉等开始回升（大米从 5 ~6 毛涨到 6 ~7 毛，猪肉 4.2 ~4.5 元，低时 2.8 ~3 元。生油从 3 元涨到 4.5 元)。回升原因主要不是增加投放，主要是供销社的自营业务，收购数量大了（一个专区收了一亿斤粮食)。

山东　两种不等价交换要讲清楚。全省算账给农民东西多，要农民东西少，到一个地方算账就不承认，只承认有一种不等价交换。

浙江　农产品提价三次高潮，一次是〔19〕56 年合作化，二次是〔19〕58 年，三次是〔19〕60 年。去年挡不住，提了一亿多，现在看来多了一点。

支援农业必须计算成本，现在有只求增产，不顾成本的倾向，要加说服。

三条渠道应当保持什么比例？〔19〕57 年国合收购约占 78%，集市 22%。现在按货币算国合只占 60%，有人主张二八开，三七开，或“三五”、六五〔指 35%、65%〕开。

农产品的价值如何计算？(每劳动力保证得到多少劳动报酬，并略有积累。)

供销社是否经营一类物资？自营业务资金需要分开，搞不搞换购？有争论。

华北区小组会

河北　去年抢购，今年东西多了，要价还价。过去上市物资成交 70% ~80%，现在成交 40% ~50%，剩市数量上升。但主要东西并不很多。

私人宰羊不纳税，皮自销，合作社宰羊要纳税，皮交售。私人宰羊赚钱很多，合作社宰羊亏本。

北京　〔要〕供销社不赔钱，不能靠涨价来解决，而要改善经营管理。现在同样价格，私商赚钱，供销社亏本，值得研究。

天津　汽车铁轮成本高，价格高，比东北来的质次（东北用钢）价高，买轮胎时要“配套”买（农机部规定），不能单买轮胎，要搭买一副铁轮。

地方临时价不适用于省外有问题，计划规定调出省外，不能要天津贴钱。

农产品收购价，消费品销售价

农产品的收购价格，是关系到国家与五亿农民进行等价交换的重要问题。

〔19〕50年工农产品剪刀差比抗战前扩大32%，〔19〕58年恢复到抗战前的比价，〔19〕61年比抗战前缩小了16%。

每亩土地纯产值，经济作物大约比粮食高一倍；每一劳动日的纯产值，经济作物大约比粮食高50%。

今年121种价格，提价1亿，降价1.8亿，取消粮食奖励3亿。

消费品平均提价1%以内，农村集体增加收入3亿元，农民个人增加支出1～1.5元。城市平价商品提价0.5%以内，小于高价商品降价（职工对平价商品多支约一亿元）。

东北小组讨论

辽宁棉花提价8%少一点，比全国平均提价少一半。今年亩产量只19斤，明年计划22斤，原因是棉花上山（过去30几斤）。

历史上高粱价比河北低33%，现在低25%。棉花价原来比河北高25%，现在安排比河北高10%，差价缩小了。

奖励种棉办法，除提高收购价外，更加有效的是多奖一点粮食，超计划部分奖布等。

东北城市过去烧东北煤，现在部分烧关内煤，关内煤销价低于调拨价，但比东北煤还高得多，事实上提了价。

西南区小组

需要调价的一为中药材，多数没有动，二为出口产品，茧、茶价格偏低，生产下降。

华东区小组

（1）供销社应不应经营一类物资？

（2）供销社应不应进行换购？（浙江主张供销社只议购，不换购。）

（3）供销社收购的物资，先在本地调剂，然后长途贩运。基层社不能满天飞。

（4）调出物资作价办法。（供销社调出价不得高于当地市价。）

（5）自营业务资金另外算账。

（6）许不许经营工业品？

（7）计划换购以外准不准议价收购？

中南区小组

湖北轻工业品有许多质次价高，要降价，原来估计，降价幅度要使物价水平下降4%～5%。

中央定价是根据先进水平，地方成本达不到这样的水平。

中南区电价要降低一点。

有些地方产品质次价高，中央主管部门安排生产，价格不照顾不行。（有些任务是自己向中央要来的。）

重工业产品出厂价格

拖拉机比进口货价贵一倍，机引农具更高，不降下来不容易机械化。修理价格很高，修二三次等于买一台新的，有的修好后用不了多少天。

财贸会议向中央汇报*

财政有差额六亿元，“要坚决不留缺口，执行结果略有结余”。

购买力与商品平衡，原有顺差六亿元，现在计算，还有逆差六亿元。

专县社在计划外搞基建很严重，资金打财政赤字，向群众平调，挪用银

* 根据笔记的前后内容和时间看，这次会议应在第一次全国物价会议期间。

行和工商企业资金，必须立即停止。

换购像打吗啡针，当时有些作用，从长期看对收购不利。大家不愿多在计划内交售，而愿在计划外奖售。

现在狡猾的占便宜，党的风气不好，应当对狡猾的整一下，转变党的风气。

不等价交换有两种，一部分农民吃了亏，另一部分农民占了便宜，国家吃亏。

各级党委不准要供销社做赔钱的买卖，不准向供销社“平调”资金和物资。

行商长途贩运，一律禁止，不采取征所得税办法，征了税就合法化了。把私人的长腿砍掉，准许供销社长腿（长途贩运）。

支援穷队投资，长期无息贷款一定要用好，要加强监督检查。

降低农业生产资料价格和收费标准，应经中央批准，否则赔钱要由地方负担。

解决工商矛盾，不能由经委来管，因为工业赔钱是地方的，商业赔钱是中央的，〔地方〕总想把工业赔的钱转给商业。

会计独立，一竿到底，由中央商业部垂直领导，上一级任免。

乱用资金的事要严格禁止，文件写得有力，要省进行检查，严重违法乱纪的要处分。否则又要搞乱，再来一次调整。

要把今年的精神贯彻下去，不能放松，明年搞乱了，又要整。

〔李〕先念同志总结报告①

（一）平衡情况：根据中央精神，对财政信贷市场进行具体安排，打得比较积极。会议中思想波动很大。原则上同意这个精神，具体要求不完全符合这个精神。

购买力与商品比较，原顺差6亿，经过进一步计算，有逆差6亿，地方计算逆差22亿。这要通过增产节约来解决。

有些企业干部想吹掉两个六条，要银行同志“下台”，让他们“上台”。

① 从笔记的前后时间上看，这可能是对财贸会议的总结报告。

这个舞台不能出让出租。只准我演戏，演得不好你可批评。

（二）政策：（1）地区平衡问题，现在是“大贫小贫”，不能“劫富济贫”。但要主持公道，“天下为公”。商品多的地区要照顾商品少的地区。农产品分成，超计划奖售等办法，加重了地区的不平衡。

（2）换购，现在收购已经不是高指标，应当超额完成任务，不能把希望寄托在计划外的议价收购或用过多的工业品换购。现在有些换购是“反不等价交换”，用两元工业品换一元农产品。

农民用高价卖给国家 20 亿元，卖给职工 30 亿元，国家用高价卖给农民 20 亿元。国家与农民卖出卖进相等。

（3）供销社的自营业务，国营〔商业〕企业人员说自营业务过大，供销社说过小。前者说大，但自己也想搞自营业务，大家抢购，哄抬物价。有些地区过大，总的来说还是开展不足。

粮棉油麻烟由合作社换购，纳入国家计划，不作为供销社的自营业务。

供销社既要平抑物价，又要有利不赔。

（4）坚决取缔私商长途贩运，要划清私商贩运和亲友赠送的界限。

不准供销社长途贩运，放任私商长途贩运，实质是发展资本主义，打击社会主义。供销社的腿要长，私商不准长腿。

（5）小商小贩问题。现在 300 万小商小贩要很好领导管理，登记清理，不急于合作化。

（6）集市贸易价格，要采取措施使明年的集市价格继续下降，物委会作规划。

（三）几项措施：

（1）增产质量好和市场需要的商品，积压的商品不要增产。

（2）积压［压缩?］各项开支，严禁打赤字预算、扣留上交资金、动用银行资金、平调社员资金、向工商企业摊派。不要再发老毛病。

1963 年

财办汇报*

（1）现在的一些情况，把问题讲透。

计划价格比较稳定。

自由市场价格下降。

现在有些什么问题（矛盾）。

主要商品不够（棉花）。

调整的设想（逐步调整）。

（2）物价的方针政策。

计划价格基本稳定，逐步调整。

集市价格逐步下降。

经济形势很好，但不稳固。

农产品收购价汇报

是否恢复1957年比价问题？

国外价格高于国内价格问题？

棉花加价后，棉纱减税一年，供销社老账9000万元，要提7.5%，再仔细算账，该提多少就提多少。

蚕茧，平均价过去江苏高于浙江，现在浙江高于江苏，平均价，浙江120.2元，江苏108元。组织一个小组调查。外贸部负责，物委参加。

广东提25%，其他地区、江浙弄清楚后再定，原则提价，四川提20%。

柞蚕茧是否提价另拟。

广东白茧少提，黄茧多提。

皮毛提价五百五十万元。

定量供应以外〔的〕纸烟拿出一部分，加一倍给供销社（60万箱，计1.5亿元）。

---

* 1963年1月12日，李先念听取薛暮桥等关于物价工作的汇报（《李先念年谱》第三卷，第541页）。这个记录应是这次汇报的提纲。

禽蛋降低价格，如果取消换购就不降，不取消换购就同意降。

不同意提价的约300万元，授权物委会同各省商量后决定提不提。

蔬菜，大城市淡旺季都管，中城市管淡不管旺，小城市淡旺都不管。

农村粮食问题，写一份材料，提出几个意见，送中央讨论。

棉、蚕、木报中央，其他由物委通知，第三张表（不提价）授权物委决定。

消费品价格

绸缎提15%，共2300万元。

西药提价3500万元，降价4000万元，尽可能升降相抵。

提价总数9000万，降价8000多万。

财政——提价的已打入预算，降价的未打入预算，从财政来说还有缺口。

〔李〕富春同志指示，研究花几年时间，把物价恢复正常状态，稳定在怎样的基础上，今后趋势如何？物价与分配问题，物价与积累问题。

物价的调整，粮食收购价是标兵。粮食做到不赔不赚，纱布将来总要提一点。自由市场价格是物价是否稳定的标志，市价比牌价高20%是正常状态。

职工再吃两年苦，农民要拿一点出来。国家减少一点贴补。

集市贸易座谈会*

收集情况，收集意见，对任何情况都不批评，只希望把问题讲透。

* 1963年2月25日，李先念将经过中共中央工作会议讨论之后的《关于严格管理大中城市集市贸易和坚决打击投机倒把的指示（修改稿）》报送周恩来、邓小平（《李先念年谱》第三卷，第551页）。中共中央工作会议于1963年2月11日至28日召开。3月3日，《指示》由中共中央、国务院正式发布（《建国以来重要文献选编》第16册，中央文献出版社，1993～1997，第196～207页）。这个记录应该是此前召开的座谈会会议记录，时间应在1963年1月下旬。《指示》中提出，今后对大中城市集市贸易的方针是，“加强管理、缩小范围、逐步代替、区别对待、因地制宜”，凡是可以由国营商业和供销合作社代替的，应当积极地采取措施，逐步代替。薛暮桥笔记以下记录中所提到的“代替业务”“代替行业”“代替私商”等，都是指的这个意思。

供销社进城有何问题。

十五日开始，开七天，月底搞出文件，写一个对中央的报告。

先研究城市，接着再研究农村。

上海市集市贸易

上海一直不想开放，郊区农民开放自由市场，市区不开放，事实上自己开起来了。三次取缔，每次都动员了上万个干部，最多时到过 200 多处，一万多人。原因邻近地区开放了，难免不挤到上海来。上海郊区一类〔物资〕不开放，二类〔物资〕完成派购后开放，三类〔物资〕开放，工业品不开放。主要是农民自己就地交易，供销社设交易所进行吞吐。市区不同，各省来的农产品同本地的工业品差额很大，“黄牛”发展，用农产品换工业品券，再套购工业品，拿回农村高价出售。江浙同两湖等地的交易，也经上海中转。因此在长江、铁路、码头，自然形成市场。上海的“黄牛”也汇集在这些地区。

自由市场发展结果，在经济上起破坏作用，政治影响也不好。都说是精减职工，实际是流氓地痞。暑假时期学生也参加了。参加人员中商贩占 75%，农民占 25%（弃农经商的农民）。最多时达 28000 人，其中农副产品〔交易〕占 11000 人，熟食占 10000 人。

〔上年〕十月份以后情况显著变化，〔上市〕农副产品减少，摊位从 8000〔个〕降至 5000 个〕，地区从 43 个降至 30 多个，工业品基本没有。

〔1962 年〕交易额全年 4000 万元，占社会商品零售额的 0.8%，副食品占 5%，蔬菜 3.28%，水果 4.6%，禽 18%。市价比牌价高 1.28 倍，年底比年初下降 40% ~50%。

原因：①形势好转，农副产品增多；②十中全会影响；③行政上管理得严。处理 15 万个非法案件，抓了 1500 人；④经济措施：开展供销社零售业务。去年 7 ~12 月，购进 6000 万元，卖出 4500 万元。同 20 多个省，320 多个县发生联系，经常来往的占一半，即 160 个县。各地来货占 94%，郊区只占 6%。每天 100 头猪，2000 斤蛋，600 只鸡，2000 担水果，就可以顶住自由市场。（同各地交易，平价用工业品换，高价不给工业品。）

供销社打击投机办法：（1）开展零售业务，代替小贩；（2）在交通码头设收购站或代销，把外地商贩同本地商贩联系割断；（3）价格斗争。具体商品有盈有亏，总计有盈，同类商品低于市场价格。三季供〔销社〕自〔营比集贸〕为1:1，四季3:1，十二月份4:1。供销社逐步代替小商贩。

旧货市场同供销社一样，是一重要经济措施。上海历来就有旧货市场，原来旧货价不得高于新货，现在行不通，以致无货经营。现在取消这个规定。①寄售商品可以自己［定］价，手续费5%，另外收1%（每月）的寄存费；②买东西不要手续，寄售的要登记户籍，防止偷盗，去年寄售4700万元，售出2600万元（60%）。开始时［定］价过高，除要寄存费外，自己拿一部分东西用较低价出售，现在已降30%，比高价商品价格还低（手表等）。

以上两项经济措施，效果显著，“黄牛”说比公安局还厉害。

高价商品降价和若干小商品提价敞开供应，也对打击投机商贩有效果。

禁止五类商品，也有效果，但禁了烟叶未禁土纸烟，禁了粮食未禁熟食业，仍有漏洞，尚待解决。

今后如何搞？方针，大城市可以不开放自由市场，通过经济措施逐步代替。理由：城市与农村情况不同（农民是生产者，城市职工只是消费者）。城市边缘可以保留一点。各地来的东西，可以通过供销社，不必通过商贩。经济形势好转，供应增加，自由市场作用下降，消灭自由市场是可能的。

（大城市严格管理，逐步代替，边沿地区个别保留。）

阻力，一个来自民主人士，资本家，他们称颂自由市场，现在供销社能满足他们，意见不大。一般职工，现在定量稳定，买定量后余钱不多，没有意见。闲散人口安排好了，不一定要靠自由市场。

搞了两年，找不到有什么积极因素。今年情况好转，准备逐步代替。

现在供销社的活动还受到很多限制。上海与各地交易采取各种灵活办法，可以议购、换购、合营，现在各地限制还很多，事实上是束缚自己手足，便利商贩。

熟食摊贩现有一万多人，①带来粮食黑市；②妨碍卫生，传染疾病。准备开要粮票和不要粮票的饭馆，两种价格。两头活（农民、职工），中间死（商贩）。

供销社要改善经营管理，才能够同投机商贩进行斗争。

行政管理：农副〔产品〕市场〔在城市〕中心区取消，边沿区保留一点。郊区农民只准在邻近集市出卖自己产品，不准长途贩运。对外地来的农民，或者配合禁止，或者议价收购。现在各地政策不统一，上海很难处理。

工业品市场坚决取缔。上海取缔了，外地不取缔，商贩到上海来套购工业品。(准予供销社经营，不准私商经营。)

小商贩登记一批（代供销社零售、修理服务和手工业），取消一批。

天津市摊贩市场

去年七月开放摊贩市场，以前管得很严。开放原因：①天津市郊区很小，周围农村集市东西多，价格落，对天津冲击力很大。过去蔬菜向外流，去年农副产品开始向市内流；②精减职工多，城市闲散人口增加；③商业网点太少，当时供销社还没有恢复，需要暂时由小商贩来代替。

不叫自由市场，也不叫集市贸易，而叫摊贩市场，因为比较切合实际情况，且可逐步组织起来，为国营、供销社经销代销。1958 年以前原来也有摊贩市场，大家比较熟悉。

基本情况：37 处，摊贩最多时场内一万人，场外五千人，其中 34 个是副食品市场。

成交额每月 400 多万元，零售额占 1.28%。三类占 76%，二类（猪肉）占 24%。肉占 29%，水产 19%，蛋 37%，水果 18%，蔬菜 2%。上市增加，价格下降。商贩占 88%，农民占 12%（成交额中）。

看法：(1）集中起来，便于管理，逐步改造；(2）采取经济措施，特别是供销社自营业务，逐步代替；(3）摊贩市场有两面性，管得好可以限制消极作用。

限制办法：(1）开放规模不宜过大，粮棉油不开放，计划供应工业品不开放；(2）参加人员要加限制，职工、学生不准参加；(3）掌握经济领导权。由于工作跟不上，七八月间有一段时间搞得比较乱。八月二十日又取缔粮油市场，未取缔熟食业，以后也取消了。开始时供销社未跟上，有些商贩获利过多，卖猪肉的月赚几千元。

当时有人主张取缔，但一时代替不了，市委决定严格整顿：压缩规模，控制经营范围，控制参加人员，加强经济领导。

（1）供销社开展自营业务，控制货源，把批发环节抓过来，切断城乡商贩的联系，开展供销社零售业务。现在副食品的货源基本上控制了，门市部逐渐增加，左右市场价格，群众也欢迎。对无证商贩停止供货，农民进城要在场内交易。分配货源时，限定一个商贩月得60～100元，以后还要降低。商贩承认跳不出我们的圈套。

（2）改善国营和供销社的供应和经营管理。每天上市猪300头，卖不完。过去环节多，费用大，有些东西价格高于集市，现正逐步解决这个问题。

（3）对小商贩登记发照，加强组织领导。批准发照的七千多人，占申请人数62.5%。肉类、蔬菜组织合作商店、合作小组。

（4）加强对摊贩市场的行政管理，检查和取缔卖买票证。二类物资不准小商贩贩卖，三类物资原则上也只准自产自销。

（5）加强废旧市场的管理，开展委托寄售业务，由供销社办理。

〔19〕63年要（1）打击投机暴发户；（2）采取经济措施代替长途商贩。

广州市农贸市场

究竟什么叫自由市场，各人概念不同。现除计划市场外还有：（1）供销社自营业务；（2）货栈产销直接见面；（3）边沿地区农贸市场；（4）市内摊贩市场（现已取消）；（5）寄售商店。我们意见〔是〕（3）（4）两种算自由市场，其他不算。

去年市场情况有很大好转，广州市年初计算有7000万元差额，年终基本平衡，主要靠外来农副产品。广州农贸市场已有两年时间，我们感到问题不大。摊贩市场有问题，已取消。余下来的问题不多了，情况是好的。

收购农产品办法：（1）统派购；（2）换购；（3）议价收购；（4）农贸自由市场。去年收购情况，完成任务很好，不仅没有妨碍收购，且有促进作用。猪完成200%以上，禽蛋都超额完成。上调任务完成，出口更好。过去要催交，去年自己送来，比较顺利。

干部认为，高征购，不等价〔交换〕问题基本上解决了。商品流通方式，同生产情况比较适应，政策是对头的。

广东有紧派、松派，我们有紧有松。现在农村市场供应比城市好。问题有：(1) 奖售换购品种、标准有点乱；(2) 干部思想上有本位主义，计划外〔收购〕讲价钱。要增上调任务，降换购标准抵触很大。县供销社存的东西很多，但省供销社调不动；(3) 个别生产队未完成计划就搞计划外活动。

办法：(1) 端正干部思想；(2) 加强管理；(3) 加强供销社的经济斗争。现在要解决的是整顿干部思想，统一换购标准。

城市：供销社自营业务，广州市不是一家经营，而是按商品分工，猪禽蛋两家经营有困难，不如归商业局管，手工业品自销归手工业局。供销社自营业务有 3000 万元，加上组织成交为 1.6 亿元。供销社的商品一般经消费合作社出售，此外有货栈门市部、合作商店、小商贩。经营计划外的不能经营计划内的，必须分开经营。饮食店有三种形式：①高价，不收粮票，国家不供应〔原料〕；②低价收粮票，国家供应〔原料〕；③混合价，〔原料〕部分国家供应，部分不供应。

农贸市场，基本上都是有证商贩，不准经营粮油（到供销社货栈去卖）。成交额在下降，自产自销占 95%。农贸市场都在市边沿，每天送菜拉粪的农民有一万人，捎带一些东西进来。成交额占的比例不大，但品种很多，多系国合不能经营，对补充供应很有好处。小街小巷还要有一些摊贩作为补充。

小商贩 15000 人，〔在职〕职工占 3.2%，精减〔职工〕占 10.6%，家属占 21.7%，对〔在职〕职工思想影响很大。最多时为七八月，当时有意识放一下，十月后坚决整顿。其中有 9000 人要安排生活（60%）。一部分〔由〕商业部门吸收，一部分发证当小贩（煮番薯等，自己解决货源），一部分靠其他部门安排。投机倒把约 1500 人（10%），已处理了约 900 人。

广州特殊情况，①走私物品多；②侨汇奖励物资多；不易处理。

武汉市

自由市场的概念，商品不受国家计划分配，价格不受国家计划约束。这有两种：一为行栈贸易，算不算自由市场，一为集贸市场。后者在市边开始出现，逐渐发展到市中心区，是自发地挤进来的。去年春曾考虑完全用行栈贸易代替集市贸易，但取消不了，明取消，暗存在，不如公开了还好管。现在集市102个，行栈44个。自营业务零售商店15个，熟食点108个，也是人家迫出来的。先是农村油条流入城市，后来小贩自炸，最后供销社插手经营。〔自营业务〕交易额3724万元，占零售总额4.9%，占农副产品〔零售额〕17%，折成牌价〔分别〕占2.63%和8.95%。比重最大的为熟食，占集贸总额41.8%，蔬菜占36.9%。

人员组成，商贩70%，10%农民，10%手工业者和居民。

行栈贸易（8～12月）11000万元，主要是组织成交（93.5%），收购700万元（6.5%）。〔以〕八月〔为〕100，九月191，十月178，十一月205，十二月242，交易额逐步上升。

主要品种，粮食855万斤，油180万斤，油料102万斤。

价格逐步下降，年底比〔19〕61年底下降62.2%，高于牌价35%～40%。大米降65%，0.55元，面粉0.70元，蛋0.20元，肉2.20元，鱼1.00元。

采取措施和看法：①到行栈凭证入场交易；②双方议价，不加限制；③组织成交为主，自己吞吐为次；④收购农民粮油准许购高价工业品（准备取消）；⑤限制私商长途贩运，〔对〕买方登记检查。行栈贸易在沟通城乡交流有积极作用，流进粮食平均每人每月一斤，食油一两半，推销出一部分多余的手工业品。

〔城市〕集贸市场与农村不一样，实质上是摊贩市场。全市摊贩5.5万人，有证的3万多人，外加修理手工业1万多人。一种是副食品市场，同国营的放在一起。一种是以手工业品为主的工业品市场，集合在一定地区，都是摊贩。货源，副食品从郊区买来，工业品有些是手工业不统购包销的，也有是我们分配的。（现在工业品基本取缔，只剩手工业品。）对摊贩登记发证，不合条件的动员回农村。发证的定点定业，加以组织。靠有证摊贩监督无证〔摊贩〕，拟减少1万人，剩4.5万人。一面精减，一面安插。买卖票证坚决取缔。搞投机的全市约3000人，严重的1200人。

为什么摊贩这样多？①农村货源增加，奖售物资要出售（纸烟无法取缔）；②精减职工，闲散人口增加，职工收入较少。摊贩允许存在，逐步减少。

群众反映，说好的多，说坏的少。刚开放时收入多的说好，〔收入〕少的说好是好，吃不起。现在价格下降，说好的人增加，但职工埋怨工资太少。领导干部一方面觉得生活容易安排，一方面又担心职工思想混乱。

进一步开展供销社自营业务，过去主要经营粮油熟食，今后需要解决：①经营业务范围要确定，主要靠农副产品、手工业品；②集中统一问题。收购单位过多，今后批发由市供销社统一经营；③对凭证进场执行不严，究竟哪个机关登记，各地不统一，不好管；④各地互相封锁问题，各地各有办法。不能按历史流通渠道进行交易。一方面各级层层要管，另一方面谁也管不住。通过县供销社来货价高，农民自己来货价低。打开封锁看来很不容易，不打开城乡大家吃亏，只有私商占便宜。⑤思想教育问题。⑥自营业务由供销社一家经营较好，但肉鱼蛋要另设一套机构，增加人员。

兰州市农副产品交易市场

人口从 20 多万发展到 70 多万，这两年又精减了 20 多万。市场管理一直较严，蔬菜至今没有开放，去年七月被迫承认自由市场，〔但〕禁止粮棉油上市，但熟食存在，不好取缔。现在面粉也准上市，因为粮食定量太低，此外有肉、鱼、禽、蛋、手工业品、旧货、土布（外地流来），一部分蔬菜。

去年底〔自由市场〕价格比前年底降 55%，比牌价还高 4 倍。成交额只占 1.17%。其中农副产品占 95%，旧货占 5%。开放后违法乱纪、贪污盗窃增多。

供销社只有两个货栈，四个门市部，大大不够。要准许供销社经营粮油。

李〔先念〕副总理

座谈会要搞一个纪要，在中央工作会议上讨论，要求很高。

大中城市集市贸易开不开，开多大，不开有何好处，意见不大一致。应该总结一下，取得比较一致意见。

个人意见，大中城市有无必要开放，能否代替，如果没有必要，可以基本不开，留个小尾巴。（1）划商品杠子；（2）划比例，我经营为主，留一点给你；（3）采取经济措施，逐步代替，代替不了的留一点尾巴；（4）使小商贩的收入控制在一定限度内；（5）用税收来控制。

我倾向不大开，留一个小尾巴，可能对我们有利（占1%～2%）。请大家考虑一下。现在商业人员约一千万人，国合约500万人，有证无证商贩各二百五十万人，显然多了，现在暂不组织，等整理淘汰一批后再组织，以免背上包袱。

有组织的小商小贩，为国合经销代销，不同于自由市场，应当分开。这也可以安排一批就业。要挤掉自由市场，就要有供销社去代替。小商贩腿很长可以忍耐，供销社不准外运，这是〔搬〕石头打自己的脚。好好运用自己专政的机器，不怕斗争不过私商。怕的是自己互相斗争。

城市同农村不同，农村自由市场不能想开就开，想关就关，城市没有所有制的问题。取缔私商长途贩运，过去搞的征暴利税。

十万人以上算中等城市，南京等应算大城市。哈尔滨（180万人）更应算大城市。

方针：基本取消，留个尾巴。

压缩范围、严格管理、逐步代替、区别对待。

行政上限制，经济上代替，逐步压缩，最后消灭。

严格管理，管而不死，活而不乱。

大关小放，严格管理，逐步代替。

专题讨论

自由市场这个名称不大适当。城市的所谓“自由市场”，不完全“自由”。计划市场也不是没有自由。计划同自由不能对立。

要代替自由市场，就要开展供销社自营业务，要开展自营业务，就要打破地区封锁。

农村生产关系同城市不一样，但城市也有一部分手工业者，需要自销产品。城市的自由市场应当比农村〔自由市场〕小，但有的城市〔自由市场〕比农村还大（哈尔滨），这是不适当的。

自由市场的概念是“自产自销，自买自用，自找货源”。

石英　三条渠道国营商业、供销社商业（包括交易所、货栈等）、自由市场（产销直接见面）。现在的自由市场已经变为自发的资本主义市场，所以破坏性很大。

方针：行政上限制，经济上代替，逐步压缩，最后消灭。

工作上的毛病：(1) 供销社渠道没有搞通；(2) 国营商业的经营管理不善；(3) 城市闲散人口。

留不留尾巴：凡是农民跑得到的地方（市区边沿）可以保留，仍称集市贸易，管理办法与农村同。

商贩旧的承认，新的不再登记，否则不利于压缩城市人口，要背包袱。修理服务业可以登记一点。

天津　自发资本主义坚决取缔。农村集市贸易长期存在，城市也会受些影响，城乡无法完全割断。农产品征购目前是低指标，农民手里有东西，要找出路。农村粮肉卖不掉，供销社又不准经营（全省任务未完成），城市又有需要，这个问题总要解决。供销社自营业务搞好了，自由市场可以打掉。

鲜活商品〔市场〕将来也不能取消，现在市场活鱼多，关闭后不行。水果过去赔钱，去年不赔钱。通过供销社要经五道环节，烂掉很多。小手工业品〔市场〕也要长期保留。

广州　蔬菜进栏交易，这不能算自由市场。货栈组织成交也不能算。代销不能算。

什么叫自由市场，基本上是产销直接见面，还应当有少数小商贩。

开不开，我们意见要开一点，城市有些手工业、有些鲜活商品比国营还便宜，不让进城，农民和市民都有意见。

方针：不要禁止，严格管理，要管而不死，活而不乱。如果基本取消，留个尾巴就是非法的。

武汉　①一种是计划市场，计划价格（包括供销社代营业务）；②一种是供销社自营业务；③一种是行栈组织成交；④一种是场外副食品自由交易。第三种在参加人员、上市品种、交易数量、价格上可适当控制；⑤一种是代营摊贩，今后相当长时期会存在；⑥一种是手工业者自产自销。

集贸市场是指第四种，经营范围：①蔬菜（计划收购以外）；②家禽；③水产；④小水果；⑤野味；⑥蛋（看情况）。

行栈可否经营粮油：一种设想不准经营，允许供销社到农村收购。一种设想是允许农民运进来，少两道手续。（供销社环节很多，层层加价，如何解决。）生产队愿意运到城市来卖，可得城乡差价。对买方、卖方都可以控制。

□□ 城市的“自由市场”同乡村的集市贸易有区别，但基本上是后者的延伸，因此不如也说〔是〕集市贸易，习惯上也称小市场。城市基本上可以代替，但完全消灭没有必要。城市内部也有一些工业品小商品，不容易包下来。〔19〕57 年以前不比现在少，但是没有问题。

沈阳 自由市场弊多利少，客观存在。现在市场紧张情况尚未过去，国家供应不了，不能不有一些补充。如果不允许搞，要陷于被动。〔自由市场〕活鱼几毛钱一斤。不是可有可无，没有还是不行。

兰州 城市与农村不同，叫自由市场也可以，占的比例不大，但所起作用不小，要有一两年时间才能逐步代替。供销社供应城市〔需〕要工业品〔换农产品〕，要化肥，没法对付，各说各有理。熟食业也养活了一些投机商贩。

西安 先叫初级市场，后叫集市贸易，群众叫自由市场，历史上叫小市场。

方针：“大关小放，逐步代替”。比例大体上控制在 2% 上下（十二月 3%）。一二类物资必须进货栈交易，自留部分可以上小市场。三类物资集体生产的要上货栈，个人生产均可以上小市场（愿上货栈当然可以）。

杭州 粮、棉、油、烟、麻、茧、茶七种不准上市，其他二类产品完成交售任务后可以上市。

可以基本不开，留个尾巴，但可以区别对待。

可叫“城乡交易市场”。群众要求交易的主要还是粮食，兑换品种。蔬菜水果，供销社经营按市价出售，也要赔钱，原因是增加环节。如果只留一个尾巴，要留一个大大的“狐狸尾巴”。

唐山 是个工矿区，城市中有农村，所以就叫集市贸易。不要说基本不开，留个尾巴，还是根据具体情况，哪些开，哪些不开。如果一下关了，关系到广大职工生活，震动不小。有些东西不能开放，有些可以逐步代替，有些在将来也代替不了，应当区别对待。粮食、猪肉要逐步地代替，还要过渡一个时期。

济南 干部叫城市集市，居民叫小市。蔬菜、干鲜果、旧货从来就有小市，去年加了粮食和肉禽蛋。居民供应粮食中60%是地瓜干，去年职工降为40%，他们愿把一斤半地瓜干换一斤玉米面。粮食定量也很低，居民不到20斤。但农民有余粮愿意出售。所以现在杂粮准许上市。（大宗的上货栈，小量的上市场。）蔬菜大路可包，小宗要放。

放的幅度，去年2.3%，下半年多，今后最多不超过3%，一般是2%~3%。

纪要讨论

粮食不准上市有问题，市供销社到农村去采购困难很多，让生产队和农民自己送来比较容易，前者县管得紧，后者管不住。

城市集市贸易纪要

国营商业能否议价收购，能否按议价出售农副产品。北京卖中价，原则是进价加费用，并照顾到敞开供应。

目前许多地区、许多种副食品购销价格倒挂，除计划供应部分必须坚决按牌价供应外，是否可以允许国营商业在计划外按中价（进价加运杂费）出售一部分副食品。

肉鱼禽蛋可以考虑划归国营商业议价收购，和按议价另订价格在市场供应，具体办法由省委决定。

计委领导小组讨论长期计划*

成立两个委员会：工业和农业，其他各口由计委领导成立委员会或小组。工业委员会下设四个小组，吸收专家参加。

长期计划主要搞第三〔个〕五年，同时考虑十年甚至二十年的奋斗目标。农业达到“农业四十条”的要求，工业赶上英国。由近及远，从远处着眼，从近处着手。第三〔个〕五年的目标要解决吃穿用的问题。

* 1963年3月20日，国务院计划领导小组召开会议，讨论第三个五年计划的编制问题。李先念参加会议（《李先念年谱》第三卷，第561页）。

增产节约和“五反”① 运动

彭真同志：现在已经到了搞这运动的时机，再不搞，贪污盗窃滋长，资本主义和修正主义思想滋长。有单干、有地下工厂，干部多分多占相当普遍。干部1200万人中，约占400万人。多分多占比投机倒把还严重，发展结果走向资本主义。分散主义（本位主义）和官僚主义是温床。

十年没有搞这问题，从何时算起？一般只算近两年，大贪污盗窃犯要新老账一起算。有些人要抵抗这种运动，贪污盗窃分子是生死存亡问题，肯定要抵抗。不把他们搞下去，马克思主义就站不住。要从头到尾抓增产节约，不妨碍生产。如果妨碍生产，那是领导不好，或者有意破坏。一般人（400万）有小错误，洗个澡，少数大错误的就不是洗澡问题。

运动三个阶段：（1）增产节约；（2）反对铺张浪费；（3）反对贪污盗窃，投机倒把。领导干部要先走两步。

分三条战线：（1）增产节约；（2）反对国际修正主义；（3）反对贪污盗窃。凡是耽误生产的，立即派人代替。干部长期闹不团结的，要交流、调换、撤换。反本位主义改为反分散主义。

社会主义革命要来好几次，“三反”“五反”是一次，社会主义改造一次，反右派一次，这次“五反”又是一次社会主义革命。

贪污盗窃和投机倒把是敌我矛盾，铺张浪费还是内部问题，要把这次运动当作一次革命斗争。此次斗争面很广，有党内的，也有党外的，看来打击的有几十万人，主要是干部。他们搞了那么多钱，还有什么心思革命？

搞运动前要防止破坏，甚至杀人放火。划几条战线，不准打人，不一定杀人，处理放后，以免处理错误。不管党内党外，大干部，小干部，要一样处理。这样才能保证党的纯洁性，有错误的干部，不开除党籍，不容易改。凡是烂了的干部，都是领导不力，决心不大。要决心搞这件事，不搞不行。

---

① 1963年3月1日，中共中央发布《关于厉行增产节约和反对贪污盗窃、反对投机倒把、反对铺张浪费、反对分散主义、反对官僚主义运动的指示》，要求在全国范围内，在县（团）级以上党政军民机关，国营和合作社营企业、事业单位、物资管理部门、文教部门中有领导、有步骤地开展一次“增产节约”和“五反”的运动（《建国以来重要文献选编》第16册，第171～187页）。此即“新五反”。

农业规划初步设想*

目标：（1）基本实现农业现代化；（2）全面实现农业发展纲要四十条。

现代化包括：机械化、水利化、电气化、化学化，加上农业科学技术。

拖拉机150万标准台，其中100万台农业，50万台农垦。相应的收割机械。

电气化，70%生产队用电，用于电灌，加工，不一定能照明。

水利化，保证灌溉面积10~12亿亩。耕地从现在16亿亩增至19亿亩，保证〔灌溉〕面积占耕地60%左右。

化学化，化肥4000〔万〕~5000万吨，其中氮肥至少2000万吨，即每亩10公斤，此外是磷肥和少数钾肥。

现代农业科学技术，要精耕细作，就要使机械化适合于我国的特点。要吸收外国科学技术成就，吸收祖国农业科技遗产，和广大农民的丰富经验。

中心是用机械动力代替手工劳动，即机械化、电气化。一个时期一个或几个重点，分批分期实现。机耕、化肥、水利等各有重点，这样各地都有一些重点。

	1967年	1972年	1977年	1982年
粮食	4000亿斤 （550斤/人）	5000亿斤 （650斤/人）		7500亿斤 （800斤/人）
棉花	3200万担 （16尺/人）	4000~4500万担 （20尺/人）		6000~7000万担 （30尺/人）
食油	8000万斤	1.3〔亿〕~1.4亿斤		2亿斤 （7斤/人）
猪	1.5亿头 （12斤/人）	2亿头 （16斤/人）		3亿头 （24斤/人）

* 1963年4月10日至15日，全国农业发展和农业技术改革规划委员会在北京召开第一次全体委员会议，讨论制定农业长期规划等问题（《中华人民共和国国民经济和社会发展计划大事辑要1949—1985》，第200页）。这个记录应是这次会议的讨论记录。

吃穿二十年内主要靠农业，上山下水只起补助作用。

垦荒4亿亩（20年），前十年1〔亿〕~1.5亿亩，主要靠后十年。

开发西北、西南，要发展工业，必须农业先行。要解决西北水源问题。

（1）农业布局：经济作物主要集中在冀鲁豫地区。集中与分散有争论。

（2）品种配置：粮（播种面积）70%~80%之间，一般是78%。粮食中高粱、谷子少了，地瓜多了，一下子变不过来。

（3）复种指数：一般是140%，曾经到过145%，结果不行。低于138%也不行。

（4）充分利用水面资源。

第三〔个〕五年技术经济政策：

①机耕费、排灌费，必须有合理补贴。过去平均每亩1.2元，用牲口耕花0.9元，收1元农民可以接受，实际成本约2元（工资、管理费占15%）。

②新化肥、农药要有试制费、推广费，应在成本以外。

③兽医防疫费，不免费农民不干。

④化肥分配方针，原则上按需要分配，不能作为交换手段。

⑤内部价格调整，三类物资卖高价，一二类物资吃亏。

⑥技术人员的培养。

物〔价〕委〔员会〕扩大会议*

地质部　调价幅度是否太大，建议调价幅度再低一点，特别是煤炭。

轻工部　重工产品基本不动，个别调整，基本维持目前的价格水平。提价解决了一个矿的问题，要引起几十个、几百个厂矿的问题。轻工方面，造纸多亏2000万元，铅笔300多万元，火柴200多万元。

如果提价，轻工产品或者要贴补，或者要提价（每千枝铅笔6角2分）。

一机部　机械产品，第一〔个〕五年降价21.8%，第二〔个〕五年减

* 1963年4月12日，中共中央、国务院批转全国物价委员会《关于1963年调整物价问题的报告》（《中华人民共和国商业大事记1958—1978》，第356页），这个记录应该是这个文件起草过程的一次讨论记录。根据笔记的前后时间，这个时间应在1963年4月。

降［降价?］17.16%，合计 39%，金额 7 亿元。所用原材燃料价格则涨价。煤〔涨〕20%，电 30%，木材 77%，铜铝 20% ~25%，轴承钢 27%。转移利润 7〔亿〕 ~8 亿。

〔19〕57 年成本利润 39%，〔19〕61 年降为 20%，〔19〕62 年上半年 25%。企业 27% 亏本，产品 50% 亏本，亏损率 30%。提价结果，影响一机部 1.2 亿元（包括地方）。

目前：①提价对支援农业技术改革不利；②目前市场情况正在好转，提价对稳定市场物价不利；③提价后国内价高于进口价（钢材），对自力更生不利。

冶金部平均利润（〔19〕57 ~〔19〕60 年）50%，〔19〕61 年 2.4%，〔19〕62 年 10%（上半年）。

一机部〔平均利润〕〔19〕57 ~〔19〕60 年 45%，〔19〕61 年 20%，〔19〕62 年上半年 25%。

水电部　最好一般不动，个别调整，或是第二方案（小调整），最好今年不动。理由：今年计划已经定了，一调整整个预算〔就要〕调整，很不简单，单煤炭一项，成本提高约 8000 万元（电柱水泥 80 元，三十年，木材 29 元，十年），多用水泥电柱价格上是合算的，问题是水泥不够，增产水泥又煤炭不够。提价不能解决代用问题。

粮食部　煤、木、钢涨价对粮食无直接影响，但有间接影响，主要是农具价格影响农业成本。

农垦部　赞成基本不动，个别调整，高的降一点，低的提一点。农机产品已经决定降价，如果煤、钢提价，就不好执行。提价时请同时考虑农业企业如何办。

铁道部　铁材 7130 万〔元〕，木材 5592 万〔元〕，铁 770 万元，焦炭 260〔万元〕，煤 5237 万元，合计 18989 万元。提价要有一个准备时间，要早作决定。

农机部　原材料涨价影响面很大，特别是今年，一提就全部搞乱了。农业机械刚开会，决定降价一亿四五千万元，一提价就很难执行，只有两个厂子赚钱（洛阳拖拉机厂，上海柴油机厂），其他都要亏本，无法安排。提价影响农机部门 1.2 亿元。原来有利润 8000 万元，提价后全部门亏损。

外贸部 影响2400万元，出口不能涨价。

手工业 提价幅度影响手工业，木材4760万元，煤炭1740万，钢铁22800万元，合计2.93亿元。要求农具降价20%，又要木、钢提价，实在难办。最好今年不动，明年少动。

后勤部 影响3300〔万〕～3500万元。影响三机部成本提高尚不在内（约有4亿元），连其他部门加工可能有5亿元。最好今年不动，个别调整。

三机部 初步计算影响12850万元，主要是钢材。主张今年不动。

石油部 1288万元影响。现在企业扭转亏损潜力很大。经过改进经营管理，刚扭转亏损，一提价又戴上亏损帽子，影响企业扭转亏损的积极性。

化工部 影响大材料4000多万，小的、外部的还不算。建议今年不考虑，明年亦不考虑。

商业部 影响算不清楚，顾虑很大。同意物委所提意见。煤炭出矿价、调拨价分开的意见很好，〔19〕58年就讲了。定额贴补办法很好，其他政策亏损也可采用。

烧煤比烧草便宜，这只能从计划供应来解决，不能靠价格来解决。

经委 （1）同意物委意见，木材价格不算低，利润不算少，提价对节约不一定有好处，主要是生产、分配上的问题；（2）林场单独核算办法很好，单独规定价格；（3）枕木价格分开好处不大，可以不分。

价格比例应该说有问题，应该调整，但从一个部门出发不行。价格总是管理经济的有力杠杆，不合理对生产分配有影响，办法步骤要稳一点，逐步调整。

林业部 提价不是由于亏损，而是为着节约。20年后只能年产6000〔万〕～7000万米，只能采40年。节约使用不能单靠计划分配，还要靠价格政策。提价增加收入2.2亿元，对各部不会有这样大影响，实行节约后，只增加7200万元。什么时候提，是不是分几步走，可以研究。

过去出场价叫计划分〔成?〕本价，已经有了。

煤炭部 亏损最多的部门。亏损原因，主观〔因素〕的2元多，价格也2元多。坑木涨价52%，机械修理涨价，价格因素〔影响〕每吨2.7元多一点。煤炭利润历来偏低。国家贴补煤炭，还是贴补其他部门，值得研究。

冶金部　使用部门不赞成涨价，生产部门赞成涨价。冶金产品〔19〕56 年以后降价三次，降 30%，〔19〕57 年以后没有变动，但条件（矿山、运输、新企业）大变。焦炭多生产、多亏本，有必要调整。调整是有理由的，幅度是否合适可以研究。

贴补办法不如调价，对企业改进不利。贴补是临时性的措施。

赞成全国统一订价，不赞成企业个别订价。

钢铁亏损〔中〕价格因素占 40% 左右，每吨洗煤提价 8 元，一吨半炼一吨焦，计 12 元，现在焦炭售价 55 元，成本 70 元。

炼一吨铁要三吨矿石，每吨 20 元，焦炭 80 元（一吨），一吨补助矿石 10 元，共 150 元。原料费用，加其他共 180 元。铁成本提高 44 元，其中焦占 9.16 元，灰分 3.8 元，矿石品位下降 5.6 元，电价 2.1 元。

〔冶金部〕党组研究，今年先解决焦炭和生铁问题，钢材暂不提价，钢坯、钢材价格内部调整。

财政部　（1）在生产还不正常时候，调价的时机还不成熟；（2）大家想靠调价来扭转亏损，恐怕引起混乱；（3）超产超亏如何补贴，超产多补。

煤矿基本建设会议*

〔李〕富春同志在煤矿会议讲话（1963 年）

此次会议：①把问题摆出来了。②找出了解决问题的办法。只要抓出问题，就一定要千〔方〕百计解决。会议提出两个问题，一是设备材料维修配套问题，二是生活问题。领导小组已向书记处汇报，书记处的精神是尽可能落实，不落实就是官僚主义。这些问题是经过一个过程，逐步地摸清楚。经过摸索过程，开始抓得不对头，对问题还不大清楚。现在比较清楚，还不能说完全清楚，究竟生产第一线需要什么？口径还不一定完全对头。是一个不断摸索、不断认识、不断解决的过程。这是工作深入细致的一个标准。我

---

* 1963 年 3 月，煤炭工业部在北京召开煤矿基本建设会议，讨论煤炭工业基本建设的形势和任务，还集中研究了地质、设计等问题。李富春和薄一波副总理到会作了指示（《当代中国的煤炭工业》，中国社会科学出版社，1988，第 690 页）。这是此次会议的记录。大标题为编者所加。

们有这决心，要把问题解决、落实。有些还要靠地方党委共同努力（如菜蔬）。会议把两个问题解决了，是不是就没有问题了？不是。存在四个问题，除设备、生活两问题外，还有企业管理和做人的工作两个问题。前两〔个〕问题讨论了，后两〔个〕问题还没有很好讨论。头两〔个〕问题解决以后，还要解决后两〔个〕问题，生产才更有保障。建议再拿出两三天时间来讨论后两〔个〕问题。前两个是生产力问题，后两个是生产关系、上层建筑〔问题〕。互相介绍先进经验，互相学习，如何调动人的积极性，使会议圆满结束。不仅要见物，而且要见人，解决人的问题。物的问题是可以解决的，今年解决不了的明年也要解决。有了物以后，主要是人的问题。这就要政治挂帅，群众运动，不要把这些丢掉了。

三年大跃进的经验，现在经济形势，不［尽？］管有暂时困难，三面红旗是完全正确的。正面反面经验，都证明三面红旗正确，更丰富了三面红旗的内容。三年大跃进证明两条，一条只要全党全民努力，能够多快好省，大跃进，高速度发展经济。二条有些搞得过多、过快一点。从〔19〕58～〔19〕60 年重工业的发展速度是快的，煤从 1.3 亿发展到 4 亿吨。三年大跃进是演习。基本经验〔是〕可以多快好省，问题出在过多过快，建设规模过大。如果煤炭从 1.3 亿到 3 亿，而不是 4 亿，情况就可能好些。钢从 535 万吨到 800 万，1200 万，到 1400〔万〕～1500 万吨，仍然是大跃进，〔否则〕不致于如此紧张，煤炭的设备失修不致如此严重。

过去没有大跃进的经验，没有执行总路线的经验，现在经验比较多了，大家认识提高了，能力更强了，有了这些经验，能够更好地举起三面红旗前进。问题不在总路线是否正确，问题在实现总路线要一套具体政策，具体办法。处理问题有主观片面性，没有及早总结经验教训。中央工业指示开始总结经验教训，规定政策办法。过去为什么指标过高，建设规模过大，不能及时总结经验教训，原因是调查研究，群众路线不够，思想方法有主观片面性。

三年大跃进有三个过程，第一是 1958 年到北戴河会议，找到了总路线，搞大跃进、人民公社，没有经验，难免不发生缺点和错误。1959 年从郑州会议到庐山会议，制定人民公社政策，工业指标落实，做好了总结经验的准备。庐山会议被迫反对右倾机会主义，是完全必要的，当时对农村问题有些改进，工业指标也压缩了。反右倾把它反到群众中去，把正在纠正中的缺点又放松了。加上国际反修正主义，一肚子气。去年这时还在拼命保钢，〔19〕60 年初来了开门红，几个大办。去年北戴河会议到今年庐山会议是第三个时期，中央搞“十二条”、“六十条”解决农村问题，这几个月又抓工业，搞了“八条”、“七十条”，此外还有手工业、商业、科学研究、高等教育。这个时期是总结经验，纠正缺点错误，制定贯彻总路线的政策办法。假使总结经验早一年，就会减少许多困难。但也不要后悔，不要丧气，总结经验要经过实践，有些问题当时还看不清楚，对连续几年灾荒也没有经验。现在检讨是为总结经验，更好前进，决不是忏悔。经验有五条：

（1）从三年大跃进、三年灾荒看起来，说明工业的发展必须以农业为基础，工业为主导。优先发展重工业是必要的，但太快一点，挤了一点农业，三年灾害又反过来影响重工业。农业能给多少粮食和其他农产品，在此基础上来安排工业。中国人多，国大，决不能忽视农业，决不能离开农业来安排工业。以农业为基础决不是忽视工业，要在农业的基础上来尽可能发展工业，特别要优先发展重工业。有了重工业，才能更好地促进农业的发展。过去煤炭会议不会讨论粮食蔬菜问题，现在列入首要地位，说明农业与工业的发展不相适应。

三年大跃进中，也出现了工业内部的不平衡，工业内部也需要调整。工业各行业间，各行业内部，各企业内部，都要在新的基础上进行调整。因此要退下来调整，退到可靠的、落实的基础上来进行调整。总的要退，有退得多，有退得少，有退、有进，这样才能调整。大家都退，也调整不了。不能溃退。煤炭退到日产 44.5 万〔吨〕，应该说是退够了，不能再退。个别矿还要退一点，个别矿可以增一点，总的来说 44.5 万是站得住的，现在生产能力是 50 万吨，由于设备维修、生活管理、企业管理不好，所以只有 44 万。把这些事情搞好，可以达到 50 万吨。

（2）工业发展首先要保证当前正常生产，然后再搞基本建设，搞扩大再生产。最近三年追求扩大再生产，维修厂改制造厂，基建上马过多，不能集中力量打歼灭战，投资效果降低，时间拉长。基建过多，还影响当年的再生产，挪用当年生产所用材料，挤了设备维修。首先保证当年生产，行有余力，再搞扩大再生产。拿煤炭来说，明年首先安排当前 61 个矿的维修，巩固现有生产能力，然后再搞新的建设。明年方针主要是调整，这十六个月以调整为中心，把〔以?〕煤炭和钢材的品种质量为中心。

（3）工业的生产和建设必须认真贯彻勤俭建国方针，防止人力、物力、财力的任何浪费。我们国大，人多，需要大，国家穷，底子薄，办事情很不容易，必须精打细算，讲究节约。既要照顾人民生活必需，又要赶上去，实现现代化，很不容易。国家的资金来之不易，不能丝毫浪费。搞工业同志如何讲究经济效果，每文钱都用得恰当，很不容易。今年投资只有 76 亿，明年只有 40 多亿，更加需要节约使用。不讲经济核算，就不可能多快好省。三年大跃进中浪费相当严重，不讲经济效果，多快好省没有统一。煤矿来说，给了设备材料，如何节约使用，也有问题。黑龙江三查六清做得好，做得对，查出了许多严重的浪费，说明过去爱护国家财产不够。各地都应来一个三查六清。

（4）工业生产关系一定要适合生产力。全民所有制必须保障，不许侵犯，不能随便调人调东西，每个厂矿都要独立进行经济核算。煤矿与人民公社划开，两种所有制不能混淆，你的是你的，我的是我的，过去的账要清算。集体和全民都不允许一平二调。每个企业都要向国家负责，不能私相授受。

真正实行党委领导下的厂长负责制，加强党的领导，贯彻执行群众路线。厂长统一领导，不是不要民主。困难要向群众讲清楚，依靠群众来克服困难。

必须贯彻按劳分配，政治挂帅与群众路线相结合。煤矿如何贯彻多劳多得原则。从五定中定劳动，把生活安排好，长期旷工的人不要。十月一日起减人不减粮。要回农村的回农村，想进矿山的进矿山。搞好五定以后调整工资，升级转正。

（5）改进计划，全面安排，综合平衡。明年以调整为中心，指标不能过高，速度不能过快。从〔19〕61～〔19〕67 年，前三年以调整为中心，后四年争取继续跃进。要有积极奋斗目标。调整是为前进，不能丧失前进的信心。千方百计克服困难。

要集中统一，分级管理。要克服困难，必须集中统一。必须统一认识，认识统一了，行动才能统一。愈是困难，愈要鼓足干劲。只要善于总结经验，鼓足干劲，千方百计克服困难，一定能够成功。要说老实话，既要反对虚报浮夸，也要反对隐瞒缺点。不向困难低头，不要推卸责任。要勇于负责，向困难斗争。经过三年，在新的基础上达到新的平衡，然后继续前进。

~ ~ ~ ~ ~ ~ ~ ~

（1）基建与生产（如何保证生产稳步上升）。

（2）建立计划管理、财务管理、技术管理制度。

（3）设备材料供应制度和协作关系。

（4）调动职工生产的积极性（工资问题）。

（5）中央与地方关系问题。

（6）保护国家资财问题。

大同沈副局长

怎样发挥社会主义经济优越性（计划经济、按劳分配）。计划管理在整个管理工作中起主导作用。几年来在材料的计划管理方面问题很多，积压材料好几百万，不足的又好几百万。要的东西不够，不要的东西很多。财务方面，银行贷款两千多万元，要从计划管理开始来整顿企业管理工作。

计划管理在三年恢复时期搞四定五定，第一〔个〕五年逐步趋向完善，十种计划，二十四项指标。这三年计划管理有所废弛，原因是几本账，劳动一本账，产品两本账，财务三本账，甚至更多。五大能力平衡表取消了，计划管理的六大依据废弃，基础动摇，没有生产和建设的计划，各项工作安排就没有依据。

按劳分配、等价交换，干部中、地区间也应当如此。16个月主要调整，小自由开始大一点，以后逐渐缩小。计划中没有安排，不搞小自由不行（带料供煤）。计划安排好了，小自由就不需要了。

计划管理中两个问题，一是正规循环作业，定员定额管理，主要内容三表三定（定员定额定检）三大制度（交接……）。九项都以正规循环作业为标准，把采煤、掘进、运输、机电联系起来。

意识形态和经济基础，相互制约、相互促进。前三年〔恢复时期〕党委制，主要缺点〔是〕没有明确的、系统的责任制。〔第一个〕五年是一长制，强调责任制，忽视党的集体领导。近三年加强党的领导，强调分工负责，直至分兵把口，分片包干，这在一长制时期是受到批判的，不应恢复。在组织上科室关门。反对一长制，不能“处处书记挂帅，件件书记出头，样样书记插手”。一个书记挂了十四个帅，只能开一揽子会，大家讲一讲就把时间讲完了，什么问题都不能仔细研究。〔19〕58 年反右倾有基础。〔19〕60 年春采煤上升，掘进下降，经济基础动摇，反右倾反不起来，愈反生产愈下降。上层建筑没有经济基础不行。

□□　这样多的问题究竟从何入手？计划管理、生产管理、财务管理，好像都有问题。（成本月月上升，利润月月下降。）过去计划是法律，完不成计划压力很大。〔19〕58 年前编制计划有一套程序，各方面都有计划，然后平衡，作业计划图表管理，大家一目了然。现在计划变得很快，顾不上一项项安排，都不落实。过去要有设计，有作业规程，能够保证正规循环。现在说干就干，各方面不配合，搞得很乱。究竟从何入手？还是要从计划管理入手。但是如果大家没有积极性，有了制度也无人执行。把人的积极性调动起来，便于建立规章制度。要按劳分配，就非建立各种制度不可，要有原始记录，有记录员，经济核算小组。责任制也是如此，要工人督促干部，不能单单干部督促工人。工人积极性调动起来，一套管理制度就必须跟上去，这些制度有了基础，垮不了。（人的积极性、管理制度、物资供应三者结合。）从分配入手调动人的积极性，带动其他方面前进。

思想意识与物质条件，必须的生产资料、生活资料必须解决，在此基础上来加强思想教育。单有分配政策，不注意思想教育也不行。计件工资固然麻烦，〔如果〕工人不积极，检查督促更麻烦。平均主义是不自觉的，这个思想不解决，按劳分配也建立不起来。分配工作搞好了，便于进行思想教育。按劳分配把国家利益同个人利益结合起来，便于进行政治思想教育。协作不好大家受到损失，这样协作关系也建立起来了。政治、物质两者必须互相结合，互为因果。

为着整顿企业管理工作，必须有两条，一条是必要的材料设备和生活用品，二是按劳分配和工人的积极性。这二者缺一不可。

□□□　李副总理报告指出，不要过分强调数量，忽视经济效果。过去党委少数人忙，业务科室许多人闲着没有事干，有力无处使，或者跟着党委转，自己没有主张，也不负责任。去年〔有〕一个矿工资多开支 23 万，没有通过财务科，财务科不起监督作用。党委自己违反财务制度，不起监督保证作用。

要建立克服困难的信心，不能“全国如此，我也如此”，能够前进的还要前进。要抓思想工作。对国家资财漠不关心，反对违法的人自己反被认为违法，政法部门不认识〔到〕全民所有制不受侵犯。

维护全民所有制财产不受侵犯，单靠经济工作人员不行，要全党重视才行。废品收购站鼓励偷盗国家财产，给以奖励，值得检查（矿区材料科派人监督）。政法部门对偷盗不处理，〔被〕开除了〔的人〕县委书记批收回，工资照发，很不好办。

□□ 过去几年技术责任制废弛，技术人员负不了责任，出了问题无人负责。发挥不了技术人员应有的作用。财务人员也不能遵守财务制度，负不了责任。（西北新民矿，财务科发行本票，内部来往都用本票，领料要本票，运输要本票，大家精打细算。）

设备材料解决了，突出的是劳动力问题，矿工还在向农村跑，工人阶级队伍如何巩固，这个问题应当讨论讨论。

山西贾局长——按劳分配

山西还有十六公里巷道失修，三千多台机器带病运转。现在讲按劳分配经验。

执行按劳分配基本情况：去年四月产量开始下降，一直到今年八月上旬。其中去年九月、今年三月搞高产，一度上升，不久就退下去。一年来积极工作的人在减少，消极的人在增长。去年调整工资，总的工资水平提高，但平均主义，有些积极分子工资反而下降。因此反而打击了积极性。

〔产量〕为什么下降？一度以为缺少掌子面，掌子面增加了三十个，还加了两万人，产量仍然下降。后来增加粮食，粮食增了产量仍下降。后搞机电运输和巷道检修，情况稍有好转，但不久产量还是下降。大抓设备以后，又大抓生活，职工情绪稍有好转，但下降趋势仍未停止。又抓掘进，效果也不大。又抓整风，贴大字报，解决了一些干群关系。一直到五月省委召开书记会议，检查下降主要原因在哪里，认为群众积极性是主要原因。以上各种措施都需要，但如果群众缺乏积极性，仍无用处。而群众积极性单靠思想教育不够，还要按劳分配。

计时工资加奖励也是按劳分配，但还要找更好的分配制度。当时对计时、计件认识不一致，是否恢复老的计件？三种情况：体力劳动较多，技术不复杂的实行计件，〔认识〕一致了；不易计件的计时，〔认识〕也一致了。对回采掘进是否计件，有争论。综合计件不直接，个人计件作用大，但不利于协作。改为综合计件、分班评比、死级活评、超额给奖，死级活评是为着照顾技术工人等级，评的结果还是平均主义。拥护的占 70%～80%。好处综合计件，大家利害相关，先进的督促落后的。反对的是一部分老工人。主要是平均主义不易反掉，评的时候又来一个平均主义。评了三天，一个工五分钱。

七月会议以来是提高阶段。当前主要问题是不是抓按劳分配？①生产关系方面有问题，主要的是平均主义；②党委领导下的厂长负责制如何执行？总的是管理问题；③生产能力问题，机器设备巷道失修，等等；④职工生活问题。讲来讲去是这四个问题。究竟从何入手。最后统一认识，在设备、生活、管理适当解决的条件下，人的积极性是主要问题。没有积极性，责任制也搞不起来。政治思想工作必须挂帅，它同按劳分配互相促进。

抓分配、促生产、促管理。过去劳动工资部门规定一套计算方法，算来算去都算到同基本工资差不多，以为不如此，不合理。有些同志怕计算麻烦，说还是计时加奖励好。有些同志怕计件会不会成为修正主义、经济主义？我们总结了过去煤矿工作的经验，煤矿特点：①大部分时间搞工程，小部分时间搞生产，工程质量对采煤效率有重大意义。必须把工程质量包括在综合计件以内。综合应包括数量、质量和成本；②一昼夜一个循环，三班之间必须互相配合，密切合作。三班组成一个园班。综合计件必须从分班计件改为综合计件，分班计量，个人计分；③劳动条件不好，容易发生安全事故，新老工人关系必须好好解决，平时新工人体力强，出了问题非老工人（技术好）不行。很大部分是体力劳动，强度很高，必须计件，要把综合计件、个人计件的优点结合起来。

十二年历史，①〔19〕53 年以前废除把头制，基本上还是老办法；②〔19〕53～〔19〕57 年实行八级工资，分工种个人计件，刺激作用很大，缺点是挑肥丢瘦，弄虚作假，协作关系搞不好，不顾质量。保证工资很多

（无工可做）。③〔19〕57年三月会议后增加综合计件，生产跃进。缺点〔是〕没有把质量和成本综合进去。〔19〕59年开始取消计件，〔19〕60年完全改为计时。计时加综合奖本来也有优点，但工人技术等级同技术水平不一致，按等级计工资不公平。升级不凭技术，碰运气。

七月会议发现死级活评不合理，取消，又加粮食奖励，多劳多吃，多劳多用。

综合计件主要内容："综合计件，分班计量，个人计分，按分分配，分值不同。"（各级分值不同。）

要按劳分配，必须有定额。①国家与集体按综合定额计算。这样把国家与个人的矛盾，变为集体内部矛盾，让集体自己解决；②集体与个人关系，按分项定额计算；③计划与定额关系，定额本是计划的基础，开工资、粮食奖以综合定额为基础，超过计划给奖（定额低于计划）；④综合定额与劳动组织，无工作时可做其他工作；⑤质量（最主要的是工程质量），成本（本票制度）的计算。实行本票制度，成本降低30%以上；⑥先进队与落后队，老工人与新工人，承认差别、照顾差别、缩小差别，最后还会有差别。先进照顾落后，一定要让先进队收入多于落后队。

〔19〕56年搞工资水平，产量下降，〔19〕57年搞工资分配，产量上升。现在工资水平不提高，（最低工资要提高，因已低于乡村），搞按劳分配。数量、质量、成本，先以数量为主，接着搞质量，搞成本。

粮食问题：开了粮食会议，解决问题：①定员，吃粮人数，把20个重点单位定了，按八月底实有人数为标准，共20.22万人，实行粮食包干；②粮食定量（43斤国家标准，矿上要求合理标准），按现行标准45～46斤；③完成国家任务给4%奖，完不成不给。4%按超额15%用完计算，即一吨煤一斤粮。

粮食来源：①旷工余粮；②减人不减粮；③奖励4%；④完不成定额的少吃粮。矿工每月吃粮58斤，分成四份，即基本粮26斤，劳动粮26斤，补助粮6斤，奖励奖，超计划才能得。不劳动吃不到劳动粮，不完成定额吃不到补助粮。煤矿工吃58斤，是国家因他劳动强度高，不挖煤就不应当吃这样多粮食。过去旷工还要58斤，领到粮票出卖，比上工收入更多。现在旷工只有26斤。事假根据出勤劳动情况（出勤21工以上，请假两天以内不扣），请假多的每月补助四斤（30斤），〔轮〕流休假照发58斤。婚丧探亲52斤。病假按营养需要来定，最低32斤，最高52斤。工伤按营养需要〔定〕。

奖励办法：管理局向粮食局包下来。管理局对矿务局完成定额的给4%奖励粮，超过定额15%每吨煤再给一斤粮，完不成任务的扣一点。矿务局对矿，超过一吨，奖粮一斤，完不成任务要扣。矿对队，回采队每超一吨奖四两，条件特别好的奖二两。掘进每米四斤。队对人，35斤按人发，23斤按分发。另一办法，完成任务吃58斤，完成80%吃不到6斤补助粮。超额给奖。

实行结果，工效提高30%以上，成本下降，人和人的关系改进，思想情况有改变，出勤率提高，发生事故大家抢救，协作关系搞好。干群关系改善，过去谁管〔的〕紧反对谁，现在谁管〔的〕松反对谁。关心定额，关心国家计划。政治思想工作比以前好做了。按劳分配要求进一步搞好定额，搞好管理，建立责任制，改进协作关系，下一步要改进技术。

现在问题：定额粗糙，技术等级尚待调整。

以后还想搞多劳多用。

京西矿务局

今年三月开始建立政治部。政治思想工作中的问题：正常的组织教育生活少，处理日常事务多。

薄一波同志

会议是中央决定召开的，会议开得还好，大会报告、发言纪要都看了，工作确实有进步，逐渐落实。同东北、华北同志谈了，今天谈企业管理工作中的问题。这方面谈得还少一点。要把工作搞好，一要有生产条件，如设备材料、坑木、生活用品等，这一次充分讨论了，解决得比较好。没有这些条件生产搞不好的。更重要的还是企业内部问题，即企业管理工作。主席指示经济工作要越做越细。从大的方面说是国家计划，经济调度，协作关系等要越作越细。这方面的责任上面来负，工业管理部门要负责任。从小的方面来说是企业管理。这由基层单位负责。这里也有两种，一由外部影响，二是企业内部管理。主席 1958 年批评只见物，不见人。此次批评见物多，见人少，是说人与人的关系没有搞好。会议把主要〔注意〕力吸引到生活问题、物资供应问题是可以理解的，但在主观上不应忽视企业内部问题，在前一问题大体解决以后，要着重讨论企业管理问题。

现在煤炭工业形势是大好形势，去年平均日产量 65 万吨，今年下降到 44 万吨，为什么还是大好形势？今年 44 万吨比去年 65 万吨好，因为情况摸得比较清楚，比去年减少了盲目性，生产安排比较落实了。一个煤矿怎样计算综合生产能力？对设备的维修，备品配件的生产，生产和积蓄（三个煤量），认识这些东西是付了一定学费的。这个学费是必须付的，决不是后悔。主席对蒙哥马利说：我们从来没有认为中国是光明的，但是经济建设没有经验。苏联帮助限于新的项目，老的东西很多，靠自己搞，现在开始有了经验。以民主革命为例，搞了 28 年，打仗 22 年才成功，学到本领是付了代价的。经验必须自己取得，不经过亲身经验不行。民主革命中犯过右倾左倾错误，得出经验，又团结，又斗争。到七大总结经验，统一思想，24 年获得了民主革命的经验，很快就取得胜利。

现在建设社会主义也是没有经验的，第一〔个〕五年自己没有经验，学习苏联。到〔19〕56 年发觉有些东西抄得不适当，从〔19〕56 年开始提出多快好省，到〔19〕58 年提出总路〔线〕。究竟如何多快好省，还是没有经验。开滦从 3 万多吨压到 5 万吨，还不死心，究竟还有没有潜力？后来往下退，用力堵，堵不住，认识有个限度，现在定为 3.6 万吨。主席说能不能比民主革命时间短些，代价少些？现在时间还只有十二年，代价比民主革命更少得多。长征结束时剩二万五千人，退到顶点，以后一直发展，抗战结束就到一百一十万人。现在最困难的时间已经过去，退到四十四万吨，已经退够，以后就要前进。两个大山，已经下到沟沟，不能再退，过了沟沟，又要上山。煤炭工业得天独厚，全党把它放在工业的优先地位。

我们的任务是 44.5 万吨稳住，略有超过，准备好明年的工作。明年也不追求产量，而在填平补齐，维修配套，还清欠债，培养条件，准备后年稳步上升。争取〔19〕63 年达到 2.8 亿至 3 亿吨。再进一步，到〔19〕67 年钢达到 2000 万吨，〔19〕70 年达到 3000 万吨。调整工作三年初见效，七年大见效。

今后要固定协作关系，基本上废除带料加工制度。解决了外部协作关系以后，你们负责保证出多少煤，提高质量，不再亏吨。以后就扎扎实实改进企业管理工作，要充分调动所有职工的积极性。

（1）要作三面红旗的教育，主要从煤炭方面来讲，有没有大跃进？如：①原煤产量〔19〕60 年达到 4.02 万［亿?］吨，比〔19〕57 年增 2.7 倍；②〔19〕58～〔19〕60 年开工新矿 29360 万吨，移交 12395 万吨，比〔19〕57 年多 2.7 倍；③小煤窑的生产也有很大的增长，〔19〕60 年达 13000 多万吨，增三倍多，等于〔19〕57 年全国煤炭总产量；④煤布局初步改善，华东、中南〔19〕57 年占 21.1%，〔19〕60 年〔占〕30.8%；⑤煤田地质三年内获得储量 500 多亿吨，为第一〔个〕五年 3.3 倍；⑥技术方面也有很大的进步，技术力量也有很大的增长。水力采煤初步成功；⑦煤矿铁路专用线建成 1400 多公里；⑧矿山机械制造发展很快，达到 5 万多吨；⑨原煤成本下降 15%，利润 34 亿多元；⑩职工人数 300 多万人。最重要的是党在煤矿中加强了领导，职工觉悟提高，经验比以前丰富多了。

要作形势教育，讲成绩要讲够，讲缺点也要讲透，有困难，要克服。检讨缺点，为着总结经验，不是追究责任。消费品的分配要执行多劳多得的原则，多劳多吃，多劳多用（中央决心很大，大家希望不小，信心不足）。已经写上决议的，必须落实，必须解决，不解决是官僚主义。

要抓职工生活，已决定的要切实保证兑现。发给职工东西，要及时发给工人，发得合理。对于生活特别困难的，特别是老职工，要给以补助。地方政府负责副食品的供应，各矿自己也要办农场，种菜养猪，巩固工人队伍。煤矿工人生活苦、事故多，我们应有办法解决这个问题。“煤炭工人牺牲了自己的光明，为着人类的光明”。矿工要以矿为家，安家立业，不要动员矿工家属回乡，缺工时优先补充矿工子弟。

搞群众运动不能不要责任制度，搞责任制度也不能抛弃群众运动。

（2）从五定入手，有计划、有步骤地切实整顿企业管理工作。放手发动群众讨论“工业七十条”，通过讨论，肯定成绩，明确方向，澄清思想，统一认识。经过调查研究，切实搞清企业情况，先查后定，先定后包。查定工作以查定生产能力为中心环节，在此基础上进行其他工作。在查定的基础上，确定综合生产能力。

做好定员工作，定员以后调整工资级别。

查原料、材料消耗定额，来源。查固定资产和流动资金。固定协作关系，取消带料加工制度。

（3）实行严格的责任制，彻底消灭无人负责现象。（有人说：全民所有制就是无人负责制，必须彻底纠正这种情况。）党委领导要稍为超然一点，不要陷入日常工作中，具体工作要厂长和职能机构具体负责。党委多考虑重大政策问题，带有关键性的问题。把责任制度、集中领导和群众运动很好结合起来。

（4）推行正规循环作业，组织有节奏的生产。贯彻采煤、掘进并举的方针，保证必要的积蓄。设备定期检修，制订维修计划，保证维修质量，保证备品配件储备。做好巷道检修工作。

（5）加强经济核算，努力降低成本。切实纠正材料和劳动力的浪费现象。

进行清仓核资等工作。

本溪矿务局

本溪矿 1904 年开采，到 1944 年达到解放前最高纪录。解放后产量年年上升。现在五个矿有三个矿回收残煤，设备有 70% 是解放前旧设备，其中一半已经超龄，在这样的情况下，计划还是超额完成。原因：①三年来管理工作一直没有放松；②采取打歼灭战的方法；③有事同群众商量，出了事故让群众讨论。

管理方面：①做好生产准备工作，掘进赶在采掘前面；②坚持有利于生产的规章制度；③注意经济核算。

〔19〕53 年曾有三个矿没有工作面，因此〔19〕54 年注意掘进。〔19〕55 年又放松掘进，〔19〕56 年全面紧张，靠第四季度突击完成计划。经过两次经验，〔19〕57 年起又抓紧掘进。〔19〕58 年采煤提高 26%，掘进提高 27%，〔19〕59 年采煤提高 47%，掘进提高 74%。现在备用工作面达 33%。两个人掘进，一个人采煤，经常保持这样比例。领导上配备一套人员专管掘进工作。设备材料优先保证掘进。及时抓紧掘进计划，掘进工程验收。专设快速掘进队。

解决搬家中的问题，专设掘进采煤准备队，打前站，管收容，使主力部队经常顺利工作。在搬家中产量不下降。

规章制度从24项变成8项，主要内容并未改变，现又改为10项。改皮肉，不动筋骨。十项工作条例，或称十项管理制度。由工人讨论，提出修改补充意见，第十项奖惩制度，是工人自己提出来的。

财务管理，清仓挖潜，挖出许多解决不了的物资。每一季度清仓一次，挖出许多煤矿根本用不着的物资，原因是采购人员不按计划，想买就买，不用就搁起来。

肥皂、胶鞋都按出勤班数配售。

计委党组*

工作摸底摸不清楚，要整理基本资料，如生产能力、各种定额等。要同重要厂矿、公社挂钩，利用下放干部，也可以利用人大力量。

要加强学习，把经验提高到理论水平。分两类问题：

（1）什么重大问题需要解决，如农业基础、工业主导如何理解？工业如何转到以农业为基础的轨道？什么叫人力、物力、财力的综合平衡？如何利用矛盾统一的规律？如此等等。

用三年时间摸清社会主义建设规模，摸清社会主义经济学。

（2）计划工作要打破框框，多依靠人家办事，条条归各口平衡，块块靠大区平衡，走群众路线。单靠计委搞计划是不行的，计委要提出不同的意见，不同的方案，供中央研究，打破框框看问题。

计委少管日常工作，有些事情交给各部各口去办，清理一下。

（3）民主集中制，计划工作必须在民主基础上集中，思想生动活泼，性情舒畅。有重大问题应该展开争论，有意识树立对立面，有了争论不急于结论，可以从长讨论，不要马上就顶回去。必须广泛发扬民主，以调动大家的积极性。

（4）长期计划要补充贮备计划，动员计划，技术进口计划，援外计划。

（5）组织方面，必须增加哪些方面，增加副书记。人民大学帮助我们做些调查研究工作。党组专门研究一下，农业如何加强。

---

* 根据笔记的前后内容和时间，这次会议的时间约在1963年2、3月间。

财委书记会议（〔李〕先念同志）*

意见大体一致，小有出入，有的要死一点，有的要活一点，写了一个纪要，死少活多。

熟食、肉食业究竟谁来安排？由国营商业统一安排，也可以由供销社统一安排，由省委决定。合作社在农村任务很重，再管城市怕有困难。

有些地区国〔营〕商〔业〕“一条鞭”经营，有些地区供销社“一条鞭”经营，不作结论，原则是不加人，不增加环节。目的是占领市场，消灭私商。

计划性供应商品要保量、保质、保价，不许减少供应，也不要轻易增加。

工业品卖高价问题，意见不一致，不作决定，可以试点。

是否准许农民进城出售粮油，由省委决定，要在货栈卖买。

粮价倒挂是否解决？中南主张解决，会中大多数省同意，可以下决心。对农村职工不提价，两个价格搞一年。

精减工作报告**

（一）精减成绩很大，收效很快，现在已经完成 90% 以上，虽然是个尾数，但往往最后最困难，值得引起重视。

职工最多时超过五千万，超过工业需要，同时农业也需要劳动力。1961、〔19〕62 年实际减少职工 1807 万人，净减 1775 万人。去年底职工 3268 万人，还要减 168 万人。去年第四季还松了一下，增多于减，现作最

* 1963 年 3 月 4 日至 13 日，召开全国财贸工作会议。在会议上，李先念于 4 日、6 日、8 日、9 日、13 日都有讲话。这个记录应是其中的一次讲话。3 月 14 日，中共中央书记处会议讨论并批准《全国财贸工作会议关于大中城市集市贸易问题的讨论纪要》（《李先念年谱》第三卷，第 554、557 页）。

** 1963 年 3 月 3 日，中共中央、国务院发出《关于全部完成和力争超额完成精减任务的决定》。这应是 3 月中旬某次中央会议上的一个报告，报告人不详。

后一次努力，最后减到3100万人。

压缩城市人口，1960年到了一亿三千多万，两年减了二千二百万人。自然增长每年300万人（2.5%），共增900多万人，净增减一千三百万人。去年底还有11800万人。离要求还差800万人。任务还很艰巨，实质上是全国劳动力的合理安排问题。

（二）精减所收效果，减少吃商品粮2700万人，减销粮280亿斤，城市减〔销〕110〔亿〕～120亿斤，少购221亿斤。对农业生产恢复起了大作用。

减少工资50亿（〔19〕62比〔19〕60年），从263亿减至213亿元。为今后逐步调整工资创造条件。

加强农业战线，动员2200万人下乡。现在农村劳动力已多于〔19〕57年（从1.9亿增至2亿人）。这些措施使农业很快恢复。

企业（工业）从6.2万减至4.2万个，县以下工业企业减少将近一半。基建项目从1700多个减至650个。调整企业，清理物资，扭转亏损。

商品供应超过了购买力，集市贸易有所发展，有少数投机商人要限制和打击，平抑集市价格。

财政支出减200多亿，收支平衡，略有结余。货币略有回笼。年底比上年回笼20亿，春节〔回笼〕25亿。

（三）要求今年上半年超额完成精减任务，全国计划减168万，地方已答应121万，中央7.6万人，要求32万人。

城市人口要减800万人，答应596万人，还差204万人。有些城镇变为农村，可以减200万人。中央一级5.1万人，要求减至4.6万人，即减5000人。事业单位已减11.2万，还有22万多人，加上企业从将近一千万人减至858万人。今年本要减20万人，要求减32万人，在总数中只占4%，肯定可以做得到的。

定员偏宽（1200人中350闲人），非生产人员过多，不按基建程序办事，生产人员脱离生产，机构重叠，用非所学，不按编制办事。重要的是发动群众讨论。

（四）精减与其他工作结合。劳动力的浪费是最大的浪费，精减要同增产节约和“五反”运动结合起来，同整顿经营管理结合，同反对修正主义和社会主义教育结合，同控制城市人口、合理安排劳动力、计划生育等结合。

（五）精减必须限期完成，要求四月底完成，只有一个半月。

农产品收购座谈会*

刘卓甫同志汇报

市场情况好转比预计快，紧的是粮、油、布、烟、皂，多的是猪、禽、蛋。供应猪增一半，蛋增一倍，菜敞开供应，销量下降。集市成交量从90%跌到70%，粮价低的三四角（大米），高的六七角。物价看跌，货币偏涨。地区不平衡，品种不平衡。许多地方排队卖猪，嫌猪、禽、蛋派购任务小了。供销社口号“按计划均衡收购，多了不要”。江苏供销社“一不收禽蛋鱼虾，二不收苏［蓑］衣笠帽”。

是否东西多了，比过去多了，满足市场需要还是不够的。

有些农副产品收购价格高了，比1957年高一倍多。有些物资奖售多了，实际私商从中获利，农民没有得到好处。（过去有些制度快要过时，产生许多新的问题。）许多东西加上奖售，超过集市贸易价格。上海私商收买活鸡，运到农村卖给国家（毛鸡旅行），连奖售物资每只鸡赚一元。

“怕购，难销，不愿调”，结果影响生产，影响流通。现在库存东西赔钱谁赔？要作规定。奖售办法不能自己取消，多收购了没有奖售物资，不收购农民又有意见。“少奖多收”，好于“多奖少收”。

适当安排价格，蛋收〔购价〕（旺季）6角，调〔拨价〕8角，销〔价〕9角。猪收购价不变，定量外销价可以降到1.2元（江苏）。鱼价太高，销售困难。

---

* 1963年5月19日，李先念指示，为了进一步研究当前农副土特产品（包括生猪、鲜蛋、茶叶、蚕茧）收购情况，决定于5月22日召集中南、华东、华北局财贸办主任和广东、江苏省主管财贸工作的负责同志座谈一次，时间两三天，请佩琮、王磊、复生、顾行、薛暮桥等同志负责主持。5月24日至28日，国务院财贸办公室召开关于农产品收购的小型座谈会，会后写出《关于农产品收购座谈会的报告》，报送周恩来、李富春等（《李先念年谱》第三卷，第582、590页）。这是这次座谈会的记录摘要。大标题为编者所加。

自营业务不能变为自由业务，要加强计划管理，就要加强统一领导。

粮食销价问题。

强调收购，统一调度。

供销社

自营业务搞了一年，有很大开展。地区交流不够通畅，过去互相封锁〔的问题〕还没有完全解决，现又出现新的问题，有些东西多了，要按原价出售，销地不愿接受。中心问题是大家怕赔钱。（粮食甘肃八九角，两湖三四角。）中南要求调出 2.7 亿元一二类物资。

为着统一管理，建议按商品分工，粮油归粮食部管，猪禽蛋归商业部，供销社管其余二三类物资。计划内外统一，统派购议购统一，牌价议价一个头管。

物价下降，库存物资赔钱如何解决？过去分级核算，自负盈亏，不好解决。考虑省与省间调剂盈亏由总社负责，省内各县调拨盈亏由省社负责。

商业部艾中全

蛋多的地区两湖、河南、江苏、安徽、山东等省，有虚假现象，要收又没有了。蛋大约可收二万吨，可以全部出口。

猪肉〔价〕高的广东、广西、福建、甘肃，还在二元以上。猪肉在 1.60 元以上可以降价（北京 1.58 元），鸡蛋 1.10 元以上可以降价，降到牌价不能再降，全部收下。

工商局郭济川

四月集市贸易成交下降，剩市 30%～40%，成交比三月份减 11%，比去年同期上升 40%（可比价）。市价比三月下降 10%，比牌价高 82%。

四月份城市贮蓄增 3000 万，过去持币抢购，现在存币等跌，农民急于出售。人心变化，造成一些不正常的现象，过去人为紧张，现在有些地区发过剩的谣风。

丹阳一斤鸡蛋奖六寸布票，〔布票〕可卖九角，加蛋价达 1.60 元，比市价 1.10 元高 0.50 元。

供销社计算，三月份市价还比牌价高 1.44 倍。

两种倍数不同原因，工商局按牌价定权数，供销社按市价定权数，如粮食按市价占 20%，按牌价占 6.77%。

〔姚〕依林同志

全国粮价逐步统一掌握，①出粮价通报；②划两条杠杠，低杠杠比牌价高一倍，高杠杠定到哪里？超过高杠杠停止议购，由供销社负责供应。两条杠杠之间，低于市价进行吞吐。

另一办法，比市价低百分之几收购，市价下降，议价跟着下降。

集市收购问题

担心在形势好转中发生一些新的问题，搞得不好，可能对生产不利。市价下降，不愿收购，怕赔钱，怕积压。

中南地区（1~5 月上旬）

农产品收购形势很好，问题很多。收购总金额比去年增 42%，生猪增 144%（228 万头），鲜蛋增 266%，烤烟、棉花、麻等也有增加。原因：①生产增加；②市价下降，河南南阳等地猪、鸡、蛋市价低于牌价，肉 6 毛多一斤，蛋一元二三十个。河南大部地区、湖北襄阳地区〔也〕是如此，市价下降，农民急于出售；③工业品敞开供应均愈来愈多（如盐、煤油等）；④农村社会主义教育，打击投机倒把。

问题：（1）有些东西该收未收，供销社收购逐月下降，怕购〔思想〕并未完全扭转过来，特别是鲜活商品和三类物资，思想上怕赔钱，实际问题是销不出去。自营业务积压 2 亿多元，去年向内抓，今年向外推。（过去本位主义，今天自食其果。）（2）收购价格：①有些商品市价低于牌价；②以粮食为中心比价很不正常，粮高肉禽蛋低；③三类物资价格仍高，牌价比〔19〕57 年高 52%；④调拨价格低于收购价格，一直没有解决。（3）奖售物资过去起过作用，现在除棉布、化肥等少数商品外，农民不愿要（胶鞋、搪瓷品等），今后奖售政策需要重新考虑。（4）广西计划内收购很少，计划外大量增加。因此货币投放多，市场价格高。（停止计划外收购一个时期，等市价下落，计划内收购就能增加。）

办法：①凡农民要求收购，市场需要的商品，有多少收多少，不受计划限制，如猪禽蛋，除确实运不出来者外，都收购，调拨给广西、广东等地，压低市价。三类物资凡有销路的都收购，没有销路的（土硝、土碱、野生淀粉）停产减产；②价格调整，过去价格过高的迅速降下来（如木柴）。猪、蛋低于牌价时按牌价收购，二类物资都如此。粮价北降南升，调粮平抑广东粮价，麦收后，麦价不超过牌价一倍时可大量收购。这样比进口粮食还有利。猪、粮比价不合理，原则上压粮价（市价），不提猪价；③积极组织推销，建议开全国物资交流会（带来8000万元货单）。建议全国供销社在汉口设一货栈；④打通思想，解除顾虑。今年怕赔钱思想压力很大，为怕赔钱，该收不收。划几条杠杠，在杠内赔钱中央担起来；⑤银行资金放宽尺度，支持采购。

对当前市场物价问题的看法：①东西是不是多了；②票子是不是少了；③市价下降是不是猛了。各省书记看法很不一致。我们认为：①东西确实比前几年多了，〔但〕比〔19〕57年还少。有些工业品如陶瓷等确实多了（过去以小顶大，现在大压小）；②票子比去年少，现在每人平均7.54元，〔19〕57年底11.8亿元，去年底20.6亿元，今年底预计17亿元，不算少。集市价格还比牌价高1.06倍，货币分布不平衡，河南少，广东多；③今年1～4月下降（市价）不少，基本上是正常的，有不正常现象，如粮价高，肉价低。五六月鸡蛋卖不出去，历年如此，就是〔19〕60～〔19〕62年反常。不是肉价低了，而是粮价还高。今年市价下降35%～40%，市价比牌价高0.6～0.7倍，明年再降一年，就差不多了。

广东省

情况和看法与大区讲的一致。形势好转超过预料，思想和工作跟不上。过去重物轻币，现在库存1.7亿元中，多数是一二类物资，县委还当“王牌”，不肯打出去。（一个县供销社卖给海南二万斤黄豆，县委开会斗争，供销社不服上诉，省财委肯定供销社是对的。）物价下降是正常的，个别地区下降过猛，主要是因调剂不及时，各地差价还大。

粮价花县 25 元（100 斤），高的地方还是 80 元，现在调粮压价。压到 40 元再看一看。广州肉原为 2.5 元，最近跌到 2 元（无骨）。已经差不多了。(要降肉的调拨价。)

打击私商后，我们代替不了，许多商品品种减少，特别是小食品，农民有意见，要组织代替。

湖北省

汉口肉价跌到 1.2~1.3 元，农村的猪来不了，都可以按牌价收购。猪、蛋收购均比去年增一倍多。这是几年来从来没有碰到的情况。蛋价从 0.84 跌到 0.67 元，还是收不了。货币持有量，粮产区每人约 5 元，经济作物区 12~13 元，山区 7~8 元。

市价大米 2.5~3 角，鱼 6~7 毛。

华东地区

市场情况，同中南差不多，市价四月比十二月降 19%，人心看跌。供应缓和，突出的是副食品，粮价也是继续下降。收购 52.7 亿，增加特别多的是猪禽蛋、水产，约增一倍上下。

货币 18 亿，每人平均 9 元。江西每人 17~18 元，市价也高。福建 13~14 元，江苏只 4 元多，山东 6 元。赣南调出木材，未安排工业品，因此货币最多。苏北灾区每人只 1~2 元。

浙江调查，渔区每人持有 28 元，经济作物区 18 元，盐区 8 元，粮区 5 元，山区 11~12 元。

大百货销售已到饱和点，小百货质次价高的销不了。手工业品也是质量问题。商店想多卖一点东西，卖不出去，觉得苦闷。

上海贮［储］蓄去年下降 2600 万元，今年已增 1600 万元。鸡蛋现在每天销 8 万斤（〔19〕57 年 25 万斤）。正常情况是 15〔万〕~16 万斤。

猪禽蛋数量增加，猪的重量也有增加，安徽 130 斤以下不奖售。现在农民争着卖，鸡蛋许多地区停止收购，猪排队编号收购。不解决要影响生产。

问题：(1) 对形势的认识，过去估计不足，现在看来，形势是好，问题露头，一个是灾区，二是任务重、口粮紧的地区，小禽小畜价格太低，养母猪、孵小鸡没利。收购增加，还是销不完，定量不敢提高，因怕亏本（考虑提高价格，取消定量）。

（2）集体与个体矛盾，多养鸡吃集体粮食，许多地方限制个人养鸡。

国家与个人关系，降价（蛋）、减奖、提高规格三管齐下，农民感到国家压他。

计划内外矛盾，计划小了，超计划无奖，甚至不收（现在是反对低指标）。

（3）毛猪、蛋管理环节多、费用大，蛋每担加 24 元，应当降低一点。猪收购 54 元（每担），集中点 87 元，加了 33 元，到销地还要增加。总的来说是调拨价高了，对产地和销地都不利，要保两头，挤中间。调拨价要城乡兼顾，减少中间环节，上海到芜湖设庄收购，直拨，包干费用（鸡蛋降购价，淡季略提销价，猪肉购价不能降，销价要提 10%）。

江苏省

猪没问题，蛋一、二、三月比去年多一倍，四月下降，五月只有去年一半，原因估计是停止收购。怕积压，怕赔钱。苏北鸡蛋已经取消奖售（市价低于牌价处，取消奖售，按牌价收购）。

三类物资，只要市场有销路，价格适当，应当尽量收购。禽蛋也尽量收购，地销，直供城市，贮存（有冷藏设备）。

问题：为着保证收购，要解决：（1）价格问题；（2）奖售问题；（3）调拨问题；（4）贮存一批。

鱼季节差价 20%，已发文。海带降价 20% 多，有条件可多降，去年海带降至 6 毛。进口最多年 3.6 万吨，2～2.5 斤海带合一斤肉，现在一斤海带一元多，比肉还贵，质量还差。

华北地区

情况类似，没有那样突出，收购除内蒙菜牛、菜羊外，都超额完成计划。棉增 9%，烟增 18%，猪增 70%，牛少 30%，羊少 50%，蛋增 230%。干鲜菜、三类物资大大增加，鸡蛋农民过去两年吃七卖三，今年吃三卖七。

几个品种积压，如苇蓆［席］、蒲包、红枣、木炭、饲草、废品，办法开交流会，组织调剂（承德、张家口蛋价还高）。山东、河南、安徽等省都来北京推销，枣每斤只两毛多。国家需要东西，可以贮存一些。

北京葡萄二千多万斤。收价二毛，七百万斤零售，七百万斤外销，七百万斤加工（酒汁）。

鲜活商品积极推销，能保留的贮存起来。大家不敢贮存，一点东西就叫积压，发谣风。要有合理库存，不能都成“油条铺”。

物价下落的政治因素：①农村社会主义教育；②城市“五反”；③取缔投机商贩（360 亿斤粮，4000 万匹布，60 万吨油，这是必要的库存）。经济因素：①货币回笼；②扭转亏损，改善经营管理。

货币四月底 14 亿，比去年同期减 8 亿。每人平均 17 元（去年 27 元），河北 12 元，山西 24 元。

思想：（1）城市困难时期已否过去？（2）商业部门怕积压亏损，不愿进货。

食品公司（王化民）

猪大约一亿头（年初），比〔19〕57 年少 1500 万，今年能杀 6000 万头。一季度宰 2000 万头，一般占全年三分之一，推算也是 6000 万头。平均〔每头〕出肉 78 斤（国〔家〕收〔购〕73 斤，农民 80 斤），（〔19〕57 年出肉 100 斤左右），全年出肉 45 亿斤（〔19〕57 年 65 亿斤），相当于〔19〕57 年的 70% 左右。（最高 54 年，达 75 亿斤。）国家收购 1380 万头，供销社进城 200 万头，估计能收 1900 万头（包括供销社 200 万头，国〔家〕收〔购〕1700 万头）。去年收 1235 万头，增 665 万头。出口 210 万头（7.7 万吨肉）。城市吃肉 12 亿斤，每人 11 斤不到一点（去年 6 斤）。农村平均 5 斤（去年 3.5 斤）。57 年前全国平均 8 斤，城市 17～20 斤，农村 8～10 斤。二三季调出省多余 1.5 万吨，四季包括牛羊肉多 3 万吨，可以敞开出售。（调整价格，取消定量，敞开出售。）

议价收购，不低于牌价 130%，没有奖售（每斤 6 毛，实际上是不给奖售的收购价），尽量收购。

增加定量，不如适当提价，敞开供应（比牌价高，比高价低）。

各省要有三个月库存，多的可以外调，存在东北、华北、西北。

降低调拨价格，按质定价（现在调出赚钱，地销亏本，调入吃亏）。

若干省市（北京、上海）提高销价10%，敞开供应，取消高价。东北、西北仍然只能两个价格。

明年收猪出肉55亿斤，城市每人吃肉15斤（过去20斤），价格涨30%。

蛋，〔19〕57年产27亿斤，今年产23亿斤，等于80%。收〔购〕〔19〕57年5.8亿斤，今年4〔亿〕～5亿斤，出口1.5亿斤。

①恢复季节差价，4、5、6三月三次降价，后半年提两次。年初平均8.4毛，年底提到7.6毛，实际降低一点。

②奖售减少或取消，低于牌价时取消，按牌价收，宁可多给票子，少给东西。五月份收购量下降，鸡蛋多收没有问题，鸭蛋最好就地加工，七八月易坏，只能少购。

销价每斤1.1～1.2元（大城市），取消定量，敞开供应，调拨价应减少，中等城市0.9～1元。

家禽过去收7000〔万〕～8000万只，出口千多万只，要收购，要进城推销。

供销社（闫顾行）

新情况，新问题，各地发展是不平衡的，中南、华东上市〔量〕大，价格降，全国来讲市牌价还有相当大距离。总的来说农副产品不是过多，而是不足，不足是主要的，普遍的，过多是个别的，经过调剂仍然不多。即使猪禽蛋也是如此。

粮油在市价偏低地区全部收购，当然还要平抑物价。从价低区收粮油供应价高区，薯干也可以收购，供灾区、酿酒、作饲料。（两广木薯干也要。）

积极开展生猪、鲜蛋、茶叶、蚕茧收购工作。可以考虑提高猪蛋收购计划。桐油、生漆、猪鬃、肠衣等也要积极收购。

组织物资交流，现在已有交流条件，应当积极组织交流。甘肃粮价每斤八九角，由于过去收了一些粮食，调入粮食六七角钱一斤也被拒绝。产地不愿调出的也有（湖北的木耳）（辽宁的苹果），要打通思想。

价格问题，粮油价格，〔市价〕不超过〔牌价〕50%～100%（中南），实际上都超过100%。在全国范围内还办不到。

生猪不高于牌价30%，尽量收购。鲜蛋不低于牌价。

调拨价要调整，过去照顾产地，奖励调出，销地吃亏，现在要调整。物委要把几种主要商品的议价管起来。粮、油、棉、麻、烟行情要用电报通报，加强指导。

省统一调度〔的〕商品，盈亏由省负责，由总社统一调拨的由总社负责，准备亏，争取赚。

要定合理贮存，现在都不愿存，蓄水池没有了，很危险。

粮价高低原因：(1) 生产丰歉；(2) 收购多少；(3) 货币多少。

猪肉价低，农民还是愿意，原因：(1) 奖售东西（饲料）多；(2) 积肥值钱（每担奖二斤粮）。

粮食：(1) 十天通报一次行情；(2) 统一调拨，以余补缺，价低处买，价高处卖。

粮油统一经营，计划内外统一，由粮食部统一经营。理由：(1) 供销社管粮油，数量大了管不了，仓库、包装、调运都难解决；(2) 粮油任务很重，无力经营三类物资，无法执行三类物资为主的方针。

粮价偏高，逐步平抑〔认识〕是一致的，统一调拨，平衡粮价（缩小差价）〔认识〕是一致的。粮食部统一经营〔认识〕还不一致，随行就市和两条杠杠认识还不一致。两条杠子是活的，是指挥中产生的。

(1) 放包袱，轻装前进，去年高价收的粮食，已经赔定了，赔钱中央背下来（调出部分）。“形势很好，生意难做”。(调出省的中央赔，调出县的省赔。)

(2) 平衡粮价不是全国拉平，将来也不会平，现在是适当缩小过分大的地区差价。价高处少收购，不收购，价低处多收购，放手收购。随行就市，低于市价，加上两条杠子。

(3) 粮油交粮食部一条鞭经营，猪禽蛋归商业部，计划内外一家管，两本账。要说服县委地委，不要干预外调，囤积居奇，怕票子的时候已经过去了。

什么时候干，要作事前准备，麦收后开始干。

猪

头数差得不多，出肉量还差得很多。所以总的来讲还是偏少。

加强收购，价格不降，奖售不减，增加收购计划。调整计划，〔收购比例〕计划内大一点，计划外小一点（地方加的奖售应减的减下来）。

在调整计划、留有余地的基础上，重新考虑销售政策，分批分期，提高销价（10%），敞开供应。扩大品质差价。最低级肉保持现价，高级肉提价。哪些省市先行，全国统一排队，不能一哄而上。

奖励收大猪，改变奖售标准，大猪多奖，小猪少奖。

出肉率定等，毛重计价。

一条鞭经营，加个哨〔?〕。

坐庄收购、定点直拨是好办法。

要同群众商量，过去不够。

降低调拨价格，兼顾产地销地（过去产地赚，销地赔）。但也不宜降低过多，损害调出的积极性，不降，也损害调入的积极性。

敞开供应要慎重一点，实质上是提高销价，先在河南等地试点。提高销价不可避免，问题是在选择适当时机。

蛋

生产27〔亿〕～28亿斤，现在23亿斤，收购20%左右，这是适合实际情况的。价高奖多，商品率能够提高，但销不出去。

每年旺季（6～8月）很难保存，必须降价。有些地区甚至暂时停收，这是很难避免的。

蛋的奖售可以逐步取消，牌市价接近时可取消奖售。

旺季不能停收，只能勤进快销，降低价格，取消奖售。

党组扩大会（物委）*

中央文件木材全面提价，没有提出意见，与林业部背靠背争论。

对地方小型钢铁厂生铁价格的处理不适当，要求太急。

调整物价不能简单分价格因素和非价格因素。

对重工产品价格的重要性认识不够。

---

* 根据笔记前后内容，这应是农产品收购座谈会后召开的物价委员会党组扩大会，时间约在1963年5月下旬至6月上旬。

重视市场价格是对的，对工业内部价格注意不够。

对煤、木、钢铁涨风要顶住，煤炭可以少涨，钢铁可以不涨。

物价管理规定与产品目录有矛盾，主要表现在部管产品，规定限制很紧，产品目录很宽。

市场形势预测

上半年好转有经济因素，也有政治因素，后者是阶级斗争，即农村社会主义教育，城市“五反”，打击投机倒把，对好转起了很大的作用。经济方面，生产的恢复和调整，粮食增产，畜牧跟着发展。改善经营管理，增产节约运动，货币回笼。这些因素还要继续发生作用，有些还刚开始发生作用。工作方面问题，商业怕亏损，怕积压，群众等待降价，贮币待购。价格不合理（有偏高，有偏低），质次价高，奖售不合理等。

粮、布、油等大商品还不足，烟、糖也不足，猪肉还差一点。因此工作要稳当，不能操之过急。过去对形势估计不足，工作有些被动，今后要迎头赶上，但也不能估计过头，赶过了头，工作会更被动。

（1）粮食一条鞭不作决定。

（2）猪敞开供应要慎重。

（3）蛋要有季节差价，减少奖售。

（4）小土产积极经营。

价格由省调整。

分类排队（销路如何）。

提高质量，适合需要。

统一调拨和物资交流。

（5）规定合理库存。

（6）过去的亏损包下来。

总的方针是要积极收购，积极推销，调整价格。

北京物价汇报

最近调价一百种商品，果露酒销数比去年同期下降 94%，降价 22.8%，已经降到〔19〕58 年水平，还是卖不出去。填鸭〔价格〕降至〔19〕58 年水平，销路回升（收降〔价?〕毛鸭一元一斤）。果汁销〔数〕降93%，价降15.6%。代乳粉销〔数〕降25%，价降12.3%。海带降价42%。小食品降价33%。水果大体上恢复到〔19〕57～〔19〕58年的水平，葡萄还低一点（每斤收〔价〕2.5毛，销〔价〕3.6毛）。

（1）小商品有些地区还在提价，究竟方针如何？

（2）议价收购如何掌握？

粮食销价

城市提价设想：

（1）提价15亿，可以基本上不赔钱（赔运费），粮食补贴7.5亿，国家多收7.5亿。

（2）购价水平，7.5亿元。

煤炭价格

每吨平均提价2.65元，根据按质论价原则进行具体安排，平均灰分22.36%。

1962年每吨平均价15.77元，调至18.48元，上涨16.8%。

洗精煤38.59〔元〕，增3.77元。

调价后亏损企业55%，盈利企业45%。

成本三月份15.4元，四月份为15.33元。全年预计16.17元。

煤建公司，一季度销煤盈亏相抵略有利润。去年亏1.2亿元，每吨亏1.79元，今年盈0.12元。

煤炭提价对人民生活影响太大，东北五口之家每年用煤2.5吨，如果提价5元，平均每月一元。亏损最多的辽宁，每吨亏7元多，原因销价偏低（17元多），生产成本较高（21～22元）。关内调来运费大。

1964年价格设想

农产品价格方针：（1）一二类保持稳定，个别不合理的调整。三类农副产品价格偏高的要下降；（2）整顿农产品的调拨价和机耕费、排灌费；（3）继续平抑集贸价格。

具体意见：(1) 可以降价的有水果、蔬菜、水产品，三类中药材；(2) 市价降至牌价的取消奖售物资，按牌价收购；(3) 需要提价的应特别慎重；(4) 销售价亏损的可适当提价；(5) 调整调拨价，降低的有肉蛋等，提高的〔有〕棉烟麻等；(6) 集市价格明年可以接近正常，要进行地区平衡；(7) 调整机耕费、排灌费的收费标准。

重工业产品〔价格〕

中心问题是煤炭，其他只是比价的调整。意见：①煤价〔各地〕不同，地区差价适当调整；②小修小补，解决突出的问题；③贯彻按质论价原则调整煤价。

成本，去年 17.15 元，四月 15.33 元，估计有可能降到 13 ~ 14 元(〔19〕57 年 11 元)。坑木影响 4 毛多钱，折旧增 4 ~ 5 毛。劳动生产率〔19〕57 年 0.978 吨，现在 0.7 吨。如果成本 14 元，提价 2.5 元，利润率为 15%。

提价对生产的影响不算很大，对市场影响较大，东北等地很大。

煤炭部的方案，优点：基本上是按质论价，问题：亏损面仍然很大(60%)。(有〔盈〕利的矿多提，亏损的矿少提。)

块煤不提，洗煤不提，低质煤要降。

品种太多，灰分多少按比例提价降价，不必分列品种价格。

亏本煤矿：①资源差的，这是不能改变的；②简易投产〔的〕新矿井；③吃老本过大的矿井。后两者是可以变的。

市场销价：①东北少提，或照提（5 元）后给煤贴；②山西、河北矿区自开小煤窑或地销煤优待价。大约关内提一元，东北提 2.5 元。

化肥，出厂价硝氨降，硫氨增，销价不变，都有利润。

农药，出厂价、销售价都降一点。

焦炭可能要提 5 元，不亏本。洗煤价不提。

轻工业〔产品〕价格

轻工业品明年有升有降，降多升少。

研究原料收〔购〕调〔拨〕价与成品厂销价之间的关系。

品质差价，地区差价。

洗衣粉降价原则：工业保本，商业赔费用，财政免税。

塑料制品，从原料到产品出厂价、销售价统一调整。

西药，各种抗生素、维生素 B_{12}等都要降价。

钢铁价格问题

价格政策如何适合大中小结合的方针？统一订价，还是分厂订价。

原料工业同加工工业利润的分配。如采矿与冶炼，冶炼与金属加工。

优质优价，按质论价问题。

矿产订价，特别是有色金属矿产，品位逐年下降，成本逐年上升。

地区差价，有色金属由于各地地质资源不同（品位不同）成本相差很大，能否分区订价？

新产品的订价，与使用部门的协商很困难，新产品成品率低，一定时期内要赔钱。

税率不根据生产发展需要，新产品按率纳税有困难。联合企业只纳一次税，出厂几次纳几次税。

冶金工业内部利润分配不合理的能否提前解决。

〔19〕64 年价格调整意见

钢铁产品已经提了方案。

许多种新产品因成本降低，可以降价，民用铝板、钢材等。

需要提价的，如焦炭，每吨平均亏九元（洗煤多亏）。

硫氨成本 260 多元（出厂价 184 元），原因硫酸价高。

镍，订价 2.5 万，成本 4 万多元。不提价就要贴补（进口 1.6 万元），以进口补贴国产。

内部分配不合理的，如：

氧化铝，刚不赔钱。

有色矿山品位降低，成本上升。

钼精矿，含量从 0.165% 降至 0.123%，从露头到深部开采，现在出厂价 5500 元，成本 6000 元以上。

类似的还有钨精矿，铝精矿。

产品间比价不合理。

税率，黑色〔金属〕5%，有色〔金属〕10%，焦炭7%，可以考虑调整。

电价偏高，特别是关内。

重工局

按质论价和比价不合理的，弄清情况，可以调整。

摸各种产品成本，摸各种产品比价，从原料到成品，一节节加工环节的成本和利润。

〔中央〕书记处会议传达*

彭真同志跑了八个省，发现经济情况好和不好地方都有阶级斗争，土改彻底不彻底地方都有阶级斗争。许多地方〔的〕干部群众阶级斗争观念模糊了。

中央文件适合各省情况，认为情况严重，发生急躁情绪。地富进攻主要〔表现〕是单干和投机倒把。有些地区由于搞投机倒把，放松了农业生产，产量下降。干部不劳动和多吃多占，也影响农民的积极性。

运动的动向，运动一起来，发现情况严重，打击面过宽，坏人利用干部多吃多占，扩大干部群众矛盾，转移斗争目标。要帮助干部洗澡，轻装上阵，进行阶级斗争，共同对敌。

组织贫下中农不很容易，有些地方对复杂性认识不足，有些地方上中农掌握领导，还有受地富操纵的。党内不搞清楚，贫下中农队伍也组织不好。

容易犯错误的问题：①对上中农，有的掌握领导，有的还有民愤。〔运动〕搞起来后可能搞得过火，分上中农的东西；②没有改造好的地富的子弟，一般地富子弟不应当加帽子，不要唯成分论；③对犯错误干部的处理，

* 1963 年 6 月 21 日，中共中央书记处会议，听取彭真关于冀、赣、湘、桂、滇、黔、川等省农村阶级斗争形势和社会主义教育运动情况的汇报（《李先念年谱》第三卷，第 594 页）。这应是国家计委听取会议传达的记录，报告人不详。

分清敌我矛盾和人民内部矛盾，主要搞敌人，不是搞自己。

干部十年未搞“五反”，很多人手脚不干净，革命意志衰退。过去干革命准备牺牲，现在有权有势，容易产生腐蚀作用。现在如何恢复朝气，是个重要问题。大学生究竟是培养接班人，还是掘墓人。

对于〔犯〕错误干部处理原则，坚持团结百分之九十五以上，历次运动都发生打击面过宽问题。尽量检讨好，帮助下楼。重要的是革命不革命、党性，其他问题放在次要地位。

对贪污分子首先要严肃，其次要灵活。揭发检讨，退赔要严肃，算账不能太苛刻。检讨好，退赔，立功的，戴帽子，不以贪污论罪，保留公职，不再作会计。党员要开除党籍。多少钱算贪污，暂不统一规定。

选几个典型案件批转各地。

支援贫下中农的钱，过去被平分或被干部贪污，现在作农本（如买农具、养猪等）。生产队搞副业，要由供销社组织纳入计划（吃饭靠集体，用钱靠自己，发财靠投机）。

现在情况好转，东西多了，发生新的问题，如何处理要准备意见。对形势的看法估计不足，因此工作被动。首先不要估计过高，过去估计过高造成损失，现在估计不足也会造成损失。

主席强调不要着急，着急会犯错误。没有可靠的领导，不要发动阶级斗争。蜕化变质的干部还可以变回来，允许人家改正错误。

企业的“五反”要推迟到今冬明春。干部鉴定，党员登记推到明年。

全国粮价会议*

粮食销价问题

农村销价问题，购销拉平基本同意，广西因灾情重，要求推迟到11月，

* 1963年6月21日至27日，全国物委和粮食部召开全国粮价会议，安排各地的粮食销售价格。此前，3月19日，中共中央、国务院批转了全国物委《关于把农村的粮食销售价格提高到同收购价格相平的报告》（《中华人民共和国商业大事记1958—1978》，第390～391页）。这是此次会议的记录。大标题为编者所加。

西北纯牧区销价已经很高，不宜再提，看来问题不大。

照顾范围有不同的意见，有许多特殊问题需要个别解决。

豆饼、花生饼价格低了，要提高一点，先提 10% ~20%，最高不超过高粱价。

工商行业用量，大势所趋，购销拉平，有些地区熟食业还有问题。

不赞成的：湖北、浙江、辽宁、黑龙江。

开始执行时间：九月一日。

粮食提高销价问题

渔民（浙江）、菜农（长沙）原则上应划在定销范围内。手工业工人也要区别对待，收入高的改为定销。逐步缩小定量范围，过一时期可以考虑提工资，普遍提价。考虑明年能否改变。今年暂按定量、定销划分，缩小定量范围。

行业用粮，提到购销拉平，基本上没有问题，大米提得多一点，大米饭提不提？不作硬性规定。

提价时间八月九月，行业用粮同时提。

豆饼可以提价。

华东组

江西，自营价高于集市价事实上做不到，如果这样，集市商品就卖不出去，必然跌价。

三类物资价格安排要定几条原则，地区之间如何平衡。

①根据供求情况适当安排。

②同 1957 年价格比较。

③同其他农产品的收益比较。

④照顾周围其他地区价格。

各组汇报

华北 畜产品价格要提高一点，小产品（肠衣等）要降低一点，牧区不同意提价。

西南 商业部门反映供求情况太灵敏，大涨大落。

三类掌握原则：①生产未恢复，供应紧张的不降少降；②生产恢复，有销路的降到合理水平（〔19〕57年比价）；③生产多，销路差的多降一点。

地方工业〔品〕订价：①与上海看齐（硬比）；②上海加地区差价（软比）；③再加照顾（商业赔费用）。

云南、广东有怕集市价下落的倾向，鸡蛋1.5毛（昆明），猪肉2元（广州）就不愿让它再下落。代替价高于集市价。

问题：①不收购，不进货；②价格放在什么水平上；③赔了钱怎么办。

艾中全 总的来讲反映了实际情况，有些反映缺乏具体分析。

〔从〕物价调整时起，合同价格跟着调整。

降价要慎重（大商品），小商品要灵活，能升能降。

亏本怎样办，贴费用物委有权决定，数目太大的报中央批。

质量标准必须严格。

恢复传统基地，传统渠道。基地传统产品，不要轻易降价。

集市贸易〔价格〕偏高地方有思想问题，要努一把力（怕整农民，怕自己赔钱）。

三类物资主要产品、主要产地价格应由省物委统一规定。

地方工业品价格，①有销路的，或本地销不了，全国有销路的不降价。真正销不了的降价；②〔调整〕价格幅度，〔按照〕上海加地区差价，再不行加照顾（商业贴费用），必要时给工厂补贴。

总理办公会议*

薄〔一波〕 总的情况是产品积压。生活资料：①少数产品生产过多；②地方产品质次价高；③工作没有赶上，收购推销，价格；④购买力低，银根紧；⑤计划不衔接。

生产资料多的有：煤、焦、铁、矿山机械、电气机械。

---

* 1963年7月24日，周恩来约有关方面负责人谈财政、基本建设问题。同日，听取各大区经委主任汇报财经工作。李先念参加了会议（《周恩来年谱1949—1976》中卷，第567页；《李先念年谱》第三卷，第610页）。这个记录应是这一天的汇报和谈话的记录。

周〔恩来〕 几年调整成绩超过预料，调整中必然要出现新问题，所以要又调整，又发展。现在不是过去的一年计划，计划一年。过去是指标过高，节节下降，现在是计划留有余地，执行中超过计划，也要调整。调整有比例问题，重点问题，是积极的，不是消极的，欢迎大家讲困难。现在的困难是好转中的困难，是好事，没有什么可怕。

不要从概念出发，争论新高潮、大跃进。新高潮一定会到来，来了再讲。

上海

轻工业品可以增产，问题是在打开销路（原来销上海货的地方）。

工业利润计划全年 32 亿，上半年已完成 20 亿，全年可达 40 亿元。

现在许多机床积压，机械工业吃不饱，能否把过于陈旧的皮带车床换下来，这样生产能力可以提高一倍，比建新厂投资节省很多。

西北

农业普遍丰收，夏收增产 10% ~15%。由于投机减少，火车旅客减少一半，旅馆人数大减，人心安定。

问题是流转不畅，有些积压。原因：对形势估计不足，工作落后于形势。西安灯泡厂成本 4 毛，上海来货 3.6 毛。（能否扩大地区差价。）

四川 74 种产品，23 种可以硬比，45 种软比，6 种比不上。

这种形势，迫得落后地区向上赶，但有一个时期赶不上，有困难。

工商关系问题

形势是好的，好形势中过去规定的一些办法，可能要起一些副作用。商业方面说有些工业产品，质次价高，货不对路，生产过多，工业方面说商业部门不积极收购，〔不〕积极推销，使工业不能增产。

商业方面：（1）积极收购；（2）打开销路；（3）调整物价，既要积极调整，又不能乱调。物价影响到收购和销售，过去收价很高，赔钱谁来负担；（4）财务问题，商业利润计划高了一点。为着完成盈利指标，不敢经营亏损商品。合作社要分级核算，但完全自负盈亏则有困难，有些亏损上级要担负起来（外调部分）。为着解决问题必须同心同德，不能互相埋怨。

问题相当复杂，复杂问题不能简单化，否则产生副作用。

票子多了还是少了？意见很不一致。全国来讲似乎还多一点点。市价还比牌价高70%。〔货币流通量〕〔19〕57年底52亿，加30%也只有67亿，预测今年底还有90多亿。地区之间不平衡，同一地区各类家庭也很不平衡。缩小不平衡办法：①改进分配办法；②平抑集市价格；③减少奖售物资；④打击投机倒把；⑤取缔高利贷。投放货币办法，主要通过农产品的积极收购。

中南区

（1）农产品收购，虽然走过一段曲折道路，总的情况是好的，比去年增37.2%。其中商〔业〕、合〔作社〕完成〔全年〕计划56%，比去年〔同期〕增46.6%，粮食增8%，外贸增31%。只有蚕茧、油菜籽减少。桑树受旱，油菜籽受涝。

猪鬃黑白不分，外汇少得一半。肠衣一付九角，奖一尺布，价高奖多，多得收购不了，要降价减奖。

收购问题，五月开始做工作，六月份已扭转过来，湖北、湖南、广西都有显著增长。河南、广西下降。猪的收购从60多万头增至80多万头。供销社收三类物资，品种、金额都有显著增加。公布收购目录，下达收购指标，起了很大作用。还要自上而下签订合同，收了不怕没有人要。

湖南调整600多种三类物资价格，平均降价30%上下，比1957年还高40%上下。湖北调整200多种。

问题：①推销还有困难，供销社库存增加27%；②要打破封锁，过去不让出，现在不让进。木材公司不准竹木调出，自己又不能收购。竹木制品也不让调出。大山区的农民很有意见；③有些三类产品价格太高，影响推销，不降价没人要，降了价要亏损。有些基层社的资金赔完；④合理库存，有些产品必须暂时贮存起来，可以分级贮备；⑤奖售物资过去起了很好作用，今天积极作用将变消极作用。中央的奖售今年不取消，地方可以减少或取消。粮、棉、油、猪明年还要奖；⑥三类物资经营，以大带小，以畅带滞，以赚補亏。

（2）工业品收购，上半年完成全年计划50.5%。比去年〔同期〕下降

11%。原因：①价格降低；②高价减少；③棉纱减少。

工业品积压，工厂、商业都压。商业库存物资48亿中，滞销三清物资[①]占20亿。工厂积压1.8亿，其中市场需要的9800万元。

区社出售的工业品，〔19〕57年有1500种上下，现在只有500种上下。许多群众要的东西买不到，意见很多。物美价廉的少，质次价高的多（沈阳反映，“积压是有形的，脱销是无形的”）。品种规格不对路。

合于市场需要的商品尽力收购，质次价高的提质降价，生产过多的减产，根本卖不掉的改制或报废。

人民欢迎上海货，工商部门抑制上海货，保护本地货。看来工业还需要作一次全国调整。

货币流通问题，三种说法都有。中南区去年底20.6亿～21.8亿，上半年回笼9.03亿，流入0.8亿，每人从12.3〔元减〕到6.9〔元〕，不少人说货币少了。理由：物价上升30%，工商企业增加，人口增加，生产队资金紧，工业产品积压。另一部分人认为仍然偏多，理由：比〔19〕57年8.74亿还多4.8亿元，即高50%左右，下半年还要多投放4〔亿〕～5亿元。到年底还有18亿元上下，比〔19〕57年的11亿多50%以上。货〔币〕商〔品〕比例〔19〕57年1∶9.3，今年1∶8.14。零售额增38%，货币增50%以上。物价指数去年底增38%，今年降4.7%。集市价比牌价高79%（城），74%（乡）。

最大问题是分布不平衡，一个是地区不平衡，粮产区每人2.8元，木产区23元。同一地区各户也多少不同。

---

① 1960年8月14日，中共中央发出《关于开展以保粮、保钢为中心的增产节约运动的指示》（《建国以来重要文献选编》第13册，第527～536页）。为贯彻执行这一指示，同年9月7日，商业部向国务院提出《关于在商业部系统中开展清理资金、清理库存、改善经营管理的群众运动的报告》，9月13日，国务院批转这一报告。自此，商业系统的“清理资金、清理库存、清理账目”的“三清”运动在全国推开。1962年2月22日，中共中央、国务院发出《关于彻底清仓核资、充分发挥物资潜力的指示》（《建国以来重要文献选编》第15册，第193～197页），根据这一指示，1962年4月，商业部、供销合作总社联合发出《关于认真开展清仓核资复查和处理工作的指示》，也称为“三清复查”。1964年1月17日，中共中央、国务院批转中央清仓核资领导小组《关于结束清仓核资工作的请示报告》（《建国以来重要文献选编》第18册，第58～61页）。历时3年多的“三清”运动暂告结束（《1958～1965中华人民共和国经济档案资料选编·商业卷》，第280～301页；《新中国商业史稿》，第254～257页）。

酒：①专卖无形消灭，要恢复专卖；②各行各业都在烧酒，要限制；③酒价过高，要降价。八大名酒少降，地方名酒多降，普通酒恢复平价。

西南区

（1）比年初预计的情况还要好，去年年成不差，社会主义教育发生效果，群众生活有了改善。今年云南旱灾，四川、贵州少数地区受旱，一般地区可望丰收。

工业生产逐月上升，亏损减少，盈利增加，质量提高，劳动生产率上升。

农产品收购增加，市场商品增加，货币趋向正常。三省农产品收购比去年增62.5%，只有蚕茧减少。

货币趋向正常，上半年回笼3.15亿，六月底6.6亿。年末货币流通量与商品零售额的比例同57年差不多，云贵没有问题，四川有些偏紧。

集市价格四〔川〕贵〔州〕上半年下降50%，云南只降20%～30%，比其他地区高。昆明肉价每斤2.8元，未搞代替业务。四川、贵州情况同其他地区差不多。

市场好转是初步的，还有不少困难，主要商品仍然不足，集市价格还有回升的可能，但不会全面上升。

（2）出现的新问题，产品积压，推销困难（云南尚无这种情况）。特别困难的是手工业，有20%～30%停产半停产。云南三类物资交流不畅。现在工业积压问题基本上已解决，手工业还困难。

地方工业发展很快，〔19〕52年占30%，〔19〕57年占50%，现在占70%。外来品与地方品发生矛盾。手工业专业不如副业，副业的成本比专业低。

居民家庭存货增多（如盐），市场好转后停止购买。

购买力低与当前物价高不适应。集市价格大幅度下降，生产队收入减少。农民生产是增加了，收入反而减少。

货币分布前两年农村占85%，现在已减到75%。贫农下中农货币少，但是少数农民仍然很多。

购买力低，不等于货币流通量少，许多人看到购买力低，就认为货币少了。一般都说货币偏紧。四川〔19〕57年货币2.6亿，与商品比1∶7多一点，现在 1∶6 多一点，全年计算更少一点。但同全国比起来，四川货币是偏少的，每人平均只 6 元多一点。这几年物价上涨也比其他地区多一点。

主观原因：积极收购尚未贯彻下去，亏损问题不解决，局面还是打不开。要下决心解决亏损问题。

意见：①支援集体经济，要加强收购。积极发展经济作物和副业。特别要积极经营三类农副产品；②上级社支持下级社，不能样样不赔。现在上级社赚钱多，下级社赔钱多。下面背的包袱太重（高价购进存货），上面要分担一点。坚决把价格降下来，亏损上面分担。

自营业务，云南正在大搞，四川搞了一下发展资本主义（供销社杀牛开饭馆）。说搞三类物资，实际大搞二类物资。现在不讲自营业务，就讲经营三类物资。（粮油肉蛋交出以后，无所谓自营业务。）

工商矛盾，工业品的收购问题，商业说工业质次价高，工业说商业不积极收购、推销，双方不要互相埋怨。地方工业有的要扶助提高，有的可以停产。①工业要抓质量问题，质量确实差的改进质量后再大量生产；②要做产供销的平衡工作，一个品种一个品种解决。四分之三的品种可以增产或保产，四分之一要减产。中央管的商品，需要中央统一安排；③质量，价格，硬比，软比，一定时期照顾，淘汰四类，主要是二类；④区外区内矛盾，不能抵制外地货，否则地方工业不能提高，价格上要适当照顾；⑤积压质次价高产品如何处理，（1000 万元）有些要报废，或者减价出售。商业"推陈贮新"，这个问题不大容易解决。陈货要降 30% 价，才能推销出去。

工业品不能下乡，现在基层社工业品积压很多，原因是：①奖售物资农民不来买；②过去盲目抢购了一批农民不需要的东西（皮拖鞋）；③规格、花色不合需要（发货简单化，胶鞋一个规格）。

①高价该退的退（白酒）。

②奖售该取消的取消，只剩粮食、布、化肥三种，不要胶鞋，取消鞋票（积压布鞋很多）。

问题表现为收购和推销，但单强调收购、推销不行，必须进一步解决价格和积压亏损问题。

（1）一般商品，销路好的不降价，先进地区产品暂时销路不畅，能向外地推销的不降价或少降价。

（2）质次价高的地方工业产品，①销路还好或者能向农村推销的不降价或少降价；②销路不畅的降价，参照先进地区价格和按质论价原则，加上地区差价，作为本地产品订价标准；③按此标准订价还要亏损，而这产品仍有发展前途的，可以经省市物委批准，暂时扩大该种产品的地区差价（本地产品只准降价，不准提价），或者暂时给以财政补贴；④产品质量太差，很难销售的，停产或试生产。

（3）库存质次价高商品，①质量还好，能按降价后价格出售的，不作特殊处理；②质量不好，降价后仍难于销售的，削价销售；③其中能向农村销售的，削价后交供销社向农村销售；④否则即在城市削价销售，削价幅度，应经省市物价委员会批准。

华东区

上海工业产值175〔亿〕～180亿元，计划为160亿。华东地区商品购进比去年同期增5.8%，其中农产品增12.3%，还有许多没有收购。（从200多种降到30种左右。）商品零售额下降4.4%（除去高价是增长的）。货币回笼9亿（上半年）。

问题：（1）三清物资尚未处理完毕，新的积压物资又在上涨（旧恨加新愁）。库存物资中好销的、难销的各占一半。

（2）商业人员苦闷，说收购任务可以完成，积压亏损谁来承担？许多基层社已把资金亏光，工资发不出来。

（3）六月底，工业品积压1.72亿元，为上半年工业产值的1.02%，其中生产资料9200万元，消费品8000万元。消费品最多的是手工业产品，占70%～80%。杭州手工业工人三万人，已停工的3400人，小商品排队结果43种要减产，又要停2500人。传统产品没有完全恢复，或者质量还没有达原来标准，新兴手工业大多质次难销。这些手工业过去克服困难立过功，现在既不能“忘恩负义”，也不能一律保留。

现在要以市场为中心来促进各方面的调整。生产好转得来不易，目前问题处理不好，会使生产好转受到挫折。政治挂帅，问题排队，彼此让步，上级照顾。

银根紧不紧，多数圈内干部认为还多一点，多数圈外干部说少了。江苏每人持有量只有三元多，原因是农产品收购少，工业品投放多。

手工业可能多了，产品无法全部收购推销，手工业局还不死心，不肯减，说手工业生命力很强。不能收购的产品，可否让手工业局自销。

国合商业同行是怨家，实质上是争业务，争利润。有利都抢，无利就推。要提倡同心同德，互相照顾。供销社上下级争利，有利上调，无利下放。仍要分级核算，自负盈亏，但要利润分交，亏损贴补。

华北区

价格问题，工农业差价缩小，市场销价下降 10% 左右。职工生活费指数〔19〕62 年比〔19〕57 年上升 32% ~40%，今年上半年下降 10% 左右。肉价〔19〕57 年 0.81 元，全年吃 26 斤，现在 1.37 元，半年〔吃〕7.3 斤，花钱大体相等。蛋也如此。

货币总的讲偏多，北京、天津偏少，其他地区偏多。回笼货币是正常的，合理的。六月底 12.58 亿，比去年底减 5.32 亿。每人 15.52 元，比去年底减 7.4 元。

货币偏多理由：①物价增 30%，货币增 70%；②商品可供量增加少，货币流通量增加多；③集市贸易〔价〕还相当高。

每人货币持有量，城市反而略低于农村，这种情况是不正常的。

物价政策的指导方针

全面降价对生产不利，〔对〕商业不利，〔对〕财政不利。

应当计划价格稳定，集市价格稳步下降。

农产品收购价，市场商品零售价。

物价下落中的调价问题。

三类农副产品调价原则

生产和供应：

一方面考虑产销情况，另〔一〕方面考虑价格水平。全国平均，农产品的收购价格，比 1957 年上升 33%（各地多少不同）。三类农副产品的收购价格，一般应比〔19〕57 年提高 20% 上下，30% 上下，40% 上下。①供不应求的产品高一点（可以高于40%），供过于求的产品低一点（可以低于20%）；②粮食和其他农副产品提价多的地区高一点，提价少的地区低一点；③按质论价，优质优价；④注意地区衔接，分散产区服从集中产区。

东北区

全年工业生产计划185亿，上半年完成95.4亿，比去年上升7.2%。逐月上升，以一月为100，二月102.6，三、四月105.5，五月106.5，六月106。甲〔类〕乙〔类〕相比，乙比甲上得慢，乙六月与一月相仿，甲上升10%。乙计划39亿，完成20亿。下降的是手工业，其他均有上升。

农业比去年增产，去年粮食280亿斤，今年估计可达300亿斤。经济作物播种面积均有增加，可望增产。

商业上半年购17亿，增1亿多。猪肉供应增一倍多，蛋增二倍多，搪瓷制品增一倍多，胶鞋增60%。库存商品36亿中有12亿元不好销售。

轻工产品有48种完不成计划，其中9种系生产上的原因，有32种因销不出而减产。真正积压的东西实在不多，叫得很凶，主要是怕积压，怕亏本，秋林公司存了五只帽子也算积压。

有些产品利润过高，销售困难，如塑料被单，成本三元多，出厂价六元，零售价十二元，降价后可以卖得出去。

质次价高存货削价出售，要稳一点，该削多少，宁可稳步前进。削一点，卖一点，再削再卖。

货币流通东北还多一点，年初19亿，现在约14亿，回笼5亿，货币比商品约1∶6。每人平均20元，城市15元，乡村20多元。下半年还将增加5亿上下。商品45亿，购买力50亿，逆差5亿。

奖售物资适当调整。

西北区

西北农业可望丰收，部分地区下雨过多，受了一些损失。

货币回笼二亿左右（上半年），市场商品增加，物价下降。

工业生产计划39.4亿，上半年完成19.47亿元，比去年同期降3.2%。（计划降5.4%。）收购1.4亿，比去年少1.2%，完成全年计划57%（2.4

亿）。

工业品积压约 5000 万元，不会超过产值的 2%。积压最重要的原因是质次价高（全国工业品积压约 6 亿元，其中生产资料约 4 亿元，生活资料约 2 亿元），占积压的 40% 以上。（闹钟、灯泡。）生产过多占 9%，商业收购不好占 8%，消费品积压中最多的是手工业〔品〕。

商业积压 5.2 亿元，生产资料约占 40%，生活资料 60%。

西北工业这几年发展很快，进步很大。解放时地方产品只占 20% 左右，现在已占 50% 左右。问题还是质次价高，不保护就难于生存。西北有进步，但别处也在进步，要赶上需要相当长的时间。

积压问题，形式上是工商矛盾，实质上是先进地区工业和落后地区工业的矛盾，是统一市场与地方市场的矛盾。关门不行，搞个闸是需要的。

价格政策，究竟提高上海工业品的价格，还是降低本地工业品的价格？前者影响职工生活，后者影响地方工业生产积极性。

农产品收购，比去年同期增 27.5%。对猪、蛋和杂货收购不积极，农民意见很大。

货币多了还是少了？各省财办认为还是偏多。上半年回笼 2 亿，去年底 9 亿，比前年底减少 2 亿。六月底流通量 7 亿，4000 万人口，每人平均 17.5 元。

偏多理由：〔19〕57 年（4.3 亿），今年底预计 9 亿，增一倍多。〔19〕57 年每人平均 10.7 元，今年底约 19 元，货币：商品 =1∶4.4。市价比牌价高 70% ~80%。

王磊同志

工业品收购，总的情况是好的，计划全年 189 亿元，上半年完成 101 亿，占年计划 53.5%。百货 24 亿，完成 50%；五金 11.4 亿，完成 66%；交电 6.1 亿，57%；化工 5.3 亿，56%；计划外商品 11.2 亿，完成 48.5%，比去年减 2.7 亿。五金增 32.8%，交电增 18%，化工增 41%。品种质量比去年改善，但还有一部分质次价高。

应收未收的产品约 2.5 亿元，其中手工业占半数以上，轻纺工业约 1 亿元，或稍多一点。

积极收购的方针是明确的，提得比较及时的，但具体措施，在五月上中旬还有点拖。解决具体问题（价格、亏损）不够及时。问题复杂，一时弄不清楚，又不能把复杂问题简单化。

按计划、按合同全部收购，按质论价，超计划的也要收购。今后缺的产品可以超计划，多的产品不要超计划。具体安排工商两部协商决定。

计划外、无合同的产品，积极选购。已经退出包销的产品，不再包销。仍然包销的产品，继续包销。

地方工业发展是好事，商业应当支持，其中一部分要调整。能硬比的没有问题，能软比的也问题不大。软比还有困难的如何办？能否提高外地产品价格？不行。如果准许提价，很多工业品都要提价，结果将提高物价水平。软比还赔钱的，“财政补贴，限期改进”，补贴数额审查批准。新疆火柴可以不调进，但也不能调出（不调进不易改进）。

商业不收购的超计划产品，能否允许工业自销？不行。这不合计划经济原则，有些产品多了，只能按计划生产。

〔李〕先念同志

所谓积压全国不过（工业品）6 亿，其中生产资料 3 亿以上，消费品不到 3 亿。消费品中手工业品又占一半以上。消费品每天产值 5000 万元，积压 2〔亿〕～3 亿元不算很多。

农产品：①粮棉油烟茶茧麻糖占 70% 上下，140 亿元，供不应求，没有不收购的现象；②进一步抓好三类物资的收购（占 30%），60 亿元，品种多，金额少，这是一件大事，必须认真收购推销。

工业品：①原来包销的继续包销，原来不包销的不包销，分清责任；②计划产品已生产的都收，今后超产要同商业部门商量。订了合同的按合同收购；③按质论价，质量太差销不掉的不收，不配套的配套后收。总之要积极收购，但也不能乱收。

工商争议仲裁小组，由经委、财办、物委组成，经委召集。

供销社购销情况

上半年收购农副产品总额 49 亿，比去年同期增 8.7 亿，其中供销社 30 亿，增 7 亿。完成年计划的 40.6%，高于以往任何一年（过去上半年占

30% ~35%)。

今年计划利润 14 亿元，准备拿出 2〔亿〕~4 亿来解决下面的亏损问题。在市价下降中，许多基层社赔了钱，但只要吞吐灵活，高进高出，赚钱还是不少的。

上半年农村商品销售额 187.5 亿元，比去年 177.1 元增 10.4 亿元。其中供销社 93.3 亿元，比去年 86.4 亿元增 7 亿元。其中生活资料 75.5 亿元，比去年增 7.3 亿元，生产资料 17.8 亿元，比去年减 0.5 亿元，主要是减小农具。

基层社（1）要解除积压的包袱（6 亿生产资料）；（2）改变自负盈亏办法。

城市小商品降价，农村可以少降一点，暂时扩大一点城乡差价。

换购物资和少数凭票供应物资（棉胎）的积压要规定处理办法。

工业小商品〔19〕57 年约 40 亿，现在约 60 亿，降价约 2〔亿〕~3 亿。

打开销路，调整生产（要慎重），不要现在叫积压，过半年又没有了。现在的积压有相当大的虚假部分。

老积压（三清物资）与新积压分不清楚，有些是要报废的，有的可以削价处理。

物价要作一个发言，财务要作一个发言。

小商品多不多，总的来讲不多。现在把老积压同新产品混在一起，老积压销不掉，新产品物美价廉的是销得了的。

〔19〕57 年三小，小商品 40 亿元，小土产 40 亿元，小手工业品也是 40 亿元。

（1）三类农副产品推销，城市积极推销，工业原料工厂接收，价格贴补，总社收购。

（2）三类工业品推销，推销滞销商品和小商品（主要是下乡），国合密切结合（国〔营〕批〔发〕，合〔作社〕零〔售〕）。滞销商品规定定额，委托供销社代销。小商品降价后适当扩大批零差价，老产品同新产品要按质论价。基层社三清包袱检查验收，基层社亏损审查贴补，盈利适当增加上交。工业品奖售如何出售可由地区决定。

供销社必须分级核算，自负盈亏，同时要有统一核算，上下调剂，即下级上交利润，上级补贴下级亏损。

基层社积压物资内容复杂，分别处理。无用农机收回，小农具就地推销。

价格问题（牛荫冠）

库存质次价高积压产品，河北办法：①按质论价，降价处理，使新老货都能出卖；②分析情况，能推销的不降价；③降价处理的范围，〔19〕63 年 6 月底以前的，降到同新产品，比质比价基本相同。

四种〔情况〕：①现已停产，或现在产品质量已经提高；②盲目进货，当地没有销路，长期积压；③过去用代用原料，现在已用正常原料；④外地产品，现正降价的，按降价后价格出售。

残次变质商品按商业部规定处理，审批权限归省和专〔区〕的商业部门。每一类在 5000 元以下的归专区，5000 元以上的归省审批。

百货、五金、交电库存 49 亿，其中约有 12 亿要降价处理。此外还有老三清物资约 80 亿要削价处理。新积压 12 亿中，按降价 22% 估算，降 2.64 亿元。

三类农副产品，湖南调价从生产考虑少，从销售考虑多，可能降得多了。

原则：①有利于生产的发展；②有利于推销；③合作社不赔有微利。

以粮价为标准，照顾供销情况。

物价委员会每季审查一次三类物资价格，一年抓四次。

要分类排队，分批分期调整。

财政补贴的只能是计划产品，三类产品不补贴。

部分产品可以划区销售，只调少数高级产品（如火柴、肥皂、香皂、墨水等）。

①划区销售（火柴、肥皂）。

②基本上不调，主要靠地方工业产品，只调少量高级产品。

③主要靠外地产品，少数本地产品，有发展前途，可给财政补贴。

④没有需要，可以停产（手表、照相机）。

〔李〕先念同志 ①三类农产品是否多了，我们认为总的来说不多。降价降狠了，农民不生产，要犯错误。首先要考虑生产，不要被目前现象迷住了。

②价格确实高了一点，质量也要按质论价，以粮食为中心，考虑到自由市场价格来订［定］价，优质优价。

③三类工业品主要是国家内部问题，手工业品关系到手工业者。

至少每半年要抓一次三类物资价格。带头的是物委，实际工作依靠商业厅和供销社。

经委主任会议汇报*

对于形势的讨论：会议的提法是：工业生产出现全面好转的新形势，正在面临着一个新的高潮。

总理在计委讨论这个问题时，考虑提“又调整，又发展”，调整任务还没有完全结束，同时有了发展。

主席最近提出，是否再搞三年调整时期，即从〔19〕63 年到〔19〕65 年，连过去两年共五年。经济方面还要调整，不声不响再搞三年。政治上也要三年时间，现在中苏实际上已分裂，但苏联怕分裂，怕公开讨论，形式上还没有分裂，再拖两三年也好。

不要说“面临”，而说准备迎接全国工业发展的新高潮。

明确提出调整有好处，免得形势一好，有些人就头脑发热，又急急忙忙往前赶。实际上，调整任务还是相当重的。

书记处指示传达

主席讲三年调整，重点是巩固、充实、提高，注意质量、品种，填平补齐，成龙配套，学会经营管理。这是〔19〕63～〔19〕65 年的方针，为第三个五年作好准备。

---

* 1963 年 7 月 4 日，周恩来听取各大区经委主任会议的汇报，并作指示（《周恩来年谱 1949～1976》中卷，第 564 页）。这是国家计委开会听取经委主任会议的情况汇报。

〔邓〕小平说，这三年的重点是什么？每个部门的重点是什么？创造什么条件？搞个两年计划，搞明年的计划和后年的框框。例如 1000 万吨钢。采掘工业达到什么水平，在三年中，把〔这〕些尾巴好好解决。

基本建设要实实在在，不要把四项费用、设备更新包括在内。

搞一个城市规划，把烟消灭，列入基本建设项目。再搞一个工厂。

明年增产钢材用于铁道钢轨更新，今年下半年搞 1000 公里，到明年共搞 6000 公里（干线）。

研究两年以后外贸的变化。外债还完以后，可以进口一些什么？

财贸主任会议*

〔李〕先念同志

纪要讲形势，谈了哪些问题，多谈精神，再讲政治工作。明天把纪要讨论一下，然后报中央批发。

会议产生很多文件，物价问题，代替问题，等等。

今后两月要开各口计划会议，到十二月再找大家来开会。

书记处开了三天会，讨论三年调整（〔19〕63～〔19〕65 年）怎样做法，第三个五年〔计划〕怎样编。讲了一些“胡思乱想”。首先还是解决吃穿用，其次解决基础工业，钢铁、有色、木材、煤炭、石油等。假定〔19〕65 年有 3700 亿斤粮食，3000 万担棉花，1000 万吨钢，关键是综合平衡，高了就降，低了就升。〔19〕66 年起搞五年计划。

15 日开工作会议，主要讨论形势，工业、农业（社会主义教育），可能要谈粮食。

会议人不多，讨论的问题不少。收购、推销、物价、财务（商业财

---

* 1963 年 7 月 14 日至 8 月 3 日，国务院财办召集 6 个大区中央局主管财贸工作的负责同志，同中央财贸各部门的负责同志一起，举行财贸工作会议。会议讨论当前市场形势以及工作中需要解决的若干问题和财贸部门的政治工作问题。8 月 13 日，中共中央批转这次会议的《财贸工作会议纪要》（《中华人民共和国商业大事记 1958—1978》，第 415 页；《李先念年谱》第三卷，第 606 页）。

务)、外贸、政治工作，等等。秋季要抓收购问题，这是贸易工作的基础，必须完成收购计划，尽可能多收一点。

三类农副产品要一项一项排队，稍一疏忽就要出问题。工业品要进行生产调整，同时积极打开销路（以工矿品为原料的产品）。“三清”物资要积极处理，质次价高的第二代产品（12亿元，工厂还有1〔亿〕~2亿元)，要打开销路。(上海交流会中，福建省社积极帮助县社推销，做得好，浙江省社卸自己的包袱，不让县社卸包袱，做得不好。) 打开销路的工作必须做好，否则大家不会积极收购。

物价工作，中央做得差不多了，地方任务还很大。既要积极调整，也不要形成降价风，要慎重。

要抓一抓财政，346亿能否收到？要积极完成。支出仍要严格控制。农业资金花了不少，听说有效果，摸不到底。这样花钱方法，中央同志有疑问。是否集中起来，搞苏北问题，山东三北地区（惠民、德州、聊城）问题等。

票子有三种意见，让大家议论一下，不要忙着想作结论。

外贸问题：从中苏贸易转向对资贸易有多少？四年转1.2亿美金就很好。第三〔个〕五年买10套一万吨的维尼隆设备，每人可得一公尺，同棉混纺就更多一点。进口尿素设备、精密仪器。要积极扶助外贸工作，帮助改正错误。每年要提六千万美金来买专利设备。在这方面，我们的经验还很不够。

财贸战线是薄弱环节，阶级斗争不会不尖锐，资产阶级思想可能比其他地区〔领域?〕更多一点。有些商店实质上已变了颜色。已经蜕化变质的人，要经过严重斗争，包括开除党籍，才有可能把他变回来。拿定息的资产阶级分子中，也有好人，可能不少。支部书记绝大部分是好的，也可能有个别是坏人。总之要搞深搞透，不滥不漏，努力两年把队伍整顿好。整顿队伍，进行社会主义教育，主要依靠地方党委，服从地方党委。

在搞“五反”时间，集中力量搞贪污盗窃，投机倒把，不搞地富反坏右，更不搞老弱残疾，免得混淆起来。搞完“五反”以后，要把这两种人（性质大不相同）也好好处理一下。

要建立强有力的领导核心，有了强的领导核心，吸收一点小商小贩也能改造过来，有些资产阶级分子也能改造过来，或者起不了坏作用。

商业职工450万人，合作商店、小组160万人，有证商贩40万人，共650万人。

中央讨论工业决定*

三个阶段：①三年过渡（〔19〕63～〔19〕65年），调整、巩固、充实、提高。

②建立一个独立的、完整的国民经济体系，时间是十五年（〔19〕66～〔19〕80年）。

③建成一个有现代农业、现代工业、现代国防和现代科学技术的强大的社会主义国家。

第一阶段要解决以农业为基础的吃穿用，加强基础工业和国防尖端。

1980年指标：

粮食　5500〔亿〕～5800亿斤（9亿人口，每人610～640斤）。

棉花　4000〔万〕～4400万担，合成纤维25〔万〕～30万吨（每人14～16尺）。

猪　　2〔亿〕～2.5亿头。

钢　　2800〔万〕～3000万吨。

有色〔金属〕　120〔万〕～135万吨（100∶4.5）。

木材　5600～6000立米。

原煤　4〔亿〕～4.2亿吨。

电　　2100〔亿〕～2200亿度。

原油　3000〔万〕～3200万吨。

化肥　1500〔万〕～1600万吨。

机床　生产9〔万〕～10万台，拥有130〔万〕～140万台。

铁路里程（干支线）　5.5〔万〕～5.6万公里。

---

* 1963年9月6日至27日，中共中央工作会议在北京举行，讨论工业发展问题。会议确定，再用3年时间，继续进行调整、巩固、充实、提高的工作。对3年后的任务，提出分两步走的设想（《李先念年谱》第三卷，第626页；《中国经济发展五十年大事记》，人民出版社、中共中央党校出版社，第186页）。

山东物价调研*

山东物委刘方同志汇报

今年部分地区受灾，重灾县二十多个，特重的（毁灭性的）十一县，主要是聊城专区。受灾面积比去年小，灾情重，总的来讲收成比去年好。粮食产量估计 225 亿斤，去年 202 亿斤。棉花 175 万担，去年 79 万担。花生 1020 万担，去年 849 万担。烤烟 130 万担，去年 48.5 万担。生猪 750 万头。

商品额 24.2 亿，去年 25.4 亿（1～9 月），预计全年 32.7 亿元，去年〔全年〕33.8 亿元。减少原因：高价商品减少，农业生产资料稍减，服务收入减 1 亿，工资减 7800 万，农产品采购增 1.3 亿元。

财政收入全年 15.4 亿，预计完成 14.8 亿元，完不成计划。

货币流通量年初 4.6 亿，1～9 月回笼 2.5 亿元，加流入，现在流通量约 3 亿元，预计到年底净投放 1.24〔亿〕，年底流通量约 4 亿元（最多时到 6 亿元）。

物价情况，消费品总水平比去年同期下降 9.3%，比去年年底降 3.9%.

城市人民生活费指数大约下降 10%，1～9 月每人少支出 15 元，全年约 20 元。每一城市人口全年平均收入约为 200 元。

问题：(1) 城乡差价，先搞煤、盐等八种大商品，增收 990 万元。〔其中〕煤 390 万元，盐 450 万元。煤炭每吨提 3.72 元，幅度 9.4%，金额 705 万元，加小窑煤 200 万元，共 900 万元以上。各地反映煤价太高，商业利润太大。当时反映很多，主要是：①从当时情况出发，对运输条件变化，经营管理改善估计不足，运费大幅度下降，每吨降 15 元；②许多地区过去已经

---

* 1963 年 9 月 30 日，李先念将全国物委《关于提高粮食销价执行情况的报告》批给薛暮桥。批语说：建议检查如下几个问题：(1) 今年所规定之价格原则是否执行了，如扩大地区差价；(2) 地方产品提价和地方规定的价格原则是否降得过分；(3) 三类农副产品降价，执行得如何，是否降得过多。10 月 4 日，李先念将商业部《关于调整自行车销售价和出厂价的报告》批给薛暮桥等。批语说：请大家议一议，看明年少安排生产可否？降价不要过多（《李先念年谱》第三卷，第 637、638 页）。此后，薛暮桥赴山东、江苏、上海调研物价情况，时间约在 1963 年 10 月上旬至 11 月上旬。大标题为编者所加。

自行提价，再提就提多了；③地区价格不衔接，比河北高 20 多元；④质量差价不合理。到九月对 46 个突出不合理的点加以调整，偏高地区适当调低。全省平均降 4.71%，金额 541 万元，每吨仍高 1.6 元，幅度 3.9%，金额 390 万元。铁路沿线有的亏本。

（2）小商品价格问题不大。五个市调整 234 种，上调 18 种，幅度 26%，下调 216 种，幅度 20% 左右。其中小百货 47 种，上调两种，〔幅度〕36%，下降 45 种，〔幅度〕24%。价格〔19〕62 年比〔19〕57 年高 1.46% ～ 286.4%，一般高 40% 左右，调整问题不大。现在还比〔19〕57 年高 20% 左右，少数接近〔19〕57 年水平。调价后工业利润 5% ～10%，商业进销差 10% 左右。少数商品亏本，原因是本地产品成本高。

供求平衡、价格基本合理的占三分之二。供过于求、价格基本合理占 2.7%，价格偏高的占 9.2%。供不应求的（竹木制品）占 9.8%，要求提价。质次价高的 11.4%. 要求降价。要求调价的还有 78 种，问题不大，可以不作大的变动。

肥皂调价前 6～7 月，产 2437 吨，调价后 8～9 月，计划生产 2147 吨，加工 260 吨，合计仍是 2437 吨〔?〕。销售情况调价前进多销少，库存增加，调价后销售减少，库存更多。问题是供销社议价肥皂增加，用高价油加工，议价供应。

思想情况：降价容易提价难。提价反映最大的是肥皂和煤炭。农村粮食提价反映不大，比较顺利。食盐提价很小，所以也没有反映。肥皂提价 50%，群众议论很多。下面报请审批的只有降价，没有一个提价。

从当时情况出发多，没有瞻前顾后，对形势估计不足，常常走回头路。

同邻区衔接还有问题，大商品谁也不敢走在前面。常常互相告状。各省分等论价办法不同，很难统一起来。

降价虽未成风，但也乱了一下，主要是商业部门削价。如收音机 15 元一个等，原因是把削价权力下放到县。如无六月份的电话会议，要出大乱子。

从财政角度看，账还没有算清，可能国家还是减少收入的。

基层物价很乱，需要整理。短途运价需要整顿，〔还有〕修理服务价格。

亏损商品价外补贴只有机制纸一项，猪肉平价亏本，议价出口赚钱，总〔的〕算赚钱。供销社亏的有过磷酸钙、絮棉两种。

供销社物价，政策正确，执行错误很多。物价干部调动太多，业务不熟悉，〔今后〕主要干部调动要经上级同意。

济南市

物价情况，物价上半年与去年同期比总指数降 15.4%，平价升 0.1%，高价降 56.8%，议价降 53.6%，市价〔降〕60.7%.

三季比二季总指〔数〕降 3.8%，平价降 2.1%，高〔价〕降 6.9%，议〔价〕降 18%，市〔价〕降 7.8%。与去年同期〔比〕总〔指数〕降 14.7%，平〔价〕降 2.2%，高〔价〕降 42.2%，议〔价〕降 56.5%，市〔价降〕52.6%。市价比牌价一月 87.2%，六月 29.4%，九月 38.5%，议价〔比牌价〕72.4%（粮食比重大）。

上半年比〔19〕57 年总水平高 20.5%，比〔19〕61 年低 9%，比去年底降 1.4%。

预计四季度集市旺季，地瓜现已降到六分一斤，可能降到五分左右，小麦 3.5 角，秋粮价将继续下降 10% 上下。

粮食市价比牌价高二倍上下，市民每人每月从集市补充粮食，主要是鲜地瓜，牌价 2.6 分，市价 6 分。

物价工作：小商品 1 ~ 6 月调价四次，18 种〔基本商品〕（主要是二季度）上调 6 种，下调 12 种，纯降 3 万元。三季调三次，19 种，上 4 种，下 15 种，纯降 13 万元。降价主要是生铝制品、铁水桶，手工业自产部分先降，商业跟着降，两项就达 10 万元，另墨水降 3 万元。

中央调价，塑料制品降价太多，雨衣脱销，塑料底鞋销售很好，不脱销。肥皂提价多了一点（2.8 ~ 4.2〔元〕，涨 50%）。粮食乡村销价提高反映不大，远郊区早已拉平。豆腐减少批发，增加自销，送货上门，仍有利润。

准备提价的有中药丸膏，比〔19〕57 年高 50% 多一点，木器降价 9%，比〔19〕57 年高 15%。

问题：（1）有些商品〔价格〕偏高，如黄花鱼，竹壳水瓶，自行车零件。高价商品自行车、手表退出高价，糕点、名酒〔退出高价〕（议价糕点顶了高价糕点）。床单降低一点，棉毛裤脱销。

（2）博山瓷器，供销社二级站包销，老产品积压，新产品不愿多进货，又不准外地采购，工厂积压（外地可以推销）（情况不是这样）。

（3）手工业自销产品，滞销的价〔降〕低三分之一上下，据说并不亏本，脱销的价〔提〕高一半上下。

博山市

博山区管手工业品511种，调价510种，平均下降23.2%，比〔19〕57年还高7.4%。日用杂品降25.1%，生产资料降28.6%，玻璃产品降20%，五金降18.4%，蔬菜降30%以上。

议价粮食每人每月一斤多，加熟食约二斤多，猪肉每人每月一斤上下（包括议价）。

淄博市

工业情况

重工业占60%，轻工业占30%，农业占10%。主产煤、铝、铁、陶瓷。

煤1957年〔产〕360万吨，〔19〕58～〔19〕60年〔年产〕800〔万〕～900万吨，现在产450〔万〕～500万吨。

铝氧生产5〔万〕～10万吨，现在年产18〔万〕～20万吨（经过调整以后）。陶瓷年产约一亿件。铁矿二个，年产100万吨，供石钢、鞍钢。电厂三个，容量十三万千瓦，产值4.5亿元。

今年计划产值4.46亿，1～9月完成80%，预计可以提前一月完成，全年可达4.8亿元。

煤炭计划〔产〕458万〔吨〕，预计500万吨，铝氧预计17〔万〕～18万吨。

成本可以降低4000万元，13%左右（计划5%）。1～8月降15%，四季度要上升一点。

煤炭成本每吨19.38元，去年22元，出厂价16元多一点。铝氧每吨降30元。全年盈利4300万元，亏损2800万元（计划）。1～8月盈利4400万元，亏损1400万元，净盈3000万元。预计全年盈6100万元，亏2350万元，净盈3700万元。

煤计划产450万吨，补贴2800万元。每吨补贴6元多。可以节余1000多万元。

陶瓷今年降价两次，第一次十五种降20%，第二次降25%，还比1957年高40%以上。质量比〔19〕57年略提高。

铝氧最低成本每吨265元，今年计划360元，实际可以降到301元。

敌百虫含量最高86.3%，计划80%，先进水平91%，今年达到83%。成本最低3328元，现在3172元，先进〔水平〕1956元。

煤炭，含矸最低1.1%，现在1.9%；灰分最低19.6%，现在21.36%；成本最低12.4元，现在计划20.78元，实际20.28元。

市场情况

煤建公司去年亏损二十多万，今年可以盈利二十五万元。肉类亏损减少，第三季消灭亏损（议价补贴平价）。定量每月三两，议价十七万斤，定量十二万斤（每月），议价肉比济〔南〕、青〔岛〕两市合计还多。

〔收购〕花椒每斤奖针织品三尺，集中产区每户奖五六十尺，自己用不了，不准卖票〔证〕，可以买针织品交供销社代售。私商收不到花椒。可改议购。

每月议价供应粮食40多万斤，熟食30万斤，按城市人口40万人计算，每人每月议价供应一斤上下，工人口粮供应已无多大问题。

物价情况

〔总〕指数降14.57%（1~9月比去年同期），平价降0.1%，高价降41%，市价降53.4%，议价降57.6%。地方工业产品〔价格〕下降20%以上，服务业〔价格〕下降15%。过去地方工业品质次价高，所以下降幅度较大，下半年已稳定下来。

价格调整，下调多，上调少，基本调得合理。农产品升少降多，减少投放50万元。地方工业品市管200个品种，调整170个，平均下调20%。主要是陶瓷，第一次降28%，第二次降20%。炊事用具也降价，锅降45%，布鞋降20%。降价后一般都不亏本，有利润，比济南还略高一点。铁制农具除镰刀外已接近〔19〕57年的水平，锅已低于〔19〕57年，还是难销。

1～9月完成全年利润计划95%，降价起积极作用。

蔬菜降价50%，大体同市价相平，白菜每斤二分，大葱四分。

修理、印染、服务价格经过整顿，下调25%，自行车、钟表等修理〔价格〕均已整顿。

市价下降主要是一至七月，八九月降得较少。锅饼、面粉、大米每斤五毛，小米、小麦四毛上下，鸡蛋最低九毛，现在涨到1元2毛。粮价还比牌价高2.5倍。鲜地瓜五分。

问题：主要是地方工业产品质次价高，瓷器明年拟再下调15%上下。鱼虾价格仍然偏高，要适当降低。

定价错误一般〔占〕5%～6%，最多的〔占〕一半，最少的只1%多一点。好的原因：①领导干部经常检查；②有专职人员管物价；③有定价制度；④有历史资料。

博山市

猪肉，〔19〕62年1～8月，每斤3.18元，〔19〕63年降到1.36元。毛鸡〔19〕62年2.09元，〔19〕63年0.85元。鲜蛋〔19〕62年3元，〔19〕63年1.37元。平均下降56%。现在肉1.1元，鸡0.65元，蛋1.2元。

粮食：小麦〔19〕62年1～8月，每斤1.2元，〔19〕63年0.59元；大豆〔19〕62年1.29元，〔19〕63年0.69元；高粱〔19〕62年0.99元，〔19〕63年0.39元；玉米〔19〕62年1.02元，〔19〕63年0.57元；谷子〔19〕62年0.87元，〔19〕63年0.38元；瓜干〔19〕62年0.667元，〔19〕63年0.28元。

水果平均下降60%（1～8月，两年比较）。蔬菜平均下降（3.34毛～0.98毛）70%。

群众反映：（1）生产者急于出售，送货上门，怕落价，过去一个蛋换二斤盐，今年两〔个〕蛋换一斤盐（解放前一斤盐换十个蛋），农民仍然有利可图；（2）消费者对降价满意，等待降价，质量不好不要，不急用不要，价不低不要，服务态度不好不要。消费的计划性加强了；（3）商业人员，怕背包袱，赶集积极推销。商品质量逐步提高，库存商品质次价高，前面进，后面压，利润完不成。

问题：(1) 机构人员与任务很不相称，只有一个人管物价；(2) 思想问题，不重视物价工作，错误较多；(3) 管理还不统一，工业、商业、供销社各订［定］各价，有的一种产品三个价格。自销价格一般低于包销；(4) 有些商品仍然环节过多，陶瓷已经解决（〔工〕厂〔与〕零〔售〕直接挂钩)。

粮食议价收购，全省统一订价，地方不能机动，“议价”不议，实际上是第二牌价，没有供销社经营时灵活。现在市价四角二分至四角四分，四角上下可以收购，粮食厅规定三角五分。

猪肉议价也是全省一个价格，问题不大。

由于价格管理过死，粮食议购不到，议购供应也不能保证，不如供销社灵活。

粮食厅已把议价最高定额改为四角。

淄博煤

今年计划产量 415 万吨，预计完成 454 万吨，生产比较亏损。

从〔19〕53 年到〔19〕57 年年年亏损，共亏 947 万元。〔19〕58 年产量大增，从 370 万吨（〔19〕57 年）到 800 万吨（60 年），再加提价，变成盈利。〔19〕57 年每吨 12.25 元，〔19〕58 年 16.32 元，现在平均 15.78 元。〔19〕58 ~〔19〕60 年盈利 9028 万元。采掘失调，巷道失修，〔19〕61 年起亏损 1939 万元，〔19〕62 年亏 3669 万。去年指示扭转亏损，去年第四〔季〕起抓这工作。今年 1 ~9 月成本降至 18.97〔元〕(计划 20.78 元)，去年 22.38 元，降 3.41 元。今年亏损计划 1 ~9 月 2072 万元，实际 1635 万元 (产量 348 万吨)，每吨亏 3 元多一点，加税为 4.6 元多。今年计划亏损 2763 万元。

要求降低成本，减少亏损，增产节约，职工觉悟有所提高。积极采取措施，提高生产水平（每吨照明、排水等固定开支即有八元多)。因增产减少成本 354 万元。

实行两班生产，减少辅助工。合理布局，提高生产效果。

降低材料消耗，坑木增产不增料，每千吨用坑木 25.9 立方，比去年低 20.54%。

电力节约，481 万度，每吨降 1.39 度。

火药降低 14.73%，加强定额管理。

精减职工去年减一万人，今年又减近五千人。整顿劳动组织，每吨工资 5.68 元。

第三季度成本有所提高，亏损有所增加，原因上半年抓扭转亏损，调整工作抓得不够，三个煤量增加不多。

〔19〕57 年成本 12.39 元，现在增加 6.58 元。原因：①产量降低；②新建矿井没有达到设计能力；③掘进率增高（53.56 公尺）；④调整工作，巷道扩修，设备检修；⑤电费增加，矿井延深，排水量增加；⑥劳动力增加，煤层变薄，矿区扩大；⑦材料价格上涨，坑木从 77 元增至 90.43 元。钢管、电缆价格略增，共增 146 万元。当地采购材料一般涨价 30%；⑧矿井延深，增加巷道维修费、折旧费；⑨制度变更，如福利费改入成本。以上 9 项共增〔成本〕1590 多万元。

明年降低成本 4.8%，今年预计 19.38 元，明年 18.45 元。煤价 15.78 元，要求提到 18.19 元。煤炭部方案 17.85 元。

供销社

省管农产品 54 种，调价 21 种，中央调的棉花和大麻，其他由省决定 19 种，平均下调 29.2%，比〔19〕57 年还高 58%。经济作物〔收价〕比〔19〕57 年高 29.8%。调高（1～9 月）1547 万元，调低 507 万元，相抵后增加投放 1040 万元。过去部分产品议价收购，加上这个因素，降多于提。

提高 1264 万元，降低 1357 万元（农产品收购价格），相抵后净少投放 73 万元（已调）。四季度还要调整十几种，约降 300 多万元。总水平可能比去年略低。

问题：对集市降价估计不足。大蒜调低后市价仍低于牌价，（调价后仍比〔19〕57 年高一倍）。草帽辫比〔19〕60 年还高 60%，大量积压，再降价已低于河南、河北，而且有的手工业者收益过低，需要以销定产。

废品还大量积压，价格已低于〔19〕57 年，但仍高于国家调拨价格。（锡、铅、钢铁、橡胶。）

铁制小农具比〔19〕57 年还高 6%。

过磷酸钙亏三百多万元，絮棉亏二百多万元。

粮食问题

供销社十个月议购粮食1.4亿斤，粮食部〔门〕议购4千多万斤，到年底还能议购5千万斤，今年共2亿斤上下。

供销社收油500多万斤，粮食部〔门〕已收40多万斤，再收100万斤。另外换购1500万斤。〔对〕集体主要换购，〔对〕个人主要议购。换购多一点，议购少一点。

小麦最高5~5.5角，最低3角。议购价格原定3~3.5角，现在不超过4角。当地供销社（饮食业）自己可以随行就市收购，供不应求地区粮食部门不插手。小麦价新麦上市前每斤5角，新麦上市后3角上下，低的2.5角，高的4角；现在升至4角，低的地区3~3.5角。小麦上市量粮食部门收购30%左右（小麦），加上饮食业达70%~80%。玉米、高粱、谷子一般三角上下，灾区一度上涨，现在降至3.5角，一般地区2.2~2.4角。比牌价高一倍半。大豆价格略高于小麦价格，一斤豆饼可换一斤小麦（历史上大豆与小麦等价）。瓜干1.8斤换一斤小麦。现在鲜地瓜每斤5~6分，可能降到4~5分，低的地方3分。

油每斤产区1.1~1.2元，非产区2.2~2.6元，现在产区稳定，非产区稍落。议价油高的济南2~2.2元，低的烟台1.4~1.6元（产区）。

议购小麦不超过4角，油不超过1.5元，把其他条件取消了（如上市不收下市收）。现在秋粮不准上市，收购价规定不超过牌价一倍半。地瓜干和油料不超过一倍。

议销价基本上保持供销社原定价，省掌握十三个市场，中等质量价格，并规定一个机动幅度。县城规定最低议销价，低于此数不销，让居民向市场购买（议购定最高价）。

山东省市场物价情况

今年1~9月比去年同期，物价总指数济南、淄博下降15%上下，全省可能下降10%上下。

城市人民生活费指数下降10%上下，比〔19〕57年还高20%上下。全年每人平均约减少开支20元。每人供应议价粮每月一斤上下，加上熟食为二斤上下，此外还从集市购鲜地瓜等折一斤上下。

蔬菜、水果今年降价30%上下（济南）到50%上下（淄博），地方工业产品降价20%上下（淄博）。

集市价格：面粉、大米5角上下，小麦四角上下，玉米、高粱、谷子三角上下，鲜地瓜五分，油1.2～1.5元上下。小麦粮食部门议购占上市量30%上下，加上熟食业议购共占70%～80%。油主要向生产队换购。猪肉议销每斤1.1～1.2元，鸡6.5角，蛋1.2元。

山东物价工作意见

今年山东省的市场物价情况很好，工人、农民对物价的调整是满意的，对国家积累的影响如何，尚待研究。

目前物价方面，需要解决的大问题好像不多。但是仔细检查起来，中小问题恐怕不少。要主动寻找问题，解决问题，为此就要多做调查研究工作。

（1）农产品收购价格，根据收购情况进行检查，哪些产品收不上来，哪些产品收购很多，销售困难，原因〔是〕什么？是否需要调整价格？价格要有利于生产、收购、销售，减少财政投放，农产品收购价是“提价容易降价难”。现在降价也要慎重，勿影响生产和收购。

奖售问题，逐步减少奖售。

（2）消费品零售价格，把今年调整的价格都检查一下，究竟上调多少，下调多少，中央调的，省调的，市县调的，调得对不对，还有哪些需要调价（粮食销价，城乡差价（煤炭价格），肥皂、糖、纸烟、收音机、闹钟、洗衣粉、塑料制品、西药）。消费品零售价是“降价容易提价难”。该提的要提，降价要慎重一点，保证国家积累。

各种不同地区、不同牌子产品的价格，要合理安排，地区差价合理安排，检查和消灭错订价格的现象。

要求工商企业都有合理利润，保证生产、流通、国家积累。

（3）重工业产品的价格（地方订价）。

（4）农业生产资料的价格。

做好调查研究工作，物价资料同有关部门共同整理。资料是为说明情况，研究政策，要学会利用资料。

研究物价对生产和流通的影响，督促降低成本，保证合理利润。

研究物价对工人、农民、国家积累的分配的影响。

物价同两条道路的斗争。

同有关部门多交换意见，共同研究问题，提出调价方案。

山东省物委

农产品省管的提高 13 种，降低 76 种，第四季再降 18 种，加上市专县，比〔19〕62 年下降 1%。今年采购总额 13 亿元，降 1300 万元，比〔19〕57 年仍高 28.56%，农民还多得约 3 亿元。

工业品零售价上升 1.13%，剪刀差扩大 2.18%，比〔19〕57 年缩小 15.35%。

23 种三类农副产品比〔19〕62 年降 33%，比〔19〕57 年还高 37%（省管的）。明年不作大的调整，有 23 种三类产品再调低一点，影响水平 0.5%。

工业品出厂价格明年也不作大的调整。部分工业品仍亏损（煤炭省营部分，主要销市场）。地方小窑煤提价后有积压，要亏损。地方工业产品成本高，执行中央统一订［定］价有困难。

铁制小农具降价 20%，比〔19〕57 年还高 20%。竹木制小农具降 45%，比〔19〕57 年还高 65%。下半年铁制的还可以降一点，明年可以基本不动。今年降价金额约 450 万元，国营的只占 100 多万元。竹木的明年再降 10% 上下。

市场销售价格调整得差不多了，明年不作大的变动，个别品种有升有降。

税收问题，酒瓶税上加税，散装与瓶〔装〕差一倍（散装葡萄酒五毛多）。

物价管理办法四个方案三个未定，能否在下次物价会议定下来。

曲阜东郭大队（郭树敏）

大队二百多户，一千人，每人土地一亩半。全村八百多间房屋，五百多间是大队新建的，分给社员居住。队办小学有二百几十学生，教员九人，每人每天工分六分到八分。学生参加劳动，按定额计分，记在家庭账上，因此家属愿意学生参加劳动。

今年每亩小麦可产四百斤，因收获前后连天阴雨，减产三百多斤，试验田产五百斤。秋粮亩产约四百斤，全年亩产七八百斤有把握，争取亩产一千斤。

试验田春季收土豆二千斤，折粮五百斤，套种玉米收四百斤。秋种大白菜收七八千斤，套种小麦可收五百斤。

丰产的措施：（1）全部土地可用机井及砖井灌溉（机井每天十小时灌三四十亩，用油每亩二角，全年可灌二百五十亩）；（2）施化肥每亩近三十斤。全村有猪四百多头，每户平均两头，有牲畜一百多头；（3）实行套种，一年两熟至三熟；（4）改良土壤，沙土掺粘土，粘土掺沙土。

分配办法：（1）大队统一核算，统一分配（有四个生产队）；（2）没有自留地；（3）三七开供给制，每人每年平均供给二十五元，按劳分配六十元；（4）粮食四六分，基本口粮40%，按劳分配60%（小麦各半分），基本口粮可以免费供给（二百斤），两者合计约五百斤。

曲阜县市场物价

去年十二月建立物委，今年九月与市场管理委员会合并，成市场物价委员会，前一段属计委，后一段属商业局。有专职干部五人，又是市场物委，又是工商行政管理局，挂两块牌子。大家意见，不同意设在商业局，主张建立独立机构。如归商业局领导，不能解决工商之间的矛盾。

县管工业、手工业品价格三百多种，修理服务价格四百多种，今年第一季度进行全面审价工作，基本上克服过去价格混乱现象。审查155个单位，一万九千多个品种，错八百多种，〔占〕4%。商业3780种，错165种，占4%。供销9800百种，错277种，占2.8%。医药错6.44%（卫生院错60%以上）。手工业自己订［定］价，价格偏高。

问题：（1）价格执行不严肃，私自调价不断出现；（2）基层单位对物价工作重视不够。

煤炭：铁路沿线每吨，兖州27.6元，曲阜城36元，最远的南辛42元（30华里）。地区差价偏高，群众愿意自己到交通线拉煤（小额需要不行）。

盐：曲阜每斤1.35角，南辛1.4角。过去没有地区差价，加差价时未向群众宣传。

生猪奖售过高，每元［斤?］奖 2 寸布票，每四斤奖粮一斤。每头一双胶鞋。100 斤毛猪 47 元，加奖励为 58.58 元，议购猪 48～50 元就够了。社员愿意卖给国家（博山派购多得 5 元）。每头生猪，派购比议购多得 5～10 元。

羊皮奖布票，全被小商贩拿去，不合理。

高价烟比牌价高 50%，销售不多。

高价原糖今年 1～9 月卖 9800 公斤。（定量每季二两。）

铁制农具、炊具基本上恢复 1957 年水平。

肥皂每条 4.4 角，敞开供应（金刚牌）。

济宁专区

农产品采购价下降 0.175%，工业、手工业品出厂价下降 1.2%，消费品平价上升 0.4%，高价下降 30%，市价下降 38%。主要产品上调一点，次要产品下降较多，变动较多的是地方工业产品。

钢精锅去年七月〔需〕走后门销 21 个，今年七月敞开供应只销 7 个。面盆一季凭票销 1360 个，二季敞开销 303 个，敞开后销量下降。

货币流通量〔19〕57 年 1500 万元，〔19〕60 年 3200 万元，〔19〕61 年 4400 万元，今年 2000 万元，人口 500 万人，每人持有 4 元（山东省每人 6 元）。国家机关职工机关生产供应比去年减少了，合作社职工工资减少了，因此城市人民的生活费下降，国庆、中秋每人供应肉一斤，只销了 52%，〔供应〕月饼一斤只销了 72%。服务业清闲，戏院上座不到一半。理发过去排队，现在上集摆摊。

农产品收购调价 46 种，其中上调 12 种，下降 34 种。（包括中央、省调在内。）地方上调的主要是中药材，上调增加投放 13 万元。下调的有鸡、羊、蒜等，减少投放 20 万元。净减 7 万元。

工业品出厂价调 32 种，上调 3 种，下调 29 种。升降相抵，减少收入 81 万元，指数下降 1.2%。销价调 21 种，上调 10 种，增收 182 万元，下调 11 种，减收 147 万元，相抵〔增〕35 万元。扩大城乡差价增收 30 万元。农村粮价上提增收 15 万元。合计增收 80 万元，指数升 0.4%。高价降价减收 300 万元。合计指数降 0.9%。

集市价小麦4.3角，比周围高。猪肉1元。鲜地瓜曲阜4分，济宁5～6分。济宁〔开展〕代替〔业务〕后排队很长，群众不便（商贩不准上升）。鸡蛋1元，花生油2元，鲤鱼4角，白菜3分。

问题：(1) 农业生产资料〔价格〕仍然偏高，农业用电〔规定〕每度6分，实际曲阜、兖州9.7分，济宁8.4分。曲阜一个大队灌田一亩花了五元八角。灌一遍花一元多（柴油花2角）。

农机具修理收费太高。拖拉机大修一次1400多元，工时规定多，每工时1.5～2.2元太高。

胶轮马车价钱（855元）太高，配上车架要一千多元。生产队买不起。

机耕费每亩1.3元，太高。实际上〔靠〕银行贷款，〔靠〕生产队出不起，排灌费也如此。

柴油机价高，打机井配不起。

(2) 三类农产品收购价格仍然太高。羊（2.3角）鸡偏低（猪4.8角）。私商买羊，杀了卖皮赚（奖售）布票。羊的生产下降（不到50斤不收）。

(3) 地区差价从南面进货，要从济南作起点，不合理，实际并不经〔过〕济南。煤炭地区差价过大，济宁每吨34.2元（兖州27.6元），多算5元。原因是交通条件变了（铁路运），仍按汽车、马车运费计算。

(4) 有一部分质次价高商品需要削价处理。今年上半年有降价风，现在基本停止。（个别地区红枣降到每斤2角。）要求削价的还很多。

(5) 供销社分配煤炭，开条子叫群众到煤矿拉煤，每吨白收手续费几元。

江苏省物价调研*

江苏省物价情况

今年的主要工作

今年第一季〔要求〕扭转亏损，〔各地〕纷纷要求用提价来解决亏损问

---

* 1963年10月上旬至11月上旬，继山东调研之后，到江苏省调研物价情况。大标题为编者所加。

题。我们研究成本，要求降低成本来扭转亏损，反对提价。对工农业生产资料价格进行调整，要求统一、合理、稳定，特别是农业生产资料，短途运价，收费标准。农民说种了六颗稻子自己只得两颗（水费一，其他生产资料一，管理费和积累一，农业税一，合占四颗）。

第二季度农副产品上市增加，发生积压。要求降价推销。我们着重安排农副产品价格，同时（六月）调整城乡地区差价。盐、煤到十月份才调整。

三季度市场情况继续二季度的趋势，商品销售量继续下降。库存工业品削价处理约五百万元，地方从二季度起已有削价处理，我们加以适当控制，不要降过了头。前个时期闹积压，最近农业丰收，收购很好，又怕商品脱销。提价过于集中，下面有些反映。

四季度准备全面审查价格，交流经验，现在物价错乱情况相当严重。摸农业生产成本，以便合理调整农产品收购价格。

对中央提价决定，执行是执行了，时间上迟一点，幅度上小一点。

工农业发展情况

粮食可收 210 亿，比去年增加 10%。镇江、扬州都比较好，达到历史上最高水平。淮阴地区仍有困难，徐州部分地区遭灾。棉花可达 330 万担（去年 150 万担）。生猪上半年一度下降，下半年好转。蚕茧 10〔万〕担，比去年增长很少。

工业生产（地方）比去年下降 6%，三季度同去年平，四季计划增加 24%。酒已满足不了需要。全年产值可达 51 亿，比计划 47 亿增 4 亿。成本下降 9%（计划 6.7%）。亏损额还是相当大，主要是四个地方煤矿，苏州铁厂，县农具厂，小化工厂，地区是盐城、扬州、南通。

市场情况

商品零售额上半年（比去年同期）减 10%，三季度降 8.7%，是〔19〕58 年以来最少的。共降 7000 万元，城乡各半。50 种主要消费品 17 种上升，33 种下降。下降主要原因是农业去年歉收，收购减少 2.8 亿元。三季度收购增加，但还没有分配下去。精减职工，工资减少，集团购买力也比去年减少。1～8 月回笼货币 2.1 亿元，银行存款贮蓄增加。四季度购买力上升，商品销售额将显著增加。货源不足 7000 万元，要求轻工业增产

20%，而且超额。

农产品收购价总计降0.8%～1%。小农具去年降30%，今年又降20%左右，包括水费等降10%左右（不包括化肥、农药等）。

物资部门零售小五金，价比商业部门低30%左右。

南京市物价情况

零售物价总指数（上半年）比去年低11.1%，比〔19〕57年还高26.2%。平价去年上半年上升2.6%，比〔19〕57年〔高〕26.2%，高价降56%，市价降49.6%。三季度继续下降，平价比去年三季〔度〕降4.5%（比四季〔度〕降0.3%），市价降45.8%。

工作：整顿地方工业品的价格，解决质次价高、工商矛盾、扭转亏损三个问题。调价53小类，调高10个，调低43个。金额降价多于提价。

通过代替业务平抑集市价格。家禽、水产、干鲜果、蛋四类市价牌价基本一致，蔬菜、肉也大体接近。猪肉从1.8元降至1.2元，熟食下降40%（油条六分）。

货栈收油征税10%，农民私卖给私商，油价低于我们。

搞代替业务利用合作商贩，管理不严〔的〕地方同样搞投机倒把。南京市一直没有工商局，由商业局兼管。

每月供〔应〕指标82万斤粮食，6万斤油，城市人口130万人，需100万斤粮食，15万斤油。因为油粮不够，熟食供不应求，私商乘机发展。

支援农业，氮厂废水含氮7%，每吨价已降至68元，硫氨每吨（21%）184元。

小农具价格平均降25%，铁农具已降至〔19〕57年的水平。减少经营环节，使零售价格下降更多。竹木农具大约还比〔19〕57年高60%左右。

郊区排灌水费，一种是按田亩计费，一种是按小时计费。按田亩计费不论遭灾不遭灾，同样出钱。也有两者兼用的，基本费加计时费。平均每亩收费三元上下，低的地区一元多。排灌站每年吃老本（原因收不到钱），修理费要财政负担。过去排灌站收不到水费，就不向电站交电费。今年雨水调顺，排灌少，可收70%～80%。设备不配套，工程不合理，需要调整。排灌站归水电厅管，无人投资。

四个矛盾：①国〔营〕集〔体〕矛盾（国〔营〕收费低，集体高）；②电灌机灌矛盾（电费低一半）；③高低远近地区矛盾；④丰年歉年矛盾。

机耕每亩一元二角至〔一元〕三角，不亏本。

蔬菜价格，夏季认为供应基本解决，一度放松，菜价大起大落。每担收购价 4.38 元，去年 4.77 元，降 8%。零售价大体相同。去年每天供应 150 万斤，供应紧张，现在 80〔万〕～100 万斤，还有剩市，原因菜的质量提高。（考虑质量因素，菜价实际上显著下降。）

问题：物价管理体制，产销要一条鞭管理。现在商业管得宽，工厂管得仄，过去商管工的办法不适合于目前情况。

农业生产资料价格

农村价格差错很多，面达 10%～50%，多的金额达一倍以上。整顿工作，扬州专区做得比较好。泰县对生产队整批多收的款进行退赔。错进的占 95%，错出的只有 5%。错进的金额占营业额的 5.24%，约等于每亩田多收了一块钱。

省委决定，省供销社协作进来的化肥、桐油、毛竹、木材，都必须按计划价格出售，以别方面的盈利来抵补，必要时给财政补贴。

物价错乱原因：（1）供销社单纯盈利观点；（2）物价管理制度混乱；（3）生产队缺乏经济核算观点，买东西不问贵贱；（4）没有管理物价的干部。（生产队积欠水电费 4000 万元，今年丰收要求收回，生产队交不起，特别是〔19〕61 年以前公社、大队欠的钱，要生产队还有困难。去年受灾，农民无钱，能否分两年归还。）

粮食价格（粮食厅）

集市粮价，七月还是下降的趋势。比去年同期下降 57%，高于南部省，低于北部省。大米每斤 4.1 角（浙江 2.4 角，安徽 2.8 角），小麦 3.6 角（浙江 2.1 角，安徽 4.3 角，山东 3.8 角）。玉米 3.3 角（山东 2.5 角），大豆 4 角。平均比国家牌价高 1.2 倍。省内北部高于南部，大米北面 5.3～5.5 角，南通 4 角，丹阳 2.5 角，吴县 3.2 角。小麦北〔部〕5.3 角，中〔部〕3.6 毛，宜兴 2.8 角，丹阳 3.2 角，吴县 2.7 角。

统购期间停止收购，生产队和农民确有余粮，有急用需要卖粮的，由公社或大队证明。

油〔价〕亦是南低北高，菜油 1.86 元（去年豆油 5.82 元），豆油 2.14 元，也是北高南低，相差不多。

议购价格掌握，过去供销社随行就市，粮食厅确定收〔购〕最高价，超过不收。

代替〔业务〕价格，议购粮食供应代替〔业务〕可能还不够一点。代替〔业务〕11 个市 4000 多万斤，议销 3000 多万，大体每人生熟各半斤（熟的约 6 两）。代替〔业务〕作价，供销社随行就市，高来高去，粮食厅由省统一规定，分区订价，同一季节基本稳定。两种办法各有好处，意见亦不一致。现在代替价格利润一般高于平价利润。大饼平价 50 斤（一袋面粉）净利 1.86 元，代替〔价格〕净利 3.32 元。油条平价〔净利〕8 元，代替〔价格〕净利 8.1 元，相差不多。现在油条供应不足，烧饼可以充分供应。

县城以下不〔搞〕代替〔业务〕，随行就市。现在面粉价高，大米价低，现在大米多，面粉少，可以多收大米，向上海交换面粉。

农村粮食提价〔影响〕1200 万人，粮食占销粮 38.8%，调整面最大的是徐淮地区，原因是受灾。调价幅度 8.3%，南京、无锡郊区全提。

①提价与不提价地位好像不同，当作政治待遇，特别是农村干部。

②各地定购定销划分不同，需要调整。

③原来定量户在压缩城市人口时改为定销户，现在提价有怨言。

事前把问题估计得严重一点，做好准备工作，因此执行中一般是好的，问题是个别的，再作一些解释工作是可以解决的。

下关货栈每天上市花生米约 7000 斤，芝麻约 3000 斤，来自江北及安徽。花生米农村市价 5 角上下，货栈进价 7.5 角，销价 1.02 元，购者为炒卖合作社，炒熟零售价 1.80 元。

贩运油料的多系私商。

农副产品采购情况

棉花可收 300 万担（去年 140 万担），计划 270 万担，超产奖多数地区同意取消，给一点生产资料，苏州专区每斤奖布三尺（按预购合同计算）。取消地区每担奖30斤化肥，5斤桐油。

麻今年产17万担，需要30〔万〕~40万担。粮、棉、麻比较，麻的收益最少，群众不愿种。

蚕茧计划9.5万担，已经略略超过，比去年增3.7%。

三类农副产品价格约降15%~20%。

茧、茶、麻产量略高于去年，比历史上最高产量差得很多。茧、麻、茶价格都有问题。

集市价格，9月比1月降44%，比去年9月降56%。牌市差距，去年9月1.7倍，今年降到40%。粮、油、烟还高二倍上下。下降幅度农村稍大于城市，苏南大于苏北。成交额是逐月增长的，成交额占上市量的85%。

粮食部门议购议销粮价高于市价。

供销社管54种农产品，调价的18种，棉提120万元，调低520万元，提（棉）降相抵680万元（多投）。

黄麻价现价16.3元，要求提到18元至20元，20元可与棉花持平，18元比粮食已高一点。（麻产量按过去10年平均亩产250斤（今年亩产300斤）计算，棉按现在亩产50斤计算，方法是不合理的。）产区南通、海门，这几年面积缩小，产量下降，远远满足不了需要。每工作日〔收入〕黄麻7.5角，水稻10.6角，棉10.6角，玉米8.6角。

茶价20%补贴转正，碧螺春要再提一点。绿茶每劳动日6.9毛，红茶6.7毛。碧螺春价低于龙井，用工相等，要求提到略低于狮峰龙井。提价幅度为20%~30%。

瓜子由45元提到55元，华东开会决定提到50元，大部分是出口的。

商业厅，削价问题

下面仓库积压，残次品多，希望多削一点。估计降价总额约1000万元。

（1）〔先〕找销路，再削价；（2）改制加工；（3）改变使用对象。估计不会出大问题。

调价问题：（1）竹壳水瓶，每个提到2.4元，瓶胆1.23元未动，竹壳5~6角，其他2角，合计2元。或者竹壳水瓶降价，或者瓶胆提价（工业利润已达40%）。

（2）肥皂尚未提价，现在每条4.2角。按中央规定要提到5角（一级皂），省委不同意提，财办、商业厅主张提一点。

（3）闹钟降价不够，每个成本只5元多，售价13元高一点，积压很多。

中央和省管工业品提价17种，金额465万元，绝大多数是中央提和跟〔着〕上海提的，地方提的有皮鞋等。降价25种，金额447万元，也多数是中央调和跟〔着〕上海调的，地方调的有硫化氰等。电灯泡降到比上海还低。

棉花调拨价高于上海，纺织部门有意见，江苏108.5元，上海108元。供销社认为合理。物委意见降低1元。

镇工专区

物价工作去年第四季建立，一年来物价稳定下降。一季比上季降7.34%，二季降11.8%，三季降5.21%，比去年同期降15.5%。平价降2.1%，市价降46.5%，高价降52.5%，议价降51.3%（江宁、宜兴平均）。

农业生产资料价格，300多个农具社大多降价三次，小部分降价二次，平均下降25%。其中铁制降20%左右，木制降16%，竹制降30%。同〔19〕57年比还高50%～60%，铁〔制〕高1%，竹木〔制〕高70%～80%。纠正了乱要价格的现象。

合理安排机电灌溉收费标准，降低收费。电灌每亩2.3元，最低1.5元，平均1.85元，比〔19〕62年降35%。机灌最高3.5元，最低2.3元，平均2.9元，比62年降40%。农业费用减少600万元以上。去年收到98%，今年全部收到并收去年欠款，银行贷款也收得差不多了。每度电收6～6.5分。

收费办法，基本费（经常费）（30%）按亩负担（经常开支），生产费（电费）（70%）按排灌小时收费。山区主要靠增壩，不收基本费，扬程山区平均20公尺，一度电提水20方，平原平均七公尺，每度30～35方。最高三级提水，30多公尺，已有两年不用提水。

电灌340万亩，机灌220万亩，总面积880万亩，还有一部分大水库自流灌溉和沿海引流灌溉。水稻700万亩74%能机电灌溉。

农机修理费下降20%左右。配件价降30%~60%。柴油按批发价，每吨降40~100元（每吨500元左右）。

五（金）化交电〔产品〕商业、物资双方经营，价差一倍。

100斤粮食换65斤化肥，化肥每斤1.6毛，农民愿意。氨水价格太高（出厂每斤6分，运费2分），群众要求按含氮量算。

短途运输价格两次整顿，取消各种不合理费用（陋规），降40%；统一运价，下降30%~40%。镇江从车站到江边运煤收11道费用，每吨6.8元，今年一次收费，降至1.9元（原称老虎码头）。码头工人不准公司自己搬运，一头猪自己跑也要收一毛钱。

调整部分市场消费品的价格，调低多于调高，调低488种，调高60种。蔬菜比去年同期降30%左右。青菜牌价每斤2分，市价一毛钱7~8斤。

粮价提高8.3%，农村每人每月多出2.7毛。反应不多，但粮食〔部门〕人员工作量很大。

职工生活费比〔19〕61年底降13.5%，比〔19〕57年升5.8%。（量减少了。）

熟食，油条4分，豆浆2分，饼（1.1两）5分，大饼每斤4角，不要粮票。

蚕茧价因奖励多（每担200斤大米，100斤化肥），群众要求恢复蚕桑，比种粮食合算。价格提了大约10%（采取提级办法）。

茶叶价格偏低，主要是劳改农场〔生产〕。

调低的禽、蛋、水产、稻草、芦苇。稻草牌价每担1.8元，集市1.2元，〔牌价〕还要降低，降到1.4~1.5元较好。低的地区每担8角，应有地区差价。最好有一个幅度1.2~1.8元。芦苇也不能一个价格。

三类农副产品〔19〕61年比〔19〕57年上升120%，〔19〕63年比〔19〕61年降32%，比〔19〕57年还高49%。

问题：(1) 黄麻价偏低，收购量逐年下降，从一万八千担（〔19〕59年）降至4000~5000担（每担15.5元）。加奖励群众还是满意的。今年收一万五千担，今后估计有发展前途。

(2) 基本水费偏高，原因是私股定息、历年欠款银行利息、职工精减费都算在里面，每亩摊到一角五分。前两项今后还少不了。

姜埝谈话

物价工作难做，人少事多矛盾大。

怎样执行党的物价政策，正确制订［定］价格，正确执行价格。

怎样处理各方面的矛盾？说物价委员会是降价委员会。供销社对“退款”有意见。

支援农业生产，江南整顿水费，徐淮整顿机耕费（农机厅1.28元，专区1.1元）。

〔工作安排上〕整顿农业生产资料价格与收购工作矛盾，与各地区的中心工作矛盾。

退款牵涉到财政税收问题，所以各方面的阻力很大，需要省委做决定。

盐城专区　主要抓农用物资、机电排灌、中小农具价格，省规定电灌每亩不超过一元五角，机灌不超过二元五角。

淮阴专区　各部门反映物价部门不生产，没有财政任务，光找人家麻烦，光讲政策，不讲核算。对卖高价有意见，说物价委员会不体贴群众（一斤蛋奖糖二两半，收购价格过高）。

物资局分配木材，三十立米多收了四千多元（省木材公司要退要罚）。农用油不执行优待价，驾驶员偷油掺水卖给投机商人。

徐州专区　领导重视，配备干部较强，有关物价问题都要通过物委研究，其他部门关系也比较好（考虑各方面的意见）。

羊肉〔价〕过低，去秋120万头，现60万头，群众说“过去发羊财，现在受羊罪”。小猪也卖不出去。粮价上涨，面粉每斤六角。鸡鸭猪羊生产均比去年下降。

思想：业务部门想用提价来扭转亏损，降价怕亏损。

要做调查研究工作，利用有关部门力量（在你腿上搓麻绳）。（500万农民，中小农具减价500万元。）（退款抓重点，限定时间，不要做过头。）组织机构要定下来。

扬州市物价

今年三季总指数比去年同期降18.2%，比二季度降6.4%。平价比去年同期降5.1%，其中蔬菜降17.6%（一至九月每人省2元）。

整顿中小型农具价，比〔19〕62年降34.68%。最后一次铁制降31.86%，木制降27.38%，竹制〔降〕19.84%。农民少支15万元，工业还有5%利润。高于〔19〕57年30%以上，竹〔制高〕50%，木〔制高〕30%，铁〔制〕接近。

电灌收费，〔19〕62年每亩（二级）2.8元，今年1.9元，不亏本。基本水费7角，没有变，此外为计时水费1.2元。今年下降主要是两水调匀，用水少。

整顿机械修配价格。

木材规格计算变化，实际提价20%～30%。毛竹上升一倍，供销社还亏本。

地方工业、手工业产品价格逐步下降，质量提高（理发剪刀、木锉是特产品）。调低了97种，10%～50%，调高19种，10%～30%。明年平均下降6.5%（500种），税收少62万元。今年税收少收58万元。降价幅度约为140万元，合作社少收80万元，占销售额6%。

修理价格平均降15%，仍然较高。

集市价三季比去年同期降54%，比二季降20%。粮油下降更多，现比牌价高2倍（大米议销3.4角，市价2.5角，兴化2角）。商业部门过去向集市购油每月平均4万斤，现在限定供应5000斤。粮食也不准自向市场收购。对代替业务影响太大。面粉议销4.4角，市价3.5角，议价都比市价高得很多。代替〔业务〕无法与私商竞争。

手工业社向修理业收管理费20%，包括原料价格在内，结果占加工费一大半。

代替行业卖熟食只能得到百分之十几的毛利，不够管理费，原因是议销面粉价高，卖贵了不能同私商竞争。现在一个店既卖高价，又卖平价，平价赚钱贴补高价。

“五交化”物资部门价钱比商业部门低三分之一，矛盾很大，需要中央解决。

鹅价从7.5角降到4角，取消奖售。过去价高奖多，盲目发展，今年不但杀价，而且停购42天，生产下降一半以上。鸭子情况也是如此。

鸡蛋过去全省8.5角，今年降到苏南7.5角，苏北7.3角，苏南有奖售，苏北没有，苏北蛋不能调到苏南。水产地区差价很不合理，地方不能机动，妨碍物资交流。蚕茧价格不低，这几年有发展。〔19〕61年2500担，〔19〕62年4500担，今年8700担。

油料奖售太少，100斤油（400斤花生，亩产250斤）只奖30斤化肥，不如次要物资。

代替业务只准向粮食部门（议购）进货，执行中有困难，能否从集市直接进货。

芦苇每担2.5元，太高，可降到1.8元，每工可得5元，制芦蓆［席］每工只得8角。蒲片价高，蒲包价低。

芋头收购价7.5元（每担），高于集市价（5.5～6.5元），购进了卖不出去。

萝卜市价每斤2分，太低，收购价每担2.2元，江南来此高价收购。

粮食去年26.5亿，今年37.8亿，增40%。棉花今年1714万〔斤〕，去年749万斤。油料5500万斤，比去年增24%。

收购蛋比去年增43.5%，生猪增51%，麻增1.3倍，烟叶增10%。副业收入不大，全年估计一亿元。分配比去年多32%，每人只三十八元。口粮400斤，32元，只分现金三四元。

口粮去年302斤，今年386斤。去年进粮，今年有上交3亿斤，外加换购7000万斤。

无锡市物价情况

零售物价指数，1～9月，比去年同期降19.35%，平价降3.31%（影响总指数2.27%），高价降38%（影响1.83%），议价降53.19%（〔影响〕5.09%），市价降59%（〔影响〕10.16%）。比〔19〕57年上升19.12%，平价上升10.12%（〔影响总指数〕8.98%），高价〔上升〕125.2%（〔影响〕2.44%），议价〔上升〕79.58%（〔影响〕2.93%），市价〔上升〕84.37%（〔影响〕4.77%）。上升的主要是副食品和部分日用工业品（油33%，肉22%，禽58%，蛋56%，水产23.6%，酒37.7%，日用工业品20%左右）。

牌市差距去年 1.63 倍，现在 54%。其中油从 5.2 倍变为 3.51%（十月 1.67%），粮 6.06%～100%，肉禽蛋 1.1 倍～41%（十月 23%），鱼 62%～30%，鲜菜 90%～19%。日用杂品 50%～－14%。竹器市价低于牌价。十月份又下降很多。房租水电比〔19〕57 年下降 10%。

生活费指数比去年降 17.8%，比〔19〕57 年高 16.45%，每人每月少支出 4.4 元。

米市〔价〕0.28 元，议销 0.37 元。面粉市〔价〕0.37 元，议销 0.46 元。山芋市〔价〕0.04 元，议〔销〕0.04 元。油市〔价〕2.2 元，议〔销〕2.4 元。黄豆市〔价〕0.35 元，议〔销〕0.4 元。芝麻市〔价〕0.75 元，议〔销〕0.95 元。（议〔销〕是卖给饮食业的价格。）蛋 1.1～1.2 元，肉 1.35 元（甲级）。

工业品出厂价格调整少收 362 万元，其中本市调整的少收 217 万元。销售价格调整少收入 114 万元（不包括外销数），其中本市调整的少收 48 万元。

对调价的意见，肥皂去年调价使工商均有利润，今年没有提，每条四角二分。塑料降价后生产从一班改为三班，销路已无问题。（塑料〔鞋〕底还有积压，原压 30 万双，现在 15 万双。）

竹壳水瓶定价 2.49 元，自己装配价 2.06 元，不开发票。市上竹壳每个 6 角，瓶胆 1.25 元。（瓶胆南京 1.47 元，苏州 1.25 元，上海 1.57 元，天津 1.7 元。）

黄板纸提价太多（56%），以此为原料的工业全部亏本。纸厂利润 70%～80%。

合霉素针降 65.3%，原粉也降 65.3%，制针工厂亏本。

桐油牌价每斤 0.9 元，市价 2.5～2.8 元。

地方工业品降价原因：（1）支农产品，铁制恢复〔19〕57 年水平；（2）积压产品；（3）质次价高；（4）同上海比价格偏高；（5）原材料下降，成本降低；（6）产地降价（比重最大，占 70% 左右）。

问题：农业生产资料（中小农具、饲料、机电排灌收费）降 17%。铁制农具与〔19〕57 年平，木制高 24.4%，竹制高 33.4%。比去年铁〔制〕降 3%，木〔制降〕16.5%，竹〔制降〕21.38%，排灌〔降〕31.06%，修理降20%。

电灌10寸口径每小时2元，机灌3.7元。最高〔价〕电灌4元，机灌4.5元，超过此数只算电费。今年每亩平均3.15元。去年全部按亩计款，今年全部按小时计款，不收基本费。今年公司亏2000元，原因农民用水少，马达〔与〕水泵不配套（大马达小水泵），公司占用企业编制。

上海拉链降30%，缝纫机针降36%，打火机降22%，对无锡的压力很大。许多工厂亏本，被迫停工，如打火机厂。

老产品与新产品的矛盾，积压老产品300多万元，要削价37%，损失100多万元。收音机、闹钟，大量积压，要天天去开，以免生锈。电灯泡厂大量亏本，机钟厂也亏本。

农副产品调价减少投放23万元。

蔬菜价格比〔19〕57年降21%（〔19〕57年外地供应，价格偏高）。菜地3万亩，多了一万亩。

代替业务，面〔粉〕议销0.46元，私商0.35元，代替业务不赚钱，私商大赚钱。

过去议价由市委掌握，对打击投机倒把有利，现在由省统一掌握，不利斗争，粮油禽蛋都是如此。

粮食收购问题，大米市价2.5角，议价4.3角。

无锡县农产品收购

茧价偏低，今年放宽两级，等于提价十元，平均每担116元，上茧126元（去年109元）。平均价去年102.6元，〔今年〕提高13元多一点（今年茧的质量比去年好一点）。下茧去年84元，今年110元。奖励去年100斤大米，100斤化肥，今年200斤大米，100斤化肥，布票30尺（去年同）。

集市价大米2.3角，低的2角，由于市价下落，农民觉得茧价比较合理。但茧价成本较高，收入还是偏低。

〔茧〕成本比过去提高，漂白粉、煤球未提价，蚕匾过去5元，现在9.8元（毛竹计划价〔从〕3.2元〔提到〕5元）。

同粮食比价，〔每担茧〕1921～1929年前〔合〕750斤大米，1930年1100斤，1934年480斤。1950年543斤，〔19〕51年570斤，〔19〕52年

610斤，〔19〕53年522斤，〔19〕54年544斤，〔19〕55年574斤，〔19〕56年636斤，〔19〕57年628斤，〔19〕58年746斤至今未变。

目前奖布30尺，〔合〕15元，稻谷300斤，〔合〕27.4元，100〔斤〕化肥16.5元，1根毛竹。合〔计〕60元。

每亩产小麦200斤，26.46元。茧子29~31斤，亩产桑叶400~500斤，每斤茧子15斤桑叶，毛收入33.2元，净收入28元。小麦净收入18.5元。工值，麦2.09元，茧1.61元（17.5工）。稻680斤，毛收76.9元，净收57.85元，工值2.9元，每亩收入合计76.35元。

粮油生产有国家计划，蚕茧可多可少。要同稻麦收入相等，茧产量要提高一倍，要有几年时间。要求茧价提到140~160元。国家支持几年，翻身以后可再调整。希望1970年亩产茧90斤。

蚕匾全县23万只，6万好的，17万破损，要发展养蚕要增加〔蚕匾〕，每张种13~15只〔匾〕，春蚕需要33.8万只，还差10.8万只。蚕具不够，对增产是很大的限制，现在养地蚕，〔用〕门板、芦苇。蚕具增加后，增产很有希望。

桑苗过去靠浙江供给，补缺要2000万株，去年增养40万株，今年100万株，不足很多，

利用河坡、田边，可以增加一倍，过去25万亩，20万担蚕茧，亩产80斤，主要是春茧。现在9万亩（□□田），实际只抵7万亩。

现在以小队为单位养蚕。

蚕茧产量，〔19〕49年——2.7〔万〕担，〔19〕50年——4.1万担，〔19〕51年——5.3万担，〔19〕52年——6.7万担，〔19〕53年——6.5万担，〔19〕54年——6.9万担，〔19〕55年——6.5万担，〔19〕56年——5.8万担，〔19〕57年——5万担，〔19〕58年——5.6万担，〔19〕59年——5.7万担，〔19〕60年——5.3万担，〔19〕61年——3.2万担，〔19〕62年——2.6万担，〔19〕63年——2.9万担。

全县80万人，90多万亩耕地。

蚕茧成本包括工分约137元，工分值同粮食一样，其中工分100元。每个劳动日约1.2元。春雷队亩产45斤茧，卖48元，每担仍亏40元。麦也亏4元，稻有余35元，合计余31元。桑每亩亏20元。

如果亩产90斤茧，96元，可余34元，可同稻麦相等，成本62元。

今年扭转下降局面，从2.6万担增至2.9万担，提高10%左右。桑田管理比去年好，施肥多，质量好。间种正在退出，还有一半间种。种桑苗200多亩，平均亩产茧31斤。每亩种桑250～300棵，新种400～500棵，可以提高单产。〔19〕57年12万亩，每亩250株，现在9万亩，平均150株。

蚕室蚕具缺乏，蚕具要修理17万只匾，新添7万新匾，否则大大影响产量。

粮桑矛盾，间种不肯退完，现在仍占一半。

九万亩桑田中有一万五千亩为自留地，每担桑春叶6元，奖生活资料归个体。

过去蚕茧收入占农民总收入20%，对社员现金收入影响很大。〔19〕64年计划〔产〕3.3万担〔蚕茧〕，亩产33.8斤。〔19〕65年4.2万担，〔亩产〕45.8斤。〔19〕70年8.4万担，〔亩产〕87.3斤。〔19〕72年田10万亩，10万担。（每张种产茧50斤。）

蚕茧收入最高占总收入40%，〔19〕62年占10%。社员分不到现金，要求种桑养蚕。

男劳力每月平均出勤15天，女劳力10天，劳力有余，养蚕可以多利用男女劳力。

桑树萎缩病蔓延，现在无法医治，用剪梢办法防止蔓延。

用快速培育法（根接法，摘株加根须）补缺苗2000万株，几年内可完成。

要求：①国家在财力上充分支持，特别〔是〕添置蚕具，明年要90万元。（浙江有10万个匾出售，无锡无钱买。）②茧价偏低，收入少，要慢慢翻身，补贴几年（每担20～30元）。③供应竹、木、籐等物资。④奖售标准要求几年不动。⑤〔在〕缺苗株桑田〔的〕缺处补苗、育苗。

养蚕成本高，收入小，风险大，每只蚕匾修理花2～3元，要三斤竹子。

茧价最好提到130～140元比较适当。亩产要达到80斤茧，比价就合理了。

奖励应按产值计算，〔对〕提高质量有利，按量计算将降低质量。

春夏秋蚕的评级标准应当不同。苏16、17茧质最好，价低群众不愿。

每亩幼桑第一年投资30元（桑苗20元，大粪10元），第二三年各10元，共50元。

每担茧两张种，用蚕匾 30 只，计 180 元（计划价），加蚕柗约 200 元。

稻草收购价 1.8 元，松枝 1.2 元，茅草 0.8 元，农民争着把稻草卖给国家。供销社不积极收购，既怕亏本，又怕赚钱（受批评）。

蔬菜公司不经营蔬菜，组织生产队同合作商贩自己议价，自己成交，蔬菜价时涨时落，太不稳定（铁盖草底——低价掌握不住）。

无锡市梅园公社大箕山大队西湾生产队

1963 年蚕茧，公社亩产 83 斤，大队 103 斤，西湾生产队 140 斤。（〔亩产〕产桑叶约 2000 斤。）

最好的五亩桑田，每亩 480 株（现在全县平均只 150 株），产春叶 1360 斤，夏叶未称，秋叶 1340 斤，可以产茧 200 斤。

小麦亩产 200 斤，水稻 650 斤，合共 850 斤。

去年造船修船花了二千元，买蚕具二千元。

无锡机关商店敞开供应糖每斤 1.5 元，蜂蜜 1.2 元。

苏州专区水费

电灌今年平均每亩 1.88 元，去年 2.56 元，下降 26%。较低的是吴江、昆山、太仓，约在 1.6 元左右，高的江阴，在 2.5 元左右（去年 3.38 元）。按公社计，最高 3.98 元，主要扬程高（两级 8 公尺）。最低 1.26 元（吴江）。机灌今年 3.19 元，去年 3.87 元，下降 17.5%。最高 3.7 元，其中定息 4 角（无锡）。无锡比去年没有下降，原因去年亏本 30 万元（60 万亩田），今年不亏，实际上下降了 0.5 元。吴江 2.7 元。

成本：（1）修理，特别是机灌（木船），机修提高 30%（比〔19〕57 年），船修提高 165%，大修每只平均 800 元。过去三年一大修，一年一小修，现在很多需要大修，而且缺乏桐油，不耐用，修理费占机灌成本 20%。

（2）企业管理费，过去浪费惊人，人员比定额增加一倍，管理费比〔19〕57 年增 60%。吴江把 21 条轮船 32600 元都放在水电站开支。管理费约占成本 5%。

（3）工人工资，无锡每船 3 人，不用〔船〕季节照支工资。吴江一个长年工，一个临时工。无锡工资占水费 30%，吴江只占 17%。

（4）机物料，消耗大，原因质量差（上海产品好，无锡中等，常州、苏州质次价高）。过去均归上海供应，现在只能买地方产品，占成本5%。

（5）燃料在正常机灌成本中占1/3到1/2。过去生产队供油，浪费很大，今年随机带油，显著好转。去年一亩用4.7公斤，今年3.1公斤。电灌〔用电〕占〔成本〕1/2，每亩13度电，每度6.5分，去年20度，今年16.8度。

（6）定息（无锡、吴县，无锡最突出），无锡每年付定息13万元，原有机器一半转移出去，定息仍要灌站负担，每亩平均四角多，占10%以上。

（7）灌溉利用率降低，每匹马力从55亩降到37.7亩（〔19〕57～〔19〕62年），机灌从51亩降至40亩，原因是所有制，社营队营效益最低。电灌大机小泵，渠道太长（最长3.6公里，路上浪费90%）。〔19〕58～〔19〕60年建立大站，浪费很大，现在逐步改小（2000～4000亩较好）。

（8）用水浪费，过去浪费30%左右，原因管理不善，今年有所改进。电灌每亩1.5～2元，机灌2.5～3.0元。

水费收费形式：（1）包田制，包排包灌（过去每亩一斗米、一斗麦，也有三斗的），水站丰年大赚，歉年大赔；（2）计时收费，按小时计算，丰年丰区农民不负担，灾年灾区负担很大；（3）基本费加计时费。基本费包括机工工资、企业管理费、折旧，按田亩分派。计时费包括油、电、机物料消耗。现在普遍采用这种形式，基本费、钟点费各半，有的前占1/3，后占2/3。江阴全部钟点费。

〔19〕61年前收费不好，拖欠很多，〔19〕62年后一般都能收回来。

178个站（专区），赚83个，保本38个，亏损56个。[①] 其中国营101个，赚59个，保〔本〕24个，亏18个。社营77个，赚24，保〔本〕14，亏39个。队营的管理混乱，算不出账。

机器综合利用，可以减少亏损，增加盈利，问题是灌溉站无机器，已交粮食部门。

机灌燃料1.07元，计时0.54元，基本费0.61元（吴江每亩水费2.22元的构成）。电灌每亩用电0.85元。

---

① 数据为原文如此。

苏州市物价情况

人民生活负担〔19〕57年〔每月〕12.78元（按现在定量计算），〔19〕62年15.43元，上升20.7%。〔19〕63年上半年14.29元，比去年同期下降7.4%。三季13.74元，比〔19〕57年增7.52%，比〔19〕62年上半年降10.96%。（原因是蔬菜降价。）

全市工业品调整336种，占29.66%，调高72种，调低264种，相抵减420万元，其中全民84万，主要是集体手工业。

（1）脱粒机用电9.5分一度，按农用电算6分，多收了3.5分，要求按农用电计算。

（2）工商矛盾，工业品自销部门，工业要求按出厂价出售，商业要按批发价出售，否则商业收购部分卖不出去。

（3）包装价格，包装的一个价，不包装的一个价，应有统一规定（火柴）。火柴目前工业及零售利润都比较大，究竟降出厂价，还是提批发价。

（4）国营工业和手工业成本不同，往往国高于合，究竟按哪一成本规定出厂价格。原则高的保本，低的有利。

（5）竹壳水瓶2.43元，瓶胆1.23元，加竹壳1.71元（原价）。意见提高瓶胆价（出厂价从0.944〔元〕提到1.15元，工业利润47.2%；批发价〔从〕1.06〔元〕提到1.35元，进销差14.8%；零售价1.23～1.56〔元〕，同上海价相平）。

（6）糖精，嘉兴价低，苏州价高，工业利润94%，调低到同浙江平（〔从〕5〔万元减到〕4.2万元）。工业利润仍有40%以上。

（7）小农具价格最难的是杂树价高，木制农具亏损很大（供应价与〔19〕57年同）。要求以盈补亏或者财政补贴。

（8）集市价大米八月3.5毛，九月3.9毛。大豆八月4毛，九月4.2毛（七月份米豆均5毛）。食油八月2.3元，九月2.2元。蔬菜八月6.5分，九月7.6分。肉八月1.10元，九月1.0元。水产八月5角，九月6毛。蛋八九月均9毛（代替〔业务〕价1.1元）。粮价提高由于关闭市场。

集市交易占2.92%（市价），折成牌价比去年同期降3.3%，占零售总额1.9%。一类物资占28%，三类〔物资〕占63%。

熟食代替（商业局）

过去由供销社经营，三四月个体占15%，国合占85%（营业额）。五六月起逐步淘汰〔个体〕，九月份供销管，个体户数减一半多，十月份商业管，又减一半。

代替〔业务〕解决缺粮户困难，打击了自发小商贩的活动。

议价与市价差10%～15%。油议销2.33元，市价1.9～2元。大米议购3.4角，议销（供应）4角。小麦议购2.85角，〔议销〕3.2角。面粉议销4.4角（省供应），平价1.63角。粮食厅在调出地区按全省平均价计算。

	供应〔价〕	市价
面粉	4.4角	3角
米	4角	2.9～3角
糯米	4.5角	3.5角
大豆	4.5角	3.7角
赤豆	4.7角	3角
油	2.33元	1.9～2.0元
芝麻	1.1元	0.8元

小商贩比国营有利。〔经营〕代替〔业务的〕商店毛利率下降，烧饼、油条〔从〕28%下降到18.6%，小食品〔从〕36%下降到29.9%，糕团〔从〕32%下降到20.9%，菜饭〔从〕30%下降到20%。营业额增的可以略有盈利，降低要亏。因此〔经营〕代替〔业务〕的积极性不高。

代替要巩固农村议购，议销价格不利于农村议购，现在议购价高于市价，合作商店利小，有埋怨情绪。建议缩小供应价及议购价的差距，即降低供应价。

一种粮食六个价格，□□〔?〕、农销、农工、城销、行业、供应。

粮食议购议销

牌〔价〕	供应〔价〕	市〔价〕
面1.63角	4.4角	3角
米1.39角	4.0角	2.8角
豆1.49角	4.5角	3.7角
芝麻4.1角	11.0角	7.5角
油7.4角	23.3角	2.1角

八月份市价高，同供应价相差不多。省规定供应价有地区差价（主粮），小杂粮自定。议购规定幅度，上下5%（油1.8～1.9元），议销没有幅度（地区差价太小，季节变动不灵）。

粮食加工收税10%，太高，高价按高价征税。按购进时价格计算，因此高于市价。不允许亏本。油收不进来，原因议价低于市价。

可不可以代替部门自己在集市收购，市价低时，代替业可以低价进，市价高时粮食部门不收，熟食业仍可以收。

省统一规定太死，地方机动幅度太小（5%），不随时变动。粮食局全部包下来，要亏本。熟食业（国合）可以按规定数额，进场交易。议购的大米可以按比例兑换小麦，按牌价比例作价。

税收按统购价收税，不能按议价收税（农民加工不收税）。

加工一部分七五面卖高价，面皮可制成面筋，作饲料（现在不能做面筋）。

议销粮食产销直接见面，〔而〕代替业不能进场交易，直接见面。

每日代替〔业〕30万斤粮，1.6万斤油，粮食用不完，油不够。（上中旬粮只用6万多斤，油已用完，原因面饭没有人吃。）城市议购粮食已达一百零几万斤（8月至10月），本市用不完（大米44万，杂粮36万，芝麻），粮食部门要亏本，粮食主要来自浙江（换草籽）。

蔬菜由生产队同合作商贩自由议价，价格一天数变，菜多一点商贩乘机杀价，农民意见很大。

蔬菜收购价（计委意见）应比较稳定，销售价可变化（农民经营，准跌不准涨）。

苏州专区

蚕茧产量最高是1954年，28万亩，单产50.6斤，总产14.2万担。〔19〕62年20万亩，单产27.6斤，总产5.5万斤〔担?〕。茧收益每亩养一张种50斤茧，55元，蚕粪6元，桑梗5元，共66元，支出23.78元（蚕种2元，消毒药品1元，煤球1.1元，纸0.8元，灯油0.48元，砻糠2角，石灰6角，稻草3元，化肥5.1元，农业税4元），净收入42.22元。用40工（养蚕25工，桑15工），每工1.06元。种粮食每工1.53元，小麦150斤，稻550斤，70元，柴草17.5元，合87.5元，支出26.35元（种子3.8元，肥料 9.55 元，农业税 8 元，农具 1 元，占收入 30%），净收入 61.15 元。用工 40 工（麦 15，稻 25），每工 1.53 元。茧、粮收益每工差 0.5 元，每担茧要加 40 元才能拉平。希望每担提到 130～140 元，奖售不变。

蚕台〔19〕57 年 62 万只，〔19〕61 年 18 万只，每年修 20%，〔19〕61 年待修 7.2 万只，毛竹只分到 2000 支，需 2.16 万支。

农业生产资料，氨水南京出厂价每吨 101.2 元，销售价 150 元，可以略有利润。吴泾厂 172.5 元，经营亏损 50 元。供销社要求代销（实际加价），最好吴泾厂降价出售。

小农具，杂木制农具，杂木均靠集市供应，每担 10 元左右，成本高。（江阴）铁制比〔19〕57 年高 6%，木制高 20%，竹制高 60%，杂树高 100%。

全专区铁制农具比去冬下降 21.6%，比〔19〕57 年低 3%。木制降 21.7%，比〔19〕57 年高 36.6%。竹制降 35.2%，比〔19〕57 年高 43.3%。今后铁制农具提高质量，不再降价，木制已差不多了，竹制和杂木农具还要降价。

蔬菜价格下降太多，吴江送到苏州每担 8 角，低于〔19〕57 年（1.2～1.3 元），萝卜收价 1.4 元，〔19〕57 年 1.8 元。种菜收益已经低于种粮。

三季度零售物价指数比去年底降 14.12%，三季平均比去年同期降 14.66%，比〔19〕57 年还高 17% 左右，其中平价高 13%。

稻草收购价 1.80 元，市价有高有低，最低 1.5 元，高的还在 3 元以上。低的地方农民要求国家收购，价高还有奖售物资。

蜂蜜收购价 1.0 元，要求提到 1.2 元。

茶叶碧螺春三级原价 610 元，〔19〕62 年降到 435 元，〔19〕63 年 520 元，要求恢复到 610 元。

羊毛收不起来，群众土纺土织。现价 193 元一担，要求提〔到〕290 元。

稻草现价 1.8 元，要求降到 1.5 或 1.6 元。草制品也要降价。

芦苇 2.7 元，要求降到 2.2 元。

农村销粮提价农民认为合理，只〔是〕对工农两个价格有意见。

吴江电灌成本 2.1 元，基本费 3 角，计时〔费〕6 角，电费 1.2 元（损耗大）。

吴县成本 1.5 元，基本〔费〕1.4 角，计时〔费〕4.3 角，电 9.3 角。

苏州专区农副产品收购价比〔19〕62 年降 3.24%，比 1957 年高 18.79%。

十月份消费品销售价比去年同期降 47.9%，比计划价还高 50%。（市价）

	桑田	茧子	蚕匾	单产
最高年	40 万亩	20 万担		50 斤
〔19〕54 年	28 万亩	14 万担	250 万	50 斤
〔19〕62 年	20 万亩	5.5 万担	50 万	27.5 斤

黄板纸降价，浙江主张出厂价降低，批发价可以不动，商业利润地方可以分成（30%）。江苏要求批发价也降价。

上海市物价调研*

上海市物价

9 月比去年底平价下降 1.2%。调价影响金额，（今年）提价中央约 2229 万元，降价 8969 万元，相抵净降 6740 万元。〔上海〕市部分提价 879 万，降 2622 万元，净降 1743 万元。地方提价 402〔万〕，降价中央 7702〔万〕，〔上海〕市 1273〔万〕元。①

收音机、闹钟降价下达过迟，品种很多，上海需要具体安排，至少须有半月时间。

问题：(1) 营养补剂、杂毛制品、□本制品、电木、有机玻璃制品。

(2) 老牌名牌价低，新牌价高。

(3) 打字机、计算机、号码机等，积压很多，利润很高，既要降价，也要开放集团购买力（成本 157 元，价格 1400 元，半自动计算机）。录音机也停产。

(4) 有些教育用品（绘图工具）利润达 100% ~200%，需要降价。

---

* 1963 年 10 月上旬至 11 月上旬，继山东、江苏调研后，至上海调研物价情况。大标题为编者所加。

① 此段文意不明，笔记原文如此。

（5）高级消费品与人民购买力不相适应，照相纸积压过多，已经过期，需要降价。胶卷利润也太高。照像机不降价要停产。

（6）化学原材料价高，利润在100%以上，增加工业成本。

原因：在市场供应紧张时候订［定］的价格，现在不降价销不出。

看不准不能动，看准了不能拖。

幅度过大分步走，动的时间要差开，调价是否偏重财政。

牌价低了，用议价补偿牌价。

毛竹的计划年度要改生产年度（8月～7月）。

华东区汇报

中央布置价格执行情况。

棉花，安徽超过0.5%，其他各省都按规定执行。青岛、合肥高于上海，不符历史情况。

浙江、江西集市粮价回升，金华、兰溪稻牌〔价〕8.5分，市〔价〕1.1角，议〔价〕（收〔购价〕）1.5角，引起市价上涨。认为这样比进口粮食或换购还合算一点。

鸡蛋上海每斤1.4元，杭州0.9元（凭证不限量供应）。猪肉上海1.4元，杭州1.1元（定量1.5斤）。浙江的收购价也比较低，猪肉不亏本。

收〔购价〕提销〔售价〕降易，收〔购价〕降销〔售价〕提难。

提低就高易，削高就低难。

工商争论

工商利润分配原则，一般工大于商。

上海提出需要降价商品：

半自动计算机	成本157元，零售价1400元
手摇计算机	成本107元，零售价990元
卡霉素（治结核）	进口3.92元，零售价39.2元
体温计	成本0.26元，零售价0.98元
照相胶卷	成本0.68元，零售价3.54元

照相影纸　　　　积压 2 万盒

文化用品　　　　三角板，圆规

皂盒　聚氯乙烯 0.45 元，聚乙烯 1.3 元，聚苯乙烯 1.12 元，赛璐璐 1.03 元，电玉 0.7 元。

财办办公会议*

货币有多有少，不能避免。办法：（1）多给一点东西；（2）卖一点高价。

统购、派购、换购、议购，讨论一下，超过计划部分究竟如何收购。

〔讨论〕

决定一年看两年，究竟〔19〕65 年调整到什么水平？票子升值对持有货币多的人有利。物价也应当作调整计划。

明年收购计划低了，有些东西今年的收购额已经超过明年计划。要按实际情况增加计划，否则扩大换购。

经营管理要下苦功，“五反”运动要抓紧时间，切实进行。

财政，明年压工业流动资金，基本建设今年 94 亿元，只能完成 80 亿元（预计 86 亿元），结转 14 亿元。明年 110 亿元投资，还差 170 万米木材，150 万吨水泥，加这 14 亿更难完成。

国合商〔业〕赊销预付要多报 18 亿元，已报 18 亿元，70% ~75% 要豁免，明年一月一日起停止付息。应收回的也要分几年归回，顶多能收回几亿。

三清物资商业部门 105 亿，已报〔销〕75 亿，尚有 30 亿未批准报销。关在门外（未报）的 10 亿。30 亿中估计还要报销 10 亿。粮食部门〔报销〕5 亿，合共 90 亿（供销社不在内）。

关在门外和新三清 5 亿（质次价高），包括〔19〕63 年在内，估计还有

* 1963 年 12 月 11 日，李先念主持财贸办公室办公会议，主要讨论“三清”物资处理和农产品收购问题，这是李先念讲话的记录（《李先念年谱》第三卷，第 663 ~664 页）。

20亿，免税三年。

〔19〕63年降价盘存要亏4亿上下，不能冲今年收入，〔可〕冲明年资金。

由于处理新老三清物资而亏损，另行算账，不作亏损处理。

过去清产核资扣紧是必要的，不如此不能取得经验教训。

现在已经到了处理时候，不处理对改善经营管理不利。

过去可以从宽，问题是能否做到今后从严？会不会明年又出现新新三清？

新老三清物资资金划开，不付利息（36亿元）。卖出亏损冲减利润，不算亏损。既要防止乱削价，又要防止放着让它烂掉。

听取物价汇报情况*

商业部汇报

调价后销售情况：

塑料底鞋原售200万双（月），现在400多万双，但明年计划产1亿双，仍然销得不多。布底鞋〔销售〕从400万双减为200万双。

合成洗衣粉，降价前600吨〔月产〕，降价后增至1280吨。明年产24000吨。

青霉素〔从〕3700万支〔增至〕4300万支，增15%。合霉素丸〔从〕5700万粒〔增至〕8300万粒，增44%。

自行车日销5600多辆（三季19万〔元〕，四季51万〔元〕）。

白酒10月销3.1〔万〕～4.1万吨，库存只6万吨。

高价烟月销8万多箱。

手表一季42万〔个〕，二季23万〔个〕，三季14万〔个〕，四季23万个（预计），增加不多。

---

* 根据笔记前后时间和内容，这次听取几个部门物价汇报的时间应在1963年12月中下旬。大标题为编者所加。

14 大类平均降价 2.73%（十月），三季度降 1.85%。纺织降 0.4%（服装），针棉织布降 1.48%（袜、毯），百货降 3.53%，箱包降 30%，瓷升 3%，上海升 8%，天津升 22%，药品降 13.3%。

问题：(1) 纺织品、低档布价格偏低，高档布价格偏高。低档要提 7% 才合理，达到工商不亏本，有微利。士林布更低，要提 13%。合营厂压级压价，(销价) 低 3%（上海、江苏），低档毛巾亏本。(可以考虑从税率来调剂。)

批零差价东北小，上海大，零售价产地销地发生倒挂现象（主要是棉布）。

(2) 百货，力士鞋要提 10%（同塑料鞋比偏低）。质量比塑料的好。

胶片降 32%，照像降 16%，尚未发〔文〕。

供销社汇报物价

三类物资调查 90 几种，比〔19〕57 年高 80% 上下，今年降价 23%，比〔19〕57 年还高 40% 上下。

〔19〕63〔年〕比〔19〕57〔年〕提高 38.9%，〔19〕63 年比〔19〕62 年降了 17.8%，〔19〕62 年比〔19〕57 年高 66.7%。

降价金额 11400 万元（15 个省），只是省管的，不包括专县管的。估算全国降价约 4〔亿〕~5 亿元（全年）。

水果〔19〕62 年比〔19〕57 年上升 72.3%，〔19〕63 年降 20%，比〔19〕57 年还高 34%。干果〔〔19〕62 年比〔19〕57 年上升〕63.3%，〔〔19〕63 年降〕18.6%，〔比〔19〕57 年还高〕29.4%。

轻工业部汇报

调价升降相抵，升 1.2 亿元，原料占 6000 万〔元〕，工厂得 6000 万元。

纸——大厂小厂成本差距很大（一般 30% ~40%），小厂价高仍然亏本，无法解决。

有光纸天津 785 元，上海 1230 元（成本）。

按质论价执行中的困难，落后工厂质量不合标准，一下子赶不上。先进工厂质量超过标准，而且年年提高，能否提价。

糖的出厂价要分区订价，蔗糖两个价（四川、江西另订价），甜菜糖一个价，甜菜糖还应降低税率（30%）。

包装问题，出厂价应包括包装。

交货地点，原则上到厂提货。

明年工作：（1）整顿地区价格；

（2）各种产品的比价的调整，产品内部比价关系的调整（各种品种规格）；

（3）规定一些制度解决工商矛盾。

〔周〕总理 物价基本不动，有升有降，不能降得太多。中央决定提价的大家都提，降价的不要多降。

要调高一点物价，地方降得多了，提价提得慢，以后确定提的要按时提，不降的不要降。此次提糖和卷烟〔价〕。

北京物价汇报

1～11月调价商品1400多种，1.6万个规格，是十年来调价最多的一年。同调整国民经济和全面好转是基本上符合的。

上调600多种，7000多种〔规格〕，下调800多种，9000多〔种〕规格，上调2759万〔元〕，下调7598万〔元〕，相抵减4897万元〔原文如此——编者注〕，〔因质〕量〔另〕外削价约2000万元。（从调价日算起，包括中央调价。）其中有中央上调的，也有外地调价跟着调的。

物价指数，零售指数比〔19〕62年降8.57%，〔其中因〕价格〔调价〕降2.44%，〔因〕质量〔销价降〕6.13%。平价〔降〕0.57%，群众少花600万元，高价〔降〕少花2900万元，议价升〔多花〕790万元。〔零售指数〕比〔19〕57年仍高20.7%，〔其中因〕价格〔升〕13.74%，〔因〕质〔量提高调价升〕6.97%。

职工生活费降8.13%，〔其中因〕价〔格降〕2.17%，〔因〕质〔量降〕5.96%（与去年12月比）。

集市价比〔19〕61年降65%，比〔19〕62年降33%，比牌价高5%～6%（不包括粮棉油）。

今年物价调整，〔因〕减价农民少收1200多万元（国家收购），扣提价实少1136万元。

18 类商品每年还亏 8000 多万，其中粮油 4490 万元，肉 2245 万，菜 750 万元，鱼 148 万元，絮棉 65 万元，煤球 30 万元，柴 62 万元。

问题：（1）国、工、农矛盾问题，三方面都有意见；（2）原料、成本价格矛盾（毛竹）；（3）先进和落后的矛盾；（4）理论价格同群众习惯矛盾（可可、咖啡、葡萄酒）。

经验教训：（1）调查研究，局部同全体，瞻前顾后，慎重处理。

（2）主要商品价格变动要做宣传解释，避开节日，工资变动。

（3）要了解各方面情况。

余秋里同志报告*

一，松辽会战所取得的成果。

从 1960 年集中力量开发，取得下列成果：

（1）拿下来一个大油田，是世界上特〔大〕油田之一（全世界这样大的只有九个）。已探明储量可以适应国家对石油的近期需要。打井 1116 口，每台钻机每月打 2500 米（〔19〕58、〔19〕59 年打 1200 米，〔19〕57 年打 570 米）。同外国比较也是高的，超过了苏联的“功勋钻机”（一年三万米）。

（2）建成了年产原油 600 万吨的生产规模，和炼油 100 万吨的炼油厂。集油、输油、贮油等工程，油田面积等于两倍半北京城。再过两年可以达到 900 万吨。建设炼油厂只花了一年多时间，比同样规模的兰州炼油厂快一年，质量还比较好。今年十月投产，生产已很正常。

（3）三年内已产油 1157 万吨，生产井已达到 900 口，全部不漏油，不漏气。

（4）在科学技术上取得了很大的成就，破除迷信，尊重科学，进行大量的科学研究。设计有充分的科学根据。解决了几个不易解决的重大技术问题。

* 1963 年 12 月间，余秋里、康世恩在中央机关和北京市报告大庆油田会战的基本经验。1964 年 2 月 5 日，中共中央发出《关于传达石油工业部关于大庆油田会战情况的报告》的通知（《中华人民共和国国民经济和社会发展计划大事辑要 1949—1985》，第 212 页）。这是相关的报告记录。

（5）三年投资七亿多元，上交利润已达十亿多元。劳动生产率很高。

（6）锻炼和培养出一支好队伍，有干劲，懂技术，不怕困难。

油田是完全自己建设起来的，没有外人插手，充分说明了自力更生的可能。松辽会战三年，打了一个政治仗，科学技术仗，因而取得胜利。

二，几个基本经验。

（1）社会主义建设必须不断革命，是总路线的产物，主席思想的产物。不怕技术上、方式方法上犯一些错误，只怕政治方向错误。只要政治方向正确，其他错误都容易改正。油田建设不但在荒芜草原、沼泽地区进行，而且是在国家供应最困难的时期进行的，比朝鲜战场还困难。我们认真总结了过去在其他地区（四川）的痛苦经验教训，多打探井，多取样品，基础工作做得扎实。上有天，下有草地，这就是几万人的“高楼大厦”。雨水多，蚊虫多，几万人如何生存下去，就是一个大问题。五月开冻，十月大雪，天寒地冻，一无房屋，二无床铺，三无家具。那时讲怪话的人也不少，没有坚定的革命精神，可能下马。准备伤亡几千人，结果只有240人进了医院，几万人安全过冬。在这样的艰苦条件下，队伍得到坚强的锻炼，树立了良好的作风。三年来一个战役接一个战役，克服了种种困难，完成了建设和生产任务，取得了伟大的胜利。所以能够取得这样大的胜利，首先是在总路线和主席思想的指引下，几万人的顽强斗争精神。

（2）高度的革命精神同严格的科学精神相结合。科学技术要人来掌握，搞生产是同自然进行斗争，要把干劲鼓到钻研科学技术方面去，鼓到掌握自然规律、同自然斗争方面去。不尊重科学，一定要受到惩罚。要搞坏一个企业很容易，要搞好一个企业就必须踏踏实实，做很多艰苦的工作。〔19〕58年川东会战碰了很大的钉子，接受这个教训，松辽会战就要求十分严格。克拉玛依的设计是苏联专家做的，现在证明设计是错误的，易［玉?］门的设计也是如此。原因是钻井取样过少，设计根据不足，不符合地质资源的实际情况。

攻破凝固点高（28℃）、不便输送的技术问题，采取油气并输方法克服困难。搞工业不能偷懒，如果偷懒，最后还是要吃亏的。

（3）现代化企业要认真搞群众运动，不认真就可能搞乱。松辽会战本身就是一个大规模的群众运动，不依靠群众无法克服困难。开群众大会表扬英雄模范人物（王铁人，活雷锋）。群众运动要搞得扎扎实实，有一个明确的目标，从生产需要出发，以搞好生产为目的。成绩必须是真的，决不是假的，必须是有利于生产的，决不能妨碍生产。表扬五好单位、五好个人，搞学比赶帮运动，始终保持高涨的革命热情。

（4）领导亲临前线，一切为着生产，一切工作要以生产搞得好不好为标准。离开生产搞工作，就无共同目标，共同语言。领导亲临前线，就能及时掌握情况，及时作出决定，保障会战的胜利。能够及时发现问题，总结和推广先进经验，能够了解群众思想情况，能够同群众一起参加劳动。

（5）认真做好基础工作，狠抓基础的建设，时刻掌握生产动态。抓油井的质量，抓设计工作。广大工人要练兵，练好基本功。狠抓设备，抓岗位责任制。中心是交接班制。做到人人检查，每交一次班检查一次。要做好支部工作。

（6）培养和提拔青年干部，建立一个坚强的技术队伍。

（7）要培养一个好作风。三老是说老实话、做老实人、做老实事。四严……四个一样。[①] 要形成一个作风。重要的是领导干部的模范行动。

（8）关心职工生活，保证工人吃得饱，吃得好，住得温暖。

（9）做好政治思想工作，学习解放军的政治思想工作，四个第一。学主席的著作。

（10）明确三点观点。

彭真同志讲话

中央选择石油部松辽油田为典型，全国不仅一个典型，可能还有很多好的典型，但松辽是个大企业，搞得比较全面。一直坚持毛主席思想，学习两论，坚持群众观点，群众路线，坚持总路线，大跃进精神，出了毛病就及时总结经验教训，继续坚持总路线的精神，达到大跃进的结果。这个典型值得推荐，整理以后向全国推广。所谓典型总是在根本方面或重要方面比较系

① 大庆经验，“三老四严”“四个一样”是：对待事业，要当老实人，说老实话，办老实事；对待工作，要有严格的要求，严密的组织，严肃的态度，严明的纪律；工作要做到，黑夜和白天一个样，坏天气和好天气一个样，领导不在现场和领导在现场一个样，没有人检查和有人检查一个样。

统，解决得比较全面。不是一切都比别人先进，也不是说没有犯过缺点和错误。

这是石油工业的经验，对别的行业不一定完全适用，但在主要方面有普遍意义。有错误检查纠正，仍然鼓足干劲继续前进。指标是高的，但还是达到要求了。他们总是亲临前线，余〔秋里〕第一年就住了七个月，所以问题解决得快、好。大家可以学习这个经验，但不是不能补充、发展、提高，这样可以避免产生修正主义。经验适用于所有工矿部门，也适用于其他经济、文化部门。各部门都是为人民服务，为社会主义革命和建设服务，后方要为前线服务，官僚化、衙门化，就不能领导前线的斗争。可以把大庆油田作为一面镜子，来检查自己，改进我们的工作，向大庆油田挑战。

1964 年

〔李〕富春同志*

学习大庆：(1) 学习毛主席思想，高举三面红旗；(2) 充分的革命干劲同严格的科学态度相结合；(3) 做好调查研究工作；(4) 做好人的思想工作，大家一股劲，大家一条心。

计委同大庆比较，四个方面都有不够的地方。从政治挂帅、贯彻党的政策方针来讲，还不够，算账多，讨论方针政策少。从总路线、总方针来说，我们思想上还有摇摆，鼓干劲时鼓的虚劲，不是实劲，产生毛病时对总路线又有动摇。第一〔个〕五年照抄苏联，第二〔个〕五年走自己的道路，两者是不可比的，有质的区别。毛病〔是〕鼓了虚劲，没有同严格的科学态度相结合。原因是缺乏调查研究，缺乏认真的科学态度，虽有大量材料，缺乏科学整理，系统的比较分析。公报有材料，又无分析研究，看不出问题。计划在定案以前，要提出几种方案，进行比较。

人的工作做得不多，公事公办，只谈工作，不谈思想。各做各的工作，没有拧成一条绳，一股劲。今后要三个革命化：

(1) 人的革命化；(2) 机关的革命化；(3) 计划工作的革命化。

人的革命化主要是学主席著作，学习党的方针政策，要经常学习。先学主席著作，再学古典著作。并把党的许多重要决定重新温习。

领导上要注意劳逸结合，现在不需要三天五天搞一方案，可以好好安排。不要搞得大家精疲力竭，问题仍未解决。大家精神饱满，才能雷厉风行。

党组的决定要反复向干部交待，使大家思想一致，行动一致。

机关革命化，少开会，少汇报，少要报表，要开会需有准备，不打无准备之仗。与其多开会，不如多谈心。报表要进一步精减，对乱要报表要斗争。

副主任分工负责，搞责任制。

---

* 这是李富春在国家计委党组会议上的讲话，时间在1964年1、2月间。

各局都要整理现有材料，每个大中项目都要存档案。大工厂也要有档案。全国重点县的经济面貌〔要有档案〕。每次调查研究都能发现一些问题，解决一些问题。

计委要多同各级计委联系，上下通气，下面有此要求，我们做得不够。把中央的企图、我们的想法告诉他们，他们想法不对头的，也要经过讨论，把我们的意见告诉他们。他们不同意，可以再考虑。

计划工作的革命化，如何把总路线、总方针贯彻到计划工作中来。把苏联的束缚解除，真正走自己的道路。长期计划不但要看到〔19〕70年，而且要看到〔19〕80年，如何实现四个现代化。目前首先是以农业为基础，解决吃穿用。不能什么都想在七年中搞上去。〔19〕65年的问题，现在就要考虑。三年调整达到什么结果，第三〔个〕五年达到什么结果，第五个五年达到什么结果，要我们自己提出来，再向中央请示，不要等中央指示。

如何利用现有设备能力，从工农业生产中挖掘潜力，发挥人的力量。把先进落后定额进行比较，以平均先进定额为基础来订计划。只有采用先进定额，才能做到多快好省。

认真做好综合平衡，每个项目、产品都是综合的，都有左右关系。我们计划工作的综合平衡不够，一个个项目孤立研究，一个个产品孤立研究。天津摆了十三个工业区，北京一年要建四百多万平方米房屋，显然没有综合研究城市规划。

农业建设要计算经济效果，农民增加多少收入，国家和集体增加多少积累。机耕、电灌如果都要亏赔，把钱都用在补贴上了，就不可能增加投资。

对外贸易要作计划，外交局面打开了，大家都来做生意，有没有这样多东西和外汇？外汇如何减少亏赔？

国防工业建设起来，要增加多少国防费？也需要算账。

要不要建立政治工作机构？我有不同的想法，计委不必成立政治部。主任、副主任、局长、副局长都要做政治工作。

〔李〕先念同志*

没有谈到对私商的斗争，今年要继续前进一步。①地区还要扩大一点（到县城）；②品种可以增加一点；③进一步打击投机倒把；④代替商品全国调拨，平抑物价。

农产品的收购，国合占 79% 还少了一点，集贸占 21% 大了一点。一类物资国合办，二类物资基本上国合办，三类国合也要插手。有计划、有组织地利用小商小贩。

工商局要普遍建立。

去年代替工作方针是正确的，效果是显著的，今年还要前进一步。

（一）国合关系是城乡关系，工农关系，双方意见还不大一致。抬不抬头（合〔作社〕），伸不伸腿（国〔营〕）？按城乡分工，还是按商品分工？要继续讨论，得出倾向性的意见。

体制，托拉斯与地方党委领导如何结合？地方党委多管政治，少管财、物。

（二）统、派〔购〕是根本的，今年统〔购〕、派〔购〕、换〔购〕可以达到 700 亿斤，其中换占 40 亿斤。现在有一种过分强调换〔购〕、议〔购〕的思想，换〔购〕较普遍，议〔购〕是个别地区。统、派要占 95% 以上。

奖售要缩短战线，搞出一个办法，如果今年动不了，明年一定要动。

（三）粮价问题，宋〔劭文〕建议每年提 3%。经济作物不该提价，过去没有考虑单产提高问题。经济作物发展主要是粮食供应，不一定是价格问题。

（四）货币问题，今年可能货币有回笼，财政有赤字，这种赤字是假赤字。（〔19〕59～〔19〕60 年财政有结余，货币大量增加，这个结余也是假的。）现在货币是否已经恢复正常状态？为什么还有两个市场两个价格？这同货币有无关系？现在货币想回笼也回笼不了。今年不能够再回笼货币。

---

* 1964 年 2 月 13 日，李先念主持国务院各部党组书记座谈会，讲话中说到代替私商工作、工商管理问题等（《李先念年谱》第四卷，第 15～16 页）。

今后情况：既有可能发生财政平衡突破，大发票子，又有可能发生银根过紧，不积极收购，猪死蛋臭的问题，均要防止。

财委书记会议*

〔**李先念讲话**①〕

（1）形势很好，振奋人心，全国学习毛泽东思想，学习解放军，学习大庆油田，展开社会主义教育和比学赶帮运动，精神面貌有很大的改变。

大跃进有正面的经验，也有反面的经验，这些经验已经被全党所接受。正面的经验必须全部接受，加以发展，反面的经验可以避免。1958年大跃进，总觉得赶不上形势，当时有的赶过了头，现在主要是赶不上。

去年工商矛盾，工业压商业不收购，商业压工业质次价高。去年产品质量有很大的提高，如电灯泡，一个抵几个，以致销数减少。烟叶 360〔万〕～430〔万担〕，棉花 1700〔万〕～2050〔万担〕，粮食 700 亿斤。

（2）1964 年任务艰巨，形势很好，仍有困难。粮食还要进口，食油定量过低，棉布特别紧张，根本问题在于生产。

国家和农民的关系，工业和商业的关系，国〔营〕商〔业〕和供销社的关系需要调整，有些体制需要调整。

财贸部门的政治工作较弱，骄傲自满，故步自封还多。今年要狠抓思想工作，提高服务质量，改进经营管理。

（3）正确处理国家同农民的关系，粮食要增产增价，经济作物不能议购，换购不能扩大。过去几年减少统购派购，增加奖售，实行换购议购，调整价格起了作用，现在形势发生变化，过去的措施还不完全适应新的情况，

---

* 1964 年 2 月 24 日至 3 月 19 日，国务院财办召开全国财贸工作会议，会议讨论了当前财贸工作面临的形势和主要任务，财贸部门如何加强政治工作问题，还着重讨论了农产品收购政策问题，粮食购销计划、进一步代替私商、供销社的核算体制等问题（《中华人民共和国商业大事记 1958—1978》，第 475 页）。这是此次会议的记录。

① 李先念在全国财贸工作会议上的讲话（《李先念年谱》第四卷，第 19 页）。

应该调整。

最近一个时期，不但集市贸易价格继续下降，平价商品也开始降价，这一事实，充分证明国民经济开始全面好转。但是，物价的下落，使某些企业盈利减少，亏损增加，已经在一定程度上影响财政积累，而且同许多种主要生活资料供不应求的情况不相适应。

征购派购数量问题，既不能过多，也不能过少，增产必须增购。最根本的是统购派购，而不是换购议购。粮食口粮偏低的地方增产主要照顾农民需要，已经超过三定标准的地区增产主要照顾国家的需要。

经济作物是商品性作物，除农民留量外，都应当由国家掌握起来，不准上自由市场。任务以外超产部分能否多给一点奖售，主要是讲棉烟糖。

任务以外的要不要换购，要换一点，但国家拿不出太多的东西来，所以必须严格控制。

议购，粮油猪可否议购？去年议购粮20亿斤，猪500万头，油8000万斤，限于代替私商部分。全国范围统一安排。

奖售简化，可以不奖的都不奖。外贸奖售标准过高，反映很多。

价格，农产品收购价格，经济作物收益高，有些地区要求提高粮价。经济作物价格不能再提，粮食今年也不能提价。可以考虑恢复粮食预购定金。

（4）市场工作其他问题。粮食要定收购指标，外贸要增加收购任务（去年64亿〔元〕，今年也搞64亿〔元〕）。

工商关系，有什么，议什么。

国〔营〕合〔作社〕关系问题。

商业体制问题，供销社可否改为县以上分级核算，同负盈亏，基层社自负盈亏。

代替私商要继续前进，一个是地区前进，一个是品种前进。既补充不足，又防止泛滥。

（5）财政金融问题。

货币〔流通量〕去年底90亿〔元〕，今年方针平衡，既不增发，也不回笼。今年商品供应增加，储蓄增加，有可能继续回笼货币。但财政较紧，可能有些赤字，前两年紧缩财政的措施，今年要放一点（如冻结资金）。三年工资压了 120 亿〔元〕，集团购买力压 100 亿〔元〕，高价回笼 60 亿〔元〕。因此，投放和回笼的可能性都还存在。

财政体制：①管而不死，放而不乱；②大权独揽，小权分散；③规章制度要适应新的形势，不能妨碍生产力的发展。

（6）加强政治思想工作。

国〔营〕商〔业〕440 万人，合作商店、小组 200 万〔人〕。

～　～　～　～　～　～　～　～

1963 年 12 月比 1962 年 12 月

平价商品下降 1.10%

高价商品下降 31.4%

议价商品下降 41.5%

集市价格下降 51.0%

总指数下降 9.2%

～　～　～　～　～　～　～　～

各组汇报

华北组　计划扩大、计划缩小矛盾。

〔写〕经验加物价管理，管理集市贸易。失败的经验。有些调错了，布置时间太紧。

东北组　调价影响，辽宁每人十元，哈尔滨二十元，现在比〔19〕57 年多花四十八元。

（1）物价水平同工资水平不相适应；（2）农业生产资料价格同农产品收购价格不相适应；（3）地区价格矛盾（重工业区）；（4）若干商品差价不合理；（5）多种价格同统一市场矛盾。

调整到合理的标准是什么？

稳与调的矛盾，调价要加工资，影响成本，引起全面涨价。

西北组　西北票子还多，物价还高。新疆工业品要降价。

问题：①支援农业方法；②物价管理；③政治挂帅；④价值规律。

中南组　粮食提价〔19〕65 年还不能考虑（河南），猪鸡羊价格太低，无人收购。

西南组 对于提价抵触很大，政治上有损失，不能依靠物价来积累。

华东组 议购很乱，故意抬价，卖空买空，人造棉高价不合价值规律。

～ ～ ～ ～ ～ ～ ～ ～

高价商品“敞得开，卖得掉”，集市价格更受价值规律影响，事实上是一种货币，两种价值。

阶级观点、群众观点与生产观点、财政观点，在物价工作中如何体现？调整物价是符合阶级观点、群众观点的。

一面提高工资，一面降低物价。①

～ ～ ～ ～ ～ ～ ～ ～

大会讨论

河北（〔□〕冀华） 解决工商关系：（1）要政治挂帅，发扬共产主义风格；（2）物价部门加强调查研究，摸底。

猪肉提一点价，敞开供应。

城市粮食提到购销拉平（提 10%）。低工资职工给粮价补贴。

煤炭已不亏本，不要涨价。

县物委干部〔工资〕可用市场管理费开支。

四川（刘兆丰） 计划管理同价值规律的关系，不能过分夸大价值规律作用。

调整物价必须保证主要物资价格的稳定（主要物资不调价）。主要商品提价会影响次要商品的价格，不可能主要商品提价而次要商品降价。

提高工资为主，还是降低物价为主，还是相辅而行？还值得研究。

江苏（倪浩堂） 购买力与商品平衡：①两者同时上升，后者略大于前者，这种情况皆大欢喜；②两者同时下降（或购买力上升，商品下降），不能保持平衡，情况比较紧张；③购买力下降，商品增加，恢复平衡，比较满意。

有些同志认为价值规律就是供求规律（价值规律主要是价格符合价

① 这几句可能是薛暮桥自己的想法记录。

值）。物价应从发展生产出发，而不是为调节供求。

肥皂提价各地反对很多，认为是从财政出发，究竟不管财政积累偏向多，还是单纯考虑财政偏向多？

黑龙江（刘振荣） 物价的调整时间拉长一点。物价应当走在生产后面。

（对去年形势的看法，有没有降价风。）

高寒地区吃的穿的烧的比其他地区多，物价又高，人民生活确有困难。

吉林（缪蔚君） 物价既要符合客观规律，又要符合国家政策。

百货商品的价格偏高，石油价比辽宁、黑龙江高。

甘肃（卓毅冉） 计划管理中有价值规律（要讲等价交换，价格符合价值）。

粮食价格不能提，调整时期改为二年到三年。

北京（彭城） （1）集市贸易可否作一总结；（2）物价工作的集中统一领导；（3）积累与消费的关系。

粮价要调整，步子迈小一点。蔬菜要赔一点钱，既照顾工人，又照顾农民。

广州（李超群） 〔19〕63年调价步子大了一点，幅度大了一点（肥皂）。

什么是生产观点？

福建（盛一群） 去年调整物价一箭三雕，发展生产，稳定物价，保证财政收入。许多产品价格降低后，工厂转亏为盈。

“以计划规律为主导，以价值规律为基础”，价格的基础是价值。

上海（陈竞平） 物价什么样算合理，有不同的认识。供求关系在一定程度上影响价格，如收音机卖低价，手表可卖高价。各种角度看法不一致。

轻工业品利润过高。

辽宁（徐东） 粮6000万，煤4000万，肉、菜……合共13000多万。职工生活水平比〔19〕57年低20%左右。

四月一日提煤销价最好暂不执行，一次调价，同工资统筹安排。

重体力劳动者每人每月要购议价粮四五斤，辽宁规定每人不得超过四斤。

重庆（尹楠如） 平价降0.63%（统计局计算涨1.3%）。物价回落使每个职工少开支7元多一点。

	收购价	调拨价(猪)
〔19〕57 年	0.37 元	0.476 元
〔19〕63 年	0.494 元	0.77 元

山东（〔秦〕柳方） 议购粮食 2.4 亿斤，议销 1.6 亿斤。议购油 1300 万斤。

（1）议购范围过广，各种农产品和许多种工业品均议购，各行业多头经营，地区上满天飞；（2）议销价一般高于市价，猪肉每斤比市价高二角。

议价属于哪一范畴？一种意见是计划价格的一部分，一种意见是类似集市价格，一种意见是半计划、半自由。

陕西（申鸿友） 在有计划、按比例发展前提下，价值规律起什么作用？计划价格领导自由价格。市场情况好转以后，价值规律发挥作用，质次价高无法存在。

山西（南步达） 国家拿出一部分粮食来平抑集市粮价。

以价值规律为依据，以计划管理为主导。订价要依据价值规律。

浙江（储伟修） 〔19〕63 年比〔19〕62 年降 12%，比〔19〕57 年还高 18%。〔19〕50 年稳定物价是社会主义革命时期的经验，此次是社会主义建设时期的经验。

〔19〕57 年前农产品收购计划占 78%，自由占 22%，现在看来〔计划〕不能少于 80%。

湖北（宋益三） 成绩显著，物价总水平基本稳定，略有下降（人民心情舒畅），有利于生产的发展，有利于安定人民生活。

云南（李铁亚） 粮食收购提价推迟一年，销价提价提前一年，国家少花了钱，现在看来，不提价或少提价较好，因为粮价一提，好多东西要求提价，陷于被动。

去年降价到处打听，刮了降价风，互相比赛降价。

安徽（刘健农） 把审价工作当作中心工作来抓。价格错乱现象，不抓则已，愈抓愈多。基层物价机构需要建立起来。

第二次全国物价会议汇报*

吴波：〔汇报物价情况〕

〔李〕先念　（1）粮食提价要与工资一并考虑，明年工资要提十几个亿；

（2）消费与积累关系；

（3）农业生产资料；

（4）有升有降是对的，不能只降不升；

（5）猪肉价格搞出一个办法。

〔谭〕震林　（1）农药能降就降，赔一点钱；

（2）拖拉机、零配件、油、电能降就降；

（3）汽车、汽油要降价。

〔李〕富春　物价关系各个方面，要全面考虑，有利于发展生产，提高劳动生产率，有利于人民生活和国家积累。与外国、与历史作比较，不是就事论事。

生活资料，目前稳定物价，保障生活，要与工资结合，过去几年农民提高一点有好处，城乡生活不能太悬殊。

农业生产资料随着生产发展，逐步降价，以利于农业生产发展。

某些产品要作生产安排，质次价高不收，迫上梁山。

重工业产品，利润不合理，历史形成的，突出不合理的调整价格，或者调税收。〔投资〕能收回来的可降，从税收或利润收回来。

价值法则，等价交换，按劳分配，理论结合实际，好好研究。

今年工作安排

全国物委强调调拨价，要中央各部抓。广东议价又多又高，要作省的重点。

* 1964年2月26日至3月25日，全国物委在北京召开第二次全国物价会议。李先念3月24日在会上讲话，谈了物价同工资的关系、国家同农民的关系、积累同消费的关系（《中华人民共和国商业大事记1958—1978》，第476页）。这个记录应是李先念等听取这次物价会议汇报的记录。大标题为编者所加。

总结基本工作经验，表扬先进单位。

整顿原材料价格作为一条。

计算物价资料高低升降（加强调查研究工作）。

管好议购，议购价格。协助有关部门共同进行。

建立物价制度，审价制度。

审价工作再强调一点。

全国物委整顿商业环节、费用。

认真贯彻执行党的政策和调价决定。

物价工作的基本功，调查研究。

继续整顿地区差价。

开训练班写在文件上。

编物价指数。

农产品〔价格〕调整工作量还很大，水平不动，品种、地区、质量差价要调整。

整理物价历史资料。

完成任务的措施。

重点不明确。

审价工作上面也要搞。

〔李〕先念同志

物价委员会做了很多工作，成绩是主要的。简报都看了，要强调一下积累观点。

(1) 明年物价调整，联系工资考虑。物价不是孤立的，工资相当复杂，有地区不平衡，工种不平衡，要逐步改变。物价也是如此，非常复杂，一家吃两样粮价的饭，明年粮价是否调一下，只解决两个粮价问题。调一点问题也很大，各地区提价幅度不同，提价多的地区可能是低工资地区。所以动粮价要同调工资一并考虑。煤价也是如此，工资要随生产发展〔来提〕，工人生活有所改善，但不能改善很多，缩小工资差距按中国情况办事。按劳付酬是原则，区别不能过大。高工资不提甚至降一点。物价稳定，不合理部分仍逐步调整，有升有降。有些同志对降价津津有味，听到提价就摇头。明年是否这样设想，比如实际工资加八亿，加物价为十三亿，物价收回五亿。〔黑〕龙江煤炭提价，可否工资类别提高一级。湘鄂赣要不要提级？怎样使物价、工资调得合理？工资提法升级转正。十八类商品实际上已提了价，当时不提价是正确的，得到广大群众欢迎。十八类范围大了一点，粮食赔的［得］最多。卖了一点高价收回来。先是又骂又卖，逐渐只骂不卖。我们降价，去年糖、烟、皂提价是正确的，提得少，降得多，平价降了百分之一，完全合于中央有升有降的方针。城市人民生活比〔19〕57 年大大降低，需要逐步有所改善。八月要拿出一个办法出来，召有关部门开会。

（2）国家同农民的关系，是国家用什么办法收购农产品问题。应该通过统购派购，增产增购，不能少拿，不能多拿，重犯高征购的错误。现在征购大大减少，财政平衡，货币回笼，现在国家同农民基本上是等价交换。两个市场、两种价格出在主要商品满足不了需要。粮、油、布市价还高两倍，其他接近牌价，出售农产品多的地区奖售物资得的多。奖、换、议不能过分强调，否则分配更不平衡，而且助长农民自私的心理，议价实际上是增加投放。

（3）积累与消费关系，不能永远处于一穷二白，赫〔鲁晓夫〕怕美帝是因工厂多一点〔?〕，我们工厂多了就不同了。地大人多，就是生产不多。支援农业要钱，多办工厂要钱。人民生活应随生产发展有所改善，不能改善过多。工人还是低工资、低标准，但也有所改善。农产品价格已提 30%，工业品价格不可能降到〔19〕57 年的水平，结果只能一穷二白。积累主要靠增产节约，潜力很大。搞物价一定要想到积累和消费关系。

（4）物价机构要加强。

8 月召开会议解决问题，有局部同全体的问题。

财政问题

调整三年成绩很大，财政、银行做了不少工作。生产发展原因：①中央政策；②减少征购；③国家支援；④过渡性的措施。

现在是转折点，许多办法不适应于现在形势，经过调整，便于实行第三个五年计划。凡是不合理的都调整。同农民的关系，扩大统购派购，增产增购，超产超购超奖。逐步取消换购、议购。

财政体制：（1）中央与地方；（2）国家与企业、集体、个人；（3）财政与银行的关系。不能以财政性发行来建设国家。第一〔个〕五年库存粮食 400 多亿斤，降到 96 亿斤，库存棉花 2000 多万担，降到 700 万担。基建投资与流动资金，利润同税收的关系。

劳动物价规划*

〔**李先念讲话**〕

在 1965 年以前，物价、工资应当做些什么工作？要进行调整，使物价、工资趋向正常。

（1）几年来城市人民生活同农民生活比较，城市改善慢一点（同最困难时期 1960～1962 年比较）。同 1957 年比，农民也下降，职工下降更多一点。

（2）改善生活要“生产长一寸，福利长一分”。去年工农生活均已有所改善，现在要着重考虑积累。当然，仍然要注意人民生活，应当有所改善。没有消费也就得不到积累。

（3）增加购买力改善人民生活的办法，一为降价，但农产品收购价不能降，而且减少农民购买力做不通，二为增加工资，价格有升有降。

（4）1965 年的物价和工资怎样调整？粮价可否购销拉平？现在工农两个价格，农民有意见。加工资补偿由于价格调整回笼部分。1965 年工资增 8〔亿〕～10 亿，加上物价如果 5 亿，则为 13〔亿〕～15 亿元。明年加一斤粮，三尺布，一两油，职工生活就有所改善，要相应地增加工资。

（5）增加工资要缩小差距，升级都升低工资，高工资只降不升。工资制度混乱，也需要调整，通过工资、物价调整，逐步减少混乱现象。

十八类商品不提价，起了历史作用，现在已经动了。

---

* 1964 年 4 月 6 日，李先念召集劳动工资领导小组和国家物价委员会等部门负责人研究工资与物价的关系问题（《李先念年谱》第四卷，第 39 页）。

物委、劳动部、全总、财政部、计委劳动工资局、粮食部共同研究。

第二〔个〕五年工资压住没有增加，但是放手加人，吃了亏，后来减人做了很艰苦的工作，要记住这个教训。

第三〔个〕五年工资、物价的趋势？能否做出长期规划。

市场物价座谈*

〔□〕**燕群** 去年降错不是主流，该降不降是主流，去年有 10 亿商品应该处理，基本上是用的东西。过去以用顶吃穿，以小顶大。现在逐渐恢复正常。

单位：%

	吃	穿	用
〔19〕57 年	55	19	26
"一五"	55	20	25
〔19〕62 年	51.6	14.7	33.7
〔19〕63 年	52.4	16.6	31

今年工资增 16 亿，吃的增 20 亿（包括农村）。用的如热水瓶、铝锅、搪瓷盆等都会减销。解决办法，一为调整生产计划，二为调整价格。

牛荫冠 猪的发展同粮食不相适应。猪议价多，奖售多。生产队优待，价格提高，提级提价。这样快〔发展〕有危险性。不降收购价，购买力压住了，工资要增，不能糊里糊涂增。①不降购价降销价；②停止议购，减少销售。

工业品去年主要是该降不降，没有及时处理，乱降价的占少数。现在新老三清约有 70 亿元，按削价 20% 计算就有 14 亿元。

糖去年 26 万吨，今年 66 万吨，红白各半，30 万吨红糖必须迅速处理，否则要融化。

---

* 1964 年 4 月 9 日，李先念致信牛佩琮、薛暮桥等，就商业部《关于工业品收购情况的汇报提纲》，建议召集工商双方进行座谈，能作出决定的即作出决定，能改正的即改正（《李先念年谱》第四卷，第 42 页）。这个记录应为此次座谈会的记录。

上海交流会成交价比去年降12.3%。肉禽蛋降6.8%，水产〔降〕5.3%，蔬菜〔降〕18.2%，烟酒糖〔降〕5.1%，药材〔降〕18.7%。三类物资收购价降不下来。农业生产资料（竹木棕）涨价，木材也涨。生产资料供应紧张。

中央工作会议讨论关于“三五”计划的初步设想*

中央工作会议发言

〔×××:〕

（1）国家同农民的关系。

（2）物价问题：

国家同农民的等价交换，

对两个价格的处理（奖、换、议），

国家积累同人民生活。

（3）粮食问题。

〔邓〕小平同志

讨论四个问题：

（1）农业规划和农村工作。

（2）第三个五年计划。

（3）建立政治工作机构。

（4）财贸方面问题。

此外还可能谈谈国际问题。

---

* 1964年5月中旬至6月17日，中共中央在北京举行工作会议。会议主要讨论国家计委提出的《第三个五年计划的初步设想》和国家计委、国务院农办提出的《第三个五年农业发展计划的初步设想》。会前，5月11日毛泽东听取国家计委关于“三五计划”的汇报，并作指示。会议期间，毛泽东于6月6日又作讲话，再次强调农业、国防是拳头，基础工业是屁股，“要使拳头有劲，屁股就要坐稳”（《中华人民共和国国民经济和社会发展计划大事辑要1949—1985》，第216～217页）。大标题为编者所加。

〔李〕富春同志报告

第三〔个〕五年计划只是一个初步设想。

（1）经济形势，1964 年计划可能超额完成，经济情况正在进一步全面好转。粮食产量可能达到 3600 亿斤，棉花 2800 万担，工业稳步上升，比去年可增 10% 以上。商品供应增加，物价下降，有些东西看来多了，正在设法处理。

1965 年国民经济可能根本好转，农业生产大体达到 1957 年的水平，工业可以超过 1958 年的水平。

有些问题值得注意，如出现了有些方面要求过急的苗头，加班加点，形式主义，计划外建设增加过多，财政开支增加过多，职工增加过多，有些灾区人民生活还有困难。

好转的根本因素，中央一系列正确政策，调动了广大人民的积极性。抓了阶级斗争，一抓就灵。农村“四清”，城市“五反”，比学赶帮，学大庆，学大寨。“六十条”，双十条，解决了人民内部矛盾。

（2）第三〔个〕五年计划的基本任务，农业在国民经济中还是薄弱环节，1965 年实际上还没有达到 1958 年的水平。人口又增加了 8000 万人。要继续解决吃穿用问题，要加强国防，解决基础工业中的薄弱环节。第三〔个〕五年仍然要把大力发展农业，解决吃穿用问题放在首要地位。要在种好十六亿亩的基础上，建成一批稳产高产农田，这是点面结合。兼顾治理三河。要有规划，有步骤进行。

国防方面，首先发展常规武器，力争配套，突破尖端。〔19〕72 年力争小而全，可能还是小而不全，这比大而不全还好。

工业努力发展化肥，1100〔万〕～1200 万吨，化纤 16〔万〕～18 万吨，增加产品品种，做到基本立足于国内。加强科学试验，采用新技术，并为第四〔个〕五年作好准备。继续加强企业经营管理，逐步推广托拉斯。

交通方面，铁路首先加强旧线，新建川黔、滇黔、通辽支线。

财政收入五年 2800 亿元，投资 1000 亿元。〔19〕70 年每人平均口粮 425 斤，布 22 尺。

（3）计划中的主要矛盾，各地区、各部门的要求相当高，财政支出超过 4000 亿元，投资超过 1350 亿元。

计委安排方案，里面也有矛盾。主要是同基础工业、国防工业需要不相适当，交通运输工业也不适应。农业方面，除基本农田、三河以外，照顾太少。

办法：①有多少钱，办多少事，不要以我们寿命长短来办事，而要按客观规律办事，根据人力、物力、财力办事，做到少花钱，多办事。稳产高产农田已有 24000 万亩，再搞 16000 万亩就很好，合共 4 亿亩。

②计划必须留有余地，财政收入不要打得太满，基建战线不要太长，长期计划必须留有余地。

③做好综合平衡工作，有重点，按比例。没有站稳要跌跤，两个拳头（农业、国防），一个屁股（基础工业）要摆好。

④少而精，集中力量打歼灭战。建设上必须贯彻少而精的原则，分批分期进行，勿把战线拉长。

⑤发扬大寨精神，自力更生。农业建设主要依靠农民自己。

现在形势很好，群众积极性调动起来后，要做冷静的促进派，要鼓实劲，不要鼓虚劲。

（4）政策问题。

①技术政策，开展技术革新、革命，进口一些新技术，要作技革规划。

②劳动工资政策，实行两种劳动制，即在现有劳动制外，实行工农结合、亦工亦农的劳动制，利用农闲的劳动力。

农业技术改革，站社结合，吸收当地青年知识分子参加。

工资政策，高工资不动，低工资逐步增加〔工资〕，缩小差距。

③教育政策，实行两种教育制度，中小学都办半工半读学校。农民农忙务农，农闲读书。也可以吸收工人半工半读，代替技术学校。按现行办法，普及教育办不通。

亦工亦农、半工半读的劳动制度和教育制度，不但适合我国人多情况，而且可为缩小两个差别创造条件。

④计划生育。

⑤外贸政策和援外政策。扩大对资贸易，争取〔19〕70 年达 12 亿美元。逐步减少粮食进口，节省外汇用于新技术进口。明年起每年减 150 万吨，两年后每年减 100 万吨。

援外五年 70 亿元（今年 9 亿元）。

⑥农产品收购政策。

⑦价格政策，有计划降低生产资料价格，调整消费品价格，缩小剪刀差。

⑧停止楼馆堂所建设。

〔谭〕震林同志报告

讲两个问题：（1）农业规划；（2）当前农村问题。

（1）农业计划是整个计划的基础。粮食要求〔19〕70年征购880亿斤，上交200亿斤，〔19〕67年做到进出口平衡。

大寨特点：①大跃进中没有刮风，或顶住了风；②有好的领导骨干；③群众干劲大，出勤率高；④采取各种切实有效措施，解决土、水、肥等问题；⑤种试验田，重视科学实验。

①比措施，不比产量；②注意实干，劳逸结合；③比共产主义风格，同时注意群众生活；④支援要互助互利，等价交换；⑤对先进单位的参观访问要控制；⑥先进单位不能样样第一；⑦不要乱插红旗。

（2）关于农村社会主义教育。

两个方面：一是发展生产，实现四个现代化，二是保证走社会主义道路，不出修正主义、资本主义。

搞好标准：①贫下中农真正发动起来；

②增产还是减产；

③改造地富反坏；

④干部参加劳动，反对懒、涣、占、贪。

成立各级贫农下中农组织，建立经常工作，不但在阶级斗争中起作用，而且要在生产斗争中起作用。

建立农村政治工作，建立各级农村政治工作组织。农村工作也要设政治部，公社设政治处，大队设指导员，指导员可以调动，有些大队选不出好的领导骨干，可以派指导员去。先进地区不但要出产品，出经验，而且要出干部。真正有压在群众头上、妨碍群众前进的石头，就要搬石头，问题是不要搬错，而不是不能搬。

学解放军要注意农民的特点，农民生活分散，男女老幼，同军队不同。

⑤学毛主席著作。

⑥积累问题，有些社队已经超过5%，有些还提折旧，劳动积累也没有算。大寨的公积金、贮［储］备粮、小型农田建设共占29.5%。

中南区小组

商品粮食地区增产不增收如何解决？不同意粮食提价，可以考虑：(1) 超过基本任务部分给一点奖励；(2) 廉价供给生产资料。

广东今年可以产糖 60 万吨，糖厂生产能力只有 50 万吨。土糖价格太低。

〔程〕子华同志传达①

〔李〕富春 搞计划要吃透两头，一头是主席思想，中央方针政策，一头是了解实际情况。各单位都有潜力，调查三个月。

战略部署：①按农轻重次序安排。②工业布局要纵深配备，新的工业基地摆在哪里？铁道要配合，最可靠的基地是西南，第一线沿海，第二线包钢、武钢、兰州，第三线西昌、攀枝花、成昆路、湘黔路。第三〔个〕五年同第四〔个〕五年没有很好的衔接。前几年没有注意沿海，这几年又没有注意大后方。这样做投资要六七十亿，从一千亿中各方面挤。③技术政策，群众的技术革新，科学研究。进口新技术，自己为主，进口为辅。首先对现有企业进行技术革新，氧气顶吹炼钢节省投资，可以买一套设备。加工工业要专业化、协作、自动化。对苏联援助的工厂进行总结，找出经验教训(美国一亿吨钢 90 万人，我国不到一千万吨钢 70 万人)。

农林牧，现在搞经济作物积极性大，不能放松粮食。在搞好十六亿亩基础上搞稳产高产，不一定要 4.5 亿亩，大片少搞一点。造林要靠群众，大力发动群众造林。牧业要发展，牧区改变落后面貌要很长时期，首先发展生产，培养少数民族干部。水利、三河根治要有流域规划。

工作安排，八月搞出〔19〕65 年计划，九月开计划会议。长期计划搞三个月调查研究。明年六月以前搞出第三个五年计划。

〔邓〕小平 此次定计划的方针，定计划还要一年时间，反复几次。没有长期计划，工作没有根据。除五年计划外，还应当有十年轮廓。此次计划按农轻重，解决吃穿用，主席指示两个拳头，一个屁股要摆稳，这是我们建设的方针。

三线问题：主席说原子弹时代没有后方不行，主席强调第三线，攀枝

---

① 根据笔记记录，以下应是程子华在中央工作会议上传达书记处会议上各位领导同志的讲话。

花，要搞西昌煤铁，成昆路，湘黔路。第三〔个〕五年先打基础。目前安排，基础工业差一点。投资从哪里来？按低方案安排计划，投资不能超过一千亿。怎样调整？除工业内部挤外，从其他方面挤五十亿。农业事业费挤25亿，国防挤15亿，文教挤10亿，其余工业内部调整。

今年一至四月财政支出多于收入6亿，请大家注意，花钱花多了。

要从全局考虑，给多少钱就办多少事，还要办好。谭启龙说办农业靠国家靠不住，四川没有花钱种了二十亿株树。

〔刘〕少奇 大家说形势已经全面好转，要多搞点基本建设，但不能多办，只能办几件事。要保持过去几年的做法，中央决定要办的几件事一定要办，攀枝花为重点搞起来，其他少搞。主席说大家把工资拿出来搞攀枝花，开会可以到攀枝花去开。白城子到张家口的铁路放在第二位。

〔周〕总理 此次计划注意了工业有基础的地方，没有注意第三线，缺乏远见。这样继续搞下去，更不平衡。第一线不能再增加，要重新安排第一线，第二线，对一二线要另一种看法，把一部分机械厂搬到第三线去。长期计划首先是布局问题。

两个拳头一个屁股，基础工业上不去，尖端就突不破，突破了也上不去，支援农业也没有力量。电和铁路都是短线。

有多少钱办多少事，主席在1956年就谈了，现在还成问题。有多少钱，搞多少，搞什么？看起来要搞三线。出现新的问题，有些今年新上的项目要停下来，出现新的半拉子工程。进口买什么东西？今年进口粮食全部订到，原因是我们有外汇。进口不订长期合同，要什么订什么。

计划方法要总结经验，不要照抄苏联。

彭真：搞第三个五年计划，不考虑大后方要犯错误，不注意矿山、木材也要犯错误。

辽宁省调研*

辽宁省职工生活情况

去年调整工资以后，做了职工生活典型调查，查了三百九十九户。1963

---

* 这是1964年6月的一次调研记录。大标题为编者所加。

年下半年生活，平均〔月〕收入 15.95 元，上半年［平均月收入］15.54 元，工资增 2.63%。1962 年上半年〔平均月收入〕15.88 元，〔〔19〕63 年下半年〕只增 0.44%。1957 年同期 18.86 元，〔〔19〕63 年下半年〕减 15.43%。下降原因主要是人口增加。

平均工资比上半年增 5.89%，比〔19〕62 年增 7.85%，比〔19〕57 年减 2.07%。原因〔是〕计件工资减少。同〔19〕57 年比，人口增 15%，就业每家 1.38 人，〔19〕57 年〔为〕1.33 人。

困难户（15 元以下）〔19〕63 年下半年〔占〕46.36%，〔19〕63 年〔占〕上半年 54.89%，〔19〕62 年上半年〔占〕53.88%，〔19〕57 年上半年占 35%。补助户（12 元以下），〔19〕63 年下半年〔占〕24%，上半年〔占〕33%，〔19〕62 年上半年〔占〕33%，〔19〕57 年上半年〔占〕16%。

每月十五元的，每人吃议价粮四斤，每天副食品 1.1 毛。每月十二元的，没有钱买议价粮，副食品 0.7 毛。前者定量供应商品都能买，12 元的不能都买。

25 元以上富裕户，〔19〕63 年下半年比〔19〕62 年少支出 4.3%，比〔19〕57 年增 58.2%。15～25 元户比〔19〕62 年少支〔出〕1.32%，比〔19〕57 年多支出 48.2%。15 元以下户，比〔19〕62 年多支出 2.85%，比〔19〕57 年多支出 37%。

大连市工业情况

国营工业 268〔个〕企业，机械 83（市〔属〕48）〔个〕，化工 23〔个〕，电 3〔个〕，矿山冶金 9〔个〕，建材 34〔个〕，纺织缝〔纫〕23 个，轻工 23 个，食品 58〔个〕（加工 35〔个〕），其他 12〔个〕。其中中央〔属〕65 个，省〔属〕36 个，市〔属〕95 个，县区〔属〕72 个。其中市以上 196 个。职工 17 万多人，集体 4 万人。产值国营 18.7 亿，集〔体〕1.6 亿。

轻工分十行业。（市以上）纺织〔厂〕8 个。3 个纺织全能厂，20 万锭，5000〔台〕织机。2 个棉织〔厂〕，1 个针织〔厂〕，1 个印染〔厂〕，1 个织网〔厂〕，1 个被服厂，1 个丝厂（〔年产〕柞蚕绸 200 万米）。

食品七个厂（市以上），罐头（一万吨），冷食厂（速冻）。

皮革厂市〔属〕一个，制革400～500吨，皮鞋100万双。缝纫机厂，年产1万台，将扩大到5万台，质量全国第七（沈阳第九）。搪瓷（200万面盆，200〔万〕口杯）。玻璃制品，保温瓶150万（全国第三）。铅笔1亿支。造纸厂2个。塑料、橡胶。

问题：(1) 设备陈旧；(2) 技术落后，采取保护价格政策，应该降低价格，督促前进；(3) 二万工人只有三个学徒，后继无人。〔19〕62年冬开始提高技术水平，再搞一二年可解决。

设备的完好率只有30%，其余部分大多根本无法修理，只能用一时期报废更新。锅炉大体解决。

去年起，采用新工艺，发展新产品，开始收到效果。

泡沫塑料鞋填〔垫?〕，大连4角，商业不收，上海收去，卖1元多。雪花膏上海买去（大瓶），分装后再卖回大连。

辽宁十个市，九个市商业亏本，只有大连赚钱。亏本原因环节多，非生产人员多。

旅大物价情况

今年1～5月市场商品供应增加，物价逐步回落。议销粮每月100万斤，每人平均一斤。增加最多的是副食品，蛋从半斤增至一斤二两，猪肉已略多于〔19〕57年水平（五个月七斤二两）。定量供应品种从82个降至11个，去年同期还有29个。

物价水平下降2%（〔1963年〕12月～〔1964年〕5月），市价下降36%，平价上升0.8%（6月0.6%）。上半年销售计划没有完成，比去年下降3.7%（完成计划95%）。购买力增3.5%。贮蓄增加。除降价因素，销售上升1.6%。〔销售下降〕原因看法不一，一说农村购买力下降。货币流通量6900万，〔19〕57年6000万（年底）。

客观因素：①有些商品产销不相适应，如针棉织品满足不了需要；②有些商品供过于求，如搪瓷制品；③价格还高一点。（经济饭馆二毛钱吃饱，三毛钱吃好，很受欢迎。有些食堂垮了。）

主观原因：①计划安排〔得〕不好；②商业购销工作缺点（大连产品

70% 外销，30% 内销），不敢积极收购。工商矛盾尖锐，工业自己外销，商业向外地进货。鸡蛋季节降价提早一个月，收不上来，到五月被迫提价（每斤四月四角九分，五月七角），五月节蛋脱销。

物价上半年（6 月）降 2.2%，农副产品收购价降 11%，297 万元。农民少收入 112 万元。城市消费者少支出 529 万元，每人平均 4.6 元。国家少收入 447 万元。问题：

（1）新情况出现新问题，过去商品不足，掩盖质次价高，今年问题突出；（2）价格促进品种规格〔改进〕，同质同价有问题（塑料填〔垫?〕板上海产 6 毛，大连产〔规格〕小一半 8.5 毛）；（3）价格差错多，多的达到三分之一。

大连物价原比沈〔阳〕高 2.6%，现在高 4.7%。〔19〕57 年日用工业品外地〔产品〕占 70%，东北〔产品占〕30%，现在关内〔产品〕占 30%，东北〔产品占〕70%。关内来货海运来，过去加地区差价，后来与沈〔阳〕同价。〔后〕又改为按沈〔阳〕价再加差价，现在逐渐纠正。沈货沈运有差价，〔大〕连货沈〔阳〕运同价。上海来货改为〔大〕连沈〔阳〕同价。

洋钉、铁丝，价高利大，盲目增产。

鸡蛋收购三管齐下，①取消议购；②取销奖售；③提早降价，三月一次，四月一次。收购数量大减。

〔旅大〕商业局谈话

上半年完成购进年计划的 50.8%，比去年增 16.3%，销售完成年计划 50.2%，比去年增 6.9%。库存物资一亿六千万元，适销的只 1 亿元。此外三清物资二亿八千万元，老产品三千万元。上半年每人吃肉 8 斤，鸡蛋 3.2 斤，已经超过〔19〕57 年水平。四大件，每百户 5.9 台，比去年同期增 47.5%。吃的商品比去年同期增 18.4%，穿的因品种不全，减少 2.3%。用的商品，文化体育增加，一般减少，减少 2.7%，其中文体用品增 17.8%。手表增 56%，收音机增一倍，自行车增 50%。

物价，一至六月为去年同期的 97.8%，比〔19〕62 年降 9.6%。平价比去年增 0.6%，比〔19〕62 年增 1.6%。

〔旅大〕供销社谈话

收购比去年上半年增11.7%，猪增两倍，鲜蛋增65%，全年计划半年超额完成。

农村销售特点：生产资料上升，增16.5%，消费略降，降0.3%。吃〔的〕烧〔的〕上升10%，用的减少。穿的因货源不足，品种规格不合，略有减少。卷烟、糖都销售不畅，糖票回收率低。胶鞋、火柴、暖瓶、面盆等敞开供应后销量下降。上半年贮［储］蓄比去年同期增2.7倍。上半年利润一千二百多万元，三清老产品削价近一千万元（全年）。

商品“推新出陈”，长江后浪推前浪，商店新品变老品，“推陈贮新”。

问题：质次价高商品处理愈来愈突出，库存商品中质次价高商品占13%，需要削价四百多万元。

辽宁省物价汇报

十个城市，城市人口1000万人，农村人口1500万人。工农产值比为87∶13，重轻比为79∶21。上半年工业增16.4%，农业情况很好，收购增16.6%。购买力同商品可以平衡，穿的库存减少，品种不全。商品供应大于购买力1.4亿，城市供大于求2千万元，乡村1.2亿元。平价销售量上升0.9%，高价降34%。吃穿烧销售上升（3.7%，2.4%，□%），用的下降10.3%。小商品减15.4%，大商品增9%。

货币流通（年初）6.5〔亿〕，（6月）4.7亿，每人平均15.8元，城市16.9元，农村10.9元。接近正常状态。财政收入按产值计比去年略有下降，绝对额略有增长。削价影响财政。

上半年市场物价情况，整顿议价商品，整个物价水平下降。

农产品收购价，蔬菜降29%，细菜下降，粗菜上升（油菜）。

平价商品，蛋降10%，油升9%。农产品升降大体相等。工业品提685万元，降1420万元，净降735万元。

煤炭每吨提1.5元，群众反映不大，原因是淡季，零买。

物价指数比去年同期降4.7%，平价下降1.6%，议价降31%，市价降36%。上半年预计总指数降4.3%，平价降0.9%，高价降10.4%，议价降

29%，市价降 39%。

问题：提价的基本完了，下半年只有降价。销路好的暂不降价。考虑提价的有盐、柞绸、絮棉等。

批发价格错差 36%，批发价审价未搞好，零售价〔就〕整不好。省委、人委对审价工作很重视，联合下达指示，要求明年六月前审查完毕。

供应稳定后的新问题，积压商品不降价难销售。猪肉每斤赔一二毛，销售仍然不畅。产品按质论价没有贯彻，造成某些产品滞销积压。各地价格悬殊，经营不准亏损。

粮食定量〔19〕57 年 29 斤，现在 27 斤，差二斤。布〔19〕57 年 36 尺（加针织品约 40 尺），〔19〕64 年 13 尺，家庭平均收入下降 7.5%，加上物价，下降 30% 左右。

沈阳市物价汇报

今年工作任务，首先是审价，其次是调价，两者互相结合。查了一个商店，错差达 15%。大型〔商店错差〕5% 左右，中型〔商店错差〕15% 左右，小型〔商店错差〕30% ~50%。错进 60% ~70%，错出 30% ~40%。

市场情况：1 ~5 月购进增 26%，销售增 16.1%。猪肉购增 2.2 倍，蛋增 57.3%，糖、烟、皂等都增加很多。50 种主要消费品比去年增的〔有〕31 种，肉、蛋、缝纫机、毛线等都增一倍以上。1 ~5 月回笼货币 3500 万元，储蓄增 1100 万元，〔货币流通〕五月末还有 8400 万元，每人持有 20 元，同〔19〕57 年差不多。货币商品〔比〕为 1∶8.7。

物价指数：平价 1 ~5 月提 275 万元，降 335 万元。煤每吨提 1.11 元，下半年 131 万元。〔总指数〕比去年同期升 0.7%，比去年 12 月降 0.5%，不包括蔬菜降 0.2%。议购粮食 1940 万斤，销 1600 万斤，每人每平［月?］1.1 斤。议价比牌价高一倍多。

供应粮食〔每人每月〕26.7 斤，比〔19〕57 年少 1.4 斤，包括饭店差得更多。

去年一年和〔到?〕今年四月因降价居民少支出 3900 万元，平均每人□元。

〔19〕63年物价比〔19〕57年上升24%，每人每月约增3.5元。现在还高22%，平价高16%。全粉〔19〕57年1.29毛，现在1.65毛。油〔1957年〕5.46毛，现8.4毛。

办法：（1）调整工资类别；（2）主要商品涨价要同工资结合。

地方工业〔品〕质次价高，120种已淘汰15种，降价30多个品种，价格还高的46种，平均高16.5%，出厂价高26.8%，生产成本高68.5%。①质次价高18种，如算盘、尺、扑克等；②质量还好，价高22种，如飞天香皂，成本比上海高一倍；③质次价不高的6种，如雪花膏等。原因有经营管理，劳动生产率差4倍（缝纫机），10倍（理发剪），几十倍（子母扣）。

安东市物价汇报

上半年物价略有下降，平价微升，议价、市价继续降落，比去年同期降4.5%，比〔19〕57年上升20%左右。

平价商品比去年底升0.2%，比去年同期降1%，比〔19〕57年升15%左右。副食品降3.3%，烟酒茶〔降〕5.4%，日用品降0.8%，煤升3.3%。蔬菜收购价比上年同期降29.4%，销售价降20.2%。小杂鱼降价。平价糖只卖一半上下，高价糖无人问。红糖每斤一元二角，能卖一点。

工人买议价粮的占80%以上，平均每人每月买1.8斤。议销粮价降10.7%，油价一元四角，降22%。

柞茧每斤4.5角，〔19〕57年2.6角，上升75%。历史上千粒茧50斤粮食，现在83斤。1925年75斤粮，产量最高。〔19〕57年60斤粮。蚕茧桑每担122元。农民害怕降价。柞蚕绸每米商业亏损1.09元，工业有利润。柞丝出厂价每公斤33.7元，利润3.1元。柞绸每米3.16元，利润0.51元。零售2.94元，批发2.58元，出厂价3.54元（薄绸）。厚绸批发5.74元，出厂价8.44元，倒挂2.7元。需要调整价格。

纸的利润过高，有光纸50%以上，书写纸100%以上，原因芦苇降价。

百货削价110万元，平均每人3元。主要是鞋帽衣服等。未处理的还有2300多万元（原值）。上半年削价损失367万元，大于商业全部利润。

〔19〕64年上半年物价比〔19〕57年上升20%上下，其中平价约升

15% 上下，比〔19〕62 年降 10% 多一点。

~ ~ ~ ~ ~ ~ ~ ~

煤炭销〔售〕价东北提 2300（万元），加内蒙、山西共 2500 万元，河南降 2600 万元，山东、江西也降了几百万元。

按质论价同消灭亏损的矛盾，矿价同销价的矛盾。

有色矿砂，可以分矿定价，分矿定税，比煤炭容易。

航空用油进口 400 元，国内 1200 元，拟降为 900 元。

计划工作讨论会*

农业计划

1964 年的情况，只有数字，没有政治、思想，生产高潮正在形成没有提。有没有？有在哪里？没有研究。

工业计划

今年计划增长 8%，预计增长 13.3%。原因，1/3 因农产原料增产，1/3 重工业主要产品（化肥、水泥等增产），1/3 其他小产品增产。

以工业品为原料的轻工业品有盲目增产，形成积压的现象。

基建投资，在战略上要抓第三线，短期内不能见效的建设，战术上要抓短期内能见效的建设。

技术革新和企业的专业协作，综合利用，可以大大提高生产力，应当抓这三个方面。现在还是红领巾时代，容易改，将来成年了就难改。

工业生产要摆脱苏联对我们的影响，否则就要少慢差费。现在修正主义的物质刺激仍在各方面起作用，再不改变将要尾大不掉。现在工厂设计都要大、全、多，毫不自觉，反而以此为荣。计划要有战争准备，要有战争贮［储］备，要有备无患，不要弄得慌慌张张。

---

* 这是 1964 年 8 月国家计委的一次计划工作讨论会会议记录。大标题为编者所加。

基本建设

今年投资预计完成，计划内115〔亿〕～120亿元，加计划外为125〔亿〕～130亿元。超过计划十多亿元。

许多制度，合理不合法，合法不合理，必须革命。设备革新不能变样，这是奖励保守。

去年的结转没有列入今年的预算，等于把投资一刀砍，今年所谓超过计划，实际上是计划内的去年的结转。

各部的设计机构，科学研究机构，附设院校，知识分子成堆，基本上处于无人管理状态。各部党组应当认真抓一下。两种不同的设计思想，两种研究方针，两种教育方针，这都是阶级斗争，不解决不能多快好省。

设备材料供应除木材外大体上可以满足140亿投资的要求，计划投资125亿元，计划外投资估计会有十多亿元，大体可以平衡。

明年计划投资安排130亿元，要求降低造价5亿元，实列125亿元。降低造价不能奖励偷工减料，要从审查设计，改变贪大贪全思想方面降低投资，不能降低工程质量。

劳动工资制度是完善的教条主义，照抄苏联办法，不准用临时工。

1964年基本折旧34亿，其中中央厂21亿，地方厂13亿。明年计划留出9〔亿〕～12亿。留给部门企业15%～20%（5〔亿〕～7亿），4〔亿〕～5亿国家统筹安排。2.5〔亿〕～3.5亿用于技术改造。第三〔个〕五年逐步扩大到基本折旧全部留作设备更新。钱的来源，基建投资4〔亿〕～5亿〔个〕，四项费用5〔亿〕～7亿元。

进口新技术，已定8项，待定10项。

1965年生产能力，钢1200万吨，有色〔金属〕40万吨，煤24400万吨，原油1100万吨，合成氨105万吨。

〔薄〕一波同志

结合目前形势，如何搞得多快好省？我们的工作落后于形势，能搞快一点的没有搞。这几年工作做得比较好，但是群众的力量还没有完全发挥出来，原因是大家都不摸底。办〔加?〕快办法，抓阶级斗争，蹲点。各部要作蹲点的规划。首先是部长、副部长，不执行这个决定，就没有资格领导革命。

工业交通布局，这几年在沿海与内地的布局上有缺点，沿海摆得多了，特别是重工业，尖端工业。布局要有战略观点。口里说帝国主义存在就有战争危险，实际工作没有考虑这个问题。搞了这许多大而全的工厂，鞍钢产量占三分之一，品种占二分之一。大水库也有危险。要抓紧第三线的建设，明年建厂放在二线、三线。各部都应考虑，如果爆发战争，能否保证国家供应。应当比斯大林搞得好一点，他剩了九百万吨钢，还是打败了希脱拉〔特勒〕。明年的计划安排，要突出三线。要在中央领导下，建立建设三线的指挥部。

工业有一个改组问题，要革命。现在最大的毛病，是抄苏联一套，受苏联框框束缚。要在 1965 年革出一个样子来，从设计、施工、财务管理、劳动工资制度等〔方面做〕。重工业要很好〔地〕为农业、国防服务，要向专业化协作方向发展。某些工厂可否一分为二，地方机械工厂要和战结合，要做动员计划。汽车、拖拉机可否放在一起？托拉斯必须是经济管理机构，不是衙门。

财务管理制度必须革命，不革命损失很大。首先解决基本折旧费的管理问题，明年必须实行新的办法。

〔李〕富春同志

基建的方针规模，要根据国际国内形势，与“三五”衔接，要有所取舍。重点：（1）明年开始建设三线，包括基础工业，国防工业，也包括农业；（2）与第三〔个〕五年计划衔接，特别是基础工业中的薄弱环节；（3）跟着农业的发展和市场需要，安排轻纺工业。投资安排必须服从战略要求。

什么叫第三线，厂址不能选在成都壩子，关中壩子，要靠山、隐蔽。学朝鲜，把一些工厂放在山洞中。

少花钱多办事，首先要解决设计思想，贯彻大中小结合以中小为主的方针。明年要开设计会议。

基本建设程序，应修改的修改，计划制度、财务制度、劳动工资制度，都要讨论一下，来一次革命。

如何采取新工艺、新技术，要提高劳动生产率，降低成本，也要中小为主。

两种劳动制度，两种教育制度，各部都要试点。明年工人增加要控制，尽可能用临时工，亦工亦农。

援外工作

〔薄〕一波　（1）通过援外，努力学习人家先进技术，来刺激国内工业的进步。

（2）发扬国际主义精神，经过努力能做到的事尽力做，确实做不到的不要硬充好汉。

（3）质量不如人家的承认不如人家，但也能用，要逐步改进。

〔李〕富春　（1）援外既要积极承担，又要实事求是；（2）援外是帮助革命，帮助建设，加强友谊；（3）占财政3%左右，预算13亿，最多14亿；（4）通过援助，促进国内工业水平的提高，介绍国外先进技术。

价格问题

材料设备价高利大，打击基本建设。基本折旧上交，设备更新国家投资，养成企业对国家的依赖性。

明天讨论：（1）生产资料价格；（2）军工产品价格；（3）折旧费。

〔李〕富春同志　国际形势日益紧张，要积极准备反侵略战争。要抓阶级斗争。

军工成本利润率19.5%。

三机〔部〕12.9%，四机〔部〕32.6%，

五机〔部〕19.8%，六机〔部〕18%。

今年利润4.6〔亿〕～4.8亿。

明年成本降2.6亿，生产增长2.4亿。

原计划降2.0〔亿〕+2.6〔亿〕=4.6亿。

现在财〔政〕、装〔备〕两部都按第二方案计算，按第三方案算一次账，装备费要相应调整。算出后再商量。

〔李〕富春、〔薄〕一波同志

专业协作问题，许多同志以大而全为光荣，不是勤俭建国思想。要他专

业化协作，他怕协作件质量差，时间迟，不是共产主义，你为我、我为你的思想。

问题：(1) 设计思想，要提到两条道路的斗争，是多快好省和少慢差费的斗争。

(2) 经委、计委、科委共同研究，先搞几个成熟的经验，逐步推行，要标准化。

(3) 每个部门考虑把一些精密的、尖端的工业搬家，或者一分为二。

(4) 各地布置铸锻中心。

(5) 明年新建的项目，必须是专业化协作，不能再搞大而全的建设。

军工要考虑一、二、三线问题，靠山、隐蔽。要有战争观念。

新增生产能力是否平衡，是否配套？平时需要和战时需要。

地方军事工业要有标准设计，统一领导，归国防工办指导，地方自己建设。投资平衡归计委，不要贪多求大。

①钢材成材率，我国〔为〕66%，日本〔为〕78%，我们参观日本后，可以提高5%～7%；②过去没有好好利用废钢，每年利用废钢，至少可用100万吨；③有色金属综合利用潜力很大。这三个例子可登《经济消息》。

多快好省方针定了，要有具体政策和措施，像冶金部抓废钢、成材率，机械部抓专业协作等。

〔李〕富春同志

价格对财政能否一手进，一手出，如果不能，差额如何消灭。粮食、外贸亏损不能减少，靠工业的高利润吃饭，很危险。

(李人俊：规章制度的革命化，①促进生产力发展，还是妨碍生产力发展；②发扬共产主义、集体主义精神，还是发展个人主义。)

工资制度，鞍钢有四百多种，大庆革了命，把工资制度统一起来。不要把工资改革看得太困难，只要向工人说清楚，工人是可以接受的。计件工资值得考虑。实行计件可以不作政治工作，不政治挂帅（各尽所能）。奖励制度，奖集体，不是奖个人。

现在的设计规范，是在社会主义制度下，利用领导干部的官僚主义，使修正主义和资本主义思想和平演变，设计思想是①怕负责，②多拿钱。

物价政策，拥护减价。

①城市人口过分集中，如何疏散；

②交通枢纽被破坏影响如何；

③大型水库破坏影响如何；

④工业集中在14个城市，如何疏散。

〔对〕主席批示要精心研究，逐步实施。国务院要成立专案小组。

仓库也是一线多，二、三线少，大专学校、科研机关也集中在大城市。这些问题，都需要在二三年内逐步解决。

地质工作好大喜功，望洋兴叹。

反对教条主义必须系统总结经验，不能空喊口号，要有具体办法。

支援农业应有支援方法，把工厂的职工和机器设备去“支援”农业，是错误的方法。地质部把钻井〔工〕抽去打井，也是错误的，是不务正业。

研究出口轻工业品价格，成本、出厂价，国内市场价，出口价。出口商品不但要换回外汇，而且要作经济核算。

〔李〕富春同志

〔第一个问题〕1965年调整任务基本完成，明年不是继续调整。第一个任务是阶级斗争、“五反”、蹲点，干部参加劳动。有些企业的领导成员要进行调整，搞好这件工作，会使生产面貌发生深刻变化。将来机关不是原封不动，而是大大精简，可能砍掉三分之二。

第二个任务，积极安排生产，继续比学赶帮，两赶三消灭，最后表现为提高劳动生产率，以迎接第三个五年新的高潮。

第三个任务，在不妨碍当前生产任务条件下，建设第三线，调整第一线。

第二个问题：工业布局，14个大城市（100万以上人口）要调整布局，新项目不上，续建项目缩小规模，有的一分为二，有的迁移，明年要作计划。安排在第二、三线的，也不能放在大城市。三线建设也必须适当分散，靠山、隐蔽。不管他几年内打不打，决心建筑在打的上面，不要犹豫动摇。把设计研究机关分散到工厂去，农村去，包括学校。

第三个问题：如何贯彻总路线，做到多快好省。大家提出许多问题，还要具体研究，如计划方法，如何做到集中力量打歼灭战，要吃透两头。（做了十五年经济工作，没有学会集中优势兵力打歼灭战。）二是设计方法，要开一个设计会议，把设计人员赶到现场去。（过去争的只是批准权，而没有争设计思想。）三是施工，甲乙方能否统一，研究利弊得失。四是专业协作问题，首先是机械工业。五是综合利用，首先是燃料工业，化学工业。石油部要利用油气。六是采用新工艺，新技术。各部都要搞出一件两件，不革新生产力提不高。技术进口也要集中力量，不能应有尽有。七是具体政策，如劳动政策，两种劳动、教育制度，要选一二工厂试行。工资制度是否到了可以统一的时候，奖励制度必须改革。要在我们这一代把这些问题解决。价格政策也要研究，准备讨论一次。最后是要做到〔提高〕劳动生产率。以上问题都要精心研究，逐步实行。

明年生产采取积极方针，基建投资要讨论了财政后再定。各部应即考虑明年首先搞什么？拉掉什么？

〔薄〕一波同志 调整战略部局要有计划，有步骤，不要一哄而起。三线建设，一分为二等等，都是如此，可以分几年逐步进行。

要一分为二，既讲成绩，又讲缺点，有批评，有自我批评，有意见就讲，错了就改。

以酒钢为中心，建立陕甘青宁工业基地，从小到大，60万吨，100万吨，150万吨，从小而全到大而全。

第三线创业时期，必须学习大庆精神，生活因陋就简，一开始就试行两种劳动、两种教育制度。技术要先进，生活要艰苦，要向农村生活看齐。

结合反对修正主义，提倡艰苦朴素，降低生活标准，凡是不合理的开支一律取消。同情浪费就是同情修正主义。

物价问题

价格政策，什么是价格政策，要搞清楚，否则争论不休。

社会主义企业中成本、利润、税收，如何利用价值法则？

从消费、积累来说，应当如何积累？消费、积累如何分配。

财政的基础是全民和集体，其中工业多少，农业多少，商业多少？现在是建立在工业利润较高的基础上。降价财政收入减少，基建投资可以相应减少。由于高利高税，财政收入多了，各方面的开支都要求增加。要扭转这个局面，否则要降价，财政部就反对。

投资分配不能根据原定比例，而要服从党的战略方针。

财政安排，该降的都要降，投资盘子要小于去年（100亿），这样才能挤出钱来保证三线。一线的建设，该砍就砍，大水库不建。有些工厂一分为二，能搬就搬。

物价问题同意物委的方案，就这样办，道理没有讲透，要讲一点道理。生产资料降价能起促进生产的作用。市场商品提价也要理直气壮。最低工资工人补贴一点，其他一律不加，提到反修高度。怕艰苦就是修正主义的开始。脑力劳动者不能参加体力劳动，就有变成修正主义的危险。消灭三个差别是严重的阶级斗争。

计划报告

（1）国民经济出现全面高涨形势，调整任务基本完成。

（2）明年任务各方面采取革命措施，为第三个五年作准备。

通过阶级斗争，“五反”“四清”，调整战略部署。

（3）三线建设，首先抓西南，铁路、地质。

调整一线，加强二线，建设三线。

（4）工业改组，专业协作。

（5）新技术，技术革新、革命，综合利用。

（6）提高劳动生产率，反对浪费。

（7）肃清教条主义，修正主义。

（8）社会主义革命。

〔李〕富春　（1）怎样彻底批判苏联计划工作方法？

（2）要把总路线、总方针当作社会主义经济建设的规律。没有群众路线就没有社会主义的优越性。

（3）研究计划体制、方法、规章制度，大权独揽，小权分散。

调查研究要点面结合，要积累资料，进行系统整理。

工商业的流动资金要物价委员会研究一下。农业、轻工、文教投资可否划给地方去管，基本折旧基金也交部门和地方去管。

计委党组会议*

〔**李富春同志**〕

主席批了伯达同志的建议，限今明两年改革计划方法。第二天主席约三人谈话①。我说计划工作毛病在没有吃透两头，问题恐怕就在这里。计划会议常是争项目，争投资，研究方针政策，贯彻主席思想不够，计委不能老是算账。不仅计委，还有财政、各办，计委统不起来，分兵把口，互不了解。计委工作我亦不甚了解，经委、财贸、农林等情况也不甚了解。少奇同志也不甚了解。

（〔毛〕“今明两年把计划工作改革，给你们一点时间。”）（1）明年调整第一线，集中力量建设第三线。（〔毛〕“这个提法好，免得分散力量。”）新建项目一律不建在第一线，续建项目迅速收回，旧厂一分为二，（一分为三，一分为四。）向后方搬，不要妨碍第一线生产，一线以技术力量支援三线。

三线派了两个工作组，目前主要是修通铁路，钒钛分离，选择厂址，发展农业。

（2）加强技术革命，各行业都要有新技术政策，新建项目必须采取新技术，新设备，福利设施因循［陋?］就简，采取大庆精神。

抓冶炼技术，氧气转炉炼钢，光学仪表仪器，电子等。

（3）工业建设必须专业化和协作，特别是机械工业。过去建设几个大而全的工厂，情有可原，现在再搞就是错误。（现在是小而分，不是大而全。）

苏联修正主义思想主要是物质刺激，稿费、演出费、播音费很高。科委搞博士副博士，是资本主义一套。

（4）两种劳动工资政策，工资政策要修改劳保条例，几年以来做到全

---

* 根据记录内容，会议时间应在 1964 年 9 月上旬。

① 1964 年 8 月 29 日，毛泽东与薄一波、李富春、陈伯达谈计划工作（《毛泽东经济年谱》，中共中央党校出版社，1993，第607～608 页）。

国工资水平大体一致。实行两种劳动制度，两种教育制度，半工半读，半农半读，亦工亦农，轮换制度，都可执行。（主要是技术问题，劳动生产率问题，做半天工目前还不能实行。）

（5）工业管理体制，推行托辣［拉］斯，经委试行十二个，一定要搞出榜样。将来可以用经济办法代替行政。（恐怕是这条道路。）

计委本身也是分兵把口，几个副主任兼各办副主任，这种形势，是分散，不是集中。计委应当成为中央的经济参谋部，现在计委同各部各口平行，不好办事。

主席考虑问题：①建立第三线；②战略问题；③地方抓军事；④接班人。

计划工作如何革命？不要狭隘了解。（用七年到十年时间把三线建立起来。）如何克服苏联一套。许多规章制度是照抄的。怎样在以农业为基础、工业为主导思想指导下进行安排，不是简单的有计划按比例，没有目的性。要多快好省，克服苏联给我们的影响。在工业布局上、设想上、技术上、劳动工资上，都要有一套新的东西。（综合要经过斗争，有消化，有排泄，有吸收，这才是综合。）我们既没有消化，更没有斗争。

调整一线，建设三线，要使工农业生产有进一步的发展。不要使第一线的生产受到损失，否则两头落空。

技术改革，使工业内部有个改革，重点是什么？每一行业有重点，全国也有重点。使我国在一定时期赶上世界先进水平。首先是机械工业，这是一个方针问题，不是一个简单的技术问题。

工业建设如何做到多快好省，从设计、施工开始，现在建委取消了，建设没有人管。可以设想恢复建委，把基建工作全部抓起来，包括设计。

工业管理，现在条条太多，有部、有委、有口、有各大区、有省。都是全民所有制，有五级，十几条，走托辣［拉］斯道路可能是出路，但同现在的行政管理制度有矛盾。都是照抄苏联一套，一直拖到现在，究竟如何解决？

各种体制问题，集中表现在条条同块块的矛盾。可否农业、轻工业交地方去管，中央集中力量抓基础工业。计划体制、财政体制如何改进。地方钱是用了，用得不痛快。基建程序如何改革？

规章制度问题，必须重新审查。凡是束缚生产力发展的，必须改革。但不能像〔19〕58 年那样废而不立。

〔程〕子华同志

（1）编计划和执行计划脱节，执行的是经委、财办、农办。（各口执行计划，利弊如何？计委是否作了综合平衡？）

（2）各口长兼计委副主任，计划工作不是集中了，而是分散了，各口各搞计划。（各部各省争投资，原因中央方针没有交待［代］清楚。）（没有把问题提高到原则、方针，毛泽东思想的高度，来说服各部各省。）（从总结经验来说这是革命化首先要解决的问题。）

（3）主席亲自抓经济工作，目前计委的机构不相适应，必须把各口合并，（恢复中财委。）（两个拳头、一个屁股，只是说明基础工业的主导作用，与农业为基础并不矛盾。）目前的组织形式和工作方法不行。

李　建立三线要打破常规，小而分，新技术，大庆精神，这样才能多快好省。

要注意全面安排，综合平衡。利用云贵川已有工厂，从一线搬一些设备去，不要只看到新厂的建设。

上海、天津都有一百多个厂子可以搬家或一分为二，中央指定地点，明年行动，一二年内就可以开始生产，这是建设三线最快的办法。把厂长、工程师也调去。

计划工作的革命

（一）打破老的框框，听取各种不同的意见，不是听汇报，看报表，而是真正听取广大群众的意见，支持他们所提出的好意见，好办法。坐在办公室里不能革命。

（二）关于技术革新问题，不争指标高低，要争经济效果。不但新企业要用新技术，老企业也要用新技术。农业的技术革新要实事求是，因地制宜。

（三）关于组织机构和规章制度问题，通过行政机构来办经济事业，这个办法必须研究解决。既要有严格的计划管理，又有实事求是，讲求经济效果，这是计划工作中的根本问题。

（四）关于集中统一领导问题，同意改变组织形式，如成立中财委。但根本问题是有人抓总，计委不要老把屁股坐在工业方面，能否拿出一年两年时间抓一抓农业、财贸。四位副总理合署办公，大事情在一起商量，下决心改组计委。

（五）计委内部的领导问题，怎样把大家的力量发挥出来，少讨论一些指标，多讨论一些改进计划工作的实际问题。要做改进计划管理体制的调查研究工作，吸收各方的不同意见。

～ ～ ～ ～ ～ ～ ～ ～

重点：计划体制，基建程序，财务制度。首先解决三个问题。

决心调整一线，建设三线，年内先搬几个工厂，但也不能一哄而起。

问题要一个一个反映，反映一个问题，要有矛盾，不要梳妆打扮。

计委的拖拉，主要表现在主席指出的许多大问题，没有及时研究解决。

设计思想，要开设计会议，要找一些具体例子，才有说服力。

财政支出原则：（1）保证简单再生产所需技术改造；（2）保证第三线的建设；（3）保证国防需要；（4）照顾其他方面。

推土机（厦门）价高利大，用洛阳拖拉机加一推土装置。

适应战略要求，体制应以块块为主，不可能以条条为主。

各种制度都是学了苏联，要用半年时间进行研究，提出改革方案。

①抓年度计划。

②今明两年能革什么命？

③一二三线的调整和建设。

常规武器，机械工业配套，五年完成。

一线设备改造，技术更新。

④继续发展工农业生产。

少搞大型，多搞中小型。

⑤技术革命，明年抓什么？

⑥两种劳动制度、教育制度。

⑦体制问题，计划、建设、物资、财政，要搞些人去蹲点，弄清情况。

⑧计委要改组加强，真正成为中央的经济参谋机构。

现在按条条分投资，地方不满意，这确实不是一个好办法。

把一部分投资交给地方分配，一不准建楼馆堂所，二不准建全国产品有多余的工厂，考虑设备材料的平衡。

全国计划会议*

〔李〕富春同志报告

怎样开计划会议。

（一）计划工作怎样革命？

怎样贯彻主席思想，贯彻党的政策？要用革命办法，而不是修修补补的改良主义办法。要总结经验教训，提出具体办法。

（1）克服分散主义，建立经济工作的统帅部。过去对主席请示报告不够，客观上形成封锁，以致不能经常取得主席和少奇同志的指示。各口各部搞计划，还有分兵把口的现象。

（2）反对主观主义，计划机关自己没有调查研究，依靠各部各省报告，是否可靠？拥护毛泽东思想，要有具体政策，具体措施。对主席思想的理解，往往是片面的。另一方面，对下面的实际情况，也不甚了解，靠汇报，靠报表，靠走马看花式的调查。不多谋，因而不能善断，不能提出明确的政策和措施。

计划思想从何而来？是苏联的本本加上一些自己的经验。要摸透几个城市，几个农村，几个企业。如佛山市、石家庄市，再摸几个县。究竟怎样做计划工作。大家都要做老实人，说老实话，办老实事。不要老是争指标，分投资，定项目。

---

* 1964 年 9 月 21 日至 10 月 19 日，召开全国计划会议。会议集中讨论计划工作革命化问题（《中华人民共和国国民经济和社会发展计划大事辑要 1949—1985》，第 222 页）。这是这次会议的记录。大标题为编者所加。

（3）克服教条主义，打破苏联框框。计划工作受苏联影响很大，这几年做了一些修修补补，苏联框框基本未动。如劳动工资、基本建设、物资分配，很多照抄苏联。计划报表搞得很多，很多是无效劳动，做辛辛苦苦的主观主义。统计方法也要改变，要以调查为主，抽象［样?］调查是从印度搬来的。简化基本建设设计任务书内容，不要搞繁琐哲学。物资总局改物资部，改革物资分配制度。改组劳动部，要向消灭三个差别前进，不要强调物质刺激，迅速修改劳保制度。打破束缚生产力发展的规章制度，管理制度已成熟的，要以革命精神迅速改革。技术工艺制度的改革要慎重。①计划管理制度；②财务制度；③基本建设制度；④统计方法报表。

（二）计划安排的主要方针。

实行总路线、总方针，适合战略要求的具体方针。

（1）调整工业战略布局，调整第一线，集中力量建设第三线，要利用第一线的力量来支援第三线的建设。设想三年建成重庆基地，五年建成酒泉基地，七年建成西昌基地。二线还要完成续建的任务。一线一方面要分、迁、缩（新项目）、停，另一方面要加速投产，设备更新，技术改革，增加生产，支援三线。三线建设要做到和战结合（机械加工工业）。采用新技术，专业化协作，大庆精神（约法三章：艰苦朴素生活、干部参加劳动蹲点、三老四严）。依靠群众发展农业（所有的农村都是三线）。

两种劳动制度、教育制度。

分散隐蔽，靠山建设。

迁、分的重点是机械、冶金、化工，要具体安排，不要一哄而起，轻纺不动。今明两年迁分一百多个工厂。

（2）技术革命，目的是大大提高劳动生产力，加速工业发展。冶金抓氧气转炉炼钢，机械工业抓电子工业。现代技术主要是喷气技术，原子技术，电子技术，而以后者用途最广，军用民用都需要电子技术。矿山机械化，工程机械化。旧企业的设备更新，技术改革，基本折旧抽出五亿元，不要用于新建扩建。

科学实验同生产相结合，实用科学归生产部门领导，同企业结合。

（3）原材料的综合利用，专业化和协作从大而全转到小而分。标准化、系列化工作改归经委领导，科委协助。

（4）坚决实行两种劳动制度、两种教育制度，防止产生修正主义。培养有文化的劳动人民，缩小三个差别。技工学校改为半工半读学校，选择几个高等学校、中等专业学校改为半工半读学校，培养半工半读学校的师资。办亦工亦农的工厂，季节性的工业都可以亦工亦农。矿山采取轮换制度，与附近公社订立合同。

（5）勤俭建国，艰苦奋斗，自力更生，奋发图强。

以上五条都是战略方针。

（三）明年计划。

在调整一二三线同时，仍要组织工农业生产的新高潮，要求农业生产达到 1958 年的水平，工业生产增长 12％。

明年财政收入 440 亿。

财政体制

宋〔平〕 两个前提：（1）有利于发展生产；（2）中央与地方的关系，更正常一点。

有些体制对生产是否有利？如只体现基建，不体现旧厂设备更新，技术改造，对生产发展不利。税制是合营时规定的，不适合于目前情况，不适宜于专业协作。

科学研究，新产品试制没有财政科目，不反映技术革新的要求。小额贷款起了很大的作用，大修理准许变形。去年做了两件好事，对发展生产起了相当大的作用。四项费用改为企业提成。

中央与地方的关系，能否做到统而不死，放而不乱？一个省几千万人口，总要自己能够管点事情。这次会议解决不了，不能以后老不解决。多给地方一些，用于发展生产方面，保险当年收回有余。（三千万元贷款，还本以外多交四千多万利润。）不要修修补补，要认真革命。超额分成可以取消，另外给地方一些什么东西。

鲁 拥护中央集中统一，并不要求分权。现在中央条条很多，实际上是分散，浪费很大。有些中央工厂亏本一两千万元，无动于衷，也没有人进行检查。地方工厂一个个垮下去，没钱解决它的问题，实在痛心。究竟按政策办事，还是按制度办事？

税收：所得税起征点，累进率，奖励个体，不利集体，越分散税率超［越？］低。

取消超额分成，免得扯皮。地方财政收入也不要超额分成。（企业总额分成3.5%，超额分成10%。）多收全归中央，地方开支规定数额。（不开前面开后门。）

县设人民银行，不设农民银行，一个机构，两块牌子，省人省事少扯皮。县以下信贷人员半脱离生产，不要国家供给。（国务院通知转为国家供给。）

曹〔祥仁，浙江〕 中央条条太多，不统一管理，一切问题无法解决，报表多、乱也是如此。地方不好办事。旧企业的改造没有钱，分了一点钱搞化肥厂了。硫酸厂80%人病了，无法解决。明矾矿要的人多，无人出钱。条条下去，是大分散，大浪费。

农林水也是条条下去，地方无法管。可否放给地方去办？凡是地方办的事，把钱交给地方，让地方去办，规定任务，地方包干解决这个问题，大家主动。现在连农业事业费也规定用途，地方不能机动。

超额分成应当取消，地方收入全归中央，另外给地方一点机动费。

包〔厚昌，江苏〕 用在江苏的钱是增加的，比例也增加，但应办的事未办，不应办的事办了。原因是条条支配，多花钱，少办事。现在名义上是集中，实际上是更加分散。名义上是少花钱多办事，实际上是多花钱，少办事。

财政部门扣办公费有办法，对大量的浪费无人管理。国营工厂欠税三千多万，还有偷税漏税，财政厅无法管。农村大量税收没有人收。

从生产环节抓收入，油水很大，无锡去年非法用了二百多万元，今年多收了一千三百万元。这件事究竟〔应〕批评还是奖励？

根本问题是条条所有制，不符合于高度集中的要求，这一点要改变很不容易，无法革命。

农业事业费能否交给地方支配？

四项费用可不另拨专款，给企业一点提成自己解决。

利用库存物资进行设备更新（潍坊水库发电机80多万，安装10多万）。

〔李〕先念同志

中央地方开支各占多少比例?

农林水、文教卫开支地方可以调剂。

“大权独揽，小权分散”原则必须坚持，集中的建设比分散的建设效果大一点，统一的官僚主义比分散的官僚主义还好一点。中央精神还是强调集中，反对分散主义。就是要给地方一些机动。

物价工作革命化

张 物价工作受苏联影响比较小，基本上适合于我国情况。

东北受苏联影响较多，如电价、铁路运价低，全东北一个价。

〔刘〕岱〔峰〕 物价工作主要是方针问题，农轻重价格应放在什么基础上，没有报请中央批准，只是就事论事。报告调价方案，要提一个方针性的文件。物价工作的革命，首先是方针政策性的革命。

统一订价和地区价格不可偏废，三线新建工厂要采用新技术，不要采取保护价格，结果反而害了它。

日用工业品的价格要逐步降低。

〔刘〕卓〔甫〕 价格政策是否合理?看它是否合于客观规律，合于党的方针政策。

吃透两头，要做好调查研究工作，做到心中有数，否则方针政策无法具体实现，更不能提出正确的方针政策。不了解情况，就不能摆脱被动局面。

协作价格需要认真解决。

〔刘〕少奇同志指示

要把十几年的经验总结起来，方法可按行业、按地区、按问题，还要有对经济工作的全面总结。

从全国来讲要搞一个大而全，工业齐全，就一个地区来讲，开始只能是小而全。一个企业来讲，既不能大而全，也不能小而全。一个托拉斯也不能完全靠自己，还需要协作。

大而全，包括四个经济部门，农业、采掘、加工、运输。采掘也必须搞。

工业建设过去也搞群众运动，但不得法，搞起来又冷下去了。比学赶帮也是一个群众运动，开始学会。要把群众发动起来，使每个工人知道这是一个革命工作。领导干部一定要参加劳动。

各方面都要比，比政治，比发动群众，比“五反”，都要比学赶帮。

过去很多模范是假的，还登了报。搞“五反”先搞红旗单位，看是真是假。

干部参加劳动，可以实行六七八制度，车间主任六小时，厂长书记四小时，半天工作，半天劳动。这样一来就生动活泼，不易产生修正主义。一定要有很多这样的单位，会出好产品，好作风，好人才。像大庆油田那样。从大庆抽些好干部到不好的厂子去当厂长。大庆同志要立大志，做好榜样。

开始讲质量、规格、成本，这是经济指标，更重要的是政治思想，可以带动生产。石油部要抽干部到烂了的单位去，这样就会面目一新。

企业改了，厅局不改行吗？部不改行吗？干部参加劳动，就不怕官僚主义，他脚跟站稳了，不怕你。计委、经委也可以自己办个工厂。脑力劳动者住机关久了，不参加劳动，会遗害子孙。

托辣［拉］斯

托辣［拉］斯管实际工作，部只管政治工作，管计划，管平衡，监督托辣［拉］斯。

我们管工业，科学性、灵活性应比资本家高明。资本家互相竞争，明知不合理不能解决。资本家唯利是图。我们没有这些问题，应当比资本家办得好。我们能够发动群众，利用群众积极性，只要领导干部走群众路线，参加劳动，就能够发动群众。

苏联搞托辣［拉］斯失败了，只有大公无私才能办好。过去打仗也没有经验。

工业厅局是经济机关，还是行政机关？应当是经济机关，现在开会，要报表，不像经济机关。

托辣［拉］斯办起来了，部只管计划，监督、检查，部长下去就是找群众开会，你们下去了，问题就掩盖不了。工厂很集中，容易发动群众。

石油部改为公司好不好？石油部带头，部长当公司经理。煤炭部也可以改公司。取消部长，不做官。可以不参加宴会，接待外宾。搞不好，也会官僚主义。集中的官僚主义，比分散的官僚主义还好一点。

纸烟厂 62 个还是太多，可以砍掉一半。上海的厂可以搬到豫西去，至少一分为二，就原料产区。集中产区，烟叶归托辣［拉］斯管，产供销统一。分散产区委托供销社收购。

不要以为组织了托辣［拉］斯就没有官僚主义，有官僚主义再革命。托辣［拉］斯可以半工半读，办技工学校。托辣［拉］斯收地方工厂，不要怕。

首先是共产主义管理，同时亦是经济管理，技术管理。托辣［拉］斯也可以加工订货。

成立汽车拖拉机公司，成立医药公司，医药厂都归医药公司，药品要检定合格，归卫生部检定。不让收要斗。

不赞成地方办托辣［拉］斯。为什么不全国办一个，为什么要地方办？归地方办，产品归地方，不合适。

纺织部为什么不办棉纺织公司，只办纺织机械公司？

公路航运，可以地方办，中央也办，跨地区的归中央。

托辣［拉］斯管生产，也可以管供销，有些产品要归物资部或商业部管。托辣［拉］斯可管生产，管批发。

厅局没有事管，就是要取消一些厅局。

下去蹲点，不经过批准，不准回来。当惯老爷，蹲不下去。

对试点要支持，不要刁难。反对半工半读，就是反对消灭三个差别。半工半读学校不能拿全工资，否则上业余学校。过去无产阶级无文化，半工半读五十年一百年后，工人阶级可以变为有文化的工人。

物资供应

物资试点成功的多，有些失败也好，可以取得经验。

可以吸收一点解放军，自己知道队伍不行就好，商业部就不承认。

领导干部烂了，集中训练，这样更易发动群众。资产阶级可给饭吃，不教［叫］管事。

地方物资机构可以有些机动，有些周转库存，用量不大的可以向北京要。

大路货可以多生产一点，有些周转库存，工厂不用的东西可以收回，放在物资部门可以调剂。工厂不积压，积压在物资部门，就有数了。

要开设门市部，把样品摆出来，可以零售。还要开皮包公司，夹着皮包为工厂服务（跑街）。

工业产品要有半年库存，为着准备战争，要有一年库存。先存20%，再存半年一年。

计划工作

调查研究，从实际出发，走群众路线，认真总结经验。

积累与消费，包括财政、税收、物价、市场，要作统盘研究。

用辩证法方法，用群众路线方法，来做综合平衡。

27.8亿地方投资，56亿地方事业费，（事业费这样多，特别是农业，都是人头费，要清理一下，事业费究竟怎样花的。拖拉机站管理得好，可以减少许多浪费，有些站〔没〕有多少用处，根本取消。明年减一亿，后年再减五亿，不减人就减工资。投资九十亿，事业费一百亿，根本不合理。）交地方管。

临时工不要招收无业游民及盲流，要同公社订合同，工作完了可以回去。

设备更新五亿元由经委统一分配，四项费用十八亿元中留二亿元暂不分配。

（托辣［拉］斯是更集中统一，先说清楚，便于利用新技术，发展生产力，用经济方法管理企业。托辣［拉］斯不要吃得太多，还要同人家协作，不是万事不求人，要便于专业化、协作化，同其他托辣［拉］斯协作，同地方厂协作，采取多种形式。）

〔韩〕哲一　拥护集中统一，但中央五六十个条条，头绪太多，地方要有一些机动权力。

（搬厂不要宣传，事实上只搬一些技术力量、样机，建设三线，同时一线还有发展，上海的生产力量还在，人也减不了，用不到这样紧张。一分为二，原厂还在，就是不要再建新厂。）

上海希望压缩二百万人，迁出一千几百个厂子，现在只搬七八十个，对疏散人口解决不了问题。

（兰州已经很挤，〔河西〕走廊摆不了多少东西，其他地区缺水。川黔、滇黔、川汉沿线可以放一点，湘鄂赣地区很好，可以发展，比大别山好一点。）

邓 会议反了三个主义，破得够的，主要是立的问题，搞了几条，都是切实可行，必须做的，可以发生很大的作用。

三线问题抓住了，这是一个战略问题，也是长远计划的基础。还考虑了技术革命，老厂的技术改造，这个问题也抓住了。已经取得一致意见，就可以这样做。

计委的工作，四个作用，参谋作用，综合平衡，计划总是要平衡，这不是教条主义，调节、仲裁，这也重要。现在分兵把口，总要有一机关起仲裁作用，如中财委。可以设想，建立统帅部，只能解决方针问题，总要有个办事机构，不能都拿到统帅部来。关键性的问题可以统帅部讨论，具体问题放到各级计委。计委要站在矛盾之上，真正起到平衡、仲裁作用，摆脱繁琐哲学。计委是统帅部的办事机构，省要有一书记兼计委主任。计委不能跟着各口走，要站得高，看得大，体现总路线、总方针、技术革命。人可以少一点，经常下去，只算大账，不算小账。算一二三线，算新技术采用，推动各口。计委是经济工作的总参谋部，指挥打歼灭战。

建委设不设，中央讨论决定，地方不一定要对口。

搬家肯定用一分为二的办法，主要是利用技术力量建设三线。

要搞长远规划，省县也要有长远规划，新技术采用也要长远规划。年度计划不是很重要的，长远规划搞好了，年度计划可以简单一点。基建不能一年搞成，包括战略部署，也设想一下，如何做法。

劳动部意见

地区差别要缩小，〔工资〕高的地区不补。

留一部分作福利费，补助困难户。

留一部分补助三线地区。

计划会议总结

要成为彻底革命的、无产阶级的计划工作者，经济工作者，革分散主义的命，教条主义的命，官僚主义的命。中心问题是脱离实际，脱离群众。阶级斗争尖锐、复杂，不可能不反映到经济工作干部。有没有宁右勿左思想？故步自封，不敢革命。不是上面指挥下面多，而是下面指挥上面多。研究指标数字多，研究经营管理、干部作风、阶级斗争少。铺张浪费相当严重。计划工作作风庸俗，讨价还价。这些问题值得我们深思。这种情况大家都有，不能说省计委就没有，各部没有，只国家计委才有。不要看作偶然现象。

（一）革命如何革法：（1）认真蹲点，参加“四清”“五反”、社会主义教育，总结十五年的计划工作经验。过去就是没有总结经验。带了问题去参加“四清”“五反”，解剖一个麻雀。计划工作怎样做，工农商学怎样安排。①农轻重关系；②工业布局（一二三线）；③农业生产建设与稳产高产，农业真正依靠群众，发扬大寨精神；④工业生产组织与工业管理；⑤技术革命与技术革新；⑥基本建设；⑦物资供应；⑧劳动工资；⑨积累与消费，包括财政、税收、市场、物价；⑩教育制度，逐步推广半工半读；⑪对外贸易与援外，国际形势愈好，外援任务愈大（对资对社贸易，从四六转为六四）；⑫改革计划管理机构。花半年时间总结经验。

（2）革什么命。①组织明年工农业生产高潮，“四清”“五反”中要抓一抓生产，革命要达到增产的目的。②简化表格指标，计划主要是贯彻党的政策方针。③计划体制，地方投资和事业费由省统一安排，主要是农林水、文教卫、城市建设、手工业。不要上下对口，行政事业费地方统一安排。④基本建设方面简化设计任务书，取消甲乙方，由甲方或乙方统一指挥（摆了矛盾，没有矛盾主要方面），取消建筑企业上交利润任务，到现场去设计。⑤财政体制跟着计划体制改，基本折旧三四年划出用作设备更新，今年拿出五亿，经委掌握分配，新产品一定时期免税，协作件免税。⑥劳动工资控制固定职工和工资总额，地方可以适当调整。

（3）改造加强国家计委，建立国民经济统帅部，计委成为总参谋部，调整计委干部，没有最后决定。

（4）成立建委，还要考虑。

（5）重点转到蹲点调查研究，总结经验。

（6）明年八九月搞出第三个五年计划和十年展望。

（7）加强省市计委，党委加强对计委的领导，省计委同时受国家计委领导，上下互相通气。

（二）一九六五年的中心任务。

组织工农业生产高潮，调整一线，建设三线。调整任务已经完成。工农关系，工业内部关系，产量质量品种成本，市场物价各方面都调整好了，且有充实巩固提高。除上述两大主要任务外，还有技术革新、设备更新、两种劳动制度、教育制度等。

明年工业增 12%，农业增 7%。“四清”“五反”有利于组织生产高潮，因为群众高兴，干部不敢做坏事。今冬明春要大搞水利、积肥，建设稳产高产农田。

投资要改变比例关系，一线减、三线增，农业主要依靠大寨〔办法〕，投资不增。

调整一线，集中力量建设三线，用十年时间，真正在三线建立现代化的工业基地，能够制造常规武器。

一线搬厂不影响生产，还要大搞技术革新革命，更有力地支援三线。搬厂两方面都做好准备，做到拆迁快、安装快、投产快，做到搬而不乱。

计委党组会议*

价格问题

北京　粮价赞成哈尔滨方案，北京、天津都不补贴。煤炭，内蒙泥煤不要提，大同少提一点。纱布把纺、织、染利润调整一下，调整后按计划生产。

华东　粮价赞成哈尔滨方案。纱布动的面太大，可动可不动的最好不动。安徽纱布自给，不能算是销区。

江西　粮价赞成新方案。纱布改为产地作价。加 15% 地区差价太多。

上海　煤气要提价。

东北　粮煤布都提价，影响较大。煤炭提价金额较大，今年已经提过一次。可否根据厂价提高幅度提销价。布价〔黑〕龙江维持 2%，不要提。批零差价可否不调。(1) 煤能否补贴；(2) 价高的可否降一点（面粉）。

吉林　粮食（加工）城乡倒挂，能否城乡看齐，乡村不加。

中南　同意哈尔滨方案。保证目前煤炭利润，加以整顿。省内粮价也要

---

* 这是全国计划会议之后的一次计委党组会议，时间在 1964 年 10 月下旬。

统一安排。

河南 现在实际大米价高于调价后标准价，形式提，实际降。煤炭全省分两步走（有些地区推迟一点）。

广东 煤价利润四百多万元，建议广州不变，地区差价合理调整。越南进口红旗煤专题研究。

湖南 每人每月影响2.80元，补贴二元不够，按人口补贴。煤炭价格建议少提（少提二元）。提价多了调不出去（荆州山一个矿）。

广西 精锡多提一点。

西南 调整粮价增加许多矛盾，如果要调，同意哈尔滨方案。云南有顺差地区城乡拉平，多提一点。

四川 粮食同意哈尔滨方案。

西北 新疆提价分两步走。

新疆 边境地区每斤提三四分，幅度太大，可否不超过两分。

甘肃 煤炭矿价可否不提。销价可提一点。

～ ～ ～ ～ ～ ～ ～ ～

提价要补，下补上不补，一粮一煤，关系人民生活。

入选国家第一批可移动文物

徐建青　董志凯　赵学军 / 主编

薛暮桥笔记选编

（1945~1983）

（第四册）

社会科学文献出版社
SOCIAL SCIENCES ACADEMIC PRESS (CHINA)

目　　录

第一册

第二册

第三册

第四册

1965 年

国务院财贸办办公会议*

〔李〕先念同志

第三〔个〕五年物价，生产资料、生活资料、农产品如何摆法？不能三言两语决定。物价影响财政，财政盘子要看物价。有意见要顶住，没有弄清楚就不动。

今年价格如何？一个个商品摆，有些商品可以增加库存（白糖），有些商品降价，有些商品调整生产（铝锅可以少产），有些商品（手表）按供求关系订价。

商业工作，经营环节多了，去年二级批发有些改进（还太多），现在要解决三级批发站。能否打破一点行业框框？公司太多，流转环节太多，有些是不见商品，单纯收手续费（要革制度的命，要先革组织的命）。一定要下决心彻底革命。

商业工作现在因为市场好转，有些骄傲自满，安于现状，不求进取。工业、农业过去几年吃了点苦，现在都要革命。商业虽也受过批评，仍不服气，以致故步自封。

商业减少流转环节，可以降低物价，而不影响财政。改善经营管理，首先要解决思想问题。政治工作要狠抓思想，不要也钻到业务里去。

开一次商业书记会议，时间四月二十日左右。内容：（1）政治工作，要财贸部门重视政治工作，是一个艰苦的过程。

（2）粮食价格问题，征购800亿斤，提价10%，除公粮外提六亿多元。用奖励办法，奖购占一半。150斤以上奖10%，300斤以上15%，500斤以上20%。

（3）机构和经营管理。改善有成绩，但还没有触及本质性的问题。本质在于机构重叠，经营环节过多，不按经济渠道流通。商业厅局可否取消？庙

---

* 1965年3月7日，李先念主持国务院财贸办公室办公会议，听取物价委员会关于物价规划工作进展情况的汇报，并讲话（《李先念年谱》第四卷，第169页）。大标题为编者所加。

多、菩萨多，费用开支就多。能否按行政区划作计划，按经济区划经营商品？

（4）小商品（三类工业品、农产品）问题。三类农产品进城和三类工业品下乡。

1963年、1964年成本（工业）

1963年可比产品成本降9.5%，其中中央工业〔降〕8.9%，地方工业〔降〕10%。

1964年成本降8.8%，其中中央〔降〕9.2%，地方〔降〕8.6%。

军工降低多，民工降低少。前者降17.7%，后者降8.2%。

民用中加工〔工业〕降多，降10.4%，原料工业降4.4%。

成本构成，原材料降7.4%，工资降6.7%，费用降13.4%。

降低原因（一五平均降6.4%），调整和比学赶帮是重要原因。其次是生产增长（19.3%）较快，劳动生产率提高19%。

第三〔个〕五年成本初步设想

生产增长速度平均12%（可能14%），劳动生产率平均〔提高〕8.5%（五年50%），工资平均〔增〕3.2%，价格五年降200亿元，幅度不到10%。

成本每年平均降5.5%（今年6%，第一〔个〕五年4.8%）。其中费用降10%（〔第一〔个〕五年〕1.4%），工资降0.7%，原材料降4%（〔第一〔个〕五年〕2.8%），价格〔降〕0.6%。

五年规划

形势：两个可能，边稳、边建、边战，少稳、少建、多战。目前还是稳建不战。

〔19〕53～〔19〕64年〔农产品收购〕提价农民多得483亿，工业品价提高和返销330亿，农民净得约150亿元。平均每年十亿多一点。财政支援共514亿元。

不了解农村市场的重要，生产没有面对农村。这是方针性的问题。收购小土产，使每个农民〔每年〕增加一元收入。

有利条件主要两条：（1）社会主义教育；（2）过去十几年的经验教训。

〔李〕**先念同志**

仗总是要打，今年不打明年〔打〕，明年不打后年〔打〕。备战工作要赶快落实，仓库要搬家，能进洞的进洞。

耐用商品要贮存一批，没有贮备观点就没有战争观点。多了就增加库存，不要随便降价。

物价长期规划*

农业部　农业生产资料：化肥从每斤 1.65 角降到 1 角，1605 农药〔从〕11000〔元降到〕5000 元，敌百虫〔从〕2900〔元降到〕1500 元，薄膜〔从〕3900〔元降到〕2550〔元，再降到〕1300〔元〕。

轻柴油每公斤〔从〕4 角降到 1 角〔至〕1.3 角，东方红〔拖拉机从〕13000〔元降到〕9000 元，手扶拖拉机〔从〕3200〔元降到〕1500 元。

兽用土霉素成本 102 元，出厂价 240 元，销售价 820 元。

粮价：①普遍提价；②分步骤提价。先奖后提。

供销社　化肥、农药供不应求，暂不要求降价。五年内降到一斤粮一斤化肥。

轻工部　价格应服务于生产，轻工业每年增产 11%，从 148 亿增至 250 亿。糖〔从〕120〔万吨增至〕250 万吨，烟〔从〕460〔万箱增至〕650 万箱。成本降低 10% 左右，20% 左右。

糖	〔19〕57 年 389 元	〔19〕62 年 420 元	〔19〕64 年 397 元
暖瓶	〔19〕57 年 3.56 元	〔19〕62 年 3.93 元	〔19〕64 年 2.83 元
竹〔壳热水〕瓶	〔19〕57 年 1.20 元	〔19〕62 年　—	〔19〕64 年 1.25 元
缝纫机	〔19〕57 年 90 元	〔19〕62 年　—	〔19〕64 年 86 元

* 1965 年 3 月，薛暮桥奉李先念之命自江苏句容县（“四清”工作地方）回京，制定 1966～1970 年的五年调整价格规划（《薛暮桥文集》第二十卷，第 364 页）。这应是回京以后召开的相关会议记录。

（1）稳价：盐、金笔；（2）降价。

物价不能说基本合理，（1）工农产品价格还有剪刀差；（2）轻工产品价格不合理，价格偏高。

纺织部 呢绒降价要多一点。丝绸绝大部分是人造丝，也要降价。

商业部 调价方案〔要〕有利于缓和工农矛盾，倾向于少提工资，多降价。

财政部 （1）突出问题，如粮价，农业生产资料价；（2）消费品价格，是否提高购买力来解决；（3）生产资料价格主要是加工工业。

化工部 成本利润率48%，对生产高速度发展不利。十二年来化工产品价下降15%以上，其他产品略有上升。价高六不利：①不利于四化，基建投资虚大20%以上。农业增产不增收；②不利于日用工业品的发展；③不利于原材料的合理利用（煤低油高）；④不利于专业协作；⑤不利于发展生产；⑥不利于经济核算。

化工产品第三〔个〕五年降价30%以上没有问题，化肥可降30%～40%，塑料〔降〕40%～50%，西药可降50%。第三〔个〕五年平均每年成本降7%～8%，可以比"一五""二五"多一点。

一机部 "一五"降价21%，"二五"降价12%，今年8.3%。比〔19〕57年低20%。平均每年成本降10%，价格降得少一点。〔19〕65年成本利润率38%。第三五年降价幅度还可以更大一点，利润保持20%。

迁到三线的工厂，成本较高，价格上要照顾。税率最好不提。

石油部 油价较高，有利于国家积累，对石油工业的发展也起促进作用。今后降低油价，有利于整个国民经济的发展。

原油成本是上升的趋势，原油不要降价，成品油可以降价，降27%是可以做得到的，煤油应当降价。

冶金部 企业要求降价，〔19〕66年比〔19〕64年可以降得多一点。"三五"可以降15%～20%，明年降4%。〔19〕65年比〔19〕57年价还高3.9%。

电力部 ①资金利润率在20%左右；②没有商业利润；③电力一直紧张。

电力高价不利于国民经济的发展。第三〔个〕五年成本从3.1分降到

2.5 分，电价可降 15% ~20%。

明年降农业用电，过几年再降工业用电。农电 100 亿度，降 1 分为 1 亿元。

建工部 同意利润率保持 20% 水平。第二〔个〕五年砖价上升 25%，原因是手工劳动。灰渣砖成本高。降 6% 是可以的。

八机部 降价压力很大。已经降了 40% 以上。手扶拖拉机中国〔合〕3 万斤稻谷，日本〔合〕5000 斤稻谷，我们还亏本。日本一斤稻三斤柴油，我们倒过来。如果原材料不降价，第三〔个〕五年农机都要降到亏损，现在除东方红 54〔拖拉机〕外，都是亏损的。我们设想第三〔个〕五年降 20% ~25%。

财政部 赞成降价，降多少，需要全面考虑。降多了不利于后建企业。〔财政〕收入减少了，支出也要减少。

成本下降数字，不等于积累增加数字，有不可比的因素在内。

物委座谈会*

北京 发个指示有必要，补充。

区别对待，如化妆品不必储备。

上海 很及时，有必要。

积极生产要根据社会需要。

不能把合理库存当做积压。

积极推销不是降价竞销。

四川 通知有好处。

削价如何管理，防止乱削。

贮［储］备有资金、仓库问题，要解决。

天津 农村推销要适合农民的购买力。处理商品减少环节。

---

* 1965 年 4 月 18 日，李先念将国务院财办代国务院起草的《关于严格控制商品的削价处理和适当增加一部分商品储备的紧急通知》批给姚依林、薛暮桥，批语说：请在物价会议上讨论一下。同月 29 日，国务院下达该文件（《李先念年谱》第四卷，第 193 页）。这应是这期间召开的物价座谈会的会议记录。

浙江 商业部门反映形势大好，生意难做。积极生产要按计划，区别对待。

辽宁 愈讲〔商品〕多，收购愈不积极。

五交化开始减少，到处抢购，防止造成虚假紧张。

陕西 贮备同基建备战有关的，原材料供应困难的，与人民生活关系大的。货不对路削价很多，超计划生产仍要控制。

广东 工业部门也要注意。

浙江 调价要讲清道理。

杭州肥皂从 3.5 毛提到 4.4 毛有困难，南京从 4.8 毛提到 5 毛。

上海 要开一个专业的西药价格会议，出口商品作价办法，可否规定一个利润率，工业利润转给外贸。

协作价格，农机配件价格。

粮食价格

奖励商品粮食产区，搞奖励价格。另一个办法是普遍提价。

现在一种是换购，一种是奖 30〔%〕—40〔%〕—50%，一种是议购。

征购 800 亿斤，其中 580 亿斤给点奖励，设想给 6 亿元，为数不多。

湘、鄂、赣、云、贵、川和广西，粮价在 8 元以下，提到〔与〕安徽相平，即 8.3 元。计 8500 万元，平均每人 5 毛钱。

另一办法，每年议购 30 亿斤，超产超购超奖 30 亿斤。

以生产队为单位，超过 100 斤的给奖，提出三个方案。

〔李〕先念 （1）粮食增产的要合理增购，中央贮备粮要从 40 亿斤增至 80 亿斤，一年增 40 亿斤。为着准备战争，这样比较主动。加超购议购，要达 800 亿斤（计划 755 亿斤）。上年 775 亿斤。

（2）加价奖励，倾向于第三方案，即 100 斤以上的加 12%，方法简便易行。七省要提到 8.3 元，简便易行，比较稳当。

计委汇报

财政部 物价政策：（1）国家同农民的关系，农产品收购价提 3%～5%可能超过。农业生产资料要降一点，化肥主要是够不够的问题，不是价格问题；（2）消费品价格最好稳定，降价对生产不利。糖烟先敞开，卖不掉再降价；（3）生产资料降价有不同意见，价高不等于利大，利大不等于价高。

对财政的影响肯定不只 150 亿，可能有 500 亿。

（李〔先念〕） 化肥、柴油大用户直达调拨，不经过供销社。按出厂价供应。

（余〔秋里〕） 价格不要妨碍扩大再生产。

（李〔先念〕） 新产品试制费纳入成本，价格过高，妨碍新技术的采用。

（余〔秋里〕） 价格政策牵涉一系列问题，是政治经济学。

平均利润水平不要机械，有的高一点，有的低一点。

（余〔秋里〕） 物价做很多调查研究，物价赞成有升有降，具体项目再作进一步的研究，同经委、农办、财办、财政等部门具体商量。

摆开矛盾，从工业看可以多降，从财政平衡看可能有问题。降是一定要降，品种、幅度、时间适当安排。有的降价很有好处，有的产生另一个问题。要有利于生产，有利于人民生活。农民收入少，生活低，价格上要考虑。

要研究经济形势，一个是战争形势，一个是今后供求情况，产品发展趋势。

要有长远计划，否则心中无数，将来提到中央解决。

一是有升有降，二是要有步骤。工业可以降，可能财政受不了。

国家统计局党组讨论统计工作革命化*

统计工作

中央指示是指导思想，同工作任务是两回事。需要与可能都要进行调查研究。必要报表是我们的任务，完成好要调查研究。

---

* 这是 1965 年 5、6 月间国家统计局党组讨论统计工作的革命化问题（《中华人民共和国统计大事记 1949—2009》，中国统计出版社，2009，第 108 页）。大标题为编者所加。

赵 深入实际、深入群众的调查研究并不等于典型调查。

几年来的问题是报表多了，在报表里兜圈子，不是方针任务错了。

领导上对统计工作的要求，首先是几个基本指标。

芦 统计工作三个时期。〔一九〕五七年以前报表为主，典型调查为辅。〔一九〕五八、〔一九〕五九年对典型调查有所提高。〔一九〕六〇年中央提出为主为辅。此后几年，经过肯定、否定、肯定三个阶段。

抽样调查经过肯定、否定、肯定，看来今后可以站稳脚跟，有发展前途，可以代替全面统计。

陶〔然〕[①] 统计工作革命化，关键是主席思想挂帅。一切从实际出发，实事求是，如实反映实际情况。

统计工作以全面统计为主不确当。总理在国务院批评全面调查不如抽查可信。

全面统计不能为主，三大危害：（1）基层负担很大，劳民伤财；（2）数字很不实在，欺骗领导，帮官僚主义大忙；（3）对统计干部的前途，干部的精神状态。

两种思想，工作上的两种方针，也可以说是两条路线的斗争。

王 中央指示是方针，既指明为主为辅，就必须按此执行。另一种解释对中央的指示是不严肃的。

领导上要的是全面资料，这个问题如何解释？最好请示中央。在中央未认可前，不同的解释是不合法的。

常〔诚〕[②] 十三年总结基本上是对的，没有否定中央的方针。批评当时忽视报表的思想。全面统计是指全面数字，不一定是全面报表，是说任务，不是说方针。一般认为全面统计就是全面报表。调查研究不等于典型调查。不要把典型调查和全面调查绝对化，用望远镜调查和用显微镜调查都要。

〔王〕思华 （要以深入实际、深入群众进行调查研究为主，而以必要的统计报表为辅。）（要善于把全面统计和典型调查结合起来，反对滥发报表。）

农村把调查研究放在第一位，问题不大。城市如何提法，还要考虑。

---

① 陶然，时任国家统计局副局长。

② 常诚，时任国家统计局副局长。

统计会议座谈*

湖北　提心吊胆怕犯错误，既怕国家统计局批评，又怕同级党委批评。

中南地区关系紧张的有湖北、湖南、广西。是地方错的，地方检讨，是国家统计局错的，统计局做检讨。

湖北农作物产量调查方法，国家统计局批评是骄傲自大，故步自封，夜郎自大，无组织无纪律等。

统计工作脱离实际问题没有彻底解决，对实割实测也有不同看法。

统计工作改革为党政领导服务，为中心工作服务，方针是对的，方法不完全对。

要湖北做检讨。

四川　对农产量调查，红薯五斤折一斤，不合国家规定。批评四川为什么只执行省委的决定，不执行国家统计局的规定，这是分散主义。通报各县。

为主为辅，应当以中央批示作为指导方针。〔19〕61 年贾〔□□〕说根本指导方针，〔19〕62 年十三年总结另有解释。

指导思想，鼓励同省委对立。批评湖南不敢同省委斗争（木材问题）。

大连会议宣布不谈为主为辅问题，大家谈了一点，不敢多谈。

检查统计工作成绩，主要根据统计报表〔是否〕及时、全面、正确，不检查为党政领导服务情况。完成报表就是完成任务，这在干部中印象很深。

统计工作的指导思想是教条主义，对主席典型调查的作用〔有〕贬低。

浙江　统计局的报表常同省委要求对不起来，不能为省委服务。年年精简，报表愈来愈多，指标愈来愈繁。

粮食数字，按国家口径和省委口径做两套数字（省委不包括小杂粮），计委和统计局联合通报批评（几个省）。

只能讲相同的意见，不能讲不同的意见。讲了不同的意见，就是反对中央的规定，或者不考虑。

北京　强调监督有些过分，有些合理不合法的事情就通报。

---

* 1965 年 5、6 月间国家统计局召开的一次座谈会记录。

都是全面的、抽象的、笼统的数字，典型资料太少。必须精简报表，分出力量来搞些调查。

统计会议没有政治思想领导，就是背任务回去。

陕西 要开会就要彻底解决问题，过去许多问题通不了天。究竟在业务上怎样体现毛泽东思想。

报表任务压得很重，没有力量去做调查研究。干部也都厌烦，不愿工作。大连会议精简报表是大家斗争的结果，各司都不愿减。

周 报表多、乱根子不在统计局，而在党政领导。领导作风不改变，解决不了报表多、乱问题。

现在统计工作不合领导需要，必须改变方法，做好调查研究。领导作风一改变，我们必须跟上去。

领导思想根本问题是高举毛泽东思想红旗，反掉苏联框框，发扬我党优良传统。

1966年计划编制*

（一）情况

要从国内外形势和需要来考虑问题，提出我们的任务。每年都有新情况，新问题。今年与往年不同，主要是备战。经济情况经过调整，也不一样。明年建设任务更重，又要同长期计划结合起来。明年是“三五”的第一年，既要准备战争，又要搞好建设，双管齐下。明年这一着棋非常重要。经济工作也要讲战略，即要讲全局，争取主动。

国内经济形势是大好形势，头四个月工业生产完成情况很好，工业总产值比去年同期增28.5%，化肥增66.5%，棉纱增47.5%，钢材增30%，汽车增44%，机床增60%。产品质量值得注意。农业播种情况超额完成计划，夏收可望丰收。市场供应很好。猪肉鸡蛋吃不完。

问题是工业基础小，建设规模大，带来许多问题，影响到明年。

（1）备战，要办的事情很多，有个界限，但不能完全决定于我们。

* 根据笔记内容，这应是1965年5月国家计委会议的记录。

（2）经过调整人心思动，总想搞多一点，快一点，好一点。但要根据客观可能办事。要积极可靠，留有余地。

（3）明年是“三五”第一年，要为长期建设作准备。

（4）今年计划提高以后，财力物力都很紧，有的要挤明年。许多方面短兵相接。如大三线、小三线的建设，国防工业，援外，农业，哪一方面都是急需办的。集中起来，矛盾很多，钱只有那么多，东西也只有那么多，要善于安排。不是扩大矛盾，而〔是〕能缩小矛盾。

（二）方针任务

总理阐述主席你打你的、我建我的这个战略思想指示，总的来看，明年建设要从准备战争出发，以大、小三线建设为中心。大、小三线建设又以国防建设为重点，和相应的原材料工业，交通运输。同时又要抓好一、二线和全国的生产，从抓好生产来促进建设。要摆好农轻重关系，国防工业、农业、基础工业的关系。为“三五”建设创造一个良好的开端。

（三）编制计划的方法

（1）分析本部门的经济形势和相配合部门的经济形势，把指标放在可靠的基础上。要切合实际，根据需要和可能。单看自己有无可能还不行，还要看别人有无可能。今年紧张主要是约翰生〔逊〕捣乱，同时对于经济发展估计不足，生产增长这样快，电紧张，煤紧张，连锁反应。

（2）明年要办的事很多，任务很重，要从全局出发，不要挤在一起，要善于错开这个高峰。建设进度有先有后，突出重点，不能一拥而上。三线也要排队，有先有后。

（3）要同第三个五年计划衔接起来，有些周期性很长的项目要早作准备。一个项目中，哪几部分早上，哪几部分迟上，排好进度。这样就可以把时间错开。见效快的要认真搞，包〔头〕武〔汉〕太〔原〕搞成了，事情就好办。

（4）要统一思想，有共同语言。

（5）要组织力量，各方配合来搞计划。有了这几条就好办，算账只是技术问题。先务虚，后算账。

（四）进度和具体做法

七月二十日前，计委协同各办、各部、各地方研究形势任务，主要指标，提出一九六六年计划纲要。包括生产指标，建设规模，重大项目，投资分配，物资平衡，财政收支，人民生活，劳动工资，物价，信贷，等等。六月份各部门提出初步安排，七月份综合平衡。

八月底九月初提出年度计划纲要，九月份开全国计划会议。

一九六五年的预计数字。

计划内容与一九六五年大致相同。

计委会同各办、经委、建委、物资部等共同进行。

全国财贸工作会议*

〔李〕先念同志讲话（财贸会议）

（一）形势

备战。〔略〕

经济形势非常好，〔19〕64年比〔19〕63年增20%，今年第一季比去年同期增28%。去年农业增产13%（轻18%，重21%）。农业与第一〔个〕五年不同，生产力增加，生产关系改变，社会主义教育思想面貌改变，科学研究也有成就。十几年来正面反面的经验，都将对今后工作起重要的作用。

（二）政治工作

把政治工作放在什么地位？天津会议的决定对不对？财贸部门有不做政治工作的习惯势力，根源在领导方面。要经过几年斗争逐步解决这个问题。

财委工作有些骄傲自满，我们也犯过错误，如高征购，两放三统一包，大购大销等。安于现状，说形势刚好一点，又要这个革命，那个革命，好不好让我们安静几年。不是迎着困难走，而是绕着困难走。这些都是财贸部门的活思想。

（三）商业工作中的问题

商品多了还是少了？历史经验，说多了，过几个月又少了。工业会议说

---

* 1965年4月22日至5月20日，全国财贸工作会议在天津举行，李先念主持会议并讲话。5月12日，就市场问题讲话。5月20日，作总结讲话。5月22日，国务院财贸办向中共中央报送《全国财贸工作会议纪要》（《李先念年谱》第四卷，第196～197、204～205、207～208页）。以下都是这次财贸工作会议的记录。大标题为编者所加。

商品多了，要求降价，商业〔会议〕说多了，既要求减产，又要求降价。多比少好，有比无好。鲜活商品销不掉可降一点价，五金、交电、化工很可能又紧张，一部分日用百货既在叫多，搞不好又可能叫少。究竟普遍降价，还是有控制的降价？有些商品（手表）为什么不让供求法则起些作用？

商业会议提了一些方针：及时收购，积极推销，生意做活，活而不乱。市场重点还在农村，这是方针性的问题。工业、商业都要面向农村，现在做得不够。把小商品都收上来，使每个农民增加一元收入，是可能的。

工业、商业矛盾如何办？我不主张压生产，主张首先积极推销，增加合理库存，其次才是价格，最后才压生产。生产力也要留 10% ~15% 后备，少了就开动，多了就停下来。当然要保证质量，注意包装，便于贮存。

经营管理，机关革命化，组织革命化，按经济渠道组织流通，看不准逐步〔改〕革，比安于现状总好一点。有些机关看不到商品，吃手续费，不劳而获是剥削。商〔业〕机关官〔员〕多了，可否减少一点，加强第一线。

打击投机倒把，同利用小商小贩是两件事情，不能合而为一。合作商店不能过多，也不能一棍子打死。总要给他饭吃，但不能吃得太饱。〔对〕小商小贩仍是利用限制改造。

〔李〕先念同志〔讲话〕

形势：中央发了备战指示，各部已经讨论，提出一些部署。地方也已经讨论。大家都抓起来，这就好了。

生产形势很好，今年第一季比去年同期增 27.8% 。其他方面也很好。市场稳定，物价略有下降。

备战动员以后，群众情绪高涨，对工农业生产起促进作用。

带来一些问题，建设需要加快，物资供应紧张，要大家想办法来解决。工作总是赶不上形势，对主席思想没有吃透。物资供应满足了这一个，就满足不了那一个，定货会议开不下去。

其次反映到钱，钱是一个符号，钱紧是物资紧的结果。从一个部看，哪一件事都很重要。要排个队，重点与一般。军事订货、大三线、小三线、武包太，都是重点。还要战略贮备，包括钢材、有色金属、炸药、粮布等，准备三百万人打一年，现在差得还多。还有迁移工厂，这些事都要赶。

计划是不是作大的调整，看来不行，计划调完，时间也完了。

钱和东西只有那样多，各部门能否在批准的数字内，自己调剂。战线越拉越长，拉长了就削弱重点。现在追加预算接近二十三亿，办不到。基建在134亿基础上进行调整，134〔亿〕+23〔亿〕+地方自筹18亿，上年结转等，已经接近200亿，总理指示不能超过170亿。超过就搞不好。要求大家把分到的钱包下来，不伸手。

要增加生产，励行节约。充分发动群众，增产的潜力不小。重点工程也要节约，凡是挂了帅的部门，要钱要东西有保证，往往容易造成浪费。赶工中一定要保证质量，不要留后遗症，过去的错误决不要再犯。

重点工程也要分先后，不能一拥而上，如小三线先南后北，湘鄂赣快一点，陕甘可以推迟。战略贮备不能动用。只能增加，不能减少。

谷牧同志

现在大好形势，工作搞得好可以健康发展下去，搞不好可能出点毛病。援越备战是第一个大任务，现在还刚刚开始。大三线小三线的建设，能快一点更好。出钱出物还靠一线，一线也非搞好不可。都很重要，如何安排，安排不好，又把战线拉长，造成明后年的被动局面。

今年计划134亿，结转15.4亿，地方自筹8亿，追加12亿，这几项已超过170亿元。各部为援越备战非办不可的，有23亿元，除批准12亿外还有11亿元。我们没有这样多钱，也没有这样多东西。要快增慢推，有加快、增多，就要有放慢、推迟的。

办法：（1）坚决不超过170亿，能否再减少五六亿，坚决刹车；

（2）已批准的12亿要重新审查，今年办不了的推到明年；

（3）各部自己安排，有提前，有推迟，有增加，有减少；

（4）原计划134亿也有潜力可控，有些工程可以推迟；

（5）生产上也要调整，如少生产几千台拖拉机，把材料去做别的东西。

〔李〕先念同志（财贸会议）

（一）形势

会议在备战空气中召开，不知哪一天打，规模多大。准备打，而且作大

打的准备，有备无患。〔略〕

经济形势也很好，去年工业增 20%，农业增 13%，粮食征购 775 亿斤，棉花 3100 万担，猪达到 1.5 亿头。更重要的是有了正面的和反面的经验，可以少犯错误，保证生产的持续高涨。

财贸工作也要肯定成绩，建立了政治工作，财政收支平衡，市场繁荣，物价稳定，代替私商的工作也有进展。经营管理有改善。缺点是有自满情绪，安于现状，不是以自己之短，赶别人之长，而是以自己之长，比别人之短。有的说刚刚市场好转，又要革命，不让我们过几天好日子。对农村市场注意不够，要抓小土产收购。流转环节还是太多，要下决心改革。

（二）政治工作

首先是重视政治工作，认识政治工作的重要性。这是社会主义建设的根本性的问题。既要抓运动，又要抓经常工作。

（三）粮食问题

任务，稳定下来，还是多产多购？为着备战，需要在增产处适当多购一点。如果年成好，下一年度能否征购 800 亿斤（任务 775 亿斤）。

粮价：一种意见暂时不动，一种普遍提价，一种超过 100 斤奖励。再议论一下。不动，大家说不奖励粮食增产。普遍提价，没有商品粮的也得不到好处。奖励，有人说是锦上添花。44% 中，有一部分经济作物区，不困难，有一部分灾区，提价也得不到好处。提购价同时提销价，灾区反而增加开支。七省稻谷提价。

贮［储］备粮：下一年度多存 40 亿斤，中央贮备额达 80 亿斤。

（四）商业工作

商品多了还是少了？东西并不多。许多人说东西多了，要求降价。耐用商品多了可以增加库存，不一定要降价。特别是五交化可能脱销，多了比少了总舒服一点。少数积压商品，首先积极推销，其次增加库存，再次降低价格，最后调整生产。有许多商品可能出现紧张情况，要加一条积极增加生产。三清商品都要充分利用。工业品都要保证质量。

许多工业品对农村不适销，要多生产大路货。外销商品也是大路货销路好。这是同农民的关系问题，不要忘了农村是工业品的广大市场，工业生产要面向农村，商业工作也要面向农村。现在没有解决的是三类农副产品的收购问题，要建立专业公司负责这项工作。要采取多种多样形式，国家包办不了。

改进经营管理，包括思想革命，组织革命，制度革命，落脚点是减少商品流转环节。所谓思想不通，不一定是地方党委，恐怕主要还是商业部门自己不通。

打击投机倒把同利用小商小贩，两面都要。小商贩有补充社会主义一面，也有破坏一面，要利用、限制、改造。所以一要用，二要管，不能用而不管。

（五）外贸

要增加出口，争取出十三四亿美元。

（六）财政

财政收入从442亿增至455亿，争取460亿，开支增22亿，还有4〔亿〕～9亿差额，办法还是增产节约。

财贸会议总结（〔李〕先念同志）

会议解决了一些思想问题，有些问题还需要继续研究解决。有些问题很难意见一致，存在决定意识，当然政策方针还是一致的，不一致的只是某些具体做法。

和战结合问题

思想要准备最严重的情况，但不等于立即大打，也不要把目前每个问题都与战争结合。准备工作要分轻重缓急，不能破坏正常经济生活。物资疏散主要是油库，其他的物资还要放在交通要道，没有必要送到山里去。备战主要是教育干部，教育人民不怕战争，有在战争中坚持工作的经验。

政治工作问题

确定政治工作的重要地位。提高全体干部的觉悟和品质。用四个第一去搞好“四清”运动，通过“四清”运动来落实四个第一。

粮食问题

征购任务，稳中略增，换购一点，议购一点。要避免大购大销。

粮食价格议论不一，两个办法都没有危险（提价和超奖12%）。超奖是为奖励粮产区多卖余粮。试行一年看一看，不行就普遍提价。

社队要留一点贮备粮，现在已有30〔亿〕、40〔亿〕、50亿斤，要好好保管，逐步增加。可以代存，也可以自存。

商业问题

增产适合于农民需要的低档商品，必须坚固耐用，不能降低质量。

分别不同情况，有的薄利多销，有的厚利少销，有的厚利多销，有的无利也销。

农村市场不能多头多脑，也不能一头一脑，都由供销社包办，包不了。供销社要负责收购和推销小土特产。

财政问题

财政收入从 442 亿提到 455 亿，各省背回去，超额完成的奖励，做了工作仍完不成不检讨。

全国物价问题座谈会*

物价座谈

新疆　要求保护物价，金额 200 万元。主要解决南疆地区。
要求降低电影票价。
要求讲讲物价的长期规划。

山西　山区农产品价过低，工业品价过高，要对山区补贴。

江苏　物价工作如何革命化，规章制度太杂太乱，需要改革。
要编物价教材。

安徽　地区物价不衔接。

山东　县供销社不主张城乡差价。
农村医疗费用问题。
电影票价过高。
浙江肥皂调出省外加价。

辽宁　第四次物价会议什么时候开，讨论什么。

---

* 1965 年 7 月 2 日，李先念出席全国物价问题座谈会（《李先念年谱》第四卷，第 224 页）。据此，全国物价问题座谈会的召开时间约在 1965 年 6 月下旬至 7 月上旬。大标题为编者所加。

第三个五年的物价规划。

当前价格的掌握。

广东 物价同工资改革。

煤炭价格、石油价格问题不明。

物价讨论[①]

〔×××〕

物价问题很复杂，有理论问题，有实际问题。物价、劳动、工资，归根到底是消费同积累的关系，是工农联盟问题，是国家、集体、个人的关系如何摆法问题。

主席讲在不加重人民负担、人民生活每年有所提高的条件下，可以多搞一点建设。现在搞得那么多，主席要出来压一下，但也不要以为越少越好。农轻重次序可以违反一下，是指投资，农业是基础方针不变。

一是战争观点，立足于战争，二是群众观点，不能脱离群众。

物价、劳动、工资意见一定很多，牵涉到各个方面，还有理论问题，一下子扯不清。农产品提价、工业品降价容易通过。工业品薄利多销，原则对，但要根据具体情况，不能马上降价。实质是讲工农差价问题，差价应当逐步缩小。工资也是意见很多，不仅工资高低，还有同工不同酬，综合奖等。这些问题，不能几点钟就解决。

物价是阶级斗争很重要的战线，究竟有利于社会主义还是有利于资本主义？有利于发展生产，还是不利于发展生产？因为问题很复杂，很容易产生片面性。

高价实际已经不存在了，粮油布三个尾巴，原因是生产还不够。

历史情况，目前情况，问题，方案。

提高低工资水平会扩大工农矛盾，不宜为缩小工人内部矛盾而扩大工农矛盾（劳动部）。

煤炭为什么不能一矿一价？出厂价按资源条件，销售价按质论价。周转

① 这是全国物价问题座谈会期间全国物价委员会召开的一次物价会议，参加人员有：宋劭文、杨煜、王学明、叶林、吴雪之、曹鲁（轻工）、姚依林、段云、何畏、李人俊。

税也可以采取。

价格政策：（1）国家积累；（2）具体产品是否有利生产（〔李〕人俊）。

第一，不赞成该降不降，掩盖矛盾；第二，价格要留后手。

现在重工〔业〕利润高了，不降一点不行。另一方面，要扣回来。

价格影响 160 亿元可以改为 220 亿元，执行时候抓紧。

〔吴〕雪之同志 物价指数比〔19〕57 年高 11%，再降下去有困难。

增加购买力，以免物价过多下降，把市场搞活。

曹鲁 许多商品销售量有一定的饱和点，过此再降价也不能多卖（自行车）。

〔王〕学明 农产品采购价，价格首先考虑农民问题。〔19〕53～〔19〕65 年（13 年），农业税 361 亿元，农村税收 77 亿元，合计 438 亿元。用于农业 650 亿元。（农贷 105 亿元，财政 550 亿元。）（集体 200 亿元，国营 170 亿元，农企 280 亿元。）

物价，13 年〔农产品〕采购提价 923 亿元，工业品提价 363 亿元，净收益 560 亿元。

社会改革，土改 600 亿斤粮食，〔免除〕苛〔捐〕杂〔税〕高〔利贷〕600 亿斤，合计 1200 亿斤。

今后五年农产品采购提价 80 亿元。五年 1300 亿，提 6%，计 78 亿元。

消费品降价影响财政，提价不影响财政，零售额 3500 亿（每年 700 亿元），降价 100 亿元。粮食不赚不赔，增加工资。

生产资料价格，军工产品应当降价（不列入第一部类）。农业生产资料应当降价，降价锦上添花，应与财政农贷支援结合。基础工业中有利于生产发展、推广新技术、综合利用的可以降价。有些产品可用税收调剂利润。

今后五年影响收入 250 亿元。重工业每年平均增 14%，1970 年 1200 亿商品产值，降价 15%，计 180 亿元，五年 540 亿元〔?〕，能收回一半，收不回的 250〔亿〕～270 亿（军工在内）。

农 80 亿元，消 100 亿元，重 250 亿元，合计 430 亿元。基建受益 120 亿元，国防受益 70 亿元。

〔宋〕劭文 算死账不行。实际经济生活不是如此。农产品收购价提高，农业生产资料价降低，还在生产中反映出来。国家积累可能减少，集体积累可能加。

消费品降价不如有计划提高购买力。有些产品仍要降价。

重工产品多数利润过大，逐步降价是合理的，问题是影响全民内部分配，长远看只有好处，没有坏处。

杨煜 农业生产的商品性提高，许多种副业（简单加工）体解〔?〕，生产资料中商品性部分也增加。生产成本增加，过去产量600斤有吃有花，现在1000斤有吃无花。增产不增收的现象相当普遍。粮食同经济作物〔应〕互相促进。

化肥可以少降价，农药多降价，薄膜每亩平均七元，要降价。

〔李〕人俊 降价原则：首先考虑积累、消费关系，定两个方案，先用低的，情况好时逐步升级。消费品降价看供销情况，区别对待。生产资料降价原则上要扣回来，能扣多少就扣多少。不降价对生产发展不利。一面减价，一面扣回。群众大量需要的日用工业品要降价。采矿采取两部价格制，领导单位（托辣［拉］斯）统一核算。成立小组研究劳动工资物价问题，积累消费问题。发展慢的原因：（1）管理体制；（2）流动资金同生产规模（美国钢材库存八十天就滞销）；（3）积累消费。

郗巨元 调整工资比较困难，调整物价比较容易。用降价来提高职工生活水平，比提高职工工资水平容易。

生活最困难的多是四五级工，不是一级工。今后五年每年升级20%～25%，计四五亿元。工资水平提高13%～15%。最低工资提高要特别慎重，以免扩大工农差距。

〔李〕先念同志

正确体会主席指示，片面性少一点，物价联系到“三五”规划。要看到人的能动性，不能单算死账。战争要依靠人民，建设也要依靠人民。账要算，不能死算。二加二不一定等于四。

多快好省，能办的一定要办，不能办的不勉强办。主席抓活思想，每一时期提出防止主要偏向。计划要留有余地，目的是争取主动。

长远利益与目前利益矛盾的统一，长远利益也是人民利益，不能吃光用光，这是破落户的思想。薄利多销，是要发展生产，是战略方针，长期努力才能实现，否则薄利脱销。现在大家欢喜农价升，工价降，否则都不欢喜。价格是价值的反映，有时高点，有时低点。用价值法则指导生产、消费是不行的，要靠计划来指导。另一方面，需要利用价值法则，特别是可要可不要的东西，价值法则作用很大。粮食提到不亏本不能考虑，因为牵涉太大。

大家不带框框，听取不同的意见，价格既是具体问题，又是理论问题。主席批评讲经济学不能解释边币问题，理论脱离实际。

首先考虑农民，普遍反映农民生活很低，解放以来农民生活有很大提高，苛捐杂税、地租高利〔贷〕都取消了。农民得的价差五百多亿，还要分析，肯定得了好处。另一方面，差价确实不小，农价还是偏低，工价还是偏高。方案原则上是对的，差价究竟缩小多少，可以搞两个方案，边走边看。(通过价格积累是长期的，不能消灭的。)

职工生活同农民有差距，要缩小。另一方面，职工中一部分生活还有困难，低工资、多就业（不多加固定工）。重高于轻、轻高于商办法不行。增临时工，亦工亦农，家庭副业。升级转正没有争论，工资水平提不提？搞个提的方案等着，但职工内部差别应当缩小。

重工业产品降不降价？降多少？要研究。降价影响是分散的，有的收不回来。产品单一化的行业可以加一点税。有的降了价可以找回来。不找回来对基建也没有好处。一个个产品摸一下。对利润特大工厂，可以分别订税。

一个月搞出方案，比现在的更具体一点。计委、财政部等机关通力合作。写文件，历史，问题，如何解决，考虑到对各方面的影响。

出口商品作价会议[①]

港澳美元黑市 5 元左右，卢布价低于美元。出口亏损很大，实际上是四马分肥（工业、税局、商业、进口）。

工业利润大，外贸亏损大，应当用调汇率、税率办法来解决，不要把矛盾下放，让外贸同工厂去扯皮。

出口棉花、棉布、印花布哪个合算，在外贸部看，棉花换汇率最高，印

① 这应是全国物价问题座谈会期间召开的一次专题会议，时间在 1965 年 7 月。

花布最低，从国家看，恰恰相反。

内外两个价格好不好，一年多来证明弊端很多，好处很少。出口减价，调动了外贸的积极性，削弱了工厂的积极性，对出口不利。而且造成地区间的矛盾（上海圆珠笔按30%利润给外贸，内销113%）。情况变化，发生纠纷。建议不要开这个门。个别国内滞销产品（化妆品等）可以例外。

解决办法：(1) 改变汇率；(2) 部分产品免税。

地区价格不一致，要考虑出口商品生产布局问题。外贸不能谁便宜就买谁的。

以进养出可以特别规定价格，但要划定范围。（进口原料加工出口，出口贵的进口贱的，记账外汇变成自由外汇。）地方外汇自己协商，中央外汇两主管部商定目录，商定价格（外贸愿意加工，工业不愿意）。

北京　有些工业品是亏损卖给外贸的，使外贸亏损不超过80%。四川橘子运到北京制成果汁出口，很不合理。（自由订价比例大于计划订价。）

艺术品（玉雕）利润很高，有的按件论价，争论很多。

河北　唐山出卫生陶瓷出口的大部分，利润率在100%以上，地方建议降价，归建工部管。

人〔造〕棉织品工业利润100%以上，外贸亏损，需要调整。人造丝也要降价。

蛋粉转内销，原价每斤三元多，商业部门杀价三角多，五角贱卖。

天津　外贸部规定，亏损额不能超过80%，超过的要压价。

解决争论首先解决思想问题，外销转内销作价，经工业、内贸、外贸三方协商，制定办法，大家满意。

外贸没有人管价格，就是哪里贱向哪里买（部不承认）。我们提了意见，报外贸部，没有回音。

辽宁　外销转内销产品价格争论很多，许多热货由于价格解决不了，长期积压，不能供应市场。

四川　经济情况好转，出口反而显著减少，比1960年少一半以上。过去外贸要货多，现在要货少。

要求了解外国市场情况，究竟需要什么？不要什么？外贸一时要，一时不要，很难办。

山东　要时出高价，不要一脚跟，外贸部门已经作了检讨，情况有所好转。两个部不一致，地方只能仲裁解决。现在关系大有改善。

以进养出，保本微利为好。现在进口原料高利，工厂高利，出口亏本。

浙江　过去只出茶叶、丝绸，现在工业品逐步增加。丝绸实际上由轻工局管，茶叶实际上由供销社管，对外称外贸局。

外贸部声东击西，沙发布上海、天津、浙江三处出，外贸向浙江说上海、天津已降价，要浙降价，浙降价后又要沪津跟着降价。

外贸直接找工厂订价，违反物价管理规定。有时地方取得协议，外贸上级局不同意，拒绝订货。

以进养出不要另订作价办法，可按进出口一般原则处理。

江苏　出口作价原则是同国内同质同价，不可能保证外贸不亏本。

广东　思想问题同实际问题分开，思想问题应当政治挂帅，实际问题也要解决。外贸要时“一把抓”，不要“一脚踢”（如鸭子罐头，外贸供的原料，工厂赶制，制成不要）。工厂不肯交货，外贸不肯付钱（鸭罐原订15元，外贸不收，给商业12元，商业卖9元，6元，3元，最后卖给东北一个煤矿）。

人造丝改变进口作价办法，从3元多增至15元，丝织品价不准动（苏州檀香从9000元增至1.6万元，扇子价不准变）。

（进口商品作价办法没有执行。）人造丝原已提到15元，后（〔19〕63年）改为3.85元，现在调为15.7元，工厂成本也按15.7元计算，外贸部不同意。

出口冻肉应与国内价一致。

～　～　～　～　～　～　～　～

1965年上半年轻工降价5.3亿。下半年降1.2亿元。

要降价的，纸，凸版纸要降价，轻工部不愿降，文化部要求降，大厂成本600～700元，出厂价1200元，小厂成本1100～1200元。

酒今年从1.48元降至1.28元，每斤降1角就是1亿元，今年降2亿元。

人造丝〔从〕1.45万〔元降至〕1万元，绸降18%，6000万元。

人造毛降18%，6000万元。

人造棉向上海看齐。

呢绒精纺降10%，粗纺降20%，库存够销两年，降3000万元。

猪肉降3.8亿元。

～ ～ ～ ～ ～ ～ ～ ～

向〔李〕先念同志汇报

国内价格一视同仁，不准“发洋财”。

免工商税，当地退税（海关退税）。分门别类，减税免税。

内部汇率一律五元。

银行利息减低（四厘八）。

要向工业部门讲经济学，帝国主义为什么进口原料，出口工业品。

手续费改〔为〕千分之二点五（原为〔千分之〕五）。

农村卫生医药座谈①

问题是农民，怎样使农民少生病，生了病能够医。解放后由于物价调整，每年平均多得12亿元。为农民服务还不够，重视城市，不重视农村。

药品降价，降价要建立在生产的基础上。农业中学要教卫生课程。有许多新药要宣传。药品工商利润七亿多元，要降到保本微利，一步步降还是跳水式降？看来不能太慢，也不能太快。有关部门研究一下，具体安排。

建立农村成药零售网，供销社都要零售药品，不要由卫生所专卖。

医药价格，方针〔是〕不赚钱，〔调整〕步骤是按生产发展可能。

医院给药按零售价收费。

钱〔信忠〕部长 农村情况，几年来销售农村药品不是增加，而是减少。〔19〕61年销2亿元，〔19〕61～〔19〕62年〔1962～1963年？〕降到1亿以下，〔19〕64年1.2亿元。同意商店卖药，不要处方，卫生部取消限制。

农业中学应当办卫生班。现在农村医务人员63万人，其中25%是四类分子，问题比较严重。

农村卫生机构民办公助，其中三分之一不要帮助，三分之一必须公助，

---

① 这应是全国物价问题座谈会期间召开的一次专题会议，时间在1965年7月。

三分之一多少帮助一点。（过去靠药价解决 4 亿。）

城市医院取消干部特殊化，支援农村，支援军队，支援外国，任务压得很重。要抽一部分老护士来顶替。

卫生事业费每年 8〔亿〕~9 亿，公费医疗要整顿一下，能否收挂号费？

降价研究一下农民最急需的，有步骤地降价。疟疾、蛔虫、血吸虫。避孕套收一分钱一个。

化工〔部〕 生产要采取措施，抗生素生产已经饱满，增产要靠建设。

药片上印药名，药瓶上印价格，有些药品要做宣传工作，用法说明。

叶林 关键是在发展生产，化工部、卫生部、商业部共同开会，交换情况，共同研究。

价格问题根本在工业降低成本。方针微利，实际降价还要考虑不致脱销。物委研究安排。

卫生部拟出农村要药品种。

化工部研究生产安排。

商业部提供销售情况。

价格由物委考虑（卫生部提意见）。

包装宣传（卫生、化工两部合作）。

霍士濂谈话

精简机构，问题是精下来如何处理，要做细致工作。对工作不会削弱，可能有所加强。撤销行政机构，加强公司。处理办法，最难处理的是地委以上干部，丧失工作能力的约三十人，已退休，工资照发，房子照住（开明士绅）。部分人还要一个名誉职务（视察员），少数人要求实职。科处长比较好办一点。一般干部处理，动员到农村去安家立业，补助几年，以后自力更生。在精简总数中占 60%，部分老弱病残按退休处理。

两行问题，浙江主张合并，华东局不赞成，县〔以〕下就是农民银行。实际上一个是合于人民银行，一个是合于农业银行。

物价问题，华东局与浙江意见相反，新安江鱼价是浙江自己定的，农业电价四分多，茶叶等加工要求也按农业收费（工业八分）。华东不赞成，电的供应不是多了，而是紧张。浙江一降价，同一电网的江苏等也要求降，怎么办？

猪的奖售，每头猪去年奖粮从120斤减为95斤，今年改为65斤。

粮食政策，合理负担，少购少销，藏富于民，增加库存。大家接受。

粮食市价高一倍多，有人为因素，经过调剂可以平抑下来，粮食部不赞成（粮食部主张议价调节，地方主张计划价格调节）。

上海意见（陈、韩、石）

浙江降电价坚决反对。

彻底解放合作社，意思是彻底面向农村，多种经营。供销社三大任务，（1）扶助生产（多种经营）；（2）组织收购和推销；（3）供应生产资料。供销社不经营工业品，商业部到农村设点（这有问题，只能伸到大集镇）。

中央抓批发不抓零售是对的。而对农村一靠商业，二靠银行，三靠手工业合作社，主张把手工业下放到公社生产队。农业贷款种类太多，规定贷款总数（浙江二亿，60%短期，40%长期），由省统一安排。预购定金是好的，也管得太死，规定用途，最好准许机动，不要烂掉。

猪，要鼓励农民自己杀猪，剥猪皮（二千万张）熬油。（每斤猪皮赔三角，一张皮赔三元。）

亦工亦农问题，加工工业搞大了，要分散，否则对国民经济不利，有步骤地分散下去。这样可以大大减人。税收员可以不脱产或半脱产。

商业管理中主要矛盾是按经济区域组织流通，减少中间环节。

手表120元，140元的要降价（商业部发通知）。

粮食增产增购要化肥，不要人民币，是干部的意见，不是群众的意见。但实物奖售不能降低。所谓实物，主要是讲化肥，粮食〔的〕棉布奖售可以减少（上海农民布票不少）。

白酒、名酒也要减价。

上海布提价问题，要调查一下。

物资三十六万个品种，都归物资部分配，问题很多。大家讲起来很气愤。建议五金物资仍由商业部门出售，商业部门主张物资部自己设零售店。

托辣［拉］斯反而增加周转环节，从上海烟厂抽了七百人去收购烟叶。

上海说三大麻烦，烟草托辣［拉］斯，农业机械公司，物资部，还有棉花检验所。

规定各省贷款限额，各省自己支配，多收多放，少收少放，不收不放。

检查商业工作的标准，为生产服务，为人民服务，把生意做活。不是利润多少，工作做好了利润不会少的。改进经营管理与追求利润是两回事。

现在问题是活得不够，制度不合改制度，体制不合改体制。

药品价格座谈①

化工部 生产安排计划，商业部门说化工部的计划偏大，卫生部门说下乡以后可能偏小，下乡成药（26 种）生产安排问题不大。

品种 26 种，上海说要 40 种（药箱）。价格问题，平均利润 3%。今年降价部分利润一千多万元，要从计划扣除。

卫生部 成药下乡已经作过研究。中西成药共 52 个品种，西〔药〕26 种，中药 22 种，加纱布绷带等共 52 种。

明年药品需要数量，经卫生、化工、商业三部共同研究，多生产大众化药品，地方病药需要降价（抗生素可以计划分配，不降一点不行），计划分配，合理用药。

商业部 大批医务人员下乡，供应计划是否正确，难于保证，计划已经比原来大些。主要是明年。利润工〔业〕3%，批〔发〕1%，零〔售〕2%。

抗生素明年生产增 30% 几，降价 30%，恐怕顶不住，最好稳一点。

统一规定医疗单位按零售价卖药，不得加价。不然，降价后群众都得不到好处。

26 种成药，九月一日降出厂价，十月一日降零售价，化工部、商业部布置下去。

叶〔林〕 工业微利，商业薄利。

降价要考虑保证供应。

降价利益要使病人得到，请卫生部门想些具体办法。

〔李〕先念同志 药品降价赞成，步子可能大了。药品不能脱销。

① 这应是全国物价问题座谈会期间召开的又一次专题会议。

6400万元成药可以降。批发价9月份降，零售价11月1日降。

（1）主席提的战略方针；（2）药品不能脱销；（3）防止投机倒把。通知中要写出来。

根据使用效果、使用对象降价。

第一批联合下达。第二批降1亿到1.5亿元。

糖的价格

今年126万吨，进口14万吨，共140万吨。库存100万吨，其中红糖40万吨。销售112万吨。

明年收购175万吨（红糖68万吨，赤砂〔糖〕10万吨），进口40万吨。销售143万吨（红糖68万吨）。年末库存170万吨（贮备100万吨）。

当前问题：（1）土糖包装，要进口聚乙稀薄膜。（2）仓库。

地区差价太大（广东0.68元，北京0.88元一斤）。

调低价格，主要是白糖，平均降10%，调整地区差价。北京从88〔分〕降为80分，广东不降（68〔分〕），古巴糖70分，土糖不降。

土糖销68万吨。

〔余〕秋里同志传达*

向主席汇报第三〔个〕五年计划时主席的重要指示（六月十六日）。

看了你们的文件，怎么多项目，那么多投资，不仅各部各地要求高了，你们定的指标也高了。安排少一点行不行？汇报说你打你的，我建我的，实际上真打起来，一切都要转到战争，只能建可能建的部分。抗战时期，脱离人员不能超过3%。打起仗来，部队也不要多，特别是后方部队，要搞点生产。

谈到"三五"建设方针提法："必须立脚于战争，把加强国防放在第一位，加速三线建设……"主席说把国防放在第一位对。发展农业大体解决

* 1965年6月16日，毛泽东在杭州听取余秋里关于编制第三个五年计划的汇报和谷牧关于三线建设的汇报，周恩来、彭真、陈毅、李先念、薄一波、罗瑞卿、江华出席。此为余秋里传达汇报情况和毛泽东指示的记录，时间在1965年6月下旬至7月上旬（参阅中央文献研究室编《毛泽东年谱1949—1976》第五卷，第500~502页）。

吃穿用，主席说不要降低现在水平，每年增加一点就好，农业投资不要那么多，农业要靠大寨精神，不给钱反而能好一点，工业要靠大庆。（总理说大寨还有潜力。）过去我们搞群众运动，一个湖南只花四十块钱，现在花那么多钱，这样做革命不会成功。过去没有钱，也办了《湘江评论》，少奇同志在安源，每月只花五元。

（去年提第一吃穿用，第二基础工业，第三加强国防，今年把国防放在第一位。议论时有各种说法，如说把国防放在第一，是不是违反农轻重安排原则。）主席说是要违反一下，是倒过来，这样农业能够搞得更好些。过去河南购 85 亿斤，把农民搞反，搞上来了又返销，这不是浪费。现在政策对，五亿农民都在办农业。次序反过来是对的，农业投资我看还要减，过去在农业方面花了些冤枉钱。对农业真正有利的还是化肥、小型水利、排灌机械。（两个拳头，一个屁股，国防拳硬的，农业拳软的，会不会挤农业。）你们应当答复这个问题。（总方针是长期的，一定时期应有侧重。）主席说对。（基础工业屁股坐得不稳。）基础工业有一二三线之分，工厂可以搬，矿山搬不动。搞小矿、富矿路子是对的。（三线建设是中心。）三线建设也要准备两手，搞起来，搞不起来。搞不起来也没有什么了不起，打蒋介石，抗美援朝也打胜了，美国人比蒋凶不了多少。我看总比抗战时期好。形势一紧张，地富反坏要分化，民兵要加强组织。（三线建设有何问题，开始暴露，有些要在一年后看清楚。）问题已经暴露了，物资运不进去，煤、电、交通运输都有问题。（大体上解决吃穿用。）大体上解决，大体上解不决。（解决不了。）解决不了，也没有什么了不起，这样解答问题就清楚了。打起仗来，农民就省吃俭用。还是打仗，还是解决吃穿用？敌人打来，抢的抢了，烧的烧了，还解决什么吃穿用。一千零八十亿的投资我看大了。（原来要求 1430〔亿〕~1500 亿，我们安排 1080 亿。）五年搞那么多，太多了不好。留的余地少了。少搞些项目，就能打歼灭战。小了能歼灭，大了歼灭不了。搞八百亿到九百亿。三线建设也要注意两手，搞成，搞不成。搞不成无非是时间搞长些，五年搞不成，搞六七年，十年八年搞成，过去经验，欲速则不达。搞小一点，慢一点，就能搞成。（需要钢材 7200 万吨，只有 5000 万吨。）你从哪里来这些钢材、木材？帝国主义不给你，修正主义不给你，有些项目搞得成就搞，搞不成就不搞，要按客观可能办事，留有余地。1940

年在陕北到10月还不发棉衣，下个命令不发了，自己想法解决，结果一个月都穿上了棉衣。抗战时期不发一支枪，一个子弹，一块钱，只发方针，还不是自己解决。余地要留大，不要太小。我看大家想多搞，向老百姓要粮要税，多了要造反，不要过分紧张。今年1260项，同过去1700项不是差不多？要有综合平衡，成昆线能1969年通车就行，不要再提前了。你们在北京决定多快好省，好字当头。何必搞得这样紧张，要钱不能太多，要修通西南三条铁路，决心是我下的。看了谷牧的报告，三条线也有困难。你又要修西南三条铁路，又要修其他各线，铁路是不是搞多了。有两条线修得冤枉，一条通烟台，一条通宁波。没有钢轨，这两条可以拆掉。（三线建设各部安排550亿，计委安排430亿。）下到300多亿，不要多了。我这里原来二三十人，现在减为五人，工作还是做得很好。（工业布局不能太分散），对。靠山近水扎大营，什么大三线，小三线，过去打了二十二年，根本没有线。小三线花21亿，多了一点。（各地要三四十亿。）横直不给。几千年没有暖水瓶，没有肥皂，也不是过了。三线建设讲迟了，早讲几年就好了，现在后悔莫及。1958年12月提出压缩空气，主张降低指标，就是降不下来。1959年1月还不肯降，上海会议才降下来。钢从1800万吨降到1680万吨，回到北京降为1300万吨，就是不听，我从此不讲了。〔19〕59年3月成都会议，原来反左，庐山会议批评彭德怀，搞成反右。你们指标压不下来，就压不住冒进分子的瞎指挥。1970年的指标不要搞那么多。粮食4800亿斤能达到么？要考虑到大灾荒，或者大打起来，怎么办？钢1600万吨就行了。要留点余地在老百姓那里，对老百姓不能搞得太紧，这是原则问题。让他们有20%～30%的黑地就好了。新开荒三年不征税，十年不征，二十年也不征，不要去查黑地，（唐太宗就是这个办法。）农民家里贮些粮食有好处，打起仗来，会送给军队吃的。打起仗来，军队也要搞生产。指标不要搞得太高。1946～〔19〕48年下半年，我们规定每月消灭蒋军八个旅，指标一直没有增加。〔19〕48年下半年情况突变，指标超过。贮备不要放在国家仓库，要存在老百姓家里。消灭敌人，什么都有了。脱离生产吃公粮的总人数，无论如何不能超过3%。打起仗来，工厂要搞点农业，这是工农关系问题。对老百姓不能搞得太紧，否则不同我们一起打仗。大军南下，军队向南进，生产长一寸，加强纪律性，革命无不成。老百姓高兴了。总之，第一是老百姓，不能丧失民心，第二是打仗，第三是灾荒。搞计划要考虑这三个因素，脱离老百姓，毫无出路。搞那么多，就会脱离老百姓。在延安，一个苏联人骑马乱撞，老百姓把他绑起来，送到公安局，我说绑得好。西南建设，光搞煤不行，要搞点油、气。也要准备，没有煤油气也能打仗。石油在东北、广鐀［东?］，打起仗来可能断绝。用手摇电话机也能打仗。化肥要多搞小的，大的容易被炸。炸了也没有关系，几千年没有化肥，农业生产还是靠绿肥、圈肥、人粪，没有化肥也行，万事都要准备两手。最坏的一手，根本建不起来，敌人就打来了，要考虑。总之老百姓第一，打仗第二，天灾第三。军队要搞点农业，没有打起来要搞，打起来也要搞。横直是复古。（屯垦。）

谷牧同志汇报三线时，主席问你去了多久？（一个月。）差不多。（三线建设干劲很高，吃住问题基本解决。）还要注意吃饱饭。（煤电运输太少。）一煤二电三路，上得怎样。（西南建设步子多大为好。）要把煤电粮等一起算个账。（三线建设过于分散。）搞点小城镇，十几万人口不是很好〔嘛〕，何必像北京一样。（综合部门要一年去两次，帮助他们规划。）对，多去几次。

罗瑞卿同志

这一两年主席就是考虑打仗问题。

去年六月以来，主席作了许多指示，要我们接受斯大林、蒋介石的教训，确〔定〕搞大三线、小三线、地方武装、民兵。今年着重讲打法。战略问题，你打你的，我打我的，打得了就打，打不了就走。诱敌深入，打歼灭战。要给他一点味道，才能有机会打大胜仗。就是怕他不进来，在边上骚扰一下。沿途敲敲打打没有用，不要顶，让他进来，打歼灭战。抵抗一下，是为争取时间，做好准备。

大打中打小打，立足于大打，快打慢打，立足于快打。准备没有准备好就打，没有准备好也能够打。打不打原子弹，准备他打，打也不怕。

毛主席军事思想，一是人民战争，二是打歼灭战。

主席一怕我们备战搞不好，二怕大三线搞多了，搞紧了，要把老百姓搞反。三怕小三线搞多了。去年怕我们不热心，现在怕我们太热心了，把指标搞得太高，不留余地。如果真要国防，就要实事求是。不要一放在第一位，就不照顾全局。国防费是多了，不是少了。

彭真同志

为什么开这个会，鉴于过去传达范围过小，有些同志没有听到传达，因而执行不好。〔一九〕五九年主席说要压缩空气，担心有些同志变成钻天杨。主席讲的是战略问题，我们往往把它当做战术问题来执行，以致执行不好。主观上认真执行指示，结果执行不好。三线问题，主席至少已经考虑两年，我们怎能一听就完全明白？

这次主席也是压缩空气。去年六月怕我们不重视三线建设，看我们不动很着急。现在大家动起来了，又怕没有次序，又犯〔一九〕五八、〔一九〕五九年的毛病。指标是否高了？“三五”投资1080亿元，主席认为多了，搞800亿900亿，才能集中力量打歼灭战。三线投资300亿，钢1600吨，这是一个方针，不是具体指标。与其多上马再下来，不如少上一点。

主席讲计划问题，也是讲战争问题，要作充分思想准备，没有准备好也可以打。项目太多，一打仗都要下马，对这问题要反复考虑。

其次，计划问题，要有全局观点，大家都想多搞一点，准备你砍。（头戴三尺帽，不怕两刀砍。）不要如此。大家都要亮底，不要留一手。

〔李〕先念同志

主席讲的战略问题，要好好研究，我们当作战术问题，立即执行，怎能不出问题？例如薄利多销，是否立即降价？当然不能。哪些能降，哪些不能降，要有一个步骤，价格还要统一管理。

中央工作会议*

讨论一九六六年计划

〔周〕总理　药品降价是战略方针，业务部门具体安排时候步子一定

* 1965年9月18日至10月12日，中共中央工作会议在北京召开，会议主要讨论1966年国民经济计划和“三五”计划问题，会议还讨论了财贸工作。会议决定“三五”期间拿出200亿元来调整物价（《中华人民共和国国民经济和社会发展大事辑要1949—1985》，第233页）。这里是记录摘要。大标题为编者所加。

要稳，在价格问题上，市场法则反映很灵敏。52 种药品降价宣传过早。

材料积压问题的争论，五百万吨钢材为什么还供应紧张：（袁）第一是物资部只要有二百万吨品种齐全的钢材，就可以不开万人大会。现在只有九十万吨。现在除钢材外可以不开万人大会（地方还有八十万吨）。第二是物资供应体制，现在各工厂都有小仓库，分散掌握，调剂困难。第三，轧钢能力不足，品种规格调剂困难（轧钢能力应比钢产量大一倍）。第四，钢板太少。第五，专业化程度太低，产品杂，需要钢材品种规格多，批量小。

库存钢材 560 万吨（〔19〕57 年只有二百多万吨，〔19〕62 年达到 640 万吨）。不合格的超过 100 万吨，能用的约 460 万吨。周转期还有七个月。再缩短目前有困难，原因是轧钢机不足，一万个品种靠三百多轧机。板、管太少。优质钢一百多万吨，目前用不上，长期看是需要的。办法，（1）每年进口些短线产品；（2）增加短线产品周转库存。

物资当年准备少了，煤炭没有当年准备，木材当年准备太少。要有周转库存。

讨论问题（〔邓〕小平）

（1）明年计划，五年计划，明年计划要大体确定，五年计划议论一下。

（2）财贸方面，粮食政策，价格政策。粮食稳定征购，三年不变。价格在计划中已讨论，拿出一二百亿来调整价格，使农民多得一点，职工也得一点。还要促进生产，原材料降价，不能太猛，照顾财政收入，不能降一块收回一块。也提了方案，是否确当，讨论一下。

还有农业机械管理制度，减少中间环节，还可能引起其他问题。

（3）党，主席批评党不管党，现在将发三个文件。①干部政策如何提拔新生力量，南方北方都有这个问题，机关军队也有，困难是如何处理；②发展党的问题，首先是从农村提出，需要解决。多吸收些青年党员，每个生产队最好有个小组；③基层组织的建设。

（4）“四清”问题，没有准备文件，有话即长，无话即短，大家提问题。要认真议，不要走过场。

（5）国际形势，有需要谈一两次，如越南问题，印巴问题，苏修问题。

余秋里同志讲话

长远计划和年度计划，写了两份材料，一百十五页，文字不短，不难看。坦白交待，提了我们的意见，有什么讲什么。我们搞计划是外行，同中央各部和大区交换意见，向政治局书记处汇报，也向主席汇报。根据主席、总理和中央指示，到大区去征求意见，拟出了初步的设想。

（一）方针，形势很好，经济形势是开国以来很少的，农业、工业、市场、财政都是好的。部分地区旱涝，工业品种质量不能适应建设需要，总的来说还是很好的。主席指示要考虑人民、灾荒、战争这三个问题，要准备战争，准备大打，早打，积极备战，把国防建设放在第一位，加快三线建设。发展农业轻工业，改善人民生活，加强基础工业………努力赶上和超过世界水平。这个方针对不对，定了这个方针，计划要引起一系列的变化，打破老框框，老比例。要突出三线建设，就不能样样照顾，否则大事干不成，可能后悔莫及。突出国防工业和基础工业，适应战争和长远发展需要。同时注意发展农业，依靠农民大寨精神，国家支援不是主要的，主要是帮助农民兴修水利，化肥，农药，支援农业生产。

三线建设要争取时间，加快建设，否则很可能犯方针性的错误。要打破老框框，老比例。先解决哪些，后解决哪些问题。

（二）建设规模，按主席指示 800〔亿〕～900 亿安排，总理指示按 850 亿安排。突出了大小三线、国防工业、原材料动力、铁道等的建设。拿投资来说明要达到什么水平。

国防工业 87 亿，不是多了，而是还少。国防工业已经发生变化，有些要从原料开始，不能用老观点来看。常规武器数量是不少的，有些建设推迟了。小三线建设 70 亿。

基础工业和铁道 582 亿，占总投资的 62% 左右。要使三线成为粗具规模的战略大后方。冶金既要解决布局问题，又要解决品种问题。三线占 42%。到一九七〇年可以做到：（1）以重庆为中心的常规武器和三小线〔?〕建设可以达到相当规模；（2）重工业有比较大的增长，原材料工业可以基本上适应国防工业的需要。有色〔金属〕接近 100 万吨，原油 2000 万吨，煤 3 亿吨；（3）农业、轻工业的建设，化肥 1800 万吨，农药 100 万吨，排灌机械 1200 万马力。农田水利建设投资 120 亿元。（苏化肥 2400 万吨，美 3000 万吨，日本不到 1000 万吨，法 1400 万吨，英几百万吨。）纺锭 1200 万锭；（4）工业布局将有比较显著的变化。三线钢 160 万吨，主要品种可以代替鞍钢和上海，加上二线共 600 多万吨，酒钢、攀枝花建成后将达到 900 万吨。

问题：（1）规模是否大了，迫及要求增加的还有一百几十亿，没有办法加上去。该上谁，该下谁，大家讨论。财政收入〔“三五”〕可以达 2850 亿，投资只占 30% 左右，比“一五”“二五”小一点。主要原材料和设备同建设规模大体可以适应。品种还有问题，要进口一部分来解决。问题是设备更新，安排 100 亿，还是 60〔亿〕~70 亿，我们主张后者，搞 100 亿要挤三线建设。其次是钢材储备 205 万吨，还是 86〔万〕~126 万吨，我们主张后者。现在库存量已经不少，周转时间达 8 个月，已不算少，多了也要挤三线建设。钢材设备，要把它变活。

（2）重点是否过重？重点是突出的，能不能少一点，很难再少。这些东西如果不上去，一旦打起来就增加困难。为第四〔个〕五年的准备还很少，农业方面也安排得不多。投资不够，要挤非生产性的建设，这还可以解决思想问题。三线建设已有铺张生活的苗头。

（3）三线投资是否多了？三线投资比较集中，其他方面能否多搞一点？其他搞多了，重点就搞不成。只能以国防工业为中心，集中力量解决军工、铁路、冶金、煤电等问题。三线建设情况是好的，投资可以完成。

（4）大中型项目是否多了？五年累计二千个项目是需要的，投资比例比第一〔个〕五年略高一点，因为建设比重集中。

（5）给地方的投资（240 亿）是否少了？加上自筹资金（50 亿），占 30%，还可以。

这样大的规模有没有危险？战线长，项目多有危险，项目集中危险不大。今后要：①控制建设规模，特别是计划外的建设，否则必然要挤生产维修；②控制职工人数；③稳定农民负担；④不要挤掉市场。有这四条就不危险。

（三）1966 年的计划安排。

①增加生产问题，今年工业生产出现新的高潮，明年能否再是高潮，关

键是粮食、棉花、钢材、煤炭、木材等。特别是煤炭、木材，希望多生产一些。粮食要继续增产，蔗、烟等不要再挤粮田。

②明年投资安排155.7亿元，明年看情况好可以追加一点。要办的事很多，都很重要，但材料设备有限，多安排有困难。投资比今年增加不得，有增的，就必然有减的，各方提出的小型项目，不能过多照顾，如小化肥厂、小钢铁厂、小煤窑、小水泥厂等。战争爆发，最紧张的是电和煤，要把战略后方的电和煤搞上去。这四小是重要的，但不能搞得太多。

③要勤俭节约，发扬大庆精神，在这方面还有潜力。

〔李〕先念同志

计划态度明确、肯定，突出国防工业、基础工业。不这样搞不行，不能四平八稳都照顾，主要是屁股小了。

农业增产相当大，主要原因是生产关系、意识形态的改变。今后增产的潜力还相当大。大跃进中办的事，现在有许多已发挥效果，坏事也变成好事。

工业年增11%，农业增5%，合计9%，财政年增7%，这个指标是稳的，农业高一点，但基数低，有200亿斤粮食后手。财政增长比工农业低，有余地。

物价按二百亿元安排也可以，说得活一点，可能突破。劳动工资也是比较稳的。过去几次紧张都是劳动工资增长过多。即便生产资料紧一点，市场消费品不紧，就问题不大。〔薄〕一波那里有些困难。

目前问题主要还是粮食。棉花估计可能超过，1970年900万件纱少一点，最好安排1000万件，纺织投资不够，执行中补上去。

价高利大，如果供应紧张，降价脱销，对社会主义不利。这个问题要说清楚，有的可以薄利多销，有的薄利不能多销。工农产品要有一点差价，国家有了积累才能支援农业生产。

粮食超产超购超奖，超购奖30%～50%，100亿斤也不过3〔亿〕～5亿元。

西北组讨论

青海省　（1）资源的合理利用和建设的合理布局，如盐的资源，沿海每吨成本二三十元，青海二元半至五元，但第三〔个〕五年青海不增产还要减产。就用现在的回空汽车拉盐，也可以拉很多，为什么不利用？如果通铁路，一年运出几百万吨，就可收回建设投资。生产钾时把镁丢了，很可惜，稍花投资就可利用。

（2）农业方针，能否要求全国各省区争取粮食自给，这样才能解决粮食问题。特别是三线，如果粮食不能自给，就很危险。青海生产的钾肥磷肥统统调出，调进氮肥只2100吨。

耕地860万亩，人口230万人，农业142万人。还可以开垦600多万亩，黄河河谷可垦100多万亩水浇地（挖水30~40公尺），可亩产小麦500多斤，柴达木地区可垦300万亩，就是没有人。（高扬程用电要求降价到每度2分——汪锋。）现在投资安排，富处愈富，穷处愈穷。

甘肃（汪锋同志） 今年建设任务大，完成比较好，比去年增77%，重点项目进度快，质量好。

三个矛盾：（1）农业发展慢，工业发展快；（2）重工业和轻工业的发展不适应；（3）配套跟不上。粮食还没有达到1956年的水平（70多亿斤），今年可能67亿斤。计划到1970年粮食达80〔亿〕~85亿斤，城市人口从170万增至250万人。

兰州建设占用好田十几万亩，刘家峡水库移民，从低处向高处搬，连吃水都解决不了，要用电机提水。要求当作特殊问题处理。从新疆调粮食，运六千公里，运费每斤四元，更不合算。长期从外地调粮是不行的。（现在调出化肥，调进粮食，太不合理。）

陕西 今年粮食产量可达105亿斤，接近（1956）最高年（108亿斤）产量。单产只200斤。关中粮食占全省60%以上，商品粮70%以上，棉花90%以上，关键是搞好关中。

陕西砖瓦砂石价格很高，砖每块六分多钱（西南二分多），还有20%几不合格，石灰每吨五十多元（西南二十多元），架子车运费也特别高。砖瓦窑是集体搞的，工资每天四五元，赚钱80%由几个人赚了，社员只分20%。运输工人很多是四类分子，投机倒把，损害国家利益。

青海 新建工厂自己开荒，先解决蔬菜，再提供粮食，男工女耕。商店要可以靠家属来办，建立工人村。

青铜峡水电站土建工程已完成，两套电机已到货，只差安装，计划上未列入。

新疆 粮食预算55亿斤，连续四年增产，牲畜连续16年增产。平均每人占有粮食725斤。棉花125万担，比去年增40%，每人平均16斤。牲畜三千万头，净增6.7%。工业〔产值〕16亿，增18%。

东西2000公里，南北1800公里，人口只770多万人，有一线二线三线。中印边境〔线〕250公里，中巴〔边境线〕500公里，中阿〔边境线〕170公里，同苏蒙4000公里。每块绿洲相距五六百公里，都被沙漠包围。

农业中全民所有制占29%，到〔19〕70年可以达到40%。工业〔全民所有制〕占50%以上，

要求1970年粮食达到70亿斤，每人平均800斤，牲口3100万头。开荒750万亩，耕地超过5000万亩，机耕达到80%（现在已达40%以上）。畜牧也要机械化，如挤奶机、剪毛机等。

八一钢铁厂今年产钢4.5万吨，解决了很多问题，要求〔19〕70年增至10万吨，增加两个250立米高炉。6吨转炉三个，设备已有，缺两个45孔焦炉。铁矿差40公里铁轨（可用报废40公里钢轨）。

贾庭三同志

下月初开计划会议，具体问题在会议上去解决。1966年安排155亿，同各部各地的要求还差55亿。明年最紧的是煤炭和钢材，要多开一些新井。关键是军工和基础工业，三线建设。这些东西搞起来了，其他问题比较容易解决。投资愈少，愈突出重点。其他方面还要多砍一点。

具体措施：（1）工业学大庆，农业学大寨，穷干、苦干、实干，是愚公移山的典型。西南建设推广大庆经验很有成效。不但省钱，更重要的是培养共产主义思想；（2）节省流动资金，挖掘物资潜力。〔19〕64年的流动资金超过一千亿，工交物〔?〕就384亿，这都代表物资，如何把这物资利用起来，物尽其用，这个现象必须扭转过来；（3）经济管理革命化。企业内部、企业外部，都有许多问题需要解决。集体能办的事，国家可以少办。广州六个造船厂归五个部门管，互不协作，如果统一管理，产量至少

可以翻一番。（中央部太多了，总要归并一下，有了托拉斯又有部，层次更多。）

王林同志

五年计划是留有余地的，生产和投资指标都可能超过。今年的建设是比较紧的，材料设备供应都很紧张，明年投资不能增加过多。西北建设任务很重，能力八十斤挑了一百斤，但大家要求还要增加，有了大的希望加些小的，有了重的希望加些轻的，有了骨头希望加些肉。这些问题，讲一下就通了。

西北建设中最大的问题，是工业发展同农业不相适应，最大的两个省（陕西、甘肃）都要吃外调粮，第三〔个〕五年这个矛盾更加突出，一旦打起仗来，就很困难。不解决粮食问题，就不是巩固的后方。西北潜力很大，有可能解决粮食问题，可以利用的土地很多。（现有一亿八千万亩，可以开垦四亿亩。）河西地区如能投资三亿，组织建设兵团开荒三百万亩，可出五亿斤商品粮，养活一百万人。加上宁夏、青海等地开荒，可以出十亿斤商品粮。

化肥分配方法可否改变一下？现在主要用于奖售，西北得不到多少，照顾一下底子薄的三线地区。明年增加西北十五万吨。现在运出化肥，运进粮食，不如多留化肥，增产粮食，可以减轻运输任务。

高扬文同志（经委）

设备更新，美国占投资的 60% ~70%，苏联占 30% 上下，我国 900 亿投资中设备更新只 60 亿，比例太低，主张增加到 100 亿元。现在固定资产一千多亿，其中设备（40%）四百多亿，每年 20 亿，要二十几年才能更新。美国是十年一次更新。最好折旧全部用于设备更新。

西南汽油价格太高，地区差价太大。两高两低，农价低，工价高。农价指数低，工生〔?〕指数高。

桐油调不出来，不要换购，国内没有充分供应，出口数量不大。

地区差价压得过猛，可能影响地方工业（西北组）。

白潜 辽宁剪刀差缩小比全国低。全国 34%，辽宁 32%。

柴油降价年年提，年年不能解决。机耕增产不增收，第一年翻地效果好，第二年耕地就增产不增收。化肥为什么没有地区差价，要有都有，要没有都没有。

耕一晌［垧］地用马 8 元，用拖拉机 13.5 元。

宋 电关外不降关内降是合理的，其他也要分地区合理安排。

提粮价可以推迟两年。

汽油全国 680 元，四川 731 元，云南 904 元，贵州 896 元。

华东 福建物价水平高，地区差价太大，省管商品降价财政部不认账。柑橘提价，从 19 元提到 23 元。

山东 超产超购，奖励（30%～50%）幅度太高，改为 20%～30%。柴油机降价，化肥可以不降。

安徽 化肥可不降价，肥皂要求降价。（油可出口一点。）

东北物价

辽宁 粮食市价比牌价高三倍，高粱每斤三角。（粮食市场〔价格〕高低反映粮食多少。）城市定量每月比 57 年还少 2.9 斤。

多开荒地好，还是提高单产好，值得研究，不能把问题简单化。说东北土地很肥，不用施肥，也不合于实际情况。

辽宁市场物价同全国一样，特点是剪刀差缩小小于全国平均数，困难时期来得早，去得晚。

粮价提 15%，不影响经济作物，问题是销价提上来有困难。最好连工资一起调整，也可以把提价推迟一二年。要求降低面粉价格。同上海价比较每一工人每年多出十元，同吃玉米比较，每年多花三十三元。问题是粮食调剂无法解决。半年细粮半年粗，辽宁吃细，吉林吃粗，要调剂一下要三百多万元运费，不能报销。

农业生产资料价格，降低了有好处。（新产品定临时价）圆盘耙、喷雾器、农药，要降价，化肥逐步降价。

机耕九角，马耕五角多。机耕成本一元一角多，油占三角八分。（最大的浪费是管理不善，机器损坏，北京有个拖拉机站十年只大修两次。）（黑龙江拖拉机站每年亏损二千万，去年赚了二百万元。）

黑龙江 两个大队比较，一个已机械化，亩产240斤，群众分得少，一个马耕，亩产190斤，群众每日多分三四毛钱。机耕比马耕多花50%。开始翻地，群众欢迎机械，过几年就不欢迎了。不解决这个问题不能显示机械化的优越性，〔收入〕至少要接近马耕水平。

西南区

地区差价太大，缩小综合差率，照顾边远地区，不在运杂上加价。

汽油实行全国统一价。

边远山区和少数民族地区实行保护价。（盐、煤油、茶叶、糖、饭锅、部分农具。）

粮食提价15%。

茶叶、蚕茧、大麻提价。

化肥降价20%。

农业用电降到3分。

天然气用作原料的70%优待。

氨水由90元降到70元。

西北区

提高西宁羊毛价格（提5.3%）。

高扬程电费降低（灌一亩12~27元），移民区范围免费几年，一百米以上2分。

缩小地区差价，对山区实行保护价。

降低长毛绒价格，出厂价〔从〕15.8元〔降到〕13元，零售价〔从〕24元〔降到〕15.2元。

粮食提价时提工资，增加对困难户的补贴，取消粮食补贴。

生猪收购价从4.5角降到4.2角，销价从8角降到6~7角。

福建

缩小地区差价，照顾地区特点。综合差率从3%~5%缩到1%左右。

奖售物资是变相加价，要统一管理。

柑橘提价，从19元提到23元。

666 粉从 580 元降到 500 元。

五马力柴油机从 1250 元降至 900 元。

柴油从 500 元降至 420 元。

松香从 760 元降至 590 元。

江苏

小麦、籼稻、玉米价 13.5 元、10.3 元、10.8 元，油菜籽从 23 元提到 25 元。

蚕茧提价 20%。

化肥降价，硫酸、硫铁矿降价，以便进一步降低磷肥价格。

机灌油费占 49%，电灌电费占 54%，要求油价降至 370 元，电价从 4.5 分降至 4 分。脱粒、饲料加工按农用电优待。

降低农机零配件价格。

降低中小农具价格。

华北组

提粮价时调整工资，把一部分奖金纳入工资。改变粮食补贴，增加困难补助。

煤炭可以提价，民用煤不提。

猪肉收价稳定二三年，奖励可减一点。开辟农村市场，集镇都有肉卖。

提高牲畜和畜产品价格。

辽宁 降低面粉价格（北京 1.84 毛，天津 1.85 毛，沈阳 2.13 角）。

粮食提价 15%。

降低圆盘耙、喷雾器、乐果价格。

山东 粮食超奖 30%~50% 太高，改为 20%~30%。

降低柴油机价格。

安徽

降低肥皂价格（皖 5.0、苏 4.8、浙 3.9）。

提高黄麻、蚕茧价格。

缩小地区差价。

江西

对边远山区实行工业品最高限价和农产品最低限价。

降低竹木农具价格，原料供应〔实行〕优待价。

提高茶叶和黄麻价格。

自行车、缝纫机、保温瓶等薄利多销。

上海

薄利多销要区别对待，上海工业品利大一点，要照顾内地工业。

上海工业品今年降价五亿元，其中四亿元是重工业，农业生产资料降2000 万元。

第三〔个〕五年缩小差价重点不是农产品提价，而是农〔业〕生〔产资料〕降价（〔李〕先念同志）。

中南区

粮价提 12% 不够，逐步提到 15%。提高黄麻价格，提 4 元，土糖不再降价。

湖南，用提粮价的钱搞水利，对征购 100 斤以上部分再给照顾。

土糖成本 400 元，税 236 元，购价 600 元，不能再降，建议减税。

湖北棉价 87.5 元，比全国平均低 2.24 元，要求“三五”每担提 3～5 元。〔19〕66 年先提 1.5 元。

广东柑橘、蚕茧提价，湖北蚕茧提价。

广西石油、柴油价高，要求降价。

广西要求电费降到京津水平。

〔李〕先念同志

地区差价应当缩小，着重西南、西北，可以考虑少降化肥，多缩差价。

不征过头粮，关键在定最低口粮标准，标准定高了，征购就要减少，就要多进口粮食。进口600万吨粮食要四亿多美金，影响经济建设。要进口钢板钢管，进口新技术，机器仪表，进口化肥农药、橡胶、铜等等。

什么是过头粮？应按各地不同情况，分别规定最低最高口粮标准。随着生产的发展，兼顾国家、集体、个人的需要。

合理调整负担，在这方面要做艰苦的工作，扭转又购又销的局面。

藏粮于民（粮食部门代管贮备粮十七八亿斤，其中70%付了钱的）靠节约口粮。代存贮备粮不要纳入国家计划。

粮食品种灵活调剂、搞活，粮食市场仍要严格管理。

物价问题大家同意，具体安排由物委一一规定。按地方要求，可能超过200亿元控制数字。如果国际局面不变，国内形势很好，农民得110亿，职工〔得〕40亿，已经多了，不能再多。王学明意见工业品不降价，粮食提销价，职工提工资，这样农民更加吃亏。物价要受供求法则影响，供不应求的商业降价就会脱销，私商钻空子投机。地区差价要缩小，但不能全国一个价，运杂费还是要的，糖、纸烟要降价。

面向农村要抓紧，农村商业点要增加。收购工作不发文件，各地自己去抓。第一是棉花，除规定留量外一律收购。

书记处会议〔传达〕[①]

计划基本不动，个别调整，最后把所提问题答复一下。矛盾是“五小”[②] 问题，会议无法确定，在年度计划中安排。

物价总的方针同意，做得稳一点，主要次要生活资料要有区别。计划价格为主，供求法则也起作用，不能盲目叫价高利大，价格中有些问题（地区差价）要解决。执行二百亿的方针，不搞二百五十亿。物价报告修改为二百亿，送中央批。具体安排交物委。物价要统一管理，不能想降就降，想提就提。要搞建设不能没有积累。

消费品从产值看够了，从产品看要调整，可能有的多，有的少。

粮食三年一定，大家同意，数字大小不尖锐，稍加调整就行。真刀真枪

---

① 这应是此次中央工作会议期间召开的中央书记处会议的传达记录。

② “五小”即五小工业，指县、人民公社兴办的小煤矿、小钢铁厂、小化肥厂、小水泥厂、小机械厂。

是调出调进，按大家数字要进五百〔万〕至五百五十万吨，库存不能增加。东北减三亿斤。

陶铸传达[①]

书记处开了会，对会议安排，小组会议结束了。计划各地都同意，先定明年的计划，五年计划时间还长，有些问题可以再商量。

计划要突出国防。

总理讲物价搞二百亿，其中七十亿给农民，四十亿给工人，九十亿是生产资料。物价不能降得太多了。

党员一个生产队有一个党小组，人数可以说活一些。时间也可以长一点。

粮食，人口增得很快，压力很大，口粮低。为了准备打仗，征购保三年，是伟大的措施。从中央来说，已经尽了最大的努力，这样国家要进110亿斤粮食。从各地方来说，任务还是不轻。基数和去年差不多。盘子定下来，向群众宣布，多增产，多节约用粮，靠节约来增加口粮。

医药适当降价，不能降得太多。节育要用些钱。现在全国平均年龄达到五十七岁，过去只三十多岁。农村劳动力要保护，节育免费，妇女动手术免费，一个星期休假，照记工分（发一只鸡或一斤糖）。人多是好，太多了负担不下去。把现有人口搞健壮，要大搞节育。一家五口人，粮食不够，四口人就够了。要大搞节育。

书记处根据工作会议各组的讨论，认为，物价委员会党组向中央工作会议提出的一九六六年和第三个五年计划期间调整物价的方案，大体上可以定下来。在第三个五年计划期间，由于调整物价所引起的国家积累的减少，应该定在二百亿元。如果过多，将不利于国家经济建设的发展。对于物价的调整，应当慎重，步子要稳当。薄利多销的原则是正确的，但在执行中要实事求是，要考虑到原材料的供应，生产能力，市场供应等方面的情况，不要不加分析地什么东西都薄利多销（1965.10.7）。

① 这是在中央工作会议全体会议上陶铸传达期间的书记处会议情况的记录摘要，时间是1965年10月7日。

〔中共中央全体〕工作会议*

〔余〕秋里同志

明年建设规模，中央定下来了，讨论过程中大家提了许多问题，有些要调整计划，但不可能完全接受。否则要增加20亿投资，势必扩大规模和挤重点，都不可能。有些问题可能意想不到，如战争、灾荒、援外，可能要做补充。155.7亿定下来，留点余地。明年总是要增加的。（不要听这句话，又要求大增加。）有的同志主张重点更狠一点，我们赞成，但现在投资已经相当集中，大小三线76.4亿元，再挤别的油水不大。（五年十亿水利，可怜得很，一年只两亿。）

地方投资总的说来已经不少，占明年投资30%，共有51亿元，可以在分配投资范围内自行调剂，不要多搞专案，冲击国家计划。对拖拉机购置有不同意见，一种是由地方安排，一种是中央统一安排，一种是以销定产。准备拿到计划会议具体讨论。

五小，特别是小化肥、小钢铁，提了不少意见。主要是设备生产不出来，不能更多安排。小钢铁厂安排9个，地方提出42个。我们赞成搞，有好处，安排多少，要看资源条件，再与地方共同研究，有步骤地进行。（讲得好听，放长线，钓大鱼，实际不解决。你炼钢、轧钢、制造机器，我赞成，不怕你们造反。中央出了修正主义，不造反就错误。中央是马列主义，你们要造反就错误。搞五万吨左右的钢，造枪造炮，不怕。要有条件，没有条件不行。广东、湖南、浙江找不出煤，总替你们担心。）

铁路建设规模相当大，要求5400多公里，已安排3600多公里，再多建不可能。集中力量先完成成昆路，再搞别的。（平顶山到宜都，宜都八亿吨煤〔储量〕，必须开，比大冶多八倍。）（一条长江一条宝成路还不行。）国

---

* 1965年10月12日，毛泽东主持中共中央工作会议第二次全体会议。会上余秋里、李先念、彭真、朱德、周恩来分别就“三五”计划、粮食和贸易问题、党的问题、学习毛泽东思想问题和国际形势问题讲了话。其间，毛泽东不断插话（参阅《毛泽东年谱》第五卷，第534～535页）。这是会议记录摘要。

防公路赞成搞一点，要有步骤，计委同总参具体研究。煤要解决北煤南运问题。（准备拦腰一切，看你们怎么办，难道大家都死。）

基本建设要发扬大庆精神，穷干苦干实干。（非生产建设百分之二十几，为什么不搞延安那样，搞几个窑洞。）可以把建设时间缩短。

化肥要得很多，重点还是厩肥、绿肥。

要搞增产节约运动，煤的节约潜力很大。（年年讲综合利用，年年不综合利用，煤只用了百分之几。）少用煤就可多炼钢，多生产化肥，还要综合利用。（不要年年讲，年年不做。）稍添一点设备，就可以做到。清查设备材料工作做好，充分利用，死物变成活物，就可以加快建设。（自己不用，又不给别人用，技术保密，人家公开常识，我们互相保密，应保密的反而不保密。中央机要室的文件，有些机关几本几本抄。）彻底清查仓库。

〔李〕先念同志

同意秋里同志计划。（你们是否都同意，靠不住。讲民主，不同意就吵架。）备战、备荒、为人民，藏粮于民，一致拥护。（河北省瞒产 8% 说多了，我说少了，最好瞒 15% ~20%，少了不好。）粮食三年一定，725 亿斤，超产超购在外，同“三定”时比较，还少 75 亿斤。去年征购 707 亿斤，部分地区因灾减购。丰收地区超产超购 30 亿斤。（吉林、黑龙江买过头粮，多了送回去，冤枉。）粮食生产超过了 1957 年，农民口粮水平没有提高，原因人口增加。（确有七亿一千多，我不信，确没有这样多。）城市增一千多万人，农村增四千多万人。（增加一个广东省。）增产很快，人也增长很快，这是矛盾。因此年年说不买过头粮，年年买了。看来粮食长期不够，还要增产节约，还要进口 110 亿斤。像抽大烟，上了瘾。（南粮北运，外粮内调。）

什么是过头粮？有的地方 300 斤，有的地方 500 斤，只能随着生产的增长，兼顾国家集体个人，各省自己安排。（南粮北运，吃南方的饭，烧北方的煤，有什么办法。）各省顾大局，经过协商，总算圆满结束。现在有 40 亿斤后备，边疆 20 亿斤。

价格问题，第三〔个〕五年降价只能 200 亿。（五年 200 亿不少，一年

40亿。）农民得益110亿，工人40亿，还有50亿国家得利，财政上收不回来。（给了他也不感谢，说你给得少了，索性不给。）

薄利多销我们赞成。（讲了十几年就是不执行。）我们研究，①原料充足；②有生产力；③有销路。（八块钱一只表，卖八十块。）卖得掉就八十元，抢购就一百元，卖不掉六十元。（可进可退。）粮食、棉布就不能如此。计划价格和供求法则结合。

财政道歉，今年紧了地方同志，既合理，又道歉。（合理为什么道歉。）地方分成挤了一点。任务大了，没有超收分成。保证了国家建设，财政会议拿出二亿来调剂。

〔李〕先念同志

财政问题，简报反映不多，背后议论，地方机动少了。

书记处会议：（1）“四清”有点松劲，这个根本问题不解决要吃亏；（2）财政问题，主动给地方二亿有好处。凡“四清”地区，以大队为单位，贷款1500元，三年共10.5亿元（70万个大队），保证收回。报销贷款90亿，确实合理的可以收，不收就算；（3）“四清”中反出来的钱归地方；（4）农贷定死，归省统一安排，以后有借有还，决不能再报销。（广东要求土糖减一点税，可以同意。）

小商品脱销，需要积极安排生产。价格问题也要研究一下。

财办党委会*

怎样贯彻执行中央工作会议的决定，党委应当讨论一下。

姚〔依林〕　中央工作会议：①备战备荒为人民；②准备打仗，大小三线建设；③继续阶级斗争，不松动，不走过场；④组织建设，培养接班人，发展党。

过去一年工作基本上符合于中央的精神。形势是调整工作结束，开始进

* 这是财办党委传达贯彻1965年9月至10月中央工作会议的记录，时间约在1965年10月底至11月上旬。

入新的高潮，提出及时收购，积极推销，生意做活，活而不乱，提出多比少好，提出面向农村，促进副业生产。突出政治，落实四个第一。在新高潮中，财贸工作是否跟上形势？基本跟上，有些方面落后。没有出现大的被动局面。

工作会议以后，要不要提出新的方针？各部可能有需要，总的来说还是进一步贯彻已提出的方针。国家愈是集中精力搞国防建设、重点建设，我们愈有必要支援农业，搞好市场，安定人民生活，以支援国防建设、重点建设。（外贸部首先进口国防建设所需物资，商业部增加三线网点。）

明年粮食是紧张的，以工业品为原料的日用品是会发生问题的，煤炭、石油也比较紧张。但市场供应特别是副食品的供应充足，农业正在稳步前进。

工作需要大大深入，有些工作方针提出了，有了好典型，还要向深度广度发展。有些工作还没有好的样板（兼顾国家、集体、个人很不容易）。唐山经验实质上是地委集权，同县〔里有〕矛盾，没有充分发挥下级的积极性。有些工作没有抓或抓得不够。

政治工作抓贯彻，抓检查、评比、总结，讨论一次“四清”和党的工作。开一次先进工作者会议。

财贸工作会议明年二三月开。

要作经济分析，研究各种比例关系。

物价升降实际上是经济情况的反映，经济困难物价就要上涨，经济充裕物价就会下落。经济情况是要变化的，物价也会跟着变化。要认识经济发展的客观规律，驾驭客观规律，而不要受客观规律所指挥。

商业要同人民结合，成为人民商业。农村供销发展农民代购代销。背篓商店精神是好的，要提倡，但单靠背篓商店不可能解决五亿农民的问题。

河南提出城市与农村以农村为主，工人与农民以农民为主，全民与集体以集体为主，这是方针性的错误。

煤炭供应节约提成，结果煤炭跨区供应就肯定会变〔为〕划地为牢。

银行报告〔受〕苏联框框影响很深，同我们的先进经验矛盾。可否把苏联书籍资料全部没收，交研究机关保管。

总理提出粮食五少：少征购，少销售，少调拨，少奖售，少进口。进口、奖售是两个吗啡针。

第一〔个〕五年农民平均每人占有粮食550斤，〔19〕61年降到416斤，〔19〕65年增到516斤，比〔19〕61年多100斤，比第一五年还少34斤。

〔19〕65年城市每人每月口粮加副食31斤，〔19〕57年34.6斤，减3.6斤。今年城市议销粮食16亿斤，每人每月一斤多一点。

降价200个亿是否多了（潘）。

物价工作计划价格为主，供求法则为辅，主要商品不能滥用供求法则。

粮食是否城乡销价都在明年提。职工工资一起调整。

明年小商品不是降价趋势，可能基本稳定，略有升降。

半耕半读，半工半读*

小学生一亿零二百万人，其中耕读小学1700万人，学龄儿童入学率达78%，农村达76%。中学1240万人，其中农业中学160万人。半工半读81万人。

第三个五年计划时期城市达到就业年龄的1200万人，能在城市就业的只有400〔万〕～500万人，有700〔万〕～800万人要动员到农村去。

新厂新工人可以四小时工作，四小时学习，管饭不给工资。可以六小时工作，二小时学习，工资较低一点。招收高小或初中毕业生，公共汽车、电车用学生当售票员，四天学习两天工作，比专业职工好。

〔刘〕少奇同志　资本论第一卷521页，半日学习，半日劳动，学得同全日一样多，甚至更多。劳动和学习相互鼓励，相互休息，对儿童更加适合。是唯一的培养一个全面发展的人的办法（劳动大学）。

---

* 1965年11月3日，刘少奇听取教育部部长何伟、副部长刘皑风汇报正在召开的全国城市半工半读教育会议情况。11月6日，中共中央政治局扩大会议，讨论城市半工半读教育制度问题（《刘少奇年谱》下卷，中央文献出版社，1996，第627～628页）。此则应是这两次会议之一的记录。

儿童从九岁起就要参加劳动二小时，十三岁起参加四小时。对于学生来说，最好劳动四小时，学习四小时。也可以三天学习，三天劳动。最好在新开工厂试办，招收初中毕业生。老厂可以部分试办。

国民教育有三种形式：①全日制学校；②业余学校；③半工半读学校。后者要名副其实，七一制六二制还是业余学校性质。

半工半读是培养有社会主义觉悟的劳动者，而且有实际操作经验，能当技术工人，也能当技术员、工程师。大学培养工程师，中专培养技术员，如果都不能当工人，将来可能失业，这是害了自己。要可以当工人农民，招生时就说明。不能保证当干部，但可保证当工人农民，不会失业。要计划一下，能吸收多少工人，不要培养了又没有工作。所以不要一下办得过多。半工半读的应主要在工厂工作，否则办半耕半读。机械电气工人农村也要一点，要代农村培养。还要培养手工业工人。

动员青年下乡是大问题，在城里学，还是到乡下学，最好还是下乡半耕半读，这样比较容易动员。适宜于招高小毕业生的，也可以招这些孩子半工半读。也可以半工半读一直学到大学，这是最好的教学形式。

高中、大学的学习有可能同专业结合，但初中就不一定同专业结合，高中也不能完全结合。学大庆，学生自己动手盖校舍、盖房子也是劳动。城市规划要修改，指定专门地区，让工人自盖宿舍。

六小时工作制也可以试一试，工资低一点，进业余学校，工作效率不一定低。也要办半工半读的大学。高中两年，大学四年，六年毕业。业余教育时间长一点。

准备五年十年办起来，已办的努力办好，不要一下办得太多，逐步试办，这是一个根本问题。怎样保证不出修正主义？根本措施三条，一是社会主义教育，二是改革教育制度，教育同生产劳动相结合，三是干部参加劳动。贯彻执行这三个办法，可以防止资本主义复辟，也许还不可能，现在无产阶级只有夺取政权的经验，还没有取得政权以后防止资本主义复辟的经验，还待我们创造。

农村半耕半读问题不大，城市半工半读牵涉方面很多，需要大家讨论。

全国财办主任会议*

〔李〕先念同志①

（一）主席指示和第三个五年计划，可能牵涉到每个人，每个阶层。“四清”运动牵动所有的人，大多数人叫好，极少数走资本〔主义〕道路的人叫坏。第三个五年计划也是个大问题。（有些人表面赞成，实质上又不按照计划要求来安排自己的工作。）要动员大家来好好研究，吃透它。计划的主要内容是，革命、备战、建设。1962 年主席为社教、“四清”运动的彻底胜利而干杯。革命是同资本主义、帝国主义、修正主义斗争。

备战是主席去年提出的，三线不建成，睡不着觉，但计划中仍强调不够。工作会议批评地方同志只要钱，不要枪。今年订的计划是体现了备战思想的。革命同备战是一致的，革命革好了才能有人民战争。一不怕苦，二不怕死，就无往而不胜利。但备战也要有一定的物质基础，至少要有一条棍子。没有强大的国防工业和基础工业不行，农业不搞好也不行。

要坚定地、毫不动摇地彻底完成社会主义革命。今冬明春大运动过去了，但革命还远没有完成，还要不断革命。过去有一个时期主席批评我们对社会主义革命思想准备不够，改造完成后还要革命认识不够，对资〔产〕阶〔级〕的思想影响认识不够。所以认识革命并不简单。“四清”运动切不要走过场，这是政治工作的中心任务。

一切思想立足于战争，立足于早打，大打。三线、国防、基础〔工业〕必须突出，其他方面就必然要紧张一点。〔要〕把我国的经济布局进行合理调整，把 70% 的工业、财政收入放在第一线，心情总不舒畅。

备战、备荒，还要为人民，不能不顾人民。没有人的积极性，备战和建

---

* 1965 年 12 月 15 日至 1966 年 1 月 10 日，国务院财贸办公室召开全国各大区和各省份财办主任会议（《李先念年谱》第四卷，第 290 页）。以下应是会议期间的领导讲话或是传达的讲话。大标题为编者所加。

① 1966 年 1 月 6 日，李先念在全国财办主任会议上的讲话（《李先念年谱》第四卷，第 297～298 页）。

设都没有保证。(人的积极性不仅靠改善生活，更重要的靠社会主义教育。)怎样把这三者结合，需要慎重考虑。处理不当，不是影响备战、建设，就是影响人民生活。怎样把备战、备荒、为人民的矛盾统一起来？步子要稳，但不能站着不动。

有了政治路线，还要有组织路线保障，加强基层工作、支部工作，支部是堡垒，是核心，是学校，是纽带。做好青年工作，妇女工作。培养接班人。

(二) 第三个五年计划是好计划。既要加紧建设大小三线，国防、基础〔工业〕，又控制投资不超过 850 亿，这一下解决了备战、备荒、为人民的矛盾。如果客观条件能搞 1000 亿，主席一定是高兴的，问题是计划要留有余地，特别是前几年步子要稳，不要再来一个反复。

生产指标不算高，工业递增 11%，农业 4% ~5%，是可能超过的，但也不算轻松。农业已有一套办法，中国农业同资本主义农业不同（经济危机、生产过剩)。达到〔亩产〕400、500、800 斤是完全可能的，有些地方已经超过。工农业合计 8.9%，财政递增 9%，财政指标也不算高。为什么定这样的指标，是主席总结了第一第二个五年〔计划〕的经验。

第三〔个〕五年是不是没有问题？余地是有的，但要很好利用。我们所处国际形势，对世界革命担负这样大的任务，不可能一点都不紧张。要不然就不革命，和平共处，这行不行？不行。这是有关世界革命的生死存亡问题。苏联说我们输出革命，没有共产党也能够进行社会主义建设。这是什么社会主义？世界革命运动的中心在北京（公开不讲）。在这样的形势下，不可能不紧张，主要是在农业方面，粮食还少，主席说进口粮食，还有三分之一“修正主义”。为着保障三线建设，财贸工作既要保三线，又要促农业，使三线建设没有后顾之忧。如果除京津沪外粮食都能自给，粮食部长就好当了，不必这样吵架了。粮食工作不仅完成购销任务，〔还〕要安排好人民的粮食。凡是搞好“四清”〔的〕地方，粮食增产的幅度都很大。

工业有很大的发展，但同形势不相适应，距离还相当大。不赶不行。外贸部转向为工业建设服务。

经济工作有很大的进步，但问题确实不少，有许多工作还没有一套成熟的办法。有了正确的政治路线，还要有一系列具体的政策。每年都有改进，但没有成龙配套。每年革几条命，都有相反的意见。工作作风不像解放军那样干劲十足，雷厉风行。实干不是空喊，苦干不是偷懒，穷干不是伸手，巧干不是胡来。

总之“三五”计划是好计划，是总结了过去的经验，应有信心。但有困难，应当准备紧张一点。

（三）财贸战线要突出政治，坚持主席思想挂帅。主席思想是中国革命、世界革命的总结，是马克思主义的顶峰，是中国革命和世界革命的旗帜。发展经济，保障供给，为生产服务，为人民服务，政治观点、生产观点、群众观点。面向农民，但不是以农民为主。（一个方针，两个服务，三个观点。）财贸企业浪费是大量的，能不能少花钱，多办事。要搞节约运动。

猪肉赔钱是可以的，能不能少赔一点？收购价不能降，怎样能少削价。

唐山经验基本可行，减少流转环节是对的，有些做过了头。

突出政治：共性与个性问题，毛泽东思想挂帅，这是共性。根据毛泽东思想和我们的具体情况，采取不同办法，是可以的。不但商业同军队不同，商业内部也有不同。但强调个性不能影响毛泽东思想挂帅，削弱毛泽东思想挂帅。

标扬好人好事，要强调，但不要宣传做过头的事情。不要把模范搞垮了（侯隽）。

为人民服务，不要使人民把我们当官家人，真正是人民的商业、人民的银行，而不是官商，官办银行。相信不相信人民，是群众观点问题。

要肯定成绩，这是几百万人辛苦劳动的成果。肯定成绩，总结经验，纠正错误。

今年提的东西明年基本可用，明年不一定要出很多新点子。基层选举可以试行，代购代销点可以推广，唐山经验还要推广。

价格政策中薄利多销的四个原则，区别主要商品与次要商品，计划价格同供求情况结合等。

市场一紧张，投机活动就发展，这一点要警惕，一个晚上能跑出来几十万人。

〔周恩来〕总理指示①

主要对计划会议讲。

(1) 第三个五年计划和1966年计划是根据中央和主席的指示编制，是比较好的计划。〔之〕所以能够编好，还由于我们有了十几年的经验，正面反面、好的坏的都有。其次是主席对建设的战略性的指示。备战备荒为人民，目的比较明确。第三是计划的准备工作做得好，经过反复讨论。

计划更重要的环节是在实施，要活学活用毛主席的著作，按照毛泽东思想办事。如发展经济，保障供给，如工农业的关系等。另一方面要依靠群众，走群众路线，如开展节约运动等。群众的智慧多得很，只怕我们不去访贤，不肯向群众学习。学好了，既能增产，又能节约，任何困难都能够解决。

进口物资必须是：①急需的；②好的；③不重复的；④及时的。还要是政治上许可的。如对日成套进口压一压。

计划外不能再列专案，这要严格执行，但计划总量要有调整。苏联过去说计划是法律，现在走向反面，计划很少控制，走向资本主义。

(2) 形势对我们的要求，国内是大好形势，“四清”运动铺开，三大革命铺开，不但调整完成，而且有了新的发展。

但是我们发展还不平衡，首先是客观上各部门发展的不平衡，地区不平衡，先进地区也有落后企业，三线不平衡的情况更显著，农业更不平衡，还不能控制自然灾害。今年一般丰收，部分重灾。大好形势不要忘了还有困难。主观方面也不平衡，同样受灾，有的社队还是丰收。丰收地区也有个别社队减产，原因是精神面貌落后。其他部门也总有先进和落后。即使普遍搞完“四清”，也仍有先进、中间和落后。到共产主义也有先进落后。

(3) 国际上是大好形势，广大人民要求革命，这是总的发展趋势。〔略〕

国内建设的战略思想，是备战备荒为人民。有帝国主义就有可能发生战

① 1965年11月13日，周恩来给国务院组织召开的计划、基建、财政等专业会议作报告，阐述计划问题（《周恩来年谱1949—1976》中卷，第763页）。此则应是全国财贸会议期间传达的周恩来讲话。

争，建设要立足于战争。边建设，边备战，不能等战争，不建设。备荒不仅要贮［储］备粮食，而且要其他农产品。备战备荒都是为人民，不仅为本国人民，而且为世界人民，为人民长远利益。苏联今年夏农业比〔19〕63年还差，要进口1800万吨粮食，〔19〕63年进1400万吨，肉类、蔬菜、水果要靠外国供应。

（4）建设要有重点。第一是农业，农业是基础。美国18、19世纪也是先利用黑奴开垦发展农业，南北战争后工业迅速发展，这时粮食已经解决，农业靠机械化继续增产。我们不能剥削农奴，开荒又无土地，要靠提高单位面积产量。城市人口增长很快，工业容纳不了，必须下乡上山，所以不抓农业不行。各省要决心把农业搞上来，不能松劲。粮食即便有4000亿斤，每人平均还不到600斤。提倡计划生育，把增长率压到1%。要在增加生产、计划生育基础上才能改善人民生活。备战、备荒、为人民，都非发展农业不可。省应以主要力量抓农业，部分力量抓工业。文教卫、商业都要面向农村。现在对农村注意不够，财政，物价，都要在这方面想一想。但也不要眼睛都看着国家的投资。中央九亿多机动力量要集中力量打歼灭战，不能分散使用，给半年时间再分配。

第二是国防，打仗也要靠农业。吃饱了饭才能打仗，打仗要有武器，重点还是常规武器，不但自己需要，而且支援别人。

第三是援外，除军事外还有经济。亚非会议开不成，援外仍不能减少。中国的影响并没有减弱，国际影响超过我们支援能力。对外宣传要留有余地，藏一手。援外也不要过分热心。

第四是大小三线，第五是基础工业。以上五个重点互相支持。地方要求主要是小水利、小化肥、小煤窑、小钢铁。这些都需要，计划会议已经作了补充安排，当然也不能完全满足需要，不能小的挤了大的，也不是要大不要小。中央抓大的，地方抓小的，中央地方互相照顾，大中小结合。计划外项目要控制，不能冲击计划，但也不能不承认有计划外项目，要在物资方面予以照顾。建设要有重点，又不能取消一般。

今年计划一则由于工业生产指标低了，二则大三线增加，又加上小三线，因此花钱就多了，预算不能不增加，挤了地方，拿出两亿来赔还。明年生产指标不改变了。

计划控制五大指标，建设项目，投资总额，劳动人数，工资总额，财政预算，增加要经中央批准。

对地方的保证，关于基建计划管理，物资管理，对于工交财务管理，中央地方有分工。自筹资金：①来源要正当，不能平调；②用途要正当，确系急需；③物资有保证，不挤中央计划内项目；④地方要加强领导，不能放任。

（5）增产节约。设计革命，产品革命，都有利于增产节约。综合利用，利用废品，利用库存物资，不要“货弃于地”。东北这样的城市，恐怕遍地是宝，有的已经埋在地下。

（6）要做人的工作，四个第一，不要松懈。现在劳动制度、教育制度还是从资产阶级遗留下来，还不完全适合社会主义制度，造成体力劳动同脑力劳动对立，造成脱离劳动的知识分子阶层，还是劳心者治人，劳力者治于人。工资制度造成工农间的距离。这些问题有待于我们解决。

〔李〕先念同志

要坚持马列主义，就不能不紧张一点。明年要完成建设任务，财政收支必然是紧张的，不能舒舒服服。

明年物价不能再提稳中有降，地方商品价格基本稳定，不再降价。

我们宣传工作做得不够，商业亏损连物委同志都不知道，省委也不知道，要学习主席工作方法第七条。（要了解全面情况才能有全局观点。）

来自工矿原料的小商品有脱销可能，在这情况下再降价究竟对谁有利？很可能为投机倒把服务。价格不合理，一个晚上会出来几千几万投机商贩。这是助长资本主义自发势力。明年许多小商品供不应求，已经不是苗头，而是大量问题。物委不掌握这个精神，要犯错误。

要强调物价的纪律性，物委解决不了报国务院来解决。

物价会议后向中央写个报告，请中央正式讨论一下。

〔李〕先念同志指示

国际国内形势，计划，财政，总理、陈副总理都已经讲了。物价方针政策，根据主席指示，五年计划，对过去、现在、今后五年物价，经过很长时间研究。我也参与了，提了不少意见。是有斗争的，各有各的意见，这是好现象，各有各的立场、观点。有的说过去物价工作基本正确，略有缺点，有的说根本错了。经过反复辩论，得出两个文件，经中央工作会议讨论，认为过去物价工作基本上是正确的，有利于生产发展，人民生活改善，物价稳定。今后究竟〔是〕涨、降、稳，如化肥价格，有的说不降价就破坏农业生产，有的主张不降。书记处下决心不降。第三〔个〕五年拿出二百亿元，给农民一百十亿，工人四十亿，已经不少，不能吃光喝光。

形势很好，这是国内国外共同的看法，来华的外国记者的报导一般是好的。原因是社会主义教育，突出政治，学大庆，学大寨，精神面貌变了。吵物价是不是广大工农意见，我有怀疑。工农业生产出现高涨，很有秩序发展。(1～10 月工业增 27.2%。) 农业大部地区丰收，局部地区灾荒，仍然是相当大的增产。粮食是增产的，经济作物是很大的丰收，正面的经验是财富，反面的经验也有好处，使我们今后工作可以做得更好，少犯错误。

世界革命担子落在我们身上，国内人民和世界人民都要求我们加速建设，以便打败帝国主义。加速建设也是为着人民，是眼前利益与长远利益结合的问题。宣传解释好，可以动员人民努力建设，宣传不好就会犯错误。国家、集体、人民三者兼顾，大跃进时顾人民不够，现在可能顾得多了，顾国家不够。现在人民生活还有困难，克服困难靠建设，而不是吃光喝光。粮食还不够，各地还要狠抓农业。〔李〕雪峰同志说，华北粮食能否自给，关系到华北局有无存在必要。凡是农业搞得好的地方，都是自力更生，不是靠提价提起来的，当然，也不能剥夺农民。用国家支援来培养模范，这个模范一定要垮台，是温室培养出来的，经不起三九严寒。工业也已有一定的基础，否则原子弹不能爆炸。但同国家的要求还不适应，满足不了国防和建设的需要，工作中还有许多问题需要解决。这样，在建设中不可能不紧张，不紧张就不是马克思主义。马克思写资本论同各种思想斗争，很紧张，列宁同第二国际斗争，领导十月革命，很紧张。我们要搞大小三线建设，国防建设，也不能不紧张。这同藏富于民有矛盾。解决办法，控制投资总额。主席讲藏富于民是战略思想，如何实现要有步骤进行。薄利多销也是战略思想，要区别主要、次要生活资料，主要的无利也销，如粮食、猪肉赔了钱大家不讲，手表赚了钱就大发议论。次要商品供不应求可以涨一点价。薄利多销要有四个条件，原料足，能力够，能多销，利润高，就应当薄利多销。计划价格为主，供求法则为辅。资本主义供求法则为主，价格忽涨忽落，起破坏作用。非基本生活资料的计划价格要考虑供求法则。价格要有利于同资产阶级斗争。如果价格产生黑市，是对资产阶级有利。

会议中降价呼声很高，同志们都代表人民利益，都可以当人民代表。但第三〔个〕五年只能使人民得 150 亿元好处，不能再多，能少一点更好。明年价格趋势如何？明年许多东西供应紧张，不可能再降价。大寨精神，每个劳动力多用两斤铁。基本建设扩大了，五金、交电、化工和一部分日用百货供应紧张。今年春天刮了一股风，说东西多了，要降价，我写信给物委要顶住。地方产品明年要降价四亿六千万元，我看不能降。可否冻结一下，等几个月再说。全国物委管不住，至少要管方针。物价不能再提稳中有降，只能基本稳定，有些东西会涨一点价。猪肉多也不行，少也不行，我看多比少好。四个省不赔，其他都赔，有些省赔得很多。这里有工作问题。不能赔钱的是社会主义，赚钱就是资本主义。辽宁群众来信，要求打击西药的投机倒把，可见价格过低有利于资本主义。有些同志看到这现象不管，只管西药降价。化肥也有黑市。粮食投机不容易，西药投机就很容易。自行车零件就容易投机。我们应当敏感一点，经常举起阶级斗争的纲。

价格要加强纪律性，全国统一起来，反对既成事实。不合统一规定，造成左邻右舍矛盾，要改回来。既成事实不承认。全国物委错了，全国一致改正错误，不能一个省改。秋里同志建议扩大物价统一管理范围，请物委考虑一下。当然都管下来也做不到，要分级管理，鲜活商品权力要下放。有些产品是方针性的指导。政治经济学重要方面是价值法则。

第一是唱一点反调，第二加强纪律性，第三步子走稳一点，战略战术要区别。提粮价，缩地区差价可以宽一点，其他要紧，避免轮番提价。地区差价调整要稳，步子走稳不是不走。物价工作是复杂的，要慎重，不要急躁，不要把市场搞乱。卖高价就经过很多研究。商业这几年赔得多了，工业出厂价不降，要降销售价格，不公平，使几百万商业人员抬不起头。〔19〕60 ~〔19〕61 年商业利润 50 多亿，现在降到 20 多亿。进销差价从 25% 降到 17.2%，少了 7.8%，300 亿工业品就少赚 20 几亿元。要求物委支持商业部门。商业部工作缺点很多，要整，赔钱不都是客观原因。是不是单纯财政观点？不是。增加农民收入从发展生产出发还是从物价出发，前者是主要的。物价政策要对生产有利，为生产服务，为人民服务。要认真学毛著，学深学透，活学活用。

物价机构消灭不得，回去向省委汇报一下。

〔余〕秋里同志

（一）抓计划落实。计划编好：（1）中央、主席明确指示；（2）总理亲自抓；（3）走群众路线；（4）有一套具体措施；（5）吸取过去的若干经验。

明年计划肯定是能够完成的，当然要靠你们努力。钢安排 1300 万吨，实际准备是按 1350 万吨准备的。煤炭可以到 24000 万吨，甚至超过。棉纱增到 770 万吨。

明年建设规模增 3.6%，钢材增加 13%，项目比今年还少一点，可见计划是留有余地的。但要抓计划落实，否则仍有危险。〔不能〕拉长战线，投资 155.7 亿不能超过，860 个大中项目不能再增加。工资 246 亿不能再增，职工总数不能增加，财政 510 亿元也要守住，不能掉以轻心。保农业，保市场。

执行计划要有具体措施，根本方法是打歼灭战，要走群众路线。

（二）增产节约，只增产不节约是无底洞。现在大量物资浪费损坏，已经达到不能容忍的地步。（1）狠抓节约用煤，计委大楼从 32 吨减到 16 吨，节约一半。单压指标不行，要具体检查；（2）抓产品设计，节约原材料，小材大用，好材精用，缺材代用，废材利用；（3）废品回收，特别是钢铁部门，废品堆积成山，回收几十万吨不成问题；（4）清查设备，全国清出几千、万把台设备没有问题，认真进行三查。外汇浪费严重，进口仪器仪表设备大量积压，还在盲目采购。

〔李〕先念同志报告①

（一）形势：物价问题复杂得很，牵涉到七亿人民，是大政策，大问

① 1966 年 1 月，李先念在全国财办主任会议上的报告。

题，大家意见很多，我在物价会议讲了话，物委有个汇报提纲[①]，要在总理那里讨论。

讲形势，有人说成绩讲得少了，缺点讲得多了，意见提得有道理。形势很好，国际国内都很好，政治经济都很好，这说明成绩很大。我只能讲国内的。

〔1.〕首先是学毛主席著作，我们党的理论、战〔路?〕线、方针、政策、方法，都是主席思想的体现。工作做得好不好，要看是否合于主席思想？成绩很大，是主席思想挂了帅。去年强调几个大学，空气完全不同，工作大大前进。不是死气沉沉，而是生动活泼。我出去四十天，省委县委谈了几十次话，经验很多，语言很新鲜。学毛主席著作，有些人学得很好，李素文写的文章，我们写不出来。有的人学了，用得不够，不会用。有些人没有学，假学，几百万人中总有一些。究竟一般干部学得多，还是高级干部学得多，现在还是问题。要像那年学政治经济学那样，把部长们集合起来学几十天。

2. 社会主义教育运动，各阶层的震动很大，取得了伟大的成果。经过“四清”〔的〕地方，精神面貌变了，生产状况变了。同样的物质条件，生产大大增长。讲到社教，大家眉飞色舞。运动正在开展、深入。“二十三条”[②] 各有各的解释，对“二十三条”以前估价也不同。没有“二十三条”以前一段，大家不肯蹲点，不相信有阶级斗争，群众发动不起来，不敢斗争，一斗到老同志，老朋友，手就很软。完全自觉革命不行，革些鸡毛蒜皮，轻描淡写，面子拉不下来，总想大事化小，小事化了。反右倾成绩很大，老百姓说老八路来了。狂风暴雨来了，不能不有一些过分。“二十三条”出来以后，有人说过火了，是纠偏。不是纠偏，是总结经验，过去一段成绩是主要的。

---

① 1965 年 10 月 27 日至 11 月 20 日，全国物委召开第四次全国物价会议。1966 年 1 月 25 日，中共中央批转全国物委党组关于这次会议的汇报提纲（《中华人民共和国商业大事记 1958—1978》，第 578 页）。

② 1965 年 1 月 14 日，中共中央印发 1964 年 12 月中央工作会议讨论通过的《关于农村社会主义教育运动中提出的一些问题》，全文共 23 条（《中国经济发展五十年大事记 1949. 10—1999. 10》，第 199 页），即“四清”运动中的“二十三条”。

有百分之十的地区“四清”不彻底，不是都搞好了。有的地方吃口粮七百斤还说不够，不肯卖给国家，这是什么思想？两种思想，两条道路斗争，仍然存在。

3. 工农业生产全面增长，市场繁荣，物价稳定，货币流通正常。工业原计划增8.5%，后改为15%，估计增22%，实际增25%。粮食增200亿斤以上，棉花可收3800万担，已收3646万担。基建完成比历年都好，投产大中型项目将近600个。市场货源充足，布票增加，猪肉多了。物价稳定而且略有下降。财政从442亿，调到455亿，实收470亿略多一点。

4. 学大寨，学大庆。去年说商品多了，我说多比少好，反对普遍降价，反对压缩生产。这次会议讨论，主要是商品对路问题。按经济渠道组织商品流通，这次大家的报告一大堆，可见有成绩。过去说地方党委反对，实际上反对的是商业部门，他们鼓动党委出来反对。我们没有吃透两者，吃〔犯?〕了官僚主义、主观主义、本位主义，并不了解实际情况。

（二）今年起要执行第三个五年计划。这个计划是主席亲自领导制订的。要准备战争，开始没有经验，炮一响就乱跑，跑上几个月就有经验了。备战以外，还要备荒、为人民，因此计划是留有余地的。我们精神面貌很好，工业已有基础，农业已有经验，计划肯定可以超额完成。有了这样一个计划，事情就好办了。建设可以加强备战，备战也可以加速建设。

阶级斗争是纲，“四清”要认真执行，否则就会迷失方向。其次要支援国防，支援三线建设，备战备荒为人民。对军队供应不好，是忘本。我们今天能在北京饭店开会，就是因为有几百万解放军。备战和国防建设都是为人民。价格只能降，不能提，降得愈多愈好，商业赚了钱是罪大恶极，对这些思想要唱反调，财政积累不要，投资愈多愈好。

必须大力发展农业生产，改善人民生活。人是要吃饭的，吃了饭才有干劲。省地县社应把农业放在首要地位。

有了正确的政治路线，还要有正确的组织路线，贯彻执行中央工作会议三个文件。

发展经济、保障供给的总方针，面向生产，面向人民，政治观点，生产观点，群众观点，总的来说是毛泽东思想挂帅。要活学活用毛主席著作，在“用”字上狠下功夫。胸怀祖国，放眼世界。

1966 年

余秋里汇报三线建设情况*

〔余〕秋里同志报告

大三线建设摸了一些问题，小三线也看到一些问题，谈一谈，不一定正确。

（1）三线新工业区建设面临一个大问题，需要考虑。走什么道路？现在还不是最根本解决问题的办法，如不占少占良田，大搞干打垒，三不四要，都是好的。三线建设关系今后全局，要从长远考虑，想到今后几十年，甚至几百年，看远一点。现在三线建设占投资 40% 几，将来还会大一点。因此三线建设走什么路？走东北翻版，苏联一套，还是学大庆、现在西南走的道路？苏联的路是不能走的，一是制造城市，二是制造特权阶级，三是扩大三个差别。苏联城市人口占 52%，东北城市膨胀得很大，也不行。三线建设提供很好的苗头，有些典型。总理指示，必须走工农结合、脑力体力劳动结合、城乡结合的道路。亦工亦农，西南提厂社结合，大庆提管工管农。着眼点是逐步缩小三个差别。形式很多，有三〇八、大庆、攀枝花、盘城等。既搞工业，又搞农业，既是工人，又是农民，新的工业区既不是现在的大城市，又不是现在的农村。这是方向问题，道路问题，不注意又出现大城市，扩大三个差别。西南很快会形成若干个几十万人的大城市，值得研究。抚顺工人就十几二十万，加家属和服务行业就五六十万。必须采取西南办法，亦工亦农，有 60% ~70% 的职工不带家属，轮番回去。把工人思想、科学技术、文化带回去。工农结合，不会挤掉农业，而且帮助农业，大庆家属务农，〔一九〕七〇年可以自给，减少粮食负担。大庆工资不高，但加家属收入，每人 130 几块，等于工人提了两级，比上海、北京收入还多。粮食、蔬菜是自己种的，房子是自己盖的，男女大家劳动，农忙时工人支援农业。工农关系越来越密切。

有些大城市的职工子弟，出去挨农民打，原因是生活特殊。要城市向乡

---

* 余秋里向国家计委汇报赴西南、西北视察三线建设的情况，时间在 1966 年 2 月中旬。大标题为编者所加。

村看齐，乡村向城市看齐。亦工亦农，知识分子参加劳动。大中城市再不能搞大建筑，不搞楼堂馆所，不建新的大工厂，可在现有工厂增建一点车间。利用现有房子挤，如果必须建些住宅，尽量降低标准，不建高楼大厦。西南建设是真正中国自己的道路。这些地区，每人开几分地就能粮食自给，不成问题。

（2）三线建设的速度可以快一点。经过一年多实践，证明可以快。这关系到“三五”计划的全局，体现主席战略思想。有很多项目〔一九〕六八年可以建成。主席战略思想深入人心，广大职工有高度革命精神，最突出的是铁路建设。

第二是三老带三新，老厂包新厂，老基地包新基地，老工人带新工人，要起广泛作用。五机部的常规武器建设，原定三年完成，现在看今年可以基本完成，原因是47%的职工是从老厂来的。盘城、六枝、水城的煤矿也是如此，许多设备、职工都是从老厂带来的，甚至吃饭〔的〕碗。缩短一半建设时间是完全可能的。老厂矿也不减少生产，相反是个促进。此外如德阳重机厂等，也是老厂派来的。重庆、上海两个书记坐镇帮助新基地的建设。节约了投资不拿走，让他们多办事。原班人马，比四面八方凑好得多。用老设备比等新设备也快得多。当年设计，当年搬，当年建成投产，许多机械厂做到了，去年搬的四十九个厂有三十八个已经投产。

〔第三，?〕

第四，集中力量打歼灭战。

第五，大力协同，中央地方齐动手。

第六，领导干部亲临前线，就地摸问题，就地解决问题。

（3）突出问题是钢铁工业。加工工业上得比较快，困难是人要吃饭，机器要吃钢铁，以粮为纲，以钢为纲没有错。“三五”只有一百五十六万吨钢，六十八万吨铁，这样多工厂不够吃，钢铁的核心是矿山问题。如果不认真对待，一旦国家有事，腰干［杆］不硬。一个是对开矿的困难估计不够，二个是对钢铁加工的潜力估计不够。因此矿山要下最大决心，拼命赶。这是硬家伙。落脚点是搞钢铁，没有钢是软三线，不是硬三线。（软骨症。）一定要建成一个硬三线。办法，一是按既定计划加快攀枝花建设，铁路一到就大干，有领导，有步骤地进行，不要乱来。二是抓新探明的几个新的富矿建设，如昆钢附近，贵州水城，重庆等，大约有一百八十万吨。酒钢请北京包，攀枝花请东北包，水城也要鞍钢带，一带就带上去了。包建设，包设备。战争来，有准备，战争不来，可以加快“四五”速度。三查也有潜力可抓。冶金部设备有三十万吨，亚洲第一，利用起来力量无穷。

（4）执行靠山隐蔽方针，不占或少占良田。有些建设把山削平，严一点是需要的，但制造目标也不好，投资又大，不能达到隐蔽目的。占一亩地，开两亩还他们，占了旱地，开水田，比削平山头节省，比较隐蔽，这样大家有利。还要靠近铁路、电源，不能离得太远。

（5）设计革命，一年多来进步很大。但只靠设计院，部党组不拍板，还是革不了，设计院负不起这样大的责任。工厂内部的革命还在开始，甚至没有开始，厂房不是因地制宜，而是千篇一律，在西南搞东北封闭式的厂房。德阳稍稍动了一下，从130几元降到92元一平方米，还可以继续革命。好好研究各种设计，如张之洞的，蒋介石的，闫锡山的，苏联的，英国的。重钢老厂房也不是没有优点，小厂房，并不妨碍生产，适宜于小三线，容易隐蔽。我们的仓库究竟好不好？人家打洞子，也可以利用，可以防空。根据地形设计，该大则大，该小则小，分散隐蔽。

（6）配套问题，这是三线的大问题。解决这个问题不难，走街道工厂的道路，专业化，产品单一，生产灵活，比建系统工厂好。不解决这个问题不行。西南新办几百个小厂，生产成千种产品，质量比上海还好，后来居上。

最后，成昆线的建设速度很快，有突出的创造，建议组织工厂分批去参观，受到很大的教育。

三查问题，要组织强有力的班子，狠抓三查，对三线建设有很大的作用。平顶山设备多20%几，可以整套调出。

加强焊补维修，减轻供应压力，使街道工厂有活干。要狠抓煤炭、钢材节约，电力节约。

传达中央常委指示[①]

厂矿建设的道路问题，一条是搬苏联、东北的，一条是学大庆。少奇

① 1966年2月12日，刘少奇主持中共中央政治局常委会议，听取从西南、西北视察归来的余秋里汇报三线建设情况（《周恩来年谱1949—1976》下卷，第12页）。此则应是向国家计委传达中央常委听取汇报后的指示。

说的对，要看得远一点，看二三百年，看到共产主义，要勇于缩小三个差别。大庆提供搞居民点经验，煤矿、林区也要这样搞。三不四要，四不三要，加强工农联盟，像三大纪律八项注意，加强工农关系，关键是工厂（军队）。

半工半农还要管教育，不一定男工女农，男也可以农，女也可以工，不要说死。像大庆那样，同马克思说的公社差不多。工厂要搞农业，农村也要搞工业。从集体到全民，厂社结合是一种形式。苏联是从资本〔主义〕学的，我们又向苏联学，都是资本主义。厂社结合，工厂党委应当有人专管农业。不能要公社躺在工厂身上，互助互利，等价交换。

消灭三个差别，空想社会主义者已经提了，马恩赞成。实行普遍义务劳动制，建立产业军。

要研究三个差别问题，这也是防止修正主义的重要问题。

社会分工主要是工业与农业，脑力与体力，这两点解决了，其他好办。

方向对头，要稳步前进，不要一拥而上。

城市规划要打破，再不搞高楼大厦。马恩提出理想，没有经验。我们有正反经验，目的是消灭三个差别。

谷牧同志

工业建设中怎样解决同农民的关系，城乡关系，在第一〔个〕五年走了弯路。资本主义盲目发展大城市，苏联学资本〔主义〕，我们学苏联，一个大工厂就一个大城市，像农村中的外国基地，先拉大差别，将来再消灭差别。大庆走出新的道路，少奇说是合乎毛主席思想的正确道路。马恩提出纲领性的意见，怎样办不知道。我们有了经验，不能不知道，而应自觉地推广大庆经验。

西南一年多来〔的〕建设注意了这个问题，有很多新的经验。厂社结合，路是完全对的，是大庆经验的推广。大庆是在地广人少的大平原，西南情况不一样，土地少，人较多，像过去建设方法，搞大城市，农民要造反。三委各部都要把这作为头等问题，自觉地积极对待，创造出一套成熟的经验。

大庆建设居民点的经验，去年组织工作组两次蹲点。这个经验可否推广？去年想公开报导，不知搞到哪里去了。（大庆〔事迹〕已经公开宣传，居民点也要宣传。）

研究西南厂社结合经验，书记处所有同志都非常重视，支持（去年向主席汇报，主席说你们讲得很好，做给我看看）厂社结合比半工半读更复杂，先试点，然后逐步推广，半工半读就准备五年十年。小平批节约比例提成，应根据具体情况，提出一个绝对数，不搞比例。不要使农民躺在工厂身上，产生依赖思想。两种所有制，等价互利等原则要坚持，这样就一定站得住。具体办法，如节约投资不给公社，而给较高机关，统一安排。工厂挖掘潜力帮助农业，并不困难。订出公约，支援人力物力。只要思想对头，办法很多。不要简单采取一个办法。要积极态度，稳步前进。

〔李〕**富春同志**

〔余〕秋里讲的六个问题，是过去经验总结。第一是建设道路，从现在来说是工农联盟，长远来说是消灭三个差别。是我们自己的建设道路，有国际意义。能否真正建成社会主义，过渡到共产主义，还没有经验，指望着中国，替国际创造一个榜样。现在试点抓紧，逐步推广，决心不搞大城市，逐步做到工农结合，城乡结合，脑力体力结合。学主席两个文件，开辟中国自己的建设道路，打破苏联框框。要不断摸索经验，稳步前进。

加快大小三线建设，要结合需要和可能。形势是苏美合作，以中国为对象。我们准备大打、早打、几面来，如果小打、迟打、一面打，那更好办。要建一个打不烂的三线。在可能条件下争取早日建成，立于不败之地。硬不硬是钢铁问题，搞多少摸清后报中央，方针是定了，要具体化。

〔从一九〕六〇年开始，大庆、铁道已锻炼出一支革命化的队伍，各部都要如此。大家都考虑一下。西北如何办？

小三线的小钢铁、小电站、小炸药厂一定要隐蔽，钻到洞子里去，要下决心这样办。

财贸书记会议*

〔李〕先念同志报告

汇报提纲是要中央了解财贸工作情况，已向中央报告①，再拿到这次会议来议。会议还要产生一个纪要或者纲要。

会议的方针，敞开思想，畅所欲言，肯定成绩，批评缺点，交流经验，取得一致的看法，进一步调动各种积极因素，彻底执行党的总路线，方针政策，彻底执行主席备战备荒为人民的指示，为完成和超额完成第三个五年计划而努力。

三点意见，第一点是突出政治，各级党委都在号召突出政治，各个战线都在宣传突出政治，形势很好。成千上万工农群众开始掌握毛泽东思想的理论武器。对于社会主义革命建设起了伟大的推进作用。将来还会起更大的作用。

财贸战线过去有思想工作，还很不够。〔一九〕六三年主席指示学解放军，少奇同志提出为谁办财贸，情况有所变化。此次商业部开会，来了一批先进工作者，因此会议开得很活跃。听了他们的报告，有些厅局长深感到自己落后了，有的睡不着觉。各地都有一些先进单位。好人好事多了，坏人坏事〔就〕少了一点。归根结底，是突出政治所收到的效果。

发展经济，保障供给，为生产服务，为人民服务，三大观点，要像和尚念经一样常常念。过去根本问题，是对阶级斗争认识不够。对社会主义革命和建设的规律认识不够，对中央的路线方针认识不够，因此具体工作中犯了不少错误，对困难估计多了一点。财政和市场情况很敏感，有问题还是要反

---

* 1966 年 3 月 14 日至 4 月 7 日，全国财贸工作会议在北京召开。各中央局，各省份主管财贸工作的书记或副省长，以及全国三十个财贸工作先进县的县委书记或副书记参加会议。5 月 15 日，中共中央、国务院批转《全国财贸工作会议纪要》（《李先念年谱》第四卷，第 320～321 页）。

① 1966 年 3 月 2 日，李先念将拟召开的全国财贸工作会议汇报提纲稿报送周恩来、邓小平审阅。3 月 10 日，又将汇报提纲报送刘少奇审阅（《李先念年谱》第四卷，第 314、319 页）。

映，要当冷静的促进派。

政治统率业务，统率起来没有，巩固不巩固？有统好的，有统而不牢的，有没有统起来的，恐怕是两头小，中间大。财贸队伍的政治思想工作和“四清”，主要依靠地方党委，要求地方党委不要漏掉，不走过场。现在许多部门还没有“四清”，有些“四清”不彻底，“四清”完后还有歪风邪气。党给你们这样多资本家、小业主，你们有加以改造的任务，这是党给你们的光荣任务。至于一般青年，只要做好政治思想工作，即使有错误，也是可以改变的。

要大量树立典型，要使典型成片成林。要有千千万万个天桥商店和李素文。过去名誉最不好的是军队，“好铁不打钉，好男不当兵”，现在人民把解放军当做自己的军队，亲如家人。过去商人的名誉也不好，说是“奸商”，现在已经变了。要学解放军，使人民把商店看成自己的商店。办法就是突出政治。

第二，粮食问题，收购任务是完成了，多销了二十几亿斤，抓紧可以少销一点。去年粮食增产二三百亿斤，国家少拿一点，藏粮于民是可以的，藏粮于民不要宣传。弱点是国家的粮食不够，要使粮食翻身。特别心情沉重的是粮食还要进口。苏联大使对赵毅敏说：“明年我们不进口粮食，你们也不进口，行不行？”这话听了气人。

藏粮于民，要做到合理负担，不是少购就好。有些生产队粮食分得多，现金分得很少，值得考虑。要长期注意节约粮食，压缩粮食销量。

第三，面向农民，面向三线。去年每个农民的副业收入增加三元，农民的购买力有所提高。在这方面，要狠抓十年，去年做了一些工作，仅仅是开始。农产品的收购价格已经差不多，粮食全国的差价是不大了。价格政策，“锦上不添花，雪里送点炭”，意思是说经济情况好的地区，农产品价格差不多了，工业品价格不能降了，也不摘去点花。边远地区送点炭，也是要有步骤的送。物价委员会的计价框框要改造。粮食和盐，逐步实行全国一个价，行不行？

财贸工作要为人民服务，但也不是恩赐观点。农村中的苛捐杂税建议砍了一些，合作社不准要盖章费，取消盖章行不行？

批发站的问题很多，组织货源，安排生产，进行分配，都靠他们，搞不好就妨碍生产，妨碍供应，霉烂变质，削价处理。我们抓得不够。

烦琐的规章制度，妨碍生产，妨碍大家的积极性，〔但〕也不能一脚踢。

财政工作的问题是指标挂帅，烦琐哲学。

商业工作面向大众，北京美味斋的经验。要面向农民，面向城市广大职工，不是不管城市，但五亿多农民是最广大的大众。

姚依林同志发言

目前政治形势，主要是突出政治。大学毛著，发挥出的巨大力量，可能像爆炸原子弹一样难以预计。财贸工作的主要问题，是落后于形势的发展。

突出政治的主要关键是领导干部，其次是司局长，然后一般干部。两个问题，一是单纯业务观点，一是革命意志衰退。前者有普遍性，后者是局部现象。

财贸战线中的两条道路斗争，有阶级敌人的破坏，有贪污投机，有资本主义经营思想，有单纯业务观点。问题的严重性不在于这些问题的存在，而在于领导干部不认识其严重性。

商业要解决生产同流通的关系，更重要的是解决政治同经济的关系。领导干部往往对业务津津有味，对阶级斗争漠不关心，这就是单纯业务观点。

跟上主席思想确实不容易，长期吃不透。主席 1953 年就要商业部成立政治部，但因没有突出政治，工作不好干，到 1957 年又取消了。原因是对主席指示当时并没有真正体会。1958 年主席讲政治是统帅、是灵魂，当时只理解一点，只理解为“小保证”（保证业务），而没有理解为“大保证”（保证建成社会主义、共产主义，不出修正主义）。没有吃透主席思想。

这次成立政治部，学习解放军的经验，开始摸到一点门路，应当狠狠抓住不放。坚持四个第一，发扬三八作风，一定可以收到很大的成效。

政治工作的主要任务，是活学活用毛主席著作，在“用”字上狠下功夫。这就是理论同实际相联系，落实到改造思想，改进工作。

用毛主席思想来总结我们财贸工作的历史经验。后八年的经验比前八年更丰富，更完整，它不但同苏联修正主义完全对立，且与斯大林时期大不相同。

吴波同志发言

财政部突出政治，比其他财贸部门更差一点。主要表现：（1）对阶级斗争、两条道路斗争认识模糊；（2）单纯财政观点，重业务，轻政治。抓收支指标多，抓政策执行情况少。解放初期，从旧社会接受许多东西，又从苏联学来许多东西。1958年大家要求革命，我们总是修修补补，迷信规章制度，产生许多合理不合法、合法不合理的现象。规章制度中的烦琐哲学，浪费许多人力物力，还束缚干部思想，不能突出政治。随之而来的是专家路线，依靠少数人办财政。许多烦琐办法，党委看不懂，群众也看不懂，无法实现党委领导和群众路线。

指标挂帅，烦琐哲学，在财政部门根深蒂固，已成习惯势力，根子在领导。

王磊同志发言

突出政治不仅仅是一个方针，两个服务，三大观点，更加重要的是，保证社会主义战胜资本主义。

商业部党组过去主要抓政策措施，抓规章制度，抓购销调存，抓经济核算，没有用大力抓人，抓思想，抓政治工作，没有把人放在第一位。

过去认为商业工作的人是地方管的，因此思想也应当由地方来管，不注意通过业务来做思想工作。

许多规章制度的出发点是管人，而不是依靠群众来做好商业工作。

指标挂帅，只考虑完成任务，不考虑为群众服务。（评模范红旗，不凭指标高低，否则很可能产生锦标主义。）

根源：①社会主义思想准备不够，对资产阶级思想影响警惕不够；②骄傲自满，夜郎自大。市场繁荣时有骄气，市场困难时有怨气。

财贸会议总结

会议比较集中地讨论了突出政治，学习毛主席著作。财贸工作过去缺点很多，主要是突出政治不够。

突出政治，就是突出毛泽东思想，突出阶级斗争。小平同志在工交会议提出突出政治的五条标准：（1）巩固社会主义，走向共产主义，避免资本主义复辟，防止修正主义，这是最重要的；（2）巩固党的领导；（3）坚持群众路线；（4）正确执行民主集中制；（5）不断革命。

1929 年古田会议决议批评单纯军事观点，可以用于批评单纯业务观点。

价格政策，保留一点半高价，对付资产阶级和高级知识分子，既保证了国家的积累，又满足了他们的需要。当然，生活必需品不能卖高价，卖高价的一般是高档商品。

关于农业机械化问题*

〔周恩来〕总理传达

主席批了农业机械化问题的王任重同志的设想①。孝感农民的购买力提高了，可以自己购买小型机械。各地应当作出在自力更生的基础上，逐步实现农业机械化的规划，二十五年实现，已经过了十年。农业机械化应当与备战备荒为人民结合起来，否则有些地方有条件也不积极动起来。华北既是农业的主攻方向，也是主要作战地带，因此他们提出要准备两面作战。从东北或西南进攻，困难很多，可能性不大，可能是中间突破。因此要帮助华北解决 105 亿粮食调入问题。要使人民有贮备，地方有积累用于扩大再生产。工作组下去，第一是学，第二是帮，第三是听地方指挥。最重要的是学，不要不懂装懂。四月每个组派三个人到湖北现场去看一看。八九月开中央工作会议，讨论工业支援农业问题。

农业机械托辣［拉］斯地方不赞成，暂时不办，交给地方因地制宜。其他托辣［拉］斯也要考虑。主席向来主张让地方多管一点，不要一切都

* 1966 年 3 月 21 日，周恩来与各部党组书记及有关直属局负责人谈农业机械化问题（《周恩来年谱 1949—1976》下卷，第 22 页）。大标题为编者所加。

① 1966 年 2 月 19 日，毛泽东在湖北省委关于印发逐步实现农业机械化的设想的通知上作出批注（《毛泽东经济年谱》，第 636 页）。3 月 12 日，毛泽东关于农业机械化问题写信给刘少奇，指出：小计委派人去湖北，同湖北省委共同研究农业机械化五、七、十年的方案，并参观那里自力更生办机械化的试点，这个意见很好。建议各中央局各省份党委也要派人去湖北共同研究（《中华人民共和国国民经济和社会发展计划大事辑要 1949—1985》，第 243 页）。

是统一于中央。要有高度民主，才能高度集中。第一〔个〕五年学了苏联框框，趋向集权。宪法很多条文学了苏联，是毛泽东思想掺杂斯大林思想。〔毛〕主席十大关系，提出中央地方分权，把一部分权力下放。一时放得多了一点，而且层层下放，放过了头。调整时候需要临时集权，又收得多了一点。〔一九〕六四、〔一九〕六五年应当放宽一点，地方感到机动权太小。主席主张中央管战略方针，实际工作让地方去管，培养地方独立自主的力量。中央工作会议让大家大鸣大放，自下而上提意见。总之要保证党委绝对领导，走群众路线。机关实行三三制，三分之一蹲点，三分之一到地方调查学习，三分之一在机关工作，借此精简机构，实现机关革命化。

〔余〕秋里同志

总理指示讲农业机械化问题，小计委到湖北去共同研究，各省市到湖北开现场会议，一星期到十天，回去自己讨论，八九月开中央工作会议。

方针是自力更生为主。国家帮助，小型试点，逐步推广，使农业机械化既较快，又稳妥。根据这些指示，我们考虑要按实际情况办事。

农业机械化先解决什么问题，后解决什么问题，不能一哄而起，不能千篇一律，大家伸手。各有重点，不能齐头并进。

农业问题是国家战略问题，应当因势利导，因事制宜。

第一，解决农业生产中的常规武器，镢、锄、铲、刀、犁耙，补充消耗，每年要三十至五十万吨钢材。小农具的供应要彻底解决。其次要钢钎、铁锤、炸药、雷管。首先是传统武器，其次才机械化。

第二，是运输工具，南船北车，手推车南北都要。可以节约大量的劳动力，用于直接生产，占25%劳动力。

第三，是排灌机械，机井提水工具，要搞半机械化。

第四，农产品加工工具，脱粒、磨面、碾米、粉碎，占20%劳动力。

第五，是耕作机械。

农业机械化要包括化肥，这是第六个方面。

在这六个方面中，首先解决哪些方面？各省要求不同，需要鸣放讨论。根据群众需要，国家可能，具体安排。找些地方试点，各省都要试。要试一个县，因地制宜，多种多样，各有侧重。

要千方百计解决原材料，九十几个小钢铁厂，要划归地方分配产品。地方有250万吨钢铁，农业机械化就好办。今年只有70〔万〕～80万吨。（边角废料不要统得太死。）地方还是搞点钢铅锌，小机械也不要统。

辅助材料，橡胶就要十五万吨，石油（柴油）二百多万吨。

五年大约要花一百八十亿元，六亿农民每人平均三十元。高潮可能是在第四个五年计划时间，那时可以集中力量来装备农业。

〔周恩来〕总理

要方向明确，步子稳妥。要农民收入到了一定水平。现在集体收入每人平均只有五十七元。农民的收入很不平衡，集体收入不增加就不可能机械化，每人五十元以下无法积累。五年后每人平均收入争取达到八十元，否则都靠国家贷款，无力归还。

工业支援农业，权力下放，要自觉地做，各部回去讨论。

全国统计工作会议*

〔李〕富春同志指示

重点是三个革命，首先是思想革命。方向错了，道路自然错了。

毛泽东思想挂帅，核心是阶级斗争。统计工作是两条道路的斗争。社会主义革命中，容易犯右的错误，原因是革命要消灭阶级，与资〔产〕阶〔级〕思想斗争。

〔是〕以毛泽东思想挂帅，阶级斗争为纲搞统计，还是苏联统计？苏联统计是从资产阶级抄来，根子是资产阶级的，真正建立社会主义统计，要靠我们。

抄袭苏联是同毛主席思想（调查研究，解剖麻雀）对立的。〔苏联〕统

* 1966年4月13日至5月26日，国家统计局在北京召开全国统计工作会议。会议的中心议题是用毛泽东思想重新检查总结统计工作，解决统计工作的方针、任务、道路等问题，国务院副总理李富春、余秋里听取汇报并作出指示（《中华人民共和国统计大事记1949—2009》，第111页）。大标题为编者所加。

计工作的宇宙观和方法是资〔产〕阶〔级〕的全面调查，全面统计，见物不见人，要彻底批判。要提得高，使大家震动，不至于把毛泽东思想当念经，只念不做。

组织问题，主要是向党争权，向中央争权，向各级地方党〔委〕争权，把统计系统变成权威，变成独立王国，这是资〔产〕阶〔级〕思想的反映，讲霸道，这几年有发展。向党争权要讲，使大家有所警惕。

违背民主集中制原则，没有高度的民主，就没有高度的集中。

制度上的改革，必须以典型调查为主，必要的全面报表为辅。取消垂直领导，〔以〕地方领导为主，业务上国家统计局领导。统计局本身要精简，干部对调，调一批有群众工作、农村工作经验的干部，统计干部下放。

《统计工作条例》修改或取消。农产量调查队交各省，留一些人搞农村经济调查。

统计局名称不改，统计方法要变，以典型调查为主。要从统计资料〔中〕不仅认识问题，而且分析问题，解决问题，因此要提高统计干部政治水平，这样才能创造科学的社会主义统计工作。这是艰苦的道路，大家努力，准备五年十年创出这条道路，学大庆大寨，艰苦奋斗，深入实际，两论起家。

报告缩短一点，把政治思想革命讲透。把过去工作作个总结。最近几年错误，违反毛主席思想，提高一点，透一点，尖锐一点。

计委汇报

（1）统计工作犯错误，并不因此而否定统计工作的重要性。

（2）突出政治要与思想挂钩，与统计思想挂钩，与个人思想挂钩。

（3）要人家重视统计工作，首先要自己重视，下决心把工作做好。

要有雄心壮志，知难而进，不是知难而退。过去名誉搞坏了，要为自己恢复名誉。

〔余〕秋里同志

计委对统计工作抓得不紧，过问不多，对错误承担责任。

领导错误，〔要〕与一般干部工作热情分开。过去做了工作，有成绩，不能说没有做工作，提供了大量的统计资料，分析不好是认识问题。不能把几万人的辛勤劳动一笔勾销，有问题是少数同志。

要根据中央历次指示和十几年的实践，明确肯定哪些，坚持哪些，改变哪些，要认真讨论。

把是非界线划清楚，哪些是对的，哪些是错的，不要把对的也丢了。做任何工作都离不开统计，部队要统计人数，武器，弹药，粮食等。统计反映政策，反映人民的劳动果实，不是为数字而数字，不要把一切都当苏联框框。

要总结一些好的典型，不断总结经验。总结要有过程，会变化。人的积极因素调动起来，定额就会变化。结合内因外因，全面考虑。做典型调查，不是为着防止作假，而是总结经验。

（1）组织问题，归计委领导，自己成立党组。

（2）干部调整，首先考虑党性，政治思想好，其次有一定工作能力，思想比较开朗。局长不要太多，主要是发挥大家的积极性。不要分工太细，人员可以精减。

（3）报表搞多少，大家议一下。生产、消耗、库存数字总是要的。哪些统计局管，哪些专业部管，哪些月报、季报、年报。

（4）体制问题，当然地方党委领导，拿枪杆子的都能管，为什么拿笔杆子的就管不了。

（5）方法问题，要搞清统计的目的性，根据总路线，反映党的方针政策，认识世界为着改造世界。根据主席思想，发扬共性（调查研究），发挥特性（统计工作）的作用。

消极情绪，原因还是没有突出政治，没有突出毛泽东思想，革命的世界观。政治不是空喊，要靠经常的政治工作，抓活人活事活思想。两种思想，形而上学和烦琐哲学同辩证唯物主义，两种作风，官僚主义作风同深入实际深入群众。不要以为开了会就解决问题，要做艰苦的细致的工作，才能解决问题。

1977 年

经济计划汇报提纲*

一，我们同“四人帮”在经济战线上的激烈斗争。

二，深揭狠批“四人帮”，划清思想界线。

（1）要不要坚持党的基本路线。

（2）要不要党的领导。

（3）要不要全心全意依靠工人阶级。

（4）要不要搞好生产。

（5）要不要规章制度。

（6）要不要社会主义积累。

（7）要不要实行各尽所能按劳分配的原则。

在分配问题上，要反对高低悬殊，反对物质刺激，提倡搞好集体福利，逐步增加按需分配的因素。现实，现阶段决不能取消不劳动者不得食、各尽所能、按劳分配的原则，决不能否定必要的差别。不管干多干少，干好干坏，干难干易，干和不干都一样，不利于调动广大群众的社会主义积极性。平均主义，不但现在不行，将来也是行不通的。要在发展生产，提高劳动生产率的基础上，逐步增加职工的工资，逐步解决人民生活中的实际问题。今后调整工资，要看政治表现，劳动态度，技术高低，贡献大小。要经过调查研究，逐步地制定出一套比较合理的分配制度。

（8）要不要有无产阶级自己的专家。

（9）要不要引进新技术。

（10）要不要坚持计划经济。

三，安排好国民经济比例关系，突出重点，打歼灭战。

第一，农业和轻工业不适应生产建设和人民生活的需要，这是当前国民经济中的主要问题。

第二，在工业中，突出的薄弱环节是燃料、动力和原料材料，而最突出

---

* 这应该是薛暮桥自拟的汇报提纲。根据笔记的前后内容，时间应在 1977 年 3 月全国计划会议之前。笔记后边所记的 4 月份的学大庆会议上华国锋的讲话中提到，计划会议搞了 10 个要不要，应该就是指的这个提纲中的 10 个要不要。

的又是燃料。

第三，已经铺开的基本建设规模，超过了当前财力、物力的可能。

第四，深入开展工业学大庆、农业学大寨的群众运动，大鼓革命干劲，大搞增产节约。

学大庆会议传达*

〔纪〕登奎同志讲话　四月十四日

各代表团要〔掀起〕学习〔《毛选》〕五卷热潮。学大庆，是抓纲治国的重要部署。大治才能大上，国民经济出现跃进局面，学大庆要赶上学大寨，把大庆经验真正学到手。

大庆创造中国工业化发展道路，各行各业均适用。亲到大庆学习，把经验学到手。坚持毛主席的革命路线。

谷牧同志

登奎指示非常重要。会议重要意义，先念同志已讲了，大家要好好学，以革命加拼命的精神，多看多听，开动脑筋想问题。大庆为什么经过风吹浪打，越打红旗越鲜艳。大庆能够顶得住，生产年递增 28%，财政收入 29%，始终坚持一整套科学规章制度，坚持革命路线，鞍钢宪法。

〔余〕秋里同志

拥护两人讲话，大庆有许多共性。

（1）坚持毛主席革命路线，鞍钢宪法。

（2）建立能打硬仗的革命队伍。

（3）有模范的后方工作，支援前方。

---

* 1977 年 4 月 20 日至 5 月 13 日，全国工业学大庆会议在大庆召开。此前在大庆召开了预备会议。会议前后开了 20 多天，共有 7000 多人参加（《中国经济发展五十年大事记》，第 286 页；《中华人民共和国国民经济和社会发展大事辑要 1949—1985》，第 381 页；《李先念年谱》第五卷，第 479 页）。这是国家计委传达贯彻这次会议精神的记录摘要。

（4）充分发挥社会主义优越性，用主席思想武装干部工人，用 40 年代设备干 70 年代水平，设备完好率高。

（5）艰苦奋斗作风，生产高标准，严要求。

（6）关心工人生活，有普遍意义。

华〔国锋〕主席的讲话　四月十八日

研究如何把会议开好，前两天开过一次会，经过参观学习，再议一下。

大庆是毛〔主席〕树立的红旗，大庆就是要走我国工业发展自己道路，办工业要照大庆样子办。工业学大庆，农业学大寨，前者不如后者深入。都说学大庆，但如何学，学什么，真学，假学，详细一问，不是很清楚。所以开全国比学大寨更大的会议。过去也想开，不少省开过，但是经验如何总结，把大庆经验学到手？过去干扰破坏很严重。前两年就想开，大庆也准备了，经验报告写了十二次，由于“四人帮”破坏没有开成。“四人帮”破坏学大庆运动，恨“创业”“大庆战歌”，岗位责任制说不是新的，红楼梦大观园里老妈子小丫头也有岗位责任制，三年不科研，照样出油。不靠科学，油在哪里不清楚。讲阶级斗争颠倒敌我关系，老干部都是走资派。这就是他们抓的阶级斗争，目的是乱中夺权。路线对头，不生产粮食也可以，完全是形而上学。他们还说搞生产是儒家，胡搞是法家，干的不如看的，看的不如捣乱的。歪曲三大革命运动，推行修正主义路线，篡党夺权。只要“四人帮”在，学大庆会议就开不成。

这样大规模学大庆会议，这还是第一次。党中央下决心以大庆为样板，把工业搞上去。根据毛主席指示，周总理四届人大报告四个现代化，现在离 2000 年还有 23 年，时间不短，真正实现不简单。要加〔油〕干，学大庆，确实各个方面都看，走出了中国工业发展道路，要把大庆经验介绍〔推广〕。石油部不能只有一个大庆，要搞五六个大庆，后来又说要搞十个，必须在 2000 年搞出来，实现四个现代化。苏修去年就有 5.2 亿吨，我们再 23 年还没有 5 亿吨？应有雄心壮志。那时十亿人口，没有 5 亿吨油，怎能四个现代化。石油部要快马加鞭，不能自满。任务确实艰巨，但有信心，一定要搞上去。有很多有利条件，首先是大庆样板。〔中国〕有八亿人口，960 万〔平方〕公里土地，丰富资源。现在大庆只有 1200 平方公里，是小地方，是在1200米以上抽油。有5000米含油层，如往下钻，大庆能增加多少油。要向深度广度进军，还有好多东西未认识。我们有有利条件，粉碎“四人帮”，全国人民很团结，也许将来会出什么问题，我们也不怕。我们的整个工业，要一年初见成效，三年大见成效。到1980年实现第五个五年计划，条件很好的。当然没有革命精神是不行的。现在情况还存在一些问题，有一定困难，省市区县都存在不同问题和情况。开好学大庆会议，对初见大见成效，把工业搞上去，关系极大。我们的决心是下定了。今年年初抓了〔学习〕《毛选》五卷，揭批“四人帮”。从工业上来说，开了铁路、计划工作会议，主要揭批“四人帮”。计划会议搞了十个要不要，澄清了一些思想。这次工业学大庆会议，要以大庆为榜样走中国工业化的道路，认真学，把工业搞上去。铁路会议成效出乎意料，原想三月份五万，五六月份五万五，后来段君毅说提争取，留有余地，我们说完全可以办到的不去办，也是不对的。后来讲这是必成数，结果三月份五万二，四月份五万五。铁道发展是好的、快的，现在四通八达，安全准点90%。在列车上对老人不让座，列车员就说话了。湖北火车、公共汽车好了。我说不要表扬铁道部，要找毛病，继续往上赶。铁路工作会议和计划会议开得好，特别〔是〕中央工作会议传达后，全国反映很强烈。我们这次会议，要把中国办工业的道路解决好。主席早有指示，讲了鞍钢宪法，树立大庆样板，由于“四人帮”破坏，问题没有解决好，毛〔主席〕的革命路线没有完全落实。我们一定要解决这个问题。〔余〕秋里报告工业要搞上去，这几年工业发展太慢了，一定要加快速度。去年情况，我们不满意。工业增0.3%，等于没有增。钢倒退到〔19〕71年了，又徘徊了六年。把工业搞上去，是全国人民的心愿，是巩固无产阶级专政的需要。没有物质基础，像去年那样，多危险？有的城市没煤烧，肥皂很紧张，继续下去怎么行，怎能巩固工农联盟，无〔产〕阶〔级〕专政？所以下决心把工业搞上去。

学大庆，学根本，要抓阶级斗争。当前突出抓揭批“四人帮”，下一步大庆介绍经验，秋里同志还要做报告，我就不细讲了。大会开得好不好，中央、国务院有责任，各省关系也很大。各省思想解决得好不好，真学还是假学？听了激动，看了感动，回去不动？还是真学？有的来了几次，学疲了，有的处处新鲜，以为找〔到〕了万宝库。有的人学好了，回去干得很好。

有的人学偏了，没有学到根本，参观完了，任务也完了。各省要认真抓紧。我们前一段在大庆看、听，回北京交流经验，〔向〕中央报告。来大庆要认真考虑，要是 7000 人思想解决了，回去作用大得很，如果马马虎虎，或学偏了，效果就一定不好。希望各省好好看、听，联系实际，思想实际。有的来了几次，为什么没有学好？这一次是带着什么思想来的，思想起了什么变化？要联系本部门、地区的实际，大家来考虑。中央各部不要感动激动一番，回去就完事。要联系本部门工作思想，看大庆经验有什么启发帮助？哪些经验对我们有用。普及大寨，县委是关键，普及大庆，市委是关键。当时征求县委意见，他们说不完全，省地不抓，我们没有办法，所以加了省的责任。大庆市是关键，没有把把，是省还是市？县主要抓农业，市要抓工业，城市供应紧张也要抓。为什么苏修机械化养鸡、养猪，我们为什么办不到。现在养鸡集体、全民比重很小，靠老太太，转到消费者手里，70% 变成坏蛋，为什么不能搞一点机械化养鸡。哈尔滨 180 万人口，靠老太太怎么行？资〔本主义〕修〔正主义〕都搞了，社会主义为什么不能搞？黑龙江有条件，用糖萝卜渣养猪（现在出口）。省委市委是关键，比较合适。

这一次开会，各省回去传达讨论。工业来个竞赛，看哪一个搞得好。去年不能这样讲，“四人帮”破坏，以后要讲，大家一股劲，是可以搞好的。市委是关键，适用于京津沪，其他省，省市是关键。希望认真抓紧，联系实际同大庆比，差距在哪里，怎样才能办成大庆式企业，有没有信心。毛〔主席〕指引的道路，大家都可学。希望各省抓紧，共同努力，把历史上第一次这样大规模的会议开好。我们的工业基础是有的，按大庆道路办，大有希望，是会高速度的。

袁宝华①

打倒“四人帮”后，怎样学大庆？要到大庆去学。百闻不如一见。先参观，后开会。学大庆也要有大庆精神。搞不好，看了激动，听了感动，回去不动。声势造成了，怎样坚持下去？建立大庆式企业，还要经得住各种考验。重要的是怎样同自己的实际结合起来？各省各市都要根据自己实际情况

① 袁宝华，时任国家计委副主任。

作出规划。各企业也要作规划。明年开会时按规划检查。各省组织一定数量人到大庆去办学习班。大庆经常招待三千人。各省市要定期检查。领导机关怎样学大庆，怎样革命化？

顾明同志[①]

配合长期计划，需要研究政策问题。三个方面的革命，意识形态包括路线、方针、政策。大的方针提出来了，具体化到各种政策，如经济政策，物价政策，面向共产主义。具体政策与方向是否一致，如缩小三大差别，就涉及价格问题，工农剪刀差，有些差别不是缩小而是扩大。产量上去了，农〔业成〕本增加，增产不增收。过去比价关系发生新的变化，加价奖售，扩大差别。油料退到〔19〕52年的水平，棉花也下降。农民现实主义，我们政策错误，农民不干了。两种所有制要等价交换，粮价购销倒挂，增加返销。油料不给化肥，而化肥的市价比牌价高两三倍。粮食亏损50亿，今后怎样办？（加价30%等于提价10%，征购500亿斤，超购250亿斤，穷富队差距扩大。）（加价外还奖售化肥。）要大兴调查研究之风。工业品原材料价低，最低是煤炭，三分之二赔钱，生铁三分之一赔钱。机械加工利润很大，新产品利润更大。五亿吨煤有三亿吨统配，其余自产自销。煤价影响面广。解决问题很复杂，至少要提出问题，研究问题。两个所有制要等价交换，价值规律有影响，总理说在这方面我们最无知。先解决全民内部问题，再解决工农比价问题。农民八亿，城市人口一亿三千万，去年农业产值只增1.9%（24亿元）。农业纯产值占60%，农业税还是25亿元。出口比价，农副业品赚钱，工业品一美元换五六元，可见剪刀差还很大。首先要弄清情况。组织一个小组来研究。

农轻重的关系，主席的指示执行得怎样？投资分配怎样？重工业内部加工工业投资大于原材料投资，折旧费下放每年120多亿，加工占60%，原材料占40%，前者扩大很快，影响国民经济协调发展。农副（食品）供应紧张，原材料供应紧张，棉花〔19〕76年4000万担，下降1000万担，油料更紧。积累消费关系。工资增加，购买力不能实现。工资十多年未调整，

① 顾明，时任国家计委副主任。

〔19〕71 年小调整。

穷富地区差别调查，可否再搞一下？过去搞了大家不敢讨论。不成熟的材料向上下毛毛雨，提问题，不要轻举妄动。

出口基地富上加富，山区老根据地生活水平很低。落后地区如何扶助？边疆问题很大，境外搞集市贸易，吸引我们去买，制造矛盾。

调查工作会议*（六月二十七日）

刘松年

计划组：农轻重比例关系有无不协调的问题，有不协调，才需要研究农轻重比例关系问题。

当前农轻重关系的主要矛盾在哪里，有重农派和重工派。十二号文件主要是农业。另一种说法主要是原料、动力，是基础工业。

原材料和燃料动力工业不足的原因在哪里？是生产太少，还是浪费太大？燃料动力所占比例不小，关键是浪费太大，要从两方面来解决。

投资比例，原材料分配比例问题，农业投资从 18% ~19% 下降到 13% ~14%，开荒投资，西南、西北水利建设（过去主要华东、华北），畜牧业的投资，渔业的机械化。

农业内部以副养农的方针值得怀疑，这是由于农业，特别是粮食价格太低所造成的。

价格，〔生产〕愈紧张的东西价格愈低，如农业中的粮食，工业中的煤炭。工农业品价格剪刀差不是缩小而是扩大，原因是工业劳动生产率提高和成本降低比较快。

工农生活，城乡差别不缩小，而是扩大。农业年增 4%，人口增 2%，成本增 2% 以上。农民平均收入是下降的（2.8 元）。城市就业面扩大，从

---

* 1977 年 6 月 20 日，国务院成立财贸小组。组长姚依林，副组长陈国栋、邓立群，主要任务是调查研究财贸工作的具体路线、方针和政策，提出改进意见；办理中共中央、国务院交办事项（《中华人民共和国国民经济和社会发展计划大事辑要 1949—1985》，第 382 页）。这应是财贸小组成立后的一次调查工作会议记录。

一人养二人到一人养一人。

粮、猪、蛋价格倒挂，商业赔钱愈来愈多，怎样解决这个问题。

投资与生产增长速度不一定成正比例，投资大生产增长少的现象值得注意。投资一万元只增加固定资产六千元，其中设备三千元。缩建设周期。

国民收入的生产和需要的平衡。多年来需要超过生产，消费积累都是如此，这会破坏国民经济的平衡。

工农生活比例，工人生活有人叫，农民生活无人管。工人生活总水平不低，问题是分配不均。农民生活水平太低。

管理体制，生产全国性，管理地方性。货币交换范围扩大，国营内部自由市场远大于农村自由市场。

统计组　李成瑞

农轻重和积累消费两大问题同时并进有困难，只能先搞农轻重一个题。农业、工业互相影响，应以农业为中心来安排工业。农业要抓商品粮的基地。主要靠人少地多地区。地方工业计划外用粮至少二三百亿斤。二十多年农民口粮不是增加，而是减少的。

物价组　路南

工农生活差别是扩大的，每一农业劳动力净产值低于 1957 年。工人平均工资略有下降，就业扩大，所以水平略有上升。农民提供财政收入约30%。调整工农产品价格幅度愈来愈小，劳动生产率和成本的变化同工业相反，实际剪刀差在扩大。

张衍同志①

首先研究方向任务，再进一步讨论研究，与各组交换意见。我们与学部研究所分工，他们偏重基本理论，我们偏重应用，实际工作中的方针政策。同时注意这些问题的理论性是很强的。比如社会主义经济发展特点，有计划按比例，高速度，究竟什么算高速度。如果每年 8%，十年可以超过苏联，接近美国。

① 张衍，1977 年至 1978 年任国家计委副主任。

基本任务，能不能列出几条。从战略考虑，也要研究当前问题。国内、国际、长远、目前，重点放在哪里。

机构，人员要精，要有足够力量，要加强资料工作。分工，学部从理论方面，公开材料，我们从实际方面，内部材料。资料来源如何解决。参加哪些会议，看哪些材料。

调查研究统一，调查参加研究，两者统一起来，放在研究室比较便利。不管放在哪里，这个工作必须加强，研究所要加强调查。

如何组织协作，作为计委一个任务，调动各方面的积极因素。

问题不要提得很多，抓重要的。

〔全国〕计划会议*

〔余〕秋里同志报告

计划会议开始了。会议高举伟大旗帜，十一大路线，研究加快建设速度，实现四个现代化。会议讨论十年计划和后三年安排。（1）计划汇报要点；（2）关于加快建设的若干问题；（3）十年计划。

形势问题

今年三月召开计划会议①，心情舒畅，干劲很大，还没有料想发展这样快。现在经济形势发生巨大变化，今年初见成效，基本上实现了。“四人帮”土崩瓦解，篡夺的权力夺回来了，毛〔主席〕的路线得到贯彻执行。学大庆、学大寨运动蓬勃发展，群众积极性开始调动起来了。经过整顿，经济秩序初步恢复了。粮食保持去年水平，棉花增长，工业增长 14% ~15% 。钢铁工业翻了身，十月份以来稳定在日产 8 万吨以上，最高达九万吨。基建

---

* 1977 年 11 月 24 日至 12 月 11 日，全国计划会议在北京召开。会议主要研究了长远规划问题（《中华人民共和国国民经济和社会发展计划大事辑要 1949—1985》，第 385 页）。这是这次会议的记录摘要。

① 1977 年 3 月 3 日至 16 日，全国计划会议在北京召开。这次会议主要讨论 1977 年国民经济计划，同时回顾了“文革”中的计划工作，还提出了“十个要不要”（《中华人民共和国国民经济和社会发展计划大事辑要 1949—1985》，第 379 页）。

投资减少，效果较好。财政收入可以超过860亿元（计划820亿元），收支平衡，略有结余。商品总额1400亿元。调整工资正在进行。今年是经济发展重大转折点，稳定上升，开始了新纪元。

各地、各部发展不平衡，有些地区农业减产，有些企业质量低，成本高。我们取得的成绩还是初步的。计划和生产组织还有问题，对“四人帮”造成的恶果必须有充分的估计，把立足点、出发点转过来。

速度论，不加快速度，不能达到三年大见成效，不能如期实现四个现代化。粮食、棉、油还是〔19〕66年和〔19〕45年水平，钢铁仍是徘徊不前，不加快速度，就处于被动地位。要在本世纪内实现现代化，农业要4%～5%，工业要10%以上的速度。农业、工业速度几个五年逐步下降，今后应当快一点。

第一是“五五”〔计划〕后三年建成独立的工业体系，打好农业仗，原材料仗，农业要5.8%，工业要10%。1980年要超过原定指标，粮食6000亿斤，棉7000万担，钢3800万吨，化肥6000万吨，财政收入5100亿。必须把农业放在第一位，不上去工业有后顾之忧。把原材料搞上去。基建投资明年310亿元，重点农业水利，煤电油，运输，这不上去，其他搞上去了也不能投产。工业不搞矿山不行，有的项目只能少上，缓上。现在电力、原材料只有那么多，其他多搞不行。钢铁、化学也要上去。煤炭只能多，不能少。增产了调不出来，亏800万吨，调出只能多，不能少，调进不能增加。明年可以比较好，元旦、春节不放假，四天产350万吨，要革命加拼命，这是明年有关全局的大问题。今后三年，生产增长主张靠挖潜，各种指标要达到历史最好水平，有些要超过，非做到不可。把设备维修搞好，大搞劣质煤的利用和余热利用。把油省下来，能不烧油的不烧油，〔已〕改烧油的改回来。

明年形势大好，要保持适当的稳定。农业要改变生产条件，粮食达到8000亿斤。1985年钢产量6000万吨，油25000万吨，各项指标达到高水平。改善人民生活，加强国防。在2000年〔以〕前粮13000亿斤，钢13000万吨。上游在大庆、大寨，如果都像大寨那样，农业面貌根本改观。大庆产值十年翻了三翻［番］，都这样工业也大改观。开滦今年冬天恢复震前水平。有些大寨县生产没有上纲要，大庆企业完不成计划，弄虚作假的要检查改正，要群众评定，上级验收。

重要政策措施

(1) 下决心把企业整顿好，把公社整顿好，认认真真，扎扎实实整顿好。彻底清查“四人帮”，肃清流毒影响。改进经济管理、企业管理体制，改进领导方法和作风。

(2) 培养又红又专的技术队伍，建立强大科学研究基础。对几千万工人，几十万科技人员加强技术水平，干部学业务，学技术。

(3) 自力更生，开展技术革新运动。学习外国经验，引进外国技术，把先进技术拿到手，后来居上。外贸要大发展。

(4) 质量第一。质量差，消耗大是严重问题。从质量中找速度，消耗中找速度，大声疾呼，采取坚决措施。财政960〔亿〕~1000亿元。建立职称后要建立责任制，工程师、总工程师要恢复起来，集体负责结果无人负责，要分工负责，建立岗位责任制。

(5) 经济核算，提高积累，反对浪费。

(6) 专业化协作原则，逐步改组，两三年内要按此原则改组好。

(7) 合理安排城乡劳动力，农村第一线劳动力抽得太多。

(8) 坚持按劳分配，用价值规律为社会主义服务。

(9) 工业管理体制，两个积极性。

(10) 加强计划管理制度。计划贯彻不了，资本主义泛滥。调动一切积极因素。

现在潜力很大，把群众积极性引到大搞社会主义，速度一定会高起来的。

李先念副主席

今天开幕，华主席谈了一些话。“四人帮”问题要搞深。在社会主义建设方面，要加快速度，政策措施是为加快速度。〔这〕是政治问题。国际形势要求我们加快，两霸要打，不会很快打起来，中立不行。中央发表三个世界文章，国内人民更要求加快，“四人帮”置之不理，破坏经济，工厂不开工，农民不种田，学生不读书，弄得人人痛恨。

光要求不行，有没有可能？有条件，有可能。解决了“四人帮”，抓住路线，农业为基础。农业问题很大。29个省有7个省每年增4.9%，如果都达到这样，粮食不是5700〔亿斤〕，而是6400亿斤，可见速度是可以快的。〔19〕63～〔19〕65〔年〕农业是递增6%，能不能加快一点，历史证明是可能的。大寨、昔阳、平定两年翻一番，好的经验不少。有700个大寨县，合于规格的是先进县，鼓励他们继续前进，标准严格一点。其中有假的，礼县到处要饭，这是少数。农业问题不少，搞了十二个问题，有希望搞快一点。机械、化肥多了不起作用，真奇怪。农业不能掉以轻心，现在进口粮食、食油，很不应该，进口棉、糖，这样下去不行。

工业先进典型不少，干扰比农业更多。工业也可以搞高速度，枣庄很快增产。"四人帮"抓出来了，还要花力气整顿起来。大家把困难看得多一点，可以谅解。铁路搞得好的，日达六万车。煤炭也上得好，石油上得好，化肥上得好。有希望。国际国内形势来看，应当搞得更快。明年投资310亿，要从好、省来找速度。焦比达到过去先进水平，省焦200多万吨，2亿多美金，多产钢300多万吨。"四人帮"破坏严重，已过一年，应当恢复过来了，包括电、原材料消耗定额。学大庆学了一个计划生育，真学还是假学，不能降低学大寨、学大庆的标准。很多产品质量不过关，不能发挥效率。〔用〕什么办法搞得快一点，好一点。一机部"百花齐放"，手扶拖拉机不知道多少种型号。进口好多设备，三年一年一亿美元。出口点油可以，国内烧煤。烧油是烧金子，把化肥、塑料都烧掉了。挤一部分油出口，挤一部分好煤出口，自己烧劣质煤，江青说是卖国贼，我看这是爱国主义，把工业更快地搞上去，把农业也搞上去。

李先念同志〔总结〕

会议讲了很多意见。会议开了半个月，发展国民经济计划，工业三十条，大家讨论，畅所欲言，心情舒畅。不像1975年会议，像小媳妇，怕讲错话，〔被戴〕帽子、〔打〕棍子，此次会议提了很多好的意见。关于明年计划重大问题，华〔国锋〕主席有指示，汇报要点。会议高举毛主席伟大旗帜，抓纲治国，合于党的路线。这是对此次会议的评价。

明年计划，农业增5.3%，粮6100亿斤，工业增12%，钢2800万吨。个人看法，这个速度是可能超过的。讨论中揭批"四人帮"是中心，今年初见成效达到了，三年大见成效大有希望，潜力还很大。具体问题还有缺点，大形势是好的。国民经济被“四人帮”破坏是严重的。〔19〕63～〔19〕66年增长速度20%左右，有两年超过20%，搞得很快。明年农业6%，工业20%，明年速度不高，可能超过，应该大大超过。今年比去年增长14%以上，是在翻筋斗下得到的，一二三月形势不好，四五六月才开始上来。今年看明年，速度定得不高。财政收入860亿元，比去年增15%，是不正常的。原想发点票子，可以回笼一点。三年没有完成财政收入计划，去年发了二十多亿票子，今年可以回笼一点，初见成效是达到了，明年可以搞得更快一点。〔19〕78～〔19〕79年是恢复时期，速度可以快一点。各种制度建立起来，具体意见，上正轨还要一年两年。焦比达到历史水平，可省200万吨，煤变焦又可以多出400万吨，6亿美元。不是同外国比，而是达到自己最高水平。电耗也可以降低。既要多快，又要好省，从好省找速度，这是靠得住的。华主席谈电把我们卡住了，可以多发点电，保障高速度发展。

大三线骨头有了，变力量发挥出来，要花很大力量。

体制问题，还没有定型，上层建筑同基础如何适应。坚持企业下放，祖宗三代一家人，不能重复过去，统死，叫，放，乱，统，这样循环。关系全局的重点企业可以中央管理为主，地方管的中央要帮，两个积极性，合起来就大，分开来就小，要扭成一股绳。

物资一面不够，一面积压，计划内少，计划外多。物资加强计划管理，统一调拨，研究解决方案。年年讨论，没有解决。重点建设项目定点供应，行之有效，可以定下来。钢、煤、水泥、木材可以统一调拨。重合同，守信用，定点供应。二三类物资，骡马大会散了，小会不断开，要改。采购满天飞，五花八门，什么都有，以货易货。怎样改革，原则上建立供应网点，凭票凭证供应。物资部门凡是重点项目、重点生产不能保证，计划外的可以搞到，这样不行，计划经济变成空话。物资体制还要讨论。

财政体制，要整顿，潜力很大。15%不能满足，降低成本，收入可以大大增加。820亿增至860亿是好现象，也说明过去缺很多。明年930亿还可以多，争取1000亿元，不是没有可能。财政实际上应当1200多亿，有300多亿不在预算以内，占预算1/3以上。如折旧费3、3、4，集中一部分统一使用。还有许多附加，加在一起有320亿元，同930亿对不上口。预算内基建完不成，预算外（320亿）完成了。怎么办？第一〔个〕五年只有100多亿，现在预算外就300多亿。要有物质基础去支持它，物资应有着落。中心问题是如何供给物资，收支挂钩，比例分成，几年不变，可能比较进步。问题是互相信任。江苏实际上半年一变，多一点就拿回来。今年两三个省试点。

集体所有制企业的所得税，把国营转到集体，可能转得对，转不对的转回来，想用这个方法捞一点。国家资金不能转移。公社工业特别是搞原料的，微税、无税。

三年大见成效，要整顿。制度能定的定，稳当一点。

华〔国锋〕主席指示

会议开得好。听了一些部的汇报，油、煤、钢、电，未全听。计委汇报了三次，政治局讨论了。汇报要点，三十条，两个文件，讨论后进行修改，政治局还要讨论。汇报要点讲了二十三年设想，远景设想，实现四个现代化，〔19〕80年，〔19〕85年，有重大措施，经过努力是可以实现的。明年计划安排把农业基础认真抓，工业方面突出煤、油、运，工业内部薄弱环节，是电、燃料、运输。加快工业速度，思想比较统一。310亿〔投资〕重点用在这个方面，薄弱突上去了，钢是可以上去的。钢11月〔日产〕85000吨，年产可达3000万吨，明年定2800万吨，冶金部自己安排3000万吨，这是可能的。四年徘徊结束了。〔19〕73年2500万吨，四年徘徊，今年还只2300万吨，2800万吨结束四年徘徊，3000万吨更好。煤、电、运不上去，困难就大，有能力也上不去。后三年还有这个问题。〔19〕85年粮8000亿斤，每人800斤，钢6000万吨，比较有根据的，有措施，不是空喊。上海、鞍山、本溪的改革，使人高兴，脚踏实地，认真搞上去。工业有了三十条，原来二十条被批，说今后不搞条条了（十条被批，搞二十条，现在又搞三十条）。工业三十条很需要，农业“六十条”修改后拿下去，要总结经验，从不完善到完善，两个文件是粉碎“四人帮”以后搞出来的，有些不同的意见。

全国形势，抓纲治国，今年初见成效，三年大见成效。今年快完了，战略决策是否初见成效，经济方面已经讲了，确实初见成效，有些情况比预计还好。完全证实党中央的决策是正确的。粉碎“四人帮”政治大革命，取得十一次路线斗争的巨大胜利，是一次大决战，广度、深度是党史上少见的。发生了经、政、文、军的深刻变革，根本原因是揭批“四人帮”。

初见成效主要表现：〔略〕

应当说抓纲治国战略决策初步实现，一年初见成效，三年大见成效，可以达到。当然必须足够估计“四人帮”造成的巨大的困难，工作的缺点和问题。党和人民大鼓干劲，〔有〕信心，在即将到来的 1978 年，全党全军各族人民应当大批资本主义，大干社会主义，争取更大的胜利。

社科界、文艺界、新闻界党内外知名人士座谈会*

张平化同志①

中宣部刚成立，工作如何做法，明年要开宣传工作会议，如何开法，如何开得好一点。现在已在着手准备。初步想法：

这次会议的议题：①理论工作问题，学习，宣传，这是改善宣传工作的根本问题。“四人帮”篡改制造混乱，在理论战线上的斗争是很复杂的。

②宣传工作的规划，上层建筑也应当有规划。自然科学研究很热闹，社会科学也应当有规划。

③宣传工作队伍的整顿和建设。队伍相当大，要整顿和建设，过去被“四人帮”搞乱了。会是中央开的，宣传部负责筹备。时间紧，任务大。要抓紧时间，争取明年二月开预备会，各省宣传部长参加，正式会议争取五月开，最迟六月。其它方面还有什么问题，希望畅所欲言。此次小会，三十几人，主要〔座谈〕科学研究方面，社会科学院要做规划。

---

* 这几次座谈会的时间应在 1977 年 11 月底到 12 月间。据《薛暮桥回忆录》：“1977 年 12 月，参加中央召开的社科界、文艺界、新闻界党内外知名人士座谈会。”（《薛暮桥文集》第二十卷，第 367 页）大标题为编者所加。

① 这应是社会科学界座谈会的记录。1977 年 10 月 31 日恢复成立中宣部，部长张平化。

许涤新同志

“四人帮”对政治经济学的破坏是严重的，把许多概念搞乱，不敢讲生产力，不敢讲利润，按劳分配，不敢写文章。把搞乱的概念纠正过来，这是大事，做消毒工作。

现在基础理论水平不高，学《资本论》是犯了罪，理论没有学通，随风转。

经济所很难看到实际材料，业务部门太忙，〔工作〕插不进，插进了拔不出来。部门经济也是如此，就事论事。要写一部经济学教科书，很困难。

接班人断了线，能不能招研究生。各所自己招。有人可招，招〔?〕研究院。

〔编〕政治经济学词典，大学上马，忙不过来，要组织协作。(〔胡〕乔木：经济系任务不会很紧，有潜力。)

陈翰笙同志

理论研究要有人做，没有人〔是〕大问题，有人调不来。工作要集中，否则搞不好。想做研究工作的不能去，不能做的调来了。研究机关自己培养研究生。

规划很需要。〔目前〕人力分散，工作重复。

〔胡〕乔木同志

在平化同志讲的范围内多谈一点。

会议怎样开，能否对过去二十八年有个适当的估计，肯定成绩，提出新的问题。过去二十八年有很大的成绩，对普及马列方面、毛泽东思想的发展方面有很大成绩。同时，没有创造新的理论、新的著作是不行的。……社会主义时代出现新的问题，要有新的理论，著作（1962 年）。〔毛主席 19〕57 年《正确处理人民内部矛盾》，〔19〕62 年又提出上□□〔?〕，现在承前启后，需要在理论方面写出新的著作，答复急需回答的问题。这是完全必要的。理论上要保质，保量，持之以恒，不能忽冷忽热，时东时西。要全面规划，加强领导。需要规划〔的〕方面很多，要编写基本著作。首先是学校教科书，基本知识的书，工具书（词典）也需要，各种历史〔书〕也迫切需要。有些做〔了〕一些工作，有的没有，有了这些书才能彻底埋葬“四人帮”〔制造〕的矛盾。还有主要理论问题著作。要有充分论证，列举大量事实，批驳各种反对意见。理论要彻底才能说服人。如果有一百本著作，答复各种问题，思想水平才会大大提高。我相信集中全国力量，这个任务是能够完成的，不达目的，誓不罢休。可以在出版前或出版后开全国讨论会。还要同普及工作配合起来。能适合群众需要的政治读物，实在太少。书店里没有书，我们责任很大。各单位都要提出培养接班人的规划，培养各种水平的干部。新增机构太多不好，有些机构是必要的，不能马上成立，也要逐步成立。苏联党中央直属〔管?〕社会科学院，我们也很需要，专门培养宣传工作高级干部。要研究世界各国的东西，哪些是反动的，哪些是有用处的。不学马列主义著作不行，不学马克思以前的著作也不能理解马克思主义来源，否则可能望文生义，做出错误的解释。我们要提出这个奋斗目标。几个思想问题加以澄清。

实际与理论的关系，两者不能互相代替。现存在复杂问题，现在理论脱离实际，看不到实际材料（统计资料），不能成为科学研究，不能说明生产情况，怎能探讨它的原因，发展规律。我们社会存在犯罪现象，法学研究所要加以研究，但要掌握实际资料，不能简单地说理论脱离实际。经济研究所曾划归计委领导，没有做出成绩，计委没有有计划地利用经济研究所，也没有得到计委的支持，等于不存在。进行实际部门〔?〕也有问题，不是一两句话能够解决。学部研究所与计委分离，问题更难解决。实际部门也有可能脱离理论，需要从两方面解决。

政治与理论的问题，今后如何划几个条条，在什么范围以内可以自由讨论，什么内部讨论，什么不能讨论，否则能力不能发挥。是否可以提出几条草案。

个别与系统，临时与长远，常有矛盾。规划定了，常被临时任务打乱。临时任务成为经常任务，都是中央批准，无法兼顾。

古为今用离开了毛主席的范围，学习历史本身就是古为今用，不是把历史强合目前需要。学习过去〔的〕学术著作困难很多，没有中文翻〔译〕本。

群众与专家，普及与提高关系，过去讲得很多。有个特殊与一般问题。用哲学原理不能代替经济分析，一方〔面〕要用哲学指导，另方〔面〕哲学不能代替其他科学，说明具体经济问题。用一般公式答复具体问题。也有不重视唯物辩证法的指导作用〔的情况〕。

理论工作同各项研究工作之间的关系，一般理论不能代替具体领域的研究。有些问题不一定为特定阶级服务，各阶级都可以加以利用，辨别甲骨文不能单靠马克思主义。有些社会科学在马列主义、毛泽东思想指导〔下〕是没有疑问的，有些科学离阶级斗争比较远，如形式逻辑各阶级都要用。

能否提出与外国水平比较？工作水平是可以比较的，队伍人数，产品数目，研究深度，是可以比较的。我们是社会主义国家，毛泽东思想领导国家，别国不能比较。但不是一切都不能比较。〔研究人员〕美国有 25 万人，苏联有 15.9 万人，研究中国问题有一万人，日本有 12 万人。我们出了一些书，从数量同外国比较实〔在〕太可怜，没有方法比较，〔出书〕我国比朝鲜还少。面前经济问题很多，过去没有社会主义〔经济〕，现在有了，但一本书都没有。为了赶上去，在华主席、党中央领导下，把这工作建立起来。

社会科学与自然科学有密切联系。社会科学要利用自然科学，有许多联系，如数理经济〔学〕。自然科学每一步发展都使哲学提出许多新的问题，对经济学也如此。

对外宣传与对内宣传，对外宣传问题不是孤立的，格林提的问题对内也有此问题，单解决对外宣传〔是〕解决不了的。国内宣传改进，对外宣传跟着解决。

张平化同志

会议由小到大，上星期召开社会科学座谈会两个半天，后开文艺座谈会三个半天，今天扩大到 332 人，分成五个组再谈两天。社会科学一组，文艺三组，新闻出版广播电视一组。座谈目的，中宣部刚成立，工作如何开始，请大家提意见，特别是如何开好明年上半年的宣传工作会议，解决什么问题。初步考虑：

（1）中心问题，加强理论工作。斗争非常尖锐复杂，“四人帮”的干扰极其严重，理论工作是宣传工作的根本问题，分清路线是非，首先分清理论是非。

（2）宣传工作各项事业的规划，如社会科学研究等等。经济要有计划，上层建筑也需要有规划，提出方针任务，奋斗目标。

（3）宣传队伍的整顿和建设。“四人帮”对宣传队伍干扰很大，有些宣传阵地长期被“四人帮”控制了，破坏很大。

1978 年

全国学大庆工作会议*

〔李〕先念同志讲话①

学大庆成为一个运动，将来是否搞运动。

形势很好，不要昏头昏脑，出现骄傲。形势确实喜人，出些小事故是难免的。1974、1976 年的形势好不好？他们说好，活见鬼。我们有我们的好。去年四季度已初见成效，今年一季度更见成效。钢日产 84000 吨，全年 3000 万吨不假。煤、油也是高水平，电、铁路也好。在这情况〔下〕要冷静一点，要有计划，按比例。速度要在 10% 以上。3000 万吨钢有什么可骄傲，到 4 亿吨可骄傲一点。财政 1100 亿是可能的。对科技人员要鼓励，但不能乱搞，〔乱搞〕也受惩罚。要兢兢业业，巩固发展，没有水分，扎扎实实，不说大话、假话、空话。有人睁着眼睛说假话。“四人帮”专说假话，说空话。这样大的国家没有两亿吨钢不行。外宾对我们说自己不行不相信，少说空话，要看事实。

挖潜革新改造，能否高速度？我们有了一个二十八年建成的基础，潜力很大，搞得好就可以高速度。要搞基建，先是挖潜，革新，改造，大有可为。三十年代只有步枪，还打了胜仗。现在基础好得多了，不要以为自己什么都不行。煤的节约，电的节约，运〔力〕的节约，潜力很大。大家一起来抓，减少浪费，日本人讲我们浪费惊人。

“五小”肯定它的成绩，起了很大的作用，但不能停在现在水平，成本太高，不改进要淘汰。没有煤的地方建一个小化肥厂，没有必要。要提高劳动生产率，降低成本，否则不能存在，不符合客观法则。美国人讲劳动生产率，〔对〕泰罗制要一分为二，不能一概否定。农机生产这样搞不能存在，

---

* 1978 年 4 月，国务院在北京召开全国工业学大庆工作会议总结交流工交战线一年来开展工业学大庆运动的经验，部署后三个季度的工作（阳勇：《工业学大庆运动述评》，湖南湘潭大学硕士学位论文，2004，第 32 页）。大标题为编者所加。

① 1978 年 4 月 20 日，李先念出席全国学大庆工作会议并讲话（《李先念年谱》第五卷，中央文献出版，2011，第 589 页）。

要搞大批生产，分工协作，不能搞万能厂。必须改组，没有二话可说。这样搞下去对经济不利。要反复研究客观规律，搞清后拿出主张，一致行动，不能偷偷摸摸，各搞一套。

要大大提高质量，包退包修。总理说质量问题是革命路线问题。打倒林彪后，大讲质量问题，“四人帮”出来反对，破坏。现在“四人帮”揪出来了，再说“四人帮”破坏就不行了。

在大好形势下，既要有冲天干劲，又要有清醒头脑。

〔余〕秋里同志讲话

工业会议开得很好，李副主席作了重要指示，今天谈些我想到的重要问题，供大家考虑。

粉碎“四人帮”以来，形势发展很快、很好。现在问题是要在大好形势下组织国民经济的新跃进，打好关键的八年仗，关键是前三年。前三年打得不好，要影响八年。八年搞好了，为在本世纪末实现四个现代化打好基础。

我们党搞了二十八年社会主义革命和建设，建立了相当可观的经济基础。二十八年民主革命困难比现在多得多，二十八年搞社会主义，受到“四人帮”的破坏，阻挡不了我们前进。现在向四个现代化开始新的长征，路线、任务、方针、政策已经讲清楚了，广大群众社会主义积极性空前高涨，有正反〔面〕经验，有相当好的物质基础。当然与人口是不相称的。如不受“四人帮”破坏，速度会快得多。我们完全有条件和信心实现目标，问题是搞得好不好。

(1) 现代化从哪里化起，重点是什么？重点是能源和资源，这是两个方面。要在二十三年内〔实现〕四个现代化，各行各业都要前进。四个现代化相互联系，但在一定时期内先化什么？化到什么程度？〔怎么〕化得快？必须从我国现状出发，要深入实际，深入群众，认真调查研究，总结二十八年经验，使〔实现〕四个现代化。这就要研究经济发展战略，抓住四个环节，有先有后，有主有从。地质贮量没有，怎搞矿山，哪来钢铁、机器和其他产品，〔怎能〕实现机械化、自动化。就我国来看，财力物力是有限的，不排个队，一哄而起，就会互相牵制，想快反慢。二十八年经验和国外经验，工业现代化要从资源、能源化起，否则现代化化不了。大跃进的经验，粉碎“四人帮”后要上去，都是这两个问题，如电足、煤足，速度就会快得多，农业如有大型拖拉机，水利建设就容易。苏美称王称霸，无非是两源多一点。日本粗钢多，但两源是致命弱点。他们担心能源危机，资源要去开发。我国煤、油资源居世界前列，铁矿也多，地面富矿少，地底尚未勘探。问题是两源不解决，其他想快也快不了。勘探、开发、运输都不够。资源埋在地下，拿不多，拿不快。十年规划每年要开多少能源、资源，数量很大。电是二次能源，一次是煤、油、水。100万千瓦火电，〔需〕要2000万吨煤矿，同一时期要开几千万吨，300～400公里巷道，打5000公里油井，现在水泥比钢材还困难。1985年生产指标，一年采剥量30亿吨，比现在增加一倍以上。煤要洗选，油要炼，矿石要选炼，几十亿吨都要运输。大矿达到能力要五六年，时间短搞不成。投资一个厂几十亿，上海厂100多亿，可以说，两源速度，现代化，决定四个现代化的速度。要新的跃进，要掘进现代化，这个本钱非花不可，否则其他现代化是纸上谈兵。资源勘探，矿山开发，要花很大力量。资源丰富，开发原始，要现代化才能大跃进。把两源变成原料、材料，才有机器设备，才能够现代化。投资重点，厂址安排，要看能源如何，包括交通运输，这是重点，先从这里化起。两个拳头，先把屁股坐稳。

（2）搞现代化要优先发展农业，农业跟不上，工业就保不住。每年增加千多万人，要吃饭。现在口粮偏紧，要解决吃饭问题。农业千万不能马虎。农业薄弱地区要特别注意，各部门要把支农工作做好。1980年农业机械化决心不能动摇。各地要因地制宜，先化什么，后化什么，发展是不平衡的。机械化加科学种田，高产稳产较有把握。大力提高单位面积产量，同时增开荒地。现在农机仓库太多，组织好了可以节省2/3。要组织供应，三四十里直径，搞好供应网的组织工作。

建设商品粮基地，定期检查，要因地制宜，不违反自然规律。注意几个问题，大干快上不能增加职工人数，要提高劳动生产率。增人的关要把好。大跃进增加二千多万人，总理亲自解决这个问题。多余职工组织训练班，严格劳动纪律，要有劳动定额，老厂增产不增人，或增产减人。物化劳动增加了，活劳动减不下来，这样现代化有什么好处？整顿劳动组织，提高劳动生产率，不要增人。

（3）要立脚于现有基础搞现代化。靠新建，引进？还是靠现有基础？找内因把生产搞上去。现有基础进行技术革新，也能够现代化。现代化不是弃旧建新，而要在旧的基础上现代化。120 多个大项目是必要的，建起来〔要〕靠现有工业提供材料、设备、工人、技术人员，充分发挥现有企业的作用，不看到这点要犯错误，这是我们的立足点。现在虽然落后，但潜力很大，可以转化。

工业固定资产 2500 多亿，6000 多个大中型企业，20 多万小型企业，把这些放在一边，等现代化是等不来的。外国人看我们能力大得很，说藏一手，老厂潜力是很大的，对我们生产这点东西不相信。充分发挥现有企业的作用，也可以大跃进。

四个现代化的方针是对的，但不能都要七十年代设备，任何时候都是新老并存，老的占多数，改造老的为主，建设新的为辅。老厂要讲经济效果，只讲数量，不讲质量，是最大的浪费，不可能大跃进。提高质量要从原材料、零部件一步步抓紧，才能保证产品质量。农机质量不好，不是支农而是害农。

在生产中没有低消耗，就没有高速度。每吨钢消耗标准煤两吨，日本 0.8 吨。今年不增加煤可生产钢 3000 万吨，这才能多快好省。

今年增产很快，财政收入很大，这是好的。但物资供应很紧，有些不需增产的在增产，需要的生产不够。机床生产超计划太多，不需要，为什么不改产缝纫机。今年生产 36 万台机床，世界第一，要追查原材料哪里来的。

高产、优质、低消耗，用最少的消耗取得最大的经济效果，这是现代化的目的。

（4）基本建设要集中力量打歼灭战，年年讲，做起来很难。许多项目规模大，投资多，建设周期长，要认真排队，不能全面铺开。战线长，只能打消耗战，不能打歼灭战。引进项目签订合同仅仅是开始，没有落实，还有大量工作要做。安装上去要会运转，做好充分准备。煤、电、水供应，工人生活条件，都要安排好。要组织强有力、能打硬打的指挥部。现有基建项目要清理整顿。不统一行动，可能抵消力量，必须统一认识，统一步调。

（5）引进新技术，减少摸索时间，加快速度，该进口的舍得花钱，不该进口的一毛不拔。引进是种子，不能当粮食，不能买进四个现代化。引进总是少数，多数是要自力更生。能够自己制造的不要引进。引进技术大家利用，不要各自引进。能买技术可以不买设备，能买专机的可以不买整套，不要重复引进，要使有限的外汇发挥最大的作用。

（6）领导问题，要搞好综合平衡，计委要把好综合平衡关，否则就是失败。

安徽农业情况*

调研室主任周曰礼

〔19〕73 年以来农业生产徘徊不前。农业合作化以来人均收入下降 30%。虚假比较严重。〔19〕76 年少 16 亿，阜阳一地 9 亿，山芋折 3 斤算一斤，虚了 17 亿，合在一起 32 亿。自留地原报〔收〕5 亿，〔实〕算 22 亿斤。

瞎指挥破坏很大。双季稻从 700 万亩增到 1600 万亩，不搞〔就〕办学习班。没有水源大面积推广水稻。计划上面压下去，下面没有自主权。

高估产，高征购，淮北征购后就没有口粮，岳西 80% 吃返销粮。

〔搞〕走资派搞到生产队，完不成生产任务就是走资派，关起来办学习班。整个领导班子（地县）都集中起来，无人指挥。〔19〕76 年大减产，没有按时下种。平调各队耕牛，限期送到畜牧场。挖大河不能灌溉，把许多生产队搞穷了，三年恢复不了。不能种水稻地区强迫种水稻三十万亩，干死九万亩，余者亩产一二百斤，亩产 300 斤的报 450 斤。农民偷种玉米，硬叫砍光。

打着社会主义新生事物，实行一平二调，离队劳动力一般占 30%，〔搞〕大批判战斗队，文娱宣传队，民兵值勤。苛捐杂税平均每人十元。劳动日值三角多钱，少的一二毛钱，“身强力壮男子汉，不如母鸡生个蛋”。

---

* 1978 年 5 月，薛暮桥带领王耕今、何建章、吴凯泰等六位同志到安徽、江苏做调查研究（《薛暮桥文集》第二十卷，第 242 页）。

□□蹲点〔的〕大队国家支援1700万元，每斤粮食成本七八分，贷款4万多元，每人欠款1240元。

万里同志〔1977年〕八九月下去，群众到处叫苦。金寨县没有裤子穿，一家一床被，“社会主义好，肚子吃不饱”。拿出“六条”① 来给大家讨论，群众欣喜若狂。揭批“四人帮”第三战役主要是落实“六条”，抓年终分配，想一切办法改善群众生活。下去两万多干部宣讲“六条”，效果很好。

（1）干部参加劳动有很大转变，过去大队干部插着腰，公社干部背着包。

（2）按劳分配比较落实。〔19〕77年减产很大，群众口粮310斤。超支户减少了，特别是干部的超支，收入越高超支越多。压缩非生产性开支，吃喝自己掏钱。有些农田基建推迟，不〔搞〕大兵团作战。

（3）社办企业收入参加分配。过去要钱要人找小队，收入归大队。去年分了6000〔万〕～7000万。

（4）挤中间，包两头。去年平均收入59元，不这样做就少10元。

讲政策在农村中已深入人心，干部不讲政策群众敢于斗争，敢于向上告状。

现在阻力还是很大，一部分生产队还不知道“六条”，县社队有一部分干部有抵触，说是右倾翻案。给群众自主权，要多少粮棉油，如何种植，群众自己决定。

省委“六条”原则老的，有些具体规定。

有些争论，〔如〕会不会妨碍过渡，落实政策是不是马列主义，社队自愿会不会破坏计划，家庭副业是不是修正主义。

今年抓一年早知道，实际上是集体所有制的计划管理，种植计划，劳动任务，收益预算。现在30万个生产队65%搞了，三分之一搞得好（发动群众讨论），三分之一干部算账，群众不知道，三分之一基本按上面计划照抄，没有因地制宜。搞得好的粮食计划高于国家计划10%（水稻面积减少，

① 1977年11月，中共安徽省委召开农村工作会议，制定了《关于当前农村经济政策几个问题的规定（试行草案）》，简称“六条”。

多种旱粮，产量还是多了）。淮北人少地多，增加复种指数反而减产。群众积极性大大提高。

郭主任

农产品价格，大豆从 500〔万〕~600 万亩降到 300 万亩（粮食不上纲，书记不好当）。

烟叶价格高于棉花价格。棉花达不到〔亩产〕80 斤不赚钱。茶叶价格调整了。

水利问题现在还是靠天吃饭，大兵团作战，要解决用工用粮问题。淮北地区增产一倍大有希望。

六安专区

七个县，126〔万〕户，564 万人，792 万亩。山区 11.5%，丘陵 44.9%，平〔原〕43.6%。生产队 44000 多个。

（1）宣讲“六条”，征求群众意见，做到家喻户晓，深入人心。

（2）抓年终分配，落实“六条”。

抓三清（工分、账目、财物），清出贪污盗窃 25 万多〔元〕，挪用公款 75 万多〔元〕，退回〔贪污款〕17 万，〔挪用款〕40 多万元。过去公私不分，账目不清，吃喝成风，一个大队一年浪费 2000 多元（全省平均每生产队 1000 多元）。分配方案群众讲，干部办，公社批。

社队企业〔19〕76 年收入 5600 万，〔19〕77 年 77〔00?〕万元。工资结算增加 26 倍（924 万元），每人算回 80 多元。190 多万劳动力，每人将近 200 元。去年因灾减产，收入减 7.6%，粮食减 6.8%。分配净收入 7.6%，社员分配少 4.2%。口粮 488 斤，减 4.8%。社员分配 65 元，少 4 元。

（3）还款兑现，超支 2400 多万，基本收回。分给社员 4000 多万，分配兑现 90% 以上，白纸条变成红纸包。

整顿经营管理，结合“一年早知道”，占 90%，其中 50% 通过群众，30% 干部搞通知群众，20% 群众不知道。

定财务制度，劳动制度，生产制度。

干部劳动多，吃喝少，执行制度。

群众出勤多，回队五万多人，外流一万多人。超支户安排工作，家庭副业，避免超支。

〔19〕68～〔19〕69年学大寨，改大队核算480个，现在巩固下来60多个。有的富队收入下降1/3。

六安县

130万人，151万亩（耕地），山场120多万亩。破坏政策〔是19〕68、〔19〕69年。〔19〕66年学大寨学大队核算，并社并大队，生产队积累基本上光了。分配死分死记。大队核算120多个，占25%以上，吃大锅饭，〔19〕69年大减产。〔19〕72年基本上恢复原来体制，〔19〕73年抓分配，〔19〕74年大幅度增产。〔19〕76年增产。层层揪走资派，干部小鸡带老鸡，原干部人心慌慌，〔19〕77年大减产。瞎指挥，双季稻要有一定条件，增加过多，反而减产。

“六条”下达以后，一抓劳力归队，回来一万五千多人。二抓年终分配。〔原来〕各种摊派占社员收入20%，超支在40%以上，还款50%～60%，分配不兑现。减负担13万元，每生产队20多元。超支实际上是干部，职工家属，困难户占20%左右，超支600多万元，收回90%。分配兑现93%。三抓整顿经营管理，一年早知道，定额管理，批“四人帮”平均主义。定额后工效一般提高三分之一左右。四抓干部参加劳动，禁止吃喝浪费。过去一个生产队招待费五百多元，今年分文不给。

金寨县

落实政策情况，过去嘴巴就是政策，只要方向对头，不怕行动过头。新干部根本不懂政策。抽调劳动力30%以上，基建队伍占6.5%，社队企业占7.8%，非生产性占4.4%（民办教师，赤脚医生，劳动大学，公路，县办工厂，商业，外出搞副业，临时工）。

不合理开支，有的占20%左右（收入）。各项补贴多（修公路，队办企业，一头猪补贴二百斤粮食，民兵训练，文艺宣传）。

经营管理混乱，超支多（600万元，当年210万元）。

每人收入 58 元（〔19〕76 年 60 元）。由于超支归还，分配兑现。超支主要占了积累。

为多余劳力找出路。搞多种经营，开辟茶园、桑园、养羊、养兔，多余劳动力办砖瓦窑，烧炭。口粮分配 70% 按人分，20% 按劳力分，10% 按交肥分。

搞经营管理阻力很大，干部占便宜，怕麻烦。

问题：(1) 民办教师〔工资〕负担重，占大队补贴 70%；(2) 大队干部补贴 120 天，第一季劳动 40 天（过去最好的 200 天，要求 300 天实际上做不到），不如当社员。奖励化肥不能实现，空头支票；(3) 平调劳动〔力〕办企业，造公路，减不下来，挪用生产队的积累。老红军要生产队补贴，一人（全家三人）合两个大队干部。

农业问题座谈

李延泽（农机局长）

农机制造数量不多，还是卖不出去，卖出去的很少用于农业生产。买机不买犁，主要搞运输。十二台拖拉机一年管理费三万元，修理费三万元，(搞不到零配件)，请客送礼，走后门，拉关系。

淮北农民穷，买不起拖拉机，土地多，有需要。社队企业没有，收入主要靠粮食。公社大队买拖拉机，向群众摊钱。咬着牙买机器，买了用不起。机耕可以增产三四十斤，但不如增加化肥。

农机完好率（能开）75% 左右，有些配件买不到，修理钢材不够。国营机械厂组织维修队下乡维修，但要赔钱，影响核算。

今年拖拉机积压（五千多台），厂里还有积压，投放支援穷队款买了一批。拖带农具每台 1.2 件，也有积压。安徽是过渡产品，怕〔今后〕淘汰了买不到配件。

过去卖得多是因不管社员分配，现在要增产增收，分配兑现，不准派钱买机。关键是发展社队企业，使多余劳动力有活干，并能赚了钱买农机。

到〔19〕80 年要十二亿，每个公社五十万元。买回去后用起来也有问题。

刘彭仁（农机化办公室）

泾县耕肥灌今年可以达到 70% 的要求。

手扶拖拉机80%以上属生产队。耕牛220万头，管得很好，拖拉机管理不好。6万多台手扶拖拉机，技术人员技术知识很差，操作不好，管理不善，要抓队伍培养。

江南地区机耕50%，淮北22%，江淮之间19%，今后重点是淮北地区。

刘玉山（农机办主任）

芜湖地区明年可以完成机械化，原因是发展五小工业，社队企业。

每亩机械化成本130元。

李克柱（省农业局）

山上开荒，山下遭殃，林山变柴山，柴山变荒山。粮食供应不足，要求自给。

支援穷队资金搞拖拉机、化肥。育林基金取消了（5%），用于其他方面。现在还有荒山2000多万亩。

山区竹木加工争资源，卖材不如卖柴，卖成材不如卖成品。

供销社（田垒［磊?］，省供销社主任）

以粮为纲，全面发展，如何理解。粮食不上纲，多种经营顾不上，书记不好当，面上没有光。林、粮争地，毁林种粮。蓖麻子、向日葵收入不小，容易发展，问题是思想上不重视。个人种，合作社不准收。〔应该〕谁种谁［都?］收，谁卖都收。

山区药材150多种，计划收购，不在计划中不收。收购70多种，其余不知用途，没有价格。橡子林过去不准个人收集，黑木耳大可发展，收购不到。野生植物品种很多，需要调查研究。

造纸原料，笋壳是最好造纸原料，没有利用。其他造纸原料很多。山区老根据地不通公路，进出商品都很困难。

开发山区有七八个单位，各有各的任务，有些大家抢，有些大家不管。外贸内贸要求不同，价格不同，奖售不同。内外关系，国合关系，要设财贸部门来统一管理，设立多种经营办公室。

吕成（土产公司副经理）

用材林、经济林的比重，以经济林养用材林。

一个公社搞草席，收入二百多万，购买农机，机械化解决了。

社办工业要有技术指导，使竹木制品轻巧美观。

泾县县委

郝书记：92 个公社，248 个大队，2200 多个生产队。308 万亩地，其中山林 216〔万〕亩，32 万亩耕地，水田 28 万亩。7 万户，32 万人。农业 6 万户，人口 28 万人。劳动力 9.8 万人。最高海拔 1000 多公尺，产竹 100 万支，木材 1 万立方米。〔19〕49 年粮食 7500 万斤，亩产 233 斤。〔19〕65 年 1.35 亿斤，亩产 510 斤。〔19〕70 年 1.77 亿斤，亩产 592 斤。〔19〕75 年 2.27 亿，亩产 856 斤。〔19〕76 年 2.44 亿，亩产 899 斤。〔19〕77 年 2.43 亿斤，亩产 900 斤。

五小工业文化大革命中发展，小铁厂，化肥厂，农机，电机，农药。〔19〕70 年工业产值 692 万，〔19〕75 年 5146 万元，〔19〕76 年 5416 万元，〔19〕77 年 7250 万元。有小煤矿，小铁矿，一年炼铁 1 万多吨，地方分 2000～3000 吨，加工钢材。发电 2.8 万瓩，90% 生产队有电。

农办：今年农业生产超过历史水平，肥料上得多了。花草长势良好，增产 2 倍。每亩施化肥 80 斤。绿肥占 6%。一花二稻占多数，早稻〔亩产〕不到 500 斤，晚稻不到 400 斤。

茶叶 200 万斤，蚕茧 3200 担，劳力相当紧张，与农业有矛盾。经济作物区口粮不够，农业区口粮 600 斤左右，经济作物区 480 斤，此外有点奖售粮，用奖售化肥向农业队换点粮食。

山区建设，山区交通困难，运输量很大。现在 90% 以上大队通公路，从山区运出木材。通电生产队占 90%。

群众造林，专业队管理，杉条竹，三年五年成林，十年十五年成材。茶、桑都有发展。200 万亩林业地，已利用 150 万亩，年产 1 万立米木材，100 万株毛竹。如何利用废材。由供销社来经营。要改变木竹管理办法，竹木制品规定由林业部管，要收 15% 管理费用，课桌椅子积压。供销社要求连竹木收购一起管，林业部门没有分级管理。大量资源没有利用，这对山区资源利用影响很大（现归省检查站管）。

煤炭积压，不能卖给江苏，归省煤管局管。硫矿石也是如此。

工业，化肥成本 175 元，生铁 280 元。

纸厂有原料，〔有〕生产能力，缺纯碱。用笋壳制水泥袋有发展前途。现有能力停工半年。

滁县　王郁昭书记

落实经济政策。过去受干扰，1975 年农业学大寨，干劲很大，回来时正秋季，抓年终分配，多劳多得，反对超支挪用，群众积极性高。"四人帮""反击右倾翻案风"，说"大资批小资"，"黄世仁追债"，成绩巩固不住，来了反复。1976 年生产是不错的，产量创历史水平，但因受干扰，不敢抓年终分配，已解决的问题又产生了。调劳动力，出粮出钱出草，出现高产穷队，群众分不到钱。〔19〕77 年初发现问题，组织三百多人进行调查，写出 130 多份材料，有好典型，也有差的。6 月份总结提高，召开全地区会议（定远），交流经验。万里同志来了，发现这个报告，印发了我们的材料。去年冬天再一次大抓分配，要我们写个报告（十月），讲落实分配政策意见。十一月十五日开农村工作会议，批发我们的报告。当时正是三秋大忙，调整工资，大学招生，扭亏增盈，农田基建，忙不过来。决定抓分配带动其他。所有制表现在分配上，农民迫切要求多劳多得（形势好不好，就看钱粮草）。干部一年分十二次，农民一年分一次，特别关心年终分配。分配不兑现，优越性发挥不出来。搞投机倒把的收入很多。

我们抓分配分五步走，（1）办两长三员学习班，每县一万多人，学习文件，弄通思想；（2）揭批"四人帮"，开展三大讲；（3）开展三清：清仓、清工、清账目，退赔，发动群众清查；（4）民主制定分配方案，开分配现场会。以前开空头支票，把矛盾下放，现在分现金；（5）整党整风，调整班子。省委印发 50 号文件，修改省委"六条"。我们胆子更大，派出一千八百个工作队，以公社为单位办学习班，边清边还，斗争激烈。有的干部观望，多数积极还款，丢财不丢面子，少数爱财如命，赖着不还（大肥猪照杀，还欠款一毛不拔）。去年清出一千八百多万元，粮食 546 万斤，干部带头退赔。超支干部、社员各占一半。社员看干部（社员把钱装在腰，就看干部掏不掏），退赔 1400 多万元，占 78%。有个会计欠款 1440 元，说三清管不着，轮流批斗，钱基本退还了，震动很大。贪污查出 12 万元，退了 6 万元。超支 1658 万元，退还 85%。59 万多户 286 万人，退赔款每户可得 24 元。保证分配兑现，也教育了干部，平均每人多得 4 元多（78.8 元）（〔19〕76 年 74.5 元）。粮食减产 1.5%，收入增加 5.8%，最多的是定远，每人增收 10 元（15.5%），粮食增 60 斤（12.8%），其次是嘉山和凤阳。全地区口粮〔人〕增 16 斤，两个县人均超过 100 元（滁县、全椒）。在此基础上整党整风，调整班子，不大换班。（嘉山书记女的 28 岁，小鸡带老鸡，要搞个“三八县”。）社会主义优越性体现在分配方面（生产决定分配，分配反过来又决定生产）。〔原来是〕国家拿不到，集体留不住，社员分不到。（干部占有社员劳动成果。）学习班广播会，群众都来听，揭发批判。白纸条变成红纸包。工分值钱了，好好出工了。

在分配基础上抓生产管理，劳动管理，财务管理，像顺水推舟。群众相信，一抓就灵。“一年早知道”实际上是计划管理，落实到户，搞了一万五千多生产队（总数一万八千多个），搞四定、两基本，基本劳动日（男 28 ~ 29 天，女 26 ~ 27 天），底分活评，基本肥料。分作业组定任务，定质量，定工分，定时间（完工），提前完成的增任务，增工分。

几种形式：（1）包工到组，责任到人（收棉花，棉花浇水出苗）；（2）包到小组（插秧）；（3）有的大家一起上（突击性的）；（4）长年分工，一包到底（包工组）。

落实政策现场会，每月检查一次，出工多的奖励，犯错误的罚款。

劳动力归农，108 万劳动力，长年在外 8 万人，占 7.4%，其中二万二千多人不合理，应该归农，已回一万五千多人。

拖拉机管理，开拖拉机都是干部子弟，不守制度，为私人拉东西积极，为集体干活不积极，损坏修理花钱多，有的把一个生产队拖垮了。公社把拖拉机组织起来，合理使用，产权不变，收入归队（收管理费）。合作修理，节省修理费，群众欢迎。单机核算，定额管理，现在尚未贯彻。十月份拖拉机手考试，开整风班，鼓励学习技术。

以后一年到头抓这几件事，年年抓，反复抓，积累经验，巩固制度，连抓几年。

要搞群众运动，不能满足于开广播会，要检查落实。分配不搞群众运动不行。发动群众，检举揭发，抓紧退赔。要注意保护干部积极性，退赔合情合理。确有困难仍要照顾，大吃大喝的非退不可，认真检讨的仍当队长，不随便撤换。

今年春旱严重，三〔个〕月不〔下〕雨，比往年多用工两三倍，由于政策落实，春播比往年速度快。小麦比去年丰收。群众没有外流，相反的有别处来此逃荒。政策是规定人与人的生产关系。政策是否正确，看是否发展生产，巩固生产关系，调动群众的积极性。

问题：（1）不平衡；（2）不巩固；（3）形式主义；（4）动不动就罚。

生产队自主权问题，实际上是民主办社。定远过去瞎指挥，没有水的地区硬要种水稻。去年生产队自己决定，秋季得到丰收。是否影响国家计划？计划还是下达，让生产队因地制宜，不强迫，结果计划基本上完成了，只有双季稻少了十几万亩。有水栽水，无水栽旱，今年山芋面积增大。这一条可以防止干部瞎指挥。

拖拉机卖不掉，（1）质量差；（2）没有钱买，穷队投资400万元，分下去不解渴，不如降价出售。分期付款。不配套。

滁县地区座谈

落实政策的阻力，“四人帮”假左真右错误路线的影响。“六条”宣读群众欢欣鼓舞。政策同群众见面，群众欢迎，干部有抵触，怕再受批判。三个棍子：①金钱挂帅，以钱为纲；②物质刺激，奖励制度；③工分挂帅，否定按劳分配。

“六条”不是新创造，而是恢复，在原有基础上提高。“一年早知道”，是把国家计划落实到社员，要解除干部心有余悸〔的思想〕。

解放初期到合作化完成，〔生产〕每年递增11%。1961年下降到低于1949年。1961年到1966年很快恢复。文革初期比较稳定。〔19〕70年北方农业会议以后加快发展。1973年大幅度增长，〔19〕74年下降，〔19〕75年受灾，〔19〕76年回升，〔19〕77年略有减产。过去不敢讲政策。

领导班子团结，群众积极性高，旱涝保收，科学种田，多种经营五条。关键是政策落实。特别是按劳分配，多劳多得，评工记分合理。蒋庄修坝按牌记工。三包四奖，一组四定，过去不敢讲。假左真右，“左比右好”，影响深远。因此不敢实事求是，按实际情况出发。评工记分触及基层干部经济利益，超支大多是干部，分配是先抓到干部头上。“高级社员”也不赞成，反对“六条”，说这是回潮，否定文化大革命，说比刘少奇还厉害，方向路线有错误，写信给报社和省委，省委发给当地社员讨论，要批这种错误思想。

农村批资是批什么？“四人帮”批资是批社会主义，批自留地，家庭副业。社员赶集，集市贸易几次封，封不掉，生命力很强，说国家搞两个价格。干群关系不如过去，因为干部讲假话、大话、空话，不关心群众生活。

打击贪污盗窃，投机倒把，城乡串连，内外勾结，〔搞〕这些〔的〕人主要是干部，不是农民。现在什么都是集体的，叫我们干什么就干什么，说大干就大干，生产搞不上去。问题在哪里？现在大家争当队长，因为队长可以不干活，多拿钱。提了好干部，不久又变坏了。党员多的生产队变成老大难。要办学习班教育干部。

〔搞〕落实政策〔的〕干部不懂政策，因为老干部下台了，80%是新干部不懂政策，不懂生产管理。搞得好的社队都是老干部。尊重生产队自主权，〔其实〕还是干部说了算。“一年早知道”，干部知道社员不知道，邻近的两个队，情况大不相同。关键是定额记工。

生产队自主权，还是干部说了算。双季稻面积太大，群众有意见，晚稻栽到立秋后三天。温室育苗比小苗带土移栽省种子。

公社办拖拉机站，社办企业，都叫生产队出钱。民办教师，铁路哨所，都要社队补助。修河打坝，贴钱、贴粮、贴草（一出——出工，三贴）。国家贴的钱，公社大队还要层层克扣。怕白干、怕瞎干。县扣钱盖大楼，如何退赔。从黑市买了瓜子来完成交售任务。民办教师、赤脚医生报酬都要略高于同类劳动力。合作医疗群众出钱，干部吃药不花钱，社员还要花钱。把无偿投资去搞“〔试〕点”，扩大贫富差别。国家对水利的补贴，县扣下来造大楼。物资管理部门权力大，变相贪污多。有些人是双打对象。

不根据集体特点来管理集体。公社队长〔19〕57年前的只占15%，文革以来的占50%以上。训练生产队长的经费归银行管，移作训练会计之用。吃喝招待，一个大队五个月花一千多元。

五难：①〔干部劳动〕一二三〔日〕难做到；②社员负担难减轻；③离队劳动难减少；④分配难兑现；⑤一组四定难坚持。大队干部〔劳动〕不超过150天，多数不到100天，大队规模大，居住分散，开会不算劳动。一组四定，干部怕麻烦。

农业机械化

大拖拉机1500台，手扶〔拖拉机〕7000台。

过去供不应求，今年积压了900台，原因是价格高，每台手扶连配套3500元，每台要亏500元。使用技术上有问题，技术、管理都不好。完好率最高达64%，差的30%～40%，维修力跟不上，修理网点太少。手扶〔拖拉机〕每年修理费最高达1400元，低的几百元，靠农业来购修拖拉机有困难。没有机器想机器，有了机器愁修理。积压手扶〔拖拉机〕2000多台。一是质量问题，花了钱不能用。社队没有积累，支援穷队款500多万没有很好利用，要社队自筹一半有困难。农机高价，粮食低价，不利于机械化。大拖拉机17000元（加犁和拖斗），一般由公社买。丘陵地区地块小，大拖拉机使用效率低。江淮50〔型〕也有积压。配套太少，只有犁，耙很少，拖车2.5台有一个（拖拉机，不耕田。跑运输，抓现钱）。汽车300辆（“江淮”）只卖出100辆。水田耙结构不好，卖不出去。配件生产跟不上，有计划，不落实，钢材无保证。计划要求产多少拖拉机，实际要求是配件。轮胎更紧张。“修理亏，制造赚，重造轻修，名利双收”。

重主机，轻配件，重制造，轻修理，是国家计划促成的。

〔农机〕办公室 农机发展很快，机耕面积增加很慢，只占耕地面积18%（全省26.9%）。问题是拖拉机不耕地。按复种指数只占10%。单纯搞农业，修理费用担负不了，必须以副（运输）养农。只〔怎?〕样做到以农为主，兼搞运输。拖拉机脱粒，稻草喂牛，乱草可以〔□□〕。

①拖拉机组织形式，统一使用，生产队使用不合理；②技术人员培训，只学跑，未学犁。要〔进行〕技术考核，评定等级；③建立管理制度，领导机构。〔现在〕有办公室，没有干部。机械化比合作化困难得多，外部条件要靠上级来解决；④抓典型，有的拖拉机站搞单机核算，有盈利；⑤配件是大问题，北方产机不供配件，把拖拉机卖给北方（天津产）。首先把现有机械力量发挥出来。

要机耕70%左右，〔需〕要1亿元，35%国家，65%社队，要6700万。二百个生产队，每生产队3300元，三年每年1100元，有了机器买不起。希望寄托于社队企业，靠农业做不到（江苏、山东来买拖拉机，新旧都要）。

农机生产不搞三化不可能，上面开会了，省里没有讨论。手扶〔拖拉机〕去年花了三百万元，生产 1500 台，今年 800 台任务，明年不生产。“江淮”是过渡产品。废品很多。

耕作制度，作物布局要改革，不能“小而全”，农业也要反对〔“小而全”〕。

要平整土地，要推土机，否则无法机械化（丘陵地区）。

丘陵地区适于喷灌。

计划规划没有明确方针，规划没有起什么作用。

经济工作要整个考虑，各有分工，〔现在〕钱和物脱节，供产销脱节。

两个积极性，各行各业都强调，250〔万〕~300 万财政收入无法分配。中央投资要地方出钱（中央 150 万，地方 30 万），地方不出钱中央就不投资。

国家计委向各部布置任务，各部下达到省，地方计委不知道。

社队企业

公社都有几个企业，大队 85% 有企业。〔产值〕安徽 7.6 亿，江苏 55 亿。要求〔19〕85 年达到 50 亿。

社队办农机根本没有解决。社队企业办得好的，农业发展快，能机械化。就地取材发展企业也差。产供销逐步纳入国家计划。自己吃不饱不能提倡扩散。只有一万吨生铁，五千吨上交，二千吨到上海换一千吨钢材。只有这一点东西。

分配在队不能按劳分配，师傅在穷队，徒弟在富队，徒弟收入高于师傅。给一点技术津贴解决不了问题（县办工业采取这个办法，厂内矛盾很大）。

企业积累 50% 自己扩大生产，50% 交公社只能用于发展农业生产。

社队企业资金要国家支援（无偿投资，银行贷款）。

整顿社队企业不是限制，而是为着发展（办企业是为农业积累资金）。

丘陵地区适宜喷灌，用水量小。

国家工程每日补七角，地方〔工程〕二至四角，实际上补二角，还要层层克扣，群众实得五分。其余都由生产队负担。

许多水库不能发挥效益，原因不配套。抽水费高，用长江水要三四级提水，每亩花十几元（电灌一级二元）。

重建轻管，许多排灌站无人管理。

水库水向上抽，下面靠外水（长江、淮河），所以提水费用很大。

江苏省调研*

江苏省主要经济情况

人口5700多万，耕地7000万亩，农副业总产值102亿〔元〕，粮食减到363亿，比前年减60亿斤。〔19〕65年267亿斤。大队企业〔产值〕20亿包括在102亿中。分配，〔19〕65年每人56元，去年66元。口粮〔19〕65年390斤，去年431斤。每人生产粮食660斤。农〔业成〕本增加大。农业总收入70亿，费用支出22亿（〔19〕65年11亿，42亿收入），占40%左右。每斤稻谷约4分钱。棉花800万担，单产100斤。猪年终1900多万头。茶叶10万担。茧50万担。油料400万担，年年下降（原600〔万〕～700万担）。农村没有油供应。

马力1000万，拖拉机1万台，脱粒〔机〕16万台，机耕一半左右。化肥每亩60斤。每县有一小化肥厂，年产60多万吨，成本160元。白煤供应不足，用焦炭代白煤，提高成本。农药4万多吨。复耕指数全省200%，苏南260%。农民有意见。无锡亩产1400～1600斤，麦子500斤（400斤）。尊重农民自主权有困难，农民普遍反对双季稻，主张麦稻双季。

工业占75%，农业占25%（常年70∶30）。煤1400万吨，钢6万～48万吨，石油20万吨。煤徐州1400万吨，江南200万吨。30万吨钢已配套，准备搞50万吨。

皖南煤炭、山柴、竹木原卖给江苏，现在不准出境，在山上烂掉。

支农工业，拖拉机厂七个，省〔里〕一个。50马力拖拉机年产5000台（能力），实产2000台。拖带农具不包括拖斗1.7台。修理网形成了，大修不出县，中修不出公社，小修不出大队。

〔年产〕手表100多万只，自行车22万辆，缝纫机17万台。

轻重工〔业〕各占一半（过去重30%，轻70%），重点是机械加工和

---

* 1978年5～6月，离开安徽滁县后，到江苏调查（《薛暮桥文集》第二十卷，第243～244页）。大标题为编者所加。

纺织。苏南占 64%，苏北占 36%。社队两级 52 亿元（公社 32 亿，大队 20 亿元）。

全民〔所有制企业〕职工 294 万人，集体〔所有制企业〕370 多万（包括社办），社办企业 100 多万。计划外全民〔企业〕用工 64 万，集体〔企业〕30 万人。

财政收入 51.7 亿元，省〔里〕支出 19 亿元。

〔商品〕零售总额 68 亿。出口产品只有 15 亿人民币，潜力很大，管理体制束缚。

城乡结合，工农结合，打破行业界线，所有制界线，一条龙，龙头在城市，城市总装配，集体搞零部件。

无锡转队工资占分配 40%，农业收入每人约 60 元，转队约 40 元，合计 100 元。社队企业积累支援农业机械化。无锡社办企业机床 3 万台，大队 1 万多台。全省钢材吃 122 万吨，其中全民〔企业〕75 万吨，集体〔企业〕40〔万〕~50 万吨。

无锡轧材能力超过炼钢能力，为上海轧材，年得 1 万多吨。电炉炼废钢材。

体制问题

（1）比例包干，按比例上交。

（2）水平包干，商定基数，按钢材调出机器。

（3）数量包干，调出一定数量。

好处是主动性，灵活性（因地制宜）。对下全额分成，增收按比例分成，比例不同。去年利润增 28.6%，产值增 14.3%。省内收入主要用于农业、原材料工业、市政建设（从 8% 提高到 16%）。

过去中央计划下达后才能安排地方计划，现在自订计划，中央计划下达后进行调整，地方开始有主动权。

问题：（1）现行计划体制要不要改，财政、物资部门反对，国家计委支持。

（2）要不要给地方计划主动权？过去地方找中央部，现在中央部找地方。地方不可能把各部要〔的〕都接受下来。采取折中办法，缺口各负担一半。国家计委过去难于解决各地的困难，现在难于解决各部的困难。包干后削弱部局的积极性。各部投资分给别的省去。面向全国项目由各部投资（什么是面向全国）。中央几十个部上百个局，矛盾重重，无法解决。

（3）过去遗留问题（20%缺口）要省解决，许多办法不合理。全国性的重大措施不在包干以内，工资改革是不是重大措施。

今后办法：

现在物资分配搞直供，调查直供企业，地方调剂越来越小，自主性名存实亡。中央决定江苏搞工业省，没有自主权不能自己规划。〔江苏〕要增加原材料，压缩加工工业，中央部要求发挥江苏特点，多搞机械、轻工。

缩小包的范围，重大建设直供，为管〔?〕维修用材（钢材）。全国统一安排项目由中央统一安排资金，原有项目由省负责。

社队企业

公社1886个，大队3.4万个，农业人口5000万。去年末公社大队企业6万多个，劳动力224万人，三分之二时间务工，占农村劳动力10%。固定资产15亿元，产值51亿（公社30亿，大队20亿）。其他企业（建筑、运输、养殖）4亿元。〔产值〕无锡、江阴超过三亿，泰兴、江都、武进超过二亿，超过一亿的〔县〕十五个。2000万以下十五个县（徐淮地区）。公社大队超过1000万的75个，占全国一半。

为农业生产服务占9.2%，农加工16.8%，生活9.7%，大工业29.1%，建材17.9%，其他37.3%。

工农副业总产值，工业占38%。三级所有社队40%，利润10亿元，转队工资5亿元，每人平均收入10元。税收4亿元。利润率20%（国营10%）。

〔19〕65年产值3.1亿元。〔19〕70年以后每年增加2亿。〔19〕75年22.7亿，〔比上年〕增6亿。〔19〕76年增11亿。去年增18亿。〔19〕70～〔19〕77年平均年增33.3%，（国营12.4%。）社队工业占全省工业比重〔19〕70年5.1%，〔19〕77年16.1%。

发展原因，高于国营工业，（1）有需要。城乡经济都要社队工业，城市工业满足不了需要。农业机械20%～40%靠它，建筑材料65%～80%〔靠它〕。用劳动力比较多的，资源在农村的如砖瓦、石沙运输。农机修理，中小制造，建材要靠它。城市工业要社队做配角，边角废料利用。无锡五百多工厂靠九百多社队工业加工。批量小非通用设备，不列入国家计划的。有些科研单位试制新产品〔的〕。

（2）有可能。有多余劳动力，能够学会技术，有当地的资源。公社制度，提供条件。

去年搞了发展社队工业三十条，今年提出改变农村经济结构，走农副工综合发展的道路，城乡挂钩，建立协作区。三年无息贷款5000万元。

作用，促进农业发展，以工养农，以工支农，增加社员收入。社队利润10亿，比农业积累（3〔亿〕~4亿）多两三倍。分配占社员分配12.5%，〔产值〕一亿以上的十五县占25%。农业机械化每亩投资200元，不靠工业不行。

促进工业发展，城市工业靠〔社队企业〕这配角，可以少花投资，〔少花〕劳动力，解决城市臃肿。洛社〔镇〕内燃机〔生产〕能力15000台，成本低，质量高。

工资低，积累高，100元固定资产330元〔产值?〕（国营180元），利润率19.6%，比国营工业（9.6%）高一倍。

可以壮大公社大队物质基础，为将来过渡创造条件。苏州公社大队收入占三级收入58.6%，税金占61.9%。办种子场，集体养猪，不知不觉过渡。

改变农村经济面貌，小生产思想习惯。

发展中的问题：上层建筑跟不上，党委重视，工业部不具体领导。发展不平衡，经营管理不善，有盲目性。资金多了怎样用得好，有铺张浪费。

逐步统一认识，上级对农业不关心，想自己抓，不相信集体。

产供销纳入计划很少（20%），〔上面〕只叫纳入计划，可能计划一管反而管死了。没有立上户头，上面不管，只能满天飞。

组织管理加强，指导加强。归计委领导（江苏）。

各行各业规章制度，反映旧的城乡关系的规章制度要改革，限制集体所有制。

苏州地区

8个县，222个公社，643万人，〔其中〕农〔业〕593万〔人〕。耕地731万亩，集体677万亩，每人1.2亩。

工农业〔产值〕46亿，比文革前〔19〕65年增1.6倍。农业18亿，增1.6倍。工业28亿，增3倍。社队工业14亿，〔其中〕社7.9亿，队6亿。

农业夏麦，油菜，绿肥，水稻671万亩。粮食年增4.7%。〔19〕76年亩产1433斤，总产74亿斤。解放初〔总产〕23亿斤，去年60亿斤，今年力争76〔亿〕～80亿斤，亩产超双纲。今年麦子亩产超过400斤，油菜超过200斤。棉花〔19〕68年产量最高，近年来减产。油菜最高〔19〕71年。

猪最高340万头，去年305万头。茧子〔19〕69年最高，这两年徘徊不前。水产最高〔19〕77年，109万担，〔19〕65年89.5万担。

提供商品粮12年平均每年22亿斤，〔19〕76年25亿斤。皮棉77万担，猪200万〔头〕。

收入结构，公社占29.1%，大队23.4%，生产队47.5%。

社员分配平均107元，〔19〕76年115元，口粮564斤。

农业机械化178万马力，其中排灌45万。手〔扶〕拖〔拉机〕2.8万台，机耕〔面积〕占72%。机动插秧〔机〕3千台，收割〔机〕2千台，脱粒〔机〕8万台。

化肥每亩60公斤，协作搞来的多。

工业年增10.1%，〔19〕77年28亿。（江阴、常熟、吴江）围绕农业办工业，三化（化肥、农药、薄膜）、三材、三机。生铁3万吨，钢5万吨，钢材10〔万〕吨，水泥50万吨。

化肥缺磷钾。

三深，深耕、深沟、深施肥，三弯腰，一担挑。“12”拖拉机只能耕四寸，大机田块太小。原因水田地湿，耕后还用铁耙碎土。

插秧机一是机器质量，二是使用。壮秧不能机插。锄草机正在试用，柴油机成本450元，售价800元。

吴江80万〔只〕家兔，调苏州市宰，污染城市（内脏可作肥料）。兔皮调上海，上海又调吴江制兔皮，转转运输，质量下降（宰兔厂外贸部办）。

发展工业〔的〕薄弱环节〔是〕煤、电、油，电缺一半左右。（望亭电厂发电不能自用。）（望亭电厂煤炭不足，地方来料加工。）

过去未注意专业化协作，小而全。

管理体制，一工局、二工局如何分工？经济区划同地方区划矛盾。经济区划也各部不同。

社办工业

发展快的原因，（1）靠近大城市；（2）农业有基础。13300 多个企业，社社队队都有。公社有〔企业〕2960 个（手工业划去 228 个），队办 1 万多个。亦工亦农 62 万人，占总劳力 18.9%。

社办企业，重工机械五百多个，44000 人；电子工业 110 个，5000 人；轻工 524 个，4 万人；纺织 228 个，28000 人；建材 649 个，8 万人；化工 256 个，1 万人。

产值 15 亿元，比〔19〕76 年增 50%，除去下放部分增 350%。“四五”期间年增 30%。占工业总产值，〔19〕65 年占 6.8%，现在 55.6%。〔占〕工农业〔总产值〕，〔19〕65 年占 4.58%，〔19〕77 年占 33.7%。无锡、江阴都超过 3 亿元。超 1000〔万〕元〔的〕公社 35 个，无锡占 12 个，余在江阴。前州公社 2000 多万元。

支援农业机械，雪浪〔公社〕机插 30%，河泥管道运输。每年每亩用于机械化 102 元，其中农业 10 元。

全地区社队工业积累 4 亿元，用于支农 1 亿元，转队工资 1.75 亿元，平均每人可得 30 元（无锡 50 元）。

壮大公社经济。社队工业在全部收入中〔19〕65 年占 4.3%，〔19〕77 年占 52.5%。无锡占 64%。

改变工业布局。过去工业集中县城，现星罗棋布。洛社〔镇〕电子工业质量最高。到处有电视机。缩小城乡差别。改变农民精神面貌。集体福利增加。

社队企业上交税收一亿元，1977 年税收增长 39%，其中 2/3 来自社队企业，占全部财政收入的 22%。

问题：（1）纳入国家计划的只 20%，加上地方计划占 30%，不是直接计划，而是间接计划（工业和商业订货）。无锡年消耗 4 万吨钢材。为大工业加工零件，来料加工（大忙季节把电和劳力让给农业）。

（2）发展不平衡，太仓、昆山是后进地区，人少地多，技术力量少（上海许多产品实际上是社队工厂的产品，加上海牌号）。

（3）农副产品加工应当让社队搞。

〔19〕80年计划30亿元，〔19〕85年60亿元，工业比例占70%以上。

苏州市计委　谢惠珍

地方工业119〔□〕，城市人口40多万，包括郊区50多万。十多年来没有增加，原因是〔19〕69年下放了三万多人，文革前调往外地的也很多。困难时期下放三万多人，知青下乡6万多人，招回了二万多人。

工业产值〔19〕49年6700万，其中手工业占95%，商业、银行、钱庄多，饮食服务4000多户。现已变消费城市为生产城市。〔19〕66年超过常州。〔19〕74～〔19〕76年徘徊不前，现又落后于常州。常州工业23亿，苏州21亿元。28年年增13.7%。〔19〕64～〔19〕73年〔年增〕16.8%。〔19〕74年未增，〔19〕75年增加，〔19〕76年未增。财政收入也是如此。

工业职工〔19〕49年3万，现在16万人，其中全民〔所有制职工〕13万。

县社工业发展，影响本市以农副产品为原料的轻工业的发展，需要改变结构。过去轻纺工业基础较好。要搞高精尖，不搞大粗笨。

集体企业比较多，为国家提供大量积累。

机械工业水平不高，批量不大。有三分之一产品没有计划，集体〔企业产品〕达54%，都是自找销路。管理体制乱，产品重复，小而全。有人需要就生产。城市布局缺乏统一规划，住房困难。

苏州市与吴县矛盾，三个自来水厂两个受县化肥厂污染。钢厂要占县地无法扩建。副食品供应困难。灵岩山顶归市，山归县，无法保护风景区。59年市县合并，划小市区，后来分开，耕地从23万亩缩至8万亩。

今后轻工、仪表、电子、丝绸作为中心，到〔19〕80年递增15%，〔19〕85年递增12%。同常州差距扩大。发展三大件，手表鉴定一级品，去年产17万只，今年30万，明年50万只，〔19〕80年100万，能力。试产电子表。自行车现在2万辆，〔19〕80年要求10万辆。缝纫机今年5万架，〔19〕80年10万架。型号都是老的。

电视机总装，要全国配套，能力5万台。显像管质量不稳定，焊接不好，12寸，16寸。

照相机135〔型〕，〔19〕80年10万〔个〕。

丝绸年产5000万米。发展化纤。

刺绣等传统产品保留。

社办工业文革前〔产值〕158万元，职工25000人，占郊区人口20%。去年社队工业〔产值〕6000万，利润930万，上交国家50万元。〔利润〕70%交给社队，企业自留30%。社队工业占总收入65%。转队工资占分配66%，每人平均〔收入〕172元，其中转队收入90多元。近厂地区发展快，远的较慢，发展不平衡。原材料钢材1800吨，铁700吨，供应无保证。脱壳下放主管部门不放心，勾销计划（水泥、农船）。社队企业缺乏流动资金，银行不贷款。旧设备作价归社，分年归还，放〔了〕1000台旧织机。

财政包干，各部不给投资，只给项目。省不给投资。省对市不包干，分成15%（增长部分）。全额分成5%，超额分成15%，穷的地区多分一点（全额10%，超额30%）。部定项目过去部投资，现已部、省都不投。

物资包干主要是钢材，机动喷雾器生产能力1万台，供应华东各省，省安排5000台，供本省用。一机部搞来料加工或专项任务带材料，厂方欢迎，因材料十足。柴油机黑龙江来料加工。照相机部定项目，部、省都不投资，后来省给50万元，总投资750万元，要十几年建成，已成淘汰产品。

经纬仪一机部很需要，省里认为已能满足本省需要，不必扩建（150万投资）。

全国统一便于专业化，大批量，地方包干只从一省考虑。

无锡县情况

34个公社，一个农场，洛社镇。584个生产大队，农〔业〕544个，40个渔、林〔业〕。8476个生产队，农业8406个。超过100万人〔口〕（〔19〕49年70万），农业96万人。集体耕地83万亩，桑田7万亩（原9万亩），蚕茧增产。

两熟改三熟，一麦二稻，〔19〕70年30%，〔19〕76年100%。亩产超过两纲，〔19〕76年1673斤。总地亩〔产〕1400多斤，总产11亿斤。

工业〔产值〕〔19〕70年～〔19〕77年六年翻三番。〔19〕76年县社队45000万元（县2亿弱，社2亿多）。茧6万多担（最高8万多担）。每人分配105元（〔19〕70年75元），不包括肥料投资，包括转队工资。

〔19〕77年玉麦〔亩产〕123斤，〔19〕76年380斤。水稻丰收，亩产1170斤。共〔亩产〕1329斤。

县社队工业〔产值〕58895万元，增28.7%。社队工业36754万元，今年可以超过4亿。多种经营猪减少，其他增产。茧72885担，水产91000担。

今年三麦亩产可以超过500斤，增330斤。早稻长势良好。生猪55万头（斤猪斤粮）。工业〔产值〕1～5月2.6亿元，社队11600万元，增20%。春茧大丰收。

农业机械化，文革前只有6台手扶〔拖拉机〕，〔19〕70年后开始发展，28.5万马力，每马力2亩。手扶〔拖拉机〕4767台。机电排灌站〔19〕77〔年〕比〔19〕70〔年〕增5倍，1583个。机耕面积74万亩，占81.4%。〔机〕收割占15%，开沟〔占〕30%左右（拖拉用防滑轮）。水上运输用挂桨机2450台，占农业水上运输量40%左右。化肥（合成胺）3万吨，合碳酸7.5万吨。每亩施化肥180斤（三熟），自给115斤。生物农药（防病害）800吨。薄膜1340吨，自给60%。

农机修造厂530多个，产量150多万件。〔19〕76年农机作业量代人工6400万工，相当总用工量50%左右。农业劳动生产率提高50%。雪浪公社向阳大队节约劳动力向荒山进军，养鱼养猪。队办工业从5万元增至200多万元。

机械化问题与高速度不适应：（1）头多尾巴少，机械利用率不高，只能搞运输；（2）农机品种少，不适应精耕细作；（3）机具质量不高，操作水平太低（插秧）；（4）经营管理不适应机械化；（5）农机具价格太高；（6）地少人多；（7）农技提倡小苗带土移栽，双期育秧。

增产不增收。成本增加，〔19〕65年每〔亩〕水稻用工35.87〔个〕，费用31.58元，每百斤稻3.29元。〔19〕76年每亩用工（水稻）78.5〔个〕，费用67.9元，每百斤稻5.75元。〔19〕77年用工64.5〔个〕，费用56.54元，每百斤4.96元。农田建设大队出钱，有些大队耕田机灌不收费。

全县〔19〕65年农业费用3327万元，每百斤3.99元；〔19〕76年费用7034元，每〔百〕斤5.9元；〔19〕77年费用7120元，每百斤7元。（〔19〕65年单季稻，〔19〕76、〔19〕77年双季稻。）

增产不增收：(1) 价格剪刀差；(2) 农产品种变化，小麦变大麦。

社队办工业，〔19〕77年2000个，县101个，公社323个，大队1640个。总产值5.89亿元，占工农业〔产值的〕74.8%，农副业〔占〕25.2%。〔19〕70年工业〔占〕51.3%，农副业〔占〕48.7%。〔19〕65年工业占33%，农副业占67%。（〔19〕65年工业1/3，〔19〕70年1/2，〔19〕77年3/4。）

(1) 促进农业生产发展。地下渠道，1956公里，平整土地56万亩，资金都是社队工业提供，〔19〕76年用于农建1066万元。

(2) 加速农业机械化。拖拉机4000多台，90%资金来自工业积累，其他农机也是如此。〔19〕72～〔19〕76年用资金658万元。

(3) 支持穷队发展生产。社、大队〔核算〕比重从〔19〕65年4.3%，〔到〕〔19〕76年65%，便于过渡。16个大队改为大队核算。

(4) 当大工业配角。〔19〕76年507〔个〕厂接受上海、无锡大工业任务，总产值4100多万元。来料加工，钢材来料二万多吨（上海造船、吊车，非统配机械设备，煤炭部，水利部，可以小批量生产）。

(5) 增加社员收入。〔19〕76年社队工业转队工资二千多万元，每人平均30.5元，占总收入105元的30%，加上县的转队工资约占〔总收入〕50%。

发展过程，〔19〕58～〔19〕64年一起一落。文革初期恢复阶段，产值1000万元。〔19〕69～〔19〕71年新的高潮，产值5928万元，社办3000多万元，队办2600多万元。〔19〕72～〔19〕73年，整顿、巩固、提高，方向道路影响农业生产（亩产一吨粮，不如办个小工厂）。立足农业办工业，办好工业促农业。实行三定（产品、劳力、设备），发证，整顿为着更好发展。

为什么办工业，〔种植〕改三熟后劳力不足，必须机械化，资金从工业来。生产支农产品，农机修配，农产加工，生活服务，三项必办。公社搞农机、砖瓦厂，其他根据条件。（石塘湾公社十个大队办螺丝工厂。）

劳力如何合理安排，坚持农业，还是重工轻农。劳力不超过10%（多时达17%），动员回农三万多人。加强农业，充实副业，兼顾工业，保证农副工全面发展。

积累使用，不准大搞非生产性建设，〔不准〕增加非生产人员。打击贪污盗窃，投机倒把，积累50%用于农业，20%～30%用于扩大再生产，10%～15%用于福利。

把产供销纳入计划轨道。限制自产自销，建立供销经理部。农机具由县统一安排计划，供原料，农机部收购。外销产品统一收购，外地来料加工统一安排，避免互相竞争，原料统一解决。目前直接间接纳入计划58%，为社员加工20%，自产自销15%～20%。

社队办工业问题

社队工业如何纳入计划。

三分之一纳入县计划，三分之一纳入间接计划，三分之一没有纳入计划。

省部计划4.6%，地1.3%，县16.6%，为本公社6.7%，合计29.2%。

商业收购5.3%，县扩散2.6%，无锡市6.1%，其他地区加工17.2%，合〔计〕31.2%。

其他（自产自销）39.2%，一部分经县批准，大部自找门路。

社队工业局占50%，机械行业占2亿。社队工业总产值36754万元，其中公社19800万元。

为农业服务11.9%，为出口3.2%，为大工业69.1%，为生活15.6%.

现在人口100万人，〔19〕65年后增16万人，年增1.1%。农村劳动力〔19〕65年38万人，现在50万人，工业用了约9万人。

农业生产〔19〕65年8.3亿斤，〔19〕66年9.3亿斤，〔19〕67、〔19〕68年种双季稻，降至6.7亿斤，〔19〕70年8.2亿斤，〔19〕76年11.9亿斤，〔19〕77年11亿斤。

口粮〔19〕65年580斤，〔19〕76年583斤（出米率减少），〔19〕77年566斤（用菜油换大米）。

分配水平〔19〕57年42元，〔19〕65年79元，〔19〕70年75元，〔19〕76年105元，去年103元。归队工资占近60元。

〔19〕65～〔19〕76 年粮产增 3.6 亿〔斤〕，净收入减 900 万元，每人 11 元。增产减收。人口增 18%，每人减 15 元。〔19〕65 年 79 元，减 26 元。劳务收入增 52 元。

农业成本占收入，〔19〕57 年 28%，〔19〕65 年 31%，〔19〕76 年 51%。水稻 5 分，麦 5 分，〔19〕70 年 4.9 分。

社队工业纳入国家计划 80% 已很好了。兔子屠宰不去苏州，地方自宰。茧子自己缫丝织绸。薄膜所用树脂（全民）交给社队工业，省里少调不调。大麦制啤酒，社队可制。

大厂加工怕质量不好，时间无保证。

江苏成立外贸局，上海外贸原有加工协定，现在中断。

商业部门缺小商品，不给料（小五金）。

县建五个公司，机电、轻纺、化学、建材、仪器仪表。有些产品组织几个工厂协作。

社队工业〔19〕70～〔19〕77 年递增 40%，今年 1～5 月增 20%，速度降低。

农业净收入〔19〕65 年 7562 万〔元〕，〔19〕76 年 6636 万〔元〕。

无锡市汇报　刘同心

对三十条的看法。

企业急需五定，如何定法。电、油没有保证，每天停工一小时。维修没有材料。〔来〕参观〔的〕很多，无力供应。材料高价进货，成本提高。

会议太多，后方用工太多。

专业化协作，质量不好，供货时间无保证。自行车成本上海 66 元，无锡 96 元，原因协作件价格都高于上海，整天忙于采购。

工厂负担大，上山下乡要支援，社队负担不起，给它搞个小工厂，调社员到厂来“亦工亦农”，给工资支援生产队。地方建设摊派任务，挖坑道，填护城河都要工厂负担。街道搞工业生产，不搞服务业，工人生活困难。

领导班子不稳定，调整领导班子缺乏厂长和业务人员。学习业务要办学习班，编教材，总结业务经验。为着保证学习，必须减少会议。

五定定不下来，原因是计划不落实，材料无保证（三八制）。产品计划层层加码，部定产品材料供应较好，省加码材料很少。用钢材换橡胶，再用别的产品去换钢材。企业领导忙于跑材料，无暇搞企业管理。

老企业革新改造上面强调，但革新改造资金愈来愈少，有了资金没有材料。

要精简不能工作的职工，减少后方人员，安置老弱病残，才能把劳动定下来。现在是有章不循，不敢管理，缺乏奖罚制度（有升有降）。〔要〕解决职工福利。

提高工会权力，职工代表大会应当有权批评和罢免领导干部。

要执行订货合同，设立经济法庭，违反合同的处罚（外部条件如何罚）。

材料供应缺乏，同时仓库大量积压，材料越缺积压越多。订货不合品种规格，不接受就把计划取消，〔所以〕还是接受下来，准备调换。物资局的钢材，仅及各厂库存钢材的十分之一。

文革前后产值增加三倍，维修钢材增加很少。层层设库。

社队工业

迫切要求发展社队工业，城市向高尖精发展，部分产品转移到农村。〔城市〕工厂密度高，人口密度高，必须向农村扩散。品种复杂，管理困难，把部分产品扩散农村，发展更快。毛纺业做得较好。

郊区每人平均耕地四分（18万人，8万亩），有45个生产队没有耕地，非向工业发展不可。〔19〕75年社队工业产值4300万元，〔19〕76年6700万元，去年1亿元。〔19〕75年〔产值〕增40%，〔19〕76年45%，〔19〕77年64%。社员收入增加很快，〔19〕65年96元（每人平均），〔19〕75年140元，〔19〕76年150元，〔19〕77年158.76元。

问题：(1) 社队工业如何纳入计划，395个工业，职工29000人，固定资产3000万元，纳入直接计划30%多一点，间接计划27%多一点，合计60%，自找门路40%。有些产品争着上（机电产品），从缺货变过剩，无法继续存在。

(2) 与国营企业争材料，靠厂吃厂，为着解决厂社矛盾，非给不可。用产品去换化肥。调出产品差的，好的留下自用。蚕茧春茧自留，苏北普遍建棉纺厂，好棉自用。

社队工业发展方向，社队以养殖为主，公社搞些五小，应当规定为城市工业服务，配套。县办拖拉机厂缺原料吃不饱，社里又办拖拉机厂，与人交换，不愿为县拖〔拉机厂〕生产配件。

（3）社队工业猛烈发展，要有强有力的管理机构。现有机构无资金，材料，只搞统计规划。

（4）现行制度不利于扩散，层层纳税（5%）。价格政策也使大厂不愿扩散。投资办法也鼓励大而全。

常州市（蒋经宇）生产情况

基本情况：城市 28.8 万人，郊区 13.2 万人。工业〔产值〕25.8 亿，积累 4.8 亿。职工 13.2 万人。劳动生产率 2.4 万。〔19〕66～〔19〕76 年中央投资 1.8 亿，地方自筹 1.9 亿元，提供积累 25.8 亿元（11 年合计）。

工业结构：重工业 48%，轻工业 52%。纺织 37%，〔还有〕机械、电子、化学、轻工、煤炭。冶金 3.2%，电力 6.5%，燃料 0.2%，化学 13.2%，机械 34.5%（农机为主）。直升飞机，锻压工厂，铸钢工厂，齿轮（农机）工厂全省协作比较成功。电子 11.3%（包括在机械中），集成电路是全国六个重点厂之一，电子手表。纺织 37.4%。

大跃进时期大办工业，四个并举，解放思想，铺了很多摊子。调整时期留了一些点子，利用原有基础，挖潜革新，从手工业到半机械化、机械化，通用机床，专用机床，自动化，电子控制（粉末冶金）。

分期分批进行设备更新，纱锭改高速，提高产量。纺织花 400 万，增加积累 12.7 亿。

分散小厂组织起来，一条龙大协作，试制成照相机。

把车间、工段分出搞厂，母鸡下蛋。东风印染厂产量大增，下蛋十几个，小鸡又生蛋。纺织机械厂也是它生的。

老企业垫平补齐，提高生产能力。

综合利用，利用废物。

老厂扩建。增加产值 90% 以上是靠革新挖潜，扩建占 90% 以上。挖掘潜力，革新改造，成为发展地方工业道路。

（1）先土后洋，由小到大，逐步发展。改得起，用得上，力所能及，逐步提高技术力量，自己制造机器设备。

（2）经过调研，三个看准，方向吃准，效果吃准，可能性吃准。谨慎办事，经济实惠，少走弯路。

（3）搞小而专，不搞大而全。产品单一。

（4）国家统一计划下，因地制宜，不同兄弟地区重复，不一哄而上。不搞机械钟表，从电子钟表开始，搞了八年才出产品，音义〔?〕钟，电子手表，自行车，缝纫机，搞大家不搞的产品。

（5）集中力量打歼灭战，绝大多数当年投产，当年有利润，个别产品逐年垫补。制造玻璃钢游艇，又轻又牢固（用玻璃纤维织布加树脂制造）。

（6）自力更生，艰苦奋斗，因陋就简，尽量利用原有设备。

三个要上：①支农产品；②缺［短?］线缺门；③关键配套。三不建：①老厂能解决不建新厂；②靠协作能解决的；③靠技术革新能解决的。四个落实：①产供销；②工艺；③建筑材料；④资金（不乱筹资金）。

一条龙的情况

过程：地方厂多，集体所有制多，小厂多，这是常州工业的特点。力量分散，不纳入国家计划的多，需要组织起来。搞住一个主要工厂，主要产品做龙头，围绕龙头组织起来，互相依靠，梳辫。1962 年灯芯绒首先组织起来，接着花布、卡其布也组织起来，接着拖拉机厂组织起来。文革时期调整布局，垫平补齐，组成四条龙，化纤、半导体收音机、塑料、玻璃钢。共八条龙。新龙有自行车、照相机、缝纫机、手表、汽车等。参加工厂 150 个厂，职工 38600 人，占 30%，总产值 12 亿，占 48%。

形式三种：（1）以产品总装与零部件配套协作（机械产品）。（2）产品原材料和加工厂的协作（塑料，玻璃钢），以原料为中心。（3）以工艺前后道的配套协作（纺织，纺、织、印染）。各条龙作发展计划，调整协作关系，参加各厂仍是各自进行核算。组织托辣［拉］斯后统一管理，各企业受到限制。

冲破行业界线、所有制界线、地方界线、城乡界线，所有制不变，隶属关系不变，产供销一条鞭。

专业公司（拖拉机公司）矛盾很多。各厂能力不平衡，无投资跟不上，公司无力解决。地方自己配套，隶属关系愿变就变，不愿变就不变，又承认界线，又冲破界线。

今后：（1）向专业公司过渡，龙头加强，条件〔是〕要国家计划批量大，零件厂也吃得饱。

（2）总厂与分厂搞联合企业，本行业的组织起来，跨行业的要条块结合。

（3）组织工艺协作中心，铸造、锻压、电镀、热处理等，为各厂服务。

（4）一条龙（初级社）继续发展。

条件：（1）有一定的基础和配套能力，无力单独发展；（2）产品定向，有一定批量，有发展前途，发展才能巩固；（3）有一定组织，不断解决矛盾。以计委为大龙头，各龙有小龙头。中央企业多的地方，地区很难组织。

矛盾：（1）发展不平衡，加工与原材料矛盾，向高精尖发展，中央需要；（2）能源不足；（3）环境污染，供应困难，城市建设落后；（4）技术力量薄弱，没有一个大学。有一百多个大学研究所帮助解决困难。

东风印染厂

产值〔19〕77 年 1.25 亿元，利润 2400 万，税 400 万元。大修更新改造只有 70 万元。

经济管理，五定要定下来。想要扩建，没有材料，有了投资无法上去。

环节太多，流转时间太长，影响工作进度，造成经济损失。利用银行外汇，要十三个图章，最快要两年，新技术变旧技术。进设备又要申请，长期不能解决。

企业更新只有资金，没有材料。

流动资金与产值增长不相适应。银行贷款要受限制，大量上交利润，发不出工资。物资流转不断增加，资金不增。

化学染料上面分配，不能自己进口，不适合于生产需要。

商业、物资、运输要为生产服务，现在生产部门要向它们求助。完不成生产、品种、质量任务，主要是受外部条件影响。

问题：（1）缺乏综合平衡；（2）各部门职责不清；（3）要有中央统一领导。

计划内的项目没有原材料，计划外的靠自己协作解决了。

〔19〕65年全市工业总产值，集体占12%。〔19〕77年25.8亿元，集体5.7亿元，占22.1%。全市年增12.9%，集体18.8%，原因上交55%，自留45%。

从机械工业看高速度

常州机械工业是在三年调整后发展的，占17.5%，年增15.9%。

（1）要选好产品，明确方向。面向农业，为农业服务。要统一规划，分工合作，不重复生产。大批量，高质量，低成本。江苏有四五个拖拉机厂，质量差，常州质量好，吃不饱。

（2）〔按〕专业化协作道路来改组工业。小桌子上不能唱大戏，几张桌子拼起来就能唱，“统一规划，合理分工，定点协作，配套成龙”，十六字方针。大家〔都〕小而全，不可能大批量生产。为国家节省投资三分之二，共投资1800万元，上交利润6800万元。老厂扩建比建新厂节省投资三分之二，时间也缩短三分之二（锦上添花与雪中送炭）。有些厂原为一条龙服务，为着大批量，发展到为全省服务。提高产品质量，有利于技术改造。

问题：①龙头要让各厂发展，不能束缚；②要对各单位有统一措施；③税收政策还没有落实；④一条龙内部采取协作价格，未得上面承认。

（3）走革新、改造、挖潜道路，不断更新设备，土法上马，上流水线，提高工艺水平，向半自动化、自动化发展。手〔扶〕拖〔拉机〕有2万〔台〕水平，发动机有4万台水平。折旧费自留50%，只有20万元。市〔里〕没有资金，省〔里〕留20%。旧企业固定资产少，需要革新资金多。国家计委和省给了投资，没有物资。

（4）怎样处理好国家、企业、个人之间的关系，三十条对五定很欣赏，工人对按劳分配和奖金很欣赏，地方厂集体福利较差，生活问题无法解决。

处理好条块关系，地方厂已能满足全省需要，中央局又建一个。

供产销平衡，市的权力太小

中央、省指定投资，市无投资，无革新改造资金，无物资分配权。企业离不开计委，计委按上级规定分〔配〕。小额贷款500万元，市可以提意见。地方分成主要用于垫平补齐（物资分配保重点，地方企业没有活动余地）。一条龙基本上靠集体所有制，龙头是全民，龙身靠集体。下达计划比上年实际降20%左右，财政任务升10%～15%。材料分配按计划〔的〕70%～80%，实际拿到的又打折扣。生产年年增长，材料〔供应〕固定不变。

城乡经济合作

城市人口增长60%，工业产值增长30倍。今后仍要控制城市人口，需要采取产品下乡，不是人口进城。几年经验，确实大有可为。用一条龙组织城乡关系，把龙尾巴伸到农村，一个大队工业产值60万元，盈利十几万元，穷队变为富队。一个公社工业产值250万元，盈利五六十万元。抓一个，带一串。

城市老厂老设备逐步承担高级产品，把原产品交给社队工厂，可以控制城市人口。

问题：（1）国家分配高精尖产品，否则无法完成自己产值。

（2）经济协作存在许多矛盾，要双方自愿，在生产变化中往往另找方向，有协议也不执行。农忙时停产很普遍。

计划经济与自由协作有矛盾，定点协作少于自由挂钩。如何纳入计划，还有困难。社队也怕上面计划改变。

三包一帮，三十条意见

最大问题是计划管理和均衡生产，原因是配套协作中不能按时交货，根源还是材料问题。不能均衡生产主要〔是〕外部原因，许多问题本市不能解决。

工厂领导干部一般工资四五十元，不高于大厂普通工人，不给奖励不公平。

工厂关心工人生活，贯彻按劳分配原则，才能提高工人钻研科技的积极性。三十条抓集体利益和个人利益的结合，赏罚严明，考核成绩。

体制问题

无锡柴油机厂，省只要五千台，一机部要二万台，其中一万五千台调给外省。

南京汽车厂，省只要七千辆，一机部要一万五千辆，其中八千辆调给外省。

一机部来料加工，只给钢材，其他（轮胎等）要省里给。电、煤供应紧张，增加生产就要多用煤、电，因此中央部与省有矛盾，省与市也有矛盾。

南京化纤厂，投资六十多亿，建成后每年用电二千万千瓦，等于扬州地区用电量的一倍。

体制问题

去年自行车多生产三万台，商业部少调进五万台，市场供应更加紧张。

多养猪赚外汇，商业部不准出口，调往外省，汽车也是如此。

煤炭多产多用，从400万吨增至1200万吨，现在收归中央统调。煤炭供应决定江苏增长速度。物资包干一个一个被冲垮了。

计划统得很死，实际执行分散混乱。机床计划3000台，实际完成2万8千台，别省有的超过十几倍，不执行计划占便宜，完不成计划也无关系。该给的不给，该交的也不交。

劳动力不包干，有商品粮可多招。

外贸，江苏直接对外成交，轻工产品可以不经过上海，减少批准环节。

财政比例分成，今年比去年比例降低，从43%降到39%，说江苏占了便宜。计划地方安排，中央不断下达新的任务，只给任务不给钱，说是地方包干。部想江苏办，〔江苏〕怕财政部不给钱，因此能办的不办。公费医疗从20.5元增至30元，省里原无安排。

省对县财政超收分成，县得52%左右，对调动下面积极性有好处。对县增长分成，富区25%，穷区40%。对市，富市15%，穷市25%。去年执行情况很好，地方能够自己安排。

省搞的、中央叫搞的分不清楚，中央叫搞的地方总要贴一部分。

财政体制与物资体制应当一致，财政包〔干〕物资不包〔干〕不好办。大家对包干的理解不一致，应当统一思想。政策变化影响财政收支，地方没有安排。

为什么搞体制改革，认识不一致，为着高速度发展经济，不是多得好处。计划体制要有重大改革，不是修修补补。老习惯改变不大容易。以块为主也有局限性，同全国要求不一致。

包干要继续包下去，但各部都想条条搞，矛盾重重。国家这样大，必须分级管理。不叫包干，叫改革比较适当。原来财政包干，物资没有包干，现在物资也要包，包不了。现在搞中央部的来料加工（一机部、冶金部、××部）。全国钢材增加，江苏分不到。新发文件常常否定了原来的协议。

江苏人口面积同罗马尼亚差不多，工业产值和职工工资差七八倍，值得深思。体制管得太死，无主动权，阻碍生产发展。东风印染厂利用香港银行存款进口染料，增加出口产品，批〔准〕用存款盖了十几个图章，进口染料又要盖七八个图章，花了七八个月还没有办完手续。损失外汇比归还银行贷款多好几倍。（这个例子对其他印染厂都有用。）利用外国原料加工，大有文章可做。日本提出用日本原料，用日本商标，向美国推销。香港华侨资本家也建议到国内来加工。

体制包干开头决心很大，执行几年困难很多。计划支持，有关部不执行，阻力很大。企业下放时未算细账，现在清查，差 5000 多吨钢材。过去原材料有保证，发展快，下放后供应困难，发展慢。各省不支持，江苏无法解决。

汽油机成本 300 元，出厂价 800 元，工厂愿意降价，可以大量出口。

海盐解放后没有发展，技术也没有改进，生产满足不了需要，没有人管。

国家计委讨论经济体制改革*

廖季立

〔问题：〕

（一）（1）行政管理代替经济管理，从上而下高度集中。新厂建设占 70%。

（2）计划大大超过生产能力，要全面平衡，计划内外。

（3）先争投资，再找设备。

（4）实报实销，没有经济核算。

（二）以销定产代替按需生产，总产值控制五个指标，实际上起考核指标作用，想满足社会需要不可能。

---

* 根据笔记的前后时间，这应是国家计委讨论经济体制改革的一次会议，时间在 1978 年 5、6 月间。大标题为编者所加。

（三）不搞专业化协作。

（四）供给制代替经济核算。

改的原则：

政治和经济的统一。计划管理和经济相结合。落实在社会主义方向，高速度发展，四个现代化。行政管理办法管经济管不好。国家、企业、个人三者关系。民主管理，劳动人民当家作主。

办法：

（1）国家计划同社会计划结合，大计划，小自由。

（2）从下而上开始，解放基层的生产力。几收几放没有解放企业管理问题，上层要为基础服务。

从分配开始〔改革〕要出现偏向，追逐利润，要从生产开始〔改革〕。

企业改革：

（1）产需结合，以需定产。需有国家与社会两〔个〕方面。国家需要下达国家指标，社会需要企业自订合同，综合起来成为国家计划。

（2）国家、企业、个人三者利益。企业有权解决职工资金、福利，扩大再生产。简单再生产和扩大再生产，民主管理，职工代表大会。

企业的上级不是行政机关，而是联合企业。企业与企业，联合与联合之间可以互相联系，不必通过行政机关。

从上而下下达国家计划指标，首先完成国家计划，其次满足社会需要。

物资国家平衡，不足的国外调剂。

投资，国家重大建设项目国家投资，银行贷款。

还要〔改革〕行政管理，不是直接管理经济事务。国家制订各种政策，用政策来管经济。不断总结经验，改革上层建筑。

柳随年

〔问题：〕

（1）分配投资、物资等与企业承担责任没有关系，争到手就行，效果如何无人过问，搞不好不承担任何责任。

（2）靠行政系统管理与生产的社会性矛盾，割裂经济联系。分工愈细，问题愈大。各部各局自成体系。

（3）从上而下安排计划，破坏了经济的连续性。

（4）部门为主安排计划，容易搞新建，不管挖潜革新，集中在大城市。

（5）利用市场经济。

怎么办：

（1）在原来基础上给企业一些灵活性。我们这样大的国家，统一计划做不到。

（2）各省自订计划，或从企业向上协调，上下结合。

王向升

从基层调查起，进行调查研究。

把苏联、罗〔马尼亚〕、南〔斯拉夫〕问题弄清楚，现在罗马尼亚基本上学苏联经济改革。

马洪

赞成组织起来。会后共同研究。

房维中

（1）综合平衡问题。

（2）经济效果，农业，工业，农业投资没有发挥效果。

（3）管理体制，集中力量打歼灭战，条条主张集中，块块主张分散。都不能解决问题。

全国计划会议*

五日传达，六、七、八讨论三天，六个大区分区讨论。

李〔先念〕、余〔秋里〕副总理讲话，具体讨论 1979 年计划。从生产开始，讨论市场安排、基建等等。

---

* 1978 年 9 月 5 日至 10 月 22 日，国务院召开全国计划会议，安排 1979、1980 年计划（《中华人民共和国国民经济和社会发展计划大事辑要 1949—1985》，第 398 页）。这次会议时间较长，包括正式会议之前的准备会议。以下均为这次计划会议的记录。

房维中同志传达

1978年7月6日至8月3日国务院务虚会。（1）引进新技术；（2）工业管理；（3）计划平衡；（4）出口贸易。华〔国锋〕、李〔先念〕参加会议，作了重要讲话。归纳七个问题。

（1）关于引进新技术。这次会要敞开思想，国外考察〔情况〕，国内经验，畅所欲言。1975年务虚会①，思想束缚厉害，“四人帮”说是右倾翻案风的风源，要把我们打成走资派，十年计划思想没有敞开。今年编成十年规划和23年设想，有雄心壮志，6000万吨钢，8000亿斤粮食，国际震动很大。还不够完善，要继续调整，修改，补充。过去不敢出国考察，出去了也不敢讲。现在出国考察，同外国先进技术比较，我国水平是低的，差15年至20年。我们应该承认落后，确实水平低。信心加强了。日本1960年钢产量和我国差不多，用13年时间搞上去了，西欧15年。我国起步基础，比日本、西欧那时好，加上地大物博，人口众多，安定团结，只要领导好，组织好，是可以加快速度的，有信心在本世纪末赶上。

引进新技术，拟了一个方案，现在看到可以利用银行贷款，于是又提了一个方案。思想解放一点，胆子大一点，办法多一点，步子快一点，是合于辩证过程的。我们要总结经验，改进引进办法。引进要考虑自己制造，立足国内，抓紧自己制造，不能依靠引进。罗马尼亚引进七套化肥设备，自己制造，我们引进十三套，还不能制造，长期下去不行。引进是为自己制造，如果只想引进，外汇平衡不下来，想快快不了。引进技术专利，自己掌握制造，要引起注意。要树立正确指导思想。引进后要组织好领导班子，一抓到底，不仅生产、基建，外贸、科研机构也要参加。要培训人员，选留一部分帮助开工生产。新技术一下子自己掌握不了，留外国专家帮助生产。工人、技术人员要接触外国专家，向他们学习。过去不经批准不能接触，这样规定不行，要改。

基建要总结二十八年来的经验，定出若干条。过去投资效果不快，责任

---

① 1975年6月16日至8月11日，国务院召开计划工作务虚会，研究经济工作的路线、方针和政策问题（《中国人民共和国国民经济和社会发展计划大事辑要1949—1985》，第363～364页）。

不清，现在不能马马虎虎。〔要〕严格按照计划检查效果，质量，投资效果，不能干的下马。对引进项目，要集中力量打歼灭战，一方面要防止闭关自守，夜郎自大，也不要不顾条件，大量引进，像伊朗、沙特，引进多了，消化不了。要加强综合平衡。今后领导上批了，计委、经委、建委、财政有权排队，综合平衡。能搞就搞，不能的推迟，要把好这个关，要减少盲目性。

（2）关于外贸出口。不仅引进，要考虑增加出口，为国家创造外汇。不能一进口就是几百亿，进口靠外汇，能进就进，不能进就算。出国考察要研究如何创造外汇。一机部提到机电出口小手小脚，只出口小五金，东南亚市场。要打算出口，加工成品，卖价就高，搞补偿贸易，出口加工成品。钨搞成刀具等出口，石油出口原油是不得已，将来要搞化工产品出口。日本没有资源，进口原料加工出口。我们要把自己的原料搞上去。纺织品要搞后处理，不出〔口〕坯布。扩大出口，扩大支付能力，而且促进我们提高产品质量，提高制造水平。

（3）农业，怎样能搞上去，要仔细分析，把问题研究透，提出措施。各省都要根据自己条件，加强措施，可以给一点投资，化肥……依靠这个不行，要依靠群众的积极性。建国二十八年在什么情况下上得快，上得慢，有些什么问题，各省各地哪些快，哪些慢，要具体分析。既有历史经验，又有地区经验，指导农业就能正确一点。内蒙河套地区每人有四亩水浇地，还要调进粮，原因何在？江苏、广东过去差不多，现在差距拉大。全国有一二百个县停留在解放初水平，领导有问题，省委要调查研究。

农业全国以粮为纲，到一县一社，就要因地制宜。按当地自然条件和种植习惯，林区以林区〔业?〕为纲，牧区以牧区〔业?〕为纲，必须多种经营，全面发展。农业要有具体规划。我国一个省相当于欧洲一个国，一个省种一种作物，遇灾害就困难。黑龙江只种粮不搞经济作物不行，要以粮为纲，全面发展，因地制宜，适当集中。

要普查土壤，因地施肥。〔肥料〕生产什么就施什么，浪费很大，要逐步增加复合肥料。种子公司要搞，不能一下子提到外国那样，不撇开高产地区搞种子经验。农田基本建设要抓住主要问题，因地制宜，采取措施。

如何农业机械化，要根据我国自己情况，不能照抄外国经验。各地情况不同，不能完全一样，一步一步搞。过去搞得多的是排灌。拖拉机过去国家搞，后来自己搞，速度加快。到一定程度就要提高，要搞三化。现在地县都搞，百花齐放，都搞小而全，成本高，质量差，型号杂，不重视配套，要尽快解决这个问题。拖拉机配品配件要跟上。日本丰田汽车销一百辆就设零配件供应点，我们到处跑。今后生产部门要负责供应，每个专区都要有零配件供应公司，负责供应，送货上门，不能光议论不行动。

对全国情况要全面了解，不能一刀切。农林牧副渔，必须因地制宜，要一省一省研究，如何搞法。一刀切害死人。林业要认真总结经验，颁布森林法，要列入党委议事日程，只采不育要改过来。发展畜牧业潜力很大，要利用三十亿亩草原，大草原开发。也要注意内地，南方七山二水一分田，都要搞点畜牧业。不适宜开荒种粮地区，不要开荒，防止水土流失。

农业学大寨要做分析。有些省农业搞不上去，领导思想上有问题。要增加投资，更重要的是领导方法，相当多的人思想上没有解决。不要一学就收自留地，要根据当地具体条件。

现在对各部各局要进行考核，农业部怎样进行考核。对省也要考核，把农业搞上去，省负重大责任。内蒙很重要，要把农业、畜牧业搞上去，过去调出粮食，现在调入十二亿斤，过去省委不能抓农业，现在大治了，要抓农业。

对林业局、畜牧局、水产局都要考核。条件可以给，要考自己，好的要表扬，坏的要批评，不能像过去一样混。8000亿斤指标定了，要采取措施。有什么问题，要弄清楚切实解决。

要考虑物价问题，剪刀差要解决，如何解决要研究。对后进队研究经济上如何补助。把三亿劳动力调动起来，农业就能够搞上去。

农业部的领导方法，有自己的特点。面对全国八亿农民，应当抓那几点，怎样抓，扎扎实实干。

要搞三个文件，农业、农业机械化、科学种田，提中央研究。

（4）发展工业。冶金职工相当于美、苏、日总和，产量〔仅为〕6%。煤炭亦然。按现有工人，把钢搞到一亿吨，煤10〔亿〕吨，是完全可以的。

中国工业的发展，不能走外国老路。农业减下来的人不能向大城市集中，要办社办工业，搞小城镇。走这条道路，可以减少工农差别，城乡差别。北京玉渊潭、江苏无锡那里，社办工业发展，农民就不进城了。

大中小相结合。小化肥是起了作用的，水泥也是这样。五小工业不仅〔是在〕三线有利于备战。目前生产落后，管理差，要帮助改进提高。要考虑大中小结合，扶助社队工业发展。哪个工业部门思想明确，发展就快。这个思想要明确起来。

要充分利用资源，搞综合利用，不能各管各，不综合利用。

我们是计划经济，有些单位不按计划生产，我生产什么，你收购什么，不管销路，〔不管〕能否出口。这种情况不改变，四个现代化就无希望。工业指导思想要大改变，根据国家、群众、出口需要，考虑产品销路，不能我生产，你积压。为什么机床生产控制不住，不按计划生产要采取措施。

不少产品不研究改进，反正有人要。没有销路的产品，要停下来，研究改进。一方面进口钢材，另方面大量积压，反正工资照拿，亏损是企业，有货可完东西〔?〕，这样不行。要加快周转，研究出个办法。机电产品，外贸、商业都有积压，说明物资管理没有搞好，上面有责任，不能只责备下面。

军工要总结经验，准备打仗。现在水平低，要引进一些设备。军工部科技人员多，设备好，是百万大军，应该搞得多一点，好一点。军民结合，和战结合，不能单搞军工。要承担民用产品，打破行业界线。

（5）企业管理。工业管理，问题很多，水平很低，潜力大得很。现在搞好搞坏一样，盈亏一样，没有经济责任，这不行。转到南斯拉夫不行，有无政府状态。罗马尼亚领导工资〔与生产〕联系起来，搞不好扣工资。现在工厂摊子很大，机器利用率低，工业、财贸各部都要好好研究。

机械工业要改组，不能大而全、小而全。北京按专业协作改组工业，阻力很大。现在要把协作关系定下来。计划经济必须把经济法则体现出来，有一套管理制度。有些单位见东西就要，不讲经济核算。我们财政潜力很大。工农业按经济规律办事，财政可以多收。

现在大家都敢议论，生产搞上去，消耗降下来，才有资金积累。

（6）关于劳动工资，搞得太复杂，要逐步改进。资本主义工资制我们不赞成。建国以来革命路线占主导地位，整个工资水平低，现在不能提高很多。要总结经验，搞出一套社会主义办法，随着生产增长，工资要增加。每年考核一次，作为提工资的标准，不能只讲技术，不讲贡献。技术高低，贡献大小，作为评级标准。劳动部门总结经验，提出自己的劳动工资制度。按劳分配需要十分重视，当然也要发扬共产主义因素。不按劳动贡献大小，只按政治表现，就会受到惩罚。工人不学技术，产品质量不能提高。今年解决不了，明年解决。按年头加工资是没有办法的办法，今后每年考核提级，定为正常制度。奖金要加上各尽所能按劳分配，管理好的企业可以提成，奖励工作好的职工。按职务定工资，提职就要提级，贡献大的工人拿最高工资，干部提职后也要拿职务工资。发明创造要经济奖，也要荣誉奖，这是长期的。国营农场办得好和坏的，工资应有差别。

知识青年上山下乡，“四人帮”搞得绝对化。今后究竟怎样搞，应该总结经验。“四个面向”应该坚持，不能采取一种办法。矿山子女上山下乡，愿进矿山不让进，不合理，可以不上山下乡。渔民子女吸收当船员，不必上山下乡。有条件的厂矿企业办农场，安置职工子女。

（7）要谨慎，扎扎实实。外国要同我们贸易，希望我国强大起来，强大到一定程度，他们就不给了。苏修怕我们强大，资本主义国家愿借钱给我们，因资金没有出路。引进先进设备，加快前进速度是对的，但要发展大好形势。大好形势来之不易，不要忽左忽右了。有利团结的话就说，不利的就不做。在大好形势下不要自满，既要敢干，又要慎重，不看准的不搞。要有干劲，但要扎扎实实，要爱护大好形势，发展大好形势。对各省有问题就批评，该支持的支持，加强上下级之间的信任。上下要通气，各部也要通气。干劲要大，办事要慎重，不要脑子发热。

华东组

江苏　速度问题是中心，怎样加快速度。

农业突出问题　（1）增产不增收，影响到八亿农民三亿农业劳动者的积极性。这里牵涉到价格剪刀差问题。农副产品收购三十多亿，农业生产资料供应多于此数。农业的增长低于生产资料的增长。

（2）农民的自主权，以粮为纲变成以水稻为纲。应由农民开会决定，不能强迫命令，瞎指挥。农田水利建设〔不〕量力而行，国家负担不了，就只能压在农民头上。教育、卫〔生医〕药也是如此，国家负担推给农民。

（3）工业积累水平低，影响建设速度。管理水平太低，影响积累。材料分散、积压，多余的材料设备调不动，资金周转不灵。

计划本身有很大的盲目性，不按需要安排计划。有些产品积压，有些缺货。生活资料也是如此。铁锅每年六百万只，都生产小锅，大锅买不到。

基本建设不能按期投产。南京钢铁中板车间建了七八年未建成，42 孔焦炉搞了五六年还在搞土方。没有力量，没有需要的下决心停下来。

外贸必须直接联系〔市场〕，按现在层层审批、纵横矛盾的情况，无法开展外贸。要允许到外面去跑，了解世界市场情况。

宋季文 打倒“四人帮”后形势大好，鼓舞人心。我的想法 1959 年就讲过，要有计划、按比例、高速度发展。资本主义用价值规律来调节生产，社会主义要有计划，按比例，重点应当体现在比例中。

农轻重比例，南〔斯拉夫〕、罗〔马尼亚〕都学中国，现在他们比我们搞得好。现在轻工业投资比例逐步下降，占投资 2.7%，除〔去〕纺织只占 1.5%。食品工业南〔斯拉夫〕占投资第二位，仅次于重工业。轻工部固定资产 178 亿，上交利润 201 亿。片面发展重工业，大跃进有教训。国家积累与人民生活如何安排。

折旧费上交是吃老本，企业没有机动余地，什么都要向上要。

上层建筑不适应经济基础，小农经济思想，不适应于四个现代化。环节过多，管理水平落后，办一件事盖十七个图章。

〔李〕先念同志总结

（一）抓紧大好时机，加快实现四个现代化的速度。

客观经济规律包括：社会主义基本经济规律，有计划按比例发展规律，价值规律，按劳分配规律。不能违反客观规律，按长官意志办事。坚决摆脱行政层次、行政区划、行政便利、行政方式，而不讲经济核算、经济效果、经济效率、经济责任的老框框。打破小生产的狭隘界限，改变手工业式，甚至封建衙门式的管理方法，学会领导管理现代化大企业的本领。

（二）加强综合平衡，在统一计划下，发挥中央、地方和企业的积极性。

第一个五年经济发展既迅速，又平稳，人民生活迅速改善，心情舒畅。

大跃进时期放手发动群众，有许多新的创造，但是对客观规律认识不够，高指标，高征购，瞎指挥，损失严重。三年困难既有客观原因，也有主观原因。

〔19〕62～〔19〕65年〔实施〕调整、巩固、充实、提高方针，迅速扭转局面，经济迅速发展。

二十八年经验证明，要高速度发展生产，必须从客观规律的基础出发，做好综合平衡，工作就比较主动。群众积极性高，速度就比较快。否则就想快反而慢。

综合平衡：(1) 生产和建设之间的平衡，狠抓挖潜、革新、改造，按专业化协作的原则改组生产。在改善人民生活的同时扩大基本建设。

(2) 注意农轻重的平衡，农业内部和工业内部的平衡，积累和消费的平衡。提高投资效果。农业仍然是国民经济中的薄弱环节，必须大大加强。林业、牧业要同时发展。轻工业也要加快发展，要为轻工业大声疾呼。人民生活搞好了，大跃进才有保证。人民生活困难，市场供应紧张，日子就难过。重工业要协调发展，动力、燃料、运输要很快搞上去。原材料不足的加工工业不能盲目发展。

随着生产的发展，必须逐步提高人民生活。通过贯彻按劳分配原则，通过调整工农业品差价，使农民平均收入从六十多元提高到一百元。逐年评工升级，使职工平均工资从六百多元提高到七百多元。加强城市公用事业建设，特别是职工住宅建设。

(3) 注意物资平衡和外汇平衡。

过去改革行政管理体制，往往只是权力转移，不采用经济手段，收了放，放了收，在行政框框中转。

(三) 工业问题（引进设备）。

利用现有工厂改建扩建。

引进项目，原有工厂技术改造。引进制造技术，自己制造。买关键设备，自己配套。进口成套设备，自己配套。引进设备和技术，要有统一规划，逐步形成自己的产品系列，不能搞“万国牌”。技术复杂、规模较大〔的〕引进项目，可以聘请外国专家，帮助设计建设，建成后再留一段时间帮助。要利用国外咨询机构，提供技术情况和建议以供选择。引进技术专利，在国内要通报有关部门。引进设备共同使用，不能一家垄断，让别家重复引进。

中央引进小组是引进的总指挥部。

要大量进口就得大量出口，把出口做活。改用贸易外汇牌价，出口单位自担出口任务，外汇提成。

对外国专家要交朋友，不要疑神疑鬼，如临大敌。要大胆工作。

（四）有关农业的几个问题。

（1）有效发挥三亿农业劳动力的作用。农民劳动紧张，但效果不大，没有充分组织好，运用好。根本原因：一是生产没有规划，缺少全面的长远的规划。上级说了算，不征求农民意见。干部瞎指挥和强迫命令成风。劳动力大量浪费，造成减产。二是生产关系没有解决好，集体所有制不受尊重，没有自主权。劳动不计算经济效果，浪费很大。

要进行有系统的调查研究。通过广大农民民主讨论，按农林牧副渔同时并举，以粮为纲，全面发展，因地制宜，适当集中。不许瞎指挥，受损失要赔偿。坚决保障农民的集体所有制，尊重基本核算单位的自主权。在农业劳动中实行定额管理、多劳多得和等价交换原则，经济民主，账目公开。农民看到自己的物质利益，他们的积极性才会充分发挥出来。

（2）加快农业机械化步伐。一定要因地制宜，根据各地不同条件，先化后化，不能千篇一律。支农产品价格高，质量差，是对农民变相的剥夺。要认真整顿农机工业，提高质量，统一型号。

（3）搞好科学种田。

（4）用好农业投资。对农业投资要彻底检查，报告中央。今后要做投资使用计划，检查经济效果。

（5）调整工农业产品的比价。中央确定要进一步缩小差价，必须抓紧落实。今年作好准备，明年逐步实行，首先提高粮价。国家计委牵头，物价局和有关部门参加，提出几个方案，报中央审议。

各部门都要支援农业，问一问对农业做了哪些好事，做了哪些对不起农民的事。揭开矛盾，积极拿出解决办法。

（五）有关工业的几个问题。

要下极大力量把现有工业搞好。〔目前〕产量只达到最高水平的77%，消耗62%，工业企业亏损。

（1）大搞增产节约，厉行经济核算。发动群众大讨论，揭矛盾，提建议，定措施，切实提高管理水平。今明两年做到定员定额，清产核资。

（2）搞好技术管理，加强职工培训。

（3）加强民主管理，充分发挥工人当家作主的责任感。企业重大问题都要经职工代表大会讨论，领导干部要向职工报告工作，听职工意见，接受群众监督。车间主任、班组长由职工选举产生。工会定期评价工作，提出建议，处分撤换某些作风恶劣的领导人员和管理人员。

（4）坚决把多余人员减下来。先把从农村中招的临时工减下来，今后两三年不向农村招工。多余职工由本企业负责处理，本企业安排不了，由劳动部门调剂。成立劳动服务公司。

（5）要把企业经营好坏同职工切身利益联系起来。全面完成计划，上交利润多，对国家贡献大的，企业基金多些，奖金和集体福利多些。办得不好的企业，不给或少给企业基金，不发或少发奖金。坚决贯彻各尽所能，按劳分配原则，必须订出具体措施，坚决执行，不能再拖。工资制度，奖惩制度，劳保福利，都须总结经验，年内搞出办法来。今年发的制度对计件奖金严了一点，取消附加工资使老工人收入减少，要修改。

（6）提高工业管理水平。两件事：①扩大合同制度，相互承担责任规定下来。计划要逐步建立在合同的基础上，按质量计价供销，按合同生产供应，违反合同要赔偿损失。国家与企业也要试行合同制。国家保证五定，企业保证完成经济指标。

②成立专业公司，可按行业、地区成立专业公司或联合公司，把关系密切企业组织在一起。明年上半年提出办法。

（六）搞好领导班子整顿，改进领导作风。现在有些领导干部心有余悸，前怕狼，后怕虎，生怕自己犯错误，不怕国家搞不好。

学会有效地利用经济组织和经济手段的作用，学会发挥劳动人民的主动性，抛弃妨碍经济发展的官僚主义、命令主义、主观主义、形式主义的领导方法。破除各种陈腐观念，破除小生产的狭隘观点和习惯势力，改变思想作风。经委要成立经济干部教育局，每年对干部进行考核。

发扬群众路线作风。发扬实事求是优良传统。要少说空话大话，多做实事。

上山下乡四不满意，学生、家长、农民、我们（国家），每人要花500元。过去有成绩，现闷着头干。

黑龙江盲流不应反对，要组织移民。

邓小平同志〔发言〕

引进与外汇要看到两个方面，增加支出可以减少支出，增加收入，带动经济管理和技术管理。

两个积极性改为几个积极性，首先是企业的积极性。职工总数，工资总额要让企业有一定的主动权。

鞍钢二十五万人可减为五万人，余下来的搞服务行业。人多可以搞三班制、四班制、五班制、六班制，其余时间学习。工厂可以开除工人，留厂劳动。工资可升可降。

要有两千万工人达到八级工水平，四级工以上才算正式工。

初高中毕业后不能升学的可上中技、技工学校，争取所有工人都达到高中水平。

西北组

新疆 当前经济工作搞得不好，主要原因是各级领导干部只想大干快上，而不扎扎实实抓企业管理，管质量，讲效果。农业平整土地，搞大水库，抽调大量劳动力，影响当年生产。七个县修七个水库，结果都搞不成。任务很大，很急，力不从心，计划约束不住。

从计划安排来说，原材料应首先满足生产维修需要。农业安排好当年生产。国营农场条件好，产量低。现在单产这样低，不提高单产，而去投资开荒。机械工业开工率百分之四十，还搞新厂建设。

甘肃 集中统一与发挥三个积极性的矛盾如何解决。

基本建设项目没有一个投资不超过计划，没有一个能如期完成。追究责任，最后是在计委。生产指标完成不了也是如此。

企业有赏有罚，罚谁的，还是国家拿钱。关厂也不怕，领导干部另行分配工作，可能〔还〕高兴，丢了这烂摊子。不联系个人利益不行。

用经济方法管理经济，自由竞争，西北落后地区更加落后，华东先进地区更加先进。

湖南物资工作

要集中，还是分散，李副主席说要集中。〔1949～〔19〕52年〕三年恢复时期分散管理，三年大跃进曝［暴］露问题。〔19〕62年起集中统一。〔19〕70～〔19〕72年分散，产供销分口管理，矛盾很多。〔19〕73年到现在又统一分〔配〕，矛盾很多。四个阶段比较，第二阶段较好。块块管不行，条条管也不行，〔要〕条块结合。

物资工作分散主义最严重。省产钢材能调拨的只有12%，机电产品不到10%。机械局有十个部门管，冶金局有八个部门管，愈紧张的物资积压愈多。报废产品（机电）约占10%，淘汰产品也占10%，钢材无用的占15%。

计划会议报告

看到大好形势，也要看到发展中的困难。

生产决定分配，分配反过来又影响生产。

没有高质量、低消耗就没有高速度。

利用已有基础挖潜、革新、改造。

“四人帮”使国民经济严重失调，必须做好综合平衡，把经济搞活。

康世恩同志〔发言〕

（1）不是正式文件，可以解放思想，畅所欲言。要深刻理会华〔国锋〕、李〔先念〕指示，贯彻到明年计划中去，不要就计划论计划。要强调实事求是，过去在这方面吃苦太多。

（2）认真讨论生产计划，不要专论基建投资。先把生产搞好，才有力量建设。明年必须质量第一。现在质量太坏，拖拉机趴窝，不讲质量就无速度。不能质量好坏一〔个〕样，消耗多少一〔个〕样，货不对路一样生产。

生产上也必须保证重点，重点企业，重点产品，这同学校考试一样，择优录取，质量好，消耗少，积累多，就要保。产品不对路……的靠边站。会不会打击一大片，不会，一迫就迫上去了。严格考核，择优录取，才能把生产搞上去。电这样紧张，随便浪费，不能如此。

（3）考虑责任制，工人、厂长有责任制，计委、经委、建委也要搞责任制。中央安排的，人财物、产供销，国家计委、经委、建委负责平衡。省市区安排的你们负责安排，县办、社队企业由县计经委负责，综合平衡。

〔余〕秋里同志〔发言〕

计划会议今天起正式开会。抓纲治国初见成效，大好形势下召开，政治经济形势都比去年好，国民经济的整顿是可以很快见效的。

今年七、八月间召开务虚会议，讨论许多重大政策，使会议有更明确的方向。开了一个多月，华主席多次讲话，李副主席重要总结讲话，总结我国二十八年正反两方面的经验，提出重大改革方针。使国民经济走上社会主义计划经济轨道，必须要消灭无政府现象，整顿经济秩序，改善经济管理，实现综合平衡。要在全国范围内快刀斩乱麻，同心协力，把这一仗打好。

要高速度发展经济，必须有计划，按比例。综合平衡搞不好，经济发展快不了。现在国民经济严重比例失调，必须认真搞好综合平衡，搞好生产建设，农轻重平衡，发挥三个积极性，逐步做到协调的高速度发展。必须多方面改革生产关系，上层建筑，经济管理，思想方式，经济核算、效果、效率。要求各级干部认识改革的必要性，站在斗争的前列，大胆细致领导改革。讲话重要精神，决策，必须认真学习贯彻执行。第一阶段务虚，学习两个讲话，六个问题一个个都学好。研究落实措施，统一思想，不要忙于吵指标，先把思想搞清楚。

务虚与计划指标平行作业。第二段是务实，安排好1979、1980两年计划，不能原则是原则，计划是计划。首先是生产，生产上不去，一切都会落空。基本建设要下决心缩短战线，六万五千个项目，该停的停，该缓的缓（关停并转）。

可以议论纷纷（质量不好要扣工资），产品销不掉就关厂停产，浪费电力、原料，增加积压。质量不好的背回去。上报计划停工33个，新建476个，这样怎行。思想未通，行动不坚决。只讲需要，不讲可能（有的厂没有需要），不是马列主义。李〔先念〕讲话每人发一本，小范围议深一点，各部回部讨论。真正讲经济效果，集中力量打歼灭战，人民是高兴的。基建项目愈多，灾难愈大。

务虚七天，25、26日学文件，27～30日分三个组讨论，人数少一点，议论深一点。

务实十天，讨论〔19〕79、〔19〕80年计划，整顿工业的重要措施。由李副主席总结，向国务院汇报一次。

李〔先念〕副主席指示

中央已下决心，现在是讨论如何干。二十九年做了不少事情，成绩伟大，但经验不够，工作没有做好。这样大规模的建设，六千亿元，超过二十八年建设。这样大的建设不简单，经验如何？要努力干，好好干。要敢搞这样大的建设，又不要心血来潮。哪几年建设最快，工作最顺利，〔要〕善于学习，善于总结经验，不要夜郎自大，骄傲自满，故步自封。这样大规模的建设经验不够，搞得不好要跌跤。发挥三个积极性，怎样发挥法，现在欠账太多，问题成山。两年形势可喜，要爱惜这个大好形势。成绩伟大，但问题一抓一大把。

农业重要，东北产值大降，再不搞上去就危险，搞得太不成话了。三十万〔千瓦〕发电机组，时间过半，产量过去〔?〕，七天搞出来了，结果报废。千万要估计到经验不足。

〔余〕秋里同志（10月5日）

此次谈话，思想解放，讨论热烈，四个现代化将会使工农差别、城乡差别、体脑差别大大缩小。请同志们发言。

陈璞如（辽宁）

思想解放了，胆子就大了，办法就多了，步子就快了。思想落后于客观情况。辽宁是重灾区，粉碎“四人帮”，工作量大，被赶下去老干部一万多人，冤案五万多人，正在清理，四个现代化还没有认真考虑。

经济方面，城乡、工农关系紧张，矛盾重重，无法解决。要解决经济问题，必须解放思想，保大工业还是保小工业（综合平衡办法就是择优录取）。

要突出重点，不能行行保，样样保。六千万吨钢，八千亿斤粮，按比例完成。钢要多品种，高质量，煤电油按比例安排。

体制问题，首先是条条块块，条管什么，块管什么？职权分清，才能明白谁负〔什么〕责任。企业的主动权谁来给。企业有权，才能管好，无权就不能负责。

财政体制，收支挂钩，超额分成，改为全额分成，或超过上年分 50%。

物资问题很多，说不清楚。城市劳力有 80 万人要安排，农村插队青年 100 多万人，闹得不可开交。

要恢复大区，鞍钢一个省保不了。协作区可以减少许多重复浪费。不组织协作，只能大而全，小而全。

孙国治（湖南）

第一〔个〕五年〔是〕好的，发展正常。1958 年大跃进成绩很大，有副作用。〔19〕66～〔19〕69 年四年停止不前。〔19〕70～〔19〕73 年发展快一点。一打“三反”，拨乱反正。〔19〕74 年下降（批林批孔），〔19〕75 年上了一下，〔19〕76 年又下去了。

农业要壮大集体经济，单靠粮食集体壮大不了，要搞多种经营，湖南一种、二养、三加工、四开矿。

钢材又紧张，又积压，原因是分配货不对路。机电产品积压，原因不合格，不成套。（辽宁红旗手表 36 万只要全部退回，让它倾家荡产。）（年终评比，质量好的一切保证，质量差的停产整顿。有个厂停产三月，工人鼓掌欢迎，说放了三个月暑假，照发工资。）

王全国

要按经济规律办事，有些不合法的事情符合客观需要，就应该搞。中央管得过多过死，就很可能违反客观规律，应当有点灵活性。一方面存在无政府现象，另方面下面权力太小，束缚生产力的发展。不解决这个问题，企业整顿不好。希望这次能拿出几条办法来。

要做一个不留缺口的计划。四短一长，〔短是〕农业、原材料、燃料、人民生活，长是基本建设。不是小调整，而是大调整。

汪海粟

改变行政管理方法，突破行业和地区的界线，减少管理层次，这个问题必须解决。行政管理有些经验，经济管理没有经验。（资本主义有竞争，亏了本要跳楼，社会主义也要有竞争，择优选购就有竞争。）可以组织专业公司、联合公司，水产公司产销两个公司合并，减少一个流通环节，供产销、冷藏、加工统一管理，农工商合在一个公司。有些可设皮包公司，如化肥、农药，不一定把化工厂管起来。电子工业也可以这样干。也可以设跨省公司，协作区公司。

建议建立华东协作区，不设党政机构，由国家计委一个副主任兼主任，任务就是组织经济协作。

财政体制推广江苏办法，省里有钱一搞农业，二搞轻工业，把市场搞活一点。

年度计划再实事求是一点，调整好才有大治。失去平衡的国民经济是搞不上去的。钢材要的不是数量，而是品种规格。厚钢、重轨拿回去想调换，仓库积压愈来愈多。基本建设真正缩短战线，挖小水泥就是挖农业，不要以工挤农，以骨挤肉。

杨波

这是第三次计划会议，第一次十个要不要，第二次三十条，这一次用经济办法管理经济，按客观规律办事。行政办法不能不用，用得太多，违反客观规律，受到历史惩罚不少。

行政机构层次太多，效率很低。用行政办法管经济，阻碍经济发展。治乱首先揭批“四人帮”，建立新的规章制度。非下决心不可。牵一发而动全局，那［哪］一条都动不得，现在非动全局不可，调动各级、企业、人人的积极性。统收统支，不能调动积极性，非改不可。反盲目的积极性，不要把正确的积极性也反掉了。小改小革不能解决问题，必须大改大革。管得太多，累得要死，老检讨，老不改。省市区应当真正成为一级，要有更大的自治权。

计划管理体制，条块结合，以块为主，现在实际上是条条编计划，省背回去，提出计划不起作用。要使省有权进行省内综合平衡。计划留缺口，就不能不层层加码，不加怎能完成计划。分工协作搞不起来，综合作用搞不起来，关键是体制问题（大庆办法别的企业学不了）。大而全，小而全也是这里来的。把责任放给省计委，搞不好打省的屁股。

财政体制不能统收统支。山东一半一半，或者有些收入上交，有些收入归省。地方财力70%给农业，25%住房建设，省里只剩5%。地方没有办法，就向企业伸手，打入成本。违反财政〔制度〕，拿企业钱搞挖潜革新改造，大大增加财政收入。制度不合理的改制度，应办的事还是要办。集体工业快于全民，原因是集体收入留45%自己安排。

基本建设体制

谁投资谁批，这方面长官意志最多。

物资管理体制，谁安排生产，谁供给物资。组织若干个物资供应公司，负责供应通用小件物资。

（关于体制问题，各省市区都写一个建议书，三天至多四天交卷。）

外贸外汇分成，外贸部出口归中央，地方出口外汇分成。（如出口地瓜干），地方留20%。

劳动指标，全民中央管，地方管集体和亦工亦农。粮食地方自己供应。

企业管理打破行业界线、地区界线，组织专业公司，联合公司。

价格政策

农产品价格、原材料价格下决心解决。价值规律实际上起很大作用。

按劳分配要兑现。今后两年调整过来，保证“六五”大跃进。

不务虚名，讲求实效，不压产值。

苏钢（贵州）

要解决分散性，必须给地方一定的主动性。管得太死，地方只能自找门路，出现分散性。我们是要搞好农业和轻工业，保中央120个项目，其他都让地方干。

贵州山多，山区资源利用要抓。

杨一木（宁夏）

黄河上游建新水库（100多亿方），解决宁夏水的问题，把农业搞上去。农林牧结合，解决农民缺吃少穿问题。

边界五个公社，不通公路、电话，靠骆驼送信。牧区占三分之二，产值只占34%，也要加强牧区建设。

集中分散和死乱的关系

集中会死是肯定的，乱是不是因为分散？要具体研究。1960年乱不是因为分散，而是因为破坏综合平衡，保钢保出来的。1962～〔19〕65年由乱到治，不仅由于集中，更重要的由于缩短基建战线、生产战线（保优停劣），恢复平衡。

“四人帮”破坏计划管理，破坏综合平衡，1970年后缺口愈来愈大，乱是由于破坏平衡。农业反资本主义砍尾巴，破坏社会主义生产，资本主义就愈反愈多。工业物资供应不足，自找门路，大家自留一手，物资更缺，恶性循环（钢材）。不解决综合平衡问题，集中不能治乱，只会搞死。

怎样恢复平衡，下决心保一批，停一批（关停并转）。生活资料平衡困难，因为人民需要无法减少。生产资料平衡容易，它的需要不是固定的，愈不够就愈要扩大建设规模，愈扩大建设规模物资就愈不够。1962年投资大减，虽然产量下降，仍能恢复平衡。

站稳脚跟（农业），挺起胸脯，快步前进。胸太突出，站不稳，就无法前进，退够就是退到脚跟站稳，站稳就能前进。现在不是全线后退，而是有进有退，退是为着保证前进。

农业如何大干快上，关键是调动农民的积极性。投资要增，增在什么地方，要讲经济效果。机械化不能赔钱，农田水利建设不能影响当年生产。贫穷地区不是加紧机械化和农田基本建设，而是“轻徭薄赋，休养生息”。

保城保乡、保工保农的矛盾。中央各部只考虑保工保城，建立商品粮基地，超售奖励，山区保证收购任务，水产统一运销，增加中转环节，结果减少农民收入，特别是减少穷区收入，生产下降，粮食返销，城市最后也难保证。

保障农民的自主权，严禁瞎指挥，帮助农民增加生产，以此来保障城市供应。20年来生产力跃进，生产爬行，首要原因是“四人帮”强迫命令，瞎指挥。

社队企业

贵州（苏钢）　一种二养，利用山区湖区，利润可能少一点，基础比较巩固。

列入计划综合平衡。领导问题。企业局管政策，业务归各部抓。

广西（周克春）　社队企业是大问题，只要抓就上去。河池两年翻两番。南宁皮鞋厂靠农村加工，从一万双两年翻到四万双。搞种、养大有文章，种和粮食矛盾不大的东西，不占粮田，少吃粮食。种柑橘、种竹、养免。困难〔在于〕管理机构，各行各业都要搞，〔制〕小农具钢不给二轻，由县统一分配，财务管理要训练会计。

湖北　过去社队企业无政府状态。领导方针，扯皮很多，各部局限制很多，过去各行各业都管，现在成立社队企业局，各局都不管了，有娘无奶。今后千斤担子万人挑，社队企业〔局〕只管方针政策。现在县、社各搞各的，盲目发展。产供销都要纳入计划，大小煤矿都归煤炭局管。社队局各行各业都管，管不了。天天讲纳入计划，事实上没有，特别是加工工业。很像样的县厂没有钢材，又办社队工业。塑料厂也是如此。发展中要整顿。产供销按行业归口，比一家管好。

河南　过去发展有盲目性，方向不明。公社搞机床，质量不好。现在不准造，不好办。新乡纸厂 500 多个，用石灰，影响大纸厂麦秸供应。流通渠道要通过供销社。领导问题，计划问题，都纳入计划有困难。要统而不死，活而不乱，因地制宜。体制怎样管，省社队企业局刚成立，管不起来，还是各局分管，比较容易纳入计划。社队企业局统一调整。中央拿出一点钱和物来扶持。现在小煤窑坑木用煤换来，小农具钢材要不到。运输没有工具，只能靠拖拉机，要给汽车，铁路要运输。

辽宁　社队企业已成庞大队伍，发挥愈来愈大的作用。问题不少，方向问题，为谁服务，产品质量，经营管理。过去归五小工业管理局，后来归二轻局。归农林局管不了，工业局不管了。纳入计划不到一半，国家原定供应钢材、木材不供应了。城市产品扩散〔下来〕，批是邪门歪道，下放后又收回来。奖售物资不能兑现，归上级克扣了。管理体制问题，归农林部领导是正确的，使工业面向农村，现在是向上收，不是向下放。社队企业局为农民说话，有利于工业下放，建议以社队企业局为主双重领导。扩散产品原单位应积极扶持。农产品加工应移向农村。学南斯拉夫办农工联合企业，稍加扶助就办得起来，国家要给帮助。工农结合向农靠，城乡结合向乡靠，利用农村一百万知识青年。产品归口，不打乱原来渠道。低税免税，保护政策。价格五花八门，无人管理。

吉林　林区发展社队企业条件好，利用枝桠。草原发展畜牧业。走农工联合企业道路。现在往城市比向农村的劲更大，需要明确方向。现在不准农民利用枝桠材加工。铁路不运木器，农民只能烧掉。农副产品〔加工〕集中在城市，〔应〕明确逐步向农村转移。粮食加工移向农村，油料加工也是如此。问题复杂，先在少数地区试点。税收财政部搞累进税，不要怕农民富了，富一点好。蔬菜不一定都由国家经营。林业也可减少环节。工厂自销包修，比商业搞好（自行车）。归农口管有许多矛盾不好解决。

北京　走了弯路，脱轨转向，现在存在有利就搞、无利不搞的思想。怀柔下放棉纺厂，原来认为包袱，下乡后经过帮助，一年获利四十多万。又下放了丝织厂，也搞得很好。首先要解决认识问题。

到底搞什么好。先是为农业服务，农产品加工，大城市废旧物资综合利用。下放扩散提了好多年，现正搞规划，二轻局把一部分划给社队企业。

税收道道收税，不利于下放。贷款问题有些企业没有资金，要国家贷款。

〔买〕下脚料，看到企业赚钱〔就〕加价。

体制问题，产供销应纳入国家计划，社队企业归谁管还没有解决。成立一个领导小组摸摸情况。

江苏　去年搞了三十条，纳入计划以后发生许多困难，要解决。发展方向三个就地，围绕农业来办。在养殖、种植基础上搞农副业加工，今年可达70亿（去年52亿）。大量的是加工工业，大部分是省外的，自找原料，自找销路，生产很不稳定。按计划不可能发展这样快。无锡有特殊条件，其他地区不能都这样办。就地取材，才有稳固基础。无锡纳入县计划的也大多是外地加工，也不稳定，必须到外面去找关系。强烈要求省来计划，还要研究。

江苏搞县社企业管理局，县和社统一管，一条龙龙头在城市，龙尾在乡，不统一管不行。脱壳产品也非统管不可。主管局怕管，因为没有产品安排。社队局统一管管不了，比经委〔管理范围〕还大。

现在发展很不平衡，银行贷款5000万元支援穷区。城市产品脱壳下放，顾虑很多。规定每年下放产值百分之几，派老工人指导。粮棉油在农村加工，缫丝、造纸，原料发生矛盾。择优录取以后发生新的问题。

山东（杨波）　党委还未充分重视社队工业，纲举目未张，多种经营没有抓。不抓社队工业，粮食也上不去。省委开会强调这个问题。

发展方向，为农业服务，为农民生活服务，一种二养三开矿四加工。要建立在当地原材料基础上，要靠农业多种经营。惠民〔县〕用芦苇造纸发展很快。不发展大豆，酱油不能解决。供产销采取三就政策就容易解决，腿愈长困难愈多。青岛造纸厂用济宁稻草，不肯搬家。

评比不能机械，要把运输加上算总账，就地供销。棉花加工几个公社联合搞，过分分散不行。

社队工业局改名地方工业局，第三工业局，否则银行挂不上号。山东归二轻局管，争原料问题仍未解决。各行业分别统管，才能统一安排，解决矛盾（骨胶）。二轻局不包办，要求各工业局大家管。

管理体制，二轻局统一管，设副局长专管社队工业。县与公社不能分家，不利产品扩散。一个机关两块牌子，不再另立机构。

河北　遵化方向明确，原料来自农矿，所以基础牢固。轻工业解决60%，为农业，为市场。靠外地原料波动很大。其次为大工业和出口。涿鹿也是好的。

如何纳入计划，立足本地的容易，有上级任务的也行。公社不出县，出县归县社办企业局管（遵化）。

农业机械化要靠社队工业。

省设社队企业局，归农办、工办都困难，要求归计委。决定农办为主，计委参加。与二轻局合有好处，也有困难，脱开〔了〕农业。为供销□的归财贸。要进一步研究。

税收问题，一是方向，二是计划。

县计委要用相当力量来管，否则有盲目性。1. 计划；2. 合同；3. 协作关系。

城市附近利用废旧物资，都靠国家有困难，〔要〕利用本地资源。

~　~　~　~　~　~　~　~

归农办管比较好，工业关心不够，要强调用经济办法管社队企业，重点种植奖励，在这基础上搞加工。

农村中供销社腿长，帮助推销产品比较好。银行也能扶助，搞些贷款。

~　~　~　~　~　~　~　~

陕西　去年成立社队企业局，归农口，过去社队企业没有经济核算。厂社挂钩进行扩散，上面没有人管，制造葡萄糖打死几个人。产苹果没有筐子，烂了不少，原因无人组织。

农机管理局同社队农机厂不能分离，小农具亦归农机局管。物资管理仍归各局管，社企局管经营方针。农副产品加工很重要，水果烂了很多，栗子生虫，鱼无人收购，当肥料。

上海 近郊发展快，远区慢。市委提出要下放20亿产品，发展外贸加工。要解决思想混乱，〔如认为〕所有制倒退，利润转移，对社队不放心。社队过多考虑利润，20%以下不干。嘉定逐步向农工联合企业过渡。建筑业也要发展。为大工业服务，为出口服务。大工业下放要有新产品，外贸部来料加工（服装）。

产供销纳入计划，为农服务纳入县计划，加工产品纳入各局计划，由市统管。独立产品归口管理。先农办管，设工业组，产供销有困难。现设农机供应局，归工口，出来另一方面问题。又设集体工业局，管街道、社队，归计委管。当前先搞整顿，质量、消耗、成本，以便下放。

山西 过去成立矿业公司，现归社企局管。大种、大养、大采、大办。机制小农具产量大，销路要安排。建筑力量要搞正规军、地方军、游击队（社队建筑队）。

社企局原归农办，后归计委。条条红灯多，绿灯少，盖个图章收手续费。赚钱、自找原料都是“资本主义”。支穷款〔是〕支援社企，还是买农机？

福建 应发展的未发展，未加支持。小水电发展快。山区〔发展〕一通汽车，二发电，能自产电机十万千瓦，已有43万千瓦。小煤窑占四分之一。外贸出口土特产供华侨吃。林业综合利用未解决。水产加工未解决。钨矿出口。

体制，社企局统管，归农口，各局要做规划，支持社企。

宁夏 方向因地制宜，煤矿多，坑木困难，运输困难。砖瓦沙石、陶瓷等门路很多，建筑、运输。蔬菜能否进城自销。

社企局归农口，产供销不归口不行。县戴帽加工。设备如何下放。专业局要有专人管社企。

新疆 各行各业都有，办电、办煤，地区分散，要自给。办小乳粉厂，牛奶运输困难。种养、畜牧、加工大有可为。

体制条条管，计委综合平衡。

团场农工商联合企业。

天津 各行业归口管（工业），后归县管，与市各局脱节，现想变回来，按产供销复杂程度，复杂的归各局，简单的归县。工业归工业口（经委）管，社企局起综合作用。近郊与大工业联系多，远郊不同。

社企要搞规划，现在 40% ~50% 社企吃不饱，与大工业重复。现有企业如何调整，按专业化协作原则组织起来，搞一百条辫子。先整市，后整社队，今后发展要有计划，逐级负责平衡。

安徽　洗衣板、报夹子过去不准运出来，保护山林不能这样搞。各工业部门不支持社队办工业，商业部门不收购，收购渠道不通。销售应当允许自销。商业收购要订长期合同。取消产销税，只征所得税。

北京市委财贸办*

工商关系

地安门展销商店，厂店直接挂钩，(1) 短线要自销，长线要包销；(2) 要求按高于批发，低于零售价自销。

过去首先是吃，现在吃大体解决，首先是穿，其次是用。

服装工商统一管理，比较商业部门统购包销灵活。

社队要求不经供销社直接同城市挂钩。应当研究供销社的性质问题，变为集体所有制，去年供销不在郊区市镇出售肉蛋。

议价商品 400 多种，4000 多万元，满足市场供应有好处，有高进高出，有高进低出。议价供应有只骂不买，有又骂又买，有不骂只买。

蔬菜合同制公社不肯接受，因受自然影响太大，价格不变不行。

对外贸易

来料加工，进口按国内价格加成，出口赔钱。

去年出口 4 亿元，亏损 6 亿元，出口愈多，亏损愈多，没有得奖希望。

各部分别成立进出口公司，地方出口商品各部分管。

利用外资需要设立咨询公司，培养专门人才。

* 根据笔记的前后时间，这次调研约在 1978 年下半年至 1979 年上半年之间。

合营工厂进口出口均必须用国际价格，我们价格太不合理。

纺织工业市场调节

进口 12 万担棉花，找米下锅。

产销直接见面，给批发站 8% 手续费。

超产部分准许自销，鼓励工厂增产节约（原料），工厂多得批零差价。

服装原料〔供应〕应当〔与〕工厂直接挂钩。

优质（上〔等〕树脂）必须优价，否则不能保证〔生产〕。得了金质章反而降价。

工厂应有一个直挂商店。

把纺织工业局改为企业性的公司。

增加二十万毛纺锭，十万锭企业自投，利用外资，十万锭与公社合营，公社投资。

要求利润全额提成 10%（上海 9.5%），〔以〕后超额提成 40%。今年投资多，一二年后形成生产能力，增长速度可达 20%～30%。

工贸矛盾大于工商矛盾，工不能营贸，贸可以营工（针织厂）。毛针织是否可以采取工贸合一办法。

生产基金公司 25%，工厂 70%。

首钢汇报

合同 14000 多件。

调价因素从利润提成中扣除，保原来的不合理。生产铸造生铁不如炼钢生铁，生产钢坯不如钢锭，生产小型钢材不如大型钢材，建议增产部分不扣除。现行办法不能鼓励企业多生产短线产品。

干部改行职务奖励办法，使低工资已提职干部可能多得奖金。

说是三年不变，结果两个月就变了。变计算方法（调价）。

张健民同志（经委）

扩大企业自主权。

去年产量增 10%，利润增 10%，包括价格增 18%。

三个全国试点，116 个市试点。三〔个〕厂今年试行固定资产纳税，流动资金付息。

利润留成，使用 4∶3∶3 比 6∶2∶2 好一点。

劳动就业

待业青年 40 万人，已安置 37.8 万人。全民、大集体 14.2 万人，招生 2.9 万人，征兵 1 万人，上山下乡 3 万人，参加集体 14 万人，占 37%，补习 2.6 万人。

集体中五种形式，原有企事业 3.2 万人，新建〔企业〕2.6 万人，劳动服务合作社 5.7 万人，企业办〔□〕1 万人，补习班 1.2 万人。聘请退休老工人当顾问（8000 人），退休工商业者当顾问约 100 人，借钱几十万元。利用分散生产流动服务 16000 多人。

资金大部由街道企业暂借，崇文区 216 万元，安置 15000 人，安置一人花 300 元。居民献计献策，自找门路。

好处：（1）增加生产，改进服务，工艺美术、服装、家具。服装〔生产〕3000 万件，集体占 1/3 即 1000 万件，门市零活 70 万件。服务行业七十多项；（2）便利居民，到农村去照相；（3）病残、劳改〔人员〕得到安置，改善社会治安，就地就近安排就业；（4）培养技工。

体会

（1）发展集体经济符合社会需要，既安排就业，又方便居民，木器、服装。

（2）以街道为主，不要分任务。全民办集体，容易吃大锅饭，化全〔民〕为集〔体〕（利润分成）。可以壮大集体经济力量，离家近。

（3）集体发展要充分发挥市场调节作用，多数不纳入国家计划。大栅栏综合服务社与全国十个省建立买卖关系（社队工业），办了贸易货站。经销商店，自找原料，议价销售，薄利多销。

（4）解放思想，打破框框，按照实际情况制订政策。按劳分配，利润分成。

（5）自上而下建立合作社的各级业务机构。

问题和建议

（1）管理体制，没有统一规定，北京成立总社，其他地区大多归口管理。建议中央设口，分配缝纫机等。轻工部开会，二轻可以参加，合作总社不能。上海集体经济局，管城市合作社和社办工业。

（2）税率太高，所得税55%，商业60%以上（所得税分一部分归总社），知青安排费（每人300元）希望落实。

（3）工资福利，基本工资加分红，工资低一点，分红多一点。

干部怕一赚钱就升级，职工决心留下来的7000人，但怕长不了。多数抱临时观点，等待招工。

（4）统一规划。

北京农业情况（梁继听）

272个公社（农场），4千个大队，1.2万个生产队，90万户，农业人口384万。耕地648万亩。手扶〔拖拉机〕2万〔台〕，大中型〔农机〕5千台。

粮食〔19〕65年23.8亿斤，〔19〕70年28亿，〔19〕75年36.7亿，〔19〕76年34亿，〔19〕77年31亿斤。今年夏粮丰收，14.5亿斤，超历史最高水平，棉花不稳定，回到〔19〕65年水平。

蔬菜〔原〕30万亩，现已43.5万亩。调城市〔19〕65年18万亩，去年27万亩。供菜22亿斤，基本上自给，大白菜有余。

畜牧：猪〔19〕75年360万头，商品〔量〕133万〔头〕，去年409〔万头〕，〔商品〕〔量〕167万〔头〕。奶牛701亿斤〔?〕，〔19〕75年〔产奶〕1.04亿斤，每天18万磅。鸡蛋1400万〔斤〕，去年降到1100万斤，今年上半年1300万斤。

山区占60%，有30%没有绿化。已育林400万亩。果品〔原〕2亿斤，上升到3亿斤。苹果、桃、梨自给，葡萄大减。

耕地原有900万〔亩〕，〔19〕70年660万〔亩〕，去年648万亩。每人1.7亩。

总产值10亿多一点（不包括公社工业）。

社队企业（杜法舜）

社社有企业，大队60%有企业（不包括自给性）。社办1200个，队办3400个，职工19万人，占人口11%～12%。产值5.6亿元，占农副工〔产值〕37%。利润1.4亿，社、队各半。

文化大革命中郊区发展工业，〔19〕74年起提倡社队企业。工业主要加工工业，其次小窑煤，砖瓦沙石。厂社挂钩，每厂定点供应几个公社，修配农机，排灌，办工业。城市工业低档产品下放，手表由十三陵公社总装。毛线下放，大小工业均有发展。生产细毛线，带动20个毛衣厂，产值5～6倍，废旧物资利用。

作用：为农业提供积累，每年8000万，每人51元，工业700多元。三年工业积累4.1亿元，支农1.7亿元（40%）。

大队企业部分参加社员分配，去年农业减产，社员分配略有增加。去年农业人口每人99元。

支援城市工业建设。

大工业支援社队企业还有顾虑，物资供应渠道没有完全解决。

纳入计划，完整纳入的23%，半纳入60%（生产不正常），不纳入计划（修理服务）17%。

物资渠道没有解决，资金渠道没有流动资金，银行不贷款。

工资分配，工资制（30～35元），与农民有矛盾。

税收，加工重复收税。

价格，全民与集体如何合理分配。

街道工业改搞服务行业，工业划归农村，正在进行改组。

红星公社

全民加集体，农场带〔生产〕队，对内讲农场，对外讲公社，一套人马，两块牌子，分别核算。〔19〕58年场社合一，统一核算，共计盈亏，对改造条件起了不少作用（投资约3000万元）。但对调动农民积极性差。（工人约5000人，社调工5000人，插〔队知〕青1500人，农业劳动者2.7万人，管理区3000人。总人口8.5万人。）16.5万亩，实际不到16万。每劳动力200～250元，按人定工，上死下活。下面评工计分，每人预借3元，口粮不算钱（占分配60～70元）。〔19〕69年6.5万农民欠490万元（每人

83元）。“四清”清了一下，文革搞经济主义，欠款节节上升。农民欠产不管。〔19〕65年按人〔每人欠〕110元，后来80～100元。

农田基本建设不认真干，栽树不管活，集体利益同个人利益脱节，农民关心集体生产差一点。

〔19〕68年改变分配办法，比照“六十条”，生产多〔的〕人分〔的〕多，积累〔不〕算全民〔的〕，各自分配，调动了积极性。原来投资不平衡，作物不同（有的果园），分配苦乐不匀，葡萄队收入高，水稻队收入少，相差一倍以上。积累比例不同，以富补贫。〔19〕72年底，农村队按“六十条”办，积累自己支配，投资（有效）逐步收回。有困难公社帮助，折旧归社，调剂使用，再投资再提折旧。

原农场仍发工资。

分配水平，〔19〕65年112元，〔19〕73年以后120元左右，好的不超过150元，标准劳动力360～400元。劳动日1.2元。积累1700万元，国家不投资，社员收入增加。过去十年国家赔了，农民说十年积累你弄去了。穷队说南苑富了，我们没有富起来。少拿了，少积累了，还欠了国家的。

文革以来，农场利润全部上交，国家不给投资，农场把利润自己花了，作生产性投资（官迫民变，不得不变）。都记在费用账上，不下三千万元。文革中损失上百万元，一次提折旧，自留70%。〔19〕68～〔19〕75年上面只给了七十万元。〔19〕75年以后有账可算。

九个管理区，七个集体，二个全民。全民一是工业，一是畜牧业（二万亩地种饲料）。教育、卫生都是农场出钱。一个管理区实际上是一个公社。水利、公路每年花100万元，场内公路县不管，自己修。

农林牧渔占48%，工业占52%。

三级7820万。鸡蛋收鸡场〔的〕1.1元，收农民〔的〕8角。鸡场不能赔钱，实际非赔不可。

机械化养猪去年每头赔70多元，每斤〔赔〕三角多。如果按1.1元收购农民鸡蛋，补助饲养，肯定鸡蛋吃不了（一斤蛋吃四斤料）。

1979 年

国家计委传达中央会议*

〔余秋里①〕传达中央会议报告

（1）怎样加快农业发展。

（2）1979～〔19〕80年计划安排。

（3）先念同志在务虚会上讲话②。

重点是把工作重点转到现代化上来。

（一）把全党工作的重点转移到社会主义现代化建设上来，是实现新时期总任务重大战略部署。事物是不断发展的，又是有阶段的，在一个任务胜利完成时候，就要及时提出新的任务，使革命进入新的阶段。

四个现代化是今后一个时期最大的政治，阶级斗争不是为斗争而斗争，而是为社会主义、共产主义，不建设怎能达此目标。有了物质条件，无产阶级专政才能巩固，社会主义才能战胜资本主义，这是最大的阶级斗争。离开经济建设是空头政治。政治挂帅就是要挂在业务上。革命就是为解放生产力。经济崩溃了，政治还能维持下去么？今后只要没有外国入侵，经济就是中心工作。

（二）农业的两个文件和两年国民经济计划安排，农业为什么发展慢，讨论最多。〔前〕八年国民经济发展最快，农业年增7%。三年大跃进，缺乏经验，高指标，瞎指挥。1959年本应该进行调整，又出了批彭反右，结果左上加左，工农业生产受到严重挫折。1962年调整……到1966年发展比较快，文化大革命〔使〕经济停滞倒退，达到崩溃边缘。粉碎“四人帮”两年恢复发展。二十九年经验，保持安定，按客观规律办事，经济就发展，

---

* 1979年3月21日至23日，中共中央政治局会议，听取和讨论国家计委关于修改1979年计划的汇报，以及国民经济调整问题（《李先念年谱》第六卷，第24页；《薛暮桥回忆录》，第341页）。这是国家计委传达会议的记录摘要，时间在1979年3月底。大标题为编者所加。

① 余秋里，时任国家计委主任。

② 1978年7月6日至9月9日，国务院召开务虚会议，李先念主持会议并讲话。会议主题是实事求是，解放思想，总结建国以来正反两方面的经验，对十年经济建设规划纲要进行补充修订，研究加快四个现代化的速度问题（《李先念年谱》第五卷，第625～656页）。

反之就缓慢、倒退。要总结过去经验，指明今后前进方向，要集中主要精力把农业搞上去。1977 年人平粮收还略少于 1957 年。收入人平〔均〕64 元，三分之一生产队在 40 元以下，一个大队积累不到一万元，有些社队只能维持简单再生产，一亿多人口粮食不够。必须制订一些重大措施。25 条、60 条[①]已发下讨论。

①三级所有队为基础稳定不变。

②减轻群众负担，进口 2000 万吨粮食，30 亿美元，征购指标不变。

③提高农产品价格。

④农业投资逐步增至 18% ~20%。

⑤按劳分配，多劳多得。

⑥不要限制分配，可以超过 200 元。

⑦统购派购多余部分允许自销，允许蔬菜自销。

⑧民主管理，账目公开。

⑨保护干部积极性，不硬要劳动一二三日。

⑩建立农林牧渔基地，发展社队企业。

计划安排讨论只一天，受到辩论干扰。有个本本，不要去争项目，不要统得太死，中央、省都要注意，比例失调还未改变过来。基建要积极量力而行，不要一哄而上。

计划：财政、商业、物资讨论热烈，〔主张〕不能过于集中，〔要〕发扬四个积极性，按客观规律办事，关心群众生活，评级考核，有赞有罚，有升有降。

大胆引进先进设备，外国资金。

坚决克服官僚主义。

（三）坚持马克思主义思想路线，坚持……指导下，坚持实事求是，解放思想。检验标准问题的讨论，实际上是要不要解放思想，有人攻击这是砍旗，是非毛化。这样坚持两个“凡是”，文革中遗留下来的问题就一个也不

---

① 指十一届三中全会原则通过，并决定下发讨论和试行的《中共中央关于加快农业发展若干问题的决定（草案）》（25 条）和《农村人民公社工作条例（试行草案）》（60 条）。1979 年 9 月，十一届四中全会正式通过修改后的《中共中央关于加快农业发展若干问题的决定》。

能解决，我们就不能发展。还要开一次理论务虚会〔才解决〕。[1] 会议解决了天安门事件的重大问题。有人讨论毛主席功过问题，对此必须有全面的、正确的估计。要完整、正确理解毛泽东思想，并在新的历史条件下加以发展。毛主席自己也说有缺点错误，〔但〕同〔他的〕伟大功勋比较微不足道。纠正错误也是主席的思想。会议还认真讨论了民主和法制问题。在集中领导下充分发扬民主，要制订各种法律，实行法治。

（四）要有安定团结局面。路线是安定团结，稳定局势，解放思想，鼓足干劲，加速实现四个现代化。百废待兴，百乱待理，必须保持安定团结，这个局面来之不易，必须十分珍惜。人心思定，人心思治，人心思四个现代化。我们乱了，苏修高兴，朋友担心，不敢同我打交道，做买卖，是会受到群众反对的。

房维中[2]同志传达

成立国务院财政经济委员会，陈云任主任，〔李〕先念任副主任，姚依林任秘书长。九个委员：余〔秋里〕、王震、王任重、薄一波、谷牧、陈国栋、康世恩、张劲夫、金铭。

〔邓〕小平〔讲话〕 是一个权力机构，决策机构，不是议论机构。过去计委抓总，现在情况复杂，要有这样机构。现在问题成堆，要有机构下决心，按步就班搞，不能你讲，我讲，都发议论。

下月初开小型中央工作会议，[3] 讨论经济问题。三中全会没有好好讨论〔计划〕，统一思想，先念同志讲话，确定三年调整方针。还要谈政治、思想、理论问题。

〔陈云〕三月二十一日讲四个问题：(1) 我们搞四个现代化，建设社会主义强国，是在什么情况下进行的。讲实事求是，先要把实事讲清楚，否则什么也搞不好。我们国家是九亿多人口的大国，80% 以上是农民，革命胜利

① 1979 年 1 月 18 日至 4 月 3 日，中央在北京召开理论工作务虚会（《中国经济发展五十年大事记》，第 306 页）。

② 房维中，时任国家计委副主任。

③ 1979 年 4 月 5 日至 28 日，召开中央工作会议，讨论经济调整问题，会议通过了调整后的 1979 年国民经济计划（《中华人民共和国国民经济和社会发展计划大事辑要 1949—1985》，第 408 页）。

30年，人民要求改善生活。有没有改善？有，但不少地方还有要饭的，这是一个大问题。我在中央工作会议说过，解放三十年，再不解决，支书会带头到城里要饭。不估计这种情况，整个经济搞不好。下边批评计委是工业计委，不管农民，实际上农民是大头。社办工业很多，城镇工业很多，办这些工业有道理，原因〔是〕要就业，提高生活。当然也有盲目性。

一方面很穷，另一方面要经过二十年在本世纪末实现四个现代化，这是一个矛盾。人口多，要提高生活水平，搞现代化用人少，就业难，我们只能在矛盾中搞四化，这是现实情况，建设的出发点。所谓按比例，按这个比例。别的国家没有这么多人，这么多农民，大家要用电，紧张。

（2）按比例发展是最快的速度。计委这次指标好，3200〔吨〕钢是踏步，踏步可能是马克思主义。六十年代初钢下到600万吨，今年3200万吨，退够没有，看一年再说。单纯突出钢，犯了错误，不能持久。

去年务虚会可能有不同意见。出国考察回来吹风，上面向下吹风，不大好讲话，很少提出反对意见。可以借款，不能那么多。

（3）要有两三年调整时间，最好三年。比例失调，比〔19〕61、〔19〕62年严重得多。让先进企业吃饭，不行的下一批，不要说下马风。地社同大工业争原料、〔争〕电力的要下来。三个人饭五人吃不能持久。先进〔和〕落后企业并存要在相当长时期内存在，否则容纳不了就业人员，要闹事。调整很不容易，骨头搞起来了，肉欠了账，调整不易。

调整要达到有比例，按比例前进。

（4）2000年钢产量定多少？达到8000万吨就不错了。如果将来超过8000万吨，阿弥陀佛，达不到8000万吨，7000万吨也可以。钢要好钢，远景指标定在这里。重点放在品种质量上，二十年把品种质量搞上去。这样做，其他方面都可以跟上来，科技也跟得上，城市建设也可以跟上。防止污染，先搞为好。生活多数达到中等水平，少数可以富起来。

外资要不要，外技要不要，要，还要利用，把期限延长一点。要把增加外汇收入来源看成重要题目。

〔传达〕〔邓〕小平同志〔讲话〕（三月二十三日）

（1）赞成计委计划。通过工作会议，提交人大。

(2) 真正问题是三年调整，这是大方针，大政策。同过去调整不同，有好办〔的〕地方，不会像上次那样下降。钢 3200 万吨还是略有上升，质量品种规格好，比 3400 万吨还有用。也有困难一面，特别是人的处理，比那时困难得多。那时减了二千万人，现在把二千万人养起来，要做很多工作。中央地方、地方之间都要打架，思想不通。把这三年调整讲清楚，把大家〔思想〕打通，没有很大的决心搞不成。1700 个〔项目〕砍掉 700 个不容易，做不好工作会闹事，还有六万多个小项目，不砍不行。东照顾西照顾不行，决心很大，才干得成。另一方面要看到困难，但非干不行。提三年调整非常好，没有这两年，问题不暴露，怎能调整。情况清楚了，才能调整，决心非下不可，而且要很大。会闹些事，不怕得罪人，不怕闹事。肯定经过调整，就会前进，工作会议就是要讨论这个问题。

(3) 陈云同志提出八千万吨钢有道理，过去提以粮为纲，以钢为纲，是到总结时候了。把包袱卸下来，搞一些别的。

粮食 8000 亿斤不改，不容易就是了。到本世纪末要多少粮食要计算一下，日本一人一月九公斤粮食，食物构成不同，肉蛋乳多。谈农业只讲粮食不行，山地多，草原多，应当发展畜牧业，因地制宜，农林牧副渔并举，向这些发展，才能解决吃的问题，就业问题。

(4) 人口增加要控制，争取到〔19〕85 年降到 5‰~6‰。

(5) 中国式的现代化，本世纪末只能达到七十年代水平，平均收入不可能很高，因为人多。

多搞民用，少搞军用，〔已〕批准〔的〕计划统统作废，都要推迟。

~ ~ ~ ~ ~ ~ ~ ~

康〔世恩〕：现有基础，降低消耗，可以三年提高 30%。大的吃饱，小的改造。(1) 全党下决心，舍一些包袱；(2) 老厂挖潜要给些钱（50% 折旧不行）；(3) 独立自主，自力更生，技术革命。

余〔秋里〕：去年计划没有搞好，没有综合平衡。去年下半年情况估计过高，加国内投资，加国外引进。放松一点，放慢一点，〔否则〕要快可能更慢。现有企业作用没有发挥出来，稍加改进可以大大提高。

国务院财经委员会调研会议*

姚依林同志（六月二十七日）

国家经济到了新的转折点，调整、改革、整顿、提高，调整是关键。怎样走上高速度、按比例轨道，在此三年。要调查研究试点，搞出一个眉目来。有人提出搞经济理论务虚会，现在掌握材料不够，有困难。主张先调查研究，做些试点工作，这样比较实际。如何向前走，还找不清楚。如何少走弯路，要理论工作和实际工作结合起来。理论工作者没有材料，特别是现实材料。做实际工作同志拿不出时间来，舍不得出人，供应实际材料，可能积极性不够。设想组织理论、实际双方一个较大力量〔作调查研究〕。

（一）关于经济体制问题，中央、地方、企业、个人，也包括计划和市场，包括农、工、商业。

（二）我们国家经济结构，即比例关系，农轻重，工业内部，积累消费。

（三）关于引进和改造现有企业的路子。现有企业是基地，3000亿固定资产，260万台机床。现代化道路怎样走。

三个题目研究范围：（1）现状如何；（2）历史经验；（3）外国发展道路，发展经验，有何可取之处，知之不细。碰到什么问题，因而做哪些改革？缺乏过程。匈牙利固定价格10%，浮动30%，自由价格60%，究竟哪些东西。生产资料自由部分大大超过生活资料，为什么？研究不细。我们如何起步；（4）中央工作会议确定试点的情况。单看报告不行，要亲自调查，理论实际双方结合进行。小改小革，逐步扩大；（5）通过讨论得到理论实际认识一致的看法。也可以有不同看法，几种方案。于光远提出理论方法研究小组。力求理论联系实际，从实际出发，解放思想，不受任何束缚，不受过去经验束缚，包括成功的经验。社会主义方向是明确的，路要怎样走法？

---

* 1979年6月27日，国务院财经委员会组织大规模的经济体制改革的调查研究，姚依林做动员讲话。7月2日，经济体制改革研究小组成立，张劲夫任组长，薛暮桥、房维中、廖季立、刘明夫任副组长（《李先念年谱》第六卷，第49页；房维中编《在风浪中前进》第二分册，第80页）。这是国务院财经委员会召开的关于调研的几次会议的记录。大标题为编者所加。

不要受到束缚，否则不容易敞开思想，找到正确道路。如生产资料是不是商品，不敢碰。要碰，不但从理论上说明，还要从实际中说明。广开门路，解决劳动就业问题，不能不回想到合作化完成太快。小商贩，自负盈亏的合作小组消灭了对不对。中国人口多，不适合于中国情况。做实际工作同志向党组汇报，抽调力量做理论工作，理论工作同志调查研究，这样理论务虚会就好开了，不是虚历史之虚，也与实际结合起来。每个部抽两三个部长。可到外国使馆去收集资料，与专家学者座谈，与工厂商店座谈。

各部要供给材料，理论〔工作〕者要保守机密，不要通出去。理论工作者可参加实际工作。（理论从实践中来，不能单靠人家提供资料，要自己参加实践。实际工作同志不能当然不懂理论，要研究理论。实践到理论，理论到实践，两种人相互渗透。）不懂的问题要弄懂。现在我的工作着重点还没有转移，不懂工业要学习。

今天的会不讨论实质性的问题，只讨论题目，分组讨论题目内容。自愿结合。

于光远同志

理论家对理论本身搞得不深，包括社会主义和资本主义。日本经济学学两门，一是马克思主义经济学，二是现代资产阶级经济学。两种语言不同，我们看不懂他们的经济学，他们不懂我们的语言，看不懂我们的资料。我们自己也有不同的语言。社会主义是公有制加物质利益原则，列宁说是公有制加按劳分配，我们扩大一点。没有一致语言，争论就无法解决。科学上没有解决，思想上就无法一致。

要研究数量经济学，经济是社会的自然过程，完全可以用数学方法计算。日本说马克思经济学不讲数量，发展慢，现代经济学讲数量，发展快。也有一些道理，我们对数量经济不够注意。

科学工作应有科学性，科学家不讲科学，罪加一等。经济学要研究生产力。

邓力群同志

依林同志担心实际工作同志不关心调查研究，我同意。理论工作同志呼吁多少次，没有结果。不了解实际情况，东抄西抄，不解决问题。实际工作同志以为不调查研究，也可以照样工作，三年调整可能一下子〔就〕过去了。日常工作很忙，应当谅解。重大问题不调查研究，匆忙做决定，就难免犯错误。很多重大问题都是如此决定的，现在要下决心把十几个部长抽出一半来调查研究，这关系到工作成败问题。

我们起草文件没有把握，原因是做实际工作同志没有把握，写文件怎么会有把握。希望实际工作同志没有把握而写文章有把握，怎么可能？在没有调查研究以前不要匆忙做结论，没有综合平衡不要施工。要快的办法是不走弯路，三十年弯路走的太多了，再走弯路就受不了了。

中宣部（可能是科学院）

本世纪初〔因〕采用新技术而发展占5%～20%，二次大战以后占60%～80%，科学与经济的关系应被重视。建议加经济发展预测。我国国民收入314美元，美国7000多〔美〕元。年增10%，到20世纪末不会超过1500〔美〕元。要作科学计算。

每个问题都要考虑科学和生产的结合，如体制问题就使科学技术无法发挥作用。美国科研和生产结合得很密切。有些行业要大型，有些企业要小型，小型有小型的优越性。

计委长期没有把科学当生产力。科学同生产也有比例关系。外国把科技当竞争力。

改造更要考虑技术革新。

孙冶方同志

要研究调整物价。按现在物价研究综合平衡，像对哈哈镜看面貌。

钱俊瑞同志

建议调查人民生活。

研究利用外资。

房维中

调查围绕什么目的？第一步定三年调整规划，第二步定“六五”规划。

体制小组：一是财政体制，1980年如何体现，以此作为中心，各方面配套。工作会议定的必须落实，七八九三个月解决。

大的改革时间长一点，同“六五”结合。搞一个理论方法组，不能搞二十九个独立王国。

张劲夫同志

明年怎么办，要有一个章法，不然连计划会议也无法开。要有明确目标，才能开始行动。

〔廖〕季立 总题目：中国现代化的方向道路。理论上先破后立，行动上先立后破。先从理论上探讨，才能提出行动方案。国外经验，国内成功和失败的经验。

体制改革从长期看的方案，短期（明年）看的方案，两者都要讨论。

怎样组织，吸收几个省来参加，（1）综合组；（2）财政金融；（3）物资；（4）劳动；（5）物价；（6）基建。大家都搞方案，互相配合。研究与调查结合。

先几天务虚，然后进行调查。

〔刘〕明夫 意见要相对一致，所以要先务虚。计划调节与市场调节，国家、集体、个人利益。

〔张〕劲夫同志

根本改革同目前工作都要兼顾。七月小务虚，把力量组织好，各部门提出初步意见。八月份下去调查，九月份集中讨论，提出初步方案。全国一盘棋阶段尚未过去。上海、江苏、浙江成上海局，统一考虑问题，宝钢就不一定放在上海。

小办公室放在计委。

法律委员会（武新宇同志）

下一步转向经济立法，工厂法，银行法，税收法。先搞体制改革，再搞经济立法，以业务部门自己起草为主。过去只搞公私关系，今后还要规定公公关系，劳动工资法，投资法，劳保条例。下次代表大会搞民法，民诉，搞一点经济法。什么国家的经验都应当利用，包括苏联，美国屠宰大王说除牛死时的叫声外都利用了。

钱昌照 商标法、专利法非有不可，否则无法与外商合作。劳动安全、环境污染都要立法。人事制度、政〔治〕纪〔律〕要有规定。行政法院，经济法院。

〔李〕先念同志主持（七月十九日）

房维中同志

张劲夫出国前开过一次会，后来开过两次会。体制改革长期是老大难问题，现在财委会领头，有可能搞起来。

现在体制是从苏联搬来，苏联东欧开始改革，我国原封不动。小恩格斯说苏德是古典式的中央计划经济，开始利用市场，我国现在还是中央计划经济。我们的问题：

（1）计划包罗万象，实际上包不了，结果把经济包死了。产销没有联系，都按计划办事，产品积压，需要不能解决。这样复杂的国民经济怎能安排齐全，决不可能照顾细节。

（2）按行政层次、区域管理经济，中央分几十个条条，地方分层分块，办事之难，难于上青天。各部门协商，再层层上报，企业办事难。

（3）企业没有主动权，需要的不能生产，积压的按计划生产，只对计划负责，不对国家人民负责。企业不负经济责任，鼓励企业等、靠、要。都向大锅要一勺，要去了没有人管，究竟发挥多少经济效果，没有检查。这是前两条的结果。

公有制经济必须计划管理，一切都想纳入计划，连社队企业都要管。长期来批评苏联变修，就不敢学着改。社会主义不搞计划是不行的，计划管理能否利用市场价值规律，不完全搞指令性的计划。

今后如何改？

一种设想是〔按照〕“一五”时期高度集中。第二种以块块为主，二十九个省各自为政。广东、福建都有此要求，除铁路、邮电、航运外都归地方管。没有解决企业主动权，仍是按行政区划。第三，打破部门、地区界限，按经济关系组织〔产供销〕。企业向地方交税，地方保证社会需要。企业办得好，收税多。中央规定发展方向，少发指令性指标，地方也不能干预企业活动。

（1）坚持国家计划指导。

（2）采取经济措施管理经济。

（3）不废除行政的指导。

任仲夷、宋平赞成这种改革。实行起来阻力很大。

调查研究程序方法

八九十三〔个〕月大干调查研究，以小改为主，把中央的决定具体化。第一是财政体制，一个个省算账，是艰巨的斗争。第二是扩大企业主动权的试点，步子跨大一点。第三是外贸体制。与此相应，计划、物资、劳动工资、物价管理也要改革。

十一月以后研究大改。农业、教育等都交给地方，中央可以不管了。对我国经济进行调查，总结经验。对匈、南、罗、苏作详细调查，一母所生(很好研究匈牙利)。它们改革过程，遇到什么问题。

大改的试点，如广东、福建，会发生什么问题，现在很难预料。四川提出作为计划调节、市场调节的试点，即我们的第三方案，打破条条块块界限，搞联合公司，农工商统一。春节以前提出方向和基本原则，以后研究细节。需要三年准备。

要有留有余地的长期规划，三十几万个企业如何管理，价格和税率的调整。要制订经济法令。

调查方法：十二组，综合、计划、工业、农业、基建、商业、外贸、科技、物资、物价，劳动工资、财政金融。有战略指导，变成具体程序，理论与实际相结合。(文教卫生。)

马洪同志

经济结构是新的名词，内容说不清楚。我国工业发展速度不慢，每人平均国民收入占 117 位。人民生活水平特别低，原因除政治外，经济方面，管理体制，闭关自守，经济结构。第一〔个〕五年比较重视农轻，1958 年提出以钢为纲后，破坏综合平衡，比例关系严重失调。1958 ~ 1978 年发展速度大大下降。表明经济结构不合理，对人民生活影响很大。苏、德、日在产钢 3000 万吨时候，都能大量出口成套设备，我国则要进口。轻纺工业比我们大得多。煤、电那时比我们少得多，但供应并不紧张。消耗能源所得国民收入，比我们多几倍。苏联经济效果远不如美国，我们又远不如苏联，这与我们经济结构有关。劳动人民消耗大量劳动，收效很小。生产增长缓慢，增长了也改善不了人民生活。

找出原因和解决办法，找出适合我国情况的经济结构，找出长远的政策，包括范围很广：

（1）产业的结构，两大部类关系，农轻重关系，各部〔门〕内部关系，机械制造和使用部门的关系，军工民工关系，生产部门与非生产部门的关系。后者包括金融、商业、服务等；

（2）技术结构，充分发挥人力资源的作用；

（3）经济组织，专业化、联合化。大中小的关系，组织的形式和规模。大中小并存，先进技术和一般技术的结合；

（4）所有制的关系，集体所有制的作用，对劳动人民个体经济〔的地位〕；

（5）产品结构，初级、加工、高精尖的关系。原油加工后价值增8～10倍。山羊绒做羊毛衫，英国45000元，日本30000元，我国15000元，不如出口绒；

（6）劳动力的就业，要增加服务业，将来还要靠发展生产；

（7）投资的分配，新建与改建的关系。从投资中拿出一部分交银行贷款给原有企业进行改建。地方投资90%用于支农工业，其中90%赔钱。把一部分钱投入轻工业；

（8）地区结构与城乡结构。各地都应建立适合于本地的经济结构；

（9）价格的价格；〔?〕

（10）积累和消费的比例关系，积累内部和消费内部的关系。

调查研究近期的和远期的，本世纪末达到什么目标，三年调整目标或〔19〕85年前目标。

调查重点四川、上海、甘肃。

成立六个小组：（1）计委；（2）经委；（3）建委；（4）农委；（5）财贸；（6）经济模型。

汪道涵同志

议论。万马奔腾，百尺争前，不尽知己，不尽知彼，仓促协议，骑马难下，头寸一紧，舆论哗然。外国对我捉摸不定，变化难测。公私合营关心税率，体制，人财物各有所管，供产销互不见面。

要草拟各种经济法。

调查：（1）跨国公司；（2）利用外资；（3）市场预测（人家 1/3 搞推销，我们 1/3 搞采购）；（4）扩大出口（产销见面）。

薄一波同志

大家对这问题应该想一想，三十年理论和实践相结合〔情况〕。理论不结合实际，经济学家解释不了法币。做实际工作同志有丰富经验，不能上升为理论，成为教条主义的俘虏。要想一想这个问题。

这次分了四个组，解决一个问题，保证较快、较好地实现四个现代化。实际工作逼迫我们解决这个问题。过去从未涉及问题的本质，扩大企业的自主权，计划调节与市场调节，按经济规律办事。过去几次下放，几次上收，没有抓到问题本质，扩大企业的自主权。搞中国式的现代化，什么是中国式的现代化。“一五”是好经验，三年大跃进“左”倾机会主义，五年调整好，文化大革命又搞糟了，两起两落。1956 年考虑苏联办法对不对。优先发展重工业，实行统一计划管理，对不对。想走我们自己的道路，多快好省，总路线，发展到“以钢为纲”，搞“农业四十条”，先从农业入手，农业有保障了，把工业也迫上去。大中小结合，土洋结合，不忙于否定这个口号。现在搞了一个宝钢，又要搞冀钢，还是要钢来带动。投资比例还是农轻重。我国资源丰富，煤、油、水力、有色〔金属〕，这是我们有利条件。

补偿贸易，不如合作生产，合作生产不如技术引进。

〔李〕先念同志

大家讲得很好，党的传统重视调查研究，没有调查研究就没有发言权。财委组织大规模的调查研究很重要。各部各地都要出人，出有才干的人。不调研做决定，决定错了来检讨，损失几亿几十亿美金。

怎样实现中国式现代化，香港说我们调整不行，各种意见都要研究。外资合营说是发展资本主义。引进一无经验，二要万马奔腾，这些都是新问题。外国资本家总是要赚钱的。

体制结构我有感觉，大家说第一〔个〕五年很好，那时忙于三大改造，不管经济建设。当时只能学苏联，现在又骂又舍不得，臭豆腐，又骂又吃。一面说学错了，一面又提不出新的办法。一统就死，一放就乱。要统而不死，活而不乱。经过十几年动荡，问题成堆，要调查研究。

〔姚〕依林同志

按各小组步骤办。

各部继续报名，积极参加。

物价座谈情况①

大学组　农产品都赞成提价，提销价有不同意见，能不提的最好不提。提价超过五元。

中年教职员能不能给特殊照顾。中年教师死亡率占76%，比老年高三倍。教师合乎升级年龄的占70%～80%，升级40%，怕轮不着。

蔬菜涨价比肉蛋影响更大。宣传要实事求是，不要骗人。把人民的困难说够，人民就会谅解。

机关组　提价势在必行，希望把工作做深做细，担心一拥而起。要整顿物价，制止乱涨。把钱集中照顾困难户。

去年提高工资面实际只有40%，加照顾面才达60%。此次升级重点放在4～6级，国家机关、学校、医院啥也没有，无奖金，无加班工资。

军队组　要求恢复职务工资制，团级干部负债面在40%以上。

理论组　提级重点4～6级，对冲销附加工资顾虑很多。基本不动，越来越不合理，应该不断调整。明拿不暗拿。

姚依林同志

（1）蔬菜力求稳定，限制提价。

（2）冲销附加工资意见很多，冲少一点，慢一点。不冲矛盾很多，复

① 此记录时间应在1979年7月下旬，国务院财经委听取调研小组关于物价座谈情况汇报。

员军人闹事。升级面缩到40%。

（3）文教卫机关移入标准工资。

〔张〕劲夫同志

（1）地方管理是否发展方向。

（2）企业自主权要在综合平衡范围以内。

（3）手脚捆死要解放，有多少钱办多少事。石油、冶金、化工、化纤等三百个企业直属中央。

（4）明后年如何起步。

〔房〕维中同志

中央与地方关系，地方自己当家，不向中央伸手，事情好办。

国家与企业的问题开始接触，这是根本问题，但要综合平衡。

体制改革　张劲夫

先解决方向和起步问题，尽量做到方向准，起步稳。过去把社会化和国家化等同起来。社会化大生产不等于必须由国家管理。企业之间既存在根本利益一致，又存在具体利益差别。

〔廖〕季立同志

1. 组织公司问题。
2. 行政管理和经济管理。
3. 计划调节和市场调节。
4. 城市的作用。

〔姚〕依林同志

按原定计划进行。几个组明年一月出发，上海、辽宁、四川。根据市场规律，因势利导，按照企业发展需要组织公司。

四川明年试行所得税，抓亏损企业。不要把公司管理代替行政管理，换汤不换药。

国务院财经委调研会议*

〔姚〕依林同志

按经济方法管理经济，上海经验最多，与全国的协作最多。为浙江建一造纸厂，补偿贸易。与辽宁也搞协作。帮黑龙江搞木材，供应上海。苏南愿意同上海协作。

辽宁也值得研究，实际上是东北的经济中心。四川不一定要再去。

由上而下的组织，一是机械工业，二是丝绸工业。上海统一组织，今后由财贸小组管。

财政、银行、价格、物资要参加。

机电产品订货会议。

顾明①同志

（1）执行调整方针。

（2）编制长期计划。

为四个现代化服务，当前要实行什么方针政策。（林子力提生活现代化）现代化的主要标准是生产力。按生活水平来讲，我国差距很大。有人主张中间技术，好处是能多吸收劳动力，便于掌握技术。这样永远依附人家。要搞一部分先进技术，先进、中间、落后长期并存。

积累与消费，生产决定消费，决定积累。生产力发展水平愈高，积累率愈高。

为什么发展速度慢？

今后在发展生产的基础上，逐步改善人民生活水平。税负逐步有所增加，比例逐步提高。积累率大体上占25%～30%。

流动资金2800亿，占年产值的一半。三十年投资5000亿元，其中三线建设2000亿，大部分没有发挥作用。

---

* 这应是1979年12月下旬国务院财政经济委员会的会议记录，内容仍是组织调查研究的情况。大标题为编者所加。

① 顾明，时任国家计委副主任。

乔培新同志

扩大企业自主权是成功的，找到了经济改革的方向。正确处理国家、企业、个人关系，从三脱离改为三结合（权责利）。从财政角度看，国家财政收入是会增加的。重庆百货商店多赚100元，职工只奖一元，企业共得三十万元，多上交二千几百万元。下乡子女回来办大集体。三五年内解决住房问题。职工奖金一般〔相当〕二三月工资，等于提了二级，修食堂、厕所。过去忙于人事问题，现在忙于解决业务问题。办好企业，人人有责。

按6（国家）∶3（企业）∶1（个人）分配，有的是5∶3∶2（利润提成）。今年利润计划，比上年实际完成数略高一点。原来任务吃不饱的工厂，自找生产门路。过去主要搞采购，现在逐渐转向推销。由于人人负责，现在大家都变得聪明了。

遇到问题：（1）苦乐不均。化肥厂新旧两厂效果相差几倍。老厂潜力已经充分发挥，设备厂房破旧，分成少，花钱多。新厂分成很多，不需更新改造。需要照顾老厂。

（2）企业改造资金不够，必须扩大银行贷款的自主权。紫阳同志主动提出扩大银行的自主权，决定在四川试点。银行有了自主权，可以扶助企业挖潜、革新、改造。建新厂由计划规定，归建设银行管。改老厂由人民银行管。银行无钱，企业有了企业基金，存在银行，银行就有钱了。银行有贷款的自主权，企业有利用贷款的自主权。今年贷款二十亿，应由银行自主，不由财政分配。

（3）银行要有自主权，掌握流动资金，要健全机构，干部，研究信息系统。

银行自己也有框框，跳水只许跳冰棍，不许翻筋斗。支行支援了企业，不敢报告分行。企业自有资金，不准许买机器设备，不准多发奖金。企业存款不给利息，偷偷向其他企业投资。用行政方法吸收存款，发放贷款。

（4）自主权再往前走发生问题，困难的企业太多了。各部门的条框太多。以外贸为例，四川没有出口权，不知国际市场情况，没有外国关系，有些产品在国际上有竞争力。量具厂千分表得了金质奖，要停产。不能自己出口，要经广州、上海，人家不接受。猪死、肉臭、水果烂。四川蚕茧发展很快，缫丝能力只有30%，出口蚕茧。重钢中板可以出口，不让出就要停产。冶金工业不准市场调节，已签合同要取消。重钢今年任务不足，要亏损一千万元，准许自销可以转亏为盈。外贸统购统销不取消，产品积压无法解决。外贸能否搞二三十个企业试点，四川搞个外贸联合公司。

银行存款二十亿美元，存在伦敦银行，不会利用，一直存到现在。十年前的事情，现在四川重演。给它一亿元，用了九十万元。两上两下，三十三个环节。贷款赚了钱，财政全部拿走，无法归还。

商业部四川调研

改革困难，（1）市场供应紧张，未调整先改革有困难；（2）价值与价格背离，利用价值规律有困难；（3）上面集中领导，行政管理阻力很大。

（1）工商关系，统购包销，层层增加，几乎包罗万象。过去由于产品严重不足，只能有计划分配，现在不行了。40%的产品亏损或无利。

（2）工农关系，农民说压级压价，居民说提级提价，企业亏损。供销社不准进城，社队自搞运销。争货源，争市场。

（3）商业利润全部上交，工业利润60%归县，所以党政机关重工轻商，有困难不管。

（4）商业本身影响生产流通。包销非改不可，早已完成历史任务。现在包销可以缩到70%，县不搞包销。服装工厂可以为商业加工，也可以自产自销。工业同市场直接联系有好处。

蔬菜办菜市场，产销可以直接见面。管大菜，放小菜，完全由社队包有困难。

商业环节多，费用大。产销应当直接见面。批发不愿放，工厂不愿干。原因何在？有机构就要包自己的收入，一级扣一级。

解决独家经营问题。现在渠道增加，发生如何管的问题。组织合作商业体系，四川组织了十万人。国合间有竞争，迫得公〔营〕商〔业〕改善经营管理，扩大网点。合作社要有自主权，自负盈亏，不能变相公营，采取

“吃不饱”的政策。

物价问题，管得多、严、死。作价办法不合实际情况，权力比前集中。从零售价倒扣，商业旱涝保收，扣到最后是出厂价。

现在的价格政策，不可能按价值规律办事。现在防止涨价，无法调整。提倡食品特殊风味，又不准优质优价。

扩大企业自主权，除财政外上下一致，迫切要求，自选进货点，利润提成，订［定］价灵活，民主权利，选有才能的领导人。商业部门利润全部上交，二十年来条件没有改善。这两年利润提成，才略有改进。

国营农场自销产品，自己加工，自己销售，没有不同意见。贩运别人产品有争论。

物资管理体制

三种物资三种流通办法。

统配物资减少到一百种以下。

经委〔调研〕上海、江苏情况

利润提成使用，公司8∶1∶1，工厂2∶3∶5，合起来是5∶3∶2。

财政不放心，银行不称心，领导不关心，公司无信心（公司怕无权没事干）。

先要搞好生产，不要专争分成。要从实际出发，稳步前进，不能一哄而起。先管后统，先易后难，先放后收，统而不死，管而不乱。为工厂解决困难问题，逐步建立统一领导。

先组织困难户，为困难户解决困难，利润留成根据各厂具体情况规定，不能使企业减少收入，不能抽肥补瘦，而要自愿两利。

组织公司与扩大企业自主权必须结合。现在肥肉都自主了，将来组织专业化协作公司就会遇到肥肉的抵抗。仪表、电视机不宜扩大自主权，因为是许多厂的协作，必须组织公司，扩大公司的自主权。

扩大企业自主权与专业化协作的矛盾，不利于关停并转。调整与改革发生矛盾。

关于现代化的标准*

马洪同志

现代化是不断发展的，过去把工业化和现代化等同起来。现代化比工业化有更广泛的涵［含］义。

现代化的标志：(1) 工业比重大小；(2) 钢多少作为标准，都站不住的。

小平同志说平均每人国民收入达到1000美元。机器设备和耐用消费品是否达到先进水平，在世界市场上有竞争能力。

时间划分，2000年达到什么水平，五年十年达到什么程度。机器设备出口量现占出口总额3%，能否达到20%～30%。许多电子产品也是劳动密集型的，不仅仅是工艺产品，将来要逐步向技术密集型发展。

钱学森同志

过去认为能认识世界，必能改造世界。资本主义不能全面规划，但现在认识应当向此方向努力。我们要把数学方法应用到生产方面去。对管理生产，提高生产效率，减浪费是很有用的。(系统工程) 组织管理的技术系统工程。客观世界是互相关连的结构，要加以分析，认识它的结构。有了理论方法还要有工具，电子计算机的出现使它成为可能。理论是马克思、恩格斯的。用此方法来研究社会主义经济是可行的。一人一吨钢没有科学根据，能否达到，是否需要，要有科学计算。生产的目标是使人生活得更好，为此必须走社会主义道路。要走中国式的道路。在农业方面中国的经验是很宝贵的。综合经营，全面发展。

什么叫现代化？生产力的现代化靠科学技术，现代化是在生产中利用先进的科学技术，××××包括社会科学，包括人类对客观世界的认识。充分利用现代科学技术就是现代化。我们有些地方做得比外国还好。煤、油都是

* 这是将几次讨论的笔记整合到一起，时间在1979年底至1980年上半年。

化工原料，用作能源太可惜了，应当发展核能。小水电站作用很大，风力、太阳能、地热等都可以利用。

农业要大家来研究，农业归根到底是利用太阳能，通过生物来生产各种产品。遗传工程从育种发展到创种。

三大革命从蒸汽机到电力到核能。电子计算机也是一个技术革命，因为影响很广很深，代替人的一部分脑力劳动，搞国民经济规划必须利用。

社会科学不能停留在目前的水平上，要尽量利用数理方法，特别是数理统计。提出若干方案，用电子计算机进行比较。

计划方法，从最终产品拟订计划，从现有资源拟订计划，目标是人民生活更好。每人1000美元，能否做到，或者超过，必须经过计算，不能凭空提出。如果提出，就是使人民生活更多改善。要用电子计算机建立讯息网，为此要建立通讯网。现在通讯太落后，指挥试验时占西北线路的80%，紧急情况无法反映上来。

科学院研究所

生产力包括硬件、软件和人。

薛葆鼎

不赞成用一个指标来作现代化的目标。先研究当前的政策，如农业中高产量和高度机械化有矛盾。〔?〕农业、工业达到什么程度算现代化，工业如何把三十五万个企业使它网络化。先弄清现状，五年、十年达到什么水平。

钱学森 环境改造代替环境保护，三废变为三宝。

宦乡同志

社会基础，每个细胞都活跃的，能够自己生长的。社会主义细胞僵硬，问题在哪里。社会的细胞是企业，在竞争中生长，差的死亡。现代化着重考虑增加企业的活力，要有竞争。这不但是科技问题，而且是组织结构、经营管理问题。离此现代化就没有希望。要协调各方面的利益。

中国现代化如果限于工业化，可以用掠夺，用对外出口和引进，建立国内体系，牺牲农民（苏联〔的做法〕），立足出口后逐步立足国内（南朝鲜

〔的做法〕)。我国过去立足国内，农业发展迟缓，拖工业的后腿。苏联今后年增长率只能达到2%～3%。立足国外我们国大，不能做。要搞农业，重化工业，能源，机械工业，交通（现在线路不可能用电子计算机）运输，原材料（钢寿命1/3），电子计算机，轻工业，服务行业（银行、修理）文教卫生，人民生活。抓以上十项。参加国际市场竞争要打破斯大林的两个市场理论。

搞清现状，五年、十年达到什么目标。

钱俊瑞

社会主义现代化采取什么模式？苏联式，南〔朝鲜〕式都有进步，但都有困难。我国人民很好，特别是知识分子，受国外重视。在巩固公有制基础上，在现有基础上，用现代科技……改良人民生活。发展社会主义商品生产，在实现按需分配以前大体上是商品生产。是有计划的商品生产，吸收资产阶级一切对我有用的东西，不要不懂就批判。经营管理要现代化。

计划方法根本改变，从最终产品出发，反复计算，根据需要可能选出最优计划。

姜君辰同志

产品适销对路已经初步实现，生产资料开始成为商品，商业也要现代化。

科委情报所

同时代不能有两个现代化，道路每个国家不同。经济构成是现代化的主要标志，五十年代工业人口超过农业，七十年代非物质生产人口超过物质生产人口。现代化要有人口规划，尤其是教育规划。学生入学率是衡量的主要标准。

科学研究没有与四个现代化挂钩，科研体制不解决，有了科研人员也发挥不了作用。要重视应用科学的作用。

工经所

现代化有普遍性，也有特殊性。

科学出版社现代化杂志

达不到标准就修改标准，好不好。

苏星同志

现代化有共同标准，用几种产品做标准不行，用技术水平做标准也不行。要搞综合性的标准，劳动生产率（特别是农业）。中国离开农业，一切无从谈起。生产力包括高质量的劳动，先进的机器设备，合理的劳动组织。

巩固公有制。

1980 年

上海体制改革调查*

经委　扩大企业自主权

试点企业，经济责任、经济利益、经济效果三结合，国家、企业、个人三结合。

机电、物资开订货会，机床销路特别好。价格浮动。

问题：（1）局、公司、企业利润分成有矛盾。公司抽20%，进行内部调整；（2）下放权力很小，变动太多。利润分成不超过二个月工资。早发的不能收回，迟发的吃亏；（3）固定资产收费，4%～10%；（4）利润提成定比与环比；（5）行业、企业之间因价格等关系苦乐不均；（6）纺织出口利小，出口愈多利润愈少；（7）折旧基金在行业内部调节使用；（8）挖潜革新改造不能按基本建设程序办事，要精减审批手续；（9）劳动择优采取无法执行，多余劳动力无法精减；（10）外贸出口无法突破，产销无法见面。总之各部门的规章制度都与试点矛盾。

政府机构与企业关系，不要多干预企业业务，〔要〕多管政策方针。

今后试点设想。苦乐不均矛盾很多，扩大公司行业试点，比工厂好一点。

冶金局

利润1973年9亿，1976年6亿，1978年11亿，1979年11亿元。〔19〕78年分利润3000万元，局得一半，各厂一半。

纺织局

每人115元作为基数，利润高的比例低（2.8%），低的（纺织机械厂）

---

* 按照国家财经委调查研究的安排，1980年1月，薛暮桥到上海作调查，历时二十八天（《薛暮桥文集》第二十卷，第370页）。据笔记记载，赴沪调查团成员有："柳随年、吴刚、杨培新、林荣生（财政部）、凌毓勋（物资局）、周荧（综合局）、徐景安（综合局）、鲁平（华东协作组）、王祖康（华东协作组）、吕汝良（人大）。"

比例高（11.8%）。产品利润特别高的（的确良）按内部价格计算利润。超额利润加倍给奖。

利润分成局得40%，公司20%，企业40%。小措施企业自己解决，大措施公司或局解决。

福利重点解决住房问题。企业自筹资金多得利润两年不上交，银行贷款亦如此。

产品优质优价没有解决。

拖拉机汽车公司

基本利润提4%，超收提20%。

基层核算仍归企业，不搞公司统一核算。

企业需要非计划产品，要请物资部门开证明，分给指定工厂生产，工厂无证明的不能自己生产。改制后由公司指定工厂生产，随时供应用户。

公司规定内部协作价格，与计划价格不同，以平衡各厂的利润。问题：产生一种产品对内对外两种价格，发生矛盾。

公司掌握各厂生产情况，为各厂服务（供应），组织调度协作，按月签订合同。

把各厂汽车集中起来搞运输队。集中75辆，只用40辆就够了，多余35辆。

组织修理服务队，到十几个省去修理，不收费，只收零部件价格。公司组织，各厂出人。

铸造、锻压、修理要专业化协作，只要保证〔需要〕，各厂都愿意交出来。

问题：（1）稳妥而不积极，进展太慢；（2）扩大企业自主权与公司管理的矛盾。资金调剂，避免苦乐不均，赚钱厂有意见，如把利润提成的一部分交公司分配（公司算不算企业）。工厂自己的革新改造归厂自理，行业内部薄弱环节的调整归公司负责。福利〔由〕公司掌握一部分，帮助穷厂。奖励80%～90%归厂，公司奖励先进单位、个人。

销售门市部归公司办好，不宜过于分散。

自行车〔公司〕

去年一月一日成立企业化公司，供产销、人财物基本上统一管理。管理上重复劳动，工厂不关心利润，上半年增产不增收，少收了400万元。行政性公司与企业化公司的优越性。〔19〕55年400个小厂合并无阻力，现在两个大厂（凤凰、永久）合并形势不同。下半年两级核算，情况变更。

产品单一，专业化程度高，只有几个厂，改革不大。按此情况设想，逐步调整，到1985年完成。

利润留成是重鞭打快马，愈落后的工厂愈易增产得奖。专业化协作，工人上下班困难。

有些行业利大税小，应当加税减利（石油、化工、机械加税），有些行业税大利小，应当减税。

物资分配

生产资料服务公司

代购、代销、代加工、代托运。立足上海，面向全国，全国121家服务公司，资金大部靠外。

代办部，代购、加工。代销部，代销、调剂。托运部。大部通过各地服务公司。代销成立生产资料销售市场，代一千多家销售，展销会十二次，外出推销四次。自由选购，不受地区、系统限制。〔从〕议价购销，发展到订货期货。成交金额一亿多。

逐渐供多需少。电动机成交不到1%，机电产品不到半数，原材料超过半数。自销产品多于计划产品，很多外地物资在上海成交，地区之间互通有无。为社队企业提供供销渠道。通过订货，以销定产，产销对路。为企业指出发展方向。

问题：（1）合同执行不大理想。本市70%，外地50%；（2）价格不尽合理，多数偏高（盘元价高近一倍，因用中板切割改制）。原来比价也不合理。

设想：流通领域应有几个中心市场，很多地区市场，及时反映供求情况。中心市场反映价格涨落。服务公司建立网点，互相联系，没有领导关系。全国网点四百多家，联号（有存款）二百多家，进行串联合同。

化工公司

过去一条街有四十几家化供［化工］商店，改造完成后保存一家，经营代购代销业务。19〔个〕厂建立经销关系。要求品种全，业务熟，保质量，管价格。自由成交，不受计划限制，议价成交。熟悉产品性能，产销地点，价格。现同外地化工公司挂钩，试向外国推销。

科研单位需要量小，品〔种〕多，变〔化〕快，取消申请分配手续，保证供应。专设科研服务部。

对短线产品调整价格（提价），长线产品降价。

金属材料公司

白铁管一个月供应三千多家，小角钢一千多家，钢筋供应农民需要，正在组织资源。

计划供应物资，维修材料按需供应，不限量。针织公司给 1.4 吨钢材，每月多创汇 20 万美元。维修、民用建筑钢材都是短线。

机械工业广开生产门路

计划调节和市场调节

过去计划严格管理，实际上计划外的生产要占 10%～15%，从三四亿到近十亿元。〔就〕这样生产力也没有充分发挥。

过去材料由局调度，可以在各厂相互调剂。1978 年初改归市物资局统一调度，机械局无权调剂，生产下降。过去 80% 各厂自己订货，现在 60% 直供，40% 转手。

1977 年计划外占 18.7%，〔19〕78 年占 8.2%。1979 年起产品也无权处理，把接受来料加工的机构也撤销了。〔19〕78 年比〔19〕77 年（10 亿）少 6 亿，〔19〕79 年一季度只有 400 万元，二季度计划减 3 亿，退货 4 亿。1/3 企业吃不饱，怎样办?

要求增产短线产品 3 亿元，二季度就超过 3 亿元，全年又到 10 亿元。全年生产增长 4.5%，计划外的没有积压。今年再增 10 亿元。

下放权力，让公司自行处理。开展销会后什么手续也不要了。展销 1.5 + 1.2 亿元（订货）。

上门服务（国家任务 42 亿元，去年 58 亿元，减少 16 亿元），为各厂革新改造〔服务〕。争取外销。

机械产品市场调节，材料也要市场调节。多数机电产品都可以市场调节，只要保证国家计划任务。

上海面向全国，现在各省任务不足，采取保护政策，上海自己用不了。常州订货会议，最后两天都是退货，退了一千多万。行政命令压倒市场调节。保护政策割断地区间的专业化协作，盲目布点。（电扇厂全国已有1200多家。）

价格不合理，4吨锅炉利大，2吨锅炉无利。4吨锅炉够了，2吨很缺。

自找销路与物资部门矛盾，影响推销积压产品，对物资部门起促进作用。

上海钢厂生产钢筋能力大，吃不饱，上海各地有40家小厂生产，其他各省也有。不合并调整不能使生产合理化。吃不了时小厂不肯并，吃不饱时大厂不肯并。

展销会促进各厂生产适应市场需要，减少产品积压。从一年一次订货变为经常订货。市场调节必须允许调整价格。利大的产品积压，利小不产。市场调节必须利用价格。可以调低，也可以调高，否则无法与利润挂钩。

联营组织

挖潜增产短线产品

全民360〔个〕企业，大集体394个。职工全民10.4万人，集体10.8万人。产值全民32亿，集体12亿。利润全民7.3亿，集体2.6亿。劳动生产率3∶1。说明集体〔企业〕潜力很大，设备老，厂房老。

大厂利用小厂组织协作，把小而全厂改为专业协作工厂。搞了18个国〔营〕合〔作社〕合营厂，还与社办企业合营21个，利用社队厂房和劳动力8000多人。

6个总厂，领导18个合营厂。是在手工业局内部的联合。

好处：挖掘潜力，调节长短线，解决吃不了、吃不饱之间的矛盾。固定资产4%，产值8%，出口占25%，利润8%，投资3%。投资排不上队，排上了也无法利用。

保持两种所有制不变，两块牌子，两本账，五个不变（财产、资金来源、利税上交渠道、人员关系、工资福利），六个统一（人财物、供产销）。分配保持上年基数，增收分成，双方协商，互惠互利。去年集体还吃亏一点。(粮食标准不同，劳动福利不同。)

合营〔企业〕生产相同，地区较近，生产稳定（任务饱满）。全民怕吃亏，背包袱，要占一点便宜。集体怕吃掉，怕失权，怕紧张。

分配：两种所有制各有所得，奖金统一，劳保统一，生活设施共同使用。

联营是与公社联合，公社出场地、厂房、劳动力，国营出技术设备。联社出资金。服装工业开始联营，上得很快。联合投资，双重领导，以工为主，利润分成。经济上独立核算，自负盈亏。把公社工业间接纳入国家计划，有利于手工业的布局。

总厂以一个产品为主，成立专业公司。电熨斗厂，从 30 万件扩大到 100 万件。四结合：（1）培训技术人员；（2）派人负责帮助工作；（3）整顿组织，〔（4）□□〕。比采取合同办法有保证，便于进行技术革新。

一般专业公司生产几十个品种，实际不专，矛盾很多。我们的总厂单一产品。是否可在专业公司下设总厂，一个总厂一种产品。

阳伞总厂搞新品种，扩大出口，1981 年〔生产〕1000 万把伞，1000 万产值，出口 100 万把。

进口尼龙布（伞面）一公尺一元，卖给我们 4.5 元。层层加税（外国出口免税）。

对外省补偿贸易

（1）广西柳州骨胶厂（国家分配不足的原材料），投资 30 万元，每年 100 吨骨胶，十年还清。

（2）杭州造纸厂，100 万元设备，年供书写纸 700 吨，十年还清。

（3）临安造纸厂，150 万。

（4）湖南洞口县造纸厂。

（5）浙江萧山县造纸厂。

（6）宝山造纸厂，高级纸。

（7）江西景德镇造纸厂。

（8）江西景德镇木器厂，家具 1000 套。

（9）江西景德镇磁器厂。

不搞厂房建设，只供机器设备。

二三年见效，供应时间十年。

偿还时间五年到十年，无息。

产品符合要求，供应有保证。

企业对企业，主要填平补齐。

这些措施改革性质，经常需要调整。当年主要解决短线产品，今年还要解决居民〔生活〕矛盾，把厂迁出改为住宅。

（联营企业）舆论说是平调，事实证明发展生产，安排劳动力，对工农均有利。目前是分配问题，宁可联社吃一点亏，要使社队增加收入（目前存款一亿元，冻结还有 2 亿多元）。纸是重要原料，30 万元资金年利 330 万元。到黑龙江搞木材。

毛、皮、丝、木材，都可以补偿贸易。

对体制改革的意见

思想解放，步子稳妥。中国式的改革方向，实现四个现代化有希望。

（一）讲工业多，农业少，讲生产多，流通少，国营多，集体少。不够全面。

（1）历史经验，符合实际情况。意见〔在〕对上收下放的评价。两次下放方向是对的，有成效的。〔19〕58 年下放，手表、仪表、电子都〔是〕这时发展起来的。发展卫星城市，原材料、轻纺工业也有发展，方向是对的。

（2）改革体制和经济没有搞好的原因，为什么抓不到根本原因。对社会主义认识上有问题。对生产力对生产关系决定作用认识不足。既要共同富裕，又要承认差别。工作重点没有及时转到经济方面。六十年代苏联、东欧进行改革，我们在搞阶级斗争。对经济工作的复杂性认识不够，一般号召。对体制改革没有理论探讨。

（二）对现行体制的估价，中央权力过大，地方太小，企业更小。吃大锅饭，统收统支，劳动统一安排，规定过死。应由中央管的〔是〕经济结构，综合平衡，地区布局，中央没有管好。开业登记、环境污染应管未管，经济法令没有制订。

（三）改革目的和原则，第四种设想。要有指导思想，五条原则实际上是内容。

目的讲四条：①有利于发展生产，加速现代化，避免盲目性；②按照社会需要，安排生产，产销衔接；③有利于稳定市场，改善人民生活，避免物价波动；④有利于在承认差别基础上做到共同富裕。

要有几条原则：①坚持社会主义方向，保证公有制的巩固和发展，有比例按计划发展；②适合国情和特点，走中国式的道路，对地区经济发展不平衡讲得不够（行业、企业）。各种所有制的不完善的程度；③按照经济内在联系和现实条件合理组织经济；④统一领导，分级管理；⑤正确处理政治思想教育和物质利益的关系；⑥实事求是，因时因地制宜，不要一刀切。

（四）体制改革方向，绝大多数赞成第三种，少数第一第二种。第三种可能企业破产，工人失业，物价上涨，差别悬殊。公司归谁领导没有解决，可能回到第一种设想。

第四种设想实际上是以第三种为基础加第二种，以地区公司为主。①政府与企业分开；②遵守政策法令条件下扩大企业自主权；③计划调节和市场调节，以计划调节为主（棉花面积与价格）。

（五）专业公司不一定是主要组织形式，恐怕大量存在的是中小企业，独立的企业的组织。公司内部有领导关系，统一领导，分级核算。全国公司与地方公司没有领导关系，不能限制地方公司的活动。

公司一般两级管理，有的三级管理，各级独立核算，各计盈亏，公司进行部分的调剂。

〔（六）〕劳动工资，企业不能有辞退职工的自由权。辞退改为妥为安置。

（七）计划调节和市场调节。

两个调节如何结合？

上海有333种工资标准，无法统一。机关、教育等要有统一标准，企业按情况决定。

购销渠道多样化，如展销会、生产资料交易市场、工业部门设门市部、工厂上门推销、厂店代销、来料加工、内外串换、工商合一（线材）。

市场调节先从流通渠道搞起，影响到生产部门。产销直接见面，商业少得25%利润。

实行浮动价格，允许有些竞争。对后进地区如何进行保护。

（八）发挥经济作用的杠杆。

如何衡量经营管理成果。1958 年资金利润率 50%，各行业从 4%（造船）到 70% ~80%（轻纺）。从价格、税率调节还不够，还要征所得税。信贷调节银行掌握利率。

（九）政府对经济的职权。

地方要管地方工业、交通、商业等等。制止盲目生产经营，利用地方资源满足地方需要。

机构重叠，层次繁多。中央部委愈来愈多，一个厂归五个部局领导。机电产品由中央十三个部（婆婆）八个口岸（兄弟）一个出口总公司（老子）〔领导〕。上面多头多脑，解决问题没头没脑，下面昏头昏脑。中央管粗一点，地方管细一点，企业管精一点。许多局可改为公司，变为企业性组织。

（十）经济活动领导问题。

企业中党委、厂长意见不同，党委领导下的厂长负责制是对的。另一种意见厂长多负具体责任，党委监督。

（十一）改革步骤。

五年大改太慢，上层建筑妨碍四化。

不能调整好后再改革，大改要稳，小改要快。改革同管理水平不相适应，要有学习过程。方法要因地制宜，不要一刀切。

（十二）党校意见：

（1）改革很复杂，涉及各方面的利益，阻力不小，要加强党的政治思想工作。通过讨论，统一思想；（2）加强干部培训；（3）加强政治思想工作，反对本位主义，地方主义，树立全局观点；（4）加强领导班子，要懂业务。反对个人说了算的作风，反对说空话、大话，浮而不实。

（**〔薛暮桥〕**　讨论中主要揭露矛盾，问题，没有改革方法。大家性情很急，办法不多。过去几天是汇报情况，此后讨论几个问题。）

银行工作

银行行长最好当，不需要了解社会经济情况，完全按规定办事。解放初期对私营银行还起作用，对三大改造也起作用。现在统得太死，利率、汇率必须由国务院规定，信贷指标也统一规定，所以起不了市场调节作用。

二十亿元贷款都是戴帽下达，分行无权择优贷款，起不了监督检查作用。

财政赤字180亿元，货币增发55亿元，余数利用银行存款。去年第四季度应产少产，应交少交，缩小基数，留在今年第一季度。人民储蓄增50多亿元，农民储蓄增加，收回部分贷款（原来贷款有70%是收不回的）。地方财政结余不少。

银行不能汇款，机关汇款不收汇费，不付现钞。不准预收定金，不准赊销（取消商业信用），理由是除国家银行外不准信贷。

农业银行不起作用，〔还〕增加一个机构。外汇收支中国银行无权支配，要由计委批准。人民银行不起国家银行作用。人民银行只起并表作用。人民银行按各办长官意志办事，无权无责。银行支离破碎，软弱无力，形成不了一个金融中心。

储蓄存款猛增，全部归中央支配。应当地方自留一部分用于为人民服务（造住宅），作中短期贷款。建设银行中短期贷款用不完，原因是利润很难划分，无钱偿还。二十亿贷款实际上由中央分配，用于垫补基建拨款缺额，并未用于旧厂改革。人民银行无权支配，不能用于中短期贷款。

扩大银行自主权：（1）信贷资金由银行决定，不要戴帽。〔现在〕用于补计划的漏洞，60%收不回来；（2）银行能用利率调节。国务院规定幅度，地方可以机动，灵活运用；（3）银行自己积累自己支配。应拨流动资金未拨，掩盖财政赤字。现在银行利润全部上交，应当留作流动资金。

改革结算管理和现金管理，恢复部分押汇业务，银行掌握货单，代收货款。利用贴现。经营汇款业务。预付定金，赊购赊销。

侨汇能够留20%外汇，可向国外购货。

银行企业化，考核业务，自发奖金，招考职工，专业培养。

财政体制

体制改革抓扩大企业自主权，以财务为突破口。1978年按工资给奖励基金和超额利润提成，上海市共得1.8亿元。工业711户，产值、利润都在一半以上，加上商业等，利润提成 4.8 亿元，其中工业 3.6 亿元。各行业利润率相差悬殊，原因是价格和税率不同，如手表和卷烟（40%，66%）。先进厂上升慢，落后厂快，增收多少不同。机电部门减产减收。奖金少的七十多元，最多 400 多元，一般 140 元。

问题：（1）不与利润挂钩是平均主义，与利润挂钩苦乐不均（利润来源不同）。〔规定奖金〕不超过两个月工资，达到最高额后不再努力增收。

（2）增收利润分成。外贸出口普遍亏损，内部汇率准备改为 2.8 元，亏损从 5 亿多减为 2 亿多。上海牌手表香港售价五六元，低于生产成本，比内销低二十倍。

财务体制改革以后，其他体制未改，矛盾集中到财政上来，都要求财政补贴。利润分成应当主要用于发展生产，但有了钱用不出去。增建住宅受土地、建筑材料限制，唯一出路是增发奖金。

今后怎么办？最好全行业、全局统筹分配，可以减少苦乐不均现象。试点范围扩大到 80%。

不但利润分成，还要固定资产付费，流动资金金额付息。改为征收资金税，收净值 4% ~10%（纯值等于原值 40%），不计入成本，作为毛利上交，督促企业节约资金使用。去年银行信贷下降。

〔柳〕随年同志

（1）扩大企业自主权。

（2）公司与工厂的关系。

（3）流通搞活（物资）。

（4）联营、合营、补偿贸易。

（5）上层建筑的改革。

周赞同志

流通搞活，如何进行市场调节。

直接计划和间接计划。

市场调节出现什么矛盾。

生产领域如何利用市场调节。

杨培新同志

联营值得研究，一个行业可以组织几条龙。

流通领域实行市场调节。

工商矛盾，内外矛盾（纺织）。

自由市场与贸易货栈。

地区封锁应该制止。

～　～　～　～　～　～　～　～

计划调节与市场调节如何结合。

物资部门调节方法。（物资部门分配是计划调节，其他部门自己交换是市场调节是错误的。物资部门计划分配物资也要尽可能通过市场。）

商业体制改革

1953 年成立三级批发站，1957 年从千条线变为一根绳。

问题：（1）年前三四个月订货，一年不变。工业怕选购。积压产品削价处理（江苏 16 家手表厂）。现在一年两次分配商品。

（2）流转环节多，必须经过一二三级批发站到门市部，不能迅速反映市场情况。

（3）分工太粗，不同商品同样经营方式。

（4）部管商品管面过广（占收购值 75%，共 103 类），一二类商品超产全部统购。〔生产〕过多的产品下放，紧张商品统管。

（5）物价管得太死。

改革办法：

（1）有些小商品〔国营〕商业退出经营，产销直接挂钩（线带）。产供销一条鞭，调整生产，积压大大减少，转产畅销商品。

医药产销结合。

（2）62 个纺织厂与 16 个店直接挂钩，不经过一二级站。工厂开窗口，了解市场情况。经营特色产品，新产品试销。

文化用品供产销结合，一二级站合并，利润中央 60%，地方 40%。

（3）恢复贸易信托公司，代购代销。

（4）砍去一些地产地销产品的一级站。

小改重点减少流转环节，塑料制品、日用小五金、乐器，大型专用运动器具走线带的〔改革〕道路。

采供、批零一杆子经营（灯具、眼镜）。

开专业商店，如玻璃器具。

本市销产品不经过一级站。

缩小统购包销，扩大选购自销。

开辟多种流通渠道。开展与外地特约经销业务，沟通地区之间的购销。杭州张小泉、都锦生设专销商店（地区之间互相设店）。

产销协商订价，零售价顺加（倒扣），有些商品浮动价格，如价高利大的五金商品。下放部分订价权力。

中改（1983 年完成）建立专业销售公司，改变三级流通机构。保证上调。

打破地区界限，按经济流通渠道〔组织流通〕。

一二类商品从 70% 缩到 50% 左右。

建立地区贸易中心，常年交易。

选购商品协议价格。

大改 1985 年完成，建立各种类型专业公司，全国性的、地区性的（如手表公司）。

外贸问题

五口通商，广〔州〕、大〔连〕、上〔海〕、青〔岛〕、天〔津〕，承担全国出口任务。内地对苏、越直接出口，南北二线，港澳也直接出口。对各口岸总公司都设有代理公司。专业总公司管得很死，上海只有 2200 万能周转使用。

专业总公司家大业大，不了解具体情况，在北京遥控，一批几个月。过分集中，不能因时因地制宜，把生意做活。现在各省要求自己出口，不具备条件就签订合同，危险很大。江苏自己出口 6 亿，从上海出口 3 亿美元。安徽还没有条件。

工贸结合有利于扩大出口，减少手续。先解放工艺美术品（按件标价）。其次是老店名牌产品。全民剥削集体，中间收费很高。

生产单位意见，外贸不了解国外需要，能出口的不出口。上海出口商品中央占75%，地方占25%，中央商品上海无权调剂。外贸对工业意见，产销不对路，畅销产品不积极生产。自行车多年不变，工厂自己要变也无条件。外贸有中央地方关系，工业也有中央地方关系，整个体制不变，外贸也难改变。工业自己出口，也要创造条件，熟悉国外情况，否则容易上当受骗，或者不能履行供货合同。

外贸问题

中央地方关系，地方为主，真正改由分公司来管理还有许多困难。出口在地方，进口在总公司，分公司都要亏本。实行贸易外汇（2.8元、1.53元），工业品还要亏本（3.38元）。

对外贸易独家经营看来不行，不利于扩大出口。以外贸为主，增加渠道，工业、内贸都能出口，〔由〕外贸发许可证。

产销结合问题，现在工贸分家，产销脱节。工厂不了解国外市场情况。①四联合两公开；②工贸合营专业公司（玩具）；③外贸代销，工厂出手续费。结算价统一，采取补充办法。

价格现在是内外两种价格，不利于工业改进质量，争取国外市场。（手表成本10元，外销10元美金。）

〔服务行业〕劳动工资体制

劳动力的安排，全市40万，全民19.6万，大集体20万。劳动服务队，房屋修建，家具修理，临时服务。生产生活服务合作社，独立经营，自负盈亏。裁缝，家庭手工业（女孩），两针三绣二千多人，允许个体劳动。解放初期15万人，现在有证的只有几千人。

招工制度，自愿报名，经过考核，择优录取，主要是回乡知青，对毕业生考文化。

试办职业训练班，缝纫裁剪，会计，工艺品。

企业没有劳动的自主权，要求开除留厂察看，开除权，要有立法、章程。管制劳动照发工资，开除留厂只发生活费，不公平。奖金〔规定〕不超过一个月到两个月，推平头，肯定会起消极作用。试点厂钱还归工厂所有，如何用法另行安排。

〔奖金?〕去年按工资总额10%～12%，大体一个半月，1/3与利润率联系，对增产节约作用很大。毛病是企业与机关事业矛盾，利润苦乐不均。意见最多的是试点厂。

恢复临时工，试行包工办法（〔因为〕需要〔在〕经常变化），流动工，可多用，可少用，不固定。

试点企业用奖金来〔作〕职工晋级或班组长津贴。

实行奖惩制度，有奖有惩。整顿劳动纪律。

服务性行业劳动指标劳动局不管。

物资体制

物资管理现状，中转、直达大约各占一半，中转的包括木材、煤炭等和通用产品。钢材分配指标，向工厂直接领货，不要层层报计划，按需要随时申请供应（一月一次）。户数多用量少的敞开供应。中转供应70%计划分配，30%敞开供应。

钢材各部戴帽下达70%以上，地方难于调剂。维修用材严重不足。市场调节5%，木材市场调节不到1%。计划衔接，调配灵活，了解情况，煤炭存货最少只有一天，并未脱销，反映很好。机电产品就不能如此分配。

改革管理体制：(1) 生产资料进入两个市场，生产资料展销市场，经常买卖，外出推销，委托代销；(2) 打破地区、国〔营〕集〔体〕、行业限制，互通有无，计划内积压的也可以拿出来销。地区之间交流调节；(3) 国〔家调〕拨价70%，地方价25%，自由价5%；(4) 自由竞争，提高质量；(5) 化纤公司以出养进，化工产品出口500多万美元，到广交会从进口货单协商由国内供应300多万美元。

组织议价木材，议进议出。钢窗料价低利小，供应紧张，应准议价供应。

工物联合推销，染料自给有余，能销品种只占16%（大路货）。为人民生活服务，白铁管81吨，解决8000户居民需要。

多种形式按需供应：凭票供应（生铁），按需凭证供应，煤炭分等按质供应。

今后设想：

生产资料流通方式：（1）计划分配；（2）物资部门市场调节；（3）自产自销；（4）直接计划、间接计划，超产部分自产自销；（5）重点单位，一般单位，自产自销；（6）自产自销七八千种。

机械工业带头自销，扩及钢材等。

二级库存，合理周转。

择优采购，择优供应。

原材料节约奖，超用加价。

戴帽太多（70%以上），不利地方统一调节。

物价问题

去年提高农产品收购价格，〔收入〕基本上是增加的，每个农民平均多得8元。提19%，70亿元。步子大了一点，财政计算100亿元。购买力差25亿元，连锁反映很大。物价指数5%多一点，补贴4%。煤提价的影响很普遍。今后要逐步解决连锁反映问题。

纺织局

毛纺织厂，五千锭子，一年投产。公社出土地，建厂房，出工人（社员），毛纺公司出设备（老厂设备，老厂改用日本设备）。投资350万元，国家55%，公社45%。两个公社合办，投资少，利润高（超过投资）。党组织领导关系属公方，党员人数算社方。正书记公司〔派〕，副书记公社〔派〕，厂干部双方协商决定。

社员（职工）工资，按每人57元发给公社，公社按本社水平分发，多余归社。工资中抽10%交队，奖金全归职工。利润按股分配，两年以内照顾公社5%，国、社各分一半。税利合计900多万，利润427万元。

优越性：（1）冲破国、社界线，为发展纺织工业（厂房破旧）创出一条新路，有一老厂倒塌一年半无钱修建。纺织工业三十年上交465亿，投资5.4亿元；（2）产品质量有保证（同购销、加工关系比）；（3）缩小城乡差别；（4）国家、公社都能增加收入。

问题：（1）财政局说农业剥削工业，农业局说工业剥削农业，怕戴剥削帽子；（2）建设银行说是新建，不肯贷款（农业银行可以贷。）

协作问题

上海与外省的经济协作：（1）物资协作；（2）生产协作；（3）技术协作。

物资协作木材、水泥、有色金属，协作产品统一分配，超产汽车全部统管。

修改协作管理办法，简化手续。

物资局规定钢材与十二种物资的比例，成为一般价值形态（价值尺度）。

来料加工，生铁，承制设备。

技术协作，承担研究设计任务。

变化：（1）从物资扩大到各种产品，华东区协作会，上海牵头。打破一二部类封锁，实行多边协作。（浙江要出食油）上海要木材，给电视机、收音机、缝纫机、自行车。外汇（三万美元）也成为协作产品，进口短缺材料。

（2）形式发展，补偿贸易，造纸五个厂，投资五百万元，利润年一千二百万元。外地利益也很大，尽力保证。要省市签证，服从全省布局。

竹木半成品加工，可以利用废材和等外料（笔杆、玩具、高跟鞋跟等）。

机电局服务上门，承揽协作任务。到杭州去开订货会议，订出产值400多万元，解决了多年找不到的机器设备。支持老企业的挖潜革新改造。改造小水泥厂，大有作为。主辅机配套。

问题：161号文件要作根本性的修改。自销部分和多余积压产品准许协作。协作办归计委领导，同物资局矛盾。只讲计划经济，不讲市场调节。文件原是强调管的，应作根本修改。

物资流向，违反经济原则。铁道部制定，按大宗流向，不管小额物资。

发挥地方积极性与统一规划。

外地来沪采购很多，每天有七八万，住宿四万人。浙江每月3000多人，每人平均购货1000元，设驻沪办事处，12人每人购货57000元。生产服务公司每人购货10万元。为避免人力浪费，办好各种信托代办业务。各省在沪设立信托公司，还可以商谈各省协作。

协作价格，允许制订协作价格，或由地方财政补贴，以盈补亏。

税制问题

现行税制情况

工商税：在税收中占90%，去年上海税款53亿元。出口产品减税，补偿贸易初期免税。新产品免税三年。三废利用免税几年。社队企业减税免税。个体户8000人减税，〔每人每〕月五六元。

意见：(1) 道道重复征收；(2) 出口产品征税，不利外销；(3) 烟酒高税。

外国出口免税，进口高税，增强对外竞争能力。我国相反，进口不征税，出口征税。进口赚钱，出口亏本。不利于减少入超，增加出超。

高税率产品有四十几种，应降低，同时有些产品（如石油）应提高税率。

改革意见

改上交利润为征所得税。

所得税比例：80%上交，20%自留（上海）。全国情况不同，大体上各占50%。自留部分包括固定、流动资金付息。折旧计入成本。

80%有一部分用其他办法拿掉，仍征工商税，增加地方税（房地产税、三废税、资源税）。

行业与行业、企业与企业差别很大。江南造船厂利润一千万，上钢三厂三亿，人数差不多。

个人所得税，奖金过多、工资过高征税。

工商税统一收有流弊，改为产品税（三四十种，大体上占一半）。营业税收3%（现在工业5%）。

增值税，统计如何计算？

出口亏损主要原因外汇牌价。亏损50亿元，税金只7.7亿元。单靠退税解决不了亏损问题。

所得税可有附加和减免，以免轻重不均。有些税种划归地方，集体、农村税给地方。

选择一个行业（轻工机械公司）试算试点。

建设银行

从财政拨款改为银行贷款，去年六个试点，已订贷款合同（三至五年）。今年扩大28家，拨款改为贷款，有十一家无拨款，全部贷款。

建设单位责任性加强〔了〕，要考虑贷款偿还。过去虚报效益，煤气不能平衡，原报利润过高，主动向银行反映。〔项目〕要力争按期投产，发生经济效益。有些项目要重新考虑，改变建厂方案。

汽流纺纱轴承厂已经上马，主机尚未定型，拨款改为贷款，工厂不敢接受。

改为贷款以后，必须加快建设进度。提早建成新增利润作为奖金。（新光内衣厂提前一个月可得利润120万元。）拨款按期拨付，不能提前完成，改为贷款以后可以提前一年建成，所得利润足以偿还全部贷款（润滑油厂）。

加强经济核算，银行不但管建设阶段，还要管生产阶段。建设单位尽量少用、迟用资金，不会发生年终突击花钱。同施工单位订合同，提早一天奖万分之一，推迟一天罚万分之一。

促使企业权责结合，新光内衣厂年利润三千多万，分给企业十几万元。贷款多得利润可以解决职工福利。

问题：（1）牵涉到计划、财政、物资各个方面，与现行制度发生矛盾。建设单位怕负责任；（2）去年试点单位怕政策多变，得到利益又拿回去了。怕上级伸手，调剂贫富；（3）计划部门有拨款的不要贷款，〔拨款〕排不进的要求贷款。我们要求改拨款为贷款。去年六个试点项目今年全部停止拨款，项目不下，拨款不给；（4）材料设备没有保证；（5）偿还来源，原应上交财政，现在交还银行，可能发生争论。还款期限有争论（施工期限），施工排不上队。提前完工留给企业的奖金如何利用，没有具体规定。

机械工业广开生产门路

矿山设备工业任务严重不足。计划经济与市场调节相结合。去年12%是自找门路，1980年已经安排75%，争取能够达到100%，不低于去年。现在各部门都在自找门路，互相竞争。我们派人走出去征求意见，请进来帮助培训。

国际市场铜铝价格相等，用铝不如用铜。我们以铝代铜，设备笨重，不如来料（铜）加工。

产品展销会（世界机械工业出口2000亿元，我国出口1亿多元，远不如印度）。代制成套设备。水泥厂、综合采煤机，矿工欢迎国产。

产品门市部、服务部，派人长期住在使用单位，观察使用情况。过去三等（等计划、材料、分配），现在自找门路，产销直接见面。

钢材要凭票市场供应。〔要〕打破地区封锁。煤炭、石化部门也搞保护政策（不能择优采购）。技术资料互相封锁。大厂搞大而全，不交出配套设备，小厂发生困难。

机器设备〔推销〕预付定金5%（防止撕毁合同），可以分期付款（银行参加）。分期付款是为机械工业找销路的好办法。

压缩器厂

供中小化肥厂用，现在纷纷下马。固定资产2700万，17年上交利润二十四亿。1979年任务突减，大造备品备件。扩大服务范围，超出本行造短线产品。组织服务队，帮助技术改造，改造小化肥厂，节煤节电。1980年国家没有任务，自找门路可以吃饱60%。工作比过去吃力得多，要超过1978年不可能，不能得奖。超过下达利润任务很多，奖金没有。过去产品十七年一贯制，现在一月一变。

机电设备公司

去年任务六十多亿，今年四十多亿，约减三分之一。按计划生产无出路，只能挖潜改造。过去大型设备畅销，现在积压，包括进口产品。现在小的要得多。上海24万台机床，二十年以上的四分之一，更新要一万多台。有些短线产品利润太低，拉不长（成本6000元，售价6100元）。不许提价。大量锅炉需要更新，供应不足。

〔现在〕积压机电产品分期付款不合法，可以今天拉去，过几天开发票，实行分期付款就搞活了。

生产资料价格向上浮动，不影响财政收入。

有些工厂转变生产有困难，要从实际出发（产值、利润）。有些产品不能自销（零件、配件）。

自销〔产品〕原材料无来源。

多余机电设备物资部门收购，现在许多短线机电产品和钢材在各工厂仓库睡觉，用什么办法集中到物资部门来。

儿童玩具工贸结合

44 个厂，14000 人。此外还有里弄加工组 1 万多人。90% 出口，〔19〕78 年 3000 万美元，去年 4000 万。外贸部中轻公司收购。国际玩具销售量 40 亿元，我们只占 1%。台湾 2 亿，香港 8 亿。我们少的原因是质量低（电子），不适合市场需要。

体制不适应，产销不见面，周转环节多。去年八月批准两个机构合并，〔成立〕上海玩具进出口公司，公司、工厂两级核算，分别上交税利。

新公司与外商直接谈判，开始与美法德谈判。一月份成交 360 多万美元，比去年同期增 40%。外来客户带的样品都能直接看到。产品定型比以前加快。

问题：出口赔钱，外销愈多，亏损愈大。工厂赚钱，公司亏本，不能以进养出。

浙江省汇报讨论情况

两级财政会向三级发展，过分分散，不利于四个现代化和组织专业公司。形成东周列国。

集中统一与综合平衡的关系。上海展销把浙江短线产品吸收去了，国家收购任务有完不成的危险。工业自销同样影响商业部门的收购。竹木议价破坏山区森林资源，议价比牌价高一倍以上。

滥发奖金，什么是滥，没有标准。思想不统一，办法多变，小折腾难于避免。各级党委权力很大，可以随意改变政策计划，破坏经济管理的统一。

要制订山林保护法，既使山岭资源得到充分利用，又不至于乱砍乱伐。

企业下放只四个厂，产值占 4%，利润占 6%。

麻、茶、茧自己加工，收购困难。这是三级财政所产生的必然结果，恢复到地区割据。

财政逐级包干不利于体制的大改，使专业化协作组织不起来，丝绸公司办不成功。

江苏省汇报

基本同意，能够解决问题。只谈工业，未谈农业，城乡关系。农业和以农业〔产品〕为原料的工业占60%，购买力主要在农村。农工商结合问题。

一月工业比去年一月增32.7%，社办工业增47.6%。农产品流通堵塞，互相封锁，希望流通问题多讲一点。

政企分开问题，政府与企业保持什么关系。不是不应当管，而是管得不对。公社政、经分开究竟好不好，恐怕增加一套机构。

公司不要成为行业组织，行行组织公司。企业自己组织，不要由上而下组织。

扶持中小型企业和集体企业，不要集中管理。

市场调节害怕物价波动。

不要一阵风，一边倒，一刀切，一面倒，一言堂，〔要〕因地制宜，照顾各地特点。

上海体制改革*

（一）上海的特殊条件

计划经济+商品经济

计划调节+市场调节

上海同四川比较

（二）几项重要改革

（1）扩大企业自主权

利润分成中的苦乐不均

解决办法：

（2）合营联营和同外省合营

（3）扩大流通渠道

〔（三）〕（1）三十年的根本经验教训。

生产关系，综合平衡，管理体制（极左路线）。

（2）比例失调程度。

严重失调，形势大好，调整几年完成。

* 这应是薛暮桥在上海调研后自拟的汇报提纲。

（3）生产和生活的关系。

追求享受，实际生活困难。

（4）体制改革问题。

生产发展，改善人民生活。

（5）怎样做好综合平衡。

经济规律，情报政策，市场情况，经济立法。

（6）什么是社会主义计划经济。

瞎指挥的计划不能指导经济。

传达中央省市区党委第一书记座谈会*

康世恩[①]同志传达

五中全会后[②]各省第一书记〔会议〕，关于体制问题座谈会。

吴波[③]同志讲话

1979年财政很大赤字，中央决定请各省市同志专门讨论。

1979年财政赤字分析，经济调整改革过程中，财政收1067亿，支出1202亿，支大于收189亿[④]，加上部队装〔备〕，中央赤字145亿，地方44亿。年初预计到财政有较大赤字，但这样大是出于［乎］意料。

与原定比较，短收104亿，短收超支原因除工作缺点外〔有:〕

（1）农副产品提价，减税，调整工资，扩大就业，几件事挤在一起多花173亿元。比原预算133亿多40亿。〔其中:〕提价〔预算〕65亿〔实际〕78亿，减税〔预算〕17亿〔实际〕20亿，调资、扩大就业〔预算〕23亿〔实际〕25亿，奖金〔预算〕30亿〔实际〕50亿。

---

* 1980年3月3日至6日，中共中央召开各省份党委和中央有关部门负责同志座谈会，重点讨论财政问题（《李先念年谱》第六卷，第107页）。大标题为编者所加。

① 康世恩，时任国务院副总理。

② 1980年2月23日至29日，中国共产党第十一届五中全会。

③ 吴波，时任财政部部长。

④ 笔记原文如此。

（2）消费上，基建未下，工作量完成491亿，比上年多10亿。计划内减10亿，计划外增20亿，预算拨款455亿，比原安排超过26亿，全部属于自筹。

（3）降低成本没有完成计划。原计划降3.1%，实降1.1%，少收30亿元。扭亏增盈原计划20亿，实际6亿。合计36亿，扣除价格因素，因工作少收12亿。

（4）体制改革急了一点，步子大了一点。扩大自主权，利润分成扩大40多亿，扩大地方财权20亿，合计60亿元，比原安排多20亿元。口子开大了。绝大部分试点是成功的。生产增8.1%，利润增7.1%，交到财政部的1.4%。

（5）引进新技术设备没有资金来源，拖欠外汇80多亿元，利润44亿未交。预算56亿，实收44亿，分文未交。利用外资可与财政脱钩，实际脱不开。

（6）〔略〕超25亿。

（7）动用地方上年结余22亿元，当年不能补还。支援农业，文教，行政。

以上合计180多亿元。违反财政纪律问题不少，全国大约20〔亿〕～30亿元，扣除后仍达160亿元。向银行〔□?〕25亿，清理拖欠，不算在赤字内。中央进口设备欠外贸部75亿，欠银行25亿，两者合计100亿元。

财政赤字与大好形势并不矛盾，是还过去欠账，改革体制，但不能掉以轻心。

赤字与票子关系，货币投放增加55亿，市场尚未出现大问题。1953～〔19〕78年有赤字8年，有结余18年；投放（回）7年（投）19年。赤字与投放并不完全一致，原因时间缓冲，信用缓冲，商品缓冲。1953年泻肚子，把上年结余打入预算30多亿元，财政交银行，银行作信贷，给商业部了，货币〔多〕投放20〔亿〕～30亿元。大跃进收购废品，虚假结余，单商业库存报销80亿元，向银行要了一百多亿。此外发公债，借外债，也起缓冲作用。

1979年缓冲：

（1）时间缓冲，有一部分钱没有花出去，企业存款100亿元，机关部队存款增25亿元。

（2）信用缓冲，城市存款增47亿元，农村存款增40亿元。农产品提价，增发奖金。

（3）商品缓冲，售货增13.3%，库存增19亿多，除价〔格因素〕外实增74亿元，增7.1%。〔19〕77年增99亿，〔19〕78年增126亿。库存比较紧张。

（4）进口商品 34 亿美元（〔汇率〕1∶5），增加回笼 35 亿。外贸逆差，是外债。

赤字很大，投放不太多。上年缓冲可以利用，不能超过一定限度，过多了通货膨胀，发生信用危机，可能提存抢购。缓冲变为冲击，而且只缓冲当年，为下年增加困难，机关企业存款也要花的。城乡储蓄余额 300 多亿元，是没有实现的购买力，可能冲击市场。去年增发 50 多亿，每元要增商品7～8 元，要增商品 300〔亿〕～400 亿元，实增 74 亿元。商品库存力量并不雄厚，如果市场物价稳不住，可能发生混乱，物价波动，影响安定团结。缓冲应当利用，不能过多。今年继续增发货币，就有危险。

今明两年财政情况，〔19〕79 年赤字影响今年明年。现在看如果不采取大的措施，可能连续三年发生大的赤字。今年预算赤字 40 亿元，打算用增收节支发公债来解决（或银行办特殊长〔期〕储蓄）。各方减收增支又有 100 亿元。其中收入减少 60 亿元（煤油林等，维护费等，外贸 30 亿，粮价补贴增 10 亿，今年粮亏 110 亿元），支出增 40 亿（基建 8 亿，国防 4 亿，计划生育奖金 3.5 亿元，公检法 16 亿，外债利息 5.7 亿，煤矿 3 亿）。

今年工业增 6%，财政增 6%～7%。全面利润提成，棉花提价 10 亿，劳动工资减收 30 多亿，合共 60 多亿，与增收抵销。文教增加 20〔亿〕～30 亿元，外债利息 15 亿元，明年增 50〔亿〕～60 亿元。明年财政还有不小的赤字，还不包括利用外资每年 100 亿元。

今明两年是预测，没有大的措施，连续三年大的赤字，势难避免，将付出大的代价，进行长时期的调整。有的说财政赤字，货币增加没有害处，这在理论实践上都站不住的。物价上涨，货币贬值，谁来承担损失，最后还要落到人民头上。没有物资，靠发票子，既不能增加生产，也不能改善生活。三年大跃进的经验说明这点。借债要还，且要加利，一厢情愿，往往事与愿违。全党必须统一思想，坚持收支平衡，略有结余，把这作为长期方针。

康世恩同志

由财政部牵头组织财政工作检查组，协助省市委进行检查。

上收一部分企业，使中央财政有固定来源。国务院又一次讨论，认为要慎重，十多年已形成的生产秩序，搞不好又要打乱协作关系，会影响今年生产。今后根据体制改革，成熟一个，解决一个，中央地方协作进行。

国家计委会议*

〔余〕秋里同志

中央常委决定成立能源委员会，姚依林同志任国家计委主任，我兼能源委员会主任。今天会议一是欢迎姚〔依林〕到职，我是热烈拥护。姚〔依林〕任计委工作，不是外行是本行，有经验，有水平，大家热烈支持。今后计委在姚〔依林〕领导下，把计划工作搞得更好。二是我要到新的组织去，班还没有搭起来。我快要出国，姚〔依林〕长期参加国务院领导工作，今年计划是在姚〔依林〕参加下安排的，情况是清楚的。

讲几点意见：

关于长期计划问题。路线、方针、政策，和主要指标设想，中央已经定了。重大比例也讲了。计划工作要把经济现状分析清楚，这是出发点，否则没有科学根据。过去搞计划，研究形势，分析情况是重要问题。除政治动荡以外，对情况摸得不透，匆忙定的计划，没有不出漏子的。要在执行中补充，从实际出发，实事求是，这是我们的党风。这也是小平同志历来讲的。能不能说已把情况搞清楚，还不能。自然条件大的变化也会对经济发生影响。当前国民经济中有哪些长线，哪些短线，各行各业都说自己是短线，长远来讲都是短的，从当前情况讲有长有短。不能齐头并进，一哄而上。没有重点就没有政策。好事不要办得太多，要量力而行。都想加快速度，齐头并进，欲速不达。薄弱环节究竟在哪里，燃料动力，交通运输，能源首当其冲。其次是交通，第三是机械工业的组织。农业要把经济作物扶上去，减少进口。把经济搞活，着重点农轻重，内部联系分不开，如果大家都是短线，必然摊子铺大。先搞什么，后搞什么，从现在实际情况出发，从全局出发，

---

* 1980年3月17日，中共中央财经领导小组和国家能源委员会成立，撤销原国务院财经委员会。赵紫阳任中共中央财经领导小组组长，余秋里任国家能源委员会主任（《中华人民共和国国民经济和社会发展计划大事辑要1949—1985》，第423页）。姚依林1980年3月任国家计委主任。大标题为编者所加。

抓住上述四个薄弱环节。我国有九亿多人口要吃饭，一年要进口一千多万吨粮食，一百多万担棉花，几十万吨糖和油，这是令人担心的。生产队有了自主权，农民生活改善，经济活跃。从长期看，旱是主要危险。大力抗旱，加上两个决策，获得丰收。涝不是普遍的。

第二是能源。有相当生产能力，由于能源不足，不能充分发挥。我国资源丰富，但开发要时间，必须走在前面。建电厂比较容易，困难的是煤和铁路运输。煤炭浪费，有工艺上的原因。能源是常规能源，如煤、油，新的能源如太阳能、沼气等。核能要搞，但费钱，技术难，防污染。能源影响国民经济发展速度。

第三交通运输，煤有了运不出来。

第四科学教育，有了先进设备，没有人，不会用。中国人在外国当专家，在国内不能发挥作用。还有管理知识。轻工业缺电缺原料，有了容易上去。

对我国现有基础的看法，中国工业基础是好的，比日本起飞时好，问题是管理水平差。有单项冠军，不能取得团体冠军。对现有基础要有足够估计，怎样把现有潜力发挥出来。引进人才很重要，把外籍华人请回来。多引软件，少引硬件，多引单机，少引成套。进行适当技术改造，就能提高水平。挖革改要分别情况，无原料的不要搞。

地区布局究竟怎样搞？三线建设搞了半拉子，三线建设花了两千亿，没有把情况说清楚。有几百亿浪费了。两三年的运费就可以建设一个厂子。发挥各个省的优势，不要求全。体制改革〔既〕要慎重，又〔要〕积极。

要统一思想，首先在方针政策上统一起来。一百二十项该下就下，三峡不上了。各项政策之间要注意协调配合，不能不讲经济效果。充分利用现有基础是根本出路。就业要找新的门路，服务行业可以大大发展。许多厂矿三十年一贯制，浪费大，要下决心改进，围绕经济效果研究技术政策。

紫阳同志讲了企业自主权，搞活，体制改革。价格政策，税收政策是大问题。煤炭价格需要研究，价格太低，我国 26 元，外国 40～50 美元。木材价格也低，矿石价格也低。信贷政策也要研究。违反价值规律，就只能搞行政命令，指令性的计划。

把指标搞低一点有好处，要搞综合平衡。以后建厂一定要考虑原料、能源、运输、销路。

〔姚〕依林同志

〔余〕秋里同志讲了长篇很重要的意见，〔余〕秋里搞能源很适当，这是计划中最重要的问题。我搞计委不大胜任，长期偏于财贸方面，工业搞得不多。讲了外行话大家就点出来，这是不可免的，还没有经过实践证明。

国务院财经小组〔赵〕紫阳负责，其次〔余〕秋里。财经委员会撤销。方〔毅〕、万〔里〕、姚〔依林〕、谷〔牧〕六人组成财经小组。今年中央要抓两件大事，关于历史问题决议，国民经济长远规划，非拿出来不可。从现在开始，只有七个月时间，十二大要讨论，十二月开六中全会时要讨论。十月份要拿出来，给中央一个月讨论。拿出来后，公布要点，〔会〕立即成为国内外评论对象，对全国人民起很大作用，国外评论也会影响国内。同年度计划不一样，二十年远景，十年规划，搞得好振奋人心，搞不好影响士气，担子是很沉重的，要全力以赴。还有今年八月人大要提两年计划，下月还要向人大常委报告，其中财政很难写。

计委同志们是有经验，有战斗力的。许多同志长期做计划工作，了解三十年长期过程，有战斗力，在“四人帮”吵闹时计委没有风吹草动。〔我〕搞过一个年度计划，〔与计委〕两三月接触，是有战斗力的。我来向大家学习。要搞长期计划要破除迷信，解放思想，畅所欲言，有好意见都拿出来，讲错了不要紧。同时请考虑能不能开门做计划，不仅对各部、各省，而且对自然科学家，社会科学家，统一全国、全党思想。长期计划必要有所取舍，取舍中统一思想很不容易。事前先吵清楚，取得基本一致认识，然后提交中央。从始至终充满争论，真理愈辩愈明。

计划会议*

余秋里同志

会议讨论长期规划，很重要。

---

* 1980 年 3 月 30 日至 4 月 24 日，国务院召开长期计划座谈会（《中国经济发展五十年大事记》，第 321 页）。

姚依林同志

长期计划座谈会，谈长期计划。

（1）总结经济计划经验。

（2）分析经济基本情况。

（3）今后目标和方针政策。

怎样开法，计委准备资料二十几份，看了题目，是有参考价值，希望大家：①读一读，研究一下；②大家发表意见。分七个小组，每人讲半天，解放思想，实事求是，畅所欲言，不同意见可以争论，尖锐一点也不要紧。社会科学家、自然科学家五十多人参加会议。知无不言，言无不尽。

这次会议只研究长期计划，不谈年度计划，不分省分部指标，四月十日左右讨论第二阶段。

中央领导同志谈过一些意见。华〔国锋〕三月十日讲话，邓〔小平〕讲2000年按人口平均到达1000美元，小康局面。最近邓〔小平〕讲积累不要超过国民收入25%，工农业增长速度争取8%，如达不到，7%也可以。基建投资要突出重点，主要能源，还有交通。多进口粮食，把经济作物搞上去。把体制改革要点放到长期计划中去。李〔先念〕说长期计划指标低一点有好处。陈〔云说〕财政收支平衡、略有节余原则是对的。要做一点好事，不能过多过快，力所不及。不要下面铺开了，把上面大的要紧的挤掉了，如铁路。科教经费要增加一点，多培养人才，教育部要考虑各地经济发展水平不同，不能一律。讲的目的，不是把这作为框框，按此算账，而是使大家体会中央领导同志意向。如讲小康，这是一个非常重要概念。1000美元是小康，1100~1200美元也是小康，800~900美元也是小康。长期计划如果拟定，要计划工作同志体会中央领导同志意向，实事求是进行计算，向中央汇报。

希望到会同志集中精力研究长期计划。做好十二大准备工作，要做两件大事，写好若干历史问题决议，做好长期规划。任务是很重的。不能以为长期计划可以暂缓讨论，它对实现四个现代化有决定意义。公布后会引起全国、全世界讨论，做得好起重大动员作用，不好会起消极作用。

时间紧迫，只有七个月时间，只能搞粗一点，一个纲要，但要正确。需要调查研究，反复讨论，担子很重，知识很少，希望大家共同努力。

国务院财经委员会撤销，成立经济领导小组，赵紫阳主持，赵〔紫阳〕不在时余秋里主持。

薄一波同志

长远规划非常重要，国内外会议论纷纷。速度定得适当不适当？搞不好，三年两年又要调整，不要等闲视之。花了三十年学费，得到现在的几句话。必须对三十年经验进行正确分析。1980 年计划总的来看是好的。速度 6%，不算低，低一点有好处，便于调整，调好再上。240 亿投资，也很重要。积累不超过 25%，这也花了很大学费。高指标不能调动群众积极性，群众“左”倾不可怕，容易纠正，问题是领导“左”倾，非常危险，这是“左”倾机会主义。应该好好总结经验，高积累必然导致基本建设战线太长（高指标是高积累的根源）。

计划要建筑在现有物质基础上，调整完成后要走上正轨（8%），高指标就要铺摊子。现在 35 万个企业，摊子太大，今后少搞新建，依靠挖革改，花钱少，收效快。今后投资能否 70% 搞挖革改，30% 搞新建。机械工业不是少了，而是多了。

余秋里同志

姚〔依林〕讲了会议开法，我完全同意。要看书，看资料，第二要总结经验，大发议论。邓的讲话表达了全国人民共同愿望，陈讲好事不能做得太多，不要以小挤大，要把现状讲清楚，这是我们研究问题的出发点。

马洪同志

过去经验“速成论”，具体表现，高指标，高积累，大基建，结果低效果，低速度，低生活。为什么这些错误重复发生？大跃进的经验教训没有总结。三中全会政治路线是正确的，还要有一条正确的经济路线，经济工作者要有正确的思想路线（实事求是）。

现实问题：赤字预算，通货膨胀行不行？三大平衡还要不要？基本建设战线，战线太长，成为脱缰之马，结果降低经济效果。基建投资 6000 亿，形成固定资产 4000 亿，发挥经济效果 2500 亿。军、民两个系统造成巨大浪费。

人口和就业问题，十年内有 5000 万人要就业，如何解决。

要搞经济区域规划。

目标选择：不切实际，要提高人民的积极性，要讲人民生活。提上中下三个方案，取其中，争取上。提出几个方案，说明利弊。

〔省、区、市〕第一书记会议*

贵州

保［包?］产到户剩余劳动力 30%，要搞多种经营。科学种田，多种经营，产品流通三大问题。(包产到户要准备发展到包干，多种形式，土地所有权不变。)

(木材采伐数量必须控制，议价数量也要控制，保护山林资源。)

(人民生活改善了，要盖房子，木材十年二十年一直紧张，要研究八亿农民建材的需要，要用钢材代替木材，供应钉子、铁丝。森林破坏问题很大。)

吉林

两次包产到户，1962 年没有登报，此次登了。〔19〕62 年饿死人，此次农业增产。中央文件也要结合本省具体情况，目的是发展生产，增加农民生活。吉林每人 116 元，三级所有，队为基础不需要变动了。劳动分值 1.5 元，每月 45 元。农业机械化正在发展。农工商相结合已有基础，虽然没有提倡。农 36.7%，牧 15.1%，工 40% 以上。工业不可能包产到户。

(中国大国，〔各地〕情况千差万别，必须从本地实际情况出发。一个省也〔有〕不同，耕作制度也相差很大。文化程度、经济水平、交通条件。

---

* 1980 年 9 月 14 日至 22 日，中共中央召开省、自治区、直辖市第一书记座谈会。会议讨论加强和完善农业生产责任制问题（《中华人民共和国国民经济和社会发展计划大事辑要 1949—1985》，第 430 页）。

集体经济巩固不同。全国约有 200 个县相当合作化初期甚至解放初期水平，看不到〔集体〕化有优越性。生产责任制不能一刀切，从各省实际出发，因地制宜。黑龙江要大队分工，公社分工，小队发挥不了作用。边远山区不包产到户不行。困难地区政策放宽一点。从实际出发，因地制宜。今后发展方向，要走集体的道路，要实行责任制，办法各地不同。专业化协作，劳动力不能都放在农业上。农村要广开生产门路，把多余的劳动力在农村安排。生产稻谷的专业队，有些农活可以包到户，有些农活必须集体搞。有些专业可以包到人。有些农活可以联产，有些不能联产。责任制一定搞，联系到队、组、户、人，分别具体情况。各种形式联合，单干时也有互助组。引导他们联合起来。集体优越性没有发挥，生产破坏地区，必须利用个体的积极性。生产发展了就要求联合起来。）（允许各个地方，允许农民自己选择。集体劳动绝对化，否认个体劳动。工厂里一个工人看一台机床，农业也是如此。）

于明涛（陕西）

1985 年，一亩地，九亩林，八百斤粮，五只羊。

粮食愿意调出，但多调出多赔钱，调进的得益。所以都愿调入，不愿调出。超额调出议价，问题就解决了。（进口粮外贸部赔钱，粮食部赚钱，愿意多进口。外贸价格政策是奖励进口，限制出口。）拖拉机卖不出去，减 80% 以上，手扶拖拉机减 90% 以上。

贫山包产到户增产 50%，副业下降，山地开荒，砍林。关中、汉中地区灌溉区，不包产到户。抢种季节不能包产。陕南、陕北放宽。

发展生产靠集体，包产是贫区权宜措施，调动群众积极性。山区可以包产到户，必须加强领导，生产队统一规划。

农业机械化不强调拖拉机，强调烘干机，脱粒机。（分散烘干，减少霉烂。）生产队没有自主权，要分散烘干，报告县委还不敢决定。

（1）机械委员会研究三线调整问题。

（2）农机民机（军机）合并。

（3）成立公司，组织专业协作，如四机部工厂必须组织起来。

（4）三线工厂改为轻工业，改变生产方向，如手表、缝纫机等。

（5）配套出口，与上海协作。

财政分灶吃饭后，还是没有饭吃，因为欠账太多。

军队

体制改革先从国务院开始，重重叠叠，而且要求上下对口，重复浪费严重。中间层阻塞也很大，宗派思想仍然严重，高级〔层〕也有。

中央对下面来信〔应〕慎重考虑。

两地分居现象严重（800万人），有些（重要技术人员）把家属调进去，有些要调出来。

江苏（许家屯）

三类情况，三种性质。包产到户15%。有的为防止弃农经商而包产到户。（联产类似计件工资。）苏州专区工农劳动三七开。今年洪水必须集体排涝，3000万亩水灾只有60万亩失收。

黑龙江

改革试点是成功的，普遍推广还不行。现在是小改小革，大改大革要经过试点，稳步前进。联合就地就业，先从单项做起。经济中心自然发展。农村里小队过渡大队成熟了可以搞。公社政企分开两张皮，应再研究。企业还要党委领导，职工代表大会领导不了。

上海（陈国栋）

社队人均280元，一半来自社办企业。粮食亩产160斤。社员不会要求包产到户。复种指数260%，地力衰退，有掉下来的可能。（包干就业，子女顶替，职工队伍无法提高。子随父，无法择优录取，非改不可。）熟练工人提早退休，技术水平下降。

体制改革一定要向前走，走出一条路来。分灶吃饭与保护竞争、促进联合发生矛盾。把原来的联系割断了。中华烟20几种配方，必须全国联合，现在产量下降，只够中央需要。

财政、税收、价格问题，产销会议价涨70%到一倍。蔬菜赔2000万，小商品赔1800万。

计划，经验已到说真话的时候了，不能躲躲闪闪，说老实话比假大空好得多。十一大三中全会是转折点。1978年引进包袱沉重，宝钢要上要各省帮忙，上海本身无力综合平衡，“左”的影响继续存在，并未解决。中央领导讲话有的互助打架，决策人要追究责任。设备陈旧，死了人谁负责任？企业领导讲实惠，职工也讲实惠，改革一步一步来，邪门歪道，不断出现。

“十二条”能否写出一个经济纲领，个体劳动什么性质。本来落后，一步登天，都是社会主义。只是社会主义补充。各种经济成分同时并存。包产到户说是社会主义，不合实际。三线挖山洞损失严重，文件没有提，以后怎样办。

经济中心自然形成。上海经济中心诚惶诚恐，各地自己出口，上海怎能成为中心。

上海三年调整不可能，现在还是调不动。〔19〕85年能否完成有怀疑。

今年工业增长百分之八点几，还在拼设备。既要保证出口，又要保证国内，不能兼顾，原因是原料来源减少，内地自己加工。

外贸体制〔会议〕*

企业联合，外贸自主权应当结合。

在价格不合理情况下，各种产品盈亏不均，目前只能用税率来解决。

关税还是第一〔个〕五年定的，现归财政部管，要作大的调整。要研究方针政策。

外汇地方分成8%，中央92%。

谷牧同志

外贸改革先走一步是正确的，收到成效的。认识不断提高。一年来创出许多新的问题，过去大家攻击外贸，现在外贸联合企业攻地方、部门，大家的认识比较一致了。

---

* 1980年9月底至10月期间，中央财经领导小组召开的一次关于改革外贸体制的会议。

外贸改革今年刚刚开始，许多问题现在还没有摸透。毛病不在放，出在不懂管理。管理办法要跟上，不能再拖。拿出若干条来，逐步做到立法。

十几个国家的商务参赞会议，研究怎样打出去，说明国际市场有潜力，工作做得好可以发展。劳动出口（建筑业）大有可为，大搞建筑材料。发达国家要造船，机床。（1）对国际市场认识不够；（2）外贸部要加强国际市场的推销网，加强国际市场情报工作，走出柜台；（3）后方货源要有保证。

航行不能一家独办，几个省已经办，外贸部也在办。在统一计划下允许地方部门建立小的港口。大港口只有交通部有力量搞。交通部应当按经济规律办事，对各船平等对待。港口当做企业来办，不能条条专政，交通部船舶不能享特权。首先是政企分开，港口是个企业。船舶公司也是企业，可以为任何单位服务。上面统一领导，下面竞争（远洋运输同业协会，进行协调）。政企分开，自负盈亏，自愿联合，进行协调。

郭洪涛

大城市设运输服务公司，装卸服务可以下放。连云港可以几个省合资经营。

福建、广东特区，各省不要干涉，奖金不超过两月，特区可不执行。只有海关要统一。放手不管也不行，应给的钱和物还要给，积极支持它们。广东先富起来，才能管好南大门。

姚依林

总的方向同意，问题明年怎样办，汇率 2.8 元，各方面影响很大，要好好研究，进口要大大亏本，尿素进口亏本很大。

要改革税制，调整关税。有些出口要征税，有些要退税。影响财政、物价。进出口委员会和财贸部门共同研究。

外汇分成要分类规定分成比例。对机械工业分成要增多（现在 30%），使它有力量自己改造。有些企业分成低一点。

方向是对的，重要的是桥梁。

外贸改革方向比较明确了，外贸部主要打出去，开辟国外市场，经营出口的是企业。现在还要外贸部管，过渡办法要组织企业联合，围绕出口进行联合。工贸联合，工业自己联合（机械出口公司），组织一个交出一个。组织行业协会，负责服务、协调。这两点强调不够。行业协会不能官办，要是企业民间组织。

关税问题要研究。港口问题研究具体办法。

机贸结合要搞，就是工贸结合。

提高产品竞争能力，主要是企业外贸的自主权，对出口有积极性，了解外国情况。给企业以自己发展的条件。

外贸依靠企业是对的，试销新产品应靠企业自己，划定企业保证出口货源。

〔汇率〕2.80元对出口有利，进口亏损应当研究，还影响财政收入多少，物价多少。由进出口〔委员会〕和财贸办共同研究。

〔赵〕紫阳同志

企业自主权中心是政企分开问题，同时必须解决领导问题，三十多万个企业如何领导。各种形式联合经营，这些都是经委搞的。行业协会如何组织，多种形式的经济联合，经济立法，以上三种办法把企业组织起来。权力下放必须解决组织领导问题。国家经济领导机关的改革，经济中心的建立。设计归体〔改〕办，具体抓归经委。在企业自主的基础上如何把企业组织起来，今后经委的任务主要搞什么？

年轻的科、处、司长有些专业知识的要培养，由经委负责训练。将来各部人会大大减少，各部都有人才，要进行经济管理的专业训练。下去搞经济中心、联合、协会。在训练中提拔，下去筹备，搞出成绩来的当经理。不能抽个部长、司长，也不能靠组织部，要从培训中选拔。派出去考验，发现人才。黄埔军校能培养出这许多军官，要办一个学校培训管理人才。

银行干部要训练，要从工作中训练人才，选拔人才。各部都要抽出干部来培养，在机关中肯定没有出路，经过培训越级提拔。通过学校训练太慢，〔要〕靠〔现在的〕科长、处长。搞经济中心、联合、行业〔协会〕。

党政分开，政企分开，作为一个题目来专门研究。

明年拿出一批外汇，进口原料，发展轻工，回笼货币。要作五年计划。进口零件，合作生产，在国内销售。保护市场稳定。

经委综合研究方针政策，企业如何组织、联合。

现在改革，陈云同志在〔19〕56 年说要恢复〔19〕53 年以前的办法，〔19〕54 年以后就逐渐出问题。手工业、商业要自负盈亏，工业要自产自销，小商店不能取消。

郭洪涛

经委抓扩大企业自主权（行政框框必须用行政来打破，否则阻力很大，要扫除障碍）。扩后要组织联合（技术改造要靠联合）。（小而全要加税，联合免税。银行贷款不予支持。）

交通企业自主权还没有试点，水陆联运也没有研究。矿山也没有解决。

赵荫华

企业自主权因地制宜，不一刀切。

自主权要配套（不突破，难配套）。

通过联合发展专业化协作，取消大而全、小而全。挖革改要通过联合，不能各企业自顾自。

企业经营管理水平大大提高。

长沙机械厂订货会议有争论，经济中心讨论一下。重工的中心是机械，轻工的中心是百货，再加农副。

企业有压力，要在市场竞争，促进经营管理。扩权有动力。质量优，物价廉，品种新，外贸信〔任〕，技术〔提高〕快。

经委工作：（1）生产调度；（2）节约；（3）挖革改；（4）企业管理；（5）体制改革；（6）职工培训；（7）技术推广；（8）经济立法。

邱纯甫

公司不能都设在北京。

政策要从实际情况出发，灵活执行。

用行政手段妨碍竞争，可向法院控告。现在靠报纸与领导支持。

想得宽一点，安排长一点，通过试点，步子已经太稳了。

注意问题：全国会不会混乱，企业会不会干群对立。将来就搞体制。企业是劳动者平等自由的联合，企业有了权，工人才有权，工人如无权，企业权会走上邪路。

明年搞几个试点，四川、辽宁、江苏、山东、广东。

国务院会议（十月二十四日）*

调整问题

（1）小线材停止进口，争取出口，研究具体办法。

（2）对外贸易贴补亏损问题要迅速研究解决（今年外贸亏损30亿元）。

微观经济要搞活，宏观经济要国家干预，依靠计划，依靠立法。

谷牧同志

文件双手赞成，要下决心，前两年全党并未统一思想，并未认真执行。能行得通，关键是北京各部，包括计委、建委的决心。有些部实际安排不是比计划多一二亿，而是一二十亿，不能睁一眼，闭一眼。基建砍了两年，砍不下来。主要是北京的几个大户头，砍了一个又上一个。（1979年研究六个石油化工厂，已建成的原油不够，不能再建新厂。）

〔赵〕紫阳同志

总的形势是好的，要考虑潜伏着的危机。现在党在人民中的威信远远不如1962年（那时2000万人招之则来，挥之则去。现在不招就来，挥之不去）。在宏观方面，保证不违反经济规律。省长会议讨论文件，再要作些具体规定。明年稳定经济，认真调整，按照经济规律加强国家干预，计划调节。第一部分集中不够，概括不够。

六中全会除讨论历史问题决议外，还要讨论经济问题。

投资额可否压到450亿。

---

* 1980年10月24日，中央财经领导小组扩大会议，讨论准备提交11月份国务院召开的全国省长会议的文件（《李先念年谱》第六卷，第127页）。以下的一些记录中所记的“国务院”会议，应该都是“中央财经领导小组”会议。

税制改革和财政银行体制（10 月 27 日）*

外贸亏损 30 亿元，需改变作价办法。

资产付息和所得税〔改革〕谁先谁后。

基建拨款改贷款的范围。

所得税一种税率或多种税率。一个税率，还是累进征收。低于工资总额 20% 的减免所得税。自费试点。

利改税和利润留成〔改革〕二次进行或者一次进行。

归还贷款多数企业有困难，数额小、回收快的可以还。

调整与改革必须结合。

改革的步骤要稳。

财政拨款和银行贷款税前税后应当分别处理。

投资回收用提高折旧率的办法。

〔邓〕小平同志

经济问题困难不少，最根本问题是退得不够，最重要的是基建下得不够，今后几年速度不要安排高了。计划重点不在指标多高，而在人民生活逐步有所改善，使城乡人民生活逐年有所改善，使人民看到社会主义好。现对社会主义不太相信，有道理的。现在能否搞好，人民还不相信。计划退得不够，再不要打肿脸充胖子。教育思想工作也是为着实现这个方针，做不到的不要宣传。

坚持加强党的领导，要改善党的领导。（1）改变支书高于委员的现象；（2）改变党员高于群众的现象。要支持人民当家作主，而不是自己当家作主。党的组织不能包揽一切，不是政府，不能以党治国。一元化领导对现代化不利，会使党成为人民的对立面，波兰就是如此。各级党的组织要取消各种特权，不能决定〔不是〕自己范围内的事情。不能高人一等，党的工作是采取什么办法来实现党的政策，不要成为人民的对

* 1980 年 10 月 27 日，中央财经领导小组会议。

立面。

能搞多少搞多少，不要打肿脸充胖子。5.5%做不到，5%也可以。

财政金融会议（10〔月〕29〔日〕）*

中央银行与专业银行的关系。

中央银行摆脱日常工作，从宏观经济发挥作用。要作信贷计划和货币发行计划。银行要按经济中心设置，不按行政区划。小县可以只设农民银行。

企业资金240亿，地方40〔亿〕～50亿元，如何利用这些资金，通过公司，还是通过银行？现在主要通过银行。

货币发行归银行还是归财政？

银行透支作公债收利息？

折旧基金180亿元，可作挖革改资金，不必再靠贷款。

吃拼盘归哪个银行管，企业自愿，不要硬性规定。

银行的资金来源，财政无力拨，或利用人民银行存款？

万里同志

现在不是各部需要的问题，而是如何克服党在人民中的信用危机。目前困难，不能再推在“四人帮”身上。不检查我们自己犯的错误，下决心改正错误，就不可能挽救人民对党的信任。

商业管理体制（11〔月〕1〔日〕）**

供销合作社改集体所有制（湖南）。

二类产品各省自定目录，全国如何调拨。主产区作二类，其他作为三类。

〔姚〕依林同志发言

关于形势问题不再讲了，〔赵〕紫阳在国务院全体会议已讲了。我在财

---

* 1980年10月29日，中央财经领导小组会议记录。

** 1980年11月1日，中央财经领导小组会议记录。

政座谈会上作些阐述，起草了省长会议的文件。陈云同志完全同意〔赵〕紫阳同志报告。基建投资原讲 500 亿，现改为 450 亿。按财政最好降到 400 亿。这会影响人民生活，城市建设，挖革改。计划会议根据 450 亿安排。明年财贸工作也按此方针。没有必要另编几句，总的精神要抓调整。财政赤字不超过 50 亿，保持经济（物价）稳定。

怎样理解经济形势很好，又看到存在危险，这是从 1958 年批判反冒进以来长期积累起来的。第二阶段不能说路线基本正确，“左”倾路线没有彻底纠正。明年石油减 400〔万〕~600 万吨。煤炭调整期间要下 2000 万吨。大干快上，问题还要进一步暴露，这是党和国家面临的一个危险。打倒“四人帮”后调整几年，群众是会拥护的，大干快上是我们吹出来的。群众要解决生活困难，我们拿不出一个解决办法，这是最大的官僚主义，降低群众对党的信任，存在着信任危机。对此全党要有一致认识，同舟共济，包括我们自己。讲到总的调整方针，意见一致，讲到自己的问题，矛盾就出来了。在各种关系上，都要提倡顾全大局。财政问题上大家的要求是有理由的，但要讲清榨不出油水来了，唯一的油水是发票子，后果是大家看得到的。请大家多做思想工作，抓增收节支。大家要求都有道理，但要保持稳定，就只能有多少钱办多少事。对少数民族的照顾也达不到要求。几十年的问题，不是几年能够解决的。是不是要现代化，要搞不端正路线，根本达不到现代化。明年做经济稳定，人民生活有所改善，生产增长一点，就是很大的成绩。明年增加工资 10 亿元，究竟用在什么方面。这 10 亿还是用发票子来解决的。盖宿舍，减少排队，都是改善。光小学教师每人 8 元就要 5.6 亿元。普及教育五年办不到，可能要十年。

物资调拨要提个基数，这样才能保证上海、天津等大城市〔需要〕。社队工业要整顿，把原料吃掉，把大城市搞死了，农村也活不起来。要反对重复建厂。商业建设大量的要靠地方投资，不能都靠财政部。

粮食全国要搞松一点，地方要抓紧一点。今年把两年来积蓄搞光了，明年再遇灾荒〔就有〕困难。进口 1500 万吨，要准备进不来。要做两手准备。尽量多调大米，明年不出口，南方大城市少吃一点大米。

物价要有方案，任何方案都不能 100% 稳定，稳 60% ~70%。经济宣传准备专题讨论，当前办不到的事情不能宣传，否则就是号召群众来打倒政府。基本建设采取钓鱼政策，是党性不纯的表现。改善人民生活要多做少说，不开空头支票。

第二，要有一个头，暂时建立财贸办公室，有关政策问题，财贸小组好研究，例如在什么条件下允许长途贩运。从实际情况出发，总结经验，再规定几项办法，出点小问题不要紧。不断研究新的情况，解决新问题，制订条例法规。

供销社有不同意见，可以各自试点，看怎样合适，不要一刀切。

教育要比文革前搞得更宽一点，有些中学可改财贸中专。干部需要再教育。有许多工作过去是搞得好的，现在青年干部不会搞了，如利用市场作用。经营、管理是两个概念，有许多干部只会管理，不会经营（一是对内，一是对外）。要作市场预测，要学边缘科学，系统工程学。财贸办公室管计划、政策、培干、门市。陈云同志论文集要好好学习。

进口设备（11〔月〕5日）*

波兰借用外资200多亿元，工厂建成后只有30%能正常生产，原因：①原料甚至零配件靠外国，供应无保证；②产品主要向外推销，外商用种种借口拒绝推销；③外国不会把最新技术供应别国，建成时已技术落后。必须采取日本办法，对引进技术进行改进。

过去〔周恩来〕总理批准的十三个化肥厂，只有大庆能常年生产，其他均因油气原料供应不足，不能全年开工，不断停产（设备利用率70%）。

原油涨价，化工产品不涨少涨，用原油制造化工产品出口是不合算的。进口以色列原油搞化工要好好考虑。

下马项目派工作组监督下马。保留项目要揭露矛盾，知情不报，企图钓鱼，要负法律责任。

马洪同志

上的二十二个〔进口〕项目不是急需，不解决〔问题反〕而加重能源

* 1980年11月5日，中央财经领导小组会议记录。

的缺乏。在建项目占总投资的34%，今后几年要占50%以上。要调整，必须下22项，下的只有22亿〔美元〕，上的100多亿。除宝钢第一期外，能下的都下，石油化工一个厂不能孤立〔存在〕，它的产品要建许多厂来利用，否则只能烧掉放掉。（下马损失至多20亿〔美元〕，换来经济主动，建成后停产损失更大。）

谷牧同志

进口二十二项已讨论七次，是一个注定了的、不可挽救的错误，是近几年经济战线的一个重大错误，使整个国民经济陷于被动状态，准备总有一天被批评。不损失少损失的方案找不到的。所提方案100套采煤机已成定局，有些即将建成，建成后停产或赔本。剩下来的14项都是缩小和推迟，证明调整阻力很大。

宝钢两套轧机〔下〕。

四套化纤上山东一套。

北京东方红〔炼油厂〕长期缺水，决心下。

（1）基建压到450亿元，是空的，实际已到780亿元。把地方资金和外资联合起来，把地方的钱参加国家急需建设。

（2）在建项目1000多个，拖不起。地方项目假下马，长期拖着，浪费严重。要刮下马风。〔项目〕越砍越长。

〔薄〕一波同志

今天讨论的不仅是二十二项，是清算“左”倾路线问题，现在是形势所迫，非下不可。过去不是没有人提，陈云同志讲了两三个小时，没有效果，听不进去。为着整顿作风，说老实话，建议检查二十二项始作俑者。这是共产党员党性问题，不要老说花学费，不追查个人责任。

〔姚〕依林同志

宝钢轧机一上，把武钢吃掉了，三套轧机打架，大家都吃不饱。现在全党思想距离很大，有几个部与地方联合起来压计委，很不正常，表示思想没有解决，实际上对中央调整方针阳奉阴违。希望这次计划会议不要串联，以免搞乱计划会议。中央各部要有统一意见，提到三次“左”倾路线的高度来认识。有些同志被迫同意，思想上没有通。

〔赵〕紫阳同志

同意方案。宝钢两套轧机，四套化工上一套，还应研究。解决这个很大的问题，使我国经济走向主动。不解决这个问题，调整要落空，二十二项是“左”倾路线产物，主观主义产物。如何认识这个问题，还没有解决。本应先解决“左”倾路线问题，再搞改革。调整不解决，改革很困难。现在解决这个问题，已到非下不可。思想没有解决。有关部门主动总结经验，检讨思想和作风。

各部都要暴露矛盾，说真话。下马项目要迅速组织摊子做好下马工作。准备付出二十亿美元代价，尽最大努力，力争少损失一点。经济工作搞了三十年，搞出这个结果，不能心安理得，对不起人民。应该引咎辞职，不能以任何理由宽恕自己，更不应当再为此辩护，否则不可救药。

宏观经济

将来抓牛耳、牛鼻，不抓牛腿。

国家拨款占45%，地方拨款22%，银行贷款占33%。积累中基建占35%。

三线建设生活欠账，搞重工，军工，〔19〕64年开始，〔19〕70年到高潮。

小工厂、小商业、饮食业、服务业不用利润留成办法，而改自负盈亏，交所得税，即改为集体所有制。

宏观经济要管紧，微观经济要放活，这样就会活而不乱。

借外债，制产品出口靠不住，挖煤、有色金属等原料比较可靠。

500亿基建是很大的数字，如何把这笔钱用好。今后八年要多投资不可能。投资效果差，建成后不能投产。要计委、经委直接安排，不交给部门去管。

两大问题：（1）500亿如何利用；（2）如何防止通货膨胀，稳定物价。

省长会议*

〔赵〕紫阳同志讲话

会议主要讨论经济形势，经济工作方针。本子上都写了，请大家讨论修改。九月下旬讨论明年计划，感到经济上有些危险需要提出讨论。主要问题向〔邓〕小平、〔胡〕耀邦汇报，认为问题重大，需要请省长来讨论，否则计划会议无法开。先把问题大体上定下来。

我讲几个主要问题：

（一）在大好形势下必须看到潜在的危险，搞不好要出大问题。形势大好已经讲了。三中全会决议很灵，农村形势大好。今年受重灾，农村还稳定，粮价未涨，多种经营还好。把农民稳住，现在基本稳了。工人生活三年有相当改善，八万户调查，工资奖金等平均每人 63 元，全家〔人均〕35.8 元。三年来社会购买力增加 700 亿元，扣除物价上升因素为 500 亿元。工业去年增 8.5%，今年增 8% 上下。这是在能源不增的条件下增长的。要努力保持这个势头。

从宏观经济来看，经济被动局面未扭转过来，而且潜伏着一个危机。积累和消费超过国民收入，财政发生赤字，货币投放量增加。如果没有有力措施，这种情况还会延续下去。〔赤字〕80 亿变为 110 亿，多在外贸亏损上。如无新的措施，明年还在 100 亿以上，后年经济会发生大问题。去年发票子 50 多亿，今年又多发 50 多亿，除正常发行外，多发了约 50 亿。长此下去，会发生恶性循环，农民、工人所得会化为乌有。物价上升不是肉、蛋带头，根本原因在多发票子。东欧发生的问题，在我国也存在。

其次，基本建设超过国力，现在还有继续扩大的趋势，长线短线（能源交通）关系越来越严重。能源交通上不去，加工继续增加，新的上来挤了老的，有 30% 生产能力不能发挥，还在继续建设。会出现长期打消耗战，

---

* 1980 年 11 月 15 日至 30 日，全国省长、市长、自治区主席会议和全国计划会议在北京召开，这两个会议讨论了经济形势，调整了 1981 年计划（《中华人民共和国国民经济和社会发展计划大事辑要 1949—1985》，第 430 ~ 431 页）。这是会议记录摘要。

以至［致］出现瘫痪状态。

上述问题不是一次造成的，是经济建设长期“左”倾思想造成的后果。过去财政赤字不多，是人民勒紧裤带的结果。长期来速度很高，经济效果很差，基本建设500亿，只相当于1957年的250亿元。如果经济效果提高，5%也能过得很好，问题是有产值而无国民收入。三中全会还了一点人民欠账，已经超过国民收入。

各地各部同志不易看到全面问题。（1）农业减产；（2）石油下降；（3）财政赤字增加30亿，迫使我们不能不修改明年计划。三个原因更加暴露明年矛盾。有必要不加掩饰向全国报告，求得统一认识。

（二）方针，狠抓调整，稳定经济。八字方针明年要突出调整，稳定经济，安排好建设与民生。扭转被动局面，避免被动，关键是调整。现在退得不够，退够才能取得主动，很快前进。

只有抓好调整，才能为体制改革创造良好条件。只有在宏观经济方面搞好调整，才能在微观经济方面搞活。企业不搞活，不能提高经济效果，但必须与调整结合起来。

只有搞好调整，才能改善人民生活，巩固安定团结。该退的有些没有退，或者没有退够。今年该退要退，该下要下，不能允许顶牛，敷衍态度。只有全局稳定、主动，地区、部门才好办事。保持经济稳定局面，要办好两件事：①明年赤字不超过50亿，票子不超过30亿。②保持物价稳定。

指导思想，国家须在宏观经济上加强计划调节，在此基础上把微观经济搞活，必要时采取行政干预，国家立法。

什么叫宏观经济，就是要在计划上不能使基本建设、加工工业、工资增长、物价变动、外汇收支失去控制。宏观执牛耳，包括指令性的计划，行政干预。是不是与改革矛盾，宏观计划调节，微观市场调节，区别于苏联，区别于资本主义。

（三）压基本建设，关停并转。

调整就是要下马，下基本建设，下长线工厂，有了这两条才有希望。

适当控制消费，过去两年增加消费很必要，国家已经作了很大的努力，不如此没有大好形势。经济问题搞不好，宣传问题搞不好，可能发生波兰问题。生活不能改善太多，根本要靠生产，奖金等要控制。积累消费都要量力而行，二十年的欠账几年内是还不清的，不能随便许愿，不要把群众的思想引到这方面来。不能说对人民不关心了。再要多是对人民不负责任。当然住房等是要解决的。上海有五个倒数第一，谁也解决不了这个问题。

压缩基建，总规模要缩小，该上的还要上。多下一点，才能多上一点。下马有损失，比长期打消耗战损失要小得多。打破部门、地区之间的比例，大中项目直接安排。中央180亿不分了，计委、建委直接安排，首先压二十二项，宝钢不搞第二期，化纤、化肥都要推迟。封存设备二十二亿元，损失很大，比把国民经济拖垮要好。中央160亿［180?］投资，包不下来。

地方有钱搞工业，新厂挤老厂，不如把钱用来还欠账，搞些城市建设。地方的钱原则上不搞工业，同心协力，解决比例失调问题。这是为搞工业创造条件。要循序前进，工厂不能孤立，要有许多东西配套。基础工作不搞，准备工作不搞，孤立地搞工厂，不能发挥作用。科学、教育、卫生，都是为工业服务的。全国的长线，三年五年不准搞。四川是第三世界，不能一跃而为第一世界，发挥自己的优势不能破坏全国的优势。大厂棉花不够，还在建小纺织厂。轻纺工业原料不够，还在发展生产力，是巨大浪费。

社队企业，农工商联合方向是对的，不能一哄而起，把原料就地加工，成本高，质量差。在全国范围要增加财富，不能转移财富，以小挤大。城市蔬菜紧张，与盲目发展社队工业有关，把菜农引到工业生产。地方和社队工厂要调整，切实做好关停并转。不能以小挤大，以落后挤先进。

第四，把分散的资金和现有的原料分配好。多种渠道的资金如何使用好，国家发国库券，各部各省认购，出利息，高于银行存款，连续发四年，用于能源特别是水电建设。十年还清，利息六厘。此外还搞计划协商。

原料要保原来的轻工业基地，原料产地保证外调，超过的到外地加工，不自己加工，自己建厂，将来原料多了，可以改变现状。

最后，明年计划和发展速度。力争农业丰收，发展轻纺工业。在能源困难下保证速度，保证市场供应，只有发展轻纺工业。钢铁要压低两百万吨。外贸、商业仓库要压缩，供应市场。

今后国民经济速度，不能再高速度，高积累，低消费，低效率。速度很高，生活不能改善。将来能否速度不高，提高经济效果？不靠新建而靠原有企业，产品提高质量，减少浪费，低档变高档，适销对路，增加可分配的国民收入。要靠科学知识，科学管理，不大搞基本建设。

宣传问题，多〔宣传〕思想，多〔宣传〕政策，三十年如果不发生错误，情况会好得多。外人看我们很穷，比印度好得多。他们一方面高楼大厦，一方面破烂不堪，臭气熏天。十亿人口的国家，解决民生问题是不容易的。台湾这样小的地方，有美国支持。〔我们〕三年来人民生活有很大的提高，这是不容易的。

〔赵〕紫阳同志

就是这个精神[①]，大家好好讨论。简报讲的话是对的，没有落实。还是没有退够，开支大大超过国力，要大大减少开支。收入没有完全落实，开支很不落实。过去财政收入是虚假的，国民收入是虚假的。工厂生产，上交利润，产品卖不出去，占用银行贷款，贷款变为财政收入。人民束紧腰带，基建可以上一点。假使从1963年起人民收入每年提高4%，就没有钱搞建设。现在还账不能退回去了。国民收入只有这样多，扣下生活还有多少能搞基建。多年来工人增加很多，但在成本中占的比例从18%降到7%，百元产值中工资所占比例下降45%。数字可研究，趋势是对的。国民收入负担不了，基建是主要的，不能单压基建。要坚决退，不留赤字，又能稳定经济，又能照顾今年工业上升，人民生活能够上升。加工能力超过原料能源，可以不搞。有些晚几年搞可以。简单再生产必须维持。哪些坚决退，哪些必须保。既能度过危机，又能发展。基建几年内必须高度集中，否则控制不住，不能按计划退〔够〕。银行有一定数额（10〔亿〕～20亿）让它搞活，不能多了。此外统统管死。并不影响微观经济搞活。

缩短基建，关停并转，好好整顿企业，改组经济。把计划调节抓住了，票子少了，市场调节就好搞了。〔19〕62年回笼〔货币〕搞高价，目前靠清理仓库。抓销路好的名牌产品，与外地联合。企业整顿，改革，改组经济结构，包括轻型结构。改革与调整结合起来，提高经济效益。归根到底，经济效率不解决，不可能改变紧张状态。调整中把工业整顿好，前途大有希望。

---

① 1980年11月21日房维中向常委报告压缩基建问题，陈云、李先念、邓小平发表意见，表示同意。11月23日赵紫阳向省长会议传达常委指示。

万里同志

高度集中势在必行，否则不能退够。〔退够〕对工农商学兵都有利。服从命令听指挥。

农业主要搞政策，三年五年靠这个，还要管理。国家支援很多，进口一千多万吨粮食，是最大的支援。搞些科学技术措施，自己花钱。

省长会议结束（十一月三十日）

〔**赵**〕**紫阳同志**

〔姚〕依林同志读了汇报提纲和中央同志指示①，十二月中旬要开工作会议。② 有几个问题：

（一）根据中央常委精神，退要退够，首先要考虑退够，退够了才能前进。现在这个盘子是很粗的，320亿水平，会产生什么情况。常委不是说退多了，而是怕退得不够。

（二）不能通货膨胀，爆发危机，也要考虑今后前进。首先考虑前者，量力而行，不能勉强。不爆发危机，这是首先需要考虑的问题。不能把决策定在不可靠的基础上（22项）。首先考虑退够，盘子定了，再合理安排，退得好一点。550亿、450亿、50亿赤字，现在退到320亿，没有赤字。两个月发生这样大的变化，说明我们对于情况认识不够。现在不是把问题讲过头了，怕是讲得不够。我们搞经济工作的同志，如何从长期来“左”的思想解放出来。

（2）调整要强调集中统一，当然不是什么都统死，主要是大的关键方面，扭转被动局面的大的措施。生产上、流通上应当搞活的还要搞活。中央主管部门指挥不灵。大的措施，基本建设规模，要高度集中统一，改革要控制基本建设。生产上搞活，建设上严格控制。搞点立法。

（3）重要物资，包括农副产品，国家调拨计划必须保证。

---

① 1980年11月28日，中央政治局会议听取姚依林《关于一九八一年财政、信贷平衡和基本建设安排的初步设想》的汇报（《李先念年谱》第六卷，第129页）。

② 1980年12月16日至25日，中共中央召开工作会议（《中华人民共和国国民经济和社会发展计划大事辑要1949—1985》，第432页）。

（4）财政纪律必须严格遵守。

（5）对外贸易要统一对外。通过内部协商统一对外，不在外人面前互相拆台。

集中统一不能搞死，不恢复过去局面。

（三）调整和改革。

过去改革的效果是好的，扩大企业自主权，市场调节，择优联合，效果还是好的。经济效果〔的〕根本解决，必须靠改革。改革坚定不移，当前问题是处在调整时期，改革只能服从调整，步子不能太大。有些改革要推迟，如价格，影响调整太大。改革中出现的问题（如外贸）要及时解决。企业基金用在哪里，要指导，避免盲目建设。扩大企业自主权，把市场搞活，是对调整有利的。

明年扩大自主权，明年是否全部推开，有两种意见。小的企业减亏增盈包干，国务院再讨论一下。

扬长避短，发挥优势，是避免以小挤大。要从全国出发，只能逐步进行。地方有利，对全国不一定有利。

奖金，总的来讲对调动职工积极性起好的作用，大部分是好的，确有不合理部分。超额劳动要给奖金，不能普遍发。明年要搞个文件，要不要有最高限额，不以企业为单位，一个行业、公司可以规定。各个企业可以高于最高限额。

（四）紧急事情。

物价的紧急通知，一回去就抓一下。

关于基本建设冻结，停止拨款，听候审查。

制止滥伐森林，发一紧急指示，不能超过采伐计划，超过的一律停止。采伐计划必须严格规定。议价要控制。要有统一计划，议价不得超过计划5%～10%，议价〔幅度不〕超过计划价30%。木材不能开放自由市场，林区自由市场应当控制。企业、机关团体不得到林区采购。各地可以自己采取措施。

生产节约，轻纺工业要搞上去，回笼货币要靠这些产品，包括高档产品。清仓要搞，基建下来以后建筑材料调给农村回笼货币。企业的整顿改革，利用关停并转，搞企业的联合，通过调整，促进联合。

节约，特别是能源的节约。

军工生产要进一步抓好，军工生产民品要统一协调。

粮食决不可以放松，进口粮食不能很多，国际粮价是上涨的。把棉、糖搞起来是需要的，〔但〕不能〔搞〕多样经济作物都靠进口粮食，挤粮食生产。调整作物布局，不能依靠调进粮食。粮食面积不能再减，主要规定征购任务，其次种植面积。

会后组织大批干部下去，压缩清理基建，清理仓库，检查物价。各级领导要抓调整工作。

国务院会议（十二月一日）*

（1）计划落实文件。

（2）要发一个宣传提纲。

（3）十四个文件的意见。

（4）调查研究基建、物价、挖库存。

调整和改革的关系，已经发动起来的人民的积极性，必须继续发扬。

首先是领导集团统一思想，然后报纸宣传，统一群众思想。这两年方针、政策是对的，但拨乱反正，问题很多，必须分别轻重缓急，才能带领队伍共同前进。有些非做不可的事，今天还不能做，就不要急于宣传。百废待举，不能不分主次。改革时期思想波动是不可避免的，尽可能波动面小一点。

国务院会议**

十二月十二日

〔赵〕紫阳：（1）扩大企业自主权。

---

* 1980年12月1日，中央财经领导小组会议。

** 1980年12月12日、13日，中央财经领导小组会议。

（2）市场调节。

（3）经济结构的改组。企业整顿，提高经济效果。工业靠企业的积极性。农业靠生产队的积极性。利用外资搞基础结构。

陈云：量力而行，循序前进。

〔薄〕一波 基建过长犯了罪，杀企业的头，把企业革新改造的钱都收回来了。

〔赵〕紫阳 在扩权基础上，以行业为单位进行技术改造，结构改革。

十二月十三日

〔赵〕紫阳 调整到300亿左右，可能不合理，还要做很多工作，搞得合理一点。总的来讲，推迟三年，还是中华人民共和国。〔只要〕解放思想都可以下。300亿可能再搞得合理一点。石油、企业、轻纺、交通、科研有意见。

基建压缩，生产要挖潜，发展轻工，企业干部思想波动。明年企业调整，改组，改革，整顿，改造。提高经济效益。

企业调整中的思想问题谁去做？各级领导自己思想动荡，党委自己也动荡。经委要好好研究。要依靠群众进行改革。领导制度不能马上改，发挥工会作用。

调整要靠企业，不要挫伤企业的积极性。调整和改革相结合，这与六十年代调整不同，多了一个改革，折旧不变。把问题讲透，精神面貌大变样。把中国国情讲透，越急越慢，欲速不达，把问题讲透。

八条决心：（1）坚决不突破预算；（2）利用地方结余84亿元；（3）50亿国库券（国营35亿，集体5亿，地方10亿），用于弥补财政赤字，不能动用；（4）卖掉100吨黄金，作银行后备；（5）严禁偷税漏税；（6）压缩库存物资；（7）稳定物价；（8）轻工业8%速度。

抓生产，节能源，〔抓〕外贸亏损，奖金，不合理收费标准，整顿社队企业。

1981 ~ 1983 年

国务院会议（一月二十日）*

关停并转：（1）允许生产市场需要的产品；（2）扶助大厂大批量生产；（3）不合格的产品不准出售。不笼统地讲关停并转。

窝工职工的工资问题，要有具体规定，工资由谁来发，首先稳一下，逐步转移。组织学习，组织劳动，集体怎么办，生活困难的国家补贴。

农村合同工 380 万人，进城建筑 300 万人，完全退回农村有困难。

关停并转今年不要强调，错开高峰，有活干的让它［他］干下去，〔这样〕亏损补贴可能比国家白给工资还省一点。

社队企业 72 万纱锭，情况复杂。

粮食酿酒不能优待，饲料酿酒如果低税，难于限制。

社队工业要征工商税，所得税可以不变。

烟要控制，一年税利 50 亿元，对小烟厂要坚决一点。

今天议论，关停企业要谨慎一点，根据市场需要进行生产，是搞活经济的一个重要措施。与大厂争原料的，亏损超过工资的，产品没有销路的可关停。〔其他〕让它搞下去，比国家包下来好一点。

现代化如增加失业，人民不会拥护。

国务院会议（一月二十三日）**

调整不要把生产劲头搞掉，高指标是上面的错误，不要批到群众里去。开滦在工人中检讨高指标，挫伤群众的积极性。

今年抓几件事，切切实实解决问题。如烟、纺织、煤炭，财政赤字，轻工市场。农业落后地区三年内能够大翻身，办法是责任制，因地制宜。

交通铁道的钱用在哪里，计委、经委、铁道部共同讨论决定。

轻工市场，煤炭运输。

上面不要高指标，下面还要鼓干劲。领导思想混乱，精神不振。

---

* 1981 年 1 月 20 日，中央财经领导小组会议。

** 1981 年 1 月 23 日，中央财经领导小组会议。

经济研究中心*

经济研究中心（一月七日）

摆脱经济困境

原油递减，1985年8700万吨。

五年还可能有280亿赤字，每年70亿。物价补贴每年增20亿。

外贸亏损，外贸部估计90亿，进出口委估60亿，财政部〔估〕40亿。

购买力每年增300多亿。

一年多地方纺锭增加300多万，100多个工厂。

耗煤，一万产值重工业〔耗〕17吨，轻工业〔耗〕3.5吨。耗电，重工业5500度，轻工业1780度。

沈阳市场（一月十五日）

自行车凭票购买加价出售。

市内农副市场31处〔成交额〕2500万（〔19〕79年），每人9元，比北京、天津高得多。

物资丰富，交易活跃，物价稳降，秩序较好。价格降2.9%。

1980年比1979年成交额增一倍多。个体户1.1万户，1.3万人，小店2000多户，小摊3000多户，游街6000户。

卖者从个人转向集体，买者从个人扩大到食堂、饭店等，搞批发市场。

经济研究中心（一月二十九日）

去年132亿赤字，银行多交了20亿，否则152亿元。核实以后，可能120多亿。

外贸亏损40亿，进出口委估计50〔亿〕～60亿，外贸部估计90亿元，

* 据《薛暮桥回忆录》：自1981年初开始，先后主持国务院经济研究中心的近二十次会议，研究国民经济调整中遇到困难的原因和克服困难的对策（《薛暮桥文集》第二十卷，第373页）。以下为这些会议的记录。由于时间段较长，编者在顺序上作了集中整合。

地方估计 140〔亿〕～150 亿元。

财贸局估算 1982～〔19〕85 四年亏损 280 亿元，财政部估算 300 亿元。外贸今年亏 40 亿，明年增 18 亿元。

议价比例愈来愈大，变相提价。计划价格没有提，实际收购价年年上升。

今年扭转赤字，没有摆脱，今后赤字难于避免。

出路挖现有企业潜力，提高经济效果。

1966 年每 100 元产值 35 元利润，1979 年 24 元，下降 11 元。〔利润〕提高 1 元〔可〕多收 30 亿元。

企业自有基金一年增 300 亿元（其中折旧 180 亿元）。银行存款约 100 亿元。

控制消费基金增长，少发货币。对个人现金支出 1980 年增□□，工资增 106 亿。

银行信用膨胀，主要在收购积压产品方面，而不在挖革改方面。1979 年存款增加有虚假，因此扩大信贷，引起财政浮夸。

克服困难（二月四日）

轻工业增产，中华大地无中华〔烟〕。

节约能源。

外贸亏损。

粮食价格。

财政亏损原因，未算石油减产 50 亿元，外贸亏损每年加 30 亿元。五年共亏 300〔亿〕～500 亿元（粮食议价＋65%）。

后四年有 80 亿美元外债要还。

外贸按 2.80 元〔汇率〕算，出口赚 80 亿元，进口亏 176 亿元，合计亏 96 亿元（1981 年）。

粮食今年亏 127 亿元，每年增亏 10 亿元。

不整顿无法消灭浪费。

增加收入，回笼货币（二月十四日）

去年投 76.7 亿。

一月份全民奖金12亿，集体2.8亿，其中半数是年终奖金。

消费品适销对路是相对的，变化的。城市滞销的东西，在农村畅销。农村原来的穷区，现在富了，买不到工业品。农贸市场物价稳中下降。

小商品的销售恢复经销代销，自负盈亏，小工业、修理、服务业。

城乡储蓄及手存现金合共800亿元。

手表、自行车等组织行业组织，首先抓名牌产品，几个城市、工厂组织起来。

（1）财政问题，根本是在经济效果，八千亿资产只有一千亿收入。认真抓适销对路的消费品生产。

（2）石油，如果进口石油，必做赔钱买卖。为什么有一亿吨油还不够用。烧了三千万吨油80〔亿〕～90亿美元，合240亿。印度产值比我少一半，只有2000万吨油。用300万吨油出口的钱，可以少烧油1000万吨（发电站）。

（3）下个五年依靠原有工厂，不靠新建，老厂联合改造，把克郎猪育肥。

（4）机械工业，日本由政府干预来改组联合，五年上轨道。

（5）外资国内国外统一安排。

（6）如何改革，半年内对计划调节、市场调节搞个杠杠。一靠调整，二靠改革，稳定增长的实惠的〔？〕。

（二月十五日）

去年净亏120亿（财政）。今年一月亏11.7亿。

外贸亏损组织小组进行研究。

奖金改为计件工资，层层包干。

烟酒专卖每年多得五六亿元。

解决财政问题靠生产，生产靠效益，调整出效益，改革出效益。现在调整解决稳定问题，今后解决效益问题。调整不仅压缩，要采取有效办法，组织中心城市，生产名牌产品，上海、北京、天津，打破地区、部门所有制，把关停工厂充分利用起来。把工业（首先是机械工业）调整改组，使中国经济合理化。按这路子考虑五年计划。

五年计划十年规划（三月四日）

宋平同志：要有一个长期计划，计划方法。不能先提出几个指标，按此制订计划。需从实际出发，解决矛盾。紫阳同志提出六条意见，这是计划方针，计委研究还有许多具体问题需要解决。

从国情出发，建设能力，建设方向，五年调整达到什么目的。

重油国际价格每吨 230 美元，国内 55 元人民币。

轻工业会议（三月十四日）

糖供应紧张，产糖省完不成上调任务，自己出口。规定必须完成上调任务，超产部分上交，奖励应得外汇。

纸烟专卖（1500 万箱）归工管还是商管。（1）与地方，税利 46 亿，地方 26 亿，中央 20 亿。（2）中国烟草公司归谁管，工商也有矛盾。商业部烟酒糖一个公司，一个仓库。当前前提是烟叶。（河南 30 亿收入中烟草 10 亿。）（烟酒盐糖中央管。）（贵州烟税占一半。）文革前公司归轻工，销售归商业。轻工贷款用不出去，要的企业很多，要层层批，几个月不下来，能否银行、当地局、企业同意就行。

名酒，商业部给 5 亿斤粮食，能收上来，否则收不上。

社办工业产值 100 亿元。

食品工业没有把它当做工业，排不上队，归商业不如归工业，待遇提高了。把食品工业的行业协会搞起来。（现在八个部管。）由经委领导，各部都可生产。搞规划，方针，协调。出口食品也要成立协会。食品工业需要引起重视。可以跨部门，跨地区。先搞地区性的也可以。

商办工业留利 40%，商业部扣了 20%。

购进外国商品，可以商谈进口零部件，甚至引进技术。进口大宗商品，可以提出其他条件。把贸工合并谈判。

在北京市试点解决做难、吃饭难的问题。长期以来缺乏群众观点，只求自己方便，不为群众方便着想。

个体所有制和集体所有制搞立法，以便推广。

轻纺发展不是为回笼货币，而是发展道路。要作长远规划，有计划地发展。走发展消费品生产的道路。

充分利用农业资源。耕地少，山区多，可为轻纺工业提供许多原料。

重工业改组，为轻工业服务。

沿海工业发展以进养出，全国要自力更生，沿海可以发展以进养出。整个国家不能走加工区道路，上海、天津等可以如此。中国有沿海和内地问题，要发挥各地优势。

轻工经过调整，联合，可以发展生产。

两大问题：(1) 消费品生产；(2) 能源交通。头十年人民生活改善速度〔快〕，每年购买力增100多亿。

节油问题（三月十七日）

小石油化工厂消耗350万吨原油，所得产值不如出口原油。

石油化工厂利润很大，出口原油获利更大，用进口原油搞化工要亏本。

东北以煤代油搞上去了，煤供应不上，只能煤油并用，造成浪费。

以煤代油路子肯定是对的，这是一个方针问题，需要充分论证。其次牵涉方面很大，(1) 消费品增产和流动资金节约；(2) 依靠原有厂要作充分规划，100亿能起了不起的作用；(3) 能源交通要下决心。煤挖不完，可以动用黄金，黄金变黑金。国外低利贷款集中用在这个方面（利用国际货币基金可以顶下高利贷，世界银行也可以利用，集中用于能源开发。挖煤、修路有钱就可以办，顶出油来，出口换钱。这是变成良性循环的关键）。

东〔部〕西〔部〕关系（世界是南北关系），从东到西，逐步发展。

煤上去了运不出，要先搞铁路，运、煤、电进度安排好。今年出口100万吨油，明年出口200万吨，赚了钱专用于能源交通，增出石油，路子愈走愈宽。冶金部烧了400万吨油，宁可少出点钢。地方煤〔炼?〕油厂用油350万吨，应大大削减，保大炼油厂。

从长期来看，我们的王牌是煤炭，满足自己需要外还要出口。

财政银行（三月十七日）

今年财政收入不落入。省市挂账31亿。各部缺10亿。外贸40亿，〔外贸〕部算60亿。支出不断在冒，现已30亿，石油10亿，山西煤2亿，军队转业5500万（每个干部500元）。西藏调干1800万。还本付息（10亿美元）2亿。宝钢预付定金5亿。

借款84亿，让到65亿。

今后五年趋势，有利因素……

不利因素：（1）能源下降；（2）消费上升；（3）价格补贴〔19〕79年139亿，〔19〕80年200亿，〔19〕81年128亿。外汇补贴90亿。每年递增28亿。国外还本付息116亿美元，每年48亿人民币，〔19〕85年75亿；（4）财政家底空了，〔19〕77年结余101亿，〔19〕78年+10亿，〔19〕79年－170亿，〔19〕80年－121亿。借地方50亿。

生产每增1%财政增收20亿，增3%不够抵偿物价、外汇补贴。总的趋势五年亏300亿上下。

出路何在

（1）开展增产节约，消灭浪费，提高生产效率；（2）改革经济结构，产品结构，提高专业化水平；（3）控制外贸亏损，价格补贴，160品种换汇8.8亿美元，亏损40亿人民币；（4）价格补贴控制；（5）包干缩小，把借地方的逐渐收回来；（6）企业留成办法，不能提高比例；（7）烟酒专卖（10亿），过去收入40亿元，现在产量增加一倍以上，应当比过去更多。（8）财政银行都要控制，防止通货膨胀。

银行

投放〔19〕79年56亿（+26%），〔19〕80年78亿（+29.9%）。年末数1∶5.9。要求今年不超过30%。上半年回笼50亿，全年投放30亿，不易控制。关键是财政透支。农村存款40多亿，加社队存款120多亿。每年增加农贷值得考虑。（今年计划增32亿，有无必要。）（重工业吃饱的20%，半饱的40%，无任务的40%，为着维持下去，大量生产积压产品。）支持轻纺外，支持服务性行业，后者无人支持。外贸要求贷款65亿，批准14亿元。轻纺工业发展应当贷款支援。

体制改革（三月十八日）

通过税收，促进调整。不能只减不加，有加有减，目前应加多于减。

在小企业首先搞所得税。

固定资产多的大企业，计划管理多一点，中等企业现在〔采取〕扩权办法，小企业自负盈亏。

价格有个总方针，逐步解决。

贷款利率应起调节作用。要节约流动资金，必须提高贷款利率。

改革用什么手段来巩固它？调整必须用经济手段来促进它，改革可以促进调整。

回顾过去改革，出了一些毛病，扩大基层（地方、企业）权力，使用权力同宏观经济往往发生矛盾。过去办法〔是〕把权收回，今后要用经济杠杆，否则无法制约。其次经济法规、规章制度。第三是监督，统计、银行、财政、工商。法规各部都搞，归法制局和法制委员会。

靠口号管理，要改为按制度管理，法律，规章制度。

在调整时期能够做些什么改革，组织有关方面研究，如何从改革来促进调整。监督归哪里管？

外贸问题（三月十九日）

外贸亏损，外贸部算 96 亿，省算 156 亿。调整后 60 亿元。关键是进口，59.7 亿元。进口亏 184 亿，出口利润 66 亿。

粮 800 万吨亏 3 亿。□1400 万吨亏 42 亿。棉〔每〕吨 3300 元，75 万吨，亏 25 亿元。糖〔每〕吨亏 870 元，60 万吨，亏 5 亿元。

去年港口压船 350 艘，损失 2 亿美元。化肥〔每〕吨亏 226 元，700 万吨亏 15.8 亿。钢亏 12 亿，铁砂亏 2 亿。木浆亏 5.3 亿，木材亏 3.4 亿，纸亏 4.9 亿，水泥亏 1.5 亿。

石油赚 76 亿元。

出口电木 30 几元换一美金。

上海亏损外贸负责，外贸领导为主。只有广东、福建自负盈亏。

怎样把 60 亿压到 40 亿。(1) 减少进口〔量〕大的亏损商品（粮食多进卸不下来，小麦减 200 万吨，不减也用不上，减亏 6 亿）。化肥减 100 万吨，糖减 10 万吨，木材、钢材，共减 14.5 亿元（外汇 10 亿美元）；(2) 工商退税，省要减收，执行不通。外贸〔部〕算退 9 亿。关税进料加工免税减 3 亿，合共 12 亿元；(3) 改善经营管理，压缩库存，给点留成（10%）。

进出口委

外贸亏损原因，一类政策性的，一类经营性的。经营性的亏损：（1）进出口商品结构；（2）质量要高档货，质量有保证；（3）按时交货可以多卖10%。

政策问题：（1）具体政策不利于进料加工。价格、税收使它从有利变为亏损。工厂自进自出，不经国内转手（化纤加工）；（2）外贸部代理进出，补贴转给业务（粮食）部门；（3）今年亏损地方超收补贴。

商业工作（三月二十日）

猪肉亏十七亿，蔬菜亏三亿元。

蔬菜供应愈多，蔬菜公司赔钱增多。原因尚待研究。

商业渠道不畅通，就发生投机倒把。货畅其流没有人办，要着重疏导，同时管理，不能只管不导。〔市场〕活了以后用什么办法管理。（1）经济手段（税收重要作用）；（2）行政办法，不是集权，而是规章制度，经济立法；（3）监督检查。民办货栈、信托如果搞得好，可以允许。

批发要紧，零售要宽。

小商业、饮食业、服务业尽可能自负盈亏，包括小工业。

流通法规不能不流不通，要活就会有一些乱，小乱不要过分害怕。

经济形势（三月二十日、二十一日）

〔赵〕紫阳

（1）企业潜力很大。

（2）亏损企业必须包干。

小企业自负盈亏，特别是商业服务业，集体所有制对小企业有优越性。

大量发展集体所有制，把小企业改为自负盈亏，交所得税。

（3）工贸结合是成功的经验，不能否定。

（4）奖金的最大问题是没有按劳分配，平均主义，对生产不起调节作用。

1980年五种商品亏损100亿元（96亿）。

外贸高度集中，吃大锅饭，地方自负盈亏后可以解决（加各部自负盈亏）。

根本矛盾是国内外价格不挂钩，国内是购销价格倒挂。

沿海城市发展来料加工，进料加工，办法是工贸结合（如服装联合体）。沿海面向国外，内地面向国内，东西分工。

外国设备停建22亿，无人来领。

财政要扣紧，企业自有资金和银行的钱要放宽一点，在完成国库券〔认购〕后可以动用自有资金。今年管死了明年难过。企业资金扣除国库券后不再冻结，地方可以调剂使用，经省批准。

宏观要严（统一），微观要活，同1962年调整不一样。

城市改革效果不如农村，（1）企业自主权；（2）按劳分配，奖金如能提高积极性，仍应提倡，反对平均主义。

〔姚〕依林同志

形势要从两面看。回笼货币继续搞，另一种可能性，市场银根过紧。集市价格始终平衡，储蓄增加。商业不积极收购，表现银根太紧。银行放宽尺度，不要耽误时间，凡是有销路的尽量收。（质次价高不收。）在四五两月要从两面观察问题。

有许多问题要搞活，目前还不可能完全做到。今年下半年收紧议价，降低成本（奖金要减少一点，议购要收紧一点）。有些产品下半年要提一点价，价格不宜大动，脱销了提一点价，群众才能接受。

财政从长期看是最难解决的问题，依靠改革来解决。收效不会很快。

〔赵〕紫阳同志

（1）形势是好的，达到要求还很艰巨。

（2）方针，财政平衡，回笼货币，有些事今年不做，推到明年。集团购买力要压缩。特别是财政平衡。宏观方面继续集中统一。在微观经济方面要活，增加生产。一季度死了一点是必要的，现在有些方面要放宽一点。议价农副产品要控制。

下半年商品回笼多一点，收农贷在经济好转地方抓紧，货币投放就可以少一点。非商品回笼大有增加可能。搞活生产的投放，不投是不行的，控制投放不能影响生产，周转快的轻纺技术改造要给一些钱，让它搞活，增产增收。

企业的整顿，责任制，按劳分配，通过奖金改善经营管理。

过去总结：（1）不要上挂下连，只要总结经验教训，多作具体分析，不多说路线。

（2）要有点精神，“左”倾路线由上级负责，不能责怪群众。不要干劲愈大，错误愈大，这是“四人帮”的说法。

（3）用经济手段促进调整，价格不动可搞税收，内部价格。首先调整，改革要促进调整。

外贸亏损（四月二十一日）

外贸亏损要从全国算账，有些外贸高亏商品从全国看是高利商品。如羊毛进口外贸高亏，毛料服装出口高利。羊毛进口不应减少而应增加。

化纤要进口，保证工厂生产，算总账利润增加。这类事国务院要裁决，不要各部争执，不能再拖。

〔姚〕依林 外贸部作了分析，提的意见从压到40亿出发，未从全局算账，木材、羊毛等进口不宜减。改变外汇牌价有利于限进奖出。

免征工商税要放到地方去，不要财政部包下来，这样可以督促地方算账。

棉布要提价十几亿，的确良降价十几亿。棉布主要提平纹布，现在各地都要调进，要作调价方案。

所有商品按照价值规律调整。

谷牧 要从全局看，同时又要调动各部门各地区积极性。出口愈多亏损愈多，内销不亏本，不应当让生产能力闲置。如何分配合理，不能硬定出口任务。要采取措施使出口有利。要增加出口货源，促进各部门各地区，现在潜力很大（攀枝花钒渣西德愿订二十年合同）。

〔赵〕紫阳 现在经济活跃，财政困难，原因没有弄清，不要〔为〕减少亏损而把经济搞死。

外贸体制问题要议论，去年体制改革总的是好的，出些问题。今年后退一点是暂时的，今后如何要研究。总的要前进，有时某些方面退一点。

要试行出口联合。

财政收支（六月十五日）

（1）工业生产速度下降。

（2）能源比预计还差。

原因：

（1）收入涨不上去，到不了一千亿。

（2）国外借款还本付息到高峰。

借债135亿美元，还本付息82亿美元。

借新还旧65亿，120亿，75亿，多还140亿。

行政国防每年增40亿元。

五年赤字合计500〔亿〕～600亿元。

财政占国民收入比例降低。

财政负担愈来愈大。

办法：

（1）整顿企业放在第一位。

煤炭多给35亿，产量减3000万吨。

（2）解决资金分散状况。

一是多收一点，二是少支一点。

（3）价格和奖励（粮食基数600亿斤，棉花3600万担）。整顿奖金，增发工资。

（4）取消跑冒滴漏。

当前措施：

（1）发30亿公债，公私各半。

（2）烟酒提价，烟酒专卖。

（3）加强税率，管理，开新整旧。

（4）归还外债中的高利贷。

（5）挖革改资金企业自理。

（6）流动资金老企业不增。

（7）银行保险利润上交一半。

（8）事业单位尽可能自负经费。

轻工业部

从恶性循环转为良性循环。

购买力超过商品供应量。

计划要支援轻工业生产。

商业部

成立自行车、缝纫机、洗衣机等联合公司，增加生产。

财政分散，目前五种财政体制，比 1958 年、1971 年又发展。

国库券已交 39 亿，认购 56 亿。

地方分外汇，中央负盈亏。

（1）批发商业按经济区划分 100 多个中心，可以打破划地为牢，资金从 500 亿减至 300〔亿〕～350 亿。零售资金也可以减 100 亿。

县不设批发商店，取消三级批发。

（2）农用柴油取消优待价（八亿）。

（3）冻结奖金，现在越来越多，要下决心整顿。

（4）整顿亏损补贴，棉花亏 60 多亿，蔬菜亏损 3 亿多元。产销统一管理，现在生产归农，销售归商。

商业补贴 300 多种，亏 14 亿元。

搞点高价商品。

杨培新

曝露矛盾，找寻原因。

外贸方面，〔19〕78 年大借外债，不计成本大量亏损，外贸贷款增 90 亿元，进口的是机器设备，不能回笼货币。

外贸两个大锅饭，一是银行贷款要多少给多少。（去年 90 亿。）二是财政补贴出口亏损 80 亿元。三是外汇集中，地方外汇存在国外。中国银行向伦敦 20% 利息借债。

物价补贴不能扩大，农业成本有些是从大锅饭、瞎指挥产生的。

财政体制改革看社会效果，（1）财政收支平衡；（2）地方不盲目建厂。地方工业利润归地方，巩固发展地方所有制。折旧留给企业。利润分成制，中央 70%，税后利润中央地方分成，企业自留一点。

张培基

外贸亏损原因：价格，外汇〔汇率〕2.80 元，出口盈，进口亏。进口按计划执行。粮食亏 42 亿元。外贸补贴实际上是中央补地方。

外贸体制改变吃大锅饭，谁经营，谁负盈亏。代理进口、出口。

成致平

小麦国内〔每斤〕1.5～1.6毛，进口3.8毛。

生产效益问题，体制问题，工贸合一才能提高工业的积极性。

奖售粮142亿斤。缩小奖售范围，降低标准，每年增10亿斤。

议购粮奖售农民，农民又按议价卖给国家。由用粮部门负担。

利用外资

（1）不敢用，骑虎难下。

都可以用，高利低利均可。

（2）用在什么地方？周转快，盈利高，还是周期长，盈利少（能源、交通）。

（3）煤炭、铁路、码头借款由国家还本付息，还是各部自己负责。

（4）外资内资比例关系。

利用外资

中国银行　王伟才

外债还本付息总额一般不超过出口总额的15%，超过20%就危险。南斯拉夫占50%，印度也到50%（107亿美元）。

现在已应允的外国贷款286亿元。利用贷款购船400多艘，990万吨。已利用的外资只有1200万美元，不到1‰。低利条件多，利用很少。

季崇威

利用外资情况，日本海外协力基金20亿美元，已用的只100多万元，原因项目多变，国内投资不够，部门之间争论。

能源开发贷款20亿元。

已得外资120亿元，只用了1000多万元，千分之一。

世界银行谈成8亿美元，半无息，半8.6%〔利息〕，如何利用正在谈判。

合资、合作、补偿贸易20亿美元。

思想认识问题：

什么叫利用外资？宝钢不是利用外资，是引进外国设备，付现款。

利用外资与压缩建设规模，要促进调整工作。

自力更生和利用外资，过去太宽，现在太严（如耀华玻璃厂）。

肥水不落外人田，指出口商品削价竞争。合营企业必须双方有利。

必要性与危险性：

发展中国家外债 5000 亿美元，每年利用 800 亿美元。

如何利用外资：

国际金融组织，特别是世界银行，过去特别重视印度，现在特别重视中国。

铁道部利用外资（〔汇率〕2.8 元）比国内投资多一倍，不愿利用外资，自己也无偿还能力，必须统盘考虑。煤炭部劳务投资多，设备投资很少，利用外资困难。

进出口委

铁道部利用外资不能要求自己偿还。

钱俊瑞

（1）自力更生区别于自然经济。

（2）自力更生区别于闭关自守。

日本、西德利用外资都有统一管理。

杨培新

为什么借多用少？

（1）银行利率太高，出口物资价格上升不快，进口涨 10%，出口涨 5%。八十年代借外债形势不利。

（2）国内经济发展不快，形势不利。调整和改革还收效不大。

凡是国家背起来的大多失败，企业自背风险的大多成功。

中国银行吸收华侨投资，贷给中小企业搞挖革改。

借、用、还三统一，不吃大锅饭。

利用外资必须基本设施配合。这是借款用不出去的原因之一。

周太和

利用外资要为“七五”发展着想，所以研究对象是长期的大项目，不是有借有还的小额信贷。因此有的必须统借统还，无法自借自还。国内资金必须配套。

房维中

国内资金不足，想利用外资，但不敢用。〔利用〕既要积极，又要稳妥。(1)“六五”期间国内配套困难；(2) 利用外资本领不行，没有学会，才干不是一二年能学好；(3) 企业管理不行，无力偿还。

研究为什么借到钱花不出去？把日本海外协力基金解剖一下。

已经借款建设的有什么经验教训？凡是部门搞的项目成功很少（例如彩色电视显像管)。以后如何避免？

地方企业自己搞的成功的多，见效较快。应当总结经验。1979、1980年新签合同同样犯了错误。

物价问题（七月七日）

烟酒价格多提一点，提到可以敞开供应，不走后门。提价金额可以达35亿元（烟23亿，酒8亿元)，加上多产高级烟、混合烟，可以多收50亿元。

价格改革的基础是改革价格，市场调节就是价格调节。成立物价研究中心。这是体制改革的基础工作。

物价、劳动是两个死胡同。理论价格问题很多，不可能在国务院讨论。

理论价格未搞清楚以前，不能统盘调整，调价要谨慎。调价利多害多？非常明显不合理的〔要〕调整。现在还不能做到价格合理。稳定经济现在还没有解决。现在主要弄清情况，属于广大人民生活〔的〕只能补贴。既要看到物价的严重性，又要稳定人民生活。

突出不合理的要调整。煤炭要动，不能动得太多。化纤要发展，少进口棉花，化纤布降价。化纤布降价，棉布提价，改变衣服结构。加上税收和整顿企业50亿，共增财政收入150亿。

调整价格要有战略战术，好坏搭配（升降搭配)，便于宣传。

农副产品稳定三年，征购基数也要稳定一个时期。

定量供应的国家包，其他议价高价。使低收入的得到照顾，有点优待价格。其他可以高价，高进高出。农产品基数两三年内不减，特别穷的地区减一点。

小商品价格随行就市，保证必要的供应，不鼓励铺张浪费。

理论价格先由研究中心论证，现在不定框框。

当前油菜籽收购不了，打扁担就会同意降奖售价。食油多了，定量供应

（低价）也不取消，加些征购任务。

紧缺商品大量走后门，可以先收款，后交货。外国分期付款，我国分期付货。

经济研究中心（七月十三日）

筹集银行资金，发展生产

近两年每年增加城乡储蓄100亿元，企业存款也大大增加，可以用于发展轻纺工业。

增加生产关键一是能源，节约能源要设备更新。二是劳动安排，今年劳动生产率下降5.6%，工资增加9.9%.

“六五”能源靠节约，靠改变煤矿精神面貌。

利用外资（七月十五日）

（1）盲目进口大型成套设备，78亿元中除8.5亿煤炭外，其他都是消耗能源的。等于〔19〕73～〔19〕77年的两倍，没有进行科学研究，都是现汇合同，不是延期付款。去年底现汇债务30亿元。没有经济责任制，谁负责偿还。

（2）三中全会以后筹集利用外资（出口信贷），124.8亿已利用1.4亿元。不能用于已签合同。日本能源开发贷款20亿元，已用4.35亿，今年再用4亿多，分五年用完。政府贷款（包括海外协力基金）5亿美元，用于铁道、港口、水电站，只用了100多万，原因是正在做设计，国内资金没着落。

经验不足，利用程序，管理办法。

世界银行贷款，26个重点大学。

（3）国家统借贷款，财政债务去年底35.5亿元，主要是现汇。今年要增43.6亿元（大量进口成套设备）。

〔第一,〕利用外资项目都要纳入计划。进行科学研究，确有偿还能力。多用贷款，少用现汇。控制成套设备进口，引进技术。采取灵活方式利用多种外资，主要用于改造老厂。

第二，统一认识利用外资方针，利用外资作为国内建设资金不足的补充，主要用于战略性的建设。既积极，又稳妥，循序前进，量力而行。使用方向重点：①能源；②交通、建筑材料；③老厂技术改造；④能够扩大出口的项目；⑤多形式、多渠道，择优灵活运用；⑥统一规划，加强综合平衡，每个项目要作可行性研究；⑦加强外资管理，必须按程序办事。

第三，利用规模，要同国内积累相适应，借钱要还，计划偿还能力。内外资要结合。外资1美元配2～3元人民币。教育卫生无偿援助配0.625元人民币。今年300亿元投资，可以利用外资5%，还可以再多用一点。“六五”期间可用外资100亿美元，配250亿元人民币，占总投资的1/4。积压设备五年约30亿美元。

第四，严格程序、制度。项目预先准备，先设计，后借钱，进行可行性研究。宏观经济的平衡，微观经济的论证。设计、施工、销售目标。

第五，偿还责任，统借统还（不赚钱的项目），统借自还（财政部借给企业），自借自还（银行审查担保）。

第六，改革、完善利用外资管理体制，现在体制是利用外资的最大障碍。小项目可分级审批。制订合同法，招标可以采用。

〔19〕79～〔19〕80年签合同44亿，其中大部分是二十二项和军口。新项目控制住了。

经济研究中心（七月二十日）

计委测算四年财政赤字412亿，财政部测算五年500〔亿〕～600亿元。不应盲目乐观，更不应消极等待。原因：

（1）生产速度下降。

（2）物价亏损每年递增40亿，1985年到367亿元。

（3）国外借款还本付息五年85亿美元，230亿人民币。

（4）教育科学等经费增长，每年40亿元。

三个比例关系：

（1）财政收入占国民收入比例下降。1980年28.5%，1985年预测22%。苏联东欧占50%～60%。

（2）预算外资金增加。〔20世纪〕60年代中〔央〕财〔政〕膨胀从80亿增至200亿元。1980年470亿元（企业占用基金350亿元，事业费80亿元，地方财政 40 亿元）。三年〔调整〕20% 左右，“四五”26%，近几年接近 50%。

（3）物价补贴负担沉重。1980 年 230 亿元，1985 年预测 310 亿元，加外贸 1985 年占 40 亿元〔40%？〕以上。

出路何在：

发展生产，提高增长速度。能源短缺在近期内难以解决。

应当把整顿放在很重要的位置上。

财政体制：

分灶吃饭（划分收支，分级包干）。

更〔新〕改〔造〕资金每年 200 亿元。

平衡收支：

（1）每年发 30〔亿〕～40 亿元国库券，公私各半。

（2）烟酒提价专营 30〔亿〕～40 亿元。

（3）加强税收工作 10 几亿元。

（4）中国银行外汇利润上交一半。

（5）农用柴油价格补贴整顿。

（6）财政不安排挖革改资金。

补充措施：

企业整顿每年 20 亿元。

对近几年财政困难从宏观经济角度加以论证。①财政比例；②分配政策；③外国经验分析；④财政与银行的职能。

经济研究中心（七月二十二日）

1981 年上半年劳动生产率下降 4.8%，工资增加 11%，奖金增加 30%。

解决财政赤字关键在生产，还是关键在分配。

经济研究中心（九月十六日）

三年积压进口设备 50 亿美元以上，约合每年人民币 50 亿元，加上国内下马项目积压设备，占国民收入 2% 以上。再加生产积压物资，为数更多。今后降低积累率，重点不在投资，而在积压物资。

调整要后退一点是难免的，退是为着前进。工资（上半年）增 9.4%，劳动生产率下降5.4%。

取消大锅饭，实行责任制，不敢大用外资。

利用外资

三年内借款86亿美元，借款还债50亿元，今年还债36亿元。今年利用外资16.8亿元，明年利用20亿元，“六五”共113亿元，加合资补偿共约200亿元至230亿元（美元），国内配套人民币50亿元。

经济改组和技术改造同样重要，前者不需投资，比技术改造更重要。

体制改革（一九八二年一月七日）[①]

首钢经济责任制真正把企业和个人利益结合起来，可以与国家计划结合而不会违反国家计划。

大企业要纳入计划，但不等于不要自主权。自有资金用于职工福利的企业自己管，用于扩建、革新的总公司集中管理。小企业实行所得税制。

〔19〕82年整顿经济〔责任〕制，与加强计划管理结合起来。对车间、职工，与加强企业经营管理结合起来。经济责任制经过整顿，与提高经济效益是一致的。

中央和地方的关系。企业归中央管好，还是归地方管好？现在管理制度是历史上最坏的，厂长最难当。

要研究苏联，生产联合公司，经济机制，有些他们改了，我们没有改。有些我们改了，他们为什么不敢改。我们五十年代的经验也要研究。

财政金融（一月九日）

利用外资（一月十二日）

思想认识上不一致。

统一领导，全面规划，灵活反映，严格纪律。

财政金融（一月十三日）

财政赤字（800亿），通货膨胀（每年50亿元），物价上升问题没有解决。

---

① 以下为1982年的记录。

奖金，〔19〕81年50亿（统计局），70〔亿〕（银行），90亿（财政）。

原因：（1）工资、奖金增长过快（三年405亿）。

（2）农民提价、减税过多（三年520亿）。

（3）企业增加利润企业留得过多。

（4）消费品和农资物价补贴320亿元。

（5）财政收入占国民收入比例。

（6）经济效益差。

出路：（1）守住三条防线，农民、工人、企业。

（2）猛攻三关，增产增收，生产搞上去；生产效益；建设周期。

（3）加强综合平衡。

财政体制改革：

成效：调动积极性，加强责任性。

弊病：助长划地为牢，同改革发生矛盾。

不能退到统收统支，作些改进。

中央要掌握经济命脉，财政命脉。

中央借外债办的大企业，收入要归中央。

改变分成比例。

税务局

收入：（1）企业利润从500亿降到400亿；

（2）税收从400亿增至520亿。

工商税整理可增20亿，潜力还有，补了税要减利，地方不干。地方许多小厂靠减免税过日子。

三大市，江、浙、鲁没有税收机构。

税制改革税务局不好提意见。

财政金融（一月十八日）

信贷500亿，300亿建设贷款。

来源存款增400亿，银行盈余50亿，发票子50亿元。

财政赤字25亿，外汇提价27亿元，财政仍按〔汇率〕1.75元计算，银行按〔汇率〕2.80元。

城乡存款增123亿，城71.3亿，农村社员52亿元（信用社用储蓄存入银行）。企业存款增70亿，加国库券更多。

农贷124亿，当年收回114亿元。

投放969亿（增73亿），增8.1%（〔19〕80年增22%）。工资性〔投放〕〔19〕80年165亿，去年增77亿，奖金相差不远。

问题：货币流通量396亿元。

各项贷款2765亿元，商业1369亿，工业839亿，中短期设备83.7亿，农村社队163亿元（累计）。财政透支247亿元。

（1）银行自有资金与财政存款的比例愈来愈小。银行周转资金不足。

（2）财政虚假收入，转为银行贷款仍未消灭。

（3）清理库存，用银行贷款冲销，许多企业把好货报废，报销后又出售。化纤有盲目生产，继续积压。去年第四季度高速度多积压了二十多亿元。

（4）市场票子偏多，货币与商品销售量的比例仍有参考价值。

（5）外资与国内资金不能脱钩。不能用银行贷款来弥补国内资金。计划中已安排利用银行资金配套上外国进口项目。

（6）投资公司冲破信贷计划，资金不受中央限制，利润都归地方。建议除荣①外都取消。

（7）改革银行体制。

财政金融（一月二十二日）

货币政策〔问题〕：商品偏紧，货币偏多，物价难稳。

三年发行184亿元。（1）生产流通100亿元；（2）财政发行312亿元；（3）信用回笼612亿元；（4）财政结余及银行自有资金减少。

〔办法：〕

（1）稳定物价政策不能变更。

（2）信贷增长，在扶助生产发展上防止信贷膨胀（贷款效益，不放滥账，不重复生产）。

---

① 指荣毅仁，即中信公司。

银行贷款不能由条条块块来分。

（3）集体经济发展很快。（不能只扶助，不管理，只优待，不负责。）

（4）物资积压，〔要〕以销定产，以销定购，以销定贷。

（5）利率不能统一，不同对象不同利率。

（6）管外汇与用外汇不能一家管。

（7）办地方银行，办部门银行一定搞乱。

宋平同志

财政问题是经济工作中最突出的问题。去年财政基本平衡，潜伏危机没有消灭。财政赤字每年仍有100〔亿〕～150亿。借款发国库券不是根本办法。这个问题不解决，计划不好安排。要保持4%～5%的财政增长速度，就要提高经济效益。

（1）计划要搞平均先进定额，部报定额大多低于1980年，目的是多得奖金。不能让步。

（2）财政上消灭跑冒滴漏，投产工厂应即验收。税收也有潜力可挖，包括关税在内，走私估计12亿。

（3）统收统支改为分收统支。上交利润每年减100亿元（1980年），把部分开支下放。部分小建、革新、试制由地方和企业负担。（住宅建设100亿中，财政拨款80亿元。）（折旧基金200亿元如何利用。）

（4）调整时期财政集中好，还是分散好？调动积极性单靠分成行不行。中央500亿收入必须保。

（5）物价补贴已到极限，不能再增。棉花、油菜收购价格（提高基数）。

（6）财政体制值得研究，包干办法走向分割。

财政银行（一月三十日）

宋子明同志

（一）工业收入上交利润比例减少。

是否利改税，上交所得税（各行各业税率不同）。

（二）农产品价格，基数奖励（奖售口粮），优待价格。

（三）粮棉油补贴年年增加。

（四）分灶吃饭解决分收分支。

（五）银行投资统一掌握（投资公司）。

外汇统一管理。

（六）整顿包干办法，不能包盈不包亏。

粮食包干，调出20多亿斤，调入250多亿斤，奖售地方包了，调出经济作物就有困难。

（七）流动资金如何压缩。

（八）严格控制各种开支。

（九）加强财政审计和银行监督。

办法：

（1）统一认识，措施要硬，决心要大。

（2）组织落实，分工负责提出方案。

（3）国务院定几个大杠子，再定解决办法。

“六五”期间财政赤字

赤字比原设想的要小一点，原五年809亿元，增收节支后还有261亿。

收入原估计逐年下降，维持〔19〕81年生产水平，可以不降。关税可以增加。外贸亏损不增。还外债本息减少。几笔合计可能350〔亿〕～400亿元。

成致平同志

最近三年，职工，〔19〕78～〔19〕80年物价涨12.6%，生活费〔涨〕14.9%。牌价〔涨〕10%，集〔市〕议〔价涨〕5%。加变相涨价可能20%。

奖金、工资补贴增加24%，不包括就业面扩大。收入增加，物价上升，生活改善，但不平衡。工资低、奖金少的有困难。

农产品收购，〔19〕78～〔19〕80年增35%，〔各〕地区多少不同。农民收入增加，提价占50%（辽宁），40%（湖北）。

国家〔收入〕，〔19〕78～〔19〕81年186亿，国家提价150亿元，〔地方〕自己提30多亿元。（1）提价；（2）减基数；（3）少完成基数；（4）多卖议价（粮食提价76亿元，国家提36亿元，加议价40亿元）。

补贴320亿元，包括外贸亏损87亿元。

〔19〕81 年物价明显表现上升趋势，0.4%（一季〔度〕），0.9%（二季〔度〕），1.4%（三季〔度〕），4.2%（四季〔度〕）。集市价格前两年稍有下降，今年显著上升。这是农村票子多的反映。集市价格影响议价，议价影响牌价，不上升收购不到。

的确良销售增加，库存继续上升。

〔办法：〕

（1）收购牌价稳定，油菜籽等整顿（二八开改为四六开，可减少 3 亿，今年增加 4 亿，合共 7 亿元）。烤烟取消加价补贴 1 亿。

（2）各种收费从 60 种增至 120 种。

（3）涉外价格，进口亏损包给地方。

（4）农产计划价格应占 70%。

（5）长远规划物价与工资共同调整。

农产品价格：

1981 年比 1978 年，农产品因提价〔农民〕多得 186 亿元。辽宁〔农民〕增收中，增产占 50%，提价占 50%。一般提价占 40%～50%。186 亿元中 150 亿元国务院提价，36 亿元地方提价。

油菜籽、葵花籽、烤烟、木材要稳住，突出整顿几种太不合理的。蚕茧不能提价。

财政部

财政物价补贴 1981 年 320 亿，国内 200 亿，粮油 132 亿（〔19〕78 年 36 亿）。

“六五”期间国内补贴，〔19〕82 年 256 亿，〔19〕83 年 279 亿，〔19〕84 年 302 亿，〔19〕85 年 335 亿，平均每年增 25 亿元。占财政增收部分的 80%。

①农副产品收购价格，一要稳定，二要整顿；

②加强派购，整顿议购；

③基数不好定，矛盾很大，按比例加价；

④除口粮外，工业用粮、奖售粮不能平价；

⑤利润返还（烤烟等）按国家规定；

⑥棉、油、糖、化肥等少进口，可省 40 亿元。

农民不合理的既得利益每年十几亿降下去。

三年国民收入增620亿元，国家财政收入减少70亿元。给农民445亿元，减免税70亿元，给职工405亿元，给企业185亿（与奖金有重复）。

①农业生产计划为主，征购、派购要有计划；

②价格补贴不影响人民生活，不补贴工业；

③外贸亏损转给各部；

④加价亏损包给地方。

财贸小组

奖售粮食从10多亿斤增至100亿斤，奖售化肥也大大增加，包不起。认识不一致，不好办。

保粮食必须规定各种作物种植面积。黄红麻、烟叶、油菜等要压缩。

农产品收购价格（二月六日）

农委：新产区应规定合理基数，保持农产品内部合理的比价，不要猛涨猛跌。

二类产品订收购合同。

计划管理要有生产计划，实现计划要靠价值规律。一斤发菜破坏50亩草场。

优待价格用油现在不够，不要几面夹攻。

农业部：油菜籽平〔价〕、加〔价〕，农业部对半开，粮食部四六开，目前二八开。安徽一九开，国家赔不起，农民吃不起。

甜菜〔收购价〕，黑龙江、内蒙90元左右。

烤烟，县为了财政收入，〔收购价〕继续上升。

红黄麻过多。

二类农副产品有些可定基数（浙江茶叶）。

粮食部：〔收购〕平均价1.57毛，每斤赔1毛钱。要整顿奖售粮，〔19〕61年10亿斤，〔19〕77年68亿斤，〔19〕78年82亿，〔19〕79年112亿，〔19〕80年134亿斤（农村返销400多亿）。〔19〕81年三个季度126亿。比去年同期增11亿斤。奖售粮半数以上加价卖给国家。

返销粮按过去购价、现在销价供应。能否做到购销拉平。有些地区已改为购价。奖售粮提到实际购价（加超奖）。销1.1毛，购1.3毛，加奖1.5毛。工业用粮油提价（69亿斤），粮9亿多〔元〕，油4亿多〔元〕。（饮食业不提价。）

调整基数困难，按征60%，超40%计算。仍然要定任务。群众容易接受，大豆按5∶5定价，群众是满意的。过去不知道价格。

油菜〔19〕79年4∶6，〔19〕80年3∶7，〔19〕81年2∶8。今后拟改为4∶6，估计农民能接受。

供销社补贴44亿，其中棉39亿，农业生产资料4亿。〔19〕79年棉14亿，〔19〕80年30亿，〔19〕81年34亿。山东棉花基数量低。山东〔收购价〕2.04元，江苏1.54元。

一个农业劳动日纯产值2.84元。

调整棉花基数，半数平价，半数加价。北方加5%改为南方加2.5%，北方减2.5%。各地基数按亩产规定，从亩产100斤到20多斤。

商业部：农渔用柴油补贴，今年补贴520万吨，超购加价利少弊多，苦乐不均，打乱了各种产品之间的比价关系，使地区调拨发生困难。

按比例加价比按基数加价好一点。

外贸亏损（二月十一日）

1981年上报亏损59.7亿元，列入财政预算40亿，执行结果10亿。原因：（1）汇率变化多收27亿；（2）化纤退税4亿元；（3）减少进口（粮棉）5亿元；（4）苏东进口减少，少亏8亿；（5）改善经营管理，控制高亏出口1.4亿元；（6）各部拖欠年初34亿，年末14亿元。合计59亿元，与原报告差不多。

1982年测算大体〔收入〕60亿左右。出口赚48亿元（换汇成本2.5元），以进养出收5.9亿，调拨收入1亿元，运输收入3.5亿，合计58亿元。

亏损118亿元。进口（每美元亏0.65元）亏103亿（粮食、化肥、棉花、糖、钢材）。去年粮〔亏〕41.6亿元，糖6亿，棉花20亿，化肥19亿，钢材9.5亿，合计96.7亿元。

外销转内销亏5亿元。

外贸经营管理中的浪费必须重视。代理进口加手续费原则是对的，但进口计划也要研究一下，应否进口，可否少进，进口价格，运输费用等等，外贸部应研究。外贸只管完成进口及出口收购任务，不讲经济核算。

九省市自负盈亏，分别核定换汇率。

茶叶，统一管理，联合经营。

硫黄外贸补贴，压缩国内产量。

财政部：外贸贷款200多亿元，库存增加，付息20多亿元。积压原因要好好检查，有主观原因，有客观原因（党委强迫收购）。

办法：认识统一，为什么要进出口？地方外汇结余42亿元，进口高级消费品。

统一政策，统一计划，统一对外。

外贸亏损不超过40亿元。

劳动工资（二月十五日）

（1）平均主义，准许企业能升能降，能进能出，凭考核，不凭工龄升级，劳动积极性就大大提高。

（2）工资水平低，全国工资100元以上的3%。

（3）工资乱，各种制度、政策思想都乱。

（4）工资管理过死，提级、发奖限期完成，企业不能自己决定。

四条中平均主义是主要的。

“六五”时期工资初步设想，工资总额每年增加50亿（1.5%，每人每月一元），47亿（1.2%，八角），42亿（0.7%，4.7毛）。现按第三方案安排。全民28亿，集体14亿元。补充新职工，（八年升一级）没有考虑物价变动因素，物价超过工资，实际工资下降。

工资占产值比重7%，占净产值从30%降到18.6%。

奖金问题

〔要考虑〕治本办法。奖金滥发乱发，花钱很多，效果不大，在历史上是最差的。50年代占工资总额5%，60年代7%，现在规定10%。〔19〕78年奖金面30%，现在普遍发。

〔19〕78年10.8亿，〔19〕79年46亿，〔19〕80年66亿，〔19〕81年75亿（全民64亿）。

整顿，什么叫奖金（国家机关每人 60 元，花了 8 亿，十二级以上不发）。各种补贴不是奖金，实际上是物价补贴，困难补助。

工资改革

1956 年调整工资步子大了。三种类型。

企业工资标准简化，职位工资，岗位工资。

基本工资，逐年增加，提职提资。

职务与工资挂钩，拿职务工资。

“六五”计划每年增 12 亿，转正定级 2 亿，共 14 亿。下决心把奖金补贴〔改为〕调整工资。

定个蓝图，逐步改革。

改革要对生产起促进作用。

考察纪要（二月十七日）

加强计划必须同改进计划管理制度结合起来，不改进就不能加强计划。地区协作不承认不行，计委必须指导，进行协调，编制综合计划，因势利导，有疏有堵。

城市权力扩大了，城市与城市联合，城市不会分割封锁，分割封锁的是省。困难是省和市的关系，中央各部亦进行协调。

计划体制改革

国民经济的总收入，总支出，综合指标体系，经济情报中心要进行预测。

如何改进计划体制，经济研究中心和体改办议论几次。要有几种计划。减少行政的、僵化的方法，加强情报，协调。主观意志成分太大，往往脱离实际情况。加强科研工作。

经济责任制不是包干，而是企业内部层层负责，层层核算，与职工按劳分配结合起来。

将来几个中心怎样搞，不存在精减问题，而是要加强。

经济研究中心可以加强，从精简人员中选择。

流动资金（二月十八日）

工业 1400 亿占 40%，商业 1790 亿占 50%，其他 354 亿占 10%。

3500亿流动资金，银行贷款占66%。银行贷款90%以上用于流通部门。

〔19〕65年资金每年周转四次，现在愈来愈慢。

问题：生产中多占用了280亿元，大概合理的占40%。工业不合理占用170亿元，供销企业不合理占用100亿元，集体30亿元。以上合共300亿元，〔19〕80、〔19〕81年已冲销60亿，现在还需要冲销100亿元。

钢材积压70多亿，机电产品200多亿，消费品50亿，合计也是300亿元，两个数字大体符合。

商业部门积压120多亿，其中商业部90多亿。要冲销20亿元。

原因：有历史遗留，计划调整，管理体制。大部分是客观原因，企业无能为力（60%），经营管理不善占40%。

〔19〕80年、〔19〕81年流动资金各增300亿元。老的积压处理很慢，新的积压不断增加。

有调整造成（钢铁、机电），有计划体制（产销不衔接），追求产值，追求利润（化纤布层层加码），外贸盲目采购（化纤进口积压20万吨，20亿元），盲目追求利润（质次价高）。银行贷款贯彻以销定贷不力。财政的供给制可能改为银行的供给制。

措施：流动资金越困难，增加越多。生产增长越快，流动资金越多。减少流动资金要随经济调整逐渐节约。用贷款解决困难，是掩盖矛盾，搞虚假的平衡。

（1）不搞水分，处理老积压，防止新积压，后者更为重要。销不出的宁可压缩生产。以销定产，以销定购，以销定贷；（2）老积压冲销，处理一批；（3）把积压流动资金作为任务，要求节约3%，作为考核指标；（4）解决银行的自主权，克服银行无能为力论，改变银行吃大锅饭的办法；（5）既要控制，又要疏导，把国民经济搞活。把两种贷款（固定资产，流动资金）结合起来。卖方信贷要严格限制。

流动资金管理制度的根本改变。财政和银行的关系，过去是财政姓固，银行姓流，要改变为无偿的财政，有偿的银行。银行对改造老企业有充分作用。

商业部

流动资金每年周转8次稍多一点，去年多占用76亿元。

（1）加强计划性，56亿中，化纤布、胶鞋、收音机（冷背残次36亿元，现存15亿，占2.7%）等大量积压，必须调整生产计划。

（2）自销包销，如收音机代销自销。去年压缩库存32亿，年末库存增62亿元。

（3）撤销不必要的二级站，多占用资金36亿，原因是二级站多了。

1981年流动资金增315亿元。

库存物资（二月二十二日）

物资库存866亿元，三年来增加很少。机电产品600亿，稍多一点。〔19〕80年前每〔年〕增50〔亿〕～60亿，这两年稳住了。去年钢材超产300多万吨。原计划减少库存300万吨，结果还增加103万吨。

积压原因：（1）经济决策的失误，大干快上；（2）体制上的弊病，只管生产，不管需要，只管产值产量，不管质量品种；（3）经济搞活中措施不当，计划没有连续性，局部利益与整体利益发生矛盾。

解决办法：（1）真正发挥计划的主导作用。机电产品近两年没有计划（轮胎生产）；（2）减少东欧和朝鲜的进口；（3）长线产品先利库，后生产。技术落后，能耗过大的产品停止生产。

1981年比1979年流动资金降12%，周转天数也减少。

70%由各部门管（品种）。

办法：（1）每年计划利库几百万吨，结果〔反而〕增加。原因每年超产几百万吨，利润分成，不超产不行。

（2）改变现行物资管理体制，打破地区、部门分别管理物资制度，按经济区划组织物资流通，从钢材上先搞试点。物资部门工作要跟上去。

（3）加强资金管理，压缩资金指标。

外贸部

流动资金占用375亿，银行贷款294亿，自有资金18亿元。商品占68%，未收〔款〕占28%。国内涨价15亿元，进口涨价33亿元（汇率），由于价格因素库存增加48亿元。

处理积压18亿元，售价13亿元，亏损5亿元。积压占总库存15%。

经委

总的来说压缩库存几年来有进步，但还不够理想，过去主要是钢材、机电产品，现在消费品积压也有增加，手表、收音机，家用电器产品。

(1) 做好经济预测，加强计划指导；

(2) 限制长线产品生产；

(3) 打破地区封锁；

(4) 质量差、消耗高的关停并转；

(5) 改善经营管理，处理积压产品，降价推销。

人民生活（二月二十四日）

1981 年工资 815 亿元，比 1978 年增 43%。〔19〕81 年平均工资增 33%，老职工增 40%。就业率 98%，家庭人平 40 元。扣除物价〔19〕81 年比〔19〕78 年增 12.1%。人平 20 元以下占 5.6%，中年职工比较困难。

〔19〕78～〔19〕81 年购买力 873 亿元，商品 431 亿元，此外靠进口。贮蓄等未解决。3 年新增国民收入 99% 用于消费。关于欠账问题。

工资、奖金中的主要问题：

(1) 工资、奖金经济效果低。工资平均年增 11.8%（三年），产值年增 6.3%，国民收入 7.8%，商品可供量 10.3%；(2) 增加成本，造成财政赤字；(3) 增发货币，物价上升。利润 1 元，奖金 0.8 元。奖金（补贴）不是用于提高劳动生产力，而是用于改善生活。不能解决工资不合理的问题。

〔对〕物价和〔工资〕升级的一些看法：

(1) 统一思想认识；

(2) 改革方向定下来，具体方案稳当一点；

(3) 检查总结近三年的经验；

(4) 中年职工，知识分子问题要解决；

(5) 工资和物价；

(6) 工资试点和自费改革。

统计局

(1) 宏观比例不协调，各种改革有困难；

(2) 劳动工资制度；

(3) 教育、升级必须与学历挂钩，工作与学习；

（4）社会救济。

人民银行

过去发票子182亿，近三年发184亿元，今后计划每年增50亿元。目前奖金问题比工资大，政策与计划有矛盾。物价影响利润，利润决定奖金，物价不调整，奖金无法不乱。

新疆长绒棉积压100多万担，上海不要，原因进口棉有补贴，价格低。

人事局

大专毕业生真有专长的占少数，领导干部中有问题的占多数。按工龄等杠杠提不能是平均主义。北航校教师49.5元，讲师62元，学生一毕业就56元，许多干部感到没有奔头。

财政体制改革（三月二日）

财政先行，后续部队没有跟上。

基本上是分级管理，分级包干。好处〔是?〕调动各级积极性和责任性，改大锅饭为分灶吃饭。

问题：中央财政赤字难于解决。1090亿收入中，中央自收只120亿，地方上交260亿元，外借50亿元，赤字40亿，加外债共90亿元。支出合计600亿元。

三笔大的变化：（1）外贸从盈利变亏损；（2）超购加价增加；（3）外债由财政负担。原计划上收100多个大企业，利润300多亿，划分收支后无法实现。

办法：倒退不行，前进困难，保持现状难以为继。（1）分级管理原则不能变更，如何分法；（2）国家投资项目利润归国家；（3）农产品超购加价要限制。

问题：（1）财政改革与经济改革不同步；（2）加剧了地区分割；（3）中央穷了。原因多方面的。

办法：（1）财政改革与经济改革同步进行，企业不归中央，就归地方，不能没有“婆婆”。现在大企业产供销归中央，财务归地方，必须改革。骨干企业为全国服务的应当划归中央。中央投资，投产后利润归地方也要改；

(2）解决地区封锁，全额分成好了一点；（3）经济体制不大改，财政也不能大改。

(1）调整基数，不向地方借款；（2）划分中央地方投资范围，谁投资利润向谁交（新投资）；（3）加强计划管理，行政干预。

利改税解决不了财政问题，大企业交税以外还要交利。

三年国民收入增730亿，人民收入（消费基金）增960亿元，财政收入降155亿元，赤字315亿元，预算外开支500亿元。

企业自有资金的使用如何控制？议价、奖金如何控制？

财政体制（三月十一日）

吴波同志

财政赤字100亿元原因：还账1400亿，内：①农价442亿元；②减农税78亿；③城镇就业105亿；④工资奖金300亿，其中奖金200亿；⑤各价补360亿；⑥住宅150亿；⑦大中城市建设费28亿。相当于三年财政收入31%。

扩权三年280亿，其中企业基金49亿，利润留成142亿，包干72亿，利改税20亿。

借债，内外债410亿。外120多亿，内200亿。银行贷款200亿元，今年200多亿。赤字30〔亿〕～40亿。利用外资50亿元，国库券40亿。贷款建设80亿元。

办法：浪费很大，反过来潜力很大。财政部算不出账来。

财政体制。分灶吃饭两个问题：一是中央赤字，地方结余，周天子向诸侯借灶。一是不利于体制改革。石油下降，大借外债，中央企业上收否定。算基数让了三十亿元。

一，（1）中央借地方的债过去不还，今后调整基数；（2）今后新投产企业，中央投资的利润归中央，合股公司分红；（3）收购农产品亏损定基数包干；（4）地方外贸亏损定基数包干。

二，改变因分灶吃饭不利于体制改革〔的情况〕。过去中央企业收入归中央，基建投资统归中央。地区分割、重复建设过去就有，现在增长。

分灶吃饭以财政为突破口，财政先行，经济没有跟上。两者必须全面规划，同步进行。财政改革从改革税制入手。办法：（1）有些行业收增值税，许多地区机械行业试点；（2）通过税收解决苦乐不均；（3）利改税，18 省 446 户。广州、柳州，税制改革不能彻底解决矛盾，只能缓和矛盾。（1000 亿中中央占 55%，地方占 45%。）工商税收 500 亿，〔内〕所得税 44 亿，农业税 26 亿，关税 35 亿，盐税 8 亿，企业利润 338 亿。（工业 448 亿，减商粮外亏损。）

企业自主权是有限度的，自有资金大量使用要由国家控制，公司调剂，不可能自负盈亏，取消部门、地区所有制后总要有一个头来管。以上提法是否妥当，尚待研究。

如何贯彻全国一盘棋。

按现在计划管理水平和思想状况，很困难。

财政收入占国民收入三分之一，其中经常开支（行政、国防等）占 21% ~22%，预计 1985 年占 24%，能用于基建的只占 2%。

经委

〔19〕79 年企业留利 7%，〔19〕80 年 10%，〔19〕81 年 15% ~18%。今年希望达到什么水平？各省如何安排。（山东 32%，四川 40%。）个人收入必须统一控制，下达最高限额。

税收严格执行财政规定，不准自行减免。

贷款渠道太多，无法综合平衡。

人民银行

每年存款约增 300 亿元，企业、储蓄、地方机关团体大约各占三分之一。外贸贷款 300 亿元，积压约占 20%。

基建投资大型，长期投资归财政，定额资金由财政拨。企业自有资金多少用作流动资金。

三年发票子 128 亿元。企业存款集中在 12 月。1980 年发 78 亿元，1981 年发 50 亿元。

财政体制改革（四月三日）

财贸所： 分灶吃饭不等于分级管理，日本中央财政收入占 70% 以上，对地方有补贴。地方有自己的财政收入，可以安排自己的事业。

人〔民〕大〔学〕：在严重比例失调，财政严重困难，其他改革没有进行的条件下财政作为突破口，本身就有问题，改革中所发生的问题不能都推到财政体制改革。目前改革不宜一风吹，具体问题具体解决。

什么是财政管理体制，是财政管理的根本制度。如何分级管理，中央地方分配比例，权力范围，收支划分办法，除集权和分权外，还有物质利益原则，以调动两个积极性。

〔19〕80年以前基本上集权，财政开支条条下达，地方无权调剂。〔19〕80年后，（1）从一灶吃饭改为分灶吃饭，地方可以自行安排开支，自求平衡，有内在动力；（2）财政分配从条条为主变为块块为主；（3）包干比例以收定支，五年不变。效果：（1）地方党委关心财政工作，收入完不成就只能压缩开支；（2）便于中长期规划；（3）一定程度上有利于经济调整，关了一些长期亏损企业。因此大方向是对的。

问题：（1）中央地方固定收入，地方中央固定比例分成，不足时调剂收入（工商税），制度本身是好的。由于扩大企业自主权固定财政收入减少，工商税共享收入是增加的。地方不能保持收支平衡。

现在改为江苏体制，全部收支总额挂钩，分配办法改了，仍是分灶吃饭，地方权责利未变。

（2）中央地方分配比例如何掌握，地方占46%，原则必须保证中央有必不可少的开支，并有调剂落后地区的能力，同时保证地方最低需要。现在地方比例大了，保证不了中央开支。工商税努一把力增收30亿是可能的。如何调动税务干部积极性。税务机关要独立，垂直领导。增收部分留一点当业务费。

中央财经学院：把大企业的财权也收归中央。有些亏损补贴划归地方负担。

利改税，拨改贷，税代价，都不能绝对化。

体改委和〔经济研究〕中心（〔一九八三年〕三月三十日）[①]

体制改革：（1）计划和市场；（2）条条和块块。整个体制改革就是计

① 1982年5月，国务院成立国家经济体制改革委员会，薛暮桥任顾问（《薛暮桥文集》第二十卷，第374页）。以下为1983年的记录。

划经济与市场的关系，计划体制就是整个经济体制。要搞清楚计划与市场的关系：（1）是计划经济；（2）要发挥市场作用；（3）大力发展商品生产、商品交换。

企业和产品分为四类，要研究五十年代经验。

总体设计一是最终目标，二是目前的整体设想。

计划与市场，条条和块块，后者如何解决，尚未解决。部归口，不直接管理企业，如纺织部、轻工部也有这种情况。煤、油、电可以搞一个托拉斯，这条路走通，可以解决条条块块问题，不同行业不同管法。

财政管理体制改革（四月八日）

□□□□

坚持社会主义道路，实现四个现代化
需要有哪些基本保证（四月十日）

四项原则主要是党的领导和社会主义道路，后者没有前者是不可能的，前者又由后者体现出来。

（1）机构改革或体制改革。全面的体制改革，机构改革今年中央，明年各省，进行顺利，还有许多事情要做。目前只是领导机关，企事业单位要放到下一步进行。机构改革只作了两件事，一是精简合并，二是调整干部。未解决的问题，新机构的任务、职权，上下左右关系，还差得很远，有大量工作继续要做。老同志要在力所能及的范围内，多做基础工作，参加各种社会活动，不要普遍提倡写回忆录。体制改革包括政治、经济、领导。宪法是政治体制，经济体制改革对外开放，对内搞活，有不少成绩。要有利于发展生产，改善人民生活，提高各方面的积极性。主要经济活动要纳入国家计划的轨道。要好好总结经验，不是一两年事情，是长期任务，出现新问题，提出新办法，实现现代化，坚持社会主义道路。

（2）在经济领域打击严重犯罪活动，是腐蚀反腐蚀的斗争。要有两手，对外开放，对内搞活必须坚持，应改进的要改进。国际上同国际资产阶级打交道，台湾、港澳资产阶级还存在，必须进行腐蚀和反腐蚀斗争，否则不能坚持社会主义道路。只有一手是危险的，要作两手斗争。走私出口黄金有30亿港币，化公为私，化大公为小公，很多地方单位存在，集体侵占国家财产，达到岂有此理的程度。这些事都有干部后台，必须提高认识，个别地方已经变质。资本主义腐蚀正在破坏社会主义建设，方法步骤要谨慎，态度要严肃。以事实为根据，以法律为准绳，不搞过去一套。斗争四个月，总的来讲是不得力，不要过早顾虑扩大化，贪污多少就是多少，不像〔过去搞〕政治斗争可以无限上纲，要以法律为武器。

重点是抓中高级干部。现在省级有问题是个别的，不要害怕。现在主要反“右”，同时注意反对对外开放、对内搞活的还大有人在。〔宣传〕要讲究分寸，讲究策略。走私贩私，贪污受贿，盗窃国家财产，不要扩大。

（3）社会主义精神文明的建设长期抓下去，要经常化、制度化，提出方针规划。要规定小学义务教育，不准中途退学。要搞各种守则。中心是使人民有理想，有道德，守纪律。艰苦奋斗，自力更生仍要坚持。自力更生为主，立足于自己，造成普遍风气。要有爱国主义，民族自尊心，不卑不亢。

（4）整党，此次清查经济犯罪，主要搞内部，党员不论职位高低，犯法的开除党籍。党的性质决不能改变，进行共产主义教育。党员标准要恢复到历史最好水平。要把社会科学理论队伍组织起来。对六中全会决议必须执行，说服思想不通的人。

“六五”计划（四月十三日）

综合平衡要拿出一些钱来解决几个问题，国外资金，国内资金。每年几十亿外汇（去年顺差三十亿，今年五十亿）要利用，库存积压如何利用。出口多了，不需要出口这样多东西，可以少出一点，多进一点，换人民币。水泥、玻璃、手表、自行车等紧缺产品可以不出。（销不出的减价内销。）物价可以稳得住。

铁路运价加二厘，恢复“文化大革命”前运价。

收购基数不要全国拉平，老区不降，新区逐步少提。今年不到30%的提到30%，超过的不动。执行得好，明年再提到40%。

铁路要搞上去，首先为运煤，在人口稠密区。

国际经济趋势如何估计。很可能比1974年要严重。石油前途如何看法？可能降到从34美元到24美元，每吨240美元。原来油价超过客观规律，可能下降，但不可能降得很多，因为需求下降有限度。

对农民不要几条鞭子一起打，积极性打下去了，救活花钱更多，时间很长。

“六五规划”（四月十三日）

工业品下乡要当做一个大措施来抓，围绕这个打通流通渠道。这是最有效的措施。〔对〕积压库存要采取有力措施推销。

一年有 30 亿赤字，并不可怕，研究承受能力，不影响经济稳定。长期计划有点赤字，经过努力，争取最后两年没有赤字。这是多年来经济不正常发展所产生的后果。不要伤害工人、农民的积极性。形势一好政策就要变，这是很危险的。

农业用电、用油规定基数，超过部分不优待。

1985 年财政收入 1300 亿元，比 1981 年增 260 亿元。

去年机械工业出现买方市场，今年某些消费品（收音机）等也开始出现买方市场，推动工业提高质量，增加花色品种，搞得不好就增加积压。

今年外汇积压，一部分农副产品和一部分工业品积压，积压结果就是人民币投放。用什么办法把仓库大大压缩。积压产品降价推销，回笼 100 亿货币。

计委、经委，检查几个仓库，进行解剖，对积压产品进行具体分析，提出具体处理办法。

工业品下乡，这是第二个重大问题。

（1）财政有些赤字；（2）国际收支有些逆差；（3）利用一些外资。要计算承担能力，不能过多，但也不能一切平衡。必须慎重。

五年 2000 亿加 200 亿元，大框框定下来。增收节支，争取财政收支平衡要搞，注意不要把经济搞死。对农民必须谨慎，不能多在农民身上打主意。整顿企业，经济核算，潜力很大。

分配关系，企业利润留成压紧一点，地方少分一点，用于重点建设。

利用外资，只要不妨碍民族工业，国内资金能够配套，应当多用一点。

体改〔委〕党组（四月二十九日）

体制改革科学〔研究〕。

体制改革研究所。

体制改革学会。

造点舆论，统一认识。

中国体制改革的历史总结。

物价问题（五月七日）

物价牵涉到各个方面，调价结果很难完全稳定。关键是影响人民生活，能否按物价指数调整工资。消费品的物价指数要计算正确（生活费指数）。

必须解决优质优价问题，拉开差距。农产品也要拉开差价。（外贸包装损坏40亿，国内加上约100亿元。）

必须搞季节差价，承认仓库保管的社会劳动。

“七五”工程（五月十三日）

葛州坝工程购置设备6亿元，有1.3亿元设备一次没有利用。（投资有偿利用。）

要狠抓基建浪费，是非要明，赏罚要严。计委检查几个大项目。设计部门故意打埋伏的要处分。党内不正之风积习难改，必须得罪几个人，要登报。

所有预算外的收入都要收税，这面放开，那面收回来。去年国民收入增300亿，国家拿23亿元。不能再走老路，用新办法来对付。

要把国民收入分配提出来讨论，前几年增加消费的比例是需要的，今后应当保持什么样的正常比例。

八十年代要为九十年代振兴作准备，但八十年代能搞什么，还要从实际出发，不要未到九十年代就再来一次调整。

财政问题（五月十四日）

生产资料议价，提价部分变为企业自己的收入，提高成本部分减少上交利润，这个问题应好好研究一下。

搞活经济，企业增加收入，用税收拿回来。

经济作物区的返销粮、奖售粮按购价供应。

利改税坚决搞下去，明年起中央多集中一点。明年进一步改进税收制度，方向是划分中央税收、地方税收。

税收、工商管理、统计、审计、物价等部门都要加强。税局垂直领导。

美国大使馆秘书说我们的 1982 年公报是三中全会以来最坏的消息。

〔赵〕紫阳同志

重点建设必须搞，为九十年代高涨作准备。但如果超过可能，八十年代再来一次调整，九十年代的高涨就落空。八十年代怎样搞，总有一个合理界限。八十年代经济不顺利发展，把大量资金投入八十年代不能收效的建设，就搞不下去。

改革、整顿都是为着经济效益，一是基建浪费，二是外汇补贴，三是技术改造。主要办法是收税，活还要活。

增产节约，反对浪费，提高效益。

“七五”计划讨论（五月十七日）

问题：基建规模仍在扩大，经济效率未能提高。工交会议①以后仍无变化。财政上是增产不增收。

比例关系总有客观规律，需要研究。要彻底唯物主义。补贴不能超过 30%。

（财政分散以后，中央政策无法推行。安徽粮食多了，不愿多收购，多调出，因要多补贴，农民粮食卖不出去，要调出要按进口价。）

现在不能说农产品价格高了，生产资料补贴要减少。向农村供应的农产品要减少补充，包括奖售粮和经济作物区的返销粮。对富裕地区富裕户逐步征税。建筑材料可以提价，既刺激建材增长，又限制建设规模。农村教育变为民办公助，不分民办公办。农业税作为地方收入，用于农村教育和建设事业。

国家与企业利改税，调资半公费半自费，把部分奖金用于调级，财政向分级管理过渡。

工厂自销收营业税。烟酒税归中央，坚决执行。基建规模制约不在资金，这比较容易解决，最难解决的是物资。

基建贷款一律纳入国家计划，技术改革可以松一点。（银行存款有一部分是基建无材料，投资存入银行，又向基建投资。）

---

① 1983 年 3 月 21 日至 4 月 1 日，召开全国工业交通会议。中央财经领导小组听取了会议情况汇报，并提出三点意见：严格控制基本建设规模；全国要支援重点建设；改革的步伐要加快（《中华人民共和国国民经济和社会发展计划大事辑要 1949—1985》，第 474 页）。

首先考虑可能，即不要过两三年再来一次调整。已考虑的大项目，不能都上，要上的要有先后次序。

钱哪里来，提高经济效益，调整分配比例。财政收入占国民收入27%～28%不会有大的影响。

怎样拿，从自有资金方面拿。集体企业要收税，农村四条，城市抽头。

经济情况（五月十九日）

储蓄528亿元，战争年代用储蓄来紧缩通货。储蓄的两重性，向三方向流，（1）扩大再生产（集体、个人）；（2）改善衣食住行；（3）储蓄备用起社会保险作用。资本主义国家用来投资扩大剥削，货币贬值掠夺人民。社会主义国家可以用来促进生产发展。前两种用度低，储蓄就不适当增长，妨碍生产发展。现在重复节衣缩食是不适当的，要适当提倡人民消费。过多压缩人民购买力对生产发展不利。每年搞300亿消费品生产，用来改善人民生活。财政部、商业部要有这种思想，用增加消费来收缩通货。

货币的市场容量扩大，要扩大农村回笼。

增加布点，增加行商，要能打开局面，有点魄力。商业部太斯文。

有1/3省去年才搞生产责任制，1979年1/3省，80年加上1/3，最后1/3去年秋冬才铺开。采取示范办法，搞了三年。现在农村商品率只占30%，不能再砍，要提倡造林。北京拿出10万人来造林。全国上千万人搞林业，上千万人搞渔业，上千万人搞牧业，上千万人搞副业。现在农民对国家负担很少，明年再放一年，后年起要有些负担。责任制上轨道还要两三年，还有许多问题待解决。

计委基建缩短周期一年可省50个亿，为什么办不通。大国与小国不同，战略可以一盘棋，战术做不到。要走出一条分级管理的路子来。计委只管一二百个项目，大的、尖端的，此外地方搞，送中央综合平衡。自己管的项目，速战速决，限期完成。其余项目花几年研究，不妨多列一点。缩短战线要有一个办法。

社会主义建设必须三个积极性，必须统筹兼顾。基本建设先开项目，做准备工作，不是多上项目。“六五”完成哪些项目，“七五”准备什么项目，不搞重复浪费的建设。

不要单从消费上打主意，而要多从生产上想办法，才能鼓励改善经营管理。这个道理没有宣传。

社会主义如何推动生产向前发展？财富的主客观因素具备，财富就容易创造。人民的素质是主观因素，气候、资源是客观因素。

没有生产，消费就没有对象，没有消费，生产就没有主题。消费在两方面促进生产，消费创造新的生产需要，生产动力。没有需要就没有生产。生产、消费互相依存，互相促进。这是经济工作的总的指导思想。

生产的三种模式：〔第一，〕用高积累、高借贷强制生产发展，而非人民需要。第二，高竞争来推动生产发展，矛盾重重，不可避免发生危机。第三，生产目的不断满足人民需要，促使生产向前发展。第二部类促进第一部类，消费品生产促进重工业。

不要把速度和效益对立，而要把两者统一起来。什么是高速度？

要创出一条新路子来。

银行改革（五月二十一日）

一个地区（绍兴）设立六个银行（三个银行，地县两级），甚至九个、十二个银行，这种体制本身不能不引起矛盾。

上半年要求回笼40亿，只可能回笼20亿，比去年少回笼20亿。

财政部新设投资银行，利用世界银行贷款，进行中小型贷款。

银行信贷资金的利用（五月二十七日）

1981年银行存款约2000亿元，贷出2700亿元。启动杠杆能够发挥一点作用，多年积累问题尚未解决以前还不能起决定作用。

日本储蓄率20%，我国7%～8%。

1982年投资总规模700亿元，银行贷款146亿元。现在贷款约占20%，应当稳定一下。

有些银行贷款从微观来说效果很好，从宏观来看并不理想，因为没有综合平衡。

外贸亏损（六月三日）

外贸亏损原因没有说清楚。（1）出口农副产品价格提高了，这是一个变化；（2）进口粮棉增加了，这又是一个变化。以上两条不可改变，减少外贸亏损必须另找一条出路。出口商品由量到质的转变，大大提高换汇率。现在出口单位对此是没有兴趣的。现在国外市场有限，增加数量可能不大。只有提高质量，提高换汇率，提高竞争能力。价格要起调节作用。

要提高出口单位的积极性，改变考核指标。

体制改革大大增加出口，不能单看增加亏损。

外贸体制改革是大的方针政策，要各部各地统一思想，共同努力。工商〔业〕家说我们是官商，先买后卖，不是买卖结合，结果仓库积压。有些商品可以高进高出。矿石生铁不出口。

外贸部是糊里糊涂的亏损户，多少外贸部负责，多少别人负责，要算一笔账（分户记账）。

外贸要作全面分析，同国际市场挂钩肯定不行，完全脱钩也有困难。过去以进养出，现在进出都亏。原因存在，要作分析。

报告是替外贸部恢复名誉，搞掉亏损帽子。汇率变化推动外贸发展，是货币大贬值。出口增长一是农产品提价，一是货币贬值。

出口要整顿，高亏商品减少出口，不能只算出口量不算换汇率。出口机械产品（电扇）增加很快，亏损很大。

二十年设想和“六五”规划（六月十九日）

（1）前十年、后十年的关系说清楚。

（2）“六五”已过两年半，要搞十年规划。

（3）专题：农业、科技、能源、交通。

十年提高经济效益，为今后打基础。技术改造，干部培训。抓这四大问题。

中年知识分子〔问题〕要解决，准许冒尖，这样青年就有奔头，大大调动积极性。

机械工业要统一规划。

企业的调整和改组。

财政体制改革（六月二十四日）

有利去弊，因势利导。

（1）中央向地方借款 40 亿元。

（2）试生产企业的收入部分上交。

（3）县办工业利润留成（50%）。

（4）海关代收工商税要上交。

（5）五省烟酒提价不上交。

（6）减少高亏商品出口。

田纪云

分灶吃饭是一个突破，只有前进，不能后退，对结构调整起了很大促进作用。

当前只能小变，不能大变，绷得很紧的情况下，不可能大变。

在上述情况下要适当集中一点财力，年年借款不是长远办法，要中央多收入 30〔亿〕～40 亿元。

高税产品工商税中央拿大数，地方拿小数。要限制生产的也中央征税。

体改委党组（六月二十五日）

小自由必须有科学预测，如电风扇、电冰箱、洗衣机、收音机等也应设法控制。应当是计划指导下的小自由，要划一个杠杠。

我们吸收外国〔经验〕很快，结合我国实际较差。

集中与分散，（1）中央与地方；（2）条条和块块；（3）国家、集体和个人关系。计划和市场。苏联不承认市场，我国对此也有不同意见。

要解决中年知识分子问题。

财政体制改革（六月二十六日）

（1）驴打滚现在 30 亿，〔19〕85 年可能 80 亿。

（2）农业补贴增长每年 20 亿，〔19〕85 年占财政收入 40%。

（3）工资每年 10 多亿。

特区会议*

谷牧同志

总结经验，继续前进，在粤闽两省建立经济特区。从理论到实践总结经验，明确思想，现在有明确不同看法。省与各部意见亦不一致。特殊在哪里，灵活在哪里，一点没有。能不能定几条大的杠杠，一不走资本主义道路，二不违反中央政策，三要完成中央任务，四对外统一行动。此外准许特殊，究竟有什么危险。许多中央文件都说两省不例外，其中有进出口委的文件。拥护50号文件，反对超越这文件的某些措施是允许的。但要允许两省采取一些特殊措施。要把不同的认识统一起来，不但两省，全国的经济管理体制非大改不可，要向活的方面改。两省在体改方面能否先行一步？我们不能走回头路，而应继续前进，不是收，而是继续放。建立特区是国家大事，整个厦门变成自由贸易区不应对外宣传。中央指示我们进行改革。这次会议可能〔有〕一场争论，只要文斗，不武斗，不要怕，敞开谈，是不是社会主义必然要比资本主义慢，能不能把资本主义的优越性为社会主义利用，使社会主义比资本主义更优越。蒋经国要我们拿出两个省给他同我们比赛，我们要自己拿出两个省来试验，自己把这两个省搞好。这两个省能否发展得快一点，这对解放台湾有利。中国在世界上是吸引力最大的市场，两个省对华侨有很大的吸引力，应当在对外开放方面做出榜样来。各部要支持两省，使他们取得很大的成绩。

〔传达〕〔赵〕紫阳同志〔讲话〕**

（1）“六五”主要调整，速度不能过高，但也不能没有速度。“七五”

---

* 1981年5月27日至6月14日，国务院召开广东、福建两省和经济特区工作会议（《中国经济体制改革20年大事记1978～1998》，第44页）。

** 1981年6月24日，赵紫阳约马洪谈话，研究怎样在调整中把经济搞活，解决发展速度问题（房维中编《在风浪中前进》第四分册，第78页）。这是传达记录。

速度也不能太快。因为同1962年调整不同。

(2)“六五”速度不能有负数，否则问题很大。1962年调整，小土群撤了，工人回农村，包袱丢掉了。现在关厂要照发工资，背着大包袱，3%低了一点，争取4%～5%就好了。

(3) 1962年调整，经过两年就上去了。“六五”速度低些，“七五”一下子高上去也不实际。不可能高速度。要向人民说清楚，使心中有数。

(4) 计委预测今后四年每年赤字100亿元，问题很大。怎样使经济活动起来，才能解决财政〔问题〕。轻工业抓上去了，机械部门停工，要想办法解决。

(5) 目前农业生产好，耐用消费品〔生产〕也好，最困难的是机械和冶金，能不能使它们有一定增长。

(6) 机械工业有大量力量闲置，能否组织大型电站设备，采煤设备，过几年能用。作出改造锅炉规划，使许多机械工厂有活干。

(7) 冶金工业降低铁钢比，提高出材率，提高质量，也会有发展。经济搞活财政可以没有赤字。

(8) 货币流通量和实物量的比例。过去比例基本上是“一五”时期经验，现在情况不同，货币流通量会增加。

(9) 资金不足，一是增加生产，二是提倡储蓄，三是利用外资。

(10) 外资一定要用，问题是利用在何处最合算。这与上次调整不同。要付利息，象输血，抢时间。

对〔余〕秋里同志开发山西煤炭的意见要抓紧论证。

房维中

“六五”计划难题是能源和财政，这两者互相制约。财政不打开一条出路，“六五”无法安排。

(一) 财政症结在哪里。

(1) 工业速度减慢。

(2) 这两年分给地方过多，办法是好的，执行中有偏差。地方分灶吃饭，层层下放，利多弊少。中央赤字，地方结余，地方搞生产不问产销平衡。

(3) 财政纪律松弛，到处跑冒滴漏，仁政太多，小惠太多。取之于民，用之于民，过去取多用少，现在取少用多。

（二）认识问题。

（1）国家必须有财政收入，不能掏国家的腰包。现在财政不能支持生产，这种情况对生产发展不利；

（2）积累是国家政权的支柱，财政纪律如此松弛，挖国家的墙脚；

（3）必须保证中央有必要的收入，现在分灶吃饭办法要改；

（4）财政收支平衡是重要原则，不能打财政赤字；

（5）计划经济是主体。比例失调不是计划管理的结果；

（6）体制改革必须有综合规划。要作可行性研究，不能仓促决定；

（7）八字方针能解决经济、财政问题，切切实实执行。

（三）“六五”财政如何？

（1）抓生产，调整经济结构，调整企业结构，后者雷声大雨点小，整顿没有收到效果；

（2）要抓一批新的收入，每月发40亿国库券，公私各半。70%职工每人每月1.5元。农民每户一年10元；

（3）烟酒〔税〕20亿元；

（4）卖一部分高档高价〔商品〕20亿元，用高价补补贴；

（5）开征新税10亿；

（6）银行保险10亿。

要丢掉一部〔分〕财政负担。

（1）外债还本付息不能财政出；

（2）各事业单位尽可能企业化；

（3）各种补贴要整顿；

（4）外贸亏损要解决。

（四）要堵漏洞。

（1）要严格执行财政纪律，加强检察机构；

（2）改变中央对地方大包干制度，财力适当集中；

（3）开支的口子抓紧，不能多施仁政，量力而行不能空谈；

（4）综合财政，综合信贷，综合物资，综合外汇。

实行上述办法，不但财政平衡，而且建设每年增20亿，文教增10亿，工资增 10 亿，物价增 10 亿。

会不会得罪人民。

会不会得罪企业，不守规矩的要得罪一下，正当开支仍保证。

会不会得罪地方，相信地方会顾全大局，事实教育了大家。

国务院〔赵〕紫阳同志（七月二日）*

财政收支平衡必须进行必要的建设，但又没有资金，有无可能从国内筹集资金。现行政策不变农民购买力还会有相当大的增长，企业资金增加。资金分散不能再来集中。包干后盈利增加，说明潜力很大，遍地皆黄金，没有人捡，不实行经济责任制，潜力挖不出来。现在社会上钱不少，有无另外办法把它挖出来。资本主义国家通过银行，发展储蓄，建设项目一面开工，一面筹集资金。我们先财政部收起来。如何使银行增加储蓄，用于建设。除储蓄外，发债券，卖股票。走集中的老路不行，在分散的基础上如何集中使用。资本主义国家靠银行。世界银行用影子价格进行核算，我们的价格把利润转移了。它搞的项目 95% 是成功的。小项目计委可以不管，由银行投资。银行工作要大大加强，设调查研究机构。

烟酒提价，整顿企业，进口棉改进化纤。

整顿很需要，但没有物质利益，整顿不起来。企业包干效果很好，政治思想工作需要，单靠这个不行了。

预收定金。

预算外的资金比预算内大，问题是如何利用。

〔赵紫阳〕（七月五日）

利用外资形而上学，或者放手大用，或者束手不用。国家要利用自己的优势，找出几个经济支柱。资源方面煤是优势，石油海上乐观，陆上下降。有色金属的钨，外贸要用，用在什么方面。

---

* 1981 年 7 月 2 日、5 日，赵紫阳召集薛暮桥、马洪、刘明夫、房维中等同志，研究怎样在调整中把经济搞活（房维中编《在风浪中前进》第四分册，第 83 页）。

财政上投资占国民收入11%以上。

要采取包干办法，不能有利就包，不利不包（价格变动，外部条件变化）。既要有动力，又要有压力，使它非改善经营管理不可。这样试点就必要长期试下去。

集中与分散，集中要保护积极性，分散要防止盲目性。现在我们的体制改革要解决这个问题。

关键还是中央与地方关系，在这方面流弊太多，要收缩一点，重要的是与企业的关系。基本建设中央统一分配，不搞包干，事业费可包干。企业不包干没有积极性，发生盲目性要用别的办法解决。独立核算和一定程度的自负盈亏。

财政不能孤立考虑，烟酒专卖和提价可以每年增收30〔亿〕～50亿。混合烟成本低，售价高。

税收和企业整顿可拿50亿元。

纺织工业多搞化纤，降化纤〔价〕，提棉布〔价〕，可增20〔亿〕～30亿。

财政上每年增200亿元。

这样只能维持现在建设规模。要利用企业自有资金，采取经济办法，政府干预，发挥银行作用。预算外资金会大量增加，如何利用和管理这笔资金，要好好研究。

我们搞经济水平不高，出现新问题认识不到是常有的。

银行有没有办法把一部分存款用于长期建设，财政出利息。精心……严格审查……。能源开发，交通建设银团，向全国筹集资金。重型机械活了。

爱国储蓄，建设储蓄，转变社会风气。发债券集中到银行，地方不能自己发。资金来源一是财政，二是外债，三是内债，内债能否搞20〔亿〕～30亿元，外债50亿元，归银团来管。

不能在生产萎缩下来解决财政问题，生产不上去，财政愈困难。企业设备更新必须进行。

经济研究中心议论生财、集财、用财之道。集财主要通过银行。用财开发煤炭、交通。中国周围国家均缺煤。其次是搞设备更新，先搞机械工业改造，这样机械工业也搞活了。

财政限制不合理的开支，调动积极性的不能取消。

国务院〔会议〕（七月十日）*

〔整顿〕流通中的不正之风。

经济搞活以后必须加强监督检查，加强工商管理局的权力，有权监督国营企业。工商局不仅管集体、个体，更要搞国营。企业有自主权后与国家有矛盾，必须加强监督。

国务院会议（八月二十八日）**

〔赵紫阳：〕工业生产和经济责任制

责任制已普遍推开，要防止可能出现的问题。

（1）价格不合理，大利大干，小利小干，市场供求更不平衡；（2）报酬反对平均主义，会不会愈落后的企业潜力愈大，奖金愈多？要瞻前顾后，提上去下不来；（3）质量下降。

一季度重工业下降有不可避免的因素，改组要有一个过程，但要迅速解决。同时也有精神不振问题。

石油、化工分属石油部、化工部、纺织部，都按自己需要生产，不能综合利用。现在利润很高，是利润转移，按国际油价计算没有利润，按外国工资都要赔钱。要合理加工，打破部门界限。关键是经济效益，资源合理利用。我们不懂经营，不讲经济效果。

联合打破部门、地区界限，从中心城市开始，工业基地开始，逐步向外发展。

国务院工作力争做到70%正确，30%错误。我们水平低，要100%正确不可能。

利用库存积压物资要检查质量，质量不好的报废，不要推陈压新，永远吃臭鱼。挖革改方向要考虑，不能重量轻质，生产挤仓库，仓库挤马路，要设备更新，技术改造。挖革改要搞新技术，也要有个计划，否则会落空。企

---

* 1981年7月10日，中央财经领导小组会议。

** 1981年8月28日，赵紫阳主持召开国务院常务会议，听取国家经委关于全国公交座谈会情况的汇报（房维中编《在风浪中前进》第四分册，第96页）。

业资金多不可怕，问题是如何利用。计划管死不行，但完全自找门路困难很多，要组织指导。

谷牧 层层包干与社会化大生产如何结合。

〔薄〕一波 工业与农业不同，互相制约，很难联产计酬。不要盲目追求速度，再生产积压物资，今年2.4%也不可怕，要为今后几年打算，为今后若干年的高速度作准备。

〔姚〕依林 陈云同志对宣传包干，责任制〔的意见〕，一要平均先进定额，要讲质量，讲成本，好事不能做得太多。

〔赵〕紫阳 研究：(1) 挖革改；(2) 建筑材料。

今天一讲速度，二讲责任制。速度力争高一点，不要勉强，要真速度。经济首先要讲效果。(各地各业各有优势，各有特点，不能一个速度) 归根到底来自准确掌握客观规律，客观事物在头脑中正确反映。不要刮风，要正常温度，不打摆子。

经济责任制，对国家盈亏责任制，对职工按劳分配。第一要认真搞，第二问题复杂，要认真研究可能发生的问题。基层干部精神状态，要国家、企业、个人都有利，不加强领导、监督不行。要瞻前顾后，不要像去年发奖金那样一下子冒上来，分得太多，会苦乐不均。现在外部条件影响很大，不完全是超额劳动。如果奖励大冒一下，明年下不了台。一个人冒尖不可怕，一个企业就有危险，一个行业不得了。现在管理跟不上去，企业多得了作基金，对个人不要分得太多。

不及格的领导班子迅速调整。多余劳动怎么办？

中央财经领导小组会议*

国务院讨论“六五”计划（八月二十九日）

经济工作要瞻前顾后，今年不要强求财政平衡，把问题推到明年去，赤

* 根据房维中的记录，这应是1981年8月29日及9月3日、4日，中央财经领导小组听取和讨论国家计委提出的关于第六个五年计划和1982年计划控制数字的说明（房维中编《在风浪中前进》第四分册，第99页）。大标题为编者所加。薛暮桥在此记为“国务院”会议，依此推断，以下笔记中所记录的“国务院”会议，可能均应为“中央财经领导小组”会议。

字 20 亿就基本平衡（20〔亿〕～30 亿）。

蔬菜价格必须稳定，要研究办法解决这个问题，如何防止挤占菜地。

外债还本付息，今年 12 亿元，明〔年〕65 亿元，后年 70 亿元，以后下降。货币发行约增 60 亿元。

今年利用窝工力量，增加建设，不一定等量增加社会购买力，要作数量分析，研究数量界限。

设备更新换代，产品更新换代，已经拖了二十年，现在不抓，五年以后还要调整。仓库不能推陈压新，要下决心报废 100〔亿〕～200 亿元。不能只算小账，不算大账。葛州坝电机（12.5 万）第一台一开就烧坏了，以后几台最好带病运转，必须严格检查。

重大措施：节约能源具体措施（锅炉、电站）如何落实。

食品、建筑、石油化工三个行业要发展，粮食要补贴，变成食品就赚钱。粮食部要经营食品。

九月三日

国库券不要把企业的钱刮光。烟可多收 40〔亿〕～50 亿，要好好抓一抓。税收可以增 40 亿元。增产高档产品。企业浪费很大，要挖这个潜力。

（1）要把企业的潜力挖出来，提高经济效益；

（2）抓几件重点产品；

（3）稍加投资，一二年内可以增加大量收入。

把增收节支搞好，如何利用内资，利用外贸把生产搞上去。

预算外的资金如何利用，不能压，不能拿来，通过银行贷放，统一安排，多种渠道，更多地通过银行。这是一篇大文章，挖革改主要靠银行贷款。

各企业应当挖国际价格，实际工资算一笔账（这才是真正的经济核算）。非此不能改善经营管理，出不了人才。原油加工，增值 10 倍，变成最后产品，又增 10 倍。要采取经济办法，促使企业改善经营管理，进行技术革新。

企业建设研究分期投产，大煤矿三年开始出煤，钢铁厂分期投产，解决建设周期长的问题。

煤炭可以利用外资、外省资金，关键是交通，要运得出来。投资重点是能源、交通，其中第二是交通。

1～8 月财政结余 20 多亿（去年赤字 30 多亿）。

国际贸易发展是必然趋势，自力更生不是自足自给。棉花、化纤要同国外套换。

九月四日

经济责任制，体制改革的意义不下于私营工商业的改造，肯定会见效。农村搞了，工商业势在必行，工业比农业更复杂，要好好研究。

科学研究要与国民经济关键问题密切结合，不能把主要力量去研究高深理论，尖子都去搞物理学。技术咨询给经费，鼓励他们为生产服务。

把能源特别是交通由国家包下来，热门投资利用银行贷款，这方面要彻底改革。问题是银行干部业务知识不够。一个银行要集中几百科技人员。

办厂要先搞服务。建筑业如何独立，成为一个产业，要议出几条，使它成为有活力的产业部门。

要使经济根本好转，实现良性循环，需要采取什么措施，大家来议论一下。

体制改革不下于资本主义工商业改造，全党要认识其重要性。要写进去。调一批人，要有知识，有经验。

国务院九十月讨论重大措施。

基本思想和大盘子同意。

速度同意 4%。结果可能超过，要工作搞好。对困难看到了，对潜力还没有完全看到。浪费大，效果低，这就是潜力。下面看到潜力，缺乏全面。综合部门有框框，对潜力看得不够。计划低一点有好处，使下面对计划有信心。今年基本符合预计。

计划可不可靠？“六五”4%，“七五”就可以 5%，或者超过一点，十年可能 5%。第一〔个〕五年十年打好底子，后十年就可能速度更高，“六五”是打底子，不在现在高速度，而在后五年十年能稳步上升。“六五”任务是争取国民经济根本好转，产业结构根本好转，组织结构有所突破，〔前〕五年体制必〔需〕要改革，为根本改革创造条件。根本改革一是价格，二是政企分开。问题是后五年前进、停滞还是后退。当然要有必要的速度。五年时间非常重要，借外债是买时间，这五年必须有所作为。卖黄金现在是买时间，将来卖是破落户卖家产。借外债也是买时间，避免国内停产窝工。付利息比窝工可能好一点。这五年要输点血。黄金和物资贮备动用一点，把经济搞活，这五年关系重大，搞死搞活在这五年，争取良性循环。

财政问题，如何解决财政困难？寄希望于挖潜力，靠群众积极性。多年来积蓄物质力量，效果太低，工业如何提高经济效果。原因吃大锅饭，〔要〕把人民的积极性引向经营管理，避免单纯追求利润，因势利导抓经营管理，技术改造，综合利用。不在再建新厂，而在老厂提高效果。解决大锅饭，还有铁饭碗。要有奖有罚，罚款、开除。自主权最大的是开除工人，干部也要罚款，单记过不行。不搞运动，要罚款、开除。只要开除几个，面貌就可一新。

解决财政，要能促进企业改善经营管理，二是利用银行贷款，此外财政方面有些措施。如烟酒、棉布、化纤，外贸亏损、补贴。外贸也不能吃大锅饭，采取包的办法。（粮食进口由粮食部包。）

投资方向一是效益，二是为今后作准备。要抓大企业，首钢一抓就4000万元。经营管理、技术改造、综合利用，一个个抓，要论证。

价格改不了，可先搞内部价格，内部核算（如何核算价格）。（影子价格，理论价格，内部价格。）

利用外资，要大胆一点，如何利用，争取时间，五年摆脱恶性循环，变被动为主动。现在是“老牛拉破车”。

今后准备：（1）能源交通；（2）技术改造。稀有金属可以出口，利用长处，补足弱点，需要互通有无。利用外资难题是用好。

发展多种经营，城市方面也要大搞。

农业在北方发展棉、糖。

技术改造既为“六五”有一定速度（消费品、技术改造、能源交通），〔也〕使重工业不致下降。

围绕节约能源搞技术改造。要充分利用现有有利条件。利用外资不搞收支平衡。

过去被封锁条件下搞经济工作的经验根深蒂固，要善于利用国际有利条件，取长补短。资源丰富要从贸易上来解决问题。

沿海城市要发挥优势。

国务院会议（九月十日）*

包钢产量超过120万吨，稀土金属1万吨。1978年扭亏为盈，金川有色、稀有金属发展前途很大。镍储量占世界四分之一，钛钒占80%，换汇率可达1:1。

〔赵〕紫阳同志

今年经济形势和今后五年的主要看法。

（一）今年形势，总的来讲是好的，今年二月人大常委修改的计划可以实现。首先是财政能否基本平衡。八月止，结余43亿（去年赤字23亿），赤字全年不超过20亿元。要完全平衡，可以做到，〔但〕对经济发展不利，明年要有赤字。今年十月人代会如果又有100亿赤字，就不能取信于民。

农业灾害较多，但靠政策，情况是全面增长。粮食原估计增200亿左右，接近1979年（6600亿斤）。其他经济作物棉花6000万吨（去年5400万吨）。只要政策不变，棉花继续大发展，主要地区在北方。糖料增产10%以上，主要增产在北方。要贯彻因地制宜方针。合理调整经济结构，合理利用资源，进口1500万吨粮食，就可以合理利用资源。畜牧业、家庭副业都很好。原定计划5%可以超过。

工业八月底只增1%，全年可能3%。主要是重工业下降，第三季逐步上升，全年下降5%。今年这样大的调整，还有这样速度，〔原因是〕强调发展轻纺工业，来之不易。这样大的调整，重工业转轨不容易。第一季度强调集中统一是必要的，暂时过死一点。

市场情况是好的，零售额一至七月增8.6%，全年可增9%。今年物价基本稳定，农牧市场增3%，国营升1%。

* 1981年9月10日，中央财经领导小组会议。

货币预计上半年回笼50亿，下半年出笼80亿，可能超过，达50〔亿〕～60亿元。为把全国经济搞活，是必要的。农民手存现金可能30亿，农村货币流通需要量增加了，增加投放有需要，总的来讲多了一点。收购农产品超过预定计划，货币投放增加。

这样大的调整，总的形势是好的，农村、城市都是很好的形势，当然问题不少。

（二）今后五年如何，速度定在4%，比较恰当。工业、农业，国民收入都是4%，粮食增产不多，多种经营大于农业。工业可能超过4%，计划留有余地。轻工业递增7%，重工业1%，执行可能超过。除“一五”外所有长期计划都未完成，这次必须完成。现在潜力很大，计划是否太低？只要经济效果较好，不但克服五年困难，而且能为“七五”创造条件。如果速度太低，经济可能萎缩。“六五”4%可能超过一点，“七五”可能5%。只要速度没有水分，90年代可能7%。外国亦说“六五”速度不能太高，以后可能提高，到本〔20〕世纪末实现两个倍增。“六五”是争取国民经济根本好转的五年，出现经济稳步上升。五年总的来说要贯彻八字方针，调整产业结构、产品结构，组织结构有所突破，工艺技术有大的提高。五年既有一定速度，又能摆脱不良循环，〔是〕由不良循环转向良性循环的转折点。

五年关键：（1）发展消费品生产，农业、轻纺工业还有很大潜力。建筑材料也要发展。世界建筑业都可积累资金，成为经济支柱，我们也要发展建筑业。建筑材料已成为农民迫切需要。食品工业包括饮料要大发展。日用化工、化妆品在农村大有发展前途，人民生活要求逐步提高。投资少，消耗能源少，资金周转快，可以利用银行投资。消费品生产推动重工业的调整，改变服务方向。

（2）技术改造，机械工业和原有工业技术改造，使机械工业有活干。现有工业再不改造，五年以后破烂不堪，不改造会垮下去。

（3）能源、交通带动整个工业，首先是节约能源。

第二，财政问题，加强财政监督，提高经济效果，把不吃大锅饭作为突破口，解决大锅饭、铁饭碗的意义不下于私营工商业的改造。

第三，充分利用国际市场的作用。

扯皮体制，吃大锅饭政策，自给自足观点。

国务院会议（九月二十九日）*

〔划分〕中央地方财政体制改革好处很多，缺点划地为牢，减产地区困难。

(1) 向地方借款，明年比今年少借一点，明年研究调整包干基数；(2) 税利分交改为税利合并分成（江苏办法）。分别协商，不一刀切。今年基数不变。

财政和银行问题，提高利率后银行上交利润50%，明年银行仍上交32亿。邮政储蓄由银行贷出。

物价，棉布不动，只烟酒提价和化纤稍降，分几次降。

国务院会议（十月九日）**

把基建效益低的原因摸透，原因很多，关键是周期拖长。不同行业规定不同周期（回收周期）。

建立法治，制订经济立法，处理几个大案。

振奋精神，实事求事。（解放思想。）

基本建设提高效益，必须缩短周期，380亿缩短周期，可起500亿的作用。缩短周期要综合解决，首先要缩小建设规模，其次是建设本身的问题。技术上未过关的不能列入建设项目。

国务院会议（十月十四日）***

经济责任制必须与质量、成本挂钩。

优质不能优价，纺织品防缩后不准提价，企业亏损。出口产品提高质量

---

* 1981年9月29日，赵紫阳主持中央财经领导小组扩大会议，讨论改进财政体制等问题（房维中编《在风浪中前进》第四分册，第154页）。

** 1981年10月9日，中央财经领导小组会议。

*** 1981年10月14日，中央财经领导小组会议。

不能提价，工厂不愿生产。

企业自有资金职工代表大会有决定权，财政部不能干涉。（乱花资金财政部有监督权。）要信任老工人，教育职工。自有资金用于技术革新，工人会赞成的。

用人权，关键在干部，工人应有罢免权，建立奖惩制度。不给此权，责任制不好办。责任制要达到高质量，低成本，改善经营管理，出好干部，好工人。现在工人是国家雇员，没有成为国家主人。〔要〕打破两个大锅饭，平均主义，铁饭碗，这是变相的剥削。平均主义是坏企业剥夺好企业，懒工人剥夺勤工人。社会主义压抑了工人的积极性，就可能不如资本主义，改变了这一点，肯定超过资本主义。

责任制要达到最高经济效益，必须高质量，低成本。实行责任制后，选举时老好人不得人心。首钢厂长平时态度严厉，选举时得全票。

天津：实行责任制把利润任务压下去了，但实际上完不成。中央下达计划互不衔接，一搞责任制就搞不下去。中央要为地方，国家要为企业创造外部条件。

责任制必须继续实行，抓质量、成本两个环节，坚决不搞平均主义，方法不要一刀切。要实事求是，民主管理，从民主管理中加强工人主人翁的责任感。国家必须拿大头，这要对工人说清楚。企业分的〔利润〕如何利用，党委、厂长提出意见，职工大会讨论。个人奖励不能过多，不搞平均主义，有钱搞些职工福利。只要加强领导，善于领导，不会出邪门歪道，关键在党委抵制不正之风。

国务院　工业会议（〔一九八二年〕二月十日）*

化纤布要减产，化纤长丝要停止进口。经济工作中的不正之风要用行政命令禁止，再用经济办法〔解决〕。

〔我国〕能源消耗相当于发达国家三倍，工业用水消耗相当于发达国家五倍。

---

* 1982 年 2 月 10 日，中央财经领导小组会议。以下为 1982 年的记录。

常州搞得好的条件，是没有中央和省的企业，到南京就行不通。重庆比成都好，原因是市受省的约束比较小。凡是搞得好的小市，都是如此。南京如果把电子工业交市统一安排，生产力可大增。

今年要搞一个没有水分的速度，今年主要危险不是速度低，而是无效劳动。这是会议重点。

工业速度主要靠节约能源。

今年的重点是整顿。

今年在城市中进行经济情况的宣传。一要吃饭，二要建设，政治思想工作要通过经济情况的宣传〔来实现〕。

政策今年不能变，有些需要改进。

有偿转让技术，禁止封锁市场。

国务院会议（二月二十七日）*

经济效益在理论上有几种不同讲法。不管如何论证，首先服从全局利益，如东北铁合金必须减产。

压缩生产与加紧推销齐头并进（涤卡）。

工业报喜，商业报忧，仓库积压，银行多贷，财政虚收。地方纸烟擅自降价（河南），应当通报。不准以任何理由进行封锁。

“保四争五”不要强调，避免层层加码。能多少，就多少。〔对〕企业提“物美价廉，适销对路”。

〔赵〕紫阳同志　两年搞活要长期坚持。开放有开放的问题，灵活有灵活的问题，需要头脑清醒。计划经济为主，有些要加强统一。稳定半年，下半年加以总结。对外开放也是如此，福建、广东比较明显。沿海各省各自搞，上海就不能发挥作用，看来地区权力不能太大。一是稳定，二是总结，明年哪些要调整，今年强调集中统一，全国一盘棋。工业指导思想，价值与使用价值的矛盾。改革缓不济急，目前加强国家干预，看准了的问题要抓紧办。

---

* 1982年2月27日，中央财经领导小组会议。

国务院 财政银行（〔一九八三年〕三月二十三日）*

高价纸烟卖不出去，原因名牌无货，杂牌难销。

中国银行外币存款用不出去，转存外国银行，贸易上又有顺差。但引进外资仍在用高利贷，要用自己的存款来代替，问题是用自己的外汇出口不免税。

进出口贸易顺差太多，最好稍有逆差，研究如何多进口一些外国产品。

烟的问题开个会，经委讨论，也要研究纺织品问题。

各地质次产品减税降价推销，应当禁止。

去年企业增加存款和买国库券160亿元，其中约三分之一是少交税利。中央企业自查，省归省，县归县，查不彻底。中央企业要省查，省企业要市查，效果较好。

企业建设投资400亿元，自有资金和银行贷款各半。今年财政收支平衡关键是控制开支。

货币发行和信贷情况

城市滞销品向农村推销，如带货下乡，在农村开展销会等。这是今年商业工作重要任务。

（1）控制财政开支。

（2）控制货币投放，特别是投资规模。

（3）多进口一些原料增加生产，回笼货币。不打击国内生产，市场畅销。年年顺差对经济不利。

中国银行贷款应与利用外资同等条件（免税进口），能不能用一部分搞重点建设。

财政必须集中一部分钱，至少30亿元，用于重点建设。

---

* 1983年3月23日，中央财经领导小组会议。

工交会议结束（一九八三年四月一日）*

税前利润大头归国家，税后利润大头归企业。

要允许企业倒闭，允许工人待业。倒闭也是调整，企业怕倒闭，工人怕失业，才能改进经营管理。职工有奖无罚，奖的作用就会减少。

地市合并有条件才实行，不要普遍推广，只有小城市的暂时保留地委。增加一点省属市，经济发达的县改为省属市。（1）地市合并；（2）保留地委；（3）增加一点省属市。

〔赵〕紫阳同志

会议开得好，基本同意，讲讲当前经济问题。

（1）当前经济形势很好，要使这种形势继续发展下去，避免好景不长，关键是控制经济建设规模。历史经验，形势一好，就要大上，全面紧张，调整，好转，大上，再调整。要避免再来一次循环。我们调整一调就灵，南斯拉夫地方掌握，无法调整。去年基建猛增100多亿，历史上〔这样〕都出问题，现在隐藏危机，尚未引起全党注意。全面紧张就无法改革，不得不再来一次调整。形势好了，不要头脑发热。最重要的是要控制基建规模。社会主义国家犯投资饥饿症，确实值得注意。总规模要控制，重点要加强，技改要放宽。压你的不压我的，集中全力用于重点建设。要加强计划控制，采取行政手段，兼用经济办法（抽税）。匈牙利基建抽税。

（2）要使我国经济振兴，必须大力加强重点建设。没有五十年代的156项，不可能有现在情况。现在不搞一批重点建设，不能经济振兴。办一些小企业是必要的，但影响经济全局的是大型骨干工程，非此不可能建成现代化强国。不这样做要犯大错误。全国支援重点建设，要有统一认识。只要把力量集中起来，是可以办成几件大事。在这个问题上，必须局部服从整体。计划经济的优越性，在于能够集中财力、物力、人力，办成几件大事。

---

* 1983年3月21日至4月1日，召开全国工业交通会议（《中华人民共和国国民经济和社会发展计划大事辑要1949—1985》，第474页）。

许多重点建设敞开花钱，浪费严重，把原定造价提高几倍。管理混乱，没有规划。

（3）保证重点建设，必须增加财政收入和中央所占比例。现在靠借债（内外）过日子，难以为继。1978～〔19〕80 年国民收入增 23.7%，财政收入下降 3.8%，财政收入比重 1982 年降到 25.6%（1978 年 37.2%），扣除国库券不到 25%。1978 年集中过多，分散一点是必要的，但现在集中太少，不能保证重点建设。

国家财政是国民收入再分配的重要手段。如果只讲人民富，企业富，而不讲国家富，就办不成大事。大事办不成，小事也会落空。要解决问题，必须有适当的集中，一要吃饭，二要建设。不能竭泽而渔，也不能吃光用光，不讲建设，只讲消费。西欧、北美搞福利国家已走进死胡同，我们是发展中国家，更要谨慎。

要减少地方和企业的资金，人民生活也要控制。

（4）改革，步伐要加快，调整要同改革结合，通过改革来推动调整和整顿。改革势头是好的，要使它健康地发展下去。城市工商业改革，首先要克服吃大锅饭，克服平均主义。其他方面跟不上，也可以改。既要看到迫切性，又要看到复杂性。财政收入 90% 靠城市，通过利税上交国家。经济体制，特别是价格不合理，企业先进落后差别很大，搞不好可能出现违反按劳分配原则的苦乐不均，这样很难调动全体职工的积极性。少数企业调动了，影响多数企业的积极性。职工收入差别太大，会影响积极性。包〔干〕的问题很复杂，可能便宜落后，先进吃亏。完全避免不可能，要尽量减少。对全民企业改革办法主要是利改税，不是包干。小的、集体企业包是可以的，大企业要经批准。

利改税符合改革方向，随着价格调整，税制改革，税后利润可以不保［包?］。税收分中央、地方。

利改税可以调动企业的积极性，全国有 50 个企业〔利改税〕，都提高了积极性。

在价格不合理情况下，利改税可以减少苦乐不均，不会奖励落后。落后企业容易向上冒，一冒就要保护既得利益，不保护积极性就下降。提级几年增加几元，一包增加几十元。

税收比包干容易实行，不像包干那样争论很大，年年争论，所以步子可以迈大一点。包干可以改过来的改过来，不能改的再包一年。不合理的坚决改，不怕影响积极性，不合理的财□是无法保［包?］下去的。

今后对企业的政策一要放活，二要加压，不能只活不压。过去对企业又死又宽，对先进死，对落后宽，不能培养企业进取精神，没有竞争。

今年企业调资，国家、企业共同负担调资，落后企业无钱少调，不调。

职工教育不能单靠国家，还要靠企业，特别是电视大学（去年毕业68000人），是培养人才的简易办法。

（5）今年继续贯彻调整改革方针，要使经济效益有明显提高，争取超额完成今年计划。要有一定速度，但如有速度不讲效益，速度就难以为继，要追求经济效益高的速度。总产值指标缺陷很多，不能真正反映速度。重视经济效益的思想还很不牢固。

万里同志

（1）要遵法守纪，要有经济立法，还要执法守法。

（2）萝卜多了要洗泥。要变成经营式的企业，按照市场需要改进生产。生产与流通分割，与消费分割。要学会经营管理。

中央工作会议（六月二十五日）*

〔赵〕紫阳同志

（1）重点建设上不去，全局活不了。要从全局认识重点建设的重要性。现在基建规模愈来愈大，扩大加工工业，增加能源、交通的紧张，这个问题不解决，可能被迫进行一次大调整，这不仅是个政治问题。地方应用主要精力改进经营管理和技术改造，这样情况就会愈来愈好。去年讲了控制基建，今年再讲，再做不到，无法交代。要地方、部、银行负责，1980年中央工

* 1983年6月25日至30日，中央召开工作会议，讨论集中资金加强重点建设问题（房维中编《在风浪中前进》第六分册，第98页）。

作会议取得的成绩要保持下去。

（2）集中财力物力势在必行。生产增长，财政下降，长期下去，难以为继。苏东一般占 50%～60%，资本主义国家占 30%～40%。我们要承担建设、军政、文教，不集中一定财力是不可能的。过分集中不利，但过分分散也不利，否则不能办成几件大事。“七五”期间财政收入占 28%～30%是确当的。集中办法还可以考虑。只占 25%是肯定不行的。如何拿，可以多加考虑，大家开动脑筋想一想。

“七五”期间基建规模多大为好？3500 亿元大体可行，这就必须集中资金。1985 年 600 亿，1990 年 780 亿，每年递增 5%，大体相当于国民收入增加速度。

集中资金必须堵塞漏洞。去年下半年起生产资料乱涨价，今年更发展，失去控制，比消费品更严重。基本原因是基建规模太大，有些工厂自定价格，钢材涨二至三倍，木材、煤炭也是。向建设单位伸手要钱，生产资料议价平均高 30%，增加基建投资 100 多亿元。这股风不刹住，会引起物价普遍上升。涨价收入归企业，损失归国家。集中资金每年 100 多亿，乱涨价也 100 多亿，集中又会落空。1～5 月财政收入增 0.1%，工业增 8.2%，奖金增 17%。乱涨价、乱摊派不刹住，资金集中不起来。生产资料价格偏低的由国家有计划提，不准自己提价（7 月 15 日必须扭转过来，违者处分）。乱向基建单位摊派费用也应处分。乱发奖金也要刹住。这种情况不改正，不但财政收入下降，且会市场紧张，建设失控，消费失控，都会出大乱子。

今年财政不容乐观，支出增 10%，财政和货币回笼均比去年显著下降。全年赤字货币发行会突破计划。

必须继续搞活，不回到统收统支，改革的方向没有改变，扩大企业自主权不改变，主要是宏观经济决策，建设、消费要严加控制。信贷和价格要严加控制，进一步完善改革。计划控制，行政管理，经济杠杆都要加强。

对农民收购价格不变，稍减补贴，稍增税收，农民的收入将继续增加，不合理负担要减下来。

对企业增加征收 50 亿元，企业收入还可能增加。社队企业在增加收入的基础上加一点税。

我国工业面临一场严峻的考验。过去靠原材料低价赚钱，现在价格还会提高，工资也会增加，不靠改进经营管理无法生存。进口钢材、木材价格均高，外贸亏损，不改进管理，不改进技术，靠补贴过日子，无法生存。质量差，消耗高，还没有引起大家注意。工人阶级的素质也降低了。企业组织结构很不合理。好的产品不能增产，供不应求，差的产品盲目发展，大量积压，现在仍在重复建设，盲目生产，没有显著转变。降低物质消耗，提高产品质量，一要改进经营管理，二要提高技术水平，把注意力从重复建设转过来。

利改税要划分中央、地方税收。

城市要解决企业改革问题。

主要参考文献

《薛暮桥文集》，中国金融出版社，2011。

《薛暮桥回忆录》，天津人民出版社，1996。

薛暮桥著《抗日战争时期和解放战争时期山东解放区的经济工作》，山东人民出版社，1984。

《中国革命根据地经济大事记》，中国社会科学出版社，1988。

《山东解放区大事记》，山东人民出版社，1982。

《中共山东党史大事记 1921～1949》，山东大学出版社，1992。

《中华人民共和国国民经济和社会发展计划大事辑要 1949～1985》，红旗出版社，1987。

《中国经济发展五十年大事记》，人民出版社、中共中央党校出版社，1999。

《中国经济体制改革 20 年大事记 1978—1998》，上海辞书出版社，1998。

《中华人民共和国经济大事记 1949—1980 年》，中国社会科学出版社，1984。

《中华人民共和国商业大事记 1949—1957》，中国商业出版社，1989。

《中华人民共和国商业大事记 1958—1978》，中国商业出版社，1990。

《中华人民共和国统计大事记 1949—2009》，中国统计出版社，2009。

《1958～1965 中华人民共和国经济档案资料选编·商业卷》，中国财政经济出版社，2011。

《建国以来重要文献选编》，中央文献出版社，1993～1997。

《在风浪中前进》，房维中编，内部资料，2004。

《周恩来年谱 1949～1976》，中央文献出版社，1997。

《李先念年谱》，中央文献出版社，2011。

《陈云年谱》，中央文献出版社，2000 年；2015 年修订版。

《刘少奇年谱》，中央文献出版社，1996。

《毛泽东经济年谱》，中共中央党校出版社，1993。

《毛泽东年谱 1949～1976》，中央文献出版社，2013。

《陈毅年谱》，人民出版社，1995。

《邓小平文选》，人民出版社，1993、1994。

《陈云文选》，人民出版社，1984、1986。

《刘少奇选集》，人民出版社，1985。

《周恩来选集》，人民出版社，1984。

《李富春选集》，中国计划出版社，1992。

《李先念论财政金融贸易 1950～1991》，中国财政经济出版社，1992。

《邓子恢传》，人民出版社，2006。

《姚依林百夕谈》，中国商业出版社，1998。

《当代中国的煤炭工业》，中国社会科学出版社，1988。

《新中国商业史稿》，中国财政经济出版社，1983。

《山东解放区史稿·解放战争卷》，唐致卿、岳海鹰著，中国物资出版社，1998。

图书在版编目(CIP)数据

薛暮桥笔记选编：1945～1983：全4册 / 徐建青，董志凯，赵学军主编. -- 北京：社会科学文献出版社，2017.9

ISBN 978-7-5201-0747-1

Ⅰ. ①薛… Ⅱ. ①徐… ②董… ③赵… Ⅲ. ①经济学-文集 Ⅳ. ①F0-53

中国版本图书馆 CIP 数据核字（2017）第 092150 号

薛暮桥笔记选编（1945～1983）（全四册）

主　　编 / 徐建青　董志凯　赵学军

出 版 人 / 谢寿光
项目统筹 / 周　丽
责任编辑 / 宋淑洁

出　　版 / 社会科学文献出版社 · 经济与管理分社（010）59367226
地址：北京市北三环中路甲 29 号院华龙大厦　邮编：100029
网址：www.ssap.com.cn
发　　行 / 市场营销中心（010）59367081　59367018
印　　装 / 三河市东方印刷有限公司

规　　格 / 开　本：787mm×1092mm　1/16
印　张：93.5　字　数：1443 千字
版　　次 / 2017 年 9 月第 1 版　2017 年 9 月第 1 次印刷
书　　号 / ISBN 978-7-5201-0747-1
定　　价 / 1280.00 元（全四册）

本书如有印装质量问题，请与读者服务中心（010-59367028）联系

入选国家第一批可移动文物

徐建青　董志凯　赵学军 / 主编

薛暮桥笔记选编

（1945~1983）

（第一册）

社会科学文献出版社
SOCIAL SCIENCES ACADEMIC PRESS (CHINA)

1947年10月至1949年3月，薛暮桥先后在华北财经办事处、中央财政经济部任职，这是他在这两个机构的驻地河北省西柏坡的留影

薛暮桥在1950年代

1958年4月，时任国家统计局局长的薛暮桥在河北省东光县检查工作，前排左二为薛暮桥

1970年代末，薛暮桥在撰写《中国社会主义经济问题研究》

1970年代

1980年10月，薛暮桥在香港“中国经济发展新趋势”讨论会上做总结发言

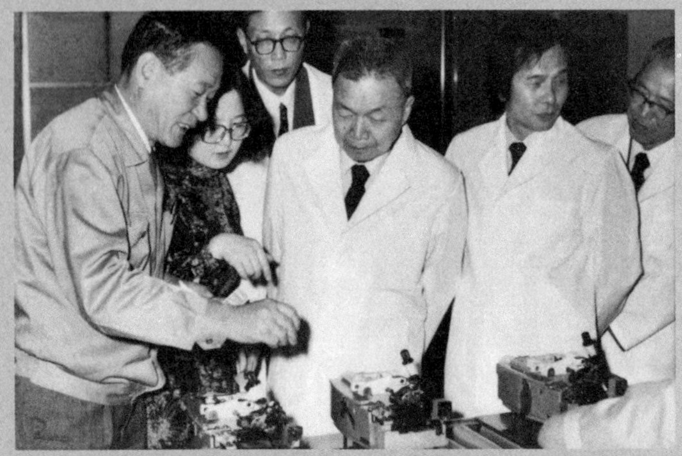

1980年代，薛暮桥在工厂做调查研究，前排左三为薛暮桥

1980年代，薛暮桥在农村做调查研究，左二为薛暮桥

1980年代在中国工业合作协会第二次理事扩大会上

一

建设有中国特色的社会主义的必由之路

在生产资料公有制基础上
发展有计划的商品经济是
~~建设社会主义必由之路~~

（经济日报 1986年5月5日）

86-37

把马克思主义理论同中国社会主义经济建设的实践结合起来
研究有中国特色的社会主义

建设有中国特色的社会主义，必须把马克思主义的基本原理同中国社会主义建设的实践经验结合起来，这是毫无疑义的。但怎样把这两者结合起来，我认为还没有很好解决。最近新编的一些社会主义经济学书籍，常常是一方面引用一些马克思的原著，另一方面引用一些党中央的决议和某些领导同志的讲话，形式上是理论实际两者都有了，但怎样把这两者结合起来，我觉得还没有真正解决。

要把理论和实际真正结合起来，我认为要认真学习马克思的历史唯物主义，研究社会发展史中表现出来的客观规律。任何新的社会生产关系，都是适应生产力发展的需要而产生的。人类从自然经济发展到商品经济，从小商品生产发展到社会化大生产，促使生产力得到飞跃的发展。但是资本主义……在这基础上建立了资本主义生产关系，

1

薛暮桥手稿

薛暮桥笔记原文（下同）

合作社会议

3. 城市生产合作社皆已包销。许多生产没有销路，必然垮台。

中南 1. 农村供销应以消费为主，但农民要求推销。合作社不可能把推销问题完全解决。

2. 新区旧合作社应称仍合作社，首先代销，慢慢改造。

山东（贸）1. 把农民当消费者做不通，农民要求推销土产，利用剩余劳动力，供给生产资料，第四才是消费品。

不解决剩余劳动力，农业互助变工不易巩固，这就要靠合作社。

东北 1. 农民十分需要供销组织，要能销给才能吸蓄资。

大力整顿，稳步发展。

（李）2. 历史发展要作明确结论。从情况变化说明今天发展方向。今天发展生产需要打开销路，生产及销售要有计划，否则解决不了群众的困难。

3. 今年东北产粮1800万吨，销路形成问题，今天许多生产品感滞销。

4. 供销合作社可兼营信用，但运输不能普遍发展。此种不宜太提倡。要能供多数社员的大宗的需要。

5. 广东妇女合作农场不宜提倡，合作社及小工厂多依资金，皆已包销。

6. 东北需要稳步前进，同时整理改造。土改需要二三年，发展合作社需要三五年。否则会变成人民的财富的浪费。

7. 手工业生产合作社不能与现代化工业竞争，必须

工业书记会议

讨论问题：(1)工业指标的执行情况，(2)工业战线的形势，进行检查总结。目前农村形势确实好转，城市似乎还抬不起头。但应该说全国形势也在好转，煤日产量最近几天已到40万吨，钢产量今年可到900万吨。在提高质量，降低消耗方面也有进步。经济同志对工业作了一些调查研究，比较以来在数值上管理方面也进行整顿，加强设备维修检修，整顿规章制度，解决职工生活中的问题。压缩城市人口一千二百万人，其中职工九百万人，有很大成绩。基建战线和重工业生产战线有所缩短，轻工业手工业有所增加。这些都是成绩。要在总结经验的基础上鼓足干劲，研究明年工业生产的安排。明年钢七百五十万吨，煤二亿五千万吨，木材二千四百五十万吨，指标不很高，努力争取超过。

任务：(1)改变农业不适应的局面，努力支援农业和轻工业市场。在工业内部，克服采掘工业的薄弱环节。

(2)明年的奋斗目标，有人提"以提高质量、增加品种、降低消耗为中心的增产节约运动"，有人提"以技术管理、计划管理为中心的增产节约运动"。要提出几条比较明确的奋斗目标。

(2)对工业七十条的讨论，总结第一个五年和三年大跃进的经验，确定适合于我们情况的企业管理制度。

(3)继续精减职工。明年再减七百到八百万，最好结合五定来精减。五定按照设计生产能力，超过设计需要的人可精减。由于明年任务低，可能暂时减少的人，可否放假一年两年，或去回乡种地。

围绕这三个问题进行讨论。如果七十条定不下来，至少搞个五定。能不能用不对口径的钢材（约100万吨），生产15－20亿元日用品回笼货币？要彻底清查仓库，挖掘物资潜力。木材生产要切实抓一下。坑木枕木如何节约代用。

新联群众座谈会

从前此地分种三麦，此地种三麦不行，要因地制宜。要吃得饱，才能做得好。"小菜在你锅里，生活在我手里"。荡田最好种赤稻，省肥料，一亩晚稻的肥可肥三亩赤稻。双季稻最化肥料，一亩化的肥料可以肥七八亩晚稻。明年最好不种双季稻。如果种面积这么大的双季稻，连一顿粥都吃不成。种早稻没种胡萝卜。

黄埜种得多，不通风，产量反而低。58年大兵团时一亩地下五六十斤麦种，只收三四十斤。丢在田里的种，给了农民可以吃一顿粥饭。土质好，肥料足，每亩十斤种就够了。普通田每亩十二斤差不多。

小麦不能多种，也不能不种，最好种5—10%，也要移植。或者多种青蚕豆，割上面去换麦子，这样更好。种青蚕豆最好，豆萁作绿肥比红花草还好。荡田冬天放水，可省肥料，春天种早稻。收后种胡萝卜。荡田种红花草和蚕豆都不行，不如放水休耕。

包产615斤一定完不成，究竟有多少550，最好顶格600斤。今年缺肥少，田种少，不可能比去年增产。

第三生产队粮食吃了28000多斤，要负责人要求补账，干部不肯补。政府是好的，下面小鬼不行。过去米出饭二斤四两，食堂只出二斤二两。晚米出二斤四两，食堂只出二斤。结果每个食堂都要吃亏，社员说食堂是"蚀堂"。口粮最好划粮食所卖，现在放在食堂，还不干净。

退赔不到一半。母猪折价不到一半，猪肥不补。大队没钱退赔（要收预支每劳动力只分了三元四元）。56年社把母猪折价归公，105元的母猪，折价40元，猪肥1万斤，值100元，没有补钱。供销社的股金30元，没有还，信用社也3元（另外一角）。

自留地分得不合理，干部分得多，分好地，社员分得少，分坏地。现在每人分一厘七厘，太少，希望分一分多一点。大队里有自留地184亩，其中大田只三四十亩。三十年不变好，还不肯出身。

60条送给朱同志（同志们）讲得好，越听越要听，听了还回味。不但可以养猪，而且可以养牛。去年偏集中，变成绝种，连牛都只剩三只。

八月三十日

包产分牢靠，死要面子，国家任务要完成，肚子也要完成。不种麦子，600斤差不多；种了麦子，至少差100斤。荡田300—400斤。（平均530斤）。今年比去年：(1)红花草少，种小麦多。(2)猪肥少，(3)化肥少（去年30斤，今年15斤）。好的条件：(1)种秧比较好，(2)秧苗比较好。

58年吃大锅饭以来，做生活分两类"说是人人负责，实际是人人不负责"。说干部，干部也管不过来。要包产到户，或者报给三四家，才能负责（三四户一个组）。（现在包工到组，要求包产到组）。做生活懒洋洋，作工头牵头，派工小队长，社员分开做。有时大家评分，评几天又不评了。要评工，起码评半夜。"共产党政策好，土梅方十一样到"，产量年年高，肚皮吃不饱，毛病在什么地方了。"干部要面子，社员吃苦，负钱贴本，干部出风头，社员吃苦头"。

成立合作社时，每亩地入八元股金，现在不知哪里去了。

沙人翻身，外米翻里米，里米翻外米，自留地翻看。干部"威风"，老头子女人做太太，小伙子做少爷，姑娘做小姐。社员分三块钱，有了浮肿也没钱买。

粮食放在饭店最好，拿多少米，带多少粮。放在食堂有问题。干部吃小灶饭，社员吃剩的。

三级一工加一两，连续做要加十斤米，超过有半工加半斤口粮。七月份口粮比五八月少一点（不到一斤）。田多十边地粮食没有分，放在食堂，没有了。

大队入仓十三万斤，拔秧三分之三。新联四等十边放在大田内，因此没有田多十边了。（4.3%）

高田过去的生产最高亩产三石（600斤），一般二石半（500斤），最差的一担半（300斤）。荡田最好一石半（300斤），一般七八斗（120斤）。现在荡田种早稻，收300—400斤。

养猪问题，养一只吃精饲料100斤，40担肥，至少可以多收120斤。如果低田收400斤，加10担肥，可产五百斤。如果再

62年饿死人，此次农业增产。中央文件也要结合本省具体情况，目的是发展生产，主要的农民是活。吉林每人116元，三级所有，队为基础不需要变动了。劳动日值1.5元，每月45元。农业机械化正在发展。农工商相结合已有基础，只是没有提倡。农36.7%，牧15.1%，工40%以上，工业不可能包产到户。

（中国大国，情况千差万别，必须从本地实际情况出发，一个省也不同。耕作制度也相差很大，文化程度、经济水平，交通条件，集体经济巩固不同。全国约有2000个县，相当合作化初期甚至解放初期水平，看不到优越性。生产责任制不能一刀切，从各省实际出发，因地制宜。黑龙江要大队分工，公社分工，小的发挥不了作用，边远山区不包产到户不行，困难地区我承认宽一些。从实际出发，因地制宜。今后发展方向，要走集体的道路，要实行责任制，根据各地不同。专业化协作，劳动力不能都安放在农业上。农村要开辟生产门路，把多余的劳动力在农村安排。生产搞得好的专业队，有些农活可以包到户，有些农活必须集体搞。有些专业可以包到人，有些农活可以联产，有些不能联产。责任制一定搞，联系到队、组、户、人，分别具体情况。各种形式联合，农忙时也有互助组。引导他们联合起来。

PhB把个体农民联合起来。集体优越性没有发挥，生产破坏地区，必须利用个体的积极性，生产发展了就要求联合起来。）（允许各个地方，允许农民自己选择。集体劳动绝对化，否认个体劳动。工厂里一个工人看一台机床，农业也是如此）。

二要办法，这是最大的官僚主义，降低了群众对党的信任，存在着信任危机。对此全党要有一致认识，同舟共济，包括我们自己。讲到差的调整方针，意见一致，讲到自己的问题，才看就出来了。在各种关系上，都要提倡顾全大局。财政问题上大家的要求是有理由的，但要讲清楚榨不出油水来了，唯一的油水是发票子，后果是大家看得到的。请大家多做思想工作，抓增收节支。大家要求都有道理，但要保持稳定，就只能有多少钱办多少事。对少数民族的照顾也达不到要求。几十年的问题，不是几年能解决的。是不是要现代化，要搞不搞正路，根本达不到现代化。明年

西藏、少数民族

做经济稳定，人民觉得有所改善，值得增长一点，就是很大的成绩。明年增加工资10亿元，究竟用在什么方面。这10亿还是用发票子来解决的。落实政策，减少待业人员，都是改善。完小学教师每人5元，就要5.6亿元，普及教育五年办不到，可能要十年。

物资调拨要提个基数，这样才能保持上海天津等大城市。社队工业要整顿，把原料吃掉，把大城市搞死了，农村也活不起来。要反对重复建厂。商业建设大量的要靠地方投资，不能靠中央财政部。

粮食全国要搞统一些，地方要机动一些。今年把两件粮荒搞完了，明年再进口粮食国外，进口1500万吨，要收都收不来。要做

编者前言

一

薛暮桥同志是我国著名的经济学家，曾在经济工作中长期担任领导职务。他参与过解放区经济工作，以及新中国经济建设和制度变革的重大决策。薛暮桥同志不仅为中国的经济学发展，而且为中国的经济发展和改革开放做出了重要贡献。

1993 年，薛暮桥同志将他所保存的几十本工作笔记和十几份手稿赠与中国社会科学院经济研究所（后简称经济所）。2011 年 6 月出版的《薛暮桥文集》的“编者说明”中提到，“作者还有上百万字的工作笔记现存中国社会科学院经济研究所，有关内容整理任务繁重，未收入本套文集”，指的就是这部分笔记。

这部分笔记共 58 本（不包括手稿），在时间上起于新中国成立前 1945 年他在山东解放区工作时，截止于 1983 年 6 月在国务院经济研究中心工作时。这期间由于“文化大革命”，自 1966 年 9 月以后至 1977 年 3 月之前空缺。故所存笔记的涵盖时间实际为 29 年，这正是中国经济变革的重要时期。这些笔记内容非常丰富，是研究解放区经济和新中国经济发展和制度变迁不可多得，甚至可以说是独有的珍贵资料。将这部分资料整理出版，既可发挥其宝贵的价值，也可报答薛暮桥同志对经济所的信任与厚爱。因此，自 2006 年起，由经济所中国现代经济史研究室承担此项任务，开始了对这部分笔记的编选整理工作。

二

编选整理工作的主要内容，首先将58本原始笔记全部进行电子化处理。经录入整理，这些笔记共约160万字，照相图片计3668帧。在此基础上，筛选出一部分进行编辑、校注，以便于利用。

但整理这些笔记存在相当大的困难：（1）全部笔记基本上没有记明时间、地点，每个笔记本的年份顺序是薛暮桥同志的夫人罗琼同志根据回忆后补上的，因而有的年份不很准确。同一时间段里经常有两三个笔记本，所记录内容常有交叉，如笔记中经常出现一次大会议的记录中穿插着其他记录的情况；有时一件事情分别记录在两三个笔记本上。故此，全部笔记所记事件的时间都需要根据内容重新考订，加以理顺、排序。（2）由于是记录稿，存在时间、事件不明确，字迹难以辨认，有漏字、误字，标点、标号不准，等等诸多问题。为了力求准确，编者搜集参考各种资料，相互印证、鉴别，并按照所确认的时间，对笔记顺序进行调整，对内容进行整合，对文字和标点进行改正、适当填补。

经过编选，保留了笔记中与经济有关的最有意义、有价值的部分。目前呈现给读者的，计90余万字。通过这些笔记，读者可以从一个侧面再次看到从解放区、新中国建立，直至改革开放初期的几十年里，中国共产党领导中国人民，进行经济建设和制度变革的艰难曲折历程，为研究这段历史提供了第一手资料。

三

这58本笔记，包括有新中国建立前在山东解放区的3本，1949年至1966年48本，1977年至1983年7本。这些笔记主要包括会议记录、调研记录、工作汇报记录、学术讨论记录，以及薛暮桥同志本人的汇报提纲、写作提纲、随想等。其中一些主要领导人的讲话，因已有正式出版物，不予选入；一些统计数字、表格等，限于篇幅，且亦有公开出版的统计资料，也不再选入。

这些丰富的原始记载，可以使读者了解我国经济工作，特别是改革开放前计划经济时期经济决策的大量信息，新中国经济工作制度建立、改进和改革的过程，以及新中国建立后，特别是改革开放初期在经济理论和实践方面的探讨摸索，这些对于研究新中国经济变迁历程，研究中国特色社会主义政治经济学理论的探索、形成与发展，都具有很高的史料价值和学术价值。

对于改革开放前的历史，由于信息不公开等原因，人们往往只是通过报刊，才能知道决策结果，或简单原委。而对于决策过程、具体经济状况，则知之甚少，在当时甚至是无从得知。这些笔记可以在一定程度上弥补这一信息缺失。特别是一些基层调研的笔记，包含了大量生动的事实。

四

薛暮桥笔记的整理工作从一开始就得到了经济所领导的大力支持，拨专项经费资助前期的电子化录入工作。2008 年被列为中国社会科学院重点课题。

中国现代经济史研究室前主任武力研究员首先接下了这一艰巨任务，指导特聘助手白艳君进行录入和整理。在这个过程中，研究室的各位同仁也都给予关心，发挥各自的智慧，如帮助辨认字迹、提供建议等。

经济所图书馆也给予了很多帮助。图书馆对薛暮桥笔记原件的妥善保管付出了大量心血和劳动。2013 年在国务院组织的第一次全国可移动文物普查中被列为可移动文物。图书馆馆长王砚峰、副馆长向彪、馆员刘益建承担了全部笔记的照相存档工作。

薛暮桥同志的女儿薛小和始终关注笔记的整理情况，并帮助提供资料线索。

主编徐建青、董志凯、赵学军的具体分工为：董志凯负责 1945 年至 1957 年；赵学军负责 1958 年至 1962 年 5 月；徐建青负责 1962 年 5 月至 1983 年，并通稿。

由于我们的学识有限，尽管力求考订与校注准确，但不可避免仍会存在各种问题，衷心期望读者予以指正。

编者

2016 年 12 月

编辑说明

一　本书所选收的笔记在格式上均遵照笔记原貌，所有大小标题和正文未作改动，少数由编者补充了大标题，并加以注明。

二　标题和正文中的缺字增补加以“〔〕”号，有疑问的文字加以“[?]”号，对原笔记中有误的错字纠正加以“[]”号，无法辨认的字或空字代以“□”。对明显为误的文字、数字和标点则直接做了订正。正文中以“()”括注的文字，均为笔记原文。其中多为插话，故保留“()”前的标点，以便于读者理解。

三　笔记中涉及众多人名，很多记录不详，有的有姓无名，有的有名无姓，除对少数可考者加以补充或加注外，大量的则保留原貌。

四　笔记中的大量数字写法并不规范，经常是汉字和阿拉伯数字混用，如果加以统一，则改不胜改，且在修订时容易发生错误，故也基本按照原样保留，仅在必要时对个别数字写法加以规范统一。

五　笔记中一些表格中数据计算有误，笔记内容中一些涉及数字的部分有的也有误，但原笔记如此，无可考证，故均保留原貌，不予纠正更改。

编者

2016 年 12 月

目　　录

第一册

第二册

第三册

第四册

薛暮桥大事年表

1904 年 10 月 25 日 出生于江苏省无锡县礼社镇。

1910～1917 年 先后在培本女塾、薛氏义塾、群智小学、无锡县东林小学读书。

1918～1919 年 考入江苏省立第三师范学校读书。参加了五四运动游行等活动。

1920～1927 年 1920 年考入沪杭甬铁路局工作。1926 年投身铁路工人运动。

1927 年 3 月 加入中国共产党。先后任沪杭甬铁路总工会执委会常委兼组织部长、中共杭州区委工人部长。6 月被捕入狱。

1931 年 1930 年 12 月底出狱，先后在无锡县立第三小学任教，在南京民众教育馆《民众周报》任主编。

1932～1935 年 1932 年初，到中央研究院社会科学研究所社会学组工作，参加了陈翰笙组织的农村经济调查资料整理工作。8 月，到徐州民众教育馆工作。1933 年 2 月，在广西师范专科学校任教。12 月，加入中国农村经济研究会。1934 年 8 月当选为中国农村经济研究会理事。10 月，《中国农村》月刊创刊，任主编。1935 年 8 月，创办新知书店，任出版委员会委员。

1937～1939 年 先后在上海、南昌、长沙、武汉参加抗日救国活动，主办《中国农村战时特刊》。1938 年 10 月，参加新四军，先后任新四军军部教导总队训练处副处长、处长，新四军政治部农村经济调查委员会主任。1939 年 4 月，新四军《抗敌》杂志创刊，任编委。

1941～1942 年 先后任抗大五分校训练部部长、抗大华中总分校政治部主任兼训练部部长。

1943 年初 进入山东抗日根据地做经济工作。主持山东省战时行政委员会调查研究室及工商局的工作。

1945 年 8 月 任山东省政府秘书长兼实业厅厅长。

1946 年 12 月 中国工业合作协会山东省办事处成立，任办事处主任。

1947 年 10 月 任华北财经办事处副主任兼秘书长、经济组组长。

1948 年 6 月 任中央财政经济部秘书长。

1949 年 3 月 随党中央进驻北平。7 月，中央财经委员会成立，任委员、秘书长。10 月，中央人民政府政务院财政经济委员会成立，任委员、秘书长，兼私营企业局局长。

1952 年 8 月 因病辞去中财委秘书长、私营企业局局长职务，被任命为国家统计局局长。11 月兼任新成立的国家计划委员会委员。

1954 年 上半年，当选第一届全国人民代表大会代表。

1955 年 任国家计划委员会副主任。5 月，当选中国科学院哲学社会科学学部委员。

1956 年 3 月 国务院科学规划委员会成立，任副秘书长。

1958 年 6 月 中央决定成立中央财经小组，作为咨询机构，被指定为专职秘书，主管内部刊物《经济消息》。9 月，离开国家计委、国家统计局，兼任国家经委副主任。下半年，当选第二届全国人民代表大会代表。

1960 年 12 月 离开国家经委，改任中央财经小组秘书兼国家计委副主任。

1962 年 3 月 中央决定恢复中央财经小组，从咨询机构改为决策机构。成为中央财经小组成员，仍兼任秘书、国家计委副主任。5 月，兼任全国物价委员会主任。

1964 年 12 月 当选第三届全国人民代表大会代表。

1968～1974 年 进“牛棚”“五七”干校。

1975 年 10 月 任国家计委经济研究所顾问。

1978 年 3 月 被选为政协第五届全国委员会委员。8 月，任国家计委顾问。9 月，任国家计委经济研究所所长。

1979 年 7 月 任国务院财经委员会体制调查组副组长。11 月，中国统计学会成立，当选会长。

1980 年 5 月 国务院成立经济体制改革办公室，任顾问。6 月，任国家计委党组成员。7 月，创建国务院经济研究中心，任中心总干事。

1981 年 7 月 创建国务院价格研究中心，兼任总干事。10 月，《中国经济年鉴》创刊，任主编。

1982 年 4 月 国务院成立国家经济体制改革委员会，任顾问、党组成员。11 月，中国工业合作协会召开第一次全国代表会议，当选为名誉理事长。

1985 年 6 月 国务院三个研究中心合并，改为国务院经济技术社会发展研究中心，任研究中心名誉主任。

2005 年 7 月 22 日 在京逝世，享年 101 岁。

1945 年

在山东解放区[①]

① 1943 年 2 月至 1947 年 9 月，薛暮桥同志在山东解放区领导经济工作。这里是其于 1945 年至 1947 年的部分笔记。这期间薛暮桥同志著有总结山东解放区经济建设和对敌经济斗争经验的大量文章和报告，其后汇编成《抗日战争时期和解放战争时期山东解放区的经济工作》，北京人民出版社 1979 年出版、1982 年出增订本，山东人民出版社 1984 年再次出版，阅读本部分可参阅该书。

山东省战时行政委员会[*]关于开展大生产运动的指示

农字第〇〇二号

民国三十四年三月三日于本会

春耕时期已经到了，开展大生产运动应当立即成为根据地建设中的头等重要任务，各级政权工作干部均应参加生产劳动，并从各自工作岗位上来协助群众运动，且以此为加强群众观念之一具体经验。各级政权工作干部除应研究全省行政工作会议总结中的生产部分及其他有关文件外，特再提出下列要点希各研究执行。

甲：农业生产

1. 群众生产应以农业为主，同时争取重要工业品的自给。粮食生产要做到耕三余一，棉花和布匹生产大体上要做到全部自给，保证全部军民有饭吃，有衣穿，同时发展农村副业，增加人民收入。这是我们今年总结的斗争目标。

2. 农业生产应当因地制宜。渤海垦区和鲁南湖田区域应以开荒为主，新解放区应当集中力量迅速消灭熟地〔荒?〕，同时开垦生荒，老根据地应以精耕细作为主，亦不放弃开荒。但就中心根据地的一般情况来讲，经过几年开垦，荒地已经不多，今后应当特别重视精耕细作，今年要求每亩平均增产粮食十斤。

3. 开荒应与植树造林同时进行，防止为着开垦山荒河荒以后〔洪涝〕冲毁原有耕地，山坡河沿应当奖励植树造林，护河护地，原有林木应予保护，不得任意砍伐，并应有计划地封山。植树造林应由政府领导有计划地进行，应求多种多活，反对只管种、不管活的形式主义现象。公荒公山植树可采用公私两利办法奖励植树人。

4. 精耕细作除深耕、多锄、多施肥料外，更应奖励开河、筑堤、打井，提倡人工灌溉，纠正农民靠天吃饭思想。在无打井浇地经验地区，政府应从

---

* 山东省战时行政委员会，原名山东省战时工作推行委员会，简称山东省战时委员会，1943 年 8 月更名为山东省战时行政委员会，简称山东行政委员会，黎玉任主席。1945 年 8 月 13 日改为山东省人民政府（《薛暮桥文集》第二十卷，中国金融出版社，2011，第 124 页）。

其他地区吸收有经验的农民来任技术指导，并广设特约农场试验打井浇地，来向农民示范。同时，提倡选种浸种，除虫捕蝗，防止虫害。

5. 为着适应纺织生产需要，除渤海区外，应当普遍提倡植棉，要求每人平均植棉一分地。除渤海〔区〕外，今年全省植棉一百万亩，并应增施肥料，改进耕作方法，要求每亩平均能产净花二十斤以上，同时还要奖励种植蓝靛，部份解决染料困难。应当认识这是一个很重大的宣传组织工作，绝不应当任其自流，尤其在农民缺乏植棉经验地区，更应及时进行教育。

6. 奖励畜牧，增殖耕畜，提倡养猪、养羊、养鸡、养蚕，增加农民副业收入。羊毛、蚕丝亦为本省之一重要富源，应予充分注意。

7. 今年全省发放春耕贷款一万万元，此项贷款主要用于奖励植棉，提倡水利。在缺耕畜、农具地区则应贷款添购耕畜、农具，新解放区亦可贷放种籽、肥料，以期迅速消灭熟荒。抗属及贫苦农民有获得贷款的优先权，但应完全用作生产资金，因此，贷款应有中心，不宜过份分散。贷款应经调查登记，保证收回，不应当把贷款当作救济。

8. 帮助农民通过家庭讨论，编订兴家计划，培植新式家庭从典型入手，使男女老幼均能够在大生产运动中起其应有作用。兴家计划，应与总的生产方针及本县、本区、本村生产计划互相结合，保证今年生产任务全部完成。家庭个人生产（例如妇女纺织）应当提倡采用公私两利分红办法，藉以提高生产情绪。

9. 普遍组织劳动互助，是开展农业生产运动之一中心关键，应当特别重视。除普遍提倡外，并应培养典型，创造经验，来推广并提高现有的劳动互助组织。去年未组织的村庄应当迅速组织起来，已组织的村庄应求更普遍，更巩固。组织形式应当由小到大，由简单到复杂，严格遵守自愿原则，反对强迫命令，帮助农民解决计工算账的困难，并利用剩余劳动力去发展副业。

乙：工业生产

1. 工业生产首先应当继续发展纺织工业，要求每二十人平均有一辆纺车，每二百人平均有一张织机，保证军民所需布匹的全部自给（鲁南布匹生产今年自给一半，另一半由抗日邻区供给）。工商管理局和公营商店应当负责调剂棉花和布匹，稳定棉价、布价，保护纺工、织工应得利益。在产蚕丝和羊毛的地区且应提倡丝织、毛织，利用廉价原料发展生产。

2. 大量发展轧花、弹花工业，各地应根据植棉数量有计划地发展。开展造纸工业，争取文化纸的半自给。试验制造颜料，〔以〕解决军民部分需要，制衣、造肥皂、牙刷、毛巾、鞋袜等类日常用品。发展化学工业，试制各种药品及硝磺等类军工原料。开办铁木工厂，大量制造各种工具、农具。开采各种矿产，利用天然富源。吸收技术人员，奖励技术发明。已有工业应求增加产量，提高质量，减轻成本，使人乐于采用，同时奖励军民采用土货，在能保证供给条件下逐渐限制外来工业品的输入。

3. 工业生产应以群众生产为主，分散经营，统一领导，以期适应敌后战争环境。但在环境容许时，亦可提倡增设小型工厂，以期改进生产技术。此项小型工厂可以采用公营、私营，除此以外，尽可能地奖励私营或公私合营。私营企业在不违犯政府政策法令条件下，应予适当保护，奖励敌区工商业家来我根据地投资发展生产。

4. 公营工厂应当企业化，建立科学制度，工作制度，改善组织、管理和技术指导工作。迅速纠正严重的官僚主义及贪污浪费现象，采用计件工资及公私两利分红办法提高职工生产情绪。负责者必须亲自动手，创造经验，同时组织职工研究讨论，吸收群众意见，注意工人教育，培养骨干，并调整工厂与工人间的关系。

5. 因时因地开展各种农村手工业和家庭副业，如打油、晒盐（滨海区和渤海区）、造纸（火纸）、制草、织席、烧窑、编蓑衣打苇笠、铁工、木工、石工等，均应利用原有基础助其发展。开展运输业，调剂供求，增加农民副业收入。

6. 普遍组织为群众服务的合作社，这是开展群众手工业生产之一中心关键。合作社必须掌握群众路线，反对官办，禁止强派股金。应为群众服务，应由群众民主管理（当然亦不放弃领导）。合作社的业务，应以生产为主，兼管运输、消费、信用等类工作，反对经管脱离群众需要的投机买卖，并应当逐渐使合作社与农业劳动互相结合起来。

丙：机关生产

1. 军队机关、学校所有干部、战士、学员、工作人员均应参加生产，培养劳动观念，减轻人民负担，改善自己生活。政府机关今年要求做到菜金、办公费、杂车费、保健费等全部自给，并解决自己的毛巾、肥皂、牙刷等日常用品，游击区生产确实困难者，可以酌量降低要求。

2. 机关生产应以农业及手工业生产为主，次为运输，不应当抱单纯〔经〕营观点专营投机买卖，禁止利用政府权力与民争利。农业生产除种粮食、蔬菜外，特别着重植棉，种蓝靛，且应精耕细作，打井浇地，增加产量，在农〔民〕中起模范作用。

3. 生产应与节约结合起来，反对依赖观点、享乐观点，反对尚未□□先求改善生活，严格执行供给制度，改善粮食管理，反对贪污浪费。各人应作节约计划，要求每人全年平均节约六十元以上。

4. 为着提高生产节约情绪，应根据去年经验普遍执行公私两利制度。集体生产超过预定标准者应分红，个人生产均应分红，节约按物价百分之三十提奖，分红、提奖所得除供个人必要开支外，应当奖励储蓄，向合作社投资，反对随便浪费。

5. 由北海银行贷给生产基金，其数额为地方每人一百元，部队每人五十元，专作从事生产之资本。

丁：加强各级政府〔对〕农林或生产部门的领导，适当充实机构。农林或生产部门除做该区县之生产计划外，应多创办农场，特约农场〔?〕，经常从群众中吸取经验，广为宣传并推广之，多作技术指导。各地区应多创造劳动英雄，培养群众的生产骨干。

开展大生产运动和组织群众生产是一项十分繁重的工作，必须动员各级政府机关和全体干部、人员，配合党政军民各方面的干部共同进行，才能收得实际效果。因此本会决定把开展大生产运动作为今年贯穿全年之一个中心工作，尤在春耕、夏收、秋收、冬耕时期，必须特别努力。为此必须打通干部思想，认识工作的重要性，纠正轻视生产劳动的错误观念。必须首先亲自动手布置工作，检查工作，及时总结教育干部，必须补充和培养生产工作干部，充实组织群众生产工作的各级领导机构，原有生产工作干部亦应整理思想，进行业务教育，把他们再提高一步。

各级政府接到此指示后应组织讨论，具体布置工作，在布置工作时应防止某些太平麻痹观念上涨，使生产与备战结合，并将执行情形随时报告本会。

山东省植棉统计表

1945. 制

项别＼地区		鲁中	鲁南	滨海	胶东	渤海	合计
人口数〔人〕		3927691	2427114	3493280	7401354	2916399	20165839
地亩数〔亩〕		7298979	5138607	9038161	7734400	8045637	37255784
植棉亩数〔亩〕		409209	189988	271821	291363	350790	1513171
占总亩数(%)		56	3.7	3	4	4.4	4.1
每亩产量	最高(斤)	90	70	60	—	48	90
	最低(斤)	10	4.5	4	—	19	4
	平均(斤)	22	20	12	17	33.5	21
总产量〔斤〕		8878665	3758586	3261852	5090055	11868387	32847545
每人平均植棉(亩)		0.104	0.078	0.078	0.039	0.12	0.075
每人平均收棉(斤)		2.3	1.5	0.93	—	4.1	1.6
说明		鲁南:人口、地亩〔数〕缺运河县。 胶东:23 个县的统计。					

1946 年

山东省政府生产工作指示[*]

实字第一号

民国三十五年一月三十日

春耕时期快到了，这是和平到来后的第一个生产季节，我们一定要把生产工作更加提高一步。过去几年我们的生产工作已经获得了巨大的成绩，它使我们能够克服困难，坚持抗战，直到最后胜利，且因此而提高群众经济地位，改善群众生活。但受战争影响我们生产工作的开展是非常困难的，所得到的成绩自然也有一定限度。今天战争已告停止，和平建设时期开始到来。我们有了两三年的经济工作经验，且经此次农林合作会议确定方针方向，在这有利的主客观条件下，我们应大踏步的开展生产工作，争取经济战线上的新的胜利。兹将今年生产工作要点列举如下。

一　继续开展农业生产运动

1. 今后的生产工作仍应当贯彻着以农业为主的方针，同时发展农村副业，并扶助城市工商业的发展。这就是说，我们今后经济工作的范围更广泛了，内容更丰富了，不但包括农业，而且包括工业、商业；不但包括农村，而且包括城市，但因我们基本上仍处于乡村，农业仍占生产工作中的最重要的地位。

2. 农业生产建设的中心环节，在于组织劳动互助和改进生产技术，要把分散的落后的农业，改造为有组织的和采用科学耕作方法的农业，而其最后目的则为提高劳动效率，增加农业收获。这样改造是一艰苦过程，在我农业发展历史上是一个巨大革命，要做长远打算，要有计划、有步骤地完成，既不要放松主观努力，亦不要急于求功，失之操切。

3. 组织农业劳动互助，主要的是组织换工、变工，即建立在个体经济（家庭私有财产制度）基础上的集体劳动，这种组织应从群众实际需要（解决群众生产中的各种困难）出发，勿从干部主观愿望（争模范显才能）出发，一方面应反对好高骛远、脱离群众，另一方面应反对放任自流。今年要

---

* 山东省政府关于1946年春季生产工作的指示。

求老根据地能把半数以上农业劳动者都组织起来，新解放区着重典型示范，暂不要求普遍组织。

4. 改进耕种方法的重要点是精耕细作和水利灌溉，要深耕（多耕细耕）、多锄（细锄）、增施肥料（改进积肥方法），求得增产粮食。要开渠筑堤打井，按照各地不同情形，有的打井、挖河，引水浇地，有的开渠筑堤排水，以期避免水旱灾荒，要扑减害虫，提倡选种，消除病虫害的威胁。老根据地要求每亩增产粮食十斤至二十斤，达到耕三余一，新解放区首先消灭熟荒，恢复生产，没有一块荒地，保证人人都有饭吃。

5. 今年仍要求每人植棉官亩一分，改进种植方法，普遍教育农民，修理棉枝。有种棉经验的地区，要求每亩能产净花二十斤以上，每亩平均产净花二十五斤至三十斤，没有植棉经验的地区，要求每亩平均产净花二十斤，应把增产看得比较多种、更加重要。

6. 山坡河沿提倡植树造林，防水护地。老根据地整年开荒，已将荒地开尽，今后不可强调开荒，而应奖励精耕细作，植棉造林，新解放区如有大量荒地，仍应奖励开荒。

7. 今年全省春耕贷款二万万元，保证完全用于发展农业生产，且能按期收回。贷款要有重点，主要的是耕畜农具贷款、水利贷款、肥料贷款，并以抗属贫民作为重要对象。

二　普遍组织合作化

8. 过去两年合作社在群众中的信仰已经建立起来，和平建设时期到来更可大量发展。要求今年各地合作社能发展一倍以上，创办新社并应同时注意巩固旧社，培养出几百个模范合作社来。

9. 今后合作社的发展方向：首先应当配合农业生产，如购置农具、肥料，运销农产，利用变工组的剩余劳力，发展各种副业；其次应当发展城乡各种手工业和运输事业，并创办信用合作社和医药合作社业，除了纺织生产以外，合作事业尚有很大发展余地，如土产山果运销，丝织毛织，榨油制粉，渔盐和运输，等等，应按各地具体情况分别发展。

10. 纺织生产多数地区已经达到全部自给，今后城市纺织工业恢复，乡村纺织手工业的发展将受限制。现在织布仍可继续发展，纺线除新解放区为着解决妇女生活，仍可部分发展外，一般老根据地应求提高质量，不求继续发展，且应开始帮助纺线妇女转向丝织毛织及其他手工业生产，保证他们没有一个失业。

11. 乡村合作社一般应以村社为其基本组织，包括许多村社的大合作社容易脱离群众，一村之中成立几个小合作社也易分散力量，妨碍业务发展，根据过去经验，村社还是力量太小，有些问题（如原料采购、产品运销等）不能单独解决，故在一区已有若干村社，且其组织已经相当巩固的时候，可以建立中心合作社或区联合作社组织，亦可按照业务建立联合社（如土产山果运销联合社）。

12. 新解放的城市，经济比较集中，群众尚未发动，可由政府创办生产推进社或合作指导社来发动群众生产。临沂等地经验证明，采用这种公私结合形式发动群众生产效果很大，但到群众生产发动起来以后，应当帮助群众组织小合作社，而使自己担任联合社的职务，过去许多内地公营商店担负原料产品调剂工作，帮助村社解决各种困难，今后仍应发扬。

三　建立城市工商业

13. 重建城市经济，扶助工商业的发展是今后经济工作的新任务。过去我们的经济工作是战时的，农村的，因此物资管理比较严格，公营经济对于私营经济保有压倒优势，今后应当保护自由贸易，扶助私营经济，纠正统制包办思想，同时反对操纵垄断，勿让私人资本支配国民生计，并使私营经济的发展能够照顾到广大群众利益。

14. 公营工矿事业，应求急需发展，学习管理大工厂、大矿产，学习掌握科学技术，应当吸收更多的干部参加经济工作，吸收各种技术人才，准备进入大城市后进行更大的经济建设。现有公营工厂、商店应力求改进，创造经验培养干部。公营经济应当通过合作社与群众生产结合，保证解放区经济能够向着新民主主义的方向自由发展。

四　机关学校生产

15. 机关学校仍应自己动手生产，改善自己生活，减轻人民负担。应当动员全体干部、教职、学员、工作人员，参加农业和手工业生产，参加运输工作，实行公私两利分红办法，反对垄断市场与民争利，反对派遣大批“生产干部”包办生产工作，亦不应当专顾自己生产而不帮助群众生产（如把农林合作干部专作机关生产工作）。

五　组织领导问题

16. 为着开展大规模的生产工作，各级政府应当充实生产工作机构，培养大批生产工作干部，大量提拔从群众中、从农村中来的农工干部，除农林科、合作科外，各地可以选择适当地点试办农业指导站和合作指导站，附设小训练班，学员一面工作一面学习。各县可设小规模的示范农场，指导附近农民改进耕作方法。

17. 为求工作深入，各级生产工作干部不应当满足于一般的号召，而应亲自培养典型，创造经验，并将所得经验互相介绍，培养劳动模范和模范合作社，是推进生产工作之一有效办法。要召集小范围的劳模会议和模范合作社会议，总结工作经验，既可教育群众又可教育自己，此种新的领导方法应多学习和提倡。

主席：黎玉①

山东省政府三十五年（下半年）生产工作的补充指示*

民国三十五年九月十日

今年上半年的群众生产工作，在我各级党政机关和群众团体的共同努力下，又有新的发展，各种生产组织（如变工组、合作社等）不但更为普遍，而且更为巩固。农业技术指导和手工业的扶助也已收到进一步的效果。今年农产丰收，粮食自给自足，布匹大体上亦足够自给，军民吃饭穿衣已有保障。但有些地区对于生产工作仍然不够重视，而且缺乏工作经验，致使生产工作未获显著成绩。现在时局转趋紧张，工作困难更多，要求我们加倍努力来完成开展生产这一艰巨任务。兹特根据此次全省生产工作会议各地代表意见，作出下列补充指示：

1. 下半年的生产工作必须配合支援战争，且与土地改革工作结合。由于数万民兵民夫支援前线，后方劳动力缺乏，必须动员男女老幼，组织变工，突击完成秋收秋种任务。边沿地区且应劳武结合，保卫秋收，防止敌人

* 山东省政府关于1946年下半年生产工作的补充指示。

① 黎玉，1945年起任山东省政府主席、中共中央山东分局代书记。

抢粮。新解放区首先完成土地改革，但在贫苦农民获得土地以后必须立即进行生产发家教育，动员他们即以所分得的果实用作生产资金。土地改革已完成的老解放区更应抓紧生产工作，克服均产思想。

2. 农业方面下半年要完成秋收秋种，提倡冬耕，选种、浸种，研究消除病虫害的办法。此外还要完成下面几件工作：

甲，今年遭受水灾地区迅速调查测量，制定具体办法，准备今冬明春进行大规模的水利建设，受灾严重地区且应组织群众抢救水灾，要求种上小麦，应当把这工作作为目前中心工作；

乙，整理贷款，所有农贷能收回的全部收回，应当认识这是紧缩货币、稳定物价之一重要措施。今冬可以酌发耕牛贷款（数额可由各地提请省府批准），水灾严重地区贷放麦种；

丙，补充耕畜，奖励耕畜繁殖，有计划地调剂耕畜，禁止宰杀耕牛，禁止盗运出口（邻区调剂要有县区政府证明），奖励养猪养羊；

丁，掌握精简节约原则调整农场苗圃，根据主观力量建立各种指导所，不求形式数量，要有实际效果，今冬明春要在山坡、河边组织植树造林，减轻水旱灾荒。

3. 合作方面下半年首先要继续发展纺织，要把已有的纺车、织机全部转动起来，纺织生产不能自给地区要求大量发展，已能自给地区要求提高，奖励纺好线，织好布。其次要扶助各种冬季副业，因时因地发展各种手工业生产。要组织农产运销，建立运销路线及联合运销机关。

合作社已普遍发展地区应当：

甲，以县为单位召集合作会议，交换工作经验，解决工作中的各种困难，选择模范村社，奖励模范社干；

乙，在村社普遍建立且已相当巩固的区建立区联合社，或按业务性质建立各种联合社。有重点地试办合作指导所；

丙，除发展纺织（包括丝织、毛织）外，创办打油、制粉、渔、盐、蚕丝、木工、铁工、医药等各种业务的合作社（或为综合社的兼营业务），尤应发展运销合作社，并试办调剂农村金融的信用合作社。

4. 老解放区今冬应以村为单位总结全年生产工作，交换生产经验，选举和奖励劳动模范，进行生产发家教育。半老地区可以区为单位召集群众的生产座谈会（内容同前），新解放区可以选派代表参加县的劳模大会（各地可按工作发展程度酌量变更）。劳模大会一般应以县为单位进行，行署必要时可掌握精简原则召集劳模座谈会，免使劳模过多浪费时间。

5. 生产工作总结会议可按县及行署两级进行。县应着重研究典型，收集经验，检讨工作成绩，行署除交换及总结工作经验，且应检讨生产工作领导方法（参考《大众日报》九月三日社论），并应收集各种生产建设工作之具体材料向省报告。省实业厅准备于明年一月召开下一次的全省生产工作会议。

如果我们能于今年秋冬打垮国民党反动派的疯狂进攻，完成解放区的土地改革，那么明年生产工作即将成为全省首要工作，而有更巨大的开展。今年秋冬我们必须好好整理经验，培养骨干，准备迎接明年新的伟大任务。

主席　黎玉

山东省政府关于春耕工作的指示*

春天来了，转眼又要春耕，怎样加紧准备，动员群众，发动一个轰轰烈烈的大生产运动，这是保证自卫战争物质供给，保证军民生活需要之一最重要工作。

今年的春耕是要在紧张的战争环境中进行的，这就必然增加我们工作中的困难。必须把我们的生产工作与支援前线的工作密切结合起来，才能胜利完成春耕任务，并使自卫战争继续获得群众强有力的支援。去年下半年的经验已经充分证明，这两件重要工作是可以互相结合，而且必须互相结合的。自卫战争不胜利，我们绝不能够安心生产，反之，不能帮助军属以及上前线的民兵民夫完成春耕，那么他们也就不能安心打仗，安心支援前线。现在在许多村庄中间军属已占很大部分，民兵民夫支援前线为数更多，如果他们土地不能及时春耕，那么所谓发展生产也就成为一句空话。

我们更需要警惕，当我们正在春耕时候，亦正蒋介石大举进攻我山东以破坏人民生计的时候，因此我们又必须武装保护春耕，一切边沿武装民兵应

* 此文件没有注明时间，根据内容和笔记的前后顺序，此文件时间应为1947年春。因出自一个笔记本，编者未作调整，依照原顺序，放在1946年。

充分应用过去抗日时代的经验，保卫春耕，保卫粮食，劳武结合，空舍清野，互助变工，迅耕速种。一切游击区沦陷区亦应以各种可能方式进行春耕。经过一段艰苦斗争之后，粮食最后是属于人民的。

今年的春耕在某些地区是要紧接着土地改革而进行的。去年土地改革在一般老解放区和部分工作好的新解放区，大体上已胜利完成了。但仍有部分新解放区没有完成土地改革，须在春耕以前突击完成这一艰巨工作，因此，我们又必须把生产工作与土地改革很好结合起来。如在土改工作完成时立即进行生产发家教育，立约税契，确定地权，动员他们即以斗争果实投入生产中去。土地改革原是发展农业生产之一必要前提，土地改革以后农民能够享受全部劳动成果，生产情绪就会大大提高。但如不能迅速分配土地，确定地权，或不进行生产发家教育，那就将妨碍生产工作。

由于紧张战争，广大群众出发支援前线，以及某些地区还必须突击完成土地改革，因此今年的春耕必然痛感劳动力的缺乏。去年秋耕某些地区即因缺乏劳动力而未能全部完成，今年春耕可能遇到更严重的困难。如何解决劳动力的困难，除掉节约民力（这应引起全体同志们的严重注意），动员部队机关帮助群众春耕外，主要关键是在组织变工，吸收男女老幼参加春耕。我们不但需要帮助军属，而且需要帮助上前线的民兵民夫，保证没有一分土地荒了。但许多村庄军属已经很多，支援前线的民兵民夫可能更多，如不好好计工算账，平均负担，则将要使某些人民感到负担过重，情绪低落，春耕工作更难及时完成。

帮助军属一方面要教育群众，提高拥军观念，另一方面也要动员军属参加生产，反对坐吃等穿思想。在土地改革以后，大多数军属的土地是增加了，不能再叫人家完全无报酬的代耕。军属如有劳动力的，应当自己参加劳动，只有自己种不了的土地才能要求代耕。中农以上的军属对于代耕的人，应当酌给报酬。去年有些村庄计算每一军属的劳动力和土地，决定需要代耕数量，按其需要发给工票。这样军属就会节约使用工票，不致随便要求代耕，有些村庄规定中农军属找人代耕时候应当管饭，或给一半工资（四斤粮食），富农军属管饭以外再给一半工资。这些经验都是可按各村具体情况斟酌采用的。

帮助上前线的民兵民夫更应该严格计工算账，平均全村负担，以免劳逸不均。在这自卫战争中间，全村的壮丁除了极少数的村干（如村长、指导员和支配出夫的自卫团长等）以外，均有支援前线义务，不应当把出夫负担放在少数群众身上。为着奖励支援前线，许多村庄规定在计工算账时，前线服务一天作一天半计算，后方服务一天作一工计算，按工给以工票。他们土地可请变工组来代耕，所费人工即以工票抵偿，如有多余可按数兑换工粮。有些村庄统一制定工票，既可用于军属代耕，亦可用于支前出夫，并可以与变工组的工账互相抵偿。军属代耕和支前出夫所需工粮，均由全村平均负担，存在合作社中，委托合作社来计工算账。这样负担既较公平，出夫的可安心出夫，代耕的亦愿意代耕，便能及时耕种他们所有土地。

在把上面两个问题解决以后，还应普遍组织变工，把全村的劳动力和半劳动力完全吸收到春耕中去。组织变工仍应掌握着自愿结合与公平交换两大原则，以及过去所创造的各种计工办法。在土地改革完成以后，大家所有土地已经相当平均，组织变工和计工还工便不会如以前那样困难。所以不论老解放区和新解放区，今年均应普遍号召组织变工，通过变工组来动员男女老幼参加春耕，发动劳动竞赛，解决缺乏劳动力的困难。在劳动力尚不感缺乏的地区，仍应组织变工，提倡精耕细作。如果这些工作做得好，那么今年春耕中间缺乏劳动力的困难，还是容易完全解决的。

春耕中间另外有一个困难，便是缺乏耕牛。由于八年抗战，以及一年来的自卫战争，耕牛遭受严重摧残，各地缺乏耕牛已经成为一个严重问题。去年秋耕许多地区即因缺乏耕牛，未能及时完成秋耕工作。如果今年春耕再不解决这个困难，那就损失更大。解决耕牛缺乏的有效办法便是组织牛力与人力间的变工，提早春耕，以及有计划地调剂耕牛。这样无牛户可以得到有牛户的帮助，缺牛村庄可以得到多牛村庄的帮助，且因合理使用耕牛提高耕作效率，能够及时完成春耕。但要彻底解决耕牛问题，我们还须奖励养牛，特别是在牛草较丰富的山区，更应奖励耕牛繁殖。为着奖励养牛，这就需要保护养牛户的应得利益，帮助他们解决各种困难。

去年许多地区由于土地改革，地主富农土地减少，纷纷出卖耕牛。贫农雇农虽然获得土地，但仍无力养牛，中农能够养牛的亦不多。为着保存耕牛，有些村庄帮助变工组来伙养耕牛，集体解决牛草牛料困难。沂源山区去年还有养牛合作社的组织，闻已获得初步成功。在土地改革完成后，大多数的农民无力独养一个耕牛，合伙养牛值得我们普遍提倡。但一个人养牛还是应当奖励的，同时奖励小范围的合养。有计划的调剂耕牛，和人力牛力间之变工，仍是解决耕牛缺乏之一基本办法，不能完全依靠伙养牛来解决。

有些地区过去人力与牛力互相变工的时候，往往故意使牛主吃亏，这也是使耕牛减少之一重要原因。如有些村庄一个牛工只换一个人工，或者规定半草半料太少，有些村庄耕地时候先要帮助军属、村干、贫农，然后才〔是〕耕牛主自己的土地。这样自然再没有人愿意养牛。去冬有些村庄纷纷出卖耕牛，后经集体检讨纠正上述偏向，决定每年每亩地所应出的牛草从四十斤提到六十斤，牛料（黑豆）从二斤提到三斤，保障牛主及时耕种自己的地，结果农民不但不再出卖耕牛，而且买回耕牛，这是一个很宝贵的经验。

有些地区由于经常征用大车，耕牛支差太多，以致许多农民故意损毁大车，出售耕牛。今后耕牛一般不应支差，如因拖车必须征用耕牛，应当给以一定报酬。

解决缺乏人力和缺乏牛力这两大问题，是今年完成春耕工作的最重要保证。除掉组织群众力量解决困难以外，政府和部队也应给以有效帮助。如，(1) 春耕时期特别应当节约民力，除因战争必须者外，一般禁止支差，更不应当征用耕牛。对于战争所需要的民兵民夫也应改善管理办法，避免一切不必要的浪费。(2) 动员机关和部队帮助群众春耕，缺乏耕牛地方应当借用我们的牲口去帮助群众耕地。应当首先帮助军属和支援前线的民兵民夫完成春耕，这样不但可以鼓励战士和民兵民夫，且可减轻一般群众代耕困难。(3) 机关部队自己的生产尽可能不要与帮助群众生产相冲突，政府机关和群众团体尤其不应只顾自己生产，而把帮助群众生产放在次要地位。更不应当借用群众的耕牛和农具，以致妨碍群众春耕，应当把帮助群众生产看得比我们自己生产更加重要。

今年春〔耕〕前后还有一件重要工作，就是水利建设。去年全省很多地区遭受水灾，受灾耕地约有五百万亩，损失粮食六万万斤，可以养活一百万人。这些受灾地区今春必须抓紧时间浚河筑堤，完成初步水利建设，防止洪水泛滥。但沂沭两河流量过大，下游河床浅狭，单靠浚河筑堤不能根本解决。须在沂沭两河上游开山沟、筑水池，调节流量，这是防止水灾的一有效办法，应当努力提倡，使它成为一个群众运动。

水利建设的另一根本工作，便是植树造林。过去我们砍伐树林，开垦山荒，致使河畔许多好地被流沙积压，实在得不偿失。今后一般不再提倡开垦山荒，而应奖励植树造林，调节水流。奖励造林最有效的办法，便是分山，保障土地和林木的所有权。去年滨海区的分山造林已经创造许多经验，可在其他地区普遍提倡。

以上各点（生产工作与支援战争及土地改革结合，组织变工解决春耕间缺乏劳动力和缺乏耕牛的困难，并在某些地区突击完成初步水利工作）都是今年农业生产中的极重要的问题，必须切实解决才能完成今年生产任务。除此以外还应因时因地抓紧农业生产中的其他重要工作，如多数老解放区仍应奖励精耕细作，提倡浸种选种，驱除害虫，改良品种。新解放区迅速恢复生产，消灭一切熟荒。适当分配和及时发放农贷，保证这些贷款不但完全用于农业生产，而且用于最急要的地方。总之时间是短促的，任务是繁重的，许多工作都是急不容缓的。我们必须分别轻重缓急，掌握重点，动员力量，突击完成这些艰巨任务！

战争保护生产！生产支持战争！

主席　黎玉

1946～1948 年山东省各项统计*

山东省变工组织统计表

1946〔年〕上半年

项目＼地区		鲁中	鲁南	滨海	渤海	胶东	合计
人口		5500000	4017104	5021951	8590778	8062710	31192543
组数		32270	24510	39513	5430	89204	183927
人数		269426	131326	335314	96192	604506	1436764
每组平均人数		8	5	9	18	6 强	8
组织起来占人口%		4.9	3.5	6.6	1.1	7.4	4.6
比 1945 年增减%	增		13.6	45	64	46	27
	减	12					

说明：1. 鲁中缺 7 个县的统计。

2. 滨海数字内有滨北 4152 组 33092 人在内，滨海尚缺 33 个区的统计。

3. 胶东缺南海区的统计。

4. 渤海只 10 个县的统计，缺 25 个县的数字。

5. 1945 年鲁中 36577 组，鲁南 10294 组，滨海 25949 组，胶东 68893 组，渤海 3305 组，合计 144920 组。

---

* 以下是将几个笔记本中的统计表整合在一起编排的。表格中数据缺失、计量单位缺失及错误情况均是原笔记如此，为保留原貌，不加修改。

山东省植棉统计表

1946〔年〕上半年

项目＼地区		鲁中	鲁南	滨海	胶东	渤海	合计
人口数		5500000	4017104	5021951	8062710	8590778	31192543
地亩数		8000000	8753741	13928908	19544455	24496554	74723658
植棉亩数		452155	256100	200000	402081	1082569	2392905
占总亩数(%)		5.6	2.9	1.4	2	4.4	3.2
估计产量		11303875	6402500	5000000	10052025	36626930	69385330
每亩产量	最高(斤)						
	最低(斤)						
	平均(斤)						
每人平均植棉(亩)		0.082	0.063	0.04	0.067	0.126	0.078
每人平均收棉(斤)							
比 1945 年增植(亩)%		10.5	34.8	减 26	27.6	208	58
比 1945 年增产(斤)%							

说明：1. 滨海植棉数是估计数，滨北 67893 亩包括在内。
2. 胶东系根据海阳等六县增加 38% 与去年总结数推算的。
3. 渤海产量系按每亩 34 斤估计的。
4. 鲁中缺三个县，鲁南缺一个县的统计。

山东省小麦产量统计表

1946 年上半年

地区	1945 年			1946 年				
	种植亩数	产量	每亩平均产量	种植亩数	产量	每亩平均产量	增产数	比 1945 年增产%
渤海	1979807	148485535	75	5419629	650355554	120	501870019	340
胶东	6347882	641181958	101	6490817	737905668	109	96723710	15
滨海	4500000	360000000	80	4500000	600000000	133	240000000	66
鲁中	2000000	200000000	100	3200000	480000000	150	280000000	140
鲁南	3000000	315000000	105	4840499	687262500	142	372262500	118
合计	17970624	1761391203	98	24307969	3058900012	126	1490856229	84

说明：1. 产〔量〕全系根〔据〕典型调查推算的。
2. 胶东产量系根据东海区产量推算的，缺西、南二海区的调查，而今年以西、南二海区收成最好，故该产量数可能低于实产量数。

山东省水利增产统计表

1946〔年〕上半年

项目＼地区			鲁中	滨海	胶东	鲁南	渤海	合计
类别	打井	眼	2899	35	12661	340		15785
	疏河	道		39		13		52
		里			906	256		1162
	筑堤	道	212	168		8		388
		里	70		243	7		320
	开渠	道	86	118	19	2		225
		里	50		50			100
	打坝	道		265			3	268
		里		662				662
	蓄水池	个	165					165
工程	人工数			441669	2047879	558388		3047935
	参加村数			965		180		1145
	土方数			302445				302445
收获	保护地（亩）		36000	1506680	170339	491450		2204469
	灌溉地（亩）			5780	182426	2360	27700	218266
	保护村庄			238		128		366
	保护盐田			4200				4200
	今年增产粮（斤）		3600000	140733540 盐 42000000	26457375	22902800	886000	200015715①

①笔记原文如此，经编者计算，应为194579715。

山东省农林建设统计表

1946〔年〕上半年

项目＼地区		鲁中	鲁南	滨海	胶东	渤海	合计
植树		5279397	1761017	3967140	2635073	3900000	17542627
示范农场	处数	2	2	9	15	2	30
	亩数	38	37	378.6	276.7	116.6	847
农业指导所				1	14		15
蚕丝指导所		1		1	1		3
苗圃	处数	29	10	5	14	18	76
	亩数	702.32	150	90	220	540	1702.32
	育苗数	1377511				795473	2132984
林场	处数	149	19		7		175
	亩数	13541		2393	300000		315934
	林木数	1469904	771337				2241241
封山（处）		741					741

说明：1. 直属响河屯农场包括在滨海数字以内。
2. 鲁中缺三个县的统计。

山东省生产贷款统计表

1946〔年〕上半年

项目 \ 地区		鲁中	鲁南	滨海	胶东	渤海	合计
农贷	分配总数	40000000	25000000	35000000	200000000	40000000	340000000
	实贷出数	40000000	23000000	35000000	200000000	25574680	323574680
	占总数%	100	92	100	100	64	95
	陈欠数	20000000	12000000	20000000	100000000	15000000	167000000
	占总数%	50	48	67	50	37.5	49
其他贷款	合作	10000000	5000000	10000000			25000000
	水利		3000000	3000000			6000000
	蚕丝						
	渔业			1000000			
	盐业						
	工矿						
	临沂水利						800000

说明：1. 各地陈欠是估计数。

2. 其他贷款很不完整，仅据本厅新知道的统计。

3. 胶东农贷包括其他贷款。

胶东文登县农贷用途统计表

1946〔年〕上半年

阶层 \ 用途		农具		肥料		耕畜		种籽		打井		合计	
		户数	金额	户数	金额	户数	金额	户数	金额	户数	金额	户数	金额
贫农	群众	1966	23287900	309	4762000	11	1050000	18	2802000	5	810000	2309	30191900
	军属	982	11901500	264	5686000	12	730000	14	243000	4	400000	1276	18960500
	工属	125	1263000	50	744000	3	83000	1	10000			179	2100000
	烈属	35	454000	13	221000	1	30000			2	200000	51	905000
	合计	3108	36906400	636	11413000	27	1893000	33	535000	11	1410000	3815	52157400
中农	群众	19	250000	2	18000							21	268000
	军属	18	233000	10	212000	1	100000	4	60000			33	605000
	工属	2	15000	3	72000							5	87000
	烈属	1	10000	2	36000	1	20000					4	66000
	合计	40	508000	17	338000	2	120000	4	60000			63	1026000
总计	群众	1885	23537900	311	4780000	11	1050000	18	282000	5	810000	2330	30459900
	军属	1000	12134500	274	5898000	13	830000	18	303000	4	400000	1309	19505500
	工属	127	1278000	53	816000	3	83000	1	1000			184	2187000
	烈属	36	464000	15	257000	2	50000			2	200000	55	971000
	合计	3148	37414400	653	11751000	29	2013000	37	595000	11	1410000	3878	53183400

山东省合作社统计表

1946〔年〕上半年

项目＼地区		鲁中	渤海	滨海	胶东	鲁南	合计
人口		5500000	8590778	5021951	8062710		31192543
合作社	社数	1701	452	878	3624	1739	8394
	比 1945 年增加%	66	293	132	50	75	72
社员	人数	377473	181221	124525	1811000	197871	2692090
	比 1945 年增加%	71	309	53	88	101	86
	每社平均社员	222	400	142	500	114	317
	参加合作社〔者〕占人口%	5	2.1	2.5	22.5	4.7	8.6
股金	金额〔元〕	28441544	34642556	21615749	111324922	18024046	214048817
	比 1945 年增加%	16	581	300	253	300	308
	平均每社股金〔元〕	16821	76642	24619	30718	10365	25500
	平均每人入股(元)	75	191	173	61	91	79

说明：1. 鲁中社数包括 151 处缫丝社，并缺三个县的统计。

2. 渤海系估计数，并不全面。

3. 胶东系根〔据〕文登等十二县比去年（1945）增加 50%，社员增加 88%，股金增加 25% 推算的。

4. 鲁南数字不够精确，有综合性的，按业务统计的，有很少的形势〔?〕合作社也统计在内。

5. 滨北包括在滨海的。

6. 1945 年社数，鲁中 1024 处，渤海 115 处，滨海 378 处，胶东 2416 处，鲁南 993 处。

山东省纺织工具统计表

1946〔年〕上半年

项目＼地区	鲁中	鲁南	滨海	胶东	渤海	合计
人口	5500000	4017104	5021951	8062710	8590778	31192543
纺车	568000	65698	245973	593379	1006424	2479474
平均每辆纺车占有人数	9.6	61	20	13	8.6	12.5
比 1945 年增加百分比	148	74	23	133	194	133
织机	27500	3922	18760	148487	279959	478628
平均每架织机占有人数	200	1024	268	54	31	65
比 1945 年增加%	9.1	64	16	138	194	137
弹花机		192	550	1078		1820
轧花机		220		1894		2114
织布数〔匹〕	60300	18500	250000	750000	1026000	2647500
比 1945 年全年增加%	78	130	37.5	48	24	27
平均每人分配布数(尺)	11.4	4.8	5.2	9.7	12.4	8.8

说明：1. 鲁中纺织工具系估计数。

2. 织布数全系估计的。

3. 滨北纺车 215973〔辆〕，织机 2560〔架〕，产布 50000 匹包括在滨海内。

4. 每人分配数系按市尺，匹按宽面，40 码匹计算。

一九四六年山东省人民收入估计*

一　农产收入

1. 小麦：二千四百万亩（每亩平均产量一百二十六斤），共产三千万担（每担按二千五百元），计七百五十万万元。

2. 秋粮：（包括大豆、高粱、花生、玉米、地瓜及其他杂粮）七千万亩（每亩平均一四三斤），产量一万万担（每担按一千五百元），计一千五百万万元。

3. 棉花：（净棉）二百四十万亩（每亩平均二四斤），产量五十九万担（每担按三万元），计一百七十七万万元。

小计：农产收入二千四百二十七万万元。

二　土产及矿产收入

1. 山果：一百万担（每担二千元），计二十万万元。

2. 羊毛：一百二十万斤（每斤一百八十元），计二万一千六百万元。制成毛线得工资五万万元。共七万一千六百万元。

3. 鱼虾：二百万担（每担三千元），计六十万万元。

4. 生油：一百万担（每担六千元），计六十万万元。

5. 食盐：一千万担，外销七百万担（每担四千元），计二百八十万万元。内销三百万担（每担一千五百元），计四十五万万元。共三百二十五万万元。

6. 蚕丝：一百万斤（每斤八百元），计八万万元。

7. 煤炭：二十万吨（每吨五千元），计十万万元。运费二十万万元。共三十万万元。

8. 金子：三万两（每两三万元），计九万万元。

小计：土产及矿产共收入五百一十九万一千六百万元。

三　手工业及牲畜收入

1. 土布：全年产五百万大匹（一码宽，四十码长），每匹纺工五千元，计二百五十万万元，每匹织布工资八百——一千元（牵、刷、浆在内），每匹〔工资〕共计六千元。（每匹用棉花（市秤）十三斤约四千元，加工资六

* 可能为某次会议的材料。

千，共售价一万元。）总计收入三〔五?〕百万万元。

2. 纸烟：年产一万万包（每包三十元），值三十万万元，工资利润收入十万万元。

3. 牲畜：①猪：六百万口（每口五千元），计三十万万元。

②羊：六十万只（每只一千元），计六万万元。

③鸡：三千万只（每只一百元），计三十万万元。

④鸡蛋：七千五百万个（按母鸡一千五百万只〔一百五十万只?〕，每只年生蛋五十个，每个按五元计），三万七千五百万元。

小计：手工业及牲畜共收入三百七拾九万七千五百万元。

总计收入本币三千三百二十五万九千一百万元。

一九四六年人民负担估计：

1. 公粮：十万万斤，计一百五十万万元（加麦三十万万）。

2. 田赋：计四十万万元。

3. 税收：计五十万万元。

4. 其他：计十万万元。

5. 村负担：计一百五十万万元。

6. 公柴：计五十万万元。

总计负担本币四百五十万万元。

全省按三千万人口计算，每人收入一万一千〇八十六元，全年负担一百五十元，负担占收入的百分之十三点五。

全省人口地亩统计

		滨海	鲁中	鲁南	胶东	渤海	合计
县数		8	21	14	38(4)(市)	40(3)(市)	121(7)(市)
区数		103	189	126	470	270	1158
村数		9503	12404	9535	19218	20649	71309
人口		3449261	5500000	4144968	10538523	8890778	32523955
自然亩		10244621		9146612	25839296	24500000	69730529
中中亩		6928159	9318628	6692235	20000000	17150000	58089022
1947 年	人口					8740081	
	自然亩					31224291	
	中中亩					27442758	

山东省变工组织统计表

1946. 12

项目 \ 地区		渤海	鲁中	滨海	鲁南	胶东	合计
人口		8590778	4556746	3309034	2272488	9484641	28213687
组数		11431	28843	37513	15057	90295	183139
人数		342930	258420	335314	103745	604506	1644915
每组平均人数		30	9	9	6	6弱	7
组织起来占人口%		4	6	10	4	6.4	6
比1945年增减%	增	243		45	46	50	26
	减		21				

说明：1. 渤海仅18个县的统计，缺17个县的材料。

2. 鲁南缺6个县的材料。

3. 胶东缺2个专区（13个县）的材料。

4. 鲁中缺4个县的统计。

此表共174个县的统计。

山东省植棉统计表

1946. 12

项目 \ 地区		鲁中	滨海	渤海	胶东	鲁南	合计
人口数		4556746	3309034	8590778	9484641	2272488	28213687
地亩数		9381624	10244621	24496554	23442117	8400745	75965661
植棉亩数		482373	215181	1203939	392419	178111	2472023
占总亩数(%)		5	2	5	1.7	2.1	3.2
实产量〔斤〕		12059325	3547500	34033307	5960703	3918442	59519277
每亩最高产量		100	65	33	65	100	100
每亩最低产量		10	3	10	5	10	3
每亩平均产量		25	16.5	28	15	22	24
每人平均植棉(亩)		0.106	0.065	0.14	0.041	0.078	0.087
每人平均收棉(斤)		2.6	1.1	4	0.6	1.8	2.1
比1945年增植	%	18	减20	242	34	减6	63
	亩	73164	56640	853149	101056	11877	958852
比1945年增产	%	36	9	18	17	7	81
	斤	3180660	285648	22164920	870648	247895	26671732

说明：1. 渤海仅19个县的统计。

2. 胶东系估计数字，并包括滨北92419亩，产量1460703斤。

3. 鲁南缺6个县的统计。

4. 鲁中缺4个县的统计。

此表共95个县的统计。

山东省粮食产量估计表

1946. 12

项目 \ 地区		渤海	胶东	滨海	鲁中	鲁南	合计
人口		8590778	8066662	4727013	4556746	2272488	28213687
地亩		19782407	18142143	13937403	9381624	8222745	62975505
总产量	麦粮	650355554	737905667	859690000	480000000	687262500	3415213721
	秋粮	1978240700	2936134341	2272994180	1451049342	479089472	9117508035
	合计	2628596254	3674040008	3132684180	1931049342	1166351972	12532721756
每亩平均产量	麦	120	109	133	150	142	126
	秋	100	162	163	155	58	145
每人平均收粮		304	455	663	421	513	444

说明：1. 渤海：秋粮除棉田 120 余万亩，灾田 300 余万亩，每亩按 100 斤计算。

2. 胶东：除灾田、棉田，秋粮每亩按 162 斤计算。

3. 滨海包括滨北在内。

4. 鲁南缺 6 个县的估计，只有 8 个县的材料。

山东省农林建设统计表

1946. 12

项目 \ 地区		渤海	鲁中	滨海	鲁南	胶东	合计
植树		2887308	5279397	3967140	1761017	2635073	16529935
示范农场	处数	2	5	10	2	15	34
	亩数	116		378. 6	37	276. 7	808
农业指导所				1		14	15
蚕业指导所			1	1		1	3
苗圃	处数	18	28	5	10	14	75
	亩数	540		90	150	220	1000
林场	处数		15		19	7	41
	亩数		13541	2393		300000	315934
	林木数		1469904		771337		2241241
封山(处)			741				741

说明：1. 除渤海植林有变动外，余完全根据上半年材料，无大变化。

2. 省立响河屯农场包括在滨海内。

3. 胶东林场亩数主要是昆仑山林场有 20 里长、15 里宽之地区，树木茂密的约 30 万亩。

山东省各地水利增产统计表

1946. 12

项目	地区	渤海	鲁中	滨海	鲁南	胶东	合计
打井	眼	11304	2946		366	12611	27227
疏河	道	61	8	43	15		127
	里	244	2		248	906	1400
筑堤	道		421	164	17		602
	里	75.4	59		45	243	422.4
开渠	道		234	123		19	376
	里		33		519	50	602
打坝	道	9	266				275
蓄水池	个	114	194				308
工程	人工数			477762	696382	2047879	3222023
	参加村数			991			991
	土方数			338357			338357
收获	保护地(亩)	542450	7851	1161180	171380	170339	2053200
	灌溉地(亩)	57256	8502		301	182426	248485
	保护村庄			270	280		550
	保护盐田			4200			4200
	增产粮(斤)	1494000	1643580	54168320	6985000	26457375	90748275

说明：1. 鲁南增产粮只〔对〕赵镈一个县言的。

2. 胶东系根据上半年材料。

3. 全省增产粮超过1945年百分之二百三十三。

路南地区①牲畜统计表

1946. 12

项目	地区	滨海	滨北	鲁中	鲁南	合计
人口		3309034	1417979	4556746	2272488	11556246
地亩		10244621	4000382	9381624	8400745	32027372
一九四五年	牛	50100		63847	122465	236312
	驴	52400		23000	126914	202314
	骡	542		570	397	1509
	猪	314900		280840	424718	1020458
	羊	6500		49977	145464	201941

① 指胶济铁路以南的地区。

续表

项目＼地区			滨海	滨北	鲁中	鲁南	合计
一九四六年	牛	数量	63820	14794	95758	97463	271835
		比1945年增减%	47		50	减26	11
	驴	数量	73125	101562	74660	75770	325117
		比1945年增减%	40		247	减40	11
	骡	数量	622		4239	287	5148
		比1945年增减%	15		643	减28	240
	猪	数量	686000	153000	408228	279402	1526630
		比1945年增减%	118		45	34	35
	羊	数量	16000	42500	695457	144224	898181
		比1945年增减%	146		1292	减0.8	324
每犋牲畜负担地亩			195	73	153	135	129

说明：1. 牛：按能耕地与不能耕地的各占一半。

2. 每犋按牛、驴各一为一犋。

3. 每犋按每年耕地100亩为标准。

山东省各种贷款统计表

1946.12

项目＼地区	胶东		渤海		鲁中		滨海		鲁南		合计	
	数额	%	数额	%	数额	%	数额	%	数额	%	数额	%
农　业	220000000	46.5	34140000	21.1	40000000	49.8	38800000	37	28000000	57.4	360940000	41.7
工　业	121900000	26	17000000	10.5	6835000	8.5	26280000	25.1	4238800	8.7	176253800	20.4
商　业			4970000	3.0	477000	0.6	60000	0.1	14000		5521000	0.6
合　作			40220000	25	20000000	24.9	26600000	25.3	11400000	23.4	98220000	11.4
渔　业			2180000	1.4			5283000	5.0			7463000	0.9
小　本	7150000	1.5	3540000	2.2	4311300	5.4	285000	0.3	91100	0.2	15376400	1.8
机关部队生产	121690000	26	30200000	18.9	6658500	8.3	6500000	6.2	4636937	9.5	169685437	19.5
公　益			28710000	17.9	2000000	2.5	1000000	1.0	400000	0.8	32110000	3.7
总　计	470740000	54.4	160960000	18.6	80281800	9.3	104808000	12.1	48779837	5.6	865569637	100

说明：1. 此表系根据北海银行与本厅材料共同参考统计。

2. 因材料不够充实，可能与各地实际情况有出入。

3. 滨海水利贷款3800000元，鲁南水利贷款3000000元，包括在农贷内。

4. 临沂推进社贷款6600000元，包括在滨海合作贷款内。

山东省灾情统计表

1946. 12

项目＼地区		鲁南	渤海	鲁中	胶东	滨海	合计
人口		2272488	8590778	4556746	9484641	3309034	28213687
地亩		8400745	24496554	9381624	23442117	10244621	75965661
水灾	被淹亩数	814890	2161804	48169	1078293	500000	4603156
	减收粮数	86470660	216180400	1316900	96190552	40000000	440158512
虫灾	被害亩数		1348404		914661		2263065
	减收粮数		134840400		34795090		169635490
总计被灾亩数		814890	3510208	13169	1992954	500000	6831221
占总地亩百分比		10	14	1. 4	8. 5	5	9
总计减收粮数		86470660	351020800	1316900	130985642	40000000	613294002
占总产量百分比		7. 4	17. 7	6. 7	4	1	5
每人平均减收粮数(斤)		38	41	0. 3	14	12	22
未耘麦数						483000	

说明：1. 鲁南：只郯县、临城 2 个县的材料，地亩是 8 个县的。

2. 渤海：水灾是 16 个县的统计，虫灾是 11 个县的统计，虫灾系蝗、蛹。

3. 胶东：虫灾是 23 个县的统计，水灾是 25 个县的统计，共有灾户 33 万余户，虫灾系豆虫、绵［棉铃］虫。

4. 鲁中：水灾是只〔有〕二专署 8 个县，三专署 3 个县的统计。

山东省合作社统计表

1946. 12

项目＼地区		鲁中	滨海	鲁南	胶东	渤海	合计
人口		4556746	3309034	2272488	9484641	8590778	28213687
合作社	社数	1683	1090	1247	3463	452(430)	7935(7913)
	比 1945 年增加%	64	188	26	43	293(207)	61
社员	人数	356287	184603	130480	1101316	181221 (140249)	1953907
	比 1945 年增加%	37	125	32	14	309(111)	35
	每社平均社员	212	169	105	318	400	246
	参加合作社占人口%	8	6	6	12	2. 1	7
股金	金额〔元〕	130606419	103325913	30618863	292073702	34642556 (36066720)	591267453
	比 1945 年增加%	1105	1813	580	563	58(340)	752
	平均每社股金〔元〕	77603	94794	24554	84341	76642	74517
	平均每社员入股(元)	366	559	234	265	191	302

说明：1. 鲁南：只 8 个县的统计，缺 6 个县的统计。

2. 渤海仍是上半年的估计数。

3. 胶东是 30 个县的统计。

山东省纺织生产统计表

1946. 12

项目＼地区	鲁中	滨海	鲁南	胶东	渤海	合计
人口	4556746	3309034	2272488	9484641	8590778	28213687
纺车	475154	314166	117971	587553	1006424	2501268
平均每辆纺车占有人数	9. 6	10. 5	19	16	8. 5	11
比 1945 年增加	246335	114166	80055	333553	664642	1438751
〔增加百分比〕%	107%	57%	211%	135%	194%	135%
织机	17500	21265	5854	199677	279959	524255
平均每机占有人数	268	155	388	47	31	53
比 1945 年增加	减 7697	5065	3455	137246	18477231	322842
〔增加百分比〕%	〔减〕30%	31%	144%	220%	194%	160%
弹花机	716	468	211	1056		2451
轧花机	1266	214	196	1884		3560
织布数(大匹)	639854	718240	241575	1675822	2052000	5327491
比 1945 年增加	303399	318240	231193	1168822	1226690	3250344
〔增加百分比〕%	90%	79%	317%	230%	149%	141%
每人平均分配布数(市尺)	14	21. 7	10. 6	17. 7	23. 8	18. 9

说明：1. 产布数滨海、渤海系估计数。

2. 此表共 98 个县的统计，缺 2 个县的材料。

1946 年公粮征收

项目＼地区	滨海	鲁中	鲁南	胶东	渤海	合计
地亩(万亩)	600	950	600	2400	2100	6650
麦粮(万斤)	3800	5000	5800	11000	8000	33600
秋粮(万斤)	7000	11000	4500	18000	20000	60500
合计(万斤)	10800	16000	10300	29000	28000	94100
每亩平均(斤)	23. 5	25. 2		23	13. 4	22(16)
每人平均(斤)	47. 3	43		43. 6	37	43(30)

山东全省一九四七年上半年财政收入预算表

单位：万元

项目＼地区	胶东区	渤海区	鲁中区	鲁南区	滨海区	工商总局	总计	百分比
田　赋	120000	120000	50000	24000	40000		354000	21.3
契　税	60000	55000	40000	35000	50000		240000	14.4
地方税	90000	30000				50000	120000	7.2
关　税	50000	20000				120000	190000	11.4
盐　税	15000	15000				30000	60000	3.6
盐专卖	20000	55000				70000	145000	8.7
酒专卖	50000	90000				250000	340000	20.5
经　营	50000	90000				80000	170000	10.2
其　它	40000	5000					45000	2.7
合　计	445000	380000	90000	59000	90000	600000	1664000	100

山东主要物产产量估计

	渤海	胶东	滨海	鲁中	鲁南	合计
小麦(百万斤)	650	738	600	480	687	3155
秋粮(百万斤)	3080	2936	2272	1451	1166	11905
棉花(万斤)	6900	596	355	1206	392	9449
食盐(万担)	300	280	207			787
生油(万斤)	500	2500	1900	1600	800	7300
烟叶(万斤)						2000
蚕丝(万斤)		200(柞)	40(柞)	22.3(桑)	3.0(桑)	25.3(桑) 240(柞)
羊毛(万斤)	20	5	10	55	20	110
猪(万头)	30	50	35	40	25	180
土布(万匹)	205	168	72	64	24	533

一九四六年山东省各区物价指数表

地区＼指数＼月份	1	2	3	4	5	6	7	8	9	10	11	12
胶东区	100	142	125	119	196	303	695	619	620	662	938	1140
渤海区	100	131	131	122	227	276	454	717	759	390	850	825
滨海区	100	110	110	130	171	205	331	465	469	473	521	525
鲁中区	100	107	108	113	198	260	408	492	609	628	662	685
鲁南区	100	104	110	125	172	213	331	456	478	424	501	487

注：选择计算指数之集市为胶东区烟台市，渤海区惠民城，滨海区大店、马头、铺上三集市，鲁中区界湖、莱芜城、景芝三集市，鲁南区平邑、重坊两集市。

一九四六年山东省物价总指数表

品名＼指数＼月份		1	2	3	4	5	6	7	8	9	10	11	12
自产品	小麦	100	116	113	131	244	230	281	355	358	351	389	344
	高粱	100	110	114	116	180	202	398	470	475	497	495	657
	土布	100	115	116	117	191	256	372	551	676	677	673	680
输出品	生油	100	131	139	151	238	293	464	555	661	668	658	612
	食盐	100	116	124	125	163	236	434	513	586	704	789	818
	猪肉	100	106	107	108	162	242	384	538	711	708	783	923
输入品	棉花	100	125	136	138	253	315	490	672	642	607	606	673
	洋布	100	109	99	105	168	238	380	483	431	456	614	545
	火柴	100	104	93	103	158	209	367	494	571	442	498	424
综合指数		100	115	116	122	195	247	397	526	568	568	567	631

注：作为基数的实物价格：小麦（斤）7.11，高粱（斤）3.17，土布（尺）11.63，生油（斤）11.86，食盐（斤）2.56，猪肉（斤）11.87，棉花（斤）50.28，洋布（匹）2528，火柴（封）32.25。

山东食盐产量统计

	胶东	渤海	滨海	合计
1944 年	856000	640000	950000	2440000
1945 年	1314552	450490	1327792	3092834
1946 年	2905445	2601347	2070000	7576792
1947 年	2050514	1351100		

1948.7.1～1949.6.30
山东经营物资计划

生油	3660 万斤	732 亿	土布	14500 万尺	625 亿
小麦	13000 万斤	575 亿	食盐	26100 万斤	291 亿
粗粮	10500 万斤	330 亿	黄烟	1800 万斤	720 亿
棉花	1250 万斤	390 亿			

山东出口物资计划			进口物资计划		
生油	3400 万斤	680 亿	汽油	5 万桶	279 亿
小麦	5500 万斤	255 亿	其他油类	2 万桶	90 亿
棉花	400 万斤	120 亿	钞票纸	6 万令	278 亿
土布	4500 万尺	210 亿	西药器材		785 亿
食盐	1800 万斤	186 亿	印刷器材		218 亿
赤金	6 万两	600 亿	军需器材	(化学 150)	143 亿(炸药 250)
黄烟	1180 万斤	472 亿	电气器材		175 亿(被服 90)
丝绸	7 万匹	98 亿	工业器材		270 亿

1947 年出口进口货物估计

进口		出口	
军工西药电料	50 万万	食盐	150 万万
颜料	20 万万	生油	40 万万
纸张油墨	30 万万	海货	30 万万
棉花	50 万万	粉条	20 万万
洋纱洋布土布	10 万万	水果山果	15 万万
汽油	20 万万	披猪	14 万万
火柴	12 万万	粮食	10 万万
茶叶	15 万万	黄烟	10 万万
交通工具	20 万万	其他	70 万万
其他	100 万万		
合计	327 万万	合计	359 万万
出超	32 万万		

北海银行发行分配

	政府透支		各种放款		工商资金		其他	合计
渤海	7650	32.69%	1555	4.93%	10920	46.63%		234115
胶东	43320	57.62%	3390	4.51%	15740	20.94%		75210
总行	37900	47.12%	2235	2.78%	39330	48.88%		80450
合计	88880	49.63%	6780	3.79%	65990	36.85%		179080

晋冀鲁豫人口土地统计表（1948 年 3 月）

	专区	县数	区数	村数	人口	土地
冀鲁豫	9	68	423	26378	11502459	35223529
冀南	5	43	262	15474	7547850	30417750
太行	6	44	296	8376	5381085	17804194
太岳	5	45	193	3106	3865170	15399204
合计	25	200	1174	53334	28296564	98844677
冀鲁豫	河北	30	195	10309	4638376	16169712
	河南	38	228	16069	6864083	19053817

晋绥边区 1947 年征粮

	贫农负担	中农负担	富农负担	地主负担	平均负担	
一个实验村	5.96%	13.9%	43.1%	31.8%	18.4%	负担占收入%
未土改村	6.6%	12.3%	38.4%	51.0%	24.0%	
已土改村	8.15%	15.4%	38.0%	50.0%	15.4%	
二十二个村	6.2%	46.9%	28.1%	19.4%	负担占公粮%	

1948 年征粮概算 285000 石，除 1947 年预借 82700 石，实有 202300 石。
食粮开支 409085 石，除收粮 285000 石，实亏 124085 石。
1947 年征粮概算 288360 石，支出 370495 石，亏欠 82138 石。

1947 年各种税收

出入口税	472995 万元	19.6%
营 业 税	1380113 万元	57.5%
斗佣畜税	189605 万元	7.7%
罚　　金	370326 万元	15.2%
合　　计	2413039 万元	100%

山东省历年物价指数表

年份 指数 品名		单位	一九三七年		一九四三年	一九四四年	一九四五年	一九四六年	
			物价	指数				六月份	十二月份
自产品	小麦	斤	0.0294	100	3741	4421	15816	40714	98639
	高粱	斤	0.0257	100	3502	3502	8677	24825	66926
	土布	匹	1.80	100	10000	11111	26666	64389	175389
输出品	生油	百斤	5.00	100	5000	7600	15600	67848	141840
	食盐	百斤	5.00	100	2500	3400	11600	10908	41820
	猪肉	斤	0.11	100	3636	3273	9091	26227	100400
输入品	棉花	百斤	48.00	100	4167	5208	11874	31605	69260
	洋布	匹	7.00	100			34285	85343	201357
	火柴	箱	9.60	100	15625	17500	40000	161250	324250
综合指数			100		6021	7002	19290	57012	135542

说明：1. 1937 年之物价，系法币物价，1943 年以后之历年物价指数，皆系本币物价指数。

2. 1943〔年〕、1944〔年〕、1945 年三年之指数，皆根据滨海、鲁南两地区，各该年之平均物价计算的。1946 年之指数，则系根据全省该年之平均物价计算的。

3. 1946 年之物价波动最巨，故分别六月份与十二月份计算之。

1947 年

合作问题（业务经营）*

鲁中二专 今年仍以纺织为主，新地区发展，老地区提高。各县组织推动委员会，由实业科、银行、工商局、妇联等参加。

三专 去年上半年迷失方向，秋冬仍未完全纠正，村社对于群众纺织生产仍未积极扶助。今后仍应强调发展纺织，奖励纺织生产。工商局单纯任务观点，收布不分好坏一样价钱，以致好布亏本，坏布赚钱。

毛织可以季节发展，但应打破其季节性，常年生产。弹花机还不够，缫丝合作去年不是组织群众，而是组织丝商，今后应组织蚕户自纺。

滨海 方针争论：有的认为发展生产，有的认为纺织为主，方向争论有的认为向着综合方向发展，有条件的可成〔立〕合作工厂。综合要有中心业务。纺织提高质量首先必须普遍发展，供不应求质量也难提高。好线好布可以创牌子（商标），水磨集前所创牌子已在市场上有相当地位。

组织运输容易，但无东西可运。必须调查各地供销状况，才能组织运输。信用合作不易组织，原因利率太低，存款不如投资。公家贷款通过合作社贷是有发展希望。

三专 副业有丝织、毛织、纸烟、打油、粉坊、造纸（质量较好）等。临朐的卷烟质量不好，没有销路。造纸只要报社能用，可以发展。蚕丝也是销路问题，能够外销亦易发展。山药亦是运销问题。为着解决工具问题，应把铁木工组织起来。运销事业可以调剂供求扶助生产，利用剩余劳力增加收入，但为打开销路单靠一地尚难解决。信用合作资金来源：（一）合作社公积金，（二）奖励社员入股，（三）银行贷款。存款二分左右，贷款三分左右，商业贷款可按实物折价。存款取利以外还可分红。

鲁南 合作社还不巩固，需要民办公助方针。毛织、丝织可以发展，尤

---

* 1946 年 12 月 24 日至 1947 年 1 月中旬，山东省实业厅召开滨北、滨海、鲁中、鲁南等地区的生产工作会议，总结交流生产经验，布置 1947 年的大生产运动，要求各地抓紧准备春耕，增产粮食，继续发展纺织，以适应军民需要（辛玮等主编《山东解放区大事记》，山东人民出版社，1982，第 274 页）。此则应为该会议期间的一次合作问题专业会议的记录，薛暮桥时任山东省实业厅厅长、中国工业合作协会山东省办事处主任。

应发展纺线织布。运输站认识不明确，好像是个坊子，仅供食宿。联合运销非常需要，山药很多尚未运销出去，群众很急。联合运销社可由各合作社合组起来，三七入股对半分红，组织各合作社向外运销。信用业务目前有些困难，不知如何办法。可以各社公积金、公益金办信贷。

天保山区梨及山楂即有七百五十万斤，尚未运出，已烂很多，尚余四百万斤，梨卖二元一斤，子母梨十二元。群众山药收入比粮食收入更大，如在春耕前运不出就全部烂了。邹县枣亦产四五百万斤。

纺织兼营其他业务会把纺织放弃，因为获利不如消费及运输。鲁南纺织工具也不算少，但未转动起来。合作社许多垮台了，原因除战争外，合作社工资低于市价，社员线布不愿给合作社，亦是一大原因。合作社收线收布对群众是有利益的，可以节省赶集时间，加速资金流转。

滕县织毛衣完成了七千件，群众得利五百万元。现在已有毛线及毛织品市场，春天需要解决销路问题。

发展方向 鲁中争论，有的主张以纺织为主，有的主张综合扶助各种生产，理由二专区纺织已很发展，每日能产八九万匹，可以自给。今后应当发展其他各种生产。另一争论，自由交易会降低线布质量，有的以为不会降低，降低原因在于供不应求，及我〔们〕对于好线好布缺乏奖励。

纺织不赚钱是不会经营，滨海区的经验纺织最能赚钱，贸易有时赚钱，有时亏本。纺织不赚钱的思想，会助长投机贸易。

农村分工不发展，合作社常是综合性的。但不应过分强调综合，否则资金不足，无法经营。所以小城镇合作社可经营单一业务，不必样样都干。信用合作由于物价不稳，很难吸收存款。中心社、联合社可兼设信用部或信托部，政府贷款通过它来收发，这可减少银行困难。

合作社应向综合方向发展，只要两种以上业务，就是综合性的。一个村庄办几个合作社是不适当的，还是一个社来兼营好些。合作社应组织闲散资金，剩余劳力，进行各种生产，满足群众各种需要。

崖子和集前由合作社办学员〔校?〕，大家凑集教育基金，存到合作社去生产，即以红利维持学校开支。在合作社有基础的村庄，都可以这样办。原来只供一年的基金，便可永远维持下去，甚至扩大基金。

不同意二专署纺织基本上能自给。六分局收的布三分之二是从鲁西来的，自己只能解决三分之一。工商局应经常收布，洋布进口税率太低，渤海来布价格更低，使我纺织生产受到打击。

合作社的发展方向（施）：（1）扶助农业生产（村社就以此为主要工作）；（2）发展各种农村副业；（3）组织运输。（史）反对把农业生产工作完全放到合作社来，这样多的工作合作社无法掌握。（没有特别提到纺织，似乎纺织生产可有可无，也是不妥当的。）

合作社过去是从纺织向兼营发展，现滨海区综合社占半数以上，但综合社亦多以纺织为主。农村生产发展，农民生活需要增加，合作社的任务也渐增加。但农村分业尚未发展，故合作社在农村亦难明确分工，今天还是综合性的。一般应当提倡以纺织为主的综合性合作社，但应按不同地区不同条件（资金、干部）有所不同。

发展纺织〔的〕中心环节是在掌握市场规律，掌握供销，保证利润。提高质量也必须从增加数量，满足市场需要入手，其次掌握等级价格。资本主义是受市场规律盲目支配，我们则要有目的（立场）的掌握市场规律，主观与客观合一。

信用贷款是很需要的，银行贷款无论如何解决不了，必须提倡群众性的信用调剂。渔业需要大量贷款，组织群众性的合作社，帮助渔民修船补网，下海打鱼，就是一本一利，渔民也得很大利益。日照渔民多，盐民少，竹庭盐民多，渔民少。加强渔盐生产领导，盐贷最好也归实业科办。

组织领导

鲁中　纠正统制办法，提倡自由买卖以后，合作社对群众生产不闻不问，自搞投机贸易。需要提高纺织工资，实行奖励及劳动分红。以县为单位召集合作社长会议，交换经验。联社应当扶助村社，不应脱离村社自己经营。村社能经营的业务交给村庄经营。合作社需要进行登记，非合作社性质的不能冒用合作社的名称。经登记者免征营业税，及［给?］予各种帮助。模范合作社条件：（一）能为群众服务，（二）遵守政府法令……

鲁中二专　联社对村社是指导关系，不是领导关系，无权命令村社。合作社多不愿登记，原因害怕登记不准，没有什么好处。

鲁南　有些地区社员大会与村民大会不分，村干兼任社干，这样合作社就不能独立自主，不能发展，需要建立正规制度。

滨海 合作社对社员负责，而不是对政府负责。政府在方针路线上指导监督，不能干涉业务。现在合作社有资方代表，而无劳方代表。无股金而为合作社劳动的是否可算社员？区联社不一定以区为范围，可以改称“联营社”。区干对区联社不应干涉。联社业务不应当与村社冲突，应当经营村社不能经营的业务（放弃业务上的联系）。区联社有村社社员及个人社员两种，委员会由村社代表组成，吸收区干参加是否适当（他以什么资格被选），个人社员是否有选举权？

推进社应代表政府领导各合作社，对于正确执行方针的合作社不仅给以政治上的鼓励，而且给以业务上的帮助。推进社比合作科容易接近群众（各合作社），且使干部熟悉合作社的业务。应把业务领导与行政领导统一于推进社中，这样效果可能更大。

李科长 推进社——工商局领导时，合作社的困难容易解决，自归政府领导以后便无办法。推进社解决了工商局所解决的困难，即保证供销，推进社一开始就是一个企业化的机关，任务：（一）发展群众生产，组织群众生产；（二）联系各合作社，保证供销（组织联合运销）；（三）成为银行与合作社的桥梁，调剂合作社的资金；（四）研究及指导合作业务（创办合作小报）；（五）生产技术指导，供给改良工具。

工合——任务与推进社一样，它的理想在国民党不能实现，在我解放区则可能实现，发展前途很大。办事处下有事务所，事务所下有指导站或工作站。事务所指导站与推进社应结合起来，领导关系应当确定，免与政府领导发展矛盾。工合社就称模范合作社，可加工合标记。合作社向合作工厂发展，这仅是部分的。小型工厂亦可帮助向着合作社的方向发展（这亦是部分的），成为合作工厂。合作工厂条件：（一）不是分散经营方式，而是集体经营；（二）有较进步的技术和较科学的分工管理；（三）吸收群众入股；（四）职工有权参加工厂管理。

联合社——联社应当自由结合，地区划分不要统一规定。但超出行政区域配合上有困难，这亦应当照顾，故一般以区为单位较好。联社应建立在村社的基础上，它依靠村社的巩固而巩固。联社不应过多吸收个人社员，以致妨碍村社发展。（宿山区联社有五千余个个人社员，股金二百五十余万，占全股金的百分之八八，这就变成大合作社而非联社。）联社经营业务，重点应当放在扶助各村社的群众生产，通过村社帮助群众，而不应与村社争利。联社应有合作指导员，合作委员分工领导各合作社。联合社与联合社间应建立经常业务联系，并与公营商店密切联系，互相帮助。

村社——村社脱离群众，这是一个严重问题。自由市场发展以后，纺户织户逐渐脱离村社，实际他们并非不需合作社的帮助，而是合作社未更进一步帮助他们，未能好好照顾纺户织户利益，社干不对社员负责。宿山区各村社的纺户多从百数十人减至十余人，后经民主讨论提高工资，纺户立即增加，既能完成生产任务，合作社的盈利亦未减少。

今年合作工作：（一）老地区应登记、整理、提高，少的地区还要普遍发展，组织区联社，培养模范社。新地区大量发展；（二）纺织仍应大量发展，整体利益与个人利益结合起来。数量发展与质量提高同样注意。今年生产任务：滨海二百五拾万匹，鲁中三百万匹，滨北九十万匹，鲁南五十万匹，共五百九十万匹。现有纺车保证纺满四月即可完成。轧花机缺一千三百余架，弹花机缺五百五十余架。羊毛要五十架弹花机。布机还少十万张。棉花需要四百万斤（上半年）；（三）毛织可以生产四十五万斤（鲁中三专十五万，二专十万，一专三万，鲁南五万斤，滨海临沂十二万斤），全年生产。

胶东〔区〕汇报*

胶东去年丰收，东北海区每亩平均能收二百五十斤，西南海区受些水灾。豆子歉收。胶东土地一千九百余万亩，麦地六百五十万亩。棉地三十五万亩，按每人三斤计，仅能自给五分之一，至少需要输入二千万斤。

水利合作社及土劳合作最受农民排斥，去年消沉下来，包工制也失败了。只有普通变工办法最受农民欢迎，因能多打粮食，互不吃亏，吸收半劳动力参加亦很方便。此次生产会议大家对于过去组织形式上的标新立异、贪

* 根据笔记内容，此为胶东区在上述生产工作会议期间（或之后）的工作汇报，时间约在 1947 年 1 月。

多求高作了深刻检讨，去年共有一一八五〇二组，共九十六万九千余人，张富贵村剩余劳力完全用于精耕细作。

合作社二九八一处（二十五个县），内纺织一五四八处，打油三三〇处，社员共有一〇四万余人，股金二万五千余万元。去秋许多合作社单搞贸易赚钱，结果大部分亏本，部分停业垮台。反之，组织群众生产的合作社则与群众关系很好，秋冬纺织有些发展，莱阳、黄县各有一推进社，因为海上封锁，棉花供给比较困难。去年物价高涨，职工分红影响股金利益（多数合作社有小工厂），后按物价倍数计算利润分红，职工不愿，经过说服方才解决。运销合作尚未发展，更无运销站、运销网等组织。今年总结仍然要取消区联社（去年提出整理区联社）。实际已有个别区联社已开始掌握扶助村社正确方向。建立区联社要经过专署批准。

水利工作，打井有些成绩，应用较少。打井贷款收不回来。水利工作重点不在打井，而在整理河道，因多山地往往冲毁耕地。有些地区打坝筑地，保护耕地，深得群众欢迎。困难〔在于〕缺乏水利建设人才。

农业指导所十余处去年全部取消，集中干部在牙前成立了一个指导所，受行署领导。过去有些指导所是有成绩的，取消的时候大家不满，农场不能自给的均取消，一共留了十处。建设费没有批，花的钱还欠着。林场苗圃也是自给自足，蚕场亦然，很感困难。

贷款去年农贷二万万元，未贷出的很多。由于物价上涨，群众要求贷物还物，政府不敢答应。去年贷款均已收回。各级政府留用“机动贷款”（约占百分之十至二十），弊病很多。今年农贷原定五万万〔元〕，上级决定一万万元。结果贷了三万万元。

工商工作由实业处负责不妥，与工商局的工作不易划分，实业处又没有资金，无法帮助。机关部队生产贸易资金很大，压倒私营企业，扰乱市场。公营工厂上半年有十五个，下半年只剩三个。铁工厂转给后勤，沿海工厂因受战争威胁结束，亦有因怕劳资纠纷而转给职工会后勤部的。结束的有电厂、酒精厂、织绸厂各一处。现剩三厂为铁工厂、造纸厂、织绸厂各一处。

玲珑金矿已经破坏，机器拆掉，皮带割断，工人痛哭。渔业需要恢复，计划设立渔业局，渔行是否可以取消（要有合作社来代替），怎样组织渔民变工。盐的销路已经不成问题。

〔华北〕财经会议座谈纪要*

南〔汉宸〕[①] 处长 三地区的联系，冀中联系较多，现在政治、军事上的统一不成问题，经济上仍割据状态，如冀中以长芦盐抵制渤海盐，而边〔区政〕府并不知道。

杨部长 冀中和山东过去对我帮助很大，军工、医药、印刷、交通器材采购全靠大家帮助，棉花、布匹平原可以输出，太行山的铁器、山货也可输出。采购需要外汇，外汇供给困难，邻区货〔币〕兑换也是问题很多。

李局长 晋冀产棉 6000 万斤，运不出来，药材亦难运销，冀中产布（均用洋纱），需要冀南供煤，此外食盐需要很大，冀中能从天津进口洋货。

牟监委 食盐共产 800 万担，除青岛附近外均由我掌握。胶东盐多海运出口。滨海盐多去华中，来冀中及冀南的均系渤海盐，产量约 300 万担。海边每担三四百元，盐税二百元，运费每斤百里五至八元，差额每斤一元，海口、龙口、烟台、威海、石岛、乳山……胶东去年出口四十一万万（海产、粉丝、生油……），入口五十七万万（棉花、洋纱、汽油、纸张、铜铁、火柴……）。滨海（下半年）出口十五万万（生油、披猪……），入口十七万万（棉花、纸张、布匹……）。渤海海口离海较远，大船不能靠岸，冬季冰冻，船舶很少，海匪（国〔民党〕特〔务〕）扰乱封锁严重，去年出口八万万（粮食、棉花……）。大鲁南缺少棉花，海口输入困难，需要鲁西供给，乌枣可以组织出口。

安主任 敌在天津外围安上两个钉子，使我输出输入增加许多困难。敌

---

* 1947 年 1 月 8 日，中共中央决定在晋冀鲁豫地区武安县冶陶镇召开华北解放区财政经济会议，又称邯郸会议。会议于 1947 年 3 月 15 日开始举行预备会议，3 月 25 日至 5 月 11 日召开正式会议。会议由晋冀鲁豫中央局副书记薄一波主持。会议内容为交换各地区的财政经济工作经验，讨论各区商品、货币交流及财政问题。薛暮桥率领华东代表团出席。1947 年 10 月 24 日，中共中央正式批准邯郸会议的决定和综合报告，并决定成立华北财政经济办事处，统一领导华北各解放区的财经工作。华北财经办事处于 10 月下旬正式成立，董必武任主任，杨立三、南汉宸、汤平、薛暮桥任副主任，薛暮桥兼任秘书长（《薛暮桥回忆录》，天津人民出版社，1996，第 176～184 页）。会议情况及主要发言已收入薛暮桥、杨波主编《总结财经工作，迎接全国胜利》（中国财政经济出版社，1996），可参阅。

① 南汉宸，时任晋察冀边区政府财政处处长。

人控制重要物资，进口多为破烂东西（故衣）。粮食大量出口，粮食税占98%，后来禁粮出口，缺乏外汇，输入困难，本〔币〕比法〔币〕从1∶3跌至1∶0.7，0.6，0.5，八月以后回涨至1∶1.2。十二月间又渐困难，输出多为粮食、猪、枣等，换回〔货物〕开始多为破烂，有用的少，后来抵制外货，争取出入平衡。过去出口价照我区市价，入口价照敌区市价加上一倍二倍至五六倍。为着挽救不利形势，需要统一采购，但对邻区照顾很差。

王经理（冀中贸易公司） 天津方向贸易入超相当严重，入口2245亿元，主要的是食盐300亿（一千万人，每人六斤），染料300亿（一匹〔布的〕染料〔等于〕一匹布价），各种器材850亿，其他约800亿，出口主要的有粮食、□□、生油、猪、鸡蛋等。出口粮食走私严重，数字无法统计。

大进军时我们包围天津，后来美国人来，国民党占了，我们严密封锁，人民印象很坏。政协会议以后门户开放，自由贸易，撤销机构。法币内侵，粮食外流。封锁时期天津粮价一直上涨，解禁以后平定，五月封锁粮价又涨。我处粮价相反，封锁时稳定，解禁时上涨，封锁后又回跌。前我封锁时候他们要求我派代表谈判交换粮食，及我解禁不但停止谈判，且扣留我代表。此时本〔币〕法〔币〕比率一比四，五月封锁以后法币回涨到一比一点四，同时洋货大量流入。麦收以后我们购存小麦，防敌吸收（敌用四十亿元吸收小麦）。我向天津封锁，敌从石家庄、保定等地后面吸收，走私严重。小麦经平汉、北宁运津，奖励走私（被我没收即予赔偿），便利运输。不但四十亿元易于完成，且用食盐、洋纱、汽油、煤油等物换回更多粮食。本币跌至六角五角。（高阳一集上〔市〕洋线三四千块，合二万万元以上。）贸易公司由于麦价高涨，未敢收买，埋怨缉私不严，税收机关埋怨贸易公司不收买。

七月以后敌人对我封锁，沿大清河设十八〔个〕据点。过去助我采购〔的〕商人，现在投敌检查来往船只，所有夹带多被查出，被他没收后再卖给我们。我〔输〕出小麦亦被没收。我们偷运粮食赴津，目的是在换取外汇。出口货物所得汇票常被顶回，商人不要汇票，法币又难携带（沿途检查没收），此时□□成为唯一外汇工具。一年来的经验，敌人封锁与倾销相结合，吸收（小麦）与倾销亦相结合，有组织有计划地破坏我们（如有输出小麦他就禁麦入口），增加我们经济上的困难。

经济斗争失败结果：（1）物价上涨剪刀差，如染料上涨34倍，食盐27

倍，但粮食上涨仅 13 倍，布、棉 9 倍，物资交换我们吃亏很大。一匹布的染料超过一匹布的布价，烧的（柴草）比吃的（粮食）贵。（察北小麦与柴草、牛粪等价。）如与抗战前比，染料涨 56000 倍，小麦 4854 倍。（2）外来洋货价格差额：汽油小桶天津 16000 元，我区 50000 元，食盐每斤从 90 元到 500 元，相差二倍至五六倍。廊坊六斤盐换一斤麦，我区一斤麦换一斤半盐。

我们十月份起强调敌对经济斗争，但资金、干部薄弱，阵营混乱，决定不能贯彻下去。（如部队走私，缉私〔的〕挨打，机关生产很少不走私的。）领导上不统一，税局、商店、银行各成系统，互相矛盾（如银行要交外汇，商店愿经黑市兑换，否则不能赚钱）。各地区间互相矛盾，各地均向冀中采购，造成混乱现象，向山区去〔的〕粮布，来的山果、乌枣，冀中很不乐意。大家可发执照，大家可以没收，相当混乱。有些投机商人滥开汇票，我们抢购汇票，吃亏不小，必须首先消灭自己〔的〕混乱现象，才有力量对外斗争。第一是要整理（取缔）机关生产。但因自己〔有〕争论，结果转而管制友邻地区采购，对于渤海的盐，冀南的棉，采取敌对办法。长芦盐一斤麦可换二斤盐，渤海盐换一斤四两，我们订了一千万斤盐的合同无法执行。对冀南管理盐、棉，不帮助且增加冀南的困难。这是不友谊的态度。

刘岱峰[①]同志（贸易局长）　抗战时期各区各搞各的，太行吸收食盐、棉花很困难。和平时期反外解除武装，忙于对内斗争，增加发行，抢购物资，各区自相限制。过去自己财产弄不清楚，出入口无统盘计算。与友邻区的贸易是机关生产搞的，只管盈利而非相互帮助，这样对敌友我均不了解。采购人员对外不讲价钱，对内高抬市价。（规定卫生机关不准开药房，财经机关不准开商店、做机关生产，否则流弊很大。）入口染料每年 350 亿～400 亿〔元〕，烟叶（1500 万斤～2000 万斤），盘纸共 110 亿，食盐（1.6 亿斤，自给 54 万斤）70 亿～80 亿，纸张 60 亿，其他采购 60 亿。火柴能够自给一半（纸烟年产 65 万万枝，合 300 万万元），自己解决困难。需要渤海供盐 5000 万斤，鲁中 1000 万斤，牛 5 万头，茶叶 5 百万斤，出口布 200 万匹，棉花无限〔制〕止供给，对冀中出〔口〕煤 2 万吨～3 万吨，瓷器 15 万轴（每轴 20 只），牛 5 万头，进口对外采购物品。（棉花问题需要研究，估计

① 刘岱峰，时任晋冀鲁豫边区贸易局长。

出口并不十分困难。）

林局长（冀南工商局） 我们经济斗争“对外外行，对内内行”。为着完成财政任务，保证酒的专卖，对邻区酒征平价税。各区税率不同，纸烟我们主张补税但未实行。对内自由贸易，但用购运证制限制自由来往（现已取消）。冀中物价高涨时候我们封锁冀中，以防物价高涨，造成两地人民摩擦。我们吸收边钞（冀中）五万万元，套取外汇，亏损超过一万万元。掌握棉花、土布，禁止出口，对友邻区也如此。但因布价差额很大，布向太行大量走私。棉花收税专卖，每斤赚百元以上，棉花收入等于出入税收总额。对渤海食盐，起初管理，理由保护小盐，后改征税40%，又改20%，三天三变。此项食盐主要供给太行，最后边〔区政〕府命令免税入口，我们仍征10%（现已决定免税）。后得调剂太行、太岳食盐任务，即去渤海商讨，看到渤海专卖大盐，我以专卖对付专卖（并未实行），决定统一采购，发展走私对付渤海专卖。我们负责调剂太行食盐一千万斤，每斤110元，价格上不赚钱，群众运输获利四万万元。我们从鲁中以一元六的价格换回北币（以棉换来），到渤海买盐，故仍获利二万万元。我们感觉鲁中态度很好，渤海很凶（不要棉花），实际是因不了解双方的情况缘故。

棉花专卖经验，济南每天三个纱厂共需棉花二百余包，青岛亦向济南订购棉花。我们实行棉花专卖，每天只卖二百包，提价至三百元（内地二百元）。因获利多，走私严重，我们提高棉价（对内对外均提）。渭河东西不准自由来往，仍有走私，我们棉花出口登记外汇，商人出售汇票，购棉外运，出售后顶汇票，可以无本经营。一月底内地棉价提至400元，出口420～500元，差额减少，走私亦少。我们登记物资，以货易货，换回金子、军工材料、染料等，冀南剩余棉花一万万斤（产量一万五千万斤，每亩能产五十斤）均可出口。如果输往蒋区，可得法币五千亿元，外汇供给不成问题。棉油加碱熬成卫生油，可吃，年产二千五百万斤。

吕局长（渤海） 渤海沿海四百里均产盐，较集中的有寿光、羊角沟、广北（王官场）、无棣（永利）、新海，共有滩1676付，23277亩，盐民8962人，去年产量285万担。产量不大〔的〕原因一为水灾，一为潮淹，今年有盐140万担。估计今年能产300万担以上。1937年仅产67万担，大部为我扶助起来。1945年产215万担。羊角沟原有385滩，敌占时期两年未生产，去年我们恢复190滩，今年可增加。寿光盐多销鲁中，羊角沟盐多自小清河运济南及鲁中淄博区，转运鲁西。广北盐销内地，无棣盐销德州、禹城转销冀南、鲁西，新海盐销冀中、冀南。无棣年产95万担，新海年产45万担，合共140万担。运费羊角沟最低，新海最高。无棣每一盐民年产292担，新海年产187担。羊角沟盐价3元加税2元，水运到济南售15元，陆运鲁中售13元，绕济南北西运要过黄河，特务很多，运费很大。无棣盐至德州350里，每百里每斤4~5元，共运费14~17.5元，盐滩售价6元（内含税2元），德州以22~25元价出售。新海盐250里，运费10~12.5元，盐滩售价4.5~5元，再加税2元，出口售价20~22元。

食盐管理目的发展生产，组织运输，同时完成财政任务。盐民很穷，沿海不产粮食，盐销困难，故我组织运盐调剂粮食，提高盐价，保证盐民有粮食吃。盐的产销间有矛盾，产盐在春夏之交，销盐在秋冬之交，故春夏盐价很低盐民吃亏，1937年一斤粮换盐40~43斤，我们管理后一斤粮换5~6斤。但因盐税降低，粮价涨500倍，盐价仅涨700倍。运盐收益过去毫无保证，盐价波动很大，我们管理以后盐价稳定，固定运费。

与冀中南的交换最困难的不在盐价，而在交换什么物资，粮食、棉布我们均有余剩。

何局长（冀鲁豫） 东区粮食、土布可以与人交换，渭河津浦路间普遍产布，著名的如郓城、巨野、定陶、曹县一带，销鲁南及淮北、豫东、皖北。清丰、南乐产布质量较差，销太行山。全区全年产布一千万匹（〔一匹〕五十方尺），可以输出二百万匹，其中半向山东运销。小盐生产亦很普遍，尤为湖西地区，总产量年约四千万斤，去年仅产二千四百万斤，尚须吸收大盐三千六百万斤，还可以过〔境〕本区输出。

与鲁南的纠纷，过去原受山东领导，关系本很密切。〔19〕44年反顽斗争胜利，地区相接，划界便生纠纷，后协议以苏北大堤为界，湖西产麦地区划给鲁南。接着山东大盐流入湖西，当时湖西为着保护小盐，禁止大盐入境。鲁南派人谈判，要求大盐运销湖西，湖西币一元顶北币一角，划沛县为混合市场，物资来往互不征税，土布、棉花不要管理。湖西感到山东以优势压湖西劣势，强订城下之盟。我们反对大盐入境，反对北币在我地区流通。大盐可以过境，但不能在湖西销售。这点山东同意，但在讨论盐价时发生争论，不欢而散。我们为对山东斗争，组织群众查缉大盐、北币，组织经济大队一百四五十人，大盐提奖百分之百。管理土布，换粮换盐，并以伪钞向徐州买盐。北币对鲁西币一比一（原十比一），否则礼送出境。但群众食盐需要解决，后来不得不采放任态度。

山东酒专卖，鲁西酒去没收，我们讨论或者烟酒互不来往，或者烟来征税。山东要求我们的酒卖给山东，我们不理，放任群众走私。这些纠纷需要明确解决，如大小盐的关系问题，货币问题，财政任务问题。

胜利后与国民党斗争，两次失败经验。日本投降后法币提高，原来二三元抵我们一元，后与我们等价。他们发行法币吸收我们粮食等类大量物资，我区物价上涨一倍。到去春我区物价回跌，法币跌至一比五、六，四月以后大量发行吸收物资，物价上涨二三倍（四至七月），群众埋怨政府，说我政策变了，不管人民死活。大家存货不存钱，麦收以后小麦多不上市，市上物资减少。

济宁去年上半年报税入境货物值法币三十万万，合本币六万万余。内有茶叶十五万斤，红白糖五万斤，染料一万八千斤，大盐三十五万斤，布一万匹。曹县亦要三十万万。济宁、曹县失守后，外来货涨价更快，六月至十一月平均涨八倍至十倍，粮食涨四倍，我们交换吃亏很大。

周伯昌同志（晋察冀税务局）　对敌封锁问题，各地禁令不一，造成许多空子。如冀中禁粮出口时渤海不禁，冀中粮食绕道渤海出口。对保定封锁冀中执行，冀晋未执行，故无效果。税率高低不一，如渤海出口税比我重，进口税比我轻，商人在我区出口，在渤海进口。后来渤海、冀中协商禁出禁入，统一税率，做到相对统一（情况不同不能绝对统一）。如果双方税率不同，如何补救？

过境货物是否征税？出口税是否可在内地征收？冀中对冀南来的棉花征“平价税”（按照双方棉价差额征税）。向天津输出时征出口税，长芦盐入口时征税，往冀南时征“差额税”。如果出入口税均在边沿征税，那么税收即由边沿独得，内地税收很少。（如冀南或晋冀货物经冀中出口。）又如税率高低是否可以补税？内地物资交流是否征税？或只征出，不征入？（晋绥主张只征入，不征出。）实际往往出入均征。

李友三同志（太岳）　对阎〔锡山〕政策，太岳输入主要〔是〕食盐，其他尚能自给。阎有许多公营企业，蒋要接收，〔阎〕乃将公营改为私营，有一实业公司（火柴厂、面粉厂、纸厂等），有一贸易公司，县区有合作社。〔阎〕最大困难〔是〕缺乏粮食，必须依靠我们。我们封锁粮食可致阎的死命。去年五月以后我们禁止粮、棉、蚕丝、皮毛等八物资出口（实际粮食〔通过〕走私出口），对外贸易几乎完全停滞。阎倾销洋布、煤油、火柴，换回粮食。九月份起我除粮食、木材外均准出口，如〔果〕以粮食换回食盐（每斗换十二斤）仍准出口。

李主任（太行） 山区物产少，运输难。从一分区到四分区食盐每斤运费一百六十元。物产有铁器、竹器、肉蛋油等。煤、铁产量均丰，但运费大，销不远，年销煤约十五万吨。豫北竹园尚有万亩，年产竹器1500万~2500万斤。需要食盐每年3000万~3600万斤，没有东西可以交换。货币问题，大统一不可能，如何建立清算制度〔才是问题的关键〕。

杨文汉同志（冀东） 抗战中未发货币，由于交通便利，邻近都市，人民均穿洋布，自织土布卖给热河。去年能产土布（洋经土纬）六百万匹，半数自用，半数出口（热察）。苇席300万张，出口200万张。鱼虾2250万斤，出口1500万斤。肥猪80万口，出口40万口。花生2万万斤，出口1万万斤。栗1万万斤，绝大部分出口。鸡蛋3万万个，出口1万万个。水果4000万斤，出口2000万斤。猪鬃80万斤出口。高粱酒2000万斤，出口1000万斤。金年产3000两。盐8300万斤，出口4300万斤。此外皮毛、木材，无法统计。上列出口共值160亿元（边币）。棉花3800万斤，大部出口。纸厂日产50令，现被敌占。纺织九个县有布机五万余架，纺车22万余架，出口总值2600余亿，入口1000余亿，内洋纱700亿，洋布5万匹，煤油800万斤，铁锅。

讨论办法

林海云[①] 友邻地区物资交流完全免税，大宗货物有计划的调剂。货币互不流通，按物价高低规定比率。对蒋区一道税，一般在出入口纳税，出口为着便利商人，亦可以在原地纳出口税。税率最好统一，税不重征，双方税票有效。禁出禁入各地自行规定。物资交换真正做到互助互惠，有力的帮无

① 林海云，时任晋冀鲁豫边区政府工商总局副局长。

力的，照顾双方群众。

牟耀东 出入口税尽量求得一致，但在今天尚难完全统一。出入口一道税，如果税率不一致，可按差额补税。食盐管理，〔19〕44 年占财政收入四分之一，是货币斗争之一重要武器，同时保护群众利益，奖励生产运输，渤海公私收入为一比四或五之比。烧酒原来全禁，后来公烧专卖，目的原在限制消费，后来成一重要财源。去年大鲁南酒的收入等于税收总额，占工商收入四分之一。耕牛山东亦很缺乏，禁宰禁出。货币分区发行，自由兑换，按照自由价格规定比率。兑出兑入差额不能超过十分之一。

安至诚 几个地区联合起来，减少对于蒋区依赖。同时由于财政的不统一，仍然有地区性，从整体性出发，做到最大限度统一，同时照顾地区困难。

冀中困难，外货倾销，走私严重，生产受到很大压迫。如四百多家纸厂垮了三百多家，洋纱洋布压迫群众纺织。今天敌人比较日寇更有经济力量，日寇封锁蒋美倾销，对我危害更大。出口无利，土产难销。粮食走私严重。军需采购供不应求，结果严重入超，外汇困难，本币下跌，物价上涨。造成我们经济斗争上的不利形势。

友邻区物资交流困难：a. 关税壁垒，管理封锁；b. 货币不统一，互相压价，差额清算困难；c. 物资管理，争取高价，管理市场，限制购买；d. 公营商店利用特权，想赚邻区的钱，结果历次协定不能执行。

解决办法：（1）普遍开展抵制外货运动。大力组织出口，掌握主要出口物资，有关地区共同支持外汇。税收方面，进口非必需品禁入或重征，军需物品免税入口。输出尽量减少禁出，一般物资轻税或免税（提高内地价格，减少出口差额），争取出超。

（2）进出口税：进口在口岸征税，出口在起运处征税。税率尽量一致，如有差异，补征差额，一方有税一方无税者，有税地区补税，一方禁止一方不禁者，不禁方面要求特许出入，禁者可征特税。特别封锁地区有关各地临时协议，一致行动。

（3）采购必须提供外汇，或供出口物资。服从当地外汇管理办法，不从黑市买卖外汇。互不套汇。对于法币打击互通情报，采取一致行动。

（4）组织出入口货物的联合管理机关，指导各地出入口的政策，互通情报，统一采购。

友邻区的物资交流：

(1) 一般物资交流互不征税，山东食盐出口差额，可看销路大小决定。我们对长芦盐每斤30元，结果还比渤海盐便宜。入境可以商量征税（穷的地区），藉以抵补贸易差额。烟酒可以禁入或征重税，不必自由流通。

(2) 各区货币互不流通，在一定程度内相互支持，特别支持入超方面。固定比例不易做到，掌握自然比价，双方挂牌互相通知，总出入的差额不超过1%。银行相互兑换不收手续费。互相通汇，清算时欠什么还什么，定期清算或定额清算。

(3) 物资管理应当便于交流，而非阻碍交流。两区交换必须有来有往，要推销必须接受，要吸收必须供给，否则交换不成，许多困难大多由此发生。

(4) 组织出入口管理委员会，共同管理采购工作。各地投资合设贸易公司，采购物资按照需要分配。采购要有预算，交外汇，照顾采购力量。

A. 盐价问题：盐棉交换（8∶1），保证双方获利。

B. 采购问题：派员驻鲁，我们负责协助。

C. 通汇问题：照顾实际困难，清算办法。

D. 税收问题：邻区互不征税（特殊），调整税率。

薄〔一波〕副政委指示

建设新民主主义经济，土地改革以后，还要下决心摆脱对外的依赖性，争取经济上的自给自足。颜料限止［制］进口，纸烟禁止进口，食盐吃自己的，棉花用自己的，纸亦自己生产，太行药材能够自给三分之二。第二步是发展生产。今天存在矛盾，解放区还没有统一组织，财政经济还不可能完全统一。为着完成财政任务，大家要求专卖利润，结果阻碍土产运销，便利洋货倾销。故须协议取销差额（专卖利润）。

南〔汉宸〕处长 过去只能各区独立自主，否则不能渡过抗战八年困难。现在地区比较统一，部队机动作战，财经要求部分统一。要求逐渐减少独立性，增加统一性。但非完全统一，即到将来亦是部分统一，部分独立自主。

戎〔子和〕[①] 副主席　首先需要解决思想问题，照顾整体，互相照顾。进出口一道税，均在出入处收，税率尽量统一。内地贸易自由，入境亦不征税。酒要专卖，烟可互相流通。冀中、冀南、太行等地全吃渤海盐，渤海取消差额（专卖利润），保留产地税及手续费。兑换差额 1% ～2% ，双方互存基金，互设办事处。晋绥大家帮助。

货币政策

货币政策主要在于刺激生产，保障人民生活，故宜采取平稳上升政策。生产贷款应当增加，但不宜由政府或群众团体发放，反对救济观点。

发行要统一，货币值要稳定。晋冀鲁豫〔19〕45 年底峰峰会议后即统一发行。晋冀察亦决定统一，但未真正做到。冀中还是私自增发。冀热辽因交通困难自己发行，热河发行省流通券。今年决定银行改归各地分别领导。

各地发行数额（18 - 40 - 100），大体上为每人平均一大斗（27 斤）小米。发行与物价去年变化，山东为发行增一倍，物价增半倍。晋冀鲁豫增加速度为货币物价约略相等，冀察晋货币一倍，物价二倍。原因〔是〕财政赤字，贸易入超，领导不统一。

发行用途，山东工商资金约占一半，晋冀鲁豫工商、生产资金约占三分之二，冀察晋多为财政发行。生产贷款山东最少，晋冀鲁豫占 12.5% ，冀察晋占□% 。过去贷款 80% 收不回来，现在改由银行及合作社发放贷款。

晋冀鲁豫及冀察晋外汇管理均由银行负责，银行掌握外汇，贸易机关采购感到不便。

组织机构

晋冀鲁豫　抗战时期各自独立，互相调剂，平原帮助山区，实际帮助不大，还是自己解决。太行本身是很统一，连村财政亦由县统筹统支，审核调剂。各级政府预算，均由上级政府批准。银行名义上由政府，实质上由军队领导。工商局亦由军队生产贸易机关合并而成，成立后归政府领导。财经委员会由各单位负责同志组成，负责解决各单位的相互关系。〔19〕42 年工商

---

① 戎子和，时任晋冀鲁豫边区政府副主席。

局与税务局合并，〔19〕43年又与银行合并。〔19〕45年11月峰峰会议，四个地区统一。收支预算统一，财政任务各地分担，税收等为边区收入。银行与工商局分开，统一发行，统一货币。统一后调动方便，但地方同志不大赞成，尤其富裕地区。统一〔的〕缺点是把困难统一上来，大家征收不积极，开支不限制，并有打埋伏的现象。去年二月成立经济部，掌握转移党产。区党会不建立自己家务，所有工厂、矿产、运输转为党产。三月底取消工商局，用贸易公司名义对外〔进行〕贸易斗争，并设税务局。后因下面不同意，十五天后又决定恢复。七月份起决定稳定物价，停止发行（实际发行数额不少，物价仍能保持稳定）。八月开会讨论分散还是集中，决定编制人数统一决定，人民负担统一（四斗至四斗二升），供给标准统一（实物标准），对外经济斗争统一，银行发行统一。财办下设贸易处、金融处、工矿处、运输处、军工处、审计委员会，区党委亦设财办。下级业务机关双重领导。财办成立后决定迅速，权力集中，斗争有力，彼此意见减少。边区掌握出入口税、烟酒税（地方可留10%）。公营商店取消财政任务，主要任务扶助生产，平稳物价，保证不要赔钱（按实物算）。

晋冀察 比较其他地区都要分散，抗战时期实际上只管了冀晋区。〔19〕45~〔19〕46年开财经会议，开始走向统一，先把困难统一上来，经过审查，边区补助地方38万担（实际超过一倍），野战军归边区供给。银行决定统一，实际发行亦未统一起来。政府收入只有出入口税，禁烟，还有贸易公司。此外农林合作队归实业处，另有工矿局、交通局。转移党费时候机构未变，中央局成立生产管理处。五六月间成立工商处，领导工矿局及贸易公司。整理机关商店丝毫未起作用。接收张家口物价作价很少，卫生部二万箱药品作价二千万元，而西药预算则达二十万万。抢购物资一集〔市〕集中资金二三十万万元，占领城市不交〔缴?〕敌人枪械先抢物资。去冬会议又由统一走向分散，税局、银行均交地方管理，收入均归地方，边府还要帮助地方30万担，只有冀中上解50万担。成立财办，除实业处外，所有财经机关均归财办领导。财办对政府党团负责，必要时提交中央局讨论。预决算制度上是统一，但军队做不出决算来，地方只有概算不能做出详细预算。各省各自有审核委员会。省收支由省管，有些地区县亦作为一级县〔财?〕政机关。村财政自筹自支，很难限制，只有一二个县由县统筹。粮食去年设粮食局，统一管理，分散保存，支差亦由财厅负责，负担不均，不易调剂。政府自己没有掌握粮食，野战军所吃粮食均向各省购买。粮食局不但要运粮食，且要负责运送弹药，管理民夫，事实上代替了兵站工作。

（餘①——一方尺布、二斤小米、一斤小麦、五钱油、五钱盐、一斤半炭的价钱合计）

邻区物产交换

与晋冀鲁豫的物产交换：

渤海区供给海盐1600万斤（每斤作价24元）在德州交货，冀鲁豫供给棉花100万斤，布500万平方市尺，在渐〔?〕文河交货。交换比率，棉一斤换盐八斤半，布一平方市尺换盐一斤半。

与晋冀察的物产交换：

渤海区供给海盐1000万斤（每斤作价20元）在泊镇交货，晋冀察以坯子交换，约定坯子每个作价20两金子，每两金价45000元，每个坯子换盐45000斤（可换222个）。

〔在华北财经会议上〕山东财经工作报告提纲（薛暮桥）*

一、抗战时期的财经工作

甲、当时（1942年以后）情况

1. 战时的农村的环境

A. 敌伪分割封锁，残酷扫荡，掠夺破坏。

B. 我处落后乡村，只有农业和小手工业。

C. 生产、贸易均须分散经营，力求自给。

---

① 餘，老解放区曾用过的一种计算货币的单位，一餘等于若干种实物价格的总和。

* 1947年4月，薛暮桥代表华东解放区在邯郸会议做“山东解放区的财政经济工作”的报告，报告全文收入薛暮桥著《抗日战争时期和解放战争时期山东解放区的经济工作》，人民出版社，1979，第1～34页。

2. 敌伪日益困难，我们巩固发展

A. 抗战形势逐渐好转，军事胜利，群众翻身。

B. 法币狂跌，伪钞狂跌，增发货币，掠夺物资。

C. 我们必须而且可能摆脱法〔币〕伪〔钞〕，建立独立自主经济体系。

乙、经济建设方针及其收获

1. 货币斗争

A. 方针：排挤法〔币〕伪〔钞〕，建立本币市场，争夺物资，稳定物价。

B. 方法：禁用法〔币〕伪〔钞〕，掌握物资，调节物价。管理对外贸易，调节外汇。

C. 收获：物价相当稳定，法〔币〕伪〔钞〕比率变化，排挤法〔币〕伪〔钞〕换回大量物资。

2. 贸易管理（食盐、生油、棉花、粮食）

A. 对外：管理重要物资，争取有利交换，支持货币斗争。

B. 对内：自由贸易，调剂供求，平衡物价。

C. 收获：食盐、生油管理，增加公私收入。棉布供销调剂，扶助群众生产。烧酒公营。

3. 生产建设（纺织生产）

A. 方针：组织群众生产，建立自由市场，争取自给。

B. 方法：组织生产，保证供销（合作社、工商局）。

C. 收获：纺车 100 万，织机 16 万，大体上能自给。

4. 经济斗争与生产建设（经验总结）

A. 生产建设是基本的，是贸易、货币斗争胜利基础。

B. 经济斗争失败，物资被夺，物价波动，市场混乱，生产停顿。

二、抗战胜利后的经济工作方针检讨

甲　大进军和第一次自卫战争时期

1. 进占城市与坚持农村

A. 当时情况与工作布置（胶东取消）。

B. 乡村方式管理城市（补税、压价）贫民生活。

C. 害怕城市与厌恶乡村。

2. 法币伪钞回涨，思想混乱

A. 伪钞的狂跌与回涨。

B. 九月会议后的态度（失败与成功）。

3. 排挤伪钞与封锁敌占城的困难

A. 逐步推进排挤伪钞。

B. 建立封锁线封锁敌区。

乙　所谓“和平建设”时期

当时情况：战争暂停，我占中小城市，掌握一些近代化的工矿事业。

1. 货币政策——放手发行，积蓄资财，物价高涨

A. 和平思想，放手建设，积蓄资财（统一）。

B. 放手发行，抢购物资，物价高涨。

C. 经验：货币并不等于资财，依靠生产才能增加资财，而非依靠发行。

2. 贸易政策——自由贸易，掌握物资，改变斗争方式

A. 取消封锁与掌握物资的新方针。

B. 自由放任、绝对封锁两种偏向。

3. 生产建设——管理城市，掌握机器

A. 和平建设的新方针（城市、机器）。

B. 机器生产垮台，手工生产（纺织）停顿。

C. 干部思想混乱，厌恶乡村，厌恶农业。

总的检讨：和平思想（自由、机器、资本、国际）发展，建设超过农村负担能力。

丙　第二次自卫战争时期

情况：战争爆发，准备长期艰苦斗争，重新检讨过去和平建设方针。

1. 精简节约，紧缩货币，稳定物价

A. 稳定物价经过情形（五月、七月、八月）。

B. 办法：紧缩政策（节约、抛售、收贷），整理商店。

C. 货币政策与农产季节的矛盾。

2. 封锁敌区，管理物资，限制输入

A. 贸易政策的改变（武装斗争）。

B. 掌握新的情况，保持贸易出超（土产输出、洋货限制）。

3. 扶助农众生产，克服困难

A. 依靠农业、小手工业，群众生产。

B. 自力更生，建设自给自足经济（奖励土货，限制洋货）。

4. 这时期的收获

A. 物价稳定，减轻财政困难，安定人民生活。

B. 掌握物资，调剂供求，扶助生产，保障供给。

C. 纺织生产发展（〔纺车〕从 100 万〔发展到〕250 万，〔织机〕从 16 万〔发展到〕52 万）。

D. 完成财政任务，采购任务。

三、工作中的体验

我们对经济工作政策方针的认识

甲　对于货币政策的认识

1. 货币政策的基本方针是稳定物价

（1）反对低价、高价政策，避免物价波动，平稳上升则无多大危险（不过一倍）。

（2）如何稳定物价。

A. 调节发行数量（不作财政发行）。

发行适合市场情况。

B. 掌握物资（发行准备）调剂供求，管理外汇。

货币保证——政权，物资（实物准备）。

C. 统一领导（统一发行），消灭混乱状态。

贸易与外汇管理、发行配合。

2. 货币斗争的基本目的是争夺物资，保护资财，稳定物价

（1）货币斗争中物资的外流与内流。

本币的独立自主，不受法币波动影响。

（2）压低伪钞法币不是货币斗争主要目的。

A. 单纯压价不能达到目的（跌价原因）。

B. 强压外汇使我贸易处于不利地位，贸易入超，本币又会跌价。

C. 胜利后半年中我们货币斗争不是失败。

（3）如何规定汇率（兑换比率）。

物价比较，输出输入（自然价格）。

争取出超才能压低外汇。

3. 邻区货币调剂与货币统一问题

（1）固定价格不可能，必须承认自然价格。

双方货币均在变动，而且变动速度不同。

（2）减少波动，减少差额，便利物资交流。

调整贸易关系（出入）亦可减少差额。

（3）发行统一货币，须先建立物资管理统一机构。

如何从分区发行走向统一。

乙　对贸易政策的认识

1. 管理对外贸易的目的是争取有利交换（扶助生产，支持货币斗争）

（1）主要照顾自己利益，克服自己困难。

保护生产，保障供给（土产输出问题，生产保护问题）。

蒋区对我依赖不如日本（包围城市不同）。

（2）争取有利交换必须掌握重要输出物资。

行政力量（封锁）与经济力量（掌握物资）。

单纯盈利与统盘打算（食盐、棉花）。

（3）争取出超，才能取得贸易上的主动地位。

奖励输出，限制输入，有利交换，就有外汇。

内地贸易。

2. 扶助生产，保障供给，必须组织运输，调剂供求

（1）掌握市场规律，调剂供求，平衡物价。

地域调剂，季节调剂（调节通货）。

（2）组织运输，便利土产销售（价格政策）。

群众性的供求调剂。

3. 邻区物资交流如何排除障碍

（1）相互了解情况，确定共同方针（自力更生，减少依赖，独立自主，力求自给）。

（2）互不征税，取消不必要的限制（食盐问题）。

（3）便利货币兑换，稳定比率，减少差额（盐棉交换）。

丙　对生产建设方针的认识

情况：基本上仍然是战时的农村的环境。

土地改革以后，需要争取独立自主，互助合作。

1. 减少依赖，力求自给，达到经济上的独立自主

（1）独立自主，自力更生，自足自给的方针。

（2）提倡土货，抵制外货。

（3）发展生产，提高质量，减轻成本，推广销路。

2. 主要依靠群众性的农业和手工业生产逐渐提高

（1）农业为主与工业为主（分散性，落后性）。

（2）手工生产与机器生产（组织起来，技术改进）。

（3）群众生产与资本主义生产（公私结合，掌握市场）。

3. 改进生产与工厂建设

（1）工厂要起带头作用，而非与民争利。

（2）手工工场要与群众生产结合，吸收民资，公私结合（纺织工厂，工具工厂）。

（3）机器生产必须团结职工，学习科学管理方法。

四、抗战胜利后的财政状况

甲　目前财政困难的主要根源

1. 工作上的铺张浪费现象

A. 脱离生产人员飞速增加（放手提拔，以量代质）。

超过编制，无人做与无事做，培养干部。

B. 各种建设好大喜功，不顾主观力量。

金矿煤矿，交通（邮路），教育，建筑。

C. 自动提高生活待遇，奢侈浪费空前增加。

2. 通货膨胀，物价高涨

A. 支出急增，赤字增加，可能引起恶性膨胀。

B. 华中币跌价，需要我们支持。

3. 战争消耗空前巨大，财粮供给空前困难

A. 战争消耗，民兵民夫开支浩大。

B. 华野边〔区政〕府来鲁，人数增加。

C. 战争地区与财粮供给矛盾。

粮食供给空前困难。

乙　如何克服财粮困难

1. 精简（3%～5%）

A. 地方精简十万人。

B. 扩大主力。

C. 节省民夫。

D. 转移地区（渤海，胶东）。

2. 节约

A. 粮食节约，改进保管。

B. 财政节约（服装，鞋子，生产自给20%～35%）。

C. 动员节约，献金、粮、物。

3. 开源

A. 预征下半年的公粮（50%）。

B. 增税，税契，增加工商收入。

C. 胶东、渤海节约上解。

丙　目前人民负担

1. 公粮

每亩平均22斤，每人平均43斤。

约占收入15%。(麦1/3，秋2/3)

(实占12%，去年6%)

2. 田赋

两次征收约合粮食5斤，约占收〔入〕3%。

连公粮共占收入18%。

加契税约占收入20%。

3. 税收（包括专卖利润）

共约85万万，平均每人约300元（半年）。

收入约计900万万，20%。

人民负担很重，必须加紧生产，特别是要克服春耕中的困难（缺乏劳力）。

〔在华北财经会议上〕晋察冀边区报告（南〔汉宸〕处长）*

一　财政问题

晋察冀分冀晋、冀察、冀中、冀东、热河五个地区，察、热均称省政府，退出张家口后新建冀热察行署。人口总数最多时有 3200 万人，现稍减少，冀东最富，次为冀中，更次为冀察、冀晋，最穷的是热河。

1. 财务行政，历年财政状况

财政机构，边区政府为一级，省（及行署）为一级，以下有的县为一级（冀察），有的由省统一，最下为村财政，由各村自筹自支，尚未统筹统支。边区收入只有解上款冀中五十万担粮食，（其他地区还要补助。）及□□盈利，不足则由银行透支。开支有野战军及边区一级党政军民学，约占全边区开支的 40%，而收入不及全边区的 10%。省级收入农业税、工商业税、出入口税、烟酒税、交易税、田房契税，均属省收。不够由省补助，如察哈尔补助 20 万担粮食，冀热察 10 万担粮食。这样边区只有 20 万担粮食收入（还要除还费 6 万担）。县级由省划出一定部分给县（冀中）掌握，亦有部分地区（冀东）或少数收入（晋冀）给县掌握的。村财政过去开支只及农累税七分之一，现在新解放区约与农累税相等，有的超过几倍。开支内容有村干薪给、慰劳、民兵、教育、赔偿等（冀察调查浪费的占 85%）。新解放区村干部脱离生产，且有勤杂数人，每人薪水 40 ~ 120 斤。整理办法确定开支项目、数额，由县统筹统支，各村收支要向村民公布，并由支部负责监督。

收支状况，历年均有亏空。1938 ~ 1940 年提出量入为出，量出为入，求得收支平衡，实际并未做到，亏空仍达 70% 以上。部分变卖粮入，部分

---

* 1947 年 3 月 25 日至 5 月 11 日。

（约半）依靠银行透支。1941 年实行统累税后情况较好，至 1944 年银行透支仍达 16%～40%，全部亏空仍达 40%～60%。1945 年后统一领导，分散经营，开支更大，1945 年透支达 96%，1946 年仍达 90%（单算边区，各省没有亏空）。去年一月财经会议决定政策方针统一，经营管理则归各省。会议经过一个半月，审核预算，规定供给标准。接着举行供给会议，把这标准推翻。战争缴获很多，清查不出，均未交公。不但不能解决财政困难，而且游资增加，加剧物价波动。如能交公，至少可供一年开支。公家接收到的只有粮食及□□，保证吃饭穿衣起了很大的作用（200 万两）。去年年底又开财经会议，改变集中方向，更加分散，税局、银行、贸易公司均交各省。因此今年财政更加困难。去年成就：减少混乱程度，确定编制人数，建立会计审计，清理家务。

2. 人民负担

1938～1940 年逐年加重，1941～1944 年逐年减轻，大进军后又加重了，这时部队扩大，地方扩大，收入增加赶不上开支增加。1944 年负担占收入 5%，1945 年 6%，1946 年 9%（统累税）。统累税占农业收入 15%，村开支与此大致相等，抗勤过去平均每人每月 4 工，大进军后平均 6.5 工（4～16 工），张家口撤出后平均 10 工（6～20 工），最高处 23～25 工。规定每人每月五天义务劳动，超过此数计工给酬。过去有火车，运输方便。现在非常困难，正在建立大车的运输队，担负干线运输。

人民负担虽重，生活仍见改善，没有一家吃糠，过年每家吃二三十斤肉。部队生活有些地区降低（冀东），但比其他地区为高，较陕甘宁丰衣足食标准还高。

3. 粮食工作

征收 从合理负担，救国公粮到统累税，主要依靠征收，部分依靠购买。购买亦用行政力量，定价征购。边区自己没有粮食，向各地区要粮给价（均系地方公粮）。

保管 过去认缴自存，损失很大（算不清账），去年冀中一次清理出八万担粮食。现在建立粮库，收集后再分散保管，损失较小。

运输 平时由群众来负担，三十里以内自己去运。群众运输运费很大，百斤百里即须二十斤以上。战时需要很大，很快，不易解决。

分配 废除满天飞的粮票，改用支粮证（指定地区），但在战争时期很难执行，张家口退出后又用粮票（小额）。预决算花名册在地方已经建立，浮支冒领减少。

4. 税收工作

去年建立税务局，整理税收（当时方针不够明确）。干部有二千余人，主要包括几大城市，不按行政区设税局，但具体执行中各地情形不同，亦有按行政区全面布置的。究竟哪一种好未作结论。税目采取重点主义，零星货物免税。粮食解禁，但未掌握，外汇均落商人手中，银行无力调剂外汇。五月以后经济斗争日益尖锐，大部货物禁止输入。税务方针：（1）加强对外管理，大力开展经济斗争；（2）保护与发展根据地工商业；（3）增加财政收入，支持自卫战争，去年出入口税共收六十万万元（实际只下半年，上半年才陆续建立）。缉私开始用税警队，但因脱离群众，不如依靠群众作用更大。

地方税，过去干部认为苛杂，不愿征收，只征田房契税（实际多未征收）。现在收商业税（城市可以征收，张家口可解决全部财政），交易税（牲口 5%，土布 5%，粮食 2%），烟酒税（纸烟 20%，酒 30% 或专烧）。交易税多仍通过牙行。

二 经济问题

前年经济工作，以农业为主的大生产运动，劳动组织增加，能起作用。安家计划家庭会议比较实际，精耕细作也有进步。开渠 1135 道，浇地 26 万亩，水闸 1328 个。植棉 178 万亩。合作社〔19〕44 年 3841 个，〔19〕45 年 7362 个，共有二十余种业务。工业生产成绩不大，公营商店在采购上起很大作用。我们已有二百余个中小城镇，几十个工厂。去年一月提出方针，在和平建设阶段下开展大生产运动。仍以农业为主，工业着重发展手工业，同时注意工商业的发展。实际执行偏重工业，对于农业注意不够。注意城市，注意工业，但城市工业实际亦未做好。前冬粮食跌价，与柴草牛粪等价，我们未能大量吸收提高粮价，以致去年物价高涨时亦无力平抑。耕畜、农具经常缺乏，发了春耕贷款二十万万元。许多工厂养活很多职工，未能恢复生产，等待美货，思想上就不敢去同美货竞争。工厂投资五十余万万元，超过农业一倍以上。对农村手工业的发展未下力量。贸易公司投资很慢，给了不久即又收回。六七月间战争爆发，提出建设自足自给经济，支持战争，稳定物价，平衡财政收支，大力发展生产，农贷六十五万万元。工商业要为农村服务，〔为〕农民服务，严格管理出入口贸易，调剂物资，稳定物价。合作社必须贯彻生产第一的方针，组织群众农业、手工业生产。张家口工厂未全搬出，搬出的也多在路上丢了，搬到目的地的很少。由于战争爆发，被迫大量发行〔货币〕供给战争需要，各种生产建设计划大多未能实现。原来纸厂每日能产报纸250令，票纸60令，现仅搬出一小部分。贸易公司物资大部〔份〕分了，移供军用。边币涌回山区，物价很难掌握。

年初财经会议决定银行、税局、贸易公司统统交给地方，没有上下联系。边区银行、贸易公司与下级机关变成只有商业来往及政策方针上的指导，而无工作上的领导关系。这样政策方针指导很难产生实际效果。

三　金融问题

日本投降以前各地自己发行，投降以后统一领导，分区发行。各地（冀东、热河）还自己发了些流通券。财经会议后统一发行，各地机器搬回，两个工厂由总行掌握，只有一个工厂由冀中分行掌握。张市撤出后热河发〔行〕省银行流通券，冀东也自己发行。发行流通数冀中占38%，冀晋占16%……热河票向冀东及察哈尔流，最后大家流向冀中（采购）。一个集上一天到了四辆汽车满载未开箱的钞票采购土布，在这一地一年购布三十万万元，物价必然上涨。发行路线，一为发展生产，一为稳定物价，一为财政发行。我们属于后者，结果愈陷愈深，造成许多恶果，使我财政经济处于被动地位，应紧缩时不能紧缩。扩大本币市场也做得不够，此亦由于发行丧失主动。占领市场以后，不能稳定物价，又被人家挤出。

打击和收拾伪币工作。我们地区伪币有三种，即联银票、蒙疆票、满洲票。蒙疆银行在我地区，总行即设张市，满洲、联银均有分行。蒙票四十万万大部在我地区，开始让它流通，逐渐贬值，缩小流通范围，最后以一比五收回。此票无地可以排挤，只有收回，否则市场混乱，人民损失太大。对联银票我们可不负责，由国民党去收兑。我们排挤联币，但无足够本币。开始以1∶20～1∶30收兑，后来联币渐涨至与本币等价。于是组织群众自向天津换回货物，并予入口免税优待，争取于四月底前排挤完毕。伪币打出去了，但是本币不够，有些市场竞［竟］被法币占领，必须再打法币，多花许多力量。对满洲票至今仍然盘据市场，开始规定本币一元兑〔伪〕满币一元（当时小米每斤一元〔伪〕满币），后来本币跌到五十元换一元〔伪〕满币（后来回至十元）。我们与国民党均不负责收兑，对〔伪〕满贸易又是出超，因此排不出去。

对法币的斗争。去年在这方面我们花了很大力量。

一，为争夺市场，冀中用力最大，较有成绩。胜利条件：a. 军事政治胜利；b. 物资力量；c. 正确货币政策。排挤法币决定牌价是很重要，强压法币不能收兑。要有物资力量支持本币，否则本币仍站不住。几个地区争购物资，会把本币搞垮，必须步调一致。边沿地区要看与我贸易关系多，还是与国民党贸易关系多。与我关系多者可将法币排挤，至少我占优势。与国〔民党〕关系多者只能争取混合市场，逐渐减少它对敌区依赖。不但要会组织进攻，而且要会组织有秩序的撤退，否则混乱会把阵地完全丧失。张市及察南撤退时，因此而把阵地丧失。

二，为比率斗争。开始我们鄙视法币，只有张市感到法币对我们的压力，我们兑出法币485亿，还有四千余两金子（五月到九月）。冀中每日兑出也至少要一万万法币，这还只是银行统计，而非全部数量。各地合计，平均每月需要法币86亿。因要［又?］无力保证外汇，因此汇率经常波动，使我苦于应付。汇率变动，影响到我币值、物价。一年比值变动很大，二三月间粮食解禁，本币一元兑法币2.8～3.0元。后来本币跌至〔兑〕一元〔法币〕以下（0.85～0.9〔元〕）。九月以后回涨至1.5元〔法币〕。十月张市撤退后在一元上下，现又稍高，冀东到1.5元。一般有高币值思想，牌价常常高于黑市。出口困难，无力掌握，使我货币斗争处于不利地位。大家害怕法币跌价，不愿吸收法币，但无法币不能保证斗争胜利。经验：（1）两种货币交换要看各自购买力及出入口状况来决定比率，同时要看军政情况变化；（2）如何掌握：主要要求稳定，主动接近市价吸引市价，各地比价不必一致，差额要小，季节上要零活调剂，出入差额要小；（3）情报灵通；（4）扶持团结私人银号共同斗争，通过他们建立外汇关系。冀中私人银号有31家，存放有187万万～213万万，超过资本八十余倍。这些银号均有政府投资，我们予以扶助支持。

对友邻区的汇兑。与晋绥、渤海、冀南均有通汇。过去照顾人家不够，未能互相支持。

〔在华北财经会议上〕晋冀鲁豫报告*

一　金融货币工作（胡景沄同志）

1. 历史概况及特点。原有冀南银行、鲁西银行。冀南银行票子流通冀南太行、太岳，鲁西票子流行于冀鲁豫。1946 年 1 月 1 日起冀南票流通全区，合并鲁西银行。冀南银行开始是由供给部领导，主要任务为印票子，供给军用。当时杂票很多，我们亦有几个机关（合作社等）自发流通券。开始保护法币，1942 年后排挤法币，法币从此不占主要地位。1943 年起掌握物资，物价大涨（因为连年灾荒没有物资），后来丰收物价大跌，我又赔本，吃亏不小。1944 年加盖〔?〕地各分区流通，名曰“通货管理”。敌人投降以后我们没有大量发行，本币不够不能占领市场。到 1946 年 4 月以后大量发行，物价猛涨。本〔币〕法币比率，从一比三一度下跌，后又涨至一比五。1946 年生产贷款 15 万万元，八〔月〕份又增至 27 万万元。开始发展信用合作，改造银号。

2. 银行发行工作。1943 年前主要为着解决经费困难，发行很少。1943 年后利用发行开展经济工作。以前发行 80% 用于财政，现在 80% 用于生产及经济工作。我们体验，财政透支如不超过三分之一，物价尚能控制。应当利用有利时机增加发行，吸收物资，不利时机便有力量紧缩通货，稳定物价。发行经验，要分散发行，拉长线的发行，秘密发行，公开紧缩。财政发行通过贸易，发行要与货币斗争结合，大票小票适当调整。在行政统一的地区，就应统一发行，保证币值统一。发行指数与物价指数一般是相同的。如果发行得好，后者可以低于前者，发行不好则得相反结果。

3. 货币斗争。货币斗争是要打击敌人，保护自己。过去强压外汇，

---

* 1947 年 3 月 25 日至 5 月 11 日。

常与贸易上的要求矛盾。坚持统一的本币市场，只要军事政治上占优势，就要驱逐法币，开阔本币市场。我占劣势地区，争取成为混合市场。友邻区的货币互不流通，互相支持。接合地区可以建立混合市场。邻区汇兑要按贸易需要，过去建立五行通汇，实际未起作用，对陕甘宁只汇了二百元。

法币斗争。1942年以前口号〔是〕保护法币，1942年以后改为排挤，至1943年才肃清。外汇管理，比率调整，应当服从贸易需要，货币斗争、贸易斗争不能分家。用外汇交易所管理外汇，比银行方便，出入口大城市均应设立。只要是在交易所内，经过登记，便可自定价格，自由买卖。

4. 生产贷款与信用合作。群众生产贷款1945年七万万，1946年春15万万，秋27万万。今年春季规定51万万元。经验：群众未发动前，生产贷款不起作用。贷款工作应与生产工作结合，合作社普遍发展后，生产贷款可以通过合作社来进行。

农村信用合作社一年来已办了六七十个。贷款必须配合生产工作，农村贷款可以通过合作社来发放，开始先搞工票贴现，实物贷款，逐渐举办群众存放，成立独立的信用部。入股分红仍然统一。实物存款也可提倡。

二 贸易工作（刘岱峰同志）

大体上分四个时期：1940年前没有明确政策，1940年后成立贸易局，无原则的对外封锁。1942年后宣布对内自由、对外统制的贸易政策，取消内地税卡，发展自给工业，对外贸易从以货易货变为登记外汇。贸易工作与群众利益密切结合，尤在吸收粮食、救济灾荒方面有些成绩。对敌经济斗争也有进展。明确了发展生产是一切经济工作的基本。1944年开始大生产运动，对外贸易已经打开，困难的是吸收食盐、棉花。纺织生产和合作社发展起来了。胜利以后工商机构大部撤销，撤销封锁，抢购物资，物价高涨，对内管理，外松内紧，机关生产〔有〕很大发展。群众经济亦有很大的发展，市场空前繁荣。

对外贸易经验：不能不与敌人进行交易。最初封锁出口，无法换回外货。不敢收兑伪钞，认为犯罪行为。这使战争供给和人民生活大受困难。1942年后争取高价出口，1944年提价太高，致〔使〕妨〔碍〕土产出口。

敌人高价收购土产时候，不宜绝对封锁，而应争取有利交换。由于贸易入超，我处防御地位。咬紧牙关，少用外货，平衡出入口贸易。掌握几种重要物资集中斗争，同时组织群众对外贸易分散斗争，两种斗争互相配合。最后提到发展生产，保证贸易斗争胜利。

物价问题：1943年前〔采取〕平抑物价政策，即低物价思想，怕物价高。平抑结果，物价只涨不跌，非常苦闷。1943年改为平稳物价。山地由于丰收跌了一下，平原平稳上升。战时物价不易完全稳定，总是上升，我们采取平稳政策。财政透支是物价上涨的主要原因，但不抢购物资，亦不致使物价暴涨。故平稳物价，贸易机关与公营商店应负责任。在土地改革完成后，物价的季节性的波动开始减小，但仍不能完全避免，仍应计划调剂。土产与外货的剪刀差不能完全消灭，但应尽力缩小。

公营商店：经营山地、平原物资交换，经营对外贸易，扶助生产，平衡物价。具体工作：（1）调剂季节性较大的物资；（2）经营保证供给有关的重要物资。公营商店性质上是国家经济，要从长期建设着眼，要从全体利益着眼，对外要敌我分明，对内不与民争利，帮助群众发财。公营商店要求赚钱，与为群众服务矛盾。强调赚钱，会发展投机思想。商店要有充分资金，否则不能完成调剂供求任务。机构变动太多，党的组织薄弱，干部政治上进步慢。

商人政策：大商号缩小了，只有摊贩特别繁荣，这个问题值得研究。过去商号销售奢侈物品，现在没有销路。今天的主顾不是地主而是农民，大商号与农民没有联系。我们〔有〕偏见：（1）怕商人赚钱，商人自己又想赚钱，又怕赚钱；（2）认为商人剥削群众，不承认他对社会经济的贡献。邯郸经验，对商人一般应采取团结改造的方针。商会是否算是群众团体。对于商业活动限制太多，困难重重，限制商业发展。

几个问题：（1）贸易工作的群众路线，过去对保证供给要求高，对扶助群众生产不重视，从群众中、从生产运动中发展起来的贸易工作还未发现；（2）贸易工作与生产、货币等的关系，贸易是为生产服务（物价，销路），同时支持货币斗争；（3）公营、私营与合作经营，为着建立独立自主经济，公营商店是不可少的，将来合作社可代替公营商店。私营商店应当在我指导之下助其发展，如能保证他们一定利益，他们亦愿受我指导；（4）统一领导与分散经营，要有统［通］盘计划，组织全区性的物资调剂，但在统一计划之下，各区独立经营。

三 财政工作（戎〔子和〕副主席报告）

1. 财务行政。抗战时期各地区独立自主，前年冬峰峰会议后决定统一。这时平原与山区生活水准不同，统一中有困难，富裕地区（冀鲁豫）不愿统一。但接着在冀鲁豫打了几次大仗，他们无力单独支持，也要求统一了。到去年峰峰会议，决定大的统一，小的分治。统一原因，是军队机动作战，平衡人民负担，加强对敌经济斗争，便利内地物资交流。集中以后，下面一定要有部分机动。理由：地区广大，交通困难，经济条件不同，工作发展不平衡，发挥大家力量各自当家，照顾特殊情况。集中方面：a. 人民负担确定；b. 脱离生产人数确定；c. 供给经费标准（基本的）婴儿保育等可自己机动；d. 军费全部统一规定。边区级的经费粮食，各区建设费自己决定，向中央局报告；e. 货币发行严格统一，银行资金统一规定，行政领导、贷款分配则归地方；f. 对外贸易税则税率统一，但可酌量变更次要部分。

最近变更，出入口税、烟酒税、契税改归边府，烟酒税边区九，地方一，交易手续费归地方。一切开支均以粮食为标准，按市价发钱。军队油盐供给实物。战时各地粮食调剂很难解决，战勤负担不易平衡。

村财政问题：平地分地方款（民兵，教育）及村款，山区村款，过去由县统筹统支，现又改为县规定开支标准，村民评议开支。地方款随公粮征收，连村款不得超过边府粮款 15%。实际地方及村粮款要占边区粮款三分之一，最多的达二分之一。

财务行政整理：a. 确定吃饭人数，限定编制，取消空额。过去精简没有重点，编余干部安插不够照顾；b. 确定制度（预决算，审会计，金库仓库等），下级要有部分机动，执行制度又要严格，制度是为保证供给，要能照顾下面困难；c. 公粮征收过去很难，1942 年发动群众以后很易完成，生产搞好以后更加容易；d. 领导上要统一，中央局负责人亲自掌握，工作就很好做，但仍要走群众路线。必须调查研究，精确计算。

2. 开源节流。财政负担 85% 依靠农民，过去只知向农民要，不知从生产上来解决财政问题。还有一种仁政观点，只知减轻人民负担，不顾战争供给。还有一种只知要统累税，不知开辟新的财源（如烟酒税）。去年间接税已占收入20%，统累税占80%。今年预算，出入口税7.9%，烟税15.8%（每支六毛），酒税26.3%，交易税15.8%，工商营业税10.5%，契税（每亩100元）15.8%，公营收入7.9%。合占全部财政收入25%。军队可以就地取给，向大户借，通过保甲长要。在今天的情况下，增加间接税以减少农民直接负担是合理的。

过去灾荒时，粮食供给降至每人每日一斤以下，没有菜金，野菜吃到一百多种。当时生活艰苦，大家团结，问题较少，只占群众的光，群众亦能原谅（因同甘苦）。现在生活大大提高，贪污腐化增加，自卫战争爆发以后稍好。最近财政困难，节约运动逐渐开展，但仍不如山东。菜金小灶改为中灶，中灶改为大灶，棉衣补充三分之一，被子四分之一，单衣减一套，鞋子减一双。各级机构精简，缩小上层，加强下层，边区政府只一百多人，财政厅十六人（包括粮食战勤）。战争缴获开始归公，节省民力开始注意。现节流中心问题有三：（1）节省民力，大体上可做到一兵一夫。去年调查全劳动力全年支差27～150天。如能精确计算，做到一兵一夫，则每年25天就够了。耕畜支差困难更大。必须整理战勤组织，照顾民夫生活，解决生产困难，加强教育，减少逃跑。取缔非法支差。（2）整理村财政，武安调查，村开支占边区粮款40%～55%，最大开支为拥军扩军，占村开支60%。此外有干部津贴，民兵，办公开支，教育娱乐等卅余种。如能减至边区粮款25%，那就好了。现在每人负担已到6～6.5斗。整理办法：a. 思想动员，号召节约；b. 从上检查，从下检查；c. 制定办法，上面规定，下面评议，民兵开支由区武委会掌握；d. 整理公产，入合作社，分红保证开支。（3）粮食斗争与粮食管理。去年粮食损失数千万斤，制度不严，白条4500万斤。仓库损耗要占3%～5%（管好了可减到1.5%）。民夫粮食开支巨大，重支多领不易检查。（4）动员节约，粮食必须节约备荒。

3. 人民负担。我处农村环境，农民究〔竟〕能负担多少？我们调查结果，国民收入每年（〔19〕44年）6.28石，消费4.51石谷子，再生产用0.507石，仅余1.18石。当时负担0.43石，占收入6.8%。农业收入占全收入82%，副业收入占18%。根据经验，平常年成（七八成年）负担占收入10%不算重，到14%已很勉强，18%已感非常困难。平原常年收673斤细粮，可以负担3～3.2斗。我们规定负担标准为4～4.2斗（66斤），平均负担12.4%（山区），平原10%左右。加上村负担就不轻了。根据这样收入，脱离生产人员不能超过1.8%（要稍透支），而今天已到了2%，还要加上民夫。现在每人每年生活费15石（军队），不能再高也不能再低。

民力负担：有战勤、平时军运、粮食运输、代耕、普通勤务（修路等）五种。战勤平时一兵一夫，战时一个半夫，粮食运输几与战勤相等，40万抗属有三分之二需要代耕，数亦不小。平均全年需要牲口34天，壮丁25天。如能做到这样，人民可以负担。所以提出一兵一夫要求。

负担政策：有合理负担、农业累进税、统累税几种，田赋早已取消。今年需要修改：（1）农业负担面扩大至95%或全部负担，免征点减低或取消，累进减少大体平均。负担额要固定。（2）商业负担与农业负担一致，工业负担稍轻，副业收入也要负担一点。（3）商业性合作社要负担，公营商店也要负担（通过行署分配）。（4）支差办法：负担面宽，支差要有限制，平衡负担各地调剂，勤战，代耕，互助变工记工算账问题，按劳力及财力摊派负担，商店工厂不支差，出战勤款。准备颁布支差条例。

今年财政方针：（1）保证战争供给；（2）节约民力，保证战勤；（3）开源节流；（4）整理村财政；（5）改善粮食工作；（6）改善负担政策；（7）稳定物价。统累税负担占国民收入，平原9.8%，山区12.5%。平均每人约3.4亩，每亩产量平均140～150斤。

四、生产工作（太行）（李一清①同志）

1. 农业。1940年后开始注意群众生产，但群众尚未发动，贷款变成放赈。〔19〕42年、〔19〕43年群众开始翻身，但是连年灾荒，生活非常困难，故搞生产救灾。〔19〕44年打蝗虫又打了一年，打了蝗虫获得丰收。〔19〕45年起提出农业生产工作贯彻全年，秋冬合作社及副业普遍发展。〔19〕46年提出农副业发展贯彻全年，达到耕三余一。生产关系有了改变，生产才能发展起来。

---

① 李一清，1940年以后，历任太行军政委员会委员、晋冀鲁豫边区政府民政厅厅长兼公安总局局长、建设厅厅长、太行行署主任。

经验：（1）组织起来：a. 等价交换；b. 自愿结合；c. 民主领导。其中尤以等价交换为重要环节。有劳力与劳力的变工，劳力与畜力的变工，各种生产之间变工。开始时期大家不好意思计较，久了感到吃亏不愿参加组织。现计分方法大致解决，去年解决工资问题。现在劳力不足，副业发展，工资自然增高，低了贫农感到吃亏。（减租减息翻了身，组织起来吃了亏。）但过高又使缺乏劳力人家感到吃亏。这一矛盾很难解决，我们尽量采用工补工的办法，工资稍稍低于市价。为着保证自愿结合，入组退组都要自由，要开家庭会议通过，方能牢固。民主领导必须倾听群众意见，接受群众批评。

〔(2)〕改进技术，改良品种。组织起来以后，接着就要注意技术指导，组织与技术相结合。老年人经验多，号召青年人向老年人学习。经验要与科学结合，要广泛开展群众性的选种育种与技术创造运动。推广优良品种，劳模英雄能起模范作用，带头作用，所收效果很大。山区开荒得不偿失（开了二十七亩山荒冲了几顷平地），必须向精耕细作发展。

〔(3)〕农副业的结合。组织起来以后剩余劳力增加，必须把他们吸收到副业生产中去。去年有地区反对重副轻农，不准老百姓搞副业，结果不但副业停顿，变工组也垮了。有一个区接受群众意见，副业发展土地也没荒了。发展副业要因时因地制宜，能干啥就干啥。养鸡喂猪，一个鸡蛋可变一条黄牛。副业发展结果，又可提高和巩固农业生产。在这基础上面，副业将更发展。

问题：（1）土地改革以后土地平均，都不够种怎么办？不能一家养一头牛怎么办？耕牛合作社过去反对，现又发展起来。（2）战争地区劳力缺乏怎么办？办法提高劳动效率，减少劳力浪费，战勤与生产变工。（3）村财政与生产结合，以财政开支作为生产资金，并以盈利解决财政开支。

2. 合作工作。1938 年、1939 年曾经捐款成立合作社，办了一些商号，供给日常用品，后来大多垮了，有些改为公营商店。〔19〕42 年、〔19〕43 年为着救灾，灾区普遍组织运输小组，纺织小组在生产渡荒上起了作用。这时成立的合作社，有些继续搞生产运输，没有迷失方向。（不多。）有些灾荒过后转向投机贸易，大多赔本垮台。有些仍以放赈办法来办合作社，最后也是垮台。究竟走哪一条路，主要决定于干部。由于群众尚未彻底翻身，缺乏群众支持监督，许多干部营私舞弊，被群众斗争者占 57%。〔19〕45 年胜利后群众要求恢复家业，运输、副业普遍发展，成立了许多小型合作社，或称生产小组，这是群众自己创造的，结合剩余劳力、剩余资金的最好形式，亦是改造大合作社的最好道路。

小型合作社有两种：一种是不定型的，经营业务不固定，因时而异，劳力、资金也不固定。一种是较固定的，部分劳力脱离农业专营副业，即办小型作坊。大合作社有的扶助小合作社，平衡发展。有的与小合作社争利，想吞并小合作社，结果两受其害。在〔19〕44～〔19〕45 年一般老合作社得到改造，这是在群众翻身与大生产运动的基础上发展起来的。

合作社的发展经过两起两落，〔19〕44～〔19〕45 年第三次发展起来，因与群众结合，故能得到成功。由于农村分工不细，所以我们的合作社一般是混合性质的。但在某种副业特别发达地区，也成立了专业的合作社，如瓷业、铁业等。大合作社冬季扶助小合作社分散生产，春季吸收小合作社剩余资金、劳力集中经营。要先组织生产，要有基础然后照顾群众生活，如医药、教育等。小型合作社适合农村分散环境，能够做到人尽其才，物尽其用。劳资分红要能根据具体情形适当照顾。大小合作社互相帮助，共同发展。

建立信用合作社可吸收游资，组织资力互助。有钱无人闲钱，有人无钱闲人，劳资结合才能开展生产。巩固发展信用合作，首先必须解决利息问题。我们统一收股，统一分红，解决这个问题。其次存款、放款不受时间、数量限制，便利人民。最后放款只能用于生产，不能用于投机贸易，生活上的迫切需要亦可使用放款。

合作社发展后，要有经营知识及会计制度，及民主作风，接受社员管理监督。发展合作社需要解决问题：三种经济关系：第一时期公营经济起刺激生产作用，第二时期应为合作社及群众生产服务。合作社组织形式有：劳动互助（劳力互助）组织农业生产，大合作社（资力互助）及小合作社（劳、资互助）组织手工业生产。这三种组织由生产委员会结合起来，以便相互帮助，共同发展。在村社发展以后，要求成立区联社、县联社，过早成立便会脱离群众。我们成立得太早了，故有脱离群众现象。

发展国民经济中的问题。经济发展程序：先改变生产关系，次发展农业，再发展各种副业。大生产发展后农民要求物资周转，且此周转适合季节，少受剥削。现在县区联社未能解决这个问题。有些村庄手工业大发展，游资拥积没有出路，需要向外发展，或者提高一步。纺织生产发展已有过剩现象，如何解决。

〔在华北财经会议上关于〕工矿工作的报告（徐达本①同志）*

1. 职工工作。我们新接收的工厂没有党的基础，职工对我认识很差，我们发动职工进行改造。但行政干部与职工干部要求不同，常有矛盾。发动群众感到没有题目，对技术工人很难接近。后来备战，感到职工工作没有做好，必须迅速发动。开始时仍束手束脚，强调与农村反封建斗争不同。后与群众接触，工人要求反对汉奸恶霸，感到与农村斗争区别不大。矿工与技工问题，开始发动矿工，技工不易接近，双方矛盾增加。七八月后全面发动，发现技工反抗性强，纪律性强，政治水平较高，他们多系血统工人，发动以后作用更大。职员问题，接受过去欺骗宣传，害怕我们，看不起我们，首先表现殷勤的可能是敌人的爪牙。后来调查他们家庭经济状况大多不好，也是容易接近我们的。我们对待他们或是过份迁就，或是上课说教强制学习，他们感到很苦。七八月后吸收他们参加工人运动，我们自己反省影响他们，吸收他们参加农民反奸斗争，后来他们自己也来诉苦，撤退时候绝大部分跟我们跑。对于技术人员问题，开始我们迁就、尊敬，只团结不斗争，后来放任群众斗争，同时说服群众保存技术，留他性命。

2. 学习技术，掌握生产。我们所派负责干部，有的强不知以为知，怕人看不起，结果人家更看不起。有的依靠群众，向群众学习。必须深入生产，深入群众，要有事业精神，长期打算，埋头苦干。有的忙于整机关，搞编制，定制度，把公司搞得像个衙门，官僚主义更加发展起来。

3. 党的领导。开始时行政、职工、党务工作领导上不统一，分属工商局、职工会及地方党，搞了七八个月，各有各的打算。五月以后统一领导，

---

* 1947年3月25日至5月11日。

① 徐达本，曾任晋冀鲁豫中央局财经办事处工矿处处长、党委书记，晋冀鲁豫边区政府工业厅厅长。

行政、职工及党三方干部合组党的工委会。党的领导需要公开，宣传公私合营时不敢说是党的工厂，职工以对资本家的态度对付工厂，后来宣布党的领导，职工态度改变，办事便很痛快。

4. 几个问题：（1）工厂任务不够明确，过去想大建设，想多赚钱，结果均未达到目的。现在确定任务是：a. 支持前线（工具厂改为军工厂）。b. 解决军民需要（如煤炭）。c. 完成一定生产任务。（2）统一领导与分散经营。各区自搞工厂，缺乏统一领导。边区自搞几个工矿，对各地区不大管。

〔华北财经会议〕讨论问题*

一、财政问题

1. 财政政策检讨。
2. 人民负担与负担政策。
3. 供给标准与精简节约。
4. 如何开辟财源（税收问题）。

战争缴获，献粮、物、金，货币斗争。

5. 粮食问题与粮食管理。
6. 机关部队生产自给问题。
7. 调整战勤，节约民力。
8. 整理村财政。
9. 部队出击到蒋区的财粮供给。
10. 财务行政问题。

二、经济问题（土改以后生产暂时减退问题）

1. 新民主主义经济的发展方向。
2. 三种经济形式（着重合作事业）。

* 这则记录可能是薛暮桥对会议讨论问题的归纳。

3. 生产建设方针。

4. 贸易政策。

5. 金融货币政策。

6. 城市经济及工商业政策。

群众生产工作报告提纲（薛暮桥）*

一、农业生产

1. 农业生产工作发展经过

（1）1942 年以前，开荒，打井，植树……

（2）1944～〔19〕45 年开始组织变工，提倡精耕细作。

（3）1946 年的农业生产建设（农场，农业指导所）。

政府与群众团体的分工。

2. 劳动互助组织（组织起来）

（1）农业劳动互助组织的性质，是建立在个体经济（私有财产）基础上的集体劳动（农业合作社、集体养牛、集体经营副业）。

（2）组织形式，要由小到大，由简单到复杂，由季节的到经常的（大变工组、零工、常年变工）。

（3）巩固关键：自愿结合，公平交换，经济利益与政治动员结合起来（从群众实际需要出发，从干部主观愿望出发）。

3. 技术改进（精耕细作）

（1）吸收群众经验，在现有基础之上把我们的生产技术提高一步。

（2）扶助群众充分利用现有生产技术，然后要求逐渐提高。

（3）掌握中心：精耕细作，水利，浸种选种。

4. 领导方法

（1）从群众中来，到群众中去（向群众学习）。

---

* 1947 年 4 月，薛暮桥代表华东解放区在邯郸会议做“山东解放区的群众生产工作”的报告，报告全文收入《抗日战争时期和解放战争时期山东解放区的经济工作》，第 35～51 页。

（2）一般号召与个别指导相结合。

（3）掌握季节，分段布置总结工作。

二、合作事业

1. 合作社的发展经过

（1）第一次大发展及其垮台（强派股金，干部包办，脱离群众）。

（2）1943、〔19〕44年点滴发展，创造模范，确定方向（干部成分，各种偏向）。

（3）1945年以后的发展与提高（数量，业务，范围，城市生产）。

2. 合作社的性质和发展方针

（1）为群众服务，首先是要扶助群众生产。

合作社与普通商店工厂的区别（赚钱问题），两种偏向。

（2）从个体经济到集体经济的桥梁。

建立在个体经济基础上的集体经营（集体问题），两种偏向。

（3）资金与劳力的结合。

资金分红与劳动分红。

3. 合作社的业务和发展方向

（1）生产合作（纺织，打油，缺木工……）。

生产小组，供销合作，合作工场。

（2）购买运销合作，信用合作。

运输组织，联合运销，存放问题。

（3）医药，教育……（综合问题）。

（4）合作社与农业生产。

购买，运销，信用，剩余劳力，耕牛。

4. 合作社的组织领导问题

（1）村社是合作社的基本组织。

社员生产小组（小型合作社）。

（2）中心社与区联社（合作社的合作社）。

发展经过，两种偏向。

（3）生产推进社。

工商局，公合社[①]，临沂生产推进社。

合作网的普遍发展计划（工合）。

〔在华北财经会议上〕张家口情况〔反映〕*

张垣是察省政治中心，亦为经济中心，粮、皮两行最为发达，有皮庄一百三十余家，粮行一百二三十家（后剩五六十家）。日本占领张〔家口〕市后，渐把各种重要物资统制起来，以致各业萧条，只有跑单帮的走私商人特别活跃。日人所积存的粮食等类物资堆积如山，无法计算，但人民几年来花了钱也买不到一点白面大米，吃的全是杂粮。我们收复张市后，只派了几十个人去做接收工作，无法普遍照顾。又加部队混水摸鱼及无意识的破坏，接着群众也混水摸鱼，几乎家家偷了许多东西，因此秩序很乱，物资损失很大。大公家接收到的物资，仅有几千万斤粮食和二百万两□□。银行等机关我们派了人去接收，未受损失。张市物资实在太多，我们搬运困难，直到我们撤离张市的时候，还有许多东西没有搬完。许多机器搬出张市，又在路上丢了。这样多的财富，未能好好利用，实在可惜！

管理城市需要解决三个问题：一是水电供给，我们接收管理水厂电厂，未发生困难。二是粮煤供给，我们取消配给制度，自由贸易。同时调剂粮食，稳定粮价。建立煤栈，供给燃料，并设百货公司，销售没收物资。三是治安问题，〔我们〕摧毁伪组织，改造伪人员，组织纠察队，清查汉奸土匪很有效果。

我占张市时，商人以为我是“国军”，后来听说是八路军、共产党，纷纷逃避平津。及我清查敌伪财产，宣布保护私人资本后，商人始稍安心。五月选举市参议会，商人都回来了，且亦开始装修面门，扩大经营。我们组织商会，小商〔人〕及店员亦可参加，且有代表参加委员会。我们可以利用他们内部矛盾，使商会不致为少数大商人所利用。张市有106家公营商店，比较私营商店更难掌握。他们所采购的货物达45万万元，无法支付外汇。

---

* 1947年3月25日至5月11日。

① 此处是指公办的合作社。

一面堆着许多东西不用，一面花钱大量采购。此为极大浪费。在我撤退时丢的东西很多。

龙烟铁矿没有恢复生产，工人养了几月。几个铁厂无工可做（没有用于军工生产）。其他工厂大多赔钱，只有纸烟厂是赚钱。火柴厂因缺原料，常常停工。纸厂原料较缺。毛布被部队拿去做了毯子，买不回来。那时方针亦不明确，大家对于恢复生产缺乏信心，对于迁移更加缺乏决心。

铁路管理一年，赔了二十余万万元。工作做得很好，工人情绪很高，对军事运输及物资转移帮助很大。张市失陷以后，西线还通车了两三天，帮助撤退工作。

〔在华北财经会议上〕陕甘宁边区财经工作报告（南〔汉宸〕处长）*

一、概况

陕甘宁边区环境：地广人稀，交通不便，人口仅有一百五十余万，每平方里只有三人。耕地一千五百余万亩，平均每人十亩，有三十二个县市。交通均靠小驴。过去半数地区全部财政收入不够县府开支（每月360元），有一县仅七千人者。生产落后，一晌［垧］地（三亩）只打六斗粗粮（吴满有），少的只打三斗（每亩一斗）。手工业不发达，无棉无布，发展几年尚未完全解决。没有东西可以出口，唯一能出口的只有□□。抗战时期被敌经济封锁，对外贸易全处被动地位。蒋军禁止棉花输往我区，土布只准去五等布。脱离生产人员最多时达十二万人，八千余匹牲口，超过总人口的10%。日本投降后减少一半。

1937、〔19〕38、〔19〕39年争取外援，休养民力。〔19〕39年财政开支占87.5%，〔19〕37、〔19〕38年更多。我们只收一万担公粮，其他税捐不收。〔19〕39年底征至五万担公粮，募寒衣捐十万元。〔19〕40年封锁更严，外援困难，开支增加，开始建立税局，一年收十万元，征公粮九万担，

---

* 1947年3月25日至5月11日。

是年十月以后国民党停止发饷，但外援仍占四分之三。〔19〕41年皖南事变后外援完全断绝，财政困难达到极点。毛主席号召生产，解决困难。〔19〕41年1月开始发票子，收回法币，供给必要生产资金。但因急于解决生活困难，有些资金投入贸易，市场混乱。夏季发行公债六百余万元，人民也当捐款看待，把公债票丢掉了，后来还本领的不到十分之一。九万担公粮不够吃，借了两次，买了一次（实际也是借征）。有些驻军多的地方借征了八九次。七八月间已到饿饭程度，银行又不肯发票子。如果多发些钱，可把生产基础搞得较好。但因四人合用一把镢头或纺车，一人生产四［三］人等着。是年开支二千余万，一半依靠财政发行。到秋收以后征公粮二十万担，公草二千六百万斤，结果顺利完成。

〔19〕42年提出生产自给，仍以统筹统支为主，以免上年混乱现象。公家保证粮食、草料、食盐、衣服、纸张等实物供给，菜金发钱。自己生产仅解决小部分，使能积蓄力量建立家务。政府保证供给办法之一，是作□□贸易。当时粮食有了，困难的是衣服。幸赖□□换回布棉，解决困难。由于我能解决下面困难，所以统筹统支制度也能建立起来。是年财政收入二万七千万，开支一万八千万，盈余九千万元，银行透支仅占4%，生产贷款超过财政透支。□□占全部财政收入70%以上。冬天公粮减征16万担，草一千六百万斤。是时高干会议，毛主席明确提出“发展经济，保障供给”方针。

1943年从统筹统支改为“统一领导，分区统筹”，计算各区生产与负担状况，统一调剂，责令各区自己负责。晋绥给我□□百余万两，本可解决一切困难。但胡宗南准备进攻边区，□□卖不出去。又要准备战争供给，于是再发票子，三个月中透支十万万元，积存物资，物价大涨。外汇不能供给，物价便难稳定下去。十一月停止发行，□□出口，危机渡过。是年生产机关、部队交回粮食八万六千担，可以供给40%。同时浪费增加，部队每月吃肉多至八斤。部队有搞□□贸易的，贺龙[①]自搞财经工作，亲自缉查。是年劳英大会提出耕三余一，全年开支61亿，银行透支十亿，收入□□仍占首位，取之于民的只占11%。生产贷款比这还多，生产自给数量与□□约略相等，可能超过。

---

① 贺龙，时任陕甘宁晋绥联防军司令，西北财经办事处主任。

1944年提出节约贮蓄，克服浪费，增加生产自给，节省财政开支，以积蓄力量，备战备荒。给各分区的补助费取消了，只有牲畜、斗佣两税分给地方。供给标准减低，财政开支比上年，伙食减52%，办公费减49%。总开支百亿稍零，没有银行透支，去年透支积存物资起了很大作用。银行发行主要用于生产贷款，农贷占一万万，银行准备金占其发行90%以上。是年征税与前年同（〔19〕42年），仍为16万担。

1945年因工农〔产〕品剪刀差太大（农业发展结果），农业生产情绪低落。提出防旱备荒号召，提高粮价。日本投降以后大批干部外走，发了许多路费，我们有力供给。我们走后留下家务，仅大公家的可支持一年。是年征粮十二万五千担，草一千二百万斤，财政收支平衡，没有银行透支，因盐税减少，吃了一点老本。

1946年方针〔是〕复员生产，和平建设。财政上很困难。原因为人数虽然减少，但走的多精干（部队），留的多老弱（家属），不能生产。食盐销路大减，银行采取紧缩政策，和平思想，开支增加，家务削弱，部队走时三光政策（带光，卖光，吃光）浪费很大。事业费的开支增加，人家依靠我们。解决困难办法，停发经费（事实上没有停），推销□□，银行透支六七亿元，准备物资，厉行节约，降低生活水平，渡过困难。老家务未动用。

粮食问题：(1）收入。来源有三：外援，公粮，自己生产。1940年以前还领军粮或在外采购。〔19〕40年起主要依靠公粮。〔19〕43〔年〕以后自己生产，同时帮助群众生产，开始号召耕三余一。人民农业收获，〔19〕37年126万担，交公粮1万担。〔19〕38年127万担，公粮1万担。〔19〕39年137万担，公粮5万担。〔19〕40年143万担，公粮9万担。〔19〕41年147万担，公粮20万担（13.3%）。〔19〕42年150万担，公粮16万担（10.6%）。〔19〕43年160万担，公粮16万担（10%）。〔19〕44年175万担，公粮16万担（9%）。到〔19〕45年160万担，公粮12.5万担（7.8%）。〔19〕46年183万担，公粮16.3万担（8.9%）。地方附加不超过十分之一。现在人民已有一年余粮，公家约有半年余粮。征收办法：〔按照19〕37年公粮累进征收条例，300〔斤〕以上负担（以下免征）。300~450斤征10%，以上每300斤加1%。1500斤以上5%，不再累进（此条例未真正执行）。〔19〕41年起修改条例，起征点降低，深入调查，执行条例，完全入仓。以后年年有些条〔例修〕改，基本上仍执行此条例。负担面占80%，征收率累进至30%。但因由上而下分配任务，实际各地负担有些轻重〔不均〕。〔19〕43年起实行统一累进税，规定负担数额，刺激精耕细作。地主增收土地税。

（2）保管。由分散的小仓库，逐渐到集中的大仓库。由地方管理到粮食局统一管理，这样损耗逐渐减少。最高仓库收二万担仅损耗八担，占万分之四。

（3）供给。〔19〕41年以后能够保证供给，但向延安调剂相当困难。解决办法：征收与供给结合，如向延安方向集中，集中至离延安60里的地区，吃粮机关自己运回。更远的粮食局组织运输，建立运输队，减轻人民负担。边沿地区粮食多余，输出一点，在不够地区购回。发草料代金，自己向外采购。机关部队节余粮均卖给公家。奖励割草喂牲口。供给标准部队一斤半，地方一斤四两（防荒时候减至一斤）。有的机关只吃十一二两[①]，节余交公。严格粮票制度，不吃双份。连医院病人亦要自带粮食。这样一年节省一万九千担。

税收工作：货物税有出入口税和过境税，〔税收〕任务保护生产，配合贸易，〔增加〕财政收入。布匹进口收5%～30%的机动税率，以保护内地生产。现在自己生产仍不能自给，但布棉进口，已自75%降至55%（进口总值）。营业税一般商号按纯收益收4%～35%，但行不通，还是分级分股征收比较方便。累进率到35%也行不通。太科学的方法往往最不科学。后来由累收委员会、评议委员会（各行商人组织）讨论规定各户应定股数，经过民主评议，按股征税。商人平均负担13%，实际仍有隐瞒。税收中营业税的比例，〔19〕44年已占到40%，牲畜税5%，粮食税3%。盐税：食盐年产117万担，盐池设盐务局，组织生产。动员人民驮公盐，给以少数运费，事实上是劳役负担。搞了五六年，人民负担很重，政府收入不多。如算运费是要亏本，目的是在换回布棉。后来可交公盐代金，由合作社组织运输队包运。（每驮150斤。）

① 旧制，十六两为一斤。

二、金融问题

内战时有苏维埃中央银行西北办事处，边区政府成立后改边区银行，但未发行边币。光华商店发行毛票，解决市场需要。皖南事变后才发行边币，禁止法币流通。但对外贸易必须法币，出口东西只有食盐，入超严重，法币供不应求。银行采用城市方式，发行有奖贮蓄券，摊派下去，后来开彩连头奖都找不到了，人民早把贮蓄券丢掉。工厂贷款要有资产负债对照表，农贷按实物计算，农民不敢借。当时财政困难已到生死关头，银行仍然保守不肯发行扶助生产。当〔19〕43年还只发了〔?〕，〔19〕43年大量发行，物价一度波动。〔19〕44年改发贸易公司流通券，物价相当稳定，流通券一元抵边币二十元。银行吸收黄金、法币，敌人投降时达发行量90%以上，现在超过100%。现在流通券发行额还只有8~10〔?〕之间。我们当时政策，不是在物价稳定上，而是在法币稳定上（一元约合法币二元）。如要脱离法币，只有发展生产，争取自给。只能要求物价平涨，而不剧烈波动。我们发行准备，第一位是法币，第二位是物资，第三才是金子。因外汇波动成为内地物价波动主要关键，此与山东不同。只有无限制供给外汇（法币），才能稳定币值物价（以上两点曾经发生争论）。

贷款。农贷开始（〔19〕41、〔19〕42年）由银行直接发放，因折实物，放不出去。〔19〕43年改归各级政府发放，按货币计算，银行受些损失，群众生产收入超过此数，利息仍为一分。〔19〕44年改由合作社发放，利息不固定，约等一般利息的60%以下。贷款真正投入生产，尚未做到。去年手工业合作社贷款由银行发放，工厂贷款归工业局。信用合作试验结果，有些群众存款，为数不多。

三、贸易工作

原来有贸易局，〔19〕42年起归财政厅领导（原归银行）。主要担负采购工作。〔19〕43年与禁烟督察处结合，改为物资局，下设土产、盐业二部。边区进口比出口多六七倍，全靠土货支付。我们掌握土货，换回我们所需各种物资，胡宗南曾派一个营替我们送棉花。我们所收法币常常供过于求，做这生意的都是特务，我们与他只讲买卖，不谈其他。

盐业部名为统销，实为专卖。仅靠行政命令不能保证专卖，全靠盐业公司收买，平价出入，赔了营业开支，因此群众不会走私。我们所得到的只是外汇。赚钱是要赚的，是赚国民党的。〔19〕41、〔19〕42年时我们非卖不可，只能吃亏。盐出棉入不等价的交换，吃亏一倍以上。〔19〕43年有力存盐，开始争取主动。〔19〕44年起我们取得主动，盐价提高一倍，后又继续提高数倍，获利很大。出入仍然平价，不多赚钱，而是提高盐税，并使盐民及驮盐亦得利益，这样运盐就从强制劳役变为群众有利经营。日本投降以后销路大减，输出困难，盐税亦大减少。

贸易政策：对外管理贸易，对内自由运销。管理办法有外汇、价格及税收，由银行、贸易局、税务局分掌，配合很好。完全统制与绝对自由都是错的。内地市场调剂物资，平衡物价，工作做得不够。没有用过压价限价办法。反对垄断，扶助中小商人（实际上没有大商人）。贸易公司与合作社结合无大效果，在这方面花的力量不大，合作社亦只是合股商号，与贸易公司要求矛盾。

几个材料：

粮食，1936～〔19〕46年耕地面积增加一倍，每人平均从五六亩增到十亩以上。人民余粮80〔万〕～90万担，在特别节约条件下可吃一年。种棉〔19〕41年才开始种四万亩，今年已到四十万亩，每亩只收6～8斤，大约可收300万斤，可以自给。布匹13万匹（大匹），只能自给一半。牛22万头，驴18万头，羊195万头。年产羊毛170万斤，皮子22万张。煤油每年可产十万桶（今年），现在可能破坏。火柴年产四千箱。黄磷2500磅。毛织厂，丝织厂……

〔在华北财经会议上关于〕中原军区财经工作（刘子久[①]同志报告）*

特点：（1）其他地区都是成功的，我们地区是失败的；（2）工作没有

* 1947年3月25日至5月11日间。

① 刘子久，曾任中共中央中原局宣传部副部长，中原局民运部部长、宣传部部长。

经过检讨总结；（3）没有数字统计；（4）我没有做财经工作；（5）今后需要另起炉灶，从头搞起。

1. 财粮决定战争，还是战争决定财粮。我意见是战争决定财粮。就是在新地区，只要能打胜仗，财粮问题还是能够解决。抗战时期豫鄂皖区财粮并不怎样困难，生活比其他地区还好。去年春天陷入一个狭小地区，生活便难解决。以五六十万人口，要养五六万人，这是不可能的，何况我们没有基础。有了地方还要巩固起来，暂时占领不能控制仍难解决困难。突围以后东西流动，有了东西无处存放，仓库都在肩上。这就难办。一经战斗，连钞票都丢掉了。打胜仗群众照顾我们，打败仗不敢照顾。打胜仗有缴获，打败仗把自己东西丢了。有了枪杆子还要能打胜仗，有了地盘才有饭吃。

2. 有备无患。前年冬桐柏山战役准备很好，八九个旅作战都有饭吃。转移〔到〕路东路上没有菜金，尚能勉强支持。在宣化店由于和平幻想、合法观念，只准备走，未作坚持打算。后来去不成了必须突围，亦未准备在蒋占区长期坚持。因为军事上无明确方针，不作长期坚持打算，财经工作也就无从准备。所谓财粮困难就是这样造成的。

3. 财政方针。（1）就地取材，自力更生，应把外援放在次要地位。我们主要等待外援，缺乏自力更生精神。将来部队出击，也不可能完全依靠后方长途输送。（2）开源为主，节流为辅，我们提倡苦熬，而未积极想法开源，结果还是熬不过去。（3）以革命方式解决为主，以统战方针解决为辅。我们采取乞求态度解决财粮困难，不敢重征地主富农，〔把〕地主〔和〕佃农一样看待。

4. 具体工作。（1）财粮供给来源有 a. 战争缴获 b. 人民负担 c. 后方补给三种，如搞得好可以解决困难。（2）战争缴获数目很大，如何管理使之变为财政收入则很困难。过去大部〔分〕糟蹋，未起多大作用。征收现在还是解决困难之一主要办法。蒋区群众公认任何部队到来都要吃饭，我们以政府名义出面征收比较方便。收到以后交给部队保管分配。征收政策：有粮出粮，有钱出钱，很难完全做到公平合理。但不应超过产量 10%，要低于国民党的负担。（3）将来收复失地可以利用原来干部，熟悉情况联系较多。但数量不多，仍须就地取材。过去我们用旧人行新政，结果是行不通，应当用新人行新政，不要依靠乡村的旧势力。我们单纯仁政观点而不帮助群众翻身，所以部队虽很困苦群众亦不感激我们，不能获得群众热烈支持。所以财粮困难主要还是政策错误的结果。

〔在华北财经会议上关于〕晋绥财经工作的报告（陈希云[①]同志）*

晋绥地广人稀，南北1600余里，东西三四百里，人口280万人，耕地2436万亩。产粮183万担（每担260斤），每人平均七斗。有八个专署，41个县，165区，2600个行政村，1万2千个自然村。

一、历年财政与人民负担

1938～〔19〕39年总部还发经费大约每人一元，红军还有一点积蓄。〔19〕38年即开始种烟，阎〔锡山〕想困死我们，不准人民卖粮食给我们（我们尚未建立政权）。新军旧军间的矛盾日烈。反顽斗争胜利后，敌人对我大扫荡，我们向人民征索粮食充饥。〔19〕40年后开始建立政权，捐粮（黑豆）捐款，后方机关每天只吃黑豆四两（吃了四〔个〕月）。于是动员人民献粮、献鞋、献金、参军，得现洋五十万元，解决困难，并留十余万元建设银行和两个商店。开始征收公粮十万担，后又征购9520担。除免征户外，每人平均2.25斗。〔19〕41年建立各种机构，克服混乱现象，经营□□，确定供给标准（二钱油，三钱盐，没有菜），发行票子300万元（280〔万〕元作了财政开支），征粮二十一万余担，每人平均负担5斗以上。群众逃亡严重，有些村达30%。〔19〕42年仍靠□□经营，维持上年供给标准，发一套单衣，一半棉衣。征公粮二十四万七千担，人民负担达30%。〔19〕43年大搞□□，生活比较改善。征公粮16万担，负担较轻，仍达30%（副业收入亦算在内）。〔19〕44年财政方针：以农业为主，手工业为副，提出首长负责、亲自领导等八个原则。自己生产二万二千余担粮食，菜能吃八个月。但有偏差，如要生产建家、大家乱搞、违法走私、不顾政策。

---

* 1947年3月25日至5月11日。

① 陈希云，时任晋绥军区后勤部部长。

要各机关自给47%，统筹部分（53%）还是无法解决，只发了应发数的65%。大家批评财经机关“推、拖、克、消”解决问题。由于贪污浪费，群众困难，连16万担粮食亦收不起。□□比例〔19〕45年占54%，〔19〕46年占55%（占财政开支）。收入金子三万余两。机关生产中占85%。

1947年确定统筹统支，整理财政，休养民力，集中机关家务。统收统支原因是要消灭混乱现象。最近开会二月，整顿财风，大家坦白报告家务及过去投机走私事实。除供财政开支外，还要抽出九十万万元的贷款（法1∶边0.85）。今年总开支为600万万，等于粮食100万担。收入税收70万万，大小单位生产168万万，友区帮助36万万，收入共有300余万万，还有很大亏空，要靠销出□□才能解决。公粮征收25万担，还不够吃，现在还要预借。（〔19〕46年32万担，〔19〕45年21万担。）战勤负担平均每月约10工，半劳动力6.5工，大车12工，牛4.5工，驴8工，代耕尚不在内。北线更重。今天决定节约民力，减轻战勤负担，民兵参加战勤，裁减牲口四千头，战争期间不准结婚。（婚可订，不可结，不得违犯法律。）

二、解决财政困难办法

今年贷款90万万扶助群众生产，大量发展纺织及农业生产，军队抽出45万万〔元〕，财政处20万万，党政民32万万，可以超过。脱离生产人员统筹统支，提倡节衣缩食，降低生活标准，取消小灶中灶，一律大灶，与士兵同甘苦，取消干部衣服。今年党政民及军队后方机关不发被服、鞋子补充，有妻者不发，取消保健费。野战军5油5盐1菜2肉，地方军油盐减一，肉减半，地方机关油盐减2，肉减1，且要自己生产。（部队〔由〕公家供给。）除战争外，一律不准动员战勤。农业生产搞开荒种烟、种菜，喂猪，搞作坊、手工业，限制商业。（纵队以上搞一商店，过去一个旅有一千二三百人搞生产的。）精减人员执行编制，大量减少牲口。地委书记、专员、团长留一公马（过去多二三匹），警卫员马取消。禁止买卖马匹。商店干部贪污浪费，逮捕严惩，民心大快。现在骑马要马证，带枪要枪证。私卖牲口要判二年徒刑，卖枪枪毙，马送人者取消乘马资格，马匹没收。编余牲口组织运输队。过去县长亦背背包走路，近二三年搞了□□大大变了。号召不吸纸烟。私人财产清理交公。（过去有十余两金子的。）组织检查委员会，检查小公家及个人财产。过去武委会可派粮派款支差，自己有了二千余担粮食，现均没收。县区村干部有贪污事实者占30%。贺老总说这是亡国现象，不整就会灭亡。故又重颁惩治贪污条例，过去贪污〔的〕自动交公，即不惩办。

三、税收工作

过去税收收入很少，不够开支，大家主张取消。〔19〕44年以后整理税收，收入稍增。税收政策很不明确。种棉、织布发展较快，布比抗战以前增加两倍。自己产盐五百万斤，自用不够，要从陕甘宁输入，过去对外管理，去春闹和平取消了。纸烟大量进口，占第三位（一棉二布），内地卷烟手工业破产了。那时估计过境税数目很大，主张自由贸易。但开放后数目很少，得不偿失（内地生产所受打击）。七月后又禁止四十余种。

征粮过去照晋察冀办法征，另收商人营业税，变了几次（弄不清楚），现在仍待研究。商业税重了商人停业，轻了重征农业税又不合理，斗佣、牲畜税过去很多人反对，〔19〕45年开征数量很大，占税收的57%，尤以斗佣为多，牲畜交易税也很多。（斗佣2%，牲畜□%。）税收占财政收入18.5%（〔19〕44年），12.6%（〔19〕45年），26.8%（〔19〕46年）。

四、金融贸易工作

为着管理机关部队贸易，各级吸收党政军民负责人组织工商管理委员会。西北农民银行于1940年成立，标准布生产去年已达五十万匹（每匹能做两套单衣）。公家穿衣大部自己解决。对法币的斗争，1943年开始打击法币，根据地内没有法币流通，法币贬至25分。同时禁止白洋流通。银行大量发行收购□□，引起物价波动，但对财政收入是有帮助。检讨：（1）缺乏群众观点，物价波动造成群众损失。历年贷款合计140万现洋，现在分文不能收回。利用物价波动向群众抓一把的现象相当严重，与民争利。日本投降以后法币卷土重来，每月吸收法币10万万以上，大量贮存法币损失很大。法币比价自动提高到一比一，故意增加发行抵低本币比值。（2）金融政策摇摆不定。日本投降前银根奇紧，物价跌落，纺织停止三分之一。银行不肯发行，生产、贸易均受损失。日本投降后又来了一个大发行，物价飞涨，人民损失更大。我们抛售物资平抑物价，商人吸收〔物资〕高价出售，我们损失三分之一。白洋流通市场，有些地区尚占优势。大家以为几千年的习惯不易改变，故不严厉禁止流通。对于法币也是这样。到今年经济供给会议后才决心禁止。贸易政策上口说为群众服务，为生产服务，实际是为赚钱。作风上是官僚主义，手续繁多，群众卖一匹布要“过五关”。今后贸易工作任务要扶助生产，对敌斗争。扶助群众纺织，过去奖励快机（拉梭），布的质量降低，追求数量不管质量。今后奖励土机（手投），亦不限制快机。奖励自纺自织自穿。供给原料，收购成品，调节花纱布的价格。过去有些特产（如木材）统制，结果不能输出。如群众输出道木每根白洋七元，我们统制以后积压60万根无法输出。

出境货物1468万万，入境2153万万，加上□□则为出超，否则入超七十［百］万万元。入境最大的为布、棉，几占一半。

（1）贸易下乡。贸易公司组织流动小组，供给群众需要，贫苦工农可以赊账，且可委托群众代销。（2）掌握市场。掌握季节，平衡物价，维持各地物价平衡。（3）恢复城市经济，恢复乡村集市，召开骡马大会，建立花纱布的市场。（4）加强对外贸易。吸收棉、布、盐等，争取主动，加强与友区的物资调剂。（派小组带电台到晋冀察。）

对商人的态度：（1）防止奸商投机，防止过高利润；（2）对商人不赊账；（3）批发价与零售价一致。

金融工作：（1）提高本币信用，稳定物价。日本投降前有一二年时间稳定于白洋170元上下，现在信用不如以前。（2）利用发行扶助群众生产，使之真正成为农民银行。（3）巩固与扩大本币市场，新解放区现在还非本币市场。（4）打击法币、白洋，不准它在市上流通。（白洋是地主的，法币是国民党的，金子是美帝国主义的。）金子吸收，一点不准流通。现在银行的准备金到了200%～300%，物资存得不少，但对物价稳定不起作用。因财政开支每月60万万，出售物资无人购买，又要管理金子、□□，因此稳定物价便成困难问题。

五、群众生产

目前还是恢复生产，谈不上有发展。过去重视群众生产较差，贷款〔19〕

46年占发行的2.5%，历年累计占8.7%。去年高干会议批评主观主义、形式主义严重倾向。如（1）变工互助。a. 强迫命令，不参加的就是“顽固”，自动组织的是“私人集团”。b. 形式主义，要大，要复杂，要花样多。如五一大开荒，一千余村一万余人参加，开了五千余亩，后来完全荒了。（2）合作社，〔19〕45年有一千余个，靠近大路每村都有，去年年底统计已不到三百个了。垮台原因：领导上急于求功，追求数字，强迫入股，不为人民服务，不与生产结合。目前比较好的大多是搞纺织。〔19〕45年前社干均系委派干部，安插闲人。地主商人利用合作社的名义投机，铺张浪费。（3）种棉与纺织是有成绩，棉花从50万斤增至200万斤，参加纺织多系地主富农，种棉亦然。（4）生产的缩小：a. 耕地缩小，如×村自1700垧缩至700垧（〔19〕43～〔19〕46年）。b. 牲畜减少，如×县自8500条降至750条。c. 负担力降低，总的来讲近三年来生活降低了。甚至有卖妻鬻子及饿死人的现象。

〔华北财经会议〕讨论问题*

薄一波同志

开会已经一月，我们现在就要解决问题，准备总结，要总结各解放区几年来的财经工作经验。苏维埃时期我们也有财经政策，但很幼稚，我们现在已有八年抗战经验，应当更丰富了。现在应当利用这些经验来解决两大问题：一为供给自卫战争。这次战争在我历史上是空前的，人数最多，规模最大，保证供给也最困难。我们是有办法克服困难的，但须最大努力，作三五年的长期打算。我们的财经工作必须能够保证三年五年，才能保证胜利。谁能克服困难，我们要与国民党比赛，今年会议负担这样巨大责任。今天战争要求与人民负担是矛盾的，很难解决但是必须解决，这就需要我们来想办法。战争最少需要多少军队，人民最多能够养活多少军队，生活待遇怎样规定？至少需要准备三年，能够支持三年再长一点也有办法，这样才能争取胜利。

第二个问题是建设一个怎样的经济？所谓新民主主义经济究竟怎样建

---

* 1947年3月25日至5月11日。

设？土地改革以后土地更加分散，每户无力独养一牛，今后农业生产究竟如何进行？去年来了一阵“和风”，我们自动解除武装，货币发行不负责任，不作长期打算，取消贸易统制，没有信心争取独立自主。我们各解放区虽无中央政府，事实上是一个国家，应有独立自主自己当家打算，而非依附人家服从人家。我们为什么穷，穷在入口太多，依靠人家。太行山的全部山货，还不够换回武安一县所需颜料。

各地应当抽出一笔经费，划给中央统一支配，以便建立全国性的共同事业。

各地代表发言

晋察冀

财政部分（安至诚）

财政政策：发展经济，保证供给，是我们的总方针。目前要把全部人力财力组织到战争和生产中去。本区应当努力扩大财政收入，主要还是取之于民，今天不强调改善人民收入，但不妨碍生产，开支方面重点主义，主要保证战争胜利，反对百废俱兴。厉行节约，大家节衣缩食克服困难。财政管理同意晋冀鲁豫大部集中、小部分散办法。

人民负担负担量：

	农业负担	其他负担	合计
晋冀鲁豫	4.2	1.4	5.6
晋绥	2.5	1.2	3.7
山东	3.0	2.9	5.9
晋察冀，冀晋	3.0	0.6	3.6
冀中	4.4	0.6	5.0

晋察冀平均每人（冀中）收入 24 斗，负担 5 斗，达 20%，加村负担超过 30%。冀晋收入 2 担，负担 3.6 斗，负担 18%，如加副业收入则负担不过 10%。在一般年成负担可达 5～6 斗（农业），其他 2 斗。（村款在内现在即达此数。）负担办法：免税点改起税点为 1～1.2 担。这样负担面达 97%。累进率可不要，或减缓。以中农作为基准，最高负担达 1.5（中农为 1）。超级累进。单按土地计算，不分财产及收入。租地按收入比例负担，照顾出租人的

困难。重要副业可以征收。采取虚位计分制，易于清查土地，适合财政需要。

商业负担：负担率应比照农业负担。工业负担稍轻。征收办法，由于调查困难，可以采用按照资产营业收益状况，民主评议，分级记分。每月征收或按季征收。小贩亦应负担，征牌照税。

战勤负担各地区应如何调剂。统一规定义务劳动日数，超过此数给以报酬，不负担的则出代金。（1）部队要有常备担架及运输队；（2）粮食局能负责供应；（3）交通队设运输站协助运输；（4）与农业变工相结合；（5）严格支差（动员）手续。照顾不脱离生产的村干。

整理村财政：村款在晋冀鲁豫为20～30斤，达农业负担的40%～55%。晋冀察为20～42斤，达当时统累税50%～105%。村款开支：可以开支的有办公费、教育费、文娱费、武装费、临时费。有一个县村款统筹，每人仅出2～2.4斤。整理村财政要照顾村干困难，表功、洗脸同时进行。整理办法：一为由县统筹统支，一为统一规定，自筹自支。征收数目要经上级批准或村民同意。

开源问题：为了支持战争，克服仁政观点。财源有工商业税，坐商每户可征10～20担，抵3～5户农民。张家口平均每户（24余户）40担。不要调查他们财产，否则不重亦要说重，不如评定等级向他们要。市集交易费数目很少，与整理市集结合进行。契税山东经验亦可成为巨大收入。烟酒管理，寓禁于征。公营企业收入。

两种特别财源：一为□□，今天销路困难，大量生产相当危险。一为发行，亦很危险。

生产节约：精简人员，军政比例山东6∶1，晋察冀4∶1，晋冀鲁豫3∶1，晋绥4∶1，陕甘宁1∶1。军队方面适当减少县区游击队，增加野战军。部队前后方应精减后方，充实前方。地方干部与勤杂应减少勤杂。

工作采取重点主义，按需要设机关，以战争、土地改革、生产为中心。党政民分工负责，避免重复。为了充实，必须精简，反对平均主义。

机关部队生产：过去建设家务，改善生活，减轻人民负担，锻炼劳动观念。过去前两点做得多，今后要注意后两点。以手工业为主，以农业、商业为副，与供给相结合。生产任务实事求是，果实分配面向群众。大公照顾小公，小公维护大公，强调后者。

节约方面，制度规定应本节约精神，奖励自动节约，献金、粮、物。野战军要强调缴获归公，后勤机关强调不丢失，不浪费，地方强调艰苦。财经人员不特殊化。节约要自上而下，首长以身作则。

供给标准：野战军供给，晋冀鲁豫27〔石〕，晋察冀26.8〔石〕，晋绥19.2〔石〕，山东18.6〔石〕。以上包括各种费用，单算个人生活只有15石至16石。

财务行政：全华北解放区应当同甘苦，共艰难，互相帮助，互相调剂。领导适当集中（制度，标准），但在统一规定之下各地自筹自支。

粮食买不如借，借不如征。如何保卫粮食，应当特别注意，以保证军粮民食。同时要有存粮备荒。

晋冀鲁豫

财政部分（戎子和副主席）

过去战争是在我们境内，我们人力物力损失远过国民党地区，这就造成我们财政上的严重困难。我们如能控制晋南豫北，便能解决困难。取之于己需要提倡，但不能够解决问题，最可靠的还是取之于民。□□危险很大，不能依靠。晋绥人民开始黑化，应当防止。发行透支也是不得已的救急办法，不能长久依靠。晋察冀及晋绥应当停止发行。扶助群众生产，开辟群众财源，这是老老实实的最可靠的办法，应从这里着手解决困难。

人民负担很重，其中一部分是浪费了的，村财政的浪费大于军政开支，劳力浪费大于财力浪费。（重财轻粮，重粮轻力。）还有一个办法是以战养战，取之于敌。我们战争缴获很多，很少能成财政收入。财厅收入不如报纸报道2%。

部队出击：（1）扩大地区。a. 缴获物资很多，应当掌握接收工作。b. 发行本币吸收法币。c. 征收摊派，适当照顾公平，不能采用老地区的办法。d. 没收贪污恶霸财产。（2）深入蒋区流动不定，应以摊派罚没为主，组织经济工作队专作摊派罚没工作。发流通券与法币等价使用。以战养战，就地取材。如建立根据地则可建立借征工作，但须统一征收，且有一定机关负责。

人民负担：不要免征点，应当照顾孤寡、抗属、工属、烈属，稍稍累进，最高负担不超过25%。（连村款不超过30%。）改为标准亩固定负担。

商人按分负担，与农业大体一致。小商贩用牌照税。

每亩收入冀鲁豫133斤，每人3亩，4~4.2斗已占收入12%以上，已经不能再加。

供给标准：军队每人生活费 15 担，地方 10.5 担，包括其他开支，军队每人已达 27 担①。菜金部队半斤小米，地方四两，不能再减。

战勤：组织化，制度化，战勤与生产结合。平时三兵一夫，战时一兵一夫，组织常备担架队、运输队。今后要统计各村的劳动力（18～45 岁）可任前方战勤，妇女亦可参加战勤（磨麦、洗衣等）。牲口作一个劳动力，出发可多记分。粮食局设运输队，调剂军粮。

村财政：两种地区不同。新区发动群众，改造干部，建立制度，清理财政。老区主要领导问题，只要我们定出办法，大多能够执行。统筹统支地方开支一般节省。地方财政（优抗，民兵，高小）由县掌握，村财政由县规定范围，由村自己民主评议，区公所审核。村财政可与合作社结合，但不应靠买卖解决困难。村粮款每人八斤即够（牲畜、粮食交易费归地方收入）。

山东

几年来执行了毛主席“发展经济，保障供给”的总方针，克服困难。但各地方法有些不同。山东、晋冀鲁豫依靠开源节流。晋察冀主要依靠发行。陕甘宁、晋绥主要依靠□□。发行太多可能引起通货膨胀。

单位：%

	农业税	间接税
晋冀鲁豫	75	25
山东	50.8	49.2
冀晋	86.6	13.4
冀中	81.2	18.8
晋绥	89.1	10.9

今后应多征收间接税，减轻农业负担。战争缴获也是解决财政困难之一有效办法。但须打通思想，很好〔的〕掌握，同时奖励军队。统销、专卖也可增加财政收入。基本办法还在〔于〕增加群众生产。量出为入、量入为出应从积极方面着想，不是单纯仁政观点，稳定物价也是保证财政开支之

① 按照前述，供给标准单位为“石”（读“dan”音），此处记录为“担”。“石”与“担”的折合斤数是不同的。此为笔记原文，实际的计量单位是哪个，还需考证。

一关键。精简也是节流之一主要方向。降低生活水准只能用于财政特别困难时候，或群众负担过重时候，且须打通思想。同时应有一定保证。

人民负担：山东〔征〕两次田赋两次公粮，今后田赋只征一次，春季征收，收缩货币。土改以后取消免征点，军属、工［烈?］属每人免征一亩。工属半亩。孤寡每人半亩，全家不超过一亩。累进可以取消，或减少累进（5% ~20%）。村财政山东没有整理，故无经验。

机关生产，着重农业、手工业、运输，不准经营出入口贸易，减轻生产任务。野战军全部供给，工商机关严禁依靠贸易作为机关生产。

陕甘宁　晋绥

陕甘宁现在面临极大困难，过去十年建设，老百姓有六十万担存粮，可以部分用来支持战争。粮食有了，运输还是困难。过去群众负担 10%，今年可能增至 15%。晋绥边区担负任务太大，要以一半收入供给中央（□□给中央 59%，还有 8% 给留延人员，自己只拿了 33%），所以弄得特别困难。现在这两地区仍有 50% 以上赤字，无法解决，仍须依靠□□。开源办法：（1）号召群众献粮献款，发行公债四五十万万元；（2）利用小公家的家务（机关生产中农业占 28%，商业占 23%，工业占 5%，（黑）走私占 38%），代替过去生产任务；（3）□□非解决财政问题的正当办法，但离它不能解决困难。今年已经种了，如何出售则很困难；（4）精简过去军队与地方为一比二，去年为一比一，今后必须做到二比一或三比一，方能坚持下去。且要号召节约，从丰衣足食变为节衣缩食。

银行、贸易局等应当垂直领导，晋察冀财政处是空军司令部。地方党委应在政治上负监督责任，但不能干涉业务，更不能调动资金、干部。

〔华北财经会议关于〕经济问题讨论*

晋冀鲁豫（刘岱峰）

生产问题：根据条件，（1）经过八年抗战，敌人摧残，战争消耗，胜利

---

* 1947 年 3 月 25 日至 5 月 11 日。

以前困难很多；(2) 没有全国性的政权，我占落后地区，交通困难；(3) 土地改革以后封建垮台，少了一个障碍，但新的生产方法发展，还要一个过程，甚至可以暂时低落。依靠几年基础，可望迅速发展。

方针：(1) 独立自主，自力更生，自给自足，减少对外货的依赖；(2) 广泛组织农业变工和合作社。

具体方向：(1) 农业扩大土地投资，增产粮食，恢复战前生产水平，要解决牲畜、工具、肥料三项；(2) 工业努力发展纺织，要使颜料、纸张、纸烟逐渐做到自给，特别是要加强军工生产。

几个问题：(1) 各解放区联系加强，建议中央成立统一领导机构；(2) 劳动力的组织调剂，调整负担，以奖励农业生产；(3) 解决成品运销，组织交通运输工作。这是发展生产的三个要点。

三种经济——均须发展，缺一不可。中小城市合作社占主要地位，大城市私人资本仍占主要地位。公营经济应对合作社起积极扶植作用，合作社扶植群众生产，组织运销，调剂信用。

贸易方针：刺激生产，平稳物价，保证战争供给。具体政策〔为〕对外 (1) 保护自给工业，组织必需品入口；(2) 奖励土产输出，提高土产质量，推广销路；(3) 统一全区基本税率，出口要宽，入口要严，争取出超；(4) 统一对外贸易机构。对内 (1) 解放区内自由贸易，便利商业；(2) 发展商业市场；(3) 发展运输事业；(4) 统一度量衡，改造牙行（一二三制）。

金融货币政策：方针〔是〕发展生产，保护物资。(1) 要强调独立自主的统一的本币政策，反对依靠法币；(2) 减少透支，至多不超过三分之一；(3) 平稳的币值政策，调节发行数量；(4) 争取出入口平衡，以利外汇管理。

对敌货币斗争，基本目的保护物资：(1) 扩大本币市场；(2) 鼓励输出，限制输入；(3) 掌握比价有利时机打击法币，同时反对高比值思想。

新解放区货币：调剂物资，建立本币市场，深入敌〔区〕可以发行军用票，或发流通券。

友区货币：互不流通，互相支持，公平兑换。为着应付今后更大规模战争，建议发行统一货币。

银行是国家银行，主要任务发展生产，要把银行资金与群众游资结合起来，扶助生产。贷款在老解放区可以经过合作社。私人银号可以允许发展，但须管理。群众互相借贷一般不加限制。

城市工商业：方针〔为〕a. 成为解放区经济中心，供销桥梁，对敌经济斗争堡垒。b. 为生产服务，为战争服务，帮助提高农村生产。c. 变洋货市场为土货市场，变消费市场为生产市场。d. 吸收农村劳力资力发展生产。

三种经济重点：公营经济领导地位，合作经济组织发展群众生产，私人经济在服从要求下自由发展。工商业经营不分资本大小，而按业务性质，决定奖励与否。对工商业者采取团结改造方针，改造封建买办方面〔针?〕。

劳资问题：（1）服从生产；（2）劳资两利；（3）改善生活；（4）雇解自由。

晋察冀（栗再文同志）

生产问题 我们经济究〔竟〕以何者为主。先以私人为主，又以农业为主，所以合作经济便很重要。我们的合作还是资金合作，而非劳力合作，如何组织生产还是一个方向。农业劳动互助过去用力太小，今后必须大力开展。农业生产的计划性，今天要求地方性的自给。耕三余一不能普遍提倡。土地改革以后是否还要提倡“吴满有的方向”。

合作问题 合作社开始也搞商业，对于市场交易有些作用。但因方针不明，常常变更，许多合作干部变糊涂了。现在有些成功例子，大多失败。现在合作社是主要发展方向。（农业是以劳力合作为主。）

贸易问题 过去贸易管理仅仅管了公营商店，商店一年一变，金融、贸易、税收各自为政，现正开始统一。冀中靠近平津，人民多穿细布，过去“尊重习惯”，无法抵制洋货，不能跳出半殖民地地位。去冬开始抵制顽美货。

对内自由多了，管理不多。去年由于物价波动，开始管理，但亦产生许多问题。交易所方法好，值得学。

城市商人与地主有联系，土地可以没收，商业财产不分。有些地区提出“工人有其厂，店员有其店”是不对的。工人增资应有限度，提倡劳资两利。吸收职工投资公营企业能够提高生产热情，达到公私两利目的。有些私营工厂采取分红办法，亦得到了劳资两利的结果。

金融货币问题 去年发行涨十三倍，物价涨十五倍。财政透支去年赤字30%（边区90%），透支占发行三分之二。

山东（牟耀东同志）

发展方向 银行、交通机关、重要工业国营，此外可以私营。土改以后地主经济垮台，应当建立新的经济体系。调剂农村信用，组织农产运销，扶助农业和手工业的发展。同时建设小型工厂，争取自给自足。

三种经济应当平行发展，但以合作经济为主。公营经济在整个经济中起骨干作用，调剂物资，稳定物价。

土改以后农业生产可能暂时降低，但主要还是由于战争。由于均产思想，及贫农缺乏牲畜、农具，生产可能暂时受些影响。但如掌握得好，是可以避免的。

贸易政策 今天情况虽然比较困难，但粮食、棉花城市还是需要，掌握得好还能争取出口。公营企业掌握主要物资，争取对外贸易有利地位。银行、贸易、税收机关必须结合起来，才能争取胜利。

对内贸易自由，公家掌握几种大的季节性的调剂，一般调剂组织商人小贩进行，组织合作社的联合运销，作用很大。友区调剂可以完全自由。

金融货币 独立自主的本币是需要的，不应依靠法币。如未排挤法币，我区物价便跟人跑，不能独立自主。法币排光以后，本币便能独立自主。币值涨落主要的是发行问题。发行谨慎物价不会波动。外汇变化受些影响，但不很大。本币的准备应以物资为主，只有物资能够收缩本币，稳定物价。金银一时不易出售，且对物价不起多大作用。排挤法币要有信心决心，便能成功。我们办法是宣布限期停用，同时组织力量排挤法币，兑换法币，发行本币。

城市工商业政策 城市繁荣由于地主垮台及交通困难，必然暂时萧条。我们政策掌握不好也有影响。我们扶助工商业者也很重要。

晋绥 陕甘宁

问题：本币与法币的关系，过去陕甘宁有争论，未作结论。a. 买□□的与卖棉布的不是一个人，故须通过法币，所以不能不与法币发生关系。b. 我们太穷，无力存棉存布，必须依靠发行。c. 中央需要很多法币。d. 我们打了法币，需要法币时候便无办法。

薄〔一波〕副政委

1. 自由贸易（各地区间）能否执行，应作决议，现这问题已经影响党内团结。这里包括币值比率，以及清算问题，并不简单。且与各自任务联系。

2. 各解放区物资交换应当忍受吃亏，方能交易成功。采购如何统一，互相帮助。

银行发行由中央统一，以便稳定各地区的货币比价，并交 10% ~20% 的准备金来作必要的调剂。

脱离生产人数及人民负担中央统一规定。

~ ~ ~ ~ ~ ~ ~ ~

陕甘宁、晋绥要求，每年 200 万斤棉花，70 万小匹布，值□□40 万两，要以□□交换。需要大家帮助推销。*

~ ~ ~ ~ ~ ~ ~ ~

1946 年 12 月法币比价

山东	晋冀鲁豫	冀中	晋冀	晋绥	陕甘宁
12.00	4.40	1.00	1.00	0.83	2.00
1355	870?	20676 （物价倍数）			

〔华北财经会议〕关于《决定》的讨论**

范：绪言：(1) 财政工作由分散到统一。〔19〕40、〔19〕41 年集中起

* 用“~”隔开的文字，从内容上看，与前后文不是同一内容，笔记原记录也是独立的，但不能独立成篇，故如此处理，后文均如此。

** 1947 年 3 月 25 日至 5 月 11 日。《决定》指的是《华北财经会议决议》，1947 年 6 月 5 日正式报告中共中央，中央于同年 10 月 24 日批准了这个决议（薛暮桥、杨波主编《总结财经工作，迎接全国胜利》，第 44、51 ~55 页）。这里是讨论记录摘要，此摘要中参与人员人名不详。

来，〔19〕42、〔19〕43年重新分散时上面困难多，下不照顾上。集中时下面困难多，上不照顾下。环境好时要集中，坏时要分散。

（2）粮食工作主要在农村，决定〔于〕群众是否发动，〔粮食〕存富户存贫户均不能够解决，群众发动以后一切均能解决。（依靠群众。）

（3）战勤是义务劳动，效率很低。最好采用雇佣办法，给以一定报酬（死分活记）。随便支差应当纠正，减少浪费。

（4）财政统一晋冀鲁豫事实上是包干制，采取公私兼顾原则，这样能够提高下面的积极性。

（5）统一、分散各有利弊，应改，基本上应统一。而在统一之下照顾各地困难。分散是不得已的现象。克服各自独立、本位主义应当强调。

经济方面：（1）吴满有方向与齐头并进矛盾如何克服。太行土改后的问题，a. 有的土地不足（壮丁），有的劳力不足（老弱）；b. 资金不足与资金太多。因此互助合作成为农民迫切要求。许多村庄互助合作统制一切，限制私人营业。合作互助与私营企业矛盾（城市公营企业）如何解决。私营企业积极负责（私养牛，私营副业）不应反对。

各村都定计划，自给自足，结果限制全区自由贸易。内地不怕自由竞争。国家经济要有计划性，私营经济不怕盲目性。

（2）金融货币：准备金越多，货币越不巩固。货币脱离金银以后，最重要的〔是〕政治保证，准备金的需要不大，仅在经济危机上有作用。群众没有发动〔的〕时候，贷款生产作用不大，不如保护物资。已稳定的地区经济自给越大，需要准备〔金〕越小。货币发行可以填平补齐，刺激生产，且有扶助财政任务。

（3）生产上要加自愿，等价，民主及农副业结合。等价因时因地而异。

（4）贸易上要解决运输调剂矛盾。交通不断破坏，不断建设（破坏铁路，建设大车）。要建立新的货物集散点，以调剂供求。

两个货币不同地区差额如何清算？过去经验，只有统一才能彻底解决。统一以后货币流通极不平衡。开辟河运交通，便利运输。

自由贸易，交通便利，货币统一已成群众要求。

安：财政问题：（1）财政方针解决今天问题，还是解决长期问题？目前是要一切为着战争。目前人民负担量已经不轻，但此限度必要时仍可以降低［提高?］，可以降低人民生活。累进率不加限制，采取虚位计分制度。

（2）整理村财政再要强调，克服浪费才能有力支持战争。提高其重要性。整理村财政与村干表功结合，以免不良作用。

（3）开辟财源，工商业税等均要，但战争缴获应当特别强调。

机关生产：建立家务、改善生活做到了，减轻人民负担、锻炼劳动观念做得不够。今天要把小家务拿出来，支持战争。今天应当强调战争需要，克服仁政观点。

（4）精简节约，采取重点主义，业务也要精简，有些事业可以不办或缓办。艰苦奋斗的思想教育，在更困难的条件之下亦能坚持。要加强管理，克服浪费现象。

（5）战勤负担着重调剂（大小调剂）。

（6）部队出击本〔着〕刘〔岱峰〕发言精神及戎〔子和的〕地区办法。补充财粮工作队要部队领导，建立政权以后交给政府。发票子要慎重，恐使市场混乱。

（7）财务行政究〔竟〕按几级制。今天宜采取三级制（边区，行署，县）。制度加强领导，坚持制度，非常重要，否则制度有等于无。财政状况适当公开，采取群众路线，使干部了解上级困难。脱离生产人数、人民负担、供给标准矛盾、谁服从谁。

经济问题：（1）两条道路，还是三种形式；（2）对于私营经济给它一条路走；（3）吴满有方式应当取消，有的说还可以提；（4）私人资本取消限制，或者应有适当限制；（5）新旧民主主义共同点是自由经营，新民主〔主义〕无垄断自由，今年对富农容许存在而不奖励发展；（6）组织劳动互助，改善生产方法，把太行经验补充进去；（7）输出要宽，输入要严，抵制美顽货运动要提出来，统一采购、统一对外贸易、群众输出、点滴输可以提倡，统一机构山东可以介绍；（8）对内贸易运输及市场管理，晋冀鲁豫经验可以补充，补充商人政策；（9）金融货币，通货政策与金融政策关系，发行指数与物价指数可以提一提，目的补充扶助生产。阵地斗争组织退却经验补充进去；（10）城市工商业政策解释客观原因太多，自己检讨太少，城市要为农村服务，为农民服务。对于私人资本态度可以讨论一下。

□ 强调保证战争不够。要用出我们全部力量来支持战争。今天不是积蓄力量，而是使用力量。现下面干部均不知道财政困难，所以增加人民负担党政干部均不同意。要动员把小公家和个人积蓄拿出来支持战争。提倡群众节约，而不提倡改善生活。（各国战时生活均有限制。）

生产问题：战争是前方后方共同努力争取来的，前方打仗，后方生产。全党动员以土改力量来搞生产，真正增加生产。主要的是发展群众生产，而非依靠公营经济。群众生产收入增加，多些负担他们也不困难。

组织形式领导方法，一切为着战争，反对平均主义，统一精神统一程度需要贯彻到决议中去。敌人投降前强调统一是错误的。

华 （1）绪言对过去已作总结，对今后任务还应明确提出支持战争。今天原来条件已很困难，再加战争人力物力消耗，且要在战争中来发展经济改造经济，这个任务自更困难。强调艰苦奋斗，高度节约，支持战争。

（2）人民负担要考虑再生产能力。

（3）粮食问题同时是个生产问题，必须要求增产粮食，增产才能增加负担。号召人民护粮，村的工作非常重要，中心区也要分散保存。

（4）战勤要求一面保障战争需要，一面节省民力。死分活记办法在战场很难实行。

经济问题：（1）改善交通发展运输特开一节；（2）吸收洋布今天不需要了；（3）应使干部群众敌视法币。

太岳〔区〕：（1）如何发展经济提得不够，如何在战争情况下搞生产？奖励生产办法未提；（2）各战略区之间如何互相支持；（3）对外贸易，组织群众输出山果土产，不能全靠公家输出。

吕 （1）精简节约严格制度，掌握预决算；（2）机关部队生产究竟如何仍未解决，究竟能够解决多少；（3）支粮具体办法要加说明；（4）工商业的战勤负担可支代金。妇女做鞋；（5）粮食斗争，争收粮食。

□ （1）反对统制思想，今天表现还很严重，不是便商利民办法；（2）货币政策独立自主，稳定物价，为着扶助生产。准备金容易引起误会。把贷款部分放到前面〔写〕，从扶助生产说起。不一定发展成为农民银行。部分增加贷款改〔为〕尽可能增加贷款。信用合作是否能成一个方向？要不投机的合作社才能完成此任务。

基本总结：（1）长期来重财政，轻经济；（2）长期打算，不要自恃富足；（3）独立自主（去年把和平的实质弄错了）。进了城市，丢了农村。自力更生。

发展方向：（1）发家致富；（2）互助合作。

安　新民主主义发展生产目的是在盈利，承认私有财产就须承认盈利。经营办法有自由发展及在自愿原则之下合作经营。组织起来是为自己的利益，而不是为人家的利益。借贷利息不应限制。经营自由应当保障。三种经济应当私营所占比重最大，逐渐组织合作，不应当由公营及合作来窒息私营。应当强调经济发展中的民主自由，反对统制思想。

刘　生产运动未从群众出发，只是从上到下刺激扶助生产。经济工作应以生产作为中心，货币、贸易都为生产服务，一切服从生产。货币、贸易方针都是为着生产。第二个革命①是总的，不仅组织起来，故应放在前面（新民主主义道路）。均产主义思想产生土地改革，而非土地改革产生均产主义。私营经济比重降低会使大家轻视私营经济，应提放手发展。

合作社的路线问题，即扶助生产，民主管理也要提出。小区自给与大区自给。对内贸易强调自由，不要反对放任（市集管理如何解释）。准备金50%保留。战争下的财政，土改后的生产，但没有把两者交错起来。要把财政经济工作提高一步，不能满足于过去的口号。

包括三个部分：（1）三五年的战争；（2）百年大计；（3）具体办法。号召人民节衣缩食，每天节省半两到一两粮食，把家务拿出1/5来可养活十万人。衣服短一寸多养一万五千人。要求想出各种办法来再增加三十万到五十万野战军。

预先准备，还是被迫的拖着走。精简、增兵、节约，今天立即进行。

今天基本方针不是积蓄力量，而是使用力量，有多少力量拿出多少力量来，争取战争胜利。

---

① 指土地改革后的发展合作社工作，当时还没有提出“合作化运动”。1955 年 10 月 4 日陈伯达在中共七届六中全会上作《关于农业合作化问题的决议草案的说明》中提到：“毛泽东同志指出过：土地改革是打破封建主义生产关系的束缚，这是农业生产力的第一步解放，‘这是第一个革命’。社会主义的合作化运动是从个体经济转到集体经济的生产关系，是打破资本主义生产关系的束缚，这是农业生产力的第二步解放，‘这是第二个革命’。”（《经济研究》1955 年第 5 期。）

财政与经济结合不够，生产没有贯彻到一切经济工作中去。

部队出击一方面要反对恩赐观点，一方面要反对殖民地抓一把的思想。为了人民，依靠人民的观点是正确的观点。

各地区要同甘共苦，只要求共苦而不要求同甘，那就无法解决相互间的关系。

强调经济利益而不单纯依靠政治动员。（互助合作应当强调这点。）

货币政策基本方针扶助生产，准备金可不提。如何掌握比价要说明。有了基金才能掌握。银行要下乡，深入农村。但不一定是农民银行。

城市政策发展土货商，改造洋货商。银钱业如何扶助发展，改造其投机性。

生产工作应当明确提出战争任务。（1）均产思想改为怕发家致富的思想；（2）组织起来防止形式主义、锦标主义、超阶段思想。自愿、等价，民主；（3）合作社是组织生产的、自愿的。发展农副业结合的小型合作社，生产与战勤结合。提出群众节约运动。

李　认识困难，克服困难。科学管理、精确计算。生产问题：土改以后农民统制劳动力。运输工作在生产工作中占重要地位。

总纲中间要加新解放区工作。

战时的、农村的以外，加上各解放区联系。

范　财政——（1）仁政观点是对财政困难估计不够，以致处处陷于被动。要想减轻人民负担结果仍然加重，要想少发货币结果仍非多发不可。竭泽而渔在我们〔工作方针中〕还不是主要偏向。（2）干部要求拿出积蓄，人民要求努力生产。小公家倾其所有，大公家才能保留相当力量准备机动。

均产思想在土地改革时是完全对的。分得土地以后愿意生产，而不愿意均产（割韭菜）。

村合作社是合作经济，小型合作社还是私人经济。前者大公小私，后者大私小公。

工厂要不要办，工厂不是代替群众生产，而是把群众生产提高一步。

货币问题：要不要准备金。物价涨时准备〔金〕要拿出来使用。拿出使用便不能保持准备〔金〕。

为着扶助生产，有时不怕物价高涨。所以反对发行上的保守观点。稳定物价与扶助生产有时候是矛盾的。

增加发行如果排挤法币不一定就加重人民负担，有时发行是对人民有利的。

发行本身不能产生物资，单靠发行也不能够扶助生产。发行要看实际需要。

周 土改以后要不要再发展富农。今天是富农经济与合作经济争夺阵地。今天只有一条道路，没有两条道路。今天政策还是发展私人资本主义。不要害怕土地集中，富农发展（奖励富农是为提高农民生产情绪，我们目的不是帮助富农而是帮助贫农）。富农事实上是不会大量发展，同时主要还是发展互助合作。

货币政策中除强调生产以外，同时亦要强调独立自主，稳定物价。且应更加明确起来。

林 统一问题影响战争，必须明确解决。历史不必总结，只要解决今后问题。

货币应该发时不发（灾荒时候，敌人投降时候），不该多发时候多发，同样是错误的。

华北财经会议“各解放区”不要。（1）征粮征钱问题，征钱很好，用什么，征什么；（2）经济问题就是生产问题；（3）战斗部队不要生产任务，后方工作就是生产，各种工作均要服从生产，服从战争；（4）新解放区工作单独来讲。

何 现在对于私人经济限制很多。资本主义自由竞争、利润法则、供求法则，应当承认。齐头并进是我们的主观计划，不是群众要求。现有强制投资，强制雇佣等现象。应以私有财产、私有经济为基础，发展私营经济，以公营经济、合作社为主要发展方向是错误的，私人资本看到没有发展前途。今天应当建筑在盲目经济上的。合作经济有些地方太多了，应当特别重视私人经济的发展（自由竞争与阶级立场）。今天为着害怕资本主义而发展合作是错误的，今天应当发展初期的自由竞争的资本主义。需要土地买卖、租佃自由、营业自由、贸易自由、雇解自由，必须打通干部思想，不怕剥削，合作及私营是主要的，公营比重不大。

冯 过去城市是为买办、封建地主服务，现在要为工业、农业服务。

（1）为生产服务；（2）为战争服务；（3）对敌经济斗争堡垒。要求：对工商业者态度的改造，一种认为我们城市没有民族资本，只有封建买办资本；一种认为可以改造团结。商会是半群众、半政权的组织，现在半政权性应当取消，应当看成我党领导下的群众组织。下设商业、工业、摊贩、公营商店四个委员会。

劳动政策：（1）工资高低应当根据客观条件；（2）应当遵守劳动纪律；（3）店员参加民兵应当考虑；（4）借贷自由、利息自由。

合作社有些就是商店，滥用合作社的名称。集股买卖不能算是合作社。

王任重　（1）今天中国只有一条道路，没有两条；（2）吴满有方向与齐头并进，不能齐头并进，（?）原因土地多少不同，劳力多少不同，合作互助也不可能齐头并进；（3）土地买卖自由、租佃自由，在党领导之下土地不会大量集中，由于精耕细作仍会产生富农。

两种经济三种形式，一是公营经济，二是私营经济（合作社亦包括在内）。（把合作社与股份公司混淆起来。）私营不管个人或合作均应一样看待，在思想上不应当有歧视，同样奖励发展。为什么要组织起来，因对发展生产有利。

今天解放区没有大资本家，没有斗争对象，将来四大家族没收，亦无大资本家，强调斗争无的放矢。把阶级立场与经济政策混为一谈，（经济政策当然是有阶级立场。）这是狭隘观点。今天干部党员懂得经济问题的实在太少，党的教育在这方面太少。

生产是增产，这是根本，独立自主在于生产，不在货币、贸易。组织起来只有穷村做得好，富村做不好。合作社以村社为基础，还是以小型合作社为基础？有了小型合作社，不一定要组织村社。我们意见〔是〕成立县联社、中心社、合作小组。银行〔在〕今天事实上是金库，仅是财厅附属机关，今后应以组织农村借贷为其主要工作。贷款只要〔是〕发展生产，不一定要〔只贷给〕基本群众，不拘数量，随贷随收。贷款额尽可能多一点。

稳定物价要从生产利益上看。（1）外来品与土产品物价对比。如外来品涨价，土产品不应低价（可从调节汇率着手）。（2）各种物品差额，维持一般水平。（3）季节的差额。平稳上升最好不写。

我们算账要把财政账与群众账一并计算。不能只照顾军，不照顾民，只照顾前方，不照顾后方。今天没有计划经济（但不能够否认我们应有一定限度内的计划），新民主主义经济是带有计划性的。政策可以指导经济发展。

安 中国只有新民主主义的道路，没有两条道路。三种形式，私营最大，合作次之，公营最小。发展前途公营、合作最快。今后很长一个时期统一多，矛盾少。后期矛盾增加。社会主义到来以前私营经济不会消灭。新民主主义限制剥削，不是取消剥削。共产党员仇恨资本主义，同时又要赞助资本主义发展。三种经济中间组织起来是一道路，但须以私有财产、私人经营为基础，且须自愿结合，没有特权。公营经济不应强调它的领导地位，过分强调就会统制。社会分工、土地集中不能限制。

货币〔发行〕目的一是占领阵地，二是扶助生产，三是支持战争，四是融通金融。战时膨胀不可避免，但是应有限度。中心是在掌握发行政策。准备〔金〕应当有点。有了准备〔金〕才能〔有〕力量。比价常常被大宗出入物资决定。如粮食大量出口时以粮价为准，我比价高。棉花大量入口时以棉价为准，我比价低。单纯掌握法币支持比价斗争，我吃亏大。把物资来支持比价斗争，我不吃亏。

讨　论

晋冀鲁豫

拥护统一

（1）只有新民主主义道路，没有旧民主主义道路。我们努力土地改革，独立自主。今天左的倾向大于右的倾向。今天是放手发展生产时候，放手发展资本主义经济，不要害怕发财。发展重点是在合作经济，是合作互助的道路。a. 互助合作中有剥削，必须允许剥削，奖励吴满有〔式〕新富农。b. 强调私人经济利益，为着经济利益参加合作互助。目的是为增产。

（2）过关与长期打算，目前正在过关，过关以后还有困难，不能孤注一掷。集中一切力量用于战争，保证战争供给，同时照顾人民负担，高度精简节约。拿出小公家及私人积蓄，渡过目前困难。考虑发行爱国公债，不仅人民可买，机关干部亦可以买。

仁政观点不是主要问题，主要的是本位主义，以仁政观点来掩护其本位主义。故应强调反对本位观点。集中与分治各有利弊，集中仍应掌握群众路线。完全集中、完全分散均不妥当。

(3) 经济工作中的群众路线。全部经济工作均系第二革命。基本精神应贯彻于全部工作。公营经济与合作社经济结合是具体道路。合作社有群众路线的与非群众路线的。

山东

今后发展一定是新民主主义的，但与旧民主主义仍有斗争。对私人资本要放手发展，亦不是盲目发展。但在客观条件上有困难。

仁政观点与群众观点是可以结合的，今天束紧裤带而非脱裤子，要到决赛时才脱。

坚持拥护统一，不乱发票子。

晋察冀

(1) 过不了关就没有长期，因此对目前过关要有充分认识。将来可能比今天更困难，今天多准备一点，将来就少困难一点。组织一切人力物力到战争和生产中去，不强调其矛盾。口号〔是〕努力生产，节衣缩食，支援前线。

(2) 几年以来人民力量有些积蓄，生产尚未恢复战前水平，但因剥削减轻，民力有些上升。政府收支没有一年是平衡的，对于政府困难估计不足。2.7% 每人 27 担，农民负担 5.83 斗。(另有 20% 其他收入。) 应该主动考虑问题，求其真正解决。去年冀中负担边款 4.2～4.4 斗，财政 3 斗，发行也合 2～3 斗，总加起来已到一石左右，人民生活仍然有些上升。所以不应以 4.2 斗为限，不要提 4.2 斗。

精简的积极意义是提高战斗力。

(3) 私人资本放手发展。对私〔人〕资〔本〕主要取消限制，而对合作则要扶持。只有自由才能自愿。经济工作有半群众观点、形式主义、锦标主义。主观上为群众服务，客观上使群众所得利益很少，要提倡没有钱亦能够为群众服务，亦能扶助群众生产。

对敌斗争过去是盲目性的，不知敌人情况。要加强对敌斗争，知彼知己，并有明确对策。

要求坚决统一货币发行，抓得愈紧，工作便愈好办。□□问题也要解决，作为中央收入。

〔华北财经会议〕薄〔一波〕副政委总结*

此次会议两月，原来希望交换经验、互相学习，收获超过原来期望。我们互相了解过去情况，交流经验，把我们的经验提高一步，比各地区的经验更完善了、丰富了，方向比前更明确了，最后作出一个决定，并成立了统一机构。大进军后各种工作逐渐统一，现在经济统一逐渐追上军事，适合军事形势需要。缺点〔是〕过去工作总结尚未做出。自毛主席提出“发展经济，保障供给”方针后，我们渡过困难、积蓄力量、供给反攻，供给目前自卫战争。在八年中还摸索一套经验，各地经验大体上是一致的。过去有些缺点，这在当时是很难避免的。去年二月以后闹和平，思想上放弃独立自主，放松对敌斗争，得了城市忘了农村。去〔年〕春三大和平方案引起思想混乱，但〔被〕迅速地纠正了。总之，十年财经工作成绩是主要的，缺点有些，不大，且能及时纠正，故能胜利发展。现在我们要建设独立自主的、逐渐统一的、新的财经机构。

人口：一万万人。面积四百万平方里，耕地三万五千万亩。城市 531 个。物产小麦、小米、玉麦、高粱。棉花占全国产量60%，煤亦占60%，铁40%。

目前困难：分散落后〔的〕小农经济，交通不便，供应现代化的大规模的作战〔有困难〕。(1）为争取胜利必须多养兵，去年七月以来参军有60 万，俘虏在外。脱离生产人口已达2.5% ~2.7%。(2）装备提高，炮弹手榴弹消耗很大。个人消耗增大，每人达 16 担（最少时仅八担)。(3）支用民力大大增加。人力畜力消耗巨大。(4）土地改革后生产在一定期间可能降低。(5）负担面减少了，地主富农不能累进。(6）可能再来一个荒年。

脱离生产 220 万人，约占 2.2% ~2.5%。每人需要负担 5.4 ~5.5 斗。今后一年将是最困难的。

一、保证战争供给

这是今天一个很困难的问题，要用一切力量解决。要解决三个矛盾，养

---

* 1947 年 3 月 25 日至 5 月 11 日。

兵多少、人民负担、生活标准，要在三个矛盾中间去挤。（1）养兵冀东要60万，晋冀鲁豫及晋察冀各要30万，晋绥和陕甘宁要30万，其中野战军占2/3，即90万。总人数不增加，要求提高野战军的比例。（2）人民负担连〔同〕间接税已达6.75斗，已经不能增加。按照调查，人民收入除去生活只余三斗，最多只能征4.2～4.5斗。（3）生活水准现在不高，还要艰苦。抗战期间7～10石，现在16石。这三者均要保证，要在三者中去寻求解决办法。

（1）精兵简政，军三地一，战斗部队1/2～2/3。精简机构。（2）精确计算，核实人数，严格制度。战勤一兵一夫。（3）取之于敌，以战养战，就地取给（向老财借粮），战争物资交公（晋南交公粮3万石，盐15万斤，棉20万斤，子弹180万发）。（4）紧缩开支，反对平均主义，首先保证军事供给，发展生产还是需要。（5）励行节约，节衣缩食。（6）清理后方资财，归公。小公家要毁家纾难。（7）整理村财政，冀鲁豫提出不超过五斤，有些地方依靠公产生产解决。（8）统一调剂。（9）取之于民，增加税收。（10）发展生产运动，要与土地改革同时进行。

二、发展生产方针

新民主主义经济从何着手建设，经过一年土地改革，地主大体被消灭，今后生产〔是〕发展方向。“组织起来，发展生产”进行第二个革命。我们任务在于组织合作社（在私有个体基础上），农副业、手工业的合作互助，提高生产力。谁能提高生产力谁就能够领导中国。要提倡吴满有方向。公营经济虽要提倡，不能统制一切，应当扶助私营和互助合作。对私人资本放手发展，今天不是太多而是太少。是从现有基础之上放手发展。党内教育与社会经济发展不能混同。要让群众发财才能发展生产。要有竞争而非齐头并进。要“军民兼顾，公私兼顾”“集中领导，分散经营”。三种经济今天要以合作为主，实行保护政策，达到独立自主。如颜料入口对我损害很大，颜料、纸烟均要禁止入口。开展群众性的反蒋美货运动。

三、财经工作群众路线

为群众服务（亦为战争服务），凡为群众服务都能做好，脱离群众均会失败。群众要求我们办些什么？过去要求分配土地，土改以后要求生产。扶助群众生产才能适合群众要求。群众要求贷款，我们反对高利贷自己又不想办法解决。太行农民组织技术委员会，研究精耕细作。要从群众中来，到群众中去。

四、统一决定

首先为着战争需要，其次为着发展经济，群众需要。成立统一机构。统一货币发行计划，军队人数，供给标准大体上要一致。大项集中，一般仍由各地独立负责。统一以后会有困难，大家要有克服困难精神，勿把困难集中上来。打破山头主义。

〔华东局〕土地〔改革〕总结*

第一部分　估计

一年来共经过了三个阶段，大发动、填平补齐及总结运动。

一年来本区地主阶级大体消灭，农民普遍的得到了土地，许多同志过去对土改成绩估计还不够。大反攻以后，反奸诉苦运动，成绩亦很大，《五四指示》以后收获更大。历史上未解决的问题，今天我们解决了。这是历史上第一次实现了耕者有其田，运动的规模是很大的，如果没有这一年来的土改运动，一年来的自卫战争是不可想象的。如一年来二十万新战士上了前线，所以土改是解决了很多的问题。各解放区一年来的土改共有六十八万新战士参加了前线，如无土改运动这是做不到的。

采取的方法是：中间不动两头动，消灭地主，削弱富农，消灭了赤贫农。这是普遍的大量的办法，另一办法是打乱平分。

我们将这一问题稍加回忆，即会感到当农民起来要求土地时，我党采取什么态度，应该是举手赞成，否则即会重犯机会主义。如一九二七

* 1947年6月25、26日，华东局为检讨一年的土地改革，重新审查山东土地改革的方针政策，在鲁南寿塔寺召集华东局扩大会议。根据会议精神，华东局发出《关于山东土改复查新指示》（即《七七指示》）。这次会议助长了山东土改中“左倾”倾向的错误（唐致卿、岳海鹰：《山东解放区史稿·解放战争卷》，中国物资出版社，1998，第151～152页）。

年农民要土地，我们谭平山支持出布告，未同意，结果犯了机会主义的错误。抗战中的减租减息运动，今天是落后于群众要求的，假如在抗战中解决了土地问题，情况是会更好一些的。同样的《五四指示》也是落于群众要求后面的，假如《五四指示》后再不能解决土地问题，就会重犯历史的错误。

第二部分　基本总结

第一，地主阶级不能亦不可能在一次运动中完全消灭，农民不能亦不可能在一次运动中完全彻底发动起来。大发动中间不管运动如何大，但只能是粗糙的，不能彻底解决问题。在这种情况之下，领导上不能丝毫满足，而应提出反对差不多〔思想〕。领导上头脑必须清醒，□不争取定〔?〕，还要继续打下去。每一次运动之后，都必须反对差不多，以达到彻底平均分配土地的历史任务。

按过去的规律讲，大反攻到去年三四月问题已经差不多了，应该进行反左，然而我党中央却发出了《五四指示》，要进一步来解决土地问题。我们去年六月布置这一工作时将《指示》的〔精神贯彻下去〕，批准农民的要求是主要的，照顾地主富农是次要的。到去年十月中，大发动进入了一个相当的阶段，这时有人提出差不多了，我们中央局即提出反对差不多，打死落水狗，提出“填平补齐”的口号，结果各地新的运动高潮又到来了，农民进行了抄家分浮财的运动，到今年一二月间又开始进行群干团结运动，退出干部多占的果实。

在这十三个月中间，我们对地主阶级是进行了相当大的打击，但结论却是还不彻底，如武安地主将农民分配的土地记入流水账中，上写明谁谁谁分配了他的土地，还写有“纸笔千年会说话，子孙三代要报仇”。这说明了地主阶级不能在一次运动中被彻底消灭掉，农民觉悟亦不可能在一次运动中完全提高起来。

第二，放手发动群众，走群众路线。群众路线讲起来简单，但做起来就不是那样容易。本区群众之运动，一年来如无中央及中央局的支持就几乎支持不下去。每一次运动高潮时就有人以各种形式出现来反对这一运动，如《五四指示》以前，及“填平补齐”中都有人叫嚣过“左”了，结果我们领导上对这些反对意见是采取不理的态度。为什么我们党内会发生这些叫嚣呢？原因是我党内有地主出身的分子，对这种错误必须进行严肃的斗争。

群众自己解放自己，如群众发动不起来就不能真正解决土地问题，这些地区我们叫之没有土地问题的空白区。所以运动中我必须反对包办代替恩赐现象，只有这样群众才会感到自己有力量，自己是主人翁。

政策法令如与群众要求相矛盾怎样解决，这应服从群众的要求，我党的政策就是从群众中来的，我们应该坚持真理，修正错误。

群众路线是无穷无尽的。

第三，团结中农的政策。去年传达《五四指示》时提出三条：①不侵犯中农利益；②吸收中农参加斗争；③给中农一定利益。执行了这一政策的结果，团结了中农，消除了落后群众的顾虑，孤立了地主，同时，还可以放手发动群众，达到团结 90% 的农民的目的。相反的如不吸收中农参加，或一定时期□将中农放在外面，则都使运动展不开，孤立不了地主，这叫做冷冷清清的革命。我们应该发动贫雇农，同时又要发动团结中农，这其中我们“左”的错误，即在于有些地区，未能经常保持农村 90% 以上的农村统一战线。各地经验证明，在土地改革中要经常不断的注意中农的任何变动，只要贫农经常能与中农保持一致，那就不怕犯“左”倾冒险主义的错误，“左”倾冒险是以中农为标准的。

打乱平分的办法要十分慎重的进行，一般不应采取此种办法，如要做也要反复的征求中农的意见。

第四，土地改革的果实分配问题。应采取无条件的公平合理、平均分配的原则，这是贫农、赤贫农完全赞成的原则。一年来各地是存在着两种原则、两条路线、两种办法。一种是也是大多数的办法即平均分配，另一种是富农路线的分法，即按问题、按功劳、按积极性、按参加农会〔与〕否等来分配。具体表现为：①村干积极分子自居有功分的多，分的好地；②机关部队占据没收汉奸等的土地；③原佃户、大佃户分的多而好；④合作社的基金以果实充作；⑤地主将土地自动献给机关部队、合作社作基金；⑥事先卖地储蓄现金（多是干属，因消息灵通）。这一切都叫作富农路线的分配方法。

党所批准的路线是公平合理、平均分配的路线，因此纠正六种办法所隐藏的财富，一定要重新分配。但在抗战期间中按问题分配的土地，今天不应反过来说区村干部，一年来经验证明，凡采取了第一种办法者，干群关系都很好，否则即有纠纷，但〔公〕平的问题，大家不要了解的太绝对化了。

第五，发动落后群众。根据经验证明，群众的发动也是一层一层的，并不是一次都能发动起来，所谓落后群众是带“”的，其中包括各阶层的都有，最多的是妇女群众。同时所谓落后是发动起来的晚，这一问题是在“填平补齐”中搞出来的，它是地主阶级的防空洞。去年九月提出挖防空洞，发动落后〔群众〕，落后群众发动不起来，地主阶级是不能彻底消灭掉的。自从发动落后〔群众〕以后，运动是大大的向前推进了一步，经〔过〕发动落后〔群众运动〕中解决了他们思想中的宿命论，进行了挖穷根的教育。

过去我们对妇女问题认识有些偏差，如强调了婆媳及与男子压迫的关系而忽略了阶级矛盾压迫，其实不然，这次运动中证明妇女必须发动，同时力量也很大。

第六，区村干部政策。土地改革中，区村干部私占的果实应退出，作风不民主就须使其改变，这一问题如不能适当的予以解决，就会发生乱子。

在本区共有一百万的区村干部，我党是通过了他们来联系群众的。如果我们党不能改造这一百万人，那就会犯错误，在这一问题上过去我们是犯过错误的，如反新贵等。因此我们经过调查研究后规定：①研究区村干部的历史，承认其光荣历史有功劳；②这些人也犯了些错误，但这些错误是有其社会的及历史的因素的，这是可以改造的，我们领导上也应负责任，我领导上过去分配任务不经调研工作，只去分配任务，要求雷厉风行，限期完成，这就可能会发生官僚主义、强迫命令；③因此在这种情况下，我们党应采什么态度呢？是否应落井下石呢？如我党不能改造这些人，那就不配领导革命，我们应该采同情的态度、惋惜的态度，所以我们是采取改造、争取、教育态度，采取立功表模表功的方式，而不是反新贵。经表功表模中来检讨缺点，并经群众的批评，这样就改善干群的关系，达到了干群的团结，改造了一百万的区村干部。

第七，对地主与富农的问题。对地主必须根据 90% 以上农民群众的意见来处理之。对中小地主及抗日地主、干属军属地主的照顾，必须是依照群众的自愿，因此由领导上规定给这些地主比中农多一两倍的土地是错误的。至于群众痛恨的恶霸，必须由群众彻底斗争。本区给地主留生活大体有三种：①留比中农或稍好于中农的生活（少数的）。②留相当于贫农或稍低于贫农的生活（大多数）。③扫地出门，个别安置。

对地主总的大体上是先消灭之而后安置之，挖内货、分浮财我们是批准了的，如干属区村干部给了过多的照顾，自己应自动向我实说，退出多分的土地，相反的如反抗土改运动，则应开除党籍。

工商业的问题，对地主的可以清算，对民族资本家的工商业则不应分配。

在土地改革中内战期间，政策是肉体上消灭地主，经济上消灭富农，是错误的。今天我们必须领会这两个教训，肉体上消灭地主是错误的，但罪大恶极的地主，群众要求则可以杀之，否则即应留生活，不能杀。

对富农的土地及牲畜等，为满足群众的要求不动是不行的，但须取得中农的赞成，并应进行耐心的解释，但动的中间也不应全部分配，并应保留一部分富农经济，以便使中农有上升的希望。一般的富农政策：①内货一般的是不搞，同时对富农亦应加以区别，越详细越好，如上升的、下降的、恶霸的、汉奸的等，对两头赶上者应以对地主对待之；②对富农的土地，一般的比地主留的多。

第八，边缘区、游击区、新区土改问题。这些区完全可以进行土地改革，在游击区虽然是游击的动荡的环境，同样可以进行土地改革，只是时间上可能有些延迟，主要是要与武装斗争、反特斗争相结合，打的面要小些，分果实面要大些。在新收复区必须进行有功必赏，有罪必罚，其中没有什么宽大政策。

新收复区要将清算反奸、土地改革一揽子进行。

第三部分　今后任务

现在全区虽都经过了三个阶段，但一般的说地主阶级还没有彻底消灭，今后任务要继续进行土地改革，充分发动群众，彻底消灭地主阶级，实现耕者有其田。具体的是：

①凡经过彻底土改地区（但还有地主隐瞒土地财产者），也不是□的阶段或反左的阶段，而应提高警惕性。在目前虽不必继续搞，因是生产季节，等秋后再进行一次大复查，达到美满。个别的进行复查，彻底消灭地主阶级，使其永无复辟之机。

②在土改不彻底区，应一面进行土改工作，一面进行生产工作。

③区村干部多占果实应退出，机关部队占据的土地亦应完全退出，但须根据上述办法进行。原则是问题必须解决，方法必须讲究。

④继续发动落后〔群众〕。

并准备秋后再来一次大复查运动，同时配合这一运动后要进行发展党、改造政权的工作。

财经工作讨论*

黎玉 山东财经工作应付今天局面，财经工作如何应付，争取胜利，关系重大。过去摸索了些经验，得到改造，总算应付过来。但制度未能建立，干部掌握政策很差，工作未能贯彻，统一集中不够，保守主义，本位主义。领导上有保守，如生产自给发现问题不能解决。财政任务过重妨碍贸易政策执行。

艾 过去检讨：（1）发展经济保障供给，贷款扶助群众生产不够，扶助群众生产不够，只有布匹能够自给，公营工厂不吸收群众参加，管理不好，以致亏本。淄博煤矿经营方针错误。火柴工厂不能大量生产。金矿解决不了技术问题。（2）开发财源，战时银行透支 1.7〔亿?〕，去年 35〔?〕，今年 120 余〔?〕，连胶〔东〕、渤〔海〕达 183〔?〕，总计达 228〔?〕以上。总发行 420〔?〕。培养财源不够注意，税收未〔做〕好研究，领导上主观主义。村财政整理忽视。制度不合实际，执行混乱，苦乐不均。

自己检讨：工作保守，个性固执，任务太多照顾不了。

今后工作：财政开支不能依靠发行，积蓄物资已经完了。今后必须：（1）紧缩预算，节约开支；（2）清查积存物资；（3）财政供给统一；（4）部队供给标准重新确定；（5）机关生产决心取消；（6）救济物资作为财政收入。

穆 希望建立统一的强有力的机构。下半年亏空 300〔亿〕，等于上半年全部开支。如靠发行生产将受极大影响。（1）统一征收，应把各个机构、各个地区联系起来；（2）各部队机关都打埋伏，否则不能解决问题。战争

* 根据笔记内容及前后顺序，此次会议的时间约在 1947 年年中，地点在山东。

缴获不能交公，结果浪费损失很大；（3）采购200〔亿〕，要100万担生油才能换回，此数无力负担。凡此均必须有一个强有力的财办，统一掌握这些工作。

银行需要统一，不应彼此分家。冀中工厂过去铺张浪费，几次搬家损失很大。

冯　（1）各部队所堆积物资弹药，多至不可胜计。公营商店资金至少60万万，造成物价飞涨，且使干部思想腐化；（2）生产贷款是有利益，过去限制太严，银行〔应〕设立区贷款员；（3）制度要与战争环境适合，要能解决困难，否则无法执行；（4）物质待遇，滥借滥卖粮食应受处分。

洒　币值继续求其稳定，平衡财政收支。批评银行保守我不同意。

村财政开支常常超过公粮，根据研究每年每人六斤已经够用，约合公粮的15%，可随公粮附征，由区掌握开支。各纵队设财粮特派员。

经济问题盐运已成问题，盐民生活困难，土布无人收买，影响生产。

袁　1940〔年〕以前摊派，以后逐渐建立〔制度〕。当时部队生活很苦，夜盲很多，当时生产自给起些作用，但已有做买卖，破坏制度。

石　上半年整个布置保证财政收入，缺乏对生产的照顾，物资只向外搞。要搞钱，而且要使物价稳定，一切为了战争。战争情况不能积存物资，为免损失只能大量出售。上半年完成60万万，损失18万万，其中有群众和军队拿去的。下半年财政任务放在税收，增收营业税，估计可到30〔万万〕~40万万。烧酒等30万万，情况开展尚可增加。食盐现在不能赚钱，约存二千万斤（半数运到内地）。销售困难，差额已经取消，管理亦已取消。现在薄利广销，向前推进时可支持本币。盐店必须存在，取消管理。烧酒收入占2/3。消耗粮食减了三分之二，现每月450万斤，72个锅，原有208个锅。全年土产出口只有40万万，无法完成采购。物价，滨海175〔?〕，鲁中300〔?〕，渤海300〔?〕，胶东150〔?〕，全省240〔?〕（六月与去年十二月比。）物价稳定原因之一，公营商店害怕损失，纷纷出售物资。

穆　货币金融政策，（1）初进城市，强压伪币，抢购物资。（2）膨胀抑紧缩，要独占市场，支持财政，发展生产。掌握发行规律。（3）外汇还是需要调剂。（4）烟台扶助私营银号，有的400万资金贷款一二千万，利息很低，用于投机囤积。（5）解决城市贫民生活应以发展手工业为主。（6）农村贷款每区要有二三个干部。

邓〔子恢〕[1] 政委 工作任务“发展经济，保障供给”，要有重点，今天应以保障供给为主，为着保障供给必须大量发行。发展经济应为保障供给服务。军队困难不能解决，有些浪费不能避免。要求生产自给不是实事求是办法。审计机关应当懂得军事，了解军队需要，定了供给标准一定充分保证。

党的经济政策适应于对各阶级的态度。乡村消灭封建地主，依靠贫雇农，团结中农，城市依靠工人贫民，争取中小资本家，孤立大资本家。（1）财经必须完全统一，胶东、渤海必须统一；（2）财政开支主要依靠税收，税率太高逃税必多；（3）盐专卖不行，只能管理出口，盐行在盐的运销上尚有作用，专卖实际上是帮助敌人封锁；（4）公营企业不应普遍发展，这是违背新民主主义经济政策。工商局的公营企业不要扩大。公营工厂必然降低生产效率。公营经济应当扶助私营经济，发展合作社。部队机关贸易必须取消。工厂作坊也应取消；（5）私营银号不必贷款扶助，对外贸易只能管理，不能统制；（6）以战养战不应过份强调；（7）民夫运输尽可能采取工资政策，运粮山区15%，平原12%，不应减少。

今后方针：下半年预算亏空很大，需要：（1）核实预算，既要节省又要解决问题；（2）救济物资作价扣除。设审计委员会；（3）税率调整，开辟生财之道（斗争果实献金，战争公债）；（4）全省统筹统支；（5）工商局应调剂供求，稳定物价。工商局供应前线，稳定物价是有成绩的，贡献很大；（6）采购应当统一，但应利用原有机构；（7）发展纺织很大成绩，解决供销问题是其主要关键，已达群众收入的25%；（8）土改彻底完成后应大量贷款，不怕膨胀。城市贷款主要贷给手工业者。城市改造是从商业城市变为手工业城市再变为工业城市。工商局要为群众服务，扶助手工业生产；（9）设立军政联合办事处，宋来任付［副］主任。健全供给部，仍归军队领导。建立金库。行署要有审委分会。工商局范围太大，税务、贸易分开，盐务也可分开。

李 （1）机关增多，浪费干部；（2）采购物资有了钱亦不能解决问题；（3）需要加强运输力量。

---

① 邓子恢，时任中共华东局副书记。

曾 去年二三月间华中不敢发行，造成财政上的被动现象。去年秋冬财粮虽有浪费，但能掌握制度，没有紊乱。到此后看到预算不够，建议充分准备，但不能被采纳。过大〔的〕自给任务，使财粮制度均被冲破。今后办法：(1) 整理金库及收支程序，会计课目，否则庞大收支很难掌握；(2) 工商局税收应交金库，资金很大完成任务不大〔?〕，工作过份繁重，而且陷于孤立地位；(3) 粮食相当紊乱，粮票发得太多，但已采取各种积极办法；(4) 财政制度紊乱，没有想法纠正，村财政也没有想法整理。今后总的任务，为消灭封建经济，扶助赤贫上升，继续发展经济，保证战争供给；(5) 生产贷款应当放手发放，不怕膨胀，扶助生产发展；(6) 建设运输事业，工商局设运输公司；(7) 组织劳动互助，提高生产效率，并以贷款配合；(8) 财政厅工作很多，要清查土地，整理税收，整理没收款产，战争缴获，整理村财政，清查物资；(9) 整理专卖，酒可争取输出；(10) 建立统一财经机构，任何收入均交金库，工商局归财政厅；(11) 贸易政策对内自由，酒可公营，盐改调剂。对外应当管理，加强斗争，争取有利交换，加强采购工作；(12) 银行工作帮助财厅建立金库，掌握金银、外汇，掌握贷款，银行应当统一，各地不能自由发行；(13) 健全粮食制度，纵队师设财粮特派员。

工厂工作会议*

滨海

公营企业共九个单位，资金四千余万，计煤矿三个（众兴、保和、华成），华祥二个厂，华兴、利民二铁厂，火柴厂，丝织厂，共职员百余人，工人练习生四百人。共大机一五〇张（丝织在内）。华兴柴油机三部，旋床十三部，刨床一部。利民旋床一部。资金：私人资金仅一百余万元，内煤矿一百万元，只有华祥吸收职工私资数万元。

去年成绩：产量织布不到一万大匹（余略），盈利四千九百余万，群众收入二千余万元。与物价上涨比较实际上是亏的。问题：(1) 方针不明确，

---

* 根据笔记内容及前后顺序，此次会议的时间约在 1947 年年中，地点在山东。

和平开始时有取消思想，和平建设，单纯盈利观点。如放弃土纱改织洋纱（约占三分之一），群众纺纱停顿。秋冬纺纱供不应求。莒县发展纺织没有扶助群众生产。（2）没有吸收私资，不能掌握公私结合政策。（3）无计划的建设，现有工具未能充分利用，华祥停工三分之一。（4）除众兴、保和稍有盈余外，所有工厂明盈实亏。（5）不管市场需要，盲目生产，毛巾、肥皂积压难销。（6）分红掌握上有偏差。

制度：十小时工作制，十天休息一天，工资有货币、粮食、混合三种，纺织计件分红。煤矿多卅斤（每月），不分红，年终酌给奖金。六月后以粮食作为标准，全面工粮（伙食自理）。最高二百四十斤。

今年工作计划：小型工厂已在萌芽，应予扶助。群众能办工厂，逐渐改归民办。公营工厂要与群众生产结合（如华祥归推进社领导）。工具厂及煤矿经营需要大力发展。（众兴、保和合并为临郯矿务公司）。莒县火柴厂与日照火柴厂合营，仍缺原料，桿亦用完。华祥着重染整。工具厂以一半力量军工生产，一半力量制造工具。

资金：华祥（大店）二千万，（莒县）一千万，（临郯）煤矿一千五百万，工具厂（华兴）一千五百万，大纶一千四百万……共八千八百万元，不再向实业厅要钱，现欠实业厅四千二百余万，余为去年盈余。按物价比率，今年资金比去年减少了。

问题：（1）工资待遇希望统一规定。（2）小型合作工厂贷款。

华兴 职员、勤杂二十九人（内勤杂十三人），工人四十七，练习生三十一。生产状况，军工占40%以上，修理占20%以上，余为工具、农具制造。由于工具及技术的改进，每人每日产量增加二三倍至五六倍，质量亦已提高。工资原为一四〇至三五〇元，后改全面工资，二一〇至三五〇斤，练习生一四〇至一九〇斤。后又改为半供给制，吃穿均由公家供给，再按技术高低，最高一七五斤，最低三五斤。（比大华低一半。）

今后意见：工具需要补充，比较粗糙。需要发展小铁工厂（五～十个），供给群众工具需要。今年上半年要做大机六〇，弹花机二〇，柴油机五，旋床五，石印机十。计划军工占40%，工具占40%，修理占20%，要增旋床工人，否则很难完成任务。

华祥 工资制度：去年五月前为半供给薪金制，六至十一月改全面薪粮制，最后为计件薪粮制。薪粮为一五〇至二六〇斤，包括伙食，每三月评定一次。结果病假事假很多，二十二张机平均要停九张。于是改行计分办法，产量大大提高。但因工资总数未变，计工按分分配，结果产量增高工资未增，大家感觉不行。十二月起改行计件工资，按照已提高的产量规定每件工资。一般工人除吃以外每月所得薪粮平均不到四十斤，勉强够穿。

新华书店工厂最高三百五十斤（吃扣一百五十斤），还有分红。大鸡烟社最高二五〇斤，外加布六尺二寸，最低一百五十斤（布同）。技术工人四百斤（布同），并按一万元股金分红。盈利百分之三点五按劳分红，三月能分二千元上下，且有节约原料奖励。鞋厂最高三百六十斤，扣伙食一百三十斤。职员最高一百二十斤。合作社织布每匹六百元，超过标准每匹加二十元。

大绸每匹工资一六五〇元（每月织五至八匹），小绸每匹一〇五〇元（产量相仿）。均系厂外工人。厂内工人最高二一六斤（连吃）。困难〔是〕绸子销不出去，存小绸一千三百多匹，大绸二百多匹，共压资金五百余万元。群众框丝用盐使假，过暑即脆，工商局拨来四千余斤均已发脆易断，织出绸来不好。去年提倡框好丝，使假的仍有80%。

鲁中

十个工厂，内纺织厂三个，丝织厂一个，肥皂、酒精各一，皮革厂一，铁工厂一，麦粉厂一，纸厂一。矿有金矿局，下设十三个事务所，仅仅收税。煤矿有二个矿务所（新泰、莱芜一个，章〔丘〕历〔城〕一个），孙村煤矿，系公私合营（公股没收来的）。

利源〔资金〕四六年九〇三万，公资二六〇万，私资六四三万。职员一九，工人七六。有大机十七张，提花机三张。利源皂厂〔资金〕五四八万元，公资四百万，余为私资，职员九，工人二〇。南寨鞋厂〔资金〕三七八万元，公资二百万元，余为私资，职员十一人，工人七六人。利源酒精〔厂〕〔资金〕三百万，全系公资，职员六，工人十一人。利鲁纸厂公资五十万元，职员五，工人廿三人，纸池七个。鲁太纺织〔厂〕资金二六一万，内公资二四八万，大机六张。源兴纺织〔厂〕资金二三七万，内公资一五四万，大机八张。新昌丝织〔厂〕资金一八三万，内公资一五三万，大机八张，提花机一。八厂合计资金二八七五万，内公资一七六五万，私资一一一〇万元。职员七六，工人三一五人。

去年下半年盈利，南寨鞋厂八九六万，利源肥皂〔厂〕九九九万，利源染织〔厂〕一〇三九万，鲁太三六六万，源兴三六〇万，新昌三五一万……总计四一三九万元。职工分红五五三万，股金分红三三四三万，保险金二〇四万元。按实物计算尚有盈利，资金一元约可分红一元四角。

今年资金，利源染织〔厂〕一五〇〇万，南寨鞋厂一五〇〇万，肥皂厂一二〇〇万，纸厂二五〇万，新昌五〇〇万、鲁太四五〇万、源兴五〇〇万、酒精〔厂〕三〇〇万、铁工〔厂〕四〇〇万，麦面〔厂〕八〇〇万，共计七二六五万，提出盈利一千万元作建设费用（计划用作财政开支）。

工资采取按件累进计资分红制度，不能计件者计时。上半年供伙食，货币工资，下半年全面实物工资。练习生第一月一五〇斤，渐增至二〇〇斤（六月）。工人二〇〇至三五〇斤。历史长的工厂二分之一分红，短的三分之一分红（占工资的）。分红数占盈利10%～20%。

事假每年不超过二十天，超过即扣工资，病假一月以内工资照支，第二三月光管伙食，以后另行设法。妇女例假三天。日工十小时，夜工八小时。学习一点五小时，旬日休息。固定工资每三月评议一次。抚恤费一年的二个月，二年的四个月，以上类推。儿童保育每月四十斤，工厂及保险金各半负担。医药设巡回医疗医院。

（1）吸收私资，轻工业渐由公营变为民营。私资超过公资时成立董事会。现利源已超过，鞋厂即将超过。（2）扩大铁工厂及煤矿，建立新型工业基础。（3）设立联合营业部，临时调剂各厂资金。如设实业公司，或由推进社来负此责任。处科不能解决业务问题。

利源　去年下半年改全面工资，最高标准三五〇斤，去〔掉〕吃一五〇斤，余二〇〇斤，一半分红，即减去一〇〇斤，实发工资一〇〇斤。连吃实发二五〇斤。计件毛巾以七〇打为标准，每打三斤，七一至八〇打为九两，八一至九〇打为十两，名为累进，实则大减。但二一〇斤中有一五〇斤不分红，九两、十两全部分红（超过标准还是吃亏）。最近会议决定不除去分红数，实发三五〇斤，分红减至盈利10%，给养粮亦分红。小匹每匹八斤，每月以二〇匹为标准，二〇匹以外每匹加四两，二三至二四匹加八两，下类推。毛巾七〇打每打二斤半，以后每十打加一两，至一三〇打为二斤十四两。

去年厂中半织洋线，半织土线，仍然供不应求，因为群众小机均用土线。大家抢购土线，结果线的质量降低。土线小布销路很好，群众乐用土布，因它厚实。秋冬厚布好销。

利鲁 敌人投降以后土纸难销，去年上半年常停工，七八九月仍因无钱购买原料停工。十月后造契纸重新开工，存纸卖给报社。土纸难销原因成本贵，质量差（多费油墨）。去年上半年每池每月造大文化纸一万六千余张，下半年平均一万二千余张，比上半年降低。上半年赚十五万元，下半年赚八十余万元。

今后计划，要减低成本，推广销路。（1）改进工具，利用水力打碾制造压纸工具，改良火墙。将来可用木料造纸。（2）七个池子全部开工，原仅开工四个。（3）上半年准备造纸（大文化纸）六十万张。

新昌 外来人造丝的绸子价贱，群众不〔识〕真假，妨碍真丝绸子销路。后来群众逐渐认识，群众知〔真丝绸子〕比外来货好。去年下半年限制外来货，加以群众认识，出品供不应求。困难〔是〕工具零件难买，以致产量降低（自己可以制造）。提花绸子每月［每机?］能织二〇匹。今年上半年计划产一五〇〇匹。

鲁南

鲁南接收时候（去年五月）只有两矿、两厂（织厂、铁厂各一）。资金铁厂八〇万（只有煤铁没有工人），织厂四四〇万，两个煤矿三二〇万，共八四〇万元。煤矿一个停开，因为埋藏不多。七师一个工厂交给行署，与我铁厂合并。

现在华丰包括织布、毛巾、肥皂、造纸四部，共有职员一六，工人二〇，练习生一〇六，资金已达七九〇余万元。有铁机二二张，毛巾机一八张。铁工厂有旋床四部，钻床、刨床、铣床各一，工人二一人，练习生一一人，职员七人，资金三五〇万元。枣庄运回卷烟厂、面粉厂、榨油厂各一，因情况紧张均未装置起来。

工资最高三〇〇斤，最低一八〇斤。铁工厂（每日）最高一六斤，最低三斤（管吃）。出品铁工厂制压花机四部，余为修理。华丰出布一七二五匹（大匹），纱布二〇〇〇余匹。毛巾七七三六打，肥皂九四七箱，纸一二六刀（每刀百张）。煤矿能供自己烧炭。

柴科长发言

工矿工作应在旧有基础之上进行建设，应当研究各地自然条件，调查旧有生产工具，把它充分利用起来。必须充分利用旧有技术人员，但勿完全依靠他们，必须培养新的技术人员。组织机构应当精简，会计、保管、营业等直受经理领导，工务股直接领导各部工人。联营部暂不成立。

今年工作任务：对这半年形势应有足够估计。主要搞工具、农具工厂和开矿，同时亦不放弃日用品的制造。鲁中应建工具工厂，滨海建设丝的小型工厂。染织厂提高质量，打开销路，扶持群众生产。面粉厂最好每区建立一个。火柴、造纸根据条件建立发展。

讨论

滨海　吸收民资应向鲁中学习。小纺织厂与群众生产结合。工资全省不易统一，轻重工业应有明确区别。华兴与大华工资差异太大。

鲁中　工资待遇纺织〔厂〕二〇〇至三五〇〔斤〕。面粉〔厂〕泰安原薪五〇〇斤小米，现定七二〇斤。机器工人工资小了不易吸收，最高应七二〇斤。发展计划建设铁工厂，掌握孙祖煤矿，轻工业逐渐转为民营，发展一毛织厂，丝织厂亦可与群众生产结合。

工厂管理三部门：（1）工务；（2）会计保管；（3）营业供销。这三部门均应健全。小厂职员或兼工人，减少闲人。

鲁南　工资需要统一，但在今天降低提高均有困难。发展计划：铁工厂调整干部，改造机构，充实工具。纺织厂要扶助地方纺织事业，多用土纱。所织花布不易推销。

太行区工厂管理有经理、监理（政委），下设工务干事、管理干事。工干下有计工员、收发员。管理干事下有会计、管理员，有的工厂有营业员。另有工人所选工委，与经理、监理组织三人委员会。工厂要有政治工作，要有成本计算，在这方面山东不够健全。

耿厅长

公营工厂开始由工商局领导，在其发展上起相当作用。去年移交行署管理，由于情况变化，发展还比较慢，但仍有些进步。今年仍然有些官办理想，讲究形式，滥用行政权力，依靠政府，甚至采购原料、推销成品亦不自己负责。

工厂的企业化决定于适合市场需要，减省成本，工人生产积极性的提高，组织管理精简科学。数者结合，方能成功。

发展计划，毛巾、肥皂可以改归民营。应当发展小型工厂。

合作会议（七月三日）*

滨海汇报

情况——战争紧张，出夫，敌机轰炸，物价高涨，群众情绪动荡，生产停滞。我们布置纺织生产，效果不大。四月以后逐渐安定，生产紧张，物价下落，合作社存货太多叫苦。我们成立渔业蚕业推进社，并有合作运销站及几个县推进社。莒南准备成立县联社。临沂、临沭、东海等地因受战争摧残合作社垮台很多，在百分之八十以上。未受战争地区〔合作社〕均有增加，股金亦增一倍，社员亦增一倍（一个区的统计）。战争时期供应军队更需要有合作社的组织，集市取消〔后〕亦需合作社来供应人民需要。土改复查彻底翻身更使合作社普遍发展。真正为群众服务的合作社，群众不要他们出夫，社干工作情绪更高（如十字路在最紧张情况下仍能坚持工作，扶助群众生产）。织布现多转为妇女劳动，俾不影响支前，亦不妨碍生产。社干亦多变为妇女。许多村干带头出夫，社干代替处理村政。十字路永利合作社设大众饭馆，招待来往民夫，公私称便。

纺织生产二三月间消沉，后渐活跃，战争负担过重故不得不积极生产。工商局少收布，纱布销售困难，工商局收了五百万尺仍未解决。各合作社存

---

* 根据内容，此件应为1947年7月3日在山东解放区召开的合作会议笔记。

纱太多，我向银行贷款一千万元，各合作社存纱我负责收购一半。拓汪商行同样收纱。工商局无贷款收纱没有兑现，各合作社存纱存布无法销售，只能动员转向其他生产。此时工商局又开始收布，但物价上涨，大家存货不愿出售。今年上半年织机停2/5，纺车停1/5，产布约二十万大匹（三县统计），纺织工合计约一五万万元，平均每人一五〇〇元。洋纱入口土纱积存很多，麦季纱价仍未上涨。

推进社的成立帮助纺织解决部分困难。我们开了三次会议及时纠正偏向，解决困难，传达新的经验。反特发现十一个区有六九个特务，其中十个为经理，洗刷改选后合作社与群众关系较前密切，与工商局的关系亦较密切，村干兼任社干，故与村政配合亦较密切。

难民生产，临沂、郯城、临沭、东海等地难民一万二千人，牛驴千余头，大车三百余辆，现在半数回乡。能自给的难民占百分之四〇到八五。专署及县设难民生产委员会，下设生产大队、中队、分队、小组，有些地方变为区村难民合作社。临、郯成立推进社。生产项目：参加当地春耕锄草，副业纺线、纺毛、打袜子、做鞋底、运油、运盐等。专署对难民发安家粮，动员地方帮助，组织难民生产。通知各合作社帮助难民生产，以他们的人力牛力帮助完成春耕。组织大车向鲁中运盐未成。组织打油、运米、运油收效很大。纺纱三百余人，定做鞋底八千双。小本买卖亦多。儿童拾草。五六月间男的大多回去，妇女多纳鞋底，临沂弹毛、纺毛、打毛袜，儿童拾草十一万斤。

今后意见：（1）开展毛织需款四千万，打袜二十万双，需生毛三十万斤。（2）收布可通过推进社，以便扶持合作社及提高质量。（3）各战略区大量采购应通过当地推进社。

补充：难民生产为着使沦陷区村干武工队安心工作，巩固部队，很为重要，且可训练他们回去后领头生产办合作社。各村各合作社均甚重视帮助难民生产，各机关亦发动救济及慰问，发起群众的一碗粮运动，村民、难民互相帮助，完全像一家人。

工厂（华祥二，大纶）与推进社合并，过去工厂扶助群众生产作用不大，不受群众欢迎。莒县华祥首先转变为推进社，开始思想打不通，转移时说华祥群众冷淡，说推进社群众热烈帮助，方感到结合群众生产，通过合作社来开展工作是一正确方针。过去华祥脱离群众，范围狭小，现在成为群众性的华祥，力量大大发展。大纶与蚕叶指导所合并成为蚕叶推进社，发展群众的合作社，一切问题均得顺利解决。这些使我干部深深感到政策方针的重要，几年打不开的局面现在迅速打开了。

渔业推进社，二月底成立，到今仅四月余。过去有日本侵略及封建剥削（三分之二），渔民收入极微。今年由于紧张战争，渔民感到打渔困难，一一四八〔条〕渔船，六千户渔民，有三九个渔业合作社，六千余社员，资金八百余万元。合作社为政府贷款组织起来，大多有名无实，以其资金作海外贸易，渔贷也多作了小本经营。

推进社成立时有资金二零零万，用于供给渔具原料，同时整理合作社。当时渔民无法下海，二零零万元资金不够，要求沿海公私商行贷款一二零零余万元。政府贷款又增八零零万元，今年共贷出一五零零万元，赊出渔具原料三五零万元。各渔社赊出约五零零万元。渔民共花二万万余元，我们帮助只有十分之一，但能全部下海。

合作社组织妇女织网，随时供给渔民。渔民的鱼由合作社收买，发小贩运销，小贩得利百分之七零，余数由合作社及渔民平分。组织郯城难民运鱼。莒县推进社亦帮助推销。我们通过合作社收鱼二千万元，抵偿各种贷款。合作社由三九个发展至四六个，社员增二八零零余人，股金增二千万元。得我贷款修补渔船达百分之三九，渔网达百分之三五。鱼产量去年五万担，价合高粱六万三千余担。今年产量大致相同，合高粱十二万余担，比去年增一倍。现存鱼四八零零余担，值一亿五千余万元。

经验检讨：通过群众路线，靠公私行贷款及群众自己解决困难。我们如能给以更多帮助，还能增加生产。原料供给尚不及时，扩股未能普遍照顾，成绩不大。海匪对我威胁很大，拉去二零余网。

鲁中汇报

推进社自始即搞备战，政府干部全体忙于支前，无暇来搞生产合作。推进社多系无法安插的干部，只有沂山分社较好。扶助纺织生产，以棉换布，群众感到吃亏，收效不大。合作社以人力畜力帮助春耕，运送公粮。有些合作社兼管民站，供应油盐蔬菜。出夫问题，工人轮流出夫，职员出短夫，技工不出夫（提出一半工资）。供应菜蔬三万余斤，比市价约低三分之一，使民夫能吃上饭，村干能坚持工作。

随军合作社以久合成为主，组织流亡抗属，运输日用物品供给军队需要。流亡抗属人数太多，政府无法供给，只有分散安插帮助生产，才能解决问题。生产收益全归大队均分，因此生产情绪不高，这点值得注意纠正。大众饭店生意兴隆，敌来垮了。

工商局供给棉花要赚钱，又不收布，布贱纺织亏本。冀南、鲁西布大量进口，侵占市场。今天不能够把生产、供给、推销、收买结合起来，工商局应负此责任。同时质量降低，也使销售困难，好布一般还是能销售的。沂东合作社大多数开油坊，很少经营纺织，经营贸易的亦占多数，贸易资金多于生产资金。高桥区联社专为工商局到处收布，停收就无事做，该局各合作社都是如此。东平区联社区政府资金占2/3，经理亦由区派，成为机关生产。

供销工作，买了棉花、线布、蓑衣、苇笠、农具、蚕丝等。有些同志唯利自图，买子弹买白洋，而不扶助群众生产，有些合作社把卖不掉的劣货强卖给推进社，不收即表不满。困难：资金太少，与政府配合不够，运销困难。自己检讨：看到纺织垮台未即设法挽救，看到运销困难未即组织劳力调剂供销，未能创造典型介绍经验。

沂山区毛织工作，过去毛织有基础，马站区合作社大部为小商人，投机取利，资金亦大部为小商人所投，经营投机贸易，无意扶助群众生产。现拟结合土改改选社干。毛织政策自纺自卖，困难时由我们收买。目前情况紧张，产量可能不大。

蚕丝状况，去年收丝十万斤，今年政府无力扶助，男子出夫，采桑困难。今年最多能出七百箱丝，较去年少三百箱。群众伐桑作薪，明年产量将更减少。我们组织纩丝合作社及纩丝小组，并代邻近村庄纩丝。我们贷钱收丝，解决蚕户困难。今年丝茧价低，蚕户亏本。

滨北汇报

藏马①　去年为度春荒，成立义民合作社发展纺织，去秋把义民改为推

① 旧县名，隶属滨海专署滨北专区。1956年撤销藏马县，所辖区域分别划归胶南县与五莲县。

进社。今年发展至二六四个合作社。去冬组织打油商店贷款收油，这些小油坊均转变为合作社。今春田赋税契，号召每人纺棉二斤，由义民供给棉花，但棉花不够，由工商局帮助解决，全面开展纺织。今年合作贷款二二零万，有两个村贷给群众向合作社入股，分红很多，群众纷纷增股，发展很快。斗争果实投入合作社，群众认为公家的，不关心，容易发生毛病。

临沂生产推进社①

敌占临沂后②，有城区抗属数百人随我北上，我借给麦子五百斤，并向粮食局借豆子五千斤，组织生产豆腐干、切盐菜供应前线。接着又来三个区的抗属，单靠供应社便不能解决。于是组织四区合作联合社，利用他们大车小车运炭运盐，妇女纺毛线打毛袜，缝军装纳鞋底，十天内赚百余万元，可以维持七百余人全部生活。后来又来三个区，共达一千六百人，县府派来经理又不负责，乃组织生产委员会（各区推选），各区成立一合作社，由我一分社负责帮助。发挥每人一技之长，组织各种生产，并与支前结合。由于一撤再撤，群众悲观失望，干部不安心生产自给，我加强干群教育，谁赚了是谁的，以发扬其生产的积极心。区社扶助小贩（二八分红），设鞋底工厂（纳了三千余双），发挥编席、编苇笠、打袜、结网等各种小手工业，卖面饭、油条便利来往民夫，供给部队纸烟，帮助群众割麦锄苗，有些即在村中安家。二个半月内共赚六二五万元，胶南民夫以其积余粮千余斤慰劳临沂抗属。赚钱能赚粮食十五万斤，一千三百余人（壮丁参军支前回家）能吃二个半月。

检讨：我们的方针是正确的，结合干部立功运动，走群众路线民主选举合作社经理，才受群众信任。在群众发动起来要求生产时贷款能起很大作用，帮助解决生产困难作用更大。

耿厅长发言

推进社上半年有许多成绩和创造，但亦有其缺点：发展不平衡，有些地

---

① 1944 年起，薛暮桥在山东创办公私结合的纺织手工业合作社，因有一种认识认为这不是民办而是公办，不能称为“合作社”，故称“生产推进社”。直到 1948 年，刘少奇提倡组织以公营为主的供销合作社后，这个争论才解决（《薛暮桥文集》第二十卷，第 135 页）。

② 1947 年 2 月，国民党军队攻占临沂。

区办了很多推进社，但多有名无实，不知如何开展工作。下半年的任务：（1）大量发展纺织，组织妇女儿童坚持生产，组织难民及军工属生产。工商局决定经常扶助纺织生产，发展运销供应前线，设立大众饭店及骡马店，做鞋打袜供给部队。（2）配合土改复查整理合作社，进行登记，合格者免征营业税。（3）推进社是由上而下扶助群众生产，发展运销的业务机关，不是行政机关，滥用行政权力是会束缚合作事业发展。总社与分社间为业务指导关系，行政上归所属专署县府领导。（4）公营工厂仍为独立企业，向着民营合作工厂方向发展，与群众生产结合，受推进社领导，可以试验，暂勿普遍提倡。（5）莒南等地可以办县联社，不必办推进社，根据具体情况决定组织形式。（6）地区间的供销绝对自由，委托代购根据双方协议。（7）临沂生产推进社已超过县的范围，归实业厅直接领导。

1948 年

永茂采购会议纪要*

永茂工作报告

一九四七年五月至一九四八年二月十五日

（1）进货销货情况：永茂原为冀中之一采购商店，去年五月统一采购，改归边区领导，旋又改为各解放区联合经营。资金二百亿（五台一百亿，太行七十亿，晋绥三十亿）。七月各地代表到达，九月结账一次，催交资金。五台七月份即交齐。五至九月进货一二四亿，销货七十余亿，盈余四十二亿（除去统累税八亿及损失，净余三十亿）。销货比例五台占3/5。去年十月至今年二月，五台交一百三十亿（内呆账十二亿）。当时金价五二万至八〇万。太行资金十月下旬交二亿，十一月八亿，十二月六亿，一月，五三点六亿（二千三百余两金子），共七十亿。晋绥□□五万两，尚在禁烟局未交永茂。九月金价约一百十万，五台一百三十亿约合一万二千两。

进货五七四点八亿，销货七一〇点六亿。二月分货四七四点七亿，内五台二七六点三亿，太行一五二点八亿，晋绥四五点五亿。一九四七年六至十二月分货比例：太行五九亿，占百分之二五点七；五台一四八亿，占百分之六三点六；陕甘宁四点二亿，占百分之一点八；渤海八点八亿，占百分之三点八；晋绥一〇点七亿，占百分之五点一。（渤海尚未付款。）二月分货尚未算账收款。二月十五日存货十四亿，（现存百余亿）毛利一四九亿，共得手续费五五亿，此外为物价上涨（一四九亿），合共二〇〇余亿。除开支及损失共八六亿（内有呆账四点三九亿，意外损失一〇亿（失火估计），营业费经费七点九亿，家具折旧四点九五亿，通货损失五八亿），净利一一九点四亿，各分店净利六三亿，合计一八二点五亿（分店盈利中有通货盈利四七亿，所以通货损失实际不到一二亿，主要为太行所交黄金，交货时二七〇万，三天后即跌价，现为一八〇万）。现存现金一四五亿，大部分为黄金（五台新交黄金七〇〇〇两）。

---

* 华北财经办事处于1948年召开，主要研究永茂公司出入口贸易问题。

人我往来，贷出三九九亿，分货以前为存九九亿。五台欠二七〇亿，太行一二〇亿，晋绥四二八亿。（五台财办一七〇余亿，六三亿，三〇余亿，共约二七〇亿，另有黄金七〇〇〇两。）（太行允拨棉花二〇〇余万斤，尚未收到，按市价合一二〇亿，可抵欠款。）太行另送白金一五万元，估计可到。净利一八二亿除统累税二六亿，可余一五五亿，如何分配？

（2）外汇来源，五台：四七八二两黄金，折九六点三亿；白银二二五九一两，折五二〇〇万；银元九二点三万，折一一二点七亿；蒋汇五四点二亿，折二三点四亿；蒋币四〇三亿，折九五点四亿；□□二万两，折一九亿；坯子五〇个，折一〇亿。共计三五七点九亿。太行：黄金二九四三两，折七〇点九亿；白银一一〇一两，折一七六〇万；蒋汇五亿，折二点五亿；银元六一〇〇〇，折九点四亿。共计八三点一亿。晋绥：黄金四九四两，折八点三亿。

（3）物价变化，消发未定［硝发嘧啶?］（磅）一月四点〇万（利润百分之六二），二月五点六万（百分之六五），三月八点〇万（百分之五〇），四月八点二五万（百分之四三），五月七点五万（百分之五九），六月九点三万（百分之六三），七月一一点六万（百分之七七），八月一三万（百分之八六），九月一四点五万（百分之九三），十月三〇万（百分之六七），十一月四〇万（百分之一二四），十二月五八点四万（百分之一五九）。一月六二点七（百分之二一七），二月（上）四五点五（百分之一〇〇+）。一两黄金可换五磅，这是按蒋币计算的；如按边币计算，则能换二点七磅。过去几月因按边币计算，损失约八〇亿至一百亿。另一物价政策为民用物资与军用物资竞赛，民用物资利润过高，致军用物资必须提高利润。

组织设施及干部状况

现有经理一，副经理二，监委一（暂代）。设秘书室，会计部，业务部，研究室，人事室。下设分店五个，一分在鄚州，二分在端村（有三个采购小组），三分在大城，四分在苏桥（有四小组），五分在河间。沧县现设办事处。总分合计共有四六四人（包括勤杂），内干部三八六人，勤杂七八人。整党中发现管金子的干部无一人不贪污，最多的〔贪污〕四〇余两黄金，一箱白洋（千元），□□百余两。最大贪污□□□，贪污总数五亿八千余万，当利华经理。最近发现一个技术干部贪污可能达八亿。另有一南下干部贪污可能达一〇亿。从永茂发现某通信联络处长领头贪污真空管一八〇〇余个，黄金千余两，某卫生局长领头贪污八千余万元。杜副经理设十二个分号，均系他的亲戚，转移资金多少正在调查。根据永茂整党经验，机关采购人员不贪污的实在很少，值得注意。

出入口问题及出入口政策

最近奖出限入方针执行较严，民用物资进口不再随便供给外汇，永茂所需外汇少给黄金白银，尽可能多给大米、小麦、棉花及□□，进货未见减少。现在晋绥所存沙发米定［硝发嘧啶?］可用半年（二千磅），五台可用一年（七千余磅），我们尚存四千余磅。最近大批进石炭酸，苦味酸，电池更多。出口货物依靠冀中供给，今年准备供给永茂外汇三六〇〇亿（平均每天十亿），但恐不能完成任务（如禁烟局每月任务出货一八万两，过去两月只出六万两）。估计能够完成一半已经很好。

渤海出口入口物价均低，如□□每两仅一万六千至一万八千，比冀中约低三分之一（九〔五?〕万五千）。入口货价亦低，一个坯子换模造纸四令。棉花出口押金百分之二〇，约定换回军用品，有三二〇〇万押金商人放弃，因进民用品利润更大。沧县军用品入口占出口总值百分之二〇。渤海采购要求不大，采购处资金又小，进货吸收不了。因此晋绥等地竞向渤海采购，并作黄金买卖。太行军工部亦大量采购，力量很大。冀中军工管理处亦去活动。

歧口有二百余户，多系渔民，商人很多，离天津九十里，大沽六十里，小站三十里，小火轮涨潮时能进来，有八十余渔船，可来汽油、模造纸等笨重品，发展前途很大。缺点周围四十里内没有村庄。有减河雨季可通沧县，沟通运河。沧县商贩尚未发动，采购数量不大。

存在问题：冀中取消机关生产，统一采购后，采购人员转移保定方向及沧县。冀中统一进口，出口还要服从冀中，归出入口管理局领导，如规定出口数量及价格。冀中独立性大，渤海要求统一。永茂棉花必须交给冀中出口，换回军用品交永茂，常因物价上下引起争论。

此次分货标准：几种主要物资分配比例：晋绥1/10、太行3/10、五台6/10。好货次货平均搭配，要把永茂存货出清。零星物品均归五台。无用物品留下作为损失。作价照顾永茂不亏本，一般按现进价，旧存货比进价高，比现价低。预交货款者加手续费百分之七点五，未交者加百分之一〇。太行感到价高，要货很少，应分的亦不要（如电池等）。年前大家提出采购要求很大，因此永茂大量采购，现在不要实无理由。

二月中旬金价，天津一千二至一千四百万，边〔币〕法〔币〕比价七点五至八，边币金价一六五至一八〇万。北海币金价五四万至五六万，比价一：四（合二二〇万）。冀南币金价三〇万，比价一：八（合二四〇万）。

今后意见

资金问题：一月份永茂进货二五〇亿，合黄金一点四万两，加上渤海可能增至二万两。因此固定资金至少三万两，约合边币六〇〇亿。原定资金一点五万两不能周转，至少增加一倍。预交货款：各地应作主要物资采购计划，作出半年采购计划，分两期或三期交款分货。过去因无计划，去冬突击采购，损失约一〇〇亿。五台资金如何偿还？最好定期偿还（即作预交货款，交款取货均按当时金价计算）。

商品计价与手续费：按敌区物价上涨指数计算，加上经费开支、损耗、运输包装费用，以最近进价及大多数的进价为准。手续费可以少要（早交款迟交款如何照顾？迟交者按金价贴补）。分货均由中央局财办负责，冀中不应要求分货。分货由采委会掌握，每二至三月必须分货一次。为着吸收外汇，永茂出货应当不受限制（金银、□□、棉花、粮食）。（大家意见：永茂必须服从政府政策法令，不能不受限制，如有困难可以要求特许进口出口。）冀中要求永茂采购盘纸，车辆零件，我因资金不够没有接受，如何，应即决定。

干部问题：沧县设分公司，歧口、中旺、兴济各设分店，这些干部主要应由渤海配备。请太行补充技术干部。采委会应很快建立起来，确定与永茂间的关系（相当于董事会）。

零星问题：（1）晋绥有几百两金子可作资金。（2）兼职干部切断与原地区的关系，不再接受任务。

管大同[①]同志补充

（1）采购问题：采购的盲目性、被动性需要克服。采购无计划，有就

① 管大同，时任华北财办出入口管理委员会主任。

是不切实际的大计划（买来了又不要了）。消发灭定［硝发嘧啶?］大量进来，各地是否需要尚不知道。高价吸收，结果大家不要，损失太大。价格掌握完全被动，利润太高（百分之五〇至百分之四〇〇），大体上有百分之五〇到百分之一〇〇的利润也就够了。如我掌握得好还能影响天津市价（有些物资主要卖给我们，我多要就涨价，我不要就跌价）。采购应与出口相结合，不能单靠其他机关供给黄金白银。以货易货对我们对商人均有利益，应当多用以货易货办法。如果出货有利可图，进货利润就可酌量降低。现在冀中全力支持永茂，供给外汇，尚无问题。如果冀中不肯单独支持，就会困难。今后还应采购工业器材，适应生产建设需要，以期走上生产自给道路。

采购方向现在只能依靠天津，有些物资天津解决不了，要经胶东与上海建立联系。采购工作主要依靠群众点滴入口，但群众只能采购小件物品（如西药、电料等），大件物品应当另想办法。用工作队的方法发动群众采购不易掌握，来货太多我们无法接受，且难保守秘密。

（2）资金及预购款：资金最好以黄金为标准，一万五千两不够周转，最好能增至三万两。交来实物随时作价，以免引起争论。按照出价计算也有争论，因各地均交黄金，究竟出了谁的黄金无法判断。最好当时作价。结账时应照顾五台少受损失。分货应由边区财办统一掌握，永茂不赔钱，不欠账。物价上涨指数很难掌握。手续费百分之七点五就够了，最高不能超过百分之八。

（3）采购委员会：是否需要设立，与永茂关系如何？永茂内部需要整顿，领导关系必须明确，只对华办负责。组织应当精干，可以精简，洗刷部分不纯干部（贪污严重及有政治问题）。

李光军同志补充

（1）采购委员会与永茂关系，永茂本身组织，应由此次会议决定。我系副经理，又是代表，代表最好不在永茂兼职。

（2）采购任务应当明确，各地所交〔采购计划〕只有数量没有金额。永茂每月能采购三百亿，究竟太多还是太少，并不知道。

（3）资金及预购款应按任务确定，增加资金或增加预交款。预付货款者按成本（进价）（加开支）作价，取货交款者按最近市价（加开支）算账，经常开支只占货价百分之一，所以手续费不必太高。

(4) 进出口管理成立委员会，吸收工商局、银行、贸易公司、禁烟局及永茂参加。出入口店进货再交永茂，常因货价高低引起争论。永茂在石门需要设门市部，供给机关群众需要。

(5) 晋冀鲁豫所交资金：九月永茂结账，九月拨冀钞四亿，因比价、物价不合未成。转来一亿冀钞（给野战军）账款，折成八亿边币。并非太行不交资金，几次交款未能解决。原来想用军队吃的粮食抵付，后来决定不算，即送二三〇〇余两黄金。此次分货太行并未少要，电池原交采购计划亦未列入，且曾来信说有大批电池可以让给永茂，现在一定要把五万节电池给太行，没有理由。

宋〔劭文〕[①] 主任发言

资金问题，加大固定资金，不要预付货款，以后现款交易，买卖关系。一二万两差不多，可用两月。分货办法可稍灵活，同意设门市部。各地可以随时付款取货，预交货款即不能按物价指数作价。手续费百分之八太高，不能超过百分之五。资金按黄金计算纠纷较小。资金从去年十月一日算起，晋察冀希望从永茂抽回部分填［垫?］款。正太线缺粮食，希望太行调剂，由永茂划账。

永茂采购数量不少，价格太高，今后不但要多进，而且要低价。开支及损失应当力求减少，反对贪污浪费。晋察冀采购有三个头，边区统一采购军工、医药、通讯器材，地方（冀中，北岳）采购零星用品（如瓷碗）及工业器材，石家庄及正太沿线工业发展需要大量采购。采购计划不容易订，但可有一大体上的数字，以增强计划性。同意把出入口结合起来，永茂可以出口棉花、粮食，地方亦可出口。永茂应当服从地方政府政策法令，不合适处可向华办或中央局建议修改。其他出口不能全搞，因为永茂力量不够，对采购也帮助不大。今后永茂与德茂及银行为买卖及借贷关系（计算利息），与禁烟局无直接关系，外汇通过银行。禁烟局换回物资按价卖给永茂，现款交易。这样完全企业化，可以避免结账时的纠纷。

---

① 宋劭文，时任华北人民政府财经办事处秘书长兼农业部部长。

过去采购困难，分货争论不易解决。现在容易采购，分货便无多少问题。采委会工作不多，二三个月开会一次，主要加强永茂。永茂任务只是采购，办理出口目的是为便利采购。加上采购工业原料任务，单靠永茂恐难解决，工厂自己亦要负责。民用品永茂可以不搞，搞多了就分散力量。永茂要花大力彻底整理，目前整理组织，暂不扩大，渤海工作暂缓接收。

林海云[①]同志发言

太行资金迟交原因，原确定交边币，决定把拨付五台野战军冀钞粮食抵补，后又用冀钞兑换边币，但兑换困难，因此拖延很久。决定粮食不还，立即改交黄金二三〇〇余两，并非故意迟交。

太行本身采购尚未完全统一，军工部自己采购，今年准备统一，因此太行有些单位来此抢购。太行十月份存十六亿，十一月存十亿，十二月存十二亿，一月份存三十四亿。临清去年出口合法币一一五〇亿，调付永茂可以解决外汇困难。今后资金货款，我们都有办法供给。

此次分货有些存货已经起了变化，价格又高，如消发灭定［硝发嘧啶?］比我自购高得多（五万余与九万余），其他货物亦然，一般差百分之四〇至五〇，总共损失边币六〇亿。还有些货完全不能用的。

一百万斤棉花作价边币六千（冀钞市价百，一比八计应合六千四百），加运费及蚀秤，损失六亿余边币。十五万白洋市价二千元冀钞，一比八计合边币一万六千元，永茂作价一万一千元，每块损失五千元。

我们意见所有资金均作上解，变为财办资金，这样大家就不算账。货价统统通过边币，边币比价又不固定，算来算去纠纷很多。只有统一货币这些问题才能解决，现在用哪种货币都有问题。

过去资金折成黄金计算，不如仍照原来决定按边币计算，或者不要算账，不管多少完全交给华办。今后采购均归华办大统一，由华办按需要统一配给。现在电台集中，自己发电不要电池，许多东西已能自己制造，保证战争供给不大困难。

---

① 林海云，时任华北政府工商部副部长。

冀南、冀鲁豫办法不统一，一个禁棉出口，一个大量出口换回颜料。现拟成立进出口管理委员会，直归中央局财办领导。冀南与渤海间也要统一，否则纠纷很多。临清不采购军用品，所得外汇百分之七〇以上采购民用品。民用品利厚，妨碍军用品的采购。应当规定输出棉花必须换军用品，山果输出可以换民用品。永茂应服从地方政府统一领导。

永茂干部均归华办，割断与各地的关系。营业税最好不交，交与不交关系不大，不交大部亦归五台分红。（二十六亿中占十八亿。）

谭凯丰[①]同志发言

我们在此主要运布，采购人员很少，来电要货又未说明多少时间，买到就买了，买不到也算了。各单位各自来信，无人统一负责。现正在统一中，无人知道究〔竟〕需多少。因此无法交采购计划，亦无采购预算款项。没有预交货款，要到汤平同志来了才能解决。最近送来货单有货名，无数量，交出了也没有用处，所以未交。

资金：九月二十日交了五万两□□，当时货价六万八千，未作价，现抵货款还有些余剩，作什么价我们没有意见。一月中旬交金子五百六十余两，又交一百七十两。当时希望金价续涨，故未作价，预备即交资金。如要作价，当时达三百万，现在少作亦可。

此次分货数目不大，消发灭定［硝发嘧啶?］只要几百磅，分了二千磅，是否用得了不知道，恐有困难。剉刀也用不了，要退二百打（分了三百余打），锯条（四〇二打）只要一百打，也多了三百打。钻头三千余个也是用不了的。究竟需要多少，待汤平同志来时解决。

货物保管很差，电池潮湿，各种牌子混杂，西药用布袋装，卫生球用麻袋装，损坏很多。进价男女不同，女的较高。

韩彪同志（渤海）发言

渤海去年九月统一采购，设采购处，下设三个办事处。第一办事处对天

---

① 谭凯丰，解放战争时期，先后任晋绥军区、西北军区驻石家庄办事处、驻北平办事处主任，全力组织采购布匹、医药等军需物资。

津。（余对济南、潍县及经胶东采购。）天津方向来源最大，故干部较多较强。采购处由各部门派干部，其下为办事处及采购。人数共有四百，其中干部仅二百多，余为武装及勤杂。主要干部仅三四十人。采购约〔?〕商人50%～100%的利润，以货易货，先出货的可交押金10%保证回货，结果大部一去不回，有些地区（沧县）自动改为20%（工商局未批准），亦仍有去无回，没收押金已有三千余万。进货太多，我们要颜料三千斤，收了一万余斤仍未收完，商人仍然叫苦。原因几个部门发动采购，一物几次布置。后来改收电池，又改军工器材，我们要什么商人来什么。

歧口原来渔船渔民多已逃跑，居民移居塘沽。我们召集船户开会，运去鱼蟹带来货品，渐自三十余增加至一百余支，平均每日收军工品一亿余元（法币）。陆地有六十余商人跑小站，进货比海口还多。后敌收编海匪，海路大通，歧口、下窪来船愈多，歧口每日停船八九十支。进口歧口多，出口下窪多。歧口至黄骅七十里，通公路。南减河有二缺口，堵塞后可通万斤小船，与运河间有闸，稍有迂塞容易疏通。中旺至小王庄三十五里，公路两旁一片汪洋，容易管理。路上车辆往来不绝。工商局召村民开会，发动四十余村千余农民经营采购。二次发动后增至七十余村二千农民。每日出粮七万斤，换回外汇但采购不多，仅二百余人（应当规定换货），每日进口货二千万至四千万北币。兴济靠近铁路运河，交通方便。但敌放水埋雷切断交通，有七十商人以货易货代我采购，现已发展至二百人。但比中旺路远，故进货每日仅一千余万北币，商人大多经过中旺。

沧县开始组织输入，未搞输出，因缺外汇收效不大。后来大量输出吸收汇票，顶票很多吃亏很大，且吃物价上涨的亏。每日进货约近千万北币，价高质低，不如歧口、中旺。下窪有商船百余支，大多只跑了一趟，原因公安局常扣押商人，与海关及采购部不能配合。

困难：（1）采购基金不够，来货无力接受。（2）出口入口不能配合，入口多时无出货，出口多时无入货。（3）沧县采购单位林立，常至兴济高价拉客。（4）司令部电禁粮出口，工商局不知道。（5）走私严重，商人不怕缉私，成群结队办法很多。（6）情报迟缓，每日吃亏可能多至千余万元。想架电话尚未批准。

十月左右济南方向出棉八百万斤（这时冀南禁棉出口），共九十六亿，进口军用品仅六亿（火碱和洋纱）。

天津方向九月入口六千万，十月一点四亿，十一月四点五亿，十二月四点七亿，一月十六亿。发展很快。下半年输出总值二〇亿。去秋统计入超很大，几为一（出）与四（入）之比。

1949 年

苏联专家问题*

苏联专家任务

（1）与各部门联络；（2）熟悉工作、干部；（3）了解所属企业；（4）提出组织机构方案。此四任务已经完成。

缺点：（1）翻译不够，能力不够；（2）各部组织尚未完全，往往无处接洽。

计划专家：提出方案，照顾中国情况，双方工作协调。介绍苏联经验，说明计划重要，遇到困难我们自己解决。

供应专家：kaposxkin，供应在中国完全是新问题，把它组织起来还要十天。

统计专家：已经制定方案，现在尚在讨论，也要十天能完。已制表格，分国营、私营，研究统计制度，准备作二三次报告。

财政专家：kodothof，介绍苏联财政工作，了解中国情况。〔中国〕财政基层组织在县，苏联在区，也准备作报告。

银行专家：讲了苏联银行作用。货币流通，即将报告国家银行贷款，信用交易，中国同志讲了中国银行贷款，是否设立专门银行，一个银行不能担负各种任务。

钢铁专家：十五天可作出报告。几乎所有企业无材料，无计划，无定额，无专家。

铁道专家：一〔百〕余人南下负责恢复工作，留下的研究铁道部材料，介绍苏联经验，已经制〔订〕出方案，第二步计划各地的。

农业专家：拟订中央农业部组织机构。

商业专家：Bakonin，讲了商业代办职责，苏联海关组织。目前组织对外贸易公司是对的，如批准，可以贡献苏联经验。

法律专家：Sodaliko。

---

* 据《薛暮桥回忆录》（第 230 ~ 231 页），从 1950 年起，我国聘请苏联专家帮助东北编制年度计划，以后这批苏联专家转到北京，协助中财委计划局编制第一个五年计划。以下应为此前的一次会议，以及苏联专家介绍苏联情况的记录。

食品工业专家：研究材料，参观工厂，数量很多，经营分散，各部分管。

柯瓦洛夫：(1) 希望大家提点意见，现将进入实际工作，他们工作要定计划，谈话一星期一次、二次，不要变成负担，谈话以外如何工作。(2) 讲谈要有组织，有计划，提出问题，写好提纲。(3) 组织改变、生产过程改变、劳动工资改变、机器改变必须经过批准。如何保护机器，工作合理。

～ ～ ～ ～ ～ ～ ～ ～

合作社（filipf）

合作社由人民组织，服从国家计划，国家机关领导，民主组织，自下而上选举。自己管理，吸收人民完成国家任务，同时照顾人民切身利益。主要任务使人民脱离剥削，吸收人民资金（自愿），发展合作事业。国家优待，帮助合作社与私商斗争，〔价格〕比私商贱，因而易发展。合作社钱多了，考虑如何用于国家建设，苏联办法，剩余资金购无息债券。

资金来源，社员投资，盈利，国家贷款，自己资金占 15%～20%，其余为国家贷款（30 天），每天售货存入银行。收购贷款稍长（6 月，8 月，1 年）。远方区贷款时期较长。①社员入社费；②股金；③盈利。

合作社中央集合各合作社利润，成为调剂资金，无利贷给特别需要的合作社。中央资金来源，1921～〔19〕29 年由下级股金 5% 提到上级，1930 年后完全依靠自己营业。

合作社〔价格〕比私商贱：①合理的最少的利润；②运费少；③贷款利息低；④房租低；⑤税少（所得税）；⑥商品质量好的优先采购。

合理的最少的利润，1923 年时让合作社多得利润，达 15%～25%，后反对追求过多利润，由政府规定应得利润（按任务规定），不能超过。

利润分配，〔用于〕本身发展、文化社会福利，主要用于这些方面。社员分利润很少，一年一次，主要用于社会文化事业。只有 15% 分给社员，年终结算后分，比例由上级规定，大体上占 15%。分红不是为着发财致富，社员亦不主张分红，因〔为〕数〔量〕很少。合作社不能以追求利润为目的，但要有利润，不能亏本。政府看任务大小，规定利润多少，一般是 1.5%～2%，多时可达 3%，太少了亦不行，不能发展，太多了就剥削人民。

定义，1921 年列宁说是国家资本主义经济，到 1923 年一切变国有，列宁又说是社会主义。中国是半社会主义是可以了解的。

合作社章程已规定方向，剩下一个问题，生产合作与供销合作可否分成两个系统，一个是生产者，一个是消费者。

手工业生产必须联系起来，把小作坊联合起来，是合作社的任务。

农村供销合作社的主要任务是城乡商品交流，（1）城市产品供给农民需要；（2）收购农民剩余产品供给国家企业及机关；（3）组织采购各种土产；（4）收集废品；（5）帮助农民购买种子、农具、肥料。总之是城乡商品交换。

手工业生产合作，有股金，吸收手工业者参加，供给他们所需原料，出售产品。沙皇时代有许多小生意者，商人组织他们剥削他们，合作社代替商人，性质已经转变。分红问题，是社员分，不是社员不分（劳动分红）。产品要能推销，指导生产方向。

生产合作是常年性质的，还有一种是在供销合作中的生产，还有工业与集体农庄合办的合作社（季节变换，忙时农，闲时工）。

手工业者组织合作社，供给原料，推销成品，独立生产，仍算生产合作。苏联有一千人以上集体生产的合作社，没有全国总社，只有合作管理局。过去主要在工业区，利用废料进行手工生产，高尔基州生产刀、叉、匙等，出口，均系合作社生产。分散生产、集合生产都有，也有部分集合，部分分散。生产合作社均按劳动分红，多投资者，除一股外，〔其余〕作存款，分利息（4%）。

入社费很少，股金较大，股金抽回，要于三个月前要求，年终结算时发还（亏本要扣），一般很少退股。

合作社好、少，商品只卖给社员，太多，社员用不了，可以卖给非社员，主要及不够供给的商品只卖给社员。

~ ~ ~ ~ ~ ~ ~ ~

〔**中国：**〕

农业 较战前降低 20%，畜牧亦降 20%，手工耕作，不轮种，虫害天灾受损甚大，每种植物需要不同耕作方法，不同营养。畜牧疾病流行。提议：（1）移民垦荒，中国仅利用了土地的 9.8%；（2）生产农具适当计划；（3）种子及害虫研究；（4）培养干部，由农业部办。

合作社 最近批发商业扩大，1950 年国营商业有发展，各机关亦开商店，管理不好，造成损失。机关商店最好转为国营，地方批发商业也应划归中央贸易部，统一经营。1949年合作社增加，供销社增二倍（东北、华北、华东），社员9127000人，消费社员200万人，股金增200%，已为巨大群众组织。乡村社作供销工作，去年东北贸易额60万吨粮食，华北购棉16200万斤。但有很多问题未弄清楚，无方向，无章程，无集中领导，个别地区垮台。请求：政府通过合作社规章，领导机构选举，社员参加管理，给合作社以优待。吸收合作社接收国家任务，如救灾可委托合作社，贷款经过合作社，农产采购部分由合作社进行，取得农民信任。

财政 制定许多法令，现已走上轨道，已有国家预算，赤字112亿降至64亿，税收统一，目前重要的是检查执行情形。五月一次报告，三月一次预算。各大企业的会计主任由财政部派，了解各企业的财务状况。

银行 现有1308处分支行，三月来存款增190%，贷款增170%。

统计 工作赶不上要求，已准备了各种材料，规章尚在付印。各区尚未建立统计机构（苏联统计机构有45000人），统计工作尚未建立起来。建议：（1）审查统计规章并通过之；（2）建立各级机构，逐渐扩大；（3）审查表格，迅速分发；（4）培养干部，各大学设专科。

计划 最困难的工作，中国不可能有有经验的干部，因系新的工作，现用讨论方式作计划。无统计材料，计划即无根据，要求把表格迅速翻译印出，今年推行下去，从工作中学习和修改。

培养干部：（1）短期训练；（2）夜校；（3）赴苏联参观。

1950 年

第一次全国统战工作会议*

私营工商业问题①

民族资〔产〕阶〔级〕与我基本矛盾：一个是公私问题，一个是劳资问题。由于我们执行公私兼顾、劳资两利政策，基本上是成功的。加上我们军事上和政治上的胜利，加强了我们与资〔产〕阶〔级〕的合作。

但资〔产〕阶〔级〕现有许多困难，要求我们解决，或对我不满。

（1）封锁和轰炸的威胁；

（2）供应战争负担较重；

（3）人民购买力低，销路不畅；

（4）物价平稳过程中资金周转困难。

因此目前资〔产〕阶〔级〕对我采取三种态度，动摇观望者占多数。最近一个时期恐惧逃避的有增加。

解放后资〔产〕阶〔级〕得到什么好处呢？（1）抵制洋货倾销，但一部分洋货商要停业；（2）没收官〔僚〕资〔本〕后物价渐趋平稳，现已开始〔营业〕，但在转变过程中有困难；（3）土改后农民购买力提高，这还是将来的事情。

我们得到全国人民热烈拥护，但在资〔产〕阶〔级〕看来，他们目前并未得到多少实际利益。他们的前途是光明的，有远见的可能拥护我们，但这为数不多，坚决反对我们的亦为数不多。

现在公私关系、劳资关系尚不十分严重，特别严重的是负担问题。前述四个困难，封锁轰炸即可解除，物价回落经过三个月至半年即是光明前途，人民购买力在物价平稳后，如遇丰收，可有起色。只有负担问题不易解决，

---

* 1950 年 3 月 16 日至 4 月中旬，在北京召开第一次全国统战工作会议。薛暮桥在会上就对资产阶级的策略问题作报告。4 月 12 日、13 日，周恩来在会上作报告（《薛暮桥文集》第二十卷，第 357 页；《周恩来年谱 1949 ~ 1976》上卷，中央文献出版社，1997，第 32 ~ 33 页）。这是会议记录摘要。大标题为编者所加。

① 这应是薛暮桥在此次会上的报告。

但在工商业恢复后，不会如此困难。总之困难还是暂时的，〔是〕过渡时期的困难。但目前这困难是严重的。

统战问题报告[①]

统战是中国革命三个基本问题之一，联合国际友人，打倒帝国主义，巩固人民民主专政，打倒封建买办官僚资本，后者大体上已成功，前者尚须经过长期斗争。和平斗争于我有利，我们应当争取和平。但帝国主义有疯狂性，可能挑动战争。我们对帝国主义采取削弱和打击的方针，帝国主义对我：承认问题，参加联合国问题，香港接收工作问题英采两面态度，我以其道还治其身。

统战会议报告[②]

统战会议最突出的问题，是对资〔产〕阶〔级〕问题，我们现在不搞社会主义，对于资〔产〕阶〔级〕还是采取团结的方针。当然团结之中仍有斗争，那是另一问题。今天不应当把资〔产〕阶〔级〕搞垮。搞社会主义要在十几二十年〔以后〕，至少是在十年以后。现在五种经济成份中国营经济占领导地位，但要各得其所。私人经济今天还有一定作用，还有一个时期发展。只有投机破坏的要取缔。现在经济恢复中有困难，人民购买力低，从通货膨胀到物价稳定要改变经营方式，要过二三年才能出现今天东北的局面。国营经济掌握国民生计，它的发展即为社会主义准备条件。现在私人资本欢迎公私合营，对我们有利的可考虑。如肥田粉厂，矿产，必须权衡轻重缓急。合作社是半社会主义的，但亦不能急于求成。今天资本主义发展是受着限制的，资〔产〕阶〔级〕不放心投资，观望的占多数，怕我们搞社会主义。我们要安定资〔产〕阶〔级〕，不把他们迫走。迫走资〔产〕阶〔级〕并不能替社会主义创造条件。商业掌握粮、煤、纱布等于［与］国计民生最有关的，以平稳物价，但非排挤一切私商，对有利的私商还要扶助。今天不应该与资〔产〕阶〔级〕搞翻，不应空叫社会主义。公私兼顾不应强调先公后私，保证公〔营〕经〔济〕领导即够。先公后私易被误解为排挤私

---

① 报告者不详。

② 根据内容，这应是周恩来在此次会上的报告。

〔营〕经〔济〕。要大不要小也是错的，今天小生产还广泛存在，不能不要。没有公私兼顾，劳资两利亦很难实施。公私需要划分范围，资〔产〕阶〔级〕可以提出这个要求。原料供给、销售市场等都适当解决。现在中央各部均忙于整顿公营企业，未暇顾及私营企业，私企无人照顾，因此有人要求设工商部，是有理由的。今年夏天需要召集一个工商业会议，公私在一起开。

官僚资本与私营企业划分范围。

逃避香港资金估计有 10〔亿〕~20 亿美金。

政府团结党外人士是有成绩的，但还有人不懂得与党外人士合作，不善于同党外人士合作。我们的统战既包括四个阶级，就必然有各阶级的代表人物来参加政府，这样才能与各阶级发生联系。政府中的党不应发号施令，发号施令必须通过政府，要使党外人士负责或参加工作，政务院及中财委在这方面做得较好。团结党外人士，同时可以教育他们。通过这些代表人物，再去团结广大落后群众。

彭真①同志报告

土地政策：富农土地不动，包括出租的土地。没收地主土地、房屋、牲口，不动他们家具和浮财，富农一律不动。现在情况不动，过去战争压倒一切，现在主要是搞生产，都是新区，干部很少，必须采取稳重办法，不动富农，可以保证不会侵犯中农。特殊原因出租土地，界线不明，不动算了。

统一战线（资产阶级关系），资〔产〕阶〔级〕现在不是敌人，而是朋友，今天需要发展资本主义。国营经济掌握一定物资，领导市场，但非垄断一切，工业方面更要发展私〔人〕资〔本〕。

〔中财委②〕党组会议（四月十一日）*

（1）土改——只改地主，不改富农（包括旧式）。富农当作资产阶级看

---

* 50 年 4 月 11 日，中财委党组会议记录摘要。

① 彭真，时任中央人民政府委员、政务院政治法律委员会副主任、党组书记。这应是彭真在此次统战会议上的报告。

② 中央财政经济委员会与政务院财政经济委员会的简称。下同。

待，出租土地亦不没收，作为两个阶段进行。

（2）军队——今年整〔编〕至400万人，地方200〔万〕～300万人。整编部队，加强学习，不偏重于生产（生产效果不大）。

（3）整党——纠正强迫命令，生硬作风。

（4）公私兼顾——团结工、农、知识分子、资产阶级左翼，才能不致失败。工业必须扶持。公私各得其所。

当前问题——（1）财政收支要平衡，物价要稳定。现在仍在解决之中，现在开始好转。（2）现在工业仍是无政府状态，要开始搞生产计划，中心在计划局。今年人力财力均还不够，只能作有限度的调整。（3）今后几个月计算一下明年的经济计划，这个计划要照顾到今后五年、十年、十五年的建设计划。应付目前与计划将来很难完全分开。

公私兼顾——要与资产阶级有一相当长时期的合作，现在情况三五年内就会挤干，必须拿出钱来照顾资产阶级。工商业税可以研究一下，其他税收不减，银行、贸易公司予以照顾，保证合作。公私企业平等待遇。

思想问题：（1）社会主义何时实行，外面谣言提早实行社会主义。（2）对于资产阶级问题，不能机械学习苏联或东欧经验，他们不要资产阶级，我们还要资产阶级。（3）四个阶级合作，必须团结资产阶级左翼，这就必须解决许多具体问题。

资〔产〕阶〔级〕要求解雇工人，如何救济失业，团结无〔产〕阶〔级〕。

〔中财委〕委务会议（四月十八日）*

劳动局长会议：订立集体合同及建立劳资协商会议，是使劳资关系正常化的有效办法。

各工厂均应进行技术教育，培养技术工人。东北到关内来招61000技术工人，多余的军工工人可以介绍去东北。

向政务院先提工会法和劳资协商会议。

* 1950年4月18日。

政府拨款救济上海失业工人。

上海目前问题：（1）资金问题，对银行的负债能否冻结起来；（2）解雇问题，与其同归于尽，不如救济二十万人。

指导私人投资：（1）一部分公营、公私合营企业开放，奖励私人投资；（2）政府保证某些私营企业，吸收投资贷款；（3）向农业方面投资，开渠垦荒。

上海情况：工厂已倒一千余家，商店已倒三千余家，合〔计〕共五千余家，工人失业已达二十万人，行庄倒闭六十八家，基本原因〔是〕过去经营方法未经改造，依赖性、投机性、盲目性、腐蚀性。现在的生产量远低于购买力，资金逃移相当严重。失业工人必须转业或到其他地区，而不是消极救济所能解决。失业救济可能使他们更不愿意离开上海。要用紧张战斗状态解决目前上海危机，号召资产阶级进行改革，实行管理民主化。补税一项将收九千亿，等于公债数额，恐难完成任务。

困难原因：（1）销路；（2）劳资纠纷；（3）公债税捐。

上海拟组劳资协商指导委员会，各业均组委员会，解决劳资纠纷已有成绩，这是一个解决问题的最好的办法。

解决上海问题办法：（1）速派大员前去调查；（2）三个月停止收税募债，税债不是主要问题。

现在解决私营企业问题，也需要开许多会议，但这会议复杂得多，情况报告是否真实，代表承认后能否保证大家执行，各业以至各家之间能否统一起来。今后要开一连串的专业会议，纠正过去工作中的缺点，调整公私关系，准备明年计划。

私企局：（1）公司法；（2）产权问题；（3）工商局长会议可以开，先有几个人来准备材料，有了底子再叫人家讨论①存在问题；②解决办法。

工商局长会议筹备会*

准备材料：（1）银行：资金流动方向，资金逃避研究，利息变化研究，

* 1950 年 4 月 20 日～24 日，陈云主持召开全国工商局长会议的准备会议（朱佳木主编《陈云年谱》中卷，中央文献出版社，2000，第 49 页）。根据薛暮桥笔记，参加这次会议的有：孙晓村、吴羹梅、施复亮、王新元、章乃器、薛暮桥、千家驹、崔敬伯。

银行存款研究。

（2）劳动：自由解雇问题，工资调剂问题，救济问题。

（3）贸易：物价变化（牌价、黑市），供销交易数量，存货估计，业务范围。

（4）税务：货物税，工商税，征收方式。

讨论方式：先作上海及京津报告，再一个一个问题座谈，分工负责整理。

上海情况 工商业家态度，一部分人抽逃资金，准备停业，拖欠银行贷款（呆账一千余亿），自己增资以贷款形式挖出资金，或以低价售货方式转移资金。

有些企业采取劳资协商，及联营办法共同渡过困难，但一般人对前途没有信心，停闭工厂一千家，商店三千家，合计约四千家，工厂倒闭占 10%，商店占 2%。商店倒〔闭〕者，〔有〕大旅馆、酒菜馆、西服店，各大公司亦生意清淡。工厂倒〔闭〕者，〔有〕棉纺 158〔家〕，机染 117〔家〕，针织 45〔家〕，毛纺 48〔家〕，丝纺 47〔家〕……共 924 家。上海工厂共 12000 户，商店共 80000 户。资〔本〕家逃跑，工〔厂〕60〔家〕，商〔店〕56〔户〕。劳资纠纷最严重的是较落后和带流氓性的企业，如理发、澡堂等和陷于停工停业的企业。

税捐损失，过去卷烟税占 60%，现在产量降落 3/4（10 万箱降至 2.5 万箱）。自报实交改为自报先交，民主评议。补税应收 9000 亿，实际上收不到。

除法定行庄外，禁止私人借贷。

武汉状况 恢复到 80% 是以解放前为基础，与抗战前距离很远。公私关系，私商收购棉花，公商抬价竞争或以军运名义征用船只，使私商望而却步，已予禁止。工资比解放前增加 25%～30%，纺织增 27%，武汉与上海原为一与三十之比，但公债 650 万分，不到一比五。与天津比较也觉得重。大资本家逃避资金，中资〔本家〕冻结资金，尚不肯拿出来，要求政府投资公私合营，依靠政府。税收民主评议小的挤大的。纱厂 12 万锭子，加工的占 10 万锭，三月以来卷烟业关闭一半（17 家）。

资产阶级目前是观望的，但有发展生产的要求和准备，并望政府指导。

目前正在拉拢资金，组织集团，对上海迁厂很有兴趣。困难是：①厂房（可增10万锭子）；②电力（亦可供10万）；③资金（吸收游资）。最近已有变化，转为消极。

中纺（联营）用各种方法阻止私资购棉，如（1）放空气；（2）资金必须存入银行，限制提存；（3）提价竞争；（4）争取运输工具。九、十月后宣布贸易自由，纠正偏向。今年能否公私组织联合采购，公私银行组织联合贷款。

劳资关系，目前〔的〕中心要求〔是〕自由解雇，第一纱厂职工六千余人，多余约二千人，必须解雇转业。

税收，严格执行征收率，超过者可减少，不受任务限制。农业税的任务，与负担率（20%）比较相差一半。

天津情况 三月份工业实增15户，商业实减16户，开业（工厂）资金82万单位，每户6257个〔单位〕，比二月3413个〔单位〕增83%。资金来源：（1）职工集资；（2）行商、摊贩集资；（3）外地转来。工业开多关少，开大关小，商业开少关多，开大关大。

三月份增产的工业如机器、搪瓷、面粉、棉纺、麻纺等，95%为公家订货。减产滞销的有火柴、卷烟、染料、地毯、打蛋（干蛋厂已过剩，不应发展）、植物油、酸碱、造纸、鞋帽。

问题：（1）劳资关系，号召有福同享，有难同当，自动调整工资，共同研究改善经营。在商业中问题较多，正在研究解决。劳资协商会议正在普遍推广，多余职工解雇问题需要解决，不同意会拖垮，同意则职工失业，资方要求解雇职工代表、技术工人，职员因有特殊关系不肯解雇。（2）为着解决转变方向问题，去年开了工业展览会，邀集一千余农民进城，开了六十余〔次〕座谈会，在思想上有转变。（3）公营商店获得群众欢迎，原因薄利多卖，明码实价。私商应当学习这种新的经营方式，与我争取群众，而非取消公营商店。

北京情况 全年商店增5943〔户〕，减3005〔户〕。三月份开少歇多，减58户，四月上半月已减120户。开多关少的为山货、麻袋、五金、电料、自行车、汽车材料、木业、纸张文具、书店、铜铁铺、砖瓦业，关得最多的为布业、绸业、百货、干鲜海味、酒店、首饰店。关大开小。在物价回落中，私商竞相抛售，我百货公司营业锐减三分之二，自最高日销三四亿，降至最少二千万，现已恢复至二亿上下。开业应有限制，防止过剩，歇业亦不能老是拖着，最后还是拖垮。物价十三、〔十?〕四、〔十?〕五〔日〕最低，最近几天已经回涨至与我牌价不相上下（纱布仍低一点），粮食交易渐增。

工业比重很小，过去开多关少，三月开267〔户〕，关93〔户〕，人数开1467〔人〕，关400〔人〕，平均开4.7人，关4.3人，均系小作坊。现在工业有困难，但不严重，容易解决。最困难的为火柴、卷烟、造纸、染整。

问题：(1) 计划性不够，如上海轰炸后纱布增产，盲目发展；(2) 大宗加工要经工业局；(3) 产品要合规格，才能畅销外埠；(4) 联营已从联合销售发展至联合生产（合并），是否能成为发展方向；(5) 如何吸收游资，进行联合贷款，公占20%（6亿），私占80%（24亿）；(6) 解雇金大部分已收起，已解雇百余人，工人怕解雇。

税收货物税意见不多，〔意见〕多的是工商税。如按税率认真征收，比现在的任务还会多一些。

山东情况 济南解放一年半，过去情况比较顺利。解放前工厂作坊四千余户，1949年底已达八千余户，几增一倍。商业约近一万户，在此期间约增四千户，摊贩15000～20000户。工业职工（私营）五万余人。主要工业机器、火柴、纺织、面粉、染料等。火柴产量几增十倍，一月份达二万余箱。

目前困难：(1) 三月开始销货困难；(2) 三月底征收冬季营业税，比秋季增一倍半，感到受不了；(3) 贸易公司回笼任务，对私企竞销打击很大。按照目前状况，一般企业只能维持几个月至一年。为着渡过目前困难，工会号召降低福利，调整工资。

青岛最发达的为纺织、漂染、榨油，解放后因国外贸易恢复，相当繁荣。十二月用电量较七月增三至四倍，一般工商业的增加比例亦为三至四倍。日占时工厂最多达1800家，蒋占时缩至二三百家，去年底增至1200家。染织厂有四百余家，技术很好，大多是为公家加工。电力现发2.2万千瓦，尚有剩余，价比它区低廉，市财政有盈余。造纸厂（13家）恢复最困难，缺乏纸浆，多不造文化纸。

内地统制相当严重，不能自由贸易，城市商人收买东西必须通过合作社。

税收中工商业税上季（秋）为600万斤，本季（冬）为1400万斤，适值物价下落，大家叫重。现正调查研究，恐怕主要为方法问题。营业税与印花税比，不到十与一，说明营业税还未收足。商人反映，按税率不算重，总数可能不多，但因（1）畸轻畸重，某些户感〔到〕很重；（2）困难挤在一起，收税，公债，货物滞销。

问题：（1）公私矛盾，在发展时不严重，在市场管理上矛盾较多，问我们要不要商人，公私商人如何分工；（2）物价下落，对工商业的威胁很大，大家卖不出货，没有现钱交税、购债；（3）某些工商业的转业问题，资金转移，职工不易转移，转向什么？轻而易举〔容易转〕的〔行业〕已过剩；（过剩工业〔为〕火柴、纸烟、染织、造纸、肥皂、榨油、地毯、打蛋。）（4）面粉、榨油等中小城市普遍发展，大城市就衰落下去，这是一个问题；（5）各业联营半年来起了相当作用，现在已有榨油、机器、织布、漂染四业组织联营，供应原料，销售成品。联营要有政府领导，可以走向计划经济，否则可能变为垄断。

讨论问题：（1）临时性的，如何打开目前僵局，使金融、物资灵活周转；（2）工业问题、商业问题、公私关系、联营问题；（3）解雇救济（劳资关系）；（4）税收、公债；（5）公司法，投资条例。

第一组

千〔家驹〕　治标办法，中心，购买力问题：（1）政府收购，创造购买力；（2）公私合组投资公司；（3）一定条件下准许解雇，调整工资；（4）公私合作，扶助某些重要工业；（5）调整税收。

治本办法，除三个基本条件外，（1）调整公私关系；（2）颁布投资条例；（3）组织联营；（4）转业方向；（5）无法维持的准许歇业；（6）冻结债务。

章〔乃器〕　（1）稳定物价政策不能动摇；（2）安定工人情绪。收购物资不怕膨胀，涨价就可抛货。上海拖下去会拖垮，加点力量调整一下是需要的。

孙〔晓村〕　要作通盘打算，维持机器工业、棉纺织业，特别是棉纺织业，可把上海问题解决一半。办法：收购现品，委托加工；打开城乡关系，市镇上设代售店；把社会游资吸收到公私合营的投资公司中去。冻结贷款不能普遍提倡。

吴〔羹梅〕　上海初解放时相当积极，现在确有困难，投资公司是很好的办法。上海困难有其特殊原因，解放以后，一遇封锁，二遇轰炸，三遇物价稳落，存货滞销。没有过着一天好日子，此与平津确有不同。人民币要下乡，到农村去设零售店，公私合营现很吃香，公家多少有一点股就易维持。

陈〔云〕　上海危机，公债、税收不是主要原因，总流通量还是增加，但比过去增加率大大缩小。上海困难是过去历史所造成的。轰炸、封锁解除后，只能部分好转，因为：（1）洋货决不允许大量进口；（2）内地工业发展夺取上海销路，出路只有面向内地。上海情况不能代表全国，但在全国中占重要地位。物价稳定对90%以上的人民是完全有利的，乡村繁荣起来城市亦易恢复。市场情况，相信物价平稳下去的〔人〕很少，一部分人观望，大多数人仍不相信。人民币要下乡，需要在一千多县中设乡村商店。解雇问题：有条件的解雇可以考虑，但要从上到下精简，及解决失业救济问题。这个问题今天不解决，将来还要解决，多拖一天多受一天损失，但亦不能操之过急，应该照顾劳方困难。加工问题：上海有六七十万纱锭，加工四天四夜，可以维持，但必须保证交货。贷款不如订货，订货不如加工（呆货收不回的现有60万件纱，350吨纸），加工不如购现。（上海10家银行存款1000亿，放款600亿，呆账360亿。）冻结行不通，利息可商议。工业中加工，商业中联营（要有公家领导），是两个发展方向。

各组报告

工业、商业〔小组〕

（1）文化纸维持每月一千吨的产量。（2）橡胶业向农村推销，军队订货。（3）化学、染料有季节性，可维持。（4）棉纺复制品及钢精、搪瓷等应努力外销。

设乡村代理店问题。收茧时跟茧行下乡，收茶时跟茶行下乡，收买小麦亦应配合推销。

联营问题，重在工业与商业的产销联营，要有公营参加，工业转向，工厂内迁问题，公私合营，商业承兑，公私关系，专业会议，领导机构。

游资投机活动停止，使商品的季节性的调节发生困难。这个问题如何解决。

奖励外销问题，外贸局负责研究，予以必要奖励，给以贴补，代替退税（出口税）。维持限度：（1）不冲破物价大体稳定的方针；（2）无法维持的不勉强维持（生产过剩，经营腐败）。

要开省〔级〕的工商局长会议。

工业问题：（1）什么东西生产过剩；（2）哪些行业需要迁移；（3）加工、订货、代销数量和利润；（4）私企发展方向（国家建设，农民需要），如肥田粉厂、毛麻纺织、电气、化学工业、纸浆；（5）投资公司；（6）公私合营联营。

商业问题：（1）收购种类，数量；（2）公私比重；（3）贸易自由，起草一个指示。机构问题。

税债小组

（1）纠正偏差：执行税法，退税限制，简化手续。

（2）修改税法：整理税目，调整税率。

补税问题，税目（一物一税）。

一物一税问题，每一独立生产过程（其成品可在市场销售者）作为一物，如棉、纱、布均征税，不算重征。四十号铁丝则不征 H 号税。纸烟可在出厂时交税款。分运单太麻烦。

工商业税，民主评议辅以抽查，限于税法规定税率。北京经验，民主评议收税不一定多，认真计算，依法征税，数目可能更多，且可弄清是非，使人无话可说。民主评议总平均低于税率，很少数人超过，愈有名的厂商愈易过重。税率过重，37500 斤小米即达最高额 30%，国民党超额累进，344 万斤达最高额，且为超额累进。营业税国民党均为 3%，我们为 1% ~3%，比他们轻。临时商业税征及外地座商，问题亦多。济南把物价差额作为盈利征税，有比应纳税额高十余倍的。

北京意见，小工商业（占户数一半）把已评议的分数固定下来，按月征收，半年调整一次。另一半申报检查，按税率纳税。查账困难，对于存货、呆账如何计算。

总分公司内部调拨是否交营业税？不能全交，亦不能全不交，要按情况分别减免。

税债研究

公债：一、二、三月公债收入占货币开支14%，税收占33%。反映：（1）各地畸轻畸重（北京税收与公债约略相等，天津公债合税收的一半多，比工商业税大三倍，上海公债比税收略小，比工商业税大一倍半）；（2）要求开放证券市场，私营行庄抵押；（3）按市价收购金银；（4）负担面应推广，吸收游资。

国统期税收与摊派为一比一至一比二，我们取消摊派。但去年北京税收1.1亿斤，约等于国统期（1946～1948）三年的税收还稍多。今年一至三月税收公债约与去年全年税收相等。

银行存款与票据交换，过去一比二（一天流转二次），现在三比一（三天流转一次），相差六倍之多。

下半年公债推销，根据上半年的经验适当调整，不会像上半年那样困难，时间以七八九月为好，公债总数约占税收总额的五分之一（下半年）。

〔中财委〕党组会议*

一　财经方面

去年赤字65.8%，依靠发行解决。去年发行增100倍，物价涨75倍。今年收支大体平衡。收入方面：预计140亿斤，税收192亿斤，可达207亿斤，人数从900万，缩至770万人。关内收入544亿斤，支出568亿斤，全国644651亿斤。去年赤字69亿斤，现在43亿斤。三月至十二月仅24亿斤。现金收支大体能够平衡，每月开支32.8亿斤，收入31.3亿斤，赤字1.5亿斤。掌握棉花260万担，粮食至少50亿斤。现在实行平衡收支、平稳物价方针是否过早？现金统一管理以后，银根收缩，三月初发行6万亿，存

* 1950年4月22日（《陈云年谱》中卷，第49页）。

款昨天已至4.3万亿，银行库存约2万亿，实际流通量仅4万亿。物价平稳以后，有些工商业家叫苦，反对平稳政策。我们掌握重要物资，也与私商矛盾。因此需要我们研究公私兼顾问题。

调整工商业中问题：（1）生产的盲目性、无计划；（2）适应通货膨胀，一下转不过来（去年年底高阳80%物物交换，现在20%物物交换）。

问题：（1）加工订货问题；（2）银行贷款问题；（3）失业救济问题；（4）检查各种政策。

二　统一战线

（1）与资〔产〕阶〔级〕的统一战线，今天主要斗争对象是三个主义，而非民〔族〕资〔本家〕。对民〔族〕资〔本家〕采取既团结，又斗争，以达团结他们共同建设国民经济的目的（团结为主）。公私关系缺乏具体办法。

什么是有益的工商业，应该有明确的答复。不利的是投机的、奢侈的、迷信的，应当排挤。其他有利于国计民生的应予扶助。资〔产〕阶〔级〕要求划分经营范围，可以允许。国营经济目前不能无限制的发展，必须利用私资，可以划分范围。不要与民争利，我们控制几种商品的一定数量，不能垄断一切。

（2）与民主党派、民主人士合作。有人认为民主党派可有可无，以为无党派的人士比民主党派可靠，看不起民主人士，这是只看到一部分。他们与小资〔产阶级〕及资〔产〕阶〔级〕联系，故其本身虽不十分重要，但从全面来看，不能缺少。还要进行教育工作，认识不同民主人士，协商办事，其影响怎样，效果怎样。这个问题必须弄清，如果可以不要，共同纲领就要修改。不能含糊。

我们要有气魄，不怕人家批评，不让人家讲话就会闹宗派。必须双方说通，才能解决问题。

（3）民族问题。民族矛盾尚未完全解决，因为：①历史上的矛盾不易消灭；②少数民族内部尚有反动阶级；③政治、经济、文化发展的不平衡。故对民族问题必须慎重处理，从经济、文化上提高他们，培养少数民族干部。

三　土改问题

方向，不动富农的土地财产，具体办法，现正收集各地意见，进行研究。全党注意研究土改，避免过去所犯各种错误。

四 精减

政府人员从360万减至240万，军队从560万减至400万，前者六月一日实现，后者亦在年底以前实现。要准备作复员工作。

〔中财委〕委务会议（四月二十五日）*

浦口抢修：方案，校流为主，护岸为辅，已挖166万方土，仅及全部工程1/4强。河床已起变化，挖出的泥护岸，现主流已大致挖好，五月份挖白沙洲，今年大体可无危险。

水利春修工程：（1）长江中有五艘军舰垛住，需要打捞出来；（2）今春雨多，妨碍工程进行；（3）黄河工程很有把握，长江、淮河大体可无问题；（4）五月要开防汛会议；（5）要发一个指示，纠正工程中的某些疏忽现象。要作好的坏的典型报道，以工代赈可以报道。

五至八月专业会议：中心〔为〕经济问题，其中尤以公私关系为最重要。要有公私双方参加，先开一个工商局长会议，接着再开一个各省工商局长会议。

农业——要求私资向农业投资，开垦荒地，要求制造农具、肥料、农业机器。

此次会议中心是为解决公私兼顾问题，其他会议仍可照常进行，不列在这些专业会议以内。

了解：（1）全国生产力与需要量的估计；（2）准备问题先提出；（3）困难的如何解决；（4）公私比重。

〔中财委〕委务会议（五月二日）**

重工业部 （1）机器工业会议，正在计划订货，已找到半月至八个月

---

* 1950年4月25日。

** 1950年5月2日。

的订货；(2) 机构组织，要成立各工业局（尚缺兵工、船舶、汽车三局）。要考虑干部的抽调和培养。

燃料部 石油会议上星期已结束，现正召开华东燃料会议。石油生产需要大大发展。

纺织部 从上海搬2200织呢锭子到清河。

食品部 (1) 赴沪调查渔业及各食品工厂，专家三人同去；(2) 面粉厂无原料、无销路，蚌埠最为严重；(3) 纸烟销路被手工业篡夺，上海组织联营。

轻工业部 (1) 纸张会议决定不能实现，要另想办法；(2) 火柴会议因无解决办法，迟迟未敢召开；(3) 轻工业地方性大，要求参加五日工商局长会议；(4) 标准铅笔公司公私合营尚有许多问题没有解决；(5) 扶助可以出口的手工业。

纸张问题，纸张会议对消耗量估计过高，全年只要三万余吨（原估计六七万吨），存纸在二万吨以上，可以维持十个月。上海37个纸厂停工32个。各厂存货均无销路。估计纸张生产不会过剩，从今以后外纸全不进口，各用纸户能否存积一点，要贸易部来收购三万吨（包括外购一万吨），需款三千亿元。上海每月三千吨要维持，只能由贸易部来收购。

铁道部 (1) 清查仓库，六月完成；(2) 运价调整，南方向北方看齐，五月一日开始；(3) 营业收支已达平衡，且已垫支工程费六千余万斤；(4) 计划运输可否采用银行支票；(5) 夏季计账〔划?〕运输煤炭。

交通部 (1) 需要桥梁专家二人，公路专家十人（东北）；(2) 清查了80个仓库，查出大量物资；(3) 日本修筑新港，日本已花28亿斤（小米），国民党已花6亿斤（小米），我们今年预算只有2000万斤（小米），今后还需（修堤）14亿斤（小米）； (4) 上海招商局每月要贴46亿〔元?〕，至少30余亿元。上海要买驳船，比造要便宜五六倍。

〔关于〕工商局长会议党组会议*

召开原因：公私关系搞得不好。A. 争取收支平衡，如税收、公债，物

* 中财委党组讨论召开全国工商局长会议，时间在1950年5月初。

价平稳，销路停滞。B. 国家经济比重增加。大城市粮食供应占50%～70%，棉花我占80%，特别是在商业方面，国营商业加合作社，发展很快。不如此，即不能使农民免受商人剥削。我们必须操纵市场物价，但非代替一切。C. 过去半年注意力集中于财政，对工商业注意不够。原因我们必须集中力量保证供给，争取物价平稳，且无充分经验。物价平稳对全国人民有利，对工商业有若干不利，这点我们估计不足，今后应当搞一搞工商业。

四个阶级合作是有相当长的时间，要长期合作就要有一个章程，共同纲领规定六项，各得其所。还应当有具体办法，才能够实现共同纲领。

此次是开七大城市工商局长会议，以七大城市为主，开完以后再开各省会议。此次各省列席，不能要求解决问题，地区单位组织小组，反映各地情况。这是政府行政人员会议，应守政府纪律。三四个月以后，可能召开工商会议，请工商联派代表参加。

会议所要讨论问题：（1）听听各地报告，困难到处有，上海特别多；（2）扭转停滞状态，要求贷款或订货，在不动摇金融物价的方针下来帮助；（3）哪些生产过剩，或已达饱和点？哪些工厂可以迁移，迁到哪里？哪些企业应该转业，转向何业（适合国家需要，农民需要）？购买力一时不易恢复，如何调整颇费研究；（4）税收公债，列举问题，再开税收会议解决；（5）公私商业，贸易自由，应当保证，国家必须在市场上占一定作用（我们收购工农产品必须出售；吞吐物资，平衡物价）；（6）工商局长会议以后要开各种专业会议，议程可在此次会议中再讨论一下；（7）向省的工商局长会议提出问题，此外还有投资、收购、加工等具体问题。

成立几个小组，总组陈〔云〕、薛〔暮桥〕。

政府会议讲话均会传出去的，分量要很确当。不能报喜不报忧，承认缺点应该说明理由。

〔七大城市〕工商局长会议*

陈〔云〕主任报告　以七大城市为主，以后再开各省会议，会议性质

* 1950年5月8日～26日，中财委召开上海、天津、武汉、广州、北京、重庆、西安七大城市为主的工商局长会议。陈云在开幕会上作报告，并于25日作总结讲话（《陈云年谱》中卷，第52～53页）。

是政府工作人员的会议。

研究问题：（1）情况；（2）有何方法改变停滞状态，能够改变多少；（3）哪些生产过剩，哪些已达饱和点，哪些工厂迁移，移到哪里；（4）税收公债问题；（5）商业问题，自由贸易，公私比重；（6）专业会议；（7）提出问题交省工商局长会议讨论。

文件仅供参考，可以大大修改。希望尽量反映情况，提出意见，最后以决定为标准。

组织小组：华东、中南、西北、西南、京津、东北。

主席团：陈〔云〕、薄〔一波〕、千〔家驹〕、吴〔羹梅〕、薛〔暮桥〕。

会议有大有小，今天是最大的，七大城市报告，每人不超过一小时半。

上海盛〔丕华〕[①] 副市长报告

上海集中五百余万人口，是近百年来帝国主义侵略基地，一切听命洋商，国民党统治亦以上海为大本营，又经两次通货膨胀，因此上海向来服务于帝国主义和豪门官僚，且有很大的投机性。解放后以帝国主义及豪门为革命对象，取消投机，有许多工商业因此萧条。如二百余家行庄，靠高利投机发展起来，现已倒闭一百余家，仅剩九十余家。正当的工商业亦遇到困难，还有相当时期资金缺乏，销路呆滞。资金方面，多数工商业无流动资金，向赖行庄供给，在通货膨胀中能赚钱。解放后部分资金逃到国外，部分资金冻结起来（如地产、股票等），部分资金亏蚀。因此工商业缺流动资金。销路方面，人民购买力低，海口封锁，运费利息太贵不能远销，通货膨胀时期囤积，物价平稳后销路呆滞。

援助办法：（1）希望政府订货，如机器业。a. 希望提早订货，以免将来供不应求；b. 希望收购存货，留备秋后供应农村需要；c. 推广外销，如丝织品、针织品、搪瓷品等。

（2）a. 准许私人贷款给工商业；b. 有偿还能力的工厂予以有条件的贷款；c. 确定有限责任投资办法。

贷款方法，创设公私合营的投资机构，政府保息保本，投资机构派人监

---

① 盛丕华，爱国民主人士，新中国成立后为首任上海市副市长。

督管理。

公私企业如何调整：a. 工商业家意见，除粮食外，以批发为重点，零售店应分期设立；b. 零售价应高于批发价；c. 纱布加工应够开支；d. 公私合营行庄享受优待，私营行庄希望享受同等待遇。

税目税率一致拥护，手续上有毛病，如追溯既往，滞纳金太大（头十天3%，次十天5%，以后每天10%）。

物价平稳，好转条件已经具备，工商业家可作长期打算，前途是有希望的。

许涤新[①]同志补充

上海特点：（1）全国性的，且系国际市场；（2）公私对比公小私大，私占很大优势；（3）人事关系是封建的，落后的，经营方法带有投机性（封建性、投机性）。

（1）过去一周年中：a. 自解放至今年二月六日，敌人封锁，银楼（177家减至11家）等高等消费品迅速衰落，国际贸易（1200余家）停业，但叫不出来，叫的是米价高，成本贵。中小工商业垮得最快，其中两次物价波动对他们有好处，动了就有文章好做。十一月物价平抑下去，有许多人倾家荡产。b. “二六”轰炸（26万KW降至3万KW）。工厂停工，要发工资，年终资金要2000亿，两星期后逐渐解决。c. 三月份内公债税收，公债3000万分，80%落在工商〔业〕家身上，殷实富户查不出来。三月交款超过一二两月，三十一日一天800万分，债税合计约一万亿，此时物价平落，商品滞销。三月份存货，棉纱产48000包，存32000包，占66%。毛纱20万包，存69万包。卷烟产48000箱，存48000箱。火柴产4400箱，存5000箱。水泥产2030包，存9550包。面粉40万袋，存101万袋。物价产地高，销地低，商业周转完全停滞。

（2）困难情况：a. 存货滞销，售价低于成本（如卷烟成本350万，售价325万。棉纱成本929单位，即535.6万元，售价487万元，中纺每天亏300亿）；b. 负债：纺织业73600件棉纱（3月20日），合3500亿元，卷烟300亿，航运200亿，面粉300亿，火柴50亿，行庄156亿，百货50亿，

① 许涤新，时任上海市工商行政管理局局长。

染织约 500 亿，其他 1700 亿，合共 6700 亿。新光内衣厂利息占开支的 57%，纺织业十个月利息 24 万包纱。从三月半到四月半，停工、倒闭、逃跑、自杀，日有所闻。

上海 12000 家工厂，申请停业的八月 97 户，九月 74 户，十月 45 户，十一月 38 户，十二月 82 户，一月 159 户，二月 161 户，三月 243 户，四月 374 户，合计 1273 户，约占 10%。商店：八月 43 户，九月 144 户，十月 179 户，十一月 119 户，十二月 264 户，一月 363 户，二月 349 户，三月 796 户，四月 1440 户，合计 3693 户，约占 8 万余家商店中 4.5%（工商合计 98669 户）。

逃跑工业家 162 人，149 家，以染织业 31 人为最多，棉纺 25 人，卷烟 14 人，面粉 10 人，其中解放前 31 人，“二六”前 20 人，“二六”后 71 人。商人逃跑 121 人，103 家，最多为旅馆、酒菜业。

自杀死三人，主要为债务，加上职工索欠薪资。工人好讲，最难讲的是职员，尤为银行职员，称为资力方。

（3）困难原因：a. 国民党长期剥削，底子空虚；b. 解放前资金逃跑；c. 封锁轰炸；d. 机构陈腐，肿胀庞大，营私舞弊；e. 在通货膨胀中壮大，经营方式只适应于通货膨胀，投机商人 30 万人，其他工商业亦多少带投机性；f. 劳资关系还有毛病，未上轨道。工人成份复杂，生活困难，失业与半失业共二十三万人（总数 90 万，全失业 16 万，半失业 7 万）；g. 放款 1600 亿，内 1400 亿呆账（公营），公私合营行庄呆账占 50%，私营行庄呆账占 40%；h. 公私关系处理不适当；i. 税收重复。

（4）工商业家态度：a. 观望的占多数，怀疑〔发生第〕三次世界大战，提早实行社会主义。投机不行，生产亏本，还是观望；b. 对税收和公债有误解，以为政府挤垮私营企业，并以此挑拨职工反对政府；c. 对政府财政统一，稳定物价方针，有许多人反对，也有学［说?］政府成功的，有的说好是好，跟不上；d. 公私关系，资方批评公营排挤私营；e. 要求公私合作，这样就牌子硬；f. 改善劳资关系，要求颁布公司法，有限公司有限责任，对劳资协商很满意。

武汉王光远报告

武汉是一个商业城市，交通方便，工业现处困难状况，重要的是销路不畅，四大纱厂14.5万纱锭，实开12.9万。解放时第一纱厂老板带资金逃跑，全靠政府贷棉及加工维持。申新及裕华原来情况较好，现亦困难。面粉〔厂〕44家，较大的有三家，过去销路很广，现运输困难，不能外销，主要替政府加工。卷烟24家中开工的只8家，机制烟竞争不过上海，手工卷烟竞争不过河南。榨油〔厂〕机榨4家，现亦要靠政府加工，大部停止。肥皂生产力月产12万，销路最好亦只2万，相差六倍。火柴二家竞争不过上海。工资比解放前高，原因是底薪折算，现有自动减低的。有许多美国运来的加工机器，现仍装箱未动，要由中央解决。

解放前工业13000家，解放后新增2400余家，歇业298家。今年四月工商停业均见增加，成交量大大降低，申请歇业很多，大部没有批准，现在酝酿联营及公私合营，希望公布公司法。

公私关系：a. 初解放时公家把持运输工具，后规定火车、轮船运输，公八私二。现货少，车船多，已变为公私航轮的竞争；b. 公私争购棉花，公商排挤私商并不那样严重；c. 花纱布公司收购时压价收购，私商不满；d. 公私竞销食盐，私商对我零售意见很多。要求我停止零售，购棉划分市场。现我零售只有粮食、盐、油、肥皂几种。

税收：先说税重，现〔?〕说不合理。a. 重征，如棉花购进、售出两次征税；b. 货物税应按出厂价征；c. 过去资本〔家〕顶多只报一半，现在结束〔算?〕均成盈利，私人借贷均报买卖，算营业税又吃亏；d. 报税挑战竞赛，说国民党贪污，共产党贪功；e. 一物一税，见物征税，无物不税。

公债分配不公平，工商联民主评议，不能大公无私，因而大家交款故意拖延，甚至逃跑。

纱厂还可以增加，棉花供给不成问题，厂房、动力均有。麻袋厂亦可设立。纸厂可设一二家。过剩的是面粉业，天津及东北市场已无恢复希望。

西安

工业情况（庞镇华）

特点：（1）私营多于公营；（2）战时发展起来。

纺织业私占2/3，此外各业多为民营。工厂及动力设备分散各地（包括宝鸡），机构庞大，成本亦大。交通恢复后普遍亏本（一件纱成本1200斤棉花），不易维持，如煤矿、修理厂等。火柴过去月产一万箱，现在市场全被山东火柴占领。纺织亦有困难，一切设备均难与人竞争。但资产阶级仍作乐观估计，我们亦有盲目发展生产的倾向。

a. 资方要求划分市场，阻止外区货物销售；b. 不从生产上想办法，而从经营（投机）上想办法；c. 要求精减工人，工人要〔求〕先精减吃闲饭的职员；d. 劳资关系争论最多的是解雇问题，资方要求精减工人，减少工资，往往相持不决。

纱厂可以再加五万至十万锭子，已接洽中的有一万余锭，但〔投资方〕不要当地工人。

商业情况（高馥宇）

工业在战争中发展起来，商业也存在着战时的繁荣。解放后因大军云集，商业更为发展，增加二千余户，初为金银投机，继作纱布投机，冬季又作面粉投机。今年物价平稳后，这些商人吃亏很大，货卖不了，债还不了。

货物税估价比市价高，有高一倍的。解放时物价［资?］向重庆、兰州逃避，均受损失（烧了，抢了）。现在纱厂、面粉厂均靠政府加工，并希望与政府合营。私商感到公商的威胁，目前牌价高于市价，私商尚能活动。

四月份开业的有68家，均系中小商店，从业人员仅183人。倒闭80家，〔失业〕273人。中小商人认为物价稳定后生意好做了。税不算重，问题是在没有生意。

重庆情况　霍衣茹

工业1764户，商业27550户。

（1）重庆市有120万人，系抗战中暴发起来，肥皂〔厂从〕8家〔发展〕到60家，面粉〔厂从〕1家〔发展〕到20家（〔产量从〕2000袋〔增长〕到32万袋）。钢铁机器均从华东、华北移去。胜利后突然衰落，现仍如此。遇到法币、金元券、银元券三次贬值，大火损失三千余万银元，〔损失〕最重的为银行、仓库、棉花、糖等。资金外逃亦很严重。

（2）a. 解放后，资方对我希望很高，要求修成渝路，重庆、大港、两江铁桥；b. 二月物价波动，粮价从4.8万涨至23万，棉纱涨至一千余万；c. 三月财经统一，推销公债，加紧税收，工商业家亦感困难。因此反映重庆解放以后没有喘气机会，只有开始时好了几天。

问题：（1）生产能力与产量距离很大，如煤〔能力〕8万吨，〔产量〕5万吨（每月），工人情绪很高，但销售困难，已存8.4万吨。纺织业（西南）25万锭（内重庆14万锭），全部开动，但销路不畅。钢铁机器业重庆389户，母机2762部，仅有四百余部时开时停。面粉产量从14万袋（抗战中）降至2万袋。肥皂能产7万箱，实产3.6万，销8千箱。纸烟能产一万箱，实产4千箱，销8百箱。织布战时29万匹，解放前14万匹，后4.5万匹。

（2）遍地土匪，城乡交通断绝。外地市场完全丧失，货物流通陷于停滞状态。

（3）战时发展起来，经营方式很不合理。薪资很高，比解放前高得多。纱厂高（3～8担米），煤矿低，浪费严重（民生公司有80个顾问），职工比例由1∶8增至1∶3（纱厂）。解放后盲目发展生产，亦增加了若干困难。

（4）财经统一后的困难，四月份交易额比三月份少一半，百货公司从二亿降至二千万元。

工商业家对我政策认识：①公私关系，开了八个专业公司，以为与民争利，零售店筹备更引起恐慌，认为提早实行社会主义。纱厂加工工缴240个单位，还不够本（要400～500个）。纱厂要我供给棉花，棉商反对。②劳资关系比较严重，原因资方困难，而非劳方要求过高。无前途的工商业问题最难解决。职员比工人难办，资方不好提出裁员减薪，常与公家比较。③税收问题，税收、公债挤在一起，喘不过气，公债尚未收到一百万分，税亦未交，感到不公，老实商人吃亏，行商沾光。税目太多，重叠收税，手续太繁，处罚过重。要求查账征收，不要民主评议。

工商行政机构，希望统一规定。合作社归何机关管？工商行政分开还是合并？

广州情况　何庶仁

（1）广州半殖民地性较显著，长时期与海外联系密切，市上洋货占90%，且用港币，走私严重，不易根绝。侨汇数额很大，目前不多。

（2）消耗性城市，私商占绝对优势，商店28000户，工厂3000户，商店中饮食业占多数。职工人数私营38000人（93.5%），公营2000人

(6.5%)。市民生活腐化，妓女二万余人，赌风极盛，大街小巷都有。抢偷案每人〔天?〕平均80余件，流氓小偷约一万人，舞女二千人，烟馆很多。

工业方面：机器工业能够制造的仅二家，纱厂只有二家，各种工厂设备均很简陋，自己没有流动资金，解放前又逃亡很多。生产技术落后，往往临时凑合生产订货。

织布业生产降低一半，卷烟从4万箱降至4千箱，这是三月份的情形，四月份停工更多。机织〔厂〕74家，全停24家，存货并不很多，原因多为订货。

开业多于歇业，至今并无严重倒闭现象。a. 问题，城乡关系尚未打通，乡村用港币、银元及南方券。四月半以后人民币开始下乡。城市过去以港币计价，现开始以人民币为单位。工商业家欢迎物价稳定。b. 三月三日轰炸，死伤一千余人，工厂未受损失，损失船只二三百条。c. 离港澳近，资金容易逃亡，很多并不报告，自行歇业。

一月到现在，商店歇业五百余（575）户（四月180家），开业458家（四月69家），最多为进出口，共86家，粮食50家，糖、面……

商业中食品业5000余家，占1/3，员工占62%；茶楼、酒馆、舞厅等一千余户，员工8%；迷信业200余户，行庄165户。这些行业部分要求转业，转向何处尚难答复。大够〔?〕运输业可以搞，但困难尚多。

工人四万余人，公营仅二千人，内纺织、染织、针织占16000人(40%)。

公债六百万分，已收约五百万分，鸿兴鹧鸪菜馆借港政府3000万港币，派公债9万分，一文未拿。胡文虎亦一文未拿，且发表申［声］明反对战争。跑了十户，计21万余分，连中等逃跑户共30余万分，还有不跑亦不认购的。海南岛解放后逃跑的人开始回来，认债交税。

工商业家思想情况：（1）三次大战快要爆发，国民党要打回广州；（2）共产党先破坏，后建设，要搞垮私营工商业；（3）拖延观望，广州问题比较容易解决，但积极克服困难的尚占少数；（4）要求加工，贷款；（5）要求政府不要抢他们的生意；（6）中小工业组织联营。

失业2800人，已介绍800人。对我税收认为手续麻烦，态度不好，现正设法纠正。要求提早土改，减轻公粮，培养农民的购买力。

天津情况　周副市长

天津大小工业15000户，商店29000户，公私比例，大约公私各半，私营亦带买办性、封建性、盲目性。国统时期通货膨胀，工不如商，以商养工，带有普遍的投机性。发行金元券时献金限价，把实力挖空了。解放后工商业有恢复发展，三月以后发生困难。（1）货物滞销，如火柴产量仅三分之一，销又只占产的三分之一，其他如造纸、纸烟、染料等亦然；（2）售价低于成本，市价低于牌价。纸烟36～3户，火柴18～2户，其他停工约占50%。失业一至三月为七百人，四月九千人，五月可能达二万人。

原因：a. 农民购买力弱；b. 盲目发展生产结果；c. 出口停滞；d. 囤货抛售，投机经营转变困难（尚无逃跑及自杀）。

工商业家意见：（1）要求公司法；（2）市场销路，希望政府有计划，有重点扶助，打开外销，联营联销；（3）资金，通过国营加工订货，输血；（4）公私关系，公企照顾私企；（5）税债，实现单一税制，统一税政，简单手续，民主评议应再改用旅大办法；（6）解雇救济，一部分要解雇，政府以工代赈，统一工资标准；（7）税上加税应当纠正。总之拥护政府目前政策，克服暂时困难。

杜新波补充

解放以来，工业开业3236〔家〕，歇业471〔家〕，商业开业7372户，歇业2480户。但开业多系小户，多为一月以前，尤为去年第四季，歇业多系今年，尤为四月份，且仅批准数字，还有未报告的。

去年四月以前，尚系混乱时期，中心复工复业，干部思想混乱，少奇同志去津后情况转变。

去年五月至今年二月，工商业恢复和向上发展。a. 解决劳资问题，逐步正常发展；b. 公私关系亦有改进，修改订货合同；c. 改变经营方向，面向农村，依靠农村，如过去用印度麻、澳洲毛制麻袋、呢绒，现在改用本国原料。商业改用实价明码，帮助转业。但有盲目发展倾向，以至生产过剩。农民进城，旅馆饭馆大的没落，小的发展。

今年三月以后，工业歇业去年267家，一、二月163家，三月116家，四月195家，商业去年1183家，一、二月524家，三月261家，四月518

家。最近歇业最多的为织染业、磨粉业等，均系小厂。原因：多为存货滞销，资金周转不灵。商业歇业最多的为花纱布、绸业、粮食业等。

歇业中：（1）确实困难者；（2）叫歇业，实不歇，希望人家歇业者；（3）逃避税债申请歇业者；（4）有所要求，申请歇业者；（5）不了解前途，因而歇业者；（6）不报自行歇业者。

工业停工现象严重，工人主动提出降低工资，但求不致停工失业，订结劳资临时协定。由于政府再三说明这是暂时困难，所以大家叫得不凶，大家认为前途确有希望。

公私关系，适合人民需要及国家建设需要的能维持。现在问题：a. 加工利润，仍多争执，如折旧费的计算，利润高低，技术标准；b. 收购和出卖，工厂要求我们收购，商号反对我们出卖，收购收不完，出卖卖不掉（天津百货总销量280亿，百货公司实销87亿，其中百货只占26亿，不及10%）；c. 批发和零售，对我粮食零售市民欢迎，粮食商反对（天津三十余零售店，私商粮店二千余户，我不到2%，另有四百余家代售店，比私商稍好），政府必须维持市场适当价格；d. 订合同，讲规格，有些工厂因此亏本破产，还有转包层层剥削的（需要统一订货）。

北京情况　程宏毅

最近市场情况：三月以后上市量增加，成交量稍减，减得不多。如粮食上市，三月上旬2800万斤，下旬7800万斤，四月又渐下降。成交量每旬保持1000万斤左右，公家减少，私商增加。

现在粮价已与牌价相平，布价仍稍低于牌价。我们牌价政策，私商均感满意。

工业3238户，工人21254人。30人以上者仅21户，利用动力者6百余户。到去年底增至5千余户，工人约近3万。增加多的为铁工、织染、面粉等。三四月份仍开多歇少。

商业去年发展，增加了二千余户，但可能有以大化小现象。三四月份歇业多于开业（开500户，歇1000户）。歇业较多的为粮、布等业，过去最好〔的〕，现在最坏，过去不好的现在亦不坏。有些工业已经过剩，但仍有开有歇，机关及合作社仍在发展这些工业。

启新股票，二月底21万，三月底37万，四月底70万（?），五月120万，股票涨价是可注意的。

意见：五月份估计还会有五六百户歇业，能维持的应当维持下去，生产过剩今天尚难确定。对物价稳定方针认为不能动摇。转业方向今天不好答复。对税收认为不够公平合理，但查账又做不到。加工利润有些争论，经常变动，不好计划生产。（粮食店1700户，公家零售店133户，合作社200余。）（百货有四个批发部，五个门市部。）劳资问题正在解决，经过劳动局解雇的不很多。组织投资公司在筹备中，工商业家对此很有兴趣，能集资200亿，知道政府在想办法，希望能快一点。

东北　孙毅

沈阳是一重工业的城市，解放初期私商很多逃亡，平津解放后即稳定下来。铁工业从350〔家〕～930〔家〕，机器新增二百余家。现有工厂作坊一万三千余〔户〕，工人五万余人。发展最快为上海解放以前，五月以后曾有一度萧条。公私关系不好，多表现在加工方面。劳资关系不好，资方要求裁员减薪，劳方要求增加福利。公家进行加工，代售，解决工商业家困难，关内商品销售东北，刺激东北改进生产。组织联营，也有相当好处。

从以上问题提出几点：（1）私营工业要与国营结合，才易发展；（2）搞好劳资关系，民主管理；（3）精简节约，改善经营方式；（4）组织联营。

问题：盲目发展，生产过剩，如卷烟（产3000箱，销1500箱）、粮米加工、缝纫业、肥皂、染料。

商业从一万三千户发展至二万户，从业人员五万余人，近数月来增减相差不远，仍有发展趋势。

公私关系：（1）农产必须国家收购，如粮食国家大量收购，农民仍要求多收，其它土产亦然；（2）物价波动，国家必须零售、配购才能控制市场，绝大多数市民欢迎这种措施（沈阳粮布交易额，公商只占三分之一）。

公债，一般认为交款太急（七日完成），税收太麻烦，对民主评定有意见，小挤大，不统一。

东北缺轻工业、重工业的技术工人，可以迁去的〔如〕缫丝、丝织、制铝、胶木制品、小五金、文具仪具、化学药品、电工器材、热水瓶、搪瓷等。

长沙 尚子锦

小城市封建性更加大，（1）工资很低；（2）工商业家三分之一至三分之二为地主兼营；（3）长沙工商业为一与四之比，城市多为农产集散地，只要能输出农产，便无困难。

动态：八月解放后一度停顿，十月至年底发展，一二月又停滞，四月起更困难，倒闭了四五百户。最多的为花粮行、煤炭行。a. 公私关系开始矛盾，私商反对我们零售煤炭；b. 营业税畸轻畸重，长沙等于北京。（全国统一分配。）

（1）需要纱厂、硫化氰厂；（2）出售锑、锡、锰、猪鬃、桐油、茶叶、鸡蛋。

山东济南 亓象岑

工业 8000 户，47000 人，商业 8000 户，28000 人，解放后发展很快，直至去年底一直上升。但资金很少，很难周转。一、二、三月工业增 462 户，减 165 户，新增 77% 为手工作坊，停工的约占 35%。商业增 378 户，减 467 户，歇业多为纱布、染料等。四月要求歇业很多。

停工减产，工业停工的占 33%，原因存货滞销，资金不能周转，亦有故意停工的。生产过剩的为火柴、面粉、榨油、卷烟、印刷、漂染、针织等。

可迁入工厂：毛纺厂、造船（汽艇）、麻袋、电料、高级染料。

负担情况很难计算，一般没有超过税率，畸轻畸重现象存在，小挤大，工业重于商业。

青岛 王崇石

青岛经德日美帝国主义统治，有些情形与上海相类似，公营比重较大。工业有公营厂 55 家，私营三千余家，一、二、三月用电量，公营占 88%。工人 44000 余人，公〔营〕23000 人，私〔营〕21000 人。纺织印染业工人，公〔营〕17000人，私〔营〕6500人。机器制造〔业〕工人，公〔营〕3千余人，私〔营〕2千余人。商店七千余户中，公营数量不大，但营业额纱布〔业〕公营占80%，粮食〔业〕公营占60%。私营企业依赖性很大，主要从事加工，现仍依靠政府的加工和订货而生存。

公营工厂多受上级政府直接领导，加工订货没有统一计划。纺纱加工〔费〕575斤棉花，不够成本，中纺〔成本〕580斤，私厂成本更大。公营经济未把领导私营经济作为自己的责任，不愿意参加同业公会。（省府下令不准参加。）

税收反应［映］认为比京津重，工商业税去年冬季及今年四季连续征收太重，要求推延，民主评议小挤大，华挤洋。

工厂只能搬出，不能搬进，已经过剩的为染织厂、针织厂、机器铁工厂、面粉厂、火柴厂、卷烟厂、榨油厂、印刷厂、皮鞋厂等。

苏南　李铮

工业情况，棉纺、缫丝、面粉共2641家（有机器），七万余工人。纱厂58家，丝厂95家，面粉68家，公营所占比重很小。过剩的行业有面粉（去年开工三〔个〕月），丝厂（去年不到三〔个〕月），丝织（仅产1/8），纱厂大部停工，染织停三分之二。

工厂工作效率很低，职员比工人更差，尚待教育改造。申新三厂经帮助改造后已大有进步，到0.92〔磅〕。利太纱厂已停闭，精减一半职工，经整顿后已达一磅，已可维持。

无锡米市每年成交300万石，存粮常达100万石，粮行169家，同时经营拆放。现在增至203家，存粮50万石，每月成交约5000石，三四月减至二千余石。年初粮商抢购囤积，吃亏很大。人代大会粮商要求提高粮价，工人学生群起反对。

失业工人达50%左右，其中半数为半失业，总数达七万人，目前很难恢复。

农村副业生产大部破产，如织布、摇袜等，均停工，影响很大。茧子今年准备收九万担，去年十二万担。人民币仅在〔交通〕点线流通，用米、纱相交换。

为着解除顾虑，可否公布税收任务，现在谣言很多，工商业家摸不着底。

物价平稳和零售商店群众十分欢迎，问题纱价太低，不够成本，每件要亏五六十万元。电价太高，公营每度1.3斤，私营一斤，成本仅600元。公营汽车、轮船亏本很大，公私竞争，可以撤销。

浙江　庞在祥

公营工业仅占6%，私营占94%。杭州2500家，工人男女各一万人，职员四千余人，资金私9000亿，公600亿。最大的丝绸业，工人缫丝28000人，织绸15000人。私商资金9000余亿，国营430亿。全省建立八十余供销合作社，在农村收稻售布，成绩很好，群众欢迎。

土产，今年收茧可达十五六万担，茶叶产20万担，政府只收四万担，省政府曾宣布全部收买，现很难办。桐油产9.5万担，已收购。麻70万担，可制麻袋。

货币下乡很少，有合作社处即有人民币。零售公司甚得工人农民拥护，必须分设乡村。

公私关系，在工业方面为加工〔业〕，商业方面为粮食〔业〕、零售〔业〕，公营约占半数。公私商店同样价钱，群众均到公店挤买。困难土产销不出去，农民无购买力，海口不通，土产不能出口。各地可以互相交换，如红糖、明矾等。

解决：（1）工商机构；（2）度量衡统一。

河北　刘栋

十四个城市从业人口，工业占66%，商业占34%。过剩〔行业有〕纸烟、火柴、植物油、陶瓷、硫化碱，可以发展的〔行业有〕纱厂、采矿。

商业问题，四月份歇业增加，但早已请求，并非由于物价平稳。商业由大化小，工业由小化大。

综合小组

基本情况：今天一切困难，根源是在销路停滞；而销路停滞，购买力的突然低落，主要由于从通货膨胀到物价稳定，过去虚伪繁荣突然消失，现在是否生产确实过剩，还是值得考虑。

（城）今天购买力降低的，公务人员240万，军官120万，地主240万，投机商人100万，其他50万，合750万，以每人每月减200斤计，减15亿斤。城市购买力确实降低。

（乡）初解放时农民在抗战中蓄积的购买力，江南在1946、〔19〕47年就消耗了，华北在去年一年中消耗了。

上海工商业家要求打开国外市场，减税免税予以鼓励，此点应该努力求做，但数目不大。

解决：（1）纺织加工，要亏13亿斤小米；（2）机器五金订货（明年用的），投资8亿斤小米；（3）纸要收购。以上几项再加一点百货，估计要资金40亿斤，占发行额2/3。

货币下乡，遍设内地商店，或代理店。

纱布加工条件，物价波动时把存货借给政府，私营行庄贷款首先贷给政府。

产销状况（生产过剩）

火柴设备〔能力〕150万箱，现产90万箱，销量60万箱（每年），过剩30万箱（720包，7200小匣）。乡村每人1.5至2.5支，城市3～5支。天津存12000箱，上海存7000箱。过剩原因，胜利后各地盲目发展，现存货并不很多，只要减产1/3，便可解决。

面粉产量上海占1/4，加苏南占1/2，但此既非原料产地，又非销售市场。机器迁移又很困难。广州月需面粉十万袋，过去依靠香港，今后应由汉口供给。新设一个面粉厂，月需小麦2000吨。

卷烟最高年产400万箱，今年计划产200万箱，消费量估计200〔万〕～250万箱。上海去年109家〔中〕开工的60～70家，现在只有5家开工。存货4万余箱。滞销原因：（1）购买力；（2）手工卷烟竞争；（3）加税（要求出厂时交税。）烟叶销路困难，贸易部存2400万斤，人民存烟叶很多，无力完全收购。烟厂公营18.3%，私营60.5%，合营4.3%，外商16.7%。管理办法：（1）统制盘纸；（2）分配产量，实行统销。

公私关系

公营商店不能包销土产，包的结果，公家的包袱愈来愈大，私商的顾虑愈来愈多。原则上必须鼓励私商收购，这里决定关键，是价格、利润和利息问题。充分照顾生产者和消费者的利益，而不照顾商人的利益，致使私商裹足不前。现在利息很高，商业利润必须高于存放利息，这就不得不使农民忍受一点剥削。同时告诉商人物价稳定以后，不能要求过去一样的过高的利润，城市消费人民也不得不受一点剥削。

①保护私商正常进行〔经营〕。②防止过度剥削，因此要适当掌握价格政策，双方兼顾。主要物资国家适当经营，掌握价格，次要物资只能放宽一点。对于城市工业品的收购，亦应当有范围和标准（货真价实）。百货公司范围力求缩小，但必须照顾者仍非适当照顾不可。

①价格利润，②经营范围，③自由贸易，减少麻烦。用这三条来解决公私关系问题。

奖励工业品出口，①退税。②易货。但要：a. 仅限于必须出口、目前不易出口的工业品；b. 回货不能侵夺本国工业品的销路。（3）结汇日期(不超过三个月)。

加工订货要有计划，私营工业可以按此作出生产计划，保证经常的产量和销路，时期要求长一点。

组织联营，加上国家领导。同行自愿联营，国家协助指导。但私商中的矛盾很多，联营尚有困难。弱者愿意联营，强者愿意自由竞争。困难时要联营，顺利时即体解。

收购只能按市价，不能保证赚钱，因为要求收购均在销售困难、市价跌落时候，如按成本计算，贸易公司赔累过大。加工一般要按中等标准成本加上应得利润。但成本计算相当困难，利润亦不能按目前银行利息。公私一律，加工的数量按照国家的需要与可能，由各地工商局斟酌处理之。（资力大小与经营状况。）由负责加工机构，通过当地工商局，会同有关部门（工商联、同业公会、工厂、工会等）协商分配之。

国家赔钱背包袱的加工，只能够本，不加利润，成本按各该地区合理经营的中等标准计算。正常订货，成本外加正常利润，双方自愿。

保证工业品下乡利小，农产品进城利大。

金融问题

上海存款4600亿（人民、中国、交通〔银行〕不在内），四家公私合营银行占50.5%（新华、四明、通商、中国实业）。有四十三户存款均不超过五亿，每月全部盈利不到120万元。

抗战前七十余家行庄存款23亿，解放后二百家行庄，存款1700万元。存款少，职工多，薪资高。

正待接收的有农工银行、建业银行。此外上海、兴业两行中有少数公股，要求接收。

公私合营尚有顾虑：（1）本身是否完全同意；（2）不合营的行庄是否会吃错［醋?］；（3）社会舆论如何?

投资公司（或称投资信托公司）各大城市均可各自创办，公股创办市〔?〕占20%～30%，以后展［占］20%即可。利益：（1）吸收长期性的社会游资（保本保息，还有红利可分）；（2）帮助目前困难，但有发展前途的工商业，予以投资，助其整理；（3）公私合营，较国家投资社会影响较好。组织原则，先小后大，不放大炮。

利息现在存1.5%，放3%，降得很快，工商业已能负担。以后尚可降低，但须稳步前进。照顾物价，防止提存抢购囤货。

商业承兑可以办，不必公布。

工商机构

上海工商局原以工商行政为中心，后要保证市民生活，管理零售工作，最好另设贸易局来管理物资供应工作，工商局只管工商行政工作。中央机构是社会主义类型，不按五种经济来定机构。各部自己要管工厂，必然重公轻私。成立工商部亦不能直接解决问题，贷款订货还要通过各部，还要通过地方才好办事。

广州工商局包括工业、商业、合作、公私关系。准备分工业局、贸易局、合作社，工商分开管理。

重庆分企业局（管工厂）、工商局，私营工商业要求统一领导，但市府准备工商分别管理。最好公营工厂成立企业公司，公营商业成立贸易公司，工商管理统一办理。

武汉工业局、商业局将分开，中南财委各部只管公营，对于私营问题找不到人解决。市财委会解决不了问题。大行政区应当有专管私营企业机构。

天津过去公营工业局、工商局，现将分公工、私工、商业三局，主张工商分开来管，比较周到。

西安准备成立工业局、商业局，为将来着想分开来好，现在合在一起好一点。省府分工业厅、商业厅。

北京工商分开，考虑合起来好，分开半年没有好处，合起来的好处较多，自己不能单独解决问题。

失业救济问题

38个大中城市，失业工人117万人，内上海15万，南京5.6万，武汉8万，重庆5万，广州5万多，无锡4万。

精减办法：（1）调整工资；（2）轮流工作；（3）部分解雇。大体上已缓和下来。

七大城市商店共23万家，可能再倒3.2万家，失业店员最多有15万人，救济金合野战军4万人。

七大城市产业工人66万人（私营），可能再失业20万人。

公债问题

五月十六日止实销八千五百万分，内华东已收88%，中南89%，华北95%，西北75%，西南28%，共收二万余亿元。

公债完成了85%，回笼货币二万一千亿，对于稳定物价起了相当大的作用。办理公债的同志和认购公债的人民均有功劳的。缺点：（1）税收、公债挤在一起；（2）吸收游资很少，挤了工商业的资金；（3）规定任务是估计的，可能畸轻畸重，上海由于长期封锁，更经“二六”轰炸，负担能力确已削弱；（4）方式有不够妥当的地方。

尾欠，能收的尽量收起，确实不能收的可以减免。第二期可以考虑迟发、少发或不发。

工商局长会议总结

（一）目前工商业的困难和办法

滞销原因，主要通货膨胀下虚假购买力的停止，这种现象是十二年通货膨胀的结果，迟早不能避免。

某些生产感到过剩：（1）通货膨胀刺激生产发展；（2）战时分割环境中发展起来的生产；（3）现在的生产品不完全适合于人民的需要，城市购买力约降低20%。

今天办法：（1）防止盲目发展；（2）过剩的要减少生产；（3）需要的要重点维持。

现在存货不多，底子不厚，实销未停，特殊滞销即可过去，但仍低于通货膨胀时期，低于战前。土地改革使农民收入增加280亿斤，现在的购买力约为400亿斤，加280亿为680亿斤，再加增产340亿斤，共约1020亿斤，可以增一倍半。

打破封锁，对上海有利，但不要作过分估计。

解决办法：根本办法要有几年时间：（1）土改；（2）调整工商业；（3）减轻国家军政费用。应急办法：（1）重点维持生产，加工订货，纱锭加工162万，四天四夜，华东136万。机器订货9亿斤小米（公私在内）。（2）开导工业品销路，收购农产品来增加农民的购买力，组织出口。（3）联合公私力量，组织资金周转。（4）改善经营，劳资合作。（5）重点举办失业救济。（6）以上办法应与稳定金融政策相辅而行。（7）公告哪些产业剩余，内销有火柴、卷烟、肥皂、面粉、丝织、酱油，外销有地毯、干蛋、丝织、手帕、针织，已达饱和点的有橡胶、油漆、毛巾、铅笔、灯泡、干电池等。工厂迁移要慎重研究，转业方向很难，还是开荒较有把握。

（二）调整公私企业间的关系

目前存在不协调状态，商业多于工业，今年多于去年。今年政府力量大了，摩擦也就多了。前一时期忙于应付财政、金融、物价，现在进行调整，原则就是共同纲领。五种经济统筹兼顾，分工合作。这五种经济有所不同，但应大体上一视同仁。反对不利于国计民生的，投机的，逃避税收的，改变后即同样照顾。公私企业工人同样光荣，均为人民服务，现有区别不能长久维持。公营工商业均应参加同业公会。

（1）国家各企业部门对私营工业的关系。a. 每年两次组织国家加工订货定单。b. 凡属不能出口物资，可以免税奖励出口。c. 指导联营。d. 依据情况作必要的收购，按市价，按能力。e. 加工工缴标准，应按国家的需要和能力，分配力求适当，经办机关〔为〕地方工商局，会同工商联与工会办理，工缴按各地区合理经营的，中等标准，公私一律。工缴高底，公家赔钱的以私人不挣钱为原则，正常订货得正常利润，双方自愿签订合同。f. 机关生产性质是国营企业的一部分，要有统一领导。

（2）商业方面，私商在很长时间内不可少，国营贸易在国内市场上〔的〕责任为共同纲领〔第〕37 条，在国家统一计划内实行自由贸易，国营贸易负责调节供求，稳定物价，扶助人民合作事业。我国是大国，小生产，交换过程单靠国〔营〕贸〔易〕及合作社不够，私商是不可少的。

①国〔营〕贸〔易〕在销售市场上的价格政策，保持批发与零售、产地与销地的差价，使私商有利可图。②国营零售店与百货公司〔的〕责任〔是〕稳定零售物价，零售应只卖粮、煤、纱布、油、盐、煤油。一个城市要有若干百货公司，以能稳定零售市场为准。③批发公司〔的〕责任〔是〕回笼货币，稳定批发价格。④农村收购范围，主要农产、主要副产、外销物资的一部分，责任〔是〕维持农产价格，保持农民正当利润。⑤私商发正财是欢迎的，发横财是不可能，要大大鼓励私商与合作社进行城乡交流。城乡交流是一民生大事，不是少数人能包办，愈多愈快就愈好。⑥收购农产价格政策必须照顾：a 消费者能接受；b 商人正当利润；c 农民的利益。自由贸易要运输便利。

国家银行与私营行庄：（1）联合放款，今天很有益处，应增加资金，扩大业务，吸收工商局、工商联及工会方面意见。（2）赞助组织投资信托公司，国家投资 20% ~30%，先小后大，不放大炮，严订章程，使投资者得可靠保证。保本保息尚待考虑一下。（3）利息已下降，对工商界有益处。利息变动必须照顾物价，步骤稳重。（4）证券交易所作用不大，投机成份存在，已有的维持，继续察看，他处缓办。（5）收买金银，需要解决，时机要看国家需要及确保金融物价稳定。（6）私营行庄是需要的，其业务范围应有变更，按〔共同纲领第〕39 条办理。能维持的希望继续维持，维持不了的准备结束。过去银行发展不合经济需要，有些银行要求公私合营，希望他们再考虑一下，凡真愿与政府合作，在困难时亦合作，政府欢迎。

（三）税收公债

依据现在经济情况，税收不能算轻，税收条例手续有许多不适当的必须改正。税收按税率不按任务，超过税率的可申辩，多收退还，按章办事。但照章纳税是工商家的责任。漏税情况存在，必须改正，〔共同纲领〕第40条规定必须全部执行。工商税征收方法，交税务会议讨论。有的要求评定，有的要求查账，均可采用，可同时采用。多数税务干部是努力的，立功是好的，贪功则不好，命令主义必须改变，贪污必须处罚。严守政策，堵塞偷漏，廉洁奉公。

公债实销8500万分，货币21000亿，在财政金融上起重要作用。缺点：（1）挤在一起；（2）畸轻畸重；（3）方式生硬；（4）殷实富户未派到；（5）尾欠能交者交，交不出者分期缓交；（6）二期公债暂缓发行，要经政府批准；（7）捐献公债应当拒绝，明年照章还本付息，建立债信。

（四）投资条例草案

作为草案提出，交有关机关讨论，盈余分配应再斟酌，有限责任可即宣布。

（五）工商局组织机构

新解放区工商合并，中央及大行政区要有与之联系〔的〕机构，由政务院作决定。

〔中财委〕委务会议（五月二十三日）*

银行　吸收存款远远超过计划，原计划增加存款260%，现已达到500%，存款数达发行额150%。放款100%，库存50%，放款20%放给私营企业。

建立金库，这一个月增300余个，现有38个大库每天报告，此外旬报。西北一部、西南大部尚未建立金库。

外汇吸收任务，5月10日已完成全年计划，增加任务30%，亦可于六月中旬完成，外汇已感供过于求。

贸易部　纱布加工，六月份全国162万锭，转［占?］运转锭数81.5%。收购百货以扶助轻工业生产。

---

* 1950年5月23日。以下直到10月23日关于中财委委务会议的记录，是记在一个笔记本上的，与其他笔记本上的记录在时间上有交叉，为了保持这部分内容的连续，编者未作顺序调整。

收购小麦计划 21 亿斤，以粗换细十余亿斤，并作货币下乡计划，收购茧子、茶叶，推销粮食、百货。

派出工作组检查工作，清查财产，接收机关生产中的商业部门。对捷商谈已经完成，即将签字。

邮电部　(1) 邮电分开效果浪费，拟改邮电合一办法，小城市设邮电局，省设邮电管理局，中央邮总、电总成为邮电部之两个工作部门。电报电话、有线无线应当分设几个机构（有线电、无线电、市内电话）。机构集中后人员可以大大减少。(2) 资费原定平信 0.4，电报每字 0.7 折实单位，收费太高了会减少业务，故拟减少资费，平信 800 元（不变），挂号 2000（原 3200），双挂 3200（〔原〕5600），快信 2400（〔原〕4000），本埠信减半（400 元）。全年收入约减 2400 万斤小米。(3) 中苏边境堆积数千邮包，请铁道部迅速运回，运费多少另行解决。(4) 派苏幼农出席国际邮政会议。(5) 小额汇兑（100 万元以下）银行不收汇费，邮局收 3%，无法竞争。

财政部　农业税法座谈修改，已送审。明日召开税务会议，修改税法。派出视察人员已经回来，正在汇报，发现许多偏差，正待纠正。

海关总署　(1) 草拟海关法规，关务会议延期至六月十九日召开；(2) 新税则正草拟中；(3) 拟免征出口税；(4) 出版贸易统计。

劳动部　(1) 救济失业职工，拟定暂行办法已经通过，即将公布；(2) 解雇问题起草指示；(3) 如何管理编余人员，尚在商量研究中。

农业部　增产粮食 100 亿斤，可以再增 44%，棉花增产恐怕不能完成任务，小麦可增产 30%。春播情形良好，但黄疸病相当普遍，无法扑灭。

苏联运来农业机械及种畜约值 300 万美金，烟叶收购问题相当严重。特产作物希望免征农业税。

林垦部　两副部长出去分头视察。

〔中财委讨论〕金融贸易状况*

目前发行仍为 6 万亿，银行存款 8 万余亿，金库 1 万余亿，库存 3 万

* 时间应在 1950 年 5 月 27 日至 6 月 1 日之间。

亿，市场流通量3万亿。

财政收入，公粮减26.6亿斤，税收减40亿斤（盐税占一半），企业利润折旧减15亿斤，公债减22亿斤，合计103亿斤。清仓增12亿斤（原为18亿斤），赤字增91亿斤，加原赤字24亿斤，共115亿斤，已透赤字44亿斤，六月以后共71亿斤。

支出，外交费减3亿斤，折差减15亿斤（原20亿斤），总预备费省15亿，经〔济〕建〔设〕投资增10亿（重工7亿，铁路3亿），文教增1.5亿，救济增7亿，共减33亿，增18.5亿，相抵省14.5亿斤，下半年（七个月）实际赤字为56.5亿斤。作战费中大部分用外汇，秋粮还可部分利用，透支估计不超过30亿斤。

收购用款，6月份现金支付3万亿（购麦在外），内纱布8700亿，石油2100亿（税款），粮食2700亿（全年营业额约3万亿，即300亿斤小米），煤1300亿，盐680亿，植物油1700亿，鸡蛋1200亿，皮毛740亿，关税1648亿……

回笼〔资金〕22587亿（五月份约15000亿），内百货2800亿，纱布4400亿，粮9600亿，盐1488亿，煤1256亿，石油1038亿……收付相抵，约须增发货币7000亿左右。

小麦价格750～800元，加运费为1000元，布置收购15亿斤，明年再收4亿斤，共19亿斤，另财政麦15亿斤，估计还会增加收购数量，总计约40亿斤。每月出售面粉10万袋，需20亿斤，尚有20亿斤须出口，计75.00万美金。

纱存16万件，布存500万匹（连中纺），已够半年销售。

〔中财委〕工作会议（六月二日）*

人事局　人事座谈会，讨论工作制度，拟订干部奖惩暂行办法，职工退休问题（专门报告），人员调动问题（专业公司，合作社），大学毕业学生统一分配。

---

* 1950年6月2日。

合作局 三月底 28292 个社，城市 2315 个，〔农〕村 25977 个，社员村 1379 万〔人〕，城 230 万〔人〕，合〔计〕1592 万〔?〕。华北自 1949 年底至今发展 133%，东北 140%，华东 144%。三月华北进货 2019 亿，销货 1668 亿，来自市场 38.84%，余自国营公司。

章程，农村供销〔合作社〕，城市消费〔合作社〕，各级总社均已搞好，尚缺生产〔合作社〕、信用〔合作社〕。与贸易部关系还有争论：(1) 业务计划；(2) 价格政策；(3) 管制合作社；(4) 优待问题（1% ~5%）。与税局：(1) 合作局照章纳税不得例外，民主评议时起带头作用；(2) 总分社调拨要营业税；(3) 会员证贴印花；(4) 合同按 3‰贴印花，妨碍合同制的推行；(5) 合作社无假账，负担重。与银行关〔系〕最好，但未确定，所订办法银行已同意。

技术局 (1) 发明奖励扩大范围重新起草，仍在修改讨论中；(2) 度量衡名称统一，市制公制，暂不讨论。

计划局 草拟〔19〕51、〔19〕52 年计划轮廓，困难很多，各部均想发展生产，但无销路，先要分配计划，才能够定生产计划。与东北的计划要统一，东北计划发展轻工业，关内已经过剩，要有控制数字（人民需要）。成本价格争论甚多，需要解决。

私企局 机构与业务不相称，调研处取消。

〔中财委〕委务会议（六月六日）*

石油会议报告 今年预算十之八九用于探钻，要打深井，重点在甘肃及陕北，恢复东北人造石油。

1950 年生产任务：原油 186052 吨，汽油 34412 吨，煤油 7059 吨，柴油 43770 吨，滑润油 1714 吨，燃料油 53375 吨，石蜡 6218 吨。售价 5537 亿元，计玉门 1568 亿，上海 237 亿，抚顺 3364 亿，锦州 337 亿。

缺乏地质人才，需要设法解决。

钱：明年需要 82.8 万吨，生产 17.3 万吨，仅 1/5。六年后产 143 万吨，

* 1950 年 6 月 6 日。

需要250万吨，仍缺40%以上。

陈：西北产销运统一，现贸〔易〕总〔公司〕拟去设分公司，最好由贸总统一经营。

宋：今年用油60万吨，发展生产要先打钻，花钱很多。要打出油来，才好决定设厂计划，及设油管计划，此项计划要1952年才能决定，到出油要5～7年。

投资5亿斤米，订货明年到，要明年交货，除此以外只要1.3亿斤米，从电力投资余额中移用。

刘：四川自然瓦斯利用问题，侯德榜在四川曾打到油料，自然气又可以提炭黑。

煤炭生产会议报告　煤炭生产过剩，现在不是增产，而要限产。1950年计划生产3600万吨，可能超过很多，希望不超过或少超过。今年任务改变生产方法及安全设备。现在增产原因不是技术提高，而是工人觉悟提高。过去原煤层采煤仅达30%以下，浪费了70%以上，这亦必须改变，可以提高到75%以上，相差一倍多。此种改革困难是保守思想，而非机器设备，现有机器设备利用不到一半，采用新的方法，机器设备仍用不了。

要求：（1）把焦作工学院迁京津；（2）多余矿工处理，现在要养起来，予以训练教育。

宋：过去管理方法〔有〕浓厚的封建性，不注意工人的安全，此点必须改革。煤价需要降低，扩大城乡销路。今年余煤400万吨，把煤价从90斤米降至60斤米，可能解决一大部分（内销外销）。

陈：为着降低煤价，考虑产销统一。

刘：办自来水厂、瓦斯厂，多用铁。煤炭减价。

防汛会议报告　长江、淮河不会改道，主要是疏浚问题，今年把钱用于筑堤，这是错误的。苏北已将长江筑堤经费用于沂河。淮河修堤仍难避免水患。

去年淹一万万亩，今年如去年洪水保证只淹三千万亩，少淹七千万亩，可以多收70亿斤粮食。

〔中财委〕委务会议（六月十三日）*

重工业部 房子太挤，要求解决。

燃料部 保安条例已经决定，宜洛事件处理。

纺织部 毛麻纺织会议已完，报告即将送来。机物料会议要四十天。

食品部 鱼超过生产任务，有55部制冰机器。上海渔业仓库尚有五六百人，最好归中央管理。广东糖厂产量一万五千吨，要求蔗田农贷（豆饼）。

轻工业部 造纸问题，新闻出版总署订1700吨，七月份起贸易部每月订2500吨，已可解决。

火柴会议开得很好，决定减产至48780箱（每月），计减37.3%（现产量），东北每月〔原〕进关2000箱，停止进关，解决了华北的困难。黄磷火柴很毒，要求政府禁止。桃红精亦可禁止进口。

手工业 各地农村副业急求解决。与农业部、合作局合办，要组〔织〕手工生产指导委员会。

现在干部119人，连勤杂147人。

铁道部 调整运价新方案已送财委，取消头等车，行李包裹〔运价〕要减半，货运〔价〕减30%，到年底减收一亿斤，连上次减五千万斤共减一亿五千万斤。

铁道兵团约4万人，改编三师2万人，公安师8千人。

部内编制还可以缩小，表格太多现行审查〔?〕。清查物资估计有5亿斤，已抵补开支2亿斤。养老退休员工七千余人。

邮电部 国际邮政会议已完，与捷通邮通电〔讯〕已谈好，与东德今天正式通电〔讯〕。电讯资费0.7公债分还太高，挂号快信减资尚未批下。

农业部 各地生产情况很好，丝茧丰收，三担半还可以，蚕农情绪很好，但政府要赔钱。红茶求过于供，今年增产6倍，还是不够。绿茶洋商委

---

* 1950年6月13日。

托私商收购数尚不少，我们不与竞争。烟叶收购一部〔分〕，维持价格（四斤小麦一斤烟叶）。

水利部 比去年可少淹7000万亩，防汛总指挥部成立。普遍检查堤防，电报联络。沂河工程可保500万亩，完成3000万土方。黄河、长江工程大体完成。今年春水较大，赣、湘等地有些水灾。

林垦部 春季造林总结会议（华北五省，河南、山东），原计划种2.77亿株，实造1.51亿株，完成54%。有强迫命令，人民以为替政府植树。

布置雨季造林，时间较短。

财政部 税务会议尚未结束，正在修改草案，并订施行细则。粮食霉烂贪污损失仍继续发生。需要训练干部，建筑仓库。盐税减半后销路大增，税收随之增加。工资米价改为五五，各方意见很多。

银行 区行长会议，存款增加4倍，放款增加十倍，内汇增加4倍，外汇增加二倍，机构1349〔个〕，人员约八万人。方针：（1）贯彻现金管理，推行转账制度；（2）调整公私关系；（3）组织货币下乡；（4）掌握外汇。

八月间召开：（1）七大城市公私金融业会议；（2）侨汇会议（与侨委会合办）。

海关 草拟海关法草案。即将召开关务会议。港务移交问题催快批下来。

〔中财委〕委务会议（六月二十日）*

投资条例

股息争论：（1）股息应放在成本内，理由：工人得工资，资方亦应得利息，不管盈亏都应当有利息，这才是公私两利，但亏本时可暂欠不发。可以不分红利。

（2）投资可以分红，这与存款不同，如果保息，分红便无理由。股东

---

* 1950年6月20日。

有权管理工厂，亦与存户不同。打入成本不〔符〕合理论，累积股息尚能说得过去。得在下半年补发。

（3）两种办法均行，任人自己选择。原有章程合理的仍可维持。

〔中财委〕财委会第二次会议*

财政工作

1950 年概算，在二月财政会议有些变化，五六月税务会议后又有些变化。去年底估计赤字还大，物价还可能上涨二三倍。二月财政会议紧缩编制，缩小赤字，同时清查仓库，管理现金，决心把物价稳定下来。现在银行发行 6 万亿，银行存款已达 11 万亿，三、四、五月收支接近平衡，物价趋向稳定。但出现了交易停滞，工商业大批倒闭。

三、四两月关盐统 3 万亿，公债 1.7 万亿，贸易 1.9 万亿，合计约 6.7 万亿，超过发行总数。因此各地叫起来了，于是开了劳动局长会议、工商局长会议、税务会议，调整公私关系。重点恢复以外，又加重点维持，重点救济。为着解决这些问题，五月间预算又修改一次。

1～5 月收支概况，支出：军事 100 亿斤（44.7%），行政 47 亿（37.5%），国企投资 65 亿（45.8%），文教 12 亿斤（50.3%），地方 6.7 亿斤（49.2%），合计 240 亿斤（40.5%）；收入：秋征 146 亿斤（97%），税收 59 亿斤（95%），关税 6 亿斤（73%），盐税 6.3 亿斤（42%），合计 71.9 亿斤〔?〕（全年 38%），其他 2.4 亿斤（29.6%），加清仓等〔共〕260 亿斤（54%）。收支相折盈余 20 亿斤。但粮食不能全部运用。公债 9000 万分，合 2.2 亿斤。

6～12 月计划，支出：军事增 50 亿斤，行政（外交增 3.3 亿斤，运粮救灾 16 亿斤）共 22 亿斤，工业投资 19 亿斤，文教 5.5 亿斤，地方 5.5 亿斤，救济失业 8 亿斤。减少的是货币折差，约 30 亿斤。收入：农业税减 10 余亿斤，各种税收比二月会议大减，与去年核算相等，仓库增加 12 亿斤

* 1950 年 6 月 26 日至 29 日（《陈云年谱》中卷，第 60 页）。

（原18亿斤）。赤字可能达38亿斤，如果工作做得好，还有可能减少一点，尚有可能保持物价稳定。可按预定计划进行。

今后财委工作：（各部报告不讲）（1）巩固统一，巩固收支接近平衡，巩固物价稳定；（2）继续调整工商业，要开三十几个专业会议；（3）描写一个五年计划轮廓，规定明年生产计划；（4）制定1951年收支概算。

〔中财委〕委务会议（七月十八日）*

前年消费橡胶2万吨，其中1.7万吨做胶鞋，现在胶鞋仍占75%，另有18%～20%做汽车及自行车轮胎。球鞋每双用胶0.4公斤，普通胶底鞋用0.18公斤，希望军队不要订购球鞋，并采用再生胶，用再生胶者轻税，做球鞋者重税。去年生产胶鞋5000万双，仅用了生产力的30%，销路已感困难。

火柴产量，比现产量又减37.3%，仅及生产力的31.9%，这样减缩产量，是否会有缺货危险？多余工人如何处理（最多可能减5000人）。

盐运会议，过去所定盐税太高，妨害食盐运销。

〔中财委〕委务会议**

油脂会议：油料的收购恐有困难，各地均愿自己榨油，〔油〕饼的销路更加困难，价高农民不要。

计划全年产油64000吨，饼226000吨，共需油料354850吨。乡村每人每年平均三斤，城市五斤，全国约需80万吨。主要由于乡村自己榨油，故无销路。

货币流通数量较最低时2.7万亿，增加一倍，表示经济逐渐恢复，成交量亦增80%。今天应用一切力量推销农民的农副产品，以提高农民的购买力。关键是在打开销路，能卖出去亏点本也可以。

---

* 1950年7月18日。

** 1950年7月下旬。

油脂会议生产计划很小，但原料的供给及饼的推销还有困难，应该认真解决。这个会议是很费力的，开得很好，总结报告可以批准。

〔中财委〕委务会议（八月八日）*

1. 纸烟会议 估计年销160万箱，明年生产200万箱，今年产93万担烟叶尚感不足。产盘纸100万盘，有多余。手工卷烟〔厂〕登记的有9300家，每月仅产5000箱。

颐中公司东北厂已租给我们，天津厂要求我们买或租，上海厂所有原料尚能维持到明春。现在外〔资〕厂产量仅占总产量的7%（原占一半上下）。

会议所作决定，大家满意，问题是在谁来监督执行？又现有工人〔的能力〕超过产量一倍，不能长期维持。

现有存烟130万～140万担，今年产量90万担，合共220万～230万担，可产180万箱。产量大减原因是播种时期烟价大跌，一斤仅合一斤小麦（成本三斤）。

手工卷烟大多漏税，无法查禁，最好办法机制〔烟〕减税，减到90%～100%时，便与漏税的手工卷烟成本约略相等，手工卷烟不能发展。税率超过100%，机制下降，手工上升，税收反而减少。

外商不参加我们的专业会议，但要发生联系，把它计划进去，才能解决问题。

决定生产计划后，由各地工商局来掌握，计划局、私企局均应配合进行。

2. 东北林业 〔经〕调查东北尚能采木材3500万立方公尺，照现产量（400万立方公尺）只能采伐9年，这个数字可能小一点。日本估计可采32年，可能大一点。

要订木材使用条例，订定规格。木材价格应提高，有差别（针叶树价高，阔叶树价低）。建筑均须用阔叶树，订定统一管理办法。

---

* 1950年8月8日。

〔中财委〕委务会议（八月十五日）*

邮电 养老退休，海关银行要求按照铁道、邮电办理，可以考虑。国营企业电费，邮电部再与有关部门协商，提出方案。

侨汇问题 原则：照顾侨胞利益，争取侨汇，与帝国主义竞争。以上三者我们不能担负，目前还必须利用侨批局，不怕他们投机走私。

〔中财委〕工作会议（八月十八日）**

精简节约检查 关于技术局的任务，工作计划及机构编制问题。

〔中财委〕委务会议（八月二十二日）***

合作会议 李部长赞成办农业生产合作社，黄部长赞成办手工业生产合作社。

橡胶会议 原料进口需要批准。橡胶种植考察团即将出发，亦请批准。

1951～1953年计划暂难决定，橡胶原料要存一年到一年半。炭黑制造，重工部与燃料部意见不一致。

〔中财委〕委务会议（九月十二日）****

棉花工作会议 良种棉区收购价加4%，其中纺织部及花纱布公司负担各半（各700万斤小米）。

---

* 1950年8月15日。

** 1950年8月18日。

*** 1950年8月22日。

**** 1950年9月12日。

〔中财委〕委务会议（九月十九日）*

关务会议 1~8月关税16000亿，其中天津占4000亿，居第一位。九龙2500亿，青岛2400亿。

1931年关税收入（最高）38000万，1937年31000万。

精简节约检查以后，各部薪资需要调整，调用干部需要供给旅费。西北待遇特低，动员技术人员去西北均不肯去，这对开发西北是一极大阻碍。

海关报告应该批准，各种文件可先试行。海关邮政薪资已经降低，降到一般水准恐不可能，只能适可而止。西北等地特别需要人才，可给以特别的待遇。

工资会议照顾合理，现实，财政困难，确定工资分，含量确定，牌号可以变更。可给地区津贴，技术津贴。

〔中财委〕委务会议（九月二十六日）**

治淮问题 淮河尚无施工计划，但又必须立即动工，无计划的工程免不了有浪费，按照程序施工明年水灾无法防止，可能又会损失20亿斤粮食。故非立即动工不可，一面施工，一面计划，尽量减少浪费。

（1）增设农业银行，银行、合作〔社〕、农业〔部〕合拟办法。

（2）赴苏参观问题，参观要有计划，做好准备工作，先把国内情况研究清楚。合作社及贸易部、财政部第一批去。人数勿多，时间不需很长，问题是在准备得好不好，没有准备不如不去。

〔中财委〕委务会议（十月二十三日）***

劳动保险 苏联劳动保险费等于工资的3.7%~10.7%，医药尚不在

---

* 1950年9月19日。该次会议为陈云主持的中财委第三十四次委务会议。

** 1950年9月26日。该次会议为陈云主持的中财委第三十五次委务会议。

*** 1950年10月23日。

内。我们只占3%，全国劳保200万人，总共开支2.4亿斤小米。东北经验，劳保费为工资的6%～12%。

〔中财委外资局〕局务会议*

开滦问题

解放以来17〔个〕月，拖欠工资近4〔个〕月，目前每月收支差得很多。支出约270亿，收入75亿，赤字195亿。政府供给15万袋面尚不够开支，缺2800袋。

月产40〔万〕～50万吨，内销15万吨，外销1万余吨，自用6.7万吨。现与日本商谈输日100万吨。头一批30万吨。

机构未经改造，申、京、津、沽等办事处有1730人，矿区52400人，秦皇岛码头6800余人，合共6万余人，除矿区外无事可做。矿区亦人浮于事，浪费惊人。

陈 开滦方针不是增产，外销亏本也有好处，但恐数量不大。

可解雇的非生产人员，矿区3500人，沪津京1500人，共5000人，最好再减万余工人（减至37000人），将产量降至32万吨，这样产销可望平衡。

李 要找一个比较固定的办法，使大家安心。方案两个，想提折中办法，裁5000多人是一致意见，再多裁1万人意见还不一致，裁了产销可以平衡，但失业太多，是否可采取轮班办法。现在工人每月得五袋多面，轮班还可得四袋，尚能维持生活。必须说服工人。生产竞赛没有顾到销路，增加困难。生产成本高出一倍，效率很低（0.34），应考虑改行计件工资制。

过去基本方向是对的，要搞好生产，迫令资方负责，不能让他垮台。销日100万吨如能成功，我可多得1100万美金外汇。过去九人委员会无工人选举的代表，每次会议要向工人公开，致受资方挑拨，工人怀疑工会。公私关系，决而不行，使工人失信，做不到的就不应该答应。

---

* 1950年上半年，外资局局务会议，研究外资企业（煤矿、银行等）、外资政策等问题。

税务会议工商代表座谈*

现在私营行庄只剩70家，二月底公私合营行存款占17.7%，五月二十日占54%。私行呆账占1/3，收支不能平衡。

天津 战前私行存1亿余，现在1200亿左右，与战前差二十倍〔?〕。

许鲁真 上海封锁时进出口商转移天津80余家，今后恐有困难。

上海 徐 ①私营企业法律，亏本三分之一无法执行，因未调整资本。破产时先发欠薪及遣散费，私〔营〕行庄难办。②同业公会法律，先订一个通则。③工商业应重估财产，调整资本。调整日期为1950年12月31日。

天津 高幼珊 〔原〕进出口私〔营〕50%，国〔营〕30%，洋〔资〕20%。现在国〔营〕40%，私〔营〕40%，洋〔资〕20%。国营发展，私营范围缩小。应当划分界限，〔使〕私商仍有活动余地。

青岛 迟子铮 织布业开工60%，原因劳资关系尚不协调。请求歇业必须调查，分别解决。青岛未收购，贷款仅30亿，希望放宽一点。

哈尔滨 私营经济得到国营经济帮助，①轻工业市场被沪津商品所侵占，过去发展起来的手工业受打击。②公营百货公司进展太快，引起顾虑。③对私营工商业限制太多，需要放宽一点。

南昌 曾逸凡 倒闭企业职工找股东要遣散费。劳资关系仍甚严重。报纸宣传扶持某一工厂，过几天就倒闭。

长沙 沈印心 抗战、内战中长沙损失最大。天伦纸厂要求合营，三个火柴厂要求收购，织布、针织均有困难。

广州 钱德铭 72家织布厂，只4家得到加工〔任务〕。加工较多的是橡胶业。200余家橡胶业仅50余家开工。劳资问题亦很严重，请中央多予注意。

济南 杨竹庵 公营企业未参加同业公会，与私企联系很少。四五月份资金急剧下降，工商业家情绪低落。劳资关系渐上轨道。希望加工、贷款。

---

* 1950年5月29日至6月17日，第二次全国税务会议（《中华人民共和国商业大事记1949—1957》，中国商业出版社，1989，第55页）。

项 公企要加入工商联，参加了但不积极。

荣 （1）国营领导下如何分工合作，国营五天五夜，私营四天四夜，不是领导方式。商业方面分工重要，一般商业私商经营，国营在日用必需品方面为主，收购应当利用私资。国营重批发，私营作零售。工业〔方面〕合作重要，价格要公私两利。（2）如何贷款，应以生产条件为主，有计划，有办法。不以抵押品为主（或以不动产作抵押）。（3）新的工商道德观念，订货公家给合理价格，私商执行合同规格。

青岛 物价上涨60%，才能调整资本，结果使物价上涨成为利得，征税。中间商在现阶段不能打击，便利工厂资金周转，城乡交流。

上海的金融与经济

1. 私营行庄状况，去年增资时有170家，今年五月中旬只有73家，其中四家公私合营，即通商、四明、中国实业、新华，存款占5500亿中的54%，〔其他〕69家中40家占43%，29家占3%，即165亿，平均每家3亿。存款合战〔前〕200分之一，利息高5倍，其收入等于战前40分之一。资本吃完，又吃存款。有一家银行，存款200亿已吃了85亿。六家上海、浙兴、浙实、国华、金城、中南，存款在70亿以上。

帮助办法：（1）自己整顿，争取保本；（2）增加收入，办法〔是〕增加存款，希望不大；（3）转业，如电气灌溉，向群〔?〕看齐，但在银行也不容易。

2. 失业行员五千余人，内三千人在训练，但不可能要求他们下乡。

3. 贷款，必须公私兼顾。（1）有固定资本，无活动资本，可以收购存货；（2）有活动资金，贷款没有而生困难，可以加工；（3）借的钱已用光，有希望的予以贷款。

4. 黄金，过去黄金投机，政府无力收购，所以冻结。现在走私出口很多，只能以合理价格收购。到广州去的多作黄金投机，需改合理牌价，酌量收购。白银也要有对策。

5. 要求人民银行成为银行之银行，这不合时代需要。现在只有人民银行有力量来转账，私营银行不可能办。华东工业部下有60家工厂，原缺资金120亿，经转账后反多了130亿。

财政情况

五个半月概算略有变动，概算594亿斤，现在估计683亿（加88亿），收支均有增加。支出增加主要作战费、经建费25亿，铁路（成渝）、水利、政费14亿，运粮、外交、社会救济8亿，文教，共增115亿。收入增加主要靠企业利润30亿，清理仓库18亿，苏债税收17亿，共80亿。使用了预备费，赤字与去年可能不相上下，可能多，可能少。

支出比例，军费43%，政费20%，文教4.3%，社〔会〕救济3.5%，经济建设24.5%，其他4.8%。

收入：公粮30%，税收30%，国企20%，内外债银行20%。

赤字弥补，发票〔子〕不可避免，多少要看努力结果。多发有害，少发并有限度，可以无害。如能收的收齐，现金管理，（主要）物资准备（充分）。有此三条，人民生活必需品的价格可以稳定。

关〔税〕33.4%，盐〔税〕20%，公粮97%，公债将近9000万分。

今年底进行资产重估和资本调整。

公粮——去年一般按17%征收，连地方约20%，今年平均13%，连地方约15%。

税务会议总结

财政会议后的成绩：收支接近平衡，物价趋向稳定，主要〔是〕由于税收。成绩应当巩固，缺点应当纠正。如：（1）公布工商业税、货物税条例，没有同时公布施行细则。有政策，无办法。（2）税率服从任务，两者间有矛盾。（3）税收干部完成任务努力，作风有些生硬，其中90%以上是留用人员，缺点来源〔自〕经验不够，教育不够。

关于税种、税目、税率。

税种：原有14种，减去2种，即薪资所得税及地产税，此外房产地产〔税〕合并，余11种。

税目：减陶器、石灰、土砖瓦……共387种，合并纱布、毛呢、纸张……共391种，合〔计〕778种，原1136种，剩358种（货物税）。

印花税原有30目，减身份证、许可证、薪资、收据、聘书〔税〕共5

目，余25目。

税率：A. 营业税1%～3%（不变），收益1.5%～6%（不变），佣金10%～20%；B. 所得税5%～30%（不变），起征100万元改为300万元（以下5%），最高3000万元改为1万万元（以上30%），14级增为20级；C. 行商税4%～6%改为一律5%；D. 货物税——纸烟90%～120%（原均120%），改制酒50%（原120%），改性酒精30%（原120%），棉纱15%（原纱12%，布3%），毛线20%（原分征共30%），火柴15%（原20%）；E. 印花税扩大按件征收范围；F. 利息所得税5%（原10%）；G. 交易税系有牙行者才征收；H. 房地产税合征，房1%，地1.5%；I. 特种消费行为，宴席起征50000元（原10000元），冷食10000元，旅馆30000元；J. 屠宰税继续征税；K. 盐税减半征收；L. 地方附加限于公用事业、房地产；M. 滞纳金0.5%（原3%）。

征收方法，货照，评价等。A. 工商业税：（1）自报查账，依率计征，（2）自报公议，民主评定，（3）定期定额。三种。B. 所得税半年估征一次，年终结算，多退少补。C. 总分支店会计一套，资本一套，营业税在所在地纳，所得税由总店纳，内部调拨货物不征税。D. 外埠采办机构，采办可不纳营业税。E. 联营机构采购可不征税，推销盈利者减半征税。F. 特约代销，按手续费征税。G. 座商到外部销货，按座商征税；H. 行营卖出才能征税。

货照，A. 水泥、平板玻璃、面粉、棉纱等出厂后自由运销。B. 茶叶等。

评价计税，按出厂价征税。出口货在不利情况下可要求退货物税。物价涨落10%即应调整（原定15%）。

1950年底实行资产重估，资本调整。

各大城市成立税务评议委员会，包括税务局、工商局、工商联、工会等。

中财委第二次全体委员会议*

财经组讨论

项叔翔 银行贷款不一定用原料成品抵押。

---

* 1950年6月26日至29日，召开中财委第二次全体委员会议（《陈云年谱》中卷，第60页）。大标题为编者所加。

李烛尘 要有调整工商业的机构。

黄绍竑 私营工商业处于无政府状态。

李范一 中南煤矿困难尚未解决。

黄〔绍竑〕 地区间的调整，区域经济。

刘靖基 公私经济〔应〕统一计划，划分公私工业范围，哪些轻工业以私营为主。公营企业对工商联的工作不积极。如推销公债，民主评议，公营均不参加。投资条例早〔些〕颁布。

侯德榜[①] 如何公营帮助私营，领导私营。政府只领导公营，不领导私营（只一私企局）。购买力不够，成品滞销，资金周转不灵。原料比外国贵，成品亦贵，职工人多薪高，还有外货竞争，就是减价也无人购。能否卖给苏联。

黄〔绍竑〕 政府不需要的〔产品〕加工费要减低，不合情理。肥田粉应收购，贷给农民。

千家驹 加工价格说明，机构问题。

施复亮[②] 劳方减资，政府亏本，资方不能要求求［收?］购钱。

沙千里 收购要照顾物价，〔因为〕还要出售。

刘〔靖基〕 应（收购）价下加“不应再包括利润在内”。

荣毅仁[③] 专设工商业管理机构。工商业家道德观念。加工订货价格要从全条看。计划经济不宜提倡区域经济。调整各地工资，速设拨运公司。税务会议决定满意。今后简化税制，合理负担，还应共同研究。

李〔烛尘〕 久大复旧费不能算是逃税。

潘〔汉年?〕 定期定额征收应当扩大，上海 12 万余户，只有 9000 余户有会计制度。

郭棣活 应即扩大生产，以供将来需要。利润转作投资应免征税。

李烛尘 公债不要奖励超额。过去免税的仍应免税（如硫磺）。

---

① 侯德榜，时任中国人民政治协商会议全国委员会委员，中央财经委员会委员，重工业部技术顾问。

② 施复亮，时任全国政协委员、劳动部第一副部长。

③ 荣毅仁，时任申新纺织公司总管理处总经理、恒大纺织股份有限公司董事长、上海市面粉工业同业公会主委、华东行政委员会财政经济委员会委员。

马寅〔初〕老　公债要向资金不流通的地方推销。增加地价税是应该的。

包达三[①]　公债能否转让，抵押?

荣毅仁　芜湖公企抢购菜籽。硫化元青与外来染料运价列入同级不妥。

盛丕华　陈〔云〕报告在目前是很适当的。

荣毅仁　(1) 收缩通货；(2) 增加农民购买力与收缩通货矛盾；(3) 工商业负担大部转嫁到农民，目前困难是商品滞销。

李范一　粮食霉烂损失很大。机器订货尚未解决。各部各不相关，缺乏联系。

薄〔一波〕　原则问题：(1) 全国统一与区域经济；(2) 公私兼顾方针是会产生效果的，而且已经产生效果了；(3) 各部均应公私兼顾；(4) 划分经营范围，公重〔工业〕轻〔工业〕私不一定完全适当，今天重〔工业〕要亏本，只有轻〔工业〕能赚钱；(5) 方针公私兼顾，办法不限于陈〔云〕报告；(6) 快的方针，慢的方针，今天只能是重点恢复与重点维持。三年恢复，以后才能希望发展。

黄〔绍竑〕　区域经济是酌量照顾，并非分割。

范〔□〕　过去湖南因保护纱厂，提高纱价，使织布业破产，损失很大。

温少鹤　成本距离不远的应适当照顾，以免大量失业，并予以进步的机会。

侯德榜　焦炭价钱二三倍于煤价，太不合理，应为10∶7，至多相差一倍，因一吨煤炼焦0.7吨，加工费可用副产品抵销。

李范一　汉冶萍问题来中央讨论三月，失望而去。

包达三　公债问题是在是否准许流通，可以增加流通资金，对于通货亦无关系。(公债第九条三点的解释。)

邓宝珊　兰州小麦每斤400元，布比上海贵三分之一，农民损失很大。

刘靖基　公私划分范围，可给私营经济一个发展方向，减除顾虑。要求

---

① 包达三，新中国成立后曾任中央人民政府财政经济委员会委员、华东军政委员会委员和浙江省人民政府副主席、副省长等职。

大体上指出几种让私人经营。

温少鹤 分工合作划分范围很重要。

马主任 公债如可抵押，则收回的通货又发出去了，何必发行公债。朋友转让并不禁止，但不准在市场买卖。新民主公债要培养人民对政府的信仰。人民银行的贷款以公债为抵押（保证）是可以的。

为着防止黄金外流，可以提高金价，接近黑市，便利资金流转。

李范一 三年五年后的事情今天需要设计，不能说是好高骛远。

小组会议

1. 吴：农贷五亿斤太少，过去中国银行农贷一亿银元，合二十亿斤。
2. 土改后用地主房屋建立农业仓库，库存可向银行抵押贷款。
3. 货币不能下乡，需要大量收购。
4. 公营企业究归何级领导，要确定。
5. 横的联系缺乏，四野吃油东北运来。
6. 汉口桐油、鸡蛋出口，需要外轮直航汉口。但航业界是会反对的。
7. 外商是否可以参加同业公会？

委员发言[①]

陈叔〔通〕[②] 老 共同纲领有些人不清楚，以为新民主主义很快会到社会主义，共同纲领〔第〕30条鼓励扶助，〔第〕26条分工合作各得其所。陈云报告是补救而非鼓励，鼓励投资要“有利可图，亦不麻烦”。投资条例鼓励扶助还不够，消极多于积极，此点应请注意讨论。私企领导机关改部我赞成。事实如军管企业清理完毕的还很少，还未结束代管。没收、发还、公私合营必须明确解决。要办事，须有权，有个机构，可以管理公司登记，商标等，并不会多用人。

包达三 糖的生产应予重视，年产41万吨（台湾不在内）。台湾产140余万吨。筹设颜料工厂，无处登记。

---

① 这是财经委员会委员讨论会议报告的发言。据薛暮桥笔记，在会上作报告的部委有财、贸、铁、交、邮、水、农、林、重、燃、纺、轻、食、劳、计、私。

② 陈叔通，新中国成立后任中央人民政府委员。

俞寰澄[①]　成立八月，各部工作均已建立，感到钦佩。投资条例很需要，资方感到没有法律保证，对此条例感到迫切需要，总不尽善尽美，亦望迅速发表。

侯德榜　第一次参加会议，对各报告十分拥护，尤对薄〔一波〕的报告。此外铁道部进步很快，重工业困难很多。……鼓励食盐出口，争取外汇，公私工资应当统一。不懂机器性能开不出定单来。公私企业有矛盾，但均应发展，投资条例很好。

胡厥文[②]　各部均在深思熟虑，今后要与各国竞争，必须改进技术，造就技术人员，培养技工，出版工人读物。工业产品还很缺乏，但又没有销路，原因在于经济运转尚不灵活。

李士豪[③]　财经上有很大变化，进步很快，用药很猛，各地有些困难。今年蚕丝很好，收价亦高，江南农民非常喜欢，城乡工商业已开始活动。早稻二十天以后就要上场，粮价很可能狂跌，农村干部又会要求过高价格，必须注意掌握。需要组织公私联营，诱导私资下乡。供销合作社的组织很重要。贫农土地不够，劳动力无法充分利用。水利经费分配防旱太少。

盛丕华　十八个单位通力合作，非常钦佩。过去痛苦无可避免，但亦有可减轻的，三个会议都解决了。但亦不要过分乐观，慢慢好转，开会回去的人都很满意。

周苍柏[④]　中南执行情况，中南区产品，很多可换外汇，鸡蛋一项战前即达1.5〔亿〕～2亿元，希望中央特别注意。

冷　遹[⑤]　中央财经工作是奇迹，这些措施相当冒险，但有计划，有准备，非常钦佩。物价平定尚非物资充足，私人存底很少，由于购买力低，所以价跌，仍有危险。今天购买力主要还在农村，现在商人资金亏光，城乡不

① 俞寰澄，新中国成立后，历任上海江南造纸公司董事长、政务院财经委员会委员、首届全国政协委员。

② 胡厥文，时任上海市人民政府副市长、市政协副主席，政务院财政经济委员会委员。

③ 李士豪，新中国成立后历任政务院财经委员会委员、华东水产管理局副局长、浙江省人民政府委员等职。

④ 周苍柏，时任政务院财经委员会委员、中南军政委员会委员兼轻工业部副部长。

⑤ 冷遹，时任政务院财政经济委员会委员、华东军政委员会委员、华东水利部部长、华东行政委员会委员。

能交流，农产无法销售，农村购买力即降低。抗战前中国银行农贷一万万元，江苏银行亦达八千万元，直接帮助农村，间接亦帮助了工商。镇江人民吃麦麸米糠。如何培养农村，如何运用社会余力来办此事，应当扶助厂商及私商来经营运销农产。

黄炎培[①]　杜鲁门荒谬申明对我财经影响，假使没有三个稳定，实在危险万分。如何应付这个局面：首先要有实力，只要加紧生产；还要加强组织，加强计划；要恢复乡村力量，扶助私商收购，做到路路畅通，人人出力。必须掌握人心。

施复亮　财产权不得侵犯不妥，只能保护。经营管理权也应当有限制。

座谈会

（1）私资办好了的生产，公资不要再去与私资竞争，以致生产过剩，公私不利。

（2）报纸从未表扬资方，亦未表扬技术人员（工程师）。工厂管理不管技术，不管科学，单纯奖励紧张劳动。

合作会议*

1. 总结过去经验。
2. 讨论条例章程。
3. 成立合作总社。
4. 国营经济与合作社关系。

合作社问题

合作社是群众组织工作，土改后在农村中的群众经济组织，主要是合作

---

* 1950 年 7 月 5 日至 27 日，中华全国合作社工作者第一次代表会议在北京召开。大会听取了各地区合作社发展情况的汇报，总结了一年来合作社的工作。会议期间，刘少奇、朱德副主席作了报告，薄一波副主任作了财政工作情况报告和总结报告（《中华人民共和国商业大事记 1949—1957》，第 34 ~ 35 页）。

① 黄炎培，时任中央人民政府委员、政务院副总理兼轻工业部部长。

社。农村的党，应把组织合作社〔作〕为其主要工作之一。新解放区于土改前，合作社不可能大发展。

合作社在中国是新问题，它形式上是商业，实质上与普通商业性质根本不同，一般人民对这问题是不了解的。现在需要学习一套具体办法，不仅是学原则。

基层合作社恐怕不是村，而是中心集市，村中必要时可设分店。城市消费社按企业为单位（大的企业，机关，学校），或以地区为单位（几个工厂，或机关，或学校联合组织）。

联合社（或总社）县、市、省有需要，大行政区可有可无。基层社会计独立，联合社亦会计独立，自负盈亏责任。联合社经营批发业务，亦可经营若干基层社无力经营的业务，并负责指导下级合作社。

供销合作社把农民当作消费者来组织，应以供给为主，而在可能范围以内组织运销。手工业的供销合作属于生产合作社的范围。生产合作社低级的组织供销，高级的集体生产。此种供销性的生产合作社可以与消费合作社合并，亦可分别经营。

合作社的任务，供给、收购不经过中间商人。如果国家商店来办，便可不要合作社，但这是不可能的。合作社向国家商店或直接向生产机关定货、销售，可以避免中间剥削，避免一部分是可以的，但合作社不能包办一切，故不能完全消灭中间剥削。

（1）少的货物定量配给，不卖给非社员，多的可不限制，社员、非社员价格一样。先满足社员需要，行有余力再供给非社员。做不做非社员生意，这样提问题不对。（2）同样提分不分红也不对，应说为什么办合作社，为着满足社员生产、生活需要，而非为着赚钱分红，因此赚了钱也可以分红，但不能太多。（3）股金不能太小，可以分期交款，多入几股没有需要。应当基本上入一股，至多不超过五股或十股，多的转为存款，给予利息。入社费可要，出社时不退。

合作社由下而上组织，基层社、县总社、省总社（专社可设办事处），无总社时由政府设指导委员会。合作社不要求发展很快，而要求照合作社办。

城市生产合作社主要组织小手工业，供给消费社社员需要，但生产过剩的要计算一下，不要盲目生产。

合作社主要受社员大会领导，工会及上级社均不能随便调动干部，调动资金。合作社与贸易公司为合同关系，但须服从政府法令。社员大会为权力机关。

合作社因违反法令、社章、社员大会决议而亏损破产时，其负责人应负法律责任（违法失职）。

合作社问题

1. 合作社的发展方向（各种）。
2. 合作社的发展步骤（各地）。
3. 上下级社领导关系（各级）。
4. 旧合作社的接收与改造。
5. 合作社与公商私商。
6. 新区旧社改造问题。

合作工作座谈

陈仲鸣 合作经济学，合作社务，供销合作，消费合作，合作金融，合作制度比较研究。

问题：（1）社务落后于业务；（2）业务干部训练；（3）不能全用苏联经验，复旦〔大学〕现正翻译东欧合作书籍；（4）合作社法中要包括农业合作。

郑林庄 （1）确定领导关系；（2）合作社要逐渐地集体化，不仅仅是供销问题；（3）干部训练问题（要与合作局保持经常的联系）。财经学院及合作系课程尚无规定。

彭师勤 马列主义合作理论，供销合作，选课集体农场、苏联合作事业发展史。消费供销合作没有资金分红。

甄瑞麟[①] 过去教育理论与实际脱节，合作教育需要双重领导，行政人员去做报告，聘请专家去任教授。

---

① 甄瑞麟，1949 年随陕西省立商业专科学校并入西北大学，任企业管理系教授兼系主任。

孟受曾[1] 没收地主〔的〕耕畜、农具，由合作社来管理。组织水利合作社。

邹 枋[2] 掌握全面，克服困难。（1）老区合作事业材料分析；（2）表扬合作英雄；（3）旧社会合作干部的团结改造。

张天放[3] 西南合作工作者有五六万人，常谈出路问题，想办合作农场（广东妇女合作农场）。

苏汝江 合作社排挤私商。组织合作教育工作者组织，交流经验，交换意见。

孙晓村[4] 农业上最受群众欢迎的是：（1）水利工作，水利合作可以提倡；（2）农民运销问题，须为农民打开销路；（3）储蓄粮食，存粮备荒；（4）土改完成以后要向集体化的方向发展。

各地报告讨论

华北（梁）

1. 东北合作社发展，应当着重农业，而不必发展副业、手工业，应与大工业相配合。

2. 华北及其他老区恢复与发展农业、副业、运输、信用，同时并进。

3. 基层社缺乏群众性。

4. 新区先发展城市，在农村有条件时可以个别建立。旧社改造采取改造的方针。

西北

1. 老区需要普遍发展。

2. 新区旧社有些需要解散，有些可以改造，经过群众代表大会。

3. 城市生产合作社背上包袱，许多生产没有销路，必然垮台。

中南

1. 农村供销应以消费为主，但农民要求推销，合作社不可能把推销问

---

① 孟受曾，1948 年从美国留学归国后在手工业合作总社物资供应站、全国供销总社工作。

② 邹枋，中国最早的农村合作化的推动者。

③ 张天放，时任云南省林业厅厅长。

④ 孙晓村，时任政务院财经委员会委员、计划局副局长。

题完全解决。

2. 新区旧合作社应称伪合作社，首先代管，慢慢改造。

山东（贺）

把农民当消费者做不通，农民要求推销土产，利用剩余劳动力，供给生产资料，第四才是消费品。不解决剩余劳动力，农业互助变工不易巩固，这就要靠合作社。

东北（姜）

1. 农民十分需要供销组织，要能销售才能购买。

2. 历史发展要作明确结论，从情况变化说明今天发展方向。今天发展生产需要打开销路。生产及销售要有计划，否则解决不了群众的困难。

3. 今年东北产粮1800万吨，销路恐成问题。今天许多生产均感滞销。

4. 供销合作社可兼营信用，但运输不能普遍发展。业务不宜太复杂。要解决多数社员的大宗的需要。

5. 广东妇女合作农场不宜提倡，合作社办小工厂多占资金，背上包袱。

6. 东北需要稳步前进，同时整理改造。土改需要二三年，发展合作社需要三五年。否则会变成人民的财富的浪费。

7. 手工业生产合作社不能与现代化工业竞争，只能与大工业相配合。手工业生产合作社需要日常解决生产问题，此与供销不同。

华东（朱）

1. 问题需要简单化，过去认为供销合作社是集体农场的低级形式，供销合作社应该是综合性的。

2. 不能依靠军事定货来发展手工业合作社，亦不宜改工厂为合作社。

3. 设农村商店还有困难，缺乏干部，开支太大，不如设合作社。

4. 基层社500人以上不易执行，现在农村合作社平均300余人。但在500人以下则营业收入不够开支。

5. 合作社非与私商交易不可，不可能完全依靠贸易公司，如土产推销就是这样。与私商要团结，并与投机〔作〕斗争。

东北（阎）

1. 主席团会议如何开法，抓紧方针、政策、重要步骤，讨论合作法。

2. 东北合作社分：（1）商业；（2）手工业生产；（3）特种（信贷等）。今后发展主要是商业合作社，其中尤以供销为主。（2）（3）两类应当是次要的。综合性社应该结束。供销社供销并重，供销结合，农民以销定购，小供销社、消费社应该合并。

3. 手工业生产合作社在东北尚未发展，故亦没有包袱，要有销路，有前途的才搞。

4. 新区旧社，应该改造，西北步骤比较□可以采用，先解散，慢改组会搞垮。

5. 发展方向应该稳步前进，不能猛烈发展，已建立的慎重改造，不能操之过急。经济工作不宜忽起忽落。

6. 合作社的群众性表现在社员、资金、业务，民主管理，不能主要依靠国家。

西北

1. 新区合作社自发发展，不能遏止。

2. 农民应当当作消费者来组织，不能提倡集体生产，要作理论解释。

朱

新区合作社发展很快，问题是在领导，土改未完成前农民已经要求组织。

于

1. 当作消费者来组织农民，在中国尚不适合，此与苏联不同。我意供销并重，又是生产者，又是消费者较好。

2. 法律上最好不提人数。

3. 合作社肯定要代替私商，让私商来发展城乡交换是会落空的。

4. 旧合作社有群众的应改造，无群众的根本就不是合作社。

5. 新区群众已发动组织的，就可以组织合作社，不一定等土改完成。

梁

1. 领导机关建立起来的要加强群众性，未建立的建立起来再说。

2. 完全用群众的资金来交易不可能，上级合作社必须靠政府资金来交易。

贺

1. 新区要有区别，政权已经改造，群众已经发动的，即可以发展合作社。

2. 不应过高估计自己力量，排挤私商。合作社应调整物价，而非完全代替私商。

北京

1. 确定合作社是人民的商业组织，不是公营，也不是政治组织，政府不宜随意干涉。

2. 农业中专业的供销社应有规定，如棉花、烟叶、茶叶运销等。领导机关亦应当有专业性的机构。

3. 要设合作银行，政府可不投资，增加贷款，易于掌握。

~ ~ ~ ~ ~ ~ ~ ~

1. 国家贸易计划应当包括合作社贸易在内，粮棉等大宗产品及主要出口品要定计划，其他土产可以自由经营。

2. 合作社收购土产，与贸易部建立合同关系，按照合同办事。

3. 合作社相互之间互相调剂，亦可订立合同。与私商亦可订立合同，私营工厂亦可。

1. 国营、合营、私营计划应当配合，大体上要划分范围。

a. 合作社可代销代购（对国营），定入当年生产计划。

b. 国营、合营订立合同关系。

c. 土产收购任务应由合作社担负。

d. 调剂社与社间业务，在各地区间调剂有无，推销土产。

为着资金周转，必须收购土产，最好不压〔货〕，也可以压一点，大量向外推销。合作社压的土产，可抵押给银行，或转售给贸易公司。哪些可以转售应即商定。

收购土产，目的在开辟广大的农民市场，拨一批粮食、煤炭给合作社。

2. 优待国〔营商业〕合〔作社〕，向贸易公司订货，或向公营工厂直接订货均可。

优待百分率，由合作局、计划局与贸易部会商决定。

~ ~ ~ ~ ~ ~ ~ ~

银行

1. 一年以上长期贷款应列入国家的预算内，财委决定，银行执行。

2. 短期贷款要有计划。

3. 存放利息与国营同，贷款可减10%，发一共同指示，注意计划及经济核算，银行对贷款户有监督权。

税收

营业税减20%，所得税减50%，或全免。上下级调拨按原价加手续费，可按手续费征税。

现在不仅讨论〔合作社〕方向，而要讨论具体做法。过去错误追逐利润，以分红来号召组织合作社。合作社也不是国家商店的附属品，而是要为社员服务。

利润来源，〔包括〕剥削消费者，国家优待，合理经营。大家争论一二两者，没有一个提到第三者，但这是合作工作者主要应研究的问题。

〔□□□**报告**〕

合作社法等均已看了。

1. 怎样组织手工业生产合作社，需要详细解释，暂且不谈。

2. 合作社与贸易部关系，合作计划不必经贸易部批准，对不对，如贸易部薄弱没有照顾合作社，那应检查。但国家计划只有一套，不能另搞一套。①贸易部应领导国营、合作、私营贸易。只有政府才能有计划地分配商品，要集中就只有集中在中央贸易部。②工业的分配也要经过贸易部，要经一个部门，才能合理分配。③反对〔计划应经贸易部的〕原因，〔认为〕计划不适合于实际。力量估计不对，并非制度不好，而应想法改进工作，适合实际。应向贸易部提出哪一部分计划不对，需要修改，而非反对计划制度。这是基本态度问题。

苏联贸易计划是贸易部做的，但可分为两部〔分〕，即国营与合作社，计划应经部长会议批准。合作贸易计划亦先自下而上。由基层社计划，到县，到省，与贸易厅合定计划，最后到中央贸易部。贸易部把双方计划综合，经政府批准，再逐级通知下来。计划是生活的反映，计划不可能完全正确，故在执行中应检查、修改、补充。先讲计划，再讲合同。计划是国家的法律。

3. 合作社与国营贸易区别。合作社要求政府优待，因此也有政府支持。政府应发展国营、合作，又不损害私营。因此要与私商竞争，国合需要步骤一致。因合作社在中国年轻，故有很多困难。政府明白帮助合作社，但还要合作社自己克服困难，不应完全依赖政府，把政府的钱来垫无底洞。因此我们要求政府想出办法于合作社以发展条件，先要立法，规定合作社的权利。合作社向农村采购，随时可得银行贷款，即以购货作抵押。可办押汇。苏联可借75%。可以具体向政府及银行优待，利息稍低，在初期政府应多帮助。税的问题似已解决。

贸易很多环节，不能节节征税，应求简化。减税20%不少，但在中国也许不够，新组织者要更优待。

折扣问题，一个看法，尽力减少中间环节，以省开支。如北京市消费社与纱布公司、粮食公司，如来回调动，开支就高，可自工厂直接装到合作社来。折扣大小要经计算。平均开支多大，加上应得利润，算出应打折扣。东北折扣是否适当，不难检查。此对合作社发展帮助是很大的。另一方面考虑如何分配折扣，各级合理分配，铁路运价要与国营同等待遇。

贸易部与合作社〔价格〕原则一致，在六种商品上应当步骤一致，其他商品不必价格一致。合作社商品种类太少。

价格问题很复杂，因素〔有〕工厂成本、出厂成本、批发成本，合起来成批发价格，经过几层变成零售价格。今天中国成本计算尚无标准。成本价格的计算很重要。

苏联有一专家对成本价格很有研究叫果果里，应人民大学聘请可以请他作报告。

问题：争论种类问题，以供为主，以销为主，中国合作社名称多，内容少，叫供销亦好，不叫亦好，对内容并无影响。不在名称而在本质，基础是在领导方向，在这初创时期，采取多种名称是不应该的。名副其实，还是叫供销合作社。在城市中，不妨叫消费合作社，最后还有生产合作社，或手工业合作社。合作社只有这三种，运输也是生产合作社。合作社是各行各业的劳动组合，生产合作社有各业的联合会。

农民又是消费者，又是生产者，又供又销。城市就是消费者。

新解放区国民党旧合作社，中南代表讲法是不对的。简单真理，要把过去做错的不再重复，向老解放区看齐。照老解放区成立各种合作社。究竟先成立哪些合作社，要按具体条件，有益国家人民。

国民党合作社中亦有同道，需要利用这些干部，而不是解放完事。建议把新解放区旧合作社再讨论，发指示，进行检查，哪些应取消，哪些应改组，哪些应保留，个别处理，使它全部变成我们的合作社。

苏联经验，新经济政策时期，很多资本家钻进生产合作社，经检查后把他们清除出去，剩下劳动者。

〔□□□**报告**〕

合作社的发展已有可能走上正轨，因为物价稳定，环境安定，市场开始好转，走上正轨，才好放手发展。搞三种合作社已感力量不够，农村供销并重，或者以销为主。国家贸易公司应予帮助、领导，促其走上正轨道路。这样才是半社会主义的。

国营经济领导，第一跑上正轨，第二帮助发展，可以规定优待办法。几样主要消费品，实行定量配给制。工人合作社应单独组织，予以特殊优待（包括职员）。一般市民不能同样优待。低价配给合作社，并规定合作社要低价配给社员。要配给就要用购物证。低价配给物资，均不能卖给非社员，其他东西可以自由购买，非社员也可以（如果多余）。收购只能予社员的优先权，价格不能两样。贸易公司规定价格。

优待可大一点，但必须像合作社，经过整理、登记，才予以优待。这样才能促其走上正轨。

合作社与私商会有矛盾，我们应发展得慢一点，要求高一点。

股金一人一股，综合合作社名字取消。供销社可兼营其他业务，但经批准，如信用、运输等。

分红不必分钱，可以分一点东西，如一斤盐，或一丈布。

富农及小商贩只能加入消费合作社，不能当负责人。富农加入供销社，销售农产限制数量，与大家一样。小贩供给数量亦应限制，以免转售。非社员交易限于冷货，配给品不卖，可以采取两种价格。

国家收购利用国家资金（或者银行贷款），此外收购〔利用〕合作社自备资金，找到销路才收购，尚无销路的可寄售，卖出后才付钱。供给农民生产工具应当当作重要工作。还可以组织乡村的铁木工来生产。

工会对合作社可监督，法律上无指导关系，不能把它当作机关生产。

不大像、有点像的合作社要改造以后才准立案。社员证不能通用。

贸易公司优待指定一家，到工厂订货没有优待，但不限制直接订货。优待货物只准卖给社员，否则不予优待。

限制机关商店和一部分不好的合作社，腾出地盘来发展好的合作社，以免引起过多的公私矛盾。

三个月内优待照旧，以后整理好的增加优待，坏的取消优待。

〔朱德〕总司令报告

合作社是在私有制基础上自愿组织起来，为着生产，现在是私有制的，将来公积金多了，公共财产就多起来。现在私有制一条恐怕还要加上。

政府对合作社帮助不够，必须扶助合作社，才能使小生产者走向社会主义。合作社搞得不好，应当改组，不能解散。

合作社会议总结

1. 合作社的路线问题

有些像机关商店。

有些像合股商店。

有些是私人资本主义。

有些是国营商店。

盈利分红，按资分红。

承认作了好事，但不像合作社。

我们的合作社区别于国营，又区别于私资，要像合作社法所讲，避免中间剥削。

2. 目前办三种合作社

小型合作社、变工队、互助组问题。

（1）是不是代替私营商业（在今天有共同发展的广阔余地）。

（2）新的社会制度（合作社），五种经济中的一种，重要的一种（90%），派领导。

（3）合作社应得到国家帮助，优待税收。

（4）建立各种必要的制度，经济核算，学会商业，与私资斗争。

3. 走上正轨道路（按合作社法整理）

普遍整理与典型示范。

承认有功绩，有缺点，因无方针。

加以改造，而非解散，为期半年。

入股多的改存款。

500 人以下逐渐合并。

4. 新区按合作〔整理〕，旧社〔按〕改造整理。干部整风。

〔□□□**报告**〕

（1）会议中提出国家帮助下发展很快，对私商是否打击过甚，经过研究，①是要消灭封建剥削；②会不会挤掉私商，挤了一点，但打垮三个主义以后，城乡商业打断，急需恢复，地盘尚广，可以共同发展。一面组织游资下乡，一面办合作社，相当长时间内不矛盾。今天还不是代替私商，尚有广阔发展余地。合于调整工商业精神。

（2）合作社〔实行〕民主集中制，为社员服务，〔是〕独立群众团体，不明文规定领导。权利〔为〕参加各级代表会议，参加会议。

（3）除以上外，迅速确定方针，研究决定，不盲目发展。应该办三种合作社，其他不忙于办，供销可兼办信用、运输业务。现决定全国合作社按此方针整理，先正规，后发展，半年左右走上正轨，然后发展。

（4）新区合作社问题。

（5）通过草案章则，建议中央发到全国讨论。

（6）国家价格政策，问题很大。

合作社问题

合作社是群众工作，又是经济工作，基本内容是经济工作，因此主要是搞业务。合作会议最大缺点，没有讨论业务问题。

如何减少中间周转，这是一个严重问题，需要特别研究。有公营零售店的地方，与零售店如何分工？城市总社可不经营粮食、油盐、煤炭、纱布。

合作社贸易应当是有组织、有计划的，单有了合作社，而无组织，无计划，仍与资本主义无大区别。机关生产无组织、无计划，故其作用与私人资本主义相同。

工业交通建设计划*

情况：两三年内争取财政经济状况的基本好转。首先就要调整工商业。A. 调整公私关系；B. 城乡关系；C. 工业本身调整，如轻重工业，产销衔接，成本，价格，利润；D. 生产与运输的调整；E. 上下关系调整。

其次要土改，二三年内完成。今年大部〔分〕地区丰收，农村经济逐渐活跃。但要两三年才能做好，做好土改，前程远大。

帝国主义侵略，要作战争准备，建设后方地区。建设要能迅速发挥作用。

主观上大规模的经济建设条件尚未具备。A. 国家财政用于经〔济〕建〔设〕不会很多；B. 先决条件如资源勘察、交通运输、动力设备，均还不够；C. 现有工业带着浓厚半殖民地特点；D. 建设人才不够。

总之大规模建设有希望，有前途，但要从实际出发，找出好的办法，争取根本好转。

如何制定计划？（1）制定三年目标及一年计划。三年目标决定好干什么？干到什么程度？三年做不到则五年完成。A. 各部负责计划；B. 计划局作全国计划纲要；C. 各地各业按此提出具体计划。（2）方针：三年内以恢复、调整为主，在恢复中调整，其次才是必要的新的建设，以加强国防力量，迎接建设高潮，明年起逐步前进。

---

* 1950 年 8 月下旬，中财委召开计划会议，主要讨论编制 1951 年计划和三年奋斗目标问题（《陈云年谱》中卷，第 63 页）。这个记录应是其中内容的一部分。

〔中财委〕委务会议（十月十二日）*

今年余粮170亿斤左右。

标准一匹布换230斤小米（天津），或260斤大米（武汉），明春为205斤或230斤左右。

目前纱布出售量比4月增5倍，比一二月增一倍，比去年十月亦增30%～40%。

投机又见活跃，黑市利息高至15分，必须严重注意，加强国营经济领导。

贸易部负责与农业部会商调整棉价，保证棉花增产。保持8～10斤比价。要保持良种，纺织部也要参加讨论。

粮食合理的季节差价应为16.8%，今年财贸存粮损失约近3.2亿斤。

生产数量可以适当提高。

〔中财委第三十七次〕委务会议（十月十七日）**

浦口抢修工程是成功的。这是一件困难的工程，当时机构初建，材料缺乏，时间紧迫，工程人员经验不够，无力担负这样困难的工程。有些失败经验是免不了的。继续完成挖沙工程，注意下关护岸。

财经工作一年来的方针和成就***

1. 平衡财政收支，稳定金融物价

---

* 1950年10月12日。

** 1950年10月17日，陈云主持中财委第三十七次委务会议。

*** 1950年12月5日，陈云主持中财委第四十一次委务会议，作关于全国财政会议情况的报告。这应是陈云报告的记录。此前，1950年11月15日至27日，召开第二次全国财政会议，确定了明年财政工作的方针（《陈云年谱》中卷，第71～73页）。

a. 物价波动的基本原因

财政赤字，物资缺乏。

b. 增加收入，减少支出

公粮、税收、公债，精简核实。

c. 财政统一，现金管理

粮税统一掌握，银行存款增加。

2. 调整工商业，重点维持，重点救济

a. 物价稳定后工商业的严重困难

减工停产，失业。

b. 重点维持，重点救济

两头照顾，加工、订货、收购、贷款

c. 公私关系，劳资关系，产销关系，统筹兼顾

d. 城乡交流，灵活周转

雇工、雇农，基本关键。

e. 工商业的开始好转

产销关系，利润，开歇业。

今后财经工作方针

1. 战争威胁，三种准备

三种前途，财经困难程度。

有困难，有办法，有希望。

2. 财经工作部署

(1) 保障国防。

(2) 稳定物价。

a. 军事、政治、经济。

b. 物资产运，通货金融。

3. 其他——各种建设

有关战争、物价、迅速收效。

工业（地区、准备）、铁路、水利。

4. 增加收入，节约开支

a. 公粮附加，税收掌握。

b. 决算制度，加强现金管理。

管制美产*

管制动产，无论公私资金。

公用事业军事管理。

仓库、码头、船舶征用，石油公司设备。

房地产管制，分别征用，收益由我收存。

剩余物资协定所取得的房地产一律收回。

公股公产清理办法**

1. 公私企业清理的重要性

①接管企业中的私股要求清理。

②未管企业中的公股也要清理。

③国家资财，公私关系，主管机关。

2. 清理范围（公私合营企业）

①公股很少的作私营企业。

②合伙按情况分别处理。

③城市公用事业酌定办法。

3. 主管机关

①中央与地方。

②业务机关、银行、工商行政。

---

* 1950年12月28日，政务院发布《关于管制美国在华财产、冻结美国在华存款的命令》。这应是此前中财委的讨论记录。

** 1950年12月12日，中财委第四十二次委务会议，讨论并通过《私营企业重估财产、调整资本办法草案》，同月22日公布。1950年12月29日，政务院第六十五次政务会议通过《私营企业暂行条例》，12月31日公布。1951年1月5日，政务院第六十六次会议通过《企业中公股公产清理办法》（《陈云年谱》中卷，第74、78页；《中华人民共和国商业大事记1949～1957》，第56、57页）。这应是中财委的讨论记录。

4. 公股代表及董监

公股董监分配及产生。

5. 清理改组程序

①改组旧董监会，或临管会。

②召开股东会，产生新董监。

6. 清理期限

①公中有私（三月）。

②私中有公（三月）。

7. 附则

①合伙企业。

②10%以下。

③公用事业。

1951 年

工商局厅长座谈*

上海 重估已组织委员会，规定重估范围，以外部分自愿搞的可搞，争论最多的问题是调整资本。决定30%～70%。

私企条例意见，股息8%太高，职工15%，怕要求查账，执行时有斗争。

工商联性质，统战的？民族资〔产〕阶〔级〕的？〔？〕任务要照顾到工商业家的自身要求。工商局〔是〕主管机关，其他机关对任务采取商量态度。动员参加政治活动通过协商委员会，需要全国组织。

武汉 私企条例资方害怕股东及工人要求查账。

哈尔滨 某企业15%的分红，工人所得超过一年工资。东北向来没有股息。

广州 重估工作资方顾虑很多。时间不够。

南京 重估工作推迟到三月开始，先搞工业，商业准备下半年搞。度量衡统一采用市制，如无统一规定妨碍城乡交流。

山东 条例公布后顾虑减少，但不知道可搞何业。重估工作〔资方〕顾虑没收资本。三月份做准备工作。度量衡检定所要求承认〔编制〕（二百余人），财厅不付钱。

西北 重估工作西安已开始进行，先做典型，尚难普遍进行。主要是有思想顾虑，实际自己都有账目，不肯公开报告。

西南 度量衡必须改革，人民吃亏太大。

天津 度量衡技术局开会说要搞，所定编制很大，市府不批准，无经费。重估工作已成立委员会，要求工商局负主责。机器估价困难。有些行业开业要有保人，如修表、成衣、洗衣等。

察哈尔 公私合〔营〕企〔业〕财产已归中央，地方不积极管。度量衡主张搞，接收许多人员，不叫他做工作。是否搞十进〔制〕。

沈阳 商标注册，商标不准轻易改变。

---

* 1950年12月31日，政务院正式颁布《私营企业暂行条例》。这是《条例》公布实施后召开的一次工商局厅长座谈会记录，时间约在1951年初。

〔中财委〕第四十三次委务会议*

全国水利会议报告

河工 1950 年计划 21000 万公方，完成 41900 万公方，动员民工 469 万人，连家属养活 1000 万人。

灌溉计划恢复与增加灌溉面积 237 万亩，完成 371 万亩，整修 1300 万亩。

防汛计划 12000 万亩被淹地中，保证 7000 万亩不被淹（尚须淹 5000 万亩），亦超过此数。

1951 年计划重点仍为防洪，防洪重点在淮河，现在危险是淮河。黄河要三年五年才能保险不出问题，长江只有荆江大堤比较危险，此外如来一个旱灾仍无办法，灌溉工程需时更长。

苏联专家意见：排水还是治标，蓄水才是治本，把水当作资源，这个思想需要建立起来。

财委会批准此报告，精简后送政务院提出讨论，其他各部也要准备报告。

〔中财委〕第四十四次委务会议**

全国棉纺织会议

（1）1950 年产纱 235 万件（过去最高产量 240 万件）（1936 年产 204 万件），超过战前 15%。

（2）1951 年计划产量 3017968 件，其中公营 46.05%，合营 12.35%，私营 41.6%。

华东	1951626 件	西南	177404 件
华北	412686 件	东北	249358 件
中南	166221 件	西北	60673 件

* 1951 年 1 月 9 日。

** 1951 年 1 月 16 日。

（3）纱厂自用1195000件，织布4304万匹。

供染织厂458000件，织布1650万匹。

针织及手工1364968件（较去年增28%）。

（4）共需棉花1240万担，国内供应1100万担，尚缺140万担。

（5）纱布统销，上海工缴代纺260〔单位〕，自纺295单位。保证私商利润。

〔中财委〕委务会议（三月二十七日）*

轻工业部工作报告

（1）造纸：1950年产纸19718463吨，超过去年1.26倍，超过计划106.77%。

（2）火柴：计划月产48780箱，实产67000箱，产销大体平衡，利润约10%。

（3）橡胶：胶鞋减产，轮带增产。

去年轻工业公私工厂生产能力仅发挥了百分之三十至〔百分之〕六十，尚可大量增产，困难的是原料不足。

造纸：纸浆可望东北供给，缺铜网，毛布。

橡胶：橡胶贮藏尚够，缺乏炭黑。

火柴：氯酸钾、烤胶均须进口。

纸烟：烟草供应情况已很严重。

糖：甘蔗生产计划60万担，实产50万担，尚感不足。

制革：牛皮150万张，军需107万张。

薄〔一波〕主任：人民购买力提高，轻工业将大大发展，国营、地方、公营、私营，均需发展。为了发展，就要有计划地供给原料。（去年产烟叶72万担，今年要求250万~300万担。）手工业在一定时期也要发展，以补机器生产不足。发展关键是在端正政策。

---

* 1951年3月27日。

〔中财委第五十三次〕委务会议*

全国造纸会议

（1）1951年计划产量195817公吨，比1950年实际产量增加47.8%，其中公营占51%（增29.6%），私营占49%（增73.2%）。

（2）文化用纸1951年计划产量67190公吨，比1950年实际产量增87.3%。其中卷筒纸27486公吨，占40.8%；平版双面光新闻纸28795公吨，占42.9%；单面光10908公吨，占16.3%。比需要量尚少4410～19150公吨。

（3）解放前年产量不超过10万吨，每年进口文化纸4〔万〕～5万吨。1950年较1949年增产12%。

批准以上两个报告，保证完成生产任务，文字修正后送政务院讨论。

〔中财委〕第五十六次委务会议（五月十五日）**

1950年完成任务103%，与1949年比为325%，中央直属部分完成任务115%。

李〔富春〕① 主任：经过一年努力，工作是有成绩，产量提高，质量改善，成本降低，经营管理改善，学习掌握基本建设均有进步。学习经验是花了代价的，不能自满，还只走了第一步，还有许多问题需要解决，才能继续前进。

（1）产量计算方法，不能单纯以人民币计算，而按实际产量比较，才能看出真实情况。

（2）产销情况如何？有无积压或供不应求现象，应作具体的质量及品种研究。研究技术，研究品种、规格，使所出成品适合生产需要。

---

* 1951年4月17日，陈云主持中财委第五十三次委务会议，会议讨论文化用纸的生产和供应问题（《陈云年谱》中卷，第93页），大标题为编者所加。

** 1951年5月15日。

① 李富春，时任政务院财政经济委员会副主任、重工业部部长。

（3）需要继续减低成本，现在经济核算制尚未建立，降低10%～30%并非难事。确定资金，运用流动资金，确定利润标准，如因供不应求多赚钱，作为商业利润。

（4）管理民主化与改善工人生活，教育工人提高觉悟，教育技术人员改变单纯技术观点（注意人的因素）。关心工人生活要有一定标准，达此标准就算关心。

（5）基本建设问题，应该认真负责。

把重工业部报告酌加修改，提政务院讨论。

调查进口物资，组织一个组，到上海去调查一下，电告华东财委。

棉花播种河北计划1400万亩，已超过100余万亩。山东700万亩可完成。平原〔省〕可能完成任务。山西300万亩已完成200万亩。全国情况可略超过播种计划，但黄河以北缺雨，恐播种稍迟，出苗不齐。

华侨（印尼）投资问题：（1）侨胞投资地区，事业？已有具体意见。（2）如何组织，直接投资还是组织投资公司？（3）侨胞存款保本保息，投资保本保息。保本存款最近四月物价增6%，平均每月1.5分，加利息约共3分，银行赔本不少。

印尼回来五个华侨，他们有千余万美金，现已带回300余万港币，希望投资生产事业。现有资金300亿～500亿，不能办大事业，且须能于二三年内获利。

筹备成立全国工商联问题，准备意见提出讨论。

上海调查*

〔调查提纲〕

①能向农村推销的物品。

各种轻工业品，季节规律，产销状况。

②民族资〔产〕阶〔级〕，工商联。

---

* 1951年4月初，薛暮桥跟随薄一波去上海调查，5月中旬回京（《薛暮桥回忆录》，第209页）。根据笔记，薛暮桥分在金融贸易组，主要了解商业、工商联、公私关系、城乡交流、金融等方面的情况。以下是这次调查的记录摘要。

代表人物，公私关系，公私合营。

③财政税收：虚盈实税。

④上下关系。

⑤贸易：城乡交流，淡季收购，联营。

⑥金融：联营集团（公私五行，北五行），证券交易所，投资公司。

浙江汇报

1950年主要工作：税收8000亿，超过任务20%；公粮19.5亿，超过30%；公债437万，超过9%。开支达预算96%。

调整工商业，重点公私关系，浙江附属上海，去年重点维持，主要是丝绸业。丝厂23家，均系加工订货，布厂大部维持，绸厂部分维持。丝绸有销路，问题是在规格，7月1日起检查规格。

商业去年缩小零售业务，动员私资下乡。公私联购达500亿，联营发展很快。茧茶收购情况开始好转，七月后恢复很快。农业增产二成。

2100万人口，有田（折合）3200万亩，每亩平均产原粮335斤，粮食无余，土特产占收入30%。抗战中粮食减产30%，土特产减一半至三分之二。380种土特产，畅销的130种，滞销的150种。去年农业恢复20%，土特产更多一点（约30%）。去年治水治虫，对农业增产影响很大。

工业生产占11%，〔其中〕公营占10%，私营占90%，多系小厂。合作社最初为供销商店，主要搞土特产，有些效果。土产会议均有效果。迷信纸改制文化纸、卫生纸，销路很大。翻黄竹刻、青田石刻均有销路，大可发展。

问题：（1）温〔州〕、处〔州〕、台〔州〕等〔地〕交通闭塞，特别困难（海运断绝）。海运、渔产损失很大，但可改进。近海跳跃航运，可以运出1000亿～2000亿物资，有50〔艘〕机帆船，4、5个小炮艇护航，可无问题。

（2）土产公司能否划归地方领导。

浙江情况

城市人口〔占〕15%，农村人口85%。工厂约4000家，工人50000人。工业资金8000亿，公营工业占13.8%（1100亿），工业生产价值12500亿。

资金（1949年），水电占28%，丝绸17.56%，纺织（棉）13.14%，

造纸12%，农产加工9%，化学8.9%。

生产价值（1950年），棉纺织32.6%，丝绸30%，造纸13.8%，卷烟6.4%，电力5.14%，火柴2.44%……

恢复程度：缫丝88%，绸30%。1949年调查手工业产量6000亿，今年估计5000亿（32种）。金华调查，每人买工业品169000元（内机器产品12.28%，手工产品65.5%，自己生产22%）。吴兴，材料用工业品162000元（内机器产品31%，手工产品57%，自己生产11%）。平均每人买手工业品10万元，全省全年约2万亿。（机器生产12500亿，占38%，手工业品占62%。）

农业生产，粮食72.8亿斤，7万亿元。土特产30亿以上（内有手工业约5亿〔斤〕，农产约为25亿〔斤〕，2.5万亿元），合计约100亿斤，10万亿元。主要商品作物（六种）9亿斤，9000亿元。与工业合计，大约农业占74%，手工业16%，机器工业10%弱。

商业资金约10万亿，工商约1比8，商业营业额全年约16万亿。如每年周转五次，资金额应为3万亿，工商为38比62。（工〔业〕资金38%，商〔业〕62%。）

生产价值，工业1.25万亿，手工业2.5万亿，农业9.78万亿，合13.53万亿（1950年）。〔其中〕工业占9.2%，手工业占18.5%，农业占72.3%。

农村购买力，商品粮5亿斤，土特产25亿斤，合共30亿斤，即3万亿元。又每一农民平均200斤购买力，即20万元，全省约近4万亿元。

上海情况

（1）解放后情况：①过去帝〔国〕主〔义〕操纵，现已改变，去年接收美资后更彻底，现在买办资本亦无力量。

②过去国家经济人家看不起，1949年11月25日这一战[①]资本家觉得我们有力量，过年平抑粮价及〔1950年〕三月平抑物价，资〔产〕阶〔级〕

① 1949年11月25日，国营贸易部门在全国各主要市场集中主要物资同时大量抛售。26日，各地物价即开始回跌，而且一泻再泻，投机资本受到严重打击。这次全国统一行动共进行了半个月，到12月10日胜利结束。一场全国性物价大波动被制止下来（《中华人民共和国商业大事记1949—1957》，第7页）。

屈服，但仍怀恨，调整工商业[①]后方才信服。现人民银行及花纱布公司在工商界是权威。

③私人资本由于过去通货膨胀，逃避资金（多已搞光）及现地产跌价，打击投机，美国〔资产被〕冻结，力量大减。去年下半年开始恢复，印染赚钱最多（1000余亿），连织（2000余亿）。花布销华北，蓝布销中南，黑布销西北。分红（职工）十七个月。其次化工原料、造纸、电机、水泥、钢铁、西药、医器、肥皂、蜡烛〔行业也赚钱〕。棉纺亦赚钱。银行上半年亏，下半年赚。但一般〔来说〕还没有恢复解放前力量。如染织业过去流动资金1万件纱，80万匹布，去年底恢复至9000件纱，100万匹布，大体恢复。其他各业较差。

经济规律变化。物价过去由投机家操纵，现由我们决定。黄金、美钞不能领导物价，过年红盘必膨规律〔被〕打破。季节变化，过去清明收茶，五月收茧，六月收麦，七八两月最淡。重阳后才动，直到年底。批发冬至以前即完，零售要到春节。去年变了，六月开始好转，七八亦好，批发直到年底，旺季来早去晚，多了七十天的生意。

（2）今年第一季工商情况：三月份比一月稍淡，比二月稍旺，税收难关安全渡过。三月税收11000亿，约等于去年税收公债总和，但去年叫苦，今年不叫，原因〔是〕交易量比去年大增（油增50%，煤增90%，粮食增12%，面粉、棉纱增一倍以上，仅原料器材稍少）。政治认识亦稍提高。用电〔负荷〕175000千瓦。1936年用电每月平均9000余万度，去年12月开始超过10000万度，现已到饱和点，希望闸北新炉装好增35000千瓦。现不敢批准开业，原因是没有电。棉纺、水泥用电最大，均已开足。毛纺、面粉、火柴、卷烟尚未开足。

开歇业〔概况为〕去年1、2、3月开：商业（1075〔家〕，255〔家〕，203〔家〕）。

今年1、2、3月开：商业（1037〔家〕，923〔家〕，1318〔家〕）。

去年1、2、3月歇：商业（363〔家〕，349〔家〕，796〔家〕）。

今年1、2、3月歇：商业（159〔家〕，143〔家〕，243〔家〕）。

---

① 指1950年6月中共七届三中全会提出，会后开始实施的第一次私营工商业调整。

去年1、2、3月开：工业（70〔家〕，28〔家〕，22〔家〕）。

今年1、2、3月开：工业（151〔家〕，120〔家〕，108〔家〕）。

去年1、2、3月歇：工业（159〔家〕，162〔家〕，243〔家〕）。

今年1、2、3月歇：工业（40〔家〕，23〔家〕，28〔家〕）。

（3）资〔产〕阶〔级〕态度：经过两年斗争，资〔产〕阶〔级〕承认搞不过，原因我们自己不搞，说国民党又复杂，又简单（花钱），共产党又简单，又复杂（开会）。去年一打（平抑物价）一拉（调整工商业），使资〔产〕阶〔级〕又怕又服，认识〔到〕必须放下包袱，改变态度。棉纱业多准备转业，商业纷纷组织联营。46个土产行去年营业86000亿（公家做40000余亿），其中一半组织联营，跑往各地打开门路。申新从亏本转为赚钱，正德纱厂老板跑了，职工维持，赚钱三亿。荣丰纱厂赚二三十亿，生产率一般0.85～0.9〔磅〕，最高到1.15磅。

政治上，去年大家不干同业公会，以为出钱挨骂，今年争着当主席，抗美援朝胜利是转变的决定关键。工商代表大会会后，代表证仍保存，分组开会，"英魂不散"，争当工商联的理事（115理事80余监事）。要求发会员身份证，各区成立区办事处。对全国工商联兴趣不大，原因：①放在北京；②现在已有地位。要求学习，不满足听传达，要听政府人员报告。市人代〔会〕工商代表120人，两星期会餐一次，大家都到。集体交税表示信仰政府。

缺点：①尚未完全消灭变天思想，听信谣言；②对镇压反革命不积极，以为特务只反共，与人民无关；③劳资关系看不起工人，不愿依靠工人阶级；④对劳保条例有意见，说开无限公司（有病要看）；⑤钻空子，想脱离国营经济领导。欠债不还，解放前的要求不还。

（4）具体问题：①工业方面，橡胶、水泥、棉织、造纸、医器等行〔业〕生产不足，供不应求。水泥黑市比牌价高四五倍。原料缺乏，棉花缺90万担，烟叶缺10万担，铜料每月缺600～700吨，铁皮、牛皮、纸浆、矽钢[①]片等均缺。电力不够，要增5万千瓦才够用。针织内衣仍过剩，秋后不够。

②劳资关系，劳动力已感不够，互相挖工（复制业）。纱锭每年能制30万锭，现仅制10万锭，恐招工人后不能辞退。临时工特别多。过去工厂不

① 指硅钢。

准盖房子，现在非盖不可。

③城乡交流，四十六个土产行业代表800余人开会，有90个提案，2/3以上为城乡关系，要求公私分工，贷款问题，运输问题。成立城乡交流委员会，把问题都答复了，大家满意，现正组织联营，到各地去活动。土产展览会各地要求参加，已成全国性的。

④合作社，公私关系最尖锐的一为渔〔产〕市场，二为合作社，与中小商人矛盾很多，把煤球商打垮了。合作社依靠业务要赔钱，粮食市价低于牌价，配售失败，数目规定太零碎，干部忙不过来。干部地位待遇问题。

⑤公私合营企业，上海400个单位，最大天原化工厂，南洋烟草公司。a. 去年盈利公股上缴，私股冻结；b. 公股代表不会与人合作，私股代表老奸巨猾。

⑥工商局领导问题，贸易部、轻工部、私企局三个领导，何者为主。华东成立私企局，由财委领导。

⑦订货纷纷来电，应接不暇，任务繁重，先后难分，最好中央统一来订。

行业盈亏状况

①染织业 赚2100亿，内10个大厂占1000亿，余百余厂占1100亿。恒丰200亿，光新160亿，达丰150亿，同丰100亿，大新振100亿，大的大赚，小的小赚。

②针织、复制业 苦乐不均，中小厂赚，大的不好。因织高等货销南洋亏本，销华北者赚；销烟、棉区者赚，销闽粤者不好。剪刀差让染织厂坐收其利。

织一匹布赚0.8单位，印染一匹赚7～8单位，纺不如织，织不如染。统销后纱提价多，布提价少，织布利润降低，织厂不高兴。

③造纸 盈余约400亿，营业3000余亿。上半年亏，下半年赚。商业用纸赚，文化纸不赚。

④棉纺 共赚1500亿（五十余厂），申新每月赚30亿（欠我们1500亿）。

⑤橡胶 盈余不详，营业额7000亿。大中华，正太，中南三厂赚的最多，因能做轮胎。雨衣、胶鞋不赚，轮胎赚钱。

⑥毛纺 较差，毛条计亏2000亿，不到30家。

⑦面粉 亏 180 亿，共七个大厂，日产量 10 万包，现只加工 10000 包。没有销路。

⑧榨油、丝织、礼帽 均不好。火柴、卷烟亦不好，大中华火柴厂还好。

⑨钢铁业 赚 150～200 亿。

⑩机器业 赚 150 亿左右，很能赚钱。

⑪电筒电池 赚钱很多，数目不详。

⑫搪瓷 销路也好。

军用〔销路〕 水泥 90% 以上，橡胶 80%，搪瓷 50%，雨衣 100%，带子 100%。

⑬口琴、钢笔、腊纸 销路也好。

资本估计

最低估计 15 万亿，内 130 万纱锭即值 6500 万美〔金〕，合 15000 余亿，加房子、流动资金约 3 万亿，连织布约 5 万亿。商业资金 5 万亿，其他 5 万亿。去年资本登记仅 4 万 8 千余亿，现仍不肯增加资金。外面资金不肯拿回，隐藏资金不肯拿出，尚存观望态度。情况再好，可能再投 3 万亿～5 万亿，不愿投至内地。

原料

最缺牛皮，上海制革占 60% 以上，有出无进。棉花缺两个月。

公营企业

人民银行团结 71〔个〕行庄，存款 1300 余亿，公二私一，组织四个集团，听从人行领导。说话有重量，但借钱困难，中小行业借不到钱，经营土产困难。

花纱布公司作用也大，上海纺织业占一半（棉麻毛、纺织染），〔用〕控制棉花、加工订货、统购三者控制私商，〔私商〕对花纱布公司有意见，〔花纱布公司〕常唱黑脸。

粮食、煤炭、土产、零售也有权威。

季节变化

原因：去年六月开始好转，收买茶茧，加工订货，内地订货（新疆参观团买 2 万匹绸子）。过年杀 13000 头猪，红黑枣、柿饼、冬笋、粉丝、核桃等均销路大增，糖果 80 万斤，鸡 35000 担，只有豆腐少销。

〔华东〕土产交流

（1）去年十月以前注意不够，〔当时〕主要是调整工商业，其次收购主要农产，防止过分跌。十月以后逐渐注意各种土产全面交流，比华北迟了两月。十一月现金冻结，使这工作陷于停顿。真正开始是在〔今年〕一月底二月初，中央贸易会议以后。财委召开土产交流会议，把这作为贸易方面全年中心工作。并决定二月至四月（延长至五月）各省召开土产会议，五月开土产展览会。

各省土产会议打好基础，准备六月以后农产收获，大量推销。浙江做得较好，其次是山东，到六月华东土产会议可有把握。

展览会，山东已开，浙江正开。浙江充分运用私商，工商联积极负责。但领导不够，事前未做检查，几大行业争做广告，喧宾夺主，工业超过手工业，手工业超过土产。皖北政府来办，花钱买展览品。

土产会议，成为土产交易所，当场签订合同。山东共有土产值小米 64 亿斤，未销出的 6 亿斤，土产会议销出 4000 万斤。（64 亿斤包括经济作物，占农业正产物 35%，不包括棉花、花生则占 26%。）萧山土产会议有计划地推销十一种滞销土产，吸收行商参加，解决大部问题。

（2）土产畅销、滞销，一般情况，土产均有销路，只有某些出口的奢侈品，如花边、刺绣、草帽辫等很难推销。有些东西滞销由于交通运输，如木料（山东有 30% 农家修房子，5% 造房子，木料不够），在福建没有销路。有些土产不合规格，如笋干好的好销，坏的难销。红糖因销路差，大家掺杂，销路愈降，经过提炼，销出去了。

畅销的是工业原料，多是供不应求。

（3）城市工业日用品，去年上半年滞销，下半年畅销，第四季比第三季更好。但对设备力量及最高产量〔相〕比较，仍只 40% 上下。如袜子开工 25%，与最高〔产量〕比 35%，毛巾均为 50%，卫生衫裤与最高〔产量〕比 70%（军用多）。卷烟开工 40%，〔与〕最高〔产量〕比〔为〕33%。火柴开工 30%，〔与〕最高〔产量〕比〔为〕40%。纸与火柴同。热水瓶好的开工 30%，差的 100%〔?〕。肥皂（洗衣）40%，香皂 10%（均最高比）。电筒〔与〕最高〔产量〕比 70%。胶鞋开工 20%，〔与〕最高〔产量〕比 60%。总之，工业恢复比农业（82%）慢，大众需要的恢复稍快。工业品下乡要检查质量，不要偷工减料欺骗农民。

宁波二月以后商品滞销、减产、停工、歇业比较严重，原因〔有〕季节性、土改、春耕、资本家有顾虑。

皖南收购茶叶，希望推销百货，供盐，五洋〔?〕① 百货价格不易掌握，上海厂商自往推销，低价竞卖，比我百货公司便宜，要求限制私商（错误）。

交通运输：铁路运费反应较少，轮船运费比去年秋季稍低，但仍偏高。问题最严重的是搬运杂费。码头人多货少，上海码头工人 26000 人，货只有 6000 人就够。造成工人与工人，工人与客商矛盾。再加把头剥削，解放前达 80%，工人公开偷窃，查到一半收回，一半拿去。解放后剥削减低，组织搬运公司，但搬运费仍高。上海平均每吨 16000 元（八开），比抗战前（三开六）加一倍多。招商局码头货多，运费低，工人收入反多，每月八九担米（它处三担），这与“薄利多销”一样结果。汉口、安庆比上海又高得多，汉口每吨 29000 元，安庆 38000 元，沙市 83000 元，南京 32000 元，镇江 45000 元，杭州 70000 元。大概货愈少，搬运费愈大。

华东困难：（1）海口封锁；（2）南洋销路大减。有利条件，农村商业机构比较完整。私商不敢与公商及合作社竞争，要求划分范围。可以在土产收购上有意识地让些地盘给私商，如药材、瓷器、银耳等。税收问题也有若干问题需要解决。

工商联问题

（1）要不要工商联。坏处：资〔产〕阶〔级〕团结起来，与我进行合法斗争。好处：有了组织易于领导。经验：有了人民政权，国营经济已占领导地位（经过过去两年斗争，资〔产〕阶〔级〕已经屈服，认识政府政策，愿意接受领导），只要我们正确掌握政策，好处多于坏处。而且既承认与资〔产〕阶〔级〕合作，就不能够反对资〔产〕阶〔级〕组织，消极限制不如积极领导。

（2）工商联工作。在团结和教育工商业者，在完成政府任务上有很大成绩，但政治多于经济，限制多于鼓励，被动多于自动，工商业家感到工商

---

① 可能指洋油、洋布、洋钉、洋火、洋蜡等百货商品。

联不像一个桥梁，而像一个滑梯（只有由上而下，没有由下而上）。突击工作多于经常工作，去年一、二、三月公债，四、五、六月民主评议，七、八、九月加工订货，十、十一、十二〔月〕抗美援朝，现在重估财产，土产交流。但这些工作工商业家也有利益，愿意参加。

（3）公营企业代表参加工商联。a. 怕麻烦，浪费时间，但从整个着想，团结和教育了各行各业的工商业者，在执行政策，完成任务上可减少许多麻烦。b. 怕公私矛盾，私〔方〕代〔表〕提出意见，公〔方〕代〔表〕陷于孤立，但不参加私〔方〕代〔表〕也要提出意见，参加了还可以解释，进行协商。c. 缺乏统一领导，不了解政府的意图不好发言，有些公〔方〕代〔表〕把公〔与〕公间的矛盾提到工商联来讨论。需要组织党组，由财委党组领导，工商局、税〔务〕、贸〔易〕等机关负责党员及统战部参加。d. 怕私〔方〕代〔表〕多于公〔方〕代〔表〕，做了决议少数服从多数，但不参加亦好做决议，参加了提出异议，还可公私协商。e. 怕交会费。会费应该交。

（4）民主集中制。少数服从多数，公〔方〕代〔表〕就要服从私〔方〕代〔表〕，事实上多采取公私协商方式，未作强制决定。超过职权范围的决定可以不服从，不正确的决定上级或工商局可予撤销，不必害怕。下级服从上级，强调垂直领导，可以不接受同级政府的领导。只要上级不乱发命令，亦无妨碍，且上级命令与政府法令抵触时，仍应执行政府法令，可无问题。

（5）团结工商业家要全党来搞，不能单依靠工商联的同志。但通过工商联来搞，是一重要环节。因此必须加强党对工商联的领导，并用各种方法提高工商联在工商界的威信，是完全必要的。

工商局

机构　〔工商局〕接管后〔工作〕：工商管理、市场、接管、敌产清查、登记，后来增加业务（专业公司）、财务、工商辅导，行政与业务开始结合。市财委成立后，业务归市财委，工商局专管工商行政及统战。市财委〔主管〕业务、财务、计划。工商局〔主管〕市场、辅导、登记、行政（工商联，摊贩〔归〕区工商科）。市场处主管商业，辅导处主管工业。最近改变，业务处又拨归工商局，财委只管政策方针。业务处现称企业管理处，管零售公司、土产公司、市贸公司、百货公司、煤业、建筑、油脂、菜市场、屠宰场等。市营20个工厂直属财委地方工业委员会。

财委〔包括〕财政局、税务局、公用局、工商局、劳动局、合作社、地方工业管理委员会。问题：①公营工业，公营商业，与私营工商业管理的分工和结合；②工业商业分工（公私合一），还是公营私营分工（私营工商统一管理）；③工商联的领导关系，工商局为行政上的主管机关，党组归财委党组领导，统战部有人参加；④区设工商科（主要管理摊贩）、行商及工商联区办事处。工商科还负担不了，最好成立工商分局（税务、公安均设分局）。要组织摊贩、行商联合会，以便管理。

上海已登记的工商业128000户，未登记的约有1万户，税局登记的有143000户（包括大摊贩、医院等）。工厂约12000户，加手工业共19000户，未登记的1千余户。

上海商业资本，第一航运完了，第二地产全炒完了，第三进出口，一半完了，第四工业品的推销，现在大多工厂自己经营。

公私关系 特点：①私营比重很大，纺织56%，丝织96%，电机75%，造纸97%，卷烟95%，其他私营更多；②全国机关部队在上海采购，有200余单位；③调整公私关系归工商局，但不管业务，与各部关系太多。去年调整公私关系，三月份起停工歇业，五月份起调整工商业，办法〔为〕加工订货，十月份起又有盲目生产。

〔商业〕：①国营贸易扩大挤掉私商，私商公司不能维持，要求公私合营，或寄售，或出租，现已无法维持，必须决定态度。如改百货公司，可能加重先施、永安、大新困难。②价格问题，公营商店往往低于私营。③公〔方〕代〔表〕与私商一般关系不好，缺乏协商态度。

工业：①缺原料，缺电力，许多机器不能开动；②要求淡季收购；③只要明牌，不要暗牌〔?〕；④工缴利润；⑤存货不多，不能供应土产展览期间需要。

金融问题

①上海货币流通量18000亿，战前约4亿，现折合白洋仅7000万（2.5万倍）。每人平均战前80元，现在14元。战前占全国26%，现在占全国19%。

战前货〔币〕流通与银行存款为1∶2.6，现在三月底存42000亿，如仍按2.6计，亦为17000余亿。

②货币流转情况，18000亿中私人占3/4。汇兑情况，华北入差5万余亿（内北京2万余亿），其他各区合共入差1万余亿，汇出主要华东各地，广州亦有出差4千余亿。出入相抵，入差13000亿。说明：①推销工业品多经各地私商，收购土产多经国营贸易公司（仅限华东地区）；②汇入中，中央军事收购占重要部分。

③存款，国行31000亿，私行11000亿，共42000亿，占全国16%，占华东50%。企业142000户，内工业22000户，共有流动资金约19000〔亿〕～20000亿，比去年6月底（5000余亿）有很大的发展。流动资金中自有的约8000亿，向行庄透支2000亿，股东职工垫款5000亿～6000亿，国家订货预付款3500亿。

④公私关系，国行对私行关系并不密切。三月底国行吸收私人存款7000亿，内4500亿系私行转存，直接存入只2500亿，户数约二万户。汇兑我们只占私人汇兑中35%。储蓄4700亿，占华东70%，全国30%，加私人存款为12000亿，私行为11000亿。放款私人放款仅300余亿，因贷款少，存款亦少。总之我们对工商业的直接联系少，只能通过私行联系。

⑤私人行庄问题。解放前后全国1035家，1950年1月820余家，二、三、四月后只有390余家，现在370余家，存款17000亿～18000亿，上海占11000亿。与战前比差二三十倍，存款仅及战前2.8%，开支占存款5%，上海户数占全国25%，业务占66%。合营五行占1/3，象征性合营行占1/3，其他占1/3（业务）。去年赚钱最多的是四个合营银行，亏本最多的是七个象征性合营银行，原因机构人员多，开支大。

今后采取团结改造方针，加强合营银行，大型银行改造与我靠拢，小行庄增资合并，使全部私行逐渐走上国家资本主义的道路。

财政问题

①虚盈实税问题；②重估财产、账外财产入账的征税问题（所得税、营业税、印花税）；③征税方法（民主评议与自报实征）。

账外资产入账不征所得税、营业税，但印花税要补贴。继续隐蔽资产只

〔需?〕要征税。资本印花税千分之三是大一点。

虚盈实税，1949 年可按原价盘存（八月的），或按市价（加 5 倍余）盘存。结果多按原价盘存，未赚钱者则按市价，以期减少次年所得税。1950 年原价者要求折成市价，税局说你 1949 年占了便宜，1950 年应当补缴。1950 年总物价指数（263～264）与特殊物价（橡胶等）的差异，要求按本业物价计算。税局说这是实盈不是虚盈。加权平均指数资本周转愈快，平均物价愈高，盈余征税愈多，对积极经营及买公债（卖货）的不利。

分区专管，纳税小组有了成绩。民主评议仅评标准价格，未评营业数额，查账仍难普遍进行，偷漏仍很严重，仍达 20%～30%。

工业问题

①上海工业发展前途。生产潜在力很强，现在尚未充分发挥，技术较高，资本较大，配合齐备，交通方便。今年第一季开歇业……地方工业投资，华东今年约可投 6000 亿，另机关生产 2000 亿～3000 亿，中南亦 6000 亿。

困难：a. 原料问题；b. 电力问题，工业用电占 55%，夜里用得尚少（未开夜工）；c. 投资人尚有顾虑；d. 销路寒热病（军需订货）；e. 手工生产竞争，土布、卷烟、榨油、水磨、砖瓦窑等；f. 技工不够。

②工业品销路。去年军用〔品销路〕水泥占 90%，橡胶 80%，搪瓷 50%，雨衣 100%，带子 100%。销售农村的尚为数不多，今年可能增加。

③商业转工业有些例子。某纱号改染织厂，某纸号改文具厂，铜铁号改炼铜厂等，但仍感到转业困难。

④公私合营企业尚未充分注意。

纺纱利润

1 万锭子资本 160 亿，年产纱 6000 件（0.9 磅），盈利最多 15 亿，除所得税余 10.5 亿，（每件盈利 50 单位，25 万〔件〕计）6.56%。

中纺：资金 15000 亿～20000 亿，利润 1500 亿。

工业问题

橡胶工业　设备简单，最多曾达 135 家，由小而大，主要手工生产，通货膨胀期间成为囤积对象，盲目发展。主要制造胶鞋，解放后开始制造轮胎（大中华日出120个，正泰日出80个），去年用橡胶6900吨；利用生产设备1/4（橡胶会议原定44%）。去年大厂不赚钱（原因工人太多），小厂赚钱。今年军事订货球鞋130万双，解放鞋100万双，雨衣〔布〕200万匹。每月用胶量700余吨，军事订货占产量的1/3，产量占设备35%。估计旺季即将到来，销路可无问题。军事订货可做到六月底。轮带销路尚好，轮胎供不应求，均为军事订货。

目前问题：原料、生橡胶、促进剂、防老剂、锌氧粉、炭黑。生胶市价低于牌价二成，促进剂、防老剂能自己制造，最困难的为炭黑。

销路，需要减低成本，改善经营管理。共有工人13000人，按目前产量多余4000人。质量保证很成问题，军事订货希望有统一计划。

卷烟工业 产量及设备均占全国1/2（华东），卷烟机919台，开工一半，每年可产190万箱（每箱5万支）。去年共销75万箱，仅占生产力39.5%。

烟业税占货物税50%以上，一月份1200亿。上海113家烟厂，真搞生产的仅60～70家，余均投机囤积。洋商（颐中）原来比重大于华商，现销路中，中华（公营）占17.9%，南洋4.3%，外商占19.6%，其他私营占58%。内地手工卷烟竞争，影响销路很大。

去秋销路好转，十一月份最好，又有盲目生产现象，引起竞销。加以原料不足（约缺2000万斤），产量不能再增。

问题：a. 要有产销平衡计划；b. 进口烟叶（印度可买）；c. 新烟组织联购（粮、烟1比6）；d. 组织推销，工、贸两部参加；e. 管理手工卷烟，逐渐取消。

盈亏状况：去年中上级烟赚钱，中下级烟保本。飞马赚5%，双斧保本，腰鼓亏5%。烟叶涨价，卷烟不涨，虚盈实亏。南洋赚60亿，颐中110亿，华成100亿，复兴71亿，大东南120亿，其他亏本或不大赚钱，中华赚120亿。

火柴工业 华东99家（内山东55家），职工1万人，除山东外年产（1950年）137000箱，设备能月产80000箱，产量仅占设备27.3%。（每箱7200小匣。）

原料：氯酸钾两月内涨价 70%，梗片供应不上，赤磷已能自己生产，海州磷矿。氯酸钾拟与刘鸿生合营制造，争取自给。

生产设备未充分利用，工人失业上海有二千人，去年火柴业不赚钱，仅能维持。

油脂工业　机器榨油占 20%，手工业占 80%，华东机榨占全国机榨 26%。上海在华东占一半，内公营占 21%，私营占 79%。每日能榨油料 32000 担，产油 4500 担。

去年上海 17 家榨油厂（3 家公营），有 4 家歇业。困难原因，过去油及饼多销国外，原料多采自外地，〔现〕供应困难。上海日销五六万担，内地来油成本较低。去年每月生产不足 1500 担（1/3），尚难销售，因此油脂工业前途不大。与东北及贸易部关系需要调整。今后：①要求准向东北直接采购大豆；②提炼机器用油等。目前都要亏本。

制革工业　设备较好，技术较高，大型厂十余家，作坊百余家，去年军事订货多，工业用革多，民用亦多，销路不成问题。

问题：a. 军用比重逐渐增大，原料供应没有统一布置，西南管制，中南统购，华北、东北高价收买，上海有出无入；b. 上海生产能力占全国 40%，销售全国，但现买不到皮，不敢接受订货。要求统一供应皮革，生皮统一收购调配。提倡代用品，用帆布。华东今年需要黄牛皮 34 万张（自产 26 万张），水牛皮 12 万张（自产 3 万张），供不应求。

去年大厂盈余，小厂较差。

造纸工业　生产能力，上海 41 厂（三野一家，军管美商一家，公私合营一家，私营 38 家），山东还有 14 家，福建一家，宁波一家，共 57 家。上海 41 家年产文化纸 68000 吨，板纸 46000 吨，合计 114000 吨，每月 9500 吨。

供销情况：去年产量文化纸 5900 吨，其他 39000 吨。占计划文化纸产量 27%，其他纸占 52%。文化纸利润低，兴趣不高。

今年自己搞了两个工厂，控制原料，加工订货，布置二个月产 1300 吨。

问题：a. 供给纸浆，目前靠东北及废纸、废花；b. 盘纸销路很好，只有民丰、华丰能造，月需 165000 盘，民〔丰〕华丰月产 120000 盘，操纵垄断，供不应求。办法：百货公司统购统销，或山东纸厂增产盘纸，现每月

20000盘，可增至40000盘。

为着改变公私关系，a. 决定扩大两家公营纸厂文化纸的产量，解决市场需要一半；b. 筹备在镇江办纸浆厂；c. 公私合营恢复建中纸厂，专做盘纸。

去年纸厂均赚钱，约15%，最高者为打字纸、盘纸、道林纸，最低者为文化纸。

去年增设文具、仪器、医疗用具工厂。钢铁、电机、纺织等也增加设备，橡胶业增轮胎。

对公私合营，加工订货不如去年要求迫切，但亦愿意接受。

资方现在亦讲经济核算制，目的不增加开支，加工订货要多赚钱。

去年重工业利润高于轻工业，原因生产设备大部利用，五金价格直线上涨，订货成本计算不够精确（如钢锭从380单位跌至255单位，现在180单位左右）。轻工业方面，商业利润高于工业利润。商业活跃超过工业发展。

橡胶、搪瓷等无公营工厂，应当建立基地。去年我们没有纸厂，无法控制私厂，现我有了两个纸厂，布置任务便很容易。原料工业要解决硫磺、磷、保险粉、促进剂、防老剂。保险粉用于染布。

今年地方工业投资，山东1000亿，浙江1000亿，其他几省1500亿，盈余转账1000亿，机关生产3000亿，上海650亿，合共8000余亿。

掌握私营工业靠供产销，能供原料，在销售市场我有30%以上的供应量，经营管理超过私营（质量好，成本低）。事前计算十分重要，我们有一个底，才好与人谈判。原料不够时可联购。

公私关系

公私经济比重。私资与公资对比，私大公小，私占74%，公占26%。私资流动资金缺乏，长期负债，部分资金冻结（地产、金钞）不能发挥作用。依靠银行贷款，加工订货，故受国家掌握。银行贷款投于私营太少，所起作用不大。银行贷款一万亿中，国行600亿，公私〔合营行〕2800亿，八大行2100亿，私行2600亿，外行60亿，联放160亿，国行加公私合〔营〕行占34%。私人拆放估计有6000亿，资方及职工各半。存款来源，私人存款1万余亿，〔其中〕国行6000亿，合行、私行10200亿（内2000

余亿转存款，合计约14000亿）。内一半来自私企，一半来自个人储蓄。机关及公企存款21000亿。放款中纺织占2400亿，其他工业2700亿，商业2600亿，合作社等1900亿，农林水利1400亿（合共11000亿）。公私合行完全由我领导，八大行我们亦能部分控制。

贸易方面。公资所占比重很小，在某些方面很大，而且领导统一，已经确立了领导权，但未巩固。

〔第一类〕国营经济完全领导，私资附属地位的有：①纱布，由于掌握原料、中纺〔公司〕、统销，领导巩固。但联购勉强联合，色布自由买卖。棉花收购中有困难，但可克服。

②煤炭，国矿占绝大优势，营业额占90%上下。

③盐。

④肥料，占绝大优势（肥田粉，豆饼）。

⑤丝、茶出口，已经由我掌握。

第二类，正在巩固领导。①粮食在城市占60%～70%，乡村包括进去，则占30%。因有公粮，可以列入第一类。②棉花亦然，我已大体掌握，但市价变动仍不断发生。联购是掌握领导的决定关键，避免在乡村中竞争。③百货加工、收购、订货，在去年发挥巨大作用，但到秋冬开始变化，不能靠它领导私企，主要依靠掌握原料，自办工厂。否则两头落空。因加工订货不能强制，私企好转时即愿意自己经营。④麻、烟1950年未做好，今后可能做好，可将列入此类。麻的联购我未领导，结果形成垄断，抬高市价，私商暴利。⑤进出口业，与苏联及人民国家〔贸易〕渐占主要地位，国营亦渐占主要地位，但价格仍难掌握。

第三类，未能领导的：①纸、②卷烟、③水泥、④毛织、⑤橡胶、⑥五金器材……

如何加强对私商的领导，巩固与扩大自己是基本方法。国营、〔公私〕合营、合作〔社〕营如何集中使用，是要解决的决定关键。必须从一地的统一着手，今天尚未做到，即还不够集中。

银行、贸易、工业关系。银行利息3.9分，是一问题，私企到处要求3.9分的利息，外加利润。这样年利就应在50%～60%以上。贸易公司贷款利息15%，上交利润20%，合起来也是35%，不得不追求利润。工厂均要求积累资金，赚钱愈多愈好。三者各自追求利润，便支持了私企的暴利思想。公公矛盾不解决，浪费大部精力，无暇考虑对付私商。

加强领导〔的〕关键：国营商业还要扩大，但很费力，原因资金周转困难，主要依靠银行贷款，难于合理经营。经济核算消化不良，未做生意先扣利润，总公司机械执行计划，不考虑营业具体情况。收购季节将届，需要资金才能合理经营。国际贸易上外汇和进口物资的积压，成为投放资金的无底洞，比国内贸易消耗几倍的力量。国外战线与国内战线很难兼顾。

合作社在1951年尚不能希望过高，资金来自社员者仅1000余亿，很少发挥多大作用。

联购联营尚不能下结论，只有点滴经验。

以上说明，我们前进多少，先要算一算账。按现〔在〕资金力量，估计进展不大。调整公私关系已近尾声，改为调整产运销关系及城乡物资交流。在调整公私关系中，要强调改造私营企业，为工业的发展而服务。过去私企困难，要求国家帮助，我处主动地位。现在私企好转，我去要求私企，处于被动地位。一个专业公司不能领导私企，需要工商行政部门依靠专业公司，来与私商谈判。为此要有一个强有力的领导机关，逐行逐业进行调整。工商联要继续加强领导，进行公私协商。

对于工业，第一阶段盲目照顾，（去年三月以前）只求暂时维持。第二阶段普遍照顾，解决工商业的困难。秋收以后应当有分别的照顾，发挥好的工厂，帮助私企整理改造。

几个武器：①工商联与同业公会；②国营工业、商业；③联营，集中比分散好，但还不能成为方向；④合作社，是否能走向统购统销、专卖等，即在经济上加上政治力量，多少利用一点政治力量。由于供求失调而产生的暴利，采取征税办法一部分归国家。

承认资本主义有一发展时期，在一定期间准许有50%～100%的利润，但物价会因此上涨。放手发展，不予限制。另一方针是比较抓紧。

工业方面。重工业领导较强，炼钢公营占85%（包括合营），加工订货占95%。轧钢公〔营〕占47%，控制业务80%以上。拉丝、洋钉公〔营〕占19%，总计占60%以上，控制80%。电机制造公〔营〕占40%（包括合营），控制70%。机器制造母机11000部，公〔营〕占1400部，约占13%。

但私厂多系小厂，生产力公〔营〕可占20%～25%，控制50%，仍不能占领导地位。化工中水泥无公厂，但已统购。酸碱合营占40%，控制很少。染料（占全国50%以上）公〔营〕占5%，我能掌握原料。

轻工业，卷烟公〔营〕占（加南洋）22%，需要掌握原料，造纸公〔营〕（丽华，中版）占14%（文化纸可占40%），油脂公〔营〕占21%，火柴公〔营〕无，橡胶无，搪瓷、钢精无，面粉无。需要打上一个钉子。

领导私营工业目的在组织生产，走向计划经济。领导工具：①公营工厂，要在技术及经营管理上超过私营企业；②掌握重要原料；③掌握销路，组织加工订货。（国家订货，军事订货仍占重要地位）；④工会配合；⑤工商联，技术团体；⑥国家银行；⑦工商行政部门。组织联营应以公营企业为核心，也可加强我们控制力量。现在公公之间的不协调，是我斗争中的重大弱点。

如何统一领导，政策方面是归财委，业务方面非常复杂，应以业务单位为中心，在统一政策下制定具体方案，各方配合进行。

在工业发展中，我应指导发展方向。

市国营零售公司与私商比重：米占34%，面98%，食油30%，煤80%，土产37%，金属材料30%，百货30%，布1%。所起作用：①保证物资供应；②平稳物价；③上交利润。

与私商矛盾：①经营范围，私商反对我经营零售业务，加一商店就会大叫；②价格，公私议价，私商用还价、掺杂等来破坏议价；③规格；④经营方法，私商兜揽生意。

公公之间也有矛盾，与合作社也有矛盾，不易解决。今后加强领导，仅有国营公司不够，要有统一领导。要学习做统战工作。需要合理调整价格，适当照顾私商。通过实际业务，才能解决问题。

公营工业比重：造纸3%（一个厂），制革10%，榨油25%，橡胶2%，金笔10%，牙刷15%，纱锭40%，布机34%，织绸4%，代纺81%，代织75%，代染33%，丝代织25%。加工订货织袜13%，毛巾54%，搪瓷74%、49%（一月、二月），胶鞋78%，雨衣布100%，多系军事订货。

批发市场公私营比重：公营米占57%，秋收后渐减少（12月占17.6%），现在22%～25%。面去年占63%，今年占83%～85%。食油去年

47%，今年36%～50%。糖去年65%，今年35%～62%。煤去年93%，今年95%以上。

战前布商300家，存底200万匹布。现在1000家，存底40万匹布。

国家资本主义

加工订货 去年第一时期以贷款收购为主（四、五、六月），第二时期以加工订货为主（七、八、九月），有计划地组织生产，第三时期加上统购，有纱布、水泥。第二时期私商要求加工订货，公企怕背包袱，不肯多订。到第三时期销路好转，我们需要多订，但私商要求已不积极，某些商品由于供不应求，采用统购办法。

加工订货中发生：A. 工缴利润；B. 分配；C. 规格。三个问题。工缴按合理经营中等标准，但要确定这个标准很不容易。如有公厂，比较容易，否则更难计算。

今后估计：（1）加工订货还会扩大，仍是发展方向，投资公私合营花钱多，范围小，不如加工订货收效较大。（2）供不应求时工缴利润问题的争论将更尖锐。要掌握工缴利润来调整产销关系。（3）无公厂的轻工业要搞一二个公厂，插进一脚，才易控制（上海中纺资金在二万亿以上，以每件纱赚60单位计，每年只能赚1500亿）。（4）国家拿出部分资金吸收游资，组织公私合营企业。

第二时期主要为着克服困难，加工订货限制多于鼓励。第三时期主要为着保证供给，鼓励增产，工作方式已有不同。扩大可能条件：①掌握重要材料；②公厂带头；③政府军事订货占有重要地位，（目前订货大多为军用品，民用工业尚未完全恢复。）如能统一掌握可以左右市场。过去有些加工订货中央统一布置，工业部与贸易部的意见不同（文化纸），给私商钻了空子。最好由地方统一领导，为一有力武器。

公私合营企业 大多接收官僚资本（98%），新投资很少。现有486个单位已由交通银行掌握，其中1/5银行投资，4/5为股票，比较分散。公股50%以上53家，30%以上22家，10%以上39家，以下372家。又工业293家，占〔总数〕60%，其中轻工业243家，占〔总数〕50%。已接管监管的76家，公〔股〕比重均在30%以上。已清理完成的39家，各单位情况复杂，大多经营腐败。

公股30%以上者多已接管监管，不让私股参加，30%以下者公家不管。问题：(1) 利润上交问题，现已解决；(2) 不发股息；(3) 不开董监会；(4) 资产估价很低，或不估价；(5) 清理完成的私股仍未发还。反之，30%以下者政府不加管理，全由私股管理，甚之拒绝政府调查。已经改组董监会的约有接管单位中的十分之一，十分之九尚未解决。

合营企业领导经验不够。(1) 只会通过政府命令，不会通过董事会来领导，不会公私协商；(2) 劳资关系不正常，究竟组织工厂管理委员会，抑或劳资协商会议。

(1) 领导合营企业应与国营不同，亦与私营不同，应当通过协商，通过董事会来领导；(2) 贯彻公私两利，服从政府政策，同时照顾私资利益；(3) 私股对政府仍抱怀疑态度，有困难则信赖政府，应纠正其错误认识；(4) 合营为国家资本主义的高级形式，应予重视。目前主要是加工订货，将来主要是合营，现在领导上尚注意不够。

工业部管理的22个（原有55个，大多已交交通银行），内吴淞机厂公股占99%，可算公营。管理方法：(1) 通过董事会4个（南洋，中国油脂，上海钢铁，新新机器）；(2) 监管10个，公股大者管得紧一点，我派经理（5个厂），管得松的原主负责，我们监督（5个厂）；(3) 以私为主，尚未管的（5个厂），将派公董参加；(4) 华通电机为我投资合营，老板跑了，由我代管。

(1) 基本上以公为主，公股占绝大多数，董事长、经理均由公派，管理办法大体上与公营相同，由董事会决定委托工业部领导。(2) 基本上公私共管，董事长、经理，公私一正一副。通过公股代表领导。(3) 基本上以私为主，通过公股董监行使职权。

问题：公私共管矛盾很多，不易处理。(1) 干部思想，不会公私协商，采用行政权力领导私股代表，目的是要把工作做好，结果公私矛盾，困难重重；(2) 对国家资本主义认识模糊，没有检查，没有讨论。

私股要求：(1) 按股权大小决定谁领导谁；(2) 自称有经营经验不相信公股代表；(3) 采取不正派的办法来与公股斗争；(4) 产权不明企业，不易决定领导方式；(5) 私资利用劳资矛盾，收买工人对抗政府；(6) 私资代表不习惯于遵守制度，习惯于家长制的领导。

经验：（1）监管时期必须清查股权，以便早日成立董事会；（2）要发动工人，建立工会组织，便〔于〕与私方协商；（3）公企予以帮助，使私资乐于依靠政府；（4）改造资方代表思想，团结进步分子。

公私矛盾

私企困难时候，主要希望政府帮助。情况好转以后，不愿政府限制他们获取暴利，希望自由发展。

今天发展地方工业，估计矛盾较少。原因：（1）目前生产力尚未完全发挥，缺乏原料工业，如我生产原料，私商不会反对。（2）有些工业供不应求，可以发展。但供过于求的便有矛盾，把私营转为公私合营则无意见。（3）特别赚钱的工业矛盾不大，特别困难的工业矛盾较多。加工订货多的可以发展。（不能发展的，农产加工如面粉、榨油等，及卷烟、火柴、煤球等。）

可以发展的：（1）原料工业，如盘纸、纸浆等；（2）供不应求的，如文具仪器、医疗器具以至搪瓷、钢精等；（3）发展地方工业最好办法是收购私营工厂，可免公私矛盾；（4）部队机关生产没有计划，没有经济核算，矛盾较多。

目前工业中的公私矛盾似乎不大，但地方工业6000亿，投资放出去时可能发生问题，应当好好计划一下，避免引起过多公私矛盾，自己亦要亏本。部队机关生产贪图方便，常向卷烟、肥皂、榨油等发展，必然公私交困。

商业方面：百货业对百货公司有意见，要求公私分工，或公私联营。公搞大众品，私搞贵重品，公私协商分工办法。对我百货公司出售玻璃丝袜等有意见。战前百货店500余家，现在2000余家，资金不足，人事臃肿，生意清淡。百货业事实上已过剩，大家均感困难，倒下来希望政府接管，但接管后剩下来的困难更多。希望政府决定一个方针，让他们好决定干或不干。他们主张进行合并，多余干部集中学习，政府尽量录用。资金：永安110〔亿〕～120亿，先施40〔亿〕～50亿，大新3〔亿〕～5亿，全靠寄售。新新已难维持，要求接管。接管新新估计影响不大，不接会垮。总的来讲，上海商业资本臃肿，要求指示转业方向。

合作社：(1) 华东合作社主要搞城乡交流，与市场关系较多。我们大量推销食油，影响油脂公司的价格掌握，且与私商矛盾。其他土产，合作社的收购条件亦较优越，因此亦排挤私商。(2) 合作社需要大量加工（如榨油等)，需要自建工厂，煤球加工打垮私商，发生矛盾。(3) 合作社以商品作物区为重点，贷出肥料，预购农产，可以控制农产市场，私商不可能与合作社竞争。只有山货及杂色土产留给私商经营。合作社收购鸡蛋 70%，茶叶 40%，今年土改干部转入合作社，可以大量发展。现华东有 965 万社员，估计今年可发展至 1700〔万〕～2000 万；基层社 12889 个，347 个县社。(4) 价格问题，贸易公司依靠吞吐调剂市价，力量不够，要合作社服从贸易公司牌价，合作社不能等待。如食油，合作社成本低，需要低价出售，但上海油厂要垮，油脂公司不准合作社减价（牌价 50 万，成本 40 万)，又无力量收购，合作社无法执行。

上海市合作社，城市合作社与乡村不同，我们与私商竞争中占劣势。(1) 米的代销由于牌价高于市价，已经停止。去年底规定牌价高时可按市价折扣供给，今年一月改按牌价供给，因此停米，只配面粉。我们自向农村收米，尚可解决。但后来农村涨价，又要亏本。(2) 生产合作社及加工工厂，合作煤球厂月产 7000 吨，私商月产 20000 吨，合作煤球品质较好，供不应求，如再发展，可以挤垮私商。现因合作社竞争，私商品质亦逐渐提高，价亦平抑下来，对市民生活利益很大，但私商是不高兴的。煤总〔公司〕计划统一加工，按规定价格出售，将可成立协议。(3) 生产合作社靠国营公司订货维持，比私商老实，引起私商不满（缝工合作社把多余的布交回)。有了合作社，国家订货可以不会吃亏。(4) 与零售商当然〔有〕矛盾，与我斗争很〔激〕烈，如联合削价、搀杂、冒牌、欺骗群众。(5) 合作货栈代各地合作社采购日用工业品，每天采购 20〔亿〕～30 亿，经常保留百余亿资金，为一巨大的购买力。

工商联方面反映，工业方面不致有大问题，现有私营工厂多在添补扩充，但不增设新厂。他们意见主要在原料供给。收购方面需要公私商量，否则大家乱搞，均受损失。要求公私分工，以免竞争。可以考虑把次要土产交给私商经营，估计不致有大问题。总要给他们一点出路，利用私商力量来做有益于人民的工作。现在私商主要呼声是要找出路。

地方工业投资应当作出一个计划，统［通］盘研究一下，以免盲目发展：(1) 照顾产销关系，公私关系，地区关系；(2) 创办新的企业，投资私企合营，扩充原有公企。少用前者，多用后者。

收购土产，要国营、合作社、私商互相配合，避免盲目竞争，以致均受损失。是否可以划分营业范围，国营及合作社重点收购，也可考虑。去年江西瓷器收购，公私均受损失。

私营企业改造问题

统销税及劳保条例公布后，私商怀疑政府是否开始限制私营企业的发展。(纱布价格调整影响染织利润,) 纱厂战前欠纱，花纱布公司要求1950年7月起付息3%；刘靖基提出1951年1月开始1%，尚未解决。荣毅仁考虑今年盈余用于还债，抑用于改善福利及安全卫生设备（装通风管要150亿）。

现在大的企业能够维持就好，不想发展，反而小行业的发展很快。中纺90万锭，每年赚1500亿，资金约2万亿，年利不到10%。如除所得税30%，仅有5%的利润。税局材料，火柴厂9家，流动资产与负债比例104比100，去年亏本115亿，现在资产净值114亿（尚未升值）。卷烟26家流动资产中42%付货物税，去年亏本，今年大多仍亏。

私企改造：(1) 精减机构，裁减冗员问题，资方、劳方意见不同，资方要求裁员减薪，常遭劳方反对。因此去年在这方面，除要倒〔闭〕的企业外，所得成绩不大的。(2) 经营方面改造去年有些成就，因为环境迫着改造，自动改造的为组织联营。商业联营多于工业联营，后者大多流于形式，有名无实。业务上有显著成功的为数不多。比较成功的为腌腊业（火腿)、水果业等。

联营：机器加工订货发动联营，共同规定价格、规格，联合对付政府，获取暴利，妨碍政府加工订货之正确执行。去年许多工业联营，目的多在争取政府订货。到销路好转时即纷纷退出联营。丝织厂31个联营接受订货，争夺地位，搞了31个经理，开支浩大。商业联营要求合并机构，裁减员工，引起员工反对。今年号召先从联购分销，逐渐走向联购联销。最近收购土产，组织了76个联营集团，200余万资金，可能有些效果。联营合营的最大阻碍是各小企业资金少，员工多，联合以后经营资金不足，员工有余，无法解决。

联营做得好的是联购分销，减少中间剥削，减少成本。但对内对外矛盾很多。如联营与非联营的矛盾（卷烟）。去年从工业联营进入商业联营，尤到今年联合收购土产，收效较大。政府对联营采取积极扶助的政策，如介绍关系、贷款等（联合收购春笋因合作社抬价，三亿资金亏了一亿）。小资联营对抗大资，联与联、联与非联互相对抗，或与公企、合作社矛盾，需要政府加强领导予以解决。批发与零售矛盾，零售联合采购代替批发商人。手工业联合对抗商业（如缝纫业）。

联营成功关键，在政府领导，不宜盲目发展，以免引起许多矛盾。联营是政府领导小行业的重要方式，应以商业为主，工业则用加工订货方式，或者联购原料。机器业联营可专业化，联合接受加工订货，统一规格，分工合作，也有好处。卷烟联营出“生产”牌，好处不大，与非联营矛盾。

银行联营较有成绩，原因人行统一领导。商业联营最近在收购土产方面〔有〕很大发展，可以作为方向。原因土产46行均小行业，批发与零售矛盾可以解决，与合作社矛盾要靠政府领导，才能调整。与土产公司也要配合，这也需要政府领导。在政府领导下的联营，也可说是一个发展方向。商业资本转为工业资本相当困难，原因资少人多，不如组织城乡交流。去年土产营业额8600亿，现在仅组织了二百亿，相差很大，大可发展。

私资改造：（1）过剩行业转业；（2）联营；（3）经营管理改造，去年申新、荣丰、正德改造有成就。这种改造是被迫的，垮下来了方才决心改造，才能克服内部阻力，割瘤（吸血的厂外企业）。申新去年要求合营，今年不想合营，愿意卖了两厂还债。政府督促改造：①通过银行，监督收支；②报纸批评表扬，但要具备改造条件。③工会配合，工人赞助改造而不阻碍改造，过去工人积极生产推动资方作用很大。劳保可以改进生产，要有事实表现，说服资方。④爱国业务公约进行检查，在棉纺业收很大效果。人〔?〕代表讨论改善工厂安全卫生设备，各业自订最低标准，进行检查，订出改进计划。

汇报所得印象

（1）上海工商业去年七月后是向上发展，估计今年七月后要大发展。①土改地区，特别是经济作物区，工业品销路畅旺。②国防建设及军事订货，目前占有更重要地位。③加工订货，收购土产，改变了市场的季节性。今秋收购土产，需要有足够的工业品供给乡村。即手工业亦可以大量发展，应予提倡。

（2）上海轻重工业在全国占有重要地位，轻工业占一半上下，重工业比重不大，但技术高，超过东北。今年订货有些已到六月，有些已到年底。工业发展前途很大，商业还有一部分要淘汰。去年发展最快的是文具仪器工业，现仍迅速发展。过去说上海是半殖民地城市，没有前途，需要修改。

（3）上海私资力量比我们大，约为80%与20%。去年困难，私资依赖政府，今年好转，私资不愿再受政府限制。人民银行、花纱布公司有力量，可以领导私商。此外，煤、粮尚有相当力量，其他则无多少办法。我们要在重要行业插上一脚，说话才有力量。所以必须有计划地发展轻工业，改变力量对比，否则愈好转，国营领导便愈削弱。

问题：①中央与地方关系，部与部关系，区与区关系，必须调整，以便统一领导，便与私资斗争。财政上，工业上中央与地方的分工大体上已决定，且已开始收效。未解决的：A. 贸易部、专业公司领导关系，专业公司集中领导，常常误事，应该加强地方领导；B. 银行问题不多；C. 铁道有些问题还要因地制宜；D. 后勤订货数目很大，需要统一掌握，通过地方财委。

②各部步调不一致，私商利用我们内部矛盾与我斗争，写了十几个呈文分送各部，各部复文不一，他钻空子。

③地区间的矛盾主要对东北，估计货币统一后可逐渐解决。

④城乡关系大体解决（思想上已重视），有些问题尚未解决，如装卸搬运费，搬运公司同样霸道，仅仅改善内部关系，对货主的敲诈仍未改善。税收问题（行商税）。运输问题，利用船舶（五吨以上者106万吨〔运力〕）的巨大运输力量。合作社提价（竹笋）。

李〔□□〕提问题：①中财委来电，各业务部门所办学校，学生均归中央统一分配，影响到办学的积极性。要留一部分归地方自己分配。

②贸易部确定盈余上解后，各专业公司间的矛盾增加，大家争利润完成上解任务，结果私商获利。总公司不经地方财委自向私商订货。双重领导规定政策，计划、价格、资金均归总公司，使区贸易部领导完全落空。总公司为资金独立，利润上解，回笼任务，不肯接受地方意见。结果公家吃亏，私商获利。计划经济只能限制自己（公企），不能限制私人，我们机械规定，便利私商斗争。（我们不变，私商可变，我卖一万，他卖九千八，生意均被他们抢去。）工厂必须按牌价购销，私厂可以自由选择。

③东北进关物资三种价格，调拨、计划（经贸易部）、推销（自由），推销价格往往低得很多，贸易部买贵货，私商可买贱货。

④中央直属工业生产情况要向地方财委党委报告。煤、电现与地方毫无联系。

工商联问题

上海同业公会有二十余年历史，领导人为骆清华、杜月笙等，称上海总商会，加入公会要受限制，能得银行贷款、救济物资等。解放后已瓦解。

解放后在八月人代会中组织工商联筹备会，经一年整理，把276个（原有三百余）公会大体整理完毕。民主评议进行工商业普查，已参加会员112000户，未参加19000户，其中还有一部分是重复的。估计已组织了85%，比解放前增一倍半。解放前为几个人所包办，在工商界印象不好。解放后工商界对工商联的威信大大提高，能够经常开会，讨论各种重大问题。如机器工业每月能开一次社员大会。

同业公会中好的（63个）约占1/4，乱七八糟的（65个）亦1/4，此外为不好不坏的。落后工会被少数吃公会饭的封建投机分子把持，还有特务分子活动。工商联政治上威信高，业务领导不强，群众意见对小工商业注意不够。大家要求发身份证。有些公会已经发了。工商业代表大会后，比筹备会时代表面扩大了，执监委员191人，代表118个行业，此外还有八个专门委员会。

191个执监委员，国23人，合8人，私152人，个人8；执115人，加主委5人共120人，候补27人；监32人加主委3人，为35人，候补9人。工商界代表共705人，代表公会671人，企业5人，个人29人。工业235

人，商业359人，联合98人。国营48人（7%），合〔营〕17人，私〔营〕631人，民主人士9人。

整理同业公会，主要从一连串运动中进行整理，个别投机分子假积极混进来的也有，但多数是好的。开始时期（1949年冬）大家想做主委，到公债开始都不想做，互相推诿，到七八月后兴趣又高起来，政治水平已比一年前提高，已出现了真积极分子。委员人选基本上采取协商方式，缺点〔是〕不够周到。276行有4284委员，私4161（97.2%），公123（2.8%），基本行业中均有公营代表。

工商联主管上［尚］未被当作政府机构，常与政府有些争论，故有代表性。对工商界教育大，报告作用大，但在工商联中有计划的培养改造不够。在四千余公会委员中，能掌握的骨干不到10%。脚跟尚未站稳，没有深入到各行各业中。要作长期计划，切实掌握大多数。

党对这个问题注意不够，只有七个党员，与工会比较相差太远（四百余人）。其次，123个公企代表大多不能参加会议，不起作用。第三，要在工商业家中培养积极分子。第四，靠党政领导同志来做统战工作。最后要建立党组统一领导。

此次人〔民〕代〔表〕大会普遍要求建立区办事处，表示中小企业要求组织起来靠拢政府。困难没有党员做骨干。有些区已弄好一套，等待我们承认。

工商局工作

重估财产　因土产交流大会推迟，准备七月开始，希望年底大体完成。（1）14万户，重估120行，7万户。小商店、小手工业不重估。（2）房屋、土地、机器估价方法，已有大体规定，提出几个方法由各同业公会选择。（3）建立评审总会及各业分会，估价标准分总会规定、分会（各行业）规定及各企业自行规定三种。

工商业反应［映］，希望通过重估财产来减轻税收，调整资本，资方内部纠纷很多。劳方要求把账外财产清查出来。我们除为合理负担外，并为整理企业，合理经营，而办重估调整。

目前存在问题，账外财产入账问题，资方表示如不课税，不追究，可以转入。小企业不愿入账，以便灵活运用。我们答复不追究，不课税，估计大企业大多可以入账（公司）。

清理公股公产 第一时期军管（1949 年 5 月 ~ 10 月），资方害怕，不敢隐瞒。第二时期资方隐瞒，分散敌产。清理办法公布后，许多公司把股东名册送请审查（二十余家），密告的亦增加（三十余家），自报〔有〕敌产的仅五六家。股东化名很多，不易清查。

清查工作没有一个机关统一领导，各机关各自搞，缺乏联系。各有各的资料，无人了解全局。对其有利的处理，无利的不管。华东工业部主要想管业务，对于利润上解尚无多大意见。部队机关生产收买私厂及与私厂合营相当积极，应注意公私关系，及不要背上包袱。应该经财委审核批准。

①解放前私商与敌伪勾结标买工厂，代价很低，是否可以清算？②日本统治时期自愿出卖，投降后经国民党批准收回的，是否翻案？③有敌产嫌疑的财产可否代管？一般方针，现在不要扩大打击面，不作普遍清算（个别问题处理），亦不给以合法保证，留着将来讲话的余地。

工商登记 已登记 131000 户，问题：①工商业分类应有统一规定，否则不好统计；②登记内容应有统一规定，以便统计；③大城市开歇业登记必须依靠同业公会，方能贯彻；④掌握重点，先从大企业入手，小企业可放松一点；⑤要做宣传解释工作。

（1）行商、摊贩、中间商如何管理？（2）哪些行业可以发展，哪些不应发展？

登记工作分行、分业、分区进行，只有 40 个干部，就办完了十三万户的登记。经过谈话的有二万人，工作比较深入。时间共一年多。摊贩登记采取民主评议方法，完毕以后集体发证，采取集体办法办理，一般归区政府办，我们花力较少（小商店亦如此）。1000 人以上工厂 40 家，100 人以上工厂 760 家，500 人以上 160 家。行商 15000 ~ 20000 家（资金较大），摊贩 80000 ~ 90000 家（已登记 70000 家），中间商（跑街）约 10 万人。

商标 反映：（1）注册费太高；（2）时间迟缓。

公私矛盾问题

工业 一般而论现在尚无多大矛盾，原因是我们在工业方面很少有新的发展。问题是在有限资金有计划地运用。①需要〔资金的〕部门；②控制私资。

〔需要资金的部门:〕①原料工业；②供不应求〔的行业〕；③参加合营〔的〕。现在有些工业生产能力尚只发挥一半上下，为着避免公私交困，最好暂不增设新厂，而向已有的私厂插足，即在私厂同意的条件下接管或公私合营。

商业 在去年调整公私关系后，公私矛盾已渐缓和，但合作社的发展恐将引起新的矛盾。

零售，在零售业务上，私资向我反攻，如米的供应从去年的60%以上降至今年的34%，应当研究价格政策，恢复原有阵地。

百货，百货从战前的五六百家增至现在的二千余家，显已过多，一般资金不足，营业清淡。我百货公司在市场上亦不占优势，尚应适当发展（接管）。私商要求我不经营奢侈品（玻璃丝袜），只经营大众品。

土产，私占2/3，我占1/3，合作社作用增大。为着奖励私商收购，应当划分范围（内定），国营主要工业原料，合营各地主要土产，公和私共同协商。

计算我们力量，定出前进计划。

国营经济的领导地位

工业：(1) 已占领导地位的：纺织（中纺加花纱布公司），代纺81%，代织75%（纺锭4%，布机34%）；(2) 已占优势的：钢铁（60%），电机（40%）；(3) 已经插上一脚，但仍不占优势的：a. 机器制造（20%～25%）、化工（酸碱占40%）；b. 卷烟（南洋在内22%）、造纸（丽华、中板14%，文化纸占40%）、油脂（21%）；(4) 尚未插脚的：火柴、橡胶、搪瓷、面粉、水泥。

商业：(1) 已占领导地位的：a. 纱布（统销）；b. 棉花（公营、联营）；c. 煤炭（批发80%～95%上下）；d. 盐；e. 肥料（豆饼、肥田粉）；f. 丝茶出口；g. 粮食（城市60%～70%，今年减至34%，连乡村占30%，依靠公粮维持领导地位）、面粉（98%）。

(2) 已能影响市场的：a. 百货（30%，订货收购）；b. 烟、麻（今秋收购以后)；c. 进出口业；d. 食油（30%）；e. 糖；f. 某些土产（37%）。

（3）不能领导的：a. 纸；b. 卷烟；c. 水泥；d. 毛织、丝绸；e. 橡胶制品。

金融：已占领导地位，但与私商关系尚不密切。存款占 40%，放款占 34%，汇兑占 35%，五个合营〔银行〕1/3，七个〔银行〕参加 1/3，其余 1/3。

营业额：工业占 14.63%（上海）、18.53%（华东），商业占 39.92%（上海）、38.40%（华东），工商业合计占 30.02%（上海）、31.58%（华东）。

公私矛盾：工业，矛盾不大，但有些工业生产力尚过剩。商业：零售（私商反攻），百货（过剩），土产（国和私分工）。

如何领导私营工商业

（1）对私营工业：去年主要依靠加工订货，今年已经不行，需要：a. 掌握原料供给（如卷烟、造纸、橡胶等）；b. 插上一脚，办几个公营或合营厂；c. 继续加工订货，特别是军事订货，需要统一掌握。

需要插脚的工业：a. 造纸（包括盘纸）；b. 橡胶；c. 火柴；d. 搪瓷；e. 面粉；f. 水泥（主要插入已有私厂）；g. 文具仪器。

（2）对私营商业：去年发展贸易公司，几种主要商品已经建立领导地位（纱布、粮食等），几种次要商品已能影响市场（百货、土产等），但价格政策掌握得还不够灵活，被私商钻了空子。今后要再研究价格政策。零售恢复原有阵地，百货、土产尚可重点发展，但要适当照顾私商，尤在收购土产方面，要与私商分工。发展合作社，占领农村市场。

土产收购：公营主要商品作物（棉、麻等），合作社（地方主要土产），私商（次要土产、杂货）。

百货：公〔营〕主要出售大众品，高贵品让私商〔出售〕。

国家资本主义问题

（1）公私合营：现有 486 个单位（98% 系接收官僚资本，新投资的很少），公股 50% 以上者 53 家，30% 以上者 22 家，10% 以上者 39 家，10% 以下者372家。30%以上单位多已接管（内已改组董监会的仅1/10），30%以下者大多未管。

工业部管22个工厂中，公私合营的占4厂，公管私不管的5厂（公股大），公监私管的5厂，私管公不管的5厂（公股小），代管的1厂。

公私合营是国家资本主义的高级形式，可以发展。去年私企要求公私合营（可以解除私资顾虑），今年已不积极要求（顾虑减少，困难减少，害怕公股代表专权）。但在一定条件下（如负债无力清偿）仍可参加进去公私合营，我应采取积极态度。

问题：（1）公股代表喜欢包办、命令，不善于利用董事会，不善于与私股代表协商合作；（2）私股代表对政府不够信任，封建管理方式（家长制旧作风）不易改变。关键教育公股代表和教育私股代表信任政府改变作风。

（2）加工订货（统销、专卖）：去年收效很大，但在情况好转后可随时脱离我们，故系国〔家〕资〔本主义〕低级形式。在下列情况下我可经常掌握领导：a. 我们掌握原料；b. 国家订货占重要地位，我能统一掌握；c. 我在生产上已占有重要地位，有力压倒私商。另一方面，要给私商以一定的利润，使他们愿意靠拢政府（纺织工业利润问题）。

加工订货发展到统销、专卖，才能保证国家与私资经常的合作。可以考虑逐渐扩大统销和专卖的范围。

（3）联营：国营参加，掌握领导的联营组织，是国家资本主义的又一形式。领导方法公私联合投资（投资公司，棉花联购），银行贷款，贸易公司代购代销。

工业联营：过去成绩不大，机器制造工厂联营接受政府订货，分工合作，较有成绩。

商业联营：棉花联购是成功的（但亏本），土产联合收购开始蓬勃发展（尚系试探性质，76个联营集团投资仅200余亿，去年营业额6000余亿）。一般情况，小行业的联营较易发展。

联营成功关键，在政府领导。好处：a. 便于政府领导和帮助小行业；b. 便于分工合作、交流技术，统一规格（工业）；c. 组织远地采购，避免中间商人剥削（商业）；d. 容易接受政府贷款等类帮助。坏处：a. 联合提价，对付政府，操纵市场；b. 引起各种矛盾，如联与联，联与非联，零售与批发，大商与小商等。

汇报　贸易工作

加工订货，以百货为主。

（1）纸烟：第一季每月生产 45000 箱，销约同。估计第二季销会减少，第三季能月销 6 万箱，第四季能月销 8 万箱。主要困难原料不够，尚差 15 万担，全国差 28 万担，批准进口 1 万吨（20 万担）。盘纸全国月需 20 万盘，最高产量 15〔万〕～16 万盘（民〔丰〕华丰），山东还有 2 万盘，存货尚有 10 余万盘，最近有供过于求现象。现拟由公家包销盘纸，包不下时议价，利用卷烟厂反对民〔丰〕华丰。贸易公司提高麻价，盘纸价，帮助民〔丰〕华丰。

（2）橡胶：轮胎全年产 14.5 万个（连齐鲁的 8 万套，上海正太 5 万，大中华 1.5 万）。东北尚有 4 万套不在内，均系军事订货，供不应求。利润有 60%～80%，是否可以统销。

球鞋上海产量每月 115 万双，订货已到六月，橡胶供给不成问题，最缺墨灰。（需要 200 吨，存货只 65 吨，不易进口。）

（3）纸：文化纸价格波动，牌价 36 万，月产 1500 吨，需要 2000 吨，尚缺 500 吨，已补给 4500 吨，尚可大量进口；拟落价至 33 万，供给新闻总署为 29 万，国产纸 27.5 万。

（4）毛巾：明［名?］牌较缺，主要军事订货，上海月产 65 万打。第二季有军事订货 45 万打。

袜子进入淡季，月产 120 万打，要求收购。到八月开始旺季，准备收购 200 万打，可以解决问题。（五、六、七月收 170 万打。）

卫生衫，去年产 60 万打，销 50 万打，拟收购 15 万打，加库存 5 万打为 20 万打。

（5）火柴：月产 4 万件（每件 1000 小匣），（全国全年生产计划 700 万件。）〔供〕销平衡，存货 3.2 万件（去年存下）。第二、三季拟收购 12 万件，可以增产至〔月〕5 万件，以应秋冬旺季。

（6）搪瓷：原料（黑铁皮）供应不够，存货 700 吨。月需 330 吨，进口困难，香港已部分停工。月产面盆 45800 打，痰盂 3000 打，件〔?〕16 万打。

几个问题

私厂意见：小厂批评明牌〔?〕观点，不照顾小厂。大厂批评单纯任务观点，不照顾季节、政策。（忙时订货，突击完成任务。）

贸易公司固定资金，按照回笼数订收购计划，与季节性相脱节，现已酌量修改。

	一季	二季	三季	四季
原计划	2400 亿	4100 亿	5700 亿	6200 亿
新计划	（1100 亿）	5640 亿	7260 亿	3100 亿

私厂斗争：（1）盘纸问题，我们内部不统一，被钻空子；（2）球鞋百〔货〕公〔司〕每打多花 3 万元（比信托公司），因我任务紧迫，私厂联合提价；（3）工人向我报告私厂赚钱太多。

军事订货：经过信托公司者，三月份 1100 亿，第一季 2770 亿（一月 700 亿，二月 900 亿）。估计军事加工、订货、采购每月可能达 4000 亿，在市场上占重要地位。但订货：（1）时间短，数量大，任务紧迫；（2）头绪太多，无法计划。要求军委后勤统一掌握，订出长期订货计划。

华东财委汇报

1. 上海公私资金对比

去年营业额 495800 亿（1～11 月，及摊贩定期定额。逃漏在外），工业占 36%，商业 63%。估计去年全年约为 60 万亿〔70 万亿?①〕。公营 20 万亿，私营 50 万亿。

公私比重，公 26%，私 72%。工业公 13%，私 84%。商业公 33%，私 65%。公加得快，私加得慢，加上 12 月比例数会增加，〔公〕1～11 月 13 万亿，12 月加 7 万亿，私营 1～11 月 16 万亿，12 月 2 万亿。但私营逃漏很大，两相比较，私营比例可能还大一点。公不会超过 30%，私不会低于

① 根据后文薄一波讲话，去年营业额亦为“公营 20 万亿，私营 50 万亿”，故此处总数应为 70 万亿。

70%。工业约为 15:85，商业约为 35:65。1950 年恢复〔时〕公快，私慢，以后私亦恢复，私的比例还会增加。

资本，国营商〔业〕10 万亿（华东），上海 5〔万亿〕~6 万亿。工业，纺织 4 万亿（固、流各半），其他 7000 亿，公私合营 2000 亿，合约 5 万亿。〔上海〕工商合计约 10 万亿。

私营（1949 年 8 月估价），工业 21824 亿（54%），商业 16789 亿（46%），物价指数 8 至 12 月涨 5 倍，至 1950 年 12 月又涨一倍，共涨 10 倍。因此工业约 22 万亿（公私约 20:80），商业约 17 万亿（公私约 25:75）。工商业合计 38 万亿（公私约 22:78）。私资还有很多账外财产，因此私的比例可能比这更大，公私约为 20:80。

2. 公私生产恢复状况

钢铁、机械、化工等恢复快（60% 以上），日用品工业（除纱布外）恢复慢（40% 以下）。公营恢复快，私营恢复慢（如卷烟公恢复 67%，私恢复 39%）。在继续恢复中，私营比重还会增加。私营企业还有很大的潜在力没有发挥出来（包括机器设备和各种账外财产）。国民党政府卖出黄金 600 万两，收进 300 万两，净出约 300 万两（美国贷款中有黄金 640 万两）。解放后走出约 100 万两，现存黄金约 200 万两至 300 万两，值 2〔万亿〕至 3 万亿。加国外存款约有 3〔万亿〕~5 万亿机动力量。（四大家族及已在外国投入生产的资金不在内。）

国营工业资本回转率全年不到一次，流〔动〕资〔金〕周转不到两次，只有轻工业流转快（依靠信用）。国营商业资本周转率全年不到五次。私营工商业与我比较，资本小，周转快。国营工商业纯利 17.42%，其中纺织只 9.82%，轻工业达 31.37%，商业 19%。私营企业同一行业私比公〔利润〕少，但大多系轻工业，且资金少，总的计算利润率可能比我高。（工业净利 8000 亿，商业净利 3600 亿，合并 11600 亿。）

3. 分业比较

金融：占绝对优势，存款公占 78%，私占 15%，合〔?〕[①] 占 7%。（1936 年 47.7%，1948 年 23.9%，1950 年 22.8%。）战前存款 28 亿，现在

① 此处记录不明确，不知是指公私合营，还是合作社营。

1.5亿，仅及战前5%。

交通：铁路〔公〕100%。轮船在12万吨中占10万吨。

工业：我占15%，私占85%。

贸易：煤、盐独占，粮（公粮后盾可以控制）、丝、茶占优势，纱、布各半，加棉与统购占优势。百货我占劣势，尚有许多空白。

4. 虚盈实亏，资金调拨

国营贸易，去年盈利1.3万亿，资本折扣2万亿，实亏约7000亿（已除利息，未除上解）。去年投放与回笼共23万亿（3～12月），照计划上下交付平均冻结七天，计算每日平均冻结5000亿（华东全区）。福建不要上交，资金周转3.2次（下半年），同期华东2.5次。

各总公司垂直领导，各不相关，与地方统一领导，两者利弊如何，值得研究。中央统一多少，地区掌握多少，分工负责。规定几条，以明职责。

零售，土产让给合作社，贸易公司控制原料、百货，即控制工业原料及销售市场。

国营贸易资金22万亿，内自己资本6万亿，银行贷款16万亿。银行16万亿利息1.5分（月利），〔自己资本〕6万亿上解利润20%。故非追逐利润不可。

私营工商业，流动资金，去年五六月间仅5000〔亿〕～6000亿，现已到18000〔亿〕～20000亿，内8000亿是他们自己的，银行贷款2000亿，股东及职工垫款5000〔亿〕～6000亿，公家订货3500亿，如何掌握到银行中来。

调整公私关系还要不要？要。放手发展国营，同时容许私营发展，仍让他们得利。资本家只有在困难时愿意依靠政府，应该趁早动身［手?］搞一点，欠债不还的可考虑转作投资。收购轻工业品、手工业品，准备秋后市场需要。收购棉、烟、麻，这对控制工业生产作用很大。

上海工业发展

（1）上海电力不够，不能多办新厂。

（2）卷烟、榨油、面粉远离原料产地，很难维持。

（3）过剩工业还有手巾、针织、灯泡、油漆等。

上下关系、各区关系

1. 花纱布、粮食、盐、煤、石油等五公司双重领导，以总公司为主。百货、油脂、土产、工业器材、丝、茶、畜产七公司双重领导，以区贸易部为主。前者我领导强，后者力量较弱。为着协同作战，区的决定有约束力，区可召集会议解决分歧意见，财委认为须请示中央者即向中央请示。在原定计划及已批准变更计划的范围内，为着应付市场变化或公私斗争，区可动用贸易资金，以 5000 亿为限，1000 亿以上由华东财委掌握，少者区贸〔易〕部可调动。

区贸部与中贸部主要靠电报联络，今后希望中贸部发综合性通报，区贸部作工作旬报。

2. 资金巩固问题，现在主要靠银行。如靠农民储蓄，至少要在秋收以后。目前缓不济急。赊销要有控制数字，否则会引起资金和物资的混乱。贸部资金运用，进退范围应当考虑。业务愈多愈好，资金就跟不上。如盘纸、麻袋包销，资金不够也可以不包销。朝前跑并不难，要按力量来作进退计划。各公司只知进，不知退，总希望掌握 100%，实际 80%、70% 也能控制。否则永远不能解决资金不足的困难。

清理进口物资很重要，我们只知道已在手中的物资，而不知道后面来的物资。

现在上交利润，区对中央一月一交，中贸部对中财部一旬一交。应改〔为〕利息一月一交，利润一季一交。

3. 计划工作与经济核算，这些制度必须推行，但国营比重大者较有成绩，比重小者困难很多。计划必须由中贸部综合下达，各总公司不宜各做计划。计划要从实际出发，不能主观主义。现在主观计划，机械执行，造成许多荒谬现象。

4. 东北问题：解决办法，一个是中贸部包销，这恐力量不够，另一个是东北自己要有统一价格。我们统一管理仍不能解决问题，因为私商自己可向东北采购。

东北问题最突出的是木材、柴油、大豆、木浆，关内外、国内外差价很大。贸易部控制价格很高（进口价格），又不能全部包销，结果留了一个很大的空子。最好全部包销，或者放下牌价，两者选择一者。东北社会主义办法只能套住自己，不能套住私商。（柴油东北280万，上海牌价520万，橡胶市价4000万，牌价5500余万。）东北大豆价格按到达地市价减运费、手续费，卖不完时廉价倾销。

意见：凡中央能掌握的物资，价格统一由中央决定；中央无力掌握的物资，大区有决定权，如影响全国者向中央请示。

5. 东北问题另外解决。现在要解决的是中贸部的价格政策，机械执行主观计划，如何有所改进。几种主要物资在几个主要市场，价格由中央统一掌握。如五大公司我们有主动权，可以中贸部为主，区贸部为辅（再可加一畜产）。另外六个公司我无主动权，应以区贸部为主，中贸部为辅，包括牌价决定在内。土产公司总公司可取消，完全交区掌握。各公司为协同作战，华东财委有权召集各部各公司开会，作出决定（按中财委总的意图及计划范围内作出决定），通知有关机关执行，同时报告中央（遇有特殊情况）。

区贸部在计划范围内，有权向银行作一定数额（不超过2000亿～3000亿）的机动。

6. 交通，中交部不承认区交通部有领导权，一切均由中交部垂直领导。区交部搞了两件事情，一为修公路，二为内河航运。但现在内河航运也要收归中交部管了，区交部无事可做。中交部在华东有八大机关（轮船公司、港务局、航务学院、机械筑路队、长江航务局、交通器材总处〔等〕），区交部无权领导。

〔建议：〕（1）海洋船归中交部，内河船归区交部；（2）中交部在华东的机关，归区交部监督领导；（3）航政管理与企业经营分开；（4）不按水系分管，而按区域分管。

（1）招商局华东部分有监督指导权；（2）港务局归市（上海、青岛）管辖；（3）长江航务局归中央、各区分局双重领导；（4）海洋中央管，长江双重领导，内河地方管。

7. 合作社，各区交换目前有此需要，发展结果会与贸易公司重复，将来合作社向下发展，各区交换通过贸易公司。乡村贸易依靠合作社，土产公司可以交合作社。

合作社只组织手工业，不组织机器生产，因此合作社办大油厂，会分散力量。合作社两头为难，高了一点与国营贸易类似，低了一点与私商类似。现在合作社自办工厂，成为第二个工业部。

合作社在过去有成绩，主要缺点追逐市场利润，去年纠正资本主义偏向，但又紧了一点。贸易上总的领导应归贸易公司，合作社组织小生产者进行零星的、广泛的交易，分布到全部乡村中去。贸易公司重点组织全国重要物资大宗交易，而把乡村的零星的交易交给合作社去经营。但现在分开尚有困难，故仍准许在对方力量不及处相互渗透。合作社在经营贸易公司经营的重要物资时，应作计划经贸易部批准，列入整个贸易计划。经营零星土产可以不经批准。

苏联合作社办地方工业（供销均在本地），我们的合作社资力不足，不宜在城市中办工厂，以免分散力量。把中心放到乡村去，办农产加工工业和手工业合作社是允许的。

过去贸易公司对合作社照顾不够，致合作社孤军奋斗，自己建立一套。但这样就必然分散力量，妨碍了中心任务的完成。财经会议和通报〔?〕合作社不能参加，解决办法是把关系搞好。

银行与合作社，农村信贷必须与合作社结合，银行在农村中有农贷员，今年半数以上通过合作社。转得太突然，银行力量使不上去。山东逐渐转变，今年可全部经合作社。

①轻工业部、重工业部两个试验所委托区工业部代管；②中央直辖煤电统计数字报告区工业部（要下命令）。

领导私人资本

（1）领导态度，〔对私人资本〕去年五六月间照顾多于改造，现在力量恢复，企图脱离领导，自由发展，应该使其服从国家经济领导，因此必须改造，在发展中使他们就范。

（2）怎样领导，A. 服从我们所定发展方向；B. 服从我们价格政策；C. 服从我们物资调度。

（3）我们的武器：A. 控制原料、B. 零售公司、C. 市场管理、D. 价格政策、E. 工商联与同业公会、F. 合私合营企业、G. 银行贷款、H. 联营组织、I. 统购与专卖、J. 税收政策、K. 职工会、L. 协商委员会、M. 清查敌产、N. 加工订货。这些武器需要统一运用。

（4）第一时期主要依靠行政力量，实力不够，没有全国配合。第二时期中央统一领导，实力加强，国营企业各自作战，缺乏统一领导，步调不够一致。目前要调整供产销关系，供给原料尤为重要。

如何加强统一领导，要有一个领导核心，各个部门均要有人负责私资工作。

（5）去年私资摸不到我们的规律，且处困难时期无力与我斗争，今后情况不同，斗争将较剧烈。为着控制私资，必须掌握原料，这是决定产品价格的主要因素。

我们对私资态度，去年三月以前为应付，三至五月为挤压，六月后为照顾，现在需要强调改造。

如何掌握原料：（1）国家所掌握的材料统一分配；（2）（棉花）联购，即将组织麻、烟联购；（3）控制农村收购市场；（4）建立原料工业。

价格政策：（1）国内原料一套办法，从原料价格、工业利润、供求关系决定产品价格。东北原料要由中央统一掌握，不能落入私资掌握。（2）国外原料，再进口成本价格理论上是对的。有时为着照顾工业生产，需要个别处理。如棉花服从国内价格是对的。（3）牌价与市价决定于公私力量对比，这是私资存在，公资不能完全掌握的结果。贸易公司要20%的利润，以支付银行1.5分的利息，常把牌价提得很高（高于社会商业利润），生意均被私商抢去，结果利润还是落空，同时支持私商获得暴利。（工业器材公司上交利润20%，加银行利息18%，共38%，再加营业开支，便在40%以上。）

合作社要组织小手工业。

商业情况

老闸区商业一般亏本，1951年1～4月收入增加，五金业大多赚钱，少数亏本。棉布、时装等大多亏本，三大祥两家赚钱，一家亏本。百货更惨，大公司均欠税，无法维持。

问题：（1）商业前途，去年以来均感苦闷，百货公司准备增设分店，并设礼品局售高贵商品。零售公司在弄堂中设米摊，并发米票与米商竞争。究竟是否容许私商存在？应有明确态度，以便处理。

（2）对商业资本看法，财委与区委不同。吴雪之表示有力量就挤私商，梅洛到财委后态度亦改变。新新公司财委怕背包袱不愿接管，口里讲要团结他们，实际上又打击他们，只说他们投机取巧，不利用其力量。

（3）对于职工失业如何处理？需要主动解决，去年失业最多 18000 人，后跌至 10000 人，现又增至 17000 人，其中 2000～3000 人系几个火油公司职工，生活尚可维持。新新公司研究，有些职工年老（30 余人），工役 50～60 人，只能担任一部分工作的约 30 人，活泼能干的约 300 人，有些生活要求较高，不能到公营企业工作，有些不能离开上海或江南。能够机动的（党团员）为数不多。

四大公司亏本原因：（1）舶来品不能销；（2）主顾没落；（3）不能逃税；（4）不能利用物价高涨投机获利。

薄〔一波〕主任在华东财委报告

上海情况了解：过去认为上海是帝国主义侵略下发展起来，是为三个主义[①]服务，认为前途不佳，应该内迁，认为上海是一包袱，负担很重。去年下半年起我们认识逐渐改变，认为在三个主义打倒，收归人民所有后，上海仍然有重要作用。我们调查，在京津等城百货商店中的出品，有 80%～90% 是上海所供给的。

上海有 510 万人口，郊区人民仅 10 万～20 万，组织在工会的有 91 万，其中 49 万人为产业工人，店员 15 万人。工商业 144000 户，工业 22000 户，商业 122000 户，另摊贩约 10 万户。去年下半年营业情况尚好，已经初步好转。今年第一季也不坏。去年营业额国营 20 万亿，私营 50 万亿；工业占 36%，商业占 64%；工业中公占 15%，私占 85%，商业中公占 35%，私占 65%。

资金约公 10 万亿，工商各半，私人 50 万亿左右，比重 1∶5。这只是用于工商业的资金。公营资金比重小于营业额比重，原因公恢复快，私恢复慢，

① 指帝国主义、封建主义、官僚资本主义。

重工业恢复快，轻工业恢复慢。公厂力量大部发挥，私厂尚有很大的潜在力未发挥出来。因此如果市场继续扩大，公厂的生产量比重可能相对降落。

产销情况：资金：棉纺、印染（共占30%，连针织复制占50%），机器电机，其他轻工业。盈亏情况：去年上海私营盈利不少于25000亿，合大米25亿斤。染织2100亿，电工器材650亿，造纸、制药、文教用品……大体上大企业赚钱少，小企业赚钱多，重工业多于轻工业，重工业中工高于商，轻工业中商高于工。上海税收占全国23%，占各大城市一半〔以〕上。情况好转原因。

市场销路：a. 国家基本建设及地方工业投资，机器生产供不应求；b. 军事订货，如水泥、橡胶制品、搪瓷等；c. 土改后的农民，特别是经济作物区的农民。以上三者，国家投资及农民市场是巩固的，可靠的还有发展前途，对生产起积极作用。军事订货又喜欢，又害怕，因不经常。市场规律开始改变，主要由于政府收购，按照季节适当调剂；〔其〕次为统一，全国物〔资〕交流，交通便利。

总的问题：市场继续扩大，秋后可能供不应求，必须研究解决办法。

上海私营工业资金30万亿，100人以上大工厂671家，轻工业占全国比重的70%，重工业技术高，精制工业技术冠于全国，49万产业工人，技工较多。上海是一生产城市，同时是一消费城市，很有前途，仍然是我国最大工业基地之一。工厂内迁既不可能，又不必要，应该大力经营上海，个别迁移是可以的。确定发展方针，适应市场需要，但应适当配合，加强领导。

公私关系，铁路国营，航运亦占优势，银行国营已占领导地位，花纱布公司已能控制纺织工业。在商业方面，煤、盐公占绝大优势，纱布各半，百货我占劣势。重工业不占领导地位，其他轻工业力量更小。由于公私力量大小不同，便须采用各种方式。

（1）适应市场需要，应该发展日用必需品轻工业，有意识、有计划、有领导发展，才不至于盲目发展。前者是新民主主义，后者是资本主义。公私经济均有广大发展余地，一定时间内私快于公。发展地方工业、机关生产，经营轻工业生产。发展原材料制造工业，掌握原料。发展手工业，予以指导，以补轻工业的不足。华北〔东?〕农村商品、手工业产品占80%，机器产品占20%。这是最近几年方针，长久打算还要发展基本工业。为适应市场需要及积累资本，必须首先发展轻工业，同时挤出若干钱来建设重工业。

（2）继续调整公私关系，发展国家资本主义。办法：a. 加工订货直至统购统销，要保证一定的利润，合理分配订货，规格适当规定。这个方式比较成功。b. 联营应该予以帮助，必须要有政府领导。c. 公私合营企业要求作出一二典型，现在分红公的上解，私的冻结，公股代表不会与人合作。

目前需要研究解决问题：a. 利润分配问题，资方感到利润没有保障，工业利润不如银行利息；b. 劳资关系，大厂机构臃肿，困难尚多，因此不敢添人，用临时工，不收学徒，必须解决。

（3）调整内部关系，去年三月统一是必要的，真正集中管理尚有困难。必须明确划分中央、地方职责，加重地方责任。贸易公司矛盾很多，中央垂直领导，现已改为六个中央为主，六个地方为主。交通方面航政归地方〔中央?〕管理，内河航行归地方管理。港务局归各省市。长江局归中央、分局双重领导。工业方面，两个试验所归华东代管，煤、电要向当地工业部报告工作。中央在华东的财经机关均应按此调整。如有问题，华东财委有权召集会议，作出决定。

与东北的关系，也要解决。

（4）调整市场关系，为使生产正常发展，必须：a. 统一采购，经过上海工商局及指定机关；b. 统一推销，规定办法；c. 军事订货尽可能计划化；d. 淡季有计划地收购，供应旺季需要；e. 规定规格标准。

（5）工业应该实行经济核算，现在工厂经营机关化，有些还是供给制，必须研究改变。商业要求面向农村，面向建设。

（6）实行干部整风，加强干部教育。财经干部成份复杂，任务很重，应当反对片面观点，统盘打算。反对单纯技术观点，掌握政策、方针。

（7）执行财政纪律，完成国家财政任务。土产交流，农业丰产，财政纪律中央、地方分工，经济核算制，计划准备，干部整风，这是六项工作。

工商界座谈

项叔翔[①] 工商业需要资金，八个工业按目前开工数（棉纺收购棉花

① 项叔翔，时任华东财经委员会委员，上海市人民政府委员、市政协常委、市金融业同业公会主任委员。

1500亿；染织一星期流动资金2000亿，除自备外需800亿；复制业原料1000亿；火柴一月周转150亿；面粉流动300亿；卷烟1500亿，除自备外1000亿；丝织100亿；毛纺70亿）共需4900亿，加上化工、橡胶、水泥、造纸等约2000亿，共需7000亿。城乡交流需3000亿，合计需10000亿。现在私营、合营银行放款约8000亿，加上数约近20000亿。

现在估计收购农产需款很多，最好即以此项资金先投入工业，以此收购农产原料。有些社会游资应予组织利用，如收兑黄金。

胡子婴 公私关系尚有问题：（1）某些公企在私企收购土产时去竞收，否则大家不收，如火腿、瓷器，山东银花，湖北石胶，浙江木材，皖南木材，掌握价格不合规律，如春笋。对同业公会议价各个击破。有些干部业务知识不足，常常吃亏。（2）加工时原料不合规格，成品要合规格。（3）开歇无明确标准，不应批准的批准，应批准的不批准。（4）人民银行采用不正当办法抢存款；（5）公营随到随运，私营先到后运。以上问题均须解决。

王子建[①] 棉纺原棉降级使用的要扣工缴，升级使用时就不加，订合同时并未订明。成品检验80分以下扣分，有时由于原料不好同样要扣。

董叔英[②] 搪瓷订货原定规格，见到别厂好时要用别厂规格，但所得原料配给不同。五金公司好坏原料同样价格，要求按货计价。

方子藩[③] 土产方面粮商反映上海价比广东价低，米店反映在里弄兜生意，打期票。运费要用现钞，不收支票。土布商反映不知由何公企领导，花纱布公司推给土产公司。酒商反映酒未酿成先收税款，要求出卖时交税（可存几年）。订货利润太薄，往往亏本。先推销公厂产品，后推销私厂产品，不管价格高低。

刘靖基 劳资关系部分走上正常，还有问题，商业多于工业，工业主要为工资问题。（1）各业劳资协商会议因有人数限制，劳方代表因不熟悉技术，谈到生产很难了解，最好推些技术工人。（2）资方依靠工人还有顾虑，觉得难与工人联系。工人不通过工会不敢与资方接谈。建议成立生产委员会，研究生产问题，包括行政、工会、技术人员、技工等。（3）学徒或练

---

① 王子建，时为上海工商界人士。

② 董叔英，时为上海工商界人士。

③ 方子藩，时任中国民主建国会上海市委员、上海市政协委员。

习生不招了，招了就发生劳资关系。是否可以待遇比照，但不发生劳资关系。（4）劳保登记有些问题，纸烟方面有些外出人员外出省钱，被夺劳保权利，管理工人较严者不享受劳保，因此不敢管理工人。（5）工资不合理，能否订一区域性的标准。如闸北水电要求加工资12%，超过上电（8%），互相影响。互相挖工人，应予制止。（6）私企条例规定与劳资双方利益有关者经劳资协商，范围很难确定。盈余分配其他10%也要劳资协商。行政与工会职权划分不清。如生产竞赛给奖办法工会包办，生产评奖把总经理当来宾，工会代表当首长。（7）瑞有天工人偷漏，老板录音，反称老板迫供，陷害工人，希望公平解决。

吴振珊[①] 棉布业去年自500户发展至800户，老的不能精简，困难更多。到内地开店，大多亏本。是否商业已到饱和点？劳资关系不正常，食品业工人舞弊很多，资方常常吃亏。

宋保林[②] （1）丝织厂销路不好，资金不够，希望淡季收购；（2）股票能否准许流通。丝织业去年纳税300余亿，但亏本的厂占90%以上，今年开工占设备40%～50%，希望征原料税，不征成品税，以简省麻烦，而不减税收。丝织品出口准许易货，希望改用结汇方式。用国外原料加工者希望退税，变人工为外汇。

经叔平[③] 由于协商及抗美援朝，税收工作做得很好。具体情况：（1）实有盈余，交税超过盈余；（2）虚盈实税，按实物计亏本，仍然交税；（3）账面亏本，仍要交税。均为中小行业民主评议。不管资本大小，盈余一亿以上均征30%，最好照顾到资本额的大小。行商税与坐商税，行商中有不行出售存货者，有香港来行商〔征收〕有100%利润只征5%，有城乡行商，税负5%与座商3%大致公平。原则上行商应比坐商高（8%），但〔从事〕城乡交流者可稍低（6%）。部分坐商变为行商，原因不按税率征税。所得税中南每月估征，南京估卷烟有毛利24%。行商税起征点10万元太低，希望统一石米〔标准〕。[④]

---

① 吴振珊，上海工商界人士，时任上海政协常委。

② 宋保林，上海工商界人士，时任民建上海筹委成员。

③ 经叔平，时任上海华明烟厂副经理、经理，上海卷烟工业同业工会主委。

④ “石”为计量单位，各地“石”的标准不统一，影响税率的计征。

卷烟税分级标准，因纸烟涨价，90%，100%，已形同虚设，应再调整。

严萼声[①] 私企条例变更章程要出席2/3，很困难，希望有一补救办法。董事当选后转让股额不得超过1/2，监察人无限制。资方代理人不能包括全部经理人，经理人无身份证明。

亏的企业未发还，1951年又要估征，希望发还后再估征。总分机构不能分交者应准合交。现在跨区不能合交。

工会送报社消息登载，工商联、同业公会发去者不登，显有偏袒。

孙养涵[②] 有些机器业未开工，资方逃跑，我们接管，资方回来要求发还，无法处理。希望公布时间，限期开工，然后接管。

工商局登记后招考工人，挖了别厂工人。

王志华[③] 工商业资金缺乏，剩余生产力尚有50%～60%未利用，主要因无资金，或因季节关系。放款三天、五天、七天，无法利用，利息太高。如能供给长期低利资金，尚可增产。银行存款增加很慢，研究〔因〕大户不多，零星积聚亦已消耗殆尽。企业累积数亦很少。如何产生新的资金，希望加工、订货、收购，利用国家资金，刺激生产发展。

估计流动资金需要约1万亿，股东、职工垫款亦有此数，如能吸收到银行来，不必增加发行，且可增加税收回笼，一年税收即可收回。

王性尧[④] 城乡交流，私商下乡收购，要有公营领导，公营让一条路。如无组织领导，盲目竞争，很易失败。浙江联购公4私6，很可推广。私商单独下乡，很难各方联络，必须组织团体。上海组织城乡交流委员会，希望各地均有，帮助外来私商。联营机构要有辅导，以免互相竞争。

荣毅仁 上海工商业好转是与去春比较，实际只达勉强维持阶段，有些已从维持走向恢复，有些连维持亦困难（面粉）。现还谈不到发展，要求维持。现纺织达80%，面粉15%，卷烟40%，针织30%。过去1万亿资金票据交换3万亿，现在只3千亿。

城乡交流政府希望私商经营，应当领导私商来干，而非丢了私商自己来

---

① 严萼声，上海工商界人士。

② 孙养涵，上海工商界人士。

③ 王志华，上海工商界人士。

④ 王性尧，上海市工商业联合会第一届常务委员。

干。私营企业应该获利，有些同志感到不舒服，应有明确表示。在劳资关系上，业务应由资方领导，不是工人领导，亦应明确表示。税务方面，完成任务是因政治觉悟，而非公平合理，希望今后能达公平合理。

蔡拯新 如何鼓励游资投入生产，尚有顾虑：（1）泊［舶］来品原料的仿造，因无赚钱把握，不敢举办，希望政府予以特别照顾；（2）日用必需品制造要避免与公营投资冲突，希望政府指示，最好易设立、好销售的工业暂时让私人办；（3）有些工业原料不够，生产停顿，希望政府注意制造供给；（4）去年号召工厂内迁，但缺乏资金，职工调动困难，问题尚多，必须予以特殊照顾；（5）内地协商不如上海容易，政府应多注意协助；（6）对政府希望发展的工商业予以特别照顾，促其放手发展。

潘〔汉年〕市长 最近想代管一些机器厂，为着救济失业工人，培养技工，把某些资方逃亡的工厂暂予接管，资方回来可以发还。缺点是没有先与同业公会商量，但并不想去没收他的。

薄〔一波〕主任 上海工商界爱国不〔落〕后于人，纳税很好，政府感谢。两年来我们互相了解，有话均可以谈。各位发表意见均好，均将带回研究。在沪二十余天，感到上海初步好转，这是比较过去好了一点，而不是说没有困难。恢复到最高生产水准，尚有相当时期。去年生产仅恢复到40%左右，不到50%。纺织80%～90%，重工业亦较好，其他均差。大体上重快于轻，公快于私。去年建设投资不少于15万亿，因此重工业能很快恢复（公厂恢复到65%～70%，去年），今后私营工业也要迅速恢复。今后市场还要扩大，工商业还要继续好转，希望很大。

继续调整公私关系，这个政策继续不变。发展地方工业，不是为着排挤私营工业，而是大家发展，满足市场需要。公私关系中需要解决的有：a. 利润问题，工业利润不如银行利息，这个问题需要解决，而且能够解决，利润分配受到限制，要按私企条例执行，继续好转中间一定可以执行；b. 经营范围，今天轻工业要大量发展，需要大家动手，公私均要发展。土产收购应该研究公私配合，以免两方不利。过去有些偏差，是应该纠正，而且可以纠正的；c. 劳资关系，应该采取合作态度解决问题，不宜扩大矛盾。机构臃肿，应该解决，目前还有困难，逐渐解决。学徒只有师徒关系，没有劳资关系，可以如此，待遇比照劳保，多余技工政府设法安插；d. 调整市场，有计划地进行生产、供销，军事订货要有计划，进行淡季收购，刺激生产发展。订货商定规格，按照合同办事。

苏南工作汇报

工业：工厂 2103 家（使用动力，公私在内）。电厂 23 家，43000 千瓦。面粉 47 家，248 磨双 128 单。油厂 331 家，444 台机器。纱厂 63 家，54 万锭，布机 5692 台。麻纱织 1 家，2440 锭。毛纺织 1 家，1800 锭，织机 64 台。染织厂 161 家，铁机 8961 台（〔使用〕动力），木机 1212 台。纸烟厂 19 家，28〔台〕机器。火柴厂 7 家，排梗机 85 部。磨米厂 650 家，1423 部机器（过剩）。丝厂 94 家，立缫车 1200 部，坐缫部［车?］5500 台。丝织厂 332 家，织机 2175 台。铁工厂 367 家，大部修理。织工人数 90296 人。二千人以上工厂 3 家，一〔千〕至二千人 6 家，五百至一千人 15 家，三百至五百 34 家，一百至三百 137 家，五十至一百 106 家，五十以下 1795 家。私营占绝对多数。

公私比量：电厂公〔占〕44%，面粉公 14%，纱厂公 2.5%，丝厂公 28%（租用在内）。商业按营业额公占 9%。

生产价值：工业品（1950 年）77474 亿，农产品 84359 亿，土特产品 36800 亿，合 198633 亿。工业 38.9%，农业 42.4%，土特 18.5%。螺母、纽扣供不应求，常州篦销亦好，宜兴陶器恢复一半。除去工业，农业占 70%，土特产占 30%。

工商业 126617 户，可能还有 15000 户未登记，合共 14 万户，内苏州 13566 家，无锡 11146 家（规模比苏州大）。国营 273 家，公营（地方）82 家，合营 56 家。1000 人以上城镇 757 个，10 万〔人〕以上 5 个，5 万以上 1 个，1.5〔万〕～5 万 21 个，5 千～1.5 万 88 个，3〔千〕～5 千 190 个，1〔千〕～3 千 452 个。城镇中有地主 4 万户。

去年工商业开始改组，无锡粮行倒了一半，纱号全倒，花行全倒，纸扎倒的很多。增加的为土产加工制造、布厂、油麻、布店、机器。情况：（1）开业多于歇业，工厂作坊增 1126 家，倒闭 667 家；（2）工厂直接推销，农村商店直接采购，排挤了批发商；（3）丝的产量在 1946 年来空前高，22100 担，1946 年 9984 担，去年 9353 担。

土特产，主要的有67种，总估22113亿。①土布400万匹（前销台湾等地，现销西北）。②蚕茧16万担，280斤鲜茧烘一担干茧，380斤干茧缫丝一担。1064斤鲜茧缫丝100斤。③苏绣50万件，1000亿。④花边50万套，400亿。⑤茶花1.5万担，90亿。⑥草包草绳。⑦陶器1500万件。⑧毛竹30万担。⑨薄荷油（过剩）。⑩蜂蜜等。

去年产皮棉60.4万担（今年计划78万担），稻63亿斤，小麦8亿斤，杂粮4亿斤（1950年）。今年稻产5亿斤，小麦欠收，只四成。今年准备豆饼17000万斤，肥田粉1200万斤，可能多了一点。

动员城市资金投资农业生产，无锡10亿，松江20亿，通过人民银行或私营行庄贷放。上海银团来贷65亿，利息2.5分。

农民需要，购买力贫农92斤，雇农97斤，中农205斤，富农295斤。（浙江平均203斤。）

乡村牙行尚普遍存在，盛泽农民织绸常受牙行剥削，领一领路22万要佣金1.75万，而且强领强要。现正研究取缔办法。

几个问题：（1）市镇编制，300个工商业户以上市镇应有市镇机构，全区增2700人；（2）国营公司贸易计划由上而下，不适合农民需要；（3）合作社任务多，无暇顾及群众要求，一般业务多于社员交易。合作社与贸易公司竞销原料、粮食，发生矛盾。合作社主任忙于向上开会，很少向下开会。

税收去年7628亿，其中货物税3133亿，工商税2932亿，其他1561亿。去年营业总额11.4万亿，无锡、苏、常、镇四市占半数。根据典型调查还有20%～30%逃税，酒税逃税最大（在城市征90%，乡村征50%），次为屠宰税（城市征齐，乡村50%～60%）。

公粮折米9.5亿斤，税收折米5.77亿斤（70∶30）。今年税收计划9066亿，春季实收3108亿，四月份1265亿，全年可能到1.2万亿，较计划数增1/3。超征最多的是所得税（838亿，原计划370亿），去年赚钱最多的是煤油（纯利15%），木材（24%），土布（4%～8%）。所得税约占营业税之50%。

总人口1200万人，农业人口1024万人，2053万亩。总产量折稻86亿斤（包括桑、棉等）。去年征稻16.6亿斤（包括附加2亿斤）。今年任务13.2亿，附加在外，可以完成。发土地证可征一亿斤。去年评产不确，今年准备再来一次评产。

去年企业利润400〔亿〕～600亿，机关生产不在内（问题发展无计划，违反市场管理制度，移用公产）。

公私合营企业如何分红，红利是否归地方？联运公司利润是否归地方？土产公司资金是否归地方？中蚕公司管的两个工厂管得很糟。

薄〔一波〕 地方工业、机关生产放手发展，编制提一具体意见。专卖试办，勿与农民搞翻，城紧乡松。税收大有希望，多收留成。市场好转主要原因是农民购买力提高，商业必须面向农民。秋冬工业品会供不应求，必须掌握工业品，掌握手工业。

为着推销土产，要教育农民、手工业者欢迎私商下乡，不要求得暴利，不要一锤子买卖。

财经工作干部要分析材料，研究问题，不要陷入事务主义。要心中有数，找出三条五条，不要零零星星解决问题。

骆〔耕漠〕① 材料分类，（1）工业与农业、手工业；（2）农产品：粮食（自〔给〕、商〔品〕），商品作物（棉、烟、麻等）、土特产（茧、茶在内）；（3）手工业品与工业品分开。

山东汇报讨论

1. 市场情况，去年大多赚钱，今年销路更好，今后问题主要的是供不应求。

2. 发展中要公私并进，加强国营领导，不能限制私资发展，亦不采取放任态度。

发展中的利益不让资家独占，亦要给他一点利益，鼓励他们发展，但要受我领导。

3. 工业品供不应求，还要组织手工业生产以补不足。山东农民48000亿购买力中，12000亿为工业品，余为农产品及手工业品（25∶75）。

手工业像游击队，机器工业像正规军，重工业像机械化部队，今天都有用处。

---

① 骆耕漠，时任中共华东局财委暨政务院华东区财委副主任兼华东计划局局长。

4. 有计划地掌握原料，进行加工订货和农产收购工作，研究价格政策，指导生产发展。

华东合作社

三月底社员 995 万，基层社 12874 社，发了登记证的 5962 社。去年大会以来社数增 400 余，社员增 400 余〔万〕人，现平均每社 700 余人。浙江社员 120 万，苏南 55 万，皖南 58 万，苏北 140 万，皖北 110 万，山东 500 余万。经济作物区人民特别需要合作社，发展最快。原因：（1）商品化高；（2）技术要求高；（3）农民购买力高。故发展中应以经济作物区为重点。与国营经济亦易结合。

赊购棉花，分期支付实物，年前付 55% ~60%，可以普遍发展。以集镇为中心建社完全可以推行。问题：（1）会员一般在 1000 人以上，有多至 10000 人以上的，多数为 2000 ~5000 人，此种社营业多，开支省；（2）入社以人为单位，购物应以户为单位；（3）社员大会不易开，只能开社员代表会议；（4）干部要专业化，但不能实行薪给制，这个问题需要解决；（5）对私商关系，土产行必需打倒，其他不能打倒，由合作社来团结和掌握他们；（6）今天的村社还不得不是综合的，原因业务有季节性，分业建社就一季忙，三季闲，不能合理经营。

经验：（1）为全生产过程服务；（2）双边信用关系，产前政府支持农民，产后农民支持政府；（3）农产加工，应与运销业务结合；（4）对上对下均订合同，按合同计划生产，计划运销。

（1）以经济作物区为重点；（2）以集镇为中心；（3）综合性经营。

问题：（1）财政余粮给合作社使用，秋后作价；（2）农贷仍由合作社代为发放。

分红问题

不分红的原因：（1）缺乏流动资金，经理人不愿分红，而且已好多年不分红，已成惯例；（2）重估资产尚未办好，暂时不分，或怕纠纷暂时不分；（3）过去工资打了折扣，现在赚钱职工要求补发工资，然后分红；（4）有些行业已经发了股息，所余无几，故未分红。

继续调整公私关系

1. 利润问题，工业利润不如银行存款利息。必须有适当的利润，才能发扬其生产的积极性。

2. 劳资问题，劳保执行应好掌握，要使资家有力负担。

3. 经营范围，鼓励私商下乡，必须公私分工，有计划地留一点地盘给私商。

4. 税收问题。

山东财委工作汇报

一　市场情况

（一）市场情况，各业赚钱的〔有〕印染、纺织、砖瓦、木材，平均纯利 14%～19%（去年）。其次，印刷、纸加工、针织、玻璃、制服、五金铁器、翻纱、茶叶、杂货、教育用品、胶鞋，（10%上下。）火柴最近很赚钱。季节性的，染料、花色布（现值淡季）。缺原料的，生油（生米出口），纸烟。最困难的，面粉、肥皂、国药补品。

大体上生活资料〔市场〕大于生产资料，工业品下乡生活〔资料〕占 83%，生产〔资料〕（肥料、农具）占 17%。生活〔资料〕为纱、棉、火柴、糖、酒、茶叶、迷信品、染料。原因：（1）农村需要的畅销（如黑布）；（2）国防、市政建设需要亦畅销（如建筑器材）；（3）贸易公司加工订货（如针织、百货、染料等）；（4）城市购买力稍恢复。

农村每人每年平均购买力 200 斤苞米（浙江 203 斤大米，苏南 205 斤大米）。今年秋收后可提高 20%～40%。纱、布会不够卖。工业利润平均 25%～20%，印染纺织 25%。商业利润 10%。重估财产结果，25 户原报 4 亿，实有 10 亿，隐报 6 亿之多。农民购买力 1/3 买城市品，2/3 买农村品。

（二）统销税后，纱提 15.87%，布提 8.7%，未提价前一件纱换 24.9 匹布，提价后换 26.5 匹。纱销数减 22.4%，布增 10.2%（四月比三月）。公私销布量三月份公占 55.6%，四月份占 72.8%。土布市场销售量比去年同季增 20%～40%。土布价比细布多 180 余元。一斤棉〔花〕纺土纱织土布能值 1.5 斤棉花。这样棉花收购大减，一二三月平均每月 5 万担，四月 3

万担，五月更少。原因：a. 棉农存棉；b. 市价高于牌价（8700）1000余元。现在存棉只能用至六月二十日。要停工三个月。存货销三月要缺纱11000件，布50万匹。八月上旬即销完。

（三）土产情况，全省64亿斤小米，占农民收入37%（棉花、花生在内）。除〔去〕棉花、花生占31%，滞销土产约6亿斤小米，土产会议后销出1亿斤小米，签订合同3500亿，已成交者1000亿元。会议中强调了商业的重要性，情绪大大提高，经营土产确实有利。

（四）物价今春进口涨价，白报纸涨20%，配尼西林涨90%，此外烟叶涨18%，生米涨30%，皮棉涨20%（与去年底比）。落价的为粮食，市价落20%。〔物价〕大体上是稳定的。最危险的是纱布。

二　财政工作

去年税收14300亿，较任务增36%。上半年占42%，下半年占58%。青岛占63%，济南占20%，徐州占6%。货物税占56.39%，直接税34.26%，地方税9.35%。货物税中国营占53.7%，私营44.6%，合营占1.7%。盐税超过任务190%，关税超过任务180%。

今年春季收6619亿，较任务增46.71%，其中货物税增77.39%，工商税增13.9%。

问题：（1）税局管烟厂不方便；（2）联营要求分户交所得税；（3）存款1.2万亿，其中97%为公家，放款409亿（第一季）。少的原因〔是〕条件困难（抵押、押汇）。

〔三〕金融

全省货币流通量约一万亿，农村交易99%用货币，月产黄金4500~4800两，走私严重。

〔四〕工业生产

（1）牌市价差额，公营均交贸易公司，遵守牌价，私营自由，公营非常吃亏，难与私厂竞争；（2）工商利润分配，争论很多。

山东省

基本情况

工业农业比重：工业（包括交通）占28%，（不包括交通）占18%。

农业（包括手工业、盐、渔、手工运输）占72%。工业根据产品价格包括原料价格。总数32万亿，工业28.36%（9万亿），重工业4.37%，轻工业14.51%，交通9.48%。农、手工业71.64%（23万亿），农63.77%，手工业4.44%，盐1.97%，渔0.44%，人力运输1.02%。

1950年各种经济〔比重〕：工业18.88%（除交通），农业63.77%，交通10.50%，手工业4.44%。

工业中公私比重：重工业，公84.32%，私15.68%。轻工业，公63.76%，私36.24%。交通（近代化）公81.99%，私18.01%。合计：公占73.02%，私占26.98%。

商业中公私比重：六种主要商品，公占51.18%，其中粮食公占35.85%，花纱布占65.91%，副食品公占34.43%，燃料公占53.07%，土产13.73%，烟酒76.26%。（按每人平均消费19万亿计算，私营估计过低。）

出口3300万（美金），进口1200万。公私比重，出〔口〕公57.94%（其中直接37.19%，余为委托），私40.86%（华商31.45%，外商9.41%），合营1.20%。进〔口〕公80.76%，私15.36%（华〔商〕15.02%，外〔商〕0.34%），合营3.88%。

结汇出口81.89%，易货出口18.11%（去年）。结汇进口44.37%，易货进口50.89%。自备外汇4.74%。

农业收入：粮食170亿斤原粮，棉花150万担，特种作物（连棉花）28900亿元。

商业情况

问题：（1）公私关系，去年贸易部派来干部号召与私商争夺市场，把私营纱布庄全搞光了；（2）理论价格与市场价格距离很大；（3）淡月加工没有及时进行，秋冬无力维持市场；（4）价格政策，小麦陷于被动，未估计到农民消费量增加。生米原定〔换〕1斤12两[①]小米，产生米8亿斤，后压至〔换〕一斤半〔小米〕。我们收不进，便宜了私商。起初1200元不买，以后2000元买不到。烟叶牌价低于市价，私商收2000余万斤，我只收500

① 旧制，16两为一斤。

余万斤。

目前问题：（1）今年小麦可能丰收，超过去年，工业品的供应可能发生问题；（2）纱布供应情况严重，如何解决，应早准备；（3）豆饼价低，供不应求；（4）重估财产，资家大多不拥护，商业大多低估，比工业难。后成〔?〕问题，老店后存更大。转入投资，劳方亦有一份。增值后公积与资本，按上海办。重点进行而不全面进行。多要资方自己去搞。

金融情况

去年物物交换相当普遍，收了货币当集用出，现交易均已通过货币，有存放一二集的。

汇兑一、二、三月总的出差 600 余亿，对上海则为入差（财政调拨在内）。

解放前有二十余家银行，100 余家钱庄，去年大部倒闭，青岛剩一家，烟台全倒，济南剩两家。坐吃山空，今年较好。我们任其自生自灭。

工商业私人借贷及职工填〔垫?〕款很多，有一部分为隐蔽资金，转移盈利（自己借给自己，用付利息方法支取盈利），值得注意。地下钱庄可能还有。

财政情况

税收任务 16000 亿，期成 25000 亿，可以完成。一、二、三月完成 8400 亿，占任务 52%，期成 37%。

酒税计划 4000 万斤，可能产 6000 万斤，想用地瓜干烧酒精，缺乏资金。

省财委可挤出 1500 亿办地方工业，惠民、德州两专署亦可挤出数百亿。

工业情况

有 47 个省营工厂，专署和市 101 个工厂，机关生产尚无统计。私营工厂 20000 个。职工 12 万人。省 47〔个〕厂资产 4886 亿，去年利润交了三百余亿，尚余 400〔亿〕~500 亿。一个药厂交给卫生部（卫生厅代管）。一个纸厂交给轻工业部。

纺织 14 厂私营 3 个，各种工业 1950 年发挥生产能力 45%，面粉 53%，植物油 38%，卷烟 35%，火柴 44%，橡胶 28%，造纸 54%，染料 68%（均按每天 20 小时计）。工业产品大多外销，如火柴、面粉（现在滞销）、生油。

问题：(1) 牌市价脱节，给公营工厂以很大的打击。私厂赚钱，公厂亏本。(2) 产品内部调拨，最好不加限制。(3) 生油出口不如生米有利，油厂每年只能开工三个月，面粉厂每月开工4～10天。

基本建设，要求今年盈利1000亿，加上去年500亿，共1500亿，财政上再投500亿，共2000亿。

新建工厂投资1300亿，济南橡胶厂350亿，纺织机械厂（年产5000纱锭）100亿，麻袋厂（日产2500条）160亿，植物油厂（改打棉油）100亿，纸浆厂今年用192亿，合计1320亿。扩大的纺织280亿，染厂130亿，化工134亿，水泥……共500余亿。

按八级工资制要提高35%，中央规定不超过10%不易执行。技术人员公厂薪资低，私厂高一倍多，无法邀请，必须提高待遇。

农业情况

春耕大体完成，棉花大部〔分〕种下，尚在下种，惠民、德州均已超过任务。大体上可完成并略超过计划数。烤烟任务50万亩，已育苗，可能种68万亩。麻任务15万亩，可能种26.5万亩，苎麻17万亩可以完成。小麦估计产量，去年4660万亩，今年4580万亩，产量去年每亩86.5斤，今年可能达94斤，总产量去年40亿斤，今年估计43亿斤。

今年春耕开始晚（土改、参军），完成早（当作中心工作）。今年麻比粮每亩多争〔挣?〕700斤，烟多争〔挣?〕300斤，故增产可无问题。

合作社

全省社员500万人（三月底），基层社7000余处（原有9000余处，合并而成），合标准的占30%左右，其他部分能为社员服务，但账目混乱。城市合作社贪污相当严重，实际上要供应1200万人。资本主义表现在不会经营，囤积不能周转。县以上合作社到处亏本，原因资金小，人员多，任务重（委托业务太多，不准赚钱）。从上到下，布置下去的有十大任务，下面忙不过来，原定计划完全打乱。农民对棉、烟预购很欢迎，能贯彻下去。

贸易公司在偏僻地区改为一揽子公司。重估财产，增值不征税，货物税漏税只补不罚。

有关两部的事，由财委发指示，或由两部联合指示。

上海调查报告

情况：人口 510 万，组织工人 91 万，其中产业工人 49 万。工商业 144000 户，摊贩 10 万户。去年营业额国营 20 万亿，私营 50 万亿。工 36%，商 64%。工：公 15%，私 85%。商：公 35%，私 65%。资金：国 10 万亿，工商各半；私 50 万亿。恢复程度，重快轻慢，公快私慢。总的恢复达 65%。去年私营工商业营利约 30000 亿。

市场：①国家基本建设，去年基建投资约 16 万亿，其中半数以上给了上海；②军事订货亦不少于 16 万亿，其中 2/3 用于上海；③经济作物区的农民，估计亦有 16 万亿；④城市人民购买力尚未恢复战前状况，这一类的商品仍有滞销现象。季节规律已有改变，原因：①政府淡季收购；②全国大通，新疆、潮汕来沪订货；③农民比较宽裕。

工厂约 13000 家，其中 100 人以上的 671 家，1000 人以上的 67 家。轻工业生产占全国 70%，工作母机占全国 36%（18000 台）。纱锭占全国 44%。机器制造技术高，熟练工人比重大。上海工业已有 88 年历史，能够联系生产，协同动作，它处无此条件。

公私比重，公小私大，公潜在力小，私潜在力大，公积累慢，私积累快。今后如何巩固国营领导地位？这个问题值得研究。

（1）要发展国营和地方的轻工业，在重要的空白地区插上一脚，以便控制私营工业。发展原料工业。发展手工业，以适应农民日益增长的需要。

（2）继续调整工商业，资本家尚无意投资经营新的较大规模工厂。尚应继续调整。如利润问题，劳资问题，经营范围问题，须有适当解决。

（3）调整中央和地方间的关系。

（4）调整市场和组织生产。

杨波[①]同志汇报

（1）过去贸易统计主观主义，不切实际。①未实行经济核算的公司不能取消月报；②商品目录减少，工作量增加；③会计、统计数字一致有困难。

---

① 杨波，时任政务院财经委员会贸易处副处长。

(2) 地方统计机构要材料多，无力整理，要人家报表格，无力审查，以致与各方面的关系弄得很紧张。

(3) 地方统计干部工作热情很高，但不知道为着什么。考虑地方需要、业务需要很少，单纯为着上报。

(4) 报表简化省级了解不够，仍然要求很多，只要求填报，不综合整理，基层单位意见很多，要求我们严格管理，严格检查。

(5) 商业部门计划、统计分设，统计、调研合并，较为有利。中商部统计科解决不了问题。

(6) 综合物价指数工作繁重，不能说明问题。私商部分正确性很差，占总交易额百分之几亦不知道。建议只搞国营，不搞私营。

1952 年

财政会议*

总结：①财经情况，〔抗美援朝〕可能和，准备拖。工作估计：支持抗援，稳定市场（成绩），贪污浪费严重（缺点）。工作重点，不放松收入，重点转向支出，从财政转向经济。

②财政收支税收要达63〔万亿〕~70万亿，企业利润收入35.3〔万亿〕~40万亿。农业税264亿斤。支出按预算，赤字约6万亿，加公债4万亿，共10万亿（去年11万亿）。

③制度。建立省财政，收支全部报告。逐渐建立独立会计制度。检察制度，建立组织（从上到下）。事业费统一到大行政区预算，及省预算，逐级审核，监督检查。企业财务管理，交通银行负责审核。管理机关生产，今年管，明年接。管的办法，财委统一管（成立企业公司），分红，规定开支标准，机关首长自己困难由人事部解决，机关生产完全用于一般干部福利。

④粮食征购。今年要比去年多掌握72亿斤粮食，采取预［余?］粮征购办法，价格合理，稍稍低于市价。今年重点试验。

⑤工业。工资1952年根据〔各〕地生活程度、劳动情况加以调整，由各大区提出方案，经中财委批准。基本建议必须按照程序进行。工厂中央及代管者一律交给地方，由大区或省管理。中央各部掌握计划、劳动调配、技术、总结经验、投资及利润。地方负责加强管理，配备干部，利润上交。中央与地方总结基本建设经验，规定各种定额。清资核资。

⑥公私关系。加工订货不能放松，工缴低的主动提高。规定公私经营范围与比重。坚持议价。登记失业人员，不问时期、年龄。联营要分〔为〕国营领导，盲目提倡、自动组织，分别处理，一般不再提倡。

⑦贯彻“三反”运动，采取积极办法，建立及改进标准及制度。

---

* 1952年1月15日，陈云作全国财经会议情况的报告。报告指出，今年的财经工作重点，应在不放松收入的条件下，转向管理支出（《陈云年谱》中卷，第122页）。

⑧编制问题，调整决定。公教生活高的高加，中的中加，低的低加。是否全部实行低薪制再由财政部研究。（今年要加5万亿。）

财经大事：①励行“三反”，增产节约；②充实地方财政制度，贯彻财政纪律；③确定计划，准备干部，迎接建设；④努力购粮，统筹调拨。

机关生产*

1940年后自己生产，克服困难，是有成绩。缺点搞商业〔性〕生产违反政策，旋即禁止。进城后机关生产有极大发展，带来极大流弊。现在已有取消的必要和可能。

（1）结束机关生产，合理解决机关经费及干部生活。各级均设机关生产处理委员会，负责登记，接收，处理各级机关生产。再按性质交各有关机关。部队屯垦另行处理。机关合作社仍归合作社领导，业务上需要的另行设法管理（如印刷所）。

（2）各级机关生产处理委员会归同级政府领导，吸收党政军民参加，必要时设分会，委员会下要设办公机关。

（3）一切机关生产投资，不问来源如何，一律不准提取。向私商投资亦须交出。

（4）一切机关生产收入一律不得提取，违者处罚。在未接收前，原经营机关仍须负责管理，照常工作，不得抽动资金、物资、干部。

（5）机关生产接收后，变为地方公营企业，其经营管理办法与其他公营企业同。

（6）各机关小家务一律归公，分别造具清册，上缴同级财政机关。

（7）机关生产交出后，所有困难由财政机关统筹解决。

（8）三月十五接收完毕，每半个月报告一次，完毕后作总报告。

---

* 1952年2月会议笔记。2月29日政务院第一百二十六次政务会议通过《关于统一处理机关生产的决定》。《决定》指出：全国胜利后，机关生产的分散性和盲目性同国家经济的集中性和计划性之间的矛盾日益突出，许多国家工作人员沉溺于机关生产中，追逐利润、贪图享受，引起严重的贪污、浪费现象，故要求各级、各系统、各单位的机关生产于四月底之前交国家管理，并决定成立以李富春为主任的中央人民政府机关生产处理委员会。

建筑工业*

以军委营房建筑部及中直修办处为基础，成立建筑工业部，在中央未通过前暂属财委会。军事建筑（营房仓库等）除机密者外，均归中央建筑部办理。

目前任务，恢复工地，建立机构，调拨材料。五月初接收两个师，作建筑工人骨干，全国共九个师。接管并合并现有建筑公司、建筑工厂、营房及中央办公房屋。全国建筑工业行政领导。

颐中公司**

永泰和49%股份属华股，要求上交政府，是否接受。

烤烟厂交给贸易部。烟叶出口利润可达47%。

建议纸烟于丁等下再加一等，税率更低，推销农村。

民主改革，问题一定很多，情况还不熟悉，民主改革必须有步骤地进行。

投资除原批准2000余亿外，依靠出售呆［待］置材料，及银行贷款解决。

合并不要急躁，机构不要重叠。

生产任务，改善经营管理，减低成本，生产任务必须公私兼顾，必须逐渐增加产量，不要压抑先进，迁就落后。

加强经营管理，实行经济核算。

工商联问题***

（1）市工商联与同业公会的领导关系如何？与区工商联或区分会的领导关系如何？

---

* 根据笔记的前后时间顺序，此则笔记约在1952年4月初。

** 根据笔记的前后时间顺序，此则笔记约在1952年4月底5月初。

*** 根据笔记的前后时间顺序，此则笔记在1952年4月29日与5月10日之间，应该是薛暮桥为1952年6月即将召开的全国工商联筹备代表会议所写的待讨论问题的笔记。

（2）产业工会对同业公会如何进行监督？

（3）中小行业也有需要保存同业公会（或委员会）。

（4）天津经验，区工商联比区办事处好，中小户欢迎。

（5）同业公会主要〔起〕经济作用，〔由〕区来领导政治号召和学习。

（6）100人以上大厂的问题由市解决，100人以下中小厂由区解决。

（7）大行业按业领导，小行业按区领导，区中亦分小组。

（8）北京经验，区办事处事实上已变成分会，区下按业分组。

（9）大城市设区工商联，中城市设分会或办事处。

（10）工商联以企业为单位，抑以行业为单位？天津情况，市工商联对同业公会领导逐渐加强。

（11）区工商联为基层组织，同业公会为专业组织。

～　～　～　～　～　～　～　～

（1）工商联上下应有领导关系，但应强调地方政府领导。

（2）工商联下设区及行业双重组织，工商户受双重领导。

（3）工商代表大会代表由区及行业各自选举产生。名额协商。

（4）以企业为单位参加工商联，并吸收个别代表人物参加。

（5）合作社应参加工商联。

（6）同业公会组织尽可能与工会组织相对〔应〕，但难完全相对〔应〕。

（7）工商联又搞经济，又搞政治，同业公会以搞经济为主。

（8）政治领导统战部负责，业务领导财委会负责。

（9）时机成熟，条件具备，即可改组，不一定在大会以后。

全国财政会议*

财政计划

方针：边打，边稳（市场），边建（建设）。

---

* 1952年5月21日～6月5日，中财委召开全国财政会议。会议主要讨论了1952年财政概算，“三反”“五反”运动中的市场问题和第一个五年计划问题。会议指出，我们财政收支的方针是“边打、边稳、边建”。会议比较详细研究了第一个五年计划（《中华人民共和国国民经济和社会发展计划大事辑要1949—1985》，红旗出版社，1987，第27页）。此为记录摘要，大标题为编者所加。

收入129万亿，支出138万亿，现要解决问题，生活补贴，薪金调整，以至学生公费，工人住宅，农民负担（289亿〔斤〕正〔税〕，59〔亿斤〕附加，合348亿斤），市民医院，学校。

一般税收从63万亿增至70万亿（必成数）。重要生产并未受损，粮食可产2800亿斤（262亿斤去年），棉纱可产340万件。（上海重工业公7私3，轻工业公3私7，但大部分系加工订货。）今后税收大有希望。

农业税去年超支45亿斤，救济7亿斤，实得38亿斤。上年部队结余4万亿元，抗美援朝54000亿，今年“五反”“三反”约4万亿（前年公债22000亿）。机关生产没有收入，小家务可以收些现款热货。合计140万亿。

支出增加工资补贴，第一次（三月）增28000亿，高级全部解决，中级皆大欢喜，初级很有意见。七等以下必须增加，预备再增29000亿元（包括教员，学生生活改善，大学生每人12万元，福利费1000亿，医院5000亿）。第一次10月，第二次6月，合共57000亿。明年要9万亿。

城市建设，重要工业城市产业工人宿舍（私营工厂私人解决，国营工厂由超额利润解决，不足之数财政补贴），初步核算16000亿，其中中央出10000亿，地方出6000亿，医院、学校、水电等10000亿，中央地方各半。

乡村财政，准备明年建立四级财政，今年半年整理，地方附加并入正税，原则上不准摊派，全部附加给地方，中央补助1万亿，试验把重要开支包下来。

此外军工建设增1万亿（原2万亿），仓库建设2000亿，公路养护、电话（县以上）接管各1000亿，劳改费2000亿，水利增加4000亿，接收学校2000亿等。

支出合计增至144〔万〕亿，赤字约4万亿。地方小家务约9万亿，加税收提成2万亿，共11万亿。

苏北垦殖区五年内植棉700万亩，需要投资二万余亿，可产皮棉200余万担。

上海今年税收争取到12万亿（去年盈余8万亿），全华东23万亿。（今年军事订货大减，基本建设订货因“三反”推迟三月至六月，农产可望丰收，农民购买力可提高，但中小城市“三反”“五反”，城乡交流将受影响。）（一件纱260个单位，纯利34个单位，计11万元。）

乡财政开支超过的有：①乡村开支，民兵活动，多用民主摊派；②修桥补路、水利、自动捐助；③学校，农民要求发展，愿意出钱自办，教员待遇很低，文娱活动花钱亦多；④抗烈属优待，花钱也很多。（现在小学生 3500 万，学龄儿童 7500 万。）全包怕包不了。

上海“三反”“五反”后：①干部怕负责；②资本家利润小，积极性低；③城乡交流未恢复，货物堆积如山。上海上半年可收税 52000 亿，下半年要收 68000 亿（去年全年收 86000 亿）。还要退补 15000 亿～20000 亿。（打出 8 万亿，准备核减至 4 万亿。）如果 15000 亿转公股，那就有 106 个最好的厂公私合营。〔19〕51 年营业〔额〕87 万亿，国 24.5 万亿，私 60 万亿（69.3%）。〔19〕52 年估计 103 万亿，国 37 万亿（35.9%），私 62 万亿（64.1%）。

中南可能收到 13 万亿（汉口四个月只完成计划 60%，广州完成 90%）。加工订货 22000 亿还太少。

中南各级家务，钱 19000 亿，连资财约 5 万亿。地方应搞农业、手工业和合作社，不搞工业（地方工业建设情况：小地方大机器，有工厂无原料，产量大销路少），为国营工业及农业服务。

税收增加可能：（1）过去偷漏 30%，今后可减少至 10%；（2）“五反”中国营大大发展，所占比重骤增；（3）农业增产，农民购买力继续增加；（4）公教人员提高待遇。

东北税收上半年约 32000 亿，下半年可收 4 万亿，上下半年可以希望做到 40∶60，这样还可超过。地方摊派北满约等〔？〕地方粮 30%，南满约 100%，平均约 60%。

西南 4.5 万亿税收不算高，地方工业销路停滞，技术落后，无法与上海来货竞争。去年主要靠入藏部队订货（47%），今年没有了。

纸烟、烟叶、桐油无销路，农民意见很多。农会不准喝酒，酒的销数大减，红粮没有出路。大米乡村每斤 500 元，城市 700～800 元。

西北税收 1.3 万亿无问题，可能再增 5 千亿，“五反”收入 2500〔亿〕～3000 亿，全区人口 3200 万。

华北税收上半年可完成 44%，营业额因“三反”“五反”大减。如果七月起好转，可以完成 82000 亿的任务。各省小家务钱和粮 8300 亿。乡财政完全包有困难，但可控制。

根据三县九村调查，摊派与附加大体上为一比一，摊派中有44%用途是合理的。村开支中文教占60%，村经费占20%。小学教员薪水已自150斤增至227斤（平均），已较合理。大体上乡村教员应有200~250斤，城市250~400斤。

工商业情况

（华东）今年1~6月份自去年同期的84万亿减至74万亿，国营自16万亿增至28万亿，增加75%。合作社自18000亿，增至70000亿，增290%。私人经济自66万亿减至38万亿，减42.5%。

中南、西南情况，较华东更为恶劣。

华东建议公私关系维持现在比重，即国营37%，合作社10%，私营52%，暂不能再前进。到下半年经济恢复，比重改为4∶6。

国营公司卖钱额去年底每天3000亿，今年二月降至1000亿，五月份又恢复至2600亿（关内）。

物价四月底至现在维持在95.1%~95.2%，大体上已稳住，可能稍有回涨。现库存百货已达10万亿，纱46万件，布1800万匹。粮食供应大体已无问题，棉花尚缺80万担，可在国内市场收到此数。市场缺生铁、碱、肥皂，某几种西药，尚能解决。

公家仓库堆满，私人仓库空了，小城市亦空的。进出口停滞，国外棉花、橡胶、生铁等均落到朝鲜战争前水平。布匹自80元跌到34元港币。

公私比重，北京去年公、合共占19%，今年一、二、三月占31%。群众要求增设公营商店，但我们增一店员，私商要减五个店员。

合法利润工业应以20%为标准，加工利润应按此计算。次为规格标准，亦不宜于过分挑剔，不合规格及欺骗群众则应取缔。

公私比重，去年公、合原为24%，今年已达30%，不宜超过此数。公营、合作原则不再增加，让私商有机会恢复营业。

国营商业7动3不动，私营商业3动7不动。应解决的问题：（1）退财补税；（2）加工订货，利润规格；（3）劳资关系，劳方监督；（4）所得税利润算得太高；（5）银行贷款条件太严；（6）劳动纪律松懈（加工订货利润与验收规格分为两条）。

今年军事订货减70亿斤，建筑减20亿斤，加“三反”后减开支共约100亿斤。建筑要恢复，薪金补贴共增28亿斤，共可达70亿斤。估计今年营业额可保持去年水准，可能还要超过。上半年国营比例增加是被迫的，不加就不得了，下半年恢复常态，比例可能下降。

“五反”：第一核实，必须实事求是，可在节委会下设立评议委员会，吸收资方代表参加。第二确定退补步骤，分期退款，以不影响生产为原则。

利润：合理利润年利20%。（银行活存4.5厘，年储1.2分，工贷1.05～1.65分，商贷1.35～1.95分。）国营纱厂纯利约15%。

上海有2000人以上工厂35个，工人125000人，其中11个私营，1个合营，23个国营。私营厂34800人。

加工订货利润一般以10%至30%为限度（棉纱工缴自270单位提到300单位，395斤棉花）。市场交易在适合社会需要，遵守国家规定，照顾人民利益条件下，超过此数也是可以的。

规定加工订货规格，作为验收标准，上海、天津于六七两月分头召开各业规格会议，工商局、贸易部门、同业公会、工会等均参加。目前在工商局领导下组织评议委员会吸收有关部门参加，处理验收争论问题。

公私比重：全年零售贸易去年公占19%，今年计划公占24%（东北不在内，合作社在内）。其中国营约占8%，合作社约占16%。今年春已超过这个标准，应该在总营业额增加中，多恢复私商，少发展公商，仍以原比例为标准。

劳资关系普遍紧张，资方态度正常的30%～40%，观望的50%～60%，反攻的10%以下。资本家的三权（财产权、经营管理权、用人行政权）受劳方干涉，过高要求增资和福利。北京工资方案：（1）维持“五反”前标准；（2）在“五反”前基础上调整；（3）按“五反”后水准调整。另一问题为工时缩短，开会太多。

中小工厂有些资方消极观望，甚至停工、停薪、停伙。职工积极恢复生产，找银行贷款，找贸易公司加工订货，资方袖手旁观，这样劳方就不得不担负经营管理责任。劳方要求增资时，资方有求必应，请劳动局批准，使劳动局来做资方的挡箭牌。“五反”后劳资纠纷逐月增多，其中半数以上为停工、解雇、欠薪等所发生的纠纷，所以基本原因还是销路不畅，加工订货数量不多，利润低，规格严，银行贷款条件苛刻等。职工过高要求为〔?〕是相当普遍现象，但亦有许多要求是合理的，应该解决的。虽然合理，暂时无法解决的，应作恰当处理。

失业工人，上海（15万）、天津（5万）、北京（3万）、汉口（5万）、广州（4万）、重庆（2万），自“五反”前之15万人增至现在的34万人。

工业问题

一，怎样干?

在现有基础上进行建设，三年来主要恢复，部分改组。恢复结果，东北工业已达1943年产量的110%。全国已达最高产126%（35种重要产品），其中超过最多的是轻工业，重工业数量少，恢复慢，进口机器、钢材从38万吨（1950）、42万吨（1951）到50万吨（1952）。轻工业尚有未利用的设备能力，火柴仅用30%，卷烟仅用39%，面粉仅用51%。

改造工作已做到：①生产设备，过去重工业原料出口，轻工业原料进口，现已开始改变，亦是轻多重少，重工业炼钢、轧钢均有进步，渐趋平衡。轻工业原料大部解决。

②经营管理，民主改革使官僚企业成为社会企业，工人发动较好，经济核算还差。

③没收官僚资本，接管帝国主义企业（颐中占全国22%，开滦占全国11%）。

我们是在边打、边稳、边建情况下进行建设。我们工业建设重点，应在保障国家独立，并向社会主义前进，关键在重工业。重工业的中心是：(1) 钢铁、(2) 煤与石油、(3) 机械、(4) 军事工业、(5) 电力、(6) 有色金属、(7) 化学。

我们应集中力量，突破重点。我们应以重工业建设为重点，围绕重点来建设农业、交通、文化等。农业要为工业服务，工业化后农业才能真正改造。

轻重并进也不对，现在轻工业尚有多余力量，五年内不需要大量发展，仅需部分补充。

公私比重五年内有大变化，重工业应由我们掌握，轻工业可让私人发展，变化较少。

中央与地方关系，在统一计划下分工合作。各地不怕无事干，只怕干不了。

如何争取时间，建设条件：（1）资源（解放前只 8 架钻探机，我们定了 500 架）、（2）技术、（3）设备、（4）干部、（5）资金。首先要突破资源与技术两关，打下基础才能顺利前进。勘察、设计然后进行建设，这是最快的办法。要利用现有基础（特别是东北和上海）来创造新的工业。第一次五年计划，还是东北第一。上海有 80 年历史，技术条件较好。不求地区平衡，先搞好先进的，再依靠先进帮助落后。西北、西南现在搞交通，搞资源。

依靠苏联技术，请专家 300～500〔个〕，请设计约 150 项。第“一五”年计划，每年平均增加 20%（苏联 22%）。再快就很困难，会犯错误。

二，干什么？

第一，钢铁工业，今年生铁 178〔万吨〕，钢 138 万吨。五年计划主要搞鞍钢（320 万吨，七年完成），大冶（200 万吨）。投资 28 万亿。

第二，机械制造，第“一五”年计划约需机械 343 万 3 千吨；争取进口 63 万吨。现有母机约 8 万台，其中军工占 2 万台，（苏联 130 万台。）到 1957 年应有 18〔万〕～20 万台，即增 10〔万〕～12 万台。力争自己制造，要技术分工，统一指挥，新建 26 个厂，改建 54 个厂。投资约 24 万亿。

第三，有色金属，首先解决铜的需要，过去最高产 4349 万吨〔?〕，今年可产 14300 吨，1957 年能产 6 万吨，需要量为 8 万～10 万吨。埋藏量东川 100 万吨，甘肃 18 万吨，陕西 18 万吨。其次为钨、锑、锡继续增产。总共投资 14 万亿。

第四，电力制造工业，准备新建与扩充 14 个厂（哈尔滨、上海扩充）。到 1957 年能造火力 58 万 KV①，水力 32 万 KV，共 90 万 KV。投资 10 万亿。

第五，汽车工厂二个（长春年产 3 万辆，北京装配 2 万辆），并新建一拖拉机厂，年产 2 万辆拖拉机，1000 架坦克。投资 7.5 万亿～8 万亿。

第六，造船工厂，1957 年年造 16 万吨。投资 2 万亿。

第七，机车车辆制造四个厂（大连、青岛、武昌、齐齐哈尔）。投资列入铁道。

---

① 笔记原文如此，疑应为“KW”即千瓦，下同。

第八，化学工业，首先满足国防需要，同时部分解决农业需要（现在年产肥田粉6万吨，全部需要量可达400万吨）。准备新设四个厂（吉林、太原、兰州、重庆），扩大两个（大连、南京），两个染料厂。1957年产铔52万吨，碱45万吨。投资8.5万亿。

第九，水泥1957年579万吨，玻璃400万箱（每箱10平方米）。投资3.7万亿。

第十，煤炭1957年1亿吨，1962年1.8亿~2亿吨，五年内建126对立井。投资26万亿。

第十一，电力，现在202万KV，1957年440万KV，1962年900〔万〕~950万KV。五年内以火电为主，以后逐渐增设水电。（黄河可发电140万KV。）投资35万亿。

第十二，石油工业，计划350〔万〕~400万吨，玉门300万吨，陕北50万吨，人造石油（未定）1957年可达240万吨。投资12万亿。

第十三，纺织，1949年480万锭，今年底550万锭，估计农民年需1/4匹布，市民3/4匹，共计520万件纱，17500万匹布。需再增加200万锭（经纬厂到1957年能产60万锭），投资15万亿。

第十四，造纸、制糖等投资10万亿。纸厂新建二个，纸浆厂三个，糖厂五个（东北3〔个〕，绥远、新疆〔各1个〕）。

铁道现在23665公里，干线五年内新建9993公里（主要构通西南、西北），机车现有3200台，五年内制1300台。投资53万亿。

以上再加地质勘察，干部培养，研究试验等，合共250万亿。

三，如何办？

（1）确定基建第一，生产第二的方针。抽调主力转向基本建设。（2）新的建设均用苏联先进标准，旧厂逐渐改革。（3）掌握重点，解决中心环节，要有全局观点。

全国国营工业今年底有274万人（工业185万，交通89万），第一〔个〕五年计划要增227万人（工业163万，交通64万），合共501万人。技术人员今年底有14.6万人（占5.3%），五年应增25.7万人（到8%），合共40.3万人。另有设计3万，地质2万，科学研究1万，城市建设5千，私营2万，共8.5万人。需要干部，现有6万5千5百人（县以上），工业建设需 12000 人，占 1/5。

地质工作必须加强，勘察服从基本建设计划，照顾到第二、第三个五年计划的需要。全国现有地质专家 644 人，按此计划需要 25000 人。要办地质学院等专门训练干部（2000～2400 人），再由各部办四个地质学校。请苏联专家 50 人。

设计，五年内重大设计约 400 项，需请苏联设计的约 160 项，设计人员约需 3 万人。今年大学毕业生，全部搞地质与设计，基本建设。

五年内毕业大学生 14 万人，中学生 25 万人（均系学习工业），合共 39 万人。

农林水利

粮食五年内增产 40%。全国水田 3.7 亿亩，水浇地 94 万亩，共 4.6 亿亩，五年内要再增 1 亿亩，现平均每亩 306 斤，可增加 180 斤，共可增 1013 亿斤。扩大耕地面积 2800 万亩国营农场（群众 1000 万亩），投资 16 万亿，现有 300 余万亩，共可增产 100 亿斤，旱地增产 100 余亿斤。每人每年吃原粮 500 斤，加牲口饲料、酿造等尚可余 895 亿斤粮食（人口增至 5.6 亿人）。投资 20 万亿。

水利五年中基本上消灭大的水患，投资平均每年 35 亿斤［3.5 万亿斤?］，五年 17.5 万亿。

现有 7180 万〔头〕猪，1957 年增至 1 亿头，每人每年平均吃肉 20 斤。出口 100 万头。

棉花种植面积限制〔为〕8000 万亩，1957 年平均每亩 45 斤，合 3600 万担。每年出口 100 万担。

木材 1957 年 2000 万立方米，勉强够用，再要增产也有困难。五年投资 15.1 万亿。其中橡胶占 6.1 万亿，完成 1000 万亩种植计划，1962 年可产 30 万吨橡胶。造林 18500 万亩。

公路 10.8 万公里，五年再增 8000 公里，投资 7.2 万亿。航运五年增 45 万吨（长江 20 万，沿海 10 万，远洋 5 万，内河 10 万），投资 6.8 万亿。

城市建设 9 万亿，建筑工人宿舍 18 万亿（每户 15 平方米，每〔平方〕米 60 万元）。

进出口贸易1957年对苏出口25.7亿人民币，东欧8.9亿人民币，对资4.9亿美元。对苏新1952年收支均为25.9亿人民币。五年中对苏缺26亿人民币，对新余18亿人民币。无法求得平衡。

财政五年共收工商税502万亿（74，82，98，103，108，114）[①]（五年内批发国营、零售国营、合作共占75%）。企业利润402万亿（1957年占47%）。农业税134万亿。

开支军费260万亿，经建投资445万亿，文教216万亿，行政122万亿，其它66万亿，合计1214万亿，赤字126万亿（收入1088万亿）。

~ ~ ~ ~ ~ ~ ~ ~

经〔济〕建〔设〕大事：(1）设计（全局）、(2）鞍钢、(3）机械制造、(4）地质勘察、(5）技术人员培养。

~ ~ ~ ~ ~ ~ ~ ~

1. 钢铁 鞍钢1958〔年〕完成，产钢320万吨，1957年钢222万吨。大冶1953年设计，1961年完成，产钢240万吨（尚未确定)。1957年产钢40〔万〕~50〔?〕万吨，加其他矿1957年可产钢383万吨，1962年达1000〔万〕~1100万吨。1958年前每年需进口钢材40〔万〕~50万吨，同时需出口生铁（远东需要）30万吨。每吨钢400人民币，320万吨钢值12.8亿人民币。

2. 有色金属 铜1957年产6万吨，东北产19500吨，铜官山6000吨，东川20000吨（1959年完成)。铅、锌35000、30000吨。钨砂35000吨，锑25000吨，锡34000吨，钼9500吨，铝30000吨（抚顺)，镁1200吨（营口)。东北铜矿含铜量仅5.5%，兰州白银厂3%，铜陵铜官山为1.5%~1.8%，应大力开发。东川要到1958年才能通铁路，暂难大量开发。

3. 煤炭 1957年1亿吨，1962年1.8亿吨，主要困难为地质钻探（要600台钻机）及设计。五年建立立井126对。苏联第一〔个〕五年计划完成时7790万吨。第二〔个〕五年计划完成时1.5亿吨，第三次〔五年计划〕2亿吨。打井一年钻探，二年设计，三年打井，一年安装，共需七年。第一〔个〕五年计划只能依靠原有设备改进，打立井为第二〔个〕五年计划。现

① 数字原文如此。——编者注

在第一开滦，670 万吨，第二抚顺 570 万吨，第三阜新、淮南等均为 200〔万〕～300 万吨。五年后开滦仍为第一，抚顺第二，大同、峰峰均发展至 600〔万〕～700 万吨。

4. 石油 兰州建立 300 万吨炼油厂，现在玉门只能产 100 万吨，五年内至少增加二个，还要为第二次五年计划准备几个。兰州厂计划 1959 年完成，1957 年产 160 万吨。陕北计划 50 万吨，目前尚无把握。四川油田应作调查钻探。东北人造石油五年内可发展至 84 万吨，我们只计划了 25 万吨。1957 年共产 240 万吨。

5. 电 1952 年用电 66 亿度，1957 年 79 亿度。发电 1952 年 83 亿度，1957 年为 90 亿度。现在私人有电力 43 万 KV，国营电力 159 万 KV。五年内增 238 万 KV。水力电，丰满增 43.5 万 KV，水丰增 19 万 KV（朝鲜），嫩江 6 万、8 万〔?〕KV，牡丹江 28 万 KV，怀仁 24 万 KV。黄河三门峡（陕州）可能 140 万〔KV〕，计划 120 万 KV（第“一五”年设计完成，1964 年全部完工），玉门附近可能 180 万〔KV〕。清水河（绥远）计划 50 万 KV（1962 年完成）。兰州计划 15 万 KV。三门峡工程比丰满小，发电量比丰满大五倍，北至太原，南至汉口，东至郑州，西至宝鸡、天水，均可依靠它供电。钱塘江可发电 25 万 KV。官厅水库发电 2.4 万 KV。五年内国内生产发电机 90 万 KV，应向国外订购 220 万 KV。

6. 电机工业 哈尔滨电机厂（2.5〔万 KV〕，1.2〔万 KV〕，0.6 万 KV），1957 年产 65000KV。上海电机厂（6〔万 KV〕，2.5〔万 KV〕，1 千 KV），1954 年完成年产 15 万 KV。哈尔滨重型发电机，年产水力发电机 21 万 KV。五年内产火力发电机 50 万 KV，水力□万 KV，合共 104 万 KV。第二〔个〕五年计划 224 万 KV。

7. 机械 西安滚珠轴承厂，每〔年〕产 1500 万套。第一次五年计划机械工业主要在组织和发挥现有力量，五年完成后年产母机 26000 架，加新建厂可达 34000 架。改建厂计 59 个，新建厂有把握的 17 个，另有 9 个尚无把握（工作母机厂 3 个，包头、西安、成都。重型机器厂 2 个，包头、中南。矿山机〔械〕厂 3 个，包头……锅炉厂 1 个）。车辆制造五年生产机车 1500 辆，客车 3500 辆，货车 35000 辆。汽车制造，吉林厂年产 30000 辆，北京厂年装配 20000 辆。

8. 化学工业 新建吉林、太原、兰州（各二套）、四川五通桥四厂（一套3万吨），扩大大连15万吨。1957年产硫酸铔28万吨，硝酸铔23万吨。纯碱1957年32万吨（现在15万吨），烧碱17万吨（6万吨）。

9. 纺织 五年增200万锭，内50万锭要1957年安装。东北15万，华北75万，华东5万，中南75万，西北30万。西南也可考虑增设20万锭，放在成都，铁路通后开办。

10. 铁路 新建1万公里，计集宁—哈顺（蒙古）444公里（1955，〔19〕56），兰州—玉门1051公里（1953〔～19〕55），包头—兰州1037公里（〔19〕54～〔19〕57），天水—成都850公里（〔19〕53〔～19〕55），贵阳—重庆402公里（〔19〕54〔～19〕56），贵阳—都匀153公里（〔19〕54），贵阳—昆明562公里（〔19〕54〔～19〕57），内江—昆明355公里（〔19〕54〔～19〕58），雷州半岛323公里（〔19〕56〔～19〕57），福州—鹰潭530公里（〔19〕55～〔19〕57），金沙江—都匀300公里（〔19〕53）。第“二五”年修建2万公里。把湘潭—贵阳线提早在“一五”完成。

11. 农业 增加水田一亿亩，计东北805万亩，华东1858万亩，另淮河500万亩，华北2600万亩，中南1089万亩，西北2460万亩，西南250万亩，内蒙100万亩。开荒2000万亩，计苏北400万，山东200万，东北800万，新疆400万亩，绥远400万亩。

12. 财政 收入较原计划增100万亿，力争收支平衡，不能有赤字。

干部问题

现有国营工交职工274万，五年内将发展到501万。技术人员现有146000人，占总数的5.3%。1957年要求提高到8%，即40万人。尚须增加25.4万人。设计部门须再增加3万技术干部。地质人员现只有200人，五年须增25000人，其中地质12000人，化验2400人，物理探矿2400人，测绘人员9400人。试验研究机构约需10000人。市政建设5000人。地方工业、私营工业约需20000人。以上总计347000人。要求大学及专科毕业14万人，中级25万人。

教育计划五年内大学专科毕业14.8万人，中等工业毕业27万人，数目已够。问题科系分配，教育内容。

教育经费（五年），小学63万亿，中学、师范41万亿，大学16万亿，高师5万亿（中等技术学校24万亿），社会教育4万亿。合共153万亿。

大学生平均每人每年2000万元，中学生平均每人每年600万元。

知识分子排队，工业第一，铁道第二，农林水第三，财经贸从失业知识分子中去补充，农林只要中等技术人员，水利稍要一些高级，工业多要一些高级技术人员。工业中以重工业为主，轻工业为次，按此原则调整院系。教育计划统一，教育经费统一，均由教育部审查决定。但专科学校、中等技术学校的行政领导归各业务部门，受教育部监督。招生计划亦应经教育部批准。

三个城市反映〔税收问题〕

上海　所得税问题：（1）存货估价太高，开支计算太严（大修建等分五年算）；（2）纯利算得太高；（3）按利润绝对数累进不公平，要求超额累进；（4）税法太复杂，解释不一；（5）取消印花税，加入营业税。

天津　“五反”中营业减少，税收评议宁左勿右，资方感到困难。估计去年纯利共约二万亿，应征所得税五千亿，除预交1500亿外应交3500亿，税局要求交6500〔亿〕～9000亿。问题：总分支机构调拨，联营调拨，逾龄机器折旧，许多开支不准报销，职工福利（盖住宅等）不算开支。账外财产作为盈利。计算纯利约占营业额13%～14%（税局要求19%），营业额增10%（要求25%）。

北京　情况与上海、天津相同，“五反”后不能偷漏〔税〕，税率似乎太高。期初存货盘存低，期末高，扩大了盈利额。职工奖金二〔个〕月以上不能作为开支。纯〔盈〕利率（对营业额）前估17%太高，实际约13%。

上海纯〔盈〕利率（对营业额）约13%～15%。

去年私企营业税7.4万亿，所得税4.7万亿，营业额370万亿。去年营业额约增10%，纯益率约15%，应征所得税（400万亿×15%×22%）13万亿，任务8.2万亿不算高（税总意见）。

上海所得税已收（连去年预征）22600亿。营业额87万亿，资本额50万亿。按此推算，纯利约为8.7万亿，纯益率（对营业额）为10%稍多。

天津去年营业额约17.7万亿，纯利2.8万亿，纯益率约16%（税总材料）。市委估计为13%～14%，北京估计为12%。

按照税法，依率稽征，不受任务限制。正当开支（一般开支）应予报销。扩建应分数年开支。该收的必须收，有困难从其他方面照顾。委托市委调查情况，进行调整。征收不合理者一定纠正，资方亦可要求评议。

地质工作

铁 两三年内把大冶、包头、本溪三地资源查清，八年内要再得建设800〔万〕～1000万吨钢铁的资源（河南弋阳〔?〕[①] 有2亿吨贮藏量）。

煤 两三年内要得年产二亿吨的贮藏量，八年内要再增加一亿五千万至二亿吨。

铜 保证第一次五年计划年产铜6〔万〕～8万吨，八年内达12〔万〕～15〔万〕吨。到第三次五年计划要年产铜20万吨，才能满足需要。

石油 首先保证年产300〔万〕吨原油的贮藏量，八年内达到年产700〔万〕～1000万吨的贮藏量。

以上工作需要2000～3000钻机，投资15万亿。依靠现有机构不能完成任务。每部钻机平均用22人，十部钻机编一个队，共编200～300个队。各大区要设地质局。

东北、北京各设一地质学院，请苏联教授，每校要有二三千学生，各校地质系要扩充。

设计工作

五年内工业新建单位约400个，改建恢复约200个。交通（铁道、公路、航运）约500个单位。林业100个胶园，400个工厂。农业100个国营农场。水利建设尚未计算。各专业部门均须自设设计机构。工业交通部门需要12000干部，只能依靠苏联专家，我们帮助，在实际工作中培养设计干部。各大区均办设计公司，统一领导，分散经营。每个公司至少有一地委级的干部，还要培养一批俄文翻译。

---

① 此处笔记记载有误。弋阳属江西省，此处疑应为“湖南益阳”。

今明两年大学毕业生 3 万人，主要搞地质、设计、基本建设，统计学生则搞统计。

老干部至少需要 12000 人（工矿、交通、地质等），全国 2224 个县，281 个专署，五年中平均每单位抽五人（委员）。

今年大学毕业财经学生 7600 人，明年毕业 8000 余人，可搞计划设计工作。

地质人员 12000 人，测绘人员 9400 人，化验人员 3000 人，地质探矿人员 2000 人。现在全国共有地质学系 12 个，今年毕业 342 人。

办地质学院两个（东北、京津），专科学校四个（石油、煤矿、黑色、有色），各业务部门（总局）及各地质研究所均办中等技术学校。

三年内抽调县以上干部 12000 人，今年先抽 2000 人，要县〔委〕书〔记〕或县长，地〔委〕书〔记〕或专员。

五年内有外汇 103 亿人民币，进口工业设备需要 67 亿人民币（器材、汽油、百货约 25 亿不在内），非经济用途 70 亿，新民主主义国家〔贸易〕每年有 7 亿人民币可有剩余，每年有 1 亿至 1.5 亿美金外汇尚可利用。

全国产业职工 360 万人，店员 150 万人，大中小〔学〕教职员 150 万人，大学、专科生 15 万人。

五年计划讨论结果

（1）五年计划实现的先决条件是停战和苏联能够供给装备，现在经〔济〕建〔设〕投资每年只有 25 万亿，明年要 60 万亿以上。现在外汇 2/3 用于国防，明年要 2/3 用于基建。

（2）如果先决条件不具备，五年计划就要推迟。但准备工作必须立即进行，地质勘察和干部培养必须办，已计划并订货的（鞍钢等）不能停，此外先做设计工作。

（3）钢铁（鞍钢迅速完成，大冶力争设计施工，包头勘察），石油（西北 300 万吨，边建边勘），铜（力争 6 万吨），铁路（8000～10000 公里），这是几根主要柱子，煤炭、电力配合需要，可能计划数字太大。

（4）现有设备生产能力的增长可能估计太低，新的基建可能要求太急。基建需要相当长的时间，要早作准备，有充分的时间来设计和施工。

会议总结

财政收支，农业税正税与附加〔税〕合并征收，按税率表依率稽征，控制数字320〔亿〕~330亿斤，要把农民安定几年，休养生息。农村开支包一部〔分〕（乡干及小教待遇），禁一部〔分〕（少做不急要的工作），一部〔分〕确属人民要求亦可自愿摊派（如修桥，补路，新建小学校舍等）。

税收70万亿，仍按63万亿分成。不应收的可以不收，应收的一定要收。首先收税，然后退补“五反”违法所得。宁可牺牲退补，保证税收。完成税收先决条件，是在活跃市场。活跃市场不但可以完成70万亿税收，且可达到退补目的。

土改以后，县区乡不必划小，民兵全国有300〔万〕~400万就够了，不需要这样多，也不需要正规化。旧的省县划分是适合目前经济情况的，划多了不见得好，可以考虑恢复旧有划分。

民生公司问题[①]

民生有船4.3万吨，其中65%为新船。现在资产有7102亿固定资财，加流动资金共有8437亿，债务有5300亿，内外债3532亿，内债1183亿，流动债务1126亿。

现公股占26%，怀疑股12%，债务如转为投资1000亿，公股可占半数。采取政府领导，公私协议方式的公私合营。

长江航运要统一管理，民生公司也要统一管理，总公司在重庆整理二三月后迁至汉口，与长江航务局实际统一，刘惠农任总经理。

上海工商界反映

公私关系

工业：①合法利润问题，工缴费用、收购价格压得过低；②利润分配问题（公、私、劳）；③〔企业〕大中小的标准。

---

① 民生轮船公司，1925年创办，首任总经理为卢作孚。该公司经营长江航运，抗日战争胜利后兼营远洋航运。1952年9月1日民生公司正式实行公私合营，更名为公私合营民生轮船公司。

联营问题，工业利多害少，商业害少利多〔?〕。大厂团结小厂加工订货。

加工订货，中小厂得不到，军事订货发展起来，工业没有办法。

商业中国营比重发展很快，去年占20%，〔今年〕四月底占40%，六月可能到60%。杭州1950年23%，1951年34%，1952年4月56%（公、公私、合作社）。商业转业要解决店员32000人（上海）。资金9400亿（上海），占全部商业资金中18%。

所得税征收过苛，期末存货估价太高，税法解释不一，贸易公司杀价收购。

〔中财委〕工作会议（六月十日）*

国内市场情况："三反""五反"后市场从不大活跃开始活跃起来，国营卖钱额去年十月、十一月每天三千亿，今年二月降至一千一二百亿，三月一千五百亿，四月二千一百亿，五月二千五百亿左右。要到六月底机关工作才能全部恢复。

国营贸易为支持生产，大量收购，订货，加工，销路不畅，仓库大量贮存。但农村市场则缺乏工业品，城乡交流尚未畅通。四月起逐月改进。

去年物价轻微上涨，十二月后轻微下落。〔今年〕四月份指数为94.8%，现在则为95%上下。粮食变动很少，纱布亦无变动，变动最大的为建筑器材和部分工业器材，此外为猪肉、鸡蛋及部分百货。

市场供给情况较去年稳定，粮食困难已有好转，大米已不缺乏，小麦富裕，粗粮接近解决，可能用粗面代替。工业品贮备量大大增加，纱布供应可无困难（存纱50万件，布1500万匹）。棉花供应365万件纱勉强够用，大体上可不致减工。

加工订货"三反"中有一时期停顿，三月以后逐月上涨。发生问题：(1)次货太多，到30%～40%，经纠正后已降至10%；(2)降低价格一般10%～20%，个别的到30%～40%，甚至50%～60%，有的降得太低，要再调整。

---

* 1952年6月10日。

公私比重，"三反""五反"中国营、合作社比重增加，私营比重减少。决定暂不发展国营贸易，留地位让私营贸易迅速恢复。大体全国平均，公及合占24%，私占76%。

小麦，播种面积较去年扩大2千余万亩，估计产量378亿斤，较去年增26亿斤。主要产麦区均比去年增产约一成。全国有41个国营农场，拖拉机700余〔台〕（今年又订购500〔台〕），双用机200余〔台〕。

莫斯科会议[①]协议，英德法可部分履行，不能全部，荷兰、瑞士等可全部履行，比利时有困难。锡兰愿意出售橡胶，印尼想出售又不敢触怒美国。澳大利亚接洽要我们的纸烟、桐油、猪鬃，交换毛条等。

陈〔云〕主任："三反""五反"后生产与市场向着正常方向发展，茶、茧、麦、早稻等上市后将大见好转。纱的产量去年240万件，今年为340〔万〕～365万件。煤炭可能剩余700〔万〕～1000万吨。

加工订货发生规格〔标准〕太严，价格太低偏向，须作适当调整。过去价格高的应当降低，低的应当提高，不能普遍压价。贸易公司与工商局、工商联、工会等共同商定规格标准。

银行利息太高，现在放款月息三分（每年36%），应下降至正常状况。现在降低利息后投机囤积威胁已不存在，但恐怕许多私营行庄会倒闭，有私营行庄7000人会失业。公私合营行12000人亦有可能部分失业。银行准备把失业人员包下来，分配适当工作。

国际贸易，资本主义市场普遍衰落，进出口均减少，需要与我贸易。美国控制尚有力量，但已发生困难。与我贸易尚有困难，但已发生内部斗争。我们愿对他们各方面均贸易，只要有此可能，这在政治上及经济上均有利。

公私比重今春从去年的19%增至30%上下（国合），这在当时"五反"中是不得不如此，因私商束手，我们不放手就使市场死了。今后私商恢复，比重可恢复到〔国合〕25%上下，私商占75%上下。

---

① 指1951年10月27日、28日在莫斯科召开的国际经济会议，中国派出以南汉宸为团长的代表团参加会议。

工商联党组会议*

Ⅰ. 财政问题　〔抗美援朝战争〕可能和，准备拖，方针边打、边稳、边建。战争必须胜利，生产必须增加，物价必须稳定。

收入主要来源及政策，1949 年主要靠农业税，占第一位。1950 年工商税占第一位。1951 年更为明显，企业利润升为第二位，农业税降为第三位。这说明了工商业的好转。

农业税取消地方附加。去年正粮 289 亿，附加 59 亿，合计 348 亿斤。农民实际负担比这还多，如抗美援朝捐献 13 亿斤，还有许多摊派，老区约占附加 50%，新区约占附加的 100%，又有 30〔亿〕～40 亿斤，合计约近 400 亿斤。今年取消附加，不准摊派。把农民负担稳定下来，使农民有休养生息机会。

整理村财政，保证乡干部生活及办公费，小学教员生活及办公费。不必要的事情可以不办。非办不可，人民愿意出钱的事，经省政府批准，才可以办。目的是在减轻农民负担。

工商业税（包括关、盐各税）这是全体人民的负担，不仅工商业者。今年生产有希望，市场即将好转，农民即将售出 70 亿斤小麦，有 7 万亿的购买力。“三反”“五反”中主要行业没有停止，城市堆积的工业品很多。经济建设投资，今年比去年多 20%～25%，即将投入市场，加工订货比去年大大增加，公教人员增薪 6 万亿，可以补足军事订货减少 7 万亿的损失。

“五反”中资产阶级受了打击，他们心中有气，从税收上来反击。我们方针先活后收（退补），先税后补，宁在退补上让步，不能减少税收。宁可银行贷款交税，不取消滞纳金。五毒正确核实，冬季以后退补。

“五反”后税收人员有些矫枉过正，存货估价太高，费用揭［减?］除太严，且有打骂现象。我们站不住脚的必须纠正，应该收的必须收足，不该收的一定不收。

---

* 经过统战部长期准备，全国工商联筹备代表会议于 1952 年 6 月 20 日至 30 日在北京召开，会前召开工商联党组会议，陈云在会上作报告。参阅《陈云年谱（修订版）》（中央文献出版社，2015），第 223 页。

企业利润所占比重增加，标志着国营工业的发展，今后要上升到第一位。

支出方面，建设占将近 50%，国防约占 30%，行政约占 20%。这说明在抗美援朝的情况下，我们的国家建设仍在稳步前进。

增加供给制人员补贴花了三万亿，七月起还将增加补贴和薪资，又将花三万亿。明年要增加 9.1 万亿，估计还要增加，再增三年才能达到抗战前的水准。子女特别多的，经过民主评议还应予以补贴。

城市建设有计划地在三年至五年内解决工人宿舍问题，首先解决主要城市产业工人宿舍，国营企业主要靠超额利润，不足时予以补贴，私营企业要靠自己解决。建立一些医院，使市民有地方看病，计划新建 6000 个床位，今年完成 2000 个床位，完全供给市民。修建小学校舍，容纳学龄儿童。

增加大中学生助学金，大学生全部包下来，中学生供给一部分。

财政工作人员应多进行政策教育，反对单纯任务观点。既要完成任务，又要掌握政策。开支上应解决的问题必须解决。

Ⅱ. 市场问题　“三反”“五反”出现一时间的城乡交流停滞，这一方面证明国营企业力量很大，可以控制市场，另一方面证明私营企业还有作用，我们代替不了。现在市场已渐好转，但城乡交流尚未畅通。必须积极采取必要步骤，畅通交流，保证下半年比去年更加活跃。国营贸易及合作社易解决，难解决的是私营商业。扶它起来的有效办法是给以利润。办法是:

很好结束“五反”，已搞的〔要〕迅速而且妥善结束，未搞的今年暂时不搞。结束中要正确核实，暂缓退补。

加工订货〔要〕很好掌握验收规格，挑剔过严也应纠正，但严格检查还应鼓励。贸易部准备召开各地加工订货会议，正确规定规格，既防止偷工减料，又照顾到目前技术条件。首先把大宗商品解决。

零售比重，目前国营和合作社代理不了私商，即〔使〕能代替也解决不了店员失业问题。因此零售比重不能无限地扩张，过去扩大是不得已的，不如此就市场停滞。但继续如此扩张就要挤垮私商。去年关内平均约〔国合〕19%，今年原准备扩张到 25%，私营也有增加。这比例是适当的，各地已经超过，应该从恢复私商中来调整，而不是缩小国营。地区差价、批发零售差价不能太小，奖励私商经营。土产的农村价格，应照顾到销路。

过去我们无力控制市场，我们不得不追随资本主义法则加以适当控制。现在我们力量大了，可以更多控制物价，少受资本主义影响。但这样私商就不能经营赔钱买卖，所以也还不能完全不照顾供求情况。

合法利润问题，现在统一规定社会利润尚有困难，但国家加工订货利润，可按平均先进标准，国家人民需要，供求关系，消费者的购买能力，规定按资本得年利10%、20%，至30%。利润高者降低，低者提高。现在我们已把棉纱的加工费提高了。一般工商业利润不加限制。商业利润应不违背国家贸易政策，一般低于工业利润。

银行利息决定降低，降低后私营行庄会倒闭，行员失业，我们应予解决。公私合营银行行员愿受分配者均接受下来，待遇与我们同，私营行员亦将考试录用。

“三反”中银行放款员、海关验估员、税局稽征员、机关采购员、贸易部验收员老虎最多，多排了队，现在有宁左勿右情绪。应当进行教育，应该立场坚定，又能掌握政策，团结资产阶级。

劳资关系，工人监督生产要求很高，又无具体办法，因此发生不少问题。财产所有权、现金使用权、用人权、经营管理权受到职工干涉，资本家就不会有积极性。工人监督应该监督五毒罪行，生产上的消极怠工，及违反政策法令。不要管得太多，反使自己陷于被动。

Ⅲ. 今后经济建设方针 以建设重工业为中心，反对齐头并进，百废俱兴。要工业化国家才能翻身，要工业化就要建设重工业。钢铁工业是最重要的柱子，今年还只有100万吨。其次是有色金属、机器工业、煤、电、化学工业等，还有铁道也须修建。困难的是人才不够，尤其是地质勘察人才和设计人才。

许涤新[①]同志汇报

城乡交流效果很大，搪瓷、热水瓶等已供不应求，其他滞销品亦开始畅销，得益最多的是中小工厂，多年冷货和次货也销出去了。热水瓶、皮鞋、

---

① 许涤新，时任中共中央统战部秘书长兼中央私营企业局局长，并协助全国工商联和民主建国会工作。

牙刷、袜子、卫生衣等接受了大量期货。商业淘汰的仍不少。铜锡全行利润368%，一年周转十七次。米店利润162%，周转58次。

工业利润包括所得税要求15%。20支纱1万纱锭，资金150亿，锭扯〔?〕1磅，年产7000件纱，300单位纯赚80单位，共赚33.9亿，去所得税10亿，公积2亿，尚有21.9亿，除股息8%，12亿，尚有9.9亿，利润率22%（按200亿计为17%）。造纸利润16%（包括所得税），也已满足要求。因此利润问题已经解决，大家不提了。

税收问题，期末存货采取原价市价孰高方针（税法孰低），他们对工商局报价偏高，对税局报价偏低，我们以工商局报价为准。（有的已批准，有的未批准。）盘存时次货冷货估价过高（信谊药厂）。折旧时逾龄机器不准折旧，有些厂买旧机器，要求折旧。加班开工奖金，税局超过60天者不许开支，作为存送。股金、车马费不准开支。

要求取消印花税，民主评议户纯益率估计过高，专找纯益高的作为典型。

兆丰纱厂老总因欠税被税局干部围推，哭诉。中小工商户被打骂的很多。

联营问题：上海2000户机器厂，其中3%大厂，7%中厂，90%是只有几个工人的小厂，必须组织联营，取消〔小厂〕对我不利。

合法利润

不规定利润率，一切合法经营所得利润，不问多少，均为合法利润。暴利有三：（1）非常手段所得暴利，依法处理；（2）供不应求所得暴利，用贸易调拨、议价、统购统销办法解决；（3）经营好，成本低所得超额利润，不应反对。

中兴〔公司〕问题①

中兴资产782亿，负债435亿，余380余亿，资本调整270亿。公股0.335%，内52%系中兴煤矿投资。余股有38%登记不来。欠交通银行38万美金，欠人民银行140亿，如再贷60亿，合共280余亿，此款不可能归

① 中兴轮船公司，1933年成立，设址上海。1937年改组为中兴轮船股份有限公司。1953年11月实行公私合营，名为公私合营中兴海运公司。

还，将来会转投资。共有五条船，最好〔的〕一条已让给国营，一条跑南洋，三条跑沿海，其中二条待修理。

现在全国轮船27万吨，其中国营16万吨，民生4.3万吨，中兴2.7万吨，其他私营轮船仅4万吨。单算海轮，公私各7万吨上下。海船流动性大，容易逃跑，必须加强管理。

①困难不大，能自力更生，计六家；②有困难，仍有扶持希望，如中兴；③困难大扶不起来，负债超过资产，应由银行没收或代管其船只，如大陆、鸿安；④国内有机构，船在国外，应促其早归；⑤没有船的轮船公司，应予取缔。

①买船经中交部批准即可，不要事事经中财委批准；②拆船经过两年未予批准，私商损失很大，授权中交部批准。

私营航业情况，海运有煤运时赚钱，现有困难，政府降低运价，私营困难更多，至多只能保本。长江航运清理公产，公股会达60%。从国家政策考虑，航运应由国家掌握，私营公司一二条船，经营很不合理。比较大的如民生已合营，中兴必然走此前途。其他能维持的，不宜挤垮。

①国营；②公私合营；③私营合并（过去联营搞得不好）；④分散经营，统一管理（设私轮管理处），内河可以采此方式；⑤组织公私合营公司，吸收私营参加，海上可以考虑采此方针。

确定方针以后，业务上的问题由交通部按此方针自己处理。应该及时解决问题，不能让他拖垮。

物资分配会议总结*

1952年物资分配计划确定了，会议研究全国物资，估计结果，认为“三反”以后，分配计划确定以后，物资情况有所好转，如木材供应，有了贮存。这样使木材能够合理采伐，合理分配，合理使用。铜在统一收购分配后，今年亦有余剩可以贮备。其它各种重要物资，基本上是供求适应的，缺的不多，多的也还容易处理。原因：①“三反”后克服本位主义；②注意到节省重要

* 根据笔记内容的前后时间，此次会议约在1952年6、7月间。

原料；③统一分配也起了一定的作用。东北有 83% 是国家统一分配的物资，其运输量在铁路占 65%，这对运输计划亦有保证。这是很大的成绩。

我们还有不协调现象：①现在机器生产及炼钢速度超过生铁，铁增（今年）37%，钢增 64%，机器发展更快，因此生铁供应困难；②建筑材料生产与基本建设不协调，材料生产多，建设规模小，因为“三反”停顿，现仍未搞新的工程，以致材料暂时积压，建筑工人亦失业；③生产与需要配合不好，如煤原计划增 35%，现盲目超过计划，数量多，质量低。大约会增产 43%，超过部分积压起来；④品种规格不合需要。今年生产机器 16000 台，分配 12000 台，现还积压 4000 台，原因品种不合，有些机器供不应求。

不协调的原因：①主要缺乏计划，生产计划与分配计划不能配合，或有生产计划而无分配计划，因此生产计划有片面性；②计划本身不确实，中央控制数字到地方或各部各局就自己变了。缺乏的物资没有努力增产，多余的反大增产了。增产节约要有计划，有原料有销路者可努力增产，缺原料有销路者，节约原料增产，无销路者不能增产。

国家过去无贮备制度，多一点、缺一点均不行，因此常常发生困难，必须贮存调剂。

进口计划与生产计划配合不好。如生产了 10 万吨汽油积压了 9 万吨，原因进口过多。

没有物资分配制度，没有合理的调拨价格，没有健全的合同制度，没有标准规格，度量衡制度不统一（如木材计算方法有七八十种）。商品检验制度未建立。

今后工作，健全物资分配工作，消灭不平衡的现象。现有不平衡现象采取积极办法来求平衡。如生铁不够收购废铁，煤炭过剩推广销路，洋灰过剩扩大修建，适当贮存。橡胶生产要用废胶。

就业问题*

此次就业会议，要把各种失业分子包下来，但与过去的包下来不同。过

* 1952 年 7 月 25 日，政务院批准《关于劳动就业问题的决定》（《中华人民共和国经济大事记 1949—1980》，中国社会科学出版社，第 74 页）。这应是此前中财委研究就业问题会议的笔记。

去包下来是消极的减少失业，今天包下来是〔在〕全国各大运动基本完成，即将进行大规模建设的基础上来解决就业问题。今天合理使用劳动，提高劳动效率，不是为着增加剥削，而是为着创造更多的财富。民主改革，社会改革，也造成了部分剩余的劳动力，把一部分不生产的人吸收到生产中来。农村、生产、民主、社会四大改革，把全体人民吸收到生产劳动中来，国家要负责给以劳动的机会，这是在新基础上，新的包下来，是旧的包下来的发展。

生产发展，工人和知识分子均感不够，有条件来逐渐解决就业。但现在失业人口尚多，估计失业〔人口〕城市在300万上下，农村3000〔万〕～4000万（工农业生产比重，工业接近30%），工业还要很大发展，有很大的发展余地，〔需要〕有很多的劳动力。人多不是祸害，而是胜利的主要因素。

局部解决，还是全部解决，我们的目的是全部解决。因此考虑问题就要考虑全局。解决是长期的，还是短期的，应该是长期的，从生产发展中去逐渐解决就业问题。最后解决要到社会主义。解决办法是积极的，还是消极的，应该是积极的，从生产中来解决，而不主要依靠消极救济。统筹调配，各部分担责任（统筹分担）。

解决原则：①全部登记；②计划训练，要有政治训练与业务训练，学习技术；③分期逐步解决，先城市，后乡村（乡村要在乡村中解决，不要盲目涌入城市）。一年内要解决三分之一，约100万人。但勿盲目宣传，把暂时还无困难的人都引来登记。相信一定能够彻底解决，但不能一下子全部解决，城市问题要在三五年内解决，乡村问题时间很长。

出路：①财经部门，应该大量吸收。建筑部门，可以大量吸收。农林水利，财金贸易均可吸收。对外贸易要推销手工艺品。粮食、矿砂将来也可出口，牧畜也可发展，争取出口。农村公益事业包括文化教育，可以由农民自力修建。②教育方面要是重要出路，43万失业知识分子很快可以解决。要在三五年内扫除文盲。③合作社可吸收一二十万，不要选择青年。各机关青年报考高等学校，机关不准阻止，否则可以上告人事部或人民日报。

工商联组织通则*

全国工商业户约500万户，职工800万人，“五反”运动后迫切要求组织，六月全国筹备代表会议开得很好。经济建设高潮到来，应有一个组织来领导私营工商业，以便共同执行经济计划。

上海163000户中，只有12000户是大户，其职工占全体职工（62万人）中的43万人，其中6000户占35万人以上。2000人以上工厂35家。因此大户确占重要地位，工商联应首先抓住这些大户。纱厂调整工缴后，每年可得15%（小厂）到20%（大厂）的利润。

工商联先有事实，再定制度，这个草案解决了三个问题，或指出了一个解决的道路。各地工商业者意见，筹备会议后大工商业的问题大致可以解决。中小工商业户有了工商联，其困难可逐渐解决，摊贩也可以参加工商联，同业公会过去是封建性，现在处理方法很巧妙。

明年计划原则**

（1）明年开始建设，生产计划重要，基建计划更重要，但有困难。①组织变更；②五年计划尚未最后决定，明年确定要做的就做，尚未确定者等二三月或打电报商量；③反对保守主义，本位主义，要贯彻到计划中去，必须是先进的计划。

（2）如何定计划？现有厂矿生产计划及零星建设先提出控制数字，九月发下，十、十一、十二〔月〕厂矿提出计划，大区工业部审查，再送中央各部统一。财委综合要在明年一月。明年第一季按自定计划进行。控制数字合理提高，但主要还在发扬下面的积极性，利润暂不确定控制

* 1952年6月20日至30日，全国工商联筹备代表会议在北京召开。会上讨论了工商联组织通则。8月1日，政务院第147次政务会议通过了《工商业联合会组织通则》，并于8月16日由政务院总理周恩来命令公布施行。此则记录应为筹备会议后中财委讨论、修改《组织通则》，确定文字修改由薛暮桥修正后送总理批准，时间在1952年7月。

** 1952年8、9月间，中财委会议记录。

数字。

统一价格争取迅速实现，但目前仍须因地制宜，结合各种因素，力求合理，首先排除盲目性，各厂不能自定价格，要经研究调整。

基本建设要有控制数字，先定明必须搞，可能搞的，同时照顾五年计划长期需要，明年少搞，才能纠正五年的抛物线。

轻工、纺工两部房屋建筑归建筑工程部负责。明年要把各部及专家所需房子造好。

1952年不搞计划，只搞控制数字，各厂矿要做总结。

建立并加强统计机构。

所有大区管的企业，均为国营企业，省市管的为地方企业。

调拨价格明年先统一钢铁、木材、水泥三项，并调整铁路运价。

地质干部首先调配，任务战略性的勘察，各部及专业局负责战术性的勘察。各部明年集中力量首先解决设计问题，建立设计机构。

建筑部主要〔负责〕地方建设，轻工、纺工建筑，此外〔的〕各部自己建筑。城市建设着重新建城市（八个城市），扩大城市（十二个），此外〔的〕城市自己负责，中央不管。分工明确。

各部成立后逐渐掌握各大行政区各专业局。首先把东北各专业局管起来。干部自行调整。

各部明年必需的干部开单子二份，一份交财委综合，提出要求。

重工部干部分配，重工20%，一机60%，二机15%，地质5%。东北工业部1/3调重工部，1/3调计委会，1/3留在东北。

各部五年计划，应让非党部长知道，限于本部门的。

年终双薪问题*

私营企业调整工资尚未完成，应否发双薪，应发多少，由劳资双方协商决定。大企业可参考国营办法，中小企业调整工资，小企业不能调整者，仍可保持分红制度。

---

* 1952年8、9月间，中财委会议记录。

国营可即实行，原有双薪用于奖金及休假薪金。私营企业实行尚有困难。凡与国营一样调整工资，实行劳保福利者，得经劳资协商参照国营办理。否则劳资协商可以维持原状。

成立检察机构*

财政部已设立，应设立者铁道部、各工业部、贸易部、邮电部、人民银行、水利部、粮食部。

任务监督检查，维护纪律。受人民检察委员会及部长双重领导。

乡村财政**

1. 自愿筹款不得超过公粮 7% ~8%，全劳动力每年义务劳动 5 ~ 10 天。

2. 每个乡平均 2500 人，平原多，山区少（约 1000 ~ 5000 人）。

3. 小学发展要分步骤，有计划，民办小学要能自己维持至少三年，十五岁以上不住小学。

4. 各部所办乡村工作，财政上无预算者，一律拒绝。

励行乡村简政。

贸易问题***

私营商业，西南达到去年 12 月的 75% ~ 80%，华东达到去年同期 75% ~80%。

全国情况：八月间贸易总额已超过去年同期，国营增加了约 50%，合作社增二倍上下，私营仅及去年同期 70% ~80%（上海 82%）。

今年零售私营比重 70%，明年计划降至 58%。

---

* 1952 年 8、9 月间，中财委会议记录。

** 1952 年 9 月至 11 月间，中财委会议记录。

*** 1952 年 9 月至 11 月间，中财委会议记录。

陈〔云〕主任讲话*

年终双薪，原则上要取消，不采取整齐划一办法。国营私营不必一致，各地区不必一致，各企业不必一致。凡条件不成熟者不取消，取得工人同意，将年终双薪匀入工资，确实建立奖励制度。凡条件成熟，可以取消者（银行、邮电等）可即取消，要与工人协商得其同意。

对外贸易外汇牌价**

对外贸易要从各方面来解决问题，调整牌价（外汇）仅是办法之一，但是应该实行的办法，目的在解决小土产的出口问题。调整有没有危险，没有危险，原因是牌价至少偏低10%，我们调整如超过10%，就有危险。小土产所占比例不大，是否需要照顾。比例虽然不大，但很分散，不易组织，非调整牌价不易解决。

政治影响如何，看会不会影响朝鲜谈判①。

〔中财委〕党组会议（12月13日）***

1. 朝鲜战争死人1∶2.5，用钱1∶8，但美国还要打下去，应该准备长期打下去。因此必须增加军费，削减建设经费。

2. 建设开始，缺乏经验，许多建设花钱会远超过原定预算，这点必须充分估计，因此必须保留一点后备力量。

3. 必须确保钢铁、机械、化工、煤、电、油几项，即要确保重工业。

---

* 1952年9月至11月间，中财委会议记录。

** 1952年9月至11月间，中财委会议记录。

*** 1952年12月13日召开的中财委党组会议记录。

① 指1951年7月10日在开城举行的朝鲜停战谈判，1953年7月27日朝鲜停战协议在板门店签订。

	国营	地方国营	合营	私营
电	73.1	18.3	—	8.6
煤	68.5	17.6	—	13.9
铁	100.0	—	—	—
钢	95.0	—	5.0	—
水泥	62.0	18.1	9.0	10.9
轮胎	80.4	1.4	—	18.2
胶鞋	28.5	8.7	1.7	61.1
纸	50.6	13.5	—	35.9
棉纱	47.7	5.5	11.1	35.7
棉布	68.4	2.9	7.3	21.4
印染	23.6	4.8	11.6	60.0
呢绒	54.0	12.9	12.5	20.6
火柴	—	49.5	—	50.5
糖	17.1	9.4	—	73.5
面粉	7.5	19.9	—	72.6
卷烟	43.0	22.0	6.9	28.1

统计工作会议*

各部工作汇报

重工部：统计科17人，属计划司，已开始分工（劳动部门），尚不彻底，产销二表归统计，基建分出去了。目前各司尚未配备齐，因此统计工作多未建立，各局情形亦大致相同。报送关系，由局的统计部门报部统计部门，再转业务单位。现已发出指示，业务部门直接报送，不经统计部门。

问题：（1）报表不及时，月报隔两月尚未收齐；（2）设备及技术定额报表要求制定；（3）各地报表只有部有，局里只有直属企业；（4）介绍苏

* 1952年12月15日，召开第二届全国统计工作会议，会议由薛暮桥主持，并作会议总结。会议确定了《1953年全国统计工作纲要》和拟定了《各级统计机构组织通则》，会议还研究了统计干部的培训问题。此前国家统计局于1952年8月成立，同时召开了第一届全国统计工作会议。在第二届全国统计工作会议的基础上，1953年1月8日，政务院发布了《关于充实统计机构加强统计工作的决定》（《薛暮桥文集》第二十卷，第358页；《中华人民共和国国民经济和社会发展计划大事辑要1949—1985》，第32页）。此为会议记录摘要。大标题为编者所加。

联统计机构与业务机构联系。

第一机械〔部〕：现有 11 人，工作很乱，份量很重，准备在计划司下设综合统计科（5 人）、专业统计科。劳动、基建报表已送人事、基建两司。

机器局有统计科，汽车局只有二人。报告单位 83 个。电机〔□〕准时报的 50% 多一点，迟到的 30% 上下。

今年帮助各司建立统计工作，明年帮助各局健全统计工作。

统计人员配备，80% 是新的，流动性很大，把统计部门当做暂时安插干部的机关。统计数字很不准确。快报，机器、电机产品，电报月报，每月四日能报到；基建快报，工作总量、工程进度、拨款，每月八日能报到。想建立设计快报。

问题：（1）各部均有机器工业，如何取得资料；（2）综合经济统计科与专业计划统计科分工是否适当；（3）要找计划司司长来开会；（4）统计工作的宣传教育。

燃料工业部：原 14 人，今日增加 7 人，综合统计科属计划司领导，将来煤、电两局均有统计科，人员将分到专业司去，统计科只保留十人。

（1）决定统计数字以统计机关为准；（2）对不重视统计的单位严厉批评，并来检讨；（3）七八月数字到九月十五日报出了；（4）十月二十五日开小型统计会议；（5）原学统计工作的干部调回原岗位。单位 109 个。

分工问题希望快作决定，业务统计机构亦需要有统一规定。

纺织部：统计室 24 人，掌握全部统计报表，专业补充报表则归业务部门。“三反”前已能及时报送，现正逐渐恢复，大部已能按期报。

（1）分工问题，已决定分出去，但有些单位没有人接。厂中早已分了。分出去后是否出入经过统计部门。分工后管：A 制度、B 生产统计、C 私营统计。

（2）私营报表制度，希望快些解决。

（3）如何做分析研究工作。

（4）修正定期报表望早发下。

〔单位〕国营 86 个，私营 200 余个。

快报月报公私在内 10 日可以到齐。

轻工业部：计划处下有统计科，专业处管全面产销情况，均有统计工作。将来如何分工？过去曾想由统计科集中，但不可能。（现有 10 人）专业处就无事做。没有正规统计报表，仅凭大区工作报告收集材料。后来综合的报表归统计科，专业的归专业科，结果大家资料均不完全，各有一部分材料。现在初步统计均交专业组，统计处负责综合。

〔单位〕直辖9个，加代管共40个，地方综合单位40个。财委要的报表只有国营，不包括地方公营及私营，因此领导上感到作用不大，工作上需要的是利用各种材料计算公私总产量。

（1）要求大区作专业综合表，包括地方工业及私营工业。

（2）分工是否合适。

建筑工程部 只有一个统计员，尚无统计机构。

业务部门统计工作分工问题①

夏拉璞夫同志报告

过去在东北统计会议〔上〕大家提出很多问题，我曾解答，此地亦有这些问题，可以再讲一下。

（1）为什么中国统计工作要根据苏联经验，〔而〕不根据资〔产〕阶〔级〕原有经验？列宁说过，资〔产〕阶〔级〕为着利用，需要在工厂内部有计划，但整个社会是无政府的，一方面商品无销路，另一方面人民饥饿。社会主义是公有的，实行计划经济。资〔产〕阶〔级〕统计掩盖真实情况，掩盖残酷掠夺，缺乏重要统计指标，没有统一的统计机构。在社会主义，生产公有，没有秘密存在，因此统计是真实的。在中国为什么要采用苏联经验，为什么要成立国家统计局，理由在此。因此国家统计局应成为领导国家统计机构及业务统计机构的机关，有两个系统，国家统计机构、业务统计机构。国家统计局应制定全国统计方法，审定全国统计报表，国局应与不经批准的报表斗争，必须统一系统，否则工作很难展开。

（2）原始报表，根据原始记录第一次编出的报表。工厂经理需要掌握每一车间的统计资料，有内报表与外报表。外报表每月每旬，内报表就要每日填报，产销、原材料消耗、劳动、设备利用……须有厂内报表，经常监督生产。内部表报要报厂内各部，有日报、班报，按生产指示图决定。这些报

① 这应是统计会议期间请苏联专家介绍苏联的经验。

表不能由国家统计机关统一规定，由下面制定，送上级批准（省），主要靠企业自己，而不是靠地方统计机构。同一类型企业，不在同一地点，应用同一报表，否则不能编制同一的对外报表。应由部局制定厂内报表，国家统计局亦要管，否则不能编制同一的厂外报表。财务部门要管财务报表，这是会计、统计报表编制的根据，因此厂内报表要与统计、财务部门协商。根据业务部门编制的统计报表，要经国家统计机关同意。

统计、会计、核算〔的〕关系。统计是：①代表用数字来表现经济现象的资料的总体；②代表搜集和整理数字资料的过程；③代表一种科学，创造统计方法和技术，将大量原始资料〔整理〕成为综合完整的资料。统计总体是其特征，孤立的表式没有大的意义。会计掌握账目总结，非常严密，对象并不很多，不像统计包括一切对象。会计是个别联系，统计是综合联系，因有此区别，所以进行方法不同。统计可以抽查（时间，空间），典型调查。根据抽查推算，会计不能抽查，即不能漏账。年报根据会计资料编制以检查定期报表的正确性。

业务计算（原始记录）把每一业务记录下来，很细密、具体，随时记载，把原始记录相加，成为各种记录。统计比较前进一步，所谓科学认识，是在大量现象中掌握……舍弃孤立的没有决定性的东西。

如以挖土方为例，原料记录每天记载挖了多少土方，会计计算需要支付多少工资，统计要根据这些资料研究经济上的关系，互相联系，了解完成此工程需要多少工时，每一工人能完成多少工作量，平均工资高低，劳动效率高低，比以前有无改进，把先进工人单独提出研究。会计就不能如此，原始记录是编制会计报表及统计报表的根据。

（3）统计工作的统一领导。国营、公私合营及合作社已纳入国家计划，其他两种亦受国家领导，故必须有统一的统计方法。统一领导主要指：①报表质量保证；②填报日期；③统计计划。

报表质量，客观对待统计工作。客观工作才能保证分析的正确性，不要发生局部观点，本位观点。要研究资料的正确性，计算是否错误，各个指标有无矛盾（算学检查，逻辑检查），否则根据错误材料进行分析，便会得到错误结论。在东北检查一个大厂，半年产量平均多报了2%，劳动日亦不是整数，下面统计机构未经检查，即将材料上报。此种现象应予纠正。劳动生产率一、二、三月上升，四月下降20%，五月下降50%，原因任务减少，工人未减，〔而〕基建因劳动力不够，完成不了任务，未把多余的劳动力转入基本建设（修建）。原因未将原始记录及时报送厂长，四月有400工人，五月有600工人未做工作，照发工资，修建亦未完成。从此例子看出原始记录及统计的重要性。

有一基建计划72亿，实际开支29亿，节省60%，什么原因，没有研究，就盖了六个章报上来了。具体检查结果是+30个亿，而非29亿。因此无论编制或审核表格，均必须抱负责态度。

（4）报表的整理及布置新报表。报表说明国民经济发展状况，计划完成情况，是否相互配合，有无潜在力量，需要通过各种报表〔来说明〕。国〔家〕统〔计局〕有责任整理表式，增加或废除一些指标。整理及简化表式是一重要工作，必须以最少的力量来完成最急要的任务。部局滥发表格，〔苏联〕十七次大会曾决严〔议?〕简化表格，说滥发表格是官僚主义的最典型的表现。在中国计划经济发展很快，有些报表已失时效，必须增添新的表格。增添表格根据工作需要，不能滥发。过去有些部局愈多愈好，应有限度，限于检查计划执行〔情况〕，不能坐在办公室里编制表格。东北贸易部曾要求按品种、规格掌握商品流转数量，这只能在商店与批发站中使用，不能作为统一表式。这一工作需要增加500个干部，用成百吨纸，而其效果不大。

因此布置报表必须考虑，合理布置报表，互相配合。列宁说，拟定报表必须简明，但又解决问题。其次要明确，容易填报，节省劳力财力。对每个指标规定确当，内容一致，照顾计划工作及业务工作需要。更次送报单位要少，一般只报上级机关及当地统计机关。统计机关不是供应资料的机关，东北有些机关报了十几份，至二十几份，有人要就给，没有原则。

此外须研究下面提出的意见，以审定报表，修订报表，改进工作。

部局统计分工问题　Klodvich

统计核算在业务核算、会计核算中起指导作用。斯大林说，核算没有统计是寸步难行的，会计把一个单位收支记录做成表格，统计观察总体（空间与时间），有统一的目录，计量单位，不变价格。业务计算生产数量，会计计算价钱，统计处理产量产值，并与其他资料结合观察。统计工作起组织作用，回答研究国民经济所必须了解的问题。统计的成本表格，应与会计共同拟订。现谈各部前次谈的问题：

部局系统报表，重工业部基建报表未分出去，其他各部已分。劳动是否由人事部门做。铁道部一切报表均经统计部门。各部按其需要及条件，各有一套办法。研究如何合理组织统计报表，包括企业对外报表。先从企业谈起。

在小企业中，报表由会计部门或人员填报，中型企业则有统计人员来填报，大企业有统计部门，要填的报表有生产、劳动、成本、基建、物〔资〕分〔配〕、技经等。这些报表，由统计科（或计划统计科）来统一领导，统计科不但报送外部报表，且应组织内部报表。在目前条件下，劳动表应向人事办，基建由基建办，销售由会计办，业务部门报表由业务部门做，综合性的如生产由统计科办。产量必须根据车间记录填报，与会计部门入库数字核对。苏联产品成为成品，必须入库，入库前仍不算成品。我们有些产品未入库的亦作为产品，所以更须核对。企业中生产部门很多，每部门有专门报表，均应送给统计科，生产科应把有关生产材料送统计科，以便按计划检查。同时会计部门亦将产品生产、销售数量报统计科。收集这些材料，以便核对。不但业务部门，而且会计部门，均须送材料，共同核对，会计亦要签字。劳动统计由人事办理，不甚合理，有些指标，人事部门不能胜任，因此人事部门只能供给一定的材料而非全部材料。人事自己亦有统计材料，如人员组成情况、干部档案、培养教育等。如把劳动统计交给人事部，完成不了任务。既有统计部门，统计报表应由统计部门统一填报。计算劳动生产率，便有产量及工资数字，这在人事部是没有的。所以由统计科担当较为合理，利用人事部交来材料，加上其他材料（工资），完成完整报表。但此并非说人事部不做统计，它要供给统计科材料，并供给上级人事部所需要的材料。如由人事部直接上报，更不合理，必须通过统计科上报。劳动中有许多计划指标，人事部门不能掌握，因此对外劳动报表最好由统计科办。

生产报表无疑应由统计部门办，因要检查计划执行情况。

基本建设统计报表。大的基本建设有独立财政拨款者，应有独立的统计报表。除会计报表外，还有统计报表，以与国民经济其他部分基建统计配合起来。这种基建有独立的计划指标、计划机构，因此有关计划完成情况的检查，应由计划统计部门进行，对其上级报告（计划统计部门）。对于基建业务情况，由业务部门掌握，但其对外报表，必须通过计划统计部门来掌握。现我们情况，除重工业、铁道部外，基建统计均交业务部门处理。如果（铁道部）全部由统计部门掌握，将把全部力量放在生产情况，忽视基建，这种情况亦是不好的。重工业部基建统计是比较好的，照重工业部情况，没有必要交给业务部门。究竟谁做较好，仍可研究一下。

物资分配报表很多，如主要原材料、电料的收支情况，产品供应情况等，是否能全由业务部门填报，亦不可能。如原材料消耗定额，便非业务部门考虑范围内的问题，这一部分应由统计部门来办。我们物资分配报表有物资动态、国家物资计划执行情况二表可由业务部门填报，生产定额一表应由生产部门填报。此外还有物资分配业务报表，不在我们范围以内。专业报表与统计报表，前者业务部门直接上报，后者由业务部门交统计部门统一上报（前者也要送一份给统计部门）。

技术经济指标，在各工业部门各有特殊情况。如炼钢中高炉有效容积系数，纺织厂台时产量，各业均有其特殊的专业报表，填此表时应有工程技术人员参加，由生产部门填报，一直到部都由业务部门填报，也有一些要送一份给统计部门。

会计报表（单纯的）由会计部门报送，最后到财政部。会计统计报表（如成本）由统计局与财政部共同商定。如单由会计部门填有困难，其中去年同期指标由统计部门掌握，因此成本报表由会计部门填，填报时要与统计部门密切配合，成本报表由会计负责人签名负责。

其他统计报表如宿舍、厂内运输、幼稚园托儿所等，也应统计，也应通过计划统计部门。报表有业务的、统计的，统计报表有内部的、外部的，计划统计部门只掌握统计的外部的报表，其他由业务部门填报。企业对外统计报表，均由计划统计部门报送，他掌握着全盘生产情况（不是部分的），逐级上报。

业务部门统计工作，有专门业务指标，有技术经济指标，有统计报表所需要的指标，我们只谈最后一种。

此外尚有某件专门问题的调查，如劳动伤亡报表等，不在一般企业填报。

业务部门的统计部门应综合掌握外部统计报表，业务部门供给材料。业务部门搞业务报表，并供给材料。统计报表应由统计部门掌握，由业务部门供给材料通过统计部门填报。在部局也是这样，要成为部局统计工作的组织者，领导者，不能不管。统计部门应遵照国家统计局的规定进行统计工作，要把国家（全部）的利益放在第一位。要与未经批准的报表斗争，因它妨碍合法表格的报送。严格遵守统计纪律，按期填表，保证报表质量，纠正错误。现在错误是难免的，因此应予特别注意。

报送范围问题，有些只报中央直辖企业，有些包括地方公营甚至私营企业（如纺织）。应争取更多的填报单位，满足国家统计机构需要，尽量把统计范围扩大，使我材料逐渐完善。各部对报表范围了解不一致，有些部门限于自己管理〔的〕企业，有些包括全国。财政部只报 40 个单位，与我们的填报单位相差很远。成本报表还没有商量好。各单位应该有企业一览表，以便随时检查填报情况。

基本建设统计报表

基本建设（投资）与工业生产有相同地方，两者都是生产，基本建设生产工程。生产必须扩大再生产，这就必须投资。投资作用在增加固定资产。投资表现在：①购资产（工农业产品）；②施工，建筑安装房屋机器。施工前要准备，准备好了施工，安装机器设备。开始时政府拨款，按照工程设计拨款，基本建设便开始进行。计划可能中途变更，增加建筑设备，亦有可能生产计划发生变化，工厂设备随之改变。因此工程监督不仅仅靠统计，统计依靠各方面的努力来监督工程进行。

先讲投资，先要确定单位来衡量工程大小，衡量成本费用大小，故先要做工程概算。工程地点，材料价格，均对工程费用大小有很大影响。工程变更，计划变更，统计上的困难随之增加。工程单位需要确定限额，工程均有一定标准，以便确定概算。上级批准了的概算，称为工程限额。中国有些工程既无概算，又无计划。先要提出工程对象（完工以后可以发生独立作用），①规模大小，工程性质，各种条件，批准设计任务；②进行技术设计。

一般工程，杂费占建筑费用的20%，其中管理费用约占8%，其他杂费约占12%。其他杂费有附属单位（如烧砖、打石子）应打入成本，仓库费用约占3%，运输打入成本。公用事业（如食堂等）不能超过比例限额。

讨论《组织通则》汇报

西南组 决定还要强调充实机构、调配干部问题。编制草案不够，表示决心不足。要强调干部专业化。大区设局，直属行委会。

报送单位很多，我们没有规定，事实上非送不可。

编制太小，省市普遍要求扩大，专署减二人（八人），县增二人（七人）。

华东组 过渡时期大区设局（分局）省市大大增加。专署三人即够。上海各区设统计科。

西北组 党政领导机关普遍重视统计，财委不愿意把统计机构划出。强调国家任务，怕会陷于孤立。取得上级同意是有困难。

大区仍应设局，编制80人。西安可减10人。

华北组 天津市委工业部发了80余种表，非填不可。市的工作任务不明确。

中南组 省第一季配备齐，专县第二季。决定中也提干部专业化。大区设国家统计局办事处。统计机构与计划机构分开。干部政治质量太差。统一后满足不了需要怎样办。最好委托财委管。私营工商业单独设立机构。培养统计干部应解决编制及经费问题。

东北组 决定要强调统计工作的重要性，对过去〔缺点提出〕批评。目前任务重大。大区目前设局。

工业部 决定对业务部门统计工作强调不够。部不感〔到〕中央报表的重要性。中央各部成立机构加入决定。部设综合统计处（25～30人），加上各司的统计科或统计员共50～70人。综合统计处指导各业务单位的统计工作。中央各部管不管地方国营，管不管私营？

贸易合作部 设计划统计局，下设统计处或科。商业厅设统计科。各部需取资料应否经国家统计局批准？最好规定手续。

交通农林部 各部要求设统计处。铁道部专业表有7000种之多。开会结果要告诉部长。

华北统计工作汇报

北京市

工业报表，1952年比1951年进步，比前精简，产量产值，劳动工资，没有困难。问题：工人人数，学徒不算工人不合中国情况，学徒参加主要劳动，使劳动生产率的计算不合实际。技术奖金没有明确解释。每季需要实际工人人数，实施范围包括劳改及救济。

物资分配报表实施范围不明确，（与统一分配物资无关的工厂可以不填。）只填国家统一掌握或统一分配的工厂，就较好办。

私营工业大型〔的〕都〔填〕报有困难，100人以下的工厂填简表，或按行业分类填表。私营商业报表也有困难，是否缩小范围。

加工订货户数难搞，金额比较容易。

基本建设布置面太广，计算完成率的方法很不一致，需要统一计算方法。计算实际完成量有困难。

报表报送时间挤在一起，不易综合。

河北省

干部多不懂业务，照抄照转。县已配80%，区已配90%。干部政治强、业务弱，党员占87%。

工业厅设统计处，20人。商业厅在计划科中有统计员。合作社的统计还是搞不上来。

工业产品目录计算单位与不变价格（卫生陶瓷、面砖）不同，碗比缸贵。

唐山市委要32份报表，委员每人一份，各部会团体一份，唐山统计局提出给四份。

基建究〔竟〕有多少单位不知道，来多少算多少。地方无法知道国营建设单位。文教部门建设单位多，〔投资〕数额少，按期报送有困难，文教部门亦不重视。可否小工程待完工后一次报。

农业问题很多，家禽家畜报两次有困难。家禽最好不调查，瓜果蔬菜最好不调查，牲畜不分年龄。

种植面积按村调查，其余均分经济区作典型调查。

华北统计局

中央国营企业地方统计局不好管（京西矿务局），大区综合任务繁，无力检查督促。

县委、地委要求国营工厂报送报表，似乎没有需要。军委战略部派调查组赴各地作全面调查，最好由统计部门供给资料，不下工厂农村。

基建报表份量相当重，执行状况建筑工程局较好，文教卫生最差。公用事业搞不了，应再考虑。时间挤在一起，必须拉开。①国营五个部可搞，地方只搞工业系统，其他部分不综合。（20 亿以下不搞，可以大大减少，华北 7000 亿，有 1000 余个建设单位。）②承包企业属建筑工程部系统者，由直属系统综合，不要省市综合。③计算方法没有明确规定。

农业计划统计问题

计划工作中的几个毛病：①不切实际，统计数字不可靠，难于置信，一级一个数字，同级亦有几个数字；②要求过高，急躁冒进；③指标太多，表格太杂，时间太短，程序颠倒，变动太大，强制执行。

要不要做农业计划？提出发展生产控制数字是必要的，号召增产是必要的，各村各组各社订大体生产计划是可以的。目标把小农经济逐步引导到计划经济的轨道上。

什么东西做直接计划（国营），什么东西做间接计划（农民所准备的粮食，工业原料等）。控制数字与间接计划有何区别？

控制数字要哪些数字？哪些数字可要可不要？①粮食（稻、麦、豆、杂粮、薯类），②技术作物（棉、烟、茧、茶），③畜产（马、牛、羊、猪），④水产（海水、淡水）。其次，农具、农药、肥料及互助合作。确定控制数字以后下达到哪一级，对农［国?］营农场有无法律约束力量?

大区应否作为计划统计单位？经过大区审查后送中央比较妥当。因此大区机构应当加强。

农业统计，应有哪些资料？如何得到那些资料？户口、耕地可以统计，马牛羊猪也可统计，产量常年易算，年产较难。业务部门比统计部门要求更多，地方比中央要求更多，湘潭一百多种表，临潼二百多种。

农业全国统一集中领导，基本建设直管到省县，统计上亦因此发生困难。

〔王〕耕今[①] 农民生产不可能用计划控制，最近检查京郊农村，有一个村1950年种麦1200亩，1951年种200亩，1952年种800亩，完全是受气候影响。计划仅起号召作用，知道政府需要什么。

今年农业计划动员了很多人搞，似无必要，还是多留些人研究政策，多做一些深入的典型调查。现在各级均做计划，一直到村，但各级计划精神并不一致，计划并不能起指导作用。应多研究政策，说明政策，数字可以少要一点。

今年计划要求太高，各省计划一大本，如果送齐没法看，更谈不到审查研究。与其花力量来搞这许多表格数字，不如多研究增产具体办法。

必需而且可能的：①耕地面积，分水田、旱地，旱地中的水浇地（原有40个指标，只要4个）；②播种面积，主要粮食，主要工业原料，粮食五种（稻、麦、豆、杂粮、薯类），工业原料（棉、烟、麻、糖料、油料、茶叶、蚕茧），畜牧（牛、马、羊、猪），水产（海产、淡水）。

技术措施：限于国家做的工作，群众自己搞的不算。

〔狄〕超白[②]报告华东情况

机构：省市工作太忙，需要增加编制或削减任务，县、区机构干部没有经常工作，要求布置。区不通过乡不好统计，通过乡就乡的任务很重。海宁乡设统计小组，每村民选统计员一人组成，不脱离生产，干部待遇。县委掌握生产，需要五天十天报告生产情况，不发〔报〕表不可能。但乱发报表多的还是省以上的机关，上级向县要，县就向下布置。如果县统计科能够掌握一下，可以减少很多。

年报：各地对年报普遍重视，许多厂长学习年报，省成立年报办公室。困难，年报份量过大，有些指标平时没有，熟悉业务干部太少。时间太紧，不断修改，不断返工。基层单位不断更正，妨碍汇总。企业主管系统不明，一时弄不清楚。只综合，不检查，错误无法纠正。公私工业年报指标对不上头，不好综合。综合表与综本表不一致。

① 王耕今，时任政务院财经委员会农业计划处副处长。

② 狄超白，时任政务院财经委员会会计统计处处长。

月报：及时者一月份 60%，二月 70%，三月 85%，五月可以全部及时。地方国营比〔中央〕国营好。参观三个工厂，均有原始纪［记］录，产量是正确的，产值大体正确，劳动也还正确，成本就很难说。需要加销售表，单有物资分配表还不能满足管理部门需要。

第二季工作：①贯彻定期报表；②清理报表。主要问题：①企业目录要弄清楚；②不变价格多不理解，需要解释，与产品目录不一致（名称、计量单位）；③国家任务与地方任务谁催急就先办谁的，江苏布置三人以上公私企业普查，浙江亦有地方统计十一种，很难完成任务；④大区地方工业局分六类报送六个工业部有困难，只能不分。

私营工商业：布置范围比原规定扩大了，江苏八个城市全部布置，十一个重点行业全省布置。福建大型企业全省布置，浙江亦同。上海布置 5000 个单位（全市大型 5300 个，小型有动力的 5000 个，手工业 18000 个）。安徽、福建等全省大型只一百余个，浙江五百余个。困难最多的是上海，催报困难，有下降趋势，现行办法恐难持久。资方代理人一栏最难填，发生严重争执，应即取消。

基本建设：许多单位很小，不好统计（最小的 85 万元）。统计干部配备很弱，浙江二百多个建设单位只有 110 个统计员，其中专职的仅 31 人。一般还是估计阶段，正确性还很差。地方业务部门增加补充表，要求旬报电报。计划表与统计表不一致，国营与地方国营分不清。全华东基建单位估计在 2000 个以上。

农业：如何估计产量，尚无成熟经验，省的粮食数字有几个，现仍不能定案。牲畜调查与人口调查时间均在六月，希望延期调查牲畜。有些表发迟了，南方已到春收季节。鸡鸭数不清。城市郊区经营园圃，一般表不适用。

〔廖〕季立①报告东北情况

综合工作怎样做？东北局只有二人搞综合。基建面太广，双轨制未建立。工业统计工作太乱，希望开会讨论一下。农业份量太重。贸易上下不通气，与业务部门不配合。

① 廖季立，时任中共中央财政经济委员会秘书处处长兼财政金融贸易处处长。

制度方面，分工不明确。

松江省统计局配备很弱，哈尔滨配备相当强，省领导市有困难。县〔统计〕设五人平常做些什么？农业有季节性，不是全年都有工作。

鞍钢基建统计人员五百人，生产统计人员近三百人，认为统计报表对业务部门用处不大。最近到了苏联统计专家，正在研究这个问题。

〔王〕一夫报告中南情况

中南原拟设计划统计局，最近接到通报后才决定成立统计局。现除广西外均已设局，但除广东外干部均去编制尚远，多把原定名额扣了一些。中南全区业务系统统计8000人，国家系统5000人。

综合科不知道干什么。一般情况工作忙乱，只能综合，不能审查研究。湖北省统计局包办国家统计任务，专〔区〕县专管地方统计任务（有手工业季报，购买力季报等）。

基层报表不及时原因：①没有专职统计干部；②企业管理落后，缺乏经济核算；③缺乏资料供应制度，业务部门不及时供给资料；④中央业务部抓得不紧，文委商贸没有布置；⑤交通困难，有些地区要送十天到半月；⑥收发迟缓，浪费时间。尤以①②两项为最重要。

报表正确性不易检查，很多工厂只算主要产品，不算副产品等。许多统计员不懂怎样算总产值，计算错误没有审核，时间限得太紧。

贯彻报表中的问题：①实施范围过广，有些小的大型工厂实施乙类表有困难。其中大多没有计划，不需要做月报检查。小型〔工厂〕不必要做季报。基建文教卫生部门单位多，投资小，填报困难。②简化指标，农业报表被党委挡住了。③计划、统计、会计的统一问题（统计自用纱不算，计划要算）。④专〔区〕县工业按月综合有困难，应均改用丙表（不论大型小型）。⑤大区地方工业局分类汇综［总?］报中央各部有困难。

农业如何估计产量？省统一估，区开会估，湖北估了几次，省委均不同意。

国家任务与地方任务矛盾，实质上主要是我们所规定的任务没有完成，完成了就大体能够满足。他们增加的要求是：①地方主要行业、主要产品，而在全国不是主要；②重点单位基本报表；③报表的文字说明，单靠统计部门不够，要靠党委系统文字报告；④要求成本统计。现在综合科工作不多，可以多做一点加工，供应地方需要。反对地方布置过多任务。

税务报表过分复杂，报表最乱的是私营工商业和农村，最乱的是卫生部门。有些把我们所发农业报表也列入乱发之列。

～ ～ ～ ～ ～ ～ ～ ～

〔统计资料〕

全国现代化工业及其主要工业部门生产总值的增长率

基期 1949 年 = 100 （按不变价格计算）

工业部门	1949	1950	1951	1952(注)
甲	1	2	3	4
各工业部门生产总值合计	100	131.4	191.8	224.9
其中:电力部门	100	102.7	141.3	213.3
燃料采掘部门	100	123.0	141.0	202.5
黑色金属开采及钢铁冶炼部门	100	320.9	516.2	847.8
机器及机器零件制造部门	100	290.4	582.6	845.8
化学加工部门	100	131.8	245.7	255.8
土石建筑材料部门	100	162.6	298.6	337.9
橡胶加工部门	100	118.5	181.4	201.6
造纸工业部门	100	126.4	207.1	350.7
纺织工业部门	100	136.0	138.2	198.3
食品工业部门	100	123.0	171.8	191.5

注：1952 年为计划数字。

（统计处：1952.7.15）

华北私营商业比重

单位：%

1. 营业总额		
	1951	1952
北京	67	44
天津	52	35
保定	46	33

续表

2. 批发		
北京	60	31
保定	29	19
石家庄	25	18
3. 零售		
北京	77	60
保定	77	60

手工业调查

山东省主要副业与手工业情况

	1936	1951	1952
总计	1577 百万〔元〕	582 百万〔元〕	747 百万〔元〕(纯利)
	100	36.94	47.34
油坊(油)	100	59.54	73.63
(饼)	100	33.67	56.07
粉坊	100	107.03	173.81
织布	100	83.07	75.25
编蓆[席]	100	55.73	75.56
编箩筐	100	50.93	58.60
蚕茧	100	7.48	17.45
制糖	100	56.48	53.01
造纸	100	50.62	85.57
铁匠	100	68.10	94.79
木匠	100	122.12	134.19

各种手工业

（1）造纸：江西、浙江、福建、四川。

实业部调查，全国 56000 户纸槽，工人约 30 万人，每年产品总值 54860000 元。

（2）制糖：四川，全年（1934）产糖 150 万担。

福建，全年 656000 担。

广东，全年土糖 1575000 担。

浙江，全年（1933）224000 担。

上海手工业重要行业

	户数	人数	资本额	营业额
棉织业	1651	8156	178 亿元	671 亿元
针织业	1564	14870	383 亿元	1418 亿元
铁器业	1633	10253	179 亿元	282 亿元
文教用具业	1080	5378	297 亿元	1169 亿元
制革业	752	1699	166 亿元	304 亿元
染整业	346	2035	52 亿元	195 亿元
服装业	37	3594	13 亿元	748 亿元
其他				
合计	9298	59377	1660 亿元	6652 亿元

1952年私营工业（大型）年报

企业单位　31114 个，资本 12.6 万亿元
营 业 额　37.8 万亿，其中销货 29.8 万亿元
总 产 值　67.8 万亿元
职工人数　114.7 万人，工资 6.29 万亿元

外资企业资产削减

单位：人民币亿

	1950	1952	削减
英国〔企业〕	45242	14997	67%
美国〔企业〕	40557	512	99%
法国〔企业〕	4203	3800	10%
其它〔企业〕	2634	2617	1%
合　计	92636	21926	75%

已处理的：上电　上话
美孚　亚细亚　德士古
开滦　颐中
英联　马勒

未处理的：怡和纱厂　密丰绒线　纶昌染织
上海毛线　平和机器（英）
华铝钢精（瑞士）　美光火柴（瑞典）
沙利文糖果（美）　法商电车电灯（上海、天津）

残余资产：英〔资〕占68%，上海占86%

全国纺锭总数

〔单位：?〕

	1949	1950	1951	1952
国　营	221	227	253	278
公私合营	23	40	48	73
私　营	269	257	229	215
合　计	514	524	530	566

各工业部门固定资产

单位：亿元

	国营工业	私营工业
重工业	101452	30127
钢铁		
机器		
造船		
化学		
燃料工业	179762	6426
煤		
电		
石油		
纺织工业	125930	136425
轻工业	78197	39780
总计	485341	212758
	1291023（总产值）	
	891637（固定资产）	

～　～　～　～　～　～　～　～

1953 年

五年计划*

环境：边打边建（边稳），必须按此方针来定计划。如果战争限于朝鲜，我们是有可能进行建设。

为什么要审查五年计划？（1）去年计划是在和平的基础上订定的，现在准备边打边建，建设经费就会减少；（2）去年计划偏重于新建工厂，对原有设备的生产数字未仔细计算；（3）苏联政府尚未正式答复，但亦可以提前讨论，因为新建工厂大部分在五年内不能开工生产；（4）中央要求一月二十日把新的方案交给中央，必须立即进行。

此次准备主要内容：（1）财政预算，军费要增，究〔竟〕有多少钱作经济建设。生产、恢复、改建扩建、新建。五年计划平均年增 15%，年度计划尽可能到 20%。

（2）哪些投资必须确实保证，哪些可以削减？农业水利的伸缩性较大，必须确保重工业，尤其是国防工业。

（3）五年生产数字确实计算。

（4）劳动及技术人员补充。

办法是要集中全力（计委、财委、各部专职人员），专做计划工作。

五年计划及 1953 年计划平行作业，同时进行。

要 1952 年生产、基建、财务基本数字，核算与估计。

金融、贸易、合作把原有计划审查一下。文教亦要审查一下。

计划究〔竟〕用什么价格，1952 年 10 月 10 日价格，调拨价格。

国家统计局会议**

苏联专家谈话

苏联 1918 年成立统计机构，1930 年才成立计划机构。统计机构是独立

---

* 1953 年 1 月国家计委讨论第一个五年计划笔记。

** 1953 年 1 月，第二届全国统计工作会议之后国家统计局召开的一次会议，这是会议记录摘要。大标题为编者所加。

的，有几年曾附属于计划机构，现在又直属于部长会议。

中国先成立计划机构，统计设于计划以内。各地统计亦受计划机构领导。因此统计机构不是集中统一的，而是分散的，受地方政府领导，为地方政府服务，中央的统计报表不被重视。在此情况下，不可能有全国范围的综合资料，因各地统计的指标和方法是不同的。

统计归财委领导，不能管文教及人口调查。由于以上两种情况，使中国的统计工作进展迟缓。原因是为地方服务，而不是为中央服务。

我们计划工作重点放在国营企业，故对私营企业未予核算，人口亦无调查。去年统计会议，大家要求建设垂直领导的统计机构，但未得到解决。

现在国家统计局已成立，如果地方统计机构不变，仍然不能解决问题，计划机构可以不靠地方，专靠各部来作计划。统计机构则必须依靠地方供给材料，才能进行统计。今后大区财委缩减，统计机构恐会随之缩减。其任务亦受财委限制，不能统计文教等项。故必须从财委独立出来，直接受上级统计机构领导。地方党政机关必须予以帮助。

干部任免，要取得上级统计机构及地方政府双方同意。省的局长由地方提出人选，提请中央任命。县的领导人员由县党政机关提出，经省统计局同意。如上级统计机构提出，亦应征求地方党政机构同意。如中央派一省统计局长，须先征求省党政机关同意，然后提请中央政府任命。省〔统计〕局长由国家统计局任命，县〔统计局长〕向中央备案。

苏联中央统计局干部多于计划委员会，计委会约 1500 人，统计局 1200 人（另有统计员 1000 人）。我们国家统计局现有人数，无法完成领导任务。国家统计局工作不仅〔是〕整理材料，更重要的是在组织统计工作。因为各级机构有一环节不健全，即会影响全国统计工作。

国家统计局与计划机关〔的〕关系，如与计委会的其他各局并列，很难执行工作。应受计委会主席或副主席直接予以指示，而不是由各局予以指示。

高〔岗〕副主席[①]指示

中国统计向无基础，比资本主义国家还落后。资本〔主义〕国家为资

① 高岗，时任中华人民共和国中央人民政府副主席、国家计划委员会主席。

本家统计，我们要为工人阶级统计，因此必须学习苏联，这就是说，要全民的统计。

中国统计发展进度不同，东北较好，〔其〕他区较差。国家统计局刚成立，人很少，实际上还没有担负全国统计任务。较多地位现还不是统计，而是估计。还不能说已打下基础，这个估计太高。应把国家统计范围扩大，包括全面。没有各方面的统计，如人口等，国家建设便有盲目性。因此国家统计机构要加强，增加有能力的干部，分工，确定任务，做出计划。

开始时候不能太大，先搞四百人，以后逐渐扩大，人要选择，不能滥要。来源：①下面统计机关抽调；②学校培养；③其他机关抽调适宜做统计工作的干部。

统计范围，主要与次要，必须搞清楚，以便干部配备。上下关系与计委会各局关系，与各部关系，与地方政府关系要明确规定，否则天天扯皮。

工作制度要规定，统计方法，表格必须是最主要的，多了报不上来。东北 1950 年搞工业计划，所有厂矿都报到部，结果没有人看，最后把它送到造纸厂当原料。东北农业部发了一个统计表，名目繁多，人民无法填报。因此统计方法在工业上、农业上、交通上、贸易上，应有明确规定，使下面容易懂，容易报。既防止样样统计，又防止只统计一样，其他不搞。不仅是数字的加减，而是有指导性的。

这个草案要经各地统计干部讨论，这样便于开展明年工作。讨论后再向中央政治局提出，效果较大。好好准备研究，作出一致决定。

没有统计干部，很难做好统计工作。各方面都要干部，要靠各机关作计划自己培养。（培养 200 人。）等人家派干部来，那是一定会失望的。经常商量如何把统计工作建立起来。

向苏联专家学习问题

1. 与专家谈话要由各处处长掌握，所谈问题预先提出，谈话结果互相传阅，以便采取。

2. 业务部门来找专家谈话，也要预先提出问题，先经自己研究。

3. 〔把〕过去〔的〕专家报告整理翻印，翻译各种基本书籍，组织学习。

4. 帮助专家了解中国情况。
5. 翻译要增加，要专业化。过去常常翻［译］错，浪费专家许多时间。
6. 统计资料需要供给专家，指导我们怎样检查。
7. 技术经济报表我们无法审查，只有依靠专家。
8. 农业统计需要使专家了解我们的具体情况。
9. 加强内部联系，自己排定计划，再与专家计划配合。
10. 规定业务学习制度。
11. 专家的办公室要解决。

商品生产与价值法则[①]

（1）社会主义制度下商品货币关系的必然性。私有者与私有者之间的商品关系。农民与社会主义工业间的商品关系，新经济政策利用市场，通过市场来克服资本主义成分，发展社会主义成分。

社会主义商品生产特点：①劳动力已不再成为商品；②生产资料不再成为商品，只有消费资料能成〔为〕商品；③这些商品是国营企业和集体农庄的产品。

商品交换关系：①国营企业与集体农庄；②国企与居民；③集体农庄与居民，三种商品交换。

（2）社会主义制度下的价值法则

价值法则：①重视生产上的劳动耗费，以货币形式来计算；②要求每一企业都有盈利；③在生产中起调节作用。

生产资料公有制和有计划按比例发展，限制了价值法则活动范围。价值计算不是通过竞争，而是计划计算（但在计算中要考虑价值法则）。在社会主义制度下，价值法则在生产上已不能起调节作用，而是受社会主义经济法则支配，决定生产中的比例。这种法则代替了竞争和盲目生产。

价值法则在流通范围的调节作用表现在：①在社会主义条件下，价值法则通过货币、价格表现，规定价格时要考虑到价值法则……对个人消费品交换起影响，工资能够买到多少商品，决定于价格。价格调节消费品的需求关系，需

① 这一节可能是苏联专家的讲话记录。

求数量。由于居民自由选择各种商品，因此只有掌握价格来调节需求数量。

生产资料需求不受价格影响。只有消费品的需求才受价格影响。前者不起调节作用，后者能起调节作用。

②商品流通与货币流通应保持比例关系，货币流通过多，就会贬值。因此国家必须适当调节货币流通数量，否则不能保持物价的稳定。

价值法则对社会主义生产的影响：

①社会主义生产不能直接按劳动时间，而是通过货币来计算所消耗的劳动，通过价格计算来确定成本，盈亏等。

②在确定各部门发展比例时，必须计算价格，按价格来计算比例。在决定价格时，必须考虑到各种商品价值的对比关系。

③工资是成本之一重要因素，个人消费品的价格按价值法则规定，因此价值法则通过工资影响生产，工资总数应与个人消费品价格总数适应。必须计算居民货币收支对照表。

机构编制

1. 大区，设局（60～100 人）

理由——综合任务更为繁重，督促指导直属政府，受财委指导。

2. 省市，设统计局（40～80 人）

专署减少〔人员〕，增加省市〔人员〕。

计划、统计一般分开。

3. 县区编制不变

4. 各部机构

①计划局司下设综合统计处（副司长）。

②三级制——设独立的统计处。

③对各业务部门统计〔是〕综合指导关系。

5. 统计部门如何完成任务

①编制，②干部条件，③参加会议。

高〔岗〕主席指示

1. 国家统计局、大区、省市、县区。国家统计局注意凡统计人员，必须政治可靠，面目清楚。不能随便安插，搞清思想。

2. 统计人员要有培养前途，要求质量，不要单纯追求数量。必须认真学习业务，熟悉业务，交流经验，教育干部。

3. 国家统计是主要的、是重点、是有决定性的。地区任务重要的可列入国家计划，说明为什么国家统计局要控制。

4. 统计目前最重要的是各部业务系统，如煤、铁、电、机器等，究〔竟〕能生产多少，还能提高多少，基建统计，资源统计，这些是有决定意义的，主要依靠各部。各业务管理局统计搞〔得〕乱，必须迅速整理。

5. 地方统计统计地方企业，要它们自己建立统计，对国营企业监督检查。健全企业基层统计，我们只做综合工作。

6. 地方调查应经中央批准，确保国家任务完成。业务调查应归业务部门负责，不能把业务调查归统计机构。

7. 制定统计规程，确定关系。

8. 国家建设中统计的正确性，所负责任很大。正确又要及时。

中心小组〔工作〕

（1）目前中心工作还是建立机构，建立制度。

（2）要开专业会议研究统计方法，由各部负责召集（如商业部）。

（3）第一季度年报，机构，第二季私营工商业调查，每季要有中心工作。

（4）有些地方把定期报表当作“死材料”，临时调查当做“活材料”。

（5）各地容许先后列入工作纲要。

（6）建立机构第一季省市，配到80%，目前机构与任务的矛盾特别严重〔突出?〕。

（7）临时工作多于经常工作，突击调查多于定期报表，必须扭转。

（8）布置任务要发电报。

（9）交流经验很需要，各地都有经验。

（10）数字很乱，需要整理，统一发表。

（11）党委需要文字说明，简单指标。

（12）要提监督检查计划执行情况，编好计划要给统计部门。

（13）第一季配干部80%，上半年配齐。

（14）中央出刊物，各地供给材料。

（15）《组织通则》不得任意修改一条。

（16）第一季度月报尚难按期上报。

（17）会议〔精神〕要贯彻下去，一一实现。

解决问题必须明确，不能含糊。

（18）向党委报告要提出问题，数字目的是为说明问题。

（19）地方任务要订计划，不能临时要材料，多经常〔统计〕，少突击。

（20）通过统计数字，检查计划完成情况。“统计核算”改〔为〕“统计工作”（《通则》）。

不仅检查统计，而且检查计划完成状况。

大区作为中心代表机关。

（21）特大企业重点试办驻在员制度。

（22）东北上半年搞报表质量检查运动，下半年搞文字说明。

（23）国家统计与业务统计必须分开，地区综合，业务各部综合，应该明确。

财委工作检讨*

1．三年来只注意于财政、金融、贸易，而未多注意于工业生产和基本建设。对工业是粗线条的，并未细致研究。

2．今后重点放在工业，要求细致、深入。

国家投资需要重点使用，反对分散。

生产中应发掘潜在力量，反对保守。

3．党的政治领导，思想领导。

明确方针任务，思想一致。

发扬积极性，发掘潜在力量。

4．机关党委工作。

过去政治空气淡薄，不问政治。

---

* 1953年初，中财委的工作会议记录。

加强党的工作，政治工作。

5. 党委怎样做工作。

党的工作不应该与行政脱节。

通过业务实现党的领导。

机关负责党员负责联系行政。

6. 党的任务之一反对官僚主义。

一年一次自下而上的批评。

7. 机关某些严重情况需要解决。

8. 要从业务工作观察干部。

党委工作一般化，脱离实际。

党组与党委的关系。

财委办公会议*

1. 发扬计划的积极性，反对盲目的积极性，反对不切实际的计划。
2. 财政部要反对供给制观点，严格进行财政监督，经济核算。
3. 商业部要研究市场需要，努力减少积压资金，减低流通费用。
4. 普遍的现象是追求数量，而不重视质量，造成严重浪费。

1953 年计划**

1952 年增产节约 31.7 万亿，中央各部 15.7 万亿，各地 16 万亿（尚不完全）。

问题：①积压多，计 170 万亿（煤、盐、糖、纸、纱布等）；②事故多（30 万人伤亡）；③质量差，次品废品很多；④管理差，管理落后于生产。

煤自 6800 万吨减为 6400 万吨，增加多余工人 3 万人，还多 400 余万吨。

纸自 46 万吨减至 42 万吨，尚多 3 万吨，准备减至 39.5 万吨。

---

* 1953 年初，中财委办公会议记录。

** 1953 年初，国家计委讨论 1953 年计划的记录。

铁不够，建筑器材不够。重〔工业品〕少轻〔工业品〕多。生产资料少，日用品多。

多的控制产量，提高质量，降低成本，打开销路，少的努力增产。

厂矿计划不仅要有生产计划，而且要有劳动、财务、技术计划。①技术改进计划；②产品产量计划；③劳动工资计划；④材料供应计划；⑤产品成本计划；⑥财务计划。

先进厂矿要把 6 种计划完全做好，中间厂矿做好生产、财务计划，落后厂矿至少做好生产计划（先进——民主改革，生产改革均已完成；中间——完成民主改革而未完成生产改革；落后——均未完成）。

做好查定工作，确定各种定额。查出先进定额与落后定额，以平均先进定额为计划基础。这就需要改善经营管理，发动群众。因此这是目前生产中的中心环节。先查领导，再查职工，以免对立。

建立责任制，各人均有专职。且可建立合同制度，保证完成一定任务。

提高质量，定出技术标准，定出技术操作规程，建立验收制度。

1952 年全国平均工资 56 万元，工人超过战前水平（技术工人不到），职员多未达到战前水平。五年内逐步调整。1953 年 7 月 1 日调整，平均增 10%。

地方工业计划由中央统一规定，经营管理由地方负责。

~ ~ ~ ~ ~ ~ ~ ~

①以哪一年的价格为不变价格。

②工业品价格是否包括税款。

③农产品按产地销地平均价算。

④工农业品比价如何适当。

①1952 年价格有些缺〔点〕，但符合目前情况，比 1936 年价格强得多。

②工农产品价格比例，工业要贯彻到厂矿，农业只有中央计算，地方不算农业产值。计算农业生产总值目的是在计算工农比重，所以只有中央有此需要。工业要到每一企业，按此价格作计划，如能满足此要求就应采用。计算工农比重可以另行考虑。

③工农产品比价问题，工业品包括税、农产品未包括。如果把税去掉，再与农产品对比，如果假定工业品的税为 15%，则在工业总产值中减去

15%即可。是否应该减去税，那还应该讨论。

生产总值应与价值一致，价值包括原材料、折旧、工资、利润、税款，原则上不应把税去掉，但专买［卖?］税可另行考虑。去掉15%，对工农对比影响不大。

农产品价格偏低。苏联比例：1924年剪刀差很大，1926～1927年剪刀差消灭。那时平炉钢每吨85卢布，一吨面粉亦为85卢布。大米每吨430卢布。一吨小米值两吨钢。一吨皮棉换14～15吨钢。生铁每吨58卢布。一吨煤等于200～250市斤小麦。

～　～　～　～　～　～　～　～

生产力与生产关系*

生产力的改进，主要决定于机器和人的劳动技能。现在改进生产起决定作用的：①机器设备，②操作方法，③组织管理。后两者为人的因素。组织管理是如何使机器和工人很好结合起来。资源也是重要的，但这是固定的，技术进步资源亦将发挥不同作用。

①政治经济学研究生产关系，是不是也要研究生产力?

②工资改革能不能当作生产关系问题？合作社的分配问题是不是生产关系问题?

③有没有新民主主义的经济法则和政治经济学。

～

全国人口54000万，城市6400万，乡村47600万。

全国工人1200万，城市880万，乡村320万（其中手工业工人至少200万）。

城市工人，工矿338万，手工业140万，交通运输135万，建筑144万，其他124万。

独立手工业者566万，城市113万，乡村453万，此外失业52万。

全国店员159万人（城市），小商人及摊贩730万人，城266万，乡463万。

劳动农民24000万，剩余4000万。

---

* 这一段可能是薛暮桥自拟的思考提纲，时间在1953年初。

公教人员及职员 380 万，自由职业者 27 万，其他非劳动就业者 83 万，家庭妇女 1000 万。

失业、无业 388.6 万，已登记者 132.5 万。城市失业无业 264 万，乡 124.6 万。

城市失业、无业中工人 84 万，店员 24.5 万，知识分子 31 万，其他 124 万。

已登记者工人 57.4 万，店员 16.7 万，知识分子 14 万，其他 44.4 万。

乡村失业、无业中独立手工业者 52 万人，工人 19 万人，小商摊贩 14 万，其他 39 万。

家庭妇女中知识分子 23 万人，连失业知识分子共 54 万人。

手工业工人城 140 万，乡约 300 万，合计 440 万，加独立手工业者 566 万，共 1000 万人。

区干部 30 万，乡干部 67 万，乡村小学教员 121 万，合计 218 万（原包括在乡村其他劳动人民 486 万中）。

1953 年预算*

工业生产指标增 23%，农业增 8.6%，工商业税 87 万亿，还要增加。农业税，上交利润亦要增加。

减少不必要和不可能的开支。

今年向资〔产〕阶〔级〕收 37 万亿，其中 9 万亿所得税，2 万亿公债，3 万亿退补。为着保证收到，贸易部在淡季应加工订货，银行应酌放贷款。如果资〔产〕阶〔级〕利润确实不到 8%，所得税可酌减至 8 万亿。

农业税要做好查田定产工作，依率稽征，每年查定三月，连搞几年。同时做好依法减免。要求工作做得更加细致，做精确的调查研究。

增产应增能销之产，同时降低成本，增加上交盈利。盈利按月上交，二月交一月的盈利，国营由部交，地方由省市交。

去年 30 亿〔的财政〕结余存在银行，借给贸易部存了物资，目前无法利用。如要贸易大量回笼，则物价必跌，生产将受影响。办法是先增发行，

---

* 1953 年 2 月 5 日下午，陈云出席中共中央政治局会议。会议讨论 1953 年财政预算（《陈云年谱》中卷，第 164 页）。此则应为此前中财委的讨论记录。

这些票子或购物资，帮助贸易回笼，或存银行。

过去发行主要投入贸易，今年主要投入工业，仍要照顾市场稳定。

市场问题，各地〔国合商业〕后退了3%～5%，从35%退到32%～30%，这个标准维持半年，看看再说。过了淡季，再行前进。

贸易部要压小肚子，A. 尽量向外推销，适合居民需要。B. 实行各企业的经济核算制，过去金库制要改变（当时为要集中资金，稳定市场，这种制度是有必要）。现在需要迅速转变。C. 有些物资供应不足，有些物资销路不畅，两者应该分别看待，不能一般化地奖励增产，盲目收购，形成大量积压。商业部要求有合理存积的以销定产（糖增产〔会〕积压，煤、纸、麻袋维持去年生产水平，火柴减产）。D. 仍要稳定市场，调剂供销。城市加工订货，乡村收购土产，先出土产后进机器，使用过剩外汇，这些仍难改变。

人口普查*

1. 要做宣传工作，防止造谣。

2. 城乡划分标准。

3. 放在政法委员会。

专家意见：

常住人口中包括一些暂时不在家住人口，容易在另一地区重复登记。如有实有人口，则比较确实。临时外出，临时居住人口均有调查，以便互相校对。

外出人口在备考栏中说明。

城市乡村可用一种表式，乡村亦加职业一栏，农民填农业，不分阶级。

表格可用大表联填，不是一户一张，以省纸张，每户划一条线。

调查时间规定24小时太长，最好规定晚间12点钟。以免移动中的人口发生重复或遗漏。这样准确性大一点。

调查时间前后三天登记太短，城市要七天，乡村要半月。美国城市半

* 新中国建立后，为了准确掌握全国人口情况，以配合人民代表大会的选民登记和制订第一个五年计划，国家决定进行全国人口普查。人口普查以1953年6月30日24时为计算标准时间。这则笔记是国家统计局召开的关于人口普查工作安排的会议记录，时间约在1953年1、2月份。

月，乡村一月。

常住人口与非常住人口解释应再详细一点，举例说明。苏联规定六〔个〕月以内者算临时居住或外出。旅馆客人如何登记，以免重复遗漏。

城乡计算方法必须统一。

囚犯在家内为常住人口，在监狱为非常住人口，与说明相反。

综合表中男女均分十八岁以下、以上，以便看出选民人数，城市及乡村人口也要分别综合。

省辖市 15 万以上，县级市 1 万人口以上，镇人口 6000 人左右（苏联规定）。

准备工作：①划分调查区。②进行预查，了解大概数字。③城市要画调查区平面图，标出每户人数。④抽调干部应有全国计划，乡村依靠小学教员，乡设指导员，要了解调查方法。

统计局要专门成立资料的整理综合机构，保证数字确实，各级均应成立普查机构。

少数民族地区不要填报姓名，只要总人数。

人口调查

时间——三月发下，四月试验，五六七月进行调查登记选举，八月完成选举。

七月底完成基层调查，综合完毕。

城市选举（市区）在七月底以前登记完毕，八月底前选举完毕。

八月底县综合完毕报省，九月半省综合完毕报中央。

男女按年龄综合，县要分乡综合，省要分县综合。中央掌握县市数字。

乡的人口调查随选举时进行。

领导机关——制发登记表由内务部，公布数字由统计局。中央由内务部负责，省〔由〕民政厅负责，市〔由〕民政局负责。办公室附设于选举委员会，加一个组。县〔由〕人民政府负责。选举与调查登记合设一办公室，王子宜副部长任办公室主任。

由王子宜同志召集，三月上旬发出，月底前交卷。

选民登记表及说明由选委会办。

计委局长会议*

三月份分出一部分力量搞五年计划纲要，协助中财委完成1953年计划。组织部分干部分赴各地了解计划编制及执行情况，了解基层厂矿生产及基建的情况，了解定额及原材料供应，了解农业及商业情况。研究商品积压原因，供应市场需要，热货仍须继续收购。不合人民需要的应停止收购。检查重要地区、重要行业经营情况。

检查同时也是学习，主要检〔查〕当前的关键问题，要从最主要的问题入手。检查组的态度应该实事求是，真实，不是找岔［茬］子。要采取严肃的态度，不是庸俗的态度，帮助人家发现问题，解决问题。不能主观、片面。发现违法乱纪及反革命分子自应及时报告处理。对能力弱、缺乏业务知识的干部则采取教育态度。要〔与〕地方党〔委〕商量，征求他们的意见，避免造成上下对立，这对我们非常不利。

争取在六月份准备1954年的计划。考虑做好哪些准备工作。七月搞好控制数字，发给各部各地，征求意见。十一、十二月草拟计划，争取明年一月能把计划发下去。

今年下半年召开计划会议，要有充分准备时才召开。研究定额及发展比例，这是计划部门的基本工作。

统计工作，没有统计就做不出计划来，今年要加强统计工作，最近讨论一次，今年做到什么程度。

不变价格还要仔细审查修改，组织一个委员会，由统计局主持。

购买力的调查，及人民的生活需要。

统计的企业单位要确定，计算单位要确定（平方米、实物、折合）。

1952年的基数，及历年基本数字要确定下来。

各大区送来地方工业资料，私营工业资料核对一下（地方工业7200〔个〕单位，资金20万亿）。地方工业生产中重工业占18%（1953年），

* 1952年11月15日，中央人民政府委员会第19次会议决定增设国家计划委员会。此为1953年初召开的国家计委局长会议记录摘要。薛暮桥时任国家计委委员。

1952 年占 10%（总产值 36 万亿），1953 年总产值上〔增?〕长 41%。

专家意见，如何保证供给统计资料，各局如何予以帮助。

计划范围包括什么？私营如何计划，需要专门研究。

各局需要哪些统计资料，也要具体研究（来的统计多报一份）。

检查计划执行情况主要依靠统计资料，跑下去看是辅助办法，因此加强统计工作目前非常迫切。不把统计机构建立起来，计委会就很难办事。

高〔岗〕主席：我们今天提出许多问题，这些问题必须解决，不解决我们的工作就不能前进。苏联计委会给我们的材料，应当组织学习。

我们已经接触了业务，要掌握业务，需要几年的努力学习。一下子把一切问题解决，这是不可能的，不要灰心，要下决心学习，一定能够学会。

〔×××:〕主席①看到的问题：（1）新的劳保条例有若干问题是不妥当的，行不通的，各地均有意见。（2）税收有问题，营业税收三道有问题，流通税也引起许多问题。（3）国民经济总收入 620 万亿至 630 万亿没有把握，财政 200 余亿能不能收起来？（4）所得税、营业税应十分注意，否则〔会〕搞翻。（5）要逐步解决积压问题，不能一下推出。（6）逐步收回文教摊子，此次紧缩使许多教员失业。（7）公费医疗下不了台。（8）乡村干部与小〔学〕教〔员〕比较〔数量〕不平〔衡〕（15 万比 23 万）。（9）中央说话不算话（三五年不增加负担）。（10）财政太紧，控制死了，各地意见颇多。（11）失业登记包袱很大，多子女补贴范围很广（有五六〔个〕子女〔的〕人家很多）。（12）长江〔上的〕轮船国营 9 万吨，合营 4 万余吨，私营 5 万余吨，国家要拿过来。各级党〔委〕对国营生产、基建不甚了了，对私商不了〔解〕，对私〔营〕工〔业〕大的比较了解，小的不了〔解〕，对小手工业答不出来，没有人管。（13）中财委讲话不算，言行不一。今后各部指示应在中央计划指示基础上，配合地方情况，凡有行不通的，先报告中央，由中央改正之，不足者补充之，行〔得〕通者，坚决执行。（14）党委的领导作用不如军队政治部，违法乱纪现象没有人管。各级党〔委〕屁股应坐在经济上，但不是讲一讲就转得过来，尾巴很大（运动结束）转不过来。任务还不清〔楚〕，对经济建设没有足够认识，转变尚有困难。乡村

① 指高岗。

干部也要规定纪律，官僚主义、违法乱纪有一部分，命令主义特别多。为着完成任务，必须教育解决。（15）新“三反”① 河北搞得好，其他地区不很好，揭发坏事不多。每省党报要把一个县做榜样，每县有一〔个〕好的，一个坏的，以教育干部，改变风气。命令主义需要长期教育，不能一下克服（乡村）。（16）很多人想去苏联参观，要求学习，但给苏联〔添〕麻烦太多。（17）到处问什么是新民主主义，什么时候到社会主义，大约十年到十五年。现在工业28%，一年多一点，国营年年增大，私营逐渐变为国家资本主义，这样一步一步走向社会主义。（18）《婚姻法》应慎重，不能采取野蛮办法，但应以极大力量支持婚姻自由。（19）许多资本家要求公私合营，大工厂有合营必要，可以合营，无意义的不背包袱，要合〔营〕大的。资本家出钱买工会会员证，要加以分析研究。

私营工商业计划统计*

天津 建立健全基层统计，要与工会配合，认识这是政府要办的事。统计只能交给工商联，工商局包办不了。会计、统计科目需要一致，以便利统计。

上海 计划统计目的要使私企服从国家计划，要与加工订货结合起来。工商局与市财委分工来做计划统计工作。

上海私〔营〕工〔业〕51个行业，五千余厂有统计，有月报表及快速报表，每月四五日就可以掌握主要指标。商业掌握六万余户。

中央布置以外报表可否保留下来。可以保留，但与统计局共同研究整理一下。

与统计局关系，如何分工。对工商联的关系，如何要工商联分担工作。

布置统一报表需要组织力量，要做〔到〕政府内部思想统一。要使职工了解表格内容，以免填报错误。要打通资方思想。主要依靠职工，经过工会动员。必须掌握重点，表格简化，才能保证正确。照顾到填报的方便和综合的方便。

① 1953年1月5日，中共中央发出《关于反对官僚主义、反对命令主义、反对违法乱纪的指示》，称为新“三反”。

* 1953年2月、3月间关于私营工商业计划统计会议的笔记摘要。

南京　工业生产总值、商业营业总额可以统计上来。去年训练了七十余〔个〕统计干部，建立了统计报表制度。过去工商局无专门统计机构，分由业务部门统计。

哈尔滨　私〔营〕工〔业〕加工订货占 76%，计划关键在加工订货，按此决定生产任务。资本家伪报工业约达 19%，商业约达 26%。去年普查登记，资金从 2000 亿增至 6000 余亿，去债务实有 4000 余亿（五反违法所得 4000 亿）。

西安　以销定产及加工订货行业有计划和统计，其他部分数字均不可靠。经常突击材料，经常弄不清楚。统计数字不可靠，再用估计来修正它（不可靠的原因：①方法不科学；②资本家谎报）。分工。分步骤来做。

沈阳　有计划统计科，统计通过工商联到工商局汇总。①私〔营〕工〔业〕生产能力尚未摸清；②我们对私〔营〕工〔业〕的要求亦未确定。因此就很难做出计划来。

重庆　公私合营可以掌握，私营大工厂可掌握，小手工业及商业不易掌握。“五反”前 3 万余户，“五反”后只剩 2 万余户，多未申请歇业。1951 年营业额高估了 20%，以致 1952 年税收任务不能完成。行业划分还要细分，大型工业中还要分成几级统计。全国工商联调查公私比重，贵州税局给了数。

蔡局长　统计表格太多，任务太重（中央各部发的报表）。只能计算数字，不能分析研究，因此影响到报表的准确性。对当地业务指导作用不大（中央与地方要求有距离）。分工问题，应由财委统计局来综合。统计要与政策结合，帮助领导决定政策。税局报表较完全，但数字偏大。工商局数字快，不丰富。银行较丰富，太慢。统计局要综合各局数字，利用各方面的长处。报表一定要通过一定机构，通过财委及业务系统。工业通过条条，商业及小工业通〔过〕块块。（特别大的行业如国际贸易等可通过条条。）利用工商联，但不依靠工商联。报表综合要自己搞，不靠工商联供给综合资料。工商联只调查私营，不调查国营。建立专业小组研究各行各业问题。报表正确靠民主改革。工作太少［多?］，要分轻重缓急，俾能保证完成任务。

杜局长　私营工商业计划难订，正确性很差。统计不正确，原因：①企业自己没有会计；②故意造假，有真有假；③综合机构工作错误。不及时：

靠税务局晚二十天，经同业公会较快，经工商联又慢了。目前还需要统计加估计，以纠正错误。但下面不能估，要上面来估，以免随便乱估。要双轨制，税务局及工商联双方搞。

1953年计划〔编制〕总结*

1. 思想问题，冒进（基建）与保守（生产），要考虑需要与可能。有系统的调查研究。以正确的统计作为基础。

2. 方法问题。

①编了一个计划，画了一个大致轮廓，取得一些经验。

②计划变动大，衔接差，程序乱，要求高，脱离基层单位。生产计划只有大纲，基建有一部分尚未确定。

③为什么产生这些缺点。A. 情况了解掌握不够，有偏高偏低〔情况〕，对计划工作要求太高，对经济的复杂性、落后性认识不够。

B. 没有充分研究平衡，没有定额平衡即难计算，供求带盲目性。

C. 对计划工作重要性认识不够，主要负责同志没有认真审核计划。

D. 从上而下，从下而上结合。

〔高岗〕主席　缺乏计划，缺乏领导状况比较普遍。重工〔部〕开始领导，机械〔部〕正在建立领导，现在要从无领导、无计划进入有领导、有计划。现在缺乏领导仍占多数。现在搞出一个计划，应该重视。

计划要发下去，到省一级，文件还要修改。工业28%还要研究。财政平衡今年还有问题。总预备费15万亿已分完，公债6万亿可能不发，农业税可能少收1万余亿。必须增加收入，减少开支（基建约可减5万亿）。

基本建设可减者减下来，五月财经会议再减一次，私〔营〕工〔业〕增9%，可以这样写。不能造成一个包袱。价值法则调节生产，加上国家计划影响。

---

* 根据笔记前后内容和时间，此为1953年计划编制情况的总结，时间约在1953年3月、4月间。1953年6月9日，中共中央批转《国家计委关于编制1953年度计划工作的总结报告》，《报告》在肯定成绩的同时，着重检查了编制工作中存在的缺点及问题（《中华人民共和国国民经济和社会发展计划大事辑要1949—1985》，第39～40页）。

机器生产从现有基础上改建扩建，从小到大，多依靠自己。

结论 现在还不会搞建设，主观主义，不从实际出发。抗战时期分散搞小生产。现在基本建设仍有冒险倾向。今天反官僚主义，就是反对主观主义。要有计划，有领导。社会主义经济领导可以说已巩固。社会主义已占优势，可以预决胜利。

都市建设经费恐怕不够。基本建设工人队伍不纯，值得注意。

加批发、公私比例。

商品流转总额中国家掌握部分〔占〕62%。

计划要从实际出发，不要忽略现有的设备和机器。从现有基础出发，而不是丢了现有的小厂矿，另搞新的。不要忽略现有小的、旧的工厂，只看到大的、新的工厂。从现有工厂扩建改建比较容易。依靠自己，不要单纯依靠苏联。基建靠苏联，农业靠天下雨，贸易靠取消封锁，这样的思想是错误的，主要应靠自己。只愿搞工业，不愿搞农业，只搞重工业，不搞轻工业，只搞大的，不搞小的，只搞基建，不搞生产，这种思想也要纠正。

统计局长座谈会*

工业处补充发言

（1）今年工业统计比较突出的问题是企业单位划分及不变价格，由于这两问题未能及时解决，引起几次返工，至今仍未完全解决。

（2）工业统计范围。A. 分大型小型，计划非计划，计划范围内者经常观察，否则只做年度调查。各部附属企业不在计划范围内者，不填定期报表。劳改企业每年一次调查。B. 区别经济类型定出不同要求，国营重点放在中央各工业部，仍照原规定综合上报。且要建立产值电报制度，重点厂矿做好文字说明，每部从三五个推广至二三十个。非工业部工业有产品计划者（五个部）按产品计划按月检查，产值一律按季检查。不列入计划的产品每

* 1953 年 5 月，国家统计局召开大区和个别省市统计局局长座谈会，薛暮桥同志在会上作《减少数量、提高质量、掌握重点、稳步前进》的发言（《薛暮桥文集》第二十卷，第 358 页）。此为会议记录摘要。

年一次调查。地方国营工业有计划者按月报告产品，按季报告产值。非工业部门及专县营工业简化要求，产值只做商品产值，平均人数指二三天平均，劳动只填总人数及生产工人。合作社列入计划的产品应按〔季〕节统计，其余每年一次估计。私营工业将召集专门会议进行研究。C. 劳动要求全面，成本要求126个厂矿，物资分配也要缩小范围。

（3）地方工业统计汇总，分报各部有困难。地方工业计划不由各部而由地方编制，似可不必分报各部。

专县企业汇总，专区能综合者，专区综合上报省工业厅，专区不能综合者，由省工业厅综合，报省统计局及大区地工局。

地工局对所辖省市厅局有指导关系，并受大区统计局指导。（因无中央地工部。）

（4）国营企业与地方统计机关关系。A. 国营企业应按国家统计局规定向地方统计局报送各种报表。地方临时需要，由地方财委介绍。B.〔地方统计机关〕对所在地国营企业统计工作组织指导，督促检查，并可向企业领导提出建议。C. 统计工作布置原则上应由中央各部负责，如发现有遗漏或错误，应代为布置，报本局及主管部。D. 统计指标解释，本局颁发者由本局，各部颁发者由各部，但须抄送本局及省市大区统计局。E. 省市统计局可召集所在地国营企业开会布置任务，解释统计方法问题。F. 省市统计局可深入厂矿检查统计工作及计划执行状况。

（5）检查计划究用哪一种计划，由本局向各部要来抄送各地。不变价格换算，可以考虑第一季不换算。

基本建设处补充发言

（1）统计范围，主次不分，增加困难。A. 国营各工业部20亿以上填月报，20亿以下一次填报。B. 铁、交、邮、农、水五部限额以上填月报，限额下20亿以上填季报，20亿以下一次填报。C. 其他各部及文教系统20亿以上填季报，20亿以下至五亿一次填报，五亿以下改用辅助表由主管机关综合上报。

地方上：A. 工业部门10亿以上填乙类月报，10亿以下一次填报。B. 非工业部门及文教部门一律一次填报简报。

边远地区隔月汇总。包工表、设计表、地质表如有困难，可以考虑简化。

(2) 地方党政机关资料供应，如要布置快报，或增加指标，省市经大区批准，国营建设单位不宜布置，只能抓紧定期报表，临时需要材料可以临时索取。

(3) 省市统计局与业务部门关系，工业处的办法同样适用于基建单位。

(4) 计划与统计不一致，正在设法解决。

(5) 基建统计干部流动性，建议希望中央部或管理局固定一部分统计干部，地方厅局固定少数干部。

(6) 今年上半年数字不准备增加布置，抓紧原有报表及快报，由部汇总。地方基建不准备布置，没有快报各部亦不布置。下半年修订定期报表，以切合实际、简单易行为原则。

农业处补充发言

简化报表：人口不要，互助合作只留四个指标，牲畜合并，家禽不要，家畜一次报告。

林业按季报的按作业季节报，简化指标正在研究。

农业报表很难全国统一，我们综合表只发到省，由省按地方情况制简表发到县，经大区批准。

个体农业只要定期报表，不要年报。

下半年要研究统计方法，播种面积，收获量，畜牧，每区至少提供一个成熟经验，清理非法报表。

综合处补充发言

大区任务，不仅检查督促，且要代表本局领导省市统计工作，作为一级看待。

审批报表制度必须与清理报表同时进行，清理而不规定审批程序，那么清后又乱。

本局只管基本报表及牵涉其他部门的报表，对于业务报表之在本系统内部执行者由业务部门负责。

专县不发表有困难。上级发综合表，下级就必须发调查表，不然无法取得数字。

东北发言

东北〔在〕统计会议后各省市均已设局，局长大多仍为原处长，干部大多没有配齐，工作比去年下半年有退步。

同意所提原则，具体化还有意见。

1. 工作方针，“宁可少些，但要好些”，与东北局的指示相同。在具体执行上，总觉得样样均要，难下决心。以列入计划与不列入计划来分办法很好，检查计划与决定政策分别要求也很明确。

农业按类型统计有困难，私营工商业要求科学统计不可能。去年讲有重点、有步骤只是原则，此次具体化了，这些改革是切合实际需要的。

2. 统一领导，分工负责，加强大区领导，今天来讲是有必要，如何分工还要研究。去年会议提过大区任务，没有明确解决，过分强调集中统一。希望编制扩大到100人。大区任务缩小的只有编制定期报表，其他均保存，且因工业部等取消而加重了统计局的综合任务。东北局财委均有一些临时任务，不能拒绝。大区编制是否包括勤杂人员尚未解决。

过去集中多了一点，不了解地区特殊情况，对地区建议不采纳。工业年报提过三次意见，二月初快报没有可能，搞的数字不会确实。只管满足上面要求，不管下面困难。农业上报时间不照顾地区情况。基层报表给不给大区，几经要求才得批准，快报问题尚未全部解决。对地方需要考虑得还太少。

基建省市10亿以下〔项目〕一次报不能满足地方需要，地方愿意多报可以准许。5亿以下不报亦太宽了。

如何转变，何时开始，如不很好计划又会弄乱。省市要求做的工作有些是该做的。地方党委提出要求，统计机关不好拒绝，如无大害应予同意。

3. 地方统计机关与国营企业关系，同意〔王〕思华所提六条意见。如何使国家统计与业务统计统一步调，尚须研究。必须加强业务部门统计工作，建立基层统计工作，才能保证。大区管理局可做统计，办事处有困难，均由统计局来综合事实上不可能。希望办事处也建立统计工作。

中央部不应该对大区省市统计局布置任务，各部任务需要地方协助者，应由国家统计局布置。纺织、轻工向地工局布置工作，亦有问题。

4. 如何使党政领导机关重视统计工作。统计会议后有改进，但还不够，要由党内发一决定。希望党委加强对统计工作的领导。地方领导同志任意修改统计数字，宣布这是法定数字。省辖市除特别大的外，不要综合国营企业。统计干部流动性很大，待遇比会计低。

5. 下半年计划：贯彻报表范围太广，要提具体要求。增加协助业务部门搞好统计工作基础。

农业统计同意只发综合表，各地自己布置。究〔竟〕以国营农场为主，抑〔或〕以个体经济为主，尚待研究。农业总产值如何计算，希望重行研究。

审批报表：①指标由何机关解释应当规定；②专业报表与业务报表不容易分；③大行政区业务部门要中央主管部批准有困难；④省市业务部门由大区业务部门审核，由大区统计局批准有困难，可由省市统计局批准，报大区备案；⑤专县一次性调查省批即可，但不能调查国营；⑥备案发现错误，有权令再修改。

辽西省 乡村报表五个来源：①县委；②县农业科；③抗旱办公室；④秘书室；⑤各业务科。辽西统计部门统计互助合作占63%，党委另查占75%，新“三反”发现很多谎报，怀疑63%还太多。

统计工作建立在业务部门的基础上，业务部门不重视统计工作，我们的工作就无法做好。希望今年下半年把业务系统的统计机构也建立起来。

统计干部能力比会计强，工作比会计重，待遇比会计低，这是辽西普遍现象。统计升计划，升会计，流动性大，工作〔得〕越好调得越快。

旅大市 怎样与假统计、假数字斗争，原因：①粗枝大叶；②业务生疏；③欺骗隐瞒，假造成绩。克服办法：①端正认识，分清主要次要，重点轻点；②建立和健全制度，检查制度，审核制度；③学习、推广先进经验；④群众路线。

过去对及时有标准时间，正确没有具体规定，应当特别强调正确，“正确是统计的生命”。

现在工作情况是“新表，新人，新关系”，“人少，事多，质量低”。铺开局面快而不稳。有思想领导，但在组织建设上缺乏具体办法。有与财委分家的思想，不争取领导，搞好关系。要建立制度，明确责任，特别是综合科的任务最不明确。

加强业务机构，希望统计局与各部联合指示，今后组织建设重点在业务部门。

财金统计资料要报统计局，国防建设统计要报统计局，成本统计能搞的还要搞。地方工业定期报表可由统计局布置，基本建设要旬报，主要产品要日报。东北财委要各种旬报，包括劳动。

工业处 缩小范围要慎重，先从综合表开始。东北有几个劳改工厂生产砖瓦，要填月报。小型工业年报时间上不合计划需要，要在第三季做。

西北发言

去年上半年产销报平均迟报 78 天，第四季平均 24 天，今年第一季一表平均迟报 5 天，省市平均迟报 13 天。目前大区有三十几个专业局，但统计机构很薄弱，没有力量综合。

清理报表：临潼有 228 种表，发至乡者 160 种，西安郊区 16 个月 358 种表，某一面粉厂收表 120 种。表格，财经占 60%，文教政法占 40%。中央发的占 15%，县区亦不多，最多的为大区、省、专区。农忙季节平均一天一表，重复的达 70%。中央卫生部发表调查打死多少苍蝇、虱子，农业部调查打死多少害虫、害草，上多少粪，其中人粪、畜粪多少。

整理历史资料，领导上要，非搞不可，否则天天来要，影响经常工作。方法修正年报，工农产值，定额资料，解放前某一年的产量。

培养干部，办了一个训练班，学员将近 350 人，只有五个教员。希望再给一二个教员。

华东发言

（1）总的精神贯彻重点，提高质量。重点检查计划，并与决定政策分开，比统计会议进了一步。从工作体验，是切合实际的。贯彻方针中应注意：①中央与地方要求有差别，越到下面要求越高。地方在实际工作中有许多具体要求，因此要强调共同性，照顾差别性。②大区掌握主动，贯彻方针。只要我们的工作有了成绩，就会得到领导上的重视。华东写了工业动态报告，对检查计划有帮助，财委、华东局均很重视，鼓励我们向这方向发展。③农业只发综合表，要大区控制。④要中央各部同样执行这个方针。少开头，必贯彻，设计好，再施工，争取不变，补充及早。

（2）统一领导与分工负责，今天过分强调统一还有困难，地区差别需要照顾，层层负责。差别原因：①发展先后有差别；②地方党政具体要求不同。地方统计机关最难解决的问题是国家任务与地方任务夹攻。一方面要强调保证国家任务，另一方面在不妨碍国家任务及可能的条件下照顾地方任务。

编制问题，大区要求增加。乡统计员不脱离生产，群众选举，干部待遇（海宁），很能解决问题。

清理报表与审批同时进行，思想批判严格，处理慎重。现在反官僚主义，是清理报表的很好时机，可以动员广大群众来拥护这个运动。

中央各部也有许多重复和荒谬的报表，如卫生部的卫生运动统计表，铁道部与商业部货运表相重复。各级附加，等于中央的113%，〔在〕乡村人人是上级，件件是中心。

清理办法：①省与县两道大门；②专县不发报表；③业务表系统内要明确划分，决不能到群众中去；④一次性与定期性表要区别，一次性的地方批；⑤专业表与业务表很难划分；⑥人民团体发到群众的表应当审批。

今后任务要把提高质量突出，围绕这点提出其他任务。

上海市 私营企业报表去年即已布置，尚能填报，因而提出过高要求。本局报表颁发后，上海又加补充。我们的表以工厂为填报单位，有些指标（如销售）工厂有的填不出来，均交总管理处〔填报〕销售。私商报表布置三月，填报单位愈来愈少，填来的表很多是假造的（因无盘存制度，不可能报销货存货）。

对统计认表〔?〕，有的不重视表格，有的表格万能，样样都靠表格。城市对私营工商业的乱发报表，并不亚于农村。因表太多，只能乱填，谈不上正确性，他们自己承认至多只有50%的正确。防止乱发报表，要多宣传，许多制发报表机关不懂统计。其次要发动群众检举。

编制名额，市长同意增加至140人，只要中央同意，便可自行调剂。经费只要有预算可以报销，必须预先知道究竟要印多少报表。

年报返工五六次，主要由于主管系统变更。返工一次，重写四五万个数字，为了年报工作，已经忙了半年，还未完工。多数干部搞了年报，只留十几人搞月报。建议：简化年报，慎重设计，免得返工。

私营工商业统计，现行报表必要修改外，听说工商局要进行全国工商业普查，税局拟发税务报表，商业报表也要填九万户，希望国家统计局挡一下，不要来个统计高潮。要求停编综合物价指数（要填工厂一万户，商店二万户，包括120种商品）。私营工商业必须统计加估计，否则很难正确。

批审办法：省市业务部门报表在送上级业务部门前，先送省市统计局初审。机关内部行政。

山东省　专署已有统计员六七人，县已配备四至六人，有些县已调查。专区一级还有必要成为一级。

必须严禁乱发报表，上面分系统，下面当总统，上面乱要，下面乱造。禁止乱发报表后改发提纲，禁发提纲后改打电话。不从思想解决问题，禁止不了。党群发表，须靠党委禁止，分局已发指示。

计划表格经何机关批准？一次调查是否也要批准？农业报表由农林科抑由统计科填？文教政法统计管不管？省辖市有无综合任务？综合了会延长时间。地方要满清以来机器工业发展史，青岛开港以来发展史等，无法应付。

中南发言

（一）对中央指导思想的看法：①统计局成立后比过去有进步，但强调集中统一，忽视因地制宜，不通过大区直接领导省市。统计局是当地人民政府组成部分，必然会有地方任务。江西省副主任说统计局麻烦不小，对立很大。粮食数字原为125亿，年报综合增至128亿，副主任决定改为120亿，不改就是党性不纯。

②统计局所规定的制度办法照顾自己需要多，照顾地方需要少。水利建设不报大区水利局，很不满意。

③统计工作建设偏重制度报表，缺乏思想指导、工作中心、发展阶段〔的〕明确指导。

④今天统计工作发展依靠谁，为谁服务？在实际工作中放松业务系统。对依靠党及政府也不够重视，不注意于满足地方要求。

（二）方针问题，提高质量，减少数量，明确目标（掌握重点）。特别应该突出明确目标，应该提出检查计划。我们考虑方针从经济发展情况、工作发展情况、统计工作情况出发，有些部分跑得太远，填报范围太广，主观力量担负不了，但又想努力追赶。退下来，赶上去，后退为着前进。工作重点加强基层，要使大家腾出手来深入厂矿，改善基层工作。现在情况是被工作拖住出不了门。现在统计工作尚未生根，禁不起检查，首先要求生根，打好基础，充实力量，反对盲目冒进。宁肯慢些，但要稳些。今天慢了，只要不跌跤，还是赶得上。

（三）思想倾向，认识这是积极方针，而非消极方针。统一之下注意地区差异。中央收缩了的，地方有力搞的应允许继续搞。已发生关系的不放弃，可以降低要求。又要防止层层附加，发展地方主义。地方统计工作铺得太开，要提起注意，但不能硬性反对，必要时让它乱一下，再来纠正。

方针定了，方法问题应当好好研究。最后还要组织队伍，要巩固、提高、发展，首先要求巩固，才能谈到提高和发展。下层统计干部多不安心，原因是上级不重视，困难无法解决。提高是要加强业务学习，应当看得与工作同样重要。

编制问题，经费问题具体解决，不必讨论。

广东省 地方重点是地方工业和决定政策所需要的资料，要求市场与农业资料。财政、金融、外贸，统计部门非管不可。

要与业务部门结合起来，加强业务部门统计。多与各部发联合通知，与各部联合检查。要业务部门自己训练统计干部。加强业务部门责任，我们多做督促检查。

统计部门忙于加加减减，缺乏思想领导。统计资料未被充分利用。一般化的要求，缺乏重点，有盲目的积极性，总想全面，不愿漏了一个。全省二三百个农场，只有十六个能填报表。

广东五个行署，海南行署按丁等省编制，应当特别照顾。行署给二十个人给海南，省〔里〕给七八个人。私营工业要工业厅综合不愿意，商业厅愿意管，但中央规定要工业厅管。县建立典型村试验统计，要做总结。

汉口市 基本建设一万余亿，没有统计人员。中央与地方矛盾，我们讲中央第一，地方第二，财委主任讲中央地方并重。市政建设我们不管，市府要管。人口调查统计部门要管。

西南发言

地方任务：①地方需要资料范围广一点，需要补充一些指标。统计局仅靠报表不能说明具体问题；②时间需要更迫切，很难做出预定计划。要求掌握重点，不要求全面。资料很多，无人整理，一有任务，另行调查，不到已有资料中去解决。

过去思想，主要考虑如何满足财委、党委要求，争取重视，而未更多考虑如何加强自己工作，真正透彻研究一些问题。

机构既要搞好国家系统，更要搞好业务系统，建立基层机构。现在省市机构大体配备起来，县亦大部建立（四川）。基层矿厂对统计工作不重视，统计干部感到苦闷。布置工作具体，办法不具体，解释不具体。

重庆市 党委要求主要厂矿完成计划状况，要求快。要求了解市场状况，特别是公私比重。正式文件中的统计数字要叫统计部门审查。所谓地方任务〔问题〕主要由于我们工作尚未建立起来。解决办法首先还是强调国家的统一性。对地方的需要放手一点。加强业务部门统计。加强综合分析，满足党委、财委需要。整理历史资料。

下面反映，第一计划，第二会计，第三统计。上级对统计工作已相当重视，下面还差，厂矿更差。必须把统计工作放在一定的地位上。

华北发言

地方任务：过去太不重视地方要求，因此起了一定的阻碍。地方要求并不很多，一为要快速报，一为简表。月报满足不了要求，只要重点厂矿，要产量、产值，质量，可以满足要求。简表（首长指标）要求亦不多，能满足。党委对统计工作确实很重视，干部配备政治质量很好。如不主动照顾地方要求，要犯错误。

大区任务：大区任务加重，希望综合任务减少一点。统计局批审报表，最好以政府名义颁布。业务表可业务部门批准，统计局备案。

编制：区一个人希望保留，盟是一级，要比专区多一点，希望 7～10 人。11 个镇要按县编制。印制报表要用事业费，希望明确解决。

基建地方最好亦提 20 亿，不提 10 亿，10 亿面还太大。地方工业统统列入计划，面太广，最好另列企业目录缩小范围。市政建设另外发表，不采用一般的基建表。地方纺织工业也要报地工局。

私营工商业统计经过工商联有问题，最好通过工商局来综合。

今后工作：步骤不够明确，中心定期报表，困难是在业务部门及基层厂矿。原始记录有基础的厂矿要建立，还难要求普遍，落后厂矿逐步建立，先把产量弄清楚。有些报表不符合实际状况，如产品检验常在月终突击，因此统计上表现上中下旬不平衡。

北京市 过去强调提供资料，忽略检查计划，研究政策。今后应加强分析研究，提高报表质量。这就必须减轻综合任务，能交给厅局综合的尽量交给他们。国营厂矿的报表最好由地方统一布置，以免遗漏。业务报表仍由业务部门布置。

内蒙发言

报表布置太多，不能再向面发展，而应巩固提高。过去大大小小都抓，计划统计都是如此。要求全面不能兑现，究〔竟〕有多少厂，谁亦弄不清。

各级统计干部已经建立起来，正在逐级训练。前年建立过一次，因上面不交任务，“三反”中取消了，下半年又建立起来。

要考虑地区的特殊性，不能平均要求。

〔**薛暮桥同志发言**〕

统计工作的方针任务，计算，研究，检查。目前主要是搞报表数字，是否只搞报表数字，还应该搞什么？经济研究，计划检查，先从搞清楚报表数字做起。

方针基本正确，不需要多讨论。地方任务问题不大，要快，要深，要重点，我们工作做好即能完成地方任务。

集中统一：主要是方法制度上的集中统一，而不是组织领导上的集中统一。在组织领导上，统计局还是地方政府之一组成部分，应该尊重地方党政领导，信任地方党政领导。过去过分强调集中统一，引起反感，应该承认是一错误。

地方要求是应该照顾的，而且也是可以满足的，只要我们能把统计工作真正搞好。要求及时对，掌握重点分析研究也对，地方中心任务应该配合，协助业务部门共同来搞。某些无经验的干部提出过高要求，应该说服，提请党委、财委研究。

报表审核可要地方多负一点责任，特别是工程不大的一次性的调查。不应当用层层设防的办法来解决问题，而应多从思想上来解决问题，动员地方政府和业务部门同来反对乱发报表。

掌握重点：过去进展速度快了一点，要求全面，分散力量，以致工作陷于被动。现在应把阵地收缩一下，以便集中力量，争取主动。大家工作的积极性是很高的，但有些盲目的积极性，必须使我们的头脑清醒一下，把我们的工作建立在坚实的基础上。

是否容许有地区的差别？当然容许，原因是经济情况不同，工作条件不同，地方党政机关主观要求不同。我们缩小范围后，可以予地方以更大的机动性，以照顾地方特点与地方要求。但大家必须同样掌握着“宁肯少些，但要好些”，要防止“层层附加，发展地方主义”。可办可不办的事情一定不办，应办而无力量办的事情也不要勉强办，一切工作要切合实际，简单易行。

中央的要求要照顾到全国的情况，因此是个最低纲领。各地如何补充，如何积累资料，由各地自己去决定，报请备案，补充不适当的我们也会提出意见，国营厂矿也可能对你们提出意见。地方与各业务部门应该互相提出意见，以防止贪多冒进，防［妨］碍基本统计任务的完成。

应该用反官僚主义、主观主义、形式主义的精神来检查我们的工作，检查我们的报表制度。有些同志认为有了一套科学报表制度，就会万事大吉。殊不知，①中国还是一个小农经济国家，个体农民决不能用报表制度，而只能用典型调查、估计推算方法；②我们这一套从社会主义国家学来的科学报表，对私人资本主义经济也是不能完全适用，明知人家不能填而强要填，人家假造数字我们熟视无睹，这是十足的主观主义，形式主义，必须坚决反对；③就连国营经济也不是没有困难的。统计工作不能离开其他工作单独前进，如果厂矿中还没有完成生产改革，没有建立经济核算制度，那就不可能有健全的统计制度和正确的统计数字。现在大多数的厂矿还没有建立健全的经济核算制度，统计工作要求过高也会落空。

统计表很科学，就是我们头脑不清。

地方任务

华南 过去不发生中央地方问题，〔统计机构〕离开财委以后财委感到没有以前方便。①中央规定财金资料直送财委，财委感到不方便；②贸易资料没有及时报财委；③临时调查不能参加；④省计划局需要资料不能解决。解决办法：①把我们所有的资料告诉计划局，确定供应资料范围；②供应“首长指标”；③临时任务量力参加。

有色金属资料要求报送行署。海南岛要铁矿及橡胶资料。

地方工业计划范围不明，样样都要统计，基建亦同。应该明确划分范围。

中南 现在统计力量很弱，既满足不了中央，也满足不了地方，这是根本问题。其次工作方法，如要求首长指标，这是可以解决的。有些事地方能办中央不授权不好办。

辽西 每月供给简报、供给地方需要约占一半时间。

山东 主任到中央来开会，做报告，写文章，需要临时供给资料。分局统计室也收集资料，我们供应不了，统计会议后已有改进，需要临时材料改抓业务厅。综合科主要供应地方需要。要写文字报告，附上简表。整理基本数字编印小册。联合业务部门研究市场需要。

华东 江苏进行小手工业调查，研究市场情况。

上海 地方任务太重，统计局担负不了，如研究私营工商业利润问题，组织了八百人调查研究，财委主任亲自领导。我们把中央工业弄清，很适合于市财委需要，私营财委自己会管。不宜强调中央及地方，我们不搞好中央报表，便不能满足地方需要。中央布置任务明确规定由何机关负责。

内蒙 地方要求不超出中央报表，问题是中央报表搞不上来。报送程序内蒙需要特殊规定。

东北 现在提出方案适合需要。大区与中央要求区别不大，大区要求掌握重点，一定同意我们所提出的方针。地方需要旬报，每月简报，比较繁重的是临时调查，但数量不多。省市要求要多一点，重点不同，范围不同。凡国家统计局所需要的，都是地方所需要的，地方要求增加一点，份量不大，因此不能说中央与地方有矛盾，除临时调查外其他均同。

①不变价格不要再变，到做年报再变；②物资分配能否交给物资分配局

办；③下年工作加整理历史资料。文字说明不能普遍要求，只能要求重点厂矿，但能做的多可以做。着重检查计划完成情况。

中南 贯彻定期报表要求达到什么程度？怎样贯彻，要从加强业务机构入手，国家统计局加强领导，明确解决方法制度上的问题。

方针上应提检查计划，应该提，可以提（早已提出来了，问题是在怎样提法）。统计会议要研究经济问题，不能单单研究方法制度。

华北 地方任务花的力量不大，有些临时任务，也用不到花很大的力量。训练干部都在进行，特别强调在职干部学习。清理报表抽出少数人做，购买力及手工业调查势在必行。

要求少变，关系不大可以不变，会亦不要开得太多。

华东 不要宣布可以接受地方任务，可能陷于被动，还是过去讲法最妥当。临时调查尽可能由业务部门负责。方针是当前工作中的主要环节如何解决。

西南 下半年工作：①充实机构，培养干部；②贯彻定期报表，目前首先还要及时，逐渐求得正确；③清理报表，六月份做揭发工作，认真搞，彻底搞。国家统计局应考虑全国水平，西南工作比较落后，特别〔是〕康藏高原。

西北 满足不了地方任务主要由于工作薄弱，中央任务同样没有满足。①大力贯彻定期报表，做好简要分析总结；②清理报表；③整理历史资料；④调查研究。

旅大 充实机构要加健全制度，规定县区任务。

财经会议预备会议*

准备解决问题：中心是财政问题，但财政要以经济建设为基础，因此经〔济〕建〔设〕也要报告和讨论，此外还要讨论资〔产〕阶〔级〕问题。

一，国际形势，向着有利于我们的形势发展，这一估计日益证明。去年马林科夫报告，斯大林著作均已说明发展前途。

---

* 1953年6月14日至8月12日，中共中央召开全国财经工作会议。这是此前召开的预备会议的记录摘要。

二，建设新中国的基本情况，过去方针边打边建，现有可能和平建设，但要保卫和平仍须加强武装力量。过去靠人家的帮助来武装，虽然是世界第三个空军国，但自己不能生产，坦克与火箭炮亦然。必须能有力量武装自己，经济建设与国防建设并进。

政治条件特点，有五万万人口的大国，有广大的国内市场。某些工农业产品过剩是因工作上的缺点，产品不足则是今后若干年的基本现象。虽然胜利，不能因此骄傲，对弱小友邦，对少数民族，对工农联盟均须谨慎小心。对资产阶级问题很复杂，斗争很复杂，还要经过长期斗争。改造农民、手工业者更要经过耐心工作。我们落后，不平衡状态表现在各方面，不能强求全国一致，不能急躁冒进。我们是勤劳的民族，有了革命胜利，又有苏联援助，虽然落后〔但〕可以赶上。方针是实事求是，稳步前进，逐步地工业化，逐步地农业集体化，逐步地过渡到社会主义。

三，这次会议检查政策，主要财政问题，其次是资产阶级政策问题。中央机关在思想上主要反对主观主义，在政治上反对分散主义。过去有些问题没有经过中央讨论，从政策上进行检讨，没有认识分散主义的危害。在作风上反对官僚主义，这是上两种主义的结果。上面发下去的东西太多，规定得很死，不能因地制宜，使下面工作遇到很多困难。

全国财经工作会议*

〔李富春:〕苏联谈判五年计划体会①

去年五年计划轮廓方针〔是〕对的，主要毛病有三：（1）贪多冒进，

* 1953 年 6 月 14 日至 8 月 12 日，全国财经工作会议召开。会议总结了近四年来经济工作的经验教训，着重批评了 1953 年上半年在税收、商业、财政、银行工作中的某些问题。8 月 11 日，周恩来作会议结论。毛泽东在会上讲了话（《中华人民共和国商业大事记 1949—1957》，第 188 页）。会议期间，周恩来传达了毛泽东关于党在过渡时期总路线的论述。会上，高岗利用对财经工作缺点、错误的批评，把攻击矛头指向刘少奇、周恩来，使会议受到干扰，一度走偏方向（《陈云年谱》中卷，第 168～169 页）。这是会议的记录摘要。大标题为编者所加。

① 1953 年 6 月 21 日，李富春在全国财经工作会议上介绍在苏联商谈五年计划的几点体会（《中华人民共和国国民经济和社会发展计划大事辑要 1949—1985》，第 40 页）。

制定长期计划与年度计划应有区别。长期计划必须超额完成，必须建立在可靠的基础上，我们贪多、贪大、贪快，（基建）生产计划主要倾向是保守。长期计划要有3%～7%的后备力量，年度计划经过确实计算，应该高于长期计划指标。

新厂与旧厂，大厂与小厂的配合，新厂、大厂要尽可能专业化，因此要组织许多小厂、旧厂来为大厂、新厂服务。

（2）部局观点，缺乏统盘考虑。计划体现方针任务，应从整个人民经济出发，我们计划的综合工作很差，要研究生产、物资供应、流通、分配，要研究人民需要情况。

（3）对苏联依赖。

对计划工作意见

计划工作要求过多，过高，过急，投资预算未定就要基建计划，〔投资预算〕未定就要材料计划，〔投资预算〕未定就要运输计划（三月、四月、五月）。建议召开计划会议，吐吐苦水。

地方工业

第一机械部现有91个工厂，其中15个去年由地方〔国营〕升为〔中央〕国营。此外还有22个工厂地方要求交给中央，机械部同意接20个，现有的已接，有的未接，因此分不清楚。

地方工业发展方针自产自销，过去超过地区范围者另行考虑。地方工业管理范围，地方国营、地方公私合营、私营、手工业四种。应该交给地方的工厂主动提出方案，快一点交下去。

地方工业归地方管理，中央不必设部。地方提出计划，中央综合平衡。

非工业部（粮食部，合作社）附设工厂主要是争利润，利润〔问题〕解决〔了〕隶属关系亦能解决。

财政问题

财政政策，对过渡时期党的财政政策钻研不够，不深。在1952年没有钻研出一套政策，不能适应发展需要，比实际落后了一步。特别是在近一年，近半年，有许多措施是不适当的。

从 1949 年以后所规定的一套办法，一般是适应于恢复阶段，曾起好的作用。但亦还有缺点，首先没有明确根据过渡时期总方针规定整套办法，而是零星解决问题。最近没有总结过去经验，仍然是老办法，暴露许多问题。

在恢复阶段后期（1952 年）应当总结过去，迎接今后建设。如我们究〔竟〕有多少建设资金，资金从何而来？建设时期市场将起什么作用？对资本主义如何限制改造？如何过渡到社会主义？均未好好研究。主要由于思想〔水平〕不高，政治不强，没有抓住主要环节。有无骄傲自满？检讨起来有些疏忽，去年三月顺利过来。

“三反”期间提出转向工业建设，摸了五年计划，基本建设，这段是对的，缺点只摸工业建设，未摸全套政策，估计今后财金贸的问题少了，要将注意力转向工业。事实是〔问题〕没有少，更多了。

建设阶段开始，发现下列问题。

（1）对物价、利息、利润、税率、运价等偏高。在恢复阶段物价尚未完全稳定，中心是如何把物价稳下来。在物价稳定后，应该考虑如何降低物价，否则对生产、对人民不利。虽曾提出降低工业品价格，但不坚决，想在增加生产，降低成本的基础上逐渐减价，仍保持利润和差额。

稳定物价时期未计算成本，物价是随供求决定。有些物价如纱布是提高了，一般是以 1950 年 3 月为基础，以后未作相应的调整。从 1952 年下半年有步骤地降低工业品价格，是很需要，我们未能坚决地这样做，造成错误。

利润偏高，有财政观点，并带有盲目性。每年企业利润上交，未经精确计算，是用拍板办法，未研究成本及利润率。去年底编制财务计划，有人提出重工业利高，轻工业利低，不合政策。当时研究按资本有机构成，重工业利润率不算高，按固定资本计算，铁道只 3.5%。未作进一步研究。

利息偏高，1951 年前利息高是应该的，1952 年物价稍落，六月降低利润，这是对的。以后还应该接着再减，降至合理程度。当时虽曾想到，但没有如此办，显然有盈利观点。

税率、运价情况与此相同，未适应建设时期需要来作相应的调整，因而使国营商业负担高利，不可能与私商斗争。今后应成立物价审查委员会来全面研究这些问题。

（2）1953年预算收支偏大（233〔万亿〕）。预算方针是正确的，所占比例大体是适当的。但收支总数值得好好研究。当时并未按照1953年国民经济总产值及国民收入计算，而是根据1952年的实际收入，及1953年生产增加估计（1952年189万亿）。1953年的233〔万亿〕中除上年结余30万亿为203〔万亿〕，比1952年增很少，当时认为可以达到。在189〔万亿〕中有“三反”“五反”上年结余（20万亿），不是全系当年收入。

估计1952［1953?］年工农业总产值807〔万亿〕，基建30〔万亿〕，货运24〔万亿〕，商业〔66〕万亿，合共927万亿。国民收入约为550〔万亿〕～600万亿元，占总产值60%～65%。财政预算203〔万亿〕约占国民收入35%。

1953年财政方针：估计朝鲜战争可能继续，还有可能扩大，还要进行大规模经济建设。当时经建投资打得高了，一削再削，形成被动，直至苏联提出建议，才决心缩减。与此相应，文教等也高了。再加上有20万亿虚假部分，故算高了，形成四大紧张。

（3）财政体制、财政管理、财政制度。中财部作风不好，我应负责，如一刀砍，没收内蒙家底等。更重要的，埋头事务工作，未抓政策思想，未作思想教育，因而造成这些错误。

1950年3月决定财政统一，成绩是基本的，但有毛病。1951年提倡统一领导，分级负责，基本是正确的，大家也还满意。1952年虽仍分级管理，但增加乡村财政统一。1953年实际是真一级，假三级，形成财政上的被动。缺点：①条条下达，结果预算增大，事情办少，如归地方统一调剂，可收〔到〕相反效果。原因为中央各部想多做事情，财政部想推卸责任；②统一统得太多，太死，不该统的也统了，如小学学费，戏院公园门票等也统起来了；③对少数民族区域照顾不够，自治而无财权，亦显不出中央的帮助。

在财政管理上，在建设阶段应把中心转到企业财务管理，在思想上未明确认识。虽在1952年即提出，但实际仍没有转。结果抓小不抓大，基建拨款制度苛细复杂，事实不能执行。有很多不近人情的规定，不加改正，还要机械执行。原因政策思想水平不高，群众观念薄弱。

今后办法：治标，必须解决的18000亿要解决。治本，明年实行统一预算，分级管理，实行三级财政（中央，省，县）体制。在收支上应有一定的划分，有的划归地方，有的提成。明年能不能实行工资制，成立财政体制委员会来研究。

（4）修正税制错误。1952年底公布的修正税制从单纯财政观点（保税）出发，未经充分调查研究，轻率决定，在政策方针上完全错误，在组织上未经中央讨论，也是错误。我们向资本家、民主人士征求意见，而未提到中央讨论。

①人民日报社论提出公私平等纳税原则是原则上的错误。由于财政观点，取消了对国营商业及合作社的优待，变更了营业税纳税环节，便利了私商，使国营商业、国营工业吃亏，对地方落后中小工业亦不利。

②组织上犯分散主义错误，在政务院通过而未报告中央，亦未征求各级党委意见。

结论：税收政策应当保护和发展国营工商业，有步骤地限制和改造私营工商业，这是过渡时期税收政策的总方针。

今后怎样办：治标，把移到工厂交的营业税移回批发商。或立即取消2000户不纳税的批发商，暂维现状，明年必须退回。

治本，研究明年的税收政策，组织一个委员会来研究决定。

（5）商业政策上的错误，主要亦发生于最近时期。过去商业工作是有很大成绩的，到去年亦未研究如何适应建设时期需要。对扩大城乡交流，巩固工农联盟，逐渐缩小剪刀差等未能具体解决。去年扩大批零差价，吃亏的是国营批发商或消费者，实际吃亏的是后者。前年纱布不足，加了60%的统销税，去年纱布有余，没有迅速取消。去年冬天估计积压过剩，影响了今年的商业工作，商业部一片减产声。我们说多数发展，少数维持，个别减产，而未指出基本上是产品不足。

“三反”“五反”对资〔产〕阶〔级〕进攻过了头，六月宣布停止进攻，实际仍未停止。九、十月间调整商业，不是退却而是整顿队伍，准备再度进攻。1950、1951年我对资〔产〕阶〔级〕放任，资〔产〕阶〔级〕向我进攻。1952年“三反”“五反”我向资〔产〕阶〔级〕反攻，到六月资〔产〕阶〔级〕躺倒地上，我先活后收，先税后补，仍未解决。调整商业形成退却，是一错误。

前两年扩大交流，今年上半年压缩资金，缩小收购，从已得的批发阵地上退却下来。加以税收问题、利润问题没有很好解决，增重了国营商业的困难，造成了大退却的形势。

今后办法：扩大商业资金，降低银行利息（大体可到六厘七厘），明确商业工作任务，“研究居民需要，扩大商品流转，巩固工农联盟……”

其他问题还有，主要的是以上五个。

半年来在财政贸易方面所犯错误是严重的，总起来说：①思想领导水平不高，没有抓紧主要环节，未把党在过渡时期总路线贯彻到全部财经工作中，对财政抓小不抓大，对单纯财政观点克服甚为不够。

②在组织上有分散主义错误，特别对新税制。1950 年农业税法令亦未向中央报告，已受批评。

③作风粗枝大叶，许多问题没有考虑成熟，冲口而出，没有好好考虑。征求大家意见，及与大家商量不够，作风有点霸道。

资本主义工商业

共和国成立开始过渡时期，农业、手工业逐步完成改造。逐步实现国家工业化，现在达到 28%，如果要到 70% 才算工业化，还差得很远。为着工业化，要利用一切有利工业化的资本主义工商业，逐步进行改造，要利用、限制和改造。对农民、手工业者的改造经过合作化，经过教育提高觉悟。对资本主义工商业最后要废除资本主义私有制，把资本家改造为劳动者。我们胜利时未剥夺资产阶级，原因：①资〔产〕阶〔级〕曾在我党领导下参加革命或中立；②胜利后还有帝国主义威胁，还要团结资〔产〕阶〔级〕；③我们经济上还落后，需要利用有利工业化的资本主义工商业，还有 380 万户私营工商业，不是自由发展，而是限制改造。其中有一部分有害，需要淘汰。资本〔主义〕与社会〔主义〕间有矛盾，最后资本〔主义〕要被淘汰。

领导资〔本主义〕工〔业〕与资〔本主义〕商〔业〕应有区别。对资〔本主义〕工〔业〕应采积极态度，尽可能利用，并引向国家资本主义。目前还有很大一部分设备未便［被?］利用。上海棉纺、造纸利用 80%，动力、机器 40%，橡胶、面粉 40%～50%。利用情况要调查统计。逐渐领导其主要部分向国家资本主义发展，在供产销上逐渐予以控制。资本利润为国家税收、资本积累、工人、资本分红。天津十个厂的资本股红 1952 占

37.7%，1951〔年〕占 15.2%。上海几厂纯值中，1952 年，国〔家〕占 45%（28），工〔人〕占 44%（62），资本股红 10%。申新国 13%，工 63%，资 24%。

几年来国家资本主义，(加〔工〕订〔货〕、包〔销〕收〔购〕)，较低级〔形式〕，生产工具资〔产〕阶〔级〕所有，但供销两头我们掌握，〔生〕产我有所限制，从产品的生产和分配上全面实行国家的统计和监督，造成了逐步纳入国家计划的条件，并准备了公私合营（较高级）的条件。(公私〔合营〕) 较高级，国家有财产的一部〔分〕，参与经营管理，工会支部，社会主义成分占优势，有列入国家计划的条件，可以逐步转入社会主义。前两者都有社会主义因素，低级可以过渡到高级。

解放后的资本主义已经受了很大限制，国家资本主义是限制改造资本〔主义〕的主要方法，过渡到社会〔主义〕的主要道路，也是我们与资〔产〕阶〔级〕统一战线的主要方法。对加〔工〕订〔货〕要逐年扩大，对大工业首先是重工和交通要逐步合营。

对资〔本主义〕商〔业〕要利用、限制、改造，有区别、有步骤、有条件逐步排挤出流通过程。办法是逐步发展国营商业及合作社商业来代替。职工要接收过来，帮助转入国营，对资〔产〕阶〔级〕也要适当安排，帮助转入工业。

改造资本〔主义〕工商〔业〕完全有可能。因我们掌握政治优势及经济优势，〔经济上〕有社会主义及半社会主义（包括合作社及国家资本主义），及社会主义的优越性，有国际优势，苏联援助，只要我们不犯政策错误，就能过渡到社会主义。政策对了就能逐步前进。要掌握党在过渡时期的总路线，对资〔本主义〕工商〔业〕利用、限制、改造。

党内有一部分同志对资〔本〕主〔义〕工商业问题存在错误，对我们的资〔本〕主〔义〕和国〔家〕资〔本主义〕未搞清楚。另一错误对私〔营〕工〔业〕只搞工资福利，不搞生产经营，这也是错误的。三年来党采取了一系列正确措施，与资〔产〕阶〔级〕又团结，又斗争，对〔生产〕有利恢复发展，〔又〕供应〔了〕农民需要，对城乡交流起一定作用。此外使资〔本主义〕工商〔业〕发生对我们有利的变化。〔资本主义〕本身分化，有的发展，有的维持，有的淘汰，比重下降，大型〔工业〕由1950年的60%降到1952年的31%。商业1952年占49%，批发占30%，零售占70%。特别有意义的为国家资本主义的发展。1952年上海59.2%，天津70%，广州32.8%，公私合营较1949年增5.8倍。经过几年奋斗，国营经济领导迅速加强，合作社发展，使资本主义发生深刻变化，〔资本主义〕正在削弱，受我控制，利用和改造条件正在增长。

三四年来取得监督和领导资本主义经验，自上自外，与自下自内相结合，进行民主改革，生产改革，改善经营管理，劳资关系。

对资本〔主义〕企业〔采取〕监督领导方针。在党的统一领导下，依靠国营经济，依靠工会和党，团结技术人员，团结资〔产〕阶〔级〕，把资本主义逐步改造为国〔家〕资〔本主义〕。改进经营管理，改进技术，提高劳动生产率，提高质量，减低成本，做到大体上与条件相同的国营企业在生产和工资待遇上大体相同。

计划工作

方毅[①] ①大区及省市计划机构与任务不相称，要求把机构及任务明确规定。

②编制计划的系统和范围，各种经济类型应有区别。计划单位与统计单位要一致。统计与估计要分开，正式计划要统计，估算性计划可估计。

③控制数字垂直下达，经常变化，私营控制数字到省市无专管机关，听任自流。滥发控制数字造成恶果比滥发统计报表更大。工业控制数字要说明包销抑〔或〕自销，由何机关负责，解决供产销问题。

④编制计划程序颠倒，时间急迫，要求过多过高。计划上压下，下哄上，要求减少数量，提高质量。先编工农生产计划、基建计划，次编商品流转计划、物资分配、交通运输计划，后编财务计划。下面编制计划时间必须放宽，上面批准计划时间也要限制。生产基建变动，订货财务计划也应随之调整。

⑤统计范围与计划范围必须一致，私营估计范围亦不一致。统计指标〔应〕符合计划需要。统计实绩定期亦〔应交〕计划部门，以便检查。计划

① 方毅，时任福建省人民政府副主席，省委第二副书记，主要负责财政经济工作。

表格要大大减少，大大简化，减少数量，提高质量。手工业范围、定义，农副业范围、计算方法要明确规定。计划工作不能一步登天，由简到繁，不能机械采用目前苏联经验。

地方工业，①产销问题，忽多忽少；②原料供给；③税收问题；④利润上交很难完成；⑤流动资金很少，坐吃山空，负债累累。要求：①明确地工方针；②要有专管机构；③利润正确计算。

牛佩琮[①] ①大区成立计划局，要 70 人；②统计工作对地方联系很差，要注意对地方服务。统计单位与计划单位不一致，准备掌握 25 个单位（原有三百余单位）。

西北 统计局担负不了地方统计任务，计划、统计数字对不上头。

方毅 要解决机构职责问题，如商业，大区已无综合机构，私营、手工业无专管机关。

地方计划的修改，予地方以一定的机动权。控制数字建议是否填最高最低两个数字。

地方工业问题

我们对于地方工业生产力量及全国需要未摸清楚，计划性还很差，这是目前许多问题的根源。结果积极性受了挫折，盲目性仍未克服。根本解决办法，了解产销情况，加强计划性。目前所提问题：只有方针原则，没有具体办法。首先要了解地方生产能力，先求地区平衡，然后作全国平衡。明年一年主要加强现有地方工业的经营管理，摸清生产能力，弄清情况后再决定发展方向。目前要提高质量，减轻成本，俾能搞稳阵地，打开销路。

〔中央〕国营与地方国营如何调整。中央各工业部及各地区提出统盘的调整办法，重工业资源中央要接管，一次解决，不要个别解决，解决以后固定几年，不再变动。

产销平衡问题：①产品在全国调配范围内者应由商业部包销；②列入地区平衡计划者由地方包销；③不列入计划者可代销或自销。

流动资金：利润全部上交或全不上交均不行，国家积累一靠税收，一靠

---

① 牛佩琮，时任河南省人民政府副主席。

国营利润，后者渐占主要地位。因此应该有一部分上交中央，按不同地区，不同行业规定不同上交比例。这样既有利于国家积累，又有利于地方积极性。

今年九月开地区机械工业会议，各地要作地区平衡计划，差额提请中央统一解决。

地方工业计划机关要管国营、〔公私〕合营、合作社营、私营、手工业，但业务管理主要只管地方国营及公私合营。此外私营归工商局管，手工业归合作社管。

地方工业要求中央解决：①批准生产计划；②技术援助；③产品推销；④原料供给。这些问题都可以由计委会来解决。日常工作具体领导，应是地方政府。过渡时期如何帮助地方工业，尚可考虑。

九月十四日中央人民政府会议*

一　财政经济工作

1. 今年上半年生产情况

国营工业中央各工业部门上半年完成 484101〔亿元〕多一点，国营工业 20 种主要产品，十种超过，钢、铁、铜、水泥、原油、棉纱、布……八种接近完成，钢材、电、煤……两种未完成计划〔的〕为发电机、电动机。

私营工业生产上升。上海 30 种主要产品 1～5 月比去年同期〔增〕29%，天津今年上半年比去年下半年增 10% 以上，武汉多数工业逐月上升。大挤小（城市），全体私〔营〕工〔业〕总产量仍有很多增加。

基本建设中央 10 个部 746 个单位，今年上半年比去年同期增加 140%。工业各部可以完成全年 90%。是第一年大建设，缺乏经验。

农业生产初步估计，小麦受冻，主要产品减产 50 亿斤。浙闽鄂等增产 1～3 成，估计 20 亿斤。去年 362 亿斤，〔今年〕大约减少一成。将要遇到困难，可能供不应求。

早稻丰收，但只占 20%。中晚稻在七八月旱，估计损失 40 亿斤。杂粮

* 1953 年 9 月 14 日，召开中央人民政府委员会第二十五次会议，陈云在会上作关于财政经济工作的报告（《陈云年谱》中卷，第 174～175 页）。此为陈云报告的记录。

雨量过多，东北可能减50亿斤。棉花雨多减产，估计要比去年（2584万担）少200余万担。

总计农业生产因雨水不调，不如去年，原定计划已经不能完成（粮〔增〕6%，棉〔增〕16%），可能相同去年或低于去年。但比1950年多一点，如东北水灾比1951年更大，但产量自1650万吨增至1950万吨。

商业市场活跃，公私均有发展，淡季不淡，超过1951年同季水平。出口完成全年计划52%，比去年同期增26%。进口完成43%，亦还不差。

总之全国经济情况，除农业受灾外，余均稳定上升。财政、商业工作中有缺点，但基本上是有成绩的，支持战争，稳定市场。

2. 错误

（1）税收工作，上半年完成年计划43%，按政策定任务，工作态度作风有改善，但有重大缺点，即12月31日修正税制①。几年来加工订货、代购代销比重增加，税收因此减少，必须想法补救（棉纱每件五六百万，加工费150万，棉花每斤8000元，代购200元）。修正税制公私平等收税，把批发营业税移到工厂来收（货物税及两次营业税），变动了纳税环节，批发商不纳税，打乱了原有市场规律。

公私一律是错误的。公〔营〕商〔业〕全部利润归政府，对国家所负责任不同。要维持生产，稳定市场，便须积压资金，才能保证供应，有时要做赔本买卖，如向西南运粮来沪。合作社担负了与国营商业多少相同的任务。

变更纳税环节，使部分免税批发商打击国营商业，对内地工业也是打击。

改正办法，不能草率从事，须经详细研究，并作充分准备。现在先把批发商免税取消，其余暂不改变。

（2）国〔营〕商〔业〕几年来在经济恢复中起重大作用，今年〔的〕错误〔是〕把阵地缩小。原因〔是〕对今年市场需要估计不足，对积压估计过高，提出“泻肚子”的任务，减少加工订货，以致许多物资脱销。在

① 1952年12月31日，政务院财政经济委员会发布《关于税制若干修正及实行日期的通告》，决定自1953年1月1日起实行。

收购中先私后公，要求国营工厂减少产量。应该恢复已失阵地，步骤必须适当。去年调整商业，零售减少4%，不能改变，批发丧失阵地则应恢复。

（3）财政预算基本上是正确的，收入预计接近实际，但对上年结余处理错误。结余内容：①去年12月20日后收入；②预付明年开支；③跨年度工程；④机关地方结余，包括历年积蓄；⑤开支真正结余。前三种不能用作开支，第四种可一不可再，末一种可利用。

预算比过去正确，收入超收不大，开支打得很紧，上述错误立即暴露出来，预备费不够用，公债没有发，支出略有增加。六月底结算，年终可能缺少21万亿，解决办法大部依靠削减预算。

另一缺点是把地方财政统得太死，太多。明年应恢复几级财政制。

缺点责任，中财委要负责。

二　目前工作要点

（1）增产节约。工业中原料及销路有保证的均应增产。农业应尽可能减少灾害影响，力争多收。商业扩大城乡交流。税收减少偷漏。在节约方面有更大意义，各种经费均应削减，不增编制，还要精减。在基本上不妨碍工业投资方针下削减预算，虽有21万亿赤字，仍可平安度过。

节约是今后几年的重大问题，主席在1950年说根本好转三条件之一是国家经费大量节减，过去尚未做好，要在今后一二年来把这工作做好。不仅政府机关要精减，企业机关也要精减。

（2）人民生活有困难，但几年来已有所改善，继续克服困难要经长期努力。如城市职工工资还低，特别是公教人员，副食品涨价（约15%），面粉减，房租涨。但就业人数四年来有增加，工资有提高，福利有改善。农民〔的〕困难有，生活水平很低，还有灾区，新区还有几千万贫苦农民，但土地分得，农产品用合理价格收购，放了十万至十一万亿农贷，合四万万银元。大多数农民比解放前有改善。纱的销路年年增加，1949年产180万件，1950年227万件，1951年267万件，1952年291万件，1953年400〔万〕～420万件，比1949年增一倍以上。历史上最高产量（1936年）为240万件，现已超过很多。肥料（化肥及豆饼）合作社销售数，1951年87万吨，1952年289万吨，1953年336万吨。出售粮食，第一年150亿斤，第二年300〔亿斤〕，第三年500〔亿斤〕（第三年为1952年7月至1953年6月）。卖在农村数量很大，增加的 200 亿斤有 100 余亿斤卖在农村。每一农民每天多吃一两，每年要多吃 100 亿斤。农村小学生数量骤增，也可证明生活改善。

人民困难不可能短时期内完全解决，工人工资低，但比农民生活已好得多。房子不够，小中学不够，农民一人只有三亩地，收入仅 500～600 斤，移民困难很多。目前只能挤出力量进行工业建设，长期打算，这是解决民生问题唯一道路。

（3）反对投机，稳定市场。目前投机及五毒仍然不少，私〔营〕工业有的不愿加工订货，私商有的争夺国营市场，如不制止可能引起市场波动。办法：①加强市场管理。②准备与投机斗争，掌握货源。要在急需地点经营副食品。③私企利润分配：A. 很挣钱，资方得很多，或劳资分肥，逃避所得税；B. 生产情况不正常，劳资得利不多或无利可分；C. 有赢余，交税提公积，劳资分得合理，这是好的；D. 有赢余，公积、奖金很多，资方得很少。〔对待〕A 应纠正，D 应说服工人，让资方得到利润的 25% 左右，75% 给国家、工人、公积。工人说而不服，应慢慢来，25% 左右是应该的。

（4）过渡时期的总路线及国家资本主义问题。我们一切工作要达到一个目的，在公私兼顾，劳资两利……政策下，在相当长时期内完成建设和改造的任务，工业化，社会主义改造。

1954 年控制数字*

一　1953 年基本情况

生产全年预计可以完成，总值可以完成，完不成的主要是轻工业，其次是纺织。轻工只能完成 70%～80%，纺织可能完〔成〕98%。食盐计划〔产〕510 万吨，只能完成 400 万吨。胶鞋 800 万双只能完成 600 万双，质量很差，私商大量增产。粮食部粮食供应完成差，加工工厂赚钱不多。

提高质量，降低成本，超额完成国家计划。建议中央提出这个号召。

农业原计划〔增〕14%，后降至 6%，今年肯定完不成计划。南旱北

* 1953 年 9 月 15 日，国家计委召开全体委员会议。会议研究 1954 年国家财政、预算问题（《陈云年谱》中卷，第 175 页）。

涝，特别是东北水灾非常严重，铁路完全冲断。今年产量可能比去年少，最好达到去年水平。

贸易〔方面〕对市场需要估计不足。国营贸易营业额可能超过原计划，达 160 万亿。合作社可达 68 万亿，亦大超过原计划。

粮食部上半年收购完成 77%，销售超过 8%。粮食库存大减。

铁道计划保守，上半年超过计划 6%，全年可超过 15%。周转率计划 2.88 天，结果超过〔为〕3 天，比去年还差。

劳动生产率计划提高 11%，估计全年只可能到 6%。

基本建设上半年完成 29.7%，比去年同期增 150%，估计全年可完成 85%。八个工业部去年拨款 5 万亿，今年投资 37 万亿，共 42 万亿。可以完成工作量 33 万亿，结余 8 万亿，均为材料及设备。

财政十分紧张，赤字约 31 万亿，必须保证收入，节约开支，增加生产，克服困难。

二　1954 年指标

工业方面，各部各地报来数字，增长 14.8%。研究结果，应增 17.75%。其中：中央国营从 18% 增至 20%，地方国营从 23% 增至 30%，公私合营从 19% 增至 33%，合作社从 19% 增至 25%，私营 7% 不变（扣除变为公私合营部分）。

重工部 16.25%，轻工部 16.65%，纺织部 6.15%，林业部 27%，一机部 32.5%，二机部 40%，燃料部 18%。平均增 18% 要用很大的努力。

农业生产增 5%。

购买力估计增 13.6%。1953 年购买力 309 万亿，1954 年增至 350 万亿（1953 年比 1952 年增 17.3%，1952 年为 264 万亿）。销售 1953 年 154 万亿，1954 年 203 万亿（国营）；1953 年 78 万亿，1954 年 96 万亿（合作社）。

铁路运输 1954 年增 7%。周转率 2.9 天（1953 年计划 2.88〔天〕，实际 3 天）。

劳动生产率提高 10%，成本降低 5.3%，均须最大努力保证完成。工资平均增 4%～5%。

三　1954 年财政平衡试算

……

国家统计局工作会议*

统计工作报告

统计工作的目前状况

1. 1952年的年报

半年时间，大体完成。

返工原因：①急于求成，欲速不达。

②企业领导系统变更，领导关系不明。

③不变价格换算。

2. 历史资料的整理

过去资料不完全（私工、县工、手工……）。

历年资料的对比，范围不同（工业、农业）。

价格不同，资料不全——发展速度。

工农比重（手工业、价格）。

公私比重。

3. 现行报表情况

工业生产——产量，产值（快报），劳动，成本，物资。

农业生产——

基本建设。

贸易，交通，文教，人口。

物资，劳动，成本。

4. ①各级统计机构

大区省市，县区。

干部情况。

②业务部门的统计机构

各工业部，各农业部，各商业部，各交通部。

文教卫生。

---

* 国家统计局的一次会议记录摘要，时间约在1953年9月份。大标题为编者所加。

5. 国家统计局

①任务繁重——各种工作应有尽有，与各中央部门及大区省市联系。

②领导薄弱，顾此失彼，没有可能深入研究。

③骨干缺乏，处、科长级不够。

④加强集体领导，应否建立党组。

⑤计委的领导及与各局联系。

计划与统计的配合。

⑥苏联统计专家

续聘、增聘二人（基建、贸易）。

6. 今后努力方向

①报表制度的建立。

清理过去的报表。

研究调查统计方法。

②统计资料的分析研究，

仔细审核，纠正重大错误。

发现重要问题，及时反映。

③开始注意专题研究工作。

全面情况的研究，专门问题的研究。

统计工作的方针任务

有脱离党的政治任务，为统计而统计，为报表而报表的单纯业务观点。

思想政治教育缺乏，不能配合政治要求、业务要求，也不能够满足计划要求，帮助领导同志，用统计数字来发现问题，说明问题，研究问题，进而解决问题。

统计工作必须依靠报表，报表搞不好就没有基础。但首先必须研究各种报表和指标的目的，围绕着我们的基本任务来决定报表和指标。其次要研究我们统计资料的政治意义，从资料来发现问题和说明问题。指标需要解释清楚，但必须有一定限度。

要加强业务部门统计工作，不能单纯强调统计工作重要，要从实际资料中间说明不弄清统计数字，就不可能搞好经营管理，经济核算，这样使他本身感到需要做好统计工作。

必须加强资料研究工作，计委各局认真研究我们数字，发现很多问题，我们自己没有研究。人家把我们的资料分工［析?］解决若干问题。

不变价格

食盐问题：现价 132.9〔万元?〕，不变价格 19.6〔万元?〕，〔市?〕场价 16.3 万元。工业用盐价比现价约低三分之二。

品种规格过多，明年分为两种，一为统计局的统一不变价格，一为各部补充，照顾地方困难。

有些〔产品〕规格太多，太细，增加计算困难，最好适当简化。轻工食品太简单，今后还要补充。

贾〔拓夫副〕主席[①]——不变价格计算比重及速度。价格不适当就有虚假现象，比重有工农〔比重〕及公私〔比重〕，工业中又有甲乙二类。冒进及保守〔的〕根本原因，是对现况弄不清楚。统计不是简单〔的〕技术工作，应当严肃负责，少犯错误。

品种规格不宜太多，应当由简而繁，有简（地方）有繁（各部）。不可不细，不可过细，随时准备修改。

盐的价格大体上加 20% 的税，按 132 万〔元〕虚假太大，影响轻重工业比重（研究工业用盐价格）。

颁发时要加说明，地方执行有困难可以提出意见。

〔统计〕工作方针任务

统计任务：①为编计划提供统计资料，作为检查分析计划执行〔的〕工具，揭发潜力，预防不均衡。②保证〔提供〕国家管理必要〔的〕资料。③为国民〔经〕济文化发展规律性的研究提供必要资料。

统计保证计划工作、管理工作所必要的材料，成为检查计划〔的〕工具，提供材料进行国民经济分析研究。

Stalofsch：提高统计工作水平，并保证统计材料绝对确实，并有科学根

---

① 贾拓夫，1953 年 9 月起任国家计委副主席。

据。统计机关主要任务之一，〔是〕检查国家计划完成情况，提供能够检查计划的必要的材料。

叶若夫同志：计算劳动生产力，成本，发掘潜在力，改进计算工作，必须进一步提高报表质量。以上均着重在统计资料的正确性，为着编制计划，检查计划。

列宁把统计局当做分析研究机关，1930 年后建立定期报表，正式提出要配合计划，为计划服务（列宁提为社会主义服务）。1933 年提〔出〕加强计算体系，作为编制计划、领导经济工作、检查计划执行及实行经济核算的重要工具。

①为计划管理工作提供资料，②检查计划执行情况……。

中国如何规定任务：①提供编制计划、检查计划的正确的统计资料；②提供决定政策的接近实际的调查资料。

提供可靠的调查资料与正确的统计资料，作为决定政策、指导工作、编制计划和检查计划的依据。

统计机关是用科学方法，收集、整理、分析、研究统计数字的机关，不是一个监督检查机关。

王一夫[①]同志发言

统计部门不是检查机关，〔但〕不能否认监督作用。统计部门参加国家建设，利用统计武器，使把国家及个别部门政治经济上的现状及其发展结果反映出来。不仅记录，还要研究其发展的规律性。

①不是决策机关，而是为决策机关服务。

②没有单独的目的性，随着领导机关的意图工作，有经常的任务和临时的任务。

③为了资料的正确性，需要进行斗争，起监督检查作用（与假报告作斗争）。

具体工作：收集资料，整理研究资料，为此必须统一核算方法。

争取领导机关采用我们统计数字。

---

① 王一夫，时任东北大学校长，东北人民政府民政部部长。

任务：①为编制计划，及监督计划执行而汇集整理统计资料；

②用统计的方法检查计划执行，发掘后备力量，检查不平衡现象；

③利用统计方法研究扩大再生产的规律，以便编制平衡表。

第一及时，第二正确，第三全面，先从重点开始，不宜过分要求正确，不宜要求全面。

王东年[①]同志

主要问题，目标不明确，步骤不明确，这是思想苦闷的主要来源。

先要明确目的，再来说明方法，只讲方法不讲目的就不完全。

统计机关帮助国家进行计划管理，方法是提供确实的、经过分析研究的统计资料，要针对着国家建设的需要。

步骤，第一阶段是开辟工作的阶段，这点应该明确起来。

廖季立[②]同志

目的，编制计划，检查计划，研究国民经济发展规律，要用什么武器，还要研究。统计资料必须分析研究，否则会陷于报表的深渊中。

赵清心[③]同志

统计是提供数字资料，作为研究分析依据。我们的研究分析：①取得资料的方法；②整理汇总的方法；③确定数字的正确程度；④说明数字的意义。

至于利用数字进行专门研究，不在我们〔工作的〕范围以内。因此我们是一个提供有关国家建设的数字资料的机关。

主要检查计划执行情况，对苏联今天来说是对的，对中国今天来说还不适当。中国经济建设刚刚开始，五种经济并存，计划管理限于国营经济，其他部分主要还是政策指导，需要首长指标。

各方面的要求：工农比重，公私比重，甲乙比例，发展速度，商品流转比重，物价，国民收入等。

---

① 王东年，时任国家统计局办公室主任、处长。

② 廖季立，时任国家统计局处长。

③ 赵清心，国家计委干部。

目前以提供政策资料为主，向为计划服务前进。以调查为主，向定期报表前进。分析研究要划清界限。

杨波[①]同志

任务补充：反映和检查政策及计划执行情况。目前编计划首先要找比例关系，这就需要统计资料。

关键在领导上怎样运用统计机构。统计工作作用客观存在，统计机构作用，要看领导如何运用。没有明确规定什么工作要由统计局来负责。苏联规定，任何机关发表统计数字要统计局批准。

有了方针，还要做具体的组织工作。有了工作计划，还有做具体的检查工作。

黄剑拓[②]同志

统计干部的政治待遇、生活待遇需要明确解决。工作缩得多〔了〕一点，没有照顾全国需要，畏缩态度，不适合于开辟时期〔的〕需要。

统计范围比计划范围广得多，因此统计不仅仅为计划服务。统计调查可有各种方法，而报表制度在计划经济中是主要的、基本的方法，今天中国还要采用其他各种方法。

李〔富春〕主任指示方针：①学习苏联；②批判资〔产〕阶〔级〕思想；③根据中国社会经济情况及自己的工作经验；④分别不同经济类型；⑤有步骤地稳步前进。

狄超白[③]同志

了解情况，提供资料，检查计划，分析研究，任务不外以上四条。

过去几年努力主要在方法制度上，逐渐提供一些资料，但还赶不上需要，因此领导对统计工作不重视。过去提供资料主要由业务部门负担，统计部门赶不上业务需要，主要缺点没有让领导了解自己的工作。

---

① 杨波，1952年10月起任国家统计局贸易司副司长、研究室主任、综合司司长。

② 黄剑拓，时任国家统计局农业统计处处长。

③ 狄超白，时任国家统计局综合处处长。

目前除继续做基本建设工作外，主要是提供资料。计委各局完全依靠我们，我们供不上，应该划清哪些应由我们供给，哪些直接向业务部门要。数字尚不完全，检查计划更谈不上。如果强调检查，很容易到处碰钉子。当然，提供正确数字，就有检查作用。分析研究是我们的努力方向。

统计主要是为计划提供资料，因此报表占重要地位。但亦不能忽视决定政策需要，〔不能〕把这放在次要地位。

我们直接抓省市统计局，会使他们孤立，要领导上抓省市财委，经过财委来抓统计局，工作才易开展。

赵艺文[①]同志

工作又想搞，又怕搞错，部里认为统计工作是为统计局办的。

全部、正确、及时，三者中有矛盾，并列起来提出是错误的，应当首先强调及时。

各处报表制度要提到局务会议讨论。

〔王〕思华[②] ①〔统计局〕对全国统计工作领导不够，如思想建设，组织建设，制度建设。

②任务必须明确，以便检查工作，不能全部满足需要，究竟满足至何程度。

〔廖〕季立 检查工作：①检查资料的正确性；②检查计划完成情况；③苏联建立独立系统，显然是为监督检查。

要上级具体规定任务，工作中的困难及时报请上级解决。

对各级机构通过工作计划进行领导，重要问题通过党政机关。

〔王〕东年 任务要提得完整一点，结合过渡时期具体情况，我们工作如何提法，也要明确。

是否能做一个统计工作建设的五年计划？能够供给什么？明确规定，大胆担负下来。

〔黄〕剑拓 发现潜力与发现不平衡能不能提。

---

① 赵艺文，时任国家统计局工业统计处干部。

② 王思华，时任国家统计局工业统计处领导。

统计工作的基本任务

目的：为着国家建设，特别为着计划管理。首先要满足计划部门编制计划、检查计划的需要，其次要满足领导机关了解情况、决定政策的需要。

如何达到上述目的：主要依靠统计资料：①提供编制计划所需要的统计资料，并依靠统计资料来检查计划的执行情况；②提供了解情况、决定政策所需要的统计资料（或称调查资料），并研究国民经济的发展趋势。

方法：①如何取得资料：A. 定期报表；B. 普查；C. 典型调查；D. 利用已有资料估计推算。②对已取得的资料整理综合，并进一步作分析研究，俾能适合领导机关和计划部门需要。

今后工作：①基本建设——方法、制度，特别是报表制度和调查方法。②生产——提供统计资料，逐步提高其正确性、及时性，开始作分析研究。③什么资料：A. 领导机关需要基本统计资料及专题研究（要与业务同搞）；B. 计划部门需要，参考计划表式。

争取领导机关支持：①请求领导明确规定我们的任务；②重要任务通过党政领导机关下达；③与计委各局共同讨论我们的工作计划。

计委讨论一次统计工作

①说明方针任务。

②加重统计局的责任，强调供给资料的重要意义。

③整理历史资料问题。

统计工作报告[①]

一　一年来的工作

（1）建立机构，建立统计制度，布置各种统计报表（基本建设）。

工业、基建——快报、月报、年报。修订报表、减少数量、提高质量（工业、基建、农业）。

（2）整理统计资料，供应编制计划、检查计划需要。

---

① 这应是薛暮桥同志自拟的报告提纲。

工业（产量、产值）、基建（投资）、农业、贸易、交通、物资、劳动、成本，分析研究工作。

二　工作中的困难

（1）中央（计委）〔未〕明确规定统计局的任务，感到可有可无（工业稍好），需要统计资料有时不找统计机关。计划部门不一定用统计数字。

（2）计划与统计在方法制度上不一致，完全跟着计划跑有困难，（大型小型）指标解释轻易改变（大型小型，公私合营），应该互相商量。

（3）机构、干部、专家等类问题不易解决，缺乏具体的、经常的领导，联系到中央对统计工作的认识，究竟要加强，还是维持现状。

三　机构干部问题

（1）加强领导骨干。

（2）增设机构，配备干部。

统计工作讨论

廖〔季立〕　统计工作主要任务，编制计划资料，检查计划执行情况，分析研究国民经济发展趋势。

〔王〕思华　统计部门干部与计划部门比较太弱，需要具体规定任务。

杨波：过去方针任务是自己规定的，而不是领导上交下来的。现在检查工作没有具体标准。

〔□〕致文　过去统计局集中力量搞制度报表是对的，今后要进一步发挥它的作用。统计如何与实际相结合，计委各局已解决，统计尚未解决。计委方面未把统计抓住，统计局要主动配合。统计局将来是很大机构，今天如何开步走。今后计划各局开会，统计局有关处要参加。〔统计局开会计委〕各工业局可派有关科长参加，建立联系制度。

各专业局需要专业、业务统计，统计局不能供给，只能直接向部去要，统计局要掌握这方面的资料。

〔杨〕英杰[①]　接受苏联先进经验，要结合中国具体情况，产品目录有许多规定不合中国具体情况。

---

①　杨英杰，时任国家计委综合局局长。

计划、统计规定不一致时，互相商量，由计委最后决定。

统计数字有些部的数字与部报数字不一致，必须征得部的同意才能列入计划表中。

领导关系变更，必须通知计划、统计部门，以便修改数字。

张玺[①] 统计部门有苦闷，计划各局要不到资料亦有苦闷。统计局过去工作是发展过程，建立制度，积累资料是应该做的工作。过去计划主要还是依靠统计局的数字，成绩是有的，问题是够不够。统计部门室内工作比较多，容易脱离实际，不确实，不具体。统计数字不及时，因此领导机关直接去抓业务部门。部长的数字算数，还是统计部门数字算数，当然信任部长。因此统计数字就无市场。统计数字不要过分强调全面，而应及时，结合需要。领导机关应更多依靠统计部门……要更多考虑领导需要。

李〔富春〕主任 （一）统计工作作用，供给计划〔部门〕统计资料，作计划根据。通过〔统计资料〕来检查计划……通过〔统计资料〕来研究国民经济……中国〔国民经济〕基础薄弱，要准备十年完成建设工作，不能性急，不靠主观愿望，而要看工业化、社会化发展到什么程度。这是艰难的、创造的、长期的任务，要与过渡时期总任务结合起来。现在要求苏联水平是主观主义。一年来建立机构，建立制度（报表），先搬苏联的，再按中国情况检查修订。不断批判，总结，改进，是否合于具体情况。

报表方法与实际情况结合，综合报表以外，还要随时掌握具体问题，统计与估计相结合，安心五年至十年把工作搞好。

（二）现在统计局的任务，基本上在半年一年内打〔下〕工作基础，减少数量，〔提高质量〕。要把统计工作进一步打下基础，打好基础才会正确，正确才会有市场，有销路。

A. 与实际结合，计委开会吸收统计局相当处、科参加，与各部结合，重点放在下面，与重点单位经常联系。掌握典型，来研究全面。

B. 统计与计划不一致，不能谁服从谁，而应服从对的。从群众中来，到群众中去，先酝酿讨论成熟，然后拿出去。闭门造车，拿出去亦行不通。意见不一致时，宁可慢些拿出去。有原则争论解决不了，提到计委解决。今

① 张玺，时任国家计委委员。

天谁亦没有经验，不能自封权威，权威应从长期工作建立起来。责任可由统计局负，但不是说了就算。

C. 统计数字全国统一者应经统计局，但统计局必须负责。要数字确实，才能建立威信。权力要靠自己培养，不靠中央来作决定。统计局应该统一规定统计核算制度，统一掌握统计数字，这不是一年两年所能解决。要多酝酿讨论，如何担负这两任务。过去所定报表，要彻底检查，是否与实际结合。

D. 组织机构，〔在〕掌握重点，稳步前进中来调整机构。工业统计先搞国营，搞私营要配合国家资本主义〔改造进展〕。统计局自己讨论，提出方案，报计委批准，提出步骤，分期完成。骨干需要加强，能否兑现会有困难。科长要大胆提拔，培养新生力量。

〔苏联〕专家谈话

第一、二次五年计划都有几次修订。计划数字究系哪一次的数字，特别是第一〔个〕五年计划，还在学习阶段，订正次数较多。发展速度加快，因此资金重新分配。完成情况应与最后一次计划对比。但订正计划恐未公布，总产值计划完成情况未提。上涨速度是否按照一个价格。第一〔个〕五年计划着重发展重工业，特别是机器制造工业。

各处草拟报表，由报表审批处审批，有不同意见再报局长决定。研究各种报表时应请有关部门参加。意见不同时重新研究。

清理报表

纺织厂每月要填 174 张表，内有旧报表。精简后统计干部可自 7000 人减至 3000 人（包括记录员）。厂内自己发的表多至 70 余张，有托儿所、饭堂等。

第一机械部由办公室主任、计划司、生产司长组织办公室，各司局长都要参加，工作比较认真。

重工业部过去曾清理过，现由计划司长负责继续清理。

人事部门所发报表很多，说明与分类不一致。各部人事表应经该部统计部门审核，勿经人事部转送我局审批。

农业部已发表 30 余种，其中有 10 余种未经批准。林业部机构薄弱，工业及基建统计均完成不了任务。

贸易处、外贸部要求十一月上旬审查完毕，要求过急，恐将草率了事。

商业部由王副部长负责，发通知各地，自下而上检查。西北反映商业部表300余种，部里并不知道。

粮食部发了74种表，内定期55种。问题：大区管理局有无权力审批报表，省的厅已有权批准。

建筑部只发了十几张表。

财金部门，预算司原有1600～1700种指标，现剩160～170种。税局自己的表不多，下面很多。

文委成立工作组，办公厅主任负责，各部派人参加。卫生部自己只发27种表，地方附加1800余种。教育部基本上没有动。

问题：要同时清理计划表。

办公室：总的来看各部大部已动，少数部尚未动。清理好的有重工、一机、铁道，表多而未管的有纺织、轻工、商业、税务、银行等。我们所发工业表只16种，但各工业局发表少则数十种，多则二百余种。

审批办法解释：①系统内外解释；②部门首长是否包括局长及公司经理。

大区业务部门发系统内的表要经中央部批准，如有困难，可以委托大区统计局。东北原来全部管起来了。

邮电部有500余种表，多系旧表。

①清理报表要与建设工作结合，从清理报表中建立报表制度，引起部长及地方党政重视统计工作。

②十月份做好登记调查及统计部门初步审查工作，十一月完成审核。

③审批办法，看一看再解释，为着照顾各部及地区特点，可以自定细则。

李〔富春〕① 主席指示的具体化

工业处　根据中国具体情况检查统计报表。总产值计算酌量简化，做些典型调查（质量、技术经济定额）。各部有些材料，可以汇总研究。

定期报表与典型调查结合，统计与估计结合，这是我们的工作方针。

过去缺点，与实际经济活动脱节，为统计而统计。有些指标如生产设

① 李富春，1953年9月起任国家计委副主席。

备、技术经济定额等领导十分需要，应该克服困难，想方法来完成任务。

工资构成是否适合中国情况，应与劳动工资局研究一下。

基建处　过去最严重的问题是脱离实际，包工报表、设计报表、劳动报表都是有去无回，原因是不适合于中国基建具体发展情况。

明年投资表检查计划，承包表了解情况，设计搞不搞再研究，地质由三个部自己搞。

明年抓紧：①电报快报（中央十二个部）；②一百余个重点单位的基本表；③调查，第一季报准备工作，第二季报开工单位。劳动表如何搞，材料表如何搞，应与有关各局研究。

贸易处　工作上要主动联系，贸易统计也有许多不切实际地方。如在途商品，销货退回，批发零售，要下决心解决。

统计不能单靠定期报表，统计数字树立威信，要靠数字确实。

农业处　统计工作需要创造，大家没有经验，应该大胆创造。

只发要求表，不作具体组织指导，不研究具体的收集资料及计算方法。

〔□〕子范　〔机构〕长期建设要有具体步骤，建立机构，培养干部要有统盘计划。

〔王〕东年　中心问题是如何切合实际，适合实际需要。不能单纯依靠科学报表，而要采取各种具体方法，以随时满足领导上的需要。要在厂矿及农村建立基点，上下联系。

〔狄〕超白　过去人家批评我们教条主义，是有道理。学苏联的报表基本上是有用的，反对经验主义也是对的，否则统计工作就建立不起来。应该承认我们有教条主义倾向，原因我们大家缺乏工作经验。报表布置下去以后没有检查，没有总结经验，一布置就铺得很大，搞得很复杂。

粮食问题*

〔毛〕主席结论及报告要点：陈〔云〕主任报告目前粮食情况严重，需

* 1953 年 10 月 2 日，在中南海西楼会议室召开中共中央政治局会议，会议由毛泽东主持。会议听取陈云作粮食问题的报告。陈云报告后，毛泽东作结论（逄先知、冯惠主编《毛泽东年谱 1949—1976》第二卷，中央文献出版社，2013，第 172 ~ 174 页）。此则笔记应为中财委传达此次会议的记录。

要采取紧急措施：

①粮食市场购少（345亿斤只完成100余亿斤）销多（超过原来计划），估计严重程度超过往年。

②不少地区开始表现混乱，无力控制。大批粮贩普遍活动，愈紧张就愈活动。城市粮商开始囤积。农民不愿出售粮食。区域之间互相封锁抢购。

③京津面粉配售势在必行。

④东北水灾减产2000〔万〕～2200万吨。估计混乱范围还会扩大，其后果将引起物价波动，工资上涨。整个计划均将打乱，对国家和人民十分不利。

办法：①向农民多购；②限制消费；③限制粮商；④内部关系。

①实行征购，连征带购，价格公平合理。征粮260亿斤外，征购100余亿斤。

②在各大城市逐步实行配售。

③对粮商严格限制管理，做到粮食基本上由国〔营〕、合〔作社〕经营。

④粮食统一管理，调整内部关系。

征购粮食理由：1. 城市需要粮食增加，农民生活改善，吃稀饭的吃干饭。粮食生产赶不上需要的增加，五年十年内解决不了这个问题。2. 自由市场购买满足不了需要，宣传动员也效果不大。3. 余粮很难计算，只能连征带购。过去伪满及国民党均行过征购，价格很低，农民吃亏。我们价钱公道，加上宣传教育，可以推行。

征购数额，至少240亿斤，时间最好与征粮同搞。毛病可能会有，要看我们的工作。不采取这个办法，后果更坏。因此征购利多害少，但要实行需要艰苦工作，全党动员。

粮食配售估计相当长的时期内要实行，首先配给面粉。配给就可能有黑市，但不可怕，可以稳定人心。对粮商要严格控制，逐步消灭。

粮商：（1）加工厂；（2）批发商；（3）零售店；（4）饭店、零食店。城市好管，困难的是城乡间的粮贩，需要严密管理。

内部调整、分级管理，可能造成粮食山头，调度困难。因此需要统一管理，准备召集紧急会议[①]讨论粮食问题。

〔毛〕主席指示：赞成陈〔云〕的报告，具体办法会议中去讨论。现在起到 11 月底准备，12 月 1 月行动，因此征粮需要限迟一月。要有充分准备，不打无准备的仗。

现在农村情况党内党外意见很多。党外梁漱溟攻击我们，党内也有很多议论，也有保护农民利益说法。但马恩列斯从来就说农民有自发性，盲目性，不说一切都是好的。农民出路是社会主义，现在已分土地，尚未社会主义，正是青黄不接过渡时期。我们要经国家资本〔主义〕及互助合作进入社会主义。过去互助合作，还要加上粮食征购，才能改造农民。

如果要摸农村的底，则有：①小农经济，不好，但系现实；②有 10%左右缺粮户，4800 余万农民，要三年五年才能解决；③每年有 2000〔万〕~4000 万灾民，不是几年能够解决，而要几十年；④10%左右的落后乡，干部不好，80%~90%是异己分子，10%~20%蜕化分子；⑤80%~90%农民欢欣鼓舞拥护政府；⑥互助合作老区 60%~70%，新区 20%~25%，逐渐走向社会主义。

粮食问题涉及 80%~90%欢欣鼓舞的农民，依靠谁，依靠党团员和积极分子，要缺粮户支持我们，对中农中的积极分子要争取团结，扩大同盟军。

配售问题可以考虑，据我观察势在必行。搞起来会城乡同时紧张，对我不利，但小农经济增产不快，而〔粮食〕需要年年增加。〔要粮食〕不紧张恐有困难。或者不说配给，而说计划供应（章乃器）。

对农民要大大宣传，但报纸一字不登。〔今天〕开会以后，再来考虑如何宣传。

增产节约

最近几天补充，可能再增三万亿，计算方法：①根据什么计划数字计算？②根据什么价格？③节约流动资金算不算？推销呆滞材料算不算？推销

① 1953 年 10 月 10 日至 12 日，中财委在北京召开全国粮食紧急会议，陈云在会上讲话（《中华人民共和国商业大事记 1949—1985》，第 210 页）。

积压产品算不算？

工业增加商品产值、利润均算增产，基建节省开支算节约，节约流动资金推销呆置材料，〔应〕按少向银行要信贷，算节约。

各地区的统计应把〔中央〕国营与地方国营分别计算，〔中央〕国营应按各部分别计算，可把各地好的办法研究介绍。

增产必须照顾到提高质量，〔不能〕降低质量推广销路，不能单纯追求数量。

1. 报告财政增减数字，要说明增减的基数（税收、利润）。

2. 分别国营、地〔方国〕营、合营，哪一部门。

3. 说明增〔产〕节〔约〕能否上交国库，何时入库（中财〔各〕部交中央报告）。

各地各部增〔产〕节〔约〕状况，逐步深入，但不平衡，问题很多。现在一般号召已过，必须解决具体问题。

①如何深入群众。②怎样计算，按既定计划（批准了的）计算，而非另外设一标准，且在既定工作步骤之上进行（计划管理与增产节约不能对立）。③要算细账，要算大账，群众讨论与上面计算结合起来，要考虑原料、销路、质量、成本、运输、安全等等问题。

①要规定计算方法。②要解决具体问题，基本建设如何计算？

精减机构①

中央一级机关现在 14 万余人，今年减 20%，八个工业部现有 46900 人。

苏联 1927~1934 年实行粮食配给，1932 年实行义务缴纳制，低价征购粮食。

征购数额层层发控制数字，到下面充分民主讨论，动员说服。要通过征购来对农民进行社会主义教育，避免走资本主义道路。反投机倒把，不能反农民对自己粮食的囤积，以免打击面过广。

---

① 1953 年 11 月 9 日，中共中央发出关于精减行政编制的通知（《中华人民共和国国民经济和社会发展计划大事辑要 1949-1985》，第 46 页）。

三个五年计划轮廓*

24 种主要产品在工业总值中所占比重 1952 年 30.8%，1953 年 29.7%，1954 年 28.8%。

1953 年比 1952 年增 16.4%，1954 年比 1953 年增 12.8%。

第一〔个〕五年平均增 15.5%，第二〔个〕五年平均增 13.4%，第三〔个〕五年平均增 10.4%，大平均 13.2%。

与苏联比较，苏联第一〔个〕五年增 22%，第二〔个〕五年增 17.1%，第三〔个〕五年（计划）14%，大平均 17.6%。

我国三个五年甲乙两类增长速度，甲类增 17.5%，乙类增 8.7%。

苏联以 1929 年为 100，每年平均增长：

1929～1939 年平均 18.6%。

1929～1943 年平均 13.3%。

1929～1951 年平均 12.2%。

上海情况**

（一）1. 上海机关工业利用 40% 左右，纺织潜在力 10%，私营 20%。针织只开一班，橡胶利用 50%～60%，造纸 52%，食品 20%～30%，纸烟 25%，火柴 11%。

2. 怎样发挥潜力：①国营工业，根据需要及现有条件，计划产品。机械工厂从通用改为专用，束缚自己。把将来的方针当作现在的计划，只看到专业的需要而不照顾全国需要。干部思想愿专业，不愿打杂，愿全能不愿配合。喜大不喜小，喜新不喜旧。纺织设备不平衡，纺染多，织少。②私营纺织开动 92%，只开两班，全部开动开三班可增 10%，提高到国营水平可增 17%。厂房还可增加 35 万纱锭，投资少，见效快。私营工厂社会主义改造

* 1953 年底，国家计委讨论三个五年计划轮廓的笔记。

** 根据笔记前后顺序，此则的时间应在 1953 年底。

能够大大提高生产率。

大型4756〔家〕，其中100人以〔上〕597家占全国一半。纺织产值占53%，轻工业占27%，重工业占20%。如按100人以上私工计，纺织占68%，轻工占22%，重工占10%。

纺织、轻工特点，设备全，质量好，〔产品〕一般供不应求，利润很高。加工订货去年60%，今年70%～80%。

重工业设备简陋，产品陈旧，因此合营以重工业为重点，抑〔或〕以轻工业为重点，尚可研究，恐怕轻工业的条件较好。

机械工业10061家，其中国营12家，合营24家，私营中加工订货500余家。工人技术水平高，能够仿造各种产品。协作很高，每台机器要几家到几十家合造，厂主多系工人或技术人员出身。对国营的依赖性很大，加工订货占75%。大厂少，小厂多（100人以上53家，500〔人〕以上3家，70%以上为10～20人）。厂房简陋，劳动条件很坏。工资较高（一般150万）。

合营条件：设备完整，厂房有发展条件，产品较好，且为国家需要。

公私合营问题：①明年想把100人以上工厂600个变合营，恐怕太多。现有合营工厂66个，职工33000人。②私资有职无权，不能进厂；③清产核资很差；④盈余不分少分，大部用于无计划的扩建改建。要制定条例，拟订计划，调配干部。

（二）国营工厂的生产和基建。供产销的结合很差，各部门各企业的配合很差。基本建设花钱没有计划，主要〔项目〕完成差，次要〔项目〕完成多。不注意技术措施，过多注意福利。

（三）市场问题。一般供不应求，买东西要站队。食油、粮食、纱布均缺，棉布只满足50%～60%，百货只满足66%，结果物资倒流，黑市已经发生，特别是百货。私商套购囤积，地下工厂约有一万个，游资15000亿到处突击。生产大增，营业额下降，原因加工订货太多。加工订货我占80%，零销私占80%，私商货源大有问题。

（四）计划问题。产值从90万〔亿〕增〔至〕97万亿。

统计要10人以上工厂，粮食加工厂归中央或地方。

统计工作*

工农业总产值

1. 农家副业与农业合计，不单独列为副业或其他，这样分列在中国作用不大。

2. 农民兼营手工业商品生产，因作为手工业，不能列入农业。

3. 农民的自给性手工业作为农业，采集野动植物亦可列入农业，为消费者加工亦可列入农业。

4. 农民的收入包括两项，一为农业收入，一为非农业收入，如运输、建筑等，商品生产的手工业亦为非农业收入。

5. 手工业应称小商品生产的工业，较为明确。有些个体工业也使用机器。个体手工业与工场手工业划分改为小商品工业与资本主义工业划分，前者业主参加主要劳动，或主要依靠自己劳动；后者业主脱离生产劳动，或主要依靠雇佣劳动。可按雇工人数划分，即三人以下，四人以上。

6. 工厂计算法应包括原料计算全部产值，计算纯值则把原料扣除计算。

学习问题

1. 公私合营半社会主义与合作社半社会主义有何区别?

2. 为什么不称社会主义革命而称社会主义改造，革命与改造有何区别?

3. 苏联在社会主义革命胜利后进入过渡时期，我们社〔会主义〕革〔命〕已否完成?

4. 目前中国是什么社会? 是新民主主义社会，也就是过渡〔性〕社会。

5. 与苏联新经济政策时期基本相同，变农业国为工业国，变私有制为公有制，变五种经济〔成分〕为一种经济〔成分〕。

亦有不同地方，在情况上，策略、步骤上有不同。

---

* 根据内容，这是 1953 年 12 月国家统计局关于统计工作的业务会议，此为会议记录摘要。大标题为编者所加。

明年工作计划

基本建设 结合总路线，首先要搞清楚141个项目[①]（明年71个），这是社会主义工业化的主要骨干。了解投资比例关系，了解固定资产增长情况。其次了解劳动，即建筑安装工程力量。更次是材料的消耗，并要调查积压情况。此外还有设计、地质及城市。

问题：①统计资料与实际需要相结合；②点与面结合；③统计与调查结合；④争取及时；⑤要解决计算方法，今年正确程度由于方法不统一，只有70%～80%的正确程度，铁道部统计与基建相差21%；⑥选择重点单位建立联系制度，要基层单位报表；⑦明年小部力量搞方法，大部力量搞分析研究，主要反映情况；⑧为着争取及时，减少层次，计算机械化。

贸易〔统计〕 今后要做好分析研究，干部数量质量均不够。对各级机构领导应有改进。目前只抓购销存还有困难，没有其他指标不好分析研究。①明年重点国营贸易及粮食；②购买力绝大部分报不上来，只报了浙江及西康，恐怕要拖到明年；③物价指数明年编批发和零售，工人生活费指数要我们编。

工业〔统计〕 掌握重点，照顾全面，稳步前进，力求满足需要。①分别轻重，三种要求，工业厅所属企业要包括省辖市及行署所属工业；②要全员劳动生产率、实有人数、平均工资等类指标；③分析研究要用分组法，把几个指标对比。

交通〔统计〕 ①运输上今年运力赶不上运量，铁路、江运都是如此，与去年相反。必须加强托运计划，改善车辆调度，有计划地利用大车、帆船。统计上要加强这些部门，并要与工业及基建密切联系。②工作重点，首为铁路，次为长江。

私营〔统计〕 ①要统一计算，分工合作。要搞清情况，并作专题研究；②十人以上工厂调查要有全盘计划。③布置手工业调查。

农业〔统计〕 预计数字、年报、工作总结。干部机构调查，对各级统计机构的具体领导。农业搞基本表的问题要考虑，如何取得各种原始资

---

① 1953年的中苏协议确定苏联援建项目为141项，1954年增加15项，为156项。

料。

专家意见 局长所提任务很重要，如何保证实现，而组织工作与实现任务有很大关系。统计工作主要力量常常花在组织方面，提出任务后要有具体组织计划。去年工作纲要虽有修正，基本上是正确的。今后加强计划非常重要。过去统计工作主要依靠业务部门，今年建立各级统计机构，可以依靠地方统计机关。因此要向地方统计机关提出任务，要进行许多统计和调查，专〔区〕县不能布置报表，究〔竟〕做什么工作，如何取得地方资料，均应明确规定。〔否则〕或者使工作受到限制，或者破坏我们的规定。如私营工商业及农业部各地自己搞得很多。因此一方面要限制，一方面要提出具体任务，使他们能够满足中央及地方双方要求。工作计划能否像苏联那样具体明确，一级一级具体规定，最好能够如此。

县级有无综合任务？依靠什么综合？如靠报表，由谁规定？苏联基层表由最高苏维埃颁发（集体农庄），照顾到地方的需要，地方不再颁发报表。目前普遍布置农户台账有困难，能否个别试验，表式更加简化，掌握播种情况、产量、牲畜、劳动力，互助合作，且可与内务部搞出生、死亡、结婚〔的调查报表〕。过去乡村报表太多，能否压缩到每年二三十张表，满足中央及地方需要。农业生产资料要靠村，由区汇总，才能比较正确。

县的工作：粮食生产（种植面积、产量）、供应及交流情况。种植和收割各地季节不同，苏联分为五个地区，填报时间不同。要进行产量预测，几种主要作物抽查，典型选择适当匀整，用电报及时上报。工业在县只有小型，此外还有合作。现在合作社报表基本上尚未建立起来。地方生产基本上满足地方需要，只有全国性的要报中央。县还可以作私营工商业调查，劳动工资调查，文教卫生调查，出生死亡调查，农民手工业者家计调查。县如不布置工作任务，它就无事可做，或瞎忙一阵。

此外几个问题：粮食统购统销，计划供应，为此就要搞清楚种植面积及产量，产量有预测产量及实际产量，两者不能混淆，两者相比可看出粮食损失。粮食收购、供应、库存应重新组织一下，非常重要，应编制农产品平衡表。平衡表资料依靠基本报表，如何编法还要专门研究。现在先编农产品平衡表，将来扩大至钢铁、煤炭等。粮食计划供应要统计面粉供应数量，这就需要人口及劳动数量。劳动工资资料各方面均需要，应该专设一个机构。

家计调查及购买力调查，效果不好是在预料以内。商业部没有利用苏联丰富经验，但对购买力资料需要日益迫切，可考虑先在部分地区实行家计调查。

私营工商业调查任务应适当提出来，并考虑进行文教卫生统计，设处或科。出生、死亡、结婚、离婚也要统计（人口调查完成以后），要设人口统计机构。

物资分配统计与各方有关，要进行一次物资普查，基本上靠部，地方统计机关起监督作用，主要调查几种调拨物资的库存情况。报表设计由我们拟，布置综合由部负责，这样工作份量不大。

专门技术人员调查可适当考虑，公用事业应稍扩大范围。

明年应当做的工作可能还有，现尚没有想到。

〔王〕思华 明年需要解决几个问题：①不及时，不够用。②希望加强贸易统计。市要求七号前有产值产量，可办到。省只能掌握重点，不要求全面。要质量表，事故表，成本表。③要提高正确性，山东十月份报表修改二千余次，其中抄录计算错误占79%。④要配合中心任务，如粮食统购统销，统计部门必须配合。

编制1954年计划准备工作

争取明年二月初下达（去年是五月初下达），各部、各大区、省市能不能于十二月中旬送来。大区估计十二月底报齐。

目前各局集中力量准备1954年计划。留几个人摸一摸五年计划。

1953年完成计划情况，检查过去所提问题对不对。根据今年情况及控制数字估计明年情况、关键问题及解决问题的主要办法。计划对经济活动所起指导、控制、督促作用，如市场问题、产销平衡问题、脱销与积压如何解决。

计算社会主义〔经济成分〕比例增长，国营增长，国家资本主义及互助合作，轻重工业比例，工农比例。农业中粮食与经济作物比例。统购统销所引起的市场变化，生产变化。在农业中生产合作社所引起变化。

明年没有战争，国际国内市场会不会扩大？计算主要物资平衡，要把朝鲜〔战争〕需要计算在内。

工业生产速度，如何采取各种措施提高速度，少花钱的〔进行〕扩建改建。基本建设上半年窝工，下半年赶工，能否避免。财政要摸底，避免被动。

统计哪些应该统计，哪些不必要统计，哪些统计需要及时。

有些问题要有关各局共同研究，以某一主管局为主，吸收有关各局共同讨论。如市场问题和主要物资产销平衡问题，工业生产速度问题，基建扭转被动局面问题，财政收支问题，农业互助合作及增产粮食棉花问题，国家资本主义问题，地方工业问题，研究 1954〔年〕计划执行中的重大问题。

基建哪些投入生产，效果如何？预计完成数字确定下来。

对外贸易

1. 包括范围问题

①私营、地方经营。

②特殊进口（军用、二部）。

外汇平衡（出超、入超）。

2. 统计标准

①口岸（进出口）。

②发货。

③结汇、合同。

3. 成套设备

掌握厂矿，不掌握具体商品。

4. 商品目录

5. 机构（外贸、海关）

〔议定：〕

1. 军事订货，今后均经外贸部（贸易付款），只通知金额。

2. 成套设备，只有总数，且可能有 20% 的变动，计算方法要与苏联口径一致，合同多少就算多少。按照结汇数额进行统计。

3. 检查计划执行情况要靠基建单位，外贸部及统计局均无法检查。

李〔强〕[①] 副部长：改进办法，先把工作情况摸一摸，究〔竟〕有哪些漏洞，再订改进方案。原则：①力求确实，真正看出增长；②要与计划生产衔接；③要与苏联一致，服从苏联先进方法，做法逐步改进，不要弄乱。

叶〔季壮〕老：力求符合国际标准，不要强调特殊，如商品目录应以苏联目录为基础，作一些必要的补充。进出口数字可有几种统计，应以苏联方法为主。

〔苏联〕专家谈话

①家计调查只作主要表式。

②翻译人员需要加强（计划）。

③下年度的工作，各级编制（县）。

④人口调查是否完成五亿地区，专家到几个地区了解情况，标准时间须再研究。

⑤清理〔报表〕工作年底完成。

⑥资料报送。

手工业调查[**]

河南 什么是手工业，与农副业结合的手工业算不算。土改后许多手工业者分了土地，手工业变成副业。

合伙经营的手工业生产算工场手工业，还是个体手工业。

以农业为主，以手工业为主，何者算副业，何者算手工业。

工场手工业的划分标准，要把范围划清，不然不好做计划。

农业与手工业结合的，手工业生产为主，应作为手工业。个人以手工业为主，家庭以农业为主，算什么？手工业涨价时做手工业，跌价时做农业，如何算？

调查要以党委为主，组织各方面来进行。时间以春末夏初为好。

---

① 李强，时任外贸部副部长。

** 1954 年由国家统计局领导进行了全国手工业调查，这是此前 1953 年关于调查准备工作的会议记录。

江西 不知道海〔?〕有多大，不好做计划。统计表格要经批准，有困难，最好中央统一布置。

天津 调查很需要，要解决划分标准。个体〔手工业〕与工场〔手工业〕不能单按人数划分，要看是否参加主要劳动。天津有各单位组织的手工业工作组，调查不大困难，主要是方法问题。

工商局掌握开歇业，可以了解手工业的变化。

〔河北〕高阳，种地、织布分不开。织机较易统计，最高 25000 台，提花机 4000 台，现已恢复到 23000 台，织布是生活主要来源。手工业印花厂 100 余家，工人 3000 余。将来走国家资本主义，抑〔或〕走合作道路，尚不明确，工人要求搞合作社。

江苏 需要调查，有织机 62000 台，一年 1200 万匹布，织袜机 3 万余台，已组织的不到 8%。组织起来尚可提高产量。

不敢发表格，派工作组慢慢摸，建议以统计局组织大家调查。

华北 各地行业划分不同，天津 72 行，多数城市 36 行，北京 28 部门，需要统一行业分类。1953 年产值 85000 亿，1952 年 57000 亿。

困难：行业分类，产值计算方法，主副业划分。分类先分五大类，以下再加细分。手工业排队，发展、维持、淘汰，发展以加工订货为重点。

个体手工业三人以下不行，有雇四五人仍自已参加主要劳动，有合营的，好算，但不科学。参加主要劳动的就做独立手工业者。

山西 〔19〕51 年调查有 11 万〔人〕，〔19〕52 年调查有 14 万，今年据说有 20 万人。产值 18000 亿。阳泉铁器战前生产 1 万吨，现在生产 16000 吨。手工业与农业划分困难。硫磺无销路，17 个合作社垮了 15 个，实际供不应求。

产销情况摸不清，不好订计划，订了计划也难执行，需要好好调查。

内蒙 各有各的数字，各说各的话，需要组织一个委员会来统一领导调查工作。情况特殊与他区不同。

河北 五个数字，7 万到 78 万，究竟哪一〔个〕正确，不好办。最大的织布业算入副业，不算入手工业。三改定了两改，就这一改未定。

发展 69%，维持 17%，缩减 14%（五年前途）。

五年计划*

恢复时期的成绩和缺点，五年计划第一年的成就、存在的问题。

恢复时期的变化，第一个五年计划的变化，要具体一点。

比例问题，平衡问题，计划工作的具体经验，错误思想批判。

各种潜在力量，包括资源、技术、劳动，等等，能否作一估计。

私营工商业的改造的进度，阶级斗争的各种类型，如何安排资本主义，作出具体的计划来。

各方面的相互联系，第一步与第二步的联系。

解放前最高年产量。

〔一九〕五四年中〔的〕问题，有利条件：总路线明确，141 个骨干〔项目〕明确，摸过 15 年远景，有一年实绩和一年计划。困难是生产力的安排，即各种经济间的比例关系。过去原来不平衡，现在新建一部突出一部，产品方案很难规定。实现总路线，编制计划有困难。市场产销平衡问题。

基本建设〔的〕困难，一为工程项目难定；二为城市规划问题；三为资源问题；四〔为〕技术干部培养问题；五〔为〕资金积累主要靠节约，加强财务管理。

经济工作极复杂，必须有科学计算。现在〔的〕统计，定额、资源、市场需要不很清楚，变动很大，先搞一个材料提纲，然后分工研究。国营力争〔统计〕正确，私营〔统计〕只能接近实际。材料力争可靠。把过去烂摊子情况弄清，手工业破坏情况。突出问题半殖民地性，本身不平衡，地区不平衡，经营管理腐败。农民生产情况，生活情况，农家收支，各种剥削。

解放后变化，生产总值的提高，社会主义增长，生活改善（粮、布）。过去失业，现在就业。

财政、市场、贸易、文教建设。

今后五年工农比重、公私比重、农业改造等的具体数字。

---

* 1953 年底国家计委讨论第一个五年计划的会议记录摘要。

私营〔工业〕潜在力很大，发展速度会快，多搞一点公私合营，速度使〔其〕变降低。商业与工业不同，合营较难。

资金积累，人民生活。

对私营工业要摸底，对市场需要及人民购买力要摸一摸。

价格问题要研究。

旧中国的特点和四年来的成就。

学习——社会主义工业化

工业化的标准：工业生产达到高度的水平，农业亦使用机械。

按居民每人所得工业产品，这是工业化的决定因素。

不是所有工业都是工业化，应以重工业的发展为其特征。

标志：①现代工业总产值大于农业的总产值；②私营工业变为国营工业；③生产资料〔生产〕大于消费资料〔生产〕；④农业的使用机械。

工业化的程度，用每一居民平均所得工业产品来衡量。

工业化的困难：①旧的工业基础薄弱；②技术力量薄弱，资源不清楚；③农业落后；④资金不足。

速度问题：①速度不是递减，苏联二十年中〔速度〕上升〔的〕12 年，下降〔的〕8 年；②开始甲〔部类〕比乙〔部类〕快，工业化后平衡发展。

①培养技术人员及技术工人方法；②工资能否刺激生产，工人的流动性；③要定期接见工人，建立制度，解决工人生活上的问题。

计委要经常派人到工厂去检查工作，发现问题，解决问题。

统计方面提出建议，现在基本情况，关键在哪里，如何解决？

1953 年计划完成情况检查，产量产值，劳动，成本，完成情况。